제1강

법 학습의 기초
&
이민법제 개요

1 법 학습의 기초

(1) 법이란?

목 차	내 용
1. 다른 규범과의 차이	• 인간의 행위를 규율하는 것을 규범이라고 하는데, 이 규범에는 도덕, 관습 등도 있으나 법은 국가에 의하여 강제된다는 점에서 다른 규범과 차별화됨 • 다른 규범들은 위반할 경우 비난의 대상이 될 뿐이지만 법을 위반하게 되면 강제적 처벌을 받게 됨 • 따라서 **강제성은 법의 본질적 속성**이라 할 수 있음
2. 특성	• 법은 **한 당사자에 의해서는 '권리'로 간주되고 다른 당사자에 의해서는 '의무'로 인정**되는 양당사자간의 책임과 의무들의 총체로 구성되어 있음

(2) 입법 주체에 따른 법의 종류

법의 종류	입법 주체	관련 헌법조항	예
헌법	국민	헌법개정안은 국회가 의결한 후 30일 이내에 **국민투표**에 붙여 국회의원선거권자 과반수의 투표와 투표권자 과반수의 찬성을 얻어야 한다. (제130조 제2항)	–
법률	국회	입법권은 **국회**에 속한다 (제40조)	• 출입국관리법 • 「외국인근로자의 고용 등에 관한 법률」[1)

행정입법	(법규)명령	대통령령	대통령	**대통령은** 법률에서 구체적으로 범위를 정하여 위임받은 사항과 법률을 집행하기 위하여 필요한 사항에 관하여 **대통령령**을 발할 수 있다. (제75조)	• 출입국관리법 시행령
		총리령	국무총리	**국무총리** 또는 **행정각부의 장**은 소관사무에 관하여 법률이나 대통령령의 위임 또는 직권으로 **총리령 또는 부령**을 발할 수 있다. (제95조)	•『건강기능식품에 관한 법률』 시행규칙
		부령	장관		• 출입국관리법 시행규칙
	행정규칙	고시[2]	장관	–	• 결혼동거 목적의 사증 발급에 필요한 요건 및 심사면제 기준 고시
		훈령[3]	장관	–	• 출입국사범 고발규정
		예규[4]	장관	–	• 국적업무처리지침
		공고	장관	–	• 외국인력정책위원회 결정사항 공고
자치법규		조례	지방의회	지방자치단체는 주민의 복리에 관한 사무를 처리하고 재산을 관리하며, **법령[5]의 범위 안에서** 자치에 관한 **규정**을 제정할 수 있다. (제117조 제1항)	• 안산시 외국인주민 및 다문화가족 지원 조례
		규칙	지방자치단체장		• 안산시 외국인주민 및 다문화가족 지원 조례 시행규칙
국제법		양자조약	대한민국 정부와 외국 정부	헌법에 의하여 체결·공포된 **조약**과 일반적으로 승인된 국제법규는 국내법과 같은 효력을 가진다. (제6조 제1항)	• 대한민국 정부와 몽골 정부 간의 출입국 절차 간소화에 관한 교환각서
		다자조약	주로 UN 등 국제기구		• 난민의 지위에 관한 협약

(3) 법의 효력 및 적용 순서

구 분	의 미
상위법과 하위법	• 법규범은 수직적으로 체계화되어 있음 • 헌법(국민 제정) – 법률(국회 제정) – (법규)명령(행정부 제정) – 조례(지방의회 제정) – 규칙(지방자치단체장 제정)의 순으로 자리잡고 있는데, 하위에 있는 법규범이 상위의 법규범을 위반할 수 없음
일반법과 특별법	• 일반법이란 법의 효력이 특별한 제한 없이 일반적으로 적용되는 법을 말하며, 특별법이란 일정한 장소·사항·사람에게만 국한하여 적용되는 법을 의미함 • 동일한 사항에 대하여 일반법과 특별법이 같이 규율하는 경우에는 특별법이 일반법에 우선하여 적용됨(**특별법 우선의 원칙**) • **예** 『재한외국인처우기본법』과 『난민법』 사이에서는 『난민법』이 특별법이 되고 『재한외국인처우기본법』이 일반법이 됨
신법과 구법	• 같은 내용의 법인 경우 구법은 신법에 의하여 효력이 상실됨 • 만일 같은 법령이 아닌 경우 그 내용이 상호 모순되는 경우는 나중에 제정된 신법이 먼저 제정된 구법보다 우선하는 효력을 가짐(**신법 우선의 원칙**)

---

1) 법률은 통상 "~법"으로 표기되나 제목이 길어 "~에 관한"이라는 제목을 가지는 법률은 "~에 관한 법률"로 그 법률명이 정해진다. "~법"이나 "~에 관한 법률"이나 국회에서 제정한 법률임은 동일하다.

2) 고시(告示)란 법령이 정하는 바에 따라 일정 사항을 국민에게 알리는 문서이다.

3) 훈령(訓令)은 상급기관이 하급기관에 대하여 장기간에 걸쳐 그 권한의 행사를 일반적으로 지시하기 위하여 발하는 명령이다.

4) 예규(例規)란 행정업무의 통일성을 기하기 위하여 반복적인 행정업무의 처리기준을 제시하는 문서이다.

5) "법률"과 "(법규)명령"을 합하여 통상 "법령"이라고 부른다.

(4) 법률, 시행령, 시행규칙 3단 비교 예시

출입국관리법 (법률)	출입국관리법 시행령 (대통령령)	출입국관리법 시행규칙 (법무부령)
제8조(사증) ① 제7조에 따른 사증은 1회만 입국할 수 있는 단수사증(單數査證)과 2회 이상 입국할 수 있는 복수사증(複數査證)으로 구분한다. ② 법무부장관은 사증발급에 관한 권한을 **대통령령**으로 정하는 바에 따라 재외공관의 장에게 위임할 수 있다. ③ 사증발급에 관한 기준과 절차는 **법무부령**으로 정한다.	제11조(사증발급 권한의 위임) ① 법무부장관은 **법 제8조 제2항에 따라** 별표 1의2 중 1. 외교(A-1)부터 3. 협정(A-3)까지의 체류자격에 해당하는 사람에 대한 사증발급 권한을 재외공관의 장에게 위임한다. ② 법무부장관은 **법 제8조 제2항에 따라** 별표 1 중 3. 일시취재(C-1)부터 5. 단기취업(C-4)까지, 별표 1의2 중 4. 문화예술(D-1)부터 30. 기타(G-1)까지 또는 별표 1의3 영주(F-5)의 체류자격에 해당하는 사람에 대한 사증발급 권한(전자사증 발급 권한은 제외한다)을 법무부령으로 그 범위를 정하여 재외공관의 장에게 위임한다.	제9조의5(결혼동거 목적의 사증 발급 기준 등) ① 제9조의4 제1항에 따라 결혼동거 목적의 사증 발급 신청을 받은 재외공관의 장은 혼인의 진정성 및 정상적인 결혼 생활의 가능성 여부를 판단하기 위하여 제9조의2 각 호(제5호는 제외한다) 외에도 사증 발급을 신청한 외국인과 그 초청인에 대하여 다음 각 호의 요건을 심사·확인할 수 있다. 다만, 초청인과 피초청인 사이에 출생한 자녀가 있는 경우 등 **법무부장관이 정하여 고시**[6]하는 경우에 해당하면 다음 각 호의 요건 중 일부에 대한 심사를 면제할 수 있다. 1. 교제경위 및 혼인의사 여부 2. 당사국의 법령에 따른 혼인의 성립 여부 3. 초청인이 최근 5년 이내에 다른 배우자를 초청한 사실이 있는지 여부 4. 초청인이 「국민기초생활 보장법」 제2조 제11호에 따른 기준 중위소득을 고려하여 법무부장관이 매년 정하여 고시하는 소득 요건을 충족하였는지 여부 5. 건강상태 및 범죄경력 정보 등의 상호 제공 여부 6. 피초청인이 기초 수준 이상의 한국어 구사가 가능한지 여부. 이 경우 구체적인 심사·확인 기준은 **법무부장관이 정하여 고시**한다. 7. 부부가 함께 지속적으로 거주할 수 있는 정상적인 주거공간의 확보 여부......

---

6) 「결혼동거 목적의 사증 발급에 필요한 요건 및 심사면제 기준 고시」를 의미한다.

(5) 법 조항 읽는 방법

순 서	예
조-항-호-목	**〈출입국관리법 제93조의2 제1항 제1호 나목〉** **제93조의2**(벌칙) ① 다음 각 호의 어느 하나에 해당하는 사람은 7년 이하의 징역에 처한다. 　**1.** 이 법에 따라 보호되거나 일시보호된 사람으로서 다음 각 목의 어느 하나에 해당하는 사람 　　가. 도주할 목적으로 보호시설 또는 기구를 손괴하거나 다른 사람을 폭행 또는 협박한 사람 　　**나.** 2명 이상이 합동하여 도주한 사람 　2. 이 법에 따른 보호나 강제퇴거를 위한 호송 중에 있는 사람으로서 다른 사람을 폭행 또는 협박하거나 2명 이상이 합동하여 도주한 사람 　3. 이 법에 따라 보호 · 일시보호된 사람이나 보호 또는 강제퇴거를 위한 호송 중에 있는 사람을 탈취하거나 도주하게 한 사람

(6) 강행규정과 임의규정의 구별

종 류	의 미	예
강행규정	법조문의 적용이 강제적임	**〈출입국관리법 제89조의2〉** **제89조의2**(영주자격의 취소 특례) ① **법무부장관은** 영주자격을 가진 외국인에 대해서는 제89조 제1항에도 불구하고 다음 각 호의 어느 하나에 해당하는 경우에 한정하여 영주자격을 **취소할 수 있다**. 다만, **제1호에** 해당하는 경우에는 영주자격을 **취소하여야 한다**.
임의규정	법조문의 적용이 임의적임	1. **거짓이나 그 밖의 부정한 방법으로 영주자격을 취득한 경우** 2. 「형법」, 「성폭력범죄의 처벌 등에 관한 특례법」 등 법무부령으로 정하는 법률에 규정된 죄를 범하여 2년 이상의 징역 또는 금고의 형이 확정된 경우 3. 최근 5년 이내에 이 법 또는 다른 법률을 위반하여 징역 또는 금고의 형을 선고받고 확정된 형기의 합산기간이 3년 이상인 경우 4. 대한민국에 일정금액 이상 투자 상태를 유지할 것 등을 조건으로 영주자격을 취득한 사람 등 대통령령으로 정하는 사람이 해당 조건을 위반한 경우 5. 국가안보, 외교관계 및 국민경제 등에 있어서 대한민국의 국익에 반하는 행위를 한 경우

(7) 공법, 사법, 사회법의 구별

구 분	의 미	예
공법(公法)	국가와 개인 사이의 관계를 규율하는 법	헌법, 형법, 출입국관리법, 국적법
사법(私法)	개인과 개인 사이의 관계를 규율하는 법	민법, 상법
사회법(社會法)	개인과 개인 사이의 관계에 국가가 개입하는 법	근로기준법, 소비자보호법

(8) 공법(公法)의 일반 원칙[7]

원 칙	의 미	예
비례의 원칙 (과잉금지의 원칙)	모든 국가 작용은 그 작용으로 인해 달성하려는 공익과 침해되는 사익 사이에 균형이 맞아야 함	단 3일간의 초과체류를 이유로 장기체류외국인에게 (5년의 입국금지가 가능한) 강제퇴거명령을 하는 것은 비례의 원칙에 반함
평등원칙	행정기관이 불합리한 차별을 하여서는 안 됨	동일한 기간 동안 동일한 업체에서 불법취업한 외국인 2인 중 1명에게는 출국권고를, 다른 1명에게는 강제퇴거명령을 하는 것은 다른 특별한 사정이 없는 한 평등원칙에 반함
적법절차의 원칙	법령의 내용은 물론 그 집행절차도 정당하고 합리적이어야 함	출입국관리공무원이 불법체류자 단속을 위하여 제3자의 주거나 사업장을 검사하고자 하는 경우에 주거권자나 관리자의 사전 동의가 필요함
신뢰보호의 원칙	행정기관의 어떠한 말과 행동에 대하여 국민이 신뢰를 가지고 행위를 한 경우 그 국민의 신뢰가 보호가치 있는 경우에 그 신뢰를 보호해 주어야함	불법체류자 자진 신고를 한 경우 재입국 시 문제삼지 않겠다고 약속한 후 실제 재입국 시 불법체류를 문제 삼아 입국불허하는 것은 신뢰보호의 원칙에 위반됨

---

7) 공법의 일반원칙을 위반한 행정청의 결정은 위법하여 취소의 대상이 된다.

(9) 민사, 형사, 행정관계의 구별

구 분	의 미
민사(民事)관계	• 개인과 개인의 사적관계임 • 민사분쟁의 해결절차는 누군가로부터 부당한 손해를 입은 사람이 민사소송을 제기하면 법원이 그의 금전적, 정신적 손해에 대하여 배상을 명령함 • **예** 빌려준 돈을 돌려주지 않는 경우, 음식점 바닥이 미끄러워 손님이 넘어져 다친 경우
형사(刑事)관계	• 범죄를 저지른 개인과 형벌권을 가진 국가 사이의 관계임 • 검사가 국가기관을 대표하여 범죄 혐의자를 대상으로 형사소송을 제기(기소)하면, 법원(사법부)은 그에게 잘못이 있는지, 만약 잘못이 있다면 형벌을 부과할 것인지, 형벌을 부과한다면 어떤 형태의 형벌을 부과할 것인지를 결정함 • **예** 출입국관리법에 따라 보호된 사람으로서 2명 이상이 합동하여 도주한 사람은 7년 이하의 징역에 처함(출입국관리법 제93조의2 제1항 제1호 나목) • 형사절차 : ① 경찰 단계 : 고소·고발 → 입건 → 수사 ┬ 불송치결정(이의신청시 송치) └ 송치결정 ② 검찰 단계 　a. 불기소(혐의없음, 죄가 안 됨, 공소권 없음, 기소유예, 기소중지)결정하면 절차 종료 　b. 기소하면 아래 법원 단계로 넘어감 ③ 법원 단계 　a. 무죄결정 　b. 유죄결정하면 형량결정
행정(行政)관계	• 행정청과 개인과의 관계임 • **예** 체류외국인의 체류자격변경 허가신청에 대한 불허가처분[8]

---

8) '처분'이란 행정소송의 대상이 되는 행정청의 결정을 의미한다.

장·절·관	조항
제2장 국민의 권리와 의무	제10조 기본적 인권의 보장 제11조 평등권, 특수계급제도의 부인, 영전의 효력 제12조 신체의 자유, 자백의 증거능력 제13조 형벌불소급, 일사부재리, 소급입법금지, 　　　　연좌제 금지 제14조 **거주·이전의 자유** 제15조 직업선택의 자유 제16조 주거의 자유 제17조 사생활의 자유 제18조 통신의 자유 제19조 양심의 자유 제20조 종교의 자유 제21조 언론·출판·집회·결사의 자유 제22조 학문과 예술의 자유 제23조 재산권의 보장과 제한 제24조 선거권 제25조 공무담임권 제26조 청원권 제27조 재판을 받을 권리, 무죄의 추정, 진술권 제28조 형사보상 제29조 국가·공공단체의 배상책임 제30조 국가구조를 받을 권리 제31조 교육을 받을 권리·의무, 평생교육의 진흥 제32조 근로의 권리·의무, 최저임금제, 여자와 　　　　연소자의 보호, 국가유공자등에 대한 기회우선 제33조 근로자의 단결권 등 제34조 사회 제35조 환경권, 주택개발정책 제36조 혼인과 가족생활, 모성과 국민보건의 보호 제37조 국민의 자유와 권리의 존중, **제한** 제38조 납세의 의무 제39조 국방의 의무

장·절·관	조항
제3장 국회	제40조 입법권 제41조 국회의 구성 제42조 의원의 임기 제43조 의원의 겸직금지 제44조 의원의 불체포특권 제45조 의원의 발언·표결의 면책특권 제46조 의원의 직무, 지위의 남용금지 제47조 정기회·임시회 제48조 의장·부의장 제49조 의결정족수와 의결방법 제50조 의사공개의 원칙 제51조 의안의 차회기계속 제52조 법률안 제출권 제53조 법률의 공포, 대통령의 거부권, 법률안의 발효 제54조 예산안의 심의·확정권, 준예산 제55조 계속비·예산비 제56조 추가경정예산 제57조 지출예산 각항 증액과 새 비목설치금지 제58조 국채모집등에 대한 의결권 제59조 조세의 종목과 세율 제60조 조약체결·비준과 선전포고의 동의권 제61조 국정감사권 및 조사권 제62조 국무위원 등의 출석·답변의 의무 제63조 국무총리·국무위원의 해임건의권 제64조 국회의 자율권 제65조 탄핵소추의결권·탄핵결정의 효력

장 · 절 · 관		조항
제4장 정부	제1절 대통령	제66조 대통령의 지위 · 책무 제67조 대통령의 선거 제68조 대통령의 선거시기 · 보궐선거 제69조 대통령의 취임선서 제70조 대통령의 임기 제71조 대통령의 권한대행 제72조 중요정책의 국민투표 제73조 외교에 관한 대통령의 권한 제74조 국군의 통수 · 조직의 편성 제75조 대통령령 제76조 긴급처분 · 명령권 제77조 계엄 제78조 공무원임면권 제79조 사면 · 감형 · 복권 제80조 영전수호권 제81조 대통령의 국회에 대한 의견표시 제82조 대통령의 국법상 행위 및 부서 제83조 대통령의 겸직금지 제84조 대통령의 형사상 특권 제85조 전직대통령의 신분과 예우
	제2절 행정부 / 제1관 국무총리와 국무위원	제86조 국무총리 제87조 국무위원
	제2관 국무회의	제88조 국무회의의 권한 · 구성 제89조 국무회의의 심의사항 제90조 국가원로자문회의 제91조 국가안전보장회의 제92조 민주평화통일자문회의 제93조 국민경제자문회의
	제3관 행정각부	제94조 행정각부의 장 제95조 총리령과 부령 제96조 행정각부의 설치 · 조직 · 직무범위
	제4관 감사원	제97조 감사원의 직무 · 소속 제98조 감사원의 구성, 의장 및 감사위원의 임명 · 임기 제99조 결산검사 · 보고 제100조 감사원의 조직 · 직무범위

장 · 절 · 관	조항
제5장 법원	제101조 사법권과 법원, 법관의 자격 제102조 대법원의 조직 제103조 법관의 독립 제104조 법관의 임명 제105조 법관의 임기, 법관의 정년 제106조 법관의 신분보장 제107조 위헌법령 심판제청, 명령 등 심사, 행정심판 제108조 자율권 제109조 재판공개의 원칙 제110조 군사법원
제6장 헌법재판소	제111조 헌법재판소의 권한 · 구성 제112조 재판관의 임기, 정치관여금지, 신분보장 제113조 위헌결정 등의 절차, 헌법재판소의 조직과 운영
제7장 선거관리	제114조 선거관리위원회 제115조 선거관리위원회의 권한 제116조 선거운동 · 선거비용
제8장 지방자치	제117조 지방자치단체의 자치권, 그 종류 제118조 지방의회의 조직과 운영
제9장 경제	제119조 경제질서의 기본, 규제와 조정 제120조 자연자원 등의 채취 · 개발 · 이용의 특허 제121조 농지소작제도의 금지, 임대차 및 위탁경영 제122조 국토의 이용 등의 제한과 의무 제123조 농 · 어촌개발, 중소기업의 보호 · 육성 제124조 소비자보호운동의 보장 제125조 대외무역의 육성 · 규제 · 조정 제126조 사영기업 국 · 공유화와 경영 통제 · 관리 금지 제127조 과학기술의 혁신과 표준제도의 확립
제10장 헌법개정	제128조 헌법개정의 제안, 개정에 대한 효력 제129조 헌법개정안의 공고 제130조 헌법개정안의 의결, 국민투표, 공포

3 헌법상 외국인의 법적 지위

목 차	내 용
1. 들어가기	• Q: 헌법은 외국인에게도 적용되는가? 즉, 외국인은 한국인이 누리는 헌법상 권리를 동일하게 누릴 수 있는가? • A: 외국인은 대한민국 국민이 누리는 헌법상 일부의 권리는 누리나 일부의 권리는 누리지 못함
2. 헌법 제6조 제2항	• 헌법 제6조 제2항 : "외국인은 국제법과 조약이 정하는 바에 의하여 그 지위가 보장된다."[16] • 상호주의(相互主義)를 규정함 → 외국인에 대한 법적 지위의 보장이 일방적일 수 없고 상대국의 보장에 상응하는 것이라는 국제적인 관례를 고려함 • 하지만, 외국인의 법적 지위는 헌법 제6조 제2항의 상호주의 원칙에 의해서만 보장되는 것은 아니고, 우리 헌법상 기본권 중에서 다수의 기본권(예 노동3권)은 체류외국인에게도 인정됨[17][18]
3. 사증신청 단계의 국외체류 외국인의 법적 지위	• 대법원은 중국 국적 여성이 결혼이민(F-6) 사증발급을 신청하였다가 거부당하자 거부처분 취소소송을 제기한 사건에서, "사증발급 거부처분을 다투는 외국인은, 아직 대한민국에 입국하지 않은 상태에서 대한민국에 입국하게 해달라고 주장하는 것으로, 대한민국과의 실질적 관련성 내지 대한민국에서 법적으로 보호가치 있는 이해관계를 형성한 경우는 아니어서, 해당 처분의 취소를 구할 법률상 이익을 인정하여야 할 법정책적 필요성도 크지 않다."고 하면서, "사증발급의 법적 성질, 출입국관리법의 입법 목적, 사증발급 신청인의 대한민국과의 실질적 관련성, 상호주의 원칙 등을 고려하면, 우리 출입국관리법의 해석상 외국인에게는 사증발급 거부처분의 취소를 구할 법률상 이익이 인정되지 않는다고 봄이 타당하다."고 판시하면서 사건을 각하하였음[19]

---

16) 이 조항은 외국인이 국민과 다른 헌법적 지위를 가짐을 명시한 규정으로 볼 수 있다.

17) 한수웅, 「헌법학」, 법문사, 2015, 347면.

18) 헌법 제6조 제2항에 따라 외국인은 국제법과 조약이 정하는 바에 의하여 그 지위가 보장되지만 실제로는 대한민국에서 체류하는 외국인의 법적 지위에 관하여는 국제법과 조약에 의하기보다는 출입관리법, 재한외국인처우기본법 등 국내법령에 의해 그 법적 지위가 결정되고 국가 간 상호주의 적용 결과로 국가는 이민자의 법적 지위에 무관심하게 되어 외국인의 법적 지위에 대한 국내법령의 흠결이 많다는 비판이 있다. (오동석, "한국 이민법제의 헌법적 평가와 재구조화", 새로운 이민법 체계 수립을 위한 국제 심포지엄, 2010, 86면).

19) 대법원 2018. 5. 15. 선고 2014두42506 판결.

목 차	내 용
3. 사증신청 단계의 국외체류 외국인의 법적 지위	• 헌법재판소는 "출입국관리에 관한 사항 중 특히 외국인의 입국에 관한 사항은 주권국가로서의 기능을 수행하는 데 필요한 것으로서 광범위한 정책재량의 영역에 놓여 있는 분야라고 할 수 있을 것이다. 그러므로 이러한 영역의 공권력행사의 위헌 여부를 판단함에 있어서는 완화된 심사기준이 적용되어야 한다."고 판시함[20]
• 국가인권위원회도 가수 OOO 입국금지 처분에 대한 진정사건에서 "헌법 제14조 거주ㆍ이전의 자유에는 출입국의 자유와 국적변경의 자유가 포함된다고 하겠으나, 출입국의 자유 및 국적변경의 자유가 외국인에 대하여도 일반적으로 인정되는 기본권이라고 보기 어렵다. 특히 입국의 경우 각 주권국가는 자국에 있어서 바람직하지 않다고 인정하는 외국인의 입국을 거부할 권한을 가지고 있다는 것이 관습국제법상 확립된 원칙이라 하겠다."고 판단하고 미국 시민권자인 OOO이 대한민국에의 입국의 자유가 있음을 전제로 한 진정을 기각한 바 있다.[21]
• 하지만, 외국인의 헌법상 지위를 규정한 헌법 제6조 제2항에 따라 외국인의 입국이 국제법과 조약에 의해 보장되는 경우가 있음[22]
− 예를 들면, 대한민국이 특정한 외국인의 입국을 허용하거나 보장해야 하는 대표적 조약으로는 1967년 「대한민국과 아메리카합중국 간의 상호방위조약 제4조에 의한 시설과 구역 및 대한민국에서의 합중국 군대의 지위에 관한 협정(SOFA)」이 있음
− SOFA 제8조(출입국) 제1항은 "합중국은 합중국 군대의 구성원, 군속 및 그들의 가족인 자를 대한민국에 입국시킬 수 있다."라고 규정하고, 동조 제2항은 "합중국 군대의 구성원은 여권 및 사증에 관한 대한민국 법령의 적용으로부터 면제된다."라고 규정하고 있음
4. 국내입국 절차 중인 외국인의 법적 지위	• 대법원은 입국단계의 외국인에게 헌법상 신체의 자유가 보장되는지 여부에 관하여, "신체의 자유는 모든 인간에게 그 주체성이 인정되는 기본권이고, 인신보호법은 인신의 자유를 부당하게 제한당하고 있는 개인에 대한 신속한 구제절차를 마련하기 위하여 제정된 법률이므로, 대한민국 입국이 불허된 결과 대한민국 공항에 머무르고 있는 외국인에게도 인신보호법상의 구제청구권은 인정된다. 또한, 대한민국 입국이 불허된 외국인이라 하더라도 외부와의 출입이 통제되는 한정된 공간에 장기간 머무르도록 강제하는 것은 법률상 근거 없이 인신의 자유를 제한하는 것으로서 인신보호법이 구제대상으로 삼고 있는 위법한 수용에 해당한다."고 판시하면서, 입국단계의 외국인에게도 헌법상 신체의 자유가 보장됨을 확인하였음[23]

---

20) 헌재 2005. 3. 31. 선고 2003헌마87 결정.

21) 국가인권위원회 2003년 7월 28일 결정 02진인2181, 03진인1124 병합결정.

22) 차용호, 「한국 이민법」, 법문사, 2015, 248면.

23) 대법원 2014. 8. 28. 선고 2014인마5 판결.

목 차	내 용
5. 국내체류 외국인의 법적 지위	• 일단 입국하여 대한민국에 체류하는 외국인은 사증신청단계나 입국단계의 외국인보다는 그 법적 지위가 높다고 볼 수 있음. 왜냐하면 체류외국인은 전면적으로 대한민국 법률의 지배를 받고 있는 만큼 그에 상응한 처우가 따라야 함 • 헌법 제2장의 제목이 "국민의 권리와 의무"로 되어 있지만, 외국인의 기본권 주체성에 대한 헌법학계의 통설적 견해와 헌법재판소 결정례의 태도에 따르면, 헌법이 정하는 기본권 중 '국민의 권리'에 해당하는 기본권은 외국인에게 인정되지 않지만, 헌법이 명시하고 있든 성질상 당연히 인정되든, '인간의 권리'에 해당하는 기본권은 외국인에게도 인정됨[24][25] • 대체로 전통적인 자유권적 기본권인 언론·출판·집회·결사의 자유 등의 경우에는 일부 제한될 수 있으나 원칙적으로 외국인에게도 인정되고, 참정권적 기본권과 사회권적 기본권은 그 성질상 외국인에게 인정되지 않으며, 다른 기본권의 보장을 위한 수단으로서의 청구권적 기본권은 체류외국인에게도 인정된다는 것이 일반적인 견해임[26] • 하지만 외국인은 출입국관리법 등 법률에 의하여 많은 기본권의 제한을 받고 있으며,[27] 특히 불법체류자는 헌법상 외국인에게 보장되는 기본권도 강제퇴거의 우려 때문에 행사하기 어려운 것이 현실임
6. 제언	• 우리 헌법 제6조 제2항을 보면 외국인의 법적 지위는 마치 국제법과 조약에 의해서만 보장되는 것으로 해석될 수도 있고, 헌법 제2장이 "국민의 권리와 의무"로 규정되어 있어 외국인은 기본권의 주체가 될 수 없는 것으로 해석될 수도 있음

---

24) 헌재 2001. 11. 29. 선고 99헌마494 결정.

25) 헌법의 개별 조항에 기본권의 주체로 '국민'을 명시하고 있지만 외국인도 기본권의 주체가 될 수 있는 근거를 헌법조항에서 찾는다면 제10조인 "국가는 개인이 가지는 불가침의 기본적 인권을 확인하고 이를 보장할 의무를 진다."를 들 수 있다. (공진성, "출입국관리법상 '보호' 및 '강제퇴거'와 외국인의 기본권 보호: 헌재 2012. 8. 23. 선고 2008헌마430 결정에 대한 평석", 공법학연구, 제14권 제1호, 2013, 228면).

26) 이종혁, "외국인의 법적 지위에 관한 헌법조항의 연원과 의의", 서울대학교 법학, 제55권 제1호, 2014, 522~523면.

27) 예를 들면, 출입국관리법 제17조 제2항은 "대한민국에 체류하는 외국인은 이 법 또는 다른 법률에서 정하는 경우를 제외하고는 정치활동을 하여서는 아니된다."고 규정하고 있다.

목 차	내 용
6. 제언	• 외국인 근로자의 사업장 변경 제한의 합헌성을 다투는 「외국인근로자의 고용 등에 관한 법률」 제25조 제4항 등 위헌확인 등 사건에서 반대의견(각하의견)을 낸 김종대 재판관은 외국인의 기본권 주체성에 관하여 "①기본권의 주체를 '모든 국민'으로 명시한 우리 헌법의 문언, ②기본권 주체에서 외국인을 제외하면서 외국인에 대해서는 국제법과 국제조약으로 법적지위를 보장하기로 결단한 우리 헌법의 제정사적 배경, ③국가와 헌법 그리고 기본권과의 근본적인 관계, ④헌법상 기본권의 주체는 헌법상 기본적 의무의 주체와 동일해야 한다는 점, ⑤외국인의 지위에 관한 헌법상 상호주의 원칙, ⑥청구인이 주장하는 기본권의 내용이 인간으로서의 권리인지 국민으로서의 권리인지 검토하여 기본권 주체성 인정 여부를 결정하는 것은 구별기준이 불명확하고 판단 순서가 역행되어 헌법재판 실무처리 관점에서도 부당한 점, ⑦외국인에 대해서는 국제법이나 조약 등에 의하여 충분히 그 지위를 보장할 수 있는 점에 비추어 보면 모든 기본권에 대하여 외국인의 기본권 주체성을 부정함이 타당하다."는 의견을 제시한 바 있음[28] • 향후 헌법 개정 시 외국인의 법적 지위에 관하여 보다 현실에 맞고 그 의미가 명확하도록 개정할 필요가 있음[29]

---

28) 헌재 2011. 9. 29. 선고 2007헌마1083, 2009헌마230·352(병합) 결정.

29) 2018년 발의한 대한민국헌법 개정안은 현행 헌법 제6조 제2항을 "외국인에게는 국제법과 조약으로 정하는 바에 따라 그 지위를 보장한다."로 문장을 수동태에서 능동태로 변경하였고, 인간의 존엄성(안 제10조), 행복추구권(안 제10조), 평등권(안 제11조 제1항), 신체의 자유(안 제13조), 주거의 자유(안 제17조 제2항), 양심의 자유(안 제18조), 종교의 자유(안 제19조 제1항), 학문과 예술의 자유(안 제23조 제1항), 청원권(안 제27조 제1항), 재판청구권(안 제28조 제1항)의 주체를 '국민'에서 '모든 사람'으로 수정하였다.

4 헌법의 이민·다문화에 대한 태도

목 차	내 용
1. 들어가기	• 이민자의 급증으로 인한 다문화·다인종사회가 도래하였으나 현행 헌법은 외국인 유입에 대하여 그다지 적극적이지 않음[30] • 현행 헌법 개정 당시인 1987년은 최근과 같이 정주외국인 수가 많지 않았기 때문에 다문화·다인종사회에 대한 적절한 내용이 헌법에 담겨져 있지 않음 • 현행 헌법 조문에서 외국인을 언급한 조항은 외국인의 법적 지위에 관한 제6조 제2항이 유일함
2. 헌법 전문(前文)	• 헌법 전문(前文)에서는 "밖으로는 항구적인 세계평화와 인류공영에 이바지함으로써 우리들과 우리들의 자손의 안전과 자유와 행복을 영원히 확보할 것을 다짐하면서"라고 규정하고 있는데 세계평화와 인류공영에 이바지하는 것은 우리들의 행복을 확보하기 위한 수단의 의미로 해석됨
3. 헌법 제9조	• 정주외국인의 유입은 필연적으로 외래문화의 유입을 동반하는데 헌법은 문화국가의 원리를 직접 명시적으로 규정하고 있지는 않지만, 문화국가 실현을 위한 내용을 담고 있음 • 헌법 제9조는 "국가는 전통문화의 계승·발전과 민족문화의 창달에 노력하여야 한다."고 규정하고 있음 • 헌법 제9조가 비록 전통문화의 계승발전과 민족문화의 창달이라고 표현하고 있으나, 이는 전통문화와 민족문화를 특별히 강조한 것에 불과한 것이고, 국가의 문화육성의 대상에는 원칙적으로 모든 문화가 포함됨

---

30) 오동석, "한국 이민법제의 헌법적 평가와 재구조화", 새로운 이민법체계 구축을 위한 국제 심포지움 자료집, 2010, 86면.

목 차	내 용
3. 헌법 제9조	• 헌법재판소도 동본동본금혼제 사건에서 "동성동본금혼제 역시 만고불변의 진리로서 우리의 혼인제도에 정착된 것이 아니라 시대의 윤리나 도덕관념의 변화에 따라 나타나서 그 시대의 제반 사회·경제적 환경을 반영한 것에 지나지 않는다는 점을 감안할 때, 이미 이 제도는 이제 더 이상 법적으로 규제되어야 할 이 시대의 보편타당한 윤리 내리 도덕관념으로서의 기준성을 상실하였다고 볼 수밖에 없고, <u>헌법 제9조의 정신에 따라 우리가 진정으로 계승·발전시켜야 할 전통문화는 이 시대의 제반 사회·경제적 환경에 맞고 또 오늘날에 있어서도 보편타당한 전통윤리 내지 도덕관념</u>이라 할 것이다."라고 밝힌 바 있음[31] • 이 헌법재판소 결정에 따르면 외래문화 중에서도 우리 문화와 상호조화를 이룰 수 있는 문화라면 그 문화가치와 다양성을 인정할 수 있을 것임[32]
4. 제언	• 헌법 제정(1945년) 및 개정(1987년) 당시에는 지금과 같은 대규모의 외국인 유입과 그에 따른 정주화 상황을 예측할 수 없었으므로 향후 헌법 개정 시 대한민국은 문화적 다양성을 인정 또는 추구한다는 취지의 내용을 반영하여 외국인과 더불어 사는 시대에 부합하도록 하는 것이 바람직함[33]

---

31) 헌재 1997. 7. 16. 선고 95헌가6 결정.

32) 성선제, "다문화사회의 헌법적 기초", 홍익법학, 제13권 제4호, 2012, 139면.

33) 한국헌법은 다문화 문제에 대한 자각 없이 제정·개정된 텍스트이므로, 해석론적 어려움이 있을 경우 지난 20년간 발전되어 온 국제인권법의 성과들을 최대한 반영하는 접근이 요청된다고 보며, 마지막으로 헌법개정의 기회가 온다면 이 문제에 대한 국민적 합의를 수렴하여 헌법전문이든 헌법총강이든 기본권장이든 국민이 수용가능한 수준과 내용을 담는 것이 바람직할 것으로 본다. (김선택, "다문화사회와 헌법", 헌법학연구, 제16권 제2호, 2010, 36면).

제3강

출입국관리법 I
(외국인의 입국 1)

4 외국인 입국[34] 유형

입국 유형	세부 내용
입국허가를 통한 입국 (제7조와 제12조)	• 공항, 항만 등을 통한 일반적인 입국으로 유효한 여권과 사증을 가지고 있어야 하며, 입국하는 출입국항에서 <u>출입국관리공무원의 입국심사</u>를 받아야 함
상륙허가를 통한 입국 (제14조~제16조의2)	• 입국허가 시의 엄격한 요건을 요구하지 않음 • 승무원 상륙허가: 15일 이내 체류(제14조) • 국제크루즈관광선승객 관광상륙허가: 3일 이내 체류(제14조의2) • 긴급상륙허가(질병, 사고 등): 30일 이내 체류(제15조) • 재난상륙허가(조난 등): 30일 이내 체류(제16조) • 난민 임시상륙허가: 90일 이내 체류(제16조의2)

---

34) 출입국관리법상 '입국'이라 함은 대한민국 밖의 지역으로부터 대한민국 안의 지역으로 들어오는 것을 말하고, 여기서 '대한민국 안의 지역'이라 함은 대한민국의 영해, 영공 안의 지역을 의미하며, 따라서 출입국관리법 제12조 제1항 또는 제2항의 규정에 의하여 입국심사를 받아야 하는 외국인을 집단으로 불법입국시키거나 이를 알선한 자 등을 처벌하는 출입국관리법 제93조의2 제2항 제1호 위반죄의 <u>기수 시기</u>는 불법입국하는 외국인이 대한민국의 영해 또는 영공 안의 지역에 들어올 때를 기준으로 판단하여야 한다.(대법원 2005. 1. 28. 선고 2004도7401 판결).

5 입국허가 요건

목차	내용
입국허가 요건 (제12조 제3항)	• **여권**과 **사증(또는 사전여행허가서)**이 유효할 것(단, 사증 또는 사전여행허가서는 출입국관리법에서 요구하는 경우에만 해당) • 입국의 금지 또는 거부의 대상(제11조)이 아닐 것 • 입국목적이 체류자격에 맞을 것, 그리고 • 체류기간이 정하여졌을 것
입국허가 요건에 대한 입증 책임 (제12조 제4항)	• 입국허가의 요건을 갖추었는지는 입국하려는 외국인이 입증책임을 부담함 • 출입국관리공무원은 **외국인이 입국허가 요건을 갖추었음을 증명**하지 못하면 입국을 허가하지 아니할 수 있음

6 사증

(1) 사증(비자)

목차	내용
1. 개념	• 사증발급 신청인의 여권이 그 국적국가의 정부기관에서 합법적으로 발급된 유효한 여권임을 확인하고, 사증발급 신청의 사유와 사증발급에 요구되는 기준에 의해 입국하려는 국가에서 입국 및 체류하는 것이 상당함을 확인하여 입국항에서 출입국관리공무원의 **입국심사를 받도록 허가한 문서**를 의미함 • 외국인에게 발급된 사증은 외국인이 대한민국에 입국하기 위한 예비조건에 불과하고, 그 외국인에게 대한민국으로 입국할 권리를 부여하거나 **입국을 보증하는 것은 아님**[35]
2. 기능[36]	• **국가적 차원에서의 국가이익 보호 기능** ① 국경에서 외국인에 대한 입국심사 절차를 신속·간편하게 해 줌 ② 외국인에 대한 전체적인 입국규모 및 체류자격별 입국규모를 조정함으로써 국가의 경제사회적 기반에 수요공급을 균형 있게 조정해 줌 ③ 국익에 저해되거나 저해될 외국인의 입국을 사전에 억제하여 국가안전 및 사회질서를 유지함 ④ 불법이민하려는 자를 사전에 통제하여 국내노동시장의 안정성과 내국인의 고용을 안정되게 하고, 불법이민자에 대한 강제추방으로 발생될 국제관계의 훼손을 사전에 방지함 • **개인적 차원에서의 사적(私的) 이익 보호 기능** ① 외국인에 대한 입국허가 가능성을 사전에 심사하여, 공항만에서 입국 불허로 인하여 발생될 수 있는 그 외국인의 시간적·경제적 손실을 미연에 예방함 ② 참고로, 공항만에서 비자를 소지한 외국인이 입국불허 또는 거부되는 경우 그 외국인이 제기하는 손해배상청구에 대하여 '비자발급은 행정행위가 아닌 외교적 행위'라는 이유로 재외공관은 책임이 면제됨
3. 종류	• 입국횟수: 단수사증과 복수사증 • 체류기간: 단기사증(90일 이하 체류), 장기사증(90일 초과 체류), 영주사증(체류기간 제한 없음) • 취업가능여부: 취업사증과 비취업사증

---

35) 대법원 2018. 5. 15. 선고 2014두42506 판결.

36) 차용호, 『한국 이민법』, 법문사, 2015, 54~55면.

목차	내용
4. 발급기준 (시행규칙 제9조의2)	• 유효한 <u>여권</u>을 소지하고 있는지 여부 • <u>입국의 금지</u> 또는 거부의 대상이 아닌지 여부(제11조)³⁷⁾ • 법에서 정하는 체류자격에 해당하는지 여부(시행령 별표1~별표1의3) • 체류자격별로 법무부장관이 따로 정하는 기준(<u>법무부 사증발급 지침</u>³⁸⁾)에 해당하는지 여부 • 체류자격에 부합한 <u>입국목적을 소명</u>하는지 여부 • 해당 체류자격별로 허가된 체류기간 내에 <u>본국으로 귀국할 것</u>이 인정되는지 여부
5. 사증발급 거부에 대한 불복	**(1) 행정심판** • 중국국적자가 동포 1세대에게 발급되는 사증을 신청하였으나 거부당하자 행정심판을 제기한 사안에서, 행정심판 청구인적격은 대한민국의 국민에게 있는 것이 원칙이고 행정심판청구와 관련하여 해당 외국인의 지위를 내국인과 동등하게 보장하는 대한민국 헌법에 의하여 체결·공포된 조약 또는 일반적으로 승인된 국제법규가 있는 경우에는 예외적으로 심판청구적격을 인정할 수 있으나 이러한 예외사유가 인정되지 않으므로 청구인적격 없는 자의 부적법한 청구로 보아 <u>각하</u>한 사례가 있음³⁹⁾ • "청구인은 중국국적의 재외동포로서 대한민국 내에 사업장을 운영하는 자임을 고려할 때, 그에 대한 입국불허 및 복수비자 취소처분을 함에 있어서는 그 재량의 행사가 지나치게 자의적이거나 현저한 균형을 상실한 때에는 위법 또는 부당한 행위에 해당한다."라고 재결하여 과거에 대한민국에 적법한 체류자격을 가졌던 외국인의 행정심판 청구인 적격을 인정한 바 있음(중앙행정심판위원회 2002-10613)

---

37) 미국 시민권을 취득함으로써 대한민국 국적을 상실한 인기가수 갑에 대하여 병무청장이 '미국 시민권을 취득함으로써 사실상 병역의무를 면탈하였다'는 이유로 입국 금지를 요청함에 따라 법무부장관이 갑의 입국금지결정을 하였는데, 갑이 재외공관의 장에게 재외동포(F-4) 자격의 사증발급을 신청하였다가 거부된 사안에서, <u>서울행정법원</u>은 "갑이 가족들과 함께 미국에서 생활하기 위해서가 아니라 대한민국에서 계속 가수로서 활동하기 위하여 미국 시민권을 취득한 것으로 보이는 점 등에 비추어 보면 갑은 대한민국 국민으로서의 병역의 의무를 기피하기 위하여 미국 시민권을 취득한 것인데, 갑이 입국하여 방송·연예활동을 계속할 경우 국군 장병들의 사기를 저하시키고 병역의무 이행 의지를 약화시키며, 입대를 앞둔 청소년들에게 병역의무 기피 풍조를 낳게 할 우려가 있어 헌법 제39조 제1항이 정하고 있는 국방의 의무 수행에 지장을 가져오고 나아가 영토의 보전을 위태롭게 하며 대한민국의 준법 질서를 어지럽힘으로써 대한민국의 이익, 공공의 안전, 사회질서 및 선량한 풍속을 해하게 되므로 출입국관리법 제11조 제1항 제3호, 제4호 또는 제8호에 정한 입국금지사유에 해당하고, 입국금지조치가 비례의 원칙이나 평등의 원칙을 위반하였다고 보기 어려워 적법·유효한 이상, 입국금지조치를 이유로 한 사증발급 거부는 출입국관리법 제8조 제3항, 출입국관리법 시행규칙 제9조의2 제2호에 따른 것으로서 적법하다."고 판시하였다(서울행정법원 2016. 9. 30. 선고 2015구합77189 판결). 그러나, **대법원**은 "재외공관장이 자신에게 주어진 재량권을 전혀 행사하지 않고 오로지 13년 7개월 전에 **입국금지결정이 있었다는 이유만으로 그에 구속되어 사증발급 거부처분을 한 것이 비례의 원칙에 반하는 것인지 판단했어야 함에도, 입국금지결정에 따라 사증발급 거부처분을 한 것이 적법하다고 본 원심판단에 법리를 오해**한 잘못이 있다."고 판단하였다.(대법원 2019. 7. 11. 선고 2017두38874 판결).

38) 사증 발급 요건 등에 관한 법무부 상세 지침은 하이코리아 '사증민원 자격별 안내 매뉴얼'을 참고할 것(www.hikorea. go.kr → 자주 찾는 메뉴 → 법령지침정보 → 체류자격별 안내매뉴얼-체류/사증).

39) 이철우 이희정 외,「이민법」, 박영사, 2019, 248면.

목차	내용
5. 사증발급 거부에 대한 불복	**(2) 행정소송** • 중국 국적 여성이 결혼이민(F-6) 사증발급을 신청하였다가 거부당하자 거부처분 취소소송을 제기한 사건에서, 대법원은 "사증발급 거부처분을 다투는 외국인은, **아직 대한민국에 입국하지 않은 상태**에서 대한민국에 입국하게 해달라고 주장하는 것으로, **대한민국과의 실질적 관련성 내지 대한민국에서 법적으로 보호가치 있는 이해관계를 형성한 경우는 아니어서,** 해당 처분의 취소를 구할 법률상 이익을 인정하여야 할 법정책적 필요성도 크지 않다. **반면, 국적법상 귀화불허가처분이나 출입국관리법상 체류자격변경 불허가처분, 강제퇴거명령 등을 다투는 외국인은 대한민국에 적법하게 입국하여 상당한 기간을 체류한 사람이므로, 이미 대한민국과의 실질적 관련성 내지 대한민국에서 법적으로 보호가치 있는 이해관계를 형성한 경우이어서,** 해당 처분의 취소를 구할 법률상 이익이 인정된다고 보아야 한다. 나아가 중국 출입경관리법 제36조 등은 외국인이 사증발급 거부 등 출입국 관련 제반 결정에 대하여 불복하지 못하도록 명문의 규정을 두고 있으므로, 국제법의 상호주의 원칙상 대한민국이 중국 국적자에게 우리 출입국관리 행정청의 사증발급 거부에 대하여 행정소송 제기를 허용할 책무를 부담한다고 볼 수는 없다. 이와 같은 사증발급의 법적 성질, 출입국관리법의 입법 목적, 사증발급 신청인의 대한민국과의 실질적 관련성, 상호주의원칙 등을 고려하면, **우리 출입국관리법의 해석상 외국인에게는 사증발급 거부처분의 취소를 구할 법률상 이익이 인정되지 않는다**고 봄이 타당하다."고 판시하면서 사건을 <u>각하</u>하였음[40]

---

40) 대법원 2018. 5. 15. 선고 2014두42506 판결.

[별지 제18호서식] <개정 2005.7.8>

대 한 민 국 사 증
스 티 커 사 증

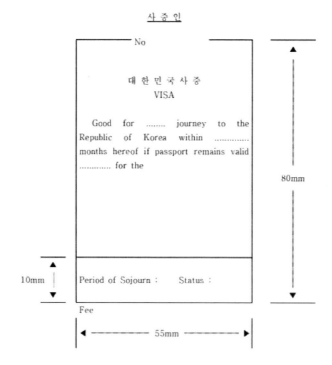

120mm×80mm

사 증 인

No

대 한 민 국 사 증
VISA

Good for .... journey to the
Republic of Korea within ....
months hereof if passport remains valid
.... for the

Period of Sojourn :   Status :

Fee

80mm

10mm

◀──── 55mm ────▶

[출처] 법제처 국가법령정보센터 홈페이지(www.law.go.kr)

사증발급거부통지서
REFUSAL OF VISA APPLICATION

발행번호 (No.   )

인적사항 Applicant Information	성명 Name in Full
	생년월일 Date of Birth
	여권번호 Passport No.

| 거부사유
Grounds for Refusal | ☐ 귀하는 유효한 여권 등을 소지하지 않았거나, 필요한 서류를 제출하지 않 았습니다.
You don't have a valid passport or did not submit the required documents.
☐ 귀하는 「출입국관리법」 제11조(입국의금지) 제1항에 해당합니다.
You are subject to Paragraph 1 of Article 11 (Prohibition of Entry) of the Immigration Act.
☐ 귀하는 과거 대한민국 체류 중 대한민국 법률을 위반한 사실이 있습니 다.
You have a record of violating Korean laws and regulations during your previous stay in Korea.
☐ 귀하의 입국목적을 소명할 충분한 서류를 제출하지 않았습니다.
You failed to provide sufficient documents to support the stated purpose of entry.
☐ 귀하는 대한민국 「출입국관리법」 제10조에 따른 체류자격의 요건을 충 족시키지 못했습니다.
You don't meet the visa eligibility requirements specified in Article 10 of the Immigration Act.
☐ 귀하가 제출한 서류는 진정성이 확인되지 않습니다.
The submitted documents have not been proven to be authentic.
☐ 귀하의 입국목적을 충분히 소명하지 못하였습니다.
You failed to provide sufficient explanation on the purpose of stay.
☐ 귀하가 예정한 체류기간 내에 귀국할 것임을 소명하지 못하였습니다.(소득·자 산 불충분 등)
You failed to prove the intention to leave Korea before the expiration of your legal stay. (The failure may be caused by insufficient funds, income or assets, etc.)
☐ 귀하를 초청한 자의 초청자격이 부적격합니다.
Your sponsor has not been proven to be eligible.
☐ 귀하를 초청한 자와의 관계를 입증하지 못하였습니다.
You failed to provide sufficient evidence to demonstrate your relationship with the sponsor.
☐ 기타(Others) _____ |

년   월   일 Date

○○출입국·외국인청(사무소·출장소)장 /
주○○대한민국대사관(총영사관) 대사(총영사)
CHIEF, ○○IMMIGRATION OFFICE/
The Korean Ambassador (Consul general) to ○○

직인

[출처] 법제처 국가법령정보센터 홈페이지(www.law.go.kr)

(2) 사증발급인정서(제9조)

목차	내용
1. 개념	• 외국인의 입국에 관하여 직접적인 이해관계자인 초청인이 국내에서 직접 사증발급을 위한 절차를 주도적으로 처리하도록 함으로써 피초청인인 외국인이 외국에서 신속, 용이하게 사증을 발급받아 입국할 수 있도록 하는 사증발급 제도를 의미함[41] • 피초청인인 외국인이 재외공관에 사증발급을 신청하는 경우에는 재외공관 사증담당 영사가 외국인의 체류자격과 입국목적 등을 확인·심사하기 위해 장기간 번거로운 절차를 거쳐야 하는 바, 사증발급인정의 기능은 이러한 번거로운 절차를 거치지 않고 사증발급절차를 간소화하고 발급기간을 단축할 수 있음
2. 발급대상자	• 대부분의 취업체류자격 등(시행규칙 제17조 제1항)
3. 발급기준	• 피초청인(외국인): 사증 발급기준을 준용(시행규칙 제17조의3 제1항) • 초청인: 출입국관리법 위반(예 허위초청)사범은 사증발급인정서 발급 제한(시행규칙 제17조의3 제2항)
4. 유효기간	• 3개월(시행규칙 제18조)
5. 효력	• 재외공관장은 사증발급인정서의 내용에 따라 사증을 발급할 의무가 있음(시행규칙 제17조의2 제3항)
6. 사증발급인정서 발급거부결정에 대한 불복	• 행정심판: 청구인 적격이 없음[42] • 행정소송: 청구인 적격에 대하여 판례가 일치하지 않음[43]

---

41) 제주지방법원 2006. 6. 7. 선고 2005구합733 판결.

42) 초청인 청구 각하 재결례로는 법무부 2005.8.16., 2005-10284, 서울출입국관리사무소를 들 수 있으며, 피초청인 청구 각하 재결례로는 법무부 2005.9.21.,2005-09670, 수원출입국관리사무소를 들 수 있다.

43) 제주지방법원은 초청인의 청구인 적격을 인정하였으나(2005구합733), 청주지방법원(2009구합1605)은 초청인의 청구인 적격을 인정하지 않았으며, 서울행정법원(2008구합41250)은 초청인과 피초청인의 청구인 적격을 모두 인정하지 않았다.

사증발급인정서
CERTIFICATE OF VISA ELIGIBILITY

사증발급인정번호(Certificate No.) :   호   (VALID UNTIL   /   /   까지 유효)

1. 신청인 정보 / APPLICANT INFORMATION

신청인 사진(Photo) 여권용사진 (35mm×45mm) - 흰색 바탕에 모자를 쓰지 않은 정면 사진으로 촬영일부터 6개월이 경과하지 않아야 함 A color photo taken within last 6 months(full face without hat, front view against white or off-white background)	성명 Full Name		(한자성명) (漢字姓名)	
	생년월일 Date of Birth		성별 Sex	
	국적 Nationality			
	여권번호 Passport No.			
	여권만료일 Passport Expiry Date			

2. 초청인 정보 / SPONSOR INFORMATION

성명 Full Name		생년월일 Date of Birth	
국적 Nationality		성별 Sex	
회사/기관명 Company/Institute		직위 Job Position	

3. 사증사항 / VISA DETAILS

체류자격 Status of Stay		체류기간 Duration of Stay		사증종류 Visa Type	
				유효기간 Period of Validity	
비고 Remarks					

「출입국관리법」 제9조에 따라 위의 신청인에 대한 사증발급인정서가 발급되었음을 확인합니다.
This document confirms that the above applicant's visa application has been preapproved in accordance with Article 9 of the Immigration Act.

발급일 Date of Issue _____.____.____.

○○출입국·외국인청(사무소·출장소)장 [직인]

CHIEF, ○○IMMIGRATION OFFICE

유의사항 (Notice)

1. 사증을 발급받으려면, 외국에 주재하는 대한민국 대사관 또는 영사관에 이 인정서를 제출하여야 합니다.
   If you wish to obtain a visa, you must submit this document to a Korean embassy or consulate.
2. 발급일부터 3개월 내에 사증발급을 신청하지 않으면 이 인정서는 효력을 잃게 됩니다.
   This certificate will expire if you do not apply for a visa within 3 months from its issuance date.

210mm×297mm[백상지(80g/㎡) 또는 중질지(80g/㎡)]

[출처] 법제처 국가법령정보센터 홈페이지(www.law.go.kr)

- 사증발급인정서를 발급받은 사람 -
사 중 발 급 신 청 서
APPLICATION FOR VISA
For those in possession of visa issuance confirmation

▶ 신청인은 사실에 근거하여 빠짐없이 정확하게 신청서를 작성하여야 합니다.
  The applicant must fill out this form completely and correctly.

▶ 신청서상의 모든 질문에 대한 답변은 한글 또는 영문으로 기재하여야 합니다.
  The applicant must write in block letters either in English or Korean.

▶ 해당 칸[ ] 안에 √ 표시를 하시기 바랍니다.
  For multiple-choice questions, The applicant must check [√] all that apply.

1. 인적사항 / PERSONAL DETAILS

PHOTO 여권용사진 (35mm×45mm) - 흰색 바탕에 모자를 쓰지 않은 정면 사진으로 촬영일부터 6개월이 경과하지 않아야 함 A color photo taken within last 6 months(full face without hat, front view against white or off-white background)	1.1 여권에 기재된 영문 성명/Full name in English (as shown in passport)	
	성 명 Full Name	
	1.2 한자성명 漢字姓名	1.3 성별 Sex 남성/Male[ ] 여성/Female[ ]
	1.4 생년월일 Date of Birth (yyyy/mm/dd)	1.5 국적 Nationality
	1.6 출생국가 Country of Birth	1.7 국가신분증번호 National Identity No.

1.8 이전에 한국에 출입국하였을 때 다른 성명을 사용했는지 여부
  Has the applicant ever used any other names to enter or depart Korea?
  아니요 No [ ]   예 Yes [ ]   → '예' 선택 시 상세내용 기재 If 'Yes', please provide details
  (성 Family Name   , 명 Given Name   )

1.9 복수 국적 여부 Are you a citizen of more than one country ?   아니요 No [ ]   예 Yes [ ]
  → '예' 선택 시 상세내용 기재 If 'Yes' please write the countries (   )

2. 연락처 / CONTACT INFORMATION

2.1 본국 주소 Home Country Address of the Applicant

2.2 현 거주지 Current Residential Address *현 거주지가 본국 주소와 다를 경우 기재 / Please write the current address if different from above

2.3 휴대전화 Cell Phone No. 또는 일반전화 Telephone No.   2.4 이메일 E-mail

2.5 비상시 연락처 Emergency Contact Information

a) 성명 Full Name in English	b) 거주국가 Country of Residence
c) 전화번호 Telephone No.	d) 관계 Relationship to the applicant

3. 사증발급인정서 발급내용 / DETAILS OF VISA ISSUANCE CONFIRMATION

3.1 사증발급인정번호 Confirmation No.		3.2 발급일 Issue Date	
3.3 여권번호 Passport No.		3.4 여권만료일 Passport Expiry Date	
3.5 여권 변경 여부(최근 3개월 이내) Change of Passport(within recent 3 months)	아니요 No [ ] 예 Yes [ ]	3.6 체류자격 Status of Stay	

본인은 이 신청서에 기재된 내용이 거짓 없이 정확하게 작성되었음을 확인합니다. 또한 본인은 대한민국의 출입국관리법 규정을 준수할 것을 서약합니다.
I declare that the statements made in this application are true and correct to the best of my knowledge and belief, and that I will comply with the Immigration Act of the Republic of Korea.

신청일자 (년. 월. 일) DATE OF APPLICATION (yyyy/mm/dd)   /   /   /

신청인 서명 또는 인 SIGNATURE OF APPLICANT/SEAL

[출처] 법제처 국가법령정보센터 홈페이지(www.law.go.kr)

사증발급인정서 발급 거부통지서
NOTICE OF REFUSAL OF CERTIFICATE OF VISA ELIGIBILITY

발행번호 (No.   )

인적사항 Applicant Information	성명 Name in Full
	생년월일 Date of Birth
	여권번호 Passport No.
거부사유 Grounds for Refusal	[ ] 신청인은 유효한 여권 등을 소지하지 않았거나, 필요한 서류를 제출하지 않 았습니다. 　　The applicant does not have a valid passport or has failed to submit the required documents. [ ] 신청인은 「출입국관리법」 제11조(입국의금지) 제1항에 해당합니다. 　　The applicant is subject to Paragraph 1 of Article 11 (Prohibition of Entry) of the Immigration Act. [ ] 신청인은 과거 대한민국 체류 중 대한민국 법률을 위반한 사실이 있습니다. 　　The applicant has a record of violating the laws and regulations of the Republic of Korea during his/her previous stay in the ROK. [ ] 신청인은 입국목적을 소명할 충분한 서류를 제출하지 않았습니다. 　　The applicant has failed to provide sufficient documents to support the stated purpose of entry. [ ] 신청인은 대한민국 「출입국관리법」 제10조에 따른 체류자격의 요건을 충 족시키지 못했습니다. 　　The applicant has failed to meet the eligibility requirements specified in Article 10 (Status of Stay) of the Immigration Act. [ ] 신청인 또는 초청인이 제출한 서류는 진정성이 확인되지 않습니다. 　　The submitted documents have not been proven to be authentic. [ ] 신청인은 입국목적을 충분히 소명하지 못하였습니다. 　　The applicant has failed to provide sufficient explanation on the purpose of stay. [ ] 초청인이 「출입국관리법」 시행규칙 제17조의3 제2항에 해당합니다. 　　The person who invited the applicant is subject to Article 17-3 (2) of the Enforcement Rule of the Immigration Act. [ ] 신청인과 초청인의 관계를 입증하지 못하였습니다. 　　The applicant has failed to provide a proof of relationship to the inviting person. [ ] 기타(Others) _____

년   월   일 Date

○○출입국·외국인청(사무소·출장소)장 직인

CHIEF, ○○ IMMIGRATION OFFICE

210㎜×297㎜[백상지(80g/㎡) 또는 중질지(80g/㎡)]

[출처] 법제처 국가법령정보센터 홈페이지(www.law.go.kr)

(3) 사전여행허가(제7조의3)

목차	내용
1. 개념	관광객 등 선량한 외국인의 신속하고 편리한 입국을 지원하되 입국이 부적절한 외국인의 현지 탑승을 원천적으로 차단할 수 있도록 외국인이 비행기 탑승 전 비행기 탑승 가능여부에 대한 허가를 받도록 함 → 사증과 마찬가지로 **사전여행허가(K-ETA)가 입국을 보장하는 것은 아님**
2. 발급대상자	①사증면제협정, ②우리정부의 특별조치(무사증입국허가), ③다른 법률에 따라 사증 없이 입국할 수 있는 외국인
3. 절차	사전여행허가를 받은 외국인은 입국할 때에 사전여행허가서를 소지해야 함

유형	내용
3. 입국불허결정 (제12조 제4항)	**(1) 사유** • 외국인이 제12조 제3항의 입국허가의 요건[①여권과 사증(또는 사전여행허가서)이 유효할 것, ②입국의 금지 또는 거부의 대상이 아닐 것, ③입국목적이 체류자격에 맞을 것, ④체류기간이 정하여졌을 것]을 **갖추었음을 증명하지 못한 때**(제12조 제4항), 또는 • 외국인이 입국심사 시 생체정보를 제공하지 아니하는 경우(제12조의2 제2항) **(2) 불복 또는 구제** • 내부적 불복절차: 입국이 불허된 외국인이 법무부장관에게 제기할 수 있는 법률상의 이의신청제도는 없음 • 사법적 구제절차: 입국이 불허된 외국인은 행정소송을 제기할 수 있음[48] **(3) 입국금지결정 vs. 입국불허결정[49]**

	입국금지결정	입국불허결정
결정권자	법무부장관	출입국관리공무원
검토사항	입국금지사유에 해당하는 지 여부 심사	입국금지사유에 해당하는 지 여부, 여권과 사증(또는 사전여행허가서)의 구비, 입국목적과 체류자격의 일치, 체류기간이 정해져 있는 지 여부 등 심사
신청	외국인의 신청이 없는 법무부장관의 일방적 결정	외국인이 입국허가를 신청하고 이에 대한 불허결정이라는 양방향적 결정
처분성	없음	있음

---

48) 서울행정법원은 자신의 회사에서 근무하는 한국인 여직원을 추행한 중국 유통 대기업 회장 A씨가 인천공항 출입국관리사무소장을 상대로 낸 입국불허처분 취소소송에서 원고패소 판결한 바 있다.(서울행정법원 2018. 8. 31. 선고 2017구합73389 판결).

49) 이철우 이희정 외, 『이민법』, 박영사, 2019, 108면 내용을 보완함.

■ 출입국관리법 시행규칙 [별지 제23호서식] <개정 2018. 5. 15.>

허가번호(No.) :

조건부입국허가서
(CONDITIONAL ENTRY PERMIT)

대상자 (Person to whom the Permit is issued)	성명 (Full name)
	성별 (Sex) 남 Male[ ] 여 Female[ ]
	생년월일 (Date of Birth)
	국적 (Nationality)
	여권번호 (Passport No.)
	선박명 (Vessel Name)

위 사람에 대해 「출입국관리법」 제13조에 따라 아래와 같이 조건부입국을 허가합니다.

You are hereby granted conditional entry permission under the following conditions pursuant to Article 13 of the Immigration Act.

조건 / 제한 (Restrictions / Conditions)	허가기간 (Period of permit)
	행동범위 (Area of movement)
	기타 (Others)

<유의사항 / Notice>

1. 출석요구를 받았을 때에는 지정된 일시 및 장소에 출석하여야 합니다.

   You must appear at a designated place and time when your attendance is requested.

2. 조건부입국허가 기간 중에는 입국수속에 필요한 행동 이외의 행동을 하여서는 안 됩니다.

   You must refrain from any behavior or actions other than required for the entry procedure during the period of conditional entry.

3. 조건에 위반할 때에는 이 허가를 취소하고, 예치된 보증금의 전부 또는 일부를 국고에 귀속할 수 있으며, 「출입국관리법」에 따라 처벌됩니다.

   Failure to observe any of the above conditions shall cause an immediate rescission of the permit. In addition, the full amount or portion of the bond that you deposited will be confiscated to the national funds, and you will be subject to punishment pursuant to the Immigration Act.

년   월   일

Date   year   month   day

○○출입국 · 외국인청(사무소 · 출장소)장 | 직인 |

CHIEF, ○○IMMIGRATION OFFICE

210㎜×297㎜[백상지(80g/㎡) 또는 중질지(80g/㎡)]

[출처] 법제처 국가법령정보센터 홈페이지(www.law.go.kr)

■ 출입국관리법 시행규칙 [별지 제24호의4서식] <신설 2022. 8. 18.>

입국 불허가 통지서
NOTICE OF ENTRY REFUSAL

발행번호 (No.   )

인적사항 Personal Details	성명 Name in Full
	생년월일 Date of Birth
	여권번호 Passport No.

「출입국관리법」 제12조에 따라 귀하는 아래와 같은 사유로 대한민국에 입국이 허가되지 않았으므로 지체 없이 출국하여야 합니다.
In accordance with the provisions of Article 12 of the Immigration Act, Korea Immigration Service has determined that you are inadmissible to the Republic of Korea and hereby shall leave because of the following ground(s).

입국 불허가 사유 Grounds for Entry Refusal	귀하는 「출입국관리법」 제12조제3항에 따른 요건 중 다음의 요건을 갖추었음을 증명하지 못하였습니다. You failed to show that you have met the bellow requirement among the requirements mandated on paragraph 3 of Article 12 of the Immigration Act. [ ] 여권과 사증이 유효할 것 His/her passport and the visa shall be valid [ ] 「출입국관리법」 제7조의3제2항에 따른 사전여행허가서가 유효할 것 His/her prior permit for travel referred to in Article 7-3 (2) of the Immigration Act shall be valid [ ] 입국목적이 체류자격에 맞을 것 The purpose of his/her entry shall comply with the status of stay [ ] 체류기간이 법무부령으로 정하는 바에 따라 정하여졌을 것 The period of stay shall have been determined as prescribed by Ordinance of the Ministry of Justice [ ] 「출입국관리법」 제11조에 따른 입국 금지 또는 거부의 대상이 아닐 것 He/she shall not be subject to prohibition or refusal of entry under Article 11 of the Immigration Act
송환대기장소 안내 Location of Waiting Room	「출입국관리법」 제76조의2에 따라 귀하는 출국하기 전까지 출국대기실에서 대기해야 합니다. In accordance with Article 76-2 of the Immigration Act, you shall wait in the departure waiting room until your departure.

입국 불허가 통지서를 출입국관리공무원으로부터 직접 교부받았다면, 아래에 서명하시기 바랍니다.
When the notice of entry refusal was personally handed to you by an immigration officer, please sign below.

수령자 서명
Recipient's Signature

	년	월	일
Date	(year)	(month)	(day)

○○출입국 · 외국인청(사무소 · 출장소)장 [직인]

Chief of ○○ Immigration Office(Branch Office)

210㎜×297㎜[백상지(80g/㎡) 또는 중질지(80g/㎡)]

[출처] 법제처 국가법령정보센터 홈페이지(www.law.go.kr)

출입국관리법 Ⅲ
(외국인의 체류 1)

1 체류자격

목차	내용
1. 개념	외국인이 국내에 머물면서 일정한 활동을 할 수 있는 법적 지위를 유형화한 것으로, 그에 따라 일정한 권리를 부여 받고 의무를 부담하는 출입국관리법에서 정한 자격
2. 기능[50]	• 체류자격은 외국인이 대한민국에 입국하려는 때에 <u>입국허가의 요건이 됨</u> → 외국인이 입국할 때에는 유효한 여권과 사증을 가지고 있어야 하는데 사증에는 체류자격 등이 기재되어 있음(제7조) • 체류자격은 외국인이 대한민국에 입국한 후 활동범위에 관하여 예측 가능한 명확한 기준을 설정하는 가이드라인이 됨 → 외국인은 체류자격과 체류기간의 범위 내에서 대한민국에 체류할 수 있음(제17조 제1항) • 체류자격은 외국인의 법적 지위에 따른 권리와 의무의 범위를 정하고, 그 범위를 위반할 경우에는 제재하고 관리하는 규범이 됨 　– 지방출입국·외국인관서의 장은 체류자격과 기간을 벗어나 체류하는 외국인을 <u>강제퇴거</u> 할 수 있음(제46조 제1항 제8호) 　– 지방출입국·외국인관서의 장은 체류자격과 기간을 벗어나 체류하는 외국인 중 그 위반 정도가 가벼운 경우에는 <u>출국을 권고</u>할 수 있음(제67조 제1항 제1호) 　– 체류자격과 기간을 벗어나 체류한 외국인은 3년 이하의 <u>징역</u> 또는 3천만원 이하의 <u>벌금</u>에 처함(제94조 제7호)
3. 재량행위	• 체류자격의 부여는 <u>재량행위</u>에 해당함 • 재량행위에 대한 법원의 심사는 그 행정행위가 사실오인, <u>비례·평등의 원칙 위배</u>,[51] 그 행정행위의 목적 위반 또는 부정한 동기 등에 근거하여 이루어짐으로써 <u>재량권의 일탈·남용이 있었는지</u> 여부를 심사하게 됨

---

50) 차용호, 『한국 이민법』, 법문사, 2015, 323면.

51) 비례원칙위배의 예로는 청주지방법원 2018. 5. 17 선고 2017구합2276 판결 → 제14강 법원 판결 사례 참조.

목차	내용
	(1) 입국하려는 외국인은 ①일반체류자격(대한민국에 체류할 수 있는 기간이 제한되는 체류자격으로 단기체류자격과 장기체류자격으로 구분됨) 또는 ②영주자격(대한민국에 영주할 수 있는 체류자격) 중 어느 하나에 해당하는 체류자격을 가져야 함(제10조)
	(2) 일반체류자격(제10조의2)
	1) 단기체류자격
	• 관광, 방문 등의 목적으로 대한민국에 90일 이하의 기간(사증면제협정이나 상호주의에 따라 90일을 초과하는 경우에는 그 기간) 동안 머물 수 있는 체류자격 → <u>B와 C 계열 체류자격</u>
	• **시행령 [별표 1]**에 사증면제(B-1), 관광·통과(B-2), 일시취재(C-1), 단기방문(C-3), 단기취업(C-4) 등 **총 5개 체류자격이 규정됨**
	2) 장기체류자격
	• 유학, 연수, 투자, 주재, 결혼 등의 목적으로 대한민국에 <u>90일을 초과하여</u> <u>법무부령으로 정하는 체류기간의 상한 범위(**시행규칙 별표 1**)에서 거주할 수 있는 체류자격 → B와 C 계열을 제외한 체류자격
4. 체류기간에 따른 분류	• **시행령 [별표 1의2]**에 외교(A-1), 공무(A-2), 협정(A-3), 문화예술(D-1), 유학(D-2), 기술연수(D-3), 일반연수(D-4), 취재(D-5), 종교(D-6), 주재(D-7), 기업투자(D-8), 무역경영(D-9), 구직(D-10), 교수(E-1), 회화지도(E-2), 연구(E-3), 기술지도(E-4), 전문직업(E-5), 예술흥행(E-6), 특정활동(E-7), 계절근로(E-8), 비전문취업(E-9), 선원취업(E-10), 방문동거(F-1), 거주(F-2), 동반(F-3), 재외동포(F-4), 결혼이민(F-6), 관광취업(H-1), 방문취업(H-2), 기타(G-1) 등 **총 31개 체류자격이 규정됨**
	(3) 영주자격(제10조의3)
	1) 영주자격 외국인은 활동범위 및 체류기간의 제한을 받지 아니함
	2) 영주자격(F-5) 취득 요건
	① 대한민국의 법령을 준수하는 등 **품행이 단정**할 것
	② 한국어능력과 한국사회·문화에 대한 이해 등 대한민국에서 계속 살아가는 데 필요한 **기본소양**을 갖추고 있을 것
	③ 본인 또는 생계를 같이하는 가족의 소득, 재산 등으로 **생계를 유지할 능력**이 있을 것, 그리고
	④ **시행령 [별표 1의3]**에 규정된 **영주자격 부여 대상자**에 해당할 것
5. 취업가능여부에 따른 분류	• 취업을 목적으로 하는 체류자격 : 단기취업(C-4), 교수(E-1) ~ 선원취업(E-10), 관광취업(H-1), 방문취업(H-2) • 취업의 제한을 받지 않는(자유로운 취업이 가능한) 체류자격 : 영주(F-5), 결혼이민(F-6), 재외동포(F-4), 거주(F-2) • 기타의 체류자격은 모두 취업 불가능 체류자격임
6. 체류자격 지침	• 하이코리아 홈페이지(**www.hikorea.go.kr**) → 자주 찾는 메뉴 → 법령지침정보 → 체류자격별 안내 매뉴얼(사증/체류) • **사증발급 안내매뉴얼** : 국외에서 사증 신청 시 적용되는 내용 • **외국인체류 안내매뉴얼** : 국내에서 체류자격변경허가, 체류기간연장허가, 체류자격외 활동허가 등 신청 시 적용되는 내용

민원신청 | 정보조회 | 자동출입국심사 | 정보광장 | 뉴스·공지

하이코리아에서는
편리한 민원신청을 위해
온라인으로 신청하실 수 있는 서비스를 제공하고 있습니다.

뉴스·공지

⌂ > 뉴스·공지 > 공지사항

■ 공지사항

공지사항	제목	체류자격별 통합 안내 매뉴얼
보도자료	작성자	HiKorea
자료실	구분	HIKOREA
	첨부	(배포용)230703 (하이코리아) 체류민원 자격별 안내 매뉴얼(유학, 투자이민 E-3).hwp (배포용)230703 (하이코리아) 사증체류 민원 자격별 안내 매뉴얼 수정 이력.hwp (배포용)230703 (하이코리아) 사증민원 자격별 안내 매뉴얼(유학, E-8).hwp

[출처] 법무부 하이코리아 홈페이지(www.hikorea.go.kr)

사증발급 안내매뉴얼
[체류자격별 대상 첨부서류 등]

2023. 7.

법 무 부
출입국 · 외국인정책본부

[출처] 법무부 하이코리아 홈페이지(www.hikorea.go.kr)

目 次

[출처] 법무부 하이코리아 홈페이지(www.hikorea.go.kr)

외국인체류 안내매뉴얼

2023. 7.

법 무 부
출입국·외국인정책본부

[출처] 법무부 하이코리아 홈페이지(www.hikorea.go.kr)

目　次

[출처] 법무부 하이코리아 홈페이지(www.hikorea.go.kr)

〈체류기간 및 체류목적에 따른 체류자격의 재분류〉[52]

체류 기간	체류 목적	체류 자격
비영주 (단기 + 장기)	업무 (취업 + 취업유사)	① 전문인력: 일시취재(C-1), 단기취업(C-4), 교수(E-1), 회화지도(E-2), 연구(E-3), 기술지도(E-4), 전문직업(E-5), 예술흥행(E-6), 특정활동(E-7), 취재(D-5), 종교(D-6), 주재(D-7), 기업투자(D-8), 무역경영(D-9), 구직(D-10), 외교(A-1), 공무(A-2), 협정(A-3) ② 단순기능인력: 계절근로(E-8), 비전문취업(E-9), 선원취업(E-10), 방문취업(H-2), 관광취업(H-1)
	유학·연수	유학(D-2), 일반연수(D-4), 기술연수(D-3), 문화예술(D-1)
	방문	사증면제(B-1), 관광·통과(B-2), 단기방문(C-3)
	가족	동반(F-3), 방문동거(F-1)
	특별임시체류	기타(G-1)
준영주 (장기)	–	결혼이민(F-6), 재외동포(F-4), 거주(F-2)
영주	–	영주(F-5)

---

52) 이는 체류자격의 종류에 대한 학습자의 이해를 돕기 위하여 저자가 임의로 재분류한 것이며 출입국관리법 구분에 따른 것이 아님

○ 체류외국인 자격별 현황

(2023.5.31. 현재, 단위 : 명)

구 분	'23년 2월	'23년 3월	'23년 4월	'23년 5월	전월 대비	'22년 5월	전년 대비
총 계	2,162,358	2,335,596	2,354,083	2,364,894	0.5%	2,012,862	17.5%
사증면제(B-1)	198,375	237,752	236,859	233,227	-1.5%	179,032	30.3%
관광통과(B-2)	49,467	115,723	106,003	109,478	3.3%	62,192	76.0%
단기방문(C-3)	114,619	143,546	164,237	152,898	-6.9%	93,161	64.1%
단기취업(C-4)	2,150	2,633	3,414	3,821	11.9%	2,374	61.0%
유 학(D-2)	146,053	150,384	142,617	142,521	-0.1%	121,139	17.7%
기술연수(D-3)	1,707	1,821	1,820	1,824	0.2%	1,739	4.9%
일반연수(D-4)	61,146	66,419	66,205	66,913	1.1%	55,343	20.9%
종 교(D-6)	1,466	1,472	1,464	1,479	1.0%	1,384	6.9%
상사주재(D-7)	1,136	1,154	1,159	1,171	1.0%	1,057	10.8%
기업투자(D-8)	6,929	7,030	7,152	7,230	1.1%	6,380	13.3%
무역경영(D-9)	2,140	2,199	2,236	2,381	6.5%	2,175	9.5%
교 수(E-1)	2,004	2,003	2,001	1,999	-0.1%	2,070	-3.4%
회화지도(E-2)	14,274	14,069	13,943	13,968	0.2%	13,939	0.2%
연 구(E-3)	3,933	3,997	3,900	3,907	0.2%	3,724	4.9%
기술지도(E-4)	210	212	213	213	0.0%	197	8.1%
예술흥행(E-6)	4,014	4,162	4,233	4,361	3.0%	3,484	25.2%
특정활동(E-7)	25,622	27,106	28,681	29,322	2.2%	22,313	31.4%
계절근로(E-8)	4,758	7,819	12,185	16,468	35.1%	3,472	374%
비전문취업(E-9)	269,851	277,543	278,363	285,681	2.6%	223,374	27.9%
선원취업(E-10)	20,160	20,073	19,562	19,895	1.7%	18,502	7.5%
방문동거(F-1)	105,113	106,922	107,608	108,648	1.0%	94,354	15.1%
거 주(F-2)	45,314	45,845	46,863	47,814	2.0%	43,231	10.6%
동 반(F-3)	25,121	25,569	25,660	26,193	2.1%	22,468	16.6%
재외동포(F-4)	502,069	506,968	511,148	515,111	0.8%	485,131	6.2%
영 주(F-5)	178,790	179,610	180,371	181,251	0.5%	171,867	5.5%
결혼이민(F-6)	137,570	138,423	138,966	139,381	0.3%	135,334	3.0%
방문취업(H-2)	101,838	105,007	105,627	106,062	0.4%	114,985	-7.8%
기 타	136,529	140,135	141,593	141,677	0.1%	128,441	10.3%

[출처] 법무부 출입국·외국인정책본부, 출입국·외국인정책 통계월보 2023년 5월호, 21면.

3 체류자격 외 활동(제20조)

목차	내용
1. 개념	• 대한민국에서 체류하는 외국인이 원래부터 부여받은 체류자격에 해당하는 활동을 유지하면서, 다른 체류자격에 해당하는 활동을 **추가적으로** 하는 것 • '1명의 외국인에 대한 1개의 체류자격' 원칙의 예외 • 법무부장관의 체류자격 외 활동허가가 필요함 • 체류자격 외 활동허가의 예: 난민신청자(G-1 체류자격 소지자)에 대한 취업허가(난민법 시행령 제18조)
2. 구별개념	'체류자격 외 활동'은 원체류자격을 유지하면서 부수적 활동을 하는 경우를 의미한다는 점에서 '체류자격 변경'과 구별됨
3. 허가 대상 활동	• 원래 부여받은 체류자격에 해당하는 활동과 다른 체류자격에 해당하는 활동 • 다른 체류자격에 해당하는 활동은 영리활동 또는 비영리활동 여부를 불문함. 단, 관광, 구매, 종교, 자원봉사 등 인간으로서 당연히 누리는 활동은 체류자격 외 활동 허가 대상이 아님
4. 벌칙	위반의 정도에 따라 강제퇴거(제46조 제1항 제8호), 출국권고(제67조 제1항 제1호)되거나, 3년 이하의 징역 또는 3천만원 이하의 벌금에 처하게 됨(제94조 제15호)

체류자격 변경(제24조)

목차	내용
1. 개념	• 대한민국에서 체류하는 외국인이 원래 부여받은 체류자격과는 다른 체류자격에 해당하는 활동을 하기 위하여 종전의 체류자격을 변경하는 것 • 법무부장관의 체류자격 변경 허가가 필요함[63]
2. 벌칙	체류자격 변경 허가를 받지 아니하고 다른 체류자격에 해당하는 활동을 한 자는 강제퇴거 되거나(제46조 제1항 제8호), 3년 이하의 징역 또는 3천만원 이하의 벌금에 처하게 됨(제94조 제16호)
3. 강제퇴거명령 받은 외국인의 체류자격 변경 허용 여부[64]	① 부정설 • 불법이민 중에 단속 등으로 적발되어 강제퇴거명령을 받고 보호조치 또는 보호일시 해제된 자에게 진정한 혼인신고 등을 이유로 체류자격 변경을 허가한다면 국내에서 외국인의 준법질서 침해 등 법적 안정성이 저하됨 • 대한민국으로부터 강제퇴거된 외국인은 재외공관으로부터 혼인생활 등을 위한 사증을 발급받아 재입국이 가능하도록 입국규제를 완화하는 인도주의적 행정조치가 이미 실행되고 있음 ② 긍정설 • 강제퇴거된 외국인이 재입국의 과정을 거치면서 겪어야 할 불편함과 경제적·정신적 피해의 발생은 그 외국인과 가정을 구성하고 있는 대한민국 국민의 헌법 제36조 제1항(결혼 등에 의한 가족관계 또는 가족의 결합권)의 기본권을 침해하는 것임 • 일반적으로 체류자격 변경 사유가 발생한 경우 불법체류자에 대하여도 국내에서 불법체류한 기간에 대한 범칙금을 납부하고 체류자격을 변경하는 방법이 있음

---

63) 베트남 국적으로 비전문취업(E-9) 자격을 받고 대한민국에 입국한 甲이 체류기간이 만료되었는데도 7년 이상 불법체류를 해오다가 베트남 출신 혼인귀화인 乙과 혼인신고를 하고 국민의 배우자(F-6-1) 자격으로 체류자격 변경허가 신청을 하였으나 관할 출입국관리사무소장이 '배우자 국적취득 후 3년 미만, 7년 4개월의 불법체류'를 이유로 신청을 반려하고 자진출국할 것을 통보한 사안에서, 대구고등법원은 처분이 재량권을 일탈·남용한 경우에 해당하지 않는다고 판단하였다(대구고법 2016. 8. 5. 선고 2016누4547 판결).

64) 차용호, 「한국 이민법」, 법문사, 2015, 370면.

5 체류기간 연장(제25조)

목차	내용
1. 개념	• 당초에 부여하였던 체류기간의 범위를 초과하여 대한민국에 체류할 수 있도록 새로운 체류기간을 부여하는 것 • 법무부장관의 체류기간 연장 허가가 필요함 • 체류기간 연장 허가 신청을 한 외국인이 그 신청이 권리남용에 해당한다는 등의 특별한 사정이 없는 한 허가 여부의 처분이 있을 때까지는 체류기간이 지난 뒤에도 불법체류자로서의 책임을 지지 않음(대법원 판례)
2. 유형	**(1) 일반적 체류기간 연장**(제25조) 　동일한 체류자격을 유지하면서 체류기간을 연장[65][66] **(2) 결혼이민자 등에 대한 특칙**(제25조의2) 　법무부장관은 「가정폭력범죄의 처벌 등에 관한 특례법」, 「성폭력범죄의 처벌 등에 관한 특례법」, 「아동학대범죄의 처벌 등에 관한 특례법」, 「인신매매 등 방지 및 피해자보호 등에 관한 법률」 관련하여 법원의 재판, 수사기관의 수사 또는 그 밖의 법률에 따른 권리구제 절차가 진행 중인 외국인에게 <u>권리구제 절차가 종료할 때까지</u> 체류기간을 연장할 수 있음

---

65) 갑과 혼인하여 대한민국 국민의 배우자로 체류자격을 얻어 입국한 베트남 국적 여성 을이 갑을 상대로 이혼 및 위자료 청구소송을 제기하여 일부승소판결이 확정된 후 체류기간 연장허가 신청을 하였으나, 관할 출입국관리사무소장이 '혼인의 진정성 결여 및 배우자의 귀책사유 불명확 등'을 이유로 위 신청을 불허하는 처분을 한 사안에서, 울산지방법원은 "갑은 2년여에 걸친 혼인생활 동안 자주 술을 마시고 늦게 귀가하거나 외박을 하는 등 가정생활을 소홀히 한 반면, 을은 언어 소통이 잘 되지 않는 어려운 상황에서도 아이를 낳아 가정을 꾸리고자 하는 의지가 있었고, 아이를 낳을 것을 제안하였으나 갑의 거절로 이러한 바람이 무산된 점, 혼인관계가 해소되었기 때문에 을이 국내에 머무를 중요한 이유가 없어졌다고 볼 여지는 있으나 을이 국내에 입국한 후 가출할 때까지 약 2년간 부부의 공동생활이 유지되었고 최종적으로 혼인관계가 해소될 때까지 약 4년의 기간이 경과하였으며 을은 이 기간을 통하여 대한민국에 터전을 잡고 삶을 영위하여 왔는데 이것을 단지 남편의 잘못으로 발생한 이혼을 이유로 송두리째 부인한다면 그 결과는 을에게 지나치게 가혹한 점 등 제반 사정들을 고려하면, 을이 자신에게 책임이 없는 사유로 갑과 정상적인 혼인생활을 할 수 없었다고 보이므로 이와 달리 을 역시 혼인관계 파탄에 책임이 있다고 판단하여 위 처분을 한 것은 재량권을 일탈·남용한 것으로 위법하다."고 판결하였다(울산지방법원 2017. 5. 11 선고 2016구합7006 판결).

66) 베트남 국적의 여성이 대한민국 국민 배우자와 이혼 후 체류기간 연장신청을 하였으나 '배우자에게 혼인파탄에 관한 전적인 귀책사유가 없다'는 이유로 거부처분을 당한 사안에서, **대법원**은 "'자신에게 책임이 없는 사유로 정상적인 혼인관계를 유지할 수 없는 사람'이란 '자신에게 주된 책임이 없는 사유로 정상적인 혼인관계를 유지할 수 없는 사람', 즉 '혼인파탄의 주된 귀책사유가 국민인 배우자에게 있는 경우'를 의미한다."고 판시하였다. (대법원 2019. 7. 4. 선고 2018두66869 판결).

목차	내용
2. 유형	**(3) 국가비상사태 등에 있어 체류기간 연장허가에 대한 특칙**(제25조의5) 법무부장관은 대한민국 또는 다른 국가의 전시, 사변, 전염병 확산, 천재지변 또는 이에 준하는 비상사태나 위기에 따른 국경의 폐쇄, 장기적인 항공기 운항 중단 등으로 인하여 외국인의 귀책사유 없이 출국이 제한된 경우에는 이 법 또는 다른 법률의 규정에도 불구하고 직권으로 또는 외국인의 신청에 따라 체류기간 연장을 허가할 수 있음 **(4) 출국을 위한 체류기간 연장**(시행규칙 제32조 제1항) 청장·사무소장 또는 출장소장은 체류기간이 만료되는 외국인이 ①외국인등록을 한 자로서 그 체류자격의 활동을 마치고 국내여행 등을 목적으로 일시 체류하고자 하는 경우, ②출국할 선박 등이 없거나 그 밖에 부득이한 사유로 출국할 수 없을 때는 30일 범위 내에서 체류기간을 연장할 수 있음 **(5) 출국기한의 유예**(시행규칙 제33조 제1항) 청장·사무소장·출장소장 또는 외국인보호소장은 체류기간 연장 등 불허결정 통지를 받은 자나 출국권고 또는 출국명령을 받은 자가 출국할 선박 등이 없거나 질병 기타 부득이한 사유로 그 기한 내에 출국할 수 없음이 명백한 때에는 그 출국기간을 유예할 수 있음
3. 벌칙	체류기간 연장 허가를 받지 아니하고 체류기간을 초과하여 계속 체류한 자는 강제퇴거 되거나(제46조 제1항 제8호), 3년 이하의 징역 또는 3천만원 이하의 벌금에 처하게 됨(제94조 제17호)

6 근무처의 변경 · 추가(제21조)

목차	내용
1. 원칙: **사전 허가**	대한민국에 체류하는 외국인이 그 체류자격의 범위에서 그의 근무처를 변경하거나 추가하려면 미리 법무부장관의 **사전 허가**를 받아야 함(제21조)
2. 예외: **사후 신고**	• **사후 신고 대상자** : 전문적인 지식 · 기술 또는 기능을 가진 사람으로서 교수(E-1)~ 특정활동(E-7) 체류자격자는 근무처를 변경하거나 추가한 날부터 15일 이내에 법무부장관에게 **신고**하여야 함(시행령 제26조의2) • 단, ①예술흥행(E-6) 체류자격자 중 관광진흥법에 의한 호텔업시설, 유흥업소 등에서 공연활동에 종사하는 자(E-6-2)와 ②E-7 체류자격자 중 일부(주방장 및 조리사, 숙련기능 점수제 종사자 등)는 사전 허가 대상임[67]
3. 벌칙	① 허가를 받지 아니하고 근무처를 변경 또는 추가한 사람은 강제퇴거 되거나(제46조 제1항 제9호), 1년 이하의 징역 또는 1천만원 이하의 벌금에 처하게 됨(제95조 제6호) ② 신고를 하지 않고 근무처를 변경 또는 추가한 사람은 200만원 이하의 과태료를 부과함(제100조 제1항 제3호)

---

67) 「출입국관리법 시행령 제26조의2 제1항에 따라 신고만으로 근무처 변경·추가를 할 수 있는 외국인의 요건 고시」, 법무부고시 제2020-212호.

7 체류자격 부여(제23조)

목차	내용
1. 개념	대한민국에서 출생하여 체류자격을 가지지 못하고 체류하거나, 한국에서 체류하는 중에 대한민국의 국적을 상실하거나 국적을 이탈하는 등 그 밖의 사유로 체류자격을 가지지 못하고 체류하게 되는 외국인에게 **새로이** 체류자격을 부여하는 것
2. 구별개념	'체류자격 부여'는 체류자격을 부여받을 대상자가 처음부터 체류자격을 갖고 대한민국에 머물고 있는 것이 아니라, **체류자격이 없는 상태에서 새로이 체류자격을 부여받는 것**이라는 점에서 '체류자격 외 활동 허가', '체류자격 변경 허가', '체류기간 연장 허가' 등과 구분됨
3. 신청기간	• 대한민국에서 출생하여 체류자격을 가지지 못하고 체류하게 되는 외국인은 그가 출생한 날로부터 <u>90일 이내</u>에 신청 • 대한민국에서 체류하는 중에 대한민국의 국적을 상실하거나 이탈하는 등 그 밖의 사유로 체류자격을 가지지 못하고 체류하게 되는 외국인은 그 사유가 발생한 날로부터 <u>60일 이내</u>에 신청
4. 벌칙	체류자격을 받지 아니하고 체류한 자는 강제퇴거 되거나(제46조 제1항 제8호), 3년 이하의 <u>징역</u> 또는 3천만원 이하의 <u>벌금</u>에 처하게 됨(제94조 제15호)

■ 출입국관리법 시행규칙 [별지 제43호서식] <개정 2018. 9. 21.>

체류자격 부여 불허결정 통지서
DISAPPROVAL NOTICE ON THE GRANT OF STATUS OF SOJOURN

발행번호 (No.   )

인적사항 Personal Information	성 명 Name in Full	
	생년월일 Date of Birth	국적 Nationality
	성 별 [ ] 남 [ ] 여 Sex [ ] M [ ] F	
	대한민국 내 주소 Address in Korea	
불허사유 Reasons for Denial		
출국기한 Deadline for Departure		

1. 「출입국관리법 시행령」 제33조에 따라 귀하의 체류자격 부여 신청에 대하여는 허가하지 아니하기로 결정하였음을 통보합니다.

   In accordance with Article 33 of the Enforcement Decree of the Immigration Act, we notify you that your application for the grant of status of sojourn has been denied.

2. 귀하는 위 처분에 대하여 이의가 있을 때에는 이 통지서를 받은 날부터 90일 이내에 행정심판 또는 행정소송을 제기할 수 있습니다.

   ※ 행정심판을 청구할 때에는 온라인행정심판(www.simpan.go.kr), 행정소송을 청구할 때에는 전자소송(ecfs.scourt.go.kr)을 통하여 온라인으로도 청구할 수 있습니다.

   A person who has an objection to the above disposition may file an administrative appeal or an administrative litigation within 90 days after receipt of the disapproval notice.

   ※ You may file an administrative appeal online (www.simpan.go.kr) and an administrative litigation on the Internet (ecfs.scourt.go.kr)

년   월   일
Date

○○출입국·외국인청(사무소·출장소)장 [직인]

CHIEF, ○○IMMIGRATION OFFICE

210㎜×297㎜[백상지(80 g /㎡) 또는 중질지(80 g /㎡)]

[출처] 법제처 국가법령정보센터 홈페이지(www.law.go.kr)

■ 출입국관리법 시행규칙 [별지 제34호서식] <개정 2022. 4. 12.>

통합신청서 (신고서)
APPLICATION FORM (REPORT FORM)

※ 신청서는 한글 또는 영문으로 작성하시기 바랍니다. (Please complete this form in Korean or English.)

□ 신청/신고 선택 SELECT APPLICATION/REPORT

[ ] 외국인 등록 FOREIGN RESIDENT REGISTRATION	[ ] 체류자격 외 활동허가 (희망 자격 :　　　) ENGAGE IN ACTIVITIES NOT COVERED BY THE STATUS OF SOJOURN / Status to apply for (　　)	PHOTO 여권용 사진(35mm×45mm)
[ ] 등록증 재발급 REISSUANCE OF REGISTRATION CARD	[ ] 근무처 변경·추가허가 / 신고 CHANGE OR ADDITION OF WORKPLACE	* 촬영일부터 6개월이 지나지 않아야 함 taken within last 6 months
[ ] 체류기간 연장허가 EXTENSION OF SOJOURN PERIOD	[ ] 재입국허가 (단수, 복수) REENTRY PERMIT (SINGLE, MULTIPLE)	
[ ] 체류자격 변경허가 (희망 자격 :　　) CHANGE OF STATUS OF SOJOURN / Status to apply for (　　)	[ ] 체류지 변경신고 ALTERATION OF RESIDENCE	* 외국인 등록 및 등록증 재발급 시에만 사진 부착 Photo only for Foreign Resident Registration (Reissued)
[ ] 체류자격 부여 (희망 자격 :　　) GRANTING STATUS OF SOJOURN / Status to apply for (　　)	[ ] 등록사항 변경신고 CHANGE OF INFORMATION ON REGISTRATION	

성명 Name In Full	성 Surname			명 Given names			
생년월일 Date of Birth	년 yyyy	월 mm	일 dd	성 별 Sex	[ ]남 M [ ]여 F	국적 Nationality	
외국인등록번호 Foreign Resident Registration No.							
여권번호 Passport No.		여권 발급일자 Passport Issue Date			여권 유효기간 Passport Expiry Date		
대한민국 내 주소 Address In Korea							
전화번호 Telephone No.			휴대전화 Cell phone No.				
본국 주소 Address In Home Country						전화번호 Phone No.	

재학 여부 School Status	미취학[ ], 최[ ], 중[ ], 고[ ] Non-school[ ], Elementary[ ], Middle[ ], High[ ]	학교 이름 Name of School		전화번호 Phone No.	
	학교 종류 Type of School	교육청 인가[ ], 교육청 비인가, 대안학교[ ] Accredited school by Education Office[ ], Non-accredited, Alternative school[ ]			

근무처 Workplace	원 근무처 Current Workplace	사업자등록번호 Business Registration No.	전화번호 Phone No.
	예정 근무처 New Workplace	사업자등록번호 Business Registration No.	전화번호 Phone No.

연 소득금액 Annual Income Amount	만원(ten thousand won)	직업 Occupation
재입국 신청 기간 Intended Period Of Reentry	전자우편 E-Mail	

반환용 계좌번호(외국인등록 및 외국인등록증 재발급 신청 시에만 기재) Refund Bank Account No. only for Foreign Resident Registration	
신청일 Date of application	신청인 서명 또는 인 Signature/Seal
신청인 제출서류 (담당공무원 확인사항) Required documents for applicants (Matters to be checked by officer in charge)	「출입국관리법 시행규칙」 별표 5의2의 체류자격별·신청구분별 첨부서류 참고 Please refer to the attached documents for each status of stay and each application type in Annex 5-2 of the Enforcement Rule of the Immigration Act.

행정정보 공동이용 동의서 (Consent for sharing of administrative information)

본인은 이 건 업무처리와 관련하여 담당 공무원이 「전자정부법」 제36조에 따른 행정정보의 공동이용을 통하여 위의 담당 공무원 확인 사항을 확인하는 것에 동의합니다. *동의하지 않는 경우에는 신청인이 직접 관련 서류를 제출해야 합니다.

I, the undersigned, hereby consent to allow all documents and information required for the processing of this application to be viewed by the public servant in charge as specified in Article 36 of the Electronic Government Act. * If you disagree, you are required to present all related documents in person.

신청인 Applicant	서명 또는 인 Signature/Seal	신청인의 배우자 Spouse of applicant	서명 또는 인 Signature/Seal	신청인의 부 또는 모 Father/Mother of applicant	서명 또는 인 Signature/Seal

공 용 란 (For Official Use Only)

기본 사항	최초입국일		체류자격		체류기간	
접수 사항	접수일자		접수번호			
허가(신고) 사항	허가(신고) 일자		허가번호		체류자격	
					체류기간	
결 재	담 당				청장·소장	
					가 / 부	

수입인지는 뒷면에 첨부(Revenue Stamp on the Backside) / 수수료 면제(exemption) [ ] (면제사유　　　　)

210mm×297mm[백상지(80g/㎡) 또는 중질지(80g/㎡)]

[출처] 법제처 국가법령정보센터 홈페이지(www.law.go.kr)

9. 외국인 체류허가 및 신고현황

(단위 : 명)

구 분	2019년	2020년	2021년	2022년	2023년 1~5월
총 계	1,885,801	2,004,345	1,749,212	1,788,051	801,597
기 간 연 장	584,889	1,052,327	728,693	587,287	249,033
자 격 부 여	7,587	10,755	12,622	35,356	3,008
자 격 변 경	123,522	119,463	104,604	121,019	53,658
재 입 국	1,380	41,374	111,320	36,485	354
체 류 지 변 경	657,882	456,788	461,287	563,572	289,015
자 격 외 활 동	19,743	15,109	12,024	9,085	6,031
근무처(장소)변경·추가	52,434	49,853	40,570	45,954	26,314
외 국 인 등 록	294,319	119,085	104,797	207,817	111,135
거 소 신 고	49,003	37,557	55,854	58,625	22,298
등 록 사 항 변 경	95,042	102,034	117,441	122,851	40,751

[출처] 법무부 출입국·외국인정책본부, 출입국·외국인정책 통계월보 2023년 5월호, 37면.

8 각종 허가 등의 취소 · 변경

목차	내용
1. 원칙 (제89조)	법무부장관은 외국인이 ①신원보증인이 보증을 철회하거나 신원보증인이 없게 된 경우, ②거짓이나 그 밖의 부정한 방법으로 허가 등을 받은 것이 밝혀진 경우, ③허가조건을 위반한 경우, ④사정 변경으로 허가상태를 더 이상 유지시킬 수 없는 중대한 사유가 발생한 경우, 또는 ⑤기타 이 법 또는 다른 법을 위반한 정도가 중대하거나 출입국관리공무원의 정당한 직무명령을 위반한 경우에는, 사증발급(제8조), 사증발급인정서의 발급(제9조), 입국허가(제12조 제3항), 조건부 입국허가(제13조), 승무원 상륙허가(제14조), 관광상륙허가(제14조의2), 체류자격 외 활동 허가(제20조), 근무처의 변경 · 추가 허가(제21조), 체류자격 부여(제23조), 체류자격 변경 허가(제24조), 체류기간 연장 허가(제25조) 등을 **취소하거나 변경할 수 있음**
2. 영주자격의 취소 특례 (제89조의2)	• 법무부장관은 영주자격을 가진 외국인에 대해서는 ①거짓이나 그 밖의 부정한 방법으로 영주자격을 취득한 경우, ②「형법」, 「성폭력범죄의 처벌 등에 관한 특례법」 등에 규정된 죄를 범하여 2년 이상의 징역 또는 금고의 형이 확정된 경우, ③최근 5년 이내에 출입국관리법 또는 다른 법률을 위반하여 징역 또는 금고의 형을 선고받고 확정된 형기의 합산기간이 3년 이상인 경우, ④대한민국에 일정금액 이상 투자 상태를 유지할 것 등을 조건으로 영주자격을 취득한 사람 등이 해당 조건을 위반한 경우, 또는 ⑤국가안보, 외교관계 및 국민경제 등에 있어서 대한민국의 국익에 반하는 행위를 한 경우에 한정하여 영주자격을 **취소할 수 있음** • 단, ①"거짓이나 그 밖의 부정한 방법으로 영주자격을 취득한 경우"에는 영주자격을 **반드시 취소하여야 함** • 법무부장관은 영주자격을 취소하는 경우 대한민국에 계속 체류할 필요성이 인정되고 일반체류자격의 요건을 갖춘 경우 해당 외국인의 신청이 있는 때에는 일반체류자격(단기 또는 장기)을 부여할 수 있음

제6강

출입국관리법 Ⅳ
(외국인의 체류 2)

1 외국인등록

목차	내용
1. 외국인등록 의무	• 대한민국에 **90일 초과** 체류자는 입국한 날로부터 **90일 이내**에 관할 지방출입국·외국인관서장에게 외국인등록을 하여야 함(제31조) → 위반 시 1년 이하의 **징역** 또는 1천만원 이하의 **벌금**(제95조 제7호)
2. 외국인등록사항 변경 신고 의무	• 외국인등록사항이 변경되면 14일 이내 관할 지방출입국·외국인관서장에게 외국인등록사항 변경신고를 하여야 함(제35조) → 위반 시 100만원 이하의 **과태료**(제100조 제2항 제1호)
3. 체류지 변경 신고 의무	• 체류지 변경 시 전입일로부터 14일 이내에 새로운 체류지의 시·군·구청장이나 관할 지방출입국·외국인관서장에게 전입신고를 하여야 함(제36조) → 위반 시 100만원 이하의 **벌금**(제98조 제2호)
4. 외국인등록증 반납의무	• 등록외국인이 출국할 때에는 출입국관리공무원에게 외국인등록증을 반납해야 함(제37조) → 위반 시 100만원 이하의 **과태료**(제100조 제2항 제1호)
5. 외국인등록증 부정사용 금지	• 외국인등록증을 부정사용하는 자(외국인의 여권이나 외국인등록증을 취업에 따른 계약 또는 채무이행의 확보수단으로 제공받거나 그 제공을 강요하는 행위 등)는 3년 이하의 **징역** 또는 3천만원 이하의 **벌금**에 처함(제94조 제19호)
6. 외국인등록증 용도	• 법령에 규정된 각종 절차와 거래관계 등에서 주민등록증이나 주민등록초본이 필요하면 외국인등록증이나 외국인등록 사실증명으로 갈음함(제88조의2)
7. 구별개념 : 국내거소신고	• 대한민국에 재외동포(F-4)체류자격으로 입국한 외국국적동포는 외국인등록을 하지 않고, 재외동포법을 적용받기 위하여 국내거소신고를 할 수 있음 (재외동포법 제6조 제1항) • 법령에 규정된 각종 절차와 거래관계 등에서 주민등록증, 주민등록표 등본·초본, 외국인등록증 또는 외국인등록 사실증명이 필요한 경우에는 국내거소신고증이나 국내거소신고 사실증명으로 그에 갈음할 수 있음(재외동포법 제9조)

5 고용주 등의 신고의무

목차	내용
1. 외국인을 고용한 자의 신고의무	• 취업활동을 할 수 있는 체류자격을 가지고 있는 외국인을 고용한 자는 ①외국인을 해고하거나 외국인이 퇴직 또는 사망한 경우, ②고용된 외국인의 소재를 알 수 없게 된 경우, ③고용계약의 중요한 내용을 변경한 경우에는 그 사실을 안 날부터 **15일 이내**에 지방출입국·외국인관서의 장에게 신고하여야 함(제19조 제1항) → 위반 시 200만원 이하의 **과태료**를 부과함(제100조 제1항 제1호)
2. 외국인유학생 관리자의 신고의무	• 외국인유학생이 재학 중이거나 연수 중인 학교의 장은 그 외국인유학생의 관리를 담당하는 직원을 지정하고 이를 지방출입국·외국인관서의 장에게 알려야 함(제19조의4 제1항) → 위반 시 200만원 이하의 **과태료**를 부과함(제100조 제1항 제1호) • 외국인유학생이 재학 중이거나 연수 중인 학교의 장은 ①입학허가나 연수허가를 받은 외국인유학생이 매 학기 등록기한까지 **등록**을 하지 아니하거나 휴학을 한 경우, ②제적·연수중단 또는 행방불명의 사유로 외국인유학생의 유학이나 연수가 끝난 경우 등의 사유가 발생하면 그 사실을 안 날부터 **15일 이내**에 지방출입국·외국인관서의 장에게 신고하여야 함(제19조의4 제2항) → 위반 시 200만원 이하의 **과태료**를 부과함(제100조 제1항 제1호)

6 출입국사범 신고(제83조)

  <u>누구든지</u> 출입국관리법을 위반하였다고 의심되는 사람을 발견하면 출입국관리공무원에게 <u>신고할 수 있다</u>.

7 공무원의 통보의무(제84조)

목차	내용
원칙	**국가나 지방자치단체의 공무원**이 그 **직무를 수행할 때**에 강제퇴거 대상이나 출입국관리법에 위반된다고 인정되는 사람을 발견하면 그 사실을 지체 없이 지방출입국·외국인관서의 장에게 **알려야 함**
예외	다만, 공무원이 통보로 인하여 그 직무수행 본연의 목적을 달성할 수 없다고 인정되는 경우로서 ①「초·중등교육법」 제2조에 따른 <u>학교에서 외국인 학생의 학교생활과 관련하여 신상정보를 알게 된 경우</u>, ②「공공보건의료에 관한 법률」 제2조 제3호에 따른 <u>공공보건의료기관에서 담당 공무원이 보건의료 활동과 관련하여 환자의 신상정보를 알게 된 경우</u>, ③그 밖에 공무원이 범죄피해자 구조, 인권침해 구제 등의 업무를 수행하는 과정에서 해당 외국인의 피해구제가 <u>우선적으로 필요하다고 인정하는 경우</u>에 해당하는 때에는 그러하지 아니함(시행령 제92조의2)

유형	내용
1. 의미	• 통고처분은 출입국행정에 관한 전문적 지식과 경험을 갖춘 출입국관리공무원이 행정목적 달성을 위하여 자율적 · 행정적 제재수단을 **형사처벌에 우선하여** 활용할 수 있도록 하려는 것이 목적임 • 즉, 범죄의 정상이 금고 미만에 해당하는 경미한 출입국사범에 대하여는 준형사처분의 성격을 지닌 간이절차인 통고처분으로 신속 · 간편히 처리하고, 범죄의 정상이 금고 이상의 형에 해당하는 경우에만 고발하여 형사처벌하도록 하기 위함
2. 절차	• 지방출입국 · 외국인관서의 장은 출입국사범에 대한 조사 결과 범죄의 확증을 얻었을 때에는 그 이유를 명확하게 적어 서면으로 **벌금에 상당하는 금액(범칙금)**을 지정한 곳에 낼 것을 **통고**할 수 있음(제102조 제1항)
3. 범칙금 양정기준 (제103조)	• 범칙금의 양정기준은 **법무부령(시행규칙 별표 7 및 별표 8)으로** 정함(제103조 제1항) • **예** 취업체류자격을 받지 아니하고 취업활동을 한 사람(제18조 제1항 위반)의 불법취업활동 기간이 3개월 이상 6개월 미만인 경우 범칙금 : 400만원 • 법무부장관은 출입국사범의 나이와 환경, 법 위반의 동기와 결과, 범칙금 부담능력, 그 밖의 정상을 고려하여 통고처분을 면제할 수 있음(제103조 제2항) • 청장 · 사무소장 · 출장소장 또는 보호소장은 당해 출입국사범의 나이와 환경, 법위반의 동기와 결과, 범칙금부담능력, 위반횟수 등을 참작하여 기준액의 2분의 1의 범위 안에서 범칙금을 경감하거나 가중할 수 있음(시행규칙 제86조 제2항)
4. 통고처분에 대한 불복	• 통고처분은 행정처분이 아니므로 행정심판이나 행정소송을 제기할 수 없음 • 통고처분을 받은 자가 그 처분에 대하여 이의가 있는 경우에는 통고처분에 따른 범칙금의 납부를 이행하지 아니함으로써 출입국관리사무소장의 고발에 의하여 형사소송절차로 이행되는 것임[68]

---

68) 중앙행정심판위원회 2013-06979.

유형	내용
5. 통고처분의 불이행과 고발 (제105조)	• 출입국사범은 통고서를 송달받으면 15일 이내에 범칙금을 내야 함 • 지방출입국 · 외국인관서의 장은 출입국사범이 15일 이내에 범칙금을 내지 <u>아니하면 고발하여야 함</u>. 다만, 고발하기 전에 범칙금을 낸 경우에는 고발하지 아니함 • 출입국사범에 대하여 **강제퇴거명령서를 발급한 경우에는 범칙금을 내지 않아도 고발하지 아니함**
6. 범칙금 납부의 효과 (제106조)	출입국사범이 통고한 대로 범칙금을 내면 동일한 사건에 대하여 다시 처벌받지 아니함(一事不再理의 원칙)

통 고 서 (WRITTEN NOTIFICATION)

수신 :
To

인적사항 (Person to whom the Notification relates)	성명 (Full name)		생년월일 (Date of Birth)
	국적 (Nationality)		성별 (Sex) 남 Male[ ] 여 Female[ ]
	직업 (Occupation)		연락처(Phone No.)
	대한민국 내 주소 (Address in Korea)		

위반사실 (Offense charged)	

적용 법조문 (Applicable provision)	

범칙금액 (Monetary penalty)	원 (₩)

납부기한 (Deadline for penalty)	0000. 00. 00. 까지	납부장소 (Place of payment)	국고수납기관 (National fund receipt agency)

　　　위 사람에 대한 「출입국관리법」 위반 용의사건을 조사한바, 용의자는 「출입국관리법」 제
조를 위반하였음이 명백하므로 같은 법 제102조에 따라 위 범칙금액을 위 납부기한까지 국고수납
기관에 납부할 것을 통고합니다. 위 기한 내에 납부하지 아니할 때에는 「출입국관리법」 제105조
에 따라 관할 검찰청에 고발합니다.

　　　Based on the results of our investigation into the alleged violation of the Immigration Act,
as well as the statements made by the abovementioned person and persons concerned,
the abovementioned person is found to have violated Article_____of the Immigration Act. It is
hereby notified that the person is required to pay the amount of penalty to the national
fund receipt agency no later than the deadline as specified above, in accordance with
Article 102 of the Immigration Act.

　　　Failure to pay the penalty within the deadline will result in a complaint being filed with
the district public prosecutor's office in accordance with Article 105 of the Immigration Act.

<table>
<tr><td></td><td>년</td><td>월</td><td>일</td></tr>
<tr><td>Date</td><td>(year)</td><td>(month)</td><td>(day)</td></tr>
</table>

○○출입국 · 외국인청(사무소 · 출장소)장 | 직인 |

CHIEF, ○○IMMIGRATION OFFICE

210mm×297mm[백상지 80g/㎡(재활용품)]

[출처] 법제처 국가법령정보센터 홈페이지(www.law.go.kr)

9 고발(제101조)

목 차	내용
1. 의미	• 출입국사범[69]에 대한 **고발**이란 지방출입국·외국인관서의 장이 경찰, 검찰 등 수사기관에게 외국인의 출입국관리법 위반 범죄사실을 구체적으로 신고하여 수사기관으로 하여금 범인의 처벌을 구하는 즉, **출입국사범을 공소제기(기소)[70]하여 형사처벌할 것을 요청하는 의사표시**임 • 출입국사범에 대한 사건은 지방출입국·외국인관서장의 고발이 없으면 공소(公訴)를 제기할 수 없음(제101조 제1항)
2. 의무적 고발	**(1) 범죄의 정상이 금고 이상의 형에 해당할 것으로 인정되는 경우**(제102조 제3항) 　• 원칙(출입국사범 고발규정[71] 제2조): 불법취업외국인을 6개월 이상 고용한 고용주 등 　• 예외(출입국사범 고발규정 제3조): ①자수한 자, ②사건조사 중 증거를 임의로 제시하고 범행을 순순히 자백하는 등 조사에 적극 협조한 자, ③출입국사범에 대한 정보를 제공하는 등 외국인 관련 범죄예방에 적극 협조한 자, ④검사와 협의하여 형사고발이 부적당하다고 결정한 자 **(2) 통고처분의 불이행과 고발**(제105조) 　• 원칙: 지방출입국·외국인관서의 장은 출입국사범이 통고서를 송달받고 15일 이내에 범칙금을 내지 않으면 고발해야 함 　• 예외: 고발하기 전에 범칙금을 낸 경우 또는 강제퇴거명령서를 발급한 경우에는 고발하지 아니함
3. 임의적 고발	지방출입국·외국인관서의 장은 출입국사범의 법위반 동기와 결과, 법위반으로 얻은 수익, 법위반 양태, 법위반 행위로 인한 사회적 파장 등을 고려할 때 고발함이 상당한 경우에는 출입국사범 고발규정 제2조의 의무적 고발 대상에 해당하지 아니하더라도 고발할 수 있음(출입국사범 고발규정 제3조의2)

---

69) 출입국관리법 제10장(벌칙)에 규정된 죄를 범하였다고 인정되는 자를 '출입국사범'으로 칭한다.(제2조 제14호).

70) 공소제기(기소)란 검사가 피의자를 형사재판에 회부하는 절차를 의미한다.

71) 「출입국사범 고발규정」(법무부훈령 제1353호).

■ 출입국관리법시행규칙 [별지 제140호서식] <개정 2018. 6. 12.>

출입국사범 고발서

문서번호 : ○○출입국·외국인청(사무소·출장소) ○○과

수   신 : ○○ 지방검찰청 검사장(○○ 지청장)

대상자	성명(법인명 또는 사업자명)		
	생년월일(법인등록번호 또는 사업자등록번호)	성별 남[ ] 여[ ]	
	직업(직장명)	연락처	
	국적	여권번호	
	한국 내 주소(법인 또는 사업장 소재지)		
고발내용	죄명		
	적용법조		
	증거품		
참고사항			
붙임서류	1. 의견서 2. 3.		

「출입국관리법」 제101조에 따라 위의 사건을 고발합니다.

년   월   일

○○출입국·외국인청(사무소·출장소)장 | 직인 |

210㎜×297㎜[백상지(80 g /㎡) 또는 중질지(80 g /㎡)]

[출처] 법제처 국가법령정보센터 홈페이지(www.law.go.kr)

10 벌칙(제10장)

유형	내용
행정형벌	• 위반 시 **형사처벌(징역 또는 벌금)**이 부과됨 • 제93조의2 ~ 제98조까지 규정 • **예** 취업체류자격을 받지 아니하고 취업활동을 한 사람(제18조 제1항 위반)은 3년 이하의 징역 또는 3천만원 이하의 벌금에 처함(제94조 제8호)
행정질서벌	• 위반 시 **과태료**가 부과됨 • 제100조에 규정 • **예** 외국인등록사항 변경신고를 하지 않은 사람(제35조 위반)은 100만원 이하의 과태료 부과(제100조 제2항 제1호)

제7강

출입국관리법 V
(외국인의 출국)

1 개요

외국인은 엄격한 입국심사를 거치는 입국과 달리 범죄 관련 등 출국정지사유에 해당하지 않는 한 대한민국으로부터 출국의 자유가 있다.[72]

출입국관리법은 이러한 외국인의 자발적 출국에 관하여 제4장 제2절(외국인의 출국)에 간단한 규정을 두고 있으며, 강제적 출국인 강제퇴거·출국명령·출국권고에 관하여 제6장(강제퇴거 등)에서 상세하게 규정하고 있다.

---

72) 출입국관리법 제29조는 국민에 대한 출국금지 사유를 외국인 출국정지 사유로 그대로 적용하고 있다.

2 조사

유형		내용
1. 위반조사 (제47조~ 제50조)	**(1) 개념**	• 출입국관리공무원은 **강제퇴거 대상자**(제46조 제1항)**에 해당된다고 의심**되는 **외국인(용의자)**에 대하여는 그 사실을 조사할 수 있음(제47조)

	(2) 조사방법	(1) 용의자에 대한 출석요구 및 신문(제48조)
		    • 출입국관리공무원은 위반조사에 필요하면 용의자의 출석을 요구하여 신문(訊問)할 수 있으며 이 경우 다른 출입국관리공무원을 참여하게 하여야 함
		    • 신문을 할 때에는 용의자가 한 진술은 조서(調書)에 적어야 함
		    • 국어가 통하지 아니하는 사람이나 청각장애인 또는 언어장애인의 진술은 통역인에게 통역하게 하여야 함
		
		(2) 참고인에 대한 출석요구 및 진술(제49조)
		    • 출입국관리공무원은 위반조사에 필요하면 참고인에게 출석을 요구하여 그의 진술을 들을 수 있음
		
		(3) 검사 및 서류 등의 제출요구(제50조)
		    • 출입국관리공무원은 위반조사에 필요하면 **용의자의 동의**를 받아 그의 주거 또는 물건을 검사하거나 서류 또는 물건을 제출하도록 요구할 수 있음

	(3) 심사결정	지방출입국·외국인관서의 장은 출입국관리공무원이 용의자에 대한 조사를 마치면 지체 없이 용의자가 강제퇴거 대상에 해당하는지를 심사하여 결정하여야 함(제58조)
	(4) 심사 후 절차	• 지방출입국·외국인관서의 장은 심사 결과 용의자가 강제퇴거 대상자에 해당하지 아니한다고 인정하면 지체 없이 용의자에게 그 뜻을 알려야 하고, 용의자가 보호되어 있으면 즉시 보호를 해제해야 함(제59조 제1항) • 지방출입국·외국인관서의 장은 심사 결과 용의자가 강제퇴거 대상자에 해당한다고 인정되면 강제퇴거명령을 **할 수 있음**(제59조 제2항)

목차		내용
4. 일시보호 (제56조)	**(1) 개념**	출입국관리공무원은 ①입국요건(제12조 제3항)을 갖추지 못하여 입국이 허가되지 아니한 사람, ②조건부 입국허가(제13조 제1항)를 받은 사람으로서 도주하거나 도주할 염려가 있다고 인정할 만한 상당한 이유가 있는 사람, 또는 ③출국명령(제68조 제1항)을 받은 사람으로서 도주하거나 도주할 염려가 있다고 인정할 만한 상당한 이유가 있는 사람을 일시보호할 수 있음(제56조 제1항)
	(2)절차	출입국관리공무원은 외국인을 일시보호할 때에는 청장·사무소장 또는 출장소장으로부터 일시보호의 사유, 보호장소 및 보호시간 등이 적힌 **일시보호명령서**를 발급받아 그 외국인에게 보여 주어야 함(시행령 제71조)
	(3) 보호기간	• 원칙: **48시간** 이내 • 예외: 출입국관리공무원은 일시보호한 외국인을 출국교통편의 미확보, 질병, 그 밖의 부득이한 사유로 48시간 내에 송환할 수 없는 경우에는 지방출입국·외국인관서의 장의 허가를 받아 **48시간**을 초과하지 아니하는 범위에서 **한 차례**만 보호기간을 **연장**할 수 있음(제56조 제2항)
	(4) 보호장소	• 외국인보호**실**(제56조 제1항)
5. 보호의 일시해제 (제65조 ~ 제66조의2)	**(1) 개념**	• 지방출입국·외국인관서의 장은 ①**직권**으로 또는 ②**피보호자(그의 보증인 또는 법정대리인 등을 포함)의 청구**에 따라 피보호자의 정상(情狀), 해제요청사유, 자산, 그 밖의 사항을 고려하여 2천만원 이하의 보증금을 예치시키고 주거의 제한이나 그 밖에 필요한 조건을 붙여 보호를 **일시해제할 수 있음**(제65조 제1항)
	(2) 심사기준 (시행령 제79조의2)[77]	• 보호명령서 또는 강제퇴거명령서의 집행으로 보호시설에 보호되어 있는 사람(피보호자)의 생명·신체에 중대한 위협이나 회복할 수 없는 재산상 손해가 발생할 우려가 있는지 여부 • 국가안전보장·사회질서·공중보건 등의 국익을 해칠 우려 여부 • 피보호자의 범법사실·연령·품성, 조사과정 및 보호시설에서의 생활태도 • 도주할 우려가 있는지 여부, 그리고 • 그 밖에 중대한 인도적 사유가 있는지 여부

---

77) 보호일시해제 상세 기준과 절차 등은 「보호일시해제업무 처리규정」(법무부훈령 제1303호)에 규정되어 있다.

목차		내용
5. 보호의 일시해제 (제65조 ~ 제66조의2)	**(3) 취소** (제66조)	• 도주하거나 도주할 염려가 있다고 인정되는 경우 • 정당한 사유 없이 출석명령에 따르지 아니한 경우, 또는 • 보호일시해제에 붙인 조건을 위반한 경우
	(4) **보호일시해제** **절차 등의 게시** (제66조의2)	• 지방출입국 · 외국인관서의 장은 보호의 일시해제 및 그 취소에 관한 절차를 보호시설 안의 잘 보이는 곳에 게시하여야 함
6. 보호에 대한 구제제도		• 이의신청: 법무부장관에게 신청(제55조) • 보호의 일시해제 청구: 지방출입국 · 외국인관서의 장에게 청구(제65조) • 행정심판 청구: 중앙행정심판위원회에 청구(행정심판법) • 행정소송 제기: 행정법원에 제기(행정소송법)

■ 출입국관리법시행규칙 [별지 제95호서식] <개정 2018. 5. 15.>

번호(No.) :

보호명령서
(DETENTION ORDER)

보호 대상자 (Person upon whom the Order is issued)	성명 (Full name)
	성별 (Sex) 남 Male[ ] 여 Female[ ]
	생년월일 (Date of Birth)
	국적 (Nationality)
	직업 (Occupation)
	대한민국 내 주소 (Address in Korea)

위 사람을 「출입국관리법」 제51조 및 제63조에 따라 다음과 같이 보호할 것을 명합니다. 보호된 자 또는 그 변호인, 법정대리인, 배우자, 직계친족, 형제자매나 가족은 법무부장관에게 보호에 대한 이의신청을 할 수 있습니다.

Pursuant to Article 51, Article 63 of the Immigration Act, the abovementioned person is hereby ordered to be detained as specified below. A person detained or his/her lawyer, legal representative, spouse, lineal relative, sibling or family member on his/her behalf, may file an objection against the detention with the Minister of Justice.

보호의 사유 (Reason for Detention)		
보호 장소 (Place of Detention)		
보호 기간 (Period of Detention)	부터 (from)	까지 (to)
비 고 (Remarks)		

년   월   일

Date   (year) (month) (day)

○○출입국 · 외국인청(사무소 · 출장소)장 | 직인 |

CHIEF, ○○IMMIGRATION OFFICE

집행자 :   (서명 또는 인)
Enforcement officer :   (signature or seal)

210mm×297mm[백상지(80 g/㎡) 또는 중질지(80 g/㎡)]

[출처] 법제처 국가법령정보센터 홈페이지(www.law.go.kr)

■ 출입국관리법시행규칙 [별지 제98호서식] <개정 2016. 9. 29.>

번호(No.) :

긴급보호서
(IMMEDIATE DETENTION ORDER)

보호 대상자 (Person upon whom the Order is issued)	성명 (Full name)
	성별 (Sex) 남 Male[ ] 여 Female[ ]
	생년월일 (Date of Birth)
	국적 (Nationality)
	체류자격 (status of sojourn)
	대한민국 내 주소 (Address in Korea)

위 사람을 「출입국관리법」 제51조제3항의 규정에 따라 다음과 같이 긴급보호할 것을 명합니다.

The abovementioned person is ordered to be detained immediately as specified below, pursuant to the paragraph 3 of Article 51 of the Immigration Act.

긴급보호의 사유 (Reason for immediate detention)	
긴급보호 장소 (Place of immediate detention)	
긴급보호 기간 (Period of immediate detention)	부터 (from) 까지 (to)
비 고 (Remarks)	

년   월   일
Date   (year) (month) (day)

출입국관리공무원 :   (서명 또는 인)
(Immigration Officer) :   (signature or seal)

210㎜×297㎜[백상지(80g/㎡) 또는 중질지(80g/㎡)]

[출처] 법제처 국가법령정보센터 홈페이지(www.law.go.kr)

번호(No.) :

일시보호명령서
(TEMPORARY DETENTION ORDER)

보호 대상자 (Person upon whom the Order is issued)	성명 (Full name)
	성별 (Sex) 남 Male[ ] 여 Female[ ]
	생년월일 (Date of Birth)
	국적 (Nationality)
	대한민국 내 주소 (Address in Korea)

위의 사람을 「출입국관리법」 제56조의 규정에 따라 다음과 같이 일시보호 할 것을 명합니다.

The abovementioned person is ordered to be detained temporarily as specified below, pursuant to Article 56 of the Immigration Act.

일시보호 사유 (Reason for Temporary Detention)	
보호 장소 (Place of Detention)	
보호 기간 (Period of Detention)	부터 (from) 까지 (to)
비 고 (Remarks)	

년   월   일

Date   (year)   (month)   (day)

○○출입국·외국인청(사무소·출장소)장 | 직인 |

CHIEF, ○○IMMIGRATION OFFICE

집행자 :   (서명 또는 인)
(Enforcement officer) :   (signature or seal)

210㎜×297㎜[백상지(80g/㎡) 또는 중질지(80g/㎡)]

[출처] 법제처 국가법령정보센터 홈페이지(www.law.go.kr)

■ 출입국관리법 시행규칙 [별지 제118호서식] <개정 2018. 5. 15.>

보호일시해제청구서
APPLICATION FOR PERMISSION OF TEMPORARY RELEASE

접수번호 Receipt No	접수일 Receipt Date	처리기간 Processing Period	즉시 Immediately

피보호자 Detainee	1. 성 명 Name in Full	성 별 Sex	
	2. 생년월일 Date of Birth	3. 국 적 Nationality	
	4. 대한민국내 주소 Address in Korea		
	5. 직 업 Occupation		

보호명령서 Detention Order	명령서발부일자 Date of Issue		명령서번호 No. of the Order	
청 구 사 유 Reason for Application				
붙 임 서 류 Documents Attached				

위 사람에 대한 보호일시해제를 신청하오니 허가하여 주시기 바랍니다.
I hereby apply for permission of temporary release of the above- mentioned person.

신 청 인 Applicant	국 적 Nationality 성 명 Name in Full 생년월일 Date of birth 주 소 Address in Korea 관 계 Relationship	

년 Year   월 Month   일 Day

신청인 서명
Signature of applicant

○○출입국 · 외국인청장/사무소장 귀하
출장소
To: Chief, ○○ Immigration Office

공용란 For official					
비 고 Remarks	처 리 과		결	가 · 부	
			재		
	담 당 자				

210mm×297mm[백상지 80g/㎡(재활용품)]

[출처] 법제처 국가법령정보센터 홈페이지(www.law.go.kr)

보호 일시해제 결정서
(DECISION ON TEMPORARY RELEASE FROM DETENTION)

피보호자 (Detainee)	성명 (Full name)	
	성별 (Sex) 남 Male[ ] 여 Female[ ]	생년월일 (Date of Birth)
	국적 (Nationality)	
	대한민국 내 주소 (Address in Korea)	

「출입국관리법」 제65조에 따라 위와 같이 보호 일시해제 결정서를 발급합니다.

In accordance with Article 65 of the Immigration Act, decision on temporary release from detention is issued to the person above.

주문 (Text in written decision)	
사실 및 이유 (Relevant facts and reasons)	
적용 법조 (Applicable provisions)	
보호 일시해제 조건 (Conditions of temporary release)	보호일시 해제기간 (Period of Temporary Release)
	보증금의 액수, 납부일시 및 장소 (The amount of bond, The date and place of deposit)
	해제기간 중 거주지 (Residence During Release)
	기타 (Others)

유의사항 (Notice)

1. 위 조건을 위반한 때에는 보호일시해제를 취소하고 보증금을 국고에 귀속시킬 수 있습니다.

   Failure to meet the above conditions may cause cancellation of the temporary release with the bond deposited into the national treasury.

2. 이 결정서는 항상 휴대하여야 하고 출입국관리공무원 또는 권한 있는 공무원이 제시를 요구할 때에는 이에 응하여야 합니다.

   This written decision shall be carried at all times and be presented when requested by an immigration officer or any other authorized government officer.

년   월   일
Date   (year) (month) (day)

○○출입국·외국인청(사무소·출장소)장 [직인]

CHIEF, ○○IMMIGRATION OFFICE

담당 출입국관리공무원 :   (서명 또는 인)
(Immigration Officer) :   (signature or seal)

210㎜×297㎜[백상지(80g/㎡) 또는 중질지(80g/㎡)]

[출처] 법제처 국가법령정보센터 홈페이지(www.law.go.kr)

■ 출입국관리법 시행규칙 [별지 제105호서식] <개정 2018. 6. 12.>

보호에 대한 이의신청서
WRITTEN OBJECTION AGAINST DETENTION

접수번호 Receipt No	접수일 Receipt Date		처리기간 Processing Period	15일 015days

신청인 Applicant	성 명 Name in Full		
	생년월일 Date of Birth	성 별 Gender	[ ] 남 [ ] 여 [ ] M [ ] F
	국 적 Nationality		
	대한민국내 주소 Address in Korea		
		(전화번호:) (Telephone:)	

나는   년   월   일자 ○○출입국·외국인청(사무소, 출장소, 보호소)장의 보호명령에 대하여 이의가 있으므로 「출입국관리법」 제55조에 따라 이의사유를 소명하는 서류를 덧붙여 이의신청합니다.

Since I have an objection against the detention order to the under mentioned person as of made by the Chief of Immigration Office, I hereby file an objection together with the written statement of reason for the objection pursuant to Article 55 of the Immigration Law.

년   월   일
(Year)   (Month)   (Day)

신청인
Applicant

(서명 또는 인)
Signature/Seal

법 무 부 장 관   귀하
TO: The Minister of Justice

첨부서류	소명자료 Attachment: Supporting documents	수수료 없 음 Fee: None

210mm×297mm[백상지 80g/㎡(재활용품)]

[출처] 법제처 국가법령정보센터 홈페이지(www.law.go.kr)

■ 출입국관리법시행규칙 [별지 제106호서식] <개정 2018. 6. 12.>

이의신청에 대한 결정서

신청인	성명	
	성별 남 [ ] 여 [ ]	
	생년월일	
	국적	
	대한민국 내 주소	

위 사람이 「출입국관리법」 제(55 / 60) 조에 따라   년   월   일에 제기한 이의신청에 대해

아래와 같이 결정한다.

주문	
사실 및 이유	
적용 법조	
비 고	

년   월   일

법무부장관　　[직인]

210㎜×297㎜[백상지(80g/㎡) 또는 중질지(80g/㎡)]

[출처] 법제처 국가법령정보센터 홈페이지(www.law.go.kr)

4 강제출국

목차	내용
1. 개념	• '강제출국'이란 국가가 국내에 체류하고 있는 바람직하지 않은 외국인을 출입국관리법 위반을 이유로 그 당사자의 의사에 반하여 대한민국 영역 밖으로 강제적으로 내보내는 행정처분을 의미함 • 출입국관리법상 강제출국은 ①출국권고, ②출국명령, ③강제퇴거로 구분됨
2. 출국권고 (제67조)	• 지방출입국·외국인관서의 장은 대한민국에 체류하는 외국인이 아래에 해당하면 그 외국인에게 5일 이내에 자진하여 출국할 것을 권고할 수 있음 ① 체류자격과 체류기간 범위 내 체류(제17조) 또는 체류자격 외 활동허가(제20조)를 위반한 사람으로서 그 위반 정도가 가벼운 경우(시행령 제81조: 처음 위반한 사람으로서 위반기간이 10일 이내인 경우) ② 출입국관리법 또는 출입국관리법에 따른 명령을 위반한 사람으로서 법무부장관이 그 출국을 권고할 필요가 있다고 인정하는 경우
3. 출국명령 (제68조)	• 지방출입국·외국인관서의 장은 대한민국에 체류하는 아래 외국인에게 출국하도록 명령을 할 수 있음 **① 강제퇴거대상자(제46조 제1항 각 호) 해당한다고 인정되나 자기 비용으로 자진하여 출국하려는 사람**[78] ② 출국권고(제67조)를 받고도 이행하지 아니한 사람 ③ 각종 허가 등의 취소·변경(제89조)에 따라 허가 등이 취소된 사람 ④ 제89조의2 제1항에 따라 영주자격이 취소된 사람 ⑤ 과태료 처분(제100조) 후 출국 조치하는 것이 타당하다고 인정되는 사람 ⑥ 통고처분(제102조 제1항) 후 출국 조치하는 것이 타당하다고 인정되는 사람

---

78) 서울행정법원은 후천성면역결핍증(AIDS)을 유발하는 인체면역결핍바이러스(HIV)에 감염되었다는 이유로 국내 체류 외국인을 **출국하도록 한 명령에 대하여** "이 사건 처분이 그로 인하여 보호되는 공익에 비하여 원고 개인에게 지나치게 가혹한 것으로서 재량의 범위를 일탈한 것인지 여부에 대하여 살피건대, 위 인정 사실에 나타난 다음과 같은 사정, 즉 ① 후천성면역결핍증의 원인 바이러스인 HIV 바이러스는 특정한 경로로만 전염되는 것으로서 일상적인 접촉으로 전염될 가능성이 거의 없고, ② 원고는 한국 국적자인 생모의 초청으로 적법하게 국내로 입국하였으며, 중국 내에는 달리 원고

목차		내용
3. 출국명령 (제68조)		• 출국명령서를 발급할 때에는 <u>30일 이내의 출국기한을</u> 정하고 주거의 제한이나 그 밖에 필요한 조건을 붙일 수 있으며, 필요하다고 인정할 때에는 2천만원 이하의 이행보증금을 예치하게 할 수 있음 • 지방출입국·외국인관서의 장은 출국명령을 받고도 지정한 기한까지 <u>출국하지 아니하거나 출국명령에 붙인 조건을 위반한 사람</u>에게는 지체 없이 <u>강제퇴거명령서를 발급하여야 하며</u>, 그 예치된 이행보증금의 전부 또는 일부를 국고에 귀속시킬 수 있음
4. 강제퇴거 (제46조)	(1) 법 규정	지방출입국·외국인관서의 장은 이 장에 규정된 절차에 따라 다음 각 호의 어느 하나에 해당하는 외국인을 대한민국 밖으로 **강제퇴거시킬 수 있다.**
	(2) 대상자	**1) 출입국 관련 출입국관리법 위반자** • <u>입국금지 사유에 해당하는 자</u>[79](입국금지 사유가 입국 후에 발견되거나 발생한 사람) • 유효한 여권과 사증 미소지자 • 허위초청 등으로 입국한 자 • 입국심사를 받지 않고 불법으로 입국한 자 • 선박 등의 제공금지를 위반한 자 • 조건부 입국허가를 위반한 자 • 상륙허가를 받지 않고 상륙한 자 • 상륙허가의 허가조건을 위반한 자 • 출국심사를 받지 않고 출국하려는 자 등 **2) 체류 관련 출입국관리법 위반자** • 체류자격 및 체류활동 제한 등을 위반한 자 • <u>법무부장관이 정한 활동범위 제한을 위반한 자</u> • 외국인등록 의무를 위반한 자 등

를 돌볼 만한 가족이 없는 상황인 점, ③ 한국 국적자인 원고의 가족들이 여전히 원고와 함께 생활하기를 희망하고 있고, ④ HIV 확산 방지라는 관점에서 볼 때 사회적으로 더욱 위험한 것은 HIV 감염이 확인된 경우보다 오히려 감염 여부 자체가 확인되지 아니한 경우이고, HIV 감염이 확인되었다는 이유만으로 바로 불리한 처분을 받는다는 인식이 확산될 경우 잠재적 감염인들이 검사를 기피함으로써 사회 전체적으로 오히려 역효과를 나타낼 가능성이 높은바, 결국 감염인의 인권을 보호함으로써 자발적인 검사 및 치료를 받을 수 있도록 하고, 스스로 감염 사실을 밝히고 전염 방지를 위한 생활수칙을 지키도록 유도하는 것이 HIV 확산 방지에는 오히려 효과적일 수도 있다는 등의 사정들을 모두 고려해 보면, 이 사건 처분으로 보호하고자 하는 전염병 예방이라는 공익의 달성 여부는 확실치 아니한 반면, 이 사건 처분으로 인하여 원고의 거주·이전의 자유, 가족 결합권을 포함한 행복추구권, 치료를 받을 가능성 등은 <u>심각하게 침해될 것임이 분명하므로, 결국 이 사건 처분은 사회통념상 현저하게 타당성을 잃은 것</u>이라 할 것이다."고 판시하였다.(서울행정법원 2008.4.16. 선고 2007구합24500 판결).

79) 주거침입죄로 벌금 400만원을 선고받았다는 이유로 <u>출입국관리법 제11조 제1항 제4호(입국금지 사유)를 적용하여 강제퇴거명령한 사건</u>에 대하여 법원은 "원고의 행위는 출입국관리법 제11호 제1항 제4호 소정의 '경제질서 또는 사회질서를 해하거나 선량한 풍속을 해하는 행동을 할 염려가 있다고 인정할 만한 상당한 이유가 있는 자'에 해당한다고 보는 것이 옳다."고 판결하였다. (수원지방법원 2008. 5. 21 선고 2008구합1017 판결).

목차		내용
4. 강제퇴거 (제46조)	**(2) 대상자**	**3) 범죄자** • <u>금고 이상의 형을 선고받고 석방된 자</u>[80] • 살인죄, 강간죄 등 강력범죄를 범한 자 등
	(3) 절차	• 지방출입국·외국인관서의 장은 강제퇴거명령을 하는 때에는 강제퇴거명령서를 용의자에게 발급하여야 함(제59조 제3항) • 강제퇴거명령서는 출입국관리공무원이 집행함(제62조 제1항) • 강제퇴거명령서를 집행할 때에는 그 명령을 받은 사람에게 강제퇴거명령서를 내보이고 지체 없이 그를 송환국으로 송환하여야 함(제62조 제3항). 단, 선박 등의 장이나 운수업자가 송환하게 되는 경우에는 출입국관리공무원은 그 선박 등의 장이나 운수업자에게 그를 인도할 수 있음(제62조 제3항 단서) • 법무부장관은 강제퇴거명령을 받고 출국한 후 5년이 지나지 않은 외국인에 대하여 <u>입국을 금지할 수 있음</u>(제11조 제1항 제6호)
	(4) 제한	1) **가족결합권**: 외국인(재한화교)이 대한민국에서 출생·성장하여 대한민국의 국민과 혼인하다가 구 「반공법」 위반으로 강제퇴거명령을 받은 손승억 사안에서, 대법원은 "반공법 위반의 범행에 의하여 형의 선고를 받은 잘못이 있는 외국인이라 할지라도, 그 외국인이 우리나라에서 출생·성장하여 우리나라 여성과 결혼하였고 송환될 당시까지 한국인 노모를 모시고 생업에 종사하고 그 형수·매형 등이 모두 우리나라 사람인 등 여러 가지 정상에 비추어 그에 대하여 강제퇴거를 명한 처분은 **심히 가혹하고 부당하여 재량의 범위를 일탈한 것이다.**"라고 판시함[81] 2) **인권적 접근**: 청주지방법원은 우리나라에서 출생하였지만 나이지리아 국적의 부모가 체류자격을 상실함으로써 체류자격 없는 미등록 외국인으로 1999년부터 지금까지 국적국인 나이지리아에는 한 번도 방문하지 않고 한국에서 초·중·고등학교를 졸업하고 취업활동을 하고 있는 나이지리아인에 대한 강제퇴거명령 및 보호명령 취소소송에서, **외국인을 강제로 추방함으로 인하여 달성하고자 하는 공익보다 한국에 오래 거주하여 생활관계가 온전히 한국에 있는 당사자가 입게 되는 불이익이 더 크므로** 강제퇴거명령은 **재량권을 일탈·남용**한 것으로서 위법하다고 판단함[82][83]→ 제14강 법원 판결 사례 참조

---

80) 현행법이 입국금지사유를 강제퇴거사유로 준용하고 있기 때문에, 벌금형을 <u>선고받더라도</u> "대한민국의 이익이나 공공의 안전을 해치는 행동을 할 염려가 있다고 인정할 만한 상당한 이유가 있는 사람(제11조 제1항 제3호), " 경제질서 또는 사회질서를 해치거나 선량한 풍속을 해치는 행동을 할 염려가 있다고 인정할 만한 상당한 이유가 있는 사람"(동항 제4호)에 해당한다고 보아 <u>강제퇴거를 명할 수 있다</u>. (이철우 이희정 외, 「이민법」, 박영사, 2019, 223면).

81) 대법원 1972. 3. 20. 선고 71누202 판결.

82) 청주지방법원 2018. 5. 17. 선고 2017구합2276 판결.

83) **그러므로 강제퇴거가 적법하려면 ①법률에서 정한 강제퇴거사유가 있어야 하고, ②비례원칙 등을 지켜 하자 없이 재량권을 행사하여야 하며, ③<u>적법절차원칙</u>에 따라 당사자의 절차적 권리를 보장하여야 한다.** (이철우 이희정 외, 「이민법」, 박영사, 2019, 216면).

목차	내용
(4) 제한	**3) 영주(F-5)자격 소지자**: 영주체류자격을 가진 사람은 <u>원칙적으로 강제퇴거 당하지 않으나 아래 세 가지 예외가 있음</u>(제46조 제2항) ① 「형법」 상 <u>내란죄 또는 외환죄</u>를 범한 사람 ② 살인죄, 강도죄, 강간죄 등을 저지르고 5년 이상의 징역 또는 금고의 형을 선고받고 석방된 사람 ③ 불법 입출국 또는 불법입국 외국인의 국내에서의 도피를 위한 교통수단 제공 등의 금지(제12조의3 제1항 또는 제2항)를 위반하거나 이를 교사 또는 방조한 사람 **4) 난민신청자, 난민인정자, 인도적체류자**: 난민협약 제33조 및 「고문 및 그 밖의 잔혹하거나 비인도적 또는 굴욕적인 대우나 처벌의 방지에 관한 협약」 제3조에 따라 본인의 의사에 반하여 강제로 송환되지 아니함(난민법 제3조)
4. 강제퇴거 (제46조) **(5) 구제제도**	**1) 이의신청** • 지방출입국·외국인관서의 장은 강제퇴거명령서를 발급하는 경우 법무부장관에게 이의신청을 할 수 있다는 사실을 용의자에게 알려야 함(제59조 제4항) • 용의자는 강제퇴거명령에 대하여 이의신청을 하려면 강제퇴거명령서를 받은 날부터 **7일 이내에 지방출입국·외국인관서의 장을 거쳐 법무부장관에게 이의신청서를 제출**하여야 함(제60조 제1항) • 체류허가의 특례(제61조 제1항): 법무부장관은 이의신청이 이유 없다고 인정되는 경우라도 용의자가 대한민국 국적을 가졌던 <u>사실이 있거나 그 밖에 대한민국에 체류하여야 할 특별한 사정</u>(시행령 제76조 제1항: ①용의자가 영주(F-5) 체류자격을 가지고 있는 경우, ②용의자가 대한민국 정부로부터 훈장 또는 표창을 받은 사실이 있거나 대한민국에 특별한 공헌을 한 사실이 있는 경우, ③그 밖에 국가이익이나 <u>인도주의</u>에 비추어 체류하여야 할 특별한 사정이 있다고 인정되는 경우)이 있다고 인정되면 그의 체류를 허가할 수 있음 **2) 행정심판 청구(집행정지 신청 포함)**: 중앙행정심판위원회에 청구 **3) 행정소송 제기[84](집행정지 신청 포함[85])**: 행정법원에 제기

---

84) 강제퇴거명령이 집행되더라도 향후 5년간 재입국 제한의 불이익을 받을 수 있으므로 강제퇴거명령의 취소를 구할 소의 이익은 소멸하지 않는다.(이철우 이희정 외, 『이민법』, 박영사, 2019, 252면).

85) 강제퇴거명령이 집행정지되면 보호명령도 자동으로 집행정지가 되는 지 여부에 관하여 대법원은 "보호명령은 강제퇴거 명령을 받은 자를 즉시 대한민국 밖으로 송환할 수 없는 경우에 송환할 수 있을 때까지 일시적으로 보호하는 것을 목적으로 하는 처분이므로, 강제퇴거명령을 전제로 하는 것이나, 그렇다고 하여 강제퇴거명령의 집행이 정지되면 그 성질상 당연히 보호명령의 집행도 정지되어야 한다고 볼 수는 없다."고 판시하였다.(대법원 1997. 1. 20. 선고 96두31 판결).

■ 출입국관리법 시행규칙 [별지 제121호서식] <개정 2018. 5. 15.>

번호(No.) :

출국권고서
(WRITTEN ADVICE TO EXIT)

인적사항 (Personal details)	성명 (Full name)	
	생년월일 (Date of Birth)	성별 (Sex) [ ]남 Male [ ]여 Female
	국적 (Nationality)	
	대한민국 내 주소 (Address in Korea)	

「출입국관리법」 제67조제2항에 따라 위 사람에 대해 다음과 같이 출국을 권고합니다.
Pursuant to Paragraph 2, Article 67 of the Immigration Act, the abovementioned person is advised to leave the Republic of Korea as per following instructions.

출국권고 이유 (Reason for the Advice)	
적용 법규정 (Applicable Provision)	
출국기한 (Deadline for Departure)	
기타 (Others)	

년   월   일
Date   (year)   (month)   (day)

○○출입국 · 외국인청(사무소 · 출장소)장   직인

CHIEF, ○○IMMIGRATION OFFICE

210㎜×297㎜[백상지(80 g / ㎡) 또는 중질지(80 g / ㎡)]

[출처] 법제처 국가법령정보센터 홈페이지(www.law.go.kr)

출 국 명 령 서(DEPARTURE ORDER)

Date　　.　　.　　.

대상자 Subject of Departure Order	성　　명 Name in Full			
	생년월일 Date of Birth		성 별 Sex	[ ]남　[ ]여 [ ]M　[ ]F
	국적 Nationality		직 업 Occupation	
	대한민국 내 주소 Address in Korea			

출국명령 이유(적용 법규정) Reason for Order (Applicable Provision)	
출국기한 Deadline for Departure	
출국명령 조건 (Conditions of Departure Order)	주거제한(Restriction on Residence)
	이행보증금의 액수, 납부일자 및 장소(The amount of bond, The date and place of deposit)
	기타 필요한 조건(The Others)

1. 「출입국관리법」 제68조에 따라 위와 같이 출국명령서를 발급합니다.

   In accordance with Article 68 of the Immigration Act, the departure order is issued to the person above.

2. 「출입국관리법」 제68조에 따라 이행보증금을 예치한 경우 출국기한 내에 출국하지 않거나 위 조건을 위반하는 때에는 이행보증금을 국고에 귀속시킬 수 있습니다.

   If you don't leave the Republic of Korea within the deadline of the departure order or comply with the conditions of the order, the bond deposited in accordance with Article 68 of the Immigration Act may be devolved on the National Treasury.

3. 귀하는 위 처분에 대하여 이의가 있을 때에는 이 명령서를 받은 날부터 90일 이내에 행정심판 또는 행정소송을 제기할 수 있습니다.

   ※ 행정심판을 청구할 때에는 온라인행정심판(www.simpan.go.kr), 행정소송을 청구할 때에는 전자소송(ecfs.scourt.go.kr)을 통하여 온라인으로도 청구할 수 있습니다.

   A person who has an objection to the above disposition may file an administrative appeal or an administrative litigation within 90 days after receipt of the departure order.

   ※ You may file an administrative appeal online (www.simpan.go.kr) and an administrative litigation on the Internet(ecfs.scourt.go.kr).

○○출입국 · 외국인청(사무소 · 출장소)장 　[직인]

CHIEF, ○○IMMIGRATION OFFICE

210㎜×297㎜[백상지(80 g / ㎡) 또는 중질지(80 g / ㎡)]

[출처] 법제처 국가법령정보센터 홈페이지(www.law.go.kr)

■ 출입국관리법 시행규칙 [별지 제110호서식] <개정 2018. 6. 12.>

강제퇴거명령서
DEPORTATION ORDER

Date   . . .

대상자 Subject of Deportation Order	성 명 Name in Full		
	생년월일 Date of Birth	성 별 Sex	[ ] 남 [ ] 여 [ ] M [ ] F
	국적 Nationality	직 업 Occupation	
	대한민국 내 주소 Address in Korea		

강제퇴거 이유(적용 법규정) Reason for Deportation (Applicable Provision)	
집행방법 Mode of Execution	
송환국 Country of Repatriation	

1. 「출입국관리법」 제59조에 따라 위와 같이 강제퇴거명령서를 발급합니다.

   In accordance with Article 59 of the Immigration Act, the deportation order is issued to the person above.

2. 귀하는 이 명령서를 받은 날부터 7일 이내에 법무부장관에게 이의신청을 하거나, 90일 이내에 행정심판 또는 행정소송을 제기할 수 있습니다.

   ※ 행정심판을 청구할 때에는 온라인행정심판(www.simpan.go.kr), 행정소송을 청구할 때에는 전자소송(ecfs.scourt.go.kr)을 통하여 온라인으로도 청구할 수 있습니다.

   A person who has an objection to the above disposition may file an objection with the Minister of Justice within 7 days after receipt of the deportation order or file an administrative appeal or an administrative litigation within 90 days from the date of receiving the deportation order.

   ※ You may file an administrative appeal online (www.simpan.go.kr) and an administrative litigation on the Internet (ecfs.scourt.go.kr)

○○출입국 · 외국인청(사무소 · 출장소)장 [직인]
CHIEF, ○○IMMIGRATION OFFICE

집행결과 Result of Execution	집행자 Executing Official	서명 Signature

210㎜×297㎜[백상지(80 g / ㎡) 또는 중질지(80 g / ㎡)]

[출처] 법제처 국가법령정보센터 홈페이지(www.law.go.kr)

강제퇴거명령에 대한 이의신청서
(WRITTEN OBJECTION AGAINST DEPORTATION ORDER)

접수번호 (Receipt No)		접수일 (Receipt Date)	

신청인 (Applicant)	성명 (Full name)		
	생년월일 (Date of Birth)	성별 (Sex) [ ]남 male [ ]여 Female	
	국적 (Nationality)		
	대한민국 내 주소 (Address in Korea)		
	연락처 (Phone No.) :)		

이의신청 사유 (Reasons for objection)	※ 별지 작성 가능 You may write on a separate sheet of paper.
소명자료(첨부) (Attachment: Supporting documents)	

나는   년   월   일자 출입국·외국인청(사무소·출장소)장의 강제퇴거명령에 대하여 이의가 있으므로 「출입국관리법」 제60조제1항에 따라 이의 사유를 소명할 수 있는 서류를 덧붙여 이의신청합니다.

I have an objection against the Deportation Order issued by the Chief of Immigration Office on _____. _____. _____. Accordingly, I hereby file an objection with supporting documents attached, pursuant to Article 60(1) of the Immigration Act.

	년 (Year)	월 (Month)	일 (Day)
Date			

신청인 (Applicant)   (서명 또는 인) Signature or Seal

법 무 부 장 관   귀하
TO: Minister of Justice

210㎜×297㎜[백상지(80g/㎡) 또는 중질지(80g/㎡)]

[출처] 법제처 국가법령정보센터 홈페이지(www.law.go.kr)

번호(No.) :

특별체류허가서
(SPECIAL PERMIT FOR SOJOURN)

인적사항 (Personal details)	성명 (Full name)	
	성별 (Sex) 남 Male[ ] 여 Female[ ]	
	생년월일 (Date of Birth)	
	국적 (Nationality)	
	대한민국 내 주소 (Address in Korea)	

위 사람에 대하여 「출입국관리법」 제61조의 규정에 의하여 아래 조건으로 체류를 특별허가합니다. 다만, 조건을 지키지 아니한 때에는 이 허가를 취소할 수 있습니다.

The above mentioned person is hereby granted special permission to reside in the Republic of Korea under the following conditions pursuant to Article 61 of the Immigration Act. However failure to observe such conditions may result in rescission of the permit.

특별허가 조건 (Conditions for Special Permission)	1.
	2.
	3.

년 월 일
Date (year) (month) (day)

법무부장관 | 직인 |

Minister of Justice

210mm×297mm[백상지(80 g / m²) 또는 중질지(80 g / m²)]

[출처] 법제처 국가법령정보센터 홈페이지(www.law.go.kr)

■ 출입국관리법시행규칙 [별지 제106호서식] <개정 2018. 6. 12.>

이의신청에 대한 결정서

신청인	성명	
	성별 남 [ ] 여 [ ]	
	생년월일	
	국적	
	대한민국 내 주소	

위 사람이 「출입국관리법」 제(55 / 60) 조에 따라 년 월 일에 제기한 이의신청에 대해

아래와 같이 결정한다.

주문	
사실 및 이유	
적용 법조	
비 고	

년   월   일

법무부장관   직인

210㎜×297㎜[백상지(80g/㎡) 또는 중질지(80g/㎡)]

[출처] 법제처 국가법령정보센터 홈페이지(www.law.go.kr)

제8강

국적법 Ⅰ

1 국적법 제정 배경

대한민국 헌법 제2조 제1항이 "대한민국의 국민이 되는 요건은 법률로 정한다."고 규정함에 따라 제헌헌법이 제정된 1948년에 국적법도 제정되었다. 국가가 성립하기 위해서는 영토, 국민, 정부가 정해져야하기 때문에 당연히 제헌헌법이 제정(1948.7.17.)되고 바로 국적법이 제정(1948.12.20.)된 것이다. 국적법 제1조는 동법의 목적으로 "이 법은 대한민국의 국민이 되는 요건을 정함을 목적으로 한다."고 규정하고 있다.

2 국적법 조문 구성

국적법은 크게 국적의 취득(제2조~제9조), 복수국적(제10조~제14조의5), 국적의 상실(제15조~제18조) 등에 관한 규정을 두고 있다.

〈국적법 조문 구성〉

[시행 2022. 10. 1.] [법률 제18978호, 2022. 9. 15., 일부개정]
법무부(국적과), 02-2110-4121

제1조	목적
제2조	출생에 의한 국적취득
제3조	인지에 의한 국적취득
제4조	귀화에 의한 국적취득
제5조	일반귀화 요건
제6조	간이귀화 요건
제7조	특별귀화 요건
제8조	수반 취득
제9조	국적회복에 의한 국적 취득
제10조	국적취득자의 외국 국적 포기 의무
제11조	국적의 재취득
제11조의2	복수국적자의 법적 지위 등
제12조	복수국적자의 국적선택의무
제13조	대한민국 국적의 선택절차
제14조	대한민국 국적의 이탈 요건 및 절차
제14조의2	대한민국 국적의 이탈에 관한 특례
제14조의3	복수국적자에 대한 국적선택명령
제14조의4	대한민국 국적의 상실결정
제14조의5	복수국적자에 관한 통보의무 등

3 국적법 적용 대상자

국적법은 출생 등에 의해 이미 대한민국 국적을 취득한 대한민국 국민과 귀화 등으로 대한민국 국적을 취득하려는 외국인에게 적용된다.

4 국적의 취득

(1) 국적취득 유형

국적취득 유형	세부유형	내용
1. 출생하면서 선천적으로 대한민국 국적취득 (제2조)	(1) 원칙: 혈통주의 (속인주의)에 의한 취득	• 출생 당시 父 또는 母가 대한민국 국민인 자(제2조 제1항 제1호) • (母가 외국인인 경우) 출생하기 전에 父가 사망한 경우에는 그 사망 당시에 父가 대한민국의 국민이었던 자(제2조 제1항 제2호)
	(2) 예외: 출생지주의 (속지주의)에 의한 취득	• 부모가 모두 분명하지 아니한 경우나 국적이 없는 경우에는 대한민국에서 출생한 자(제2조 제1항 제3호) • 대한민국에서 발견된 기아(棄兒)는 대한민국에서 출생한 것으로 추정[86]함(제2조 제2항)
2. 외국인이 후천적으로 대한민국 국적취득 (제3조~제9조)	(1) 귀화로 취득 (제4조~ 제7조)[87]	1) **일반귀화**(제5조): **7개 요건** ① 귀화를 허가하는 것이 국가안전보장 · 질서유지 또는 공공복리를 해치지 아니한다고 법무부장관이 인정할 것 ② 법령을 준수하는 등 법무부령으로 정하는 품행 단정의 요건을 갖출 것 ③ 국어능력과 대한민국의 풍습에 대한 이해 등 대한민국 국민으로서의 기본 소양(素養)을 갖추고 있을 것 ④ 자신의 자산(資産)이나 기능(技能)에 의하거나 생계를 같이하는 가족에 의존하여 생계를 유지할 능력이 있을 것 ⑤ 대한민국의 「민법」상 성년일 것 ⑥ 대한민국에서 영주할 수 있는 체류자격을 가지고 있을 것, 그리고 ⑦ **5년 이상** 계속하여 대한민국에 주소가 있을 것

---

86) 추정이란 반대증거가 없으면 법적으로 인정되는 것을 의미한다.

87) 대한민국 국적을 취득한 사실이 없는 외국인은 법무부장관의 귀화허가를 받은 후 법무부장관 앞에서 국민선서를 하고 귀화증서를 수여받은 때에 대한민국 국적을 취득한다.(국적법 제4조).

국적취득 유형	세부유형	내용
2. **외국인이** **후천적으로** **대한민국** **국적취득** (제3조~제9조)	**(1) 귀화로** **취득** (제4조~제7조)	**2) 결혼이민자의 간이귀화**(제6조 제2항): **6개 요건** ① 귀화를 허가하는 것이 국가안전보장 · 질서유지 또는 공공복리를 해치지 아니한다고 법무부장관이 인정할 것 ② 법령을 준수하는 등 법무부령으로 정하는 <u>품행 단정</u>의 요건을 갖출 것 ③ 국어능력과 대한민국의 풍습에 대한 이해 등 대한민국 <u>국민으로서의 기본 소양(素養)</u>을 갖추고 있을 것 ④ 자신의 자산(資産)이나 기능(技能)에 의하거나 생계를 같이하는 가족에 의존하여 <u>생계를 유지할 능력</u>이 있을 것 ⑤ 대한민국의 「민법」상 <u>성년</u>일 것, 그리고 ⑥ 결혼이민자※로 **2년** 이상 계속하여 대한민국에 주소가 있을 것 ※ 결혼이민자 A. 혼인관계가 유지된 경우 ⓐ 대한민국 배우자와 혼인한 상태로 대한민국에 2년 이상 계속하여 주소가 있는 사람, 또는 ⓑ 대한민국 배우자와 혼인한 후 3년이 지나고 혼인한 상태로 대한민국에 1년 이상 계속하여 주소가 있는 사람 B. 혼인관계가 중단된 경우 ⓐ 대한민국 배우자와의 혼인에 따라 출생한 미성년자녀를 양육하는 사람, 또는 ⓑ 한국인 배우자의 사망, 실종 등 본인의 귀책사유 없이 혼인이 중단된 사람 **3) 결혼이민자 외 대한민국 연고자의 간이귀화**(제6조 제1항): **6개 요건** ① 귀화를 허가하는 것이 국가안전보장 · 질서유지 또는 공공복리를 해치지 아니한다고 법무부장관이 인정할 것 ② 법령을 준수하는 등 법무부령으로 정하는 <u>품행 단정</u>의 요건을 갖출 것 ③ 국어능력과 대한민국의 풍습에 대한 이해 등 대한민국 <u>국민으로서의 기본 소양(素養)</u>을 갖추고 있을 것 ④ 자신의 자산(資産)이나 기능(技能)에 의하거나 생계를 같이하는 가족에 의존하여 <u>생계를 유지할 능력</u>이 있을 것 ⑤ 대한민국의 「민법」상 <u>성년</u>일 것, 그리고 ⑥ 결혼이민자 외 대한민국 연고자※로 **3년** 이상 계속하여 대한민국에 주소가 있을 것

국적취득 유형	세부유형	내용
2. 외국인이 후천적으로 대한민국 국적취득 (제3조~제9조)	(1) 귀화로 취득 (제4조~제7조)	※ 결혼이민자 외 대한민국 연고자 ⓐ 부 또는 모가 대한민국의 국민이었던 사람 ⓑ 대한민국에서 출생한 사람으로서 부 또는 모가 대한민국에서 출생한 사람(부 또는 모가 과거에 한 때라도 대한민국 국적을 보유한 적이 있었는지, 현재 대한민국 국민인지, 사망한 상태인지 여부와 무관), 또는 ⓒ 대한민국 국민의 양자(養子)로서 입양 당시 대한민국의 「민법」상 성년이었던 사람 **4) 특별귀화**(제7조): **4개 요건** ① 귀화를 허가하는 것이 국가안전보장·질서유지 또는 공공복리를 해치지 아니한다고 법무부장관이 인정할 것 ② 법령을 준수하는 등 법무부령으로 정하는 품행 단정의 요건을 갖출 것 ③ 국어능력과 대한민국의 풍습에 대한 이해 등 대한민국 국민으로서의 기본 소양(素養)을 갖추고 있을 것 ④ 특별귀화 대상자※일 것 ※ 특별귀화 대상자 ⓐ 부 또는 모가 대한민국 국민인 자(단, 양자로서 성년 이후 입양된 자는 제외 → 귀화를 위해서는 3년 체류를 요하는 간이귀화 대상임) ⓑ 대한민국에 특별한 공로가 있는 사람, 또는 ⓒ 과학·경제·문화·체육 등 특정 분야에서 매우 우수한 능력을 보유한 사람으로서 대한민국의 국익에 기여할 것으로 인정되는 사람[88]
	(2) 국적회복으로 취득 (제9조)	• 과거 대한민국 국민이었던 외국인이 법무부장관의 국적회복허가를 받고 법무부장관 앞에서 국민선서를 하고 국적회복증서를 수여받은 때에 대한민국 국적을 취득함[89] • 국적을 회복할 수 없는 사람 ① 국가나 사회에 위해(危害)를 끼친 사실이 있는 사람 ② 품행이 단정하지 못한 사람[90] ③ 병역을 기피할 목적으로 대한민국 국적을 상실하였거나 이탈하였던 사람, 또는 ④ 국가안전보장·질서유지 또는 공공복리를 위하여 법무부장관이 국적회복을 허가하는 것이 적당하지 아니하다고 인정하는 사람

---

88) 우수 능력 보유자의 기준은 「국적법 시행령 제6조 제2항에 해당하는 우수인재 평가기준 및 추천 등에 관한 고시」(법무부고시 제2023-198호)로 정하고 있다.

89) 국적회복의 절차 등에 관한 상세한 내용은 「외국국적 동포의 국적회복 등에 관한 업무처리 지침」(법무부예규 제1202호]에 규정되어 있다.

90) "품행이 단정하지 못한 자"란 '국적회복 신청자를 다시 대한민국의 구성원으로 받아들이는 데 지장이 없을 정도의 품성과 행실을 갖추지 못한 자'를 의미하고, 이는 국적회복 신청자의 성별, 나이, 가족, 직업, 경력, 범죄전력 등 여러 사정을

국적취득 유형	세부유형	내용
2. 외국인이 후천적으로 대한민국 국적취득 (제3조~제9조)	**(3) 수반취득** (제8조)	• 외국인이고 미성년인 子는 父 또는 母가 귀화 또는 국적회복으로 대한민국 국적 취득 시 본인도 대한민국 국적을 같이 취득함 • 단, 父 또는 母가 귀화를 신청하는 때에 동시에 수반취득하려는 뜻을 명시적으로 표시하여 신청하지 않는다면 그 미성년인 자녀는 수반취득을 할 수 없음 • 즉, 父 또는 母가 먼저 대한민국에 귀화를 한 경우에는 그 미성년인 자녀는 수반취득의 절차가 아니고 독자적으로 특별귀화절차(제7조: 부 또는 모가 한국인인 경우)를 밟아야 함
	(4) 인지로 취득 (제3조)	미성년자(대한민국 민법상)인 외국인이 ① 출생 당시에 부 또는 모가 대한민국의 국민이었고 ② 현재 대한민국 국민인 부 또는 모에 의해 인지(認知)[91]된 경우, ③ 법무부장관에게 신고 → 대한민국 국적을 취득
	(5) 국적의 재취득 (제11조)	후천적으로 한국 국적을 취득한 사람이 1년 내에 원국적을 포기하거나 외국국적불행사서약을 하지 않으면 한국 국적을 상실당하게 되는데, 상실일로부터 1년 내에 그 외국 국적을 포기하고 신고만 하면 간단히 한국 국적을 다시 취득할 수 있음
3. 국적 판정 (제20조)		• 국적 판정은 대한민국 국적의 취득이나 보유 여부가 분명하지 아니한 자의 국적 보유 여부를 확인하는 조치임 • 판정을 통해 비로소 국적을 취득하는 것은 아니지만 국적의 보유 여부를 알 수 없다면 실효적 국적을 가졌다고 말할 수 없고 국적 판정에 의해 비로소 실효적 국적을 가지게 됨[92]

종합적으로 고려하여 판단하여야 한다. 특히 범죄전력과 관련하여서는 단순히 범죄를 저지른 사실의 유무뿐만 아니라 범행의 내용, 처벌의 정도, 범죄 당시 및 범죄 후의 사정, 범죄일로부터 처분할 때까지의 기간 등 여러 사정을 종합적으로 고려하여야 한다.(대법원 2017. 12. 22. 선고 2017두59420 판결).

91) 인지(認知)란 혼인 외의 출생자를 사실상의 아버지, 어머니가 자기의 자녀인 것을 확인하여 법률상으로 친자관계를 발생시키는 행위를 의미한다.

92) 이철우 이희정 외, 『이민법』, 박영사, 2019, 311면.

(2) 외국인 母의 중도입국자녀[93] 국적취득 방법

母의 귀화 여부	중도입국자녀의 미성년 여부	내용
母가 귀화를 하지 않은 경우	미성년자인 경우	• 일반귀화해야 하나 미성년자는 불가능 • 만약 한국인 아버지가 입양을 하게 되면 특별귀화(부 또는 모가 한국인인 경우) 가능(제7조 제1항 제1호)
	성년인 경우	• 일반귀화해야 하나 현실적으로 어려움 • 만약 한국인 아버지가 입양을 하게 되면 대한민국에 3년 체류 후 간이귀화 가능(제6조 제1항 제3호 및 제7조 제1항 제1호 단서)
母가 귀화신청을 하는 경우	미성년자인 경우	• 母가 귀화신청할 때 수반 취득 가능(제8조)
	성년인 경우	• 母가 귀화신청할 때 수반 취득 불가능(제8조) • 母가 먼저 한국국적 취득한 후 특별귀화 가능(제1조 제1항 제1호)
母가 이미 귀화를 하여 한국국적을 보유한 경우	미성년자인 경우	• 특별귀화 가능(제7조 제1항 제1호 : 母가 한국인인 경우)
	성년인 경우	• 특별귀화 가능(제7조 제1항 제1호 : 母가 한국인인 경우)

---

93) 중도입국자녀란 한국인과 재혼한 외국인 결혼이민자의 전혼(前婚) 자녀로서 한국에 입국한 사람을 의미한다.

귀화허가 신청서

국적법 근거규정	
조 항 호	
(상세)	

(11쪽 중 제1쪽)

※ 어두운 난은 적지 마시고 [ ]에는 해당되는 곳에 √ 표시를 합니다.

접수번호	접수일	접수자	처리기간	종합평가 □ 대상 □ 면제	면접심사 □ 대상 □ 면제
				실태조사 □ 대상 □ 면제	수수료 □ 대상 □ 면제

☞ 작성방법 및 유의사항(제7쪽 ~ 제9쪽)을 읽고 작성하기 바랍니다.

신청인 인적사항	현재 국적① ②		출생지(국가 및 도시명)	사 진
	성명(한글)		성별 남[ ]여[ ]	3.5cm × 4.5cm
	성명(영문)		외국인등록번호	(모자 벗은 상반신으로 뒤 그림
	전화번호 (휴대폰) (자택) (배우자 등)			없이 6개월 이내 촬영한 것)
	전자우편(E-mail)			
	주소			
	예정 등록기준지			

귀화 유형	일반귀화 ※국내 5년 이상 체류	[ ] 「민법」상 성년이며 영주자격(F5)을 가지고 있는 사람
	간이귀화 ※국내 3년 이상 체류	[ ] 부 또는 모가 대한민국의 국민이었던 사람
		[ ] 대한민국에서 출생한 사람으로서 부 또는 모가 대한민국에서 출생한 사람
		[ ] 대한민국 국민의 양자(養子)로서 입양 당시 대한민국의 「민법」상 성년이었던 사람
	혼인귀화 ※한국인과의 혼인에 한함	[ ] 배우자와 혼인한 상태로 대한민국에 2년 이상 거주한 사람
		[ ] 배우자와 혼인한 후 3년이 지나고 혼인한 상태로 대한민국에 1년 이상 거주한 사람
		[ ] 배우자의 사망·실종 그 밖에 자신에게 책임이 없는 사유로 혼인생활 유지가 불가한 사람
		[ ] 배우자와의 혼인에 따라 출생한 미성년의 자녀를 양육하고 있거나 양육할 사람
	특별귀화	[ ] 부 또는 모가 대한민국의 국민인 사람, 입양 당시 「민법」상 미성년이었던 사람
		[ ] 대한민국에 특별한 공로가 있는 사람([ ]독립유공자, [ ]국가유공자, [ ]국익기여자)
		[ ] 과학·경제·문화·체육 등 특정 분야에서 매우 우수한 능력을 보유한 사람

수반취득	[ ] 만 19세 미만의 자녀 ( )명에 대하여 신청인과 함께 국적 취득을 신청합니다.

1. 「국적법 시행령」 제3조에 따라 귀화허가를 신청합니다.
2. 국적취득일부터 1년 내에 현재 국적의 포기절차 등을 마치겠습니다.
3. 기재내용이나 첨부자료가 사실과 다른 경우 귀화 불허 또는 취소 등의 불이익을 감수하겠습니다.
4. 신원조회 등 귀화허가심사를 위하여 이 신청서에 기재된 개인정보를 활용하는 것에 동의합니다.

년 월 일

신청인 (서명 또는 인)

(법정대리인)

법무부장관 귀하

첨부서류	제10쪽 참조	수수료 제10쪽 참조

210mm × 297mm[백상지(80g/㎡) 또는 중질지(80g/㎡)]

[출처] 법제처 국가법령정보센터 홈페이지(www.law.go.kr)

국적회복허가 신청서

※ 어두운 난은 적지 마시고 [ ]에는 해당되는 곳에 √ 표시를 합니다.   (4쪽 중 제1쪽)

접수번호	접수일	접수자	처리기간

신청인 인적사항	현재 국적	출생지(국가 및 도시명)	사 진 3.5cm×4.5cm (모자 벗은 상반신으로 뒤 그림 없이 6개월 이내 촬영 한 것)
	성명(한글)　　　　　(한자)	성별　[ ] 남 　　　　[ ] 여	
	성명(영문)	생년월일	
	전화번호(휴대폰)　　　전화번호(자택)		
	전자우편(E-mail)		
	국내 주소		
	외국 주소		
	예정 등록기준지		

한국 국적 상실 일자	년　　　　　　월　　　　　　일

한국 국적 상실 원인	[ ]외국 국적 취득　　　[ ]국적이탈　　　[ ]국적 취득 후 외국 국적 포기 불이행 [ ]국적선택 불이행　　[ ]국적선택명령 불이행　[ ]기타

국적회복을 하려는 사유

수반취득	[ ] 만 19세 미만의 자녀 (　　　)명에 대하여 신청인과 함께 국적 취득을 신청합니다.

1. 「국적법 시행령」 제8조에 따라 국적회복허가를 신청합니다.

2. 국적취득일부터 1년 내에 현재 국적의 포기절차 등을 마치겠습니다.

3. 기재내용이나 첨부자료가 사실과 다른 경우 국적회복허가 불허 또는 취소 등의 불이익을 감수하겠습니다.

4. 신원조회 등 국적회복허가심사를 위하여 이 신청서에 기재된 개인정보를 활용하는 것에 동의합니다.

년　　　　　월　　　　　일

신청인
(법정대리인)　　　　　　　　　(서명 또는 인)

법무부장관 귀하

첨부서류	제4쪽 참조	수수료 제4쪽 참조

210㎜×297㎜[백상지(80g/㎡) 또는 중질지(80g/㎡)]

[출처] 법제처 국가법령정보센터 홈페이지(www.law.go.kr)

Ⅳ 국적, 이민통합, 난민업무 처리 현황

1. 국적업무 처리 현황

○ 유형별 국적취득 현황

종류 연도	총 계		귀 화		국 적 회 복	
	신청	허가	신청	허가	신청	허가
2018년	25,014	14,254	22,153	11,556	2,861	2,698
2019년	19,952	12,357	16,852	9,914	3,100	2,443
2020년	18,899	15,649	16,529	13,885	2,370	1,764
2021년	21,160	13,636	18,091	10,895	3,069	2,741
2022년	22,789	13,187	18,079	10,171	4,710	3,016
2023년 1~5월	10,101	3,600	7,888	2,513	2,213	1,087

[출처] 법무부 출입국·외국인정책본부, 출입국·외국인정책 통계월보 2023년 5월호, 38면

제9강

국적법 Ⅱ

(1) 단일국적 원칙

국적법은 단일국적을 원칙으로 하면서도 2010년 개정을 통해 제한적으로 복수국적을 인정하고 있다. 현행 국적법은 ①복수국적자의 국적선택의무(제12조 ~ 제14조의4), ②외국인이 한국국적 취득 시 원국적(외국국적) 포기 의무 부과(제10조), ③한국인이 외국 국적을 자진하여 취득하는 경우 한국국적 자동 상실(제15조) 등의 방식으로 복수국적을 규제하고 있다.[94]

(2) 복수국적의 제한적 허용

국적법에 따라 복수국적이 인정되는 경우는 선천적 복수국적자(제1유형)와 후천적 복수국적자(제2유형과 제3유형)로 나뉜다. 그리고 후천적 복수국적자는 대한민국 국민으로 출생 후 비자발적으로 외국 국적을 취득하여 복수국적자가 되는 경우(제2유형)와 외국인이 귀화, 국적회복 등을 통해 한국 국적을 취득하는 경우(제3유형)로 아래와 같이 구분할 수 있다.

---

94) 이철우 이희정 외, 『이민법』, 박영사, 2019, 330면.

1) 제1유형(선천적 복수국적)

선천적 복수국적 발생 유형	국적선택의무

• 사례 1: 대한민국 국적 아버지가 OO전자 미국 지사에 주재원으로 근무할 때 미국에서 출생한 子는 출생시부터 한국국적(혈통주의)과 미국국적(출생지주의)을 동시에 취득함
 	
• 사례 2: 아버지가 한국인이고 어머니가 일본인인 경우 그 자녀는 한국국적(혈통주의)과 일본국적(혈통주의)을 동시에 취득함(우리나라와 일본 국적법은 모두 양계혈통주의임)
	(1) 일정기간 안에 **하나의 국적을 선택**(대한민국 국적을 선택하면서 외국국적포기에 갈음한 **외국국적불행사서약을 할 수도 있음**)해야 하며, 이 기간 내에 하나의 국적을 선택하지 않는 경우에는 국적선택명령을 받게 됨(제12조와 제14조의3)
	
	(2) 국적선택의무 이행 방법(제13조와 제14조)
	  1) 한국국적 선택 → 국적선택신고
	    • 한국국적 선택 + 외국국적 포기, 또는
	    • **한국국적 선택 + 외국국적불행사서약**
	  2) 외국국적 선택 → 국적이탈신고
	    • 한국국적 이탈 + 외국국적 선택
	
	(3) 국적선택의무 이행 기간
	  1) 병역비의무자(제12조 제1항): 만 20세 이전에 복수국적자가 된 사람은 만 22세가 되기 전까지, 만 20세가 된 후에 복수국적자가 된 사람은 그 때로부터 2년 이내의 하나의 국적을 선택하여야 함 → "기본 국적선택기간"
	  2) 병역의무자(제12조 제2항 및 제3항)
	    ① 병역준비역에 편입된 자는 편입된 때로부터 3개월 이내(만 18세가 되는 해의 3월 31일)에 국적이탈을 선택할 수 있으며, 이 기간 이후에는 병역이 해결되어야만 국적을 이탈할 수 있음[95][96]
	    ② 단, 직계존속이 외국에서 영주할 목적 없이 체류한 상태에서 출생한 자(원정출산자 포함)는 병역이 해결된 경우에만 국적이탈이 가능함
	    ③ **병역이 해결된 경우**(ⓐ현역 · 상근예비역 또는 보충역으로 복무를 마치거나 마친 것으로 보게 되는 경우, ⓑ전시근로역에 편입된 경우, 또는 ⓒ병역면제처분을 받은 경우)에는 그 때로부터 2년 이내에 선택

---

95) 단, 이 시기까지 국적이탈을 하지 못한 정당한 사유가 있는 경우 법무부장관에게 대한민국 국적이탈 허가를 신청할 수 있다.(국적법 제14조의2).

96) 동사무소 직원이 행정상 착오로 국적이탈을 사유로 주민등록을 말소한 것을 신뢰하여 만 18세가 될 때까지 별도로 국적이탈신고를 하지 않았던 사람이, 만 18세가 넘은 후 동사무소의 주민등록 직권 재등록 사실을 알고 국적이탈신고를 하자 '병역을 필하였거나 면제받았다는 증명서가 첨부되지 않았다'는 이유로 이를 반려한 처분은 신뢰보호의 원칙에 반하여 위법하다고 한 사례가 있다.(대법원 2008. 1. 17. 선고 2006두10931 판결).

선천적 복수국적 발생 유형	국적선택의무
	(4) 외국국적불행사서약이 가능한 사람(즉, 복수국적 유지가 가능한 사람) **1) 병역비의무자** ① 원칙: 기본 국적선택기간에 외국국적불행사 서약이 가능함 ② 예외: 원정출산자[97]는 평생 외국국적불행사서약이 불가능함 **2) 병역의무자** ① 원칙 ⓐ 현역·상근예비역 또는 보충역으로 병역을 마친 경우 : 기본 국적선택기간이 넘어도 병역 종료 후 2년 안에 외국국적불행사서약이 가능함 ⓑ 전시근로역에 편입되거나 병역면제처분을 받은 경우 : 기본 국적선택기간 이전에만 외국국적불행사서약이 가능함 ② 예외: 원정출산자는 평생 외국국적불행사서약이 불가능함

2) 제2유형 (대한민국 국민이 비자발적으로 외국국적을 후천적으로 취득하면서 복수국적자가 되는 경우 → 국적보유신고자)

비자발적 복수국적 발생	국적선택의무
• 대한민국 국민이 비자발적으로[98] 외국국적을 취득한 때로부터 6개월 이내에 법무부장관에게 한국 국적을 보유할 의사가 있다고 신고한 경우(제15조 제2항) • 참고: 대한민국 국민(성인)으로서 자진하여 외국국적을 취득한 자는 그 외국국적을 취득한 때에 대한민국 국적을 상실함→ **복수국적자가 되는 것이 아니고 한국 국적을 상실하고 외국인이 되는 것임**(제15조 제1항)	• 위 제1유형(선천적 복수국적자)과 동일함

---

97) 원정출산자로 보지 않는 경우는 국적법 시행령 제17조 제3항과 「국적업무처리지침」 제14조의2에 규정되어 있다.

98) 국적법 제15조 제2항은 비자발적으로 외국국적을 취득하게 된 경우로서 ①외국인과의 혼인으로 그 배우자의 국적을 취득하게 된 자, ②외국인에게 입양되어 그 양부 또는 양모의 국적을 취득하게 된 자, ③외국인인 부 또는 모에게 인지되어 그 부 또는 모의 국적을 취득하게 된 자, ④외국국적을 취득하여 대한민국 국적을 상실하게 된 자의 배우자나 미성년의 자로서 그 외국의 법률에 따라 함께 그 외국국적을 취득한 자를 규정하고 있다.

〈선천적 복수국적자 유형별 국적선택의무 이행 방법〉

복수국적자 출생 시 부모의 체류국 체류자격	병역의무자 여부	(대한민국)국적이탈 가능여부	복수국적 유지 가능여부 (외국국적불행사서약 가능여부)
원정출산자의 자녀 (시행령 제17조 제3항 본문)	병역비의무자	국적이탈 가능 (제12조 제1항)	평생 외국국적불행사서약 불가능 (제13조 제3항)
	병역의무자	병역이 해결된 후에만 국적이탈 가능 (제12조 제3항)	
체류국 비영주체류자격 (취업, 유학 등) 소지자의 자녀 (시행령 제17조 제3항 단서 제1호와 제3호 및 국적업무처리지침 제14조의2)	병역비의무자	국적이탈 가능 (제12조 제1항)	기본국적선택기간[1]에 외국국적불행사서약 가능(제13조 제1항)
	병역의무자	병역이 해결된 후에만 국적이탈 가능 (제12조 제3항)	• 현역·상근예비역·보충역 또는 대체역으로 병역을 마친 경우는 기본국적선택기간이 넘어도 병역종료 후 2년 안에 외국국적불행사서약이 가능(제13조 제2항 단서) • 전시근로역에 편입되거나 병역면제 처분을 받아 병역이 해결된 경우는 기본국적선택기간에만 외국국적불행사서약이 가능(제13조 제1항)
체류국 영주권자 또는 시민권자의 자녀 (시행령 제17조 제3항 단서 제2호 및 시행규칙 제10조의2)	병역비의무자	국적이탈 가능 (제12조 제1항)	기본국적선택기간에 외국국적불행사서약 가능(제13조 제1항)
	병역의무자	군대가 해결되지 않아도 18세가 되는 해의 3월 31일 전에 국적이탈 가능 (제12조 제2항 본문)	• 현역·상근예비역·보충역 또는 대체역으로 병역을 마친 경우는 기본국적선택기간이 넘어도 병역종료 후 2년 안에 외국국적불행사서약이 가능(제13조 제2항 단서) • 전시근로역에 편입되거나 병역면제 처분을 받아 병역이 해결된 경우는 기본국적선택기간에만 외국국적불행사서약이 가능(제13조 제1항)

---

1) '기본국적선택기간'이란 만 20세가 되기 전에 복수국적자가 된 사람은 만 22세가 되기 전까지, 만 20세가 된 후에 복수국적자가 된 사람은 그 때부터 2년 내를 의미한다.(제12조 제1항)

3) 제3유형 (외국인이 귀화, 국적회복 등을 통해 한국국적을 취득하여 복수국적자가 되는 경우)[99]

원칙과 예외	국적선택의무
• **원칙**: 이 경우 외국인은 대한민국 국적 취득 후 1년 이내에 **외국(원)국적을 포기**하여야 함(제10조 제1항)[99] • **예외**: 아래에 해당하는 외국인은 대한민국 국적 취득 후 1년 이내에 **외국(원)국적 포기를 갈음한 외국국적불행사서약을 하고 외국국적을 유지할 수 있음**(제10조 제2항) ① 배우자와 혼인한 상태로 2년 이상 대한민국에 거주하여 간이귀화한 결혼이민자 ② 배우자와 혼인 후 3년이 지나고 혼인한 상태로 대한민국에 1년 이상 거주하여 간이귀화한 결혼이민자 ③ 대한민국 특별공로자로 특별귀화한 외국인 ④ 특정분야 우수능력자로 특별귀화한 외국인 ⑤ 국적회복허가를 받은 자로서 대한민국 특별공로자 또는 특정분야 우수능력자에 해당한다고 법무부장관이 인정하는 자 ⑥ 외국에서 거주하다 영주할 목적으로 만 65세 이후에 입국하여 국적회복허가를 받은 자 ⑦ 성년이 되기 전에 외국인에게 입양된 후 외국 국적을 취득하고 외국에서 계속 거주하다 국적회복허가를 받은 자, 또는 ⑧ 본인의 뜻에도 불구하고 외국의 법률 및 제도로 인하여 외국국적포기의무를 이행하기 어려운 자로서 대통령령으로 정하는 자	• 외국인이 후천적 사유로 인하여 대한민국 국적을 취득한 후 외국(원)국적 포기 의무의 예외 조항(제10조 제2항)에 따라 법무부장관에게 외국국적 불행사서약을 하여 복수국적자가 된 자는 국적선택의무 대상자에 해당하지 않음

(3) 복수국적자의 법적 지위

출생이나 그 밖에 이 법에 따라 대한민국 국적과 외국 국적을 함께 가지게 된 복수국적자는 대한민국의 법령 적용에서 대한민국 국민으로만 처우하며, 복수국적자가 관계 법령에 따라 외국 국적을 보유한 상태에서 직무를 수행할 수 없는 분야에 종사하려는 경우에는 외국 국적을 포기하여야 한다(제11조의2).

---

99) 외국인이 대한민국 국적을 취득한 경우 일정 기간 내에 그 외국 국적을 포기하도록 한 국적법 제10조 제1항이 외국인인 청구인들의 참정권, 입국의 자유, 재산권, 행복추구권을 침해한다는 주장에 대하여, 헌법재판소는 "참정권과 입국의 자유에 대한 외국인의 기본권주체성이 인정되지 않고, 외국인이 대한민국 국적을 취득하면서 자신의 외국 국적을 포기한다 하더라도 이로 인하여 재산권 행사가 직접 제한되지 않으며, 외국인이 복수국적을 누릴 자유가 우리 헌법상 행복추구권에 의하여 보호되는 기본권이라고 보기 어려우므로, 외국인의 기본권 주체성 내지 기본권침해가능성을 인정할 수 없다."고 판시하였다.(헌재 2014. 6. 26. 선고 2011헌마502 결정).

국적보유 신고서

※ 어두운 난은 적지 마시고 [ ]에는 해당되는 곳에 √ 표시를 합니다.

접수번호		접수일		접수자		확인자		처리기간	6개월

신고인	성명(한글)		(한자)		성별	[ ] 남 [ ] 여	사진 3.5cm×4.5cm (모자 벗은 상반신으로 뒤 그림 없이 6개월 이내 촬영 한 것)
	성명(외국명)		생년월일				
	외국 국적		출생지				
	전화번호		전자우편(E-mail)				
	주소						
	등록기준지						

외국 국적	취득일	년	월	일
	취득원인	[ ]혼인 [ ]입양 [ ]인지 [ ]기타( )		

가족	관계	성명	직업	국적	주소

신고 사유	

「국적법 시행령」 제19조에 따라 대한민국 국적보유 신고서를 제출합니다.

년   월   일

신고인
(법정대리인)   (서명 또는 인)

법무부장관 귀하

첨부서류	1. 가족관계기록사항에 관한 증명서 2. 외국 국적을 취득하게 된 원인 및 연월일을 증명하는 서류와 외국 여권의 사본	수수료 1인당 2만원

처리절차

신고서 제출	→	접수	→	심사	→	결정	→	통보
신고자		청(사무소, 출장소)장 또는 재외공관장		법무부장관		법무부장관		

210mm×297mm[백상지(80g/㎡) 또는 중질지(80g/㎡)]

[출처] 법제처 국가법령정보센터 홈페이지(www.law.go.kr)

국적선택 신고서

※ 어두운 난은 적지 마시고 [ ]에는 해당되는 곳에 √ 표시를 합니다.

접수번호	접수일	접수자	확인자	처리기간	6개월

신고인	성명(한글)			성별 [ ] 남 [ ] 여	사 진 3.5cm × 4.5cm (모자 벗은 상반신으로 뒤 그림 없이 6개월 이내 촬영한 것)
	(한자)				
	성명(외국명)		생년월일		
	외국 국적		출생지		
	전화번호		전자우편(E-mail)		
	주소				
	등록기준지				

복수 국적	대한민국 국적	취득일		년	월	일
		취득원인	출생( )		기타( )	
	외국 국적	취득일		년	월	일
		취득원인	출생( )		기타( )	

가족	관계	성명	직업	국적	주소

외국 국적 포기일	년 월 일	외국국적불행사 서약일	년 월 일

「국적법 시행령」 제17조에 따라 외국 국적의 포기절차 등을 마치고 국적선택 신고서를 제출합니다.

년 월 일

신고인
(법정대리인)   (서명 또는 인)

○○출입국·외국인청(사무소·출장소)장 귀하

첨부서류	1. 가족관계기록사항에 관한 증명서 2. 외국 국적을 포기한 사실 및 연월일을 증명하는 서류 또는 외국국적불행사 서약서 3. 외국 국적을 취득한 사유 및 연월일을 증명하는 서류와 외국 여권의 사본 4. 병역 관련 증명서류(「국적법」 제13조제2항 단서에 따라 서약하는 사람만 제출합니다) 5. 「국적법」 제13조제3항에 해당하지 않음을 증명하는 서류(외국국적불행사 서약자만 제출합니다)	수수료 없음

처리절차

신고서 제출	→	접수	→	심사	→	결정	→	통보
신고자		청(사무소, 출장소)장 또는 재외공관장		청(사무소, 출장소)장		청(사무소, 출장소)장		

210mm×297mm[백상지(80g/㎡) 또는 중질지(80g/㎡)]

[출처] 법제처 국가법령정보센터 홈페이지(www.law.go.kr)

■ 국적법 시행규칙 [별지 제5호의2서식] <개정 2018. 5. 15.>

외국국적불행사 서약서

※ 어두운 난은 적지 마시고 [ ]에는 해당되는 곳에 √ 표시를 합니다.

접수번호	접수일	접수자	확인자

서약인	성명(한글)		성별 [ ] 남 [ ] 여	사 진 3.5cm×4.5cm (모자 벗은 상반신으로 뒤 그림 없이 6개월 이내 촬영 한 것)
	(한자)			
	성명(외국명)	생년월일		
	외국 국적	출생지		
	전화번호	전자우편(E-mail)		
	주소			
	등록기준지			

서약유형	[ ] 「국적법」 제10조제2항 [ ]제1호 [ ]제2호 [ ]제3호 [ ]제4호 [ ]제5호
	[ ] 「국적법」 제13조 [ ]제1항 [ ]제2항 단서
	[ ] 「국적법」 부칙(법률 제10275호) 제2조 [ ]제1항 [ ] 제2항

1. 본인은 대한민국 국적을 취득·선택·보유하는 것과 관련하여 다음과 같이 서약합니다.

   가. 대한민국 국민으로서의 의무를 충실히 이행하겠습니다.

   나. 대한민국 내에서나 출입국을 할 때 대한민국 국민으로만 처우됨을 잘 알고 있으며, 외국여권을 사용하거나 외국인 등록을 하는 등 외국 국적을 행사하지 않을 것입니다.

2. 만약 오늘 이후에 본인이 위 내용에 위배되는 행위를 할 경우에는 과태료 부과 등의 제재들 포함하여 「국적 법」 제14조의2에 따른 국적선택명령이나 「국적법」 제14조의3에 따른 국적상실 결정 등의 불이익을 감수 할 것을 서약합니다.

년   월   일

서약인

(서명 또는 인)

○○출입국·외국인청(사무소·출장소)장 귀하

[출처] 법제처 국가법령정보센터 홈페이지(www.law.go.kr)

국적이탈 신고서

※ 어두운 난은 적지 마시고 [ ]에는 해당되는 곳에 √ 표시를 합니다.

접수번호	접수일	접수자	확인자	처리기간	6개월

<table>
<tr><td rowspan="7">신고인</td><td colspan="2">성명(한글)</td><td colspan="2">성별</td><td colspan="2">[ ] 남
[ ] 여</td><td rowspan="4">사 진

3.5cm×4.5cm

(모자 벗은 상반신으로 뒤
그림 없이 6개월 이내 촬영
한 것)</td></tr>
<tr><td colspan="2">(한자)</td><td colspan="4"></td></tr>
<tr><td colspan="2">성명(외국명)</td><td colspan="2">생년월일</td><td colspan="2"></td></tr>
<tr><td colspan="2">외국 국적</td><td colspan="2">출생지</td><td colspan="2"></td></tr>
<tr><td colspan="2">전화번호</td><td colspan="2">전자우편(E-mail)</td><td colspan="3"></td></tr>
<tr><td colspan="2">외국주소</td><td colspan="5"></td></tr>
<tr><td>주민등록
여부</td><td colspan="6">[ ]주민등록   [ ]주민등록이 되어있지 않음
주민등록지</td></tr>
<tr><td rowspan="4">복수 국적</td><td rowspan="2">대한민국
국적</td><td>취득일</td><td colspan="5">년   월   일</td></tr>
<tr><td>취득원인</td><td colspan="5">출생(   )   기타(   )</td></tr>
<tr><td rowspan="2">외국 국적</td><td>취득일</td><td colspan="5">년   월   일</td></tr>
<tr><td>취득원인</td><td colspan="5">출생(   )   기타(   )</td></tr>
<tr><td rowspan="5">가족</td><td>관계</td><td colspan="2">성명</td><td>직업</td><td>국적</td><td colspan="2">주소</td></tr>
<tr><td></td><td colspan="2"></td><td></td><td></td><td colspan="2"></td></tr>
<tr><td></td><td colspan="2"></td><td></td><td></td><td colspan="2"></td></tr>
<tr><td></td><td colspan="2"></td><td></td><td></td><td colspan="2"></td></tr>
<tr><td></td><td colspan="2"></td><td></td><td></td><td colspan="2"></td></tr>
</table>

「국적법 시행령」 제18조에 따라 국적이탈 신고서를 제출합니다.

년   월   일

신고인
(법정대리인)   (서명 또는 인)

법무부장관 귀하

첨부서류	1. 가족관계기록사항에 관한 증명서
	2. 외국 국적을 취득하거나 보유 중인 사실을 증명하는 서류
	3. 외국 국적을 취득한 사유 및 연월일을 증명하는 서류와 외국 여권의 사본
	4. 만 18세가 되는 해의 3월 31일 이전에 국적이탈 신고를 하려는 남자는 「국적법 시행령」 제16조의2에 해
	   당하지 않음을 증명하는 서류
	5. 만 18세가 되는 해의 4월 1일 이후에 국적이탈 신고를 하려는 남자는 병역의무 이행과 관련하여 「국적법」 제12
	   조제3항 각 호의 어느 하나에 해당하는 사실을 증명하는 서류
		수수료
		
		1인당
		
		2만원

처리절차

신고서 제출	→	접수	→	심사	→	결정	→	통보
신고자		재외공관장		법무부장관		법무부장관		

210mm×297mm[백상지(80g/㎡) 또는 중질지(80g/㎡)]

[출처] 법제처 국가법령정보센터 홈페이지(www.law.go.kr)

2 국적의 상실

대한민국 국적만을 가진 사람(단일국적자)은 국적포기를 할 수 없으며, 대한민국은 단일국적자의 대한민국 국적을 강제로 상실시킬 수 없다. 이를 허락한다면 이러한 사람은 무국적자가 될 것이기 때문이다. 하지만 복수국적자는 아래 표와 같이 대한민국 국적이 상실될 수 있다.

유형	세부유형	국적 상실시기
	• 대한민국 국적만을 가진 사람(단일국적자)은 국적포기를 할 수 없음(무국적 방지)	−
−제1유형− 자발적 상실 (국적이탈)	• 복수국적자로서 외국 국적을 선택하려는 자(국적이탈자)는 외국에 주소가 있는 경우에만 주소지 관할 재외공관의 장을 거쳐 법무부장관에게 대한민국 국적이탈 신고를 할 수 있음(제14조 제1항). 단, 병역준비역에 편입된 때로부터 3개월(만 18세가 되는 해의 3월 31일) 내에 국적이탈을 하지 않은 병역의무 있는 자는 원칙적으로 병역이 해결(①현역·상근예비역 또는 보충역으로 복무를 마치거나 마친 것으로 보게 되는 경우, ②전시근로역에 편입된 경우, 또는 ③병역면제처분을 받은 경우) 되어야만 국적이탈을 할 수 있음(제12조 제2항)	법무부장관이 신고를 수리한 때
−제2유형− 국적법 규정상 자동상실	① 대한민국 국민이 자발적으로 외국국적 취득한 경우(제15조 제1항) → 주요한 복수국적 발생 방지책[100]	외국국적을 취득한 때
	② 대한민국 국민이 비자발적으로 외국국적 취득한 후 6개월 내에 국적보유신고를 하지 않은 경우(제15조 제2항)	외국국적을 취득한 때

---

100) 헌법재판소는 대한민국 국민이 자진하여 외국 국적을 취득한 경우 대한민국 국적을 상실하도록 한 국적법 제15조 제1항이 과잉금지원칙에 위배되어 청구인의 거주·이전의 자유 및 행복추구권을 침해한다는 주장에 대하여 "국적에 관한 사항은 당해 국가가 역사적 전통과 정치·경제·사회·문화 등 제반사정을 고려하여 결정할 문제인 바, 자발적으로 외국 국적을 취득한 자에게 대한민국 국적도 함께 보유할 수 있게 허용한다면, 출입국·체류관리가 어려워질 수 있고, 각 나라에서 권리만 행사하고 병역·납세와 같은 의무는 기피하는 등 복수국적을 악용할 우려가 있으며, 복수국적자로 인하여 외교적 보호권이 중첩되는 등의 문제가 발생할 여지도 있다. 한편, 국적법은 예외적으로 복수국적을 허용함과 동시에, 대한민국 국민이었던 외국인에 대해서는 국적회복허가라는 별도의 용이한 절차를 통해 국적을 회복시켜주는 조항들을 두고 있다. 따라서 국적법 제15조 제1항이 대한민국 국민인 청구인의 거주·이전의 자유 및 행복추구권을 침해한다고 볼 수 없다."고 판시하였다.(헌재 2014. 6. 26. 선고 2011헌마502 결정).

유형	세부유형	국적 상실시기
-제2유형- 국적법 규정상 자동상실	③ 외국인이 대한민국 국적 취득 후 외국국적 포기의무를 이행하지 않는 경우(제10조 제3항)	의무 이행 기간 (한국 국적 취득일로 부터 1년)이 지난 때
	④ 복수국적자가 국적선택의무를 이행하지 않아 국적선택명령이 발하여지고 1년 내에 외국 국적을 포기하지 않은 경우(제14조의3 제1항 및 제4항)	국적선택명령 기간(1년)이 지난 때
	⑤ 외국국적불행사서약에 반하는 행위에 따라 국적선택명령을 받은 복수국적자가 6개월 내에 외국국적을 포기하지 않는 경우(제14조의3 제2항 및 제4항)	국적선택명령 기간 (6개월)이 지난 때
-제3유형- 강제적 상실 (국적취소 또는 국적상실 결정)	• 대한민국 국적만을 가진 사람(단일국적자)의 대한민국 국적을 강제로 상실시킬 수 없음(무국적 방지)	–
	• 단, 법무부장관은 거짓이나 그 밖의 부정한 방법으로 귀화허가, 국적회복허가, 국적의 이탈 허가 또는 국적보유판정을 받은 자에 대하여 그 허가 또는 판정을 취소할 수 있음(제21조)[101][102]	허가 또는 판정 시까지 소급하여 상실됨
	• 후천적으로 대한민국 국적을 취득하여 복수국적자가 된 사람이 국가안보 등에 있어서 대한민국의 국익에 반하는 행위를 하는 경우에는 법무부장관이 청문을 거쳐 대한민국 국적상실을 결정할 수 있음(제14조의4 제1항)	국적상실 결정을 받은 때

---

101) 결혼이민자 등의 경우에는 국적취소를 제한할 수 있다.(국적업무처리지침 제23조).

102) 법무부장관으로 하여금 거짓이나 그 밖의 부정한 방법으로 귀화허가를 받은 자에 대하여 그 허가를 취소할 수 있도록 규정하면서도 그 취소권의 행사기간을 따로 정하고 있지 아니한 국적법 제21조 중 귀화허가취소에 관한 부분이 과잉금지원칙에 위배되어 거주·이전의 자유 및 행복추구권을 침해하는지 여부에 관하여 헌법재판소는 "부정한 방법으로 귀화허가를 받았음에도 상당기간이 경과하였다고 하여 귀화허가의 효력을 그대로 둔 채 행정형벌이나 행정질서벌 등으로 제재를 가하는 것은 부정한 방법에 의한 국적취득을 용인하는 결과가 된다."고 하면서 해당 조항이 헌법에 위반되지 아니한다고 결정하였다.(헌재 2015. 9. 24. 선고 2015헌바26 결정).

국적상실 신고서

※ 어두운 난은 적지 마시고 [ ]에는 해당되는 곳에 √ 표시를 합니다.

접수번호	접수일	접수자	확인자	처리기간	6개월

신고인	성명(한글)		(한자)	성별	[ ] 남 [ ] 여	사진 3.5cm×4.5cm (모자 벗은 상반신으로 뒤 그림 없이 6개월 이내 촬영한 것)
	성명(외국명)		생년월일			
	외국 국적		출생지			
	전화번호		전자우편(E-mail)			
	주소					
	등록기준지					

대한민국 국적상실일	년	월	일

국적상실 사유	외국 국적 취득	국적명		취득일		
		취득원인	[ ]귀화 [ ]혼인 [ ]입양 [ ]인지 [ ]기타 (			)
	대한민국 국적 취득 후 기간 내 외국 국적 미포기	대한민국 국적 취득일				
		대한민국 국적 취득원인	[ ]귀화 [ ]국적회복 [ ]기타 (			)
	국적선택명령 불이행	국적선택명령일		년	월	일
		국적선택명령 사유				
	국적상실 결정	대한민국 국적 취득일		년	월	일
		국적상실 결정 사유				
	국적선택 불이행	대한민국 국적 취득일		년	월	일
		외국 국적 취득일		년	월	일

가족	관계	성명	직업	국적	주소

「국적법 시행령」 제20조에 따라 국적상실 신고서를 제출합니다.

년   월   일

신고인
(법정대리인)   (서명 또는 인)

○○출입국·외국인청(사무소·출장소)장 귀하

첨부서류	1. 가족관계기록사항에 관한 증명서 2. 국적상실의 원인 및 연월일을 증명하는 서류(외국 국적을 취득하였을 때에는 그 국적을 취득한 원인 및 연월일을 증명하는 서류)와 외국 여권의 사본	수수료 없음

처리절차

신고서 제출	→	접수	→	심사	→	결정	→	통보
신고자		청(사무소, 출장소)장 또는 재외공관장		청(사무소, 출장소)장		청(사무소, 출장소)장		

210mm×297mm[백상지(80g/㎡) 또는 중질지(80g/㎡)]

[출처] 법제처 국가법령정보센터 홈페이지(www.law.go.kr)

○ 연도별 국적상실·이탈 처리 현황

연도＼종류	총 계	상 실	이 탈
2018년[27)	33,594	26,608	6,986
2019년	24,539	22,078	2,461
2020년	28,686	25,035	3,651
2021년	25,581	21,273	4,308
2022년	28,690	25,429	3,261
2023년 1~5월	12,328	11,141	1,187

[출처] 법무부 출입국 · 외국인정책본부, 출입국 · 외국인정책 통계월보 2023년 5월호, 39면

제10강

재외동포의 출입국과
법적 지위에 관한 법률

1 재외동포법 제정 배경

『재외동포의 출입국과 법적 지위에 관한 법률』(재외동포법)은 재외동포가 대한민국에의 출입국 및 체류를 할 때에 제한을 완화하고 편의를 받게 하고, 재외동포가 모국인 대한민국에서의 부동산 취득, 금융, 외국환거래 등을 할 때에 각종 제약을 완화함으로써 **투자를 촉진하고 경제회생을 위한 분위기를 확산**시키기 위하여 1999년 제정 및 시행되었다. 또한, 외국에서 영주할 목적으로 해외로 이주한 재외동포 중 상당수가 모국인 대한민국과의 관계가 단절된다는 고립감과 모국에서의 경제활동 제약, 연금지급 정지 등을 걱정하여 체류국가의 국적취득을 꺼리고 체류국가에서 제대로 정착하지 못하는 점을 법 제정 시 감안하였다. 재외동포법 제1조는 동법의 목적으로 "이 법은 재외동포(在外同胞)의 대한민국에의 출입국과 대한민국 안에서의 법적 지위를 보장함을 목적으로 한다."고 규정하고 있다.

2 재외동포법 조문 구성

〈재외동포법 조문 구성〉

[시행 2023. 6. 14.] [법률 제19070호, 2022. 12. 13., 타법개정]
법무부(외국인정책과), 02-2110-4116

제1조	목적
제2조	정의
제3조	적용 범위
제3조의2	다른 법률과의 관계
제4조	정부의 책무
제5조	재외동포체류자격의 부여
제6조	국내거소신고
제7조	국내거소신고증의 발급 등
제8조	국내거소신고증의 반납
제9조	주민등록 등과의 관계
제10조	출입국과 체류
제11조	부동산거래 등
제12조	금융거래
제13조	외국환거래
제14조	건강보험
제16조	국가유공자·독립유공자와 그 유족의 보훈급여금
제17조	과태료

3 재외동포법 적용 대상 외국국적동포

(1) 재외동포법상 외국국적동포의 정의(제2조)

재외동포법상 외국국적동포는 "① 출생에 의하여 대한민국의 국적을 보유하였던 자(대한민국정부 수립 전에 국외로 이주한 동포 포함[103])로서 외국국적을 취득한 자, 또는 ②그의 직계비속으로서 외국국적을 취득한 자"로 정의된다.

(2) 재외동포법 적용 대상 외국국적동포(제3조)

재외동포법은 외국국적동포 중 출입국관리법 제10조에 따른 체류자격 중 **재외동포(F-4) 체류자격을 가진 외국국적동포에만 적용**된다. 즉 외국국적동포이나 방문취업(H-2) 등의 체류자격을 가진 외국국적동포에게는 적용되지 않는다.

---

103) 이 법 제정 당시에는 외국국적동포를 ①대한민국 정부수립 이후에 국외로 이주한 자 중 대한민국의 국적을 상실한 자와 그 직계비속과 ②**대한민국 정부수립 이전에 국외로 이주한 자 중 외국국적 취득 이전에 대한민국의 국적을 명시적으로 확인 받은 자와 그 직계비속**으로 규정하였다. 그러나 헌법재판소는 "정부수립이후 이주동포와 정부수립이전 이주동포는 이미 대한민국을 떠나 그들이 거주하고 있는 외국의 국적을 취득한 우리의 동포라는 점에서 같고, 국외로 이주한 시기가 대한민국 정부수립 이전인가 이후인가는 결정적인 기준이 될 수 없는데도, 정부수립이후이주동포(주로 재미동포, 그 중에서도 시민권을 취득한 재미동포 1세)의 요망사항은 재외동포의 출입국과 법적 지위에 관한 법률에 의하여 거의 완전히 해결된 반면, 정부수립이전이주동포(주로 중국동포 및 구 소련동포)는 재외동포의 출입국과 법적 지위에 관한 법률의 적용대상에서 제외됨으로써 그들이 절실히 필요로 하는 출입국기회와 대한민국 내에서의 취업기회를 차단당하였고, 사회경제적 또는 안보적 이유로 거론하는 우려도, 당초 재외동포의 출입국과 법적 지위에 관한 법률의 적용범위에 정부수립이전이주동포도 포함시키려 하였다가 제외시킨 입법과정에 비추어 보면 엄밀한 검증을 거친 것이라고 볼 수 없으며, 또한 재외동포의 출입국과 법적 지위에 관한 법률상 외국국적동포에 대한 정의규정에는 일응 중립적인 과거국적주의를 표방하고, 시행령으로 일제시대 독립운동을 위하여 또는 일제의 강제징용이나 수탈을 피하기 위해 조국을 떠날 수밖에 없었던 중국동포나 구 소련동포가 대부분인 대한민국 정부수립 이전에 이주한 자들에게 외국국적 취득 이전에 대한민국의 국적을 명시적으로 확인받은 사실을 입증하도록 요구함으로써 이들을 재외동포의 출입국과 법적 지위에 관한 법률의 수혜대상에서 제외한 것은 정당성을 인정받기 어렵다."고 하면서 **이 조항이 평등원칙에 위배**된다고 결정한 바 있다.(헌재 2001. 11. 29. 선고 99헌마494 결정).

〈적용 법률에 따른 동포 구분〉

동포 구분	적용 법률
재외동포(F-4)체류자격 동포	재외동포의 출입국과 법적 지위에 관한 법률
방문취업(H-2)체류자격 동포	외국인근로자의 고용 등에 관한 법률

(3) 다른 법률과의 관계(제3조의2)

재외동포체류자격을 가진 외국국적동포의 대한민국에의 출입국과 대한민국 안에서의 법적 지위에 관하여 이 법에서 정하지 아니한 사항은 「출입국관리법」에 따른다.

4 재외동포(F-4)체류자격의 부여(제5조)

(1) 신청에 의한 부여(제5조 제1항)

대한민국에서 활동하려는 외국국적동포의 신청에 의하여 부여할 수 있다. 즉, 요건에 해당하는 외국국적동포가 재외동포(F-4)체류자격을 신청하는 경우 부여할 수 있는 것이지 대한민국 입국 시 자동으로 체류자격이 부여되는 것은 아니다.

(2) 재외동포체류자격 부여 금지 대상자(제5조 제2항)

법무부장관은 ①병역이 해결되지 않은 상태에서 대한민국 국적을 이탈하거나 상실하여 외국인이 된 남성의 경우(단, 법무부장관이 필요하다고 인정하는 경우는 41세부터 부여할 수 있음) 또는 ②대한민국의 안전보장, 질서유지, 공공복리, 외교관계 등 대한민국의 이익을 해칠 우려가 있는 경우에는 재외동포체류자격을 부여하지 아니한다.

〈재외동포법 제5조 제2항 개정사〉

제정 및 개정일	제5조 제2항 내용
제정 (1999.9.2)	법무부장관은 재외동포체류자격을 신청한 외국국적동포가 대한민국의 안전보장과 질서유지 · 공공복리 · 외교관계 기타 대한민국의 이익을 해할 우려가 있는 경우에는 재외동포체류자격을 **부여하지 아니한다.**
1차 개정 (2005.12.29.)	법무부장관은 외국국적동포에게 다음 각 호의 어느 하나에 해당하는 사유가 있는 때에는 제1항의 규정에 따른 재외동포체류자격을 **부여하지 아니한다.** 다만, 제1호 또는 제2호에 해당하는 외국국적동포가 **36세**가 된 때에는 **그러하지 아니하다.** 1. 직계존속이 외국에 영주할 목적 없이 체류한 상태에서 출생하여 외국국적을 취득함으로써 이중국적자가 된 남자가 **병역을 기피할 목적으로** 18세가 되는 해의 1월 1일 전에 대한민국 **국적을 이탈**하여 외국인이 된 때 2. 대한민국 남자가 **병역을 기피할 목적**으로 외국국적을 취득하고 대한민국 **국적을 상실**하여 외국인이 된 때 3. 대한민국의 안전보장 · 질서유지 · 공공복리 · 외교관계 등 대한민국의 이익을 해할 우려가 있는 때
2차 개정 (2011.4.5.)	법무부장관은 외국국적동포에게 다음 각 호의 어느 하나에 해당하는 사유가 있는 때에는 제1항의 규정에 따른 재외동포체류자격을 **부여하지 아니한다.** 다만, 제1호 또는 제2호에 해당하는 외국국적동포가 **38세**가 된 때에는 **그러하지 아니하다.** 1. 직계존속이 외국에 영주할 목적 없이 체류한 상태에서 출생하여 외국국적을 취득함으로써 복수국적자가 된 남자가 **병역을 기피할 목적으로** 18세가 되는 해의 1월 1일 전에 대한민국 **국적을 이탈**하여 외국인이 된 때 2. 대한민국 남자가 **병역을 기피할 목적으로** 외국국적을 취득하고 대한민국 **국적을 상실**하여 외국인이 된 때 3. 대한민국의 안전보장 · 질서유지 · 공공복리 · 외교관계 등 대한민국의 이익을 해할 우려가 있는 때

제정 및 개정일	제5조 제2항 내용
3차 개정 (2017.10.31.)	법무부장관은 외국국적동포에게 다음 각 호의 어느 하나에 해당하는 사유가 있으면 제1항에 따른 재외동포체류자격을 **부여하지 아니한다**. 다만, 제1호에 해당하는 외국국적동포가 **41세**가 되는 해 1월 1일부터는 **그러하지 아니하다**. 1. 다음 각 목의 어느 하나에 해당하지 아니한 상태에서 대한민국 **국적을 이탈**하거나 **상실**하여 외국인이 된 남성의 경우 　가. 현역 · 상근예비역 또는 보충역으로 복무를 마치거나 마친 것으로 보게 되는 경우 　나. 전시근로역에 편입된 경우 　다. 병역면제처분을 받은 경우 2. 대한민국의 안전보장, 질서유지, 공공복리, 외교관계 등 대한민국의 이익을 해칠 우려가 있는 경우
4차 개정 (2018.9.18.)	법무부장관은 외국국적동포에게 다음 각 호의 어느 하나에 해당하는 사유가 있으면 제1항에 따른 재외동포체류자격을 부여하지 아니한다. 다만, **법무부장관이 필요하다고 인정하는 경우에는 제1호에 해당하는 외국국적동포가 41세가 되는 해 1월 1일부터 부여할 수 있다**. 1. 다음 각 목의 어느 하나에 해당하지 아니한 상태에서 대한민국 **국적을 이탈**하거나 **상실**하여 외국인이 된 남성의 경우 　가. 현역 · 상근예비역 · 보충역 또는 대체역으로 복무를 마치거나 마친 것으로 보게 되는 경우 　나. 전시근로역에 편입된 경우 　다. 병역면제처분을 받은 경우 2. 대한민국의 안전보장, 질서유지, 공공복리, 외교관계 등 대한민국의 이익을 해칠 우려가 있는 경우

(3) 재외동포체류자격자의 활동범위 및 자격 부여 대상자

재외동포체류자격을 부여받은 외국국적동포의 취업이나 그 밖의 경제활동은 사회질서 또는 경제안정을 해치지 아니하는 범위에서 자유롭게 허용되나(제10조 제5항), 출입국관리법은 대한민국에서 활동하려는 외국국적동포는 ①단순노무행위, ②선량한 풍속이나 그 밖의 사회질서에 반하는 행위, ③그 밖에 공공의 이익이나 국내 취업질서 등을 유지하기 위하여 그 취업을 제한할 필요가 있다고 인정되는 행위에는 종사할 수 없도록 규정하고 있다.[104] 단순노무행위를 하려는 외국국적동포는 재외동포법상 재외동포(F-4)체류자격이 아닌 후술할 『외국인근로자의 고용 등에 관한 법률』상 방문취업(H-2)체류자격을 취득해야 한다.

---

104) 출입국관리법 시행령 제23조 제3항.

이런 사유로 법무부장관이 고시하는 불법체류가 많이 발생하는 국가(중국 등 21개국)[105]의 외국국적동포는 재외동포(F-4) 사증을 신청할 때 연간납세증명서, 소득증명서류 등 체류기간 중 단순노무행위 등의 취업활동에 종사하지 않을 것임을 소명하는 서류를 제출하여야 한다(출입국관리법 시행규칙 별표 5 사증발급신청 등 첨부서류).

이렇게 중국동포들에게 소명서류제출을 요구하는 것이 평등권을 침해한다는 주장에 대하여 헌법재판소는 "일반적으로 노동시장에서 외국인근로자의 유입은 대체관계에 있는 근로자의 임금수준을 하락시키는 것으로 알려져 있고, 단순노무행위에 종사하려는 외국국적동포의 제한 없는 입국 및 체류가 허용될 경우에는 단순노무 분야의 실업률이 상승할 우려가 있으므로, 심판대상조항들이 단순노무행위 등 취업활동 종사자와 그렇지 않은 사람을 달리 취급하는 것은 합리적 이유가 있어 평등권을 침해하지 않는다."고 판시하였다.[106]

중국 등 법무부장관이 고시하는 불법체류가 많이 발생하는 국가의 외국국적동포 중 ①문화예술(D-1), 취재(D-5) 내지 무역경영(D-9), 교수(E-1) 내지 특정활동(E-7)자격으로 국내에서 6개월 이상 체류한 사실이 있는 사람, ②국내·외 전문학사(2년제 이상 졸업자) 이상 학위소지자 및 국제교육진흥원 등 정부초청장학생, ③OECD 국가의 영주권 소지자, ④전년도 기준 매출액이 미화 10만불 이상의 개인기업(자영업대표) 등은 '단순노무행위에 종사하지 아니할 것'으로 간주되어 재외동포(F-4)자격이 부여된다.[107]

---

105) **사증발급신청 등 첨부서류 관련 법무부장관이 고시한 국가**(21개국) : 중국, 필리핀, 인도네시아, 방글라데시, 베트남, 몽골, 태국, 파키스탄, 스리랑카, 인도, 미얀마, 네팔, 이란, 우즈베키스탄, 카자흐스탄, 키르키즈스탄, 우크라이나, 나이지리아, 가나, 이집트, 페루(「출입국관리법 시행규칙 별표5 "사증발급신청 등 첨부서류"에 관한 고시」, 법무부고시 제2011-534호).

106) 헌재 2014. 4. 24. 선고 2011헌마474 결정.

107) 법무부 출입국·외국인정책본부, 알기쉬운 외국국적동포 업무 매뉴얼(2023. 2.), 16~20면

재외동포(F-4) 자격의 취업활동 제한범위 고시

[시행 2023. 5. 1.] [법무부고시 제2023-187호, 2023. 5. 1., 폐지제정]

법무부(체류관리과), 02-2110-4058

□ 재외동포(F-4) 자격의 취업활동 제한범위

　　1. 일반 기준

　　가. 단순노무행위를 하는 경우([붙임 1] 참조)

　　나. 선량한 풍속이나 그 밖의 사회질서에 반하는 행위를 하는 경우

　　　－「사행행위 등 규제 및 처벌 특례법」 제2조제1항제1호 및 동법 시행령 제1조의2 등에서 규정하고 있는 사행행위 영업장소 등에 취업하는 행위

　　　－「식품위생법」 제36조제3항 및 동법 시행령 제21조제8호 등에서 규정하고 있는 유흥주점 등에서 유흥종사자로 근무하는 행위

　　　－「풍속영업의 규제에 관한 법률」 제2조 및 동법 시행령 제2조 등에서 규정하고 있는 풍속영업 중 선량한 풍속에 반하는 영업장소 등에 취업하는 행위

　　다. 그 밖에 공공의 이익이나 국내 취업질서 등을 유지하기 위하여 그 취업을 제한할 필요가 있다고 인정되는 경우([붙임 2] 참조)

　　2. 예외 기준

　　○「출입국관리법 시행령」 제23조제3항제1호 관련

　　　－「국가균형발전 특별법」 제2조제9호에 따른 인구감소지역 중 법무부장관이 정한 지역특화형 비자 사업 대상 시·군·구에 거소를 두고 거소가 속한 광역시 또는 도 내에서 제1호 가목 또는 다목의 취업활동을 하는 재외동포(F-4)는 취업활동의 제한을 받지 않음(다만, 나목은 제한)

□ 재검토기한

　　○ 법무부장관은 「훈령·예규 등의 발령 및 관리에 관한 규정」에 따라 이 고시에 대하여 2023년 1월 1일을 기준으로 매 3년이 되는 시점(매 3년째의 12월 31일까지를 말한다)마다 그 타당성을 검토하여 개선 등의 조치를 하여야 함

□ 다른 규정의 폐지

　　○ 재외동포(F-4)의 취업활동 제한범위 고시(법무부고시 제2018-70호, '18. 3. 26.)는 이 고시 시행과 동시에 폐지함

□ 시행일 : 2023. 5. 1.부터

< 단순노무행위에 해당하는 세부 직업 >

구 분	종 류	상 세 설 명
단순노무 종사자 (대분류 9)	(1) 건설 단순 종사원 (91001)	건축 및 토목공사와 관련하여 육체적인 노동으로 단순하고 일상적인 업무에 종사하는 자를 말한다. 【직업 예시】 • 건물건축 운반인부　　　• 보석 단순노무원 • 해체작업 단순노무원　　• 토목건설 단순노무원 • 수로정비 단순노무원　　• 관정 단순노무자 • 댐건설 단순노무원　　　• 건물정비잡역부 【제외】 • 전통건물 건축원(77241)　• 조적공(77251)　• 건물해체원(77293)

[붙임 2]

< 그 밖에 공공의 이익이나 국내 취업질서 유지 등을 유지하기 위하여
그 취업을 제한할 필요가 인정되는 세부 직업 >

구 분	종 류	상 세 설 명
서비스 종사자 (대분류 4)	(1) 피부 관리사 내 발 관리사 (42231)	신체의 각 기관과 관계있는 발바닥의 특정부위를 지압, 마사지, 자극함으로써 피로를 풀어주고, 혈액 순환을 촉진하여 질병을 예방하며 건강유지에 도움을 주는 일을 하는 자를 말한다. 【직업 예시】 • 발 마사지사　　　　　　• 발 관리사
	(2) 목욕 관리사 (42234)	손님이 목욕하는 것을 도와주며, 피로를 풀 수 있도록 안마, 미용 서비스를 하는 자를 말한다. 【직업 예시】 • 목욕관리사

[출처] 법제처 국가법령정보센터 홈페이지(www.law.go.kr)

5 재외동포(F-4)체류자격자의 국내거소신고(제6조)

재외동포체류자격으로 입국한 외국국적동포는 재외동포법을 적용받기 위하여 **필요하면** 대한민국 안에 거소(居所)를 정하여 그 거소를 관할하는 지방출입국·외국인관서의 장에게 **국내거소신고를 할 수 있다**(제6조 제1항).

법령에 규정된 각종 절차와 거래관계 등에서 주민등록증, 주민등록표 등본·초본, 외국인등록증 또는 외국인등록 사실증명이 필요한 경우에는 국내거소신고증이나 국내거소신고 사실증명으로 그에 갈음할 수 있다(제9조).[108]

---

108) 외국국적동포가 『재외동포의 출입국과 법적 지위에 관한 법률』에 따라서 행한 국내거소신고나 거소이전신고는, 『주택임대차보호법』 제3조 제1항에서 주택임대차의 대항력 취득 요건으로 규정하고 있는 주민등록과 동일한 법적 효과가 인정된다.[대법원 2016. 10. 13. 선고 2014다218030(본소), 2014다218047(반소) 판결].

앞 쪽

외국국적동포 국내거소신고증
OVERSEAS KOREAN RESIDENT CARD

사진
26mm x 33.5mm

거소신고번호
Registration No.   123456 - 1234567

성명
Name   HONG SPECIMEN

국가 / 지역
Country / Region   REPUBLIC OF UTOPIA

체류자격
Status   재외동포(F-4)

발급일자 Issue Date

○○ 출입국·외국인정(사무소·출장소)장
CHIEF, ○○ IMMIGRATION OFFICE

85.6mm x 54mm(Polycarbonate 0.76T)

뒤 쪽

•체류기간(Duration of Stay)

허가일자	만료일자	확 인

•국내거소(Address)

신고일	체 류 지

유효 및 취업가능 확인   www.hikorea.go.kr
민원안내 국번없이 ☎1345

[출처] 법제처 국가법령정보센터 홈페이지(www.law.go.kr)

3. 외국국적동포 거소신고 현황

○ 외국국적동포 거소신고자 연도별 증감추이

(단위 : 명)

구 분	2016년	2017년	2018년	2019년	2020년	2021년	2022년	2023년 5월
인 원	368,862	411,337	441,107	459,996	464,783	475,945	499,270	510,523
증감률	13.6%	11.5%	7.2%	4.3%	1.0%	2.4%	4.9%	5.7%

○ 외국국적동포 거소신고자 거주지역별 현황[17]

(2023.5.31. 현재, 단위 : 명)

계	경기	서울	인천	충남	충북	경남	경북	부산
510,523	218,608	140,384	37,479	30,979	15,464	14,003	9,906	6,825
	울산	광주	대구	전북	전남	강원	제주	대전	세종
	6,319	6,100	5,154	3,911	3,863	3,836	3,185	3,110	1,397

○ 외국국적동포 거소신고자 국적별 현황

(2023.5.31. 현재, 단위 : 명)

총 계	중 국	미 국	러시아	우즈베키스탄	캐나다	카자흐스탄	기 타
510,523	360,447	46,391	31,280	25,809	17,781	12,042	16,773

---

17) 전체 체류외국인 중 단기체류자 및 등록외국인을 제외한 외국국적동포 거소신고자의 거주지역별 현황

[출처] 법무부 출입국·외국인정책본부, 출입국·외국인정책 통계월보 2023년 5월호, 26면.

V 외국국적동포 현황

1. 외국국적동포[31] 체류 현황

○ 연도별 추이

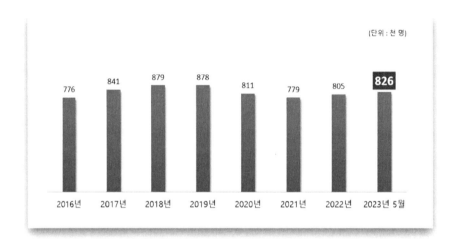

(단위 : 천 명)

2016년 776
2017년 841
2018년 879
2019년 878
2020년 811
2021년 779
2022년 805
2023년 5월 826

○ 국적별 체류현황

(2023.5.31. 현재, 단위 : 명)

계	중국	미국	우즈베키스탄	러시아	캐나다	카자흐스탄
	639,696	47,801	42,106	36,351	18,194	20,848
825,846	호 주	키르기즈	우크라이나	타지키스탄	투르크메니스탄	기 타
	5,208	3,880	3,488	430	406	7,438

○ 체류자격별 현황

(2023.5.31. 현재, 단위 : 명)

계 \ 자격	재외동포 (F-4)	방문취업 (H-2)	영주 (F-5)	방문동거 (F-1)	기 타
825,846	515,111	106,062	126,055	36,118	42,500

31) 재외동포(F-4) 및 기타체류자격 외국국적동포의 합

[출처] 법무부 출입국·외국인정책본부, 출입국·외국인정책 통계월보 2023년 5월호, 43면.

6 재외동포(F-4)체류자격자의 체류(제10조)

목 차	내 용
체류 (제10조 제1항과 제2항)	• 체류기간 : 재외동포체류자격의 1회 부여 체류기간의 상한은 <u>3년</u>임 • 체류기간 연장(시행령 제16조 제1항) ① 의무적 불허가: 재외동포체류자격 부여 금지 대상자(병역이 해결되지 않은 상태에서 대한민국 국적을 이탈하거나 상실하여 외국인이 된 남성의 경우 또는 대한민국의 안전보장, 질서유지, 공공복리, 외교관계 등 대한민국의 이익을 해칠 우려가 있는 경우) ② 재량적 불허가 　a. 재외동포법 또는 출입국관리법을 위반한 경우 　b. 금고 이상의 형을 선고받은 경우, 또는 　c. 그 밖에 법무부장관이 관계 부처 또는 관련 단체와 협의하여 고시하는 경우
재입국 (제10조 제3항)	• 국내거소신고를 한 외국국적동포가 <u>체류기간</u> 내에 출국하였다가 재입국하는 경우에는 「출입국관리법」 제30조에 따른 재입국허가가 필요하지 아니함

재외동포(F-4) 통합신청서(신고서)
OVERSEAS KOREAN(F-4) APPLICATION FORM (REPORT FORM)

※ 신청서는 한글 또는 영문으로 작성하시기 바랍니다. (Please complete this form in Korean or English.)

□ 신청/신고 선택 SELECT APPLICATION/REPORT

		PHOTO 여권용 사진(35mm×45mm)
[ ] 외국국적동포 국내거소신고 OVERSEAS KOREAN REGISTRATION	[ ] 체류기간 연장허가 EXTENSION OF SOJOURN PERIOD	• 촬영일부터 6개월이 지나지 않아야 함 taken within last 6 months
[ ] 국내거소 이전신고 REPORT ON ALTERATION OF DOMESTIC RESIDENCE	[ ] 체류자격 변경허가 CHANGE OF STATUS OF SOJOURN	• 국내거소신고 및 거소증 재발급 시에만 사진 부착 Photo only for Overseas Korean Registration (Reissued)
[ ] 국내거소신고증 재발급 REISSUANCE OF OVERSEAS KOREAN RESIDENT CARD	[ ] 체류자격 부여 GRANTING STATUS OF SOJOURN	

성명 Name In Full	성 Surname		명 Given names			한글 성명 Name in Korean	
생년월일 Date of Birth	년 yyyy	월 mm	일 dd	성별 sex	[ ]남 M [ ]여 F	국 적 Nationality	
외국인등록번호(국내거소신고번호) Foreign Resident Registration No./ Overseas Korean Resident No.							
여권번호 Passport No.		여권 발급일자 Passport Issue Date			여권 유효기간 Passport Expiry Date		
대한민국 안의 거소 Residence In Korea					전자우편 E-Mail		
전화번호 Telephone No.			휴대전화 Cell phone No.				
거주국 주소 Overseas Address						전화번호 Phone No.	
재학 여부 School Status	미취학[ ], 초[ ], 중[ ], 고[ ] Non-school[ ], Elementary[ ], Middle[ ], High[ ]		학교 이름 Name of School			전화번호 Phone No.	
	학교 종류 Type of School		교육청 인가[ ], 교육청 비인가, 대안학교[ ] Accredited school by Education Office[ ], Non-accredited, Alternative school[ ]				
직업 Occupation		근무처 Workplace	사업자등록번호 Business Registration No.			전화번호 Phone No.	
외국국적 취득일(Date of Acquisition of Foreign Nationality)							
반환용 계좌번호(국내거소신고증 발급 신청 시에만 기재) Refund Bank Account No. only for Issuance Of Overseas Korean Resident Card							
신청일 Date of application			신청인 서명 또는 인 Signature/Seal				
신청인 제출서류 (담당공무원 확인사항) Required documents for applicants (Matters to be checked by officer in charge)	「출입국관리법 시행규칙」 별표 5의2의 체류자격별·신청구분별 첨부서류 참고 Please refer to the attached documents for each status of stay and each application type in Annex 5-2 of the Enforcement Rule of the Immigration Act.						

행정정보 공동이용 동의서 (Consent for sharing of administrative information)

본인은 이 건 업무처리와 관련하여 담당 공무원이 「전자정부법」 제36조에 따른 행정정보의 공동이용을 통하여 위의 담당 공무원 확인 사항을 확인하는 것에 동의합니다. ▶동의하지 아니하는 경우에는 신청인이 직접 관련 서류를 제출하여야 합니다.
I, the undersigned, hereby consent to allow all documents and information required for the processing of this application to be viewed by the public servant in charge as specified in Article 36 of the Electronic Government Act. ▶If you disagree, you are required to present all related documents in person.

신청인 Applicant	서명 또는 인 신청인의 배우자 Signature/Seal Spouse of applicant	서명 또는 인 신청인의 부 또는 모 Signature/Seal Father/Mother of applicant	서명 또는 인 Signature/Seal

공 용 란 (For Official Use Only)

기본 사항	최초입국일		체류자격		체류기간	
접수 사항	접수일자		접수번호			
허가(신고) 사항	허가(신고) 일자		허가번호		체류자격	
					체류기간	
결 재	담 당				청장·소장	
					가 / 부	

수입인지는 뒷면에 첨부(Revenue Stamp on the Backside) / 수수료 면제(exemption) [ ] (면제사유   )

210mm×297mm[백상지(80g/㎡) 또는 중질지(80g/㎡)]

[출처] 법제처 국가법령정보센터 홈페이지(www.law.go.kr)

7 재외동포(F-4)체류자격자의 기타 법적 지위(제11조~제16조)

    재외동포법은 재외동포체류자격자의 대한민국 체류 외의 혜택으로 부동산거래(제11조), 금융거래(제12조), 외국환거래(제13조), 건강보험(제14조), 국가유공자 · 독립유공자와 그 유족의 보훈급여금(제16조)에 관한 사항을 규정하고 있다.

제11강

외국인근로자의
고용 등에 관한 법률

1 외국인고용법 제정 배경

『외국인 근로자의 고용 등에 관한 법률』(외국인고용법)은 과거 산업연수생을 근로자로 편법적으로 활용[109]하면서 각종 송출비리, 불법체류, 인권탄압의 부정적인 결과가 발생함에 따라, 단순기능인력에 대한 합법적이고 투명한 고용관리 체계를 마련함으로써 국내의 비전문인력 부족해소를 위해 2003년 8월에 제정되고 2004년 8월부터 시행되었다. 외국인고용법 제1조는 동법의 목적으로 "외국인 근로자를 체계적으로 도입 · 관리함으로써 원활한 인력수급 및 국민경제의 균형 있는 발전 도모를 그 목적으로 한다."고 규정하고 있다. 이와 같이 외국인고용법은 노동정책의 일환으로 마련된 법률로서 고용노동부가 동법의 소관부처이다.

---

109) 대법원은 외국인 산업연수생에 관하여 "산업기술연수사증을 발급받은 외국인이 정부가 실시하는 외국인 산업기술연수제도의 국내 대상 업체에 산업기술연수생으로 배정되어 대상 업체와 사이에 상공부장관의 지침에 따른 계약서의 양식에 따라 연수계약을 체결하였다 하더라도 그 계약의 내용이 단순히 산업기술의 연수만에 그치는 것이 아니고 대상 업체가 지시하는 바에 따라 소정시간 근로를 제공하고, 그 대가로 일정액의 금품을 지급받으며 더욱이 소정시간 외의 근무에 대하여는 근로기준법에 따른 시간외 근로수당을 지급받기로 하는 것이고, 이에 따라 당해 외국인이 대상 업체의 사업장에서 **실질적으로 대상 업체의 지시·감독을 받으면서 근로를 제공하고 수당 명목의 금품을 수령하여 왔다면 당해 외국인도 근로기준법 제14조 소정의 근로자에 해당**한다고 할 것이다."라고 판시하였다.(대법원 1995. 12. 22. 선고 95누2050 판결).

2 외국인고용법 조문 구성

〈외국인고용법 조문 구성〉

[시행 2022. 12. 11.] [법률 제18929호, 2022. 6. 10., 일부개정]
고용노동부(외국인력담당관), 044-202-7151

장	조항	
제1장 총칙	제1조	목적
	제2조	외국인근로자의 정의
	제3조	적용 범위 등
	제4조	외국인력정책위원회
	제5조	외국인근로자 도입계획의 공표 등
제2장 외국인근로자 고용절차	제6조	내국인 구인 노력
	제7조	외국인구직자 명부의 작성
	제8조	외국인근로자 고용허가
	제9조	근로계약
	제10조	사증발급인정서
	제11조	외국인 취업교육
	제11조의2	사용자 교육
	제11조의3	외국인 취업교육기관의 지정 등
	제11조의4	외국인 취업교육기관의 지정취소 등
	제12조	외국인근로자 고용의 특례

장	조항	
제3장 **외국인근로자의 고용관리**	제13조	출국만기보험·신탁
	제13조의2	휴면보험금 등 관리위원회
	제14조	건강보험
	제15조	귀국비용보험·신탁
	제16조	귀국에 필요한 조치
	제17조	외국인근로자의 고용관리
	제18조	취업활동기간의 제한
	제18조의2	취업활동기간 제한에 관한 특례
	제18조의3	재입국 취업의 제한
	제18조의4	재입국 취업 제한의 특례
	제19조	외국인근로자 고용허가 또는 특례고용가능 확인의 취소
	제20조	외국인근로자 고용의 제한
	제21조	외국인근로자 관련 사업
제4장 **외국인근로자의 보호**	제22조	차별금지
	제22조의2	기숙사의 제공 등
	제23조	보증보험 등의 가입
	제24조	외국인근로자 관련 단체 등에 대한 지원
	제24조의2	외국인근로자 권익보호협의회
	제25조	사업 또는 사업장 변경의 허용
제5장 **보칙**	제26조	보고 및 조사 등
	제26조의2	관계 기관의 협조
	제27조	수수료의 징수 등
	제27조의2	각종 신청 등의 대행
	제27조의3	대행기관의 지정취소 등
	제28조	권한의 위임·위탁
제6장 **벌칙**	제29조	벌칙
	제30조	벌칙
	제31조	양벌규정
	제32조	과태료

3   외국인고용법 적용 대상 외국인

외국인고용법 제2조(외국인근로자의 정의)[110]와 제3조 제1항(적용범위)[111]에 따라 외국인고용법은 국내에 체류하는 외국인근로자 모두에게 적용되는 것이 아니고 국내 취업체류자격 소지 외국인근로자 중 단순기능인력인 **비전문취업(E-9)과 방문취업(H-2)체류자격자에게만 적용**된다. 즉, 교수(E-1) ~ 계절근로(E-8), 선원취업(E-10) 등의 취업체류자격자는 외국인고용법의 적용을 받지 않는다는 점에 유의하여야 한다.[112]

---

110) 제2조(외국인근로자의 정의) 이 법에서 "외국인근로자"란 대한민국의 국적을 가지지 아니한 사람으로서 국내에 소재하고 있는 사업 또는 사업장에서 임금을 목적으로 근로를 제공하고 있거나 제공하려는 사람을 말한다. 다만, 「출입국관리법」 제18조 제1항에 따라 취업활동을 할 수 있는 체류자격을 받은 외국인 중 취업분야 또는 체류기간 등을 고려하여 대통령령으로 정하는 사람은 제외한다.

111) 제3조(적용 범위 등) ①이 법은 외국인근로자 및 외국인근로자를 고용하고 있거나 고용하려는 사업 또는 사업장에 적용한다. 다만, 「선원법」의 적용을 받는 선박에 승무(乘務)하는 선원 중 대한민국 국적을 가지지 아니한 선원 및 그 선원을 고용하고 있거나 고용하려는 선박의 소유자에 대하여는 적용하지 아니한다.

112) 법 적용 대상자를 고려하여 법률 명칭을 가칭 「단순기능 외국인근로자의 고용 등에 관한 법률」 등으로 개정하는 것이 법률 명칭과 법률 적용 대상자 간의 혼동을 방지할 수 있을 것이다.

4 외국인근로자정책 수립 및 추진체계

(1) 외국인력정책위원회(제4조)

목차	내용
1. 개요	외국인근로자의 고용관리 및 보호에 관한 주요 사항을 <u>심의 · 의결</u>하기 위하여 국무총리 소속으로 **외국인력**정책위원회를 설치함
2. 역할	① 외국인근로자 관련 기본계획의 수립에 관한 사항 ② 외국인근로자 도입 업종 및 규모 등에 관한 사항 ③ 송출국가의 지정 및 지정취소에 관한 사항 ④ 감염병 확산 등에 따른 외국인근로자의 취업활동 기간연장에 관한 사항 ⑤ 외국인근로자를 고용할 수 있는 사업장에 관한 사항 ⑥ 사업장에서 고용할 수 있는 외국인근로자의 규모에 관한 사항 ⑦ 송출국가별 외국인력 도입 업종 및 규모에 관한 사항 ⑧ 외국인근로자의 권익 보호에 관한 사항 ⑨ 그 밖에 위원장이 필요하다고 인정하는 사항을 심의 · 의결함
3. 구성	• <u>위원장(국무조정실장)</u>, 고용노동부차관 · 법무부차관 · 기재부차관 등 중앙 행정기관의 <u>차관</u> 등 총 20인 이내로 함 • 간사는 국무조정실의 3급 공무원 또는 고위공무원단에 속하는 일반직공무원 중에서 국무조정실장이 임명함

(2) 외국인근로자 도입계획(제5조)

고용노동부장관은 외국인근로자 도입계획을 외국인력정책위원회의 심의 · 의결을 거쳐 수립하여 매년 3월 31일까지 공표하여야 한다.[113]

---

113) 외국인근로자 도입계획은 고용노동부 홈페이지(www.moel.go.kr) → 뉴스·소식 → 공지사항 메뉴에서 찾아볼 수 있다.

공고 제2022 - 444호

외국인력정책위원회 결정사항 공고

「외국인근로자의 고용 등에 관한 법률」 제5조에 따라 외국인력 정책위원회에서 결정된 사항을 아래와 같이 공고합니다.

2022. 10. 31.

고용노동부 장관

1. 2023년 외국인력 도입규모

○ **일반 외국인근로자(E-9)**의 총 도입규모는 **110천명**으로 결정

　* 신규입국자 89,970명, 재입국자 20,030명으로 구성

< '23년 E-9 외국인력 도입인원 배분 >

(단위: 명)

구 분	총 계	제조업	농축산업	어업	건설업	서비스업	탄력배정
총 계	110,000	75,000	14,000	7,000	3,000	1,000	10,000
신규입국	89,970	58,870	10,900	6,250	2,990	960	10,000
재입국	20,030	16,130	3,100	750	10	40	-

[출처] 고용노동부 홈페이지(www.moel.go.kr)

5 고용허가제 개요[114]

목차	내용
1. 의미	• 외국인고용법의 핵심은 **고용허가제의 도입**임 • '고용허가제'란 사용자의 입장에서는 내국인력 구인노력에도 불구하고 내국인근로자를 구하지 못한 경우 정부로부터 특정한 단순기능 업무에 종사할 수 있는 적정규모의 단순기능외국인력을 고용할 수 있는 허가를 받아 외국인근로자를 합법적인 근로자 신분으로 채용할 수 있는 외국인력제도를 말하고, 외국인근로자 입장에서는 외국인근로자가 당해 사용자에게 고용되는 조건으로 대한민국의 정부로부터 취업허가 및 일정기간 취업사증을 발급받는 외국인력제도를 의미함[115][116]
2. 특징	• 단순기능외국인근로자의 도입 및 관리를 정부라는 공공기관에 의해 관장되도록 함 • 내국인의 고용기회를 보호하기 위해 사용자가 일정기간 내국인 구인노력에도 불구하고 내국인근로자를 채용하지 못한 것을 확인하는 등 국내노동시장의 상황을 고려하여 단순기능외국인근로자 고용을 허가하는 **노동시장 테스트**를 실시함 • 단순기능외국인근로자에게는 노동관계법이 내국인근로자와 동등하게 적용되어 근로자의 신분이 보장됨 • 고용허가제를 통해 고용된 단순기능외국인근로자에게 취업활동이 가능한 **비전문취업(E-9) 또는 방문취업(H-2)** 체류자격이 부여됨

---

114) 차용호, 『한국 이민법』, 법문사, 2015, 992~993면.

115) 『고용정책 기본법』 제31조(외국인근로자의 도입)
①국가는 노동시장에서의 원활한 인력수급을 위하여 외국인근로자를 도입할 수 있다. 이 경우 국가는 국민의 고용이 침해되지 아니하도록 노력하여야 한다.
②제1항에 따른 외국인근로자의 도입 등에 필요한 사항은 따로 법률로 정한다.

116) 사용자가 외국인근로자를 고용함에 있어 직업안정기관의 허가를 받도록 하는 고용허가제가 사용자인 청구인들의 직업수행의 자유를 침해하는지 여부에 관하여 헌법재판소는 "외국인고용법 제8조 제1항, 제3항, 제6항 및 제12조 제3항 본문 규정은 내국인근로자 고용기회 보호의 원칙하에 외국인근로자를 체계적으로 도입함으로써 중소기업 등의 인력부족을 해소하고 지속적인 경제성장을 도모하는 한편 외국인근로자의 효율적인 고용관리와 근로자로서의 권익을 보호하기 위한 것으로 그 입법목적이 정당하다. 그리고 이를 위해 사용자에게 일정요건을 갖추어 허가절차를 밟게 하고 직업안정기관이 아닌 자는 그 과정에 개입하지 못하도록 한 것은 위 입법목적을 달성하기 위한 효과적이고 적절한 수단이고 내국인 구인 노력 기간을 단기간으로 규정하는 등 보완조치를 마련하여 침해의 최소성이 인정되며 법익의 균형성 또한 구비하고 있다. 따라서 이 사건 조항들은 헌법상 보장된 청구인들의 기본권인 직업수행의 자유를 헌법 제37조 제2항에 위반하여 과도하게 제한하고 있다고 볼 수 없다."고 결정하였다.(헌재 2009. 9. 24. 선고 2006헌마1264 결정).

6 고용허가제(EPS) vs. 노동허가제(WPS)

	고용허가제 (Employment Permit System : EPS)	노동허가제 (Work Permit System : WPS)
규제 대상	사용자	노동자
절차	사용자가 특정 외국인근로자의 고용허가를 받은 후 외국인근로자가 입국하여 해당 사업장에서 근무	노동자가 노동허가를 받은 후 입국 후 자신이 원하는 사업장에서 근무
사업장 변경	제한	원칙적으로 제한 없음

7 일반고용허가제(E-9) vs. 특례고용허가제(H-2)

	일반고용허가제 : 비전문취업(E-9)체류자격 부여	특례고용허가제 : 방문취업(H-2)체류자격 부여
공통점	1. 단순기능외국인력 체류자격 2. 『외국인근로자의 고용 등에 관한 법률』 적용 3. 노동시장테스트 실시	
정책 유형	외국인력정책	재외동포정책 + 외국인력정책
대상자	필리핀 등 16개 송출국 국민	중국 및 구소련동포
도입규모	외국인력정책위원회에서 업종별 도입규모를 매년 결정	'22년부터 총체류인원 (250,000명)으로 관리
취업허용 업종	제조업, 농축산업, 어업, 건설업, 서비스업 중 외국인력정책위원회가 정하는 업종	제조업, 농축산업, 어업, 건설업 허용 업종 + 대다수의 광업, 서비스업 업종[117]
외국인 취업절차	한국어시험 → 근로계약 → 비전문취업비자(E-9)로 입국 → 취업교육 → 사업장 배치	방문취업(H-2)비자로 입국 → 취업교육 → 고용지원센터의 알선 또는 자유 구직 → 근로계약 후 취업
사업장 변경	제한	허용된 업종 내에서 제한 없음 (노동허가제의 성격)

---

117) 외국인력정책위원회 결정사항 공고(공고 제2022-444호).

8 일반고용허가제(E-9)

(1) E-9 근로자 고용절차

순서	내용
1. 고용노동부장관의 외국인구직자 명부 작성(제7조)	• 고용노동부장관은 송출국가의 노동행정을 관장하는 정부기관의 장과 협의하여 외국인구직자 명부를 작성하여야 함 • 외국인구직자 명부를 작성할 때에는 외국인구직자 선발기준 등으로 활용할 수 있도록 한국어능력시험을 실시하여야 함
2. 사용자의 내국인 구인 노력(제6조)	• 외국인근로자를 고용하려는 자는 직업안정기관(관할 고용센터)에 우선 내국인 구인 신청을 하여야 함 • 직업안정기관의 장은 내국인 구인 신청을 받은 경우에는 사용자가 적절한 구인 조건을 제시할 수 있도록 상담·지원하여야 하며, 구인 조건을 갖춘 내국인이 우선적으로 채용될 수 있도록 직업소개를 적극적으로 하여야 함 • 구인노력기간: 농축어업은 7일, 기타 업종은 14일. 단, 신문 등에 광고한 경우는 농축어업은 3일, 기타 업종은 7일로 단축(시행규칙 제5조의2)
3. 사용자의 외국인근로자 고용허가 신청 (제8조 제1항 및 제2항)	내국인 구인 신청을 한 사용자는 직업소개를 받고도 인력을 채용하지 못한 경우에는 직업안정기관의 장에게 내국인 구인노력 기간이 지난 후 원칙적으로 3개월 이내에 사업장 소재지를 관할하는 직업안정기관의 장에게 **외국인근로자 고용허가를 신청**하여야 함
4. 직업안정기관장의 사용자 확인 및 적격자 추천 (제8조 제3항)	직업안정기관의 장은 외국인근로자 고용허가 신청을 받으면 외국인근로자 도입 업종 및 규모 등의 요건을 갖춘 사용자에게 외국인구직자 명부에 등록된 사람 중에서 적격자를 추천하여야 함
5. 사용자의 외국인구직자 선정 (제8조 제4항)	사용자가 직업안정기관장이 추천한 적격자 중 선정함
6. 직업안정기관장의 고용허가서 발급 (제8조 제4항)	직업안정기관의 장은 추천된 적격자를 선정한 사용자에게는 지체 없이 고용허가를 하고, 선정된 외국인근로자의 성명 등을 적은 외국인근로자 **고용허가서를 발급**하여야 함

순서	내용
7. 사용자와 외국인근로자간 근로계약 체결 (제9조)	• 사용자가 선정한 외국인근로자를 고용하려면 표준근로계약서를 사용하여 근로계약을 체결하여야 하며 이를 한국산업인력공단에 대행하게 할 수 있음 • 근로계약기간은 3년의 기간 내에서 사용자와 외국인근로자의 합의에 따라 근로계약을 체결하거나 갱신할 수 있음 • 단, 법 제18조의2에 따라 취업활동 기간이 연장되는 외국인근로자와 사용자는 연장된 취업활동 기간의 범위에서 근로계약을 체결할 수 있음
8. 사용자의 사증발급인정서 대리 신청(제10조)	외국인근로자와 근로계약을 체결한 사용자는 외국인근로자를 대리하여 법무부장관에게 사증발급인정서(출입국관리법 제9조 제2항)를 신청할 수 있음
9. 재외공관의 비전문취업(E-9) 사증발급	사증발급인정서를 발급받은 사용자는 사증발급인정서를 외국인근로자에게 송부하며, 외국인근로자는 사증발급인정서를 첨부하여 대한민국의 재외공관에 비전문취업(E-9)사증을 신청함
10. 외국인근로자의 대한민국 입국	외국인근로자는 비전문취업(E-9)사증을 소지하고 한국에 입국하게 되며, 외국인근로자가 입국한 날부터 근로계약은 효력을 발생함(시행령 제17조 제1항)

외국인근로자 고용허가서 ([　]발급[　]재발급)신청서

* 표시란은 기입하지 않습니다.　(앞쪽)

*접수	접수번호	접수일	처리부서	*선결	청장(지청장)	과장	팀장	담당

※ [　]에는 해당되는 곳에 √표를 합니다.

주된 사업장 (예:본사)	※사업장이 1개인 경우 1-① ~1-④는 작성하지 않고 2-① ~ 2-⑧을 작성	
	1-①고용보험사업장 관리번호	1-②사업자등록번호
	1-③사업장명	1-④대표자

사업장 개요	※사업장이 본사와 구분된 지사 혹은 건설현장의 경우, 각 지사와 현장의 사업장 정보를 기재해주시기 바랍니다.			
	2-①고용보험사업장 관리번호	2-②사업자등록번호 (주민등록번호)		
	2-③사업장명	2-④대표자		
	2-⑤소재지 주소	2-⑥ 연락처	전화번호	
			휴대전화번호	
			팩스	
			전자우편(이메일)	
	2-⑦업종	2-⑧사업내용		

⑨ 대행 기관	※ 대행기관 명칭을 기재합니다.

구인 사항	※ 직무수행상 필요한 사항을 적되, 특별한 요건이 필요 없는 경우에는 '관계없음'으로 적습니다.			
	⑩구인직종	직종 (　　　　　　), 직무내용(　　　　　) ※ 외국인근로자가 사업장에서 실제 수행하게 될 업무를 반드시 상세하게 기재합니다. (예시 : 딸기 재배, 돼지사육 및 축사관리, 어로작업 및 굴양식 등)		
	⑪모집인원	명	⑫국　 적	1)　　　　2)
	⑬학　 력	최저:　　　최고:	⑮자격면허	1)
	⑭전　 공			2)
	⑯연　 령	만　 세 ~ 　세		
	⑰한국어능력	[　]상 , [　]중 , [　]하 , [　]관계없음		
	⑱모집 외국인 구분	[　]신규입국자 [　]사업장 변경자 [　]재입국자 [　]지정알선 [　]일반알선		
	⑲기타(경력등)			

※ 고용허가서 발급신청인의 경우 뒤쪽의 '근로조건'을 적으십시오

210mm×297mm[백상지 80g/ ㎡]

< 외국인근로자 구인 조건 >

※ 표준근로계약서에 동일하게 표기되므로 최대한 자세하게 적기 바랍니다.　　　　　　　　　　　　　　(뒤쪽)

근로조건	⑳ 근로시간	제조업, 건설업, 서비스업	시　분 ~ 시　분 (8시간 기준) * 1일 평균 시간외(연장) 근로시간: (　　)시간 * 교대제([　]2조2교대, [　]3조3교대, [　]4조3교대, [　]기타)		
		농업·축산업·어업	시　분 ~ 시　분, 월 (　　)시간 * 농번기, 농한기(어업의 경우 성어기, 휴어기), 계절·기상 요인에 따라 (　　　)시간 내에서 변경 가능		
	㉑ 근로계약 기간	신규·(또는 재)입국자	(　　)개월. * 신규(또는 재)입국자의 근로계약기간은 입국일부터 기산함		
		사업장변경자	년　월　일 ~ 년　월　일		
	㉒ 휴일	제조업, 건설업, 서비스업	[　]일요일, [　]공휴일([　]유급, [　]무급), [　]매주 토요일, [　]격주 토요일, [　]기타		
		농업·축산업·어업	[　]주1회, [　]월1회, [　]월2회, [　]월3회, [　]기타(　　) 농번기(성어기): [　]주1회, [　]월1회, [　]월2회, [　]월3회, [　]기타(　　)		
	㉓ 휴게시간	1일 (　　)분	* 농업·축산업·어업: 1일 (　　)회, (　　)시간 (　　)분		
	㉔ 임금 및 지급방법	기본급	월(시간, 일, 주)급: (　　　　　　)원		
		고정적 수당	(　　　수당:　　　　　원), (　　　수당:　　　　　원)	상여금	(　　　　　원)
		수습기간 중 임금	월(시간, 일, 주)급: (　　)원, 수습시작일부터 3개월 이내 근무기간 (　　)원 (수습기간: [　]1개월, [　]2개월, [　]3개월 (　　)개월)		
		월 통상임금	(　　　　)만원 (시간외 수당 등 제외) * 매월 정기적으로 지급하는 기본급 및 고정적인 수당		
		지급방법	[　]직접 지급, [　]통장 입금	지급일	매월 (　　)일
	㉕ 숙식 제공 여부	숙박 [　]제공	숙박시설 유형	[　]주택, [　]고시원, [　]오피스텔, [　]숙박시설(여관, 호스텔, 펜션 등), [　]컨테이너, [　]조립식 패널, [　]사업장 건물, 기타 주택형태 시설(　)	
			숙박비용 근로자 부담 여부	[　]부담 (부담금액: 매월　　　원) [　]미부담	
		[　]미제공			
		식사 [　]제공	제공 시	[　]조식, [　]중식, [　]석식	
			식사비용 근로자 부담 여부	[　]부담 (부담금액: 매월　　　원) [　]미부담	
		[　]미제공			
	㉖ 기타				

「외국인근로자의 고용 등에 관한 법률」 제8조제1항, 같은 법 시행령 제13조의4 및 같은 법 시행규칙 제5조제1항(같은 법 시행령 제14조 제2항 및 같은 법 시행규칙 제6조)에 따라 위와 같이 고용허가서의 발급(재발급)을 신청합니다.

　　　　　　　　　　　　　　　　　　　　　　　　　　　　　　　　　　　　　년　　월　　일

신청인　　　　　　　　　　　　(서명 또는 인)

○○지방고용노동청(○○지청)장 귀하

첨부서류	**<발급인 경우>** 1. 외국인근로자의 도입 업종 및 외국인근로자를 고용할 수 있는 사업 또는 사업장에 해당함을 증명하는 서류 2. 별지 제4호의2서식의 농어업인안전보험 가입 확약서(「산업재해보상보험법」 및 「어선원 및 어선 재해보상보험법」을 적용받지 않는 사업 또는 사업장만 제출합니다) **<재발급인 경우>** 1. 외국인근로자 고용허가서 원본 2. 외국인근로자의 도입 업종 및 외국인근로자를 고용할 수 있는 사업 또는 사업장에 해당함을 증명할 수 있는 서류(고용허가서 발급 시와 사업 또는 사업장의 업종 또는 규모가 다른 경우에만 제출합니다)	수수료 없음

유 의 사 항

1. 신청서 제출 후 내국인근로자 채용 또는 사정변경 등으로 신청내용을 취소하거나 변경하려는 경우에는 즉시 신청기관으로 통지하기 바랍니다.
2. 거짓이나 그 밖의 부정한 방법으로 고용허가서를 발급받아 외국인근로자를 고용한 경우 「외국인근로자의 고용 등에 관한 법률」 제19조제 1항제1호에 따라 외국인근로자 고용허가가 취소될 수 있으며, 같은 법 제20조제1항제2호에 따라 3년간 외국인근로자의 고용이 제한될 수 있습니다.
3. 모집직종이 2개 이상일 때에는 직종별로 고용허가서 발급신청서를 따로 작성해야 합니다.
4. 고용허가서 재발급 신청을 하는 경우 이미 발급받은 고용허가서상의 외국인근로자 구인조건 등이 변경되지 않은 경우에는 2-①~④ 란과 신청인 성명만 작성하여 제출하면 됩니다.

[출처] 법제처 국가법령정보센터 홈페이지(www.law.go.kr)

[별지 제5호서식] <개정 2022. 12. 9.>

외국인근로자 고용허가서

※ 뒤쪽의 유의사항 및 보험가입 안내를 읽고 작성하시기 바라며, [ ]에는 해당하는 곳에 √ 표시를 합니다. (앞쪽)

발급번호				
주된 사업장 (사업주)	고용보험사업장 관리번호		사업자등록번호	사진 3cm×4cm (모자 벗은 상반신으로 뒤 그림 없이 6개월 이내 촬영한 것)
	사업장명		대표자	
고용 허가 신청 사업장	고용보험사업장 관리번호		사업자등록번호(생년월일)	
	사업장명		대표자	
	소재지 주소			
	휴대전화번호	전화번호	전자우편(이메일)	
	업종		사업내용	
	상시근로자수 총 명 (내국인근로자: 명, 외국인근로자: 명)			

외국인 근로자 고용 허가 내용	성명(영문)		성별 [ ]남성 [ ]여성	생년월일	국적	
			여권번호	※ 마지막 여권번호 3자리는 X처리함		
	한국 내 전화번호(휴대전화번호)		전자우편(이메일)			
	근로계약기간 (고용허가기간)	신규 또는 재입국자: ( )개월, 사업장변경자: 년 월 일 – 년 월 일 • 신규 또는 재입국자의 근로계약기간은 입국일부터 기간을 계산합니다. 다만, 「외국인근로자의 고용 등에 관한 법률」 제18조의4제1항에 따라 재입국한 경우에는 입국하여 근로를 시작한 날부터 기간을 계산합니다.				
	직무내용					
	근로조건	근로 시간	<제조업, 건설업, 서비스업> 시 분 – 시 분 (8시간 기준) • 교대제([ ]2조2교대, [ ]3조3교대, [ ]4조3교대, [ ]기타) <농업·축산업·어업> 시 분 – 시 분, 월 ( )시간 • 농번기, 농한기(어업의 경우 성어기, 휴어기), 계절·기상 요인에 따라 ( )시간 내에서 변경 가능		휴일	• 농업·축산업·어업 [ ]주회 [ ]월1회 [ ]월회 [ ]월3회 [ ]기타( ) 농번기(성어기) [ ]주회 [ ]월1회 [ ]월회 [ ]월3회 [ ]기타( )
		기본급	(월, 시간, 일, 주)급: ( )원 • 수습기간: (개월), 수습기간 중 임금: (월, 시간, 일, 주)급 ( )원, 수습시작일부터 3개월 이내 근무기간 ( )원			
		고정적 수당	(수당: 원), (수당: 원)	상여금	원	
		월 통상 임금	( )원 (시간외 수당 등 제외) • 매월 정기적으로 지급하는 기본급 및 고정적인 수당			

고용허가기간 연장일	1차	2차
	3차	4차

「외국인근로자의 고용 등에 관한 법률」 제8조제4항·제18조의4제1항, 같은 법 시행령 제17조제2항 및 같은 법 시행규칙 제5조제5항·제9조제2항·제14조의3제3항에 따라 위와 같이 외국인근로자 고용허가서를 발급합니다.

년   월   일

○○지방고용노동청(○○지청)장 | 직인

210mm×297mm[백상지(80g/㎡) 또는 중질지(80g/㎡)]

유의사항

1. 근로계약기간을 갱신하려는 사용자는 근로계약기간 만료 이전에 고용허가기간 연장 신청을 해야 합니다.
2. 「외국인근로자의 고용 등에 관한 법률」 제18조의4에 따라 재고용 만료자에 대한 재입국 후의 고용허가를 신청한 사용자는 법무부장관에게 해당 외국인근로자에 대한 사증발급인정서를 신청해야 하며, 한국산업인력공단에 해당 외국인근로자의 입국에 관한 업무의 대행을 신청해야 합니다. 아울러 외국인근로자는 체류기간이 끝나기 전에 반드시 출국하도록 해야 하며, 출국 시 법무부에 외국인등록증을 반납해야 합니다.

외국인 고용허가제 관련 보험 가입 안내

1. 「외국인근로자 고용 등에 관한 법률」의 적용을 받는 외국인근로자는 2021년 1월 1일부터 사업 또는 사업장 규모(상시 사용하는 근로자 수)에 따라 다음 각 목과 같이 단계적으로 고용보험을 적용받게 되므로 해당 사업주는 외국인근로자의 근로계약 효력 발생일이 속한 달의 다음 달 15일까지 고용보험 피보험 자격취득을 신고(「고용보험법 시행규칙」 별지 제5호서식)해야 합니다. 다만, 해당 외국인근로자가 실업급여 및 육아휴직급여 적용을 받기 위해서는 사업주와 근로자의 합의에 따라 별도로 외국인 고용보험 가입 신청(「고용보험법 시행규칙」 별지 제1호서식)을 해야 합니다.
   가. 상시 30명 이상의 근로자를 사용하는 사업 또는 사업장: 2021년 1월 1일부터 적용
   나. 상시 10명 이상 30명 미만의 근로자를 사용하는 사업 또는 사업장: 2022년 1월 1일부터 적용
   다. 상시 10명 미만의 근로자를 사용하는 사업 또는 사업장: 2023년 1월 1일부터 적용
2. 사용자는 외국인근로자와 근로계약을 체결한 후 근로계약 효력 발생일부터 15일 이내에 출국만기보험·신탁 및 보증보험에 가입해야 합니다.
3. 외국인근로자는 근로계약 효력 발생일부터 15일 이내에 상해보험에 가입하고, 3개월 이내에 귀국비용보험·신탁에 가입해야 합니다.
4. 근로계약의 효력 발생일은 다음과 같습니다.
   가. 신규 입국 또는 재입국 외국인근로자: 입국일. 다만, 「외국인근로자의 고용 등에 관한 법률」 제18조의4제1항에 따라 재입국한 경우에는 입국하여 근로를 시작한 날을 말합니다.
   나. 사업장을 변경한 외국인근로자: 근로개시일
5. 제6호의 의무보험에 가입하지 않으면 「외국인근로자의 고용 등에 관한 법률」 제30조 및 제32조에 따라 벌금 또는 과태료가 부과될 수 있으며, 앞으로 외국인근로자 고용에 불이익을 받을 수 있으니 반드시 기한 내에 가입하시기 바랍니다.
6. 외국인 고용허가제 관련 보험 명세

보험 종류	보험가입자	내용	납입보험료
출국만기보험·신탁	사업주	「근로자퇴직급여 보장법」에 따른 퇴직금 지급을 위해 가입하는 보험	고용허가서에 따른 월 통상임금의 8.3% (매월 납입)
보증보험	사업주	사업주의 외국인근로자에 대한 체불임금을 보증하기 위한 보험	1년 또는 2년 가입: 15,000원 3년 가입: 21,900원
귀국비용보험·신탁	외국인근로자	외국인근로자의 출국 시 귀국경비를 충당하기 위한 보험	국가별 상이 (40~60만원)
상해보험	외국인근로자	외국인근로자의 업무상 재해 외의 상해 또는 질병, 사망 등의 사고를 보상하는 보험	개인별 상이

비고
   1. 출국만기보험·신탁의 경우 고용허가기간이 연장되면 추가로 가입하지 않아도 보험기간이 자동 연장되어 보험료가 출금됩니다(이체 횟수는 근로계약기간 1년 동안 12회를 넘지 않습니다).
   2. 보증보험의 납입보험료는 보험요율에 따라 변경될 수 있습니다.
   3. 출국만기보험·신탁의 일시금의 액수가 법정 퇴직금의 액수보다 적은 경우에는 그 차액을 지급해야 합니다.
7. 기타사항

   가. 외국인 고용허가제 관련 보험·신탁 가입 및 보험금 지급 문의: 한국산업인력공단(☎ 052-714-8585,

   FAX. 052-210-7033)

   나. 외국인 고용허가제 관련 보험·신탁 가입 신청서 등 각종 서식은 고용센터에 갖추어져 있습니다.

외국인 고용허가제 관련 문의

외국인 고용허가제 관련 각종 문의는 고용노동부 콜센터(1350)를 이용해 주시기 바랍니다.

[출처] 법제처 국가법령정보센터 홈페이지(www.law.go.kr)

표준근로계약서
Standard Labor Contract

(앞쪽)

아래 당사자는 다음과 같이 근로계약을 체결하고 이를 성실히 이행할 것을 약정한다.
The following parties to the contract agree to fully comply with the terms of the contract stated hereinafter.

사용자 Employer	업체명 Name of the enterprise	전화번호 Phone number
	소재지 Location of the enterprise	
	성명 Name of the employer	사업자등록번호(주민등록번호) Identification number
근로자 Employee	성명 Name of the employee	생년월일 Birthdate
	본국주소 Address(Home Country)	

1. 근로계약기간	– 신규 또는 재입국자: (　　　) 개월 – 사업장변경자:　　년　월　일 ~　　년　월　일 * 수습기간: [ ]활용(입국일부터 [ ]1개월 [ ]2개월 [ ]3개월 [ ]개월) [ ]미활용 ※ 신규 또는 재입국자의 근로계약기간은 입국일부터 기산함(다만, 「외국인근로자의 고용 등에 관한 법률」 제18조의4제1항에 따라 재입국(성실재입국)한 경우는 입국하여 근로를 시작한 날부터 기산함).
1. Term of Labor contract	– Newcomer or Re-entering employee: (　　) month(s) – Employee who changed workplace: from (　　YY/MM/DD) to (　YY/MM/DD) 　* Probation period: [ ] Included (for [ ] 1 month [ ] 2 months [ ] 3 months from entry date – or specify other: _____ .), [ ] Not included ※ The employment term for newcomers and re-entering employees will begin on their date of arrival in Korea, while the employment of those who re-entered through the committed worker s' system will commence on their first day of work as stipulated in Article 18-4 (1) of Act on Foreign Workers' Employment, etc.
2. 근로장소	※ 근로자를 이 계약서에서 정한 장소 외에서 근로하게 해서는 안 됨.
2. Place of employment	※ The undersigned employee is not allowed to work apart from the contract enterprise.
3. 업무내용	– 업종: – 사업내용: – 직무내용: ※ 외국인근로자가 사업장에서 수행할 구체적인 업무를 반드시 기재
3. Description of work	– Industry: – Business description: – Job description: ※ Detailed duties and responsibilities of the employee must be stated
4. 근로시간	시　분 ~ 시　분 – 1일 평균 시간외 근로시간:　시간 (사업장 사정에 따라 변동 가능:　시간 이내) – 교대제 ([ ]2조2교대, [ ]3조3교대, [ ]4조3교대, [ ]기타)	※ 가사사용인, 개인간병인의 경우에는 기재를 생략할 수 있음. ※ Employers of workers in domestic help, nursing can omit the working hours.
4. Working hours	from (　　) to (　　) – average daily over time:　hours (changeable depending on the condition of a company): up to　hour(s)) – shift system ([ ]2groups 2shifts, [ ]3groups 3shifts, [ ]4groups 3shifts, [ ]etc.)	
5. 휴게시간	1일　분	
5. Recess hours	(　　) minutes per day	
6. 휴일	[ ]일요일 [ ]공휴일([ ]유급 [ ]무급) [ ]매주 토요일 [ ]격주 토요일, [ ]기타(　　)	
6. Holidays	[ ]Sunday [ ]Legal holiday([ ]Paid [ ]Unpaid) [ ]Every saturday [ ]Every other Saturday [ ]etc.(　　)	

210mm×297mm[백상지(80g/㎡) 또는 중질지(80g/㎡)]

7. 임금	1) 월 통상임금 ( )원 　－ 기본급[(월, 시간, 일, 주)급] ( )원 　－ 고정적 수당: (수당 : 원), (수당: 원) 　－ 상여금 ( )원 　• 수습기간 중 임금 ( )원, 수습시작일부터 3개월 이내 근무기간 ( )원 2) 연장, 야간, 휴일근로에 대해서는 통상임금의 50%를 가산하여 수당 지급(상시근로자 4인 이하 사업장에는 해당되지 않음)
7. Payment	1) Monthly Normal wages ( )won 　－ Basic pay[(Monthly, hourly, daily, weekly) wage] ( )won 　－ Fixed benefits: (benefits :)won, (benefits :)won 　－ Bonus: ( )won 　• Wage during probation ( ) won, but for up to the first 3 months of probation period: ( ) won 2) Overtime, night shift or holiday will be paid 50% more than the employee's regular rate of pay(This is not applicable to business with 4 or less employees).
8. 임금지급일	매월 ( )일 또는 매주 ( )요일. 다만, 임금 지급일이 공휴일인 경우에는 전날에 지급함.
8. Payment date	Every ( )th day of the month or every (day) of the week. If the payment date falls on a holiday, the payment will be made on the day before the holiday.
9. 지급방법	[ ]직접 지급, [ ]통장 입금 ※ 사용자는 근로자 명의로 된 예금통장 및 도장을 관리해서는 안 됨.
9. Payment methods	[ ]In person, [ ]By direct deposit transfer into the employee's account ※ The employer must not keep the bankbook and the seal of the employee.
10. 숙식제공	1) 숙박시설 제공 　－ 숙박시설 제공 여부: [ ]제공 [ ]미제공 　제공 시, 숙박시설의 유형([ ]주택, [ ]고시원, [ ]오피스텔, [ ]숙박시설(여관, 호스텔, 펜션 등), [ ]컨테이너, [ ]조립식 패널, [ ]사업장 건물, 기타 주택형태 시설( ) 　－ 숙박시설 제공 시 근로자 부담금액: 매월 원 2) 식사 제공 　－ 식사 제공 여부: 제공([ ]조식, [ ]중식, [ ]석식) [ ]미제공 　－ 식사 제공 시 근로자 부담금액: 매월 원 ※ 근로자의 비용 부담 수준은 사용자와 근로자 간 협의(신규 또는 재입국자의 경우 입국 이후)에 따라 별도로 결정.
10. Accommo-dations and Meals	1) Provision of accommodations 　－ Provision of accommodations: [ ]Provided, [ ]Not provided 　(If provided, accommodation types: [ ]Detached houses, [ ]Goshiwans, [ ]Studio –flats, [ ]Lodging facilities(such as motels, hostels and pension hotels, etc.), [ ]Container boxes, [ ]SIP panel constructions, [ ]Rooms within the business building – or specify other housing or boarding facilities _____.) 　－ Cost of accommodation paid by employee: won/month 2) Provision of meals 　－ Provision of meals: [ ]Provided([ ]breakfast, [ ]lunch, [ ]dinner), [ ] Not provided 　－ Cost of meals paid by employee: won/month ※ The amount of costs paid by employee, will be determined by mutual consultation between the employer and employee (Newcomers and re-entering employees will consult with their employers after arrival in Korea).

11. 사용자와 근로자는 각자가 근로계약, 취업규칙, 단체협약을 지키고 성실하게 이행해야 한다.

11. Both employees and employers shall comply with collective agreements, rules of employment, and terms of labor contracts and be obliged to fulfill them in good faith.

12. 이 계약에서 정하지 않은 사항은 「근로기준법」에서 정하는 바에 따른다.
　※ 가사서비스업 및 개인간병인에 종사하는 외국인근로자의 경우 근로시간, 휴일·휴가, 그 밖에 모든 근로조건에 대해 사용자와 자유롭게 계약을 체결하는 것이 가능합니다.

12. Other matters not regulated in this contract will follow provisions of the Labor Standards Act.
　※ The terms and conditions of the labor contract for employees in domestic help and nursing can be freely decided through the agreement between an employer and an employee.

년 월 일
_____ (YY/MM/DD)

사용자: (서명 또는 인)
Employer: (signature)

근로자: (서명 또는 인)
Employee: (signature)

[출처] 법제처 국가법령정보센터 홈페이지(www.law.go.kr)

(2) E-9 근로자 고용관리

1) 외국인근로자(H-2 동포 포함)의 취업교육 이수(제11조)

외국인근로자는 입국한 후에 15일 이내에 한국산업인력공단 등에서 국내 취업활동에 필요한 사항을 주지(周知)시키기 위하여 실시하는 교육(외국인 취업교육)을 받아야 하며, 사용자는 외국인근로자가 외국인 취업교육을 받을 수 있도록 필요한 조치를 하여야 한다.[118][119]

2) 사용자의 외국인근로자(H-2 동포 포함) 고용 변동 신고(제17조)

사용자는 ①외국인근로자가 사망한 경우, ②외국인근로자가 부상 등으로 해당 사업에서 계속 근무하는 것이 부적합한 경우, ③외국인근로자가 사용자의 승인을 받는 등 정당한 절차 없이 5일 이상 결근하거나 그 소재를 알 수 없는 경우, ④외국인근로자와의 근로계약을 해지하는 경우, ⑤사용자 또는 근무처의 명칭이 변경된 경우, ⑥사용자의 변경 없이 근무 장소를 변경한 경우에는 직업안정 기관장에게 신고하여야 한다.

3) 외국인근로자(H-2 동포 포함) 취업활동 기간의 제한(제18조 ~ 제18조의4)

목차		내용
최초 입국 시 **(신규입국)**	원칙	• 입국한 날로부터 3년 범위 내에서 취업활동(제18조)하고 출국해야 함
	예외	• 사용자가 고용노동부장관에게 **재고용 허가**를 요청한 근로자는 출국하지 않고 2년 미만(통상 1년 10개월)의 범위에서 취업활동 기간을 연장 받을 수 있음(제18조의2) • 즉, 재고용 허가 대상 외국인근로자는 한국에서 출국하지 않고 계속하여 4년 10개월 동안 취업할 수 있음
재입국 시 **(재입국)**	원칙	• 국내에서 E-9으로 취업한 후 출국한 외국인근로자는 출국한 날부터 **6개월**이 지나지 아니하면 원칙적으로 이 법에 따라 다시 취업할 수 없음(제18조의3) → H-2 동포에게는 적용되지 않음

---

118) 방문취업(H-2)동포의 경우는 대한민국 입국 후 구직 신청 이전에 취업교육을 이수하면 된다.(제12조 제2항)

119) 외국인근로자 고용허가를 최초로 받은 사용자는 노동관계법령·인권 등에 관한 교육(사용자교육)을 받아야 한다. (제11조의2)

목차		내용
재입국 시 (재입국)	예외	• ①4년 10개월간의 취업활동 기간 중에 사업장 변경을 하지 아니하였을 것, ②외국인력정책위원회가 도입 업종이나 규모 등을 고려하여 내국인을 고용하기 어렵다고 정하는 사업장에서 근로하고 있을 것, 그리고 ③재입국하여 근로를 시작하는 날부터 효력이 발생하는 1년 이상의 근로계약을 해당 사용자와 체결하고 있을 것 등의 3가지 요건을 충족하는 외국인근로자로서 연장된 취업활동 기간 (1년 10개월)이 만료되어 **출국하기 전에 사용자가 재입국 후의 고용허가를 신청하면** 고용노동부장관은 그 외국인 근로자에 대하여 출국한 날부터 **1개월**이 지나면 이 법에 따라 다시 취업하도록 할 수 있으며 이러한 **재입국 취업**은 1회에 한하여 허용됨(제18조의4) • 이에 따르면, 성실 E-9 근로자는 4년 10개월을 대한민국에서 계속 근무한 후 1개월 동안 출국한 후 다시 4년 10개월을 취업할 수 있어 도합 **최대 9년 8개월간** 한국에서 E-9 체류자격으로 취업할 수 있음

4) 외국인근로자(E-9만 해당)의 사업장 변경 제한(제25조)

목차		내용
원칙적 불허		사업장 변경 신청 불가
예외적 허용	사유	외국인근로자는 ①사용자가 정당한 사유로 근로계약기간 중 근로계약을 해지하려고 하거나 근로계약이 만료된 후 갱신을 거절하려는 경우, ②상해 등으로 외국인근로자가 해당 사업장에서 계속 근무하기는 부적합하나 다른 사업장에서 근무하는 것은 가능하다고 인정되는 경우, 또는 ③휴업, 폐업, 외국인근로자 고용허가의 취소(제19조 제1항), 외국인근로자 고용의 제한(제20조 제1항), 사용자의 근로조건 위반 또는 부당한 처우 등 외국인근로자의 책임이 아닌 사유[120]로 인하여 사회통념상 사업장에서 근로를 계속할 수 없게 된 경우에는 직업안정기관장에게 다른 사업장으로의 변경을 신청할 수 있음
	회수	• 최초 취업기간인 3년 동안에 최대 3회 • 연장된 기간(1년 10개월) 중에는 최대 2회 • 다만, 외국인근로자의 책임이 아닌 사유로 사업장을 변경한 경우는 제한되는 사업장 변경 회수에 포함되지 않음
	신청 기간	• 외국인근로자가 사용자와의 근로계약이 종료된 날부터 1개월 이내에 다른 사업장으로의 변경을 신청하지 아니하거나, 사업장 변경을 신청한 날부터 3개월 이내에 근무처 변경허가(출입국관리법 제21조)를 받지 못한 외국인근로자는 출국하여야 함 • 다만, 업무상 재해, 질병, 임신, 출산 등의 사유로 근무처 변경신청을 할 수 없거나 근무처 변경허가를 받을 수 없는 경우에는 그 사유가 없어진 날부터 각각 그 기간을 계산함

목차	내용
사업장 변경 제한의 위헌성	헌법재판소는 "현행 사업장 변경 제한 제도는 내국인근로자의 고용기회 보호와 중소기업의 인력부족 해소라는 고용허가제의 도입목적을 달성하는 한편, 사업장 변경의 전면적 제한으로 인하여 발생할 수 있는 외국인근로자의 강제노동을 방지하기 위한 것으로 외국인근로자에 대한 보호의무를 상당한 범위에서 이행하고 있다고 할 것이므로 이 사건 법률조항이 입법자의 재량의 범위를 넘어 명백히 불합리하다고 할 수는 없다."고 하면서 합헌 결정한 바 있음[121]

---

120) 외국인근로자의 책임이 아닌 사유에 관한 상세한 내용은 「외국인근로자의 책임이 아닌 사업장 변경 사유」(고용노동부 고시 제2021-30호)에 규정되어 있다.

121) 헌재 2011. 9. 29. 선고 2007헌마1083 결정.

사업장 변경신청서

* 표시란은 기입하지 않습니다.

(앞쪽)

*접수	접수연월일	접수번호	처리부서	*선결	청장(지청장)	과장	팀장	담당

※ [ ]에는 해당되는 곳에 √표를 합니다.

① 신청인 정보

성명(영어)		외국인등록번호(여권번호)
국적		
연락처	한국 내 거주지 주소	
	휴대전화번호(없을 경우 연락가능한 전화번호)	

② 사업장 변경신청 사유

[ ] 근로계약기간 만료   [ ] 근로계약 해지

[ ] 휴업·폐업, 고용허가의 취소 또는 고용의 제한 등 고용노동부장관이 고시한 사유

[ ] 상해 등

3. 희망 취업조건

우선순위	희망 업종(분류번호)	희망 직무내용(분류번호)
1		
2		
3		
희망 근무지역	1.( )시·도 ( )시·군·구	
	2.( )시·도 ( )시·군·구 [ ]관계 없음	
희망 임금	월 기본급 ( )원 이상	

그 밖의 희망사항(근무 가능 기간 및 시간 등)

「외국인근로자의 고용 등에 관한 법률」 제25조제1항 및 같은 법 시행규칙 제16조제1항에 따라 위에 적은 사항은 사실과 다름이 없음을 확인합니다.

년   월   일

신청인   (서명 또는 인)

○○지방고용노동청(○○지청)장 귀하

신청인 제출서류	여권 사본(「출입국관리법」 제88조에 따른 외국인등록 사실증명을 확인할 수 없는 경우에만 제출합니다)	수수료 없음
담당 공무원 확인사항	「출입국관리법」 제88조에 따른 외국인등록 사실증명	

행정정보 공동이용 동의서

본인은 이 건 업무처리와 관련하여 담당 공무원이 「전자정부법」 제36조제1항에 따른 행정정보의 공동이용을 통하여 위의 담당 공무원 확인 사항을 확인하는 것에 동의합니다.

* 동의하지 않는 경우에는 신청인이 직접 관련 서류를 제출해야 합니다.

신청인   (서명 또는 인)

작성방법

1. 사업장 변경 신청 시 여권 또는 외국인등록증을 제시해 주시기 바랍니다.
2. 사업장 변경 신청 후 사정 변경 등으로 신청내용을 취소하거나 변경하려는 경우에는 즉시 신청기관으로 통지해 주시기 바랍니다.
3. 사업장 변경신청서상의 해당란이 본인의 구직사항과 관계없는 경우에는 적지 않아도 됩니다.
4. 신청인 정보의 영어 성명은 여권 또는 외국인등록증에 적힌 것과 동일하게 적어야 합니다.
5. 신청인 정보의 연락처는 취업알선 시 중요한 사항이므로 반드시 연락 가능한 휴대전화번호 또는 전화번호를 적기 바랍니다.
6. 희망취업조건의 희망업종(분류번호)은 고용센터에 갖추어져 있는 '표준산업분류표(KSIC)'를 참고해 해당 업종의 중분류(두 자릿수)를 적고 의문사항은 직원에게 문의하시기 바랍니다
7. 희망취업조건의 희망직무내용(분류번호)은 고용센터에 갖추어져 있는 '고용직업분류표(KECO)'를 참고하여 해당 직무의 소분류(세 자릿수)를 적고 의문사항은 직원에게 문의하시기 바랍니다.
8. 가입신청서 외 각종 양식은 고용센터에 갖추어져 있습니다.

처 리 절 차

이 신청서는 아래와 같이 처리됩니다.

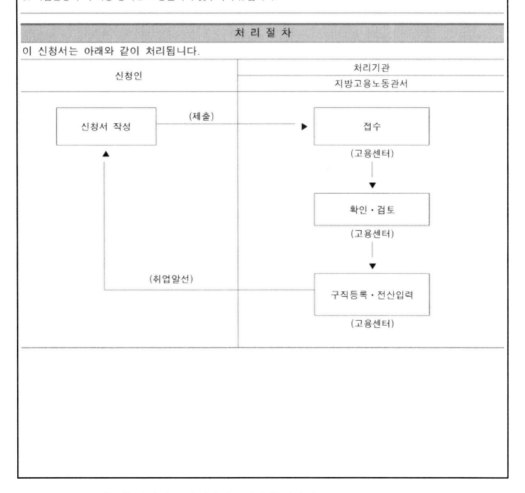

[출처] 법제처 국가법령정보센터 홈페이지(www.law.go.kr)

(3) E-9 근로자 보호

1) 사용자의 외국인근로자(H-2 동포 포함) 차별금지 의무(제22조)
사용자는 외국인근로자라는 이유로 부당하게 차별하여 처우하여서는 아니 된다.

2) 보험가입 의무(H-2 동포 포함)
외국인고용법은 외국인근로자의 권익보호를 위하여 아래와 같은 보험가입의무를 규정하고 있다.

〈외국인근로자 관련 보험〉

보험 종류	가입의무자
직장건강보험(제14조)	사용자
퇴직금 지급을 위한 출국만기보험(제13조)[122]	사용자
임금체불에 대비한 보증보험 (제23조 제1항)	사용자
귀국 시 필요한 비용에 충당하기 위한 귀국비용보험(제15조 제1항)	E-9 & H-2 근로자
업무상 재해 외의 상해 · 질병 · 사망 등에 대비한 상해보험(제23조 제2항)	E-9 & H-2 근로자

---

122) 헌법재판소는 고용 허가를 받아 국내에 입국한 외국인근로자의 출국만기보험금을 퇴직 후가 아니고 출국 후 14일 이내에 지급하도록 한 '외국인근로자의 고용 등에 관한 법률' 제13조 제3항 중 '피보험자등이 출국한 때부터 14일 이내' 부분이 청구인들의 ①근로의 권리를 침해하는지 여부에 관하여 "출국만기보험금이 근로자의 퇴직 후 생계 보호를 위한 퇴직금의 성격을 가진다고 하더라도 불법체류가 초래하는 여러 가지 문제를 고려할 때 불법체류 방지를 위해 그 지급시기를 출국과 연계시키는 것은 불가피하므로 심판대상조항이 청구인들의 근로의 권리를 침해한다고 보기 어렵고", ②평등권을 침해하는지 여부에 관하여 "외국인근로자의 경우 체류기간 만료가 퇴직과 직결되고, 체류기간이 만료되면 출국한다는 것을 전제로 고용허가를 받았다는 점에서 출국만기보험금의 지급시기를 출국 후 14일 이내로 정한 것이 근로자퇴직급여보장법이나 근로기준법상의 퇴직금 지급시기와 다르게 정한 것이라고 보기 어렵다. 즉, 심판대상조항은 고용허가를 받아 국내에 들어온 외국인근로자의 특수한 지위에서 기인하는 것이므로, 심판대상조항이 외국인근로자에 대하여 내국인근로자와 달리 규정하였다고 하여 청구인들의 평등권을 침해한다고 볼 수 없다."고 결정하였다. (헌재 2016. 3. 31. 선고 2014헌마367 결정).

9 특례고용허가제(H-2)

(1) H-2 동포 고용절차(제12조)

순서	내용
※ 사용자는 방문취업(H-2)사증으로 이미 입국한 동포를 고용한다는 점에서, 비전문취업(E-9) 사증을 발급 받고 입국하기 전에 고용계약을 먼저 체결해야 하는 비전문취업(E-9) 외국인 고용절차와 구분됨	
1. H-2 동포의 구직신청	방문취업(H-2)동포는 입국 후 구직신청 이전에 취업교육을 받고 직업안정기관장에게 구직신청을 하여야 함
2. 고용노동부장관의 외국인구직자 명부 작성	고용노동부장관은 외국인구직자 명부를 작성해야 함
3. 사용자의 내국인 구인노력	H-2 동포를 고용하려는 사용자는 우선 내국인 구인 신청을 하여야 함
4. 사용자의 특례고용가능확인 신청	사용자가 직업안정기관장에게 특례고용가능확인을 신청함
5. H-2 동포 채용	특례고용가능확인을 받은 사용자는 외국인 구직자 명부에 등록된 사람 중에서 채용함
6. 근로개시 신고	사용자는 외국인 근로자가 근로를 시작하면 14일 이내에 직업안정기관장에게 근로개시 신고를 하여야 함

(2) H-2 동포 근로자 고용관리

　H-2 방문취업동포는 비전문취업(E-9)근로자와는 달리 재입국취업의 제한이 적용되지 않으며(제18조의3),[123] 허용되는 직종에서의 사업장 변경이 자유롭다(제25조 제1항).

---

123) 국내에서 취업한 후 출국한 E-9 외국인근로자는 출국한 날로부터 6개월이 지나지 않으면 이 법에 따라 다시 취업할 수 없다.(제18조의3).

■ 외국인근로자의 고용 등에 관한 법률 시행규칙 [별지 제9호서식] <개정 2014.7.28> EPS시스템(www.eps.go.kr)에서도
이용할 수 있습니다

특례외국인근로자(외국국적 동포) 구직신청서

※ 뒤쪽의 유의사항 및 작성방법을 읽고 작성하여 주시기 바라며, [ ]에는 해당되는 곳에 √표를 합니다.

(앞쪽)

접수번호		접수일		처리기간	
①성명(영어)		성별		사 진 3cm×4cm (모자 벗은 상반신으로 뒤 그림 없이 6개월 이내 촬영한 것)	
국적		생년월일			
여권번호		입국일			
②외국인등록번호		여권 유효기간 만료일			
체류자격		체류기간 만료일			
연락처	한국 내 주소				
	한국 내 전화번호		휴대전화번호	전자우편	

희망 취업 조건	우선순위	희망 업종		희망 직무내용	
	1				
	2				
	3				
	희망 근무 지역	1.(　　)시·도 (　　)군·구	2.(　　)시·도 (　　)군·구	[ ]관계 없음	
	③희망 임금 또는 보수의 형태·금액	[ ]월급	월 기본급 (　　　　) 만원이상		
		[ ]주급 [ ]일급 [ ]시급	[ ]주당 [ ]일당[ ] 시간당 (　　　) 원 이상		
	그 밖의 희망사항(근무 가능 기간 및 시간 등)				

학력등	학력/전공(본국)		자격면허 (본국 등)	1
				2
	한국어능력	[ ]상 [ ]중 [ ]하		

「외국인근로자의 고용 등에 관한 법률」 제12조제2항 및 같은 법 시행규칙 제12조에 따라
위에 적은 사항은 사실과 다름이 없음을 확인합니다.

년　　　월　　　일

신청인　　　　　　　　　　　(서명 또는 인)

○○지방고용노동청(○○지청)장 귀하

210mm×297mm[백상지 80g/㎡(재활용품)]

첨부서류	1. 외국인등록증 사본 또는 여권 사본 2. 「출입국관리법 시행령」에 따른 방문취업 체류자격(H-2)에 해당하는 사증 사본	수수료 없 음

유의사항

방문취업 체류자격(H-2)을 갖춘 사람은 반드시 근로계약의 효력 발생일부터 15일 이내에 상해보험에 가입하고, 근로계약의 효력 발생일부터 3개월 이내에 귀국비용보험 또는 신탁에 가입하여야 합니다.

작성방법

1. 구직 신청 시 신분증을 제시해 주시기 바랍니다.

2. 구직등록 후 사정변경 등으로 구직등록 내용을 취소하거나 변경하려는 경우에는 즉시 신청(등록)한 기관으로 통보해 주시기 바랍니다.

3. 업종은 허용 업종 범위 내에서 적고 의문사항은 직원에게 문의 바랍니다.

4. 구직신청서상의 해당란이 본인의 구직사항과 관계없는 경우에는 적지 않아도 됩니다.

5. ①란의 영어 성명은 여권 또는 외국인등록증에 적힌 것과 동일하게 적어야 합니다.

6. ②의 외국인등록번호는 법무부 출입국관리사무소에서 부여받은 외국인등록번호를 적어야 합니다.

7. ③란은 신청인이 희망하는 임금(보수)의 연간 총액의 최저 수준을 정한 후 이를 12개월로 나누어 "만원" 단위로 적습니다. 임금(보수)을 시간급으로 받으려는 경우(시간제 희망 등) 시급란 옆에 시간당 희망 금액을 "원" 단위로 적습니다.

처 리 절 차

이 신청서는 아래와 같이 처리됩니다.

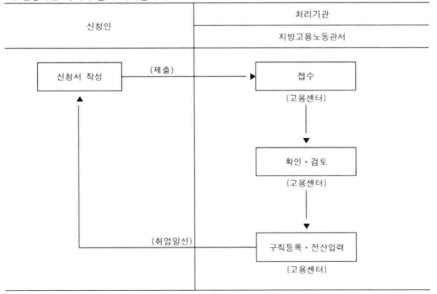

[출처] 법제처 국가법령정보센터 홈페이지(www.law.go.kr)

특례(외국국적동포) 고용가능확인서([   ]발급 [   ]변경)신청서

※ 뒤쪽의 유의사항 및 작성방법을 읽고 작성하여 주시기 바라며, [   ]에는 해당되는 곳에 √표를 합니다.
(앞쪽)

접수번호		접수일	처리기간	7일

주된 사업장 (사업주)	①고용보험사업장 관리번호		②사업자등록번호		
	③사업장명		④대표자		

사업장 개요	고용보험사업장 관리번호		⑤사업자등록번호(주민등록번호)		
	⑥사업장명		⑦대표자		
	소재지 □□□-□□□		연락처	전화번호	
				휴대전화번호	
				팩스	
				전자우편	
	⑧업종		사업내용		
	상시 근로자 수 총 명		내국인근로자 / 외국인근로자 명 / 명		
	가입 보험	[ ]고용 [ ]산재 [ ]건강 [ ]국민			

신청 내용 (최초 신청시)	내국인 구인노력	구인 인원	명
		구인 직종	직종( ) 직무내용( ) ※구체적으로 적을 것
		구인 기간	( )일 (~)
		고용센터 알선자 면접이력	면접 일시
			면접 대상자
			채용하지 않은 사유
	내국인 구인노력 외 발급요건 충족 여부	[ ]외국인근로자 도입 업종에 해당 [ ]내국인 구인신청일 2개월 전부터 고용허가서 발급일까지 내국인근로자를 고용조 정으로 이직시키지 않았음 [ ]내국인 구인신청일 5개월 전부터 고용허가서 발급일까지 임금체불이 없음 [ ]고용보험 및 산업재해보상보험 가입 [ ]이미 고용한 외국인근로자에 대한 출국만기보험등 및 보증보험 가입	

구인 사항	모집 인원	명	국적	1) 2)
	학력	최저: 최고:	자격면허	1)
	전공			2)
	연령	만 세 ~ 세	한국어 능력	[ ]상 [ ]중 [ ]하 [ ]관계없음
	기타 (경력 등)			

210mm×297mm[백상지 80g/㎡(재활용품)]

외국인근로자 구인 조건

<table>
<tr><td rowspan="9">근로
조건</td><td rowspan="4">근로시간</td><td rowspan="2">제조업,
건설업,
서비스업</td><td colspan="4">시 분 ~ 시 분 (8시간 기준)</td></tr>
<tr><td colspan="4">• 1일 평균 시간외 근로시간: 시간, 교대제([ ]2조2교대, [ ]3조3교대, [ ]4조3교대, [ ]기타)</td></tr>
<tr><td rowspan="2">농업·
축산업</td><td colspan="4">시 분 ~ 시 분, 월 ( )시간</td></tr>
<tr><td colspan="4">• 농번기 (월 일~ 월 일): 시 분 ~ 시 분, 월 ( )시간</td></tr>
<tr><td>어업</td><td colspan="4">월 ( )시간</td></tr>
<tr><td colspan="2">근로계약
기간</td><td colspan="4">( )개월</td></tr>
<tr><td colspan="2" rowspan="3">휴일 및
휴게시간</td><td colspan="4">휴일: [ ]일요일 [ ]공휴일([ ]유급 [ ]무급) [ ]매주 토요일 [ ]격주 토요일 [ ]기타( )</td></tr>
<tr><td colspan="4">• 농업·축산업 농번기(월 일~ 월 일):
[ ]일요일 [ ]공휴일([ ]유급 [ ]무급) [ ]매주 토요일 [ ]격주 토요일 [ ]기타( )</td></tr>
<tr><td colspan="4">휴게시간: 1일 (분)
• 농업·축산업: 근로시간 중 식사시간을 포함하여 1일 ( )시간 ( )분을 휴게시간으로 함</td></tr>
</table>

<table>
<tr><td rowspan="12">근로
조건</td><td rowspan="6">임금 및
지급방법</td><td>기본급</td><td colspan="2">월(시간, 일, 주)급: ( )원
• 농업·축산업 농번기(월 일~ 월 일): 원</td><td colspan="2"></td></tr>
<tr><td rowspan="2">고정적 수당</td><td colspan="2">(수당: 원),</td><td rowspan="2">상여금</td><td>(원)</td></tr>
<tr><td colspan="2">(수당: 원)</td><td></td></tr>
<tr><td>수습기간 중
임금</td><td colspan="4">월(시간, 일, 주)급: ( )원, (수습기간: [ ]1개월, [ ]2개월, [ ]3개월)</td></tr>
<tr><td>월 통상임금</td><td colspan="4">( )만원(시간외 수당 등 제외)
• 매월 정기적으로 지급하는 기본급 및 고정적인 수당</td></tr>
<tr><td>지급방법</td><td colspan="2">[ ]직접 지급, [ ]통장 입금</td><td>지급일</td><td>매월 일</td></tr>
</table>

<table>
<tr><td rowspan="4">숙식제공
여부</td><td colspan="3">숙 박</td><td>식 사</td></tr>
<tr><td colspan="3">숙박시설 제공 여부: [ ]제공, [ ]미제공</td><td>식사 제공 여부: 제공([ ]조식,</td></tr>
<tr><td colspan="3">• 제공 시, 숙박시설 유형([ ]아파트, [ ]단독주택, [ ]연립·다세대주택,
[ ]아파트 또는 주택에 준하는 시설, [ ]그 밖의 임시 주거시설)</td><td>[ ]중식, [ ]석식), [ ]미제공

식사비용 근로자 부담: [ ]부담</td></tr>
<tr><td colspan="3">숙박비용 근로자 부담 여부: [ ]부담(부담금액: 원), [ ]미부담</td><td>(부담금액: 원), [ ]미부담</td></tr>
<tr><td>기타</td><td colspan="4"></td></tr>
</table>

「외국인근로자의 고용 등에 관한 법률」 제12조제3항 및 같은 법 시행규칙 제12조의2 제1항(같은 법 시행령 제20조의2제1항 및 같은 법 시행규칙 제13조제2항)에 따라 위와 같이 특례고용가능확인서의 발급(변경)을 신청합니다.

년 월 일

신청인   [서명 또는 인]

○○지방고용노동청(○○지청)장 귀하

<table>
<tr><td rowspan="3">첨부
서류</td><td>1. 외국인근로자를 고용할 수 있는 사업 또는 사업장에 해당함을 증명할 수 있는 서류</td><td rowspan="3">수수료

없 음</td></tr>
<tr><td>2. 외국인근로자 특례고용가능확인서 원본(특례고용가능확인서 변경 신청의 경우에만 제출합니다)</td></tr>
<tr><td>3. 고용할 수 있는 외국인근로자 수, 사업 또는 사업장의 업종·규모 등을 변경할 필요가 있음을 증명하는 서류(특례고용가능확인서 변경 신청의 경우에만 제출합니다)</td></tr>
</table>

유의사항

1. 신청서 제출 후 내국인근로자 채용 또는 사정 변경 등으로 신청내용을 취소하거나 변경하려는 경우에는 즉시 신청기관으로 통지하기 바랍니다.
2. 거짓이나 그 밖의 부정한 방법으로 특례고용가능확인서를 발급받아 동포를 고용하는 경우에는 「외국인근로자의 고용 등에 관한 법률」 제19조제1항제1호에 따라 특례고용가능확인서 발급이 취소될 수 있으며, 같은 법 제20조제1항제2호에 따라 3년간 외국인근로자의 고용이 제한될 수 있습니다.

작성방법

1. ①~④란은 사업장이 1개인 경우에는 작성하지 않아도 됩니다. 특히 가사사용인이 특례고용가능확인서의 발급을 신청하는 경우에는 사업장 개요에서 ⑤란에는 세대주의 주민등록번호를, ⑥란의 사업장명 및 ⑦란의 대표자는 세대주 성명을 적기 바랍니다.
2. ⑧란의 업종은 업종코드설명집을 참고하여 적되, 그 업종의 세세분류까지 적어야 하고 업종 선택이 어려운

[출처] 법제처 국가법령정보센터 홈페이지(www.law.go.kr)

[별지 제10호의2서식] <개정 2020. 12. 31.>

특례(외국국적 동포)고용가능 (변경)확인서

※ 뒤쪽의 유의사항을 읽고 작성하시기 바라며, [ ]에는 해당되는 곳에 √표를 합니다.

발급번호

(앞쪽)

주된 사업장 (사업주)	고용보험사업장 관리번호		사업자등록번호		
	사업장명		대표자		

사업장 개요	고용보험사업장 관리번호		사업자등록번호(생년월일)		
	사업장명		대표자		
	소재지 □□□-□□□		연락처	전화번호	
				휴대전화번호	
				팩스	
				전자우편	
	업종		사업내용		
	상시 근로자 수	총 명	내국인근로자 / 외국인근로자	명 / 명	
	가입 보험	[ ]고용 [ ]산재 [ ]건강 [ ]국민			

신청 내용 (최초 신청시)	인력 부족 직종 (모집 직종)		부족 인원 신청 (모집 인원)	명
	직무내용			
	특례고용가능 확인서 발급요건 충족여부	• [ ]특례자 도입 업종에 해당 • [ ]내국인 구인노력 기간 충족 • [ ]내국인 구인신청일 2개월 전부터 특례고용가능확인서 발급일까지 　　 내국인근로자를 고용조정으로 이직시키지 않았음 • [ ]내국인 구인신청일 5개월 전부터 특례고용가능확인서 발급일까지 임금체불이 없음 • [ ]고용보험 및 산업재해보상보험 가입 • [ ]이미 고용한 외국인근로자에 대한 출국만기보험·신탁 및 임금체불 대비 보증보험 가입		
	특례고용가능 확인서 유효기간			
	특례고용 가능 인원			명

「외국인근로자의 고용 등에 관한 법률」 제12조제3항·제6항, 같은 법 시행령 제20조의2제1항

및 같은 법 시행규칙 제12조의2제2항·제13조제3항에 따라 위와 같이 특례고용가능 (변경)

확인서를 발급합니다.

년   월   일

○○지방고용노동청(○○지청)장 │ 직인

210mm×297mm[백상지(80g/㎡) 또는 중질지(80g/㎡)]

유 의 사 항

1. 특례고용가능확인서를 받은 후 사업 또는 사업장의 업종·규모 등의 변화 등으로 확인서의 내용을 변경하려는 경우에는 특례고용가능확인서 변경신청서를 제출해야 합니다.

2. 사용자는 「외국인근로자의 고용 등에 관한 법률」 제12조제2항에 따라 외국인 취업교육을 받은 후 직업안정기관의 장에게 구직 신청을 하고 외국인구직자 명부에 등록된 특례고용 외국인근로자 중에서 고용해야 합니다. 만약 이를 위반할 경우 「외국인근로자의 고용 등에 관한 법률」 제32조제1항제4호에 따라 500만원 이하의 과태료가 부과될 수 있음을 알려드립니다.

3. 사용자는 특례외국인근로자가 근로를 시작하였을 때에는 그 사실을 신고해야 합니다. 만약 이를 위반할 경우 「외국인근로자의 고용 등에 관한 법률」 제32조제1항제4호에 따라 500만원 이하의 과태료가 부과될 수 있음을 알려드립니다.

외국인 고용허가제 관련 보험 가입 안내

1. 「외국인근로자 고용 등에 관한 법률」의 적용을 받는 외국인근로자는 2021년 1월 1일부터 사업 또는 사업장 규모(상시 사용하는 근로자 수)에 따라 다음 각목과 같이 단계적으로 고용보험을 적용받게 되므로 해당 사업주는 해당 외국인근로자의 근로계약 효력 발생일이 속한 달의 다음 달 15일까지 고용보험 피보험 자격취득을 신고(「고용보험법 시행규칙」 별지 제5호서식)해야 합니다. 다만, 해당 외국인근로자가 실업급여 및 육아휴직급여 적용을 받기 위해서는 사업주와 근로자의 합의에 따라 별도로 외국인 고용보험 가입 신청(「고용보험법 시행규칙」 별지 제1호서식)을 해야 합니다.

   가. 상시 30명 이상의 근로자를 사용하는 사업 또는 사업장: 2021년 1월 1일부터 적용
   나. 상시 10명 이상 30명 미만의 근로자를 사용하는 사업 또는 사업장: 2022년 1월 1일부터 적용
   다. 상시 10명 미만의 근로자를 사용하는 사업 또는 사업장: 2023년 1월 1일부터 적용

2. 사용자는 외국인근로자와 근로계약을 체결한 후 근로계약의 효력 발생일부터 15일 이내에 출국만기보험·신탁 및 보증보험에 가입해야 합니다.

3. 외국인근로자는 근로계약이 효력 발생일부터 15일 이내에 상해보험에 가입하고, 3개월 이내에 귀국비용보험·신탁에 가입해야 합니다.

4. 근로계약의 효력 발생일은 근로를 시작한 날이며, 제5호의 의무보험에 가입하지 않으면 「외국인근로자의 고용 등에 관한 법률」 제30조 및 제32조에 따라 벌금 또는 과태료가 부과될 수 있으며, 앞으로 외국인근로자 고용에 불이익을 받을 수 있으니 반드시 기한 내에 가입하시기 바랍니다.

5. 외국인 고용허가제 관련 보험 명세

보험 종류	보험가입자	내용	납입보험료
출국만기보험·신탁	사업주	「근로자퇴직급여 보장법」에 따른 퇴직금 지급을 위해 가입하는 보험	고용허가서에 따른 월 통상임금의 8.3% (매월납입)
보증보험	사업주	사업주의 외국인근로자에 대한 체불임금을 보증하기 위한 보험	1년 가입: 15,000원 2년 가입: 25,400원
귀국비용보험·신탁	외국인근로자	외국인근로자의 출국 시 귀국경비를 충당하기 위한 보험	국가별 상이 (40~60만원)
상해보험	외국인근로자	외국인근로자의 업무상 재해외의 상해 또는 질병, 사망 등의 사고를 보상하는 보험	개인별 상이

비고
   1. 출국만기보험·신탁의 경우 고용허가기간이 연장되면 추가로 가입하지 않아도 보험기간이 자동 연장되어 보험료가 출금됩니다(이체 횟수는 근로계약기간 1년 동안 12회를 넘지 않습니다).
   2. 보증보험은 1년 단위로 재가입해야 하며, 납입보험료는 고용노동부장관의 고시에 따라 변경될 수 있습니다.
   3. 출국만기보험·신탁의 일시금의 액수가 법정 퇴직금의 액수보다 적은 경우에는 그 차액을 지급해야 합니다.

6. 기타사항
   가. 외국인 고용허가제 관련 보험·신탁 가입 및 보험금 지급 문의: 한국산업인력공단(☎ 052-714-8572, FAX. 714-8579~8580)
   나. 외국인 고용허가제 관련 보험·신탁 가입 신청서 등 각종 서식 고용센터에 갖추어져 있습니다.

외국인 고용허가제 관련 문의

외국인 고용허가제 관련 각종 문의는 고용노동부 콜센터(1350)를 이용해주시기 바랍니다.

[출처] 법제처 국가법령정보센터 홈페이지(www.law.go.kr)

[별지 제11호서식] <개정 2020. 12. 31.>

EPS시스템(www.eps.go.kr)에서도 이용할 수 있습니다

특례고용외국인근로자(외국국적동포) 근로개시 신고서

❈ 뒤쪽의 유의사항을 읽고 작성하시기 바라며, 색상이 어두운 난은 작성하지 않습니다.

(앞쪽)

접수	접수연월일	접수번호	처리부서	선결	청장(지청장)	과장	팀장	담당

주된 사업장 (사업주)	고용보험사업장 관리번호		사업자등록번호		
	사업장명		대표자		

특례 고용 사업장	고용보험사업장 관리번호		①사업자등록번호(주민등록번호)		
	②사업장명		③대표자		
	소재지 주소		연락처	전화번호	
				휴대전화번호	
				팩스번호	
				전자우편(이메일)	

신고대상 외국인 근로자 인적사항	일련번호	(1)	(2)	(3)
	성명(영어)			
	외국인등록번호			
	여권번호			
	입국일			
	근로계약기간			

「외국인근로자의 고용 등에 관한 법률」 제12조제4항 및 같은 법 시행규칙 제12조의3에 따라

위와 같이 특례고용외국인근로자 근로개시 신고서를 제출합니다.

년   월   일

신고인   (서명 또는 인)

○○지방고용노동청(○○지청)장 귀하

첨부서류	1. 표준근로계약서 사본	수수료
	2. 외국인등록증 사본 또는 여권 사본	없음

210mm×297mm[백상지(80g/㎡) 또는 중질지(80g/㎡)]

[출처] 법제처 국가법령정보센터 홈페이지(www.law.go.kr)

10 재외동포(F-4)체류자격 vs. 방문취업(H-2)체류자격

	재외동포(F-4)	방문취업(H-2)
공통점	『재외동포의 출입국과 법적 지위에 관한 법률』상 '외국국적동포'가 체류자격부여 대상임 ※ 외국국적동포 ① 출생으로 대한민국의 국적을 보유하였던 자로서 외국국적을 취득한 자, 또는 ② 그의 직계비속으로서 외국국적을 취득한 자	
적용 법률	재외동포의 출입국과 법적 지위에 관한 법률	외국인 근로자의 고용 등에 관한 법률
정책 유형	동포정책	동포정책 + 외국인력정책
대상자	모든 국가 동포. 단, 법무부 장관이 고시한 21개 국가(중국 포함)출신동포는 단순노무직종에 취업하지 않을 것을 입증해야 하는 추가요건이 있음	중국 및 구소련동포
취업허용직종	단순노무 이외의 직종[124]	주로 단순직

---

124) 재외동포(F-4)체류자격자의 취업이 허용되지 않는 단순노무행위는 『재외동포(F-4) 자격의 취업활동 제한범위 고시』(법무부고시 제2023-187호)에서 상세히 정하고 있다.

제12강

재한외국인처우기본법
& 다문화가족지원법

I. 재한외국인처우기본법

1 재한외국인처우기본법 제정 배경

　　재한외국인처우기본법(외국인처우법)은 재한외국인처우에 관한 기본적인 사항을 정하고 **외국인정책의 수립 및 추진체계**를 명확히 하고자 2007년 제정되었다. 외국인처우법 제1조는 동법의 목적으로 "이 법은 이 법은 재한외국인에 대한 처우 등에 관한 기본적인 사항을 정함으로써 재한외국인이 대한민국 사회에 적응하여 개인의 능력을 충분히 발휘할 수 있도록 하고, 대한민국 국민과 재한외국인이 서로를 이해하고 존중하는 사회 환경을 만들어 대한민국의 발전과 사회통합에 이바지함을 목적으로 한다."고 규정하고 있다.

2 재한외국인처우기본법 조문 구성

〈재한외국인처우기본법 조문 구성〉

[시행 2023. 7. 19.] [법률 제19355호, 2023. 4. 18., 일부개정]
법무부(외국인정책과), 02-2110-4116

장	조항	
제1장 총칙	제1조	목적
	제2조	정의
	제3조	국가 및 지방자치단체의 책무
	제4조	다른 법률과의 관계
제2장 외국인정책의 수립 및 추진 체계	제5조	외국인정책의 기본계획
	제6조	연도별 시행계획
	제7조	업무의 협조
	제8조	외국인정책위원회
	제9조	정책의 연구·추진 등
제3장 재한외국인 등의 처우	제10조	재한외국인 등의 인권옹호
	제11조	재한외국인의 사회적응 지원
	제12조	결혼이민자 및 그 자녀의 처우
	제13조	영주권자의 처우
	제14조	난민의 처우
	제14조의2	특별기여자의 처우
	제15조	국적취득 후 사회적응
	제16조	전문외국인력 처우 개선
	제17조	과거 대한민국 국적을 보유하였던 자 등의 처우
제4장 국민과 재한외국인이 더불어 살아가는 환경 조성	제18조	다문화에 대한 이해 증진
	제19조	세계인의 날
제5장 보칙	제20조	외국인에 대한 민원 안내 및 상담
	제21조	민간과의 협력
	제22조	국제교류의 활성화
	제22조의2	이민정책연구원
	제23조	정책의 공표 및 전달

3 재한외국인처우기본법 적용 대상 외국인

외국인처우법이 적용되는 '재한외국인'이란 대한민국의 국적을 가지지 아니한 자로서 대한민국에 **거주할 목적**을 가지고 **합법적으로 체류하고 있는 자**를 말한다(제2조 제1호). 즉, 대한민국에 거주할 목적이 없는 단기 체류 관광객 및 불법체류자는 이 법 적용이 배제된다.

외국인정책의 수립 및 추진체계

(1) 외국인정책위원회(제8조)

목차	내용
1. 개요	외국인정책에 관한 주요 사항을 <u>심의 · 조정</u>하기 위하여 국무총리 소속으로 외국인정책위원회를 설치함
2. 역할	① 외국인정책의 <u>기본계획</u>의 수립에 관한 사항 ② 외국인정책의 <u>시행계획</u> 수립, 추진실적 및 평가결과에 관한 사항 ③ 국적취득 후 사회적응에 관한 주요 사항 ④ 그 밖에 외국인정책에 관한 주요 사항 등에 대한 심의 · 조정
3. 구성	• <u>위원장(국무총리)</u>, 법무부장관 · 노동부장관 · 여가부장관 · 기재부장관 등 중앙 <u>행정기관 장</u>과 민간위원 등 총 30인 이내로 구성됨 • 위원회 간사는 <u>법무부 출입국 · 외국인정책본부장</u>이 맡고 있음

출입국·외국인정책본부 조직

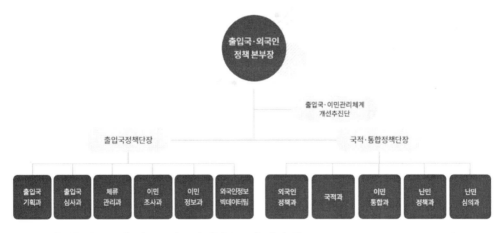

[출처] 법무부 출입국 · 외국인정책본부 홈페이지(www.immigration.go.kr)

(2) 외국인정책 기본계획(제5조)

　　외국인정책 기본계획은 대한민국 이민정책에 관한 범정부 차원의 국가계획 내지 정책지침이고 향후 5년 동안 이민정책 추진에 관한 기본설계도 기능을 한다.

　　기본계획 수립의 주무부처는 법무부로, 법무부장관은 중앙행정기관의 장과 협의하여 5년마다　①외국인정책의 기본목표와 추진방향, ②외국인정책의 추진과제, 그 추진방법 및 추진시기, ③ 필요한 재원의 규모와 조달방안, ④그 밖에 외국인정책 수립 등을 위하여 필요하다고 인정되는 사항이 포함된 외국인정책에 관한 기본계획을 수립하여야 하고, 수립된 기본계획을 외국인정책위원회 심의를 거쳐 확정하여야 한다.

〈제1차 외국인정책(2008~2012)의 비전, 정책목표 및 중점과제〉[125]

비전	정책목표	중점과제
외국인과 함께 하는 세계 일류국가	1. 적극적인 이민 허용을 통한 국가 경쟁력 강화	(1) 우수인재 유치를 통한 성장동력 확보
		(2) 국민경제의 균형발전을 위한 인력 도입
		(3) 외국인에게 편리한 생활환경 조성
	2. 질 높은 사회통합	(1) 다문화에 대한 이해 증진
		(2) 결혼이민자의 안정적 정착
		(3) 이민자 자녀의 건강한 성장환경 조성
		(4) 동포의 역량 발휘를 통한 환경 조성
	3. 질서 있는 이민행정 구현	(1) 외국인 체류질서 확립
		(2) 국가안보 차원의 국경관리 및 외국인정보관리
		(3) 건전한 국민확보를 위한 국적업무 수행
	4. 외국인 인권 옹호	(1) 외국인 차별 방지 및 권익보호
		(2) 보호 과정의 외국인 인권 보장
		(3) 선진적 난민 인정 · 지원 시스템 구축

---

125) 외국인정책위원회, 「제1차 외국인정책 기본계획」, 2008, 13면.

〈제2차 외국인정책(2013 ~ 2017)의 비전, 정책목표 및 중점과제〉[126]

비전	정책목표	중점과제
세계인과 더불어 성장하는 활기찬 대한민국	1. 경제활성화 지원과 인재 유치 (개방)	(1) 내수활성화 기여 외래관광객 유치
		(2) 국가와 기업이 필요한 해외 인적자원 확보
		(3) 미래 성장동력 확충을 위한 유학생 유치
		(4) 지역 균형발전을 촉진하는 외국인 투자 유치
	2. 대한민국의 공동가치가 존중되는 사회통합 (통합)	(1) 자립과 통합을 고려한 국적 및 영주제도 개선
		(2) 체계적인 이민자 사회통합프로그램 운영
		(3) 국제결혼 피해방지 및 결혼이민자 정착지원
		(4) 이민배경자녀의 건강한 성장환경 조성
		(5) 이민자 사회통합을 위한 인프라 구축
	3. 차별방지와 문화다양성 존중 (인권)	(1) 이민자 인권존중 및 차별방지 제도화
		(2) 다양한 문화에 대한 사회적 관용성 확대
		(3) 국민과 이민자가 소통하는 글로벌 환경조성
	4. 국민과 외국인이 안전한 사회구현 (안전)	(1) 안전하고 신뢰받는 국경관리
		(2) 질서 위반 외국인에 대한 실효적 체류관리
		(3) 불법체류 단속의 패러다임 다변화
		(4) 외국인에 대한 종합적인 정보관리 능력 제고
	5. 국제사회와의 공동발전 (협력)	(1) 이민자 출신국, 국제기구 등과의 국제협력 강화
		(2) 국가 위상에 부합하는 난민정책 추진
		(3) 동포사회와의 교육, 협력 확산

---

126) 외국인정책위원회, 「제2차 외국인정책 기본계획」, 2012, 22면.

〈제3차 외국인정책(2018~2022)의 비전, 정책목표 및 중점과제〉[127]

비전	정책목표	중점과제
국민공감! 인권과 다양성이 존중되는 안전한 대한민국	1. 국민이 공감하는 질서있는 개방 (상생)	(1) 우수인재 유치 및 성장지원 강화
		(2) 성장동력 확보를 위한 취업이민자 유치 · 활용
		(3) 관광객 및 투자자 등 유치를 통한 경제 활성화
		(4) 유입 체계 고도화 및 체류 · 국적 제도 개선
	2. 이민자의 자립과 참여로 통합되는 사회 (통합)	(1) 이민단계별 정착 지원 및 사회통합 촉진
		(2) 이민배경 자녀 역량 강화
		(3) 이민자 사회통합을 위한 복지지원 내실화
		(4) 이민자의 지역사회 참여 확대
	3. 국민과 이민자가 함께 만들어가는 안전한 사회 (안전)	(1) 안전하고 신속한 국경관리 체계 구축
		(2) 체류외국인 관리 체계 선진화
	4. 인권과 다양성이 존중되는 정의로운 사회 (인권)	(1) 이민자 인권보호 체계 강화
		(2) 여성 · 아동 등 취약 이민자 인권증진
		(3) 문화다양성 증진 및 수용성 제고
		(4) 동포와 함께 공존 · 발전하는 환경 조성
		(5) 국제사회가 공감하는 선진 난민정책 추진
	5. 협력에 바탕한 미래 지향적 거버넌스 (협력)	(1) 이민관련 국제협력 증진
		(2) 중앙부처지자체시민사회 협력 강화
		(3) 이민정책 및 연구기반 구축

---

127) 법무부, 「제3차 외국인정책 기본계획」, 2018, 23면.

제3차

외국인정책
기본계획

The 3rd
Master Plan for Immigration Policy

2 0 1 8 -
2 0 2 2

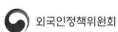 외국인정책위원회

제3차 외국인정책 기본계획
The 3rd
Master Plan for Immigration Policy

목 차
Contents

[출처] 법무부 출입국 · 외국인정책본부 홈페이지(www.immigration.go.kr)

(3) 외국인정책 연도별 시행계획(제6조)

관계 중앙행정기관의 장은 기본계획에 따라 소관별로 연도별 시행계획을 수립·시행하여야 하며, 지방자치단체의 장은 중앙행정기관의 장이 법령에 따라 위임한 사무에 관하여 당해 중앙행정기관의 장이 수립한 시행계획에 따라 당해 지방자치단체의 연도별 시행계획을 수립·시행하여야 한다. 또한, 관계 중앙행정기관의 장은 소관별로 다음 해 시행계획과 지난 해 추진실적 및 평가결과를 법무부장관에게 제출하여야 하며, 법무부장관은 이를 종합하여 외국인정책위원회에 상정하여야 한다.

총 목 차
CONTENTS

[출처] 법무부 출입국 · 외국인정책본부 홈페이지(www.immigration.go.kr)

| 2-1-①-④ | 외국인종합안내센터 연계 강화 |

1 과제의 개요

목적

● 관계기관과 콜센터와의 연계 강화를 통해 외국인종합안내센터(1345)의 생활정보 제공 기능을 확대하는 한편 성폭력 피해자 등에 대한 인권보호기능 개선

과제 내용

● 관계기관 정보제공 확대
  - 질병청 등 관계기관과의 업무협약을 통해 외국인을 포함한 민원인들과 연관되는 생활서비스 정보를 폭넓게 제공

● 인권보호 기능의 강화
  - 외국인종합안내센터(1345)의 다국어 서비스 기반을 활용하여 이주여성 성폭력 피해자와 성폭력 피해구제 관련 기관과의 연계 강화
  - 상담원용 성폭력 기초상담 및 정보제공 매뉴얼 제작

과제 추진 연혁(경과)

● 재한외국인처우기본법 제정('07. 5.)
  ※ 제20조(외국인에 대한 민원 안내 및 상담)

● 외국인종합안내센터 설치 및 운영 개시(상담사 56명)('08. 3.)

● 「외국인을 위한 마을변호사」 3자 통역 실시('15. 10.)

● 외국인종합안내센터 개소 10주년(상담사 104명)('18. 3.)

● '경찰청 112' 신고센터와 성폭력 피해사건 긴급구호 전화 연계('18. 6.)

● 서울중앙지검 민원실 제증명 발급 등에 3자 통역서비스 개시('19. 1.)

● 범죄 피해 외국인 지원 강화를 위한 대검찰청 3자 통역 서비스 개시('19. 4.)

● 코로나19 24시간 비상근무 실시('20. 1.)

● 하이코리아 질의응답 업무 실시('20. 6.)

● 추진체계

- 추진주체 : 법무부·보건복지부, 경찰청 등 관계기관(협업)
- 추진절차 : 해당 기관과의 MOU 체결 → 콜센터 시스템 연계 → 연계정보서비스 제공

2 '21년도 추진 실적

- 코로나19 비상 대응체계 구축을 위한 24시간 비상근무 실시(주말 포함)
- 질병청 등 관계기관 대상 코로나19 관련 3자 통역 제공

3 '22년도 추진계획

- 실시간 온라인 상담서비스(챗봇 등을 활용한 1:1 채팅서비스) 실시 추진(연중)
- 하이코리아 Q&A 게시판 답변 내용을 민원인 이메일로 연결 추진(연중)

● 소요예산 : 비예산

4 성과목표 및 성과지표

년도	과제명	성과목표	성과지표	목표치	실적	산출근거
'18		외국인종합안내센터 서비스 확대	관계기관과의 협업 및 서비스 개선 등	2건	2건	관련 공문
'19		외국인종합안내센터 서비스 확대	관계기관과의 협업 및 서비스 개선 등	2건	2건	관련 공문
'20	외국인종합안내센터 연계 강화	외국인종합안내센터 서비스 확대	관계기관과의 협업 및 서비스 개선 등	2건	2건	관련 공문
'21		외국인종합안내센터 서비스 확대	관계기관과의 협업 및 서비스 개선 등	2건	2건	관련 공문
'22		외국인종합안내센터 서비스 확대	관계기관과의 협업 및 서비스 개선 등	2건		관련 공문

5 담당자

소관부서	법무부 출입국·외국인정책본부 체류관리과	전화번호	02-2110-4062
담 당 자	5급 배덕환	이 메 일	dynamic1030@korea.kr

[출처] 2022년 중앙행정기관 외국인정책 시행계획, 210~211면

제3차 외국인정책 기본계획
2018 ~ 2022

2022
지방자치단체
**외국인정책
시행계획❶**

2022

2021

2018

2019

2020

FOREIGN POLICY COMMITTEE

총 목 차
CONTENTS

[출처] 법무부 출입국 · 외국인정책본부 홈페이지(www.immigration.go.kr)

2-1-9	거주외국인 생활안내 리플릿 제작 / 마포구

1 과제의 개요

목적

● 마포구 거주외국인의 일상생활에 필요한 정보를 수록한 휴대용 생활안내 리플릿을 제작, 배부하여 외국인 주민의 생활편익 향상을 지원하고 지역사회 이해 및 적응력을 강화하여 다문화 사회로 가는 환경을 조성하고자 함.

과제 내용

● 기　　　간 : 2022. 1월~12월

● 내　　　용 : 거주외국인의 일상생활에 필요한 생활·행정정보 제공

● 추진방법 : 외국인 지원 정보 수집 후 외국어(영문, 중문) 리플릿 제작·배부
  - 마포구 : 계획수립, 자료수집 및 편집, 리플릿 제작 등 사업 전반진행

과제 추진 연혁(경과)

● 2011년도부터 매해 실시

추진체계

● 추진주체 : 마포구

● 추진절차 : 리플릿 제작 계획수립 → 자료수집 및 수록내용 편집 → 리플릿 제작 → 리플릿 홍보 및 배포

2 '21년도 추진 실적

● 마포구 거주외국인을 위한 생활안내 리플릿 2,000부 제작 후 배부

3 '22년도 추진계획 : 4/4분기 추진(예정)

● 마포구에서 시행하는 생활·행정정보에 대한 최신사항을 리플릿에 수록

● 외국인 관련기관 및 동주민센터에 배부하여 거주외국인의 정보 접근성 향상

서울특별시 ▪ 103

○ 소요예산 : 총 2백만원

구분		'18년	'19년	'20년	'21년	'22년	증감율(%)	비고
예 산(단위 : 백만원)		2	2	2	2	2	-	
- 지방비	■ 광역시·도비							
	■ 시·군·구비	2	2	2	2	2	-	

■ 산출내역

● 거주외국인 생활안내 리플릿 제작비 : 2,000,000원(구비 100%)

　- 세부산출내역 : 2,000원 × 1,000매 = 2,000,000원

4 성과목표 및 성과지표

년도	과제명	성과목표	성과지표	목표치	실적	산출근거
'18	거주외국인 생활안내 리플릿 제작	거주외국인 생활정보 제공	리플릿 제작 부수	1,000부	1,010부	발행부수
'19	거주외국인 생활안내 리플릿 제작	거주외국인 생활정보 제공	리플릿 제작 부수	1,000부	1,000부	발행부수
'20	거주외국인 생활안내 리플릿 제작	거주외국인 생활정보 제공	리플릿 제작 부수	1,000부	5,000부	발행부수
'21	거주외국인 생활안내 리플릿 제작	거주외국인 생활정보 제공	리플릿 제작 부수	1,000부	2,000부	발행부수
'22	거주외국인 생활안내 리플릿 제작	거주외국인 생활정보 제공	리플릿 제작 부수	1,000부	1,000부	발행부수

5 담당자

소관부서	마포구 자치행정과 자치행정팀	전화번호	02-3153-8305
담 당 자	행정7급 최성희	이 메 일	seonghee@mapo.go.kr

[출처] 2022년 지방자치단체 외국인정책 시행계획 1, 103~104면

5 재한외국인에 대한 처우

(1) 재한외국인 처우의 개념

'재한외국인에 대한 처우'란 국가 및 지방자치단체가 재한외국인을 **그 법적 지위에 따라** 적정하게 대우하는 것을 말한다(제2조 제2호).

(2) 방침규정

외국인처우법 제3장은 재한외국인 등의 처우에 관하여 구체적 지원 시책이 아니라, 국가 및 지자체의 정책목표와 포괄적인 내용만을 규정하고 있다. 재한외국인의 사회적응지원과 결혼이민자 및 그 자녀, 영주권자, 재외동포 등의 처우를 수립 · 시행할 주체는 '국가 및 지방자치단체'이며(제3조), 그 처우의 시행에 대하여 "국가 및 지방자치단체는 ~ <u>할 수 있다.</u>"라는 노력규정 또는 임의규정 형식으로 선언적으로 규정하고 있다.[128]

(3) 구체적 내용

〈재한외국인 유형별 처우〉

조항	내용
제10조 (재한외국인 등의 인권옹호)	국가 및 지방자치단체는 재한외국인 또는 그 자녀에 대한 불합리한 차별 방지 및 인권옹호를 위한 교육 · 홍보, 그 밖에 필요한 조치를 하기 위하여 노력하여야 함
제11조 (재한외국인의 사회적응 지원)	국가 및 지방자치단체는 재한외국인이 대한민국에서 생활하는 데 필요한 기본적 소양과 지식에 관한 교육 · 정보제공 및 상담 등의 지원을 할 수 있음

---

128) 만약 "국가 및 지방자치단체는 ~ 하여야 한다."라는 강행규정으로 규정될 경우에는 외국인 등이 『재한외국인 처우 기본법』을 근거로 '부작위 위법 확인의 소'를 제기할 수도 있다.

조항	내용
제12조 (결혼이민자 및 그 자녀의 처우)	국가 및 지방자치단체는 결혼이민자(사실혼 포함)에 대한 국어교육, 대한민국의 제도 · 문화에 대한 교육, 결혼이민자의 자녀(사실혼 자녀 포함)에 대한 보육 및 교육 지원, 의료 지원, 건강검진 등을 통하여 결혼이민자 및 그 자녀가 대한민국 사회에 빨리 적응하도록 지원할 수 있음
제13조 (영주권자의 처우)	• 국가 및 지방자치단체는 영주권자에 대하여 대한민국의 안전보장 · 질서유지 · 공공복리, 그 밖에 대한민국의 이익을 해치지 아니하는 범위 안에서 대한민국 으로의 입국 · 체류 또는 대한민국 안에서의 경제활동 등을 보장할 수 있음 • 국가 및 지방자치단체는 영주권자에 대한 국어교육, 대한민국의 제도 · 문화에 대한 교육, 영주권자의 자녀에 대한 보육 및 교육 지원, 의료 지원 등을 통하여 영주권자 및 그 자녀가 대한민국 사회에 빨리 적응하도록 지원할 수 있음
제14조 (난민의 처우)	국가 및 지방자치단체는 난민법에 따른 난민인정자에 대한 국어교육, 대한민국 의 제도 · 문화에 대한 교육, 난민인정자의 자녀에 대한 보육 및 교육 지원, 의 료 지원 등을 통하여 난민인정자와 그 자녀가 대한민국 사회에 빨리 적응하도록 지원할 수 있음
제14조의2 (특별기여자의 처우)	특별기여자 및 그 동반가족은 난민법상 난민인정자의 처우를 함
제15조 (국적취득 후 사회적응)	재한외국인이 대한민국의 국적을 취득한 경우에는 **국적을 취득한 날부터 3년이 경과하는 날까지** 국가 및 지방자치단체는 귀화자에 대한 국어교육, 대한민국의 제도 · 문화에 대한 교육, 귀화자의 자녀에 대한 보육 및 교육 지원, 의료 지원 등을 통하여 귀화자 및 그 자녀가 대한민국 사회에 빨리 적응하도록 지원할 수 있음
제16조 (전문외국인력의 처우 개선)	국가 및 지방자치단체는 전문적인 지식 · 기술 또는 기능을 가진 외국인력의 유치를 촉진할 수 있도록 그 법적 지위 및 처우의 개선에 필요한 제도와 시책을 마련하기 위하여 노력하여야 함
제17조 (과거 대한민국국적을 보유하였던 자 등의 처우)	국가 및 지방자치단체는 재외동포에 대하여 대한민국의 안전보장 · 질서유지 · 공공복리, 그 밖에 대한민국의 이익을 해치지 아니하는 범위 안에서 대한민국으 로의 입국 · 체류 또는 대한민국 안에서의 경제활동 등을 보장할 수 있음

(4) 외국인에 대한 민원 안내 및 상담

국가는 전화 또는 전자통신망을 이용하여 외국인에게 외국어로 민원을 안내 · 상담하기 위하여 외국인종합안내센터를 설치 · 운영할 수 있다(제20조 제2항).[129]

---

129) 2023년 7월 현재 외국인종합안내센터(1345)를 운영하고 있다.

II. 다문화가족지원법

1 다문화가족지원법 제정 배경

다문화가족지원법은 결혼이민자와 그 자녀의 한국어 능력이 부족하고 대한민국 사회와의 문화차이 등으로 부적응이 발생하여 가족구성원 간에 갈등 및 자녀교육에 어려움을 겪고 있음에 따라, 결혼이민자 등으로 이루어진 다문화가족 구성원이 대한민국 사회의 구성원으로 순조롭게 통합되어 안정적인 가족생활을 영위할 수 있도록 하기 위한 지원정책의 제도적 틀을 마련하기 위하여 2008년 제정되었다. 다문화가족지원법 제1조는 동법의 목적으로 "이 법은 다문화가족 구성원이 안정적인 가족생활을 영위하고 사회구성원으로서의 역할과 책임을 다할 수 있도록 함으로써 이들의 삶의 질 향상과 사회통합에 이바지함을 목적으로 한다."고 규정하고 있다. 이와 같이 다문화가족지원법은 가족정책의 일환으로 마련된 법률로서 여성가족부가 동법의 소관부처이다.

2 다문화가족지원법 조문 구성

〈다문화가족지원법 조문 구성〉

[시행 2020. 5. 19.] [법률 제17281호, 2020. 5. 19., 일부개정]
여성가족부(다문화가족과), 02-2100-6372

3 다문화가족지원법 적용대상 가족(제2조 제1호)

　다문화가족지원법의 지원 대상이 되는 가족은 (1)대한민국 국적자(출생, 귀화 또는 인지로 국적취득한 자)와 외국국적 결혼이민자, 또는 (2)대한민국 국적자(출생, 귀화 또는 인지로 국적취득한 자)와 대한민국 국적자(귀화 또는 인지로 국적취득한 자)로 이루어진 가족을 의미한다. 그러므로, 다문화가족지원법의 지원 대상이 되는 '다문화가족'은 **가족 구성원으로 최소 1인 이상의 대한민국 국적자가 포함된 총 2인 이상의 가족**이 되어야 함을 알 수 있다.

〈다문화가족지원법상 다문화가족의 유형〉[130]

① **대한민국 국적자(출생) + 외국국적 결혼이민자**
② 대한민국 국적자(귀화) + 외국국적 결혼이민자
③ 대한민국 국적자(인지) + 외국국적 결혼이민자
④ **대한민국 국적자(출생) + 대한민국 국적자(귀화)**
⑤ 대한민국 국적자(출생) + 대한민국 국적자(인지)
⑥ **대한민국 국적자(귀화) + 대한민국 국적자(귀화)**
⑦ 대한민국 국적자(귀화) + 대한민국 국적자(인지)
⑧ 대한민국 국적자(인지) + 대한민국 국적자(귀화) : 7번과 같은 유형
⑨ 대한민국 국적자(인지) + 대한민국 국적자(인지)
⑩ **다문화가족이 이혼 등의 사유로 해체된 경우**에도 그 구성원이었던 자녀에 대하여는 다문화가족지원법을 적용함(제14조의2)

---

130) ①번 유형이 37%, ④번 유형이 25%, ⑥번 유형이 15%, ⑩번 유형이 10%의 순이다. [여성가족부, 2018, 제3차 다문화정책 기본계획(2018~2022), 5면].

4 다문화가족정책의 수립 및 추진체계

(1) 다문화가족정책위원회(제3조의4)

목차	내용
1. 개요	다문화가족의 삶의 질 향상과 사회통합에 관한 주요 사항을 심의·조정하기 위하여 국무총리 소속으로 다문화가족정책위원회를 설치함
2. 역할	① 다문화가족정책 <u>기본계획</u>의 수립 및 추진에 관한 사항 ② 다문화가족정책의 <u>시행계획</u> 수립, 추진실적 및 평가결과에 관한 사항 ③ 다문화가족과 관련된 각종 조사, 연구 및 정책의 분석·평가에 관한 사항 ④ 각종 다문화가족 지원 관련 사업의 조정 및 협력에 관한 사항 ⑤ 다문화 가족정책과 관련된 국가 간 협력에 관한 사항 ⑥ 그 밖에 다문화가족의 사회통합에 관한 중요 사항으로 위원장이 필요하다고 인정하는 사항에 대한 심의·조정
3. 구성	• 위원장(국무총리), 여가부장관·법무부장관·노동부장관·기재부장관 등 중앙행정기관장과 민간위원 등 총 20인 이내로 구성됨 • 간사는 <u>여성가족부 청소년가족정책실장</u>이 맡고 있음

〈여성가족부 다문화가족과 업무〉

조직도

중앙부처 및 지방자치단체의 다문화가족 지원정책 총괄
다문화가족정책위원회 실무위원회의 운영
다문화가족 관련 조사·연구 및 법령의 관리·운영
다문화가족지원센터의 운영 지원
다문화가족의 자녀 양육 지원에 관한 사항
결혼이민자의 경제·사회적 자립 지원
다문화가족 정책의 홍보
다문화 이해 교육에 관한 사항
다문화가족 종합정보 전화센터의 운영 지원
국제결혼 건전화와 결혼이민자 인권보호 관련 대책의 수립·시행
결혼중개업 관리에 관한 법령의 관리·운영
결혼중개업 등록·신고의 관리 및 피해 예방
국제결혼 예정자의 사전 준비 지원에 관한 사항

[출처] 여성가족부 홈페이지(www.mogef.go.kr)

(2) 다문화가족정책 기본계획(제3조의2)

　기본계획 수립의 주무부처는 여성가족부로, <u>여성가족부장관</u>은 중앙행정기관의 장과 협의하여 5년마다 ①다문화가족 지원 정책의 기본 방향, ②다문화가족 지원을 위한 분야별 발전시책과 평가에 관한 사항, ③다문화가족 지원을 위한 제도 개선에 관한 사항, ④다문화가족 구성원의 경제·사회·문화 등 각 분야에서 활동 증진에 관한 사항, ⑤다문화가족 지원을 위한 재원 확보 및 배분에 관한 사항, ⑥그 밖에 다문화가족 지원을 위하여 필요한 사항이 포함된 다문화가족정책에 관한 기본계획을 <u>수립</u>하여야 하고, 수립된 기본계획을 다문화가족정책위원회 심의를 거쳐 <u>확정</u>하여야 한다.

(3) 다문화가족정책 연도별 시행계획(제3조의3)

　여성가족부장관, <u>관계 중앙행정기관의 장</u>과 <u>시·도지사</u>는 매년 기본계획에 따라 다문화가족정책에 관한 시행계획을 수립·시행하여야 하며, 관계 중앙행정기관의 장과 시·도지사는 전년도의 시행계획에 따른 추진실적 및 다음 연도의 시행계획을 매년 여성가족부장관에게 제출하여야 한다.

다문화가족에 대한 지원

다문화가족지원법은 제5조에서 제12조까지 다문화가족지원에 관한 세부사항을 정하고 있다.[131] 이러한 지원 시책을 수립·시행할 주체는 주로 '국가 및 지방자치단체'이며(제3조), 그 지원의 시행에 대하여 "국가 및 지방자치단체는 ~ 필요한 조치를 하여야 한다." 등의 필수적 지원과 "국가와 지방자치단체는 ~ 할 수 있다."라는 임의적 지원을 아래와 같이 규정하고 있다.

⟨다문화가족에 대한 필수적·임의적 지원⟩

지원 주체	필수적 지원	임의적 지원
국가와 지자체	• 다문화 이해교육 실시(제5조 제1항) • 평등한 가족관계의 유지를 위한 조치(제7조) • 교육 등에 있어서 다문화가족 아동·청소년 비차별(제10조 제1항)	• 생활정보 및 교육지원(제6조) • 가정폭력 피해자에 대한 보호·지원(제8조) • 의료 및 건강관리를 위한 지원(제9조) • 학습지원(제10조 제3항) • 다국어 서비스(제11조) • **다문화가족지원센터**의 설치·운영(제12조)
여성가족부장관	• 3년마다 **다문화가족실태조사** 실시(제4조)	• 다문화가족 종합정보 전화센터설치·운영(제11조의2)[132]
교육부장관과 교육감	• 다문화가족 이해 교육 실시(제5조 제5항) • 교원에 대한 다문화 이해교육 연수 실시(제5조 제6항)	–
교육감	–	• 다문화가족 아동청소년에 대한 방과 후 프로그램 지원(제10조 제2항)

---

131) 다문화가족지원법 제5조에서 제12조까지의 지원 규정은 대한민국 국민과 사실혼 관계에서 출생한 자녀를 양육하고 있는 다문화가족 구성원에 대하여 준용되며, 다문화가족이 이혼 등의 사유로 해체된 경우에도 그 구성원이었던 자녀에 대하여는 동법을 적용한다(제14조와 제14조의 2).

132) 2023년 7월 현재 '다누리 콜센터'(1577-1366)를 운영하고 있다.

제13강

난민법

1 난민법 제정 배경

대한민국은 난민협약(1951 Convention relating to the Status of Refugees) 및 난민의 정서(1967 Protocol relating to the Status of Refugees)에 1992년 가입하고 1993년에 출입국관리법에 난민 규정을 신설한 바 있다. 이와 같이 출입국관리법에서 난민인정절차 등을 규율하고 있었으나, ①다른 선진국에 비해 난민 수용인원 및 인정비율의 저조함,[133][134] ②난민인정절차의 공정성에 대한 문제제기, ③난민신청자 및 인정자 처우의 부적절 등의 문제점에 대한 비판이 있어 왔다. 이러한 문제점을 시정하고 난민인정절차 및 난민 등의 처우에 관하여 구체적으로 규정함으로써 난민협약 등 국제법과 국내법의 조화를 꾀하고, 난민의 인권을 보장하기 위하여 난민법은 2012년 2월에 제정되고 2013년 7월부터 시행되었다.

난민법은 국제인권법의 이행법률인 동시에 국가주권에 근거한 영토고권상 출입국관리의 예외를 규정한 법률이라는 점에서 매우 중요한 법률이라고 할 수 있다.[135]

난민법 제1조는 동법의 목적으로 "이 법은 「난민의 지위에 관한 1951년 협약」 및 「난민의 지위에 관한 1967년 의정서」등에 따라 난민의 **지위**와 **처우** 등에 관한 사항을 정함을 목적으로 한다."고 규정하고 있다.

---

133) 난민신청 접수를 개시한 1994년 7월부터 우리나라가 유엔난민기구(UNHCR) 집행이사회 이사국으로 선출된 2000년까지는 난민으로 인정된 사람이 한 명도 없었으나, 2001년도에 에티오피아 난민신청자가 최초로 난민인정을 받았으며, 2010년 3월에는 최초의 귀화자도 나타났다.(이철우 이희정 외, 『이민법』, 박영사, 2019, 343면).

134) '난민인정율'은 난민인정신청을 한 사람들 중에 난민인정을 받은 사람의 비율을 의미하나, '난민보호율'은 난민인정신청을 한 사람들 중에 난민인정을 받은 사람과 인도적체류자격을 받은 사람의 수를 합계한 비율을 의미한다. (법무부, 2022년 출입국·외국인정책 통계연보, 99면)

135) 최유 등, 『난민법에 대한 사후적 입법평가』, 한국법제연구원, 2017, 54면.

를 음성 기록기에 내려받아 휴대하고 다니면서 출퇴근길이나 통학 길에도 독서할 수 있다. 이는 전국에 있는 자원봉사자들의 노력 덕분이다. 그렇지만 이렇게 되면 점자를 읽을 수 있는 사람이라도 점차 점자를 사용하지 않게 될 것이다.

그러나 심각한 것은 시각장애인들이 젊은 세대 못지않게 이러한 영향을 크게 받고 있다는 데 있다. 이미 젊은 세대에 만연한 '활자와 멀어지는 현상'이, 눈이 보이지 않는 사람들에게도 '점자와 멀어지는 현상'으로 나타나고 있다. 또한 컴퓨터나 스마트폰 등을 사용하여 눈이 보이는 사람과 똑같이 정보를 수집하며 터치패드까지 사용하는 시각장애인도 증가하고 있다.

'점자=촉각'이라는 인식의 오해

또 다른 등식인 '점자=촉각'도 신빙성이 없기는 마찬가지다. 예를 들어 점자를 읽을 수 있는 사람에게 수건 두 장을 주고 각각 질감의 차이를 느낄 수 있는지 물어보면, 분명 느낄 수 있다고 대답하지는 못할 것이다. 즉 점자를 이해하는 능력과 수건을 만져서 분간하는 능력은 전혀 별개의 것이다. 자세한 내용은 나중에도 설명하겠지만 점자를 이해하는 능력은 촉각보다는 읽는 능력이라고 할 수 있다. 즉 이것은 눈이 보이는 사람의 경우 눈이 하고 있는 일에 가깝다.

이러한 사실을 모르고 '눈이 보이지 않는 사람=점자=촉각'이라는 등식으로 상황을 이해하려고 하면, '눈이 보이지 않는 사람에게는 전부 만질 수 있는 것으로 정보를 주는 것이 좋다'는 융통성 없는 생각을 하기 쉽다. 예를 들어 눈이 보이지 않는 사람에게 도형이나 그림의 정보를 전달하기 위해 그것을 입체 복사하여 준다고 해보자. 입체 복사란 선 부분을 부풀어 오르게 가공하는 인쇄 기술로, 엠보싱이라고도 한다. 입체화된 도형을 '만져서 관찰'할 수 있지만, 그림이 복잡하다면 선이 뒤섞여 이해하기가 결코 쉽지 않다. 손으로 만져서는 헷갈리고 제대로 이해하기 어렵겠지만, 그것을 솔직하게 말하지 못하는 사람도 있을 것이다. 일부러 입체 복사까지 해서 줬는데 미안하기 때문이다. 그렇게 되면 의사소통이 제대로 이루어지지 않는다. 자세한 내용은 4장에서 소개할 텐데, 이럴 때는 도형의 '정보' 자체가 아니라 그것의 '의미'를 전달하는 방법도 있을 것이다.

촉각을 쾌감으로 연결짓는 실수

눈이 보이지 않는 사람에게 만지는 행위 자체가 즐거운 것이라고 할 수 없다. 이러한 오해는 눈이 보이는 사람들이 촉각을 쾌감으로 연결지어 생각하는 데서 비롯된 것이다.

만지거나 쓰다듬는 것은 분명히 친밀감이나 에로틱한 감정을 불러일으킬 수 있다. 그러나 눈이 보이지 않는 사람이 '만져서 관찰하는' 행위는 쓰다듬는 것과는 다르다. 사물을 만지는 것과 입체화된 정보를 만지는 것이 다르기 때문이다. 만지는 행위 자체가 꼭 즐거운 것이 아님은 눈이 보이는 사람에게 보는 행위가 반드시 즐거운 것이 아닌 것과 같은 이치다.

더욱이 눈이 보이지 않는 사람 중에는 공공장소에서 만지는 행위가 부정적으로 보일까봐 걱정하는 사람도 있다. 가게에서 아이들이 물건을 마구 만져대면 주의를 받기 십상이다. 이에 대해 이미 알기 때문에 대상을 만지지 않고 파악하려는 시각장애인도 있는 것이다. 그럼에도 '눈이 보이지 않기 때문에 만지게 해서 알려주는 것이 좋다'는 생각으로 시각장애인을 대한다면, 선의의 의도가 오히려 왜곡될 수도 있다.

감각의 서열

공공장소에서 만지는 행위가 부정적으로 받아들여지게 된 원인으로 '감각에 서열이 있다'고 여기는 구시대적인 사고방식을 꼽을 수 있다. 즉 인간의 오감은 각각 대등한 관계가 아니라 우열이 있다는 것이다. 지금도 뿌리 깊게 남아 있는 이 사고방식에 대해 더 자세히 알아보도록 하자.

예부터 사람의 오감 중에서 가장 '우월한' 감각은 시각이다. 시대에 따라 다소 변동이 있을지라도 시각은 기본적으로 '감각의 왕'으로 군림해왔다. 이는 우리가 눈으로 보고 얻는 정보가 가장 많다는 것이 아니라 시각의 기능이 좀더 '정신적'이라는 의미다. 여하튼 눈으로 봐야 알 수 있다는 인식은 동서양을 불문하고 보편적으로 퍼져 있다. 이를테면 'Seeing is believing'이나 '백문百聞이 불여일견不如一見'이라는 속담에도 잘 나타나 있다.

시각 다음으로 우월한 것은 청각이다. 청각도 정신적인 활동과 연결하여 생각할 수 있다. '신의 계시'와 같은, 일상적인 영역을 뛰어넘어 초월적인 경험을 할 수도 있다는 점이 청각의 흥미로운 면이다. 그런 점에서 눈이 이성이라고 한다면 귀는 영혼이라고 할 수 있다. 최근에는 보컬로이드Vocaloid(야마하 사에서 만든 음악 제작을 위한 음성 합성 엔진―옮긴이)와 같은 인위적인 목소리를 접할 기회가 늘고 있다. 2차원의 캐릭터를 보고 살아 있는 사람으로 착각하는 경우는 없겠지만, 인공적인 목소리에서는 '영혼'을 느낄 수도 있다. 이는 청각만의 특징이라 하겠다.

시각과 청각에 이어 후각, 미각, 촉각이 그 뒤를 따른다. 한편 대상의 접촉 여부에 따라 '시각/청각'과 '후각/미각/촉각'으로 나눌 수 있다. 시각이나 청각의 경우 지각하고 있는 대상과 접촉하지 않는다. 책을 보거나 피아노 소리를 들을 때 눈 또는 귀는 대상과 접촉하지 않는다. 감각기관과 대상이 거리를 두고 떨어져 있기 때문이다.

이와 반대로 후각이나 미각, 촉각은 대상과 물리적 접촉을 통해 이루어진다. 후각은 다소 미묘하지만, 대상에서 발생하는 입자가 화학적으로 반응하고 있으므로 넓은 의미에서 접촉으로 볼 수 있다. 미각은 혀가 음식물과 직접 닿아야 느낄 수 있고, 촉각은 실제로 대상을 접촉해야 생긴다.

따라서 구시대적인 사고방식에 따라 서열의 최고 자리에 시각이, 맨 마지막에 촉각이 있다. 촉각을 중요시하는 학자도 있었지만, 그런 경우에도 촉각은 '시각을 부정하는 감각기관'으로밖에 인식되지 않았다.

교육이란 촉각의 세계에서
시각의 세계로 이끄는 것

이러한 생각은 오늘날에도 굳게 신봉되고 있는데, 교육의 한 장면을 생각해봐도 확실히 알 수 있다.

나 자신도 어렸을 때, 가드레일의 하얀 가루나 지하철의 창문, 책상 밑의 먼지, 모자에 달린 고무줄 등을 손으로 만지거나 입에 갖다 대면 "애야, 만지면 안 돼!" "입에 대면 더러워!"라고 엄마에게 혼난 적이 많다. 엄마는 위생상의 문제를 걱정하여 주의를 준 것뿐이지만, 사실 만지지 못하게 하려는 것이다.

아이들이 가장 만지고 싶어하고 빨고 싶어하는 대상은 바로 엄마다. 엄마가 돼본 사람은 실감할 텐데 아이들은 엄마의 몸에 매우 집착한다. 살펴보면 2~3세까지는 집착이라기보다는 엄마의 몸을 아예 자신과 하나로 여긴다. 엄마와 자신의 경계선이 없는 것이다.

이와 관련된 하나의 일화가 있다. 아들이 두 살 때 잼이 들어 있는 병의 뚜껑이 열리지 않자 열어달라며 가져온 적이 있다. 그래서 열어주려고 병뚜껑을 돌리자, 아들도 '끄응' 하고 힘을 주고 있었다. 물론 머리로는 병뚜껑을 열고 있는 사람이 엄마라는 것을 알지만 몸으로는 자신이 병뚜껑을 열고 있는 느낌이 들었기 때문일 것이다. 아이는 자기가 초능력이라도 부릴 수 있다고 믿었던 것일까? '텔레파시'라고밖에 표현할 수 없는 것을 내게 보내고 있었던 것 같다.(텔레파시에 대해서는 3장에서 다루도록 하겠다.)

성인이 된다는 것은 바로 눈으로 대상과 자신을 분석하고 경계선을 확실히 만드는 것을 뜻한다. 또한 아이들은 교육을 통해 저차원의 감각에서 고차원의 감각으로, 즉 촉각의 세계에서 시각의 세계로 나아간다.

점자는 '만지는 것'이 아니라 '읽는 것'

감각에 가치 서열을 매기는 것은 본질적으로 잘못된 개념이라고 생각한다. 인간의 다양한 감각을 5개로 분류하고, 눈은 보는 기능을 하는 기관이라는 고정관념을 심어주는 것 자체가 잘못되었다.

그 이유가 뭘까? 다시 '점자=촉각'이라는 등식으로 돌아가보자. 이 등식이야말로 '눈이 보이지 않는 사람은 감각이 뛰어나다' '눈이 보이지 않는 사람에게는 뭐든지 만지게 해서 알려주는 것이 좋다'는 오해의 주범이다. 그것도 불가능할 것이다.

물론 '서로 이해하지 못한다는 것'은 중요한 문제이지만 일단은 나중으로 미뤄두자. 우선은 눈이 보이지 않는 사람으로 변신하는 상상을 해보고자 한다. 4개의 다리가 아닌 3개의 다리로 설 수 있는 균형감을 느껴보는 것. 그러기 위해서는 먼저 기관과 능력을 연결지어 생각하는 고정관념을 버려야 한다. 기관과 능력에 집착하면 눈이 보이지 않는 사람과 보이는 사람의 차이밖에 없는 듯하지만, 그 사고방식에서 벗어난다면 눈이 보이는 사람과 보이지 않는 사람의 비슷한 점을 발견할 수 있을 것이다.

재활과 진화의 유사성

재활과 진화의 유사성이 중요한 것은, 눈이 보이지 않는 사람에 대해 알 수 있기 때문이 아니라 의사소통의 통로가 생길 수 있어서다. 점자를 촉각능력이라고 잘못 생각해버리면 점자를 모르는 사람 입장에서는 전혀 미지의 능력이 되어버린다. 이를 앞에서 말한 '특별하게 바라보는 시선'의 원인으로 꼽을 수 있다.

그러나 점자를 이해하는 과정이 사실 문자를 읽는

것과 비슷하다는 사실을 알고 있으면, 그 유사성으로 말미암아 눈이 보이지 않는 사람으로 변신하는 상상을 할 수 있다. 나아가 그것을 시작으로 서로의 경험을 비교하는 것도 가능해질 터이다. 신체의 차이점을 알기 위해서라도 우선은 그 토대가 되는 유사성을 만드는 것이 필요하다.

중도 실명한 사람에게 기관과 능력의 연결관계를 푸는 일은 현실적인 문제다. 난바 씨는 실명한 직후 순수하게 촉각적으로만 기능하던 감각이 점점 시각적 감각으로 변하게 된 경험에 대해 들려주었다. "처음에는 맹인견을 만져도 털 뭉치로밖에 느껴지지 않았어요. 만져봤자 잘 알 수가 없었죠." 하지만 차츰 촉각적 감각이 시각적 감각에 가까워졌다고 한다. "사람의 신체를 만졌을 때 어깨의 위치를 알게 되면 그에 연결되는 손이나 머리가 '보이게' 돼요."

시각은 한순간에 전체를 파악할 수 있는 특징이 있는 데 반해 촉각은 직접 접촉해야만 파악할 수 있는 감각이라고 흔히 알려져 있다. 그러나 여기서는 이 상식이 통하지 않는다.

중도 실명한 난바 씨는 보는 것이 어떤 능력인지 알고 있다. 사람의 어깨를 만져서 손이나 머리가 '보이는' 현상은 다분히 이를 보완해준 예전의 지식 덕분이었을 것이다. 중도 실명한 사람이라면 촉각에 대해서 시각적인 이미지를 보완할 수 있으므로 시각과 촉각의 경계가 더욱 모호해진다.

다시 말해 사고나 병으로 한 기관의 능력을 잃는 것은 그 사람의 신체에 '진화'와 비슷한 신체적 변화를 일으킨다. 재활과 진화는 비슷하다. 생물을 예로 들면, 새는 걷는 데 사용했던 앞다리를 날기 위한 목적으로 변형시켰다. 이와 똑같이 사고나 병으로 특정 기관을 잃은 사람은 남아 있는 기관을 각기 다르게 변형시켜 새로운 신체로 살아가는 방법을 찾는다. 전자는 수천만 년에서 수억 년이 걸렸을 테고, 후자는 수개월이나 수년이 걸릴지 모른다. 서로 걸리는 시간은 달라도 어느 한 기관에서 생각지 못한 새로운 능력을 발견해낸다는 공통점이 있다. 이러한 열린 사고방식이 장애를 안고 살아가는 사람을 대할 때 도움이 될 수 있다.

이번 장에서는 보이지 않는 사람이 감각을 사용하는 법에 관해 중점적으로 알아보았다. 점자를 이해하는 것은 촉각이 아니라 눈의 기능인 '읽다'에 가까운 것임을 깨닫고, 기관과 능력을 분리하여 생각해야 함을 배웠다.

우리는 어느 한 기관이 하는 일에 대해 고정관념을 갖곤 한다. 보는 것은 눈, 듣는 것은 귀라고 아예 정해버리는 것이다. 그러나 진화에서는 어느 한 기관에서 예상하지 못한 새로운 기능을 발견하기도 한다. 진화에 뒤따르는 외형 변화는 기관의 고정된 이미지를 깨고 그 저력을 보여주는 결과물이라 할 수 있다. 즉 기관이란 또는 기관의 집합인 신체란 미처 발견하지 못한 다양한 기능을 숨기고 있는 무한 가능성의 조직이라고도 할 수 있다.

진화 과정을 관찰할 수는 없어도 진화의 개념을 통해, 자신의 신체를 진화 가능성이 무한히 잠재돼 있는 조직으로 바라볼 수 있을 것이다. 나아가 이것이야말로 자신의 신체를 벗어나 눈이 보이지 않는 사람의 신체로 '변신'하는 일과 다름없는 것이다. 그리고 나아가 '특별하게 바라보는 시선'을 벗어난 관계를 형성하는 것이다.

3장

운동

눈이 보이지 않는 사람의
신체 사용법

이번 장에서는 눈이 보이지 않는 사람의 '신체 사용법'에 관해 중점적으로 알아보겠다. 2장에서는 정보를 감지하는 '감각'에 대한 것을 다루었고, 이번에는 손이나 발의 움직임과 같은 '전신의 기능적인 움직임'에 주목하고자 한다.

'감각'과 '운동'은 반대 개념이 아니라 밀접한 관련을 맺고 있다. 예를 들어 '걷는' 운동은 발밑의 '촉각'을 느끼며 걸어야 하고, 어떤 때는 길 건너의 모습을 보려는 시각적 요구에 이끌려 '걷게' 되기도 한다. 따라서 이 둘의 관계를 염두에 두고 이야기를 풀어나가고자 한다.

눈이 보이지 않으면 다른 감각의 사용법에 변화가 생기는 것처럼 신체 사용법에도 변화하게 된다. '걷는 동작'에도 눈이 보이지 않는 사람은 보이는 사람과 큰 차이가 있다. 눈이 보이지 않는 사람 나름의 신체 사용법이 있는 것이다.

운동이라고 하면 우선 스포츠를 떠올리게 되는데, 이 장에서도 축구와 같은 스포츠를 다루게 될 것이다. 그뿐만 아니라 넓은 의미의 스포츠인 무술, 그리고 스포츠의 기본이 되는 일상생활에서의 신체 사용법도 알아보겠다.

◉ 앞 선수의 중심에 올라탄다.

게중심을 싣고 둘의 몸을 하나로 만든다. 요시하라 씨가 파일럿 역할을 하는 것은 아니지만, 무게중심을 이동시켜 두 개의 대상, 즉 자전거와 앞사람에 능숙하게 탈 수 있는 몸놀림이 필요하다.

'(탈것 등을) 타다'와 함께 '(박자 등을) 타다'

지금까지 살펴본 바와 같이 '타다'는 것은 무척 흥미로운 행위임을 알 수 있다. 지하철을 타다, 파도를 타다, 탠덤 자전거를 타다 등과 같이 여기에서 '타다'는 모두 상호적인 행위다.

육상 경기처럼 주변의 영향을 배제한 가운데 최상의

기록을 내야 하는 스포츠와 달리, '타는' 행위는 지하철·파도·파일럿과 같은 상대의 움직임에 기초하여 자신의 움직임을 정해야 한다. 촉각적으로 느끼는 '감각'과 중심을 이동시키는 '운동'이 표리일체表裏一體가 되는 행위다. 여기서는 매 순간 변화하는 상황을 인식하고 발밑의 갑작스러운 흔들림과 같은 예상치 못한 일에서도 다음 행동에 반영시킬 수 있는 융통성이 요구된다.

우리는 돌발 상황을 주로 부정적으로 받아들이지만 잘 '타는 사람'은 이를 잘 활용할 줄 안다. '(탈것 등을) 타다'는 '(박자 등을) 타다'와 비슷한 점이 있다. 즉 '박자를 타다' '리듬을 타다'와 같이 기분 좋게 몸을 맡기는 상태를 일컫는다.

미국의 안무가인 트리샤 브라운은 '(박자 등을) 타다'에 대해 다음과 같이 정의했다. "(박자 등을) 타는 것이란 몸동작의 부산물에 자연스러운 움직임을 취하게 하는 것이다." 즉 생각지 않게 우연히 생겨난 움직임을 '노이즈'로 인식하지 않고 다음 동작에 반영시키는 것을 말한다. 흥미로운 점은, 브라운은 '(박자 등을) 타는 것'을 잘해내기 위해서 시각을 최대한 배제하고 드로잉을 한다는 것이다.

지하철의 급작스러운 흔들림에도 대응할 수 있었던 그 남자는 지하철의 흔들림을 기분 좋게 탈 줄 알았던 것이다. 난바 씨도 평상시에 지하철의 진동이나 흔들림을 즐긴다고 한다. 그렇다고 해서 눈이 보이지 않는 사람이 항상 들떠 있는 상태라는 말은 아니다. 오히려 평상시에는 매우 조심성이 있다.

여하튼 눈이 보이지 않는 사람은 즐겁게 몸을 맡기며 상대를 탈 줄 알기 때문에 상황을 상호적으로 변통할 수 있는 능력이 뛰어난 것인지도 모른다. 자기 생각만 고집하는 것이 아니라 상대를 잘 탈 줄 아는 능력, 이 능력은 눈이 보이지 않는 사람의 운동신경에 배어 있을지도 모른다.

"자립이란 의존성을 키우는 일이다"

뇌성마비 장애를 가진 소아과 의사 구마가야 신이치로 씨는 장애인의 자립에 대해 매우 흥미로운 정의를 내렸다. "자립이란, 의존성을 키우는 일이다." 일반적으로 자립이라고 하면 남에게 의지하지 않고 스스로 서는 것을 의미하겠지만, 구마가야 씨는 반대 의견을 내놓았다. 주변 사람으로부터 독립하지 않고 다양한 의존 가능성을 잘 활용하는 것이야말로 장애인의 자립이라고 했다.

눈이 보이지 않는 사람이 잘 '타는' 이유는 어쩌면 이러한 장애인만의 생활 방식과 관계가 있을지도 모른다.

구마가야 씨의 말처럼 심신이 건강한 사람이라도 사실 다양한 것에 의존하면서 살아간다. 우리가 매일 밥을 먹을 수 있는 것도 식품을 만드는 사람이나 그것을 배달하는 사람이 있어서 가능한 일이고, 길을 걸어갈 수 있는 것도 도로를 정비한 사람이 있어서 가능한 일이다. 이처럼 우리는 수없이 많은 사람들에게 의존하면서 살아간다. 심신이 건강한 사람이 자립적이라고 생각할 수도 있으나 사실은 자립적이라고 착각하는 것뿐이다. 그렇게 보면 주변의 도움을 잘 활용하면서 살아가는 장애인이야말로 오히려 진정으로 자립적인 사람이라고 말할 수 있겠다.

어떠한 도움을 받는지, 도움을 주는 사람의 신체와 어떠한 접촉이 이루어지는지에 따라 도움을 받는 사람의 신체 사용법은 크게 달라진다. 이 책에서는 시각장애만 다루었으나, 청각장애나 사지절단장애 등 장애의 종류나 그 정도에 따라 돕고 도움받는 방법은 각각 다르다. 도움을 주는 측의 신체와 받는 측의 신체가 닿는 부분에 '기氣'와 같은 교감이 오고 간다.

이러한 것은 틀림없이 그 사람의 신체관을 형성한다.

'장애인의 신체론'에 대해서는 아직 알려진 바가 없지만, 향후 그와 관련된 연구가 진행된다면 여기에 힌트가 있지 않을까 생각한다.

장애에 따라 도움을 주는 다양한 방법이 있는데, 시각장애의 경우는 어떨까? 가장 전형적인 방식은 밖에서 걸을 때의 모습을 보면 알 수 있다. 지팡이를 사용하기도 하지만, 동행이 있으면 동행자는 팔을 구부려 눈이 보이지 않는 사람이 그 팔꿈치를 잡고 따라갈 수 있도록 도와준다. 팔꿈치와 팔꿈치를 잡은 손 사이에는 모퉁이를 도는 타이밍이나 장애물 혹은 걷는 속도 등에 대해 촉각적인 대화가 오고 간다.

이러한 도움을 주고받는 방식은 다른 장애의 경우에 비하면 꽤 특수하다고 할 수 있다. 사지절단장애와 같이 체중을 맡기는 것도 아니고 청각장애와 같이 신체 접촉이 아예 없는 것도 아니다. 시각장애는 신체끼리 가볍게 접촉하는 촉각적인 관계를 가질 기회가 많다. 눈이 보이는 사람과의 신체적 접촉에 의존하는 경우가 많으므로 눈이 보이지 않는 사람은 다른 사람이나 사물의 움직임과 교감하며 그들을 '능숙하게 타는 능력'에 뛰어난 것이 아닌가 싶다.

물론 모든 시각장애인이 항상 잘 '타는' 것은 아니다.

그것은 생각보다 훨씬 더 어려운 일이기 때문이다. 그래서 뛰어난 의존 기술, 즉 자립 기술을 매일 연구하는 사람도 있다. 눈이 보이는 사람과 보이지 않는 사람의 신체의 근본적인 차이는 이러한 연구를 바탕으로 얻어진 '타는 기술'에 있는지도 모른다.

슬쩍 빠져나오기: 합기도가 다루는 기의 흐름

일단 상대를 능숙하게 탔다고 해서 단순히 상대의 움직임만 따르고 있어서는 안 된다. 그러면 지하철이 갑자기 급정거할 때 넘어지고 만다. 관계가 상호적이려면 융통성 있게 따르기도 하면서 주도권을 놓치지 않는 것이 중요하다. 일단 상대의 움직임에 탄 다음, 어느 순간 확 벗어나는 방법도 있을 수 있다. 맞추고 있는 것만이 상호적인 것은 아니기 때문이다. 이른바 '슬쩍 빠져나오기'라고 할 수 있다.

이는 합기도에 비유해볼 수 있다. 스포츠와는 좀 다른 분야인 무술이지만, 눈이 보이지 않는 사람들 사이에서도 인기가 많다.

히로세 고지로 씨는 도쿄대 시절부터 거합도·태극권

·태권도와 같은 다양한 무술을 배워왔다. 일본역사학과에 진학한 것도 어렸을 때부터 칼싸움을 좋아했기 때문이다. 그중에서도 가장 오래 해온 합기도는 시작한 지 무려 11년이나 됐다고 한다.

다양한 무술에는 '기氣'가 연관되어 있다. 기에 대해서는 나 자신도 직접 경험한 적이 없고, 사람들에게 물어봐도 사람마다 전부 대답이 다르다. 실제로 무술을 하는 사람조차도 그렇게 간단히 파악할 수 있는 것이 아니라고 한다. 히로세 씨도 거합도에 태극권까지 섭렵하고 있지만 잘 이해되지 않아 애를 먹었다고 했다.

하지만 합기도를 처음 시작했을 때 기와 연관되었음을 조금은 알 수 있었다고 한다. 어떻게 알게 되었을까? 합기도는 여느 무술과는 달리, 기본적으로 두 사람의 몸이 붙어서 겨루는 운동이다. 즉 촉각이 관련된다. 히로세 씨에 의하면 서로 접촉하는 곳, 만약 손이라면 손을 통해 상대가 움직이려는 방향을 읽어낸다. 그리고 "자, 이쪽으로 오라"고 상대가 가고자 하는 방향으로 유도하기도 한다. 그러고서는 유도한 힘을 순식간에 확 빼면 상대가 털썩 주저앉게 된다고 한다. 상대의 생각이 촉각을 통해 느낄 수 있는 '기'로 전달되는 것이다.

합기도의 기원은 오모토 종교 단체의 활동의 하나

4장

언어

타인의 눈으로
보다

눈이 보이지 않게 되면 다른 감각이나 신체 사용법만 달라지는 것이 아니다. 대화 방법도 달라진다. 이 장에서는 감각이나 신체적인 문제가 아니라 '언어를 사용한 의사소통'과 '보는 것'의 관계에 대해 알아보겠다.

촉각이나 청각으로도 볼 수 있는 것처럼, 상대와의 대화를 통해서도 볼 수 있다. 예를 들어 얼굴에 뭐가 묻은 것 같은데 거울을 갖고 있지 않다면, 주위 사람에게 "제 얼굴에 뭐가 묻어 있나요?" 하고 물어봐야 한다. 그것은 이른바 '타인의 눈으로 자신의 얼굴을 보는' 경험이다.

이처럼 타인의 눈으로 보는 것이 반드시 눈이 보이지 않는 사람에게만 해당되는 것은 아니다. 눈이 보이는 사람도 타인의 눈을 통해 보기도 하고, 상황에 따라서는 눈이 보이는 사람이 보이지 않는 사람의 눈으로 보기도 한다. 이번 장에서는 이 모든 상황을 포괄적으로 살펴보겠다. 즉 '눈이 보이지 않는 사람이 눈이 보이는 사람의 언어를 어떻게 활용할까'의 문제가 아니라 '눈이 보이지 않는 사람의 존재로 인해 그 장소에서의 대화 방식은 어떻게 달라질까'에 관한 것이다.

눈이 보이지 않는 사람의 미술 감상

구체적으로 미술 감상을 예로 들어 알아보자. 눈이 보이지 않는 사람이 미술을 감상한다고 하면 먼저 촉각을 사용한 감상을 떠올리게 된다. 작품의 실물이나 모형을 손으로 만져보면서 감상하는 방법이다.

그러나 눈이 보이는 사람이 촉각을 통해서만 미술을 감상하는 것은 아니다. 그렇다면 눈도 손도 사용하지 않고 도대체 어떻게 작품에 다가갈 수 있을까? 나도 처음에는 반신반의했지만, 2013년 미토예술관에서 개최된 한 워크숍에서 예상외의 광경에 깜짝 놀라지 않을 수 없었다. 물론 그 경험이 계기가 되어, 이렇게 눈이 보이지 않는 사람에 관한 책을 쓰게 되었으니 말이다.

그 워크숍은 미토예술관의 현대미술센터에서 일 년에 한두 번 정도 개최되는 '세션!'이라는 기획이었다. '시각장애인과의 감상 투어'라는 이름으로 미술관 내에 전시되고 있는 작품을 시각장애인과 관람하는 식으로 진행된다. 당시 내가 참가했던 워크숍은 영국의 아티스트 대런 아몬드의 대규모 개인전이었다.

정말로 눈이 보이지 않는데도 작품을 감상할 수 있을까? 아몬드의 작품이라고 하면 사진이나 영상과 같이 2차원의 미디어를 사용한 작품이 대부분이라, 이런 의문이 드는 게 아주 당연했다.

궁금증을 안고 약속 시간에 맞춰 미술관 로비로 갔다. 참가자는 총 서른 명 정도로 생각보다 많은 인원이 모였는데, 그중 일고여덟 명은 시각장애인 같았다. 뒤에서 하는 얘기를 들어보니 나처럼 도쿄에서 온 사람도 있고 요코하마에서 온 사람도 있는 듯했다.

미술관 직원이 본 행사의 취지와 진행 방식에 관해 설명해주었다. 그러고는 그룹을 나누기 시작했다. 대여섯 명이 한 그룹을 이루는데, 각 그룹에는 반드시 눈이 보이지 않는 사람이 한 명은 포함되어 있었다. 나는 그때 운 좋게 시라토리 겐지 씨와 같은 그룹이 되었다. 물론 그 당시에는 겐지 씨가 만져보지 않고 미술을 감상할 수 있는 방법의 창시자 중 한 명이라는 사실을 전혀 몰랐다.

간단한 자기소개와 장애 정도를 확인한 후 그룹마다 이동하여 지정된 작품을 순서대로 둘러보기 시작했다. 작품당 감상 시간은 20분 정도로, 보통의 미술 감상으로 치면 꽤 느긋하게 볼 수 있는 시간이다.

자, 어떻게 감상할까? 작품을 만지거나 볼 수 없기 때문에 눈이 보이는 사람의 말이 유일한 무기가 된다. 그룹원들이 다 같이 작품 앞에 모여서 작품에 관해 이야기를 나누며 감상한다.

"대략 3미터 정도 크기의 스크린이 있고, 세 부분으로 나뉘어 각각에 영상이 나타나네요."

"첫 번째는 비가 오고 있는 모습, 두 번째는 사람들이 물로 뛰어드는 모습."

"뛰어든 물은…… 별로 깨끗하지 않네요."

"아까 해라고 말했는데 달이네요."

"이건 뭐지? 한눈에 봐서는 잘 모르겠어요. 거칠거칠한 느낌……."

우선 눈이 보이는 사람은 자신이 본 것을 언어로 옮긴다. 영상의 경우 계속 화상이 움직이기 때문에 말로 옮기는 것은 여간 어려운 일이 아니다. 사람들의 말을 귀 기울여 듣고 있던 시라토리 씨가 질문을 던지기 시작했다.

"물로 뛰어드는 사람은 어른인가요? 아이들인가요?"

눈이 보이는 참가자가 대답했다.

"아이들이에요. 매우 즐거운 표정으로…… 그리고 아

마 인도 같아요."

이 감상 방법은 현재 '세션!'에서만이 아니라 전국적으로 사용되고 있다. 참고로 이 책에서는 이 감상 방법을 내 나름대로 '소셜 뷰잉Social Viewing'이라 칭하겠다. 대부분의 미술관에서는 소리를 내지 않고 조용히 감상하기 때문에 개인적이고 내향적인 감상이 되기 쉽다. 그러나 이 워크숍에서는 그룹 내의 사람들과 적극적으로 대화하면서 작품을 감상한다. 즉 사람들과의 관계를 통해 감상이 이루어지기 때문에 소셜 뷰잉이라고 칭한 것이다.

다만 여기서 당부하고 싶은 말은 소셜 뷰잉이 결코 '눈이 보이는 사람에 의한 해설'은 아니라는 점이다. 뒤에서 자세히 소개하겠지만, 소셜 뷰잉은 어디까지나 모두가 다 같이 본 '사회적인' 경험이라는 것이다. 작품이라는 하나의 주제를 두고 초면의 사람들과 대화하는 형태는 소셜 네트워킹 서비스SNS와도 비슷한 면이 있다.

◉ 소셜 뷰잉.

소셜 뷰잉의 놀라움을 제대로 알기

없는 게 현실이기 때문이다.(물론 눈이 보이는 사람도 주변 분위기에 따라 웃는 것이 현실이다.)

하지만 결과 위주의 사고방식은, 무언가 이뤄내기 위한 수단을 개발해내는 창조성을 키울 수 있다. 말하자면 소셜 뷰잉이란, 친구가 가르쳐준 감상의 목적에 도달하기 위해 시라토리 씨가 만들어낸 일종의 대체 수단이다. 일반적인 감상법과는 다른 수단, 즉 눈이 보이지 않는 사람도 접근할 수 있는 감상의 새로운 가능성이 열린 것이다.

우리는 '추리하면서 보는 방법'에 익숙하지 않다

이렇게 해서 눈이 보이는 사람의 말을 통해 미술을 감상할 수 있는 소셜 뷰잉에서, 눈이 보이지 않는 사람은 단지 말을 듣기만 하는 것이 아니라 작품에 대한 이미지를 그려가면서 듣는다. 단 말의 내용이 틀릴 수도 있기 때문에, 이를 염두에 두고 단편 조각들을 짜 맞춰 머릿속에서 작품을 만들어나간다.

그것은 마치 부분적인 단서를 모아 사건의 전모를 추리하는 탐정이 하는 일과 비슷하다. 단편 조각들이 맞춰지면 점점 전체 형상이 드러나면서 안 보였거나 잘 맞지 않았던 부분도 보인다. 이때 눈이 보이지 않는 사람이 질문을 던지기 시작한다. 그 질문은 놀라울 정도로 핵심을 찌른다.

이 작업은 간단해 보여도 눈이 보이는 사람에게는 꽤 어려운 일이다. 예전에 학생들을 대상으로 실험해본 적이 있는데, 작품을 가려놓고 소셜 뷰잉 워크숍에서 참가자들이 실제로 대화한 음성을 녹음하여 들려주었다.

학생들은 작품 형상이 어떠한지 전혀 감도 잡지 못했는데, 이는 사람들의 말을 연결하지 못하기 때문이다. 설령 연결한다고 해도, 전체로서 어떠한 형상이 되는지 연상하기란 쉽지 않다. 눈이 보이는 사람은 주로 시각적으로 전체적인 형상을 파악하기 때문에 '추리하면서 보는 방법'에 익숙하지 않다.

하지만 눈이 보이지 않는 사람은 항상 추리한다. 미술 감상뿐만 아니라, 평상시에도 조각들을 짜 맞춰 전체를 예측하는 습관이 몸에 배어 있다. 조각들은 단순히 조합만 하면 될 것 같지만 실제로는 어느 부분에서 더욱 자세한 설명이 보충되기도 하고 수정되기도 한다. 그러기 위해서는 새로운 정보에 맞춰 머릿속에서 그린 전체적인 이미지를 융통성 있게 바꿀 수 있어야 한다.

즉 눈이 보이지 않는 사람이 그려내는 머릿속 이미지

는 눈이 보이는 사람의 이미지보다도 '유연성'이 있다. 눈이 보이면 아무래도 눈으로 본 이미지에 집착하기 마련이지만, 눈이 보이지 않는 사람은 새로운 정보에 따라 자유자재로 이미지를 업데이트할 수 있다. 즉 이미지에 융통성이 있다.

"도자기 잔이라는 말을 듣는 순간 도자기 잔으로 변했다"

언젠가 난바 씨와 차를 마시고 있을 때였다. 그때 우리는 손잡이가 없는 도자기 잔으로 홍차를 마시고 있었다. 보통의 찻잔보다 조금 크고 손잡이가 없는, 색다른 디자인의 잔이었다.

난바 씨는 처음에 그 잔을 유리잔이라고 생각하고 있었다고 한다. 유리는 도자기와 질감이 비슷한 데다, 이러한 형태의 잔은 일반적으로 유리로 된 것이 많기 때문이다. 그러다가 우연히 그 잔에 관해 이야기를 하면서 난바 씨는 자기가 오해한 사실을 깨닫게 되었다.

"도자기 잔이라는 말을 듣는 순간 도자기 잔으로 변했어요!" 난바 씨의 머릿속에서 눈앞에 있는 잔이 마법처럼 순식간에 다른 잔으로 바뀌어버린 것이다.

👁 유리잔이 도자기 잔으로 바뀌었다.

　게다가 난바 씨는 중도 실명한 터라 머릿속의 이미지를 꽤 시각적으로 그려낸다. 그래서 투명과 불투명의 차이를 알기 때문에 '도자기 잔이 된 순간, 잔에 담긴 홍차도 보이지 않았다'고 한다. 누구든지 머릿속의 이미지를 현실이라고 생각하고 행동하기에, 이는 눈앞의 물건이 갑자기 다른 것으로 바뀌는 현상과 같은 크나큰 변화다.

　그러나 이런 경우 눈이 보이지 않는 사람은 새로운 정보에 따라 이미지를 수정하는 일에 아주 익숙하다. 심지어는 '틀렸어도 그때마다 갱신하면 된다'며 느긋하고 여유롭게 생각하는 사람도 있다. 이는 눈이 보이는 사람이 머릿속 이미지에 집착하는 모습과 매우 대조적이다.

　소셜 뷰잉은 눈이 보이지 않는 사람이 일상생활에서 정보를 추리하는 과정과 비슷하다. 부분적인 정보를 종합하여 서서히 머릿속에서 대상을 만들어나가는 것처럼, 소셜 뷰잉 또한 머릿속의 이미지를 수정하면서 작품을 만들어나가는 과정이다. 즉 감상이란 자신이 작품을 다시 만드는 것이라고 말할 수 있다.

감상이란 감상자가 작품을 다시 만드는 작업

어떤 의미에서, 작품을 감상하는 일은 감상하는 이가 작품을 다시 만드는 것과 같다. 물론 어떻게 보면 일반적이지 않은 의견이라 생각할지 모르지만 약간의 보충 설명을 통해 의미를 알 수 있을 것이다.

감상이란 작품을 음미하고 해석하는 일이지만, '감상에는 정답이 있다'는 흔한 오해가 이를 방해하기도 한다. 정답은 작가가 알고 있다든지 평론가가 가르쳐준다든지 하는 오해가 사람들 머릿속에 뿌리 깊게 박혀 있다. 물론 제멋대로 해석해도 된다는 말은 아니지만 그렇다고 해서 자신만의 관점으로 보는 것을 아예 막아서는 안 된다.

현대미술을 강의할 때도 먼저 학생들을 '무장해제' 시키는 것이 중요하다. 특히 현대미술에서는 감성뿐만 아니라 지성도 중요하기 때문에 감상자가 능동적으로 해석하는 자세가 절대적으로 필요하다. 수험생처럼 작품에 대한 정답을 받아 적으려는 자세는 버려야 한다.

그렇다면 어떻게 해야 할까? 우선은 아무 설명도 하지 않은 채 작품을 보여주는 방법이 있다. 빨간 바탕 위에 색이 번져 있는 것과 같은 직사각형 3개가 세로로 나란히 그려져 있는 그림을 예로 들어보자. 직사각형 3개의 색깔은 위에서부터 갈색, 진한 남색, 주황색 순이다. 그리고 조용히 그림을 감상하도록 둔다. 능동 학습이라는 이름의 침묵 수업인데, 그렇게라도 하지 않으면 학생들은 자기 생각을 말로 표현하지 않는다.

시간이 조금 흐른 뒤 학생들에게 느낌을 말하게 했다. "김 위에 구운 연어를 올린 도시락을 위에서 내려다본 그림 같아요." 이 그림은 미국의 추상화가 마크 로스코의 그림이기 때문에, 구운 연어를 그릴 확률은 거의 없을 것이다. 하지만 이 학생의 의견이 잘못되었다고 할 수는 없다.(참고로 신기하게도 매년 꼭 '연어 도시락' 같다는 이야기를 하는 이가 나온다.)

그 외에도 "이불이 깔려 있는 것 같다"거나 "우체통 안에 숨어서 밖을 보고 있는 것 같다"는 학생도 있었고 "화재로 철제문이 타고 있는 모양 같다"라는 특별한 상황에 대한 이야기도 나왔다. 심지어는 "색이 번지는 기법 때

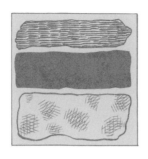

◉ 연어 도시락? 우체통 안? 마크 로스코의 그림.

문에 얼핏 보면 그림이 아니라 영상 같았다"고 말하는 학생도 있었다. 즉 자신이 느낀 그림의 의미를 언어로 표현하도록 하는 학습인데, 똑같은 그림을 두고 사람에 따라 전혀 다른 그림으로 본다는 사실에 놀라게 된다.

그렇다면 '감상이란 감상자가 작품을 다시 만드는 것'이라고 할 수 있겠다. 소셜 뷰잉의 워크숍이 끝나고 한 참가자가 소감을 말했다. "각자 머릿속에서 자신만의 작품을 만들어가는 것과 같네요." 작품을 보고 그것에 대한 의미를 찾고 해석해나가는 과정은 결국 자신만의 작품으로 다시 만들어나가는 것과 같다.

그 상황을 즐길 수 있답니다."

난바 씨는 눈이 보이지 않아서 생기는 불편한 상황을 긍정적인 해프닝으로 해석하고 있는 것이다. 부족한 '정보'에 그 나름의 '의미'를 부여하여 긍정적으로 상황을 반전시키는 셈이다.

회전 초밥은 러시안룰렛

난바 씨 말고 다른 시각장애인에게도 비슷한 의미의 '반전'에 대해 들어본 적이 있다. 예를 들어 '회전 초밥은 러시안룰렛'이라는 얘기다. 초밥은 냄새가 거의 나지 않기 때문에 눈이 보이지 않는 사람은 눈앞을 통과하는 초밥이 어떤 종류인지 확인할 길이 없다. 물론 식당 점원에게 부탁하여 먹고 싶은 초밥을 집을 수는 있을 것이다.

하지만 이러한 상황을 오히려 게임으로 즐긴다고 한다. 우선 접시를 집어서 먹어보고 무슨 초밥인지를 알아맞힌다. 무엇이 나올지 모른 채 버튼을 누르는 자동판매기나 복권 기계 같다. 이처럼 간단하게 '오늘의 운세'를 점쳐볼 수 있다.

또한 난바 씨는 도심의 복잡한 도로를 '귀신의 집'에

비유했다. 눈이 먼 뒤 재활 훈련을 끝낸 난바 씨는 시력을 완전히 잃기 전에 살던 집으로 다시 돌아와 살기 시작했다. 하지만 눈이 보이지 않게 된 난바 씨에게는 새로운 동네나 다름없었다. 아직 '초보' 시각장애인이었기에 옆에서 있는 자전거나 길가 턱에 부딪히기 일쑤였다. "후지큐하이랜드에는 한번 들어가면 몇 시간이나 나올 수 없다는 '전율의 미궁'이라는 귀신의 집이 있는데, 하루하루가 그곳에 있는 느낌이었죠.(웃음)"

우리의 표현 도구는 한정되어 있기 때문에……

처음에 이러한 유머를 접했을 때, 나는 정말 머리가 어질어질할 정도로 충격을 받았다. 그동안 생각했던 장애인의 이미지와는 크게 달랐기 때문이다. 물론 모든 장애인이 유머러스한 것은 아닐 테고, 유머가 넘치는 사람일지라도 늘 유쾌하지는 않을 것이다. 어쩌면 집에서 은둔생활 하기를 더 좋아할지도 모른다. 하지만 내 머릿속에 있던 장애인에 대한 이미지가 그들의 유머 덕분에 확 바뀌게 된 것은 사실이다.

그때까지만 해도 눈이 보이지 않는 사람과의 교류가

거의 없었기 때문에 무의식중에 내가 '갑'이라고 생각하고 있었던 것 같다. 하지만 정작 함께 있는 자리에서는 눈이 보이지 않는 사람이 분위기를 주도적으로 이끌어나갔고, 나는 그저 따라가기만 할 뿐이었다. 생각지 못한 관계의 반전이 나에게는 신선한 충격이었다.

이후 시각장애인들과 자주 접하게 됐고, 말을 참 잘하는 사람도 많고 말하기를 좋아하는 사람도 의외로 많다는 사실을 알게 되었다. 어떤 이는 "우리에게 표현 수단은 언어밖에 없어요. 그래서 말로써 상대의 마음을 잡으려고 노력하지요"라고 말한다. 정말로 그런 이유로 말을 잘하게 된 사람도 많을 것이다.

기노시타 미치노리 씨의 경우도 그렇다. 그는 초등학교 때 친구를 많이 사귀고 싶은 마음에 사람들을 웃기려고 라디오를 듣기 시작했다고 한다. 라디오에서 하는 이야기는 시각적인 영상 없이도 청취자를 매료시키기 때문이다.

"라디오 방송에서는 쇼핑 호스트가 반지가 얼마나 예쁜지, 게가 얼마나 맛있는지 설명해줘요. 그것을 듣다가 저들처럼 말을 잘한다면 다른 사람들과 재미있게 지낼 수 있을 거라는 생각이 들더군요."

사람들을 웃게 된다면 적어도 그 순간은 확실히

분위기를 주도하게 된다. 그 쾌감은 눈이 보이지 않는 사람에게만 해당하는 것이 아니라 누구라도 이를 통해 자신감을 키울 수 있다. 또한 유머는 장애에 관한 이야기가 어둡게만 흐르지 않도록 따뜻하게 만들기 마련이다.

정해진 방법대로 사용하지 않는다

그러나 스파게티 소스의 일화를 단순히 눈이 보이지 않는 사람의 유머라고만 할 순 없다. 이 이야기는 난바 씨가 웃기려고 꾸며낸, 즉 '이야기를 위한 이야기'가 아니다. 일상생활에서 불편함을 겪는 상황이나 현실을 '오늘의 운세'와 같이 가볍게 즐기는 난바 씨의 있는 그대로의 모습이다.

뤼크 베송이 직접 시나리오를 쓴 「야마카시」라는 영화가 있다. 이 영화에는 '야마카시'라고 불리는 7명의 젊은이가 등장하는데, 그들은 실존하는 그룹으로서 맨몸으로 고층 빌딩을 타고 건물 옥상 사이를 넘어다닌다. 물론 위험도 따르겠지만 도시의 인위적인 공간이 그들 손에 닿으면 정글로 변한다.

스파게티 소스나 자동판매기로 운을 시험해보는 생

활 방식은 '야마카시'를 떠올리게 한다. 물리적으로는 똑같은 환경을 전혀 다른 방법으로 이용할 줄 아는 그들만의 방식은, 생물학자 웍스퀼의 말을 인용하자면 눈이 보이지 않는 사람의 '움벨트'라고나 할까?

그래서 그들의 유머는 '통쾌'하다. 부정적인 상황을 긍정적으로 반전시켜 살아가는 방식은 놀랍고 존경스럽기까지 하다. 나아가, '아, 한 방 먹었다! 왜 나는 그런 생각을 하지 못했을까?' 하는 느낌, 그러한 통쾌함이 웃음을 유발한다.

균일화된 인스턴트 포장지나 자동판매기의 시스템은 말할 필요도 없이 눈이 보이는 사람이 눈이 보이는 사람을 위해 만든 것이다. 솔직하게 말하면, 눈이 보이지 않는 사람은 거기에서 배제되었다. 복지적 차원이라면 그러한 배제는 없애야 마땅하다. 레토르트 포장에 식별 표시를 하도록 제조사에 요청하거나 자동판매기에 음성 안내 서비스를 설치하도록 목소리를 내는 것도 하나의 방법이다. 실제로 시중에는 그러한 제품도 나와 있다.

하지만 난바 씨는 전혀 다른 방법을 사용했다. 스파게티 소스를 하나의 놀이 도구로 인식했다.

이제껏 비장애인 중에 스파게티 소스로 운을 시험해 보려고 생각했던 사람은 없었을 것이다. 눈이 보이지 않는 사람은 대도시를 정글로 여기고 사는 '야마카시'와 같이 자신의 몸에 맞지 않는 디자인이나 서비스를 오히려 즐긴다.

1장에서 눈이 보이지 않는 사람은 '길'로부터 자유롭다고 말한 바 있다. 비장애인은 제품이나 서비스에 정해진 사용법을 그대로 따른다. 하지만 눈이 보이지 않는 사람들은 정해져 있는 길로 가지 않는다. '이런 방법도 있구나' 하는 생각에 왠지 선두를 빼앗긴 것 같은 기분마저 든다.

이러한 기분이 통쾌하게 느껴지는 것은 비장애인의 사회나 가치관이 장애인이 사용한 방법에 의해 상대화되기 때문이다. 스파게티 소스나 자동판매기의 예는 '자학 유머'에 가깝다. 하지만 자학 유머는 주로 자신을 공격하기 마련인데, 이 경우는 듣는 우리 쪽도 뜨끔해진다. 그래서 통쾌하다. 왜 우리가 뜨끔해지는 것일까? 그 이유는 당연히 '장애'를 소재로 한 웃음이기 때문이고, 그 유머를 듣는 우리가 비장애인이기 때문이다.

그러나 그것은 단순한 뜨끔함의 통증이 아니다. '통쾌痛快'도 '쾌快'이기 때문에, 답답했던 속이 뻥 뚫리는 기분을 느낀다. 너무 아프면 웃을 수 없지만 통쾌함이 있는 한 그 웃음은 긍정적인 것으로 승화된다. 그런데 도대체 어떠한 '답답함'이 해소되는 것일까?

프로이트의 유머론

'답답함'의 정체를 알기 위해서 유머의 정의부터 알아보자. 정신분석학의 아버지로 불리는 지그문트 프로이트의 유명한 유머론이 있다. 프로이트가 유머의 사례로 든 것은 어느 사형수의 이야기다. 사형 선고를 받은 죄수는 형 집행만을 기다리고 있었다. 그리고 드디어 그날이 다가왔다. 어느 월요일 아침 오늘 형이 집행된다는 사실을 전달받았다. 결국 맞게 된 인생의 최후의 날, 형 집행장으로 가던 중 죄수는 뜻밖의 말을 했다. "이번 주에도 좋은 일이 있을 것 같군."

화를 내거나 슬퍼하는 기색이라고는 전혀 찾아볼 수 없다. '좋은 일이 있을 것만 같다'는 표현도 그러하지만, 가장 강하게 와닿는 표현은 '이번 주'라는 말이다. 오늘 사형에 처해질 사형수에게는 이번 주란 있을 수 없는데 말이다.

마치 초월적 관점으로 자신이 처한 상황을 높은 곳에서 내려다보고 있는 것만 같다. 프로이트는 유머의 비

오늘날 우리가 얻는 정보의 80~90퍼센트는 시각에 의한 것이라고 한다. 그런데 이처럼 인간이 거의 절대적으로 의존하고 살아가는 '시각'이라는 감각을 차단시키면 어떻게 될까?

이 책은 시각장애인들이 그들만의 신체 사용법으로 세상을 어떻게 바라보는지에 대한 이야기를 담고 있다. 저자는 실제로 시각장애인들과의 대화와 많은 관련 자료를 통해 얻은 정보를 바탕으로, 눈이 보이지 않는 사람들이 세상에 다가가는 놀라운 방법들에 대해 알기 쉽고 설득력 있게 풀어가고 있다.

나는 이 책을 읽기 전까지는 눈이 보이지 않는 사람에 대해 오해하고 있었다. 아마도 내 주변에 시각장애를 갖고 있는 사람이 없기 때문일지도 모른다.

눈이 보이지 않는 사람과 똑같은 경험을 하기 위해서는 단순히 눈을 감거나 안대를 하여 시각만 보이지 않게 하면 되지 않을까 생각했다. 하지만 저자는 '눈이 보이지 않는 것'과 '눈을 감는 것'은 전혀 다르다고 설명하고 있다.

눈이 보이지 않는 사람은 시각이 결여된 불완전한 존재가 아니라 그 자체로 온전한 존재인 것이다. 3개의 다리로 균형을 잡고 설 수 있는 의자처럼.

눈이 보이지 않는 사람은 시각이 아닌 청각이나 촉각을 통해 눈이 보이는 사람이 보는 것처럼 똑같이 볼 수 있으며, 운동도 할 수 있고, 심지어 미술 감상도 가능하다. 게다가 「태양의 탑」에서 제3의 얼굴을 발견하는 것처럼, 우리가 평소 미처 보지 못하는 세계까지 볼 수 있다는 것이 놀라웠다.

이 책을 번역하며 참으로 많은 것을 배웠다. 눈이 보이는 것과 보이지 않는다는 것은 그저 다른 신체를 가진, 하나의 차이일 뿐이다. 오늘날 눈이 보이지 않는 사람들이 세상을 인지하는 무한한 상상력을 예술적 창의성으로까지 연결시키고 있다. 시각장애인은 불완전한 존재라는 고정관념에서 벗어나, 비장애인과는 다른 신체를 가진 사람들의 또 다른 능력에 호기심을 갖고 들여다본다면 실로 많은 것을 얻으리라는 생각이 든다. 또한 장애인을 위한 복지 정책에도 창의적이고 혁신적인 변화를 주지 않을까 싶다.

눈이 보이지 않는 사람은
세상을 어떻게 보는가

초판인쇄 2016년 5월 19일
초판발행 2016년 5월 26일

지은이 이토 아사
옮긴이 박상곤
펴낸이 강성민
편집장 이은혜
편집 장보금 박세중 이두루 박은아 곽우정 차소영
편집보조 조은애 이수민
마케팅 정민호 이연실 정현민 김도윤 양서연
홍보 김희숙 김상만 이천희

펴낸곳 (주)글항아리 | 출판등록 2009년 1월 19일 제406-2009-000002호

주소 10881 경기도 파주시 회동길 210
전자우편 bookpot@hanmail.net
전화번호 031-955-1903(편집부) 031-955-8891(마케팅)
팩스 031-955-2557

ISBN 978-89-6735-329-2 03330

에쎄는 (주)글항아리의 브랜드입니다.

이 도서의 국립중앙도서관 출판예정도서목록(CIP)은 서지정보유통지원시스템 홈페이지(http://seoji.nl.go.kr)와 국가자료공동목록시스템(http://www.nl.go.kr/kolisnet)에서 이용하실 수 있습니다. (CIP제어번호: 2016011793)

경성대학교 한국한자연구소
HK+ 한자문명연구사업단 한자총서 06

도서출판 3

James Legge

영한대역

제임스 레게의 **맹자** 역주

제2권

The Works of Mencius:
with a translation,
critical and exegetical notes,
prolegomena,
and copious indexes
By James Legge

James Legge
이진숙·박준원 역

Mencius

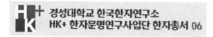

경성대학교 한국한자연구소
HK+ 한자문명연구사업단 한자총서 06

제임스 레게의 **맹자** 역주 제2권

The Chinese Classics: with a Translation, Critical and Exegetical Notes, Prolegomena and Copious Indexes. By James Legge. Vol. 2. *The Works of Mencius*

저자 제임스 레게(James Legge)
역자 이진숙·박준원
기획 하영삼
펴낸 곳 도서출판3
표지디자인 김소연

초판 1쇄 인쇄 2021년 1월 25일
초판 1쇄 발행 2021년 1월 31일

등록번호 제2020-000015호
전화 070-7737-6738
전자우편 3publication@gmail.com

ISBN: 979-11-87746-55-3 [94140]
　　　979-11-87746-53-9 [세트]

This work was supported by the Ministry of Education of the Republic of Korea and the National Research Foundation of Korea (NRF-2018S1A6A3A02043693)

제임스 레게

孟子

맹자

제2책

제임스 레게(James Legge) 저

이진숙·박준원 역

일러두기

1. 레게는 맹자 한문에 없는 표현을 영역문에서 추가할 때 이탤릭체를 사용한다. 국역 본문 번역문에서는 이를 [ ]로 표지한다.
2. 레게는 각주에서 영어 외의 외국어에서 또는 강조할 때 이탤릭체를 사용한다. 국역 각주 번역문에서는 모든 이탤릭체를 [ ]로 표지한다.
3. 레게는 영역문에서 직접 대화에는 ' '로, 대화 속의 대화에는 " "로 표지하였다. 국역 본문 번역문에서는 일반 국문 기호 사용법을 따라 직접 인용에는 " ", 대화 속의 대화에는 ' '로 표지한다.

기획의 변

제임스 레게(James Legge, 1815~1897)는 영국 스코틀랜드 출신의 선교사이자 한학자(漢學者)로서 옥스퍼드대학의 교수를 지냈다. 그는 동양의 사서삼경을 해설과 주해와 함께 최초로 영어로 번역하여, 동양철학을 서양에 소개하는 데 크게 공헌했다. 그의 번역은 1800년대 말에 출판된 최초의 영어 출판 본임에도 오늘날까지 여전히 영어권의 표준역본으로 공인되고 있으며, 그의 경전 해설은 동양연구자들이라면 반드시 읽어야할 필독서다. 그래서 그를 단순한 선교사가 아니라 '선교사 학자(Missionary-Scholars)'로서의 전범을 세웠다고 존숭하고 있다. 그리고 이 저작을 계기로 서구 중국학은 그 이전과 이후로 나뉜다고 할 정도로 영향력이 지대했다고 평가도 되고 있다. 그럼에도 유가 경전이 그 어느 나라보다 중시되었던 한국에서 제임스 레게의 '중국고전'이 그간 번역 출간되지 않고 있었다. 레게의 역주와 해설이 무척 난해하고 복잡하여 국내의 학자들이 접근하기 쉽지 않다는 점을 고려한다 하더라도 우리의 학계의 편협성과 유가경전 연구에 대한 한계를 보여주는 현실임을 인정하지 않을 수 없다.

이러한 인식에 기초해 경성대학교 한국한자연구소에서는 제임스 레게의 "중국경전" 시리즈(*The Chinese Classics*: with a translation, critical and exegetical notes, prolegomena, and copious indexes)를 번역 출간하기로 기획하고 이름을 "제임스 레게의 사서삼경 번역 및 역주 총서"로 정하였다. 단순한 본문 번역만이 아닌 역주와 해설을 포함한 모두를 완역하고, 영어 원문까지 제공해 대조 가능하게 함으로써, 전문연구자들에게 편의까지 도모하고 국내의 한학연구의 지평을 넓히고자 한다.

이제 그 첫 번째 결과물로 제임스 레게의 "사서삼경 번역 및 역주 총서"의 제2부인 『맹자』를 독자들에게 먼저 내놓는다. 완역하고 영어원문과 한문을 한국어 번역과 함께 실었다. 『맹자』는 본문 3책과 해설 1책으로 되었는데, 「양혜왕장구」(상하), 「공손추장구」(상하), 「등문공장구」(상하)가 제1권에, 「이루장구」(상하)와 「만장장구」(상하)가 제2권에, 「고자장구」(상하)와 「진심장구」(상하)가 제3권에 나누어 실렸으며, "레게의 『맹자』해설"(근간)이 제4권으로 편성되었다.

우리가 사용한 영어 원본은 1893년 판본(printed at the Clarendon Press, Oxford. Printed at the London missionary society's printing office in Hongkong.)을 사용하였다. 번역은 수고스럽게도 맹자 전문가인 한문학과 박준원 교수와 게일 연구와 영어 번역에 오랜 기간 동안 천착해 온 이진숙 교수께서 맡아주셨다. 노고에 감사드린다. 그리고 이 책의 번역이 기획되고 첫 작품이 나오기까지 제임스 레게 연구의 세계적 대가인 홍콩침례대학(Hong Kong Baptist University)의 라우렌 피스터(Lauren F. Pfister, 費樂仁) 교수의 도움이 컸다. 이 자리를 감사를 드린다. 비록 이 시도가 한국에서 처음 이루어지는 '용감한' 작업이고 촉박한 시간 탓에 오류도 없지 않을 것으로 생각하지만, 앞으로의 유가경전 연구에 또 하나의 토대를 제공하고 시야를 넓힌다는 점에서 큰 의의를 가질 것이라 생각하며, 『논어』를 비롯한 사서와 『시경』, 『서경』, 『역경』도 순조롭게 출판되기를 기원한다.

2021년 1월 25일
경성대학교 한국한자연구소에서
하영삼 씀

제임스 레게 『맹자』 초역의 학술적 의의

　『맹자』를 포함한 사서(四書)가 유럽에 소개된 것은 주로 예수회 소속 신부들의 역할이 컸다. 일찍이 마테오리치(Matteo Ricci, 1552~1610)는 선교를 위하여 사서를 라틴어로 번역했었다. 19세기에 들어와서 유교경전의 번역은 스코틀랜드 애버딘 출신 영국 선교사 제임스 레게(James Legge, 1815~1897)에 의해 새로운 전환의 계기가 마련된다.

　레게는 대략 1843년경부터 유교의 기본서적인 『논어』, 『대학』, 『중용』, 『맹자』의 번역과 주해에 착수하였고, 후속작업으로 『춘추』, 『예기』, 『서경』, 『역경』, 『시경』 등을 잇달아 출간하였다. 레게가 영국과 서방에 소개한 유가경전들은 예상대로 커다란 호응을 일으켰다. 이후 번역자로서의 레게의 명성도 점점 높아져서 애버딘 대학은 그에게 박사학위를 수여하였고, 레게는 여러 차례 파리도 방문하게 되었다. 파리 방문 기간 동안 레게는 프랑스의 저명한 동양학자 줄리앙(Stanislas Aignan Julien, 1797~1873)과 함께 한학(漢學)에 대하여 수준 높은 토론을 진행했다. 이때에 토론을 나누었던 줄리앙의 견해가 이번에 간행된 레게 『맹자』 주석 여러 곳에 자주 인용되고 반영되어 있다.

　레게의 후반부 번역과 주해 작업에 많은 도움을 준 중국인 학자 왕도(王韜, 1828~1897)는 1867년 고국으로 돌아가는 레게를 전송하는 <서양학자 레게의 귀국을 환송하면서[送西儒理雅各回國序]>라는 글에서 그의 업적을 다음과 같이 평가했다.

　　레게 선생은 붓을 들고 동방에서 유학을 공부해왔고, 자신의 모든 에너지를 십삼경(十三經) 연구에 바쳤다. 그는 경전의 이치에 통달해 있어 그 내용을 고증했고, 근원과 원칙을 탐구하여 자신 만의 독특한 견해를 구축해서, 범속한 사람들의 견해와는 매우 달랐다. 그는 경전을 평론할 때에도 일가의 학설을 주장하

離婁章句・上

이루장구·상

BOOK IV

LI LAU

PART I

With this Book commences what is commonly called the second or lower part of the works of Mencius, but that division is not recognized in the critical editions. It is named Lî Lâu, from its commencing with those two characters, and contains twenty-eight chapters, which are most of them shorter than those of the preceding Books.

제4권
이루장구(離婁章句)
상(上)

『맹자』 4권을 시작으로 흔히 『맹자 2』 또는 『맹자 하』로 부른다. 그러나 비평에서는 이러한 구성을 인정하지 않는다. 『맹자』 4권은 맹자와 이루의 대화로 시작하기 때문에 「이루」편이라 하고 28장을 포함한다. 상편의 28장은 전반적으로 1-3권과 비교해 상대적으로 길이가 짧다.

CHAPTER I

CH. 1. THERE IS AN ART OF GOVERNMENT, AS WELL AS A WISH TO GOVERN WELL, TO BE LEARNED FROM THE EXAMPLE AND PRINCIPLES OF THE ANCIENT KINGS, AND WHICH REQUIRES TO BE STUDIED AND PRACTICED BY RULERS AND THEIR MINISTERS.

1. Mencius said, 'The power of vision of Lî Lâu, and skill of hand of Kung-shû, without the compass and square, could not form squares and circles. The acute ear of the music-master K'wang, without the pitch-tubes, could not determine correctly the five notes. The principles of Yâo and Shun, without a benevolent government, could not secure the tranquil order of the kingdom.

제1장

선정하고자 하는 소망만큼이나 필요한 것은 통치술이다. 통치자와 신하는 고대 왕들의 사례와 원리로부터 통치술을 배우고 연구하고 실천해야 한다.

1절

孟子曰, 離婁之明, 公輸子之巧, 不以規矩, 不能成方員, 師曠之聰, 不以六律, 不能正五音, 堯舜之道, 不以仁政, 不能平治天下.

맹자가 말했다. "이루의 보는 힘과 공수자의 손재주가 있어도 컴퍼스와 곡척(square)이 없다면 원과 네모를 만들 수 없다. 음악의 대가인 사광의 예민한 귀가 있어도 육률(Pitch tube)이 없다면 오음계를 정확하게 확정 짓지 못한다. 요와 순의 원리가 있어도 어진 정치가 없다면 나라가 평온한 질서를 유지하지 못한다.

1. Lî Lâu, called also Lî Chû (朱), carries us back to the highest Chinese antiquity. He was, it is said, of the time of Hwang-tî, and so acute of vision, that, at the distance of 100 paces, he could discern the smallest hair. He is often referred to by the Taoist writer Chwang (莊). Some say that Lî Lâu was a disciple of Mencius, but this is altogether unlikely. Kung-shû, named Pan (written 班 and 般), was a celebrated mechanist of Lû, of the times of Confucius. He is fabled to have made birds of bamboo, that could continue flying for three days, and horses of wood, moved by springs, which could draw carriages. He is now the god of carpenters, and is worshiped by them; see the Lî Chî, III, Sect. II, ii, 21. There are some, however, who make two men of the name, an earlier and a later. K'wang, styled Tsze-yê(子野), was music-master and a wise counselor of Tsin, a little prior to the time of Confucius. See the 左傳襄公, 十四年. 六律, 'six pitch tubes,' put by *synecdoche* for 十二律, or 'twelve tubes,' invented, it is said, in the earliest times, to determine by their various adjusted lengths the notes of the musical scale. Six of them go by the name of *lü* (呂), which are to bo understood as comprehended under the phrase in the text. The five notes are the five full notes of the octave, neglecting the semitones. They are called 宮, 商, 角, 徵(*chi*), 羽;- see on the Shû-ching, II. i. 24. 堯舜之道,一道 is to be taken 'emptily,' meaning the benevolent wish to govern well, such as animated Yâu and Shun. 仁政 is the same finding its embodiment, = the right art of government, having the same relation to it as the compass to circles, &c.

1절 각주

이루(離婁)는 이주(離朱)라고도 불리는데 고대 중국 사람이다. 그는 황제 때의 사람으로 눈이 아주 밝아 1백 보 먼 거리에서도 머리카락까지 식별할 수 있었다고 한다. 도가 사상가인 장(莊)자가 그를 자주 언급했다. 혹자는 이루를 맹자의 제자로 보지만 그럴 가능성은 전혀 없다. 공수자(公輸子)는 그 이름이 반(班과 般으로 쓴다)으로, 공자 시대 노나라의 유명한 장인이었다. 전설에 의하면 그는 대나무로 새를 만들었는데 그 새가 3일 동안 계속 날았다고 한다. 또한, 그가 용수철로 목마를 만들었는데 그 목마가 마차를 끌 수 있었다고 한다. 오늘날 목수들은 그를 목수의 신으로 추앙한다. 『예기』「단궁(檀弓)」하 제2장 제21절을 보라. 두 사람의 공수자가 있었는데 한 사람이 다른 사람보다 시대가 앞섰다. 사광(師曠)은 자(字)가 자야(子野)로 음악의 대가이자 진(晉)나라 왕의 현명한 고문으로, 공자보다 조금 앞선 세대의 인물이었다. 『좌전』 양공(襄公) 14년을 보라. 육률(六律)은 6개의 피치 튜브로, 선사 시대에 발명된 것이다. 길이를 다양하게 조정하여 음계의 음보를 결정하는 것으로 전해져 내려오는 십이률(十二律, 12튜브)의 [제유적인 표현]이다. 그중 6개는 [여, 呂]로 본문의 설명과 같다. 오음은 8음계의 완전한 오음으로 반음을 제외한 것이다. 오음은 궁(宮), 상(商), 각(角), 치(徵), 우(羽)로 불린다. 이것은 『서경』「우사(虞書)·순전(舜典)」 제24절을 보라. 요순지도(堯舜之道)의 도(道)는 살아있는 요순처럼 잘 통치하고자 하는 어진 소망을 의미하는 것으로 '큰 의미를 두지 않고' 받아들여야 한다. 어진 정치(仁政)는 컴퍼스와 원의 관계처럼 올바른 통치술을 구현하는 것이다.

10. 'It is said in the Book of Poetry,

"When such an overthrow *of Châu* is being produced by Heaven,
Be not ye so much at your ease!"

10. See the Shih-ching, III, ii, Ode X, 2. 蹶,—read *kwei*, the 4th tone. 泄, 一î, 4th tone. From this paragraph it is the ministers of a prince who are contemplated by Mencius. They have their duty to perform, in order that the benevolent government may be realised.

11. "'At your ease;"—that is, dilatory.

11. 猶沓沓,—we are to understand that this phrase was commonly used in Mencius's time with this acceptation.

10절

詩曰, 天之方蹶, 無然泄泄.

『시경』에서 이렇게 노래했다.

'하늘이 [주나라를] 그렇게 전복하고자 할 때,
너희들은 태평하게 있지 마라!'

10절 각주

『시경』「대아(大雅)·탕지십(蕩之什)·첨앙(瞻仰)」제2연을 보라.3) 궐(蹶)은 '궤'로 읽히고 4성조이다. 설(泄)은 '예'로 읽히고 4성조이다. 이 절에서부터 맹자가 염두에 두는 것은 제후의 대신들이다. 대신들은 어진 정치가 실현되기 위해서 해야 할 의무가 있다.

11절

泄泄, 猶沓沓也.

'태평하게'라는 것은 꾸물거리는 것이다.

11절 각주

'유답답'(猶沓沓)이라는 표현이 맹자 시대에 흔히 사용되었다는 것에 주목해야 한다.

---

3) (역주) 위의 내용이 『탕지십(蕩之什)·첨앙(瞻仰)』제2연에 없다. 주희는 이 대목을 『시경』「대아(大雅)·생민지십(生民之什)·판(板)」에서 인용했다고 했다.

12. 'And so dilatory may *those officers* be deemed, who serve their prince without righteousness, who take office and retire from it without regard to propriety, and who in their words disown the ways of the ancient kings.

12. 非,—used as a verb, 'to slander,' or 'disown.'

13. 'Therefore it is said, "To urge one's sovereign to difficult achievements may be called showing respect for him. To set before him what is good and repress his perversities may be called showing reverence for him. *He who does not do these things, saying to himself,—* My sovereign is incompetent to this, may be said to play the thief with him."'

13. Compare Bk. II. Pt. II. ii. 4. We are obliged to supply considerably in the translation, to bring out the meaning of the last sentence. 賊 may be taken as a verb—'to injure,' or as I have taken it.

12절

事君無義, 進退無禮, 言則非先王之道者, 猶沓沓也.

저렇게 꾸물대는 자들이 [저 신하들]일 수 있다. 그들은 의(義)로 제후를 섬기지 않고, 관직을 받고 물러날 때 예(禮)를 생각하지 않고, 말로 옛 왕들의 방식을 부인한다.

12절 각주
비(非)는 여기서 동사로 '비방하다,' 또는 '부인하다'이다.

13절

故曰, 責難於君謂之恭, 陳善閉邪謂之敬, 吾君不能謂之賊.

그리하여 '군주에게 어려운 업적을 이루라고 촉구하는 것은 그를 공경하는 것이고, 군주 앞에 선한 것을 두고 그의 편벽을 억제하는 것은 그에게 경의를 표하는 것이다. [이러한 일을 하지 않는 자는 속으로], 나의 군주는 이를 행할 능력이 없다고 말하는데, 이와 같은 자는 군주와 도둑 놀이를 하는 자라 할 수 있다'라고 한다."

13절 각주
제2권 제2편 제2장 제4절과 비교하라. 마지막 문장의 의미를 끌어내기 위해서 번역할 때 상당히 많은 것을 추가해야 했다. 적(賊)은 동사로 '해를 끼치다' 이거나 아니면 나의 번역과 같다.

CHAPTER II

A CONTINUATION OF THE LAST CHAPTER; THAT YAO AND SHUN ARE THE PERFECT MODELS OF SOVEREIGNS AND MINISTERS, AND THE CONSEQUENCES OF NOT IMITATING THEM.

1. Mencius said, 'The compass and square produce perfect circles and squares. By the sages, the human relations are perfectly exhibited.

1. 'The compass and square are the perfection of squares and circles';— but we must understand the meaning as in the translation. So with the 2nd clause. 人倫,—see Bk. III. Pt. II. iv. 8.

제2장

제1장에 이어 제2장은 요와 순은 군주와 신하의 완벽한 모범이고 그들을 본받지 않았을 때의 결과를 말한다.

1절

孟子曰, 規矩, 方員之至也, 聖人, 人倫之至也.

맹자가 말했다. "컴퍼스와 곡척으로 완벽한 원과 네모가 만들어진다. 성인이 인륜을 온전하게 드러낸다.

1절 각주

컴퍼스와 곡척은 원과 네모의 완성이지만 우리는 그 의미를 번역과 같이 이해해야 한다. 두 번째 구절도 마찬가지이다. 인륜(人倫)은 제3권 제1편 제4장 제8절을 보라.

2. 'He who as a sovereign would perfectly discharge the duties of a sovereign, and he who as a minister would perfectly discharge the duties of a minister, have only to imitate—the one Yâo, and the other Shun. He who does not serve his sovereign as Shun served Yâo, does not respect his sovereign; and he who does not rule his people as Yâo ruled his, injures his people.

2. 二者 = 'these two' things, putting the above clauses abstractly, but we cannot do that so well in English. The force of 而已, according to the 備旨, is 'to show that there is no other way for the sovereign and minister to pursue.—'Of the human relations' only that of sovereign and minister is here adduced, because Mencius was speaking with reference to the rulers of his time.

2절

欲爲君, 盡君道, 欲爲臣, 盡臣道, 二者, 皆法堯舜而已矣, 不以舜之所以事堯事君, 不敬其君者也, 不以堯之所以治民治民, 賊其民者也.

군주로서 군주의 의무를 완벽하게 다하는 자와 신하로서 신하의 의무를 완벽하게 다하는 자가 모방해야 할 대상은 하나는 요임금이고 하나는 순임금뿐이다. 순이 요를 섬기듯이 군주를 섬기지 않는 자는 군주를 존경하지 않는 것이고, 요가 그의 백성을 다스리듯이 다스리지 않는 자는 백성을 해치는 것이다.

2절 각주

이자(二者)는 '이들 둘'로 위의 구절을 추상적으로 옮긴 것이지만 영어에서는 그렇게 할 수 없다. 이이(而已)의 힘에 대해 『비지』(備旨)에서는 '군주와 신하가 추구해야 할 다른 방도가 없다는 것을 보여주는 것'이라고 한다. 맹자가 그의 시대의 통치자를 거론하며 말하고 있으므로 '인륜' 중에서 군주와 신하의 인간관계만을 가리키는 것으로 추론할 수 있다.

CHAPTER IV

CH. 4. WITH WHAT MEASURE A MAN METES IT WILL BE MEASURED TO HIM AGAIN, AND CONSEQUENTLY BEFORE A MAN DEALS WITH OTHERS, EXPECTING THEM TO BE AFFECTED BY HIM, HE SHOULD FIRST DEAL WITH HIMSELF.

The sentiment is expressed quite generally, but a particular reference is to be understood to the princes of Mencius's time.

제4장

어떤 상황에 대처하는 방식은 이후 그를 평가하는 기준이 된다. 다른 사람들을 대하기 전에 그들에게 영향을 줄 수 있다는 것을 예상하고 먼저 자기 자신을 살펴보아야 한다.

이 말은 매우 일반적으로 표현되고 있지만, 특히 맹자 시대의 제후들을 겨냥해서 한 것으로 보아야 한다.

1. Mencius said, 'If a man love others, and no *responsive* attachment is shown to him, let him turn inwards and examine his own benevolence. If he *is trying* to rule others, and his government is unsuccessful, let him turn inwards and examine his wisdom. If he treats others politely, and they do not return his politeness, let him turn inwards and examine his own *feeling of* respect.

1. 反 is used in a manner common in Mencius, = 'to turn back from the course being pursued, and then to turn inward to the work of examination and correction.' In the next paragraph, we have it followed by another verb, 求. In 治人, 治 is in 2nd tone, 'to regulate,' 'to try to rule'; in 不治, 治 is in 4th tone, 'to be regulated,' the government being effective. The clauses－愛人不親, &c., are very concise. The paraphrase in the 備旨 thus expands;－爲治者體仁以愛人, 宜乎人之我親矣, 而顧有不親焉, 則必反其仁, 恐我之愛人有未至也, 云云. 'He who administers government embodies benevolence to love men, and it may be expected men will love him. Should he find, however, that they do not, he must turn in and examine his benevolence, lest it should be imperfect,' &c.

1절

孟子曰, 愛人不親, 反其仁, 治人不治, 反其智, 禮人不答, 反
其敬.

맹자가 말했다. "어떤 사람이 다른 사람들을 사랑하는데도 그들이 그의 애
정에 반응하지 않는다면, 그는 내면을 들여다보고 자기의 인을 살펴보아야
한다. 만약 어떤 사람이 다른 사람을 다스리고자 [애쓰는데도] 통치에 실
패한다면, 그는 내면을 들여다보고 자기의 지혜를 살펴보아야 한다. 만약
어떤 사람이 다른 사람을 정중하게 대하는데도 그들이 정중하게 대하지
않는다면, 그는 내면을 들여다보고 자기의 존경하는 [감정]을 살펴보아야
한다.

1절 각주

반(反)은 맹자 시대에 흔한 방식으로 사용된다. 즉 '추구하던 길에서 뒤를
돌아 일의 내면으로 들어가서 그 일을 살펴보고 교정하는 것이다.' 다음
절에서는 동사 '구(求)'가 이어진다. 치인(治人)의 치(治)는 2성조로 '통제하
다' '다스리려고 하다'이고, 불치(不治)의 치(治)는 4성조로 통치가 효과가
있도록 '통제되다'이다. 애인불친(愛人不親)은 매우 간결하다. 『비지』(備旨)
에서는 이를 의역 확장하여 '爲治者體仁以愛人, 宜乎人之我親矣, 而顧有
不親焉, 則必反其仁, 恐我之愛人有未至也, 云云.' 즉 '정부를 관리하는 자
는 사람을 사랑하는 인을 구현하고, 사람들이 그를 사랑할 것이라 예상할
수 있다. 그러나 그들이 그를 사랑하지 않는다는 것을 알게 된다면 그는
내면으로 돌아가 자기의 인이 불완전한 것은 아닌지 살펴보아야 한다.'라
고 했다.

2. 'When we do not, by what we do, realise *what we desire*, we must turn inwards, and examine ourselves in every point. When a man's person is correct, the whole kingdom will turn to him *with recognition and submission*.

2. 不得=不得其所欲, 'does not what he wishes.' 皆,一'all,' with reference to the general form of the preceding clause.

3. 'It is said in the Book of Poetry,

"Be always studious to be in harmony with the ordinances of God,
And you will obtain much happiness."'

3. See Bk. II. Pt. I. iv. 6.

2절

行有不得者, 皆反求諸己, 其身正而天下歸之.

하는 것이 [바라는 대로] 실현되지 않았을 때 내면으로 되돌아서 우리의 모든 점을 살펴보아야 한다. 사람의 몸이 바르면 천하가 돌아서서 인정하고 순종할 것이다.

2절 각주

부득(不得)은 부득기소욕(不得其所欲), 즉 '그가 원하는 것을 얻지 못하다'를 뜻한다. 개(皆)는 '모두,' 즉 앞선 구절의 일반적인 형태를 가리킨다.

3절

詩云, 永言配命, 自求多福.

『시경』에서 이렇게 노래했다.

'[하나님God의] 명과 조화를 이루기 위해 항상 공부하라.
그러면 너는 많은 행복을 얻을 것이다.'"

3절 각주

제2권 제1편 제4장 제6절을 보라.5)

---

5) (역주) 『시경』의 동일 부분을 인용하지만, 영문 원문이 약간 다르다.

CHAPTER V

CH. 5. PERSONAL CHARACTER IS NECESSARY TO ALL GOOD INFLUENCE.

Mencius said, 'People have this common saying,—"The kingdom, the State, the family." The root of the kingdom is in the State. The root of the State is in the family. The root of the family is in the person *of its Head.*'

Compare 'The superior Learning,' text of Confucius, par. 4. The common saying repeated by all probably means:—the kingdom is made up of its component states, and of their component families;—i. e. the families of the great officers. But Mencius takes its meaning more generally, and carries it out a step farther.

제5장

개인의 인성이 선한 모든 것에 반드시 영향을 미친다.

孟子曰, 人有恒言, 皆曰, 天下國家, 天下之本在國, 國之本在家, 家之本在身.

맹자가 말했다. "사람들이 흔히 하는 말에, '왕국과 공국과 그리고 가족'이 있다. 왕국의 뿌리는 공국에 있고, 공국의 뿌리는 가족에 있으며, 가족의 뿌리는 [가장의] 몸에 있다."

5장 각주
『대학』의 경문 제1장 제4절과 비교해 보라. 모두 사람들이 반복해서 자주 사용하는 이 말은 왕국은 공국과 가족 즉 대부의 가족으로 구성된다는 것을 뜻한다. 그러나 맹자는 이 의미를 일반적으로 해석하여 한 단계 더 나간다.

6. 'Now they wish to have no opponent in all the kingdom, but they *do* not *seek to attain this* by being benevolent. This is like a man laying hold of a heated substance, and not having *first* dipped it in water. It is said in the Book of Poetry,

"Who can take up a heated substance,
Without first dipping it (in water)?"'

6. See the Shih-ching, III, iii, Ode III, st. 5. The ode is referred to the time of the sovereign Lî, when the kingdom was hastening to ruin, and in the lines quoted, the author deplores that there was no resort to proper measures, 逝 is taken as a mere particle of transition.

6절

今也, 欲無敵於天下, 而不以仁, 是猶執熱而不以濯也, 詩云,
誰能執熱, 逝不以濯.

오늘날 그들은 천하에 적수가 없기를 바라지만 인으로 [이를 얻고자 하지
않는다.] 이것은 마치 뜨거운 것을 꽉 잡고 있으면서 [먼저] 물에 적시지
않는 것과 같다. 『시경』에서 이렇게 노래했다.

> '누가 달궈진 것을 먼저 (물에) 적시지 않고,
> 들어 올릴 수 있겠는가?'

6절 각주

『시경』「대아(大雅)·탕지십(蕩之什)·상상(桑桑)」제5연을 보라. 이 노래는 빠
르게 망해가고 있었던 주나라의 려왕(厲王) 때를 가리킨다. 이 시의 작가
는 이 시행으로 올바른 방법에 기대지 않는 상황을 한탄한다. 서(逝)는 연
결사일 뿐이다.

CHAPTER VIII

CH. 8. THAT A PRINCE IS THE AGENT OF HIS OWN RUIN BY HIS VICIOUS WAYS AND REFUSING TO BE COUNSELED.

1. Mencius said, 'How is it possible to speak with those *princes* who are not benevolent? Their perils they count safety, their calamities they count profitable, and they have pleasure in the things by which they perish. If it were possible to talk with them who so violate benevolence, how could we have such destruction of States and ruin of Families?

1. Stress must be laid always on the 不 in 不仁. The expression does not denote the want of benevolence, but the opposite of it. 言=忠言, 'to give faithful advice to.'

제8장

제후가 파멸을 자초하는 이유는 나쁜 방식에 기대고 조언을 구하는 것을 거부하기 때문이다.

1절
孟子曰, 不仁者, 可與言哉, 安其危而利其菑, 樂其所以亡者, 不仁而可與言, 則何亡國敗家之有.

맹자가 말했다. "인자하지 않은 저 [제후]들과 어떻게 말을 할 수 있겠는가? 그들은 위험을 안전으로 여기고 재앙을 이익으로 여기고 파멸을 기쁨으로 여긴다. 인을 파괴하는 그들과 대화를 나누는 것이 가능하다면 제후국들이 멸망하고 가문들이 망했겠는가?

1절 각주
불인(不仁)에서 불(不)을 강조해야 한다. '불인'은 인의 부족뿐만 아니라 인의 정반대를 의미한다. 언(言)은 충언(忠言), 충직한 조언을 하다를 의미한다.

2. 'There was a boy singing,

> "When the water of the Ts'ang-lang is clear,
> It does to wash the strings of my cap;
> When the water of the Ts'ang-lang is muddy,
> It does to wash my feet."

2. The name Ts'ang-lang (in 2nd tone) is found applied to different streams in different places. That in the text was probably in Shan-tung.

3. 'Confucius said, "Hear what he sings, my children. When clear, then he will wash his cap-strings; and when muddy, he will wash his feet with it. This *different application* is brought *by the water* on itself."

3. 聽之,—之 referring to the words of the song. 斯,='this,' intensive, or we may take it adverbially:—'when clear, then it serves to wash the cap-strings.' &c.

2절

有孺子歌曰, 滄浪之水淸兮, 可以濯我纓, 滄浪之水濁兮, 可以濯我足.

　　소년이 노래하고 있었다.
　　'창랑의 물이 맑을 때,
　　나는 모자 끈을 씻고,
　　창랑의 물이 흐릴 때,
　　나는 발을 씻는다.'

2절 각주

'창랑'(滄浪, 2성조)이라는 이름은 여러 곳의 하천에도 사용된다. 본문의 창랑은 산동(山東)에 있는 것으로 보인다.

3절

孔子曰, 小子聽之, 淸, 斯濯纓, 濁, 斯濯足矣, 自取之也.

공자가 말하길, '아이들아, 그의 노래를 들어라. 그는 맑을 때는 모자 끈을 씻을 것이고, 흐릴 때는 발을 씻을 것이다. 이렇게 [물의 다른 용도는] [물이] 유발한 것이다.'라고 했다.

3절 각주

청지(聽之)의 지(之)는 노래의 가사를 가리킨다. 사(斯)는 '이것'으로 강조하는 것이거나 또는 부사로 보아, '맑을 [때는], 갓끈을 씻을 수 있다'이다.

4. 'A man must first despise himself, and then others will despise him. A family must first destroy itself, and then others will destroy it. A State must first smite itself, and then others will smite it.

5. 'This is illustrated in the passage of the T'âi Chiâ, "When Heaven sends down calamities, it is still possible to escape them. When we occasion the calamities ourselves, it is not possible any longer to live."'

  4, 5. See Bk. II. Pt. I. iv. 4~6.

4절

夫人必自侮然後, 人侮之, 家必自毀而後, 人毀之, 國必自伐而後, 人伐之.

사람이 먼저 자신을 경멸해야만 다른 사람이 그를 경멸할 것이다. 가족이 먼저 스스로를 파괴해야만 다른 가족들이 그 가족을 파괴할 것이다. 한 나라가 먼저 스스로를 공격해야만 다른 나라들이 그 나라를 공격할 것이다.

5절

太甲曰, 天作孽, 猶可違, 自作孽, 不可活, 此之謂也.

이것은 「태갑」에 '하늘이 재앙을 내릴 때 이를 피할 길이 남아 있지만, 우리 스스로가 재앙을 초래했을 때는 더는 사는 것은 불가능하다.'라는 말로 드러나 있다.

4절, 5절 각주
제2권 제1편 제4장 제4~6절을 보라.

2. 'Benevolence is the tranquil habitation of man, and righteousness is his straight path.

3. 'Alas for them, who leave the tranquil dwelling empty and do not reside in it, and who abandon the right path and do not pursue it?'

3. 舍,－for 捨, in 3rd tone. The lamentation is to be understood as for the 自暴者 and the 自棄者.－It is observed that 'this chapter shows that what is right and true (道) do really belong to man, but he extirpates them himself. Profound is the admonition, and learners should give most earnest heed to it.'

2절

仁, 人之安宅也, 義, 人之正路也.

인은 사람이 거주할 편안한 집이고, 의는 그가 가야 할 올바른 길이다.

3절

曠安宅而弗居, 舍正路而不由, 哀哉.

아아, 슬프구나! 편안한 집을 비워 두고 그 안에 거주하지 않으며, 올바른 길을 버리고 그 길을 좇지 않는 자들이여!"

3절 각주

사(舍)는 3성조로 사(捨)의 의미이다. 자포자(自暴者)와 자기자(自棄者)를 한탄한 것으로 보아야 한다. '이 장은 의롭고 진실한 도(道)는 사람에게 속하지만, 사람들은 스스로 이를 없앤다.'라는 것을 보여준다. 매우 심오한 경고이므로 배우는 자들은 이 말을 귀담아들어야 한다.

CHAPTER XI

CH.11. THE TRANQUIL PROSPERITY OF THE kingdom DEPENDS ON THE DISCHARGE OF THE COMMON RELATIONS OF LIFE.

Mencius said, 'The path *of duty* lies in what is near, and men seek for it in what is remote. The work *of duty* lies in what is easy, and men seek for it in what is difficult. If each man would love his parents and show the due respect to his elders, the whole land would enjoy tranquillity.'

爾 = 邇, with which it was anciently interchanged. 長, in 3rd tone, comprehends elders and superiors. 道,—as in the Chung Yung, i 1.

제11장

왕국의 평안과 번영은 삶의 평범한 관계가 좌우한다.

孟子曰, 道在爾而求諸遠, 事在易而求諸難, 人人親其親, 長其
長, 而天下平.

맹자가 말했다. "[가야 할] 길은 가까운 곳에 있지만, 사람들은 먼 곳에서
길을 찾는다. [도리를 다해야 할] 일은 쉬운 것에 있지만 사람들은 어려운
것에서 찾는다. 개개인이 모두 부모를 사랑하고 노인을 존경한다면 온 나
라가 평온함을 누릴 것이다."

11장 각주

이(爾)는 이(邇)를 의미한다. 옛날에는 두 단어가 같은 의미였다. 장(長)은
3성조로 노인과 윗사람을 포함한다. 도(道)는 『중용』 제1장 제1절에서와
같다.

CHAPTER XII

CH. 12. THE GREAT WORK OF MEN SHOULD BE TO STRIVE TO ATTAIN PERFECT SINCERITY.

See the Chung Yung, xx, pars.17, 18, which are here substantially quoted. As the twentieth chapter of twentieth chapter of the Chung Yung, however, is found also in the 'Family Sayings, 'Mencius may have had that, or the fragmentary memorabilia of Confucius, from which it is compiled, before him, and not the Chung Yung.

1. Mencius said, 'When those occupying inferior situations do not obtain the confidence of the sovereign, they cannot succeed in governing the people. There is a way to obtain the confidence of the sovereign:—if one is not trusted by his friends, he will not obtain the confidence of his sovereign. There is a way of being trusted by one's friends:—if one do not serve his parents so as to make them pleased, he will not be trusted by his friends. There is a way to make one's parents pleased:—if one, on turning his thoughts inwards, finds a want of sincerity, he will not give pleasure to his parents. There is a way to the attainment of sincerity in one's self:—if a man do not understand what is good, he will not attain sincerity in himself.

제12장

사람의 대업은 완전한 신실함을 추구하는 것에 있어야 한다.

제4권 제12장에서 인용한 『중용』 제20장 제17절과 제18절을 보라. 그러나 『중용』 제20장은 『공자가어』8)에서도 발견된다. 맹자는 이것을 『중용』에서 보았을 수도 있고 아니면 맹자 시대 전에 편찬된 서적 가운데서 공자에 대한 글을 모은 단편 모음집에서 보았을 수도 있다.

1절
孟子曰, 居下位而不獲乎上, 民, 不可得而治也, 獲於上有道, 不信於友, 弗獲於上矣, 信於友有道, 事親弗悅, 弗信於友矣, 悅親有道, 反身不誠, 不悅於親矣, 誠身有道, 不明乎善, 不誠其身矣.

맹자가 말했다. "낮은 자리에 있는 자들이 군주의 신임을 얻지 못하면 백성을 성공적으로 다스릴 수 없다. 군주의 신임을 얻는 방법이 있다. 친구의 신임을 얻지 못하는 자는 결코 군주의 신임을 얻지 못할 것이다. 친구의 신임을 얻을 방법이 있다. 부모를 섬길 때 기쁨을 주지 못한다면 친구의 신임을 얻을 수 없다. 부모를 기쁘게 하는 방법이 있다. 내면을 성찰해서 신실함이 부족하면 부모에게 기쁨을 줄 수 없다. 자아의 신실함을 얻는 방법이 있다. 사람이 선한 것을 이해하지 않는다면 자기 속의 신실함을 얻지 못할 것이다.

---

8) (역주) 『공자가어』(孔子家語)는 중국 위(魏나)라의 왕숙(王肅, 195~256)이 공자의 언행 및 문인과의 문답과 논의 등 공자에 관한 기록을 모아 수록한 책이다.

2. 'Therefore, sincerity is the way of Heaven. To think *how* to be sincere is the way of man.

3. Never has there been one possessed of complete sincerity, who did not move others. Never has there been one who had not sincerity who was able to move others.'

2절

是故, 誠者, 天之道也, 思誠者, 人之道也.

그리하여, 신실함은 하늘의 길(way)이며, [어떻게] 신실해질 것인가를 생각하는 것은 사람의 길(way)이다.

3절

至誠而不動者, 未之有也, 不誠, 未有能動者也.

사람이 진실로 신실하면 다른 사람에게 항상 감동을 줬다. 신실함이 없는 사람은 결코 다른 사람에게 감동을 주지 못했다."

3. 'Therefore, those who are skilful to fight should suffer the highest punishment. Next to them should be punished those who unite some princes in leagues against others; and next to them, those who take in grassy commons, imposing the cultivation of the ground *on the people*.'

3. Here we have three classes of adventurers who were rife in Mencius's time, and who recommended themselves to the princes in the ways described, pursuing their own ends, regardless of the people. Some advanced themselves by their skill in war; some by their talents for intrigue; and some by plans to make the most of the ground, turning every bit of it to account, but for the good of the ruler, not of the people. 辟=闢. 萊,—'a kind of creeper,' 'weeds,' =fields lying fallow or uncultivated. 任土地,—the 土地 is what had been occupied by the 草萊. Chû Hsî expands the phrase thus:—'任土地 means,—to divide this land and give it to the people, making them undertake the charge of cultivating it.'

3절

故善戰者服上刑, 連諸侯者次之, 辟草萊任土地者次之.

그래서 싸움을 잘하는 자들이 가장 중한 벌을 받아야 한다. 그다음의 벌을 받아야 하는 이는 몇몇 제후와 결탁하여 [다른 제후들과] 반목하도록 하는 자들이다. 그다음은 풀 덮인 휴경지를 취하여 [백성에게] 그 땅을 경작하도록 강제하는 자들이다."

3절 각주

맹자 시대에 들끓었던 세 집단의 모리배(adventure)들이 있었다. 그들은 백성을 고려하지 않고 자신들의 목적을 위해서 앞서 말한 방식으로 제후들에게 자신을 천거했다. 어떤 이는 전쟁에서 자신의 능력을 발휘했고, 어떤 이는 음모에 재주가 있었고, 어떤 이는 땅을 이용하는데 재주가 있어 땅의 모든 부분을 이용하지만 오로지 지배자의 이익을 위해 그렇게 했다. 벽(辟)은 벽(闢)이다. 래(萊)는 '일종의 덩굴'과 '잡초'로, 경작되지 않은 휴경지를 의미한다. 임토지(任土地)에서 토지(土地)는 초래(草萊)로 덮인 곳이다. 주희는 이 구절을 확대해서 '임토지'의 의미를 '이 땅을 백성들에 나누어 주어 땅을 경작하는 책임을 맡기는 것'으로 해석한다.

CHAPTER XV

CH. 15. THE PUPIL OF THE EYE THE INDEX OF THE HEART.

1. Mencius said, 'Of all the parts of a man's body there is none more excellent than the pupil of the eye. The pupil cannot *be used to* hide a man's wickedness. If within the breast all be correct, the pupil is bright. If within the breast all be not correct, the pupil is dull.

   1. 存乎人者,—存=在, 'the things that are in man,' i. e. in his body. The excellence of the pupil is from its truthfulness as an index of the heart. The whole is to be understood un spoken by Mencius for the use of those who thought they had only to hour men's words to judge of them.

제15장

눈동자는 마음의 지표이다.

1절

孟子曰, 存乎人者, 莫良於眸子, 眸子不能掩其惡, 胸中正, 則
眸子瞭焉, 胸中不正, 則眸子眊焉.

맹자가 말했다. "사람 몸의 모든 부분에서 눈동자보다 더 뛰어난 것은 없
다. 눈동자를 사람의 사악함을 감추는데 [사용할 수 없다]. 마음속의 모든
것이 올바르면 눈동자는 밝다. 마음속의 모든 것이 올바르지 않으면 눈동
자는 흐리다.

1절 각주
존호인자(存乎人者)에서 존(存)은 재(在)로 '사람 속에 있는 것들' 즉 그의
몸에 있는 것들을 의미한다. 눈동자가 우수하다는 것은 마음의 진실함을
나타내는 지표이기 때문이다. 맹자가 제15장을 말한 목적은 사람을 판단
할 때 그 사람의 말만 들어야 한다고 생각하는 이들을 경계하기 위해서이
다.

2. 'Listen to a man's words and look at the pupil of his eye. How can a man conceal his character?'

2. Compare Analects, II. x.

2절

聽其言也, 觀其眸子, 人焉廋哉.

사람의 말을 듣고 눈동자를 보라. 어떻게 사람이 자기의 성격을 숨길 수 있겠는가?"

2절 각주

『논어』 제2장 제10절과 비교하라.

CHAPTER XVI

CH. 16. DEEDS, NOT WORDS OR MANNERS, NECESSARY TO PROVE MENTAL QUALITIES.

Mencius said, 'The respectful do not despise others. The economical do not plunder others. The prince who treats men with despite and plunders them, is only afraid that they may not prove obedient to him:—how can he be regarded as respectful or economical? How can respectfulness and economy be made out of tones of the voice, and a smiling manner?'

恭者, 儉者, though I have translated them generally, are yet spoken with a reference to the 君 that follows. The princes of Mencius's time made great pretensions, of which their actions proved the insincerity. 不侮9) and 不奪 are to be understood of the disposition:—'not wish to contemn, &c.' 奪, directly governing 人, is remarkable. 爲恭儉,—爲=以爲 or 名爲, 'to be regarded,' 'to be styled.' The final 爲=作爲, and in the passive, 'to be made.' 聲音, 'tones' = words.

---

9) (역주) 레게 각주의 원문은 '侮'로 되어 있으나, 의미상 '不侮'가 타당하므로 수정했다.

제16장

정신의 자질을 증명하는 데 필요한 것은 말과 태도가 아니라 행동이다.

孟子曰, 恭者不侮人, 儉者不奪人, 侮奪人之君, 惟恐不順焉, 惡得爲恭儉, 恭儉, 豈可以聲音笑貌爲哉.

맹자가 말했다. "공손한 자는 타인을 경멸하지 않는다. 검소한 자는 타인을 약탈하지 않는다. 사람들에게 무례하고 약탈하는 제후는 오로지 그들이 순종하지 않을까 그것만을 두려워한다. 그런 자를 어떻게 공손하고 검소하다고 할 수 있겠는가? 공손함과 검소함이 어떻게 목소리를 바꾸고 웃는다고 해서 만들어질 수 있겠는가?"

16장 각주

나는 공자(恭者)와 검자(儉者)를 일반적으로 해석했지만, 바로 뒤에 나오는 군(君) 즉 제후를 가리킨다. 맹자 시대의 제후들은 매우 가식적이었고 그들의 행동은 불성실한 것으로 드러났다. 불모(不侮)와 불탈(不奪)은 '비난하기를 원하는 않는' 성향으로 이해해야 한다. 탈(奪)은 사람을 직접 지배하는 것으로 주목할 만하다. 위공검(爲恭儉)에서 위(爲)는 이위(以爲) 또는 명위(名爲)로 '고려되다, '일컬어지다'를 의미한다. 마지막의 위(爲)는 작위(作爲)이고 수동태로 '만들어지다'이다. 성음(聲音)은 '성조(tones)'로 말을 의미한다.

2. 'There are many services, but the service of parents is the root of all others. There are many charges, but the charge of one's self is the root of all others.

2. 孰不爲事,—'what is not a service?' i.e. the services a man has to perform are many. 本,—in the sense of 'roof,' according to the Chinese way of developing all other services from filial piety; see the Hsiâo-ching(孝經), *passim*. There is more truth in the second part of the paragraph.

2절

孰不爲事, 事親, 事之本也, 孰不爲守, 守身, 守之本也.

여러 섬김이 있지만, 부모를 섬기는 것이 모든 섬김의 근본이다. 여러 책임이 있지만 자기 자신을 책임지는 것이 모든 책임의 근본이다.

2절 각주

숙불위사(孰不爲事)은 '섬김이 아닌 것이 무엇인가?' 즉 사람이 섬김을 행할 대상은 많다는 의미이다. 본(本)은 '근본'이라는 의미로 자식의 효에서 시작하여 다른 모든 섬김을 발달시킨다는 중국식 방식이다. 『효경』(孝經)의 여러 곳(passim)을 보라. 제2절의 두 번째 부분에 더 많은 진리가 있다.

3. 'The philosopher Tsăng, in nourishing Tsăng Hsî, was always sure to have wine and flesh provided. And when they were being removed, he would ask respectfully to whom he should give *what was left*. If *his father* asked whether there was anything left, he was sure to say, "There is." After the death of Tsăng Hsî, when Tsăng Yüan came to nourish Tsing-tsze, he was always sure to have wine and flesh provided. But when the things were being removed, he did not ask to whom he should give *what was left*, and if *his father* asked whether there was anything left, he would answer "No;"—intending to bring them in again. This was what is called—"nourishing the mouth and body." We may call Tsăng-tsze's practice—"nourishing the will."

3. Hsî was Tsăng Shăn's father; see Analects, XI. xxv. 養,—in 4th tone. 'Nourishing the will,' i. e, gratifying and carrying out the father's wishes.

3절

曾子養曾晳, 必有酒肉, 將徹, 必請所與, 問有餘, 必曰有, 曾
晳死, 曾元養曾子, 必有酒肉, 將徹, 不請所與, 問有餘, 曰亡
矣, 將以復進也, 此所謂養口體者也, 若曾子, 則可謂養志也.

증자가 증석을 봉양할 때 그는 반드시 술과 고기를 마련했다. 술과 고기
를 가지고 나갈 때 [남은 것을] 누구에게 주어야 하는지 공손하게 묻곤 했
다. [그의 아버지가] 남은 것이 있느냐고 물으면 증자는 반드시 '있습니다'
라고 말했다. 증석이 죽고 증원이 증자를 봉양하게 되었을 때 그는 반드
시 술과 고기를 마련했다. 그러나 술과 고기를 가지고 나갈 때 그는 [남은
것을] 누구에게 주어야 하는지를 묻지 않았다. [증자가] 남은 것이 있느냐
고 물으면 술과 고기를 다시 가지고 올 의도로 '없습니다'라고 대답했다.
증원의 봉양은 소위 말하는 '그 입과 몸을 봉양하는 것'이다. 우리는 증자
의 봉양을 '그 뜻을 봉양하는 것'으로 부를 수 있다.

3절 각주

증석(曾晳)은 증자(曾子)의 아버지이다. 『논어』 제11권 제25장을 보라. 양
(養)은 4성조이다. '뜻을 봉양하는 것'은 즉 아버지를 흐뭇하게 하고 아버
지가 바라는 것을 이행하는 것이다.

4. 'To serve one's parents as Tsăng-tsze served his, may be accepted as *filial piety.*'

4. The 可也 at the end occasions some difficulty. Chû Hsî quotes from one of the brothers Ch'ăng these words:—'To serve one's parents as Tsăng Shăn did his, may bo called the height of filial piety, yet Mencius only says that it might be accepted as such—可也: did he really think that there was something supererogatory in Tsăng's service?' Possibly. Mencius may have been referring to Tsăng's disclaimer of being deemed a model of filial piety. See the Lî Chî, XXI(祭義), ii. 10, where he says:—'What the superior man calls filial piety, is to anticipate the wishes, and carry out the mind of his parents, always loading them on in what is right and true. I am only one who nourishes his parents. How can I be deemed filial?'

4절

事親若曾子者, 可也.

증자가 부모를 섬기듯이 부모를 섬기는 것은 [효로] 받아들여질 수 있다."

4절 각주

가야(可也)를 해석하는 데 약간 어려움이 있다. 주희는 정자(程子) 형제중 한 사람의 말을 다음과 같이 인용한다. "증자처럼 부모를 섬기는 것을 최고의 효라 부를 수 있다. 그러나 맹자는 '그렇게 받아들일 수 있다' 즉 가야(可也)라고만 말한다. 정말로 증자의 섬김에 지나친 어떤 것이 있다고 생각했을까?" 아마도 맹자는 증자가 자신이 효의 모델로 간주되는 것을 부인했던 것을 나타냈을 수도 있다. 『예기』「제의(祭義)」하 제10장을 보라. 『예기』에서 증자는 말했다. "군자가 효라고 부르는 것은 부모의 소망을 예상하는 것이고, 부모의 마음을 행하는 것이고, 항상 부모를 바르고 진실한 곳으로 이끄는 것이다. 나는 부모를 봉양하는 사람일 뿐이다. 어떻게 내가 효자라 할 수 있겠는가?"

CHAPTER XX

CH. 20. A TRULY GREAT MINISTER WILL BE SEEN IN HIS DIRECTING HIS EFFORTS, NOT TO THE CORRECTION OF MATTERS IN DETAIL, BUT OF THE SOVEREIGN'S CHARACTER.

Mencius said, 'It is not enough to remonstrate with a *sovereign* on account of *the mal-employment of* ministers, nor to blame errors of government. It is only the great man who can rectify what is wrong in the sovereign's mind. Let the prince be benevolent, and all *his acts* will be benevolent. Let the prince be righteous, and all his acts will be righteous. Let the prince be correct, and everything will be correct. Once rectify the ruler, and the kingdom will be firmly settled.'

제20장

진정한 신하는 문제를 세세하게 교정하는 사람이 아니라 군주의 인격을 교정하려는 사람이다.

孟子曰, 人不足與適也, 政不足間也, 惟大人, 爲能格君心之非, 君仁, 莫不仁, 君義, 莫不義, 君正, 莫不定, 一正君而國正矣.

맹자가 말했다. "신하를 잘못 기용한 것을 두고 [군주를] 비난하는 것은 충분하지 않고, 정치에서 [실수했다고] 비판하는 것도 충분하지 않다. 군주의 마음이 잘못된 것을 교정할 수 있는 이는 오로지 대인(大人)뿐이다. 제후를 어질게 하면 [제후의 모든 행동이] 어질게 될 것이다. 제후를 의롭게 하면, [제후의 행동들이] 모두 의롭게 될 것이다. 제후를 바르게 하면 모든 것이 바르게 될 것이다. 일단 통치자를 바르게 하라. 그러면 그 왕국은 매우 안정될 것이다."

CHAPTER XXV

CH. 25. A FURTHER AND MORE DIRECT REPROOF OF YO-CHANG.

Mencius, addressing the disciple Yo-chǎng, said to him, 'Your coming here in the train of Tsze-âo was only because of the food and the drink. I could not have thought that you, having learned the doctrine of the ancients, would have acted with a view to eating and drinking.'

餔啜 are both contemptuous terms, =our application of 'the loaves and fishes.' 而以餔啜=而以餔啜爲也.

제25장

맹자는 악정자를 더 심하게 꾸짖는다.

孟子謂樂正子曰, 子之從於子敖來, 徒餔啜也, 我不意子學古
之道而以餔啜也.

맹자가 악정자에게 다가가서 말했다. "네가 자오를 뒤따라 여기에 온 것은
단지 먹고 마시기 위해서일 뿐이었다. 옛사람들의 도를 배운 네가 먹고
마시기 위해 행동할 것이라고는 생각지도 못했다."

25장 각주

포철(餔啜)은 두 글자 모두 경멸을 담은 단어이다. 영어에서는 이를 '빵과
물고기'로 사용한다. 이이포철(而以餔啜)은 이이포철위야(而以餔啜爲也)이다.

CHAPTER XXVI

CH. 26. SHUN'S EXTRAORDINARY WAY OF CONTRACTING MARRIAGE JUSTIFIED BY THE MOTIVE.

1. Mencius said, 'There are three things which are unfilial, and to have no posterity is the greatest of them.

1. The other two things which are unfilial are, according to Châo Ch'î, first, by a flattering assent to encourage parents in unrighteousness; and secondly, not to succour their poverty and old age by engaging in official service. To be without posterity is greater than those faults, because it is an offense against the whole line of ancestors, and terminates the sacrifices to them.—In Pt. II. xxx, Mencius specifies five things which were commonly deemed unfilial, and not one of these three is among them. It is to be understood that here 不孝有三 is spoken from the point of view of the superior man, and, moreover, that the first paragraph simply lays down the ground for the vindication of Shun.

제26장

순임금의 특이한 결혼은 그 동기로 정당화된다.

1절
孟子曰, 不孝有三, 無後爲大.

맹자가 말했다. "세 가지의 불효가 있다. 그중 후손을 두지 않는 것이 가장 큰 불효이다.

1절 각주

조기에 따르면, 불효가 되는 나머지 두 가지에는 첫째, 부모가 불의를 행하도록 부추기는 것이고, 두 번째는 부모가 가난하고 연로함에도 공직에 나아가 구제하지 않는 것이다. 자손이 없는 것은 가문의 모든 조상을 거스르는 것이고 조상의 제사를 끊는 것이기 때문에 앞의 두 잘못보다 더 큰 잘못이다. 맹자는 제2편 제30장에서 일반적인 다섯 가지의 불효를 명시한다. 이 세 가지 중 어느 하나도 다섯 가지의 불효에 속하지 않는다. 여기서 불효유삼(不孝有三)은 군자의 관점에서 말한 것이다. 게다가 제1절은 단순히 순임금을 정당화하기 위한 초석일 뿐이다.

2. 'Shun married without informing his parents because of this,—*lest he should have* no posterity. Superior men consider that his doing so was the same as if he had informed them.'

2. 爲無後,一爲, in 4th tone. 告 implies getting the parents' permission, as well as informing them. But Slun's parents were so evil, and hated him so much, that they would have prevented his marriage had they been told of it.

2절

舜不告而娶, 爲無後也, 君子以爲猶告也.

순임금은 자손이 [없을까봐 걱정하여] 부모에게 알리지 않고 결혼했다. 군자들은 순임금이 그렇게 한 것은 부모에게 알린 것과 마찬가지였다고 생각한다."

2절 각주

위무후(爲無後)에서 위(爲)는 4성조이다. '고'(告)는 부모에게 알리는 것뿐만 아니라 부모의 승낙을 받는 것을 의미한다. 그러나 순임금의 부모는 매우 나쁜 사람들로 순임금을 매우 싫어했다. 순임금이 말했다면 그들은 결혼을 방해했을 것이다.

CHAPTER XXVII

CH. 27. FILIAL PIETY AND FRATERNAL OBEDIENCE IN THEIR RELATION TO BENEVOLENCE, RIGHTEOUSNESS, WISDOM, PROPRIETY, AND MUSIC.

1. Mencius said, 'The richest fruit of benevolence is this,—the service of one's parents. The richest fruit of righteousness is this,—the obeying one's elder brothers.

제27장

자식으로 해야 할 도리인 효와 형에게 순종하는 제와 인, 의, 지, 예, 음악과의 관계를 논한다.

1절
孟子曰, 仁之實, 事親是也, 義之實, 從兄是也.

맹자가 말했다. "인의 가장 큰 열매는 부모를 섬기는 것이다. 의의 가장 큰 열매는 형에게 순종하는 것이다.

CHAPTER I

CH. 1. THE AGREEMENT OF SAGES NOT AFFECTED BY PLACE OR TIME.

1. Mencius said, 'Shun was born in Chû-fang, removed to Fû-hsiâ, and died in Ming-t'iâo;—a man near the wild tribes on the east.

제1장

성인의 공통점은 시간과 장소의 영향을 받지 않는다는 것이다.

1절

孟子曰, 舜生於諸馮, 遷於負夏, 卒於鳴條, 東夷之人也.

맹자가 말했다. "순임금은 제풍에서 태어나 부하로 이주하였고 명조에서 사망하였는데, 동쪽 이민족 근처에서 살았다."

1. The common view derived from the 'Historical Records,' Book I, is, that Shun was a native of Chî-chân, corresponding to the modern Shan-hsî, to which all the places in the text are accordingly referred. Some, however, and especially Tsăng Tsze-kû(曾子固), of the Sung dynasty, find his birthplace in Chî-nan in Shan-tung, and this would seem to be supported by Mencius in this passage. There is considerable difficulty with Ming-t'iao, as we read in the 'Historical Records,' that in the thirty-ninth year of his reign, Shun died, while on a tour of inspection to the south, in the wilderness of Ts'ang-wû(蒼梧), and was buried on the Chiu-î(九疑) hills in Chiang-nan, which are in Ling-ling (零陵). The discussions on the point are very numerous. See the 集證 and 四書拓餘說, *in loc.*; see also on the Shû-ching, Pt. II. No doubt, Mencius was not speaking without book. 東夷之人, literally, 'a man of the eastern I,' or 'barbarians,' but the meaning can only be what 1 have given in the translation. So 西夷之人.

1절 각주

순임금에 대한 일반적인 견해는 『사기』 제1권에서 유래한 것이다. 순임금이 현재의 섭서성 기산(岐山) 사람이라는 것이다.12) 본문의 모든 장소는 『사기』를 따른 것이다. 그러나 특히 송 왕조의 증자고(曾子固)13)같은 사람은 순임금의 출생지를 산동성의 제남으로 보는데 이는 이 절에서 맹자가 말한 것에 근거에 둔 것으로 보인다. 명조(鳴條)라는 지역에 대해서는 상당한 이견이 있다. 『사기』에 따르면, 순임금이 치세 39년 때에 남쪽 지방인 창오(蒼梧)의 광야를 순방하다 명조에서 사망하고 강남의 구의산에 묻혔는데 이곳은 영릉(零陵)에 있다. 이 점에 대해서는 논의가 매우 다양하다. 『집증』(集證)과 『사서탁여설』(四書拓餘說)을 보라. 또한 『시경』「소아(小雅)」편을 보라. 틀림없이 맹자는 책에 근거를 두고 말했다. 동이지인(東夷之人)은 문자 그대로는 동쪽의 이(夷) 즉 야만인라는 의미이지만 나의 번역이 정확하다. 서이지인(西夷之人)도 마찬가지이다.

---

12) (역주) 제풍(諸馮)의 지리적 위치에 대해서는 의견이 분분하다. 한대 이후 『맹자』 주석서에서 "동쪽의 이민족 지역(東夷)"라고만 했을 뿐 구체적 언급이 없었기 때문이다. 역대 학자들에 의하면, 이의 구체적 위치에 대해서는 동이 지역에 대해서는 (1) 지금의 산동성 제성(諸城) 북쪽 제풍촌(諸馮村)으로 보는데 거기에는 순임금의 사당(舜廟)이 있으며, 명나라 『직방지도』(職方地圖), 청나라 건륭 연간 때의 『제성현지』(諸城縣志)의 기록 등이 이를 뒷받침한다. (2) 지금의 산동성 하택시(菏澤市)(옛날에는 曹縣이라 불렸음), 혹은 하택 서북 50리 지점의 제풍촌(諸馮村)으로 보는데 명나라 『가정산동통지』(嘉靖山東通志) 등이 이를 뒷받침하며, 양백준(楊伯峻)의 『맹자역주』도 이에 찬동했다. (3) 오늘날 산서성 원곡현(垣曲縣) 제풍산(諸馮山) 아래로 보는데, 청나라 고조우(顧祖禹)의 『독사방여기요』(讀史方輿紀要)(권41) 등이 이를 뒷받침한다. 동이 지역이라 한 것, 그 외 관련 유적지 등으로 보아 (1)이 근접해 보인다.

13) (역주) 증자고(曾子固, 1019~1083)는 증공(曾鞏)으로 건창(建昌) 남풍(南豊) 사람이다. 자는 자고이다. 북송 시대 관리이자 문인으로 당송팔대가(唐宋八大家)의 한사람이다.

2. 'King Wăn was born in Châu by *mount* Ch'î, and died in Pî-ying;─a man near the wild tribes on the west.

2. Châu, the original seat of the house of Châu, was in the present department of Fung-ts'iang, in Shen-hsî. Pî-ying is to be distinguished from Ying which was the capital of Ch'u, and with which the paraphrast of Châo Ch'î strangely confounds it. Chû Hsî says it was near to Fang (豊) and Hao(鎬), the successive capitals of king Wû. The former was in Hû-hsien(鄠縣), and the latter in Hsien-yang(咸陽), both in the department of Hsî-an; Pî-ying was in the district of Hsien-ning(咸寧) of the same department, and there the grave of king Wû, or the place of it, is still pointed out.

2절

文王生於岐周, 卒於畢郢, 西夷之人也.

문왕은 기산의 주 지역에서 태어나 필영에서 사망하였고 서쪽 이민족 근처에서 살았다.

2절 각주

주나라 가문의 발원지인 주(周) 지역은 현재 섬서성의 봉상(鳳翔)에 있었다. 필영(畢郢)은 초나라의 수도였던 영(郢)과 구별해야 하는데 이상하게도 조기의 해석가는 이를 혼동한다. 주희는 필영이 문왕 시대에 차례로 수도이었던 풍(豊)과 호(鎬)에 가깝다고 말한다. 풍(豊)은 호현(鄠縣)에 있고 호(鎬)는 함양(咸陽)에 있는데 두 곳 모두 서안에 있다. 필영은 서안의 함녕(咸寧)에 있고 문왕의 묘 또는 묘 터가 아직도 이곳에 있다.

3. 'Those regions were distant from one another more than a thousand lî, and the age of the one *sage* was posterior to that of the other more than a thousand years. But when they got their wish, and carried their principles into practice throughout the Middle Kingdom, it was like uniting the two halves of a seal.

3. 得志行乎中國,－'when they got their wishes carried out in the Middle Kingdom.' We are to understand that their aim was to carry out their principles, not to get the kingdom. 符 should be called a tally or token, perhaps, rather than 'a seal.' Anciently, the sovereign delivered, as the token of investiture, one half of a tally of wood or some precious stone, reserving the other half in his own keeping. It was cut right through a line of characters, indicating the commission, and their halves fitting each other when occasion required, was the test of truth and identity. Originally, as we see from the formation of the character(符), the tally must have been of bamboo.

3절

地之相去也, 千有餘里, 世之相後也, 千有餘歲, 得志行乎中國,
若合符節.

두 사람의 지역은 천리 이상 떨어진 곳이고 한 [성인]의 나이는 다른 성인
보다 천 세 이상 많다. 그러나 그들이 소망을 가지고 중국의 모든 곳에
그들의 원리를 행했을 때 두 사람은 마치 인장의 반쪽을 합치는 것과 같
이 합치되었다.

3절 각주

득지행호중국(得志行乎中國)은 '그들의 소망이 중국에서 행하여지게 되었
을 때'이다. 우리는 두 사람의 목적이 원리를 실행하는 것이지 왕위에 오
르는 것이 아님을 알아야 한다. 부(符)는 인장(seal)이라기보다는 신표(tally)
또는 증표(token)에 가깝다. 옛날에 군주는 임명의 증표로 나무 또는 보석
으로 된 신표의 반을 주었고 나머지 반을 자신이 가지고 있었다. 임명을
나타내는 한 줄의 글을 반으로 쪼개는데 필요한 때가 되었을 때 두 반쪽
이 딱 맞으면 진실과 신분을 확인해 주는 역할을 했다. 부(符)라는 글자의
모양에서 알 수 있듯이 원래 신표는 분명히 대나무로 만들었다.

3. Mencius replied,'The admonitions *of a minister* having been followed, and his advice listened to, so that blessings have descended on the people, if for some cause he leaves *the country,* the prince sends an escort to conduct him beyond the boundaries. He also anticipates *with recommendatory intimations* his arrival in the country to which he is proceeding. When he has been gone three years and does not return, *only* then at length does he take back his fields and residence. This treatment is what is called a "thrice-repeated display of consideration." When a prince acts thus, mourning will be worn on leaving his service.

3. 膏澤,一'fat and moistening influences,'=blessings. 先於其所往 must be supplemented by 稱揚其賢, 欲其收用之, 'mentions and commends his worth, wishing him to be received and used.' 田,一'fields,' =emoluments. 里,一used for an individual residence. We have not had the character in this sense before. The 'thrice-repeated display of consideration' refers, 1st, to the escort as a protection from danger; secondly, to the anticipatory recommendations; and thirdly, to the long-continued emoluments, in expectation of the minister's return.

3절

曰, 諫行言聽, 膏澤下於民, 有故而去, 則君使人導之出疆, 又
先於其所往, 去三年不反然後, 收其田里, 此之謂三有禮焉, 如
此則爲之服矣.

맹자가 대답했다. "제후가 [신하의] 권고를 따르고 조언을 들으면 그 복이
백성들에게 내려갑니다. 만약 어떤 이유로 신하가 [나라를] 떠날 때에 제
후는 호송대를 보내어 국경 너머까지 호위해줍니다. 신하가 목적지인 나라
에 도착했을 때는 [추천을 넌지시 권하는] 글이 미리 와 있을 것입니다.
그리고 신하가 떠나간 지 3년이 지나도 되돌아오지 않으면, 그때서야 비
로소 신하의 전답과 주거지를 거둡니다. 이러한 대우가 소위 말하는 '삼유
례 즉 세 차례 반복된 예'입니다. 제후의 행동이 이러하면 신하는 관직을
떠나서도 [옛 군주를 위해] 상복을 입을 것입니다.

3절 각주

고택(膏澤)은 '기름지고 촉촉한 영향력' 즉 축복을 의미한다. 선어기소왕
(先於其所往)은 '칭양기현, 욕기수용지(稱揚其賢, 欲其收用之)', 즉 '그의
가치를 언급하고 칭찬하며 그를 받아들여서 기용해 줄 것을 바란다'라는
의미이다. 전(田)은 '전답' 즉 녹봉이다. 리(里)는 개개인의 거주지를 나타
내는데 사용된다. 우리는 이 글자가 전에 이러한 의미로 사용되는 것을
본 적이 없다. '삼유례 즉 세 차례 반복된 예'는 먼저, 위험으로부터 보호
하기 위해 한 호위를 말하고, 두 번째는 기대되는 추천서이고, 세 번째는
신하가 돌아오길 기대하며 장기간 계속해서 주는 녹봉을 말한다.

4. 'Now-a-days, the remonstrances of a minister are not followed, and his advice is not listened to, so that no blessings descend on the people. When for any cause he leaves the country, the prince tries to seize him and hold him a prisoner. He also pushes him to extremity in the country to which he has gone, and on the very day of his departure, takes back his fields and residence. This treatment shows him to be what we call "a robber and an enemy." What mourning can be worn for a robber and an enemy?'

4. Here and above, 有故 is not to be taken as 大故, in Bk. III. Pt. I. ii. 1. We must understand 'wishes to,' or 'tries to,' before 搏執之, for if the minister were really imprisoned, he could not go to another kingdom.

4절

今也爲臣, 諫則不行, 言則不聽, 膏澤不下於民, 有故而去, 則
君搏執之, 又極之於其所往, 去之日, 遂收其田里, 此之謂寇讐,
寇讐, 何服之有.

요즘에는 제후가 신하의 권고를 따르지도 않고 그의 충고를 듣지도 않으
므로, 어떠한 복도 백성에게 내려가지 않습니다. 어떤 이유로 신하가 그
나라를 떠날 때면 제후는 그를 체포해서 포로로 잡으려고 합니다. 제후는
신하가 도착한 나라에서 궁지에 몰리도록 합니다. 신하가 떠난 바로 그
날에 그의 전답과 집을 거두어들입니다. 이러한 대우는 제후가 소위 말하
는 '강도와 적'임을 보여줍니다. 강도와 적을 위해 어떻게 상복을 입을 수
있겠습니까?"

4절 각주

이 절과 앞의 3절의 유고(有故)를 제3권 제1편 제2장 제1절의 대고(大故)
로 해석해서는 안 된다. 우리는 '박집지'(搏執之) 앞에 '원하는' '시도하는'
을 보완해야 한다. 왜냐하면 신하가 정말로 옥에 갇히면 다른 나라로 갈
수 없기 때문이다.

CHAPTER IV

CH. 4. PROMPT ACTION IS NECESSARY AT THE RIGHT TIME.

Mencius said, 'When scholars are put to death without any crime, the great officers may leave the country. When the people are slaughtered without any crime, the scholars may remove.'

可以, 'may,' = it is time to. If the opportunity be not taken, while the injustice of the ruler is exercised on those below them, it will soon come to themselves, and it will be too late to escape. The 日講 concludes its paraphrase thus:一'We may see how the ruler should prize virtue, and be slow to punish; and how he should be cautious in execution of the laws, ever trying to practice benevolence. If he can indeed embody the mind of God, who loves all living things, and make the compassion of the ancient sages his rule, then both officers and people will be grateful to him as to Heaven, and long repose and protracted good order will be the result.'

제4장

신속한 행동이 필요한 그런 시기가 있다.

孟子曰, 無罪而殺士, 則大夫可以去, 無罪而戮民, 則士可以徙.

맹자가 말했다. "학자가 범죄를 저지르지 않았는데도 사형을 당하면, 대부는 [그 나라를] 떠나도 된다. 백성이 범죄를 저지르지 않았는데도 살육되면, 학자는 떠나도 된다."

4절 각주

가이(可以)는 'may'로 '~할 때'와 같다. 통치자가 아래에 있는 사람들에게 불의를 행할 때, 기회를 잡아 떠나지 못하면 그 일이 곧 그들에게 닥칠 것이고 그 때는 도망치기에 이미 너무 늦을 것이다. 『일강』(日講)에서는 이 문구를 다음과 같이 풀이한다. '통치자가 덕을 귀하게 여기고 처벌은 느리게 해야 한다는 것을 알 수 있고, 또한 통치자가 법의 집행을 신중하게 해야 하고 항상 인을 행하려고 애써야 한다는 것을 알 수 있다. 만약 통치자가 살아있는 모든 것을 사랑하고 하나님의 마음을 진실로 구현할 수 있다면 또한 옛 성인의 연민을 항상 행할 수 있다면, 관리와 백성들은 모두 하늘에 하듯이 그에게 감사할 것이다. 그러면 오랜 평안과 장기간의 선의 질서가 그 결과로 나타날 것이다.'

CHAPTER V

CH. 5. THE INFLUENCE OF THE RULER'S EXAMPLE.

Mencius said, 'If the sovereign be benevolent, all will be benevolent. If the sovereign be righteous, all will be righteous.'

See Pt. I. xx, where the same words are found, but their application is to stimulate ministers to do their duty in advising, or remonstrating with, their sovereign.

제5장

통치자의 예가 모두에게 미치는 영향력을 논한다.

孟子曰, 君仁, 莫不仁, 君義, 莫不義.

맹자가 말했다. "군주가 어질면 모두가 어질 것이고, 군주가 정의로우면 모두가 정의로울 것이다."

5장 각주
제1편 제20장을 보면 동일 표현을 발견할 수 있다. 그러나 제20장의 의도는 군주에게 조언하고 비판하는 의무를 다하도록 권장하는 것이다.

CHAPTER XII

CH. 12. A MAN IS GREAT BECAUSE HE IS CHILDLIKE.

Mencius said, 'The great man is he who does not lose his child's-heart.'

Châo Ch'î makes 'the great man' to be 'a sovereign,' 其赤子, 'his children,' i. e. his people, and the sentiment is that the true sovereign is he who does not lose his people's hearts. I mention this interpretation, as showing how learned men have varied and may vary in fixing the meaning of these books. It is sufficiently absurd, and has been entirely displaced by the interpretation which is given in the version. The sentiment may suggest the Savior's words,—'Except ye be converted, and become as little children, ye shall .lot enter into the kingdom of heaven.' But Christ speaks of the child's heart as a thing to be regained; Mencius speaks of it as a thing not to be lost. With Christ, to become as children is to display certain characteristics of children. With Mencius, 'the child's heart' is the ideal moral condition of humanity. Chû Hsî says:—'The mind of the great man comprehends all changes of phenomena, and the mind of the child is nothing but a pure simplicity, free from all hypocrisy. Yet the great man is the great man, just as he is not led astray by external things, but keeps his original simplicity and freedom from hypocrisy. Carrying this out, he becomes omniscient and omnipotent, great in the highest degree.' We need not suppose that Mencius would himself have expanded his thought in this way.

제12장

사람은 어린아이와 같기 때문에 위대하다.

孟子曰, 大人者, 不失其赤子之心者也.

맹자가 말했다. "대인은 어린아이의 마음을 잃어버리지 않은 사람이다."

12장 각주

조기는 '대인'을 군주로 보고, 기적자(其赤子)를 '그의 자식들' 즉 그의 백성들로 보아 그 의미를 진정한 군주는 백성들의 마음을 놓치지 않는 자로 해석한다. 내가 조기의 해석을 언급하는 이유는 『맹자』의 의미에 대해 학자들의 생각이 아주 다르고 또 얼마나 다를 수 있는지를 보여주기 위함이다. 조기의 해석은 다분히 문제가 있으므로 나는 완전히 다르게 번역했다. 그 의미는 구세주의 말로 나타낼 수 있다. "개종하고 어린 아이가 되지 않으면, 천국에 들어가지 못할 것이니라!"이다. 그러나 그리스도는 아이의 마음을 다시 얻어야 할 어떤 것이라는 취지로 말한다. 맹자는 이것을 놓쳐서는 안 되는 어떤 것으로 말한다. 그리스도에게 아이처럼 되는 것은 아이들의 어떤 특징들을 드러내는 것이다. 맹자에게 '아이의 마음'은 인간의 이상적인 도덕적 조건이다. 주희는 이렇게 말했다. "대인의 마음은 현상의 모든 변화를 종합하고, 아이의 마음은 오로지 순수하고 단순하여 모든 위선에서 벗어난다. 그러나 대인이 대인인 것은 그가 외부의 것에 흔들리지 않고 어린 시절의 순수함을 유지하고 위선으로부터 자유롭기 때문이다. 이것을 실행할 때 군주는 전지전능하게 되고 최고 단계의 대인이 된다." 우리는 맹자가 직접 자기의 생각을 이런 식으로 확장했을 것이라고 추정할 필요는 없다.

CHAPTER XIII

CH. 13. FILIAL PIETY SEEN IN THE OBSEQUIES OF PARENTS.

Mencius said, 'The nourishment of *parents when* living is not sufficient to be accounted the great thing. It is only in the performing their obsequies when dead that we have what can be considered the great thing.'

養生者,一者字指養生之事,一'the character 者 refers to the ways by which the living may be nourished.' It belongs to the phrase 養生, and not to 生 alone. 當=爲,一'to be considered,' 'to constitute.' 送死,一literally, 'to accompany the dead,' but denoting all the last duties to them. It=愼終, Analects, I. ix. The sentiment needs a good deal of explaining and guarding. The obsequies are done, it is said, once for all. If done wrong, the fault cannot be remedied. Probably the remark had a peculiar reference. The 日講 supposes it was spoken against the Mohist practice of burying parents with a spare simplicity;一see III. Pt. I. v.

제13장

효심은 부모의 장례식에서 드러난다.

孟子曰, 養生者, 不足以當大事, 惟送死, 可以當大事.

맹자가 말했다. "[부모가] 살아 계실 때 봉양하는 것을 대단한 일이라고 말하기 어렵다. 우리가 대단한 일이라고 여길 수 있는 것은 부모가 사망하여 장례식을 치를 때일 뿐이다."

13장 각주

양생자(養生者)는 '자자 지양생지사(者字 指養生之事)'로 즉 '자(者)라는 글자는 양생의 일을 가리킨다'라는 의미이다. 생(生) 뿐만 아니라 양생(養生)에도 해당된다. 당(當)은 위(爲)로 '고려되는 것' '구성하는 것'이다. 송사(送死)는 문자 그대로 '죽은 자를 동반하는 것'이지만 죽은 자에게 해야 할 마지막 모든 의무를 다하는 것을 의미한다. 그것은 『논어』제1권 제9장의 신종(愼終)이다. 그 의미를 알기 위해서는 상당히 많은 설명과 주석이 필요하다. 단 한 번뿐인 장례식을 잘못 거행하면 그 실수를 돌이킬 수 없다. 아마도 이 말은 특이한 장례를 겨냥한다. 『일강』(日講)은 맹자가 묵가들이 지나치게 간소하게 부모상을 치르는 일을 비판하기 위해 이 말을 했다고 추정한다. 제3권 제1편 제5장을 보라.

CHAPTER XIV

CH. 14. THE VALUE OF LEARNING THOROUGHLY INWROUGHT INTO THE MIND.

Mencius said, 'The superior man makes his advances *in what he is learning* with deep earnestness and by the proper course, wishing to get hold of it as in himself. Having got hold of it in himself, he abides in it calmly and firmly. Abiding in it calmly and firmly, he reposes a deep reliance on it. Reposing a deep reliance on it, he seizes it on the left and right, meeting everywhere with it as a fountain *from which things flow*. It is on this account that the superior man wishes to get hold of what he is learning as in himself.'

제14장

배움의 가치를 마음속에 단단히 새겨야 한다.

孟子曰, 君子深造之以道, 欲其自得之也, 自得之則居之安, 居
之安則資之深, 資之深則取之左右逢其原, 故君子欲其自得之
也.

맹자가 말했다. "군자는 깊은 열정과 올바른 길을 따라 [현재 배우고 있는
것을] 발전시키며 꼭 붙들어 자기 안에 있는 것처럼 하길 원한다. 배움을
자기 안에 있는 것으로 붙잡은 후에 배움 안에서 고요하고 단단하게 거주
하게 된다. 배움 안에 고요하고 단단하게 거주하면 배움에 깊이 의지하며
편안하게 된다. 배움에 깊이 의지하며 편안하면 좌우 주변에서 배움을 붙
잡고 [사물의 발원지인] 샘물처럼 모든 곳에서 배움을 만나게 된다. 군자
가 배움을 자기 안에 있는 것처럼 붙잡고 있기를 원하는 것은 이러한 이
유 때문이다."

深造之,一造, read ts'âo, 4th tone, 'to arrive at;' 之 must refer to the 理, or principles of the subject which is being learnt. 以道 is understood of the proper course or order, the successive steps of study, =依着次序. 其自得 gives the key to the chapter;—'his self-getting,' i. e. his getting hold of the subject so that the knowledge of it becomes a kind of intuition. 資=藉, 'to rely on.' The subject so apprehended in its principles is capable of indefinite application. 'He seizes it on the right and left,' i. e. he no longer needs his early efforts to apprehend it. It underlies numberless phenomena, in all which he at once detects it, just as water below the earth is found easily and anywhere, on digging the surface.—One may read scores of pages in the Chinese commentators, and yet not get a clear idea in his own mind of the teaching of Mencius in this chapter. Châo Ch'î gives 道 a more substantive meaning than in the translation; thus:—'The reason why the superior man pursues with earnestness to arrive at the depth and mystery of 道, is from a wish to get hold for himself of its source and root, as something belonging to his own nature.' Most critics understand the subject studied to be man's own self, not things external to him. We must leave the subject in its own mist.

14장 각주

심조지(深造之)에서 조(造)는 [죄]로 읽히고 4성조로 '~에 도착하다'이다. 지(之)는 리(理) 또는 배우고 있는 주제의 원리를 가리켜야 한다. 이도(以道)는 올바른 길 또는 순서, 공부의 연속적인 단계로 보아야 한다. 즉 의 착차서(依着次序)와 같다. '기자득'(其自得)은 이 장의 핵심이다. '그가 스스로 구하는 것' 즉 그가 배움에 대한 지식이 직관이 되도록 하기 위해서 그 주제를 장악하는 것을 의미한다. 자(資)는 자(藉)로 '~에 의지하다'이다. 이 원리에서 포착할 수 있는 주제의 응용은 무한할 수 있다. '그는 좌우 주변에서 그것을 포착하다'라는 것은 그것을 포착하기 위해서 초기의 노력을 이제는 필요로 하지 않는다는 것이다. 그것은 수많은 현상의 기저에 있다. 그는 즉시 그것을 감지한다. 그것은 마치 땅 아래에 흐르는 물이 표면을 파보았을 때 쉽게 어느 곳에서나 발견되는 것과 같다. 중국의 주석가들이 수십 페이지에 걸쳐 이것을 설명한 것을 볼 수 있지만 맹자가 이 장에서 가르치고자 한 것이 명확히 어떤 것인지 알기 어렵다. 조기는 도(道)를 나의 번역보다 구체적으로 해석한다. '군자가 도(道)의 깊이와 신비함에 도달하고자 열정적으로 추구하는 이유는 스스로 도의 원천과 뿌리를 장악하기를 원하기 때문으로 그것은 자기 자신의 본성에 속하는 어떤 것과 같다'라고 했다. 비평가 대부분은 배움의 주제를 그에게 외재하는 사물이 아닌, 자기 자신의 자아가 되도록 해야 한다는 의미로 이해한다. 우리는 이 부분에 대한 해석을 원문 그 자체의 안개 같은 불명확 속에 두어야 한다.

CHAPTER XIX

CH. 19. WHEREBY SAGES ARE DISTINGUISHED FROM OTHER MEN;—ILLUSTRATED IN SHUN.

1. Mencius said, 'That whereby man differs from the lower animals is but small. The mass of people cast it away, while superior men preserve it.

   1. It is to be wished that Mencius had said distinctly what the small (幾, the 1st tone, 希) point distinguishing men from birds and beasts was. According to Chû Hsî, men and creatures have the 理(intellectual and moral principle) of Heaven and Earth to form their *nature*, and the 氣 (matter) of Heaven and Earth to form their *bodies*, only men's 氣 is more correct than that of beasts, so that they are able to fill up the capacity of their nature. This denies any essential difference between men and animals, and what difference it allows is corporeal or material. Châo Ch'î says:—幾希, 無幾也 知義與不知義之間耳, '幾希 means not much. It is simply the interval between the knowledge of righteousness, and the want of that knowledge.' This is so far correct, but the difference which it indicates cannot be said to be 'not great.'—But is it not the object of Mencius to indicate the character of that which differences men and animals, and not its amount? 幾希=is something minute. One commentator refers us to an expression in the Shû-ching,— 人心惟危 道心惟微(II. ii. 15), as forming a key to the passage. In that, 人心 is the mind prone to err, in distinction from the 道心, 'the mind of reason,' which it is said is minute.

제19장

성현들, 예를 들면 순임금은 어떤 점에서 일반 사람들과 구별되는가.

1절

孟子曰, 人之所以異於禽獸者, 幾希, 庶民去之, 君子存之.

맹자가 말했다. "인간이 하등 동물과 다른 부분은 참으로 적다. 그러나 대중은 그것을 버리지만 군자는 그것을 지킨다.

1절 각주

인간과 새와 짐승을 구별하는 작은(幾[1성조]希[기희]) 점이 무엇인지 맹자가 명확하게 말했더라면 좋았을 것이다. 주희에 따르면, 인간과 금수는그들의 [본성, nature]를 형성하는 천지의 이(理, 지적 도덕적 원리)와 그들의 [몸]을 형성하는 천지의 기(氣, 물질)를 가지고 있지만, 단지 인간의 기(氣)만이 금수보다 바르기 때문에, 인간은 본성의 용량을 채울 수 있다. 이것은 인간과 동물의 근본적인 차이를 부정하는 것이고, 허용되는 차이는 육체적이거나 물질적인 것이다. 조기는 '기희, 무기야 지의여부지의지간이(幾希, 無幾也 知義與不知義之間耳)'라고 했다. 이것은 '기희(幾希)는 많지 않음이다. 그것은 단순히 의로움에 대한 지식과 그러한 지식의 부족의 간격을 의미한다.'로 해석된다. 지금까지는 이 해석이 맞지만, 그러나 그것이 의미하는 차이는 '대단하지 않는' 것은 아니다. 맹자가 인간과 동물 사이의 차이의 정도를 말하고자 한 것이 아니라 차이의 성질을 말하고자 한 것이 아닐까? 기희(幾希)는 미미한 어떤 것이다. 한 주석가는 우리에게 『서경』「대우모(大禹謨)」제15절의 '인심유위 도심유미(人心惟危 道心惟微)'가 이 문구를 이해하는 핵심이라고 언급한다. 여기서 인심(人心)이란 실수하기 쉬운 정신으로, 도심(道心, '이성의 정신')과 구분되고, 인심과 도심의 차이는 미미한 것으로 말해진다.

2. 'Shun clearly understood the multitude of things, and closely observed the relations of humanity. He walked along the path of benevolence and righteousness; he did not *need to* pursue benevolence and righteousness.'

2. Shun preserving and cultivating this distinctive endowment was led to the character and achievements which are here briefly described. The phrase 庶物, it is said, 該得廣, 凡天地間事物皆是, 'covers a wide extent of meaning, embracing all matters and things between heaven and earth.' The 日講 refers to it all the governmental achievements of Shun related in the Shû-ching

2절

舜明於庶物, 察於人倫, 由仁義行, 非行仁義也.

순임금은 아주 많은 사물을 이해했고 인륜을 철저하게 지켰다. 순임금은
인과 의의 길을 따라 걸었기에 인과 의를 쫓을 [필요가 없었다]."

2절 각주

순임금이 이 특별한 자질을 보존하고 키웠기에 여기서 간략하게 기술된
인격과 업적을 이루게 되었다. 서물(庶物)은 '해득광, 범천지간사물개시(該
得廣, 凡天地間事物皆是)', 즉 '광범위한 범위의 의미를 포함하고, 천지에
있는 모든 물질과 사물을 포용한다.'라는 의미이다. 『일강』(日講)에서는 그
것을 『서경』에 언급된 순임금의 모든 정치적 업적을 가리킨다고 말한다.

CHAPTER XX

CH. 20. THE SAME SUBJECT; ILLUSTRATED IN YU, T'ANG, WAN, WU, AND CHÂU-KUNG.

1. Mencius said, 'Yü hated the pleasant wine, and loved good words.

1. In the Chan Kwo Ts'ê(戰國策) which fills up in a measure the space between the period of the Ch'un-Ch'iû and the Han dynasty, Part VI, Article II, we read that ancienty a daughter of the Tî(probably Yâo or Shun caused î-tî to make wine(?spirits), and presented it to Yü, who drank some of it, and pronounced it to be pleasant. Then however, he frowned on î-tî, and forbade the use of the pleasant liquor, saying, 'In future ages, rulers will through this liquor ruin their States.' Yü's love of good words is commemorated in the Shû-ching, II. ii. 21.

제20장

동일한 주제로 우임금과 탕왕 그리고 문왕, 무왕, 주공을 예를 든다.

1절

孟子曰, 禹惡旨酒而好善言.

맹자가 말했다. "우임금은 맛있는 술을 싫어하고 좋은 말을 사랑했다.

1절 각주

춘추 시대와 한나라 사이의 공백을 어느 정도 채우는 『전국책』(戰國策)
파트6의 제2절을 보면[18], 옛날에 제(帝)(아마도 요임금 또는 순임금)의 딸
이 의적(儀狄)을 시켜 술을 만들어 우임금에서 주었더니 우임금이 조금
맛본 후에 맛있다고 했다. 그러나 그다음에 우임금은 의적을 찡그리고 보
며 맛있는 술의 사용을 금지했고 '후세대의 통치자들은 이 술로 인해 나
라를 망치게 될 것이다'라고 말했다. 우임금이 좋은 말을 사랑하는 것은
우임금을 기리는 『서경』「우서(虞書)·대우모(大禹謨)」제21절을 보면 알 수
있다.

---

18) 『전국책』(戰國策) 제23권 위책(魏策) 제2(二)부분을 보면 술을 처음으로 만든 의
적의 기사가 수록되어 있다. 『전국책』(戰國策)은 서한(西漢) 성제(成帝) 때 유향(劉
向)이 12개 국(國)의 역사고사를 33권으로 편찬한 책이다.

2. 'T'ăng held fast the Mean, and employed men of talents and virtue without regard to where they came from.

   2. 無方, may be understood with reference to class or place;—compare the Shû-ching, IV. ii. 5, 8.

3. 'King Wăn looked on the people as *he would on a man who was* wounded, and he looked towards the right path as if he could not see it.

   3. 'As he would on one who was wounded,' i. e. he regarded the people with compassionate tenderness, 而 is to be read as is 如, with which, according to Chû Hsî, it was anciently interchanged. See the Shû-ching, V. xvi. 11, 12, for illustrations of Wan's care of the people, and the Shih-ching, III, i, Ode VI, for illustration of the other characteristic.

2절

湯執中, 立賢無方.

탕왕은 중용을 고수하여 출신에 상관없이 재주와 덕이 있는 사람을 기용했다.

2절 각주

'무방'(無方)은 계급 혹은 장소와 관련된 것으로 볼 수 있다. 『서경』「상서(商書)·중훼지고(仲虺之誥)」제5절과 제8절과 비교하라.

3절

文王, 視民如傷, 望道而未之見.

문왕은 상처받은 [사람을 바라보듯이] 백성을 바라보았고 마치 올바른 길이 보이지 않는 것처럼 올바른 길 쪽을 보았다.

3절 각주

'상처받은 사람에게 그러하듯이' 즉 그는 백성들에게 연민과 사랑으로 바라보았다는 의미이다. 이(而)는 여(如)로 읽어야 한다. 주희에 따르면 옛날에는 이(而)와 여(如)를 바꾸어 사용할 수 있었다. 『서경』「주서(周書)·경명(冏命)」제11절과 제12절을 보면 문왕이 백성을 돌보는 예와 그리고 그의 다른 자질들을 나타내는 예를 발견할 수 있다.

CHAPTER XXIV

CH. 24. THE IMPORTANCE OF BEING CAREFUL OF WHOM WE MAKE FRIENDS.

The sentiment is good, but Mencius could surely have found better illustrations of it than the second one which he selected.

제24장

친구를 사귈 때 신중함이 중요하다.

그 취지는 좋지만, 맹자가 선택한 두 번째 예는 그렇게 적절해 보이지 않는다.

1. P'ăng Măng learned archery of Î. When he had acquired completely all the science of Î, he thought that in all the kingdom only Î was superior to himself, and so he slew him. Mencius said, 'In this case Î also was to blame. Kung-ming Î *indeed* said, "It would appear as if he were not to be blamed," but he thereby only meant that his blame was slight. How can he be held without *any* blame?'

1. Of Î, see Analects, XIV. xiv. 逄(P'ang, as formed with 夆, not 夆)蒙 is said both by Châo Ch'î and Chû Hsî to î's servants(家衆), but one man is evidently denoted by the name. î's servants did indeed make themselves parties to his murder, but P'ang Mâng is the same, I suppose, with Han Tsû, the principal in it. 云爾,一see Bk. II. Pt. II. ii. 4, and Con. Analects, VII. xviii. 曰薄乎云爾,一'saying (meaning to say), It was slighter than ~ simply.'

1절

逢蒙學射於羿, 盡羿之道, 思天下, 惟羿爲愈己, 於是殺羿. 孟
子曰, 是亦羿有罪焉, 公明儀曰, 宜若無罪焉, 曰, 薄乎云爾,
惡得無罪.

방몽이 예에게서 궁술을 배웠다. 방몽은 예의 모든 궁술을 완벽하게 습득
하자 천하에서 자기보다 뛰어난 이는 예뿐이라고 생각하여 그를 죽였다.
맹자가 말했다. "이 경우에 예 또한 비난을 받아야 한다. 공명의가 '예는
비난받지 않아야 하는 것처럼 보입니다'라고 말한 것은 사실이지만 공명
의가 이 말로 의도한 것은 오로지 예의 책임이 가볍다는 것이었다. 예가
[어찌] 비난을 전혀 받지 않을 수 있겠는가?

1절 각주

예(羿)에 관해서는 『논어』 제14권 제6장[19]을 보라. 방몽(逢蒙)의 방(逢)은
봉(夆)이 아닌 강(夆)으로 구성된 글자이다. 조기와 주희 모두 방몽을 예의
하인들(家衆[가중])을 가리키는 것으로 보았지만 그중 한 사람이 분명 방
몽이라는 이름으로 불리었다. 나는 예의 하인들이 예의 살해에 가담했지
만, 방몽은 그 살해의 주모자인 한착(寒浞)[20]과 동일인이라고 추정한다.
운이(云爾)는 제2권 제2편 제2절 제4장과 『논어』 제7권 제18장의 '왈박호
운이(曰薄乎云爾, 그것은 단순히 ~보다 더 사소하였다라고 말하는 것[말
하려고 하는 것]이다)'를 보라.

---

19) (역주) 레게는 제14권 제14장으로 오기하여 바로 잡았다.
20) (역주) 한착(寒浞)은 예의 신하이다. 예가 하후(夏后) 상(相)을 죽이고 왕위를 찬탈
하자, 한착이 다시 예를 죽이고 왕위를 차지하였다.

2. 'The people of Chang sent Tsze-cho Yü to make a stealthy attack on Wei, which sent Yü-kung Sze to pursue him. Tsze-cho Yü said, "To-day I feel unwell, so that I cannot hold my bow. I am a dead man!" *At the same time* he asked his driver, "Who is it that is pursuing me?" The driver said, "It is Yü-kung Sze," *on which*, he exclaimed, "I shall live." The driver said, "Yü-kung Sze is the best archer of Wei, what do you mean by saying 'I shall live?'" Yü replied, "Yü-kung Sze learned archery from Yin-kung T'o, who again learned it from me. Now, Yin-kung T'o is an upright man, and the friends of his selection must be upright also." When Yü-kung Sze came up, he said, "Master, why are you not holding your bow?" Yü answered him, "To-day I am feeling unwell, and cannot hold my bow." *On this Sze* said, "I learned archery from Yin-kung T'o, who again learned it from you. I cannot bear to injure you with your own science. The business of to-day, however, is the prince's business, which I dare not neglect." He then took his arrows, knocked off their steel points against the carriage-wheel, discharged four of them, and returned.'

2절

鄭人使子濯孺子侵衛, 衛使庾公之斯追之, 子濯孺子曰, 今日
我疾作, 不可以執弓, 吾死矣夫, 問其僕曰, 追我者誰也. 其僕
曰, 庾公之斯也. 曰, 吾生矣. 其僕曰, 庾公之斯, 衛之善射者
也, 夫子曰, 吾生, 何謂也. 曰, 庾公之斯, 學射於尹公之他, 尹
公之他, 學射於我, 夫尹公之他端人也, 其取友必端矣. 庾公之
斯至, 曰, 夫子何爲不執弓. 曰, 今日我疾作, 不可以執弓. 曰,
小人學射於尹公之他, 尹公之他學射於夫子, 我不忍以夫子之
道, 反害夫子, 雖然, 今日之事, 君事也, 我不敢廢. 抽矢扣輪,
去其金, 發乘矢而後反.

정나라 백성들이 자탁유를 보내 위나라를 몰래 공격하게 했고 위나라는
유공사를 보내 자탁유를 추적하게 했다. 자탁유가 말하길, '오늘 나의 몸
이 좋지 않아 활을 잡을 수 없구나. 나는 죽었구나!' 하며 그의 마부에게
말하길, '나를 추적하는 자가 누구인가?' 하자, 마부가 답하길, '유공사입
니다'라고 했다. 자탁유가 이에, '나는 살게 될 것이다'라고 하자 마부가
'유공사는 위나라의 최고 궁수인데, '나는 살게 될 것이다'는 말은 무슨
의미입니까?'라고 했다. 자탁유가 '유공사는 궁술을 윤공타로부터 배웠고
윤공타는 다시 궁술을 나에게서 배웠다. 윤공타는 강직한 사람이니 그가
선택한 친구 또한 강직한 친구임에 틀림없다.'라고 했다. 유공사가 다가와
말하길, '선생은 어째서 활을 잡지 않고 있습니까?'라고 했다. 자탁유가 대
답하길, '오늘 나는 몸이 좋지 않아 활을 잡을 수 없소'라고 했다. 이에
유공사가 말하길, '나는 윤공타로부터 궁술을 배웠고 윤공타는 당신으로부
터 궁술을 배웠습니다. 나는 당신의 궁술로 당신을 상하게 하는 일을 참
을 수 없습니다. 그러나 오늘의 일은 제후와 관련된 일이므로 내가 감히
태만할 수 없습니다.'라고 했다. 그리고 그는 화살을 꺼내 화살촉을 마차
바퀴에 대고 두드려 빼고 네 대의 화살을 쏜 후 돌아갔다."

2. 侵, 'to attack stealthily.' An incursion made with music, and the pomp of war, is called 伐, and one without these, 侵. The 之, in the names一 庚公之斯 and 尹公之他21), are mere vocal particles, 他, read t'o. The name is elsewhere found 尹公他. In the 左傳, under the fourteenth year of duke 襄, we have a narrative bearing some likeness to this account of Mencius, and in which 尹公他 and 庚公差 figure as famous archers of Wei. It is hardly possible, however, to suppose that the two accounts are of the same thing. 乘, 4th tone, 'a team of four horses,' here used for a set of four arrows.

---

21) (역주) 레게의 각주에는 '尹公之佗'로 되어 있다. 佗=他.

2절 각주

침(侵)은 '몰래 공격하다'이다. 음악이 있고 공식적인 전쟁 의식이 있는 급습은 벌(伐)로 불리고 그것이 없는 것은 침(侵)으로 불린다. 유공지사(庾公之斯)와 윤공지타(尹公之他)의 이름에서 지(之)는 단지 음성 보조사일 뿐이다. '타(他)'는 [타]로 읽힌다. 윤공지타는 다른 곳에서는 윤공타(尹公他)로 되었다. 『좌전(左傳)』의 양공(襄公) 14년 조에 맹자의 이 이야기와 유사한 이야기를 발견할 수 있다. 『좌전』에서 윤공타(尹公他)와 유공차(庾公差)는 위나라의 유명한 궁수이었다. 그러나 두 이야기가 동일한 이야기를 다룬 것으로 보기 어렵다. 승(乘)은 4성조로 '사두마차'를 의미하고, 여기서는 화살 4개가 한 벌이 되는 것을 뜻한다.

2. Mencius did not speak with him, so that he was displeased, and said, 'All the gentlemen have spoken with me. There is only Mencius who does not speak to me, thereby slighting me.'

2. It is to be understood that all the condolers made their visit by the prince's order, and were consequently to observe the court rules. This is the explanation of Mencius's conduct.

3. Mencius having heard of this remark, said, 'According to the prescribed rules, in the court, individuals may not change their places to speak with one another, nor may they pass from their ranks to bow to one another. I was wishing to observe this rule, and Tsze-âo understands it that I was slighting him:—is not this strange?'

3. 禮 refers to the established usages of the court; see the Châu Lî, Bk. III, v. 65~67; Bk. IV, iv, 3~14; *et al.* 階,—'steps,' or 'stairs,' but here for the ranks of the officers arranged with reference to the steps leading up to the hall.

2절

孟子不與右師言, 右師不悅曰, 諸君子皆與驩言, 孟子獨不與
驩言, 是簡驩也.

맹자는 그와 더불어 말하지 않았다. 우사가 기분이 상하여 말했다. "모든
신사가 나와 더불어 이야기를 했다. 오로지 맹자만이 나에게 말을 걸지
않는데 이는 그가 나를 무시한 것이다."

2절 각주

모든 조문객은 제후의 명에 따라 방문을 해야 하고 조정의 법을 준수해야
했었다. 이것이 맹자의 행동을 설명해준다.

3절

孟子聞之曰, 禮, 朝廷不歷位而相與言, 不踰階而相揖也, 我欲
行禮, 子敖以我爲簡, 不亦異乎.

맹자가 이 말을 듣고 말했다. "조정의 규정된 법에 따르면, 개인들은 서로
이야기하기 위해 자리를 옮기지 않아야 하고, 품계를 넘어서 서로 인사할
수 없다. 나는 이 법을 따르고자 했는데, 자오는 내가 자기를 무시한다고
생각하다니, 이상하지 않는가?"

3절 각주

예(禮)는 조정의 공인된 법을 지시한다. 『주례』(周禮) BK. III. v. 65~67과
BK. IV. 3~14[23] 등을 보라. 계(階)는 '계단' 혹은 '층'이지만 여기서는 전각
까지 이어지는 발걸음과 관련해서 배열된 관리들의 품계(rank)를 가리킨다.

---

23) (역주) 『주례』 5권 「秋官司寇」에 조정의 관리들이 인사(揖)하는 예절에 대한 내용
이 있다. 레게가 참고로 한 『주례』 판본이 어떻게 권과 책으로 편집되었는지 알 수
없으므로, 정확한 표기가 어려울 듯하다.

CHAPTER XXVIII

CH. 28. How THE SUPERIOR MAN IS DISTINGUISHED BY THE CULTIVATION OF MORAL EXCELLENCE, AND IS PLACED THEREBY BEYOND THE REACH OF CALAMITY.

1. Mencius said, 'That whereby the superior man is distinguished from other men is what he preserves in his heart;—namely, benevolence and propriety.

1. 存心 must not be understood—'he preserves his heart.' The first definition of 存 in K'ang-hsi's dictionary is 在, 'to be in.' It is not so much an active verb, 'to preserve,' as ='to preserve in.'

제28장

어떻게 군자는 도덕적 우수함의 수양으로 두드러지고 그 결과 재앙이 미칠 수 없는 위치에 이르게 되었는가.

1절
孟子曰, 君子所以異於人者, 以其存心也, 君子以仁存心, 以禮存心.

맹자가 말했다. "군자가 다른 사람들과 구별되는 점은 그가 마음속에 간직하는 것이 있기 때문이다. 이것은 바로 인과 예이다.

1절 각주
존심(存心)은 '그가 마음을 간직하다'로 이해해서는 안 된다. 『강희자전』에서 존(存)의 제1정의는 재(在) 즉 '~에 있다'이다. 그것은 능동의 의미인 '~을 간직하다'라기보다는 '~안에 간직하다'를 뜻한다.

2. 'The benevolent man loves others. The man of propriety shows respect to others.

3. 'He who loves others is constantly loved by them. He who respects others is constantly respected by them.

4. 'Here is a man, who treats me in a perverse and unreasonable manner. The superior man in such a case will turn round upon himself—"I must have been wanting in benevolence; I must have been wanting in propriety;—how should this have happened to me?"

4. 橫(4th tone)逆 presuppose the exercise of love and respect, which are done despite to. 此物=此事.

2절

仁者愛人, 有禮者敬人.

어진 사람은 남을 사랑한다. 예가 있는 사람은 남에게 공경심을 보여준다.

3절

愛人者, 人恒愛之, 敬人者, 人恒敬之.

남을 사랑하는 사람은 항상 남의 사랑을 받는다. 남을 공경하는 사람은 항상 남의 공경을 받는다.

4절

有人於此, 其待我以橫逆, 則君子必自反也, 我必不仁也, 必無禮也, 此物奚宜至哉.

여기 어떤 사람이 있다. 그는 나를 근거 없이 삐딱하게 대한다. 군자는 그런 경우 자신을 돌아보고, '내가 인이 부족하고 예가 부족한 것이 틀림없다. 아니면 어떻게 이런 일이 나에게 일어났겠는가?'라고 한다.

4절 각주

횡역(橫[4성조]逆)은 그럼에도 사랑과 공경이 행해지는 것을 가정한다. 차물(此物)은 차사(此事)이다.

5. 'He examines himself, and is *specially* benevolent. He turns round upon himself, and is specially observant of propriety. The perversity and unreasonableness of the other, *however*, are still the same. The superior man will *again* turn round on himself—"I must have been failing to do my utmost."

5. 由 is used for 猶, as often elsewhere. 忠, in the sense of 盡己, 'doing one's utmost.'

6. 'He turns round upon himself, and proceeds to do his utmost, but still the perversity and unreasonableness of the other are repeated. *On this* the superior man says, "This is a man utterly lost indeed! Since he conducts himself so, what is there to choose between him and a brute? Why should I go to contend with a brute?"

6. 難, 4th tone, =校, 'to compare with.' It is explained in the dictionary, with reference to this passage, by 責, 'to charge,' 'to reprove.'

5절

其自反而仁矣，自反而有禮矣，其橫逆由是也，君子必自反也，我必不忠.

그는 스스로를 살피고 [특히] 어질다. 그는 자신을 돌아보고 [특히] 예를 지킨다. 그럼에도 다른 사람이 계속해서 근거 없이 삐딱하게 대한다. 군자는 [다시] 스스로를 살피고, '내가 최선을 다하지 못한 것이 분명하다'라고 한다.

5절 각주

유(由)는 다른 곳에서 빈번히 그러하듯 유(猶)로 사용된다. 충(忠)은 진기(盡己)의 의미로, '최선을 다하다'이다.

6절

自反而忠矣，其橫逆由是也，君子曰，此亦妄人也已矣，如此，則與禽獸奚擇哉，於禽獸又何難焉.

그는 자기의 주변을 돌아보고 계속해서 최선을 다하지만, 다른 사람이 반복해서 근거 없이 삐딱하게 대한다. [이에] 군자가 말하길, '이 자는 정신이 완전히 나갔구나! 이 자가 이런 식으로 행동하니, 그와 짐승 사이를 고를 일이 무엇이겠는가? 내가 어찌 짐승과 계속 다투겠는가?'라고 한다.

6절 각주

난(難)은 4성조로 '~와 비교하다'인 교(校)와 같은 의미이다. 사전은 이 단락과 관련해서, 난(難)을 '비판하다,' '비난하다'의 의미인 책(責)으로 설명한다.

CHAPTER XXX

CH. 30. How MENCIUS EXPLAINED HIS FRIENDLY INTERCOURSE WITH A MAN CHARGED WITH BEING UNFILIAL.

1. The disciple Kung-tû said, 'Throughout the whole kingdom everybody pronounces K'wang Chang unfilial. But you, Master, keep company with him, and moreover treat him with politeness. I venture to ask why you do so.'

1. K'wang Chang was an officer of Ch'î. His name, according to 顧麟士, was Chang, and designation Chang-tsze, so that Kung-tû calls him by his name, and Mencius by his designation. In opposition to this, 蔡虛齋 says that Kung-tû merely drops a part of the designation, just as when Yen Hûi is called Yen Yüen, instead of Yen Tsze-yüan. But both these explanations are to be rejected. Chang was the name, and the 子 in 章子 is simply equivalent to our Mr. 與之遊, 'ramble with him; i. e. as commonly understood, 'allow him to come about your gate, your school.' 又從, 'and moreover from that,' i. e. in addition to that.

제30장

맹자는 불효자로 비판받는 사람과 친교하는 이유를 설명한다.

1절

公都子曰, 匡章通國, 皆稱不孝焉, 夫子與之遊, 又從而禮貌之, 敢問何也.

공도자가 말했다. "온 나라 사람들이 광장이 불효하다고 단언합니다. 그러나 선생님은 그와 교제를 하고 심지어 그를 공경으로 대합니다. 왜 그러시는지 감히 여쭙고 싶습니다."

1절 각주

광장(匡章)은 제나라의 관리이다. 고린사(顧麟士)26)에 따르면, 그의 이름은 장이고 직함은 장자(章子)이다. 공도자(公都子)는 그를 이름으로 불렀고 맹자는 그를 직함으로 불렀다. 이와 반대로, 채허재(蔡虛齋)27)는 공도자는 단지 직함의 일부분을 누락했다고 말한다. 즉 안회가 안자연으로 불리지 않고 안연으로 불리는 것처럼 단지 직함의 일부분을 누락했다고 말한다. 그러나 두 사람의 설명 모두 받아들이기 어렵다. 장은 이름이고 장자(章子)의 자(子)는 단순히 우리의 미스터(Mr.)와 같다. 여지유(與之遊)는 '그와 함께 거닐다' 즉 일반적으로 이해하는 것처럼 '너의 문하나 너의 유파로 들어오는 것을 허용하다'라는 의미이다. 우종(又從)은 '그것으로부터 그리고 게다가' 즉 '그에 더하여' 이다.

---

26) (역주) 고린사(顧麟士, 1585~1653)는 명말 청초의 학자로 이름은 청몽(淸夢)이고, 자는 린사(鱗士), 호는 중암(中庵)이다.
27) (역주) 채허재(蔡虛齋,1453~1508)는 채청(蔡淸)으로 명나라 복건(福建) 진강(晉江) 사람이다. 호는 허재(虛齋), 자는 개부(介夫), 시호는 문장(文莊)이다.

2. Mencius replied, 'There are five things which are pronounced in the common usage of the age to be unfilial. The first is laziness in the use of one's four limbs, without attending to the nourishment of his parents. The second is gambling and chess-playing, and being fond of wine, without attending to the nourishment of his parents. The third is being fond of goods and money, and selfishly attached to his wife and children, without attending to the nourishment of his parents. The fourth is following the desires of one's ears and eyes, so as to bring his parents to disgrace. The fifth is being fond of bravery, fighting and quarrelling so as to endanger his parents. Is Chang guilty of any one of these things?

2. 博奕, may be taken together, simply ='chess-playing," or separately, as in the translation; see Analects, XVII. xxii. 私妻子, selfishly—i. e. partially putting them out of their due place, above his parents, = loving wife and children.' I cannot see why some should give a sensual meaning to 私. The advance of meaning from 戮 to 危 shows that the former is to be taken in the lighter sense of 'disgrace.'

2절

孟子曰, 世俗所謂不孝者五, 惰其四肢, 不顧父母之養, 一不孝也, 博奕好飲酒, 不顧父母之養, 二不孝也, 好貨財, 私妻子, 不顧父母之養, 三不孝也, 從耳目之欲, 以爲父母戮, 四不孝也, 好勇鬪狼, 以危父母 五不孝也, 章子有一於是乎.

맹자가 대답했다. "그 시대의 관례상 불효로 단언할 수 있는 것이 다섯 가지이다. 첫 번째는 사지를 게으르게 써 부모 봉양을 소홀히 하는 것이다. 두 번째는 도박과 바둑과 술을 좋아하여 부모 봉양을 소홀히 하는 것이다. 세 번째는 물건과 돈을 좋아하고 아내와 자식만을 편애하여 부모 봉양을 소홀히 하는 것이다. 네 번째는 귀와 눈의 욕망을 따름으로써 부모를 수치스럽게 하는 것이다. 다섯 번째는 용맹을 좋아하여 싸우고 언쟁하여 부모를 위태롭게 하는 것이다. 장자가 이 중 어떤 죄를 지었느냐?

2절 각주

박혁(博奕)은 함께 단순히 '바둑'을 뜻할 수도 있고 또는 나의 번역처럼 각각 분리할 수도 있다. 『논어』 제17권 제22장을 보라. 사처자(私妻子)는 '이기적으로' 즉 편파적으로 처자식이 받아야 할 사랑 이상으로 부모보다 더 많이 사랑하는 것이다.' 혹자들이 여기 사(私)에 왜 관능적인 의미를 부여하는지 이해하기 어렵다. 륙(戮)부터 위(危)까지의 의미 전개를 보면 륙(戮)가 '수치'보다 가벼운 의미로 보인다.

3. 'Now between Chang and his father there arose disagreement, he, the son, reproving his father, to urge him to what was good.

  3~4. Compare Pt. I. xviii. 子父責善,一子 precedes 父 here to show that K'wang Chang had been the aggressor.

4. 'To urge one another to what is good by reproofs is the way of friends. But such urging between father and son is the greatest injury to the kindness, *which should prevail between them.*

3절

夫章子, 子父責善而不相遇也.

이제 장자와 그의 아버지 사이에 의견이 불일치하여, 아들인 장자가 아버지를 비난하며 선한 것을 하도록 촉구했다.

3절 각주

제1편 제18장과 비교하라. 자부책선(子父責善)에서 자(子)가 부(父)보다 앞에 있다는 것은 광장이 비판하는 위치라는 것을 보여준다.

4절

責善, 朋友之道也, 父子責善, 賊恩之大者.

책망으로 서로에게 선한 것을 하도록 촉구하는 것은 친구 사이의 방식이다. 그러나 아버지와 아들 사이에 그런 식으로 촉구하는 것은 [그들 사이에 충만해야 할] 은혜를 가장 크게 해친다.

5. 'Moreover, did not Chang wish to have *in his family* the relationships of husband and wife, child and mother? But because he had offended his father, and was not permitted to approach him, he sent away his wife, and drove forth his son, and all his life receives no cherishing attention from them. He settled it in his mind that if he did not act in this way, his would be one of the greatest of crimes.—Such and nothing more is the case of Chang.'

5. 屏, 3rd tone. Readers not Chinese will think that Chang's treatment of his wife and son was more criminal than his conduct to his father. 是則罪之大者,一是, 'this,' embracing the two things, his giving offense to his father, and still continuing to enjoy the comforts of wife and son.

5절

夫章子, 豈不欲有夫妻子母之屬哉, 爲得罪於父, 不得近, 出妻 屛子, 終身不養焉, 其設心, 以爲不若是, 是則罪之大者, 是則 章子已矣.

게다가 장자가 부부의 관계, 모자의 관계를 [그의 가족에서] 원하지 않았 겠느냐? 그러나 그는 아버지를 불쾌하게 해서 아버지에게 다가가는 것이 허락되지 않았다. 이 때문에 그는 아내를 멀리 보냈고 아들을 밖으로 몰 아내었다. 그는 평생 그들로부터 애정 어린 관심을 전혀 받지 않고 있다. 그는 이런 식으로 행동하지 않는다면 자신의 죄는 가장 무거운 죄가 될 것이라고 마음속에 생각했다. 장자의 경우는 바로 이러한 것일 뿐이다."

5절 각주

병(屛)은 3성조이다. 중국인이 아닌 독자는 장자가 아내와 아들을 대하는 방식이 그가 아버지에게 하는 것보다 더 큰 범죄 행위라고 생각할 것이 다. 시즉죄지대자(是則罪之大者)의 시(是), 즉 '이것'은 두 가지를 포함한 다. 즉 그가 아버지를 불쾌하게 하고 그러면서 여전히 아내와 자식의 위 안을 계속해서 즐기는 것을 포함한다.

1. As Chû Hsî observes, there ought to be, at the beginning of the chapter, 孟子曰, 'Mencius said.' The phrase 而處(3rd tone)室者 is not easily managed in translating. The subject of it is the 'man of Ch'î,' and not 'the wife and concubine.' It is descriptive of him as living with them, and being the head of a family,—有刑家之責, as is said in the 備旨, 'having the duty of setting an example to its members.' 良人,— corresponding to the Scottish term of 'goodman' for husband. 所與飲食者,—not 'who gave him to drink and eat,' as Julien makes it. 所之,—之, the verb, as also below, and in 之東, 之他. 施從,—施, read li, either 2nd or 4th tone. 國,—plainly used for 'city.' 郭,—see Bk. II. Pt. II. i. 2. 之他, 'went to another place,'= 'another party.'

1절 각주

주희가 말하듯이, 이 장의 서두에, '맹자왈(孟子曰)', 즉 '맹자가 말했다'가 있어야 한다. 이처실자(而處[3성조]室者)의 실자(室者)의 의미를 포함한 번역이 쉽지 않다. 이것의 주어는 '제나라 사람'이지 '아내와 첩'이 아니다. 그는 그들과 함께 살고 있고 『비지』(備旨)에서 말하듯이, 유형가지책(有刑家之責), '가족 일원들에게 모범이 되어야 할 의무를 가진' 가장으로 그려진다. 양인(良人)은 남편을 가리키는 스코틀랜드 용어인 'goodman'에 해당된다. 소여음식자(所與飮食者)는 줄리앙이 번역한 것처럼 '누가 그에게 술과 먹을 것을 주었는가?'가 아니다. 소지(所之)의 지(之)는 아래의 지동(之東), 지타(之他)와 마찬가지로 동사이다. 시종(施從)의 시(施)는 여기서 '이'로 발음되고 2성조 또는 4성조이다. 국(國)은 분명 '도시'의 의미로 사용된다. 곽(郭)은 제2권 제2편 제1장 제2절을 보라. 지타(之他)는 '다른 곳으로 갔다' 즉 '다른 무리에게 갔다' 이다

2. In the view of a superior man, as to the ways by which men seek for riches, honours, gain, and advancement, there are few of their wives and concubines who would not be ashamed and weep together *on account of them.*

2. 幾希, as in chap. xix, 1, but it is here an adjective, 'few.'

2절

由君子觀之, 則人之所以求富貴利達者, 其妻妾不羞也, 而不相泣者幾希矣.

군자의 관점에서 부와 명예 그리고 이익, 승진을 쫓는 사람들의 방법을 바라보면, 그런 사람들의 아내와 첩 중 [그것을 보고] 부끄러워 함께 울지 않는 이가 드물 것이다.

2절 각주

기희(幾希)는 제16장 제1절과 같지만, 여기에서는 '거의 없는'을 나타내는 형용사이다.

萬章章句・上

만장장구・상

BOOK V

WAN CHANG

PART I

This Book is named from the chief interlocutor in it, Wan Chang (see Bk. III. Pt. II. v). The tradition is that it was in company with Wan Chang's disciples, that Mencius, baffled in his hopes of doing public service, and having retired into privacy, composed the seven Books, which constitute his Works. The first part of this Book is occupied with discussions about Shun, and other ancient worthies.

제5권

만장장구(萬章章句)

상(上)

제5권은 주요 화자인 만장의 이름을 딴 것이다(제3권 제2편 제5장을 보라). 전해진 바에 따르면 맹자는 공직을 수행하고 싶었지만, 그 희망이 좌절된 후 사인으로 물러나 7권으로 된 『맹자』를 지었다. 이 시기에 그는 만장의 제자들과 함께 있었다고 한다. 제5권의 제1편은 순임금과 다른 고대 현인들에 대한 논의로 구성된다.

CHAPTER II

CH. 2. DEFENCE OF SHUN AGAINST THE CHARGES OF VIOLATING THE RULE IN THE WAY OF HIS MARRYING, AND OF HYPOCRISY IN HIS CONDUCT TO HIS BROTHER.

제2장

맹자는 순임금이 결혼할 때 예법을 위반했다는 비난과 동생을 대할 때 위선적이었다는 비난을 반박하며 그를 옹호한다.

1. Wan Chang asked *Mencius*, saying, 'It is said in the Book of Poetry,

"In marrying a wife, how ought a man to proceed?
He must inform his parents."

If the rule be indeed as here expressed, no man ought to have illustrated it so well as Shun. How was it that Shun's marriage took place without his informing his parents?' Mencius replied, 'If he had informed them, he would not have been able to marry. That male and female should dwell together, is the greatest of human relations. If *Shun* had informed *his parents*, he must have made void this greatest of human relations, thereby incurring their resentment. On this account, he did not inform them!

1. Compare IV. Part. I, xxvi. 詩云,一see the Shih-ching, I, viii, Ode VI, st. 3. 告, 4th tone, as in Analects, III, XVII. 信 = 誠, 'if indeed.' 以懟 父母,一if he had not married, then his parents would have had cause to be angry with him, for allowing the line of the family to terminate. This seems to be the meaning of the phrase.

1절

萬章問曰, 詩云, 娶妻如之何, 必告父母, 信斯言也, 宜莫如舜, 舜之不告而娶, 何也. 孟子曰, 告則不得娶, 男女居室, 人之大倫也, 如告則廢人之大倫, 以懟父母, 是以不告也.

만장이 [맹자에게] 물었다. "『시경』에서 이렇게 노래했습니다.

'아내와 결혼할 때 남자는 어떻게 해야 하는가?
남자는 부모에게 알려야 한다.'

『시경』에서 말한 대로 하는 것이 법이라면, 순은 그렇게 하지 않았어야 했습니다. 어째서 순은 결혼할 때 [그의 부모에게] 알리지 않았습니까?"
맹자가 대답했다. "순이 부모에게 알렸다면, 그는 결혼할 수 없었을 것이다. 남자와 여자가 함께 사는 것은 가장 중요한 인륜이다. [순이] 부모에게 알렸다면, 인륜에서 가장 중요한 이 법을 헛되게 했을 것이 틀림없고, 그리하여 그들의 분노를 유발했을 것이다.[28] 이 때문에 순은 부모에게 알리지 않았던 것이다."

1절 각주

제4권 제1편 제26장과 비교하라. 시운(詩云)은 『시경』 「제풍(齊風)·남산(南山)」 제3연을 보라. 고(告)는 4성조로 『논어』 제3권 제17장과 같고, 신(信)은 성(誠)으로 '정말이라면'의 뜻이다. 이대부모(以懟父母)는 '그가 결혼하지 않았다면, 그의 부모는 그가 가문의 대를 끊게 했다고 그에게 화를 낼 이유를 찾았을 것이다'라는 뜻이다. 이 구의 의미는 이것인 것 같다.

---

[28] (역주) 주희는 '부모를 원망했을 것이다'로 해석하지만, 레게는 '부모님이 원망했을 것이다'로 번역한다.

2. Wan Chang said, 'As to Shun's marrying without informing his parents, I have heard your instructions; but how was it that the Tî *Yâo* gave him his daughters as wives without informing *Shun's parents*?' *Mencius* said, 'The Tî also knew that if he informed them, he could not marry his daughters to him.'

2. 聞命,—as in the last chapter. 帝~而不告,—告 here is understood as = 'requiring Shun to inform his parents.'

2절

萬章曰, 舜之不告而娶, 則吾旣得聞命矣, 帝之妻舜而不告, 何也. 曰, 帝亦知告焉, 則不得妻也.

만장이 물었다. "순이 부모에게 알리지 않고 결혼한 것에 대해서 선생님의 가르침을 들었습니다. 그러나 요임금은 어째서 [순의 부모에게] 알리지도 않고 딸을 순의 아내로 주었습니까? [맹자가] 말했다. "요임금 또한 순의 부모에게 알리면 딸들을 순에게 보낼 수 없다는 것을 알았기 때문이다."

2절 각주

문명(聞命)은 제1장과 마찬가지이다. '제~이불고'(帝~而不告)의 고(告)는 '순에게 부모에게 알릴 것을 요구하는 것'으로 이해된다.

3. Wan Chang said, 'His parents set Shun to repair a granary, to which, the ladder having been removed, Kû-sâu set fire. They *also* made him dig a well. He got out, but they, *not knowing that*, proceeded to cover him up. Hsiang said, "Of the scheme to cover up the city-forming prince, the merit is all mine. Let my parents have his oxen and sheep. Let them have his storehouses and granaries. His shield and spear shall be mine. His lute shall be mine. His bow shall be mine. His two wives I shall make attend for me to my bed." Hsiang then went away into Shun's palace, and there was Shun on his couch playing on his lute. Hsiang said, "I am come simply because I was thinking anxiously about you." *At the same time*, he blushed deeply. Shun said to him, "There are all my officers:─do you undertake the government of them for me." I do not know whether Shun was ignorant of Hsiang's wishing to kill him.' *Mencius* answered, 'How could he be ignorant of that? But when Hsiang was sorrowful, he was also sorrowful; when Hsiang was joyful, he was also joyful.'

3절

萬章曰, 父母使舜完廩捐階, 瞽瞍焚廩, 使浚井, 出, 從而揜之, 象曰, 謨蓋都君, 咸我績, 牛羊父母, 倉廩父母, 干戈29)朕, 琴朕, 弤朕, 二嫂使治朕棲, 象往入舜宮, 舜在牀琴, 象曰, 鬱陶思君爾, 忸怩, 舜曰, 惟玆30)臣庶, 汝其于予治, 不識, 舜不知象之將殺己與. 曰, 奚而不知也, 象憂亦憂, 象喜亦喜.

만장이 물었다. "순의 부모는 순에게 곳간을 고치게 시킨 후 고수는 사다리를 없애고 불을 질렀습니다. 그들은 [또한] 순에게 우물을 파게 시켰습니다. 그가 밖으로 나갔지만, 그들은 [그것을 알지 못하고] 계속해서 그를 파묻으려고 했습니다. 상이 말하길, '도시를 만드는 제후를 파묻는 음모에서, 그 공적은 모두 나의 것이다. 나의 부모는 그의 황소와 양을 가질 것이다. 그들은 그의 창고와 곳간을 가질 것이다. 그의 방패와 창은 나의 것이 될 것이다. 그의 현은 나의 것이 될 것이다. 그의 활은 나의 것이 될 것이다. 그의 두 아내는 나의 침대에서 나를 시중들게 될 것이다'라고 했습니다. 그런 후 상이 순의 궁으로 들어갔더니 그곳에는 순이 침상에 앉아 현을 연주하고 있었습니다. 상이 '형만을 걱정하고 있었기에 왔습니다'라고 말하는 [동시에] 그의 얼굴은 확 달아올랐습니다. 순이 그에게 말하길, '나에게는 많은 관리가 있다. 나를 대신해서 그들을 다스리겠느냐?'라고 했습니다. 저는 순이 상이 자기를 죽이고 싶어 하는 것에 대해 무지했는지를 알지 못하겠습니다." 맹자가 말했다. "어떻게 순이 그것을 모를 수가 있겠는가? 그러나 상이 슬플 때, 그 또한 슬퍼했고, 상이 기쁠 때 그 또한 기뻐했다."

---

29) (역주) 레게 원문은 과(戈)가 아닌 익(弋)으로 되어 있다.
30) (역주) 레게 원문은 자(玆)가 아닌 제(諸)로 되어 있다.

3. *Wan Chang* said, 'I venture to ask what you mean by saying that some supposed that it was a banishing of Hsiang?' *Mencius* replied, 'Hsiang could do nothing in his State. The Son of Heaven appointed an officer to administer its government, and to pay over its revenues to him. This treatment of him led to its being said that he was banished. How *indeed* could he be allowed the means of oppressing the people? Nevertheless, *Shun* wished to be continually seeing him, and by this arrangement, he came incessantly *to court*, as is signified in that expression—"He did not wait for the rendering of tribute, or affairs of government, to receive the prince of Yû-pî."'

3. 不得有爲, 'did not get to have doing,' i. e. was not allowed to act independently. 其貢稅 = 其國所賦貢[貢(taking 貢 as a verb)之稅. 源源, 'the uninterrupted flowing of a stream." 不及貢~有庫 is a quotation by Mencius from some book that is now lost. There were regular seasons for the princes in general to repair to court, and emergencies of government which required their presence, but Shun did not wish his brother to wait for such occasions, but to be often with him. The 不 extends over the two clauses, which = 不及貢期而見, 不以政事而見.

3절

敢問, 或曰放者, 何謂也, 曰, 象不得有爲於其國, 天子使吏, 治其國而納其貢稅焉, 故謂之放, 豈得暴彼民哉, 雖然, 欲常常而見之, 故源源而來, 不及貢以政接于有庳, 此之謂也.

만장이 말했다. "선생님께서 어떤 사람들이 상을 추방한 것이라고 추정했는가 하고 하신 말씀의 의미에 대해 감히 묻고자 합니다." 맹자가 대답했다. "상은 그의 제후국에서 아무것도 할 수 없었다. 천자는 관리를 임명하여 그곳을 관리하게 했고 그 관리에게 세금을 바치도록 했다. 상을 이렇게 대했기 때문에 그가 추방되었다고 말한다. 어찌 [사실상] 그에게 백성을 억압하는 수단을 줄 수 있겠는가? 그럼에도 [순은] 계속 상을 보기를 원했다. 순의 주선으로 상은 계속해서 [조정에] 왔다. '순은 유비의 제후를 맞이하기 위해서 조공이나 조정의 일을 기다리지 않았다'라는 표현으로 알 수 있듯이 상은 계속해서 [조정에] 왔다."

3절 각주

부득유위(不得有爲)는 '하는 것을 가지게 되지 않았다' 즉 독자적으로 행동하는 것이 허용되지 않았다는 뜻이다. 기공세(其貢稅)는 기국소부공지세(其國所賦貢之稅)로 이때 '貢'은 동사이다. 원원(源源)은 '막힘이 없는 물의 흐름'이다. '불급공~유비(不及貢~有庳)'는 지금은 존재하지 않는 어떤 책에서 맹자가 인용한 것이다. 일반적으로 제후들은 조정에 정해진 시기에 가거나 아니면 그들이 가야 하는 긴급한 일이 있을 때 가지만, 순은 동생이 그와 같은 때를 기다리기를 원하지 않았고 그와 자주 함께하기를 원했다. 불(不)은 두 개의 구절인 불급공기이견(不及貢期而見)과 불이정사이견(不以政事而見)으로 이어진다.

CHAPTER IV

CH. 4. EXPLANATION OF SHUN'S CONDUCT WITH REFERENCE TO THE SOVEREIGN Yâo, AND HIS FATHER Kû-sâu.

1. Hsien-ch'iû Măng asked *Mencius*, saying, 'There is the saying, "A scholar of complete virtue may not be employed as a minister by his sovereign, nor treated as a son by his father. Shun stood with his face to the south, and Yâo, at the head of all the princes, appeared before him at court with his face to the north. Kû-sâu also did the same. When Shun saw Kû-sâu, his countenance became discomposed. Confucius said, At this time, in what a perilous condition was the kingdom! Its state was indeed unsettled."—I do not know whether what is here said really took place.' Mencius replied, 'No. These are not the words of a superior man. They are the sayings of an uncultivated person of the east of Ch'î. When Yâo was old, Shun was associated with him in the government. It is said in the Canon of Yâo, "After twenty and eight years, the Highly Meritorious one deceased. The people acted as if they were mourning for a father or mother for three years, and up to *the borders of* the four seas every sound of music was hushed." Confucius said, "There are not two suns in the sky, nor two sovereigns over the people." Shun having been sovereign, and, moreover, leading on all the princes to observe the three years' mourning for Yâo, there would have been in this case two sovereigns.'

제4장

맹자는 순임금이 요임금과 아버지 고수를 대할 때의 행동을 설명한다.

1절

咸丘蒙問曰, 語云, 盛德之士, 君不得而臣, 父不得而子, 舜南
面而立, 堯帥諸侯, 北面而朝之, 瞽瞍亦北面而朝之, 舜見瞽瞍,
其容有蹙, 孔子曰, 於斯時也, 天下殆哉岌岌乎, 不識, 此語誠
然乎哉, 孟子曰, 否, 此非君子之言, 齊東野人之語也, 堯老而
舜攝也, 堯典曰, 二十有八載, 放勳乃徂落, 百姓如喪考妣三年,
四海遏密八音, 孔子曰, 天無二日, 民無二王, 舜既爲天子矣,
又帥天下諸侯, 以爲堯三年喪, 是二天子矣.

함구몽이 맹자에게 물었다. "격언에 '완전한 덕을 갖춘 학자는 군주에게 신
하로 기용되지 않을 수 있고, 아버지에게 아들로 대우받지 않을 수도 있다'
라고 했습니다. 순은 얼굴을 남쪽으로 향하여 서 있었고, 요임금은 조회 때
제후들의 선두에서 얼굴을 북쪽으로 향한 채 그 앞에 나타났습니다. 고수 또
한 똑같이 했습니다. 순이 고수를 보았을 때, 그의 얼굴이 불안해졌습니다.
공자가 말하길, '이때, 나라가 얼마나 큰 위험에 처했는가! 나라가 참으로 불
안전한 상태였다.'라고 했습니다. 제가 여기서 말한 것이 실제로 있었는지는
모르겠습니다." 맹자가 대답했다. "아니다. 그것은 군자가 한 말이 아니다.
제나라 동쪽의 무식한 자들이 한 말이다. 요가 나이가 들자 순은 요와 더불
어 나라를 다스렸다. 「요전」에 따르면, '28년 후에 방훈[요임금]이 타계했다.
백성들은 마치 아버지와 어머니를 잃었을 때 하듯이 삼 년 동안 애도하였다.
사해의 [경계에 이르기까지] 모든 음악 소리가 숨을 죽였다.'라고 한다. 공자
께서 말하길, '하늘에 두 개의 태양이 없듯이 백성 위에 두 명의 왕이 없다'
라고 했다. 순임금이 이미 천자가 되었고 모든 제후를 이끌어 요임금의 삼년
상을 치르고 있었으므로, 이 경우에 천자가 두 명이었을 것이다."

1. Hsien-ch'iu Mǎng was a disciple of Mencius. The surname Hsien-ch'iû was derived from a place of that name where his progenitors had resided. The saying which Mǎng adduces extends to 岌岌乎. Two entirely contrary interpretations of it have been given. One is that given in the translation. It is the view of Châo Ch'î, and is found in the modern Pî-chîh(備旨), or 'Complete Digest of Annotations on the Four Books.' Most modern commentaries, however, take an opposite view :— 'The scholar of complete virtue cannot employ his sovereign as a minister, or treat his father as a son.' This view is preferred by Julien, who styles the other bad. I am satisfied, however, that the other is the correct one. If it were not, why should Mencius condemn the sentiment as that of an uninstructed man. 舜南面, 云云, follows as a direct example of the principle announced. Shun was the scholar of complete virtue, and therefore the sovereign Yâo, and his father Kû-sâu, both appeared before him as subjects. 舜見, 云云, and the remarks of Confucius are to be taken as a protest against the arrangements described in the preceding paragraphs. 南面, 北面,—see Analects, VI. i. 野 is to be joined as an adjective with 人, and not as a noun with 東. The passage quoted from the Shû-ching is now found in the Canon of Shun, and not that of Yâo;—see II. i. 13. 有, 4th tone. 載, 3rd tone, 'a year.' 放(2rd tone; see Bk. III. Pt. I. iv. 8) 勳 is not in the classic. 徂 (=殂)落,—Chû Hsî makes 殂=升, 'to ascend.' The *animus* ascends at death, and the *anima* 落, 'descends;'—hence the combination='dissolution,' 'decease.' The dictionary, however, makes 殂 simply=往, and the phrase = 'vanish away.' 百姓 is the people within the royal domain; the 四海 denotes the rest of the kingdom, beyond that. Some, however, approved by the 日講, make 百姓=百官, 'the officers,' and 四海 ='all the people.' 考妣,—the terms for a deceased father and mother. 三年,—for 年 the classic has 載. The 八音,—'eight sounds,' are all instruments of music, formed of metal, stone, cord, bamboo, calabash, earthen ware, leather, or wood.—The meaning is that up to the time of Yâu's decease, Shun was only vice-king, and, therefore, Yâo never could have appeared before him in the position of a subject.

1절 각주

함구몽(咸丘蒙)은 맹자의 제자이다. 성씨인 함구는 그의 선조들이 살았던 지명에서 유래하였다. 몽이 제시하는 설은 급급호(岌岌乎)로 이어진다. 이에 대해 완전히 상반된 두 해석이 있었다. 하나는 번역과 같다. 이는 조기의 견해로 오늘날의 『비지』(備旨)31)에서 찾을 수 있다. 그러나 대부분의 현대 주석가들은 이와 상반되는 견해를 가진다. 즉 '완벽한 덕을 지닌 학자는 그의 군주를 신하로 기용할 수 없다. 또는 그의 아버지를 아들로 대할 수 없다.'라는 것이다. 줄리앙은 이 견해를 선호하고 다른 것은 잘못된 것으로 취급한다. 그러나 나는 내 해석이 타당하다고 생각한다. 그렇지 않다면 왜 맹자가 그것을 교육받지 못한 사람의 정서로 비난했겠는가? '순남면, 운운(舜南面, 云云)'은 선언된 원리의 직접적인 예이다. 순은 완벽한 덕을 갖춘 학자이므로 요 임금과 그의 아버지 고수 모두 그 앞에 신하로 나타났다. '순견, 운운'(舜見, 云云)과 공자의 말들은 앞의 절에서 기술한 배열에 반대하는 저항으로 보아야 한다. 남면(南面)과 북면(北面)은 『논어』 제6권 제1장을 보라. 야(野)는 형용사로 인(人)과 결합해야지 명사로 동(東)과 결합해서는 안 된다. 『서경』에서 인용한 문구는 오늘날 「요전」이 아닌 「순전」에서 찾을 수 있다. 제2편 제1장 제13절을 보라. 유(有)는 4성조이다. 재(載)는 3성조이고, '일 년'을 의미한다. 방훈(放[3성조, 3권 1편 4장 8절을 보라]勳)은 『서경』에는 없다. 조락(徂[=殂]落)을 주희는 조(殂)=승(升) 즉 '오르다'로 해석한다. 사망 시에 '아니무스, animus'는 올라가고 '아니마, anima'는 낙(落) 즉 '내려간다.' 그래서 조합하면 '소멸', '사망'이다. 그러나 사전에 따르면, 조(殂)는 단순히 왕(往)이고, '조락'은 '멀리 사라지다'를 뜻한다. 백성(百姓)은 왕이 다스리는 영역 내에 있는 사람들이다. 사해(四海)는 왕이 다스리지 않는 나머지 지역을 의미한다. 『일강』(日講)에서는 백성(百姓)을 백관(百官) 즉 '관리들'로 보고, 사해(四海)를 '모든 사람'으로 본다. 고비(考妣)는 사망한 아버지와 어머니를 뜻하는 단어이다. 삼년(三年)에서 년(年)을 『서경』에서 재(載)로 썼다. 팔음(八音) 즉 '여덟 가지 소리'는 모두 악기로, 금속, 돌, 줄, 대나무, 박, 토기, 가죽, 나무로 만든 것이다. 그 의미는 요가 사망할 때까지 순은 단지 부왕[副王]이었으므로 요는 결코 순 앞에 신하로 나타날 수 없었다는 것이다.

---

31) (역주) 『비지(備旨)』는 주희의 『사서집주(四書集註)』의 요점을 정리하여 명나라 때에 편찬한 『사서비지(四書備旨)』를 가리킨다.

2. Hsien-ch'iû Măng said, 'On the point of Shun's not treating Yâo as a minister, I have received your instructions. *But* it is said in the Book of Poetry,

> Under the whole heaven,
> Every spot is the sovereign's ground;
> To the borders of the land,
> Every individual is the sovereign's minister;"

—and Shun had become sovereign. I venture to ask how it was that Kû-sâu was not one of his ministers.' *Mencius* answered, 'That ode is not to be understood in that way:—it speaks of being labouriously engaged in the sovereign's business, so as not to be able to nourish one's parents, *as if the author* said, "This is all the sovereign's business, and *how is it that* I alone am supposed to have ability, and am made to toil in it?" Therefore, those who explain the odes, may not insist on one term so as to do violence to a sentence, nor on a sentence so as to do violence to the general scope. They must try with their thoughts to meet that scope, and then we shall apprehend it. If we simply take single sentences, there is that in the ode called "The Milky Way,"—

> Of the black-haired people of the remnant of Châu,
> There is not half a one left."

If it had been really as thus expressed, then not an individual of the people of Châu was left.

2절

咸丘蒙曰, 舜之不臣堯, 則吾旣得聞命矣, 詩云, 普天之下, 莫非王土, 率土之濱, 莫非王臣, 而舜旣爲天子矣, 敢問瞽瞍之非臣如何, 曰, 是詩也, 非是之謂也, 勞於王事而不得養父母也, 曰, 此莫非王事, 我獨賢勞也, 故說詩者不以文害辭, 不以辭害志, 以意逆志, 是爲得之, 如以辭而已矣, 雲漢之詩曰, 周餘黎民, 靡有孑遺, 信斯言也, 是周無遺民也.

함구몽이 말했다. "순이 요를 신하로 대하지 않은 것에 대해 선생님께 배웠습니다. [그러나] 『시경』에서 이렇게 노래했습니다.

'하늘 아래 모든 땅이, 군주의 땅이고,
땅의 경계 끝까지 모든 백성이, 군주의 신하이다.'

그리고 순이 군주가 되었습니다. 그런데 어째서 고수가 그의 신하가 아니었는지 감히 묻고자 합니다." 맹자가 대답했다. "이 시를 그런 식으로 이해해서는 안 된다. 이것은 부모를 봉양할 수 없을 정도로 군주의 일을 하느라 힘든 것에 대해 말한다. [마치 시의 작가는] '이것은 모두 군주의 일인데 어째서 나 혼자만 능력이 있는 것으로 생각되어 고생해야 하는가?'라고 말하는 것 같다. 그래서 시를 해설하는 이들은 한 단어를 고집하여 한 문장을 해치거나 한 문장을 고집하여 전체 의미를 해쳐서는 안 된다. 그들은 시의 의미를 알기 위해 생각하고 애써야 하고, 그런 후에야 우리는 시를 이해하게 될 것이다. 만약 우리가 단순히 단일한 문장만을 취한다면, 『시경』의 "운한(雲漢 The Milky Way)"에서 말했습니다.

'주나라의 살아남은 검은 머리 사람 가운데서,
한 사람의 반도 남지 않았다.'

이 시의 표현대로라면, 한 사람의 주나라 백성도 남아 있지 않아야 한다.

5. "'It showed its will by his personal conduct and his conduct of affairs:"—how was this?' Mencius's answer was, 'The sovereign can present a man to Heaven, but he cannot make Heaven give that man the throne. A prince can present a man to the sovereign, but he cannot cause the sovereign to make that man a prince. A great officer can present a man to his prince, but he cannot cause the prince to make that man a great officer. Yâo presented Shun to Heaven, and Heaven accepted him. He presented him to the people, and the people accepted him. Therefore I say, "Heaven does not speak. It simply indicated its will by his personal conduct and his conduct of affairs."'

5절

曰, 以行與事, 示之者, 如之何, 曰, 天子能薦人於天, 不能使天與之天下, 諸侯能薦人於天子, 不能使天子與之諸侯, 大夫能薦人於諸侯, 不能使諸侯與之大夫, 昔者, 堯薦舜於天而天受之, 暴之於民而民受之, 故曰, 天不言, 以行與事, 示之而已矣.

[만장이 또] 물었다. "'하늘은 그 뜻을 그의 사적인 행동과 일 처리로 보여주었다'라고 하는데 이것은 어떤 것이었습니까?" 맹자가 대답했다. "천자는 능히 하늘에 사람을 천거할 수 있지만, 하늘이 그 사람에게 왕위를 주게 할 수는 없다. 제후는 천자에게 사람을 천거할 수 있지만, 천자가 그 사람을 제후로 만들게 할 수 없다. 대부는 제후에게 사람을 천거할 수 있지만, 제후가 그 사람을 대부로 만들게 할 수 없다. 요는 순을 하늘에 천거하였고 하늘은 순을 받아들였다. 그는 순을 백성들에게 천거하였고, 백성들은 그를 받아들였다. 그래서 내가 '하늘은 말하지 않는다. 하늘은 단지 그 뜻을 그의 사적인 행동과 일 처리로 암시할 뿐이다'라고 한 것이다."

6. *Chang* said, 'I presume to ask how it was that *Yâo* presented *Shun* to Heaven, and Heaven accepted him; and that he exhibited him to the people, and the people accepted him.' *Mencius* replied, 'He caused him to preside over the sacrifices, and all the spirits were well pleased with them;─thus Heaven accepted him. He caused him to preside over the conduct of affairs, and affairs were well administered, so that the people reposed under him;─thus the people accepted him. Heaven gave *the throne* to him. The people gave it to him. Therefore I said, "The sovereign cannot give the throne to another."

6. 百神, 'the hundred'(=all the) spirits,' is explained as 天地山川之神, 'the spirits of heaven, earth, the mountains, and the rivers,' i. e. all spiritual beings, real or supposed. In the Shu─ching, II, i, 6, a distinction is made between the 群神, 'host of spirits,' and 上帝, 六宗, and 山川, but the phrase hero is to be taken as inclusive of all. The sovereign is 百神之主, and Shun entered into all the duties of Yâo, even while Yâo was alive. How the spirits signified their approbation of the sacrifices, we are not told.─Modern critics take the 百神 here as exclusive of Heaven and subordinate to it, being equivalent to the 鬼神, 'the energetic operations of Heaven.' But such views were long subsequent to Mencius's time.

諸侯 is very plainly in the singular notwithstanding the 諸 ; ='one of the princes.' I leave the 昔者, 'formerly,' out of the translation. 暴, -read *pû*, 'to manifest,' 'to exhibit.'

6절

曰, 敢問薦之於天而天受之, 暴之於民而民受之, 如何. 曰, 使
之主祭而百神享之, 是天受之, 使之主事而事治, 百姓安之, 是
民受之也, 天與之, 人與之, 故曰, 天子不能以天下與人.

만장이 다시 물었다. "요가 하늘에 순을 천거하였고 하늘이 순을 받아들였고
요가 순을 백성에게 드러내자 백성들이 순을 받아들였다는 것이 무엇인지 감
히 여쭙고자 합니다." [맹자가] 대답했다. "요는 순에게 제사를 관장하게 했고,
모든 신이 제사에 매우 기뻐했으니, 이는 하늘이 그를 받아들인 것이다. 요는
순에게 업무 처리를 관장하게 했고, 업무가 잘 처리되어 백성들이 순 아래에
서 평온했으니, 이는 백성들이 그를 받아들였다는 것이다. 하늘이 그에게 [왕
위를] 주었고 백성들이 그에게 왕위를 주었다. 내가 '군주는 다른 사람에게
왕위를 줄 수 없다'라고 말했던 것은 이러한 이유에서이다."

6절 각주[33]

백신(百神), 즉 '모든 정령'은 천지산천지신(天地山川之神), 즉 '하늘, 땅, 산,
강의 정령들' 즉 실제 또는 추정되는 모든 영적인 존재들로 설명된다. 『서경』
「우서(虞書)·대우모(大禹謨)」 제6절에서는 군신(群神: 다수의 신)과 상제(上帝),
육종(六宗), 산천(山川)을 구별하지만 여기서 이 문구는 모두를 포함하는 것
으로 보아야 한다. 군주는 백신지주(百神之主)이고, 순은 요의 생전에 요의
모든 책무를 시작했다. 신들이 그 제물을 인정함을 어떻게 표시하는지 우리
는 들은 바가 없다. 현대 비평가들은 여기서의 백신(百神)을 하늘과 하늘에
종속된 것만을 보는데 즉 하늘의 활기찬 운용인 귀신과 등가인 것만으로 배
타적으로 본다. 그러나 그와 같은 견해는 맹자 시대가 한참 지난 이후에 나
온 것이었다. 제후(諸侯)는 제(諸)라는 글자의 의미에도 불구하고 단수로 '제
후 중의 한 사람'을 의미한다. 나는 석자(昔者) 즉 '예전에'를 번역에서 생략
했다. 폭(暴)은 [폭]으로 읽히고, '명백하게 하다', '드러내다'를 의미한다.

---

33) (역주) 레게 원문에는 제5절 각주로 되어있지만 제6절에 해당하는 내용이므로 제6절
각주로 처리한다.

7. 'Shun assisted Yâo *in the government* for twenty and eight years;—this was more than man could have done, and was from Heaven. After the death of Yâo, when the three years' mourning was completed, Shun withdrew from the son of Yâo to the south of South river. The princes of the kingdom, however, repairing to court, went not to the son of Yâo, but they went to Shun. Litigants went not to the son of Yâo, but they went to Shun. Singers sang not the son of Yâo, but they sang Shun. Therefore I said, "Heaven *gave him the throne*." It was after these things that he went to the Middle Kingdom, and occupied the seat of the Son of Heaven. If he had, *before these things*, taken up his residence in the palace of Yâo, and had applied pressure to the son of Yâo, it would have been an act of usurpation, and not the gift of Heaven.

7절

舜相堯二十有八載, 非人之所能爲也, 天也, 堯崩, 三年之喪畢, 舜避堯之子於南河之南, 天下諸侯朝覲者, 不之堯之子而之舜, 訟獄者, 不之堯之子而之舜, 謳歌者, 不謳歌堯之子而謳歌舜, 故曰, 天也, 夫然後之中國, 踐天子位焉, 而居堯之宮, 逼堯之子, 是纂也, 非天與也.

순이 28년 동안 요의 [통치]를 보조했는데, 이것은 사람이 할 수 있었던 것 이상으로 하늘이 해준 것이었다. 요가 사망한 후 순은 삼년상을 끝내고 요의 아들로부터 물러나 남하(南河)의 남쪽으로 갔다. 그러나 왕국의 제후들이 조정에 갈 때 요의 아들에게 가지 않고 순에게 갔다. 소송하는 사람들은 요의 아들에게 가지 않고 순에게 갔다. 노래하는 사람은 요의 아들을 노래하지 않고 순을 노래했다. 그래서 나는 '하늘이 [그에게 왕위를 주었다]'라고 말한 것이다. 이런 일이 있고 난 이후에야 순은 중원으로 가서 천자의 자리를 차지했다. [이러한 일이 있기 전에] 만약 순이 거주지를 요의 왕궁에 잡고 요의 아들에게 압박을 가했다면, 그것은 찬탈하는 행위이지 하늘이 주는 선물이 아니었을 것이다.

7. 相, 4th tone. 載, 2nd tone. 有, 4th tone. In 天地, 天, it is said, 以氣數言, 'Heaven means destiny.' But why suppose a different meaning of the term? Twenty-eight years were, indeed, a long time for Shun to occupy the place of vice-sovereign as he did, and showed wonderful gifts. I consider that this is an additional illustration of the 行 above, by which Heaven intimated its will about Shun. The south of the South river (probably the most southern of the nine streams which Yü opened) would be in the present Ho-nan. Thither Shun retired from Chî-châu, the present Shan-hsî, where Yâo's capital was. For the difference between 朝 (*ch'âo*, 2nd tone) and 覲, see the Lî Chî, Sect. II, ii, 11, and notes thereon. 之堯, 之舜, 之中國,—之= 往, the verb. 訟獄,—see Analects, XII. xiii, but Chû Hsî makes no distinction between the terms here, and explains 訟獄謂獄不決而訟之. 謳歌,—these two terms must be taken together. 歌 is the more general name of the two. The 說文 says that 謳 is 齊歌," the singing of many together.' The 正字通 makes 謳 to be the several tunes of the singers. 而=若, or 使.

7절 각주

상(相)은 4성조이다. 재(載)는 2성조이고, 유(有)는 4성조이다. 천지(天地)의 천(天)은 이기수언(以氣數言) 즉 '하늘은 운명을 의미한다'라고 한다. 그러나 그 단어에 왜 다른 의미를 가정하는가? 사실상, 순은 긴 시간인 28년 동안 부왕의 자리에 있었고, 이 기간은 놀라운 선물을 보여주었다. 나는 이것이 위에서 말한 하늘이 순에 대한 의지를 암시한 '행(行)'의 추가적인 예증이라고 생각한다. 남하(아마도 우가 열었던 9개의 강의 가장 남쪽에 있는 강)의 남쪽은 요의 수도가 있었던 현재 산서성 기주(冀州)에 있을 것이다. 조(朝, chao, 2성조)와 근(覲)의 차이는 『예기』「곡례(曲禮)」하 제2장 제2절과 각주를 보라. 지요(之堯), 지순(之舜), 지중국(之中國)의 지(之)는 왕(往, 동사)이다. 송옥(訟獄)은 『논어』 제12권 제13장을 보라. 그러나 주희는 여기서 두 글자를 구분하지 않고 송옥위옥불하결이송지(訟獄謂獄不決而訟之)로 설명한다. 구가(謳歌)에서 이 두 글자는 함께 보아야 한다. 가(歌)는 구(謳)보다 상위어이다. 『설문』(說文)에서 구(謳)는 제가(齊歌, 여럿이 함께 부르는 것)라고 말한다. 『정자통』(正字通)[34]은 구(謳)를 가수들이 부르는 몇 개의 곡으로 보았다. 이(而)는 약(若) 혹은 사(使)이다.

---

34) (역주) 『정자통』(正字通)은 장자열(張自烈)이 지은 음운(音韻) 책이다. 장자열(1564~1650)은 명나라 강서(江西) 의춘(宜春) 사람으로 자는 이공(爾公)이고 호는 기산(芑山)이다.

5. 相, in 4th tone. 王, in 3rd tone. (太丁~四年,一I have translated hero according to Châo Ch'î. One of the Ch'angs gives a different view:—'On the death of T'ang, Wae-ping was only two years old, and Chung-yin was but four. T'ae was somewhat older, and therefore was put on the throne;' and between this view and the other, Chû Hsî professes himself unable to decide. The first view appears to me much the more natural, and is founded moreover on the account in the 'Historical Records,' though the histories have been arranged according to the other, and T'ae-chia appears as the successor of T'ang This arrangement of the chronology seems indeed required by the statements in the Shû-ching IV. iv, which do not admit of any reign or reigns being interposed between T'ang and T'âi-chiâ. The author of the 四書拓餘說 proposes the following solution:— 'Châo Ch'î's view is inadmissible, being inconsistent with the Shû-ching.— 'Châo Ch'î's view is also to be rejected. For how can we suppose that T'ang, dying over a hundred years old, would leave children of two and four years? And moreover, on this view Chung-zăn was the elder brother, and Mencius would have mentioned him first. But there is a solution which meets all the difficulties of the case. First, we assume, with the old explanation, that Wâi-pîng and Chun-zăn were both dead when T'âe-chià succeeded to the throne. Then, with Ch'ăng, we take 年 in the sense of 歲, years of life, and not of reign;—and the meaning thus comes out, that T'âi-ting died before his father, and his brothers Wâi-pîng and Chung-zăn died also, the one at the age of two, and the other of four years.' 刑,—in the sense of laws. T'ung was the place where T'ang had been buried, and Po the name of his capital. There is some controversy about the time of T'âe-chià's detention in T'ung, whether the three years are to be reckoned from his accession, or from the conclusion of the three years of mourning. The 'Historical Records' sanction the latter view, but the former is generally received, as more in accordance with the Shû-ching.

5절 각주

상(相)은 4성조이다. 왕(王)은 3성조이다. 나는 조기를 따라 '태정~사년(太丁~四年)'을 해석했다. 정자(程子) 학파의 한 학자는 다른 견해를 제시한다. 즉 탕왕이 사망했을 때 외병은 겨우 2살이었고 중임은 겨우 4살이었으며 태갑은 나이가 약간 더 많아서 왕위에 오르게 되었다라고 한다. 주희는 어느 쪽의 견해를 택하기 어렵다고 고백한다. 첫 번째 견해가 훨씬 더 자연스러운 것 같고, 더구나 이 견해는 『사기』의 이야기에 토대를 두고 있다. 그러나 역사서들은 후자의 견해에 따라 배열되었고 태갑이 탕왕의 계승자처럼 보인다. 이 연대기의 배열은 사실은 『서경』「상서(商書)·이훈(伊訓)」의 진술을 요구한다. 『서경』은 탕왕과 태갑 사이의 다른 왕의 통치 또는 재임을 허용하지 않는다. 『사서탁여설』(四書拓餘說)의 저자는 다음과 같은 해결책을 제시한다. 즉 '조기의 견해는 『서경』과 불일치하기 때문에 수용할 수 없다. 정자의 견해 또한 거부해야 한다. 그 이유는 백살이 넘어 죽은 탕왕에게 2살과 4살의 자식들이 있었다고 가정하기 어렵기 때문이다. 이 견해대로라면 중임이 형이었기에, 맹자가 중임을 먼저 언급했었을 것이다. 그러나 이 모든 어려움을 푸는 해결책이 있다. 먼저, 우리가 옛날의 설명을 토대로 태갑이 왕위를 계승했을 때 외병과 중임 모두 죽었다고 가정하는 것이다. 그런 다음 정자의 견해를 받아들여 년(年)을 재임 기간이 아닌 세(歲, 나이)의 의미로 받아들이면 말이 된다. 즉 태정이 탕왕보다 먼저 사망했고 그의 형제인 외병과 중임 또한 사망했는데 외병은 2세에, 중임은 4세에 사망했다.'라고 한다. 형(刑)은 법의 의미에서이다. 동(桐)은 탕왕이 매장된 곳이었고, 박(亳)은 수도의 이름이었다. 태갑이 동에 있었던 기간에 대해 약간의 논쟁이 있다. '3년'을 태갑이 왕위를 계승한 시기부터 보아야 하는지 아니면 삼년상이 끝난 시기부터로 보아야 하는지 논란이 있다. 『사기』는 후자의 견해를 인정하지만, 전자가 『서경』과 더 일치하기 때문에 일반적으로 전자를 수용한다.

6. 'Châu-kung not getting the throne was like the case of Yî and *the throne of* Hsiâ, or like that of Î Yin and *the throne* of Yin.

7. 'Confucius said, "T'ang and Yü resigned the throne to *their worthy ministers*. The sovereign of Hsiâ and those of Yin and Châu transmitted it to their sons. The principle of righteousness was the same *in all the cases*."'

7. We must understand Confucius's saying,—the second clause of it, as referring to the first sovereigns of the dynasties mentioned, and 繼, opposed to 禪,=傳, 'to transmit to,' i. e. their sons. 唐 and 虞 are Yâo and Shun: see the Shû-ching, I, II. 夏后,—see Analects, III. xxi. 1. Yü originally was the 伯, or baron, of Hsîa, a district in the present department of Kai-fang. The one principle of righteousness was accordance with the will of Heaven, as expressed in par. 1, 天與賢, 則 與賢, 天與子, 則與子.

6절

周公之不有天下, 猶益之於夏, 伊尹之於殷也.

주공이 왕위에 오르지 않는 것은 익이 하나라의 왕위에 오르지 않은 것과 같고 이윤이 은나라의 왕위에 오르지 않은 것과 같다.

7절

孔子曰, 唐虞禪, 夏后殷周繼, 其義一也.

공자께서 말하길, '당과 우는 왕위를 [그들의 현능한 신하에게] 선양했다. 하의 군주와 은과 쥐[의 군주들]는 왕위를 아들에게 승계했다. 의의 원리는 [모든 경우에] 동일했다'라고 했다."

7절 각주

우리는 공자의 말 중 두 번째 구절은 언급된 왕조의 시조들을 의미하는 것으로 보아야 한다. 계(繼)는 선(禪)과 반대의 의미로 전(傳), '~에 전달하다' 즉 그들의 아들에게 승계하다라는 뜻이다. 당(唐)과 우(虞)는 요와 순이다. 『서경』「우서(虞書)」를 보라. 하후(夏后)는 『논어』제3권 제21장 제1절[36]을 보라. 우는 원래 오늘날 개평의 한 지역의 백(伯) 즉 백작이었다. 의(義)의 한 가지 원리는 하늘의 의지와 일치하는 것으로 이것은 1절의 천여현(天與賢), 즉여현(則與賢), 천여자(天與子), 즉여자(則與子)로 표현된다.

---

36) (역주) 레게는 해당 부분을 『논어』제3권 31장 1절로 오기하여 '31장'을 '21장'으로 수정하였다.

CHAPTER VII

CH. 7. VINDICATION OF Î YIN FROM THE CHARGE OF INTRODUCING HIMSELF TO THE SERVICE OF TANG BY AN UNWORTHY ARTIFICE.

1. Wan Chang asked *Mencius*, saying, 'People say that Î Yin sought an introduction to T'ang by his knowledge of cookery. Was it so?'

1. 要, 1st tone, = 求, or 干, 'to seek,' i. e. an introduction to, or the favor of. Î(伊 is the surname) Yin(尹, the 'regulator,' is the designation) was the chief minister of T'ang. The popular account (found also in the 'Historical Records') in the times of Mencius was, that Î Yin came to Po, in the train of a daughter of the prince of Hsin, whom T'ang was marrying, carrying his cooking-instruments with him, that by 'cutting and boiling,' he might, recommend himself to favour.

제7장

맹자는 이윤이 부적절한 계교로 탕왕에게 다가가 섬겼다고 하는 세간의 비난을 반박하며 그를 옹호한다.

1절

萬章問曰, 人有言, 伊尹以割烹要湯, 有諸.

만장이 맹자에게 물었다. "백성들이 이윤이 요리 지식으로 탕왕에게 다가가려고 했다고 합니다. 그랬습니까?"

1절 각주

요(要)는 1성조로 구(求) 혹은 간(干)과 같은 뜻으로 '구하다' 즉 '~에게 소개해 줄 것을 구하다' 혹은 '~의 호의를 구하다'라는 뜻이다. 이윤(伊尹)(이(伊)는 성이고 윤(尹)은 직함으로 '조정자'라는 뜻이다)은 탕왕의 재상이었다. 맹자 시대에 널리 알려진 이 이야기는 『사기』에 있는 것으로 이윤이 탕왕의 결혼 상대인 신나라 제후 딸의 행렬을 따라 박에 왔는데, 그때 요리 기구를 가지고 와서 '자르고 끓임으로써' 호의를 얻고자 했다고 한다.

2. Mencius replied, 'No, it was not so. Î Yin was a farmer in the lands of the prince of Hsin, delighting in the principles of Yâo and Shun. In any matter contrary to the righteousness which they prescribed, or contrary to their principles, though he had been offered the throne, he would not have regarded it; though there had been yoked for him a thousand teams of horses, he would not have looked at them. In any matter contrary to the righteousness which they prescribed, or contrary to their principles, he would neither have given nor taken a single straw.

2. 有莘之野,一î Yin was a native of Hsin, the same territory which under the Châu dynasty was called Kwo, the present Shen-châu(陝州) of Ho-nan. It was not far distant from T'ang's original seat of Po, also in the present Ho-nan. 有莘 ＝ 有莘氏, 'the surname, i. e. the prince, holding Hsîn.' 非其義也, 非其道也 are in apposition, the one explanatory of the other. 祿之,一literally, 'emolument him.' 駟,一'a team of four horses.' 介＝芥.

2절

孟子曰, 否, 不然, 伊尹耕於有莘之野, 而樂堯舜之道焉, 非其 義也, 非其道也, 祿之以天下, 弗顧也, 繫馬千駟, 弗視也, 非 其義也, 非其道也, 一介, 不以與人, 一介, 不以取諸人.

맹자가 대답했다. "아니다. 그렇지 않았다. 이윤은 신 지역 제후의 땅의 농부였고 요와 순의 원리를 즐겼다. 그는 요와 순이 규정하는 의와 원리에 상반되는 문제라면, 또는 그들의 원리에 상반되는 문제라면, 왕위를 받을 수 있다고 해도 고려하지 않았다. 1천 사마가 그에게 주어진다 해도, 그는 보려고 하지 않았다. 요와 순이 규정하는 의와 상반되는 문제라면 또는 그들의 원리에 상반되는 문제라면 단 하나의 지푸라기라도 주려고도 받으려고도 하지 않았다.

2절 각주

유신지야(有莘之野)는 이윤은 신 지역의 사람이라는 뜻이다. 이곳은 주나라의 괵(虢)이라 불리던 지역과 동일한 곳으로 오늘날의 하남성 합주부(陝州府)이다. 또한, 이곳은 오늘날 하남성에 있는 탕왕의 원래 수도인 박(亳)에서 그다지 멀지 않았다. 유신(有莘)는 유신씨(有莘氏)로 '신 지역을 장악하고 있는 성씨 즉 제후가 있었다'이다. 비기의야(非其義也), 비기도야(非其道也)는 한 구절이 다른 구절을 설명하는 동격 구조이다. 녹지(祿之)는 문자 그대로 '그에게 녹봉을 주다는 뜻이다. 사(駟)는 '말 4필로 구성된한 조'라는 뜻이다. 개(介)는 개(芥)이다.

CHAPTER VIII

CH. 8. VINDICATION OF CONFUCIUS FROM THE CHARGE OF LODGING WITH UNWORTHY CHARACTERS.

1. Wan Chang asked *Mencius*, saying, 'Some say that Confucius, when he was in Wei, lived with the ulcer-doctor, and when he was in Ch'î, with the attendant, Ch'î Hwan;—was it so?' Mencius replied, 'No; it was not so. Those are the inventions of men fond of strange things.

1. 癰, 'a swelling,' 'an ulcer,' and 疽, (read *tsu*, in the 1ˢᵗ tone, 'a deep-seated ulcer.' Chû Hsî, after Châo Ch'î, takes the two terms, as in the translation. Some, however, take the characters as a man's name, called also 雍渠, 雍睢, and 雍雎. They are probably right. The 'Historical Records' made 雍渠 to have been the eunuch in attendance on the duke of Wei, when he rode through the market place, with the duchess, followed by the sage, to his great disgust. 侍人=奄人, 'the eunuch.' Eunuchs were employed during the Châu dynasty. Both the men referred to were, unworthy favorites of their respective princes. 好(in 3 tone)事者,—'one who is fond of raising trouble,' and in a lighter sense, as here, 'one who is fond of saying, and doing, strange things.' 主=舍於其家,—'lodged in his house,' literally, '*hosted* him.' In par. 4. 以其所爲主, 'by those of whom they are hosts'; 以其所主, 'by those whom they host,' i. e. make their hosts.

제8장

맹자는 무가치한 인물들과 함께 살았다는 혐의를 받는 공자를 옹호한다.

1절

萬章問曰, 或謂孔子於衛, 主癰疽, 於齊主侍人瘠環, 有諸乎.
孟子曰, 否, 不然也, 好事者爲之也.

만장이 [맹자에게] 물었다. "혹자는 공자께서 위에 있을 때 궤양 치료 의사와 함께 살았고, 공자께서 제에 있을 때 시종인 척환과 함께 살았다고 말하는데, 그런 일이 있었습니까?" 맹자가 대답했다. "아니다. 그렇지 않았다. 이상한 것들을 좋아하는 자들이 지어낸 말이다.

1절 각주

옹(癰)은 '종기' '궤양'이고 저(疽, 1성조)는 '깊게 자리 잡은 궤양'이다. 조기를 따라 주희는 두 글자를 번역처럼 해석한다. 그러나 혹자들은 이 두 글자를 옹거(雍渠), 옹저(雍雎), 옹추(雍錐)로 불리는 사람의 이름으로 해석한다. 아마도 그들이 맞을 수도 있다. 『사기』는 옹거(雍渠)를 위공을 모시던 환관으로, 그가 위공의 부인과 함께 말을 타고 시장을 지나갈 때 그 뒤를 따르던 공자가 이를 매우 불쾌하게 생각했다고 한다. 시인(侍人)은 엄인(奄人) 즉 '환관'이다. 환관들은 주 왕조 때 기용되었다. 언급된 옹저와 척환은 모두 각 제후의 쓸모없는 총신이었다. '호사자(好[3성조]事者)'는 '논란을 초래하기를 좋아하는 자', 더 가벼운 의미로 여기에서처럼, '이상한 것들을 말하고, 행동하기를 좋아하는 자'이다. 주(主)는 사어기가(舍於其家) 즉 '그의 집에 체류했다'로, 문자 그대로 '그를 [손님으로 맞이했다]'라는 의미이다. 제4절에서, 이기소위주(以其所爲主)는 '주인인 그들에 의해'라는 의미이고, 이기소주(以其所主)는 '주인이 대접하는 자들에 의해'라는 의미이다.

2. 'When he was in Wei, he lived with Yen Ch'âu-yû. The wives of the officer Mî and Tsze-lû were sisters, and Mî told Tsze-lû, "If Confucius will lodge with me, he may attain to the dignity of a high noble of Wei." Tsze-lû informed Confucius of this, and he said, "That is as ordered *by Heave*n." Confucius went into office according to propriety, and retired from it according to righteousness. In regard to his obtaining office or not obtaining it, he said, "That is as ordered." But if he had lodged with the attendant Chî Hwan, that would neither have been according to righteousness, nor any ordering *of Heaven.*

2. Yen Châu-yû, called also 顔濁鄒, was a worthy officer of Wei. One account has it, that he was brother to Tsze-lû's wife, but this is probably incorrect. Mî, with the name Hsiâ(瑕), was an unworthy favorite of the duke Ling.

2절

於衛, 主顏讎由, 彌子之妻, 與子路之妻, 兄弟也, 彌子謂子路曰, 孔子主我, 衛卿可得也. 子路以告, 孔子曰, 有命, 孔子進以禮, 退以義, 得之不得, 曰, 有命, 而主癰疽與侍人瘠環, 是無義無命也.

공자께서 위나라에 계실 때 그는 안수유의 집에 있었다. 미자의 아내와 자로의 아내는 자매였다. 미자가 자로에게 말하길, '공자가 나와 함께 기숙한다면 위나라의 높은 지위에 오를 수 있다'라고 말했다. 자로가 공자에게 이 말을 전하자 공자가 말하길, '그것은 [하늘의] 명에 달려있다'라고 했다. 공자가 관직에 나갈 때 예를 따랐고 관직에서 물러날 때는 의를 따랐다. 공자는 자신이 관직에 나아가고 나아가지 못하는 것에 대해 말하길, '그것은 하늘의 명에 달려있다'라고 했다. 그러나 공자가 시종 척환과 함께 기숙했다면 그것은 의를 따른 것도 [하늘의] 명을 따른 것도 결코 아니었을 것이다.

2절 각주

안수유는 안탁추(顏濁鄒)로도 불리는데 위나라의 현능한 관리였다. 그가 자로 아내의 남자 형제라는 이야기도 있지만 정확하지는 않다. 미자의 이름은 하(瑕)로 영공(靈公)의 무능력한 총신이었다.

3. 'When Confucius, being dissatisfied in Lû and Wei, *had left those States*, he met with the attempt of Hwan, the Master of the Horse, of Sung, to intercept and kill him. He assumed, however, the dress of a common man, and passed by Sung. At that time, though he was in circumstances of distress, he lodged with the city-master Ch'ang, who was *then* a minister of Châu, the marquis of Ch'ăn.

   3. Compare Analects, VII. ii; Hwan is the Hwan T'ûi there. 要, in 1st tone, = 攔截, 'to intercept.' 微服, 'small clothes,' i. e. the dress of a common man. 貞, 'the Pure,' is the honourary epithet of the officer who was Confucius's host, and 周 was the proper name of the prince of Ch'ăn, with whom indeed the independence of the State terminated. Chăng, it is said, afterwards became 'city master' in Sung, and was known as such;—hence he is so styled here at au earlier period of his life.

3절

孔子不悅於魯衛, 遭宋桓司馬, 將要而殺之, 微服而過宋, 是時,
孔子當阨, 主司城貞子, 爲陳侯周臣.

공자께서 노나라와 위나라에 만족하지 않아 [그 공국들을 떠났을 때] 송나
라의 사마인 환(桓)이 그를 중간에서 잡아서 죽이려고 시도했다. 그러나 공
자께서 평민의 옷을 입고 송을 지나갔다. 그때, 공자의 상황이 절망적이었
지만 그 당시 진나라의 후작인 주의 신하인 성주 정(貞)의 집에 기숙했다.

3절 각주

『논어』제7권 제22장과 비교하라. 환(桓)은 『논어』에서 환퇴(桓魋)로 표기
된다. 요(要)는 1성조로 난절(攔截) 즉 '가로채다'이다. 미복(微服)은 '보잘
것없는 옷' 즉 평민의 옷이다. 정(貞)은 '깨끗한'으로 정자는 공자가 기거
하던 집주인인 관리의 존칭이고, 주(周)는 진나라 제후의 고유한 이름으로
주에 이르러 사실상 진나라의 독립이 끝났다. 정자는 나중에 송나라의 성
주인 사성(司城)이 되었다고 하고 이후 사성정자로 알려졌다. 그의 후반부
의 존칭이 그의 삶이 초기인 여기에도 사용되었다.

4. 'I have heard that *the characters* of ministers about court may be discerned from those whom they entertain, and those of stranger officers, from those with whom they lodge. If Confucius had lodged with the ulcer-doctor, and with the attendant Chî Hwan, how could he have been Confucius?'

4. 近遠 here have a different application from what belongs to them in the last chapter, par. 7.

4절

吾聞觀近臣, 以其所爲主, 觀遠臣, 以其所主, 若孔子主癰疽與侍人瘠環, 何以爲孔子.

나는 조정 주변에 있는 신하들의 [사람됨]은 그들이 접대하는 이들로 분간할 수 있고, 타국에서 온 관리들은 그들이 누구의 집에 기숙하는가로 분간할 수 있다고 들었다. 만약 공자께서 궤양 의사와 시종 척환의 집에 기숙했다면 그가 어떻게 공자가 될 수 있었겠느냐?"

4절 각주

근원(近遠)은 여기서 제7장 제7절의 근(近)과 원(遠)과 다른 의미로 사용된다.

CHAPTER I

CH. 1. HOW CONFUCIUS DIFFERED FROM AND WAS SUPERIOR TO ALL OTHER SAGES.

1. Mencius said, 'Po-î would not allow his eyes to look on a bad sight, nor his ears to listen to a bad sound. He would not serve a prince whom he did not approve, nor command a people whom he did not esteem. In a time of good government he took office, and on the occurrence of confusion he retired. He could not bear to dwell either in *a court* from which a lawless government emanated, or among lawless people. He considered his being in the same place with a villager, as if he were to sit amid mud and coals with his court robes and court cap. In the time of Châu he dwelt on the shores of the North sea, waiting the purification of the kingdom. Therefore when men *now* hear the character of Po-î, the corrupt become pure, and the weak acquire determination.

제1장

맹자는 공자가 다른 성인들과 다르며 그들보다 뛰어난 이유를 논한다.

1절

孟子曰, 伯夷, 目不視惡色, 耳不聽惡聲, 非其君不事, 非其民
不使, 治則進, 亂則退, 橫政之所出, 橫民之所止, 不忍居也,
思與鄉人處, 如以朝衣朝冠, 坐於塗炭也, 當紂之時, 居北海之
濱, 以待天下之清也, 故聞伯夷之風者, 頑夫廉, 懦夫有立志.

맹자가 말했다. "백이는 눈으로 나쁜 광경을 보지 않으려 했고, 귀로 나쁜
소리를 듣지 않으려 했다. 그는 자기가 인정하지 않으면 그 제후를 섬기
려 하지 않았고, 자기가 존중하지 않으면 어떤 백성이라도 다스리려 하지
않았다. 그는 선정이 펼쳐지는 시기에는 관직을 맡았고 혼돈의 시기에는
물러났다. 그는 무법 통치가 발생하는 [조정이나] 무법의 백성들 사이에서
거처하는 것을 참을 수 없어 했다. 그는 자신이 시골 사람과 같은 장소에
있는 것을 마치 관복과 관모를 쓰고 진흙과 석탄 가운데에 앉아 있는 것
처럼 생각했다. 주(紂)의 시대에 그는 북해의 바닷가에 살면서 왕국이 정
화될 것을 기다렸다. 그래서 [오늘날] 사람들이 백이의 품성을 들으면 부
패한 자는 깨끗해지고 마음이 약한 자는 굳건한 마음을 가지게 된다.

1. Compare Bk. II. Pt. I. ii. 22, and ix; Bk. IV. Pt. I. xiii. 1. 橫政之所出, 'the place whence perverse government issues'; i. e. a court. 橫民之所止, 'the place where perverse people stop.' 頑 is properly 'stupid,' 'obstinate,' but here as opposed to 廉, we must take it in the sense of 'corrupt.' Julien, indeed, takes 廉 in the sense of *'habere vim dinrernendi.'* But it is better to retain its proper signification, and to alter that of 頑, with the gloss in the 備旨,一頑夫無知覺, 必貪昧嗜利, 故與廉反.

1절 각주

제2권 제1편 제2장 제22절과 제9장과 비교하고, 제4권 제1편 제13장 제1절과 비교하라. 횡정지소출(橫政之所出)은 '비뚤어진 정치가 나오는 장소' 즉 조정을 말한다. 횡민지소지(橫民之所止)는 '비뚤어진 백성들이 멈추는 장소'이다. 완(頑)은 원래 '어리석은' '고집 센'이지만 여기서는 염(廉)과 상반되는 '부패한'의 의미로 보아야 한다. 줄리앙은 사실상 염(廉)을 [식별할 염] 의미로 받아들인다. 그러나 염(廉)의 본래 의미를 유지하면서 『비지』(備旨)의 '일완부무지각, 필탐매기리, 고여염반(一頑夫無知覺, 必貪昧嗜利, 故與廉反.)'에서의 완(頑)의 의미로 바꾸는 것이 더 좋다.

2. Î Yin said, "Whom may I not serve? My serving him makes him my sovereign. What people may I not command? My commanding them makes them my people." In a time of good government he took office, and when confusion prevailed, he also took office. He said, "Heaven's plan in the production of mankind is this:—that they who are first informed should instruct those who are later in being informed, and they who first apprehend principles should instruct those who are slower in doing so. I am the one of Heaven's people who has first apprehended;—I will take these principles and instruct the people in them." He thought that among all the people of the kingdom, even the common men and women, if there were any who did not share in the enjoyment of such benefits as Yâo and Shun conferred, it was as if he himself pushed them into a ditch;—for he took upon himself the heavy charge of the kingdom.

2. Compare Bk. II. Pt. I. ii. 22; and Bk. V. Pt. I., vii. 2-6. Observe that here instead of 有不被~澤者, we have 有不與被~澤者,= 'if there were any who did not have part in the enjoyment,' etc.

2절

伊尹曰, 何事非君, 何使非民, 治亦進, 亂亦進, 曰, 天之生斯民也, 使先知, 覺後知, 使先覺, 覺後覺, 予天民之先覺者也, 予將以此道覺此民也, 思天下之民, 匹夫匹婦, 有不與被堯舜之澤者, 若己推而內之溝中, 其自任以天下之重也.

이윤이 말하길, '내가 누구를 섬기지 않을 수 있겠는가? 내가 그를 섬기면 그는 나의 군주가 된다. 내가 어떤 백성에게 명령을 내리지 않을 수 있겠는가? 내가 그들에게 명령을 내리면 그들은 나의 백성이 된다.'라고 했다. 그는 정치가 평화로운 시기에 관직에 있었고 혼란이 만연된 시기에도 관직에 있었다. 이윤이 말하길, '하늘이 사람을 냄에 있어 다음과 같은 계획이 있다. 먼저 안 자들이 나중에 알아가는 자들을 가르쳐야 하고, 먼저 원리를 이해한 자들이 느리게 이해하는 자들을 가르쳐야 한다. 나는 먼저 이해한 하늘의 사람 중 한 사람이기에 이 원리들을 취하여 사람들을 가르칠 것이다.'라고 했다. 그는 천하의 모든 백성, 심지어 필부 필녀 가운데서라도 요와 순이 부여하는 혜택을 누리지 못하는 자가 한 사람이라도 있다면 마치 자신이 직접 그들을 고랑으로 밀어 넣는 것처럼 생각했다. 그것은 그가 나라의 무거운 짐을 스스로 떠맡았기 때문이었다.

2절 각주

제2권 제1편 제2장 제22절과 제5권 제1편 제7장 제2~6절과 비교하라. 우리는 여기서 '유불피~택자(有不被~澤者)' 대신에 '유불여피~택자(有不與被~澤者)' 즉 '그러한 향유에 참여하지 않는 자가 한 사람이라도 있다면'을 보게 된다.

3. 'Hûi of Liû-hsiâ was not ashamed to serve an impure prince, nor did he think it low to be an inferior officer. When advanced to employment, he did not conceal his virtue, *but* made it a point to carry out his principles. When dismissed and left without office, he did not murmur. When straitened by poverty, he did not grieve. When thrown into the company of village people, he was quite at ease and could not bear to leave them. *He had a saying*, "You are you, and I am I. Although you stand by my side with breast and arms bare, or with your body naked, how can you defile me?" Therefore when men now hear the character of Hûi of Liü-hsiâ, the mean become generous, and the niggardly become liberal.

3. Compare Bk. II. Pt. I. ix. 2. The clause 與鄉人, 云云, which is wanting there, makes the 故曰 of that place more plain. 袒 is 'to have the arms bare,' and 裼, 'to put off all the upper garment.' 裸程, together, is 'to have the body naked." Here and in par. 1. 風 is expressed more nearly by 'character,' than by any other English term.

3절

柳下惠, 不羞汚君, 不辭小官, 進不隱賢, 必以其道, 遺佚而不
怨, 阨窮而不憫, 與鄕人處, 由由然不忍去也, 爾爲爾, 我爲我,
雖袒裼裸裎於我側, 爾焉能浼我哉, 故聞柳下惠之風者, 鄙夫
寬, 薄夫敦.

유하혜는 깨끗하지 않은 제후를 [섬기는 것을] 부끄러워하지 않았고, 하급
관리가 되는 것을 천하다고 생각하지 않았다. 관직에 나아갈 때 미덕을
감추지 않았고 반드시 그의 원리를 이행하였다. 해임되어 관직에 있지 않
을 때도 불평하지 않았다. 가난으로 궁핍해도 한탄하지 않았다. 시골 사람
들의 무리에 있게 되었을 때 불편하지 않았고 그들을 떠나는 것을 참을
수 없었다. [그의 말에] '너는 너이고, 나는 나이다. 네가 가슴과 팔을 드
러내고 혹은 벌거벗은 몸으로 내 옆에 서 있다 해도 네가 나를 어떻게 더
럽힐 수 있겠는가?'가 있다. 그래서 오늘날의 사람들이 유하혜의 품성에
대해 들었을 때 비열한 자는 관대해지고 인색한 자는 후해진다.

3절 각주

제2권 제1편 제9장 제2절과 비교할 때 이 절에서 추가된 '여향인, 운운(與
鄕人, 云云)' 구절로 인해 제2권의 고왈(故曰)의 의미가 더욱 명확해진다.
단(袒)은 '팔을 드러내는 것'이고 석(裼)은 '위의 옷을 모두 벗는 것'이다.
나정(裸裎)은 함께 쓰여 '벌거벗은 몸이 되다'라는 의미이다. 여기 제3절과
제1절의 풍(風)은 영어의 'character'로 옮길 때 다른 어떤 영어단어보다 원
문의 의미에 가깝다.

3. 'The SON OF HEAVEN constituted one dignity; the KUNG one; the HÂU one; the PÂI one; and the TSZE and the NAN each one of equal rank:⁻altogether making five degrees of rank. The RULER *again* constituted one dignity; the CHIEF MINISTER one; the GREAT OFFICERS one; the SCHOLARS OF THE FIRST CLASS one; THOSE OF THE MIDDLE CLASS one; and THOSE OF THE LOWEST CLASS one:⁻altogether making six degrees of dignity.

3. 公, 侯, 伯, 子, 男 have been rendered 'duke, marquis, earl, viscount, and baron,' and also 'duke, prince, count, marquis, and baron,' but they by no means severally correspond to those dignities. It is better to retain the Chinese designations, which no doubt were originally meant to indicate certain qualities of those bearing them. 公='just, correct, without selfishness.' 侯, 'taking care of,' = 候 in the sense of 'guarding the borders and important places against banditti; possessed of the power to govern.' 伯 conveys the idea of 'elder and intelligent,' 'one capable of presiding over others. 子= 孳, 'to nourish,' 'one who genially cherishes the people.' 男(from 田, 'field,' and 力, 'strength'), 'one adequate to office and labour.' The name of 君, 'ruler,' 'sovereign,' is applicable to all the dignities enumerated, and under each of them are the secondary or ministerial dignities. 卿 = 彰, 'one who can illustrate what is good and right.' 夫=扶, 'to support,' 'to sustain;'⁻大夫, 'a great sustainer.' 士, 'a scholar,' 'an officer;'⁻任事之稱, 'the designation of one entrusted with business.'

3절

天子一位, 公一位, 侯一位, 伯一位, 子男同一位, 凡五等也, 君一位, 卿一位, 大夫一位, 上士一位, 中士一位, 下士一位, 凡六等.

천자(SON of HEAVEN)가 하나의 작위이고, 공이 하나의 작위이고, 후가 하나의 작위이고, 백이 하나의 작위이고, 자와 남이 각각 같은 지위를 구성하여 모두 5등급의 작위가 있었다. 통치자가 [다시] 하나의 작위, 최고 재상인 경이 하나의 작위, 큰 관리인 대부가 하나의 작위, 최상위의 학자인 상사가 하나의 작위, 중간 직위의 학자인 중사가 하나의 작위, 하위 직위의 학자인 하사가 하나의 작위를 구성하여 모두 6등급의 작위를 이루었다.

3절 각주

공(公), 후(侯), 백(伯), 자(子), 남(男)은 '공작, 후작, 백작, 자작, 남작'으로 표현된다. 또한 '공작, 제후, 백작, 후작, 남작'으로도 표현되지만, 그것들은 개별적으로 이러한 작위들과 절대 일치하지 않는다. 중국의 직함을 유지하는 것이 더 좋은데, 틀림없이 처음에는 이러한 직함을 지닌 이들의 자질을 암시할 의도가 있었기 때문이다. 공(公)은 '정당한, 바른, 이기심이 없는'이다. 후(侯, ~을 돌보다)는 후(候, 도적떼에 대비해 국경과 중요한 곳을 지키다)와 같다. 백(伯)은 '어르신 또는 현명한', '다른 사람들을 관장할 수 있는 자'의 의미가 있다. 자(子)는 자(孶, '부양하다' '진심으로 백성들을 소중히 하는 자')와 같다. 남(男=田[밭]과 力[힘]의 결합)은 '사무와 노동에 적합한 자'를 의미한다. 군(君)은 '통치자' '최고 통치자'로 그 이름을 열거된 모든 작위에 적용할 수 있고, 각각의 아래에 한 단계 아래 또는 각료급의 작위들이 있다. 경(卿)은 창(彰, '선한 것과 올바른 것을 밝힐 수 있는 자')과 같다. 부(夫)는 부(扶, '지지하다' '떠받치다')와 같다. 대부(大夫)는 '대단한 유지자'이다. 사(士)는 '학자' '관리'로 임사지칭(任事之稱)은 '일을 맡은 사람의 직함'이라는 의미이다.

4. 'To the Son of Heaven there was allotted a territory of a thousand lî square. A Kung and a Hâu had each a hundred lî square. A Pâi had seventy lî, and a Tsze and a Nan had each fifty lî. The assignments altogether were of four amounts. Where the territory did not amount to fiftylî, the chief could not have access himself to the Son of Heaven. His land was attached to some Hâu-ship, and was called a FÛ-YUNG.

4절

天子之制, 地方千里, 公侯, 皆方百里, 伯, 七十里, 子男, 五十
里, 凡四等, 不能五十里, 不達於天子, 附於諸侯, 曰附庸.

천자에게 사방 천 리(thousand *li* square)의 영토가 할당되었다. 공과 후는
각각 사방 백 리의 영토를 받았다. 백은 사방 70리, 자와 남은 각각 사방
50리의 영토를 받았다. 배분은 모두 4등급으로 나누어졌다. 영토가 50리가
되지 않는 수장은 천자를 접근할 수 없었다. 그의 땅은 제후에 부속되었
고 이를 부용이라고 했다.

4. 地方千里,─this means, according to the commentator 彭絲, 橫千里, 直千里, 共一百萬里也, '1.000 *li* in breadth, and 1,000 *li* in length, making an area of 1,000,000 li.' On this, however, the following judgment is given by the editors of the royal edition of the five *Ching*, of the present dynasty:─'Where we find the word *square* (方) we are not to think of an exact square, but simply that, on a calculation, the amount of territory is equal to so many square li. For instance, we are told by the minister Tsan that, at the western capital of Châu, the territory was 800 *li* square. The meaning is that there were 8x8 squares of 100 li. At the eastern capital again, the territory was 600 *li* square, or 6x6 squares of 100 li. Putting these two together, we get the total of a square of 1,000 *li* square. So in regard to the various States of the princes, we are to understand that, however their form might be varied by the hills and rivers, their area, in round numbers, amounted to so much.' See in the Lî Chî, III, 1, 2, where the text, however, is not at all perspicuous. 附, 'attached'; 庸, 'meritoriousness.' These states were too small to bear the expenses of appearing before the sovereign, and therefore the names and surnames of their chiefs were sent into court by the great princes to whom they were *attached*, or perhaps they appeared in their train;─see on Analects, XVI. i. 1.

4절 각주

지방천리(地方千里)의 의미에 대해 주석가 팽사(彭絲)³⁹⁾는, '횡천리, 직천리, 공일백만리야(橫千里, 直千里, 共一百萬里也)', 즉 '가로 1천 리, 세로 1천 리로, 그 면적이 1백만 리가 된다'로 설명한다. 그러나 이것에 대해서 청나라 황실에서 출판한 『오경』(five Ching)의 편집자들은 다르게 풀이한다. 즉 사방(square, 方)이라는 단어가 있을 때, 우리는 정확한 면적을 생각해서는 안 되고 단지 계산했을 때 전체 영토가 같은 수의 리의 제곱과 같다고 보아야 한다. 예를 들면, 우리는 재상 자산(子産)이 주나라의 서쪽 수도의 영토가 사방 8백 리라고 하는 말을 듣는다. 그 의미는 (100리)²이 8x8개 있다는 것이다. 다시 동쪽 수도에서 그 영토가 사방 6백리라는 것은 즉 (100리)²이 6x6개 있다는 것이다. 이 둘을 합하면, 우리는 그 영토는 사방 1천리가 된다. 그래서 제후국의 형태가 언덕, 강, 지역에 따라 아무리 다양할 수 있다고 해도, 그 면적은 어림수로 그 정도에 해당한다는 것이다. 『예기』「왕제(王制)」 제1편 제2장을 보라. 그러나 그 텍스트는 전혀 명쾌하지 않다. 부(附)는 '부속된'이고, 용(庸)는 '공적'이다. 이 나라들은 너무 작아서 군주를 알현하는 비용을 감당할 수 없었다. 그래서 이들 수장은 성과 이름을 [의지하는] 대제후에게 위임하여 조정으로 보냈고 또는 대제후의 행차를 뒤따라갔다는 것이다. 『논어』 제16권 제1장 제1절을 보라.

---

39) (역주) 팽사(彭絲, 1239~1299)는 송원(宋元) 교체기의 안복(安福) 사람으로 자는 노숙(魯叔)이다.

5. 'The Chief ministers of the Son of Heaven received an amount of territory equal to that of a Hâu; a Great officer received as much as a Pâi; and a scholar of the first class as much as a Tsze or a Nan.

5. 元士, 'head scholar,' could only be applied to the scholars of the first class in the sovereign's immediate government.

5절

天子之卿, 受地視侯, 大夫, 受地視伯, 元士, 受地視子男.

천자의 최고 재상인 경(卿)은 후와 동등한 영토를 받았고, 대관리인 대부(大夫)는 백과 동등하게 받았고, 최고등급의 학자인 원사(元士)는 자와 남과 동등하게 받았다.

5절 각주

원사(元士)는 '최고 학자'로 천자가 직접 통치하는 조정의 최고등급 학자만을 가리킨다.

4. 'Not only has the sovereign of a small State acted thus. The same thing has been exemplified by the sovereign of a large State. There was the duke P'ing of Tsin with Hâi T'ang:—when *T'ang* told him to come into his house, he came; when he told him to be seated, he sat; when he told him to eat, he ate. There might only be coarse rice and soup of vegetables, but he always ate his fill, not daring to do otherwise. Here, however, he stopped, and went no farther. He did not call him to share any of Heaven's places, or to govern any of Heaven's offices, or to partake of any of Heaven's emoluments. His conduct was but a scholar's honouring virtue and talents, not the honouring them proper to a king or a duke.

4. P'ing('The Pacificator') was the honourary epithet of the duke 彪, B.C. 556—531. Hâe T'ang was a famous worthy of his State. 入云, '*enter* being said.' 疏食,—食, read *tsze*, 4ᵗʰ tone. The 之 after 平公 and 王公 is wanting in many copies. 與共天位, 云云,[42) would seem to be a complaint that the duke did not share with the scholar his own rank, etc., but the meaning in the translation, which is that given by the commentator, is perhaps the correct one. Rank, station, and revenue are said to be Heaven's, as entrusted to the ruler to be conferred on individuals able to occupy in them for the public good.

---

42) (역주) 레게 각주 원문에는 '與其天位'로 되어 있어 '與共天位'로 수정했다.

4절

非惟小國之君爲然也, 雖大國之君, 亦有之, 晉平公之於亥唐也, 入云則入, 坐云則坐, 食云則食, 雖疏食菜羹, 未嘗不飽, 蓋不敢不飽也, 然終於此而已矣, 弗與共天位也, 弗與治天職也, 弗與食天祿也, 士之尊賢者也, 非王公之尊賢也.

작은 제후국의 군주만 이렇게 행동한 것이 아니다. 같은 일이 큰 제후국의 군주에게도 있었다. 진나라의 평공은 해당과 함께했는데, 해당이 평공에게 집으로 오라고 하면 평공이 왔고, 앉으라고 하면 앉았고, 먹으라고 하면 먹었다. 거친 밥과 채소죽만 있었을 수 있었지만, 평공은 항상 배부르게 먹었고 감히 다르게 하려고 하지 않았다. 그러나 그는 여기서 멈추고 더는 나아가지 않았다. 평공은 해당을 불러 하늘의 지위를 공유하지 않았고, 하늘의 관직을 맡기지 않았고, 하늘의 녹봉을 나누어 주지도 않았다. 그의 행동은 단지 학자가 덕과 재주를 영예롭게 하는 것이지, 왕과 공작에 속하는 고유한 것들로 덕과 재주를 영예롭게 하는 것이 아니었다.

4절 각주

평(平, 평화주의자)은 공작 표(彪, 기원전 556~기원전 531)의 존칭이다. 해당은 그의 제후국의 유명한 현인이었다. 입운(入云)은 '들어오라'라고 하다이다. 소사(疏食)의 사(食)는 '사'로 읽히고 4성조이다. 평공(平公)과 왕공(王公) 뒤의 지(之)는 여러 판본에서 빠져있다. '여공천위, 운운'(與共天位, 云云)은 평공이 학자인 해당과 그의 지위를 공유하지 않았다는 것을 불평하고 있는 것처럼 보일 수 있다. 그러나 나의 번역은 주석가의 해석을 따른 것으로 아마도 정확할 것이다. 관직과 지위, 수입은 하늘의 것으로, 공공의 선을 위해 그것을 차지할 능력이 되는 자들에게 부여하도록 통치자에게 위임된 것이다.

5. 'Shun went up to *court* and saw the sovereign, who lodged him as his son-in-law in the second palace. The sovereign also enjoyed there Shun's hospitality. Alternately he was host and guest. Here was the sovereign maintaining friendship with a private man.

5. In this paragraph, Mencius advances another step, and exemplifies the highest style of friendship. Chû Hsî, after Châo Ch'î, explains 尚 by 上, as if it were 'to go up to,' i. e. to court. 貳室 = 副宮, 'attached or supplemental palace.' 饗, 是就舜宮而饗其食, '饗 means that he went to Shun's palace, and partook of his food.' The more common meaning of 饗, however, is 'to entertain.' 迭爲,—the subject is only Yâo. 賓, 'made a guest' of Shun, was the host. 主, 'made a host' of Shun, was the guest.

5절

舜尙見帝, 帝館甥于貳室, 亦饗舜, 迭爲賓主, 是天子而友匹夫
也.

순이 [조정에] 올라 제요를 만났는데, 제요는 사위인 순을 별궁에 기거하
게 하였다. 제요도 그곳에서 순의 환대를 즐겼다. 요는 번갈아서 주인과
손님이 되었다. 이것은 군주가 필부와 우정을 나눈 사례이다.

5절 각주

이 절에서 맹자는 다음 단계로 나아가서 우정의 최고 양식을 예로 든다.
주희는 조기를 따라, 상(尙)을 상(上)으로 설명하여 마치 '~위로 올라가는
것' 즉 '조정으로'로 설명한다. 이실(貳室)은 부궁(副宮) 즉 '부속된 또는
부가된 궁'이라는 의미이다. '향, 시취순궁이향기식(饗, 是就舜宮而饗其食)'
의 향(饗)은 '그가 순의 궁에 가서 순의 음식을 먹었다'는 것을 의미한다.
그러나 향(饗)의 더 일반적인 의미는 '접대하다'이다. 질위(迭爲)에서 주어
는 요일 뿐이다. 빈(賓)은 순을 '손님으로 만들다'로 요가 주인이 되는 것
이고, 주(主)는 '순을 주인으로 만들다'로 요가 손님이 되는 것이다.

6. 'Respect shown by inferiors to superiors is called giving to the noble the observance due to rank. Respect shown by superiors to inferiors is called giving honour to talents and virtue. The rightness in each case is the same.'

6. 用 = 以, 'for.' 義 = 事之宜, 'the rightness or propriety of things.'

6절

用下敬上, 謂之貴貴, 用上敬下, 謂之尊賢, 貴貴尊賢, 其義一
也.

아랫사람이 윗사람에게 보여주는 공경은 관직에 걸맞은 의례를 고귀한 자
에게 보여주는 것이다. 윗사람이 아랫사람에게 보여주는 공경은 재주와 미
덕을 영예롭게 하는 것이다. 이 두 경우 모두 그 의는 같다."

6절 각주

용(用)은 이(以) 즉 '때문에'이다. 의(義)는 사지의(事之宜), '일의 올바름 혹
은 적절함'이다.

CHAPTER IV

CH. 4. How MENCIUS DEFENDED THE ACCEPTING PRESENTS FROM THE PRINCES, OPPRESSORS OF THE PEOPLE.

1. Wan Chang asked *Mencius*, saying, 'I venture to ask what *feeling of the* mind is expressed in the presents of friendship?' Mencius replied, '*The feeling of* respect.

　1. 際 is explained by 接, but that term is noc to be taken in the sense of 'to receive,' but as a synonym of 交. If we distinguish the two words, we may take 交 as = the 友 of the last chapter, and 際, the gift, expressive of the friendship.

제4장

맹자는 백성을 억압하는 폭군으로부터 선물을 받았던 일을 옹호한다.

1절
萬章問曰, 敢問交際, 何心也, 孟子曰, 恭也.

만장이 [맹자에게] 물었다. "우정의 선물에는 어떤 마음의 [감정]이 표현되어야 하는지 감히 여쭙고자 합니다." 맹자가 대답했다. "공경의 [감정]이다."

1절 각주
제(際)는 접(接)으로 설명되지만, 그 단어는 '받다'의 의미가 아닌, 단지 교(交)의 동의어로만 해석해야 한다. 두 단어를 구분하자면 우리는 교(交)를 제3장의 우(友)와 동일한 것으로, 제(際)를 우정을 표현하는 선물로 볼 수 있다.

6. 非事道與 (2nd tone, interrogative) = 非以行道爲事與. 事道奚獵較 is evidently a question of Chang. 先簿正祭器 is unintelligible to Chû Hsî. The translation is after the commentator Hsü(徐氏). 'Food gathered from every quarter,' i. e.─gathered without discrimination. It would appear that the practice of 獵較 had some connexion with the offering of sacrifices, and that Confucius thought that if he only rectified the rules for sacrifice, the practice would fall into disuse. But the whole passage and its bearing on the struggling for game is obscure. 兆,─'a prognostic,' 'an omen,' used figuratively.

6절 각주

비사도여(非事道與[2성조, 의문문])는 비이행도위사여(非以行道爲事與)이다. '사도, 해엽교(事道 奚獵較)'는 만장의 질문이 분명하다. 주희는 '선부정제기'(先簿正祭器)에 대해 모르겠다고 했다. 번역은 송나라의 학자인 서도(徐度)[45]를 따른 것이다. '사방에서 모인 음식'은 즉 구별 없이 모인 것이다. 엽교(獵較)의 행위는 제를 올리는 것과 관련이 있다. 공자는 제를 지내는 법을 고치기만 하면 그 행위는 소용없을 것으로 생각한 것 같다. 그러나 전체 구절과 사냥감을 쟁탈하는 행위와의 관계는 모호하다. 조(兆)는 '예지자,' '전조'로 비유적으로 사용된다.

---

45) (역주) 서도(徐度)는 송나라 응천부(應天府) 곡숙(穀熟)(지금의 하남성 商丘 동남쪽) 사람으로, 자가 돈립(敦立), 혹은 단정(端立)이다. 흠종(欽宗) 때 재상을 지냈던 서처인(徐處仁)의 아들이다. 황제의 특별 배려에 의한 사진사(賜進士) 출신으로, 남도 후에는 오흥(吳興)에 기거했다. 고종(高宗) 소흥(紹興) 8년에 교서랑(校書郎)에 제수되었고, 관은 이부시랑(吏部侍郎)에까지 올랐다. 저서에 『국기』(國紀), 『각소편』(卻掃編) 등이 있다.

7. 'Confucius took office when he saw that the practice *of his doctrines* was likely; he took office when his reception was proper; he took office when he was supported by the State. In the case of his relation to Chî Hwan, he took office, seeing that the practice of his doctrines was likely. With the duke Ling of Wei he took office, because his reception was proper. With the duke Hsiâo of Wei he took office, because he was maintained by the State.'

7. See the 'Life of Confucius,' though it is only here that we have mention of the sage's connexion with the duke Hsiâo. Indeed, no duke appears in the annals of Wei with such a posthumous title. Chû Hsî supposes that the duke Ch'û(see Analects, VII. xiv, note) is intended, in which the author of the 四書拓餘說 acquiesces. The text mentions Chî Hwan, and not duke Ting, because the duke and his government were under the control of that nobleman.

7절

孔子有見行可之仕, 有際可之仕, 有公養之仕, 於季桓子, 見行
可之仕也, 於衛靈公, 際可之仕也, 於衛孝公, 公養之仕也.

공자는 [교의를] 실행할 가능성이 있다고 보았을 때 관직에 올랐고, 그를
적절히 영접했을 때 관직에 올랐고, 공국의 지원을 받았을 때 관직에 올
랐다. 공자와 계환자의 관계에서 그는 교의가 실행될 가능성이 있다고 보
았기 때문에 관직에 올랐다. 위나라의 영공 때 관직에 오른 것은 그의 영
접이 적절했기 때문이었다. 위나라의 효공 때 그가 관직에 오른 것은 그
공국의 지원을 받았기 때문이다."

7절 각주

'공자의 연보'[46]를 보라. 공자와 효공의 관계를 언급하고 있는 것은 『맹자
』뿐이다. '효공'이라는 시호의 공작은 위나라의 연대기에 전혀 등장하지
않는다. 주희는 맹자가 의도한 인물이 출공(出公)(『논어』 제7권 제14장과
각주를 보라)일 것으로 추정했고, 『사서탁여설』(四書拓餘說)의 저자는 이
를 묵인했다. 본문은 정공이 아닌 계환자(季桓子)를 언급하는데 이것은 귀
족인 계환자가 실권자로 정공과 조정을 지배하고 있었기 때문이다.

---

46) (역주) 공자의 연보는 주희의 『논어집주』 서설에 소개되어 있다.

CHAPTER V

CH. 5. HOW OFFICE MAY BE TAKEN ON ACCOUNT OF POVERTY, BUT ONLY ON CERTAIN CONDITIONS.

1. Mencius said, 'Office is not *sought* on account of poverty, yet there are times when one seeks office on that account. Marriage is not entered into for the sake of being attended to by the wife, yet there are times when one marries on that account.

> 1. 仕 and 娶妻,—it is as well to translate here abstractly, 'office,' and 'marriage.' 爲, 4th tone, 'for,' 'on account of.' The proper motive for taking offices is supposed to be the carrying principles—the truth, and the right—into practice, and the proper motive for marriage is the begetting of children, or rather, of a son, to continue one's line. 乎,—not interrogative, but serving as a pause for the voice. 養, 4th tone, 'the being supported,' but we may take it generally, as in the translation.

제5장

맹자는 가난 때문에 관직에 오를 수는 있지만 단 특정 조건에서만 그렇게 할 수 있다고 주장한다.

1절

孟子曰, 仕非爲貧也, 而有時乎爲貧, 娶妻非爲養也, 而有時乎爲養.

맹자가 말했다. "관직을 [구하는] 것이 가난 때문은 아니지만, 그것 때문에 구할 때가 있다. 결혼은 아내의 보살핌을 받기 위해 시작하는 것은 아니지만 그것 때문에 결혼할 때가 있다.

1절 각주

사(仕)와 취처(娶妻)를 여기서 '관직'과 '결혼'으로 추상적으로 번역했다. 위(爲)는 4성조로, '를 위해' '~때문에'를 의미한다. 관직에 오르는 바른 동기는 원리 즉 진리와 의를 실행하기 위한 것으로 추정된다. 결혼의 바른 동기는 가계를 잇기 위한 자손의 생산, 혹은 아들의 생산이다. 호(乎)는 의문문이 아니라 휴지의 기능을 한다. 양(養)은 4성조로 '지원을 받는 것'이지만, 우리는 이것을 번역에서처럼 일반적으로 해석할 수 있다.

2. 'He who *takes office* on account of his poverty must decline an honourable situation and occupy a low one; he must decline riches and prefer to be poor.

   2. 尊,一i. e. 尊位, 'an honourable situation,' and 富=富祿. 'rich emolument.'

3. 'What office will be in harmony with this declining an honourable situation and occupying a low one, this declining riches and preferring to be poor? *Such an one* as that of guarding the gates, or beating the watchman's stick.

   3. 惡, the 1st tone, 'how.' The first 乎 as above, and helping the rhythm of the sentence. 抱關(going round the barrier gates, 'embracing' them, as it were) and 擊柝 are to be taken together, and not as two things, or offices; see the Yî-ching, App. III, Sect. II. 18.

2절

爲貧者, 辭尊居卑, 辭富居貧.

가난 때문에 [관직에 오른] 자는 영예로운 직책을 거절하고 낮은 직책에 있어야 하고, 부를 거절하고 가난하게 있는 것을 선호해야 한다.

2절 각주

존(尊) 즉 존위(尊位)는 '영예로운 직책'이고 부(富)는 부록(富祿) 즉 '후한 녹봉'이다.

3절

辭尊居卑, 辭富居貧, 惡乎宜乎, 抱關擊柝.

영예로운 직책을 거절하면서 낮은 직책에 있고 부를 거절하면서 가난하게 있는 것을 선호하는 것과 조화를 이루는 직책에는 어떤 것이 있을까? 성문 야경꾼이 [그러한 직책에 속한다].

3절 각주

오(惡)는 1성조로, '어떻게'이다. 위에서처럼 첫 번째 호(乎)는 문장의 리듬을 도와준다. 포관(抱關, 문을 포함하여 성벽 문 주위를 도는 것)과 격탁(擊柝)은 한 단어로 보아야지 두 단어 또는 두 개의 직업으로 보아서는 안 된다. 『역경·계사(繫辭)·하전(下傳)』[47]을 보라.

---

47) (역주) 해당하는 부분은 '重門擊柝, 以待暴客'(여러 성문을 야경을 돌아 포악한 자들을 대비한다)이다.

4. 亟,—read *ch'i*, 4th tone (below, the same), 'frequently.' 鼎肉, 'caldron flesh,' i. e. flesh cooked. 摽,—*piâo*, 1st tone, 'to motion with the hand.' 使者,—使, 4th tone. 伋 was Tsze-sze's name. To bow, raising the hands to the bent forehead, was called 拜手; lowering the hands in the first place to the ground, and then raising them to the forehead, was called 拜; bowing the head to the earth was called 稽首. Tsze-sze appears on this occasion to have first performed the most profound expression of homage, as if in the prince's presence, and then to have bowed twice, with his hands to the ground, in addition. All this he did, outside the gate, which was the appropriate place in the case of declining the gifts. If they were received, the party performed his obeisances inside. To bring out the meaning of 'for,' that properly belongs to 蓋, we must translate it here by 'and so.'臺,—the designation of an officer or servant of a very low class.

4절 각주

극(亟)은 [기]로 읽히고, 4성조로(~아래, ~와 동일한), '자주'를 의미한다. 정육(鼎肉)은 '솥의 고기' 즉 고기요리이다. 표(摽)는 [표]로 읽히고, 1성조로, '손으로 움직이다'라는 의미이다. 사자(使者)의 사(使)는 4성조이다. 급(伋)은 자사의 이름이다. 머리를 숙이고 이마에 손을 올리면서 절하는 것을 배수(拜手)라 한다. 먼저 손을 바닥에 내리고 그다음 손을 이마 위로 올리는 것이 배(拜)이다. 머리를 땅에 대고 절하는 것은 계수(稽首)이다. 자사는 이 경우에 마치 제후가 앞에 있는 것처럼 먼저 가장 깊은 존경을 표시하고 그런 후 이에 더하여 손을 바닥에 대고 두 번 절을 하였다. 그는 이 모든 것을 선물을 거절하기에 적절한 장소인 문밖에서 했다. 만약 선물을 받는다면 당사자는 문 안에서 절을 했을 것이다. 개(蓋)에서 '~을 위해'라는 원래의 의미를 끌어내기 위해서, 우리는 개(蓋)를 여기서 '그래서'로 번역해야 한다. 대(臺)는 매우 낮은 계층의 하인 혹은 하급 관리를 이르는 직함이다.

5. Chang said, 'I venture to ask how the sovereign of a State, when he wishes to support a superior man, must proceed, that he may be said to do so in the proper way?' Mencius answered, '*At first*, the present must be offered with the prince's commission, and the scholar, making obeisance twice with his head bowed to the ground, will receive it. But after this the storekeeper will continue to send grain, and the master of the kitchen to send meat, presenting it as if without the prince's express commission. Tsze-sze considered that the meat from the prince's caldron, giving him the annoyance of constantly doing obeisance, was not the way to support a superior man.

5. 以君命將之,一將 = 奉. 君命,一'a message from the prince,' reminding of course the scholar of his obligation. 僕僕爾,一an adverb, 'the appearance of being troubled.'

5절

曰, 敢問國君, 欲養君子, 如何, 斯可謂養矣. 曰, 以君命將之, 再拜稽首而受, 其後, 廩人繼粟, 庖人繼肉, 不以君命將之, 子思以爲鼎肉, 使己僕僕爾亟拜也, 非養君子之道也.

만장이 말했다. "한 공국의 군주가 군자를 후원하기를 원하면 어떻게 해야 올바른 방식으로 후원했다고 할 수 있는지 감히 묻고 싶습니다." 맹자가 대답했다. "[처음에는] 선물이 제후가 지시하여 준 것임이 틀림없으므로, 학자는 머리를 땅에 숙이고 재배한 후 그 선물을 받을 것이다. 그러나 이 이후에는 창고지기와 요리 담당자가 제후의 직접 지시가 없는 것처럼 해서 곡물과 고기를 보낼 것이다. 제후의 솥에서 나온 고기를 선물로 받으면 계속해서 성가시게 절을 해야 하므로 자사는 그것은 군자를 후원하는 방식이 아니라고 생각했다.

5절 각주

이군명장지(以君命將之)의 장(將)은 봉(奉)과 같다. 군명(君命)은 '제후의 전갈로 당연히 학자에게 의무를 상기시킨다. 복복이(僕僕爾)는 부사로, '곤란한 모습'이다.

6. 'There was Yâo's conduct to Shun:—He caused his nine sons to serve him, and gave him his two daughters in marriage; he caused the various officers, oxen and sheep, storehouses and granaries, *all* to be prepared to support Shun amid the channelled fields, and then he raised him to the most exalted situation. From this we have the expression—"The honouring of virtue and talents proper to a king or a duke."'

6. See Pt. I. i. 3. 二女女焉,—the second 女 is read *zû*, in 4th tone.

6절

堯之於舜也, 使其子九男事之, 二女女焉, 百官牛羊倉廩備, 以
養舜於畎畝之中, 後擧而加諸上位, 故曰, 王公之尊賢者也.

요가 순에게 한 행동이 있다. 그는 9명의 아들에게 순을 섬기게 했고, 두
딸을 그의 아내로 주었으며, 여러 관리와 소와 양, 창고와 곡간 모두를 준
비하여 고랑진 밭 사이에 있는 순을 지원하도록 하였고, 그런 후 순을 가
장 영광된 직위에 올렸다. 이로부터 우리에게 '왕과 공이 재주와 덕을 높
이는 예법'이라는 말이 생기게 되었다."

6절 각주

제1편 제1절 제3장을 보라. 이녀여언(二女女焉)의 두 번째 여(女)는 '여'로
읽히고 4성조이다.

CHAPTER VII.

CH. 7. WHY A SCHOLAR SHOULD DECLINE GOING TO SEE THE PRINCES, WHEN CALLED BY THEM.

Compare Bk. III. Pt. II. i. et al.

1. Wan Chang said, 'I venture to ask what principle of righteousness is involved in *a scholar's* not going to see the princes?' Mencius replied, 'A scholar residing in the city is called "a minister of the market-place and well," and one residing in the country is called "a minister of the grass and plants." In both cases he is a common man, and it is the rule of propriety that common men, who have not presented the introductory present and become ministers, should not presume to have interviews with the prince.'

1. We supply 士 as the subject to 見, and other verbal characters; Wan Chang evidently intends Mencius himself. 國,'city,' as in chap. iv, par. 4. 莽,—here as a synonym, in apposition with 草. 臣 in 市井, 草莽之臣 is different from the 爲臣 below. Every individual may be called a 臣 as being a subject, and bound to serve the sovereign, and this is the meaning of the term in those two phrases. In the other case it denotes one who is officially 'a minister.' 傳 = 通. 質,—*chi*, in 3rd tone; see Bk. III. Pt. II. iii. 1, and notes. There is a force in the 於, in 見於諸侯, which it is difficult to indicate in another language.

제7장

맹자는 학자가 제후들의 부름을 받았을 때 알현을 거절해야 하는 이유를 논한다.

제3권 제2편 제1절 등을 보라.

1절

萬章曰, 敢問不見諸侯, 何義也. 孟子曰, 在國曰, 市井之臣, 在野曰, 草莽之臣, 皆謂庶人, 庶人不傳質爲臣, 不敢見於諸侯, 禮也.

만장이 물었다. "[학자가] 제후를 만나러 가지 않는 것에는 어떤 의의 원리가 있는지 감히 여쭙고 싶습니다." 맹자가 대답했다. "도시에 거주하는 학자는 '시장과 우물의 신하 즉 시정지신'이라 하고, 시골에 거주하는 학자는 '풀과 식물의 신하 즉 초망지신'이라 한다. 두 경우의 학자는 평민으로 첫인사 선물을 주고 신하가 된 것이 아니므로 주제넘게 제후와 면담하는 것은 예법에 어긋난다."

1절 각주

우리는 사(士)를 견(見)과 다른 동사의 뜻을 지닌 글자들의 주어로 보충한다. 만장은 분명 맹자를 암시한다. 국(國)은 제4장 제4절에서처럼 '도시'이다. 망(莽)은 여기서 초(草)와 동의어로 동격이다. 시정(市井之臣)의 신(臣)과 초망지신(草莽之臣)의 신(臣)은 아래의 위신(爲臣)과 다르다. 모든 사람은 신하이기 때문에 신(臣)으로 불릴 수 있고 군주에게 봉사해야 한다. 이것이 '시정지신'과 '초망지신'에서의 신(臣)의 의미이다. 다른 경우에 그것은 공식적으로 '재상'의 의미가 있다. 전(傳)은 통(通)이다. 지(質, 3성조)는 제3권 제2편 제3장 제1절과 각주를 보라. 견어제후(見於諸侯)에서 어(於)에는 힘이 있다. 이것은 다른 언어로 번역하기가 어렵다.

8. 'When a prince wishes to see a man of talents and virtue, and does not take the proper course *to get his wish*, it is as if he wished him to enter *his palace*, and shut the door against him. Now, righteousness is the way, and propriety is the door, but it is only the superior man who can follow this way, and go out and in by this door. It is said in the Book of Poetry,

> "The way to Châu is level like a whetstone,
> And straight as an arrow.
> The officers tread it,
> And the lower people see it."'

8. 閉之門,一this is another case of a verb followed by the pronoun and another objective;—literally, 'shut him the door.' 詩云,—see the Shih-ching, II, v, Ode IX, st. 1. Julien condemns the translating 周道 by 'the way to Châu,' but that is the meaning of the terms in the ode; and, as the royal highway, it is used to indicate figuratively the great way of righteousness. 底,—in the ode 砥(*chih*), the 3rd tone. The ode is attributed to an officer of one of the eastern States, mourning over the oppressive and exhausting labours which were required from the people. The 'royal highway' presents itself to him, formerly crowded by officers hastening to and from the capital, and the people hurrying to their labours, hut now toiled slowly and painfully along.

8절

欲見賢人而不以其道, 猶欲其入而閉之門也, 夫義, 路也, 禮,
門也, 惟君子能由是路, 出入是門也, 詩云, 周道如底, 其直如
矢, 君子所履, 小人所視.

제후가 재주와 덕을 지닌 현인을 만나기를 원하면서 [그 소망을 이루기
위해] 적절한 방법을 취하지 않는 것은 마치 제후가 현인을 자기의 왕궁
에 들이기를 원하면서 그에게 문을 닫는 것과 같다. 의는 길이고 예(禮)는
문이지만 오로지 군자만이 이 길을 따라 이 문의 안과 밖을 나가고 들어
갈 수 있다. 『시경』에서 이렇게 노래했다.

> 주나라로 가는 길은 숫돌처럼 평평하고,
> 화살처럼 곧구나.
> 관리는 그 길을 밟고 가고,
> 낮은 지위의 백성은 그 길을 우러러보네."

8절 각주

폐지문(閉之門)은 동사 뒤에 대명사와 다른 목적어가 오는 예로, 문자 그
대로 '그에게 문을 닫다'이다. 시운(詩云)은 『시경』 「소아(小雅)·소민지십(小
旻之什)·대동(大東)」 제1연을 보라. 줄리앙은 주도(周道)를 '주나라로 가는
길'로 번역하는 것을 비판하지만, 『시경』의 주도(周道)는 이 의미가 맞다.
왕이 다니는 큰길처럼 주도(周道)는 비유적으로 의의 큰길을 의미하는 데
사용된다. 『시경』의 [지, 砥]는 여기서 지(底, 3성조)로 되어있다. 노래는
동쪽에 있는 한 제후국의 관리에서 유래하는데, 그 관리는 백성들이 해야
하는 억압적이고 고된 노동을 한탄한다. 그에게 '왕이 다니는 큰길'은 예
전에 수도로 바쁘게 오고 가는 관리들로 번잡했던 길이었으며, 사람들이
서둘러 노동을 하러 다니던 길이었다. 그러나 지금은 느릿느릿 고통스럽
고 힘들게 지나가는 길이다.

9. Wan Chang said, 'When Confucius received the prince's message calling him, he went without waiting for his carriage. Doing so, did Confucius do wrong?' Mencius replied, 'Confucius was in office, and had to observe its appropriate duties. And moreover, he was summoned on the business of his office.'

9. See Analects, X. xiii. 4.

9절

萬章曰, 孔子君命召, 不俟駕而行, 然則孔子非與, 曰, 孔子當
仕有官職, 而以其官召之也.

만장이 말했다. "공자께서는 제후가 부른다는 연락을 받으면 마차를 기다
리지 않고 갔습니다. 공자께서 그렇게 한 것은 잘못된 행동입니까?" 맹자
가 대답했다. "공자께서 관직에 있었기에 관직의 적절한 의무를 준수해야
했다. 게다가 그는 업무 때문에 부름을 받았다."

9절 각주

『논어』 제10권 제13장 제4절을 보라.

CHAPTER VIII

CH. 8. THE REALIZATION OF THE GREATEST ADVANTAGES OF FRIENDSHIP, AND THAT IT IS DEPENDENT ON ONE'S SELF.

1. Mencius said to Wan Chang, 'The scholar whose virtue is most distinguished in a village shall make friends of all the virtuous scholars in the village. The scholar whose virtue is most distinguished throughout a State shall make friends of all the virtuous scholars of that State. The scholar whose virtue is most distinguished throughout the kingdom shall make friends of all the virtuous scholars of the kingdom.

   1. 'The virtuous scholar of one village, ─he shall make friends of the virtuous scholars of (that) one village:'─the first 善 is in the superlative degree, and 友 is not only 'to be friends with,' but also 'to realize the uses of friendship.' The eminence attained by the individual attracts all the others to him, and he has thus the opportunity of learning from them, which no inflation because of his own general superiority prevents him from doing.

제8장

맹자는 우정의 가장 위대한 장점을 실현하는 것은 자기 하기 나름이라고 주장한다.

1절

孟子謂萬章曰, 一鄕之善士, 斯友一鄕之善士, 一國之善士, 斯友一國之善士, 天下之善士, 斯友天下之善士.

맹자가 만장에게 말했다. "마을에서 가장 덕이 높은 학자는 마을에 있는 덕이 높은 모든 학자를 친구로 삼을 것이다. 한 공국에서 가장 덕이 높은 학자는 공국의 덕이 높은 모든 학자를 친구로 삼을 것이다. 왕국에서 가장 덕이 높은 학자는 왕국의 덕이 높은 모든 학자를 친구로 삼을 것이다.

1절 각주
'한 마을의 덕이 높은 학자는, 그 마을의 덕이 높은 학자들과 친구가 될 것이다'에서 첫 번째 선(善)은 최상급이고 우(友)는 단순히 '~와 친구가 되다'라는 의미뿐만 아니라 '우정의 쓰임을 깨닫다'라는 뜻이다. 개인이 명성을 얻으면 다른 모든 사람이 그에게 오고, 그는 그들로부터 배울 기회를 얻게 된다. 친구의 범위가 넓어져도 그 자신이 전반적으로 뛰어나기 때문에 다른 사람에게 계속해서 배울 수 있다.

2. 'When a scholar feels that his friendship with all the virtuous scholars of the kingdom is not sufficient to satisfy him, he proceeds to ascend to consider the men of antiquity. He repeats their poems, and reads their books, and as he does not know what they were as men, to ascertain this, he considers their history. This is to ascend and make friends *of the men of antiquity.*'

2. 尙 = 上. 又尙,—'he proceeds and ascends.' 頌 = 誦, 'to repeat,' 'croon over.' 可乎 = 可否, 'proper or not?' 其世, 'their age,' i. e. what they were in their age.—We are hardly to understand the poetry and books here generally. Mencius seems to have had in his eye the Book of Poetry, and the Book of History.

2절

以友天下之善士, 爲未足, 又尙論古之人, 頌其詩, 讀其書, 不
知其人可乎, 是以論其世也, 是尙友也.

학자는 나라의 유덕한 모든 학자와 우정을 나누고도 [만족스럽지] 않을
때, 과거로 올라가 옛사람들을 생각한다. 그는 그들의 시를 반복하고 책을
읽고, 그들을 모르므로 확인하기 위해서 그들의 역사를 생각한다. 이것은
과거로 올라가 [옛사람들을] 친구로 삼는 것이다.”

2절 각주

상(尙)은 상(上)이다. 우상(又尙)은 ‘그가 더 나아가 올라가다’라는 의미이다.
송(頌)은 송(誦)으로, ‘반복하다’, 반복해서 노래하다이다. 가호(可乎)는 가부
(可否)로 ‘바른지 아닌지’라는 의미이다. 기세(其世)는 ‘그들의 시대’ 즉 그들
이 살던 시대 때는 어떠했는가라는 의미이다. 우리는 여기서 그 시와 책이
무엇인지 알기 힘들다. 맹자는 『시경』과 『서경』을 염두에 둔 것 같다.

저자/역자 소개

저자

제임스 레게(James Legge, 1815~1897)

제임스 레게는 1815년 스코틀랜드에서 태어났다. 19세에 킹스칼리지 대학을 최우수한 성적으로 졸업하였다. 히브리 신학원에서 2년 신학을 공부한 후 1841년 영국런던선교회의 허가를 받고 선교사로 사역을 위해 말레시아에 갔다. 1843년 활동지를 옮겨 홍콩에서 중국 사역을 시작했다. 중국에서의 사역에 중국의 경전 연구가 필수적이라고 믿고 그곳에서 사역한 거의 30년 동안 선교활동과 중국고전 연구를 병행하였다. 중국 고전에 대한 방대하고 깊은 연구의 결과, 『중국 고전』 시리즈를 차례로 출판하였다. 대표적인 5권은 『논어, 중용, 대학』(vol. 1, 1861), 『맹자』(vol.2, 1861), 『서경』(vol.3, 1865), 『시경』(vol. 4, 1871), 『춘추좌전』(vol.5, 1872)이다. 1873년 영국으로 돌아간 후 그의 방대한 중국 고전 번역이 유럽 사회에 미친 그동안의 깊은 공로를 인정받아 1876년 옥스퍼드 대학의 중국학의 첫 교수가 되었다. 1897년까지 교수로 재직하면서 번역과 강의를 병행하며 『도덕경』, 『장자』 등 40여권의 중국 고전을 번역하였다. 1897년 사망한 후 오늘날까지도 유럽의 대표적인 중국학자이자 번역가로 평가받고 있다.

역자

이진숙

부산대학교에서 영문학으로 박사학위를 받은 후 동대학의 점필재 연구소에서 전임연구원으로 근대초기 서양인의 한국학과 한국고전소설 번역본을 연구하였다. 현재는 경성대 한국한자연구소에서 HK연구교수로 일하고 있다. 『서양인의 한국고전학 선집』(1,2)와 『외국어번역 고소설 선집』(1, 2, 3, 9, 10)을 공동 편역하였다.

박준원

경성대학교 인문문화학부 한문학과 교수, 한국학연구소 소장, 한국한자연구소 운영위원이다. 경성대학교 박물관장, 우리한문학회 회장 등을 역임했다. 성균관대학교 한문교육과를 졸업하고, 동대학원에서 박사학위를 취득했으며, 청대 경학의 고증학자인 최술과 조선후기 문인인 김려 그룹의 작가들을 연구하고 있다.

주요논문에 「맹자사실록 연구」, 「논어여설 연구」, 「다산의 경학에 수용된 최술의 고증학」, 「최술의 공자가어 비판」, 「담정총서 연구」 등이 있고, 저역서에 『한자로 읽는 부산과 역사』(공저), 『전통시대 한자한문 학습과 교재』(공저), 『맹자사실록』, 『한국 최초의 어보-우해이어보』, 『국역 수파집』, 『논어여설』 등이 있다.

THE SECOND WORLD WAR : Abridged Edition With an
Epilogue on the Years 1945 to 1957

by Winston S. Churchill

역자 차병직(車炳直)
고려대학교 법과대학 졸업. 현재 변호사(법무법인 한결), 고려대학교 및 이
화여자대학교 법학전문대학원 겸임교수.
저서 : 『인권』, 『시간이 멈춘 곳 풍경의 끝에서』, 『실크로드, 움직이는 과
거』, 『상식의 힘』, 『안녕 헌법』, 『사람답게 아름답게』, 『뚱딴지가
아니다』 등.
역서 : 『세계사 최대의 전투』, 『위대한 개츠비』 등.

제2차 세계대전·상권

저자 / 윈스턴 처칠
역자 / 차병직
발행처 / 까치글방
발행인 / 박후영
주소 / 서울시 용산구 서빙고로 67, 파크타워 103동 1003호
전화 / 02·735·8998, 736·7768
팩시밀리 / 02·723·4591
홈페이지 / www.kachibooks.co.kr
전자우편 / kachibooks@gmail.com
등록번호 / 1-528
등록일 / 1977. 8. 5
초판 1쇄 발행일 / 2016. 6. 7
    5쇄 발행일 / 2024. 10. 15

값 / 뒤표지에 쓰여 있음

ISBN 978-89-7291-611-6 04900
    978-89-7291-610-9 (세트)

이 도서의 국립중앙도서관 출판예정도서목록(CIP)은 서지정보유통지원시스템 홈페이지(http://seoji.
nl.go.kr)와 국가자료공동목록시스템(http://www.nl.go.kr/kolisnet)에서 이용하실 수 있습니다. (CIP
제어번호 : CIP2016012945)

일러두기

『제2차 세계대전』은 윈스턴 처칠 경의 아래 6권으로 구성된 저서를 데니스 켈리가 발췌 편집한 것이다.

「더 커져가는 폭풍」	(1919년-1940년 5월 10일)
「빛나는 시절」	(1940년)
「대연합」	(1941년)
「운명의 기로」	(1942년-1943년 7월)
「죄어드는 포위망」	(1943년 7월-1944년 6월 6일)
「승리와 비극」	(1944년 6월 6일-1945년 7월 25일)

원본에서 많은 부분을 생략하여 지면을 줄였고, 발췌한 부분은 서술의 순서와 분량의 비율을 상당히 재조정했다. 많지는 않지만 문장을 서로 연결 편집한 것을 제외하면, 이 발췌본은 전적으로 윈스턴 경의 작품 그대로이다.

이 저서에서 처음 선보이는 "에필로그"는 1957년 초에 윈스턴 경이 직접 쓴 것이다. 그 내용은 요약하지 않은 원문 그대로이며, 1945년 7월 26일 그가 영국 수상직에서 사임한 이후부터 그때까지의 기간에 대한 회고이다.

감사의 말

이 발췌본의 초고를 읽고 잘못된 부분을 지적해준 육군 중장 헨리 파우널 경, 해군 중장 G. R. G. 앨런 제독, 옥스퍼드 세인트 앤서니 칼리지 F. W. 디킨 학장께 감사의 말씀을 드리지 않을 수 없다. 그러나 이 책의 모든 오류와 부족함에 대한 책임은 오직 나에게 있다.

여러 근거에 대한 잘못을 지적해준 C. A. 버틀러, 너그러움과 인내를 보여준 대서양 양안의 두 출판사, 그리고 그밖의 도움과 용기와 충고를 아끼지 않은 많은 분들께 고마움의 인사를 전한다.

1958년 12월 15일
데니스 켈리

집필의 정신

―――――

전쟁에서는 결단

패배에서는 투혼

승리에서는 관용

평화에서는 선의

원본의 "서문" 중에서

　나는 이 책을 기존의 저서 『세계의 위기』, 『동부전선』, 『여파』에서 다룬 제1차 세계대전의 속편으로 여길 수밖에 없다. 따라서 모두 합쳐서 또 하나의 '30년 전쟁' 이야기가 될 것이다.

　종전의 책들도 그러했듯이, 여기서 나는 가능한 한 디포가 『어느 왕당파의 회고록』[대니얼 디포가 1720년에 발표한 역사소설. 30년 전쟁과 영국 내전을 배경으로 삼았다. 영국 내전은 찰스 1세 때 왕당파와 의회파의 대립이었다/역주]에서 사용한 방법을 따랐다. 저자가 한 인간의 개인적 경험을 토대로 중요한 군사적, 정치적 사건에 대한 연대기와 고찰의 결과를 밝힌 것이다. 아마도 나는 역사 시대 이래 발생한 두 차례 최대의 재앙을 고위직에서 겪은 유일한 사람일 것이다. 제1차 세계대전 때에는 책임은 있었으나 하위직에 머물렀다면, 독일에 맞서 5년 넘게 싸운 두 번째 대전에서는 영국 정부의 수상으로 재임했다. 따라서 종전의 책들을 쓸 때보다 다른 관점에서 더 권위를 가지고 이번 작업을 할 수 있게 되었다. 나는 역사를 기술하려고 하지 않겠다. 그것은 후대의 몫이다. 그러나 이 저술은 미래에 유용한 역할을 할 역사에 기여하는 일이라고 확신한다.

　그 30년 동안의 행동과 주장은 내 생애에 걸친 노력을 포괄함과 동시에 표현하는 것이었고, 그것을 나에 대한 판단의 기준으로 삼는 데 기꺼이 동의한다. 이전에 공개적으로 또는 공식적으로 의견을 개진한 경우를 제외하고, 여기서는 사후의 관점에서 전쟁의 수단이나 정책에 대해서 비판하는 일은 절대 하지 않겠다는 나의 원칙을 고수하고자 했다. 실제로 지난 일을 회고하는 시선으로 수많았던 당시의 치열한 논쟁을 완화하여 정리했다. 내가 좋아하고 존중했던 그 많은 사람들과 일으켰던 불화를 기록하면서 고통을 느끼지 않을 수 없었다. 그러나 미래를 위해서 과거의 교훈은 필요한 것이다.

자신의 진심을 탐색해보지 않고, 자신의 공적 의무에 대한 수행을 성찰하지 않고, 과거의 교훈을 자신의 미래의 행동에 반영하지 않고서는, 어느 누구도 이 책에 기록된 존경스러운 선의의 인물들을 폄훼해서는 안 된다.

여기서 내가 말하는 것에 모든 사람들이 동의할 것이라고 기대할 수도 없고, 또한 많은 사람들이 좋아할 만한 내용을 썼다고 할 수도 없다. 내가 행동의 지표로 삼았던 시각에 따른 증언을 남길 뿐이다. 사실에 부합하도록 하기 위해서 가능한 모든 조치를 다했다. 그러나 포획했던 각종 문서의 공개 또는 폭로 등으로 끊임없이 새로운 사실들이 밝혀짐으로 인해서, 여기서 내가 내린 결론과 다른 견해가 제시될 수 있을 것이다.

어느 날 루스벨트 대통령이 나에게 그 전쟁을 어떻게 부를 수 있겠느냐고 공개적으로 의견을 묻고 있는 중이라고 한 적이 있다. 나는 즉시 "불필요한 전쟁(the Unnecessary War)"이라고 대답했다. 그 전의 세계대전이 끝난 뒤에 세상에 남은 것마저 완전히 파괴해버린 이번 전쟁만큼 방지하기 쉬웠던 전쟁도 없었다. 수억에 달하는 사람들의 노력과 희생 그리고 정당한 대의의 승리에도 불구하고 아직 평화와 안전을 확보하지 못하고 있다는 사실, 그러면서 우리는 이미 극복한 것보다 더 심각한 위험에 처해 있다는 사실을 보면, 인류의 비극은 그 정점에 이르렀다. 나의 진지한 희망은 과거를 깊이 성찰함으로써 앞날을 위한 방향을 제시하고, 새로운 세대로 하여금 지난날의 오류를 교정하도록 하며, 인간의 필요와 영광에 따라서 두려운 미래의 전개를 지배하는 것이다.

1948년 3월 켄트 웨스터햄 차트웰에서,

윈스턴 스펜서 처칠

차례

끌어들이는 방향으로 나아갈 수밖에 없었다. 독일의 고난과 고통은 계속되었으며, 오늘날까지 끝나지 않고 있다.

독일에 대한 영국의 감정은 처음에는 아주 냉담했으나 얼마 지나지 않아 현저하게 누그러졌다. 푸앵카레의 강한 개성이 로이드 조지의 확고하고 선견지명이 있는 정책을 방해하는 바람에 두 사람 사이에 틈이 벌어졌다. 영국과 프랑스는 사상과 행동 양면에서 서로 멀어져갔던 반면에 독일에 대해서는 영국이 동정심은 물론 심지어 예찬의 감정까지 강하게 표출했다.

* * * * *

국제연맹은 창설되었으나 곧 치명적인 타격을 입었다. 미국은 윌슨 대통령의 성과를 폐기시켜버렸다. 윌슨은 자신의 이상을 위해서 싸울 준비가 되어 있었지만, 선거운동을 시작하자마자 뇌졸중으로 인한 마비 증세 때문에 그 뒤 2년 동안의 길고 결정적인 중요한 시기를 허송세월로 보냈다. 그나마 마지막에는 1920년 대통령 선거에서 공화당 후보가 승리함으로써 그의 당과 정책은 휩쓸려가고 말았다. 공화당이 승리를 거둔 직후 고립주의 관념은 대서양을 건너 널리 퍼졌다. 유럽은 자업자득의 고통에 빠졌고, 법적 채무를 청산해야 했다. 그와 동시에 채무를 상계할 수 있는 물품의 수입을 막으려고 관세를 인상했다. 1921년 워싱턴 회의에서 미국은 해군의 무장해제를 위한 광범위한 계획을 제안했으며, 영국과 미국 정부는 기꺼이 전함들을 침몰시키고 군사 시설을 해체하는 작업에 착수했다. 승자 스스로 무기를 내려놓지 않으면서 패자를 무장해제시키는 것은 비도덕적이라는 논란이 지혜의 논리처럼 존재했다. 영국과 미국의 비난의 화살은 라인 강 유역이나 조약과 관련하여 우선권이나 보장을 받지 못하면서도, 비록 축소된 규모이기는 했지만, 징병제에 근거한 군대를 유지하려는 프랑스에 집중되었다.

미국은 영국이 일본과의 동맹 관계를 계속 유지하는 것은 영미 관계에 장애물이 된다는 사실을 분명히 밝혔다. 일본은 영일동맹에 아주 형식적으로 응하고 있었다. 따라서 영국은 일본과의 동맹 관계에 종지부를 찍었다. 영일동맹의 폐기는 일본에 심각한 영향을 미쳤는데, 일본은 마치 서방 세계가 동양 세력에 등을 돌린 것처럼 받아들였다. 그로 인하여 많은 유대 관계가 끊어졌는데, 그와 같은 상황은 훗날 평화에 결정적인 영향력을 미치게 되었다는 사실이 밝혀졌다. 동시에 일본은 독일과 러시아의 추락으로 한동안 해군 군사력 세계 3위의 지위에 올랐다는 사실과, 틀림없이 최상위 자리를 차지할 것이라는 생각으로 위안을 삼을 수 있었다. 비록 워싱턴 해군군축협정에서 일본의 주력함 비율은 영국이나 미국보다 낮게 결정되었지만 (5:5:3), 일본에 허용된 몫은 향후 상당한 기간 동안 자국의 제조 능력과 재정 능력에 적절한 수준이었다. 그리고 일본은 영미 두 해군 강대국이 자원이 허용하는 한계와 그들이 부담해야 하는 책임의 하한선 이하로 전비를 삭감하는 것을 주의 깊게 지켜보았다. 그리하여 유럽과 아시아 양쪽에서, 승리한 연합국에 의해서 평화의 이름으로 전쟁 재발을 향한 조건이 급속도로 조성될 수 있었다.

대서양의 양쪽에서 호의적이고 평범한 잡담 수준의 이야기들이 끊임없이 오가는 가운데 이런 바람직스럽지 못한 일들이 생기고 있었다. 그런 반면, 차르 제국주의와 카이저 제국주의보다 더 끔찍한 새로운 싸움의 원인이 유럽에서 확연하게 나타났다. 러시아 내전은 볼셰비키 혁명 세력의 압승으로 끝났다. 폴란드를 점령하려고 했던 소비에트 군은 바르샤바 전투에서 격퇴되었으나, 독일과 이탈리아는 공산주의자의 선전과 계략에 거의 굴복하게 되었다. 그리고 헝가리는 한동안 실제로 공산주의 독재자 벨라 쿤의 지배 아래 놓여 있었다. 포슈 원수가 "볼셰비키 사상은 결코 승리의 국경선을 넘지 못했다"고 사려 깊게 말했음에도 불구하고, 전후 초기부터 유럽 시민 사회의 기반을 흔들었다. 파시즘은 공산주의의 흉측한 자식이거나 그림자였다. 하사 히틀러는 뮌헨에서 군인과 노동자를 상대로 독일 패전의 책임을 유대인과 공산주의자에게 뒤집어씌우며 그들에 대한 맹렬한 증오심을 부추기는 선동을 했고 고위 공무원들에게 자신의 존재를 부각시키고 있었다. 그런 한편 모험가 베니토 무솔리니는 공산주의로부터 이탈리아 국민을 보호하기 위한 것이라는 주장을 하며 새로운 형태의 정부를 조직하여 스스로 독재자로 군림했다. 파시즘이 공산주의에서 파생했듯이, 나치즘은 파시즘에서 발전한 형태였다. 그렇게 하여 이 세계가 더 끔찍한 싸움의 소용돌이 속으로 빠져들어갈 운명에 놓여 있음을 보여주는 움직임이 시작되었다. 그 싸움은 파괴 행위만으로 끝나지 않을 전쟁이었다.

★ ★ ★ ★ ★

그럼에도 불구하고 평화를 보장할 수 있는 한 가지가 남아 있었다. 독일은 무장해제된 상태였다. 독일의 모든 포와 무기는 파괴되었다. 독일은 이미 스캐퍼 플로[스코틀랜드 북부 바다/역주]에서 스스로 자기 함대를 침몰시켰다. 베르사유 조약에 따라 독일은 예비군을 모집하지 않는 조건으로 10만 명을 초과하지 않은 범위 내에서 국내 질서 유지를 목적으로 하는 장기 복무의 직업군인만이 허용되었다. 해마다 그해의 정원에 따라 입대한 신병들은 제대로 훈련도 받지 않았으며, 조직은 붕괴되었다. 장교단의 규모를 10분의 1로 축소하기 위한 온갖 방법이 동원되었다. 공군은 어떤 형태로도 허용되지 않았다. 잠수함 보유는 금지되었으며, 1만 톤 이하의 작은 선박만을 몇 척 가질 수 있었다. 이전의 차르 제국에서 떨어져나온 새로우면서도 더 끔찍한 형태의 격렬한 반볼셰비키 국가들의 경계선에 의해서 소련은 서유럽과 단절이 되었다. 폴란드와 체코슬로바키아는 독립을 향해 고개를 들어 중부 유럽에서 우뚝 섰다. 헝가리는 벨라 쿤의 약물 투약에서 이미 깨어나서 회복된 상태였다. 승리에 만족한 프랑스 육군은 유럽에서 독보적으로 강력했으며, 프랑스 공군력 역시 몇 년 동안 높은 수준으로 평가되었다.

1934년까지 유럽에서는 물론, 전 세계에서도 승전국들에 도전할 만한 힘을 가진 국가는 없었다. 제1차 세계대전 중의 세 연합국, 즉 유럽의 협력국들을 가진 영국과 프랑스조차도, 국제연맹이라는 이름 아래에서 그리고 그 16년 동안 국제연맹의 미덕과 국제적 방패 아래에서, 단순한 의지로써 독일의 무장 세력을 통제할 수 없었다. 오히려 1931년까지 승전국들, 특히 그중에서 미국은 온갖 압력을 행사하여 독일로부터 매년 배상금을 받아내려고 애썼다. 그런데 배상금 지불이 오직 미국의 막대한 차관에 의해서 이루어졌다는 사실이 배상 관계의 모든 과정을 불합리하게 만들었다. 그 결과 악의 말고는 아무런 결실이라곤 없었다. 반면 1934년까지 평화 조약의 무장해제 조항이 엄격히 강제되었더라면, 폭력이나 유혈 사태 없이 인류의 평화나 안전은 확실하게 지켜졌을 것이다. 그러나 위반 행위가 사소한 것이었을 때는 대수롭지 않게 지나쳤으며, 심각한 것이었을 때는 회피해버렸다. 그렇게 하여 오랜 평화를 위한 최후의 안전장치는 사라졌다. 승전국의 어리석음은 패전국이 저지르게 된 위반 행위에 대한 관용이 되었다기보다는 오히려 그 배경과 구실이 되었다. 승전국의 그런 어리석음이 없었더라면, 패전국은 약속을 위반할 유혹도 느끼지 못했을 것이며 기회도 찾지 못했을 것이다.

★ ★ ★ ★ ★

여기에서 나는 파란만장한 인류의 역사 중에서 최악의 비극이라고 생각되는 몇몇 사건과 인상에 대해서 상세히 기술하려고 한다. 이러한 시도는 전쟁과 밀접한 관계에 있는 생명과 재산의 파괴만을 보여주려는 의도는 아니다. 제1차 세계대전에서 섬뜩할 정도로 많은 군인이 목숨을 잃었으며, 축적해두었던 국가의 부는 대부분 소모되었다. 그렇지만 러시아 혁명의 과도한 열기와는 관계없이, 유럽의 주류 문명의 구조는 싸움의 마지막까지 살아남아 있었다. 유럽 국가들은 포화의 소용돌이 속에서 갑자기 벗어나자, 대전 중의 적의에도 불구하고 서로의 역사적 민족성을 인정하며 이해했다.

전쟁 법규는 대체로 존중되었다. 서로 싸웠던 군인들 사이에서도 공통의 직업적 접점이 있었다. 패전국이나 승전국이나 똑같이 문명국가의 유사성을 유지했다. 강제할 수 없는 재정적 국면과는 달리, 19세기에 계몽된 국민들의 관계를 끊임없이 체계화해온 원칙에 따라서 숭고한 평화가 이루어졌다. 법의 지배가 선언되었고, 우리 모두를, 특히 유럽을 새로운 전쟁으로부터 보호하기 위해서 국제기구가 설립되었다.

제2차 세계대전으로 인하여 사람과 사람 사이의 모든 유대관계는 파괴되었다. 인류의 역사에 암울한 기록을 남긴 유례없는 척도(尺度)와 위험한 의도 속에서 그들이 자발적으로 추종했던 히틀러주의의 지배 아래에서 독일 국민들은 범죄를 저지르게 되었다. 독일의 처형장에서 체계적인 절차에 따라서 600만 내지 700만 명을 집단 학살한 것은 조잡한 칭기즈칸의 도살장의 공포보다 훨씬 더 가공할 만한 것이었으며, 규모면에서도 비교가 되지 않았다. 모두 섬멸시켜버리고 말겠다는 계획은 동유럽 전쟁에서 독일과 러시아에 의해서 함께 시도되고 추구되었다. 무방비의 도시에 대한 끔찍한 공습이 독일군에 의해서 시작되자, 군사력이 상승일로에 있던 연합군에 의해서 즉각 20배의 반격이 있었다. 그리고 히로시마와 나가사키를 말살해버린 원자폭탄의 투하로 공격은 절정에 이르렀다.

마침내 우리는 앞선 수세기의 상상력을 그처럼 암울하게 만들지는 않은 물질적 파멸과 정신적 황폐의 국면에서 벗어났다. 그리고 우리는 가까스로 고난을 이겨내고 여기에까지 이르렀으나, 그보다 훨씬 더 끔찍한 문제와 위험을 맞닥뜨리게 되었다.

이 시대에 살면서 활동해온 한 사람으로서, 나의 의도는 이런 모든 것들을 보여주려는 데에 있다. 제2차 세계대전이라는 비극은 얼마나 쉽게 예방될 수 있었는가? 어떻게 도덕적인 사람들의 나약함이 사악한 사람들의 적의를 강화시키게 되었는가? 어떻게 민주주의 국가들의 구조와 관습이 더 큰 유기적 조직으로 결합하지 못하고 소박한 대중들에게 안전을 보장할 인내와 신념의 요소를 잃고 말았는가? 자기 보존을 위해서라도 10년 또는 15년이라는 세월 동안 어떻게 아무런 정책도 수행되지 않았단 말인가? 신중해야 하고 자제해야 한다는 권고가 어떻게 치명적 위험의 주된 원인이 될 수 있었는지 알게 될 것이다. 안전하고 평화로운 삶의 욕망 때문에 선택한 중도적 방법이 어떻게 파국의 중심으로 이끌려가게 되었는지 알게 될 것이다. 불가피한 국내 정치의 변화에도 불구하고 몇 년 동안에 걸쳐 많은 국가가 추구한 폭넓은 국제적 활동의 필요성이 얼마나 절대적이었는지 알게 될 것이다.

30년 동안 독일을 무장해제시키고 승전국들을 적절하게 무장하도록 하는 것은 간단한 정책이었다. 그런 한편 독일과 화해할 수는 없었다고 하더라도, 토론과 협의에 의해서 조약을 유지하거나 변경할 능력을 가질 수 있도록 힘 있는 국제연맹을 만드는 일도 역시 간단한 정책이었다. 서로 동조하는 서너 국가의 강력한 정부가 자국민에게 가혹한 희생을 요구할 경우, 그것이 공동의 대의를 위해서 허용되고, 그리하여 원하던 결과를 얻게 된다면 적어도 중요한 것을 포기하지 않으려는 목적으로 일치된 행동을 한다는 것은 합리적인 생각일 것이다. 그러나 이런 적절한 요구를 승전국들의 힘, 문화, 학문, 지식 그리고 과학이 충족시켜줄 수는 없었다. 그들은 거의 20년이 지난 뒤에 제2차 세계대전의 징후가 나타날 때까지 하루하루 힘겹게 살아가면서 선거를 치렀다. 이제 우리는 전쟁에서 그렇게 충직하고 훌륭하게 싸우다가 죽어간 사람들의 아들들에 대해서 기록해야 한다.

그들은 상처입은 어깨를 나란히 하고
터벅터벅 발걸음을 옮겨 빛나는 생명의 광야에서 사라져갔다.*

* 시그프리드 서순[1886-1967. 영국의 시인, 소설가/역주]

제2장

절정의 평화

1922-1931년

1922년 영국에 새 지도자가 나타났다. 스탠리 볼드윈은 세계무대에서는 알려지지도 주목받지도 않았던 인물이며, 그저 그런 정도의 국내 문제와 관련해서 활동했다. 그는 전쟁 동안 재무부의 재정 담당 차관으로 있다가 나중에 상무부 장관이 되었다. 그가 로이드 조지를 축출했던 1922년 10월부터 대중의 존경을 받으며 명예롭게 근무한 1937년 5월까지 영국 정계에서 지배적 역할을 담당했다. 그리고 짐을 내려놓은 다음에는 품위 있고 조용하게 은퇴하여 우스터셔의 고향집으로 돌아갔다. 이 정치가와 나의 관계는 내가 해야 할 이야기 중의 한 부분이다. 때때로 둘 사이의 의견 차이는 심각할 정도였지만, 당시나 그뒤에나 나는 결코 그를 비난하거나 기분 나쁘게 대하지 않았다. 그리고 인간 대 인간으로서 신뢰하고 이해하면서 대화를 나누지 못한 적도 없었다.

1923년 초 볼드윈은 보수당원으로서 수상의 자리에 올랐으며, 그때부터 "볼드윈-맥도널드 정권"이라고 불리는 14년의 역사가 시작되었다. 램지 맥도널드는 노동당의 지도자였는데, 처음에는 볼드윈과 교대로, 나중에는 정치적 형제애로 유대하여 국가를 통치했다. 명목상으로 두 사람은 서로 대립하는 정당, 상반되는 주장, 반목하는 이해관계의 대표자였지만, 수상직이 헌법에 의해서 확립된 이래로 다른 어느 누구보다도 외모나 기질이나 방법론에서 아주 유사했다. 정말 신기하게도, 두 사람은 서로 깊이 공감대를 형성했다. 램지 맥도널드는 옛 토리 당의 감성을 많이 지니고 있었다. 스탠리 볼드윈은, 산업가의 보호무역에 대한 상습적 찬성과는 관계없이, 노동당 계층에서 흔히 볼 수 있는 것보다 더 진정한 온건파 사회주의의 대표자였다.

1924년에 총선이 있었다. 보수당은 다른 정당들의 의석수를 모두 합친 것보다 더 많은 222석의 다수당으로 복귀했다. 나는 에핑에서 1만 표 차이로 당선되었는데, "입헌주의자(constitutionalist)"였다. 나는 그때까지만 해도 "보수주의자(conservative)"라는 말을 쓰지 않았다. 나는 간헐적으로 볼드윈과 우호적인 접촉을 했다. 그러나 그가 수상으로 무사히 살아남으리라고 생각하지 않았다. 그가 선거에서 승리한 이후에 나에게 대해서 어떻게 생각하는지 나는 전혀 관심이 없었다. 그가 우리 아버지가 역임했던 재무부 장관으로 나를 입각시켰을 때, 나는 물론 보수당도 깜짝 놀랐다. 나는 1년 뒤에 유권자들의 동의를 얻어 어떤 형태의 압박도 받지 않고 20년 전에 떠났던 보수당에 재입당하고 칼턴 클럽[Calton Club : 영국 보수당 정치인들의 조직 중에서 가장 역사가 깊고 중요한 클럽/역주]의 회원이 되었다.

거의 5년 동안 나는 볼드윈의 바로 옆집인 다우닝 가 11번지에서 살았는데, 매일 아침 그의 집을 지나 재무부로 출근했으며, 각료실에서 몇 분 동안씩 그와 담소를 나누었다. 나는 그의 핵심 각료 중의 한 사람이었기 때문에 모든 일에 대해서 책임을 함께 졌다. 그 5년은 국내 경기가 현저하게 회복된 시기였다. 해마다 상당한 개선과 회복이 점진적으로 이루어짐으로써, 그 기간 동안 정부는 진지하게 능력을 키워갔다. 정강정책에 관하여 자랑할 만한 경이적인 일이나 논란의 대상은 없었지만, 경제적, 재정적 검토가 치밀하게 이루어졌으며, 국민들의 생활은 뚜렷이 나아졌다. 그리고 우리의 임기가 끝날 무렵에는 영국뿐만이 아니라 세계의 상황이 더 편안하고 풍요로

제3장

아돌프 히틀러

1918년 10월, 독일군 하사 한 명이 코미네[벨기에 국경에 인접한 프랑스 마을/역주] 부근에서 영국군의 공격을 받아 머스터드 가스(겨자탄)에 의해서 일시적으로 실명했다. 그가 포메라니아[현재의 폴란드 서북부 지방/역주]의 병원에 누워 있는 동안 패배와 혁명의 기운이 독일을 휩쓸아쳤다. 오스트리아의 이름 없는 세관 공무원의 아들로 태어난 그는 젊은 시절에는 위대한 예술가의 꿈을 키웠다. 빈 미술학교 입학에 실패한 뒤 수도인 그곳에서, 그리고 나중에는 독일의 뮌헨으로 가서 가난하게 살았다. 가끔 남의 집 페인트 칠을 하거나 여기저기서 임시 노동자로 일하면서 빈곤에 시달렸다. 그러면서 세상이 자신의 성공을 거부하고 있다는 생각을 감추며 내면으로 격한 분노의 감정을 키우고 있었다. 그런 불행 속에서도 그는 공산주의자가 되지는 않았다. 그와는 반대로 독일과 독일 민족에 대한 비정상적인 인종주의적 충성심과 열렬하고 신비스러운 찬양의 감정을 점점 더 강하게 키우게 되었다. 전쟁이 터지자 열정적으로 총을 들고 4년 동안 바이에른 연대의 병사로 서부 전선에서 복무했다. 그것이 아돌프 히틀러의 초기 운명이었다.

1918년 겨울, 히틀러가 시력을 잃은 채 실의에 빠져 병원의 침상에 누워 있는 동안 그의 개인적 실패는 독일 민족 전체가 당한 재난 속에서 용해되어버린 것 같았다. 패배의 충격, 법과 질서의 붕괴 그리고 프랑스의 승리는 건강을 회복중인 그 연대 전령병에게 전신을 불사르는 것과 같은 고뇌를 주었고, 동시에 훗날 인류를 구원으로 아니면 파멸로 인도할 그 이상하고도 예측할 수 없는 정신력을 형성하는 요인이 되었다. 독일의 몰락이란 그로서는 도저히 이해가 불가능한 결과였다. 어딘가에서 거대하고 무시무시한 배신 행위가 있었기 때문이라고 생각했다. 고독하게 자신의 내면에 갇힌 채 그 보잘것없는 병사는 오직 자기가 겪은 편협한 경험에 기대어 독일이 파멸한 원인에 대해서 깊이 생각했다. 그는 빈에서 극단적인 독일 국수주의자 단체와 손을 잡았고, 거기서 북유럽 세계의 적이자 착취자인 유대인이란 인종의 음험한 파괴 활동에 관한 이야기를 들었다. 그의 애국적 분노의 감정은 가진 자와 성공한 자에 대한 시기와 뒤섞여 과도한 증오심으로 바뀌게 되었다.

마침내 무명의 환자로서 병원을 나왔을 때 히틀러는 여전히 어린 학생들과 같은 자부심을 느끼며 군복을 입고 있었다. 그런데 안대를 푼 그의 눈에 비친 광경은 어떠했을까! 패전으로 인한 사회적 격변은 공포 그 자체였다. 절망과 광란의 분위기 속에서 그의 주변에는 공산주의 혁명의 기운이 감돌고 있었다. 무장한 차량들이 뮌헨 거리를 질주하며 전단을 뿌리거나 도망치는 무리를 향해서 총을 쏘아댔다. 그의 동료들은 군복에 도전적인 붉은 완장을 차고 세상에서 그가 원했던 모든 것들에 반대하는 분노의 구호를 외치고 있었다. 마치 꿈속에서처럼 갑자기 모든 것이 명료해졌다. 독일은 유대인에 의하여, 모리배와 음모가에 의하여 그리고 전선 후방의 유대 지식인 계급과 국제적 공모 관계에 있던 가증스러운 볼셰비키들에 의해서 칼에 등을 찔려 쓰러졌던 것이다. 그 재앙으로부터 독일을 구하고, 독일의 피해에 대해서 복수하고, 그리하여 이 세계 지배의 민족을 장구한 섭리에 따라 정해진 운명의 길로 이끄는 일이 자신의 앞날의 임무라는 사실을 깨달았다.

부대원들의 불온한 혁명의 분위기에 크게 놀란 장교들은 어느 정도 사태의 본질을 파악하고 있는 것 같았던 히틀러를 아주 좋아하게 되었다. 히틀러 하사는 군대에 남기를 원했고, "정치 교육 장교"의 대리 요원으로 근무하게 되었다. 그는 그 직책을 이용하여 폭동과 파괴 계획에 관한 정보를 수집했다. 얼마 뒤 그의 상관인 보안 장교로부터 모든 종류의 지역 정당 집회에 참석하라는 지시를 받았다. 1919년 9월의 어느 날 저녁, 히틀러 하사는 뮌헨의 양조장에서 개최된 독일 노동당 집회에 갔다. 거기서 그는 처음으로 독일을 나락의 구렁텅이에 빠뜨린 유대인, 사기꾼 그리고 "11월의 범죄자들"에 대하여 자신이 마음 속 깊이 확신하고 있던 것과 똑 같은 방식으로 사람들이 이야기하는 것을 들었다. 9월 16일, 그는 노동당에 가입했다. 그리고 조금 뒤에 군대에서 맡은 업무와 적절히 병행하며 노동당의 선전 임무를 맡았다. 1920년 2월 뮌헨에서 첫 번째 노동당 대회가 열렸는데, 아돌프 히틀러는 전체 진행을 지휘하면서 당의 강령 중에서 핵심적인 25개 조항을 설명했다. 그는 비로소 정치인이 된 것이었다. 그의 민족 구원 운동이 막을 열게 되었다. 4월에 전역했고, 그때부터 그는 독일 노동당의 확장에 모든 것을 바쳤다. 그 이듬해 중반에 이르러 당의 최초의 지도자들을 몰아내고 자신의 열정과 광기의 천재성에 마비된 당원들에게 히틀러 개인의 지배권을 승인하게 만들었다. 그는 이미 "총통(der Führer)"이었다. 경영난에 빠져 있던 신문 「푈키셔 베오바흐터」를 사들여 당 기관지로 삼았다.

공산주의자들은 그들의 적이 나타났다는 것을 깨닫는 데에 오랜 시간이 걸리지 않았다. 그들은 히틀러의 집회를 무산시키려고 애썼으나, 히틀러는 1921년이 끝나갈 무렵 최초의 돌격대를 결성했다. 그때까지만 해도 모든 움직임은 바이에른 주 지역에 국한되어 있었다. 그러나 종전 직후 몇년 동안 생활고에 시달리던 수많은 독일 국민들은 전국 곳곳에서 새로운 복음에 귀를 기울이기 시작했다. 1923년 프랑스의 루르 지방 점령에 대해서 모든 독일인들은 격분하게 되었고 히틀러의 정당인 나치스, 즉 국가사회주의 독일 노동당에 광범위한 추종자가 생기게 되었다. 마르크화의 붕괴는 독일 중산층의 기반을 파괴했고, 그들은 절망한 나머지 증오와 복수와 애국심에 불타며 새로운 당에 가입했다.

애당초 히틀러는 권력을 장악하는 길이 패전의 굴욕을 바탕으로 탄생한 바이마르 공화국을 공격하고 파괴하는 데에 있다고 밝혔다. 1923년 11월, "총통"은 자신의 측근 그룹을 결성했는데, 괴링, 헤스, 로젠베르크, 룀 같은 인물들이 눈에 띄었다. 그 행동 대원들은 바이에른 주의 정권을 탈취할 시기가 도래했다고 판단했다. 제1차 세계대전 당시 독일 육군 참모총장이었던 루덴도르프 장군은 자신의 이름이 가진 군사적 위력을 모험에 이용하기로 하고 "폭동(Putsch)" 행진에 참여했다. 전쟁 전에 이런 말이 있었다. "독일에서는 어떤 종류의 혁명도 엄격히 금지되어 있기 때문에, 결코 혁명이 일어나지 않는다." 그 격언은 뮌헨 사건에서도 그대로 적용되었다. 경찰은 발포했으나, 장군은 용의주도하게 피했다. 그리고 장군은 경찰 대열을 향해 곧장 걸어갔으며, 경찰은 경의를 표하며 그를 맞았다. 히틀러는 땅바닥에 엎드려 총알을 피했고, 다른 지도자급 인물들과 함께 그 자리에서 피신했다. 1924년 4월, 히틀러는 징역 4년을 선고받았다.

독일 정부는 질서를 유지하고 법원은 형벌을 부과했음에도 불구하고, 공권력은 결국 자국민들에게 매질을 하는 방식으로 독일의 가장 충성스러운 아들들을 희생시켜가며 외국의 앞잡이 노릇을 할 뿐이라는 생각이 모든 국민들 사이에 퍼졌다. 히틀러의 형은 4년에서 13개월로 감형되었다. 그러나 란츠베르크 요새에 감금되어 있던 그 기간은 히틀러가 『나의 투쟁』의 윤곽을 완성하기에 충분한 시간이었다. 『나의 투쟁』은 뮌헨 폭동의 희생자들에게 바치는 자신의 정치 철학에 대한 논문이었다. 훗날 마침내 히틀러가 권력을 잡았을 때, 연합국 열강들의 정치 지도자와 군사 지도자들이 그것보다 더 주의 깊게 연구할 만한 가치가 있는 책은 없었다. 독일 부활의 프로그램,

정당 선전의 기술, 마르크스주의와의 투쟁 계획, 국가사회주의 국가의 개념, 세계 정상에 올라서야 할 독일의 정당한 지위 등, 거기에는 모든 것이 있었다. 과장에다 장황하고 전체 형태는 분명하지 않았지만, 메시지가 충만한 책으로, 그것은 신앙과 전쟁의 새로운 코란이었다.

『나의 투쟁』의 요점은 간단하다. 인간은 투쟁하는 동물이다. 따라서 투쟁하는 존재들의 공동체인 국가는 전투의 단위이다. 자신의 생존을 위한 투쟁을 포기하는 생명체는 멸망할 수밖에 없다. 투쟁을 포기하는 국가나 인종 역시 같은 운명에 처할 수밖에 없다. 인종의 투쟁 능력은 그 순수성의 정도에 따라서 달라진다. 그러므로 인종의 순수성을 더럽히는 외부의 오염물질을 제거할 필요가 있다. 유대 인종은 온 세계에 분포하고 있는 그 보편성 때문에 필연적으로 평화주의자이며 국제주의자이다. 평화주의는 최악의 죄이다. 그것은 생존을 위한 싸움에서 항복을 의미하기 때문이다. 그러므로 어느 국가든 첫 번째 임무는 대중을 모두 국가주의자로 만드는 것이다. 교육의 궁극적 목적은 단시간의 훈련을 통해서 군인으로 변신할 수 있는 독일인을 양성하는 데에 있다. 역사상 가장 위대한 변화는, 광적이고 격정적인 힘으로 밀어붙이지 않았더라면, 생각조차 할 수 없었을 것이다. 평화와 질서라는 부르주아적 미덕으로는 결코 아무것도 성취할 수 없었을 것이다. 이제 세계는 그러한 역사의 대변화를 향해서 나아가고 있다. 따라서 새로운 국가로서 독일은 독일 민족이 이 지구상의 최종이자 최대의 결단을 내릴 준비를 해야 한다는 사실을 명심해야 한다.

외교 정책은 대담해야 할 것이다. 외교의 임무는 국가가 끝내 파멸에 이르도록 내버려두는 데에 있는 것이 아니라 보다 번창하고 살아남을 수 있도록 하는 데에 있다. 장차 독일의 동맹국이 될 수 있는 국가는 오직 영국과 이탈리아뿐이다. 독일이 스스로 자기 자신을 지키지 못하면, 어느 국가도 독일을 지켜주지 않는다. 독일의 잃어버린 영토는 엄숙하게 신에게 호소하고 경건하게 국제연맹에 희망을 건다고 되찾을 수 있는 것이 아니다. 오직 무력으로 회복할 수 있을 뿐이다. 독일은 모든 적들과 동시에 싸우는 과오를 되풀이해서는 안 된다. 순전히 감정적 이유만으로 프랑스를 공격하는 것은 어리석은 짓이다. 독일에 필요한 것은 유럽에서 영토를 확장하는 일이다. 전쟁 전의 독일 식민 정책은 잘못된 것으로 폐기되어야 한다. 독일은 러시아 쪽으로, 특히 발트 해 연안국가들 쪽으로 확장을 도모해야 한다. 어떤 경우에도 러시아와의 동맹은 용서될 수 없다. 소비에트의 목적은 국제 유대주의의 승리에 있으므로, 러시아와 함께 서유럽과 싸우는 일은 범죄에 해당한다. 이러한 것들이 히틀러의 "화강암 기둥들(granite pillars)"이었다.

부단한 투쟁을 통해서 아돌프 히틀러가 국민적 인물로 부상하고 있는 사실을 자국의 난제와 당쟁에 시달리며 고민하고 있던 전승국들은 거의 눈치채지 못했다. "나치 당(Nazis)"으로 불리게 되는 국가사회주의 독일노동당 (Nationalsozialistische Deutsche Arbeiterpartei, NSDAP)의 운동이 독일의 국민 대중, 군대, 국가기관, 당연히 공산주의를 두려워하는 산업가들을 강력하게 장악하고 독일 사회의 중심 세력이 되어 세상에 널리 알려지기 전까지는 상당한 시간적 간격이 존재했다. 1924년이 끝날 무렵 감옥에서 석방된 히틀러는 그의 운동을 재조직하는 데에 5년이면 될 것이라고 말한 바 있었다.

★ ★ ★ ★ ★

민주주의 이념으로 포장된 바이마르 헌법의 조항 하나는 제국의회 의원 선거를 4년마다 시행한다는 규정이었다. 독일 국민 대중이 완전하고 지속적으로 의회를 지배하리라는 염원을 담은 조항이었다. 그러나 실제로는 열띤 정치적 흥분과 쉴 틈 없는 선거전의 분위기 속에서만 살아야 된다는 사실을 의미할 뿐이었다. 히틀러와 그의 강령이 성취한 과정의 기록은 정확히 이렇다. 1928년에는 의회에서 12석을 가졌을 뿐이었다. 그러나 1930년에는 107석, 1932년에는 230석을 차지했다. 그동안 나치 당의 기능과 규율이 독일의 모든 기관에 침투되었으며, 유대인에 대한 온갖 형태의 모욕과 폭행을 포함한 박해 행위가 광적으로 일어나고 있었다.

여기서 그 온갖 열광과 악행 그리고 모든 부침 현상과 함께 복합적이고 끔찍한 전개 상황을 연대순으로 따라가며 기술할 필요는 없다. 그 국면에서 한동안 로카르노 조약의 희미한 희망이 비쳤다. 미국의 후한 차관을 이용한 경기회복의 기미가 보였다. 힌덴부르크 원수가 독일을 다스렸으며, 슈트레제만이 외무부 장관이었다. 조용하고 점잖은 다수의 독일 국민은 견고하고 근엄한 권위를 선호하는 그들의 민족성에 맞게 힌덴부르크가 죽음에 이를 때까지 그를 따랐다. 그러나 바이마르 공화국으로부터 아무런 보장도 또 국가적 영광이나 복수를 통한 만족도 얻지 못하게 된 착란된 국민들 사이에서는 또다른 위력적 요인들이 작동하고 있었다.

전승국들의 힘에 떠밀리고 패전으로 얼룩진, 겉포장의 공화국 정부와 민주적 기구의 이면에서는, 국군[Reichswehr : 히틀러는 바이마르 공화국의 Reichswehr를 1935년 Wehrmacht로 개칭하고 조직을 개편한다. 둘 모두 "국방군"이라고 번역할 수밖에 없으나, 구별하기 위해서 전자는 "국군"이라고 한다/역주]의 총참모본부가 전후 수년 동안 독일의 진정한 정치 세력이자 지속적인 국민 조직으로 작동했다. 비밀리에 독일 재무장의 토대를 마련했고, 대통령과 내각을 만들기도 없애기도 했던 주체도 그들이었다. 총참모본부는 힌덴부르크 원수를 그들 권력의 상징과 의지의 대리인 역할을 하도록 했다. 그러나 그는 1930년에 이미 83세였다. 그의 개성과 정신적 이해력은 점점 쇠퇴해져갔다. 점점 편견에 사로잡혀갔으며, 독단적으로 변모했고, 노쇠해갔다. 전쟁 중에 그는 이미 큰 이미지로 만들어졌었고, 애국자들은 그 이미지에 충성하면서 열광했었다. 그러나 이제 그가 자신이 어떤 존재인지 여실히 보여주게 된 것이다. "무기력한 거인", 바로 그것이었다. 그 즈음부터 장군들 사이에서는 그 늙은 원수의 적절한 후계자를 찾아야 한다는 필요성이 분명해졌다. 그러나 새 인물을 찾는 일은 국가사회주의 운동의 거침없는 성장과 힘에 휩쓸리고 말았다. 1923년 뮌헨 폭동이 실패한 이후, 히틀러는 바이마르 공화국의 제도적 틀 안에서 엄격하게 합법성을 고수한다는 방침을 선언했다. 그러나 동시에 그는 군사 조직과 함께 나치 당의 보조적 군사 조직의 확대를 도모했다. 갈색 셔츠 부대로 불렸던 돌격대 SA(Sturmabteilung)는 나치 규율의 핵심이 되는 소규모 조직의 친위대 SS(Schutzstaffel)와 함께 초기에는 극히 눈에 띄지 않을 정도였지만, 점점 수와 기세가 확대되어 국군이 그 활동과 잠재적 힘을 심각하게 경계할 수준에 이르렀다.

돌격대 조직의 선두에는 그때까지의 모든 투쟁 과정에서 히틀러의 동료이자 가까운 친구였던 야심만만한 에른스트 룀이 있었다. 룀은 능력과 용기는 검증된 인물이었지만, 개인적 야망이 너무 크고 성적으로 변태였다. 그의 악덕은 험난한 권력의 길을 향하는 히틀러를 돕는 데에 결코 장애물이 되지 않았다. 국민들 사이에 흐르던 기류를 유심히 관찰한 결과에 따르면, 국군은 나치 운동의 반대편에 선 군벌 특권 계급이나 조직으로서는 더 이상 독일의 지배권을 유지할 수 없다는 사실을 어쩔 수 없이 스스로 깨닫게 되었다. 두 집단 모두 독일을 나락의 밑바닥으로부터 끌어올려 패배의 복수를 하겠다는 결의를 공통으로 지니고 있었다. 그러나 국군이 카이저 제국의 질서정연한 조직을 대표하면서 독일 사회의 봉건계급, 귀족계급, 지주계급, 부유층의 보호막이었던 데에 반하여, 돌격대는 감정적으로 흥분하기 쉽고 뒤틀린 파괴 분자들의 불만과 파산자들의 절망감에 의해서 선동된 상당한 규모의 혁명 운동 세력으로 성장했다. 두 진영은 그들이 공격했던 공산주의자들과 다르듯이 남극과 북극처럼 서로 달랐다.

국군으로서는 나치당과 싸우는 것은 패전한 국가를 다시 찢어놓는 짓과 같았다. 1931년과 1932년 동안 군 수뇌부는 군부를 위해서나 국가를 위해

하고, 영국 정부의 어리석음과 프랑스 정부의 유약함은 유례를 찾아보기 힘든 것이었다. 미국 역시 역사의 비난을 모면할 길이 없었다. 국내 정치 문제와 자유 공동사회의 복잡한 이해관계, 활동, 돌발적 사고에 매몰되어 유럽에서 일어나고 있는 거대한 변화에 대해서는 그냥 바라만 보면서 그들 국가들은 자신들과는 무관한 것으로 여겼다. 매우 유능하고 광범위하게 훈련을 받은 미국의 직업 관료들은 자신의 독자적 견해를 가지고 있었지만, 미국의 무신경한 고립주의적 외교정책에 이렇다 할 영향력을 미치지 못했다. 만약 미국의 힘이 제대로 사용되었더라면, 프랑스와 영국의 정치가들을 자극하여 행동으로 나서게 했을지도 모른다. 국제연맹은 온갖 비난을 받고는 있었지만 그래도 여전히 새로 등장한 히틀러의 전쟁 위협에 대해서 국제법적 제재를 수단으로 하여 대응할 수 있는 당당한 국제 기구였다. 그런 긴박한 정세에서 미국인들은 단지 어깨를 움츠렸을 뿐이었다. 그래서 결국 그들은 몇 년 뒤에 생사가 걸린 위험에서 스스로 벗어나려고 신세계의 피와 재화를 쏟아붓지 않으면 안 되었다.

7년 뒤, 투르에서 프랑스의 고난을 목격했을 때에도 내게는 그 모든 것이 내 마음속에 그대로 있었다. 단독 강화 제안에 관한 이야기가 나왔을 때에도 나는 잘 되기를 바라면서 위로와 격려 외에는 아무 말도 하지 못했다.

★ ★ ★ ★ ★

나는 1931년의 시작과 함께 미국 전역을 다니며 장기간 강연 여행을 하기로 계획했다. 그리고 뉴욕으로 떠났다. 그런데 뉴욕에 도착한 나는 거의 목숨을 잃을 뻔한 심각한 사고를 당했다. 12월 13일, 버나드 바루크를 만나러 가는 길이었다. 나는 승용차에서 내릴 때 반대 방향으로 나왔다. 5번가 도로를 횡단하면서 주행선이 미국과 반대라는 사실과, 영국에서는 사용하지 않는 붉은색 신호등의 존재를 전혀 염두에 두지 않았던 것이다. 그래서 지나가던 차에 크게 치어 나는 2개월 동안 꼼짝도 하지 못했다. 바하마의 나소에서 휴양하면서 조금씩 나아졌고, 겨우 움직일 수 있게 되었다. 그 상태에서 나는 미국 전역을 돌며 40회의 강연을 했다. 낮에는 기차 객실에 앉아 보냈고, 저녁이면 많은 청중 앞에서 연설을 했다. 내 생애를 통틀어 가장 힘든 시간이었다. 그해 일 년 내내 건강이 좋지 못했으나, 곧 회복했다.

공적인 일에 대한 우려와는 별도로, 1931년부터 1935년까지의 시간은 개인적으로 무척 즐거웠다. 나는 구술한 원고료로 살아가고 있었는데, 그 글들은 영국과 미국은 물론 히틀러의 어두운 그림자가 드리우기 이전의 유럽 16개국의 가장 유명한 신문에 게재되었다. 실로 그날 벌어 그날 먹는 식이었다. 말버러 시대에 대한 책을 여러 권 완성했다. 유럽의 정세와 독일의 재무장에 관해서도 거듭 숙고했다. 나는 주로 차트웰에서 지냈는데, 유쾌한 일이 많았다. 직접 내 손으로 작은 오두막 두 채를 거의 다 짓다시피 했고, 채소 밭의 울타리도 세웠다. 정원을 만들고 우물과 하수구를 팠으며, 커다란 수영장을 만들어 정수한 맑은 물로 채웠을 뿐만 아니라 변덕스러운 태양열을 보충할 수 있는 가열 장치도 만들었다. 그렇게 아침부터 밤늦게까지 잠시도 시간을 헛되이 보내지 않았으며, 내 주거 공간에서 가족과 함께 행복하고 평화롭게 지냈다.

그 무렵 나는 옥스퍼드 대학교에서 경험 철학을 가르치고 있던 프레더릭 린데만 교수를 자주 만났다. 린데만은 나의 오랜 친구였다. 린데만을 처음 만난 것은 제1차 세계대전이 끝날 무렵이었는데, 그는 전쟁 중에 용감한 파일럿들의 전매특허로 여겼던 "나선식 강하"의 치명적 위험을 극복하기 위한 공중 실험을 여러 차례 감행하여 널리 알려졌다. 1932년 이후 무척 가까운 사이가 되었는데, 그는 자주 자동차를 몰고 옥스퍼드에서 내가 있는 차트웰로 와서 함께 지내곤 했다. 새벽까지 우리에게 곧 닥칠 것 같은 온갖 위험에 대해서 함께 얘기를 나누었다. 친구들 사이에서 "교수"로 불리던 린데만은 현대전의 과학적 측면과 특히 대공 방어에 관해서 나에게 중요한 조언자가 되었다. 그리고 모든 종류의 통계와 연관된 문제에 대해서도 마찬가지였다. 그런 흔쾌하고도 유익한 교류는 제2차 세계대전 기간 동안 내내 지속되었다.

또다른 나의 가까운 친구는 디스먼드 모턴*이었다. 1917년 헤이그 육군 원수가 최전선에서 막 돌아온 젊은 장교들로 그의 참모진을 구성할 때 디스먼드는 포병의 가장 뛰어난 인물로 추천되었다. 전공십자훈장을 받은 그는 가슴을 관통하는 총격을 당했는데, 그뒤로도 여전히 총알을 몸에 지닌 채 잘 지내고 있었다. 나는 그 영민하고 용감한 장교에 대해서 대단한 존경심과 우정을 가꾸게 되었다. 1919년 내가 로이드 조지의 자유당-보수당 내각에서 육군장관 및 공군장관을 겸직하게 되었을 때, 나는 그를 정보기관의 핵심 자리에 임명했고, 그는 수년 동안 근무했다. 그는 차트웰에서 1.5킬로미터 정도 떨어진 곳에 살던 나의 이웃이기도 했다. 그는 그후에 각료가 아니었던 나에게 충분한 정보를 제공할 수 있도록 나와 자유롭게 대화를 나누어도 좋다는 허락을 노동당의 맥도널드 수상으로부터 받기도 했다. 그는 대전 중에 나에게 가장 친근한 조언자였는데, 그의 역할은 전쟁이 마침내 우리의 승리로 종결될 때까지 계속되었다.

나는 또 당시 외무부의 신진 유망주로서 핵심적인 일을 맡았던 랠프 위그램과도 친분을 맺었다. 그는 외교정책에 관해서 책임 있는 견해를 피력하고 공사를 불문한 다방면의 폭넓은 접촉을 할 수 있는 지위에 있었다. 그는 참신하고 대담한 인물이었는데, 깊이 있는 지식과 연구를 바탕으로 한 신념은 자신을 더욱 돋보이게 만들었다. 그는 나와 마찬가지로 끔찍한 위험이 점점 더 우리 가까이에 다가오고 있다는 사실을 분명히 예상했는데, 나보다 더 많고 확실한 정보를 바탕으로 한 믿음이었다. 그러한 사정이 그와 나를 더 가깝게 만들었다. 우리는 가끔 노스 가에 있는 그의 작은 집에서 만나기

---

* 바스 상급 훈작사이면서 하원의원인 육군 소령 디스먼드 모턴 경.

도 했고, 그들 부부가 차트웰의 우리 집에 와서 묵기도 했다. 다른 고위 공무원들처럼 그는 절대적 신뢰를 전제로 내게 이야기를 해주었다. 그가 전한 모든 정보는 히틀러 운동에 대한 나의 견해를 형성하고 공고히 하는 데에 도움이 되었다.

수년 동안 그와 같은 아주 작은 규모의 만남을 통해서 사람들과 함께 연구하고 중요한 토론을 할 수 있었던 것은 나뿐만이 아니라 국가를 위해서도 대단히 가치 있는 일이었다. 나는 어쨌든 외국에서 들어오는 수많은 정보를 수집하여 정부에 제공했다. 나는 개인적으로 여러 명의 프랑스 정부의 장관들 그리고 역대 수상들을 비밀리에 접촉하고 있었다. 이언 콜빈은 「뉴스 크로니클」의 베를린 주재 특파원이었다. 그는 독일 정계 깊숙이 침투하여 중요한 장군들은 물론 히틀러 운동에서 독일에 파국이 다가오고 있다는 조짐을 읽은 성망이 있고 유능한 자유주의자들과 비밀 접촉을 하고 있었다. 따라서 몇몇 주요 인사들이 독일에서부터 나를 찾아와 자신들의 비통한 심경을 솔직하게 털어놓기도 했다. 그들 대부분은 전쟁 중에 히틀러에 의해서 처형당하고 말았다. 영국의 대공 방위 문제의 전반에 관해서는 다른 여러 방면으로부터 정보를 얻어 정부에 제공할 수 있었다. 그런 과정을 통해서 나는 여느 장관들처럼 여러 사정에 정통하게 되었다. 특히 외국의 정보망을 비롯한 여러 갈래의 정보원들로부터 얻은 모든 정보를 수시로 정부에 보고 했다. 나는 각료는 물론 고위 관리들과 아주 친밀한 관계였다. 나는 자주 그들을 비판하곤 했지만, 우리는 결코 동지애를 잃지 않았다. 훗날 나는 그들의 최고급 비밀에 속하는 전문 지식을 대부분 공식적으로 얻게 되었다. 그리고 나 자신이 가지고 있던 고위 관리로서의 오랜 경험을 통해서 국가의 가장 중요한 비밀까지 알고 있었다. 따라서 신문 지면에 공개된 내용에 의존하지 않고 내 자신의 의견을 형성하고 유지할 수 있었다. 물론 신문은 나의 감식안에 필요한 많은 자료를 제공했다.

여기서 나의 개인적인 가벼운 이야기를 하기 위해서 잠시 옆길로 벗어나는 일을 독자들은 양해하리라고 믿는다.

1932년 여름, 나는 말버러*의 전기를 쓸 목적으로 네덜란드와 벨기에 그리고 독일에 있는 그의 옛 전장을 찾아갔다. 나의 가족 원정대에는 바로 그 "교수"라고 불리던 친구도 함께 있었는데, 우리는 1705년에 코블렌츠의 라인 강을 건너 네덜란드에서 다뉴브로 행군한 말버러의 그 유명한 길을 따라 즐거운 여행을 했다. 우리가 그 아름다운 지방의 유명한 옛 도시들을 여기저기 옮겨 다니는 동안, 나는 자연스럽게 히틀러 운동에 관한 질문을 하게 되었다. 그 결과 모든 독일인들에게 그것은 가장 중요한 화제라는 사실을 확인할 수 있었다. 나는 히틀러가 만들어낸 분위기를 느꼈다. 한나절 동안 블린트하임[블레넘의 독일명/역주]의 들판을 가로지른 다음, 차를 몰고 뮌헨으로 가서 한 주일의 대부분을 보냈다.

레기나 호텔에 머물고 있을 때, 어떤 신사 한 사람이 우리 일행에게 다가와 인사를 했다. 그는 한프슈텡글이라는 사람이었는데, "총통"에 대해서 많은 이야기를 했다. 내가 보기에 히틀러와 친한 사이인 것 같았다. 아주 활기가 넘쳤고, 말이 많았으며, 영어를 능숙하게 구사했기 때문에, 나는 그를 저녁 식사에 초대했다. 그는 히틀러의 활약상과 인생관에 관한 흥미로운 이야기를 들려주었다. 마치 무엇인가에 홀린 듯이 설명했다. 아마도 그는 나와 접촉하라는 지시를 받은 것 같았다. 내 호감을 사기 위해서 애쓰는 모습이 역력했다. 식사가 끝난 뒤 그는 피아노를 치며 가곡을 비롯한 노래

---

* 처칠의 9대 선조인 말버러 공작 1세 존 처칠(1650-1722). 존 처칠은 영국-오스트리아-네덜란드 군을 이끌고 스페인 왕위계승전쟁에 참전하여 프랑스군이 50년 만에 패배한 블레넘 전투(1704), 라미에 전투(1706)에서 승리하여 공작 작위를 받았다. 그는 윌리엄 3세, 앤 여왕, 조지 1세의 신하였으나, 그에 대한 평가는 그의 뛰어난 무공에도 불구하고 상당히 부정적이었다. 4권으로 간행한 말버러의 전기를 통하여 처칠은 그의 선조의 상처받은 명예를 정당하게 회복하려고 했다/역주

들을 아주 멋지게 불러 우리를 매우 즐겁게 했다. 그는 내가 알고 있는 영국 노래는 모조리 알고 있는 듯했다. 대단한 연예인이었으며, 뒤에 알게 되었지만, 당시 히틀러의 총애를 받고 있는 인물이었다. 나에게 히틀러를 한번 만나는 것이 어떻겠느냐고 하면서, 아주 간단한 일이라고 말했다. 총통은 매일 오후 5시면 그 호텔에 오는데, 나를 보면 정말 좋아할 것이라고 했다.

나는 그때 히틀러에 대해서 민족적 편견 같은 것은 가지고 있지 않았다. 그의 신념이나 경력을 별로 아는 것이 없었고, 그의 성격에 관해서는 전혀 몰랐다. 비록 나는 다른 입장에 있었지만, 패전한 자기 나라를 위해서 일하는 사람은 높이 평가했다. 히틀러는 자신이 원하기만 한다면, 애국적 독일인이 될 완벽한 인물이었다. 나는 항상 영국, 독일 그리고 프랑스가 우호관계 속에서 지내기를 바랐다. 그런데 한프슈텡글과 이야기를 나누던 중에 나는 우연히 이렇게 말하고 말았다. "당신들의 최고 책임자는 유대인에 대해서 왜 그렇게 난폭하지요? 나쁜 짓을 하거나 국가에 적대적인 유대인에게 분노하는 것은 이해가 됩니다. 또 어떤 활동 영역에서 유대인이 권력을 독점하려는 경우라면 저지해야겠지요. 그러나 오직 유대인으로 태어났다는 사실 때문에 배척하는 것은 이해하기 어렵지요. 인간이 자신의 출생의 운명을 선택할 수는 없지 않을까요?" 그는 내 말을 히틀러에게 그대로 전한 것이 분명했다. 왜냐하면 다음날 정오 무렵 그는 다소 심각한 표정으로 나타나서, 그날 오후 총통이 그 호텔에 오지 않을 것이기 때문에 자기가 주선한 나와 히틀러와의 만남은 성사되지 않을 것이라고 말했다. 우리는 그 호텔에서 며칠 더 지냈지만, 그 뒤로 "푸치"[독일어 Putzi는 연인이나 동물의 애칭으로 사용하는 용어로 특별한 의미는 없다. 사랑스러운 것을 표현하는 의성어로도 쓰인다/역주]라는 별명의 그는 다시 나타나지 않았다. 그렇게 하여 히틀러는 나와 만날 수 있는 유일한 기회를 놓쳤다. 훗날 히틀러가 전권을 휘두르게 되었을 때 몇 차례 나를 초대하기는 했다. 그러나 이미 그때까지 수많은 일들이 일어났고, 나는 사양했다.

★ ★ ★ ★ ★

그 모든 일들이 벌어지는 동안 미국은 온통 치열한 국내 정세와 경제 문제에만 골몰했다. 유럽과 멀리 떨어져 있는 일본은 독일의 호전적인 힘이 커가는 것을 계속 주시했다. 스칸디나비아 국가들과 소협상국(Little Entente), 즉 체코슬로바키아, 유고슬라비아, 루마니아 그리고 발칸의 일부 국가는 점점 더 동요하기 시작했다. 히틀러의 활동과 독일의 군비에 관한 수많은 정보를 입수하고 있던 프랑스는 깊은 불안감에 휩싸여 있었다. 내가 듣기로는, 독일의 방대하고도 지극히 중요한 조약 위반 행위의 목록이 작성되어 있었다. 나는 프랑스 지인들에게 왜 국제연맹에 제소하여 독일을 초청하거나 아니면 단호하게 소환을 해서라도 독일의 행위를 해명하게 하고 도대체 무엇을 하고 있는지 진술하도록 하지 않느냐고 물었다. 거기에 대한 대답은 영국 정부가 그렇게 요란한 조치는 반대한다는 것이었다. 그와 같이 맥도널드가 볼드윈의 전폭적인 지지하에서 프랑스에 대해서는 군축을 설득하고 영국 스스로는 군축을 실행하는 동안, 독일의 무력은 비약적으로 증강하여 그 힘을 공공연하게 행동으로 드러낼 날이 다가오고 있었다.

보수당을 공정하게 평가하기 위해서 나는 1932년 이래 영국의 보수당의 각종 회의에서 국외로부터 야기되는 위험에 대처하려면 군비를 강화해야 한다는 결의안이 거의 만장일치로 통과되었다는 사실을 밝혀두고자 한다. 그러나 하원에서 여당 원내총무의 의회 통제력이 워낙 효과적이어서 연립정부의 세 여당(보수당, 자유당, 대연립을 지지한 노동당의 일부/역주)은 물론 야당인 노동당까지 무신경하고 무감각한 상태에 빠져 있었고, 그렇기 때문에 각 정당 지지자들의 경고는 시대 조류가 보여주는 징조나 정보기관이 제시하는 증거와 함께 무기력한 것이 되고 말았다. 우리 역사에서 끔찍했던 시절이 다시 다가오고 있었다. 존엄한 영국 국민은 감각이나 목적의 방향성을 상실한 채 이제 그 높은 자리에서 추락하려 했고, 침략의 위협에 직면하여 움츠러들기만 했다. 적은 몰래 무기를 준비하고 있는데, 그들은 평범한 이상론에만 열을 올리고 있었다.

그 암흑의 시기에, 가장 저열한 정서가 정당의 책임 있는 정치 지도자들에 의해서 수용되거나 무비판적으로 용인되었다. 1933년, 조드의 선동에 영향을 받은 옥스퍼드 유니언의 학생들은 지울 수 없는 치욕적인 결의안을 통과시켰다. 그것은 바로, "우리는 어떤 경우에도 국왕과 국가를 위해서 싸우지 않는다"는 내용이었다. 그 일화는 영국에서는 웃어넘길 수 있는 것이었다. 그러나 독일, 러시아, 이탈리아, 일본에서는 영국은 퇴폐적이고 퇴행적인 국가라는 관념을 깊이 새겨주면서 갖가지 추측을 할 수 있는 사건이었다. 그렇게 어리석은 결의를 한 학생들은 곧 진행될 전쟁에서 승리의 정복자와 영광의 패배자 중 자신에게 어떤 운명이 닥쳐올지 모르고 있었다. 뿐만 아니라, 자신들이 영국에서 태어나서 자란 사람들 중 가장 훌륭한 세대에 속하게 될 것임을 스스로 입증하리라는 사실을 상상조차 하지 못하고 있었다. 행동으로 자기 속죄의 기회조차 가져보지 못한 윗세대들을 생각하면, 그들의 행위를 변명할 수 없었다.

★ ★ ★ ★ ★

유럽에서 전승국과 패전국 사이에서 상대적 군사력에 가공할 만한 변화가 일어나는 동안, 극동에서는 비침략적이고 평화 애호적인 국가들 사이에 절대적인 불화가 생기고 있었다. 그것은 유럽에서 발생한 재앙의 변화에 대응하는 것으로, 과거와 미래의 지도자들의 사상과 행동의 무기력에 기인하는 결과였다.

1929년부터 1931년 사이의 경제적 눈보라는 세계의 모든 국가에 그러했듯이 일본에도 영향을 미쳤다. 1914년 이래 일본의 인구는 5,000만 명에서 7,000만 명으로 증가했다. 그리고 금속 공장은 50개에서 148개로 불어났다.

이 결심한 것을 멈추지 않는다는 사실과, 그런 독일의 상황은 문명국가의 그것과는 판이하게 다르다는 것이었다. 공포와 피비린내 나는 폭력을 바탕으로 한 독재체제가 세계를 상대로 마주선 것이었다. 반유대주의의 분위기는 포악스러웠으며 뻔뻔했다. 집단수용소 제도는 혐오하는 대상이나 정치적 이견을 가진 집단을 상대로 이미 완전히 가동하고 있었다. 나는 그 사건에 충격을 받았다. 그 증거가 너무나 명백한 독일 재무장의 전 과정은 나에게는 무자비하고 섬뜩하게 느껴졌다. 그것은 강렬하게 빛났다.

★ ★ ★ ★ ★

1934년 7월 초순, 독일의 바이에른 지방에서 오스트리아 영토로 들어가는 산길을 오가는 교통량이 부쩍 늘어났다. 그달 말경 독일의 전령 한 명이 오스트리아 국경 경찰에 체포되었다. 그는 암호 해독서를 포함한 서류를 소지하고 있었는데, 바로 오스트리아에서 봉기 계획이 무르익어가고 있음을 보여주는 사건이었다. 쿠데타 모의의 주모자는 당시 이탈리아 주재 오스트리아 공사였던 안톤 폰 린텔렌으로 밝혀졌다. 돌푸스와 그의 각료들은 임박한 위기와 특히 7월 25일 이른 아침에 일어날 것이 거의 확실한 봉기의 조짐에 대처할 준비가 되어 있지 않았다. 빈의 나치 추종자들은 아침부터 움직이기 시작했다. 오후 1시 직전에 무장한 봉기군 한 무리가 수상 관저에 난입했고, 두 발의 총알을 맞은 돌푸스는 방치되어 그 자리에서 피를 흘리며 서서히 죽어갔다. 나치 부대의 또다른 한 무리는 방송국을 장악하여 돌푸스 내각의 총사퇴와 린텔렌의 새 정부가 수립되었음을 발표했다.

그러나 돌푸스 내각의 일부 구성원들은 단호하고 용감하게 반발했다. 대통령 미클라스 박사는 어떤 대가를 치르더라도 질서를 다시 바로 잡으라는 공식 명령을 발동했다. 슈쉬니크 박사는 행정부를 맡았다. 오스트리아 육군과 경찰은 거의 대부분이 정부에 협력하여, 돌푸스가 죽어가고 있던, 소규모 봉기군이 지키고 있는 수상 관저를 포위했다. 봉기는 지방에서도 일어났다. 독일 바이에른 지방의 오스트리아 부대 일부는 국경을 넘었다. 그때까지 무솔리니는 모든 소식을 전해 듣고 있었다. 무솔리니는 오스트리아의 독립을 위해서 이탈리아의 군사 지원을 약속한다는 전문을 쳤다. 이탈리아의 총통은 이례적으로 베네치아로 날아가서 최대한의 조의를 표하며 돌푸스의 미망인을 맞았다. 그와 동시에 이탈리아 군대 3개 사단을 브레너 산맥의 고개로 파견했다. 그 국면에서 히틀러는 자신이 가진 힘의 한계를 깨닫고 후퇴했다. 빈의 독일 공사와 봉기에 관련된 관리들은 본국으로 소환되거나 해임되었다. 히틀러의 시도는 실패로 돌아갔다. 더 긴 과정이 필요했던 것이다. 가까스로 죽음을 면했던 파펜이 아주 미묘한 지령을 받고 빈 주재 독일 공사로 임명되었다.

그러한 온갖 비극과 소동이 벌어지는 가운데, 몇 개월 사이에 완전히 노쇠해버렸을 뿐만 아니라 그럴수록 국군의 한낱 도구에 불과한 존재였던 늙은 힌덴부르크 원수가 숨을 거두었다. 그러자 히틀러는 수상의 자리를 유지한 채 대통령이 되었다. 히틀러는 독일의 완전한 지배자 총통으로 탄생한 것이었다. 그와 국군 사이의 갈등은 피의 숙청으로 결말을 지었다. 갈색 셔츠도 총통에게 복종하고 충성을 서약하지 않을 수 없게 되었다. 모든 적과 잠재적 경쟁자는 완벽하게 제거되었다. 그 이후로 갈색 셔츠는 세력을 잃고 기념식 같은 행사에 필요한 특별 경호대의 일종으로 바뀌었다. 반면 검은 셔츠는 수가 증가했을 뿐만 아니라 특권과 훈련으로 더욱 강력하게 되어 힘러의 지휘 아래 총통의 신변 보호를 전담하는 로마 황제의 근위병처럼 되었다. 그리고 군 수뇌부와 군벌의 대항 세력으로, 또한 비밀경찰, 즉 게슈타포의 세력 팽창을 위한 활동에 상당한 군사력을 지원하는 정치부대로 바뀌었다. 오직 남은 일은 통제된 국민투표를 통한 승인 절차를 거쳐 그 모든 권력을 집중시켜 히틀러의 독재체제를 절대적이고 완벽한 것으로 만드는 것이었다.

★ ★ ★ ★ ★

　오스트리아에서 일어난 사태로 프랑스와 이탈리아는 서로 가까워졌으며, 돌푸스의 암살 충격으로 두 나라의 참모본부들 사이에 접촉이 이루어졌다. 오스트리아의 독립에 대한 위협은 프랑스와 이탈리아의 관계 수정을 촉진하는 계기가 되었는데, 거기에는 지중해와 북아프리카에서의 세력균형뿐만 아니라 남동부 유럽에서의 프랑스와 이탈리아의 상대적 지위의 문제까지 포함되어 있었다. 그러나 무솔리니는 독일의 잠재적 위협에 맞서 유럽에서 이탈리아의 지위를 안전하게 지키는 일뿐만 아니라 아프리카 경영에 관한 이탈리아의 제국주의적 미래를 확보하려고 노심초사하고 있었다. 독일에 대응하는 대책으로 프랑스와 영국과의 친밀한 관계 유지는 유용할 것이었다. 그러나 지중해와 아프리카의 문제와 관련한 두 강국의 이해관계 충돌은 불가피한 것으로 보였다. 무솔리니는 이탈리아, 프랑스 그리고 영국이 느끼고 있는 안전보장에 대한 공통의 필요성이 이탈리아의 이전의 그 두 연합국에게 이탈리아의 제국주의적 아프리카 경영 정책을 승인하게 하는 데에 방해가 되지 않을까 의심했다. 어쨌든 그 모든 것은 이탈리아가 구사하는 정책에는 희망적이었다.

　두메르그를 수상으로, 바르투를 외무장관으로 하여 정부를 구성하게 된 프랑스는 이미 오랫동안 동부에서 안전보장을 확보할 수 있는 수단에 대한 정식 협정이 이루어지기를 열망해왔다. 그러나 영국은 라인 강 너머에서의 의무 수행을 꺼려했고, 독일은 폴란드나 체코슬로바키아와 구속력 있는 협정을 체결하기를 거절했으며, 소협상국, 곧 유고슬라비아, 체코슬로바키아, 루마니아는 러시아의 의도를 두려워했고, 그런가 하면 러시아는 자본주의 서유럽 국가를 의심하고 있었다. 그 모든 상황이 프랑스의 계획을 방해했다. 그러나 1934년 9월, 루이 바르투는 밀고 나가기로 결심했다. 바르투의 원안은 동유럽 조약의 제안이었다. 그것은 프랑스가 러시아의 유럽 국경선을 보장하고, 러시아는 독일의 동유럽 국경선을 보장하는 것을 기초로 하여 독일, 러시아, 폴란드, 체코슬로바키아 그리고 발트 해 연안 국가들을 함께 끌어들인다는 내용이었다. 독일과 폴란드는 동유럽 조약에 반대했다. 그러나 바르투는 1934년 9월 18일에 러시아를 국제연맹에 가입시키는 데에 성공했다. 그것은 중대한 성과였다. 당시 러시아 정부를 대표한 인물은 리트비노프였는데, 그는 외교에 관한 한 여러 방면에 정통했다. 그는 국제연맹의 분위기에 잘 적응했고 국제연맹의 분위기에 맞는 도덕적 언사를 아주 잘 구사하여, 얼마 지나지 않아 두각을 나타내게 되었다.

세력을 키울 수 있는 국제적 승인을 받은 새 독일에 대항하기 위하여 자기 편을 찾고 있던 프랑스가 러시아 쪽으로 눈을 돌려 제1차 세계대전 이전의 세력 판도로 복귀하려고 한 것은 당연했다. 그러나 10월에 비극적 사건이 일어나고 말았다. 유고슬라비아의 국왕 알렉산다르는 공식 초청을 받아 파리를 방문하게 되었다. 그는 마르세유 항에 내려 바르투의 영접을 받았다. 바르투 그리고 조르주 장군과 함께 차에 타고 깃발과 꽃다발이 장식된 도로를 가득 메운 환영인파 사이를 지나갔다. 세르비아와 크로아티아 지하조직의 그 음침한 정적 속에서 태동했던 끔찍한 암살의 음모가 또다시 유럽 무대에 돌연히 나타났 것이다. 1914년의 사라예보에서 그러했듯이, 죽음을 각오한 한 무리의 암살단이 바로 지척에서 기다리고 있었다. 프랑스 경찰의 배치는 느슨하고 치밀하지 못했다. 한 명이 환호하는 군중 속에서 뛰쳐나와 차량의 발판 위에 올라 왕과 일행을 향해 자동 권총을 발사했다. 차에 탑승했던 모든 사람이 총격을 받았다. 암살자가 차에서 미끄러져 떨어지자 기마호위병이 칼로 베어 죽였다. 엄청난 혼란이 일어났다. 알렉산다르 왕은 그 자리에서 바로 숨졌다. 조르주 장군과 바르투는 피를 흘리며 차에서 내렸다. 조르주는 기진하여 거의 움직일 수가 없었지만, 곧 응급처치를 받았다. 외무장관은 그만 혼란의 도가니가 된 군중 속에 휘말려들어가버렸다. 치료를 하기 위해서 그를 찾는 데에 20분이 걸렸다. 그동안 그는 너무 많은 피를 흘렸다. 72세였던 그는 결국 몇 시간 뒤에 사망했다. 그 사건은 바르투의 통솔 아래 비로소 일관성 있는 형태의 정책을 시작하려던 프랑스 외교에 큰 타격을 주었다. 바르투의 후임으로 피에르 라발이 새 외무장관으로 임명되었다.

라발에 관한 훗날의 수치스러운 기록과 운명을 이유로 결코 그의 개인적 힘과 능력을 무위로 돌릴 수는 없을 것이다. 그는 명확하고 강력한 식견의 소유자였다. 어떠한 대가를 지불하더라도 프랑스가 전쟁을 해서는 안 된다고 생각했다. 확실하게 전쟁을 피하기 위해서 이탈리아와 독일의 두 독재자와 협정을 체결하기를 희망했다. 이탈리아와 독일의 체제에 대해서 어떤 편견도 없었다. 그는 소련을 신뢰하지 않았다. 가끔 우호의 표시를 하고 있었음에도 불구하고 영국은 싫어했다. 영국과의 동맹 관계는 프랑스에게 별로 가치가 없는 것이라고 생각했다. 바로 그 무렵 프랑스의 영국 평가는 그다지 높지 않았다. 라발의 첫 번째 목표는 프랑스와 이탈리아가 명확하게 서로 이해하는 관계에 이르는 것이었다. 그는 그럴 수 있는 시기가 무르익었다고 느꼈다. 프랑스는 독일의 위협에 강박관념을 가지고 있었으므로, 이탈리아를 자기 편으로 끌어들이기 위해서는 확실히 양보할 태세가 되어 있었다. 1935년 1월, 라발은 로마로 가서 이탈리아와 프랑스 사이의 주된 장애물을 제거하기 위한 일련의 협정서에 서명했다. 두 국가의 정부는 독일 재무장의 불법성을 확인하는 데에 일치했다. 또한 장래에 발생하게 될 오스트리아 독립을 위협하는 요소들에 대해서 서로 협의하기로 했다. 프랑스는 식민지와 관련해서는, 우선 프랑스가 경영하고 있던 튀니지에서 이탈리아인의 지위에 관한 행정적 양보를 하게 되었다. 그리고 리비아와 소말릴란드 양쪽 국경의 일부 영토와 지부티-아디스아바바 철도 주식의 20퍼센트를 이탈리아에 넘겨주었다. 이러한 양국의 대화는 증대하는 독일의 위협에 공동

전선을 마련하는 데에 필요한 프랑스, 이탈리아, 영국 사이의 보다 많은 공식 논의를 위한 토대를 마련하려고 계획된 것이었다. 이 모든 것은 그 몇개월 뒤, 이탈리아가 아비시니아[에티오피아의 옛이름/역주]를 침공하면서 끝나고 말았다.

1934년 12월, 아비시니아와 이탈리아령 소말릴란드 국경에서 아비시니아 병사와 이탈리아 병사 사이에 충돌이 일어났다. 그 사건은 에티오피아 왕국에 대한 이탈리아의 요구를 전 세계를 향해서 궁극적으로 제시하는 구실이 되었다. 그와 함께 유럽에서 독일 문제를 포함한 모든 과제가 아비시니아의 운명과 함께 혼란과 질곡 속으로 빠져들었다.

제6장
공군력의 균형 상실
1934-1935년

    독일 국방군(Wehrmacht) 총참모본부(Großer Generalstab)는 1943년까지 독일군을 프랑스군 이상의 규모로 편성하여 양성하고 충분한 무기와 설비를 갖추게 될 수 있으리라고는 생각하지 못했다. 독일 해군의 경우 유보트를 제외하고는 12년 또는 15년 이내에 옛 수준으로 재건하기는 어려웠다. 그렇게 시도하더라도 다른 수많은 계획들 사이에서 치열한 우선 경쟁을 피하지 못할 터였다. 그러나 불행하게도 미숙한 문명에 의한 내연기관과 비행 기술의 발명은 군비 경쟁에서 국가들 사이의 전력 균형을 급격히 파괴할 수 있는 새 무기를 출현시켰다. 인류가 그동안 축적해온 지식과 과학의 발전을 모두 동원한다면, 일류 국가가 전력을 다할 경우 4, 5년이면 가장 강력하고 우수한 공군을 건설할 수 있을 것이었다. 물론 그 기간은 사전 준비 작업과 생각에 따라 단축될 수도 있었다.

    독일군의 경우, 공군의 재건은 육군과 마찬가지로 오랜 기간 동안 비밀리에 진행되어왔다. 일찍이 1923년에 이미 미래의 독일 공군은 독일 전체 전력의 한 부분이 되지 않으면 안 된다는 결정을 하고 있었다. 총참모본부는 한동안 "공군이 빠진 군대" 내부에서, 밖에서는 알 수 없는, 적어도 초기에는 인식할 수 없었던 공군의 골격을 논리 정연하게 만드는 것에 만족했다. 공군의 전력은 모든 형태의 군사력 중에서 가장 결정하기 어려웠으며 정확한 용어로 설명조차 하기가 쉽지 않았다. 어느 특정한 시기에 민간 항공의 공장이나 훈련장의 군사적 가치와 중요성의 정도는 간단히 판단할 수도 없었고 보다 정확히 정의할 수도 없었다. 은닉하기도 하고, 위장하기도 하는데, 또한 협정으로 교묘히 빠져나갈 수 있는 기회도 많았고 그 형태도 다양했다. 하늘, 오직 하늘만이 히틀러에게 절대적인 군사력에서 프랑스나 영국과 비교하여 먼저 대등한 수준에 이른 다음에 확고한 우위에 설 수 있는 지름길을 제공한 것이다. 그런데 프랑스와 영국은 어떻게 했는가?

1933년 가을까지 영국의 군비 축소를 위한 노력은 설득으로든 솔선수범의 행동으로든 성공하지 못할 것이 명백했다. 노동당과 자유당의 평화주의 노선은 독일의 국제연맹 탈퇴라는 심각한 사태로부터도 아무런 영향을 받지 않았다. 두 정당 모두 계속해서 평화의 이름으로 영국의 군비 축소를 재촉하면서, 누구든지 반대하는 사람은 "전쟁광"이니 "유언비어 유포자"니 하면서 몰아세웠다. 양당은 앞으로 어떤 일이 전개될지 전혀 알지도 못하는 사람들의 호응에 의해서 고무되고 있었다. 10월 25일 이스트 풀럼의 보궐선거에서 평화주의 감성의 물결이 높아졌고, 노동당은 거의 9,000표 가까이 표를 더 얻은 반면 보수당은 1만 표 이상을 잃고 말았다. 투표가 끝난 뒤에 당선이 확정된 후보자는, "영국 국민이 요구하는 바는……영국 정부가 주저 없이 전반적인 군축 정책을 주도하여 이 세계를 이끌어가야 한다는 것이다"라고 말했다. 그리고 당시 노동당 당수였던 랜스버리도 모든 국가는 "완전한 군축에 이르는 첫 걸음으로 독일과 같은 수준으로 군축을 단행해야 한다"고 했다. 그 선거는 볼드윈에게 깊은 인상을 남겼는데, 그는 3년 뒤에 주목할 만한 연설에서 그 선거에 관하여 언급했다. 11월에는 독일 제국의회의 선거가 있었는데, 히틀러가 승인하지 않은 후보는 아예 출마가 허용되지 않았다. 그 결과 나치스는 전체 투표자의 95퍼센트를 득표했다.

평화에 대한 열광은 아무것도 모르고 있을 뿐만 아니라 사태를 잘못 파악

맥도널드가 그렇게 압박했던 군비 축소가 아니라 군대 의무 복무 기간을 1년에서 2년으로 연장하는 문제를 처리해야 했다. 당시 팽배해 있던 여론을 생각하면 그것은 어려운 과제였다. 공산주의자들뿐만 아니라 사회주의자들도 복무 기간 연장안에 반대 투표를 했다. 레옹 블룸이 "프랑스 노동자들은 모두 일어나 히틀러식의 침략 행위에 반대한다"라고 했을 때, 토레즈는 친소파들의 박수를 받으며 "우리는 파시즘에 대항하여 민주주의를 지키기 위한 전쟁 따위에 노동자 계급을 끌고들어가려는 행위를 용납할 수 없다"라고 대답했다.

미국은 모든 사람들에게 좋은 결과를 바라는 일과는 별도로 유럽 문제에 대해서는 완전히 손을 떼고, 다시는 그런 일로 괴롭힘을 당하지 않겠다는 태도를 굳혔다. 그러나 프랑스와 영국 그리고 결연한 태도의 이탈리아는 상호간의 부조화에도 불구하고 히틀러의 명백한 조약 침해 행위에 대응할 의무가 있다고 느꼈다. 이전의 세 주요 연합국은 국제연맹의 이름 아래 이탈리아의 스트레사에 모여 그 주제로 논의하기로 했다.

회담에서 수백만 명의 목숨을 희생해서 만들었던 숭고한 조약을 공공연하게 파괴하는 행위는 결코 용인될 수 없다는 점에는 전체적으로 동의했다. 그러나 회담의 시작과 함께 영국 대표는 조약의 파기 행위가 일어나더라도 거기에 대한 제재의 가능성은 고려하고 있지 않다고 명확히 밝혔다. 따라서 회담은 자연히 말만의 잔치로 끝나고 말았다. 회담은 조약의 일방적인 침해 행위를 용인할 수 없다는 내용을 만장일치로 결의하고, 국제연맹 집행이사회에 넘겨 드러난 상황에 대한 언급을 요청했다. 회담 이틀째 오후에는 무솔리니가 그 입장에 대해서 강력하게 지지하며, 회담 국가 중 한 국가의 다른 국가에 대한 침략을 반대한다고 밝혔다. 최종 선언은 이러했다.

국제연맹의 틀 안에서 집단적 평화 유지를 목적으로 하는 3대국은 유럽의 평화를 위협하는 일방적인 조약 부인 행위에 대하여 실행 가능한 모든 수단을 동원하여 반대한다는 데에 완전히 의견을 같이하고, 또한 이 목적을 위하여 서로 긴밀하고 우호적인 협력 아래 행동할 것이다.

이탈리아의 독재자는 선언문을 발표하면서 "유럽의 평화" 부분을 강조했는데, "유럽"이라고 한 다음 표가 날 정도로 잠시 말을 멈추었다. 이렇게 특별히 유럽이라는 말을 강조한 것이 즉각 영국 외무부 대표들의 주의를 끌었다. 그들은 귀를 기울여 들었다. 그리고 무솔리니가 독일의 재무장을 막기 위하여 프랑스, 영국과 협력하는 가운데 그가 나중에 해결하려는 의도에서 아비시니아 원정에 관한 아프리카 문제는 보류하려고 한다는 것을 간파했다. 그 쟁점을 제기할 것인가, 말 것인가? 그날 밤 외무부 관리들 사이에서 논쟁이 벌어졌다. 모두 독일 문제의 처리에 무솔리니의 협력을 간절히 바라고 있었기 때문에 바로 그때 그에게 아비시니아에서 손을 떼라고 경고하는 일은 바람직하지 않다고 느끼게 되었다. 그러한 경고는 명백히 무솔리니를 곤란하게 만들 것이었기 때문이다. 따라서 그 문제는 제기되지 않았으며, 그냥 넘어갔다. 무솔리니는 연합국이 자신의 주장을 승인하고 아비시니아 문제에 관해서는 자기의 처분에 맡긴 것이라고 생각했는데, 어떤 의미에서 무솔리니가 그렇게 느낀 것은 당연했다. 프랑스는 그 문제에 대하여 침묵을 지켰으며, 그것으로 회담은 끝이 났다.

예정대로 국제연맹 이사회는 4월 15일부터 17일까지 독일이 일반군 복무의무제를 선포함으로써 베르사유 조약을 위반했느냐는 혐의에 대하여 심의했다. 이사회에는 아르헨티나, 오스트레일리아, 영국, 칠레, 체코슬로바키아, 덴마크, 프랑스, 이탈리아, 멕시코, 폴란드, 포르투갈, 스페인, 터키, 소련이 참석했다. 참석국 대표 전원은 "일방적" 행동에 의해서 조약이 파기되어서는 안 된다는 원칙을 확인하는 결의를 하고, 그 문제를 연맹의 총회로 송부했다. 같은 시기에 발트 해의 해군 군사력 균형에 깊은 관심을 가진 스웨덴, 노르웨이, 덴마크 등 스칸디나비아 3국 외무장관들도 회합을 가지고 그 내용을 지지했다. 모두 19개국이 공식적으로 항의 표시를 했다. 그러나 한 국가 또는 수개국의 집단이 최후의 수단으로도 무력 사용을 고려할 의사가 있다는 표명은 전혀 하지 않은 채 표결로만 행한 그러한 결의가 무슨 소용이 있었겠는가!

★ ★ ★ ★ ★

라발은 바르투처럼 확고한 생각을 가지고 러시아에 접근할 생각은 없었다. 그러나 이제 프랑스로서는 그렇게 해야 할 긴급한 필요가 생겼다. 무엇보다 프랑스의 운명을 걱정하는 사람들은 지난 3월 근소한 표차로 통과된 2년의 의무 군복무제에 대해서 거국적인 지지를 얻는 일이 필요한 것 같았다. 프랑스에 필요한 충성심을 조성하는 데에 중요한 일부 계급의 프랑스인을 설득할 수 있는 정부는 오직 소련뿐이었다. 게다가 프랑스에는 1895년의 옛 동맹의 부활이나 그와 유사한 것에 대한 열망이 있었다. 1935년 5월 2일, 프랑스 정부는 프랑스-소련 협약에 조인했다. 그것은 침략에 대한 상호 지원을 5년 동안 보장한다는 모호한 내용의 문서였다.

프랑스 정계에서 실질적인 결과를 얻기 위해서 라발은 3일 동안의 여정으로 모스크바를 방문했는데, 그는 스탈린의 영접을 받았다. 오랜 시간 동안 토의가 진행되었다. 지금까지 공표된 적이 없는 그 회담 내용의 일부를 여기에서 쓴다면 다음과 같은 것이다. 스탈린과 몰로토프가 서부 전선의 프랑스군 전력이 어느 정도인지, 몇 개 사단 규모이며 병사 복무 기간은 얼마 동안인지 등에 대하여 알고 싶어 했던 것은 당연했다. 그런 부분에 대한 이야기가 오간 뒤에 라발이 말했다. "러시아에서 종교 활동을 장려하고 가톨릭교도를 보호하기 위해서 뭔가 조치할 생각은 없습니까? 그렇다면 제가 교황과 협의할 때 도움이 되겠습니다만." "아!" 스탈린이 대답했다.

"교황! 그 양반은 몇 개 사단이나 거느리고 있소?" 라발이 뭐라고 응수했는 지 나는 모른다. 그러나 라발은 틀림없이 이 세상에는 눈에 보이지 않는 많은 군대가 있다고 말했을 것이다. 라발은 소련이 습관적으로 요구하는 어떤 구체적인 의무를 프랑스가 부담하는 일이 없도록 조심했다. 반면 라발 은 5월 15일 스탈린으로 하여금 안전보장을 확보할 수 있는 수준으로 군대 를 유지하는 프랑스의 국방 계획을 승인하는 선언을 하도록 만들었다. 그에 따라서 프랑스 공산주의자들은 즉시 태도를 바꾸어 정부의 국방 계획과 2 년의 의무 복무 기간을 요란하게 지지했다. 프랑스-소련 협약은 독일이 침 략 행위를 자행할 경우 상호간에 어떤 의무도 강제하는 조항이 없기 때문에 유럽의 안전보장을 위한 요인으로서는 제한된 효용밖에 없었다. 러시아와 진정한 동맹국 관계는 이루어지지 않았던 것이다. 귀국하는 길에 프랑스 외무장관은 폴란드 크라쿠프에 들러 필수드스키 원수의 장례식에 참석했 다. 거기서 그는 괴링을 만나 허심탄회하게 이야기를 나누었다. 프랑스 외 무장관의 소련에 대한 불신과 혐오의 감정은 독일 채널을 통해서 그대로 모스크바에 전해졌다.

★ ★ ★ ★ ★

맥도널드의 건강 상태와 능력은 이제 더 이상 수상직을 수행할 수 없을 정도로 쇠약해져갔다. 그는 보수당 내에서 전혀 인기가 없었다. 보수당은 그의 정치적 경력과 전쟁 중의 행위 그리고 사회주의적 신념 때문에 오랫동 안 편견을 가지고 그를 대했는데, 그러한 태도는 말년에 연민의 감정으로 인하여 완화되었다. 또 맥도널드만큼 노동당으로부터 더 미움을 받거나 받 을 만한 이유를 가진 사람은 없었을 것이다. 그는 노동당을 혼자 만들다시 피 하고는 1931년에 노동당으로서는 배신 행위로밖에 볼 수 없는 탈당을 하여 당을 혼란에 빠뜨렸던 것이다. 다수의 여당 노동당 의원 가운데에서 그를 따르는 노동당 사람은 오직 7명뿐이었다. 그로서는 개인적으로 최선을 다해 노력했던 군비축소 정책이 처참한 실패로 귀결되고 말았다. 시간이 얼마 남지 않은 총선에서 그가 도움이 될 만한 역할은 거의 없었다. 그러한 상황에서 1935년 6월 7일 그와 볼드윈이 자리를 서로 바꾸어 볼드윈이 생애 세 번째로 수상에 취임하게 되었다는 발표는 그리 놀라운 것이 아니었다. 외무부도 다른 사람이 맡게 되었다. 인도부 장관으로 있던 새뮤얼 호어 경은 인도 정부법 법안의 통과로 성공을 거두고, 보다 긴급하고 중요한 일에 눈을 돌릴 여유를 가지게 되었다. 얼마 전부터 존 사이먼 경은 정부와 밀접한 관계에 있는 유력한 보수당원들로부터 외교 정책에 대해서 통렬한 공격을 받았다. 그는 비교적 사정을 잘 알고 있는 내무부로 옮기고, 대신 새뮤얼 호어 경이 외무부 장관직을 맡았다.

바로 그때 볼드윈은 임기응변으로 새로운 결정을 했다. 그는 국제연맹 담당 장관 자리를 만들어 앤서니 이든을 지명했다. 이든은 거의 10년 동안 외교 문제에 관한 연구에 몰두했다. 이튼에 다니다가 18세 때 제1차 세계대전에 참전했는데, 4년 동안 복무하면서 제60소총부대 소속으로 피비린내 나는 수많은 전투에서 뛰어난 전적을 남겼다. 여단 부관으로 승진하여 전공 십자훈장을 받았다. 그러한 이든이 외무부 장관과 동격으로 공문서를 열람하고 공무원들을 부릴 수 있는 권한을 가지고 외무부에서 일하게 되었다. 볼드윈의 목적은 의심의 여지없이 국제연맹과 제네바에서 영국 문제의 처리가 중요하다는 것을 보여줌으로써 국제연맹과 연결된 당시의 강력한 여론을 무마하는 데 있었다. 약 한 달쯤 뒤 나는 나 자신이 "동등한 권한의 2인 외무부 장관을 두는 새로운 계획"이라고 표현한 그 제도에 대해서 언급할 기회가 있었는데, 그 구상의 명백한 결점을 환기시켰다.

사정이 그러한 즈음, 영국 정부는 가장 놀랄 만한 일을 하게 되었다. 적어도 충격의 진원지라고 할 수 있는 곳은 해군부였다. 육군이든 해군이든 또는 공군이든, 군인이 정치에 참여하는 일은 항상 위험하다. 이미 익숙해져 있던 가치가 지배하는 기존의 세계와는 전혀 다른 영역으로 뛰어드는 것과 같기 때문이다. 당연히 그들은 전적인 책임을 지고 있는 해군부의 수장이나 내각의 경향 또는 명령에 따랐다. 그러나 해군부의 호의적인 미풍이 일고 있었다. 언젠가 영국과 독일의 해군부 사이에서 두 국가 해군의 군비에 관한 교섭이 있었다. 베르사유 조약에 따라 독일은 1만 톤 급의 전함을 6척 이상을 건조하지 못하게 되어 있었고, 6,000톤 이하의 경순양함은 6척까지만 보유할 수 있었다. 그런데 그 무렵 영국 해군부는 독일이 최근 건조 중인 2척의 포켓 전함 샤른호르스트 호와 그나이제나우 호가 베르사유 조약이 허용하는 규모를 훨씬 초과하고 있을 뿐만 아니라 형태도 완전히 다르다는 사실을 알았다. 실제로 그 2척은 각각 2만6,000톤 급의 경전투순양함, 즉 최상급의 상선 파괴함으로 밝혀졌으며, 장차 제2차 세계대전에서 중요한 역할을 맡게 될 것이었다.

주도면밀한 계획에 따라 적어도 2년 전인 1933년경부터 진행해온 그 뻔뻔스럽고 기만적인 평화조약 침범 행위에 직면하여 영국 해군부는 영-독 해군 협정을 체결할 필요가 있다고 생각했다. 영국 정부는 그런 생각을 동맹국 프랑스와 협의를 거치지 않았을 뿐만 아니라 국제연맹에도 알리지 않고 실행에 옮겼다. 그들은 영국이 스스로 국제연맹에 제소하여 평화조약의 육군 조항을 침해한 히틀러에 대항하기 위하여 회원국들의 지지를 구하고 있는 바로 그때, 그 동일한 평화조약의 해군 조항을 제거해버리는 개별 협정에 착수했던 것이다.

그 협정의 주된 요점은 독일 해군 군사력이 영국 해군 군사력의 3분의 1 수준을 넘어서서는 안 된다는 것이었다. 16대 10의 비율에 만족해야 했던 제1차 세계대전 이전의 상황을 되돌아보면서 영국 해군부는 그 내용을 대단히 매력적으로 생각했다. 오직 그 협정의 타결을 위하여 독일의 약속을 액면 그대로 받아들이면서, 평화조약에서 명백하게 금지하고 있는 유보트

건조 권리를 독일에 주었다. 독일은 당시 영국이 보유한 잠수함의 60퍼센트 정도를 건조할 능력이 있었으며, 만약 예외적 상황을 전제할 경우에는 100 퍼센트 수준의 건조 능력이 있었다. 물론 독일은 유보트를 상선 공격에 절대 사용하지 않을 것이라고 장담했다. 실제로 그렇다면, 유보트가 왜 필요했단 말인가? 만약 협정의 나머지 부분이 모두 지켜진다면, 적어도 군함에 관한 한 독일이 해상의 결정권에 영향을 미칠 수 없었을 것이기 때문이다.

독일 함대를 영국의 3분의 1 수준으로 제한한 조치는 결국 독일의 새로운 건함 계획을 허용한 셈이 되었는데, 그에 따라 독일의 조선소는 적어도 향후 10년 동안 최대 능력으로 가동하게 되었다. 그러므로 독일 해군의 군비 확장에 대한 어떤 형태의 실질적 제한이나 억제도 존재하지 않는 결과가 되었다. 그들은 물리적으로 가능한 한도에서 가장 빠른 속도로 군함을 건조할 수 있었다. 영국의 계획에 따라서 독일에 할당된 군함의 수는 사실 독일로서는 적절히 운용하는 데에 필요한 것보다 훨씬 더 여유가 있었다. 그 가운데에는 부분적으로 군함 건조와 탱크 제조 사이에서 발생하는, 장갑용 철판의 확보를 위한 경쟁을 고려했던 것이다. 오늘날 우리가 알고 있는 바와 같이 히틀러는 레더 제독에게 1944년에서 1945년까지는 영국과 전쟁하지 않을 것이라고 말했다. 따라서 독일 해군의 발전은 장기적 기초 위에서 계획되었다. 유보트만은 영-독 해군 협정에서 허용된 한도까지 건조했다. 독일은 60퍼센트의 한도를 초과하여 건조할 수 있는 능력이 되자 즉시 100퍼센트 건조를 가능하게 하는 조항이 발동될 수 있는 상황을 만들었다. 전쟁이 시작되었을 때에는 실제로 최대한도에 가까운 57척의 유보트를 건조했다.

새 전함의 설계에서도 독일은 워싱턴 해군 조약이나 런던 조약의 가입국이 아니라는 유리한 지위에 있었다. 영국과 프랑스와 미국이 3만5,000톤이라는 제한에 묶여 있는 동안, 독일은 즉각 비스마르크 호와 티르피츠 호 건조에 착수했다. 그것은 모두 배수량 4만5,000톤 이상으로 설계된 거대한 선박이었으며, 완성되면 세계에서 최고의 위력을 지닌 2척의 전함이 될 터였다.

바로 그때가 히틀러에게는 연합국을 분열시키고, 연합국들 중 한 나라로 하여금 베르사유 조약의 침해를 묵인하게 하며, 영국과의 협정에서 재무장의 완전한 자유를 획득하는 길을 열 수 있는 외교상의 매우 유리한 순간이었다. 영-독 해군 협정의 발표가 국제연맹에는 또다른 타격이었다. 프랑스는 영국이 독일에 유보트의 건조를 허락함으로써 발생하는 결정적인 이해관계 때문에 항의할 수 있는 모든 권리를 가지고 있었다. 무솔리니는 그 사태에서 영국이 다른 연합국들에 대해서 신의를 지켜 행동하지 않았으며, 영국 해군의 특수한 이익이 보장되는 한에서는 독일의 육군 세력이 성장함으로써 우방국들이 위협당하는 사태와 무관하게 영국은 독일과 협력 관계를 유지할 것이라는 증거를 확인한 셈이었다. 영국의 냉소적이고 이기적으로 보이는 그러한 태도에서 무솔리니는 아비시니아 침공 계획에 힘을 얻게 되었다. 불과 두 주일 전까지만 하더라도 히틀러의 독일군 의무 복무제 도입을 반대하던 스칸디나비아 국가들은, 비록 영국의 3분의 1 수준에 불과하지만, 영국이 막후 협정으로 승인한 전력을 갖출 경우 독일 해군은 그 한도 내에서도 발트 해의 주인이 될 것이라는 사실을 깨달았다.

잠수함의 폐기에 협력하겠다는 독일의 제안에 영국 각료들은 대환영이었다. 그 제안의 부대 조건은 다른 모든 국가들도 동시에 동의한다는 것이었다. 그런데 그럴 가능성은 거의 없었기 때문에 그 제안은 독일로서는 아주 안전한 것이었다. 그 조건은 상선에 대한 비인간적인 잠수함 공격을 배제하기 위한 잠수함 사용의 제한에 독일이 동의하는 데에도 적용했다. 유보트의 대함대를 보유하고 있는 독일이 영국의 봉쇄에 의해서 여성과 아이들이 굶주리는 광경을 방관하면서 잠수함의 전면적 사용을 포기한다는 것을 누가 상상할 수 있겠는가? 나는 그런 생각을 "어리석음의 극치"라고 했다.

단지 침략자로서도 대수롭지 않게 받아들일 만한 어중간한 제재에 지나지 않았다. 왜냐하면 실제로 그러한 조치가, 비록 이탈리아로서는 성가신 것이었을지라도, 이탈리아의 전의를 자극하고 말았기 때문이다. 결과적으로 국제연맹은 이탈리아 군대의 침공을 방해하는 그 어떠한 행위도 해서는 안 된다는 기본적인 인식 위에서 아비시니아 구출 작전을 진행한 것이다. 이러한 사실은 선거 당시 영국 국민에게는 알려지지 않았다. 영국 국민들은 열렬히 제재 계획을 지지했으며, 그것이야말로 이탈리아의 아비시니아 침략 행위에 종지부를 찍는 확실한 방법이라고 믿었다.

영국 정부는 여전히 함대의 사용을 고려하지 않았다. 영국 군함의 갑판 위로 내리꽂혀 박살을 내는 이탈리아 급강하 폭격기의 자살부대에 대한 온갖 소문이 나돌았다. 영국 함대는 알렉산드리아에 정박 중이었으며 한층 증강되어 있었다. 따라서 이탈리아 수송선들을 수에즈 운하에서 돌아서게 할 수 있었을 것이며, 그렇게 되면 결과적으로 이탈리아 해군에 싸움을 거는 행위가 되고 말았을 터이다. 우리는 영국 함대가 그러한 적을 대항할 능력이 없다는 말을 들었다. 나는 처음부터 그러한 의문을 제기했으나, 걱정할 필요가 없다는 반박만이 되돌아왔다. 물론 우리의 전함들은 낡았고, 공군기의 엄호도 받을 수 없었을 뿐만 아니라 대공포도 극히 부족한 것 같았다. 그럼에도 불구하고 영국 함대 사령관은 전투를 수행할 정도로 강하지 않다고 자신이 말한 것처럼 전해진 사실에 대하여 격분했다. 이탈리아의 침략에 반대한다는 최초의 결정 이전에 영국 정부는 수단과 방법을 신중히 검토했어야 했을 것이다.

과감한 결정이 있었더라면, 이탈리아의 에티오피아로 향하는 통로를 차단할 수 있었으며, 그에 따른 해전에서 우리가 승리했을 것이라는 점은 현재 우리의 판단으로는 의심의 여지가 없다. 나는 영국의 고립된 행동에는 결코 찬성하지 않았다. 그러나 영국이 거기까지 가서 주저하고 만 것은 통탄할 일이었다. 뿐만 아니라 무솔리니가 단호한 태도의 영국 정부와 감히 드잡이를 하려고 덤벼들지도 않았을 것이다. 거의 전 세계가 무솔리니에게 적대적이었으며, 그는 영국과 단독으로 싸우려면, 자신의 정치 체제를 담보로 하는 위험을 감수하지 않을 수 없었을 터이다. 그리고 그 싸움은 지중해 해전이 초기의 결정적 시련이 되었을 것이다. 그러한 전투를 이탈리아가 어떻게 할 수 있었겠는가? 현대식 경순양함의 제한된 이점을 제외한다면, 이탈리아의 해군력은 영국의 4분의 1에 불과했다. 수백만 명에 이른다고 자랑하던 이탈리아의 징집병으로 구성된 부대는 어차피 전쟁에 뛰어들 수 없었을 것이다. 이탈리아의 공군력은 질과 양에서 우리 영국의 빈약한 조직보다도 아래였다. 이탈리아는 즉시 봉쇄되고 말았을 것이다. 아비시니아에 파견된 이탈리아 군대는 보급품과 탄약이 부족한 상황을 맞았을 것이 틀림없었다. 독일은 아직 적절한 도움을 줄 사정이 아니었다. 최소한의 위험과 함께 충분한 이유를 가지고 결정적인 타격을 가할 수 있는 기회가 있었다면, 그것은 바로 그때였을 것이다. 영국 정부의 과감성이 시기에 상응하지 못한 것은 진정한 평화 애호의 태도 때문이라고 변명할 수 있다. 실제로 영국 정부는 그보다 훨씬 더 끔찍한 전쟁을 일으키는 역할을 한 적도 있었다. 무솔리니의 위협은 성공적이었다. 그리고 사태를 구경하고 있던 한 중요한 인물은 그 사실로부터 원대한 결론을 도출했다. 히틀러는 오래 전부터 독일 영토의 확장을 위해서 전쟁을 결심하고 있었다. 그 즈음 그는 영국의 쇠락과 관련하여 어떤 관점을 하나 가지고 있었는데, 그 관점을 바꾸기에는 평화를 위해서나 히틀러 자신을 위해서나 이미 때가 늦었다. 일본에도 생각에 잠긴 구경꾼들이 있었다.

★ ★ ★ ★ ★

당면한 긴급 현안에 대한 국민의 통합과, 총선과 관련된 정당의 이해관계와의 충돌이라는 두 개의 상반된 과정이 동시에 진행되고 있었다. 그러한 사정은 볼드윈과 그의 지지자들에게 아주 유리하게 작용했다. 영국 정부의 선거 강령은 이렇게 되어 있었다. "국제연맹은 지금까지 그러했듯이 앞으로도 계속 영국의 대외 정책의 초석이 될 것이다. 전쟁 방지와 세계 평화의 확립은 언제나 영국 국민의 가장 중요한 관심의 대상이 되어야 한다. 국제연맹은 그러한 목적으로 창설된 기구이며, 우리는 그 기구를 통해서 목적을 달성하기를 희망하고 있다. 그러므로 우리는 규약의 지지와 국제연맹의 효율적 유지 강화에 모든 힘을 쏟아야 한다. 현재 벌어지고 있는 이탈리아와 아비시니아 사이의 불행한 분쟁과 관련하여 **종래 우리가 추구해온 정책에는 어떠한 동요도 있을 수 없다.**"

한편으로, 노동당의 분열은 극심했다. 주류를 이루는 것은 평화주의자들이었지만, 베빈은 적극적 캠페인을 통해서 대중 사이에서 많은 지지자들을 얻었다. 그리하여 당대의 지도자들은 동시에 상반된 두 개의 길을 제시하며 전반적인 만족을 추구했다. 한편으로는 이탈리아 독재자에게 대항하여 단호하게 행동할 것을 외치면서, 다른 한편으로는 재무장 정책을 비난했다. 애틀리는 10월 22일 하원에서 이렇게 말했다. "우리는 효과적인 제재가 효과적으로 가해지기를 원합니다. 우리는 경제적인 제재를 지지합니다. 우리는 국제연맹의 체계를 지지합니다." 그러나 같은 연설의 후반부에서는 이렇게 주장했다. "우리는 군비축적으로 안전을 확보할 수 있다는 방식에 수긍할 수 없습니다. 우리는 지금 이[시간]에 국가 방위라는 것이 존재한다고 믿지 않습니다. 우리는 군비축소의 길로 나아가야 하며, 결코 군비축적을 해서는 안 된다고 생각합니다." 선거 때에는 어느 쪽도 지나치게 과시하려고 하지 않는 것이 보통이다. 수상 자신은 정부의 외교 정책을 지지하는 배후 세력이 증가하고 있다고 의식했던 것 같다. 어쨌든 그는 전쟁으로 끌려들어가지 않기로 결심하고 있었다. 일이 전개되어가는 양상을 외부에서 지켜보고 있던 나에게는, 수상은 가능한 한 많은 지지 세력을 확보한 뒤에 거기에 기대어 소규모의 재무장을 시작하려고 간절히 바라고 있는 것처럼 보였다.

총선에서 볼드윈은 강력한 표현으로 재무장의 필요성을 역설했다. 그의 연설의 주된 내용은 해군의 불만족스러운 상태에 관한 것이었다. 그러나 그는 제재와 재무장 프로그램에 기대를 거는 유권자는 모두 확보했기 때문에, 국내의 직업적 평화 애호 분자들을 달래고 자신의 해군 재무장에 관한 발언으로 그들의 가슴속에 생긴 공포를 가라앉히려고 부심했다. 투표일 6주일 전인 10월 1일, 그는 길드홀에서 열린 평화 협회 모임에서 연설을 했는데, 이런 말을 했다. "대규모의 재무장은 없다는 사실을 확인합니다." 부단한 독일의 준비 태세에 관한 정부의 지식에 비추어보면, 그것은 좀 기묘한 약속이었다. 그런 식으로 그는 장래의 위험에 대비하여 국가 방위를 원하는 사람들과 평화의 미덕을 찬미하면서 안정을 확보할 수 있다고 믿는 사람들 모두의 표를 얻었다. 총선은 볼드윈의 대승리로 끝났다. 유권자들은 다른 모든 정당의 의석수를 합친 것보다 더 많은 247석의 의석을 그에게 몰아주었다. 그리고 재직 5년 뒤에는 세계대전 종전 이래 그 어떤 수상과도 비교할 수 없는 개인적인 힘을 가지게 되었다. 인도 문제나 국방에 대한 소홀함을 이유로 볼드윈을 반대하던 모든 사람들은 그를 재신임한 투표 결과에 따라 바보가 되고 말았다. 그것은 그의 능력과 운이 합치된 국내 정치 전략과 그의 개인적 성품에 대해서 폭넓게 형성되어 있던 존경심에 의한 결과였다. 그리하여 우리 역사상 전례 없는 재난을 초래한 행정부가 그 실수와 결함에도 불구하고 국민의 갈채를 받는 사태에 이르게 되었다. 그러나 거기에는 지불해야 할 계산서가 있었다. 새로 구성된 하원이 그 빚을 갚는 데에는 거의 10년이 걸렸다.

내가 해군장관으로 정부에 참여하리라는 소문이 널리 퍼졌다. 그러나 선거에서 자신의 승리가 구체적 수치로 공표되자, 볼드윈은 지체없이 중앙당사에서 나를 받아들일 의사가 없다고 발표했다. 나를 배제한 데 대하여 언론은 크게 비웃었다. 그러나 지금에 와서 보면 그때 내가 얼마나 운이 좋았는지 알 수 있다. 내 머리 위에서 보이지 않는 날개들이 퍼득이고 있었던 것이다.

나에게는 유쾌한 위안이 있었다. 의회의 개원을 기다릴 필요도 없이 물감 상자를 챙겨서 쾌적한 곳을 향하여 발걸음을 옮겼다.

★ ★ ★ ★ ★

볼드윈의 대승에는 어설픈 속편이 있는데, 그것을 말하기 위해서는 연대순을 따르지 않아도 좋을 것이다. 볼드윈 내각의 외무장관 새뮤얼 호어 경은 겨울 휴가를 얻어 파리를 거쳐 스위스로 여행하면서, 그때까지 프랑스 외무장관이었던 라발을 만나 이야기를 나누었다. 그 결과로 나타난 것이 1935년 12월 9일의 호어-라발 협정이었다. 그 유명한 일화의 배경을 조금 들여다볼 필요가 있다.

파시스트 무솔리니의 아비시니아 침공에 대항하는 국제연맹을 선도하는 영국의 이념은 한때 국민들을 크게 동요시켰다. 그러나 일단 선거가 끝나고 각료들이 향후 5년 동안 국가를 이끌어갈 권능을 부여한 다수를 확보하게 되자, 여러 가지 성가신 결과를 고려하지 않으면 안 되었다. 성가신 모든 결과의 근저에는 볼드윈이 내뱉은 두 마디의 말, "전쟁은 절대 일어나서는 안 된다"와 "대규모 재무장은 결코 안 된다"가 있었다. 그 뛰어난 정당 운영자는 침략 행위에 반대하는 세계적 리더십으로 선거에 이겼기 때문에, 근원적으로 어떠한 대가를 치르더라도 평화를 지켜야 한다고 확신하게 된 것이다.

게다가 그때부터는 외무부에서 강력한 압박이 들어왔다. 로버트 밴시타트 경은 히틀러의 위험으로부터 단 한순간도 눈을 떼지 않고 있었다. 그 점에서 그는 나와 같은 생각이었다. 그리고 영국의 외교 정책에 의해서 무솔리니는 진영을 옮길 수밖에 없었다. 독일은 더 이상 고립된 존재가 아니었다. 유럽 4대 열강의 판도가 3대 1의 구도에서 2대 2로 바뀐 것이다. 그러한 사태의 악화는 프랑스의 불안을 가중시켰다. 프랑스 정부는 이미 1월에 불-이 협정을 체결했다. 이어서 이탈리아와 군사 협약까지 맺었다. 군사 협약의 효과로 이탈리아 국경에서 프랑스군 18개 사단을 차출하여 독일 쪽 국경으로 전환 배치할 수 있다는 계산이 가능했다. 그 협상 과정에서 라발은 무솔리니에게 아비시니아와 관련하여 무슨 일이 벌어지든 프랑스는 관여하지 않을 것이라는 암시 이상을 했음이 분명했다. 프랑스는 영국의 각료들에게 항의할 상당한 이유가 있었다. 첫째, 수년에 걸쳐 영국은 프랑스 국민의 생존이 걸린 프랑스 육군의 감축을 위해서 노력했다. 둘째, 영국은 무솔리니에 대항하는 국제연맹의 지도국으로서의 역할을 맡아 정치적으로 많은 이익을 얻었다. 현재 정부는 그 덕분에 민주주의에서 가장 중요한 선거에서도 이겼다. 셋째, 영국은 해저 전투를 제외하면 해상에서는 극히 만족스러운 해군 협정을 체결했는데, 그 내용은 영국에 유리했다.

1935년 12월이 되자 논쟁의 새로운 국면이 전개되었다. 제재 때문에 심각한 압박을 받고 "1개국에 끌려다니는 50개국"의 중압적인 위협을 당하고 있던 무솔리니가 아비시니아 문제에 대한 타협에 기꺼이 응할 것이라는 소문이 나돌았다. 이탈리아가 강력하게 요구한 것은 이탈리아에게 주고, 5분의 4에 해당하는 영토는 아비시니아에게 그대로 남겨둔다는 평화적 타협이 가능할 수 있었을까? 밴시타트는 호어 외무장관이 들렀다가 갈 때 우연히 파리에 있었기 때문에 그 문제에 끌려들어갔는데, 그가 독일의 위협에 대해서 끊임없이 생각한 끝에 그 중대한 위험에 최대한 강력하게 대항할 수 있도록 영국과 프랑스가 결속하여 그 배후에 이탈리아를 적이 아니라 우방으로 두기를 원했다는 이유로 그를 오해하여서는 안 될 것이다.

그러나 영국 국민은 때때로 십자군적 감상의 물결에 떠밀려 다니기도 했다. 세계 어느 나라보다 그것이 참으로 아무런 물질적 이익을 주지 못하더라도 가끔은 오직 대의명분을 위해서 기꺼이 싸울 준비가 되어 있었다. 볼드윈과 그의 각료들은 제네바에서 무솔리니에게 저항함으로써 영국을 격상시켰다. 그들은 이미 어느 한계를 넘어섰기 때문에, 그들에 대한 역사 앞에서의 유일한 구원은 갈 데까지 가보는 것밖에 없었다. 행동으로써 언행을 일치시킬 수 없다면, 미국처럼 모든 사태로부터 거리를 두고 일이 되어가는 대로 그저 관망하는 편이 나았을 것이다. 그래야 앞뒤가 맞다. 그러나 그들이 채택한 방식은 그것이 아니었다. 그들은 군중을 향하여 호소했다. 그리하여 비무장 상태로, 그때까지 아무런 관심도 없던 군중은 압도적인 소리로 외쳤다. "그래, 우리는 악에 대항하여 진격할 것이다. 즉시 진격한다. 우리에게 무기를 달라."

새로 구성된 하원은 활기에 넘쳤다. 향후 10년 동안 눈앞에 펼쳐지게 될 과제를 생각한다면, 마땅히 활기가 넘쳐야 할 것이었다. 따라서 선거의 피로가 채 가시기도 전에 들려온, 새뮤얼 호어 경과 라발 사이에서 아비시니아 문제에 관한 타협이 이루어졌다는 소식은 그들에게 엄청난 충격이었다. 그 위기는 볼드윈의 정치 생명을 좌우할 수 있을 것 같았다. 그것은 의회와 국민을 근저에서 흔들어놓는 일이었다. 볼드윈은 하룻밤 사이에 모든 사람들의 환호를 받는 국민적 지도자라는 정상의 자리에서 조소와 경멸의 대상으로 전락하고 말았다. 그 무렵 의회에서 그의 지위는 연민의 정을 느끼게 할 정도였다. 그 자신은 국민들이 왜 그토록 귀찮은 외교 문제에 신경을 써야 하는지 도무지 이해할 수가 없었다. 국민들은 보수당을 지지함으로써 전쟁을 피했다. 그런데 더 무엇을 바란다는 말인가? 그러나 경험이 풍부한 그 조종사는 폭풍의 모든 위력까지 계산하고 있었다.

12월 9일, 내각은 이탈리아와 에티오피아 제국 사이의 아비시니아 분할에 관한 호어-라발 안을 승인했다. 13일에는 호어-라발 안의 완성된 문안이 국제연맹에 제출되었다. 18일에 다시 내각이 호어-라발 안을 포기했고, 그에 따라서 새뮤얼 호어 경이 사퇴했다. 위기는 지나갔다. 이든은 제네바에서 돌아오자 바로 수상의 호출을 받고 새뮤얼 호어 경의 퇴진 후의 상황을 논의하기 위해서 다우닝 가 10번지로 갔다. 이든은 즉석에서 오스틴 체임벌린 경에게 외무장관을 맡아달라는 부탁을 해야 한다고 제안했고, 만약 오스틴 체임벌린 경이 원한다면 어떤 자격으로든 그 아래에서 일할 용의가 있다고 덧붙였다. 볼드윈은 사전에 그런 계획을 고려한 바가 있었지만, 외무부 일을 맡길 수는 없다고 이미 오스틴 경에게 통지했다고 대답했다. 아마도 오스틴 경의 건강 때문이었을 것이다. 12월 22일, 이든이 외무장관이 되었다.

그 격정의 주간에 나는 아내와 함께 바르셀로나에 있었다. 나의 가장 가까운 친구 몇 사람이 런던으로 오지 않는 것이 좋겠다고 조언했다. 그 격렬한 싸움에 말려들어 해를 자초할 이유가 없다는 것이었다. 우리 부부가 머물렀던 바르셀로나의 안락한 호텔은 스페인의 좌파들이 모이는 장소였다. 우리가 점심과 저녁 식사를 했던 근사한 레스토랑에는 열띤 표정의 검은 코트 차림을 한 젊은 무리들이 있었는데, 그들은 조만간 백만 명의 국민을 죽음으로 몰고가게 될 스페인 정치에 대하여 눈동자에 광채를 발하며 속삭이고 있었다. 뒤돌아보면, 나는 그때 귀국했어야 옳았다. 그랬더라면 볼드윈 체제를 종결시킬 반정부 집회들의 결단과 결합에 필요한 역할을 할 수 있었을 것이다. 그랬다면 아마 바로 오스틴 체임벌린 경의 정부가 수립되지 않았을까. 그런데 내 친구들은, "멀리 떨어져 있는 게 나아. 귀국한다면 정부에 대한 개인적인 도전으로 간주되고 말거야"라고 말했다. 나는 그 충고를 좋게 받아들이지 않았다. 그러나 내가 아무것도 할 수 없다고 생각하고는, 바르셀로나에 머물며 빛나는 태양 아래서 캔버스에 서투른 물감칠이나 하고 있었다. 그 뒤에 프레더릭 린데만이 와서 함께 어울렸는데, 우리는 멋

행위에 영국과 프랑스가 굴복하고만 사실은 위그럼에게 치명타가 되었다. 그의 아내는 나에게 이렇게 말했다. "프랑스 대표가 떠난 뒤 집에 들어온 랠프가 그 전에는 한번도 앉아본 적이 없는 방 한쪽 구석에 앉아, '전쟁은 이제 피할 도리가 없어. 이제까지는 경험할 수 없었던 끔찍한 전쟁이 일어날 거야. 나는 아마 보지 못하겠지만, 당신은 보게 될 거야. 여기 이 집 위에 폭탄이 떨어지고 말걸'*이라고 말했어요. 그 말에 저는 깜짝 놀랐지요. 그 사람은 계속 말했어요. '그 오랫동안 내가 해온 일은 아무 소용이 없어지고 말았어. 난 완전히 실패했어. 난 지금 어떤 위험에 처해 있는지 국민들을 이해시키는 데 실패하고 만 거야. 내겐 그럴 만한 힘이 없나봐. 국민들을 이해시킬 수 있는 능력이 없어. 윈스턴은 항상, 항상 이해하고 있었어. 윈스턴은 강해, 아마 끝까지 밀고 나갈 거야.'"

나의 친구는 그 충격에서 결코 벗어날 수 없었던 것 같았다. 결국 인간은 언제나 자신의 의무라고 믿는 일을 계속 해가고, 그로 인하여 완전히 패배할 때까지 점점 더 커지는 위험에 맞닥뜨려야 한다. 사태에 대한 근원적인 통찰은 위그럼 자신의 민감한 성격에 너무나도 과도한 짐이 되었다. 1936년 12월, 그의 때이른 죽음은 영국 외무부의 회복할 수 없는 손실이었으며, 우리 국운의 비참한 쇠락의 하나의 원인이 되었다.

★ ★ ★ ★ ★

성공적으로 라인란트를 재점령한 뒤 히틀러가 그의 부하 장군들을 만났을 때, 그는 그들의 우려가 잘못된 것이라는 사실을 확인하고 자신의 판단력이나 "직관력"이 보통 군인들에 비해 얼마나 뛰어난 것인지 증명할 수 있게 되었다. 독일 장군들은 고개를 숙였다. 선량한 독일인으로서 그들은 조국이 유럽에서 그렇게 신속하게 발판을 굳히고 종전의 적국들이 분열되고 무기력해지는 것을 보고 기뻐하지 않을 수 없었다. 그로 인하여 독일

---

* 실제로 그렇게 폭격을 당했다.

권력의 최고 핵심부에서 히틀러의 위신과 권위는 의심의 여지없이 충분히 강화되었고, 더 큰 모험을 향해서 계속 앞으로 나아갈 수 있는 용기와 힘을 얻게 되었다. 세계를 향해서 히틀러는 말했다. "독일의 영토적 야망이 비로소 모두 충족되었다."

프랑스는 지리멸렬한 상태에 빠지고 말았는데, 그 와중에서도 전쟁에 대한 공포와 전쟁을 피할 수 있게 되었다는 안도감을 두드러지게 느낄 수 있었다. 단순한 영국인들은 단순한 영국 언론으로부터 다음과 같은 점을 되새기면서 스스로를 위로하라는 교훈을 얻었다. "결국 독일인들은 자기 영토로 되돌아간 것에 불과하다. 가령 우리가 요크셔에서 10년이나 15년 정도 쫓겨나 있었다면 기분이 어떠했겠는가?" 독일이 프랑스 침공을 위한 거점을 이미 160킬로미터나 더 전진시켰다는 점을 지적하는 사람은 아무도 없었다. 프랑스는 싸우려고 하지 않을 뿐만 아니라 설사 싸우려고 하더라도, 영국이 프랑스의 뒷덜미를 잡고 제지시킬 것이라는 사실이 "소협상국"을 비롯한 전 유럽에 명백히 알려졌음에도 불구하고 그 문제에 대해서 우려하는 사람은 역시 아무도 없었다. 이러한 상황은 히틀러의 독일 지배력을 확고히 하는 동시에, 그때까지 그에게 제동을 걸려고 했던 장군들을 비열한 자로 만드는 것은 물론이고 그들의 애국심마저 무시당하게 했을 뿐만 아니라 그들을 어리석은 존재로 전락시켜버렸다.

제10장
혼란의 막간
1936-1938년

히틀러의 1936년 3월 라인란트 장악과 1938년 3월 오스트리아 침략 사이에 2년의 시간이 그대로 지나갔다. 두 사건 사이의 시간적 간격은 내가 생각했던 것보다 길었다. 그 기간 동안 독일은 시간을 허비하지 않았다. 라인란트의 요새화 또는 "서부 방벽"의 구축은 빠른 속도로 진행되었고, 항구적인 요새와 준항구적인 요새를 잇는 거대한 선이 계속 길어지고 있었다. 독일군은 완벽하게 조직적인 징병제의 기초를 바탕으로 열렬한 지원병에 의해서 강화되었으며, 병력의 수에서도 양적, 질적 조직에서도 다달이 발전해 갔다. 독일 공군은 영국 공군을 추월한 뒤로도 계속 우세를 유지하며 그 격차를 착실히 넓혀갔다. 독일의 군수산업 시설은 높은 강도로 생산성을 높여갔다. 밤낮으로 톱니바퀴는 돌아가고 망치질이 계속되어 모든 산업이 하나의 병기창을 형성했고, 전 국민은 잘 훈련된 전쟁 기구처럼 결속했다. 1936년 가을, 히틀러는 국내에서 전시의 자급자족을 확대하기 위한 4개년 경제개혁안을 발표했다. 밖으로는 『나의 투쟁』에서 독일의 해외정책에 필요하다고 언급했던 "강력한 동맹"을 얻을 수 있었다. 그는 무솔리니와 협정에 성공하여 로마-베를린 추축(Rome-Berlin Axis)을 형성했다.

1936년 중반까지 히틀러의 침략 정책과 조약 위반 행위는 독일의 힘에 의한 것이 아니라 프랑스와 영국의 분열과 소극적인 태도 그리고 미국의 고립 정책에 의한 것이었다. 그때까지 그가 시도한 예비단계의 모든 행동은 심각한 저항이 있었을 경우에는 감당할 수 없었던 도박이었다는 사실을 히틀러 스스로 알고 있었다. 그중에서도 라인란트 점령과 요새화 작업은 가장 큰 도박이었다. 그런데 멋지게 성공을 거두었다. 그의 상대들의 우유부단함이 그의 배짱이 더 이상 허세가 아님을 증명했던 것이다. 침략은 힘으로 뒷받침된 행위였으며, 그것도 우세한 힘이었다. 프랑스와 영국 정부가 현실화된 그 놀라운 변화를 깨달았을 때에는 이미 시간이 늦었다.

★ ★ ★ ★ ★

1936년 7월 말경, 스페인 의회 제도의 타락 현상이 심화되고 공산주의 또는 무정부주의 운동이 거세짐으로써 예기되었던 혁명에 대해서 준비된 군사 반란이 발생했다. 공산주의자는 모든 좌익 운동을 지원해야 하는데, 입헌적이건, 급진적이건, 또는 사회주의적이건 간에 약한 정부가 되도록 해야 한다는 것이 레닌 자신에 의해서 규정된 공산주의자의 교의이자 전범의 일부였다. 그러한 정부를 쓰러뜨리고, 그들로부터 권력을 강탈한 다음 마르크스주의 국가를 건설해야 한다는 것이었다. 실제로 케렌스키[1917년 7-10월 동안 러시아 임시정부의 수반. 온건파 사회주의자. 1881-1976/역주] 시절의 러시아가 스페인에서 완벽하게 재현되고 있었다. 그러나 스페인의 힘은 해외 전쟁에 의해서 와해되지 않았다. 군대는 아직 응집력을 유지하고 있었다. 공산주의자의 음모와 함께 그 음모에 대해서 항상 군부 내부의 비밀 대항 계획이 치밀하게 진행되고 있었다. 공산주의자나 군부나 어느 쪽도 합법성의 명분으로 정당성을 주장할 수는 없었다. 모든 계급의 스페인 사람들은 스페인의 운명에 대해서 심각하게 생각하게 되었다.

부패한 의회 정부에 공산주의가 침투하면서 문명사회에서 보장되던 많은 것들이 이미 사라졌다. 살인 행위는 양쪽에서 모두 시작되었는데, 공산주의자의 폐해는 정적을 길 위에서도 침실에서도 살해하는 데에 이르렀다. 이미 수많은 그런 형태의 암살이 마드리드 안팎에서 일어나고 있었다. 암살 행진이 절정에 이른 것은 1914년 제1차 세계대전 이전 영국의 에드워드 카슨 경을 닮은 데가 있는 스페인 보수파의 지도자 소텔로의 살해 사건이었다. 그 사건은 군부의 장군들에게 행동 개시 신호나 마찬가지였다. 장군 프랑코는 한 달 전에 스페인 정부가 국민 생활의 법적 치안을 정상적으로 유지할 수 없다면, 군부가 간섭할 수밖에 없다는 서한을 이미 스페인 육군장관에게 보냈던 것이다. 스페인은 과거에 군부 수뇌들의 봉기 선언을 이미 많이 보아온 터였다. 프랑코 장군이 반란의 깃발을 들었을 때 일반 병사들을 포함한 군대는 지지를 보냈다. 교회도 도미니카 회의 주목해야 할 이탈을 제외하고는 우파와 중도파가 거의 모두 프랑코를 추종했으며, 그는 즉시 중요한 몇 개 지방의 지배자가 되었다. 스페인 해군 병사들은 상관들을 살해하고 공산주의자들 편에 가담했다. 정상적 정부가 붕괴하면서 공산주의자 일파가 지배권을 획득했고, 그들은 공산주의 전범에 따라서 행동했다. 처참한 시민전쟁이 시작되었다. 권력을 쥔 공산주의자들은 정적과 부유계층에 대한 피의 대학살을 행했다. 그러자 프랑코 휘하의 세력은 더 심각하게 보복했다. 모든 스페인인들은 놀라울 정도로 침착성을 유지한 채 죽음을 향해 가고 있었으며, 양쪽 진영 모두 많은 사람들이 총탄의 희생자가 되었다. 톨레도의 육군사관학교 생도들은 완강하게 저항하며 학교를 지켰고, 프랑코 군대는 남쪽에서부터 시작하여 공산주의자들의 마을을 훑어 복수의 흔적을 남기며 사관학교를 구출하는 데 성공했다. 그 사건은 역사가들의 주목을 끌고 있다.

그 싸움과 관련하여 나는 중립을 지켰다. 자연히 나는 공산주의자들에게 호감을 가질 수 없었다. 만약 내가 스페인인이었다면, 그들은 나와 내 가족을, 그리고 친구를 죽였을 터인데 어떻게 그들을 좋아할 수 있겠는가? 어쨌든 여러 가지 다른 일로 분주했던 영국 정부가 스페인 문제에 개입하지 않았던 것은 옳았다고 생각한다. 프랑스는 스페인 내전의 양쪽 진영이 어떤 외부의 지원도 없이 싸움을 끝내도록 불간섭 방안을 제안했다. 영국, 독일, 이탈리아 그리고 러시아가 찬성했다. 그 결과 가장 극단적인 혁명주의자들의 손에 장악된 스페인 정부는 보유하고 있는 금을 가지고도 무기를 살 수 있는 권리를 박탈당하고 말았다. 1861년에서 1865년 사이에 일어났던 미국의 남북전쟁에서처럼, 보편적인 방식에 따라서 쌍방의 교전 상태를 인식하는 것이 더 합리적이었을 것이다. 그러나 그렇지 못했고, 모든 열강들은 불간섭주의를 채택하여 공식적으로 협정을 맺었다. 영국은 불간섭주의를 엄격하게 지켰다. 그러나 한편에서는 이탈리아와 독일이, 다른 한편에서는 소련이 끊임없이 약속을 깨뜨리면서 서로 대립하여 싸움에 개입했다. 특히 독일은 공군을 출격시켜 무방비의 작은 도시 게르니카를 폭격하는 실험적인 잔학 행위를 저질렀다. 프랑스에서는 6월 4일 알베르트 사로 내각을 승계한 레옹 블룸 정권이 내부 공산주의 지지자들로부터 스페인 정부에 군수물자를 지원하라는 압력을 받고 있었다. 공군장관 코트는 당시 취약한 프랑스 공군의 능력 따위는 신중히 고려하지도 않은 채 항공기와 장비를 비밀리에 스페인 공화국 군대에게 제공했다. 나는 그와 같은 사태의 진전을 우려하여, 1936년 7월 31일 프랑스 대사에게 다음과 같은 편지를 보냈다.

오래된 입장을 계속 견지하려고 노력하는 가운데 제가 부딪히고 있는 가장 어려운 일의 하나는 반공주의 국가들은 함께 단결해야 한다는 독일의 선언입니다. 만약 프랑스가 지금의 마드리드 정부에 비행기를 비롯한 물자를 보내고, 독일과 이탈리아가 다른 측면에서 압박한다면, 영국의 지배 세력은 독일과 이탈리아의 편에 서고 프랑스와 소원해질 것이 틀림없습니다. 제가 이렇게 말하는 것은 당연히 전적으로 제 자신의 판단과 책임에 의한 것이므로 부디 괘념하지 마시기 바랍니다. 저는 사람들이 영국, 독일 그리고 이탈리아가 유럽 공산주의에 대항하여 같은 진영을 형성한다는 말을 하는 것을 듣고 싶지 않습니다.* 그렇게 소문이 나는 것은 쉬운 일입니다.

절대적으로 엄정 중립을 지키고 어떠한 중립 위반 행위도 용납하지 않는 태도만이 현재 상황에서 유일하게 옳고 안전한 길이라고 확신합니다. 만약 문제가 외통수에 빠지면, 국제연맹이 참사를 수습하기 위해서 개입하게 될 것입니다. 그러나 그것은 매우 믿기 어려운 일이기도 합니다.

★ ★ ★ ★ ★

전쟁은 물론 외교 정책이나 다른 여러 문제에서 유리한 위치에 서기 위해서는 수많은 매력적이거나 내키지 않는 선택적 요소들 중에서 가장 중요한 것을 골라야 한다. 미국 군부에서는 "전면적 전략 목표(Overall Strategic Objective)"라는 말을 만들어냈다. 영국 장교들은 그 말을 듣고 처음에는 웃었다. 그러나 뒤에 그 말의 지혜가 드러나면서 받아들이게 되었다. 그것은 하나의 원칙이 되어야 하고 그밖의 것들은 아무리 중요하더라도 그 목표에 따라야 한다는 것이 명백해졌다. 그 단순한 원칙을 지키지 못할 경우 혼란과 무의미한 행동만 초래하게 되며, 거의 언제나 사태를 악화시키게 된다.

개인적으로 나는 그러한 원칙이 선언되기 훨씬 이전부터 그러한 원칙에 따라야 한다는 확고한 생각을 가지고 있었다. 나는 1914년부터 1918년까지의 전시에 보고 느낀 가공할 독일이 모든 군사적 힘을 다시 회복하고 있다는 인상에서 벗어나지 못하고 있었다. 그동안 가까스로 살아남은 연합국은 아연한 채 주춤거리며 당황해 할 뿐이었다. 그래서 나는 온갖 수단을 동원하여 기회가 있을 때마다 하원이나 각료들 중에서 내가 영향력을 행사할 수 있는 사람들을 통해서 우리의 군사적 준비를 촉구했고, 조만간 다시 제시될 **공동의 대의**를 위해서 연합국과 우방들이 제휴하도록 노력했다.

---

* 강조 표시는 모두 저자가 한 것임.

어느 날 정부의 고위직에 있는 한 친구가 밝은 햇살이 내리쬐어 물이 적당히 따뜻해진 차트웰의 우리집 수영장으로 수영하러 왔다. 우리는 다가오고 있는 전쟁에 관한 이야기만 나누었는데, 그는 전쟁이 일어날 것이라고는 전적으로 확신하지는 않았다. 그를 바래다줄 때 갑자기 나를 돌아보며 그가 말했다. "독일은 매년 군비에 10억 파운드를 쓰고 있다네." 나는 그러한 사실을 영국 의회와 일반인들이 알아야 한다고 생각했다. 따라서 독일의 재정조사 작업에 착수했다. 독일의 예산은 매년 작성되었으며 공표되었다. 그러나 복잡한 숫자 때문에 그 내용을 파악하기가 무척 힘들었다. 1936년 4월, 나는 개인적으로 두 개의 다른 선을 통해서 면밀히 조사했다. 첫째, 뛰어난 능력과 목표를 향한 의지력이 있는 두 명의 독일 망명자에게 부탁을 했다. 그들은 독일 예산안에 나타나는 상세한 내용, 마르크화의 가치 등을 잘 이해했다. 그와 동시에 내 친구인 헨리 스트라코시 경에게 정확한 실태조사를 할 수 있겠는지 물어보았다. 그가 사장으로 있던 유니언 코퍼레이션이라는 회사는 큰 자산과 고도로 숙련된 충직한 인적 자원을 보유하고 있었다. 런던에서 손꼽히는 그 회사의 두뇌 몇 사람이 수주일 동안 그 문제에 매달렸다. 얼마 뒤 그들은 정확하고 긴 구체적인 내용을 담은 보고서를 보내왔다. 그 보고서에 따르면 독일의 전쟁을 위한 연간 군사 비용이 10억 파운드 정도라는 사실은 확실하다는 것이었다. 같은 시기에 독일인 망명자들도 완전히 다른 견지에서 분석을 했지만, 같은 결론에 이르렀다. 1936년 화폐 가치로 한 해에 10억 파운드라니!

그리하여 나는 서로 다른 두 가지 분석을 근거로 하여 공개적인 주장을 하게 되었다. 의회에서 토론이 있기 전날 국회 로비에서 그때까지 재무장관으로 있던 네빌 체임벌린에게 다가가서 이렇게 말했다. "내일 나는 당신한테 독일이 군비로 일 년에 10억 파운드나 쓰고 있다는 것이 사실인가를 질문할 작정이오. 또 당신이 그 사실을 인정하는 건지 부정하는 건지도 질문

왜곡하여 진술하면서 나를 증인으로 소환해달라고 요구했다. 만약 그때 내가 법정에 나갔더라면, 증언할 수 있었던 말은 여기에 기록한 그대로이다.

제11장
이든 외무부 장관과 그의 사임

영국 내각에서 외무장관의 지위는 특별하다. 외무장관은 높은 지위와 주어진 공적 책임으로 대단한 존경을 받는데, 소관 업무를 다룰 때는 각료 전체는 아니더라도 통상적으로 최소한 주요 관련 각료의 주목의 대상이 된다. 외무장관은 주요 각료들에게 계속 보고해야 할 의무도 있다. 외무장관은 행정상의 전문, 재외 영국 대사관으로부터의 보고, 외국 대사들이나 유명 인사들과의 회견 기록이나 그밖의 중요한 사항을 관례에 따라 동료 장관들에게 회람시킨다. 적어도 내가 내각에서 활동할 때에는 그렇게 했다. 그러한 감독은 특히 수상에 의해서 행해지는 것은 물론이며, 수상은 개인적으로 또는 내각을 통하여 외교 정책의 주요 흐름을 통제하는 책임과 통수권을 가지고 있다. 적어도 수상에게 비밀로 해야 하는 것은 있을 수 없다. 어떠한 외무장관도 내각의 수반인 수상의 일상적인 지원 없이는 자신의 일을 행할 수 없다. 일을 원활하게 진행시키려면, 기본적인 문제에 대해서는 수상과 외무장관은 의견이 일치해야 할 뿐만 아니라, 사태의 전망이나 어느 정도 기질 면에서도 조화가 이루어져야 한다. 그것은 수상이 외교 문제에 관하여 특별한 관심을 기울이고 있을 때 한층 더 중요하게 작용한다.

이든은 볼드윈의 외무장관이었다. 그런데 볼드윈은 잘 알려진 대로 평화와 조용한 삶에 대한 열망 외의 외교 정책 같은 분야에는 적극적인 역할을 하지 않았다. 반면 체임벌린은 모든 분야에 대하여 전제적인 지배권을 행사하려고 했다. 그는 외교 문제에 관하여 강력한 견해를 가지고 있었으며, 취임 초기부터 외국 대사들과의 외교 문제에 대한 토론을 의심의 여지없는 자기 권리로 주장했다. 따라서 그가 수상으로 취임했다는 사실은 외무장관의 지위에 미묘한 그러나 눈에 보이지 않는 변화가 일어났음을 의미했다.

거기에다 비록 처음에는 드러나지 않았지만, 정신적인 면과 견해의 심각한 차이가 있었다는 사실을 덧붙이지 않을 수 없다. 수상은 두 유럽의 독재자와 좋은 관계를 유지하고 싶어했으며, 화해 관계를 해치고 그들의 심기를 건드리는 어떠한 행위도 회피하는 것이 최선의 방책이라고 믿었다. 그런 반면, 이든은 무솔리니에 대항하여 유럽 국가들을 결집시킴으로써 제네바에서 명성을 누렸다. 만약 이든에게 맡겨두었더라면, 이탈리아에 대한 제재를 실행하여 전쟁 직전까지 가거나 어쩌면 그 이상으로 사태를 진전시켰을지 모른다. 그는 프랑스와의 협상에 집착했다. 그리고 소련과 보다 친밀한 관계를 가지기를 열망했다. 그는 히틀러가 초래할 위험을 감지했고 또 두려워했다. 우리 군비의 약화와 그것이 외교 문제에 미치는 영향에도 신경을 곤두세웠다. 실제 업무를 집행하고 있었다는 점만 제외하면, 그의 견해는 내 생각과 거의 차이가 없었다고 말할 수 있다. 그러므로 나는 세계 정세가 보다 심각해지면서 초반부터 그 두 명의 지도자 각료 사이의 견해 차이가 생길 것으로 보았다.

게다가 체임벌린 수상은 핼리팩스 경을 외교 문제에 관한 한 자기의 견해에 공감하고 확신을 가지고 지지해줄 동료라고 생각하고 있었다. 나와 에드워드 핼리팩스와의 친밀한 관계는 1922년부터 시작되었다. 로이드 조지 시대에 내가 자치령 및 식민지부 장관으로 있을 때 그는 차관이었다. 정치적 견해의 차이는 있었지만—인도 총독으로서의 그의 식민지 정책에 관하여 그와 나 사이에 발생한 의견의 차이처럼 심각하고 오래 지속된 것도 있었다—그것이 우리의 개인적 관계를 손상시키지는 않았다. 나는 그를 매우 잘 알고 있다고 생각했고, 그와 나 사이에는 건널 수 없는 심연이 가로놓여 있다는 것도 분명히 알고 있었다. 나는 그와 동일한 또는 유사한 심연이 그와 앤서니 이든 사이에도 있다고 느꼈다. 어쨌든 전체적으로 보면, 체임벌린이 그의 새 정부를 구성할 때에 핼리팩스 경을 외무부 장관으로 기용하는 편이 더 현명했던 것 같았다. 이든으로서는 육군부나 해군부 일을 맡는 것이 더 행복했을 것이며, 수상은 생각이 비슷한 자기 사람을 외무부 장관 자리에 앉혔어야 옳았을 것이다. 1937년 여름부터 그해 연말 사이에 방법이나 목적에서 수상과 외무부 장관의 의견 차이가 점점 더 벌어져갔다. 1938년 2월 이든의 사임에 이르기까지 벌어진 일련의 사태는 당연한 귀결이기도 했다.

견해 차이의 시발점은 독일과 이탈리아에 대한 우리 영국의 관계에 관한 것이었다. 체임벌린은 두 독재자에 대해서 자세를 낮추고 끈질기게 구애할 결심을 했다. 1937년 7월, 그는 이탈리아 대사 그란디 백작을 다우닝 가로 초대했다. 두 사람의 회합은 이든이, 알고는 있었지만, 참석하지 않은 상태에서 이루어졌다. 체임벌린은 영국과 이탈리아 사이의 관계 증진에 대한 자신의 열망을 피력했다. 그란디 백작은 그러한 목적의 준비 단계로 체임벌린이 무솔리니에게 관계 개선에 관한 호소를 담은 개인적 서한을 보내면 어떻겠느냐고 제안했다. 체임벌린은 회합이 진행되는 동안 의자에 앉아서 그러한 내용의 편지를 썼다. 그 편지는 불과 몇 십 미터 떨어진 외무부의 장관 집무실에 있었던 이든의 의견을 묻지도 않은 채 발송되었다. 그 편지는 어떠한 표면상의 결과도 가져오지 못했다. 영국과 이탈리아의 관계는 이탈리아의 스페인에 대한 개입이 증가함으로써 점점 더 악화되기만 했다.

체임벌린은 이탈리아와 독일의 두 독재자와 우호 관계를 형성해야 한다는 특별하고 개인적인 사명감에 도취되어 있었으며, 자신이 그러한 관계 형성을 성취할 능력이 있는 사람이라고 스스로 확신하기에 이르렀다. 영국과 이탈리아 사이에 존재하는 견해 차이의 일반적 해결을 위한 서막으로 무솔리니의 아비시니아 정복을 승인해야 한다고 생각했다. 히틀러에게는 식민지 할양을 제의하려고 준비하고 있었다. 그러면서 동시에 그는 영국의 군비를 증강시킨다거나 군사 계획에서든 정치에서든 프랑스와 긴밀한 협력 관계를 맺어야 한다는 필요성에 대해서는 내켜하지 않는 특이한 태도를 보였다. 그에 반하여 이든은 이탈리아와의 어떠한 관계 조정도 일반적인 지중해 문제 해결의 일부로 다루어져야 하며, 지중해 문제에는 스페인은 물론 긴밀한 상호 이해를 전제로 해야 하는 프랑스까지 포함시켜야 한다고 확신했다. 그러한 문제의 해결을 위한 교섭에서, 아비시니아에서 이탈리아의 지위에 대한 영국의 승인은 분명히 중요한 협상의 도구가 되었을 것이다. 그러한 도구를 서막의 단계에서 던져버리고 협상을 시작하겠다고 열의를 보이는 것은, 외무부 장관의 견지에서 볼 때 현명하지 못한 태도였다.

1937년 가을 동안 그러한 견해 차이는 더욱 심각해졌다. 체임벌린이 보기에는 독일이나 이탈리아와 터놓고 얘기해보려는 자신의 시도를 외무부가 방해만 하고 있었다. 반면 이든은 영국의 군비가 그렇게 취약한 시기에 수상이 두 독재자에게 접근하기 위하여 너무 서두른다고 느꼈다. 실제로 두 사람 사이에는 실질적이고 심리적인 견해의 차이가 존재하고 있었다.

★ ★ ★ ★ ★

정부와 견해 차이가 있었음에도 불구하고, 나는 이든 외무부 장관에게는 깊은 동정심을 가지고 있었다. 내가 보기에 그는 정부 공무원 중에서 가장 단호하고 용기 있는 인물이었다. 외무부에서 비서로 근무할 때에나 뒤에 차관으로 일할 때에나 내가 공격하고 비난했던 일들에 자신을 적응시켜야 했지만, 그의 정신은 올발랐으며 그는 문제의 본질을 파악하고 있었다고 확신한다. 그는 나를 외무부의 중요한 일에 참여시키려고 노력했으며, 우리는 서로 자유롭게 소통했다. 그런 방식은 당연히 부적절한 것이 아니었다.

외무부 장관이 광범위한 국제 문제와 관련하여 당대의 영향력 있는 정치적 인물과 접촉하는 일은 하나의 관례였으며, 이든은 그러한 확립된 관례를 따른 것이었다.

1937년 가을, 비록 서로 다른 경로를 통했지만, 이든과 나는 추축국의 적극적인 스페인 내전 간섭에 반대하는 유사한 입장에 서게 되었다. 나는 하원에서 이든이 극히 제한적인 범위에 한정된 것이라고 하더라도 결연한 태도를 보일 때면 언제나 그를 지지했다. 그가 내각에서 선임 각료들이나 수상과 얼마나 어려운 관계에 있는지는 물론, 그가 복잡한 문제에 얽혀 있지 않았더라면 얼마나 대담하게 행동할 수 있었을 것인지를 잘 알고 있었다. 얼마 뒤 지중해에서 위기 상황이 발생했을 때 그는 확고한 태도로 능숙하게 대처했으며, 그 결과 영국의 앞날에 어느 정도 믿음의 서광을 보여주었다. 몇 척의 상선이 스페인 잠수함이라고 지목되는 군함에 의해서 격침되었다. 실제로는 스페인이 아니라 이탈리아였다는 것은 의심의 여지가 없었다. 그것은 명백한 해적 행위였으며, 그 사실을 아는 사람이라면 누구나 행동의 충동을 느꼈을 것이다. 지중해 연안 국가 회의가 9월 10일 니용에서 열렸다. 그 회의에 외무부 장관은 밴시타트 차관과 해군참모총장 채트필드 경을 동반하고 참석했다. 회의는 간단했고 성공적이었다. 영국과 프랑스는 잠수함 경계 부대의 창설을 합의했으며, 어떤 잠수함이든 나타나는 즉시 격침시키라는 명령에 따라 활동하도록 했다. 이탈리아는 마지못해 그 결정에 따랐고, 해상 도발 행위를 즉각 멈추었다.

니용 회의는 우발적인 것이기는 했지만, 영국과 프랑스의 결합된 힘이 얼마나 강하며, 그 힘을 사용하겠다는 신념과 각오가 미리 공표되는 경우 독재자들의 태도나 정책에 어떤 영향력을 미칠 수 있는가에 대한 증거가 되었다. 그러한 정책이 그 상황에서 전쟁을 방지하게 되었다고 단언할 수는 없다. 어쩌면 전쟁의 발발을 쉽게 늦추었을 수는 있었을 것이다 그것이 어떤 형식이든 "유화 정책"이란 독재자들의 침략 행위를 조장하고 그들의 자국민에 대한 지배력을 강화시키는 반면, 서구 민주주의 국가들의 적극적인 반격의 징후는 즉시 긴장을 완화시킬 수 있었다. 이러한 규칙은 1937년 한 해를 지배했다. 그리고 그뒤에는 정세와 조건이 모두 달라졌다.

그해 11월, 이든은 완만하게 진행되는 영국의 재무장에 점점 더 신경을 쓰게 되었다. 11월 11일, 그는 수상을 면담하는 자리에서 자신의 불안감을 전달하려고 했다. 그러자 네빌 체임벌린은 이든의 말에 귀를 기울이려고 하지 않았다. 그는 이든에게 "쉬면서 아스피린이나 먹을 것"을 충고했다. 1938년 2월 외무부 장관 이든은 내각에서 거의 외톨이가 되었다는 사실을 깨달았다. 수상은 이든과 그의 전망에 대해서 반대하는 쪽을 강력하게 지지했다. 주요 각료들은 하나가 되어 외무부의 정책을 위험하며 도발적이라고 생각했다. 그런 반면 몇몇 젊은 각료들은 이든이 가지고 있는 견해의 핵심을 기꺼이 이해하려고 했다. 그들 중 일부는 훗날 이든이 자기들을 믿고 비밀을 털어놓아야 했다고 불만을 토로했다. 그러나 이든으로서는 수상의 반대 그룹을 형성하는 어떠한 일도 생각할 수 없었다. 3군 참모총장들은 이든에게 도움을 줄 수 없었다. 사실 그들은 경고와 함께 상황이 위험에 처해 있다는 사실을 지적했다. 그들은 영국이 해결할 수 있는 능력의 범위를 넘어서는 약속에 구속되지 않기 위해서 프랑스와 지나치게 가까워지는 것을 꺼려했다. 그리고 그들은 스탈린의 숙청 이후의 러시아 군사력에 대해서도 비관적이었다. 그들은 영국의 적은 독일, 이탈리아, 일본 세 나라이며, 그 세 나라가 동시에 영국을 공격할 때에 도와줄 수 있는 나라가 거의 없는 상황을 전제하면서 영국의 문제를 다룰 필요가 있다고 생각했다. 우리는 프랑스에 공군 기지 사용을 요청할 수 있겠지만, 처음부터 육군을 보낼 수는 없다는 것이었다. 이러한 온건한 제안조차도 내각에서 강력한 반대에 부딪혔다.

그러나 실제로 두 사람 사이의 관계가 파탄에 이른 것은 새로운 별개의 문제 때문이었다. 1938년 1월 11일 저녁, 미국 국무부 차관 섬너 웰스는 워싱턴 주재 영국 대사를 방문했다. 그는 루스벨트 대통령이 체임벌린 수상에게 보내는 극비의 서한을 소지하고 있었다. 루스벨트는 국제 정세의 악화에 깊은 우려를 표시하면서, 현재 드러난 어려움들의 밑에 있는 원인들에 관한 토론을 주도적으로 하기 위해서 특정 국가의 정부 대표를 워싱턴으로 초대하겠다는 제안을 담은 내용이었다. 그러한 절차를 진행하기 전에 미국 대통령으로서는 그 계획에 대한 영국 정부의 의견을 듣고 싶다는 것이었고, 그러한 제안의 성격이나 미국이 제안했다는 사실 자체를 다른 국가가 전혀 알지 못하도록 해달라는 조건이 붙어 있었다. 늦어도 1월 17일까지 회신을 달라는 요청과 함께, 그 제안에 대해서 "영국 정부가 진심으로 동의하고 전폭적인 지지를 보낼 경우" 프랑스, 독일, 이탈리아 정부와 접촉하겠다고 했다. 그것은 아주 강력하면서 헤아릴 수 없는 의미를 내포한 조치였다.

영국 대사 로널드 린지 경은 그 비밀 제안을 런던에 보내면서 아주 진지한 태도로 그 제안을 받아들일 것을 건의했다. 외무부는 워싱턴의 전문을 1월 12일에 받았으며, 그 사본을 그날 저녁 지방에 있던 수상에게 전달했다. 다음 날 아침 런던에 도착한 수상은 루스벨트 대통령의 메시지에 대한 답신을 보내라고 훈령을 내렸다. 바로 그때 이든은 프랑스 남부 지방에서 짧은 휴가를 즐기고 있었다. 체임벌린의 답변의 요지는 이런 것이었다. 루스벨트 대통령이 자기를 신뢰하고 현존하는 유럽의 긴장을 완화시키기 위하여 제안하는 계획에 대하여 의견을 구한 것을 고맙게 생각한다. 그러나 그는 자신이 독자적으로 독일과 이탈리아, 특히 이탈리아와 협상에 이르려고 노력하는 상황을 설명할 수 있기를 희망한다. "만약 이탈리아 정부가 신뢰할 수 있는 우호적 관계의 회복에 노력하려는 열의를 명확히 보여준다면, 영국 정부는 가능하다면 국제연맹의 권위 아래 이탈리아의 아비시니아 점령을

슈슈니크는 사표를 제출하기 위하여 미클라스 대통령을 찾아갔다. 대통령 집무실에서 기다리는 동안 그는 이탈리아 정부가 암호로 보낸 메시지를 해독한 내용을 받아 읽었는데, 이탈리아는 아무 조언도 할 수 없다는 것이었다. 늙은 대통령은 완강했다. "이런 중대한 시기에 나 혼자 남게 되었군." 그는 나치 당 인물을 수상에 임명하는 것을 강하게 거부했다. 그는 독일이 수치스러운 폭력 행사를 하지 않을 수 없도록 내버려두어야겠다고 결심했다. 그러나 독일로서는 그에 대한 대비가 아주 잘 되어 있었다. 히틀러는 오스트리아를 점령하라는 군사 명령을 발동했다. 그토록 오랫동안 연구하고 세심하게 준비한 작전명 "오토"가 개시되었다. 그 광란의 날에 미클라스 대통령은 빈에서 하루 종일 자이스-인크바르트와 오스트리아 나치 당 지도자들에게 단호히 맞섰다. 히틀러와 그가 무솔리니에게 보낸 특사 헤세의 필립 왕자 사이에 오간 전화 통화 내용이 뉘른베르크 전범 재판에 증거로 제시되었는데, 흥미롭다.

헤세 : 지금 막 베네치아 궁전에서 돌아오는 길입니다. 무솔리니 총통은 모든 것을 대단히 우호적으로 받아들였습니다. 총통 각하께도 안부를 전했습니다. 총통은 폰 슈슈니크가 소식을 전해주어서 오스트리아에 대해서도 알고 있었습니다. 그러면서 그것[이탈리아의 간섭]은 완전히 불가능한 일이라고 했습니다. 허세에 불과한 것이고, 할 수도 없는 일이라고 말했습니다. 그래서 그 사람[슈슈니크]에게, 그것은 불행하게도 잘못된 일이며, 따라서 더 이상 어떻게 바꿔볼 수가 없다고 했습니다. 그리고 무솔리니가 한 말은, 자기는 오스트리아에 관심이 없다는 것이었습니다.

히틀러 : 그래, 그렇다면 내가 이 일을 절대로 잊지 않겠다고 무솔리니에게 전해주시오.

헤세 : 예.

히틀러 : 절대로, 절대로, 어떤 일이 있더라도 절대로 잊지 않겠노라고. 난 언제
든지 무솔리니와 별도의 협정을 맺을 생각을 하고 있어요.

헤세 : 예, 그 말씀도 전했습니다.

히틀러 : 오스트리아 문제가 해결되는 대로 만사를 제쳐두고 그와 협력할 거요,
어떤 일이 있더라도.

헤세 : 예, 총통 각하.

히틀러 : 들으시오. 난 어떤 협정이든 체결할 것이오. 우리가 분쟁에 휘말려 있
을 때 군사적으로 느낄 수밖에 없었던 끔찍한 공포 상태는 이제 없을 것이오.
그에게 전해주시오, 내가 아주 고마워한다고. 절대로, 난 절대로 잊지 않는다
고.

헤세 : 예, 총통 각하.

히틀러 : 어떤 일이 있더라도 난 잊지 않을 거요. 그가 도움이 필요할 때나 어떤
위험에 처하게 될 경우에는 어떤 일이 있더라도 나는 그 사람 편이 될 것이라
고 믿어달라고 전하시오. 설사 전 세계가 무솔리니의 적이 되더라도 말이오.

헤세 : 예, 총통 각하*

1943년 히틀러는 무솔리니를 이탈리아 임시정부의 손에서 구출했는데,
그로써 그는 자신의 약속을 지켰다.

★ ★ ★ ★ ★

개선의 영웅이 되어 빈에 입성하는 것은 오스트리아 하사의 꿈이었다.
3월 12일 토요일 밤, 오스트리아 수도의 나치 당은 정복자 영웅을 환영하기
위하여 햇불 행렬을 계획했다. 그러나 아무도 나타나지 않았다. 따라서 개
선하는 침략군의 숙사를 준비하기 위하여 기차로 먼저 도착한 바이에른 출
신 보급 부대원 세 명만 무등을 태우고 거리를 누볐다. 일이 잘못된 원인은

---

* 슈슈니크, 앞의 책, 102-103면; 뉘른베르크 재판 기록, 제1부, 258-259면.

뒤에 서서히 밝혀졌다. 독일 진격군은 힘겹게 걸어 국경을 넘었으나, 린츠 부근에서 멈추어야 했다. 날씨나 도로 조건이 완벽했음에도 불구하고 탱크의 대부분이 주저앉아버렸다. 결함은 차량화 중포에도 나타났다. 린츠에서 빈으로 가는 도로는 정지해버린 무거운 차량들로 인하여 꽉 막혔다. 독일군의 재건 과정에 있었던 미숙함을 그대로 드러낸 사태의 책임은 히틀러가 특별히 총애한 제4집단군 사령관 라이헤나우 장군에게 있었던 듯하다.

히틀러는 직접 차를 타고 린츠를 지나가다가 그 혼란 상태를 보고 격노했다. 경전차들은 그 혼잡한 상황에서 벗어나 제각각 산발적으로 일요일 아침 일찍 빈으로 들어갔다. 장갑차와 차량화 중포는 화물 열차에 실어 그 상태로 기념 행사 시간에 맞추었다. 환호하거나 아니면 공포에 질린 군중 사이로 차를 타고 지나가는 히틀러의 사진은 세상에 잘 알려져 있다. 그 불가사의한 영광의 순간의 이면에는 평온하지 않은 일들이 있었다. 히틀러는 독일 군대의 명백한 결함에 실제로 심하게 화가 났다. 따라서 히틀러가 장군들을 질책했는데, 장군들도 가만히 있지 않고 대꾸했다. 그들은 육군 최고사령관 프리치가 독일은 아직 중요한 전쟁을 감당할 수 있을 만한 상황에 있지 않다는 경고를 했음에도 불구하고 총통이 들으려고 하지 않았다는 사실을 상기시켰다. 그런 대로 그들은 체면은 세울 수가 있었다. 공식 축하 행사와 퍼레이드가 열렸다. 수많은 독일군 부대와 오스트리아 나치 당 대원들이 빈을 점령한 그 일요일에, 히틀러는 오스트리아 공화국을 해체하고 그 영토를 독일 제국에 병합한다는 선언을 했다.

★ ★ ★ ★ ★

바로 그 시간에 폰 리벤트로프는 독일 외무부 장관으로 취임하기 위하여 막 런던을 떠날 참이었다. 체임벌린은 다우닝 가 10번지 수상 관저에서 송별 오찬을 준비했다. 나는 아내와 함께 그 모임의 초대에 응했다. 그 자리에는 16명 가량이 참석했던 것으로 기억한다. 내 아내는 테이블 한쪽 끝 부분에, 알렉산더 캐도건 경의 옆 자리에 앉았다. 식사가 절반쯤 진행되었을 때 외무부 공무원 한 사람이 봉함된 메시지를 캐도건 경에게 전달했다. 그는 봉투를 뜯어 열심히 읽고 있었다. 그러더니 일어서서 수상이 앉은 자리로 걸어가서 그 문서를 건넸다. 캐도건의 태도로 보아 무슨 일이 일어난 것처럼 보이지는 않았지만, 분명히 수상은 깊은 생각에 잠겨 있다는 것을 알 수 있었다. 캐도건 경은 그 문서를 받아 다시 자기 자리로 가서 앉았다. 뒤에 나는 그 메시지의 내용에 대해서 들었다. 히틀러가 오스트리아를 침공했고, 독일 기계화 부대가 빠른 속도로 빈을 향해 진격하고 있다는 것이었다. 식사는 아무 방해도 받지 않고 계속 진행되었지만, 얼마 지나지 않아 남편의 눈치를 알아챈 체임벌린 부인이 일어나며 말했다. "모두 거실로 자리를 옮겨 차를 들도록 하시죠." 우리는 거실로 들어갔는데, 나나 다른 사람들이 보기에 체임벌린 부부는 모임을 빨리 끝내기를 바라고 있는 것이 분명했다. 일순 뭔가 불안한 기운이 번졌고, 사람들은 주인 부부에게 작별 인사를 하기 위해서 일어섰다.

그러나 리벤트로프 부부만은 그러한 분위기를 전혀 의식하지 않는 것처럼 보였다. 오히려 30분 정도 더 머물면서 수상 부부와 수다스럽게 얘기를 나누었다. 폰 리벤트로프 부인과 얘기하면서, 나는 작별 인사를 하는 기분으로 이렇게 말했다. "영국과 독일이 우호관계를 유지할 수 있기를 바랍니다." "그것을 무의미하게 만들지 않도록 노력하겠습니다." 부인은 아주 정중하게 대답했다. 그들은 무슨 일이 벌어지고 있는지 너무나 잘 알고 있었음이 틀림없었다. 그러나 가급적 수상으로 하여금 공식 업무나 전화로부터 떨어져 있도록 만드는 것이 상책이라고 생각하는 것 같았다. 마침내 체임벌린이 대사에게 말했다. "죄송합니다만, 급한 일이 생겨서 나가보아야겠습니다." 그러고는 조용히 방을 나갔다. 리벤트로프 부부는 조금 더 머무르려는 듯이 보였으므로, 우리는 먼저 인사를 하고 집으로 돌아왔다. 결국 그들도 돌아갔을 것이다. 그것이 교수형에 처해 지기 전에 마지막으로 본 폰 리벤트로프의 모습이었다.

그때 경종을 울린 것은 러시아였는데, 3월 18일 사태를 논의하기 위한 회담을 제의했다. 독일에 의하여 평화가 심각하게 위협받을 경우 국제연맹의 행동 반경 안에서 프랑스-소련 조약을 이행하는 방법을 대강의 윤곽만이라도 논의하자는 것이었다. 파리나 런던에서는 그 제안을 그다지 환영하는 분위기가 아니었다. 프랑스 정부는 다른 일에 몰두하고 있었다. 프랑스의 항공기 제조 공장에 심각한 스트라이크가 일어났던 것이다. 프랑코 군대는 스페인의 공산주의 지역에 깊숙이 들어가 있었다. 체임벌린은 회의적이었을 뿐만 아니라 침울한 상태였다. 당면한 위험에 대한 이해나 그 위험에 대항하여 싸우는 방식과 관련하여 체임벌린은 나와 근본적으로 견해가 달랐다. 나는 나치의 돌진을 막을 수 있는 유일한 희망으로 프랑스-영국-소련의 동맹을 촉구하고 있었다.

필링이 전하는 바에 따르면, 3월 20일 수상은 누이에게 쓴 편지에서 자신의 기분을 이렇게 표현했다.

윈스턴이 말하는 "대연합(Grand Alliance)"의 제안은 이미 그가 말하기 오래 전부터 나도 생각했던 것이었다.…… 나는 그 생각을 핼리팩스에게 말했고, 또 3군 참모총장들과 외무부 전문가들에게 제시했다. 그것은 아주 매력적인 아이디어였다. 실로 그 실행 가능성에 대한 검토 이전까지는 온갖 찬사가 쏟아질 만했다. 그러나 검토와 함께 그 구상의 매력은 소멸해버린다. 독일이 마음만 먹으면 할 수 있는 체코슬로바키아 침공을 감행한다면, 프랑스나 우리 영국이 체코슬로바키아를 구하기 위해서 할 수 있는 일이 아무것도 없다는 사실은 지도를 보기만 하면 알 수 있다. 따라서 나는 체코슬로바키아에게 보장을 약속한다거나, 아니면 체코슬로바키아 보장에 대한 의무와 관련하여 프랑스에 대해서 보장을 약속할 생각을 포기했다.*

거기에는 어쨌든 어느 정도의 결단이 포함되어 있었다. 그러나 그의 생각은 잘못된 논거를 바탕으로 하고 있었다. 강대국이나 동맹국 사이의 근대전에서 특정 지역의 방어는 국지적 노력에 의해서만 가능한 것이 아니다. 전선 전체의 광범위한 균형이 필요하다. 전쟁이 개시되기 전 또는 아직 전쟁이 회피될 수 있는 시간의 대책과 관련하여 그것은 진실이다. "3군 참모총장들과 외무부 전문가들"이 수상에게 말해주지 않았다고 하더라도, 체코슬로바키아 공화국 군대와 히틀러 침략군이 대치하고 있는 보헤미아의 산악전선에 영국 해군이나 프랑스 육군을 배치할 수는 없는 것 아닌가! 그것은 그야말로 지도만 보더라도 명확하다. 그러나 보헤미아 국경선을 넘어선다는 자체가 유럽에서의 전면전을 의미하는 확실성을 지니고 있기 때문에 당일에도 히틀러의 다음 공격을 저지하거나 연기시킬 수 있었을지 모른다. 1년도 지나지 않아 체코슬로바키아의 전략적 가치는 사라져버리고 히틀러의 힘과 위세가 거의 배가되고 난 뒤 체임벌린이 폴란드에게 보장을 약속하지 않으면 안 될 처지가 되었는데, 그것으로 그의 개인적이고 진지한 추론이 얼마나 잘못된 것인지 드러나지 않았는가!

★ ★ ★ ★ ★

이제 서쪽의 에머럴드 섬[아일랜드의 다른 이름/역주]으로 눈길을 돌릴 차례이다. "티퍼레리[아일랜드의 중남부 지방/역주]로 가는 길은 멀다", 그러나 일단 한번 가기만 하면 불가항력의 매력에 사로잡힐 수 있다. 히틀러의 오스트리아 장악과 체코슬로바키아에 대한 야욕의 분출 사이에서 우리는 우리에게 닥친 전혀 다른 종류의 불행에 눈을 돌려야 한다.

---

* 필링, 앞의 책, 347-348면[앞에 인용된 필링의 저서가 없기 때문에, 이것은 발췌하면서 생긴 원문의 오기로 추정된다/역주].

1938년이 시작되면서 영국 정부와 남아일랜드의 데 벌레라 정부 사이에 협상이 진행되었다. 4월 25일에 협정이 조인되었는데, 영국은 다른 일로 퀸스타운과 베어헤븐의 두 남아일랜드 항구와 러프 스윌리의 기지를 해군 용으로 점유할 수 있는 모든 권리를 포기했다. 그 남쪽의 두 항구는 영국의 식량 공급을 위한 해양 방위에서 결정적으로 중요한 곳이었다. 1922년, 내가 식민지 자치령부 장관으로 당시 내각이 만든 아일랜드 협정의 세부 사항을 다룰 때, 그 두 항구가 영국 전체의 공급 체계에 얼마나 중요한 역할을 하는지를 해군 제독 비티로 하여금 아일랜드 독립운동의 지도자 마이클 콜린스에게 설명하도록 한 적이 있었다. 콜린스는 즉시 납득했다. "당연히 그 항구들을 확보해야겠군요. 영국의 생존을 위해서 필요한 것이로군요"라고 그가 말했다. 그리하여 그 문제는 정리가 되었고, 그후 16년 동안 그와 관련된 모든 일은 순조로웠다. 퀸스타운과 베어헤븐이 왜 우리의 안보에 반드시 필요한 것인지 그 이유를 이해하는 일은 어렵지 않다. 두 항구는 보급 기지였는데, 거기서부터 독일 유보트의 출현 감시나 휘어진 바다 입구에 도착하여 입항 중인 호송선단의 보호를 임무로 하는 영국 구축함이 서쪽의 대서양 방향으로 발진하는 기지였다. 러프 스윌리도 그와 유사하게 클라이드 강과 머지 강으로 접근하는 항로 보호를 위해서 필요했다. 그러한 기지를 포기한다면, 북쪽에서는 램리시, 남쪽에서는 팸브로크 도크나 팰머스를 소함대의 거점으로 삼아야 하는데, 그럴 경우 입출항에서 활동과 방어권의 반경이 600킬로미터 이상 줄어들게 되었다.

3군 참모총장들이 그 중요한 방위수단을 포기하는 데에 동의했다는 사실은 나로서는 도저히 믿을 수가 없었다. 또한 나는 최소한 전시에는 우리가 그 섬들을 점유할 권리를 지켜야 한다는 생각을 했다. 그러나 데 벌레라가 아일랜드 하원에서 영국의 권리 양도에는 그 어떤 조건도 붙어 있지 않다고 발표했다. 나는 나중에 데 벌레라의 요구에 영국 정부가 선뜻 응하여 양보한 것에 대해서 그 자신이 깜짝 놀랐다는 사실을 알게 되었다. 데 벌레라로서는 애당초 그것은 다른 쟁점이 만족스럽게 해결되면 포기하려고 했던 협상용 수단이었던 것이다.

채트필드 경은 최근의 저서에서 그 자신과 다른 참모총장들이 취한 태도에 대해서 한 개의 장을 할애하여 설명하고 있다.* 그 문제에 관하여 파헤쳐보고자 하는 사람이라면 반드시 읽어보아야 할 책이다. 나의 개인적인 생각으로는 전시에 그 아일랜드 항구들을 사용할 권리를 선뜻 포기한 것은 영국의 생존과 안전에 중대한 요소가 될 수밖에 없다. 그보다 더 어리석은 행동은 상상할 수조차 없다. 더군다나 바로 그러한 시기에 말이다. 결과적으로는 그 항구들 없이도 우리가 살아남았다는 것은 사실이다. 만약 그 항구들 없이는 우리가 살아남는 것이 불가능했다면, 우리는 그냥 굶어죽느니보다는 무력으로라도 그 항구들을 빼앗았을 것이라는 점도 사실이다. 그러나 그런 논리가 변명이 될 수는 없다. 선견지명이라고는 없는 그러한 양보의 결과로 곧 수많은 배와 인명을 잃지 않으면 안 되게 되었다.

---

* 채트필드 경, 『다시 일어날 수 있다』, 제18장.

고 있었다면, 그것은 어느 정도 성공적인 결과라고 받아들이지 않을 수 없었을 것이다.

바로 같은 날인 9월 12일, 히틀러는 뉘른베르크 당대회에서 체코를 격렬하게 공격하는 연설을 했고, 체코 정부는 다음날 일부 지역에 계엄령을 선포하여 응수했다. 9월 14일에 헨라인과의 협상은 완전히 결렬되었고, 15일에 주데텐의 그 지도자는 독일로 도주했다.

바야흐로 위기는 정점에 다다랐다.

제14장
뮌헨의 비극

체코슬로바키아가 희생됨으로써 뮌헨에서 종결된 그 위기에 관해서는 이미 수많은 책들이 나왔고 또 앞으로도 계속 나올 것이다. 여기에서는 몇 가지 중요한 사실을 지적하고 사건의 중심 부분을 확인하고자 한다. 9월 21일에 열린 국제연맹 총회에서 리트비노프는 다음과 같이 공식적인 경고를 했다.

……현재 체코슬로바키아는 국내 문제에 관하여 인접한 국가의 간섭으로 고통을 받고 있으며, 공공연하게 침공의 위협까지 받고 있습니다. 유럽에서도 가장 긴 연륜과 가장 높은 교양 그리고 근면성을 지닌 민족이 오랜 압제 끝에 독립을 쟁취했는데, 오늘내일 그 독립을 지키기 위해서 무기를 들어야 할지도 모를 처지에 놓였습니다.……내가 제네바로 출발하기 며칠 전 프랑스 정부로서는 처음으로, 독일이 체코슬로바키아를 침공하게 되면 우리 정부가 어떻게 할 것인지 물었습니다. 그에 대해서 나는 소련 정부의 이름으로 확실하고 분명하게 이렇게 대답했습니다.

"우리는 조약에 따른 우리의 의무를 완전히 이행하고, 프랑스와 공동으로 가능한 방법에 따라 체코슬로바키아에 대한 지원을 할 의사가 있습니다. 우리 육군부는 즉각 프랑스와 체코슬로바키아 육군부 대표들과 함께 만나 그 문제에 관한 적절한 조치를 강구하기 위한 논의를 할 준비가 되어 있습니다.……"

불과 이틀 전의 일이었습니다만, 체코슬로바키아 정부는 소련 정부에 공식적인 질의를 해왔습니다. 만약 프랑스가 그 의무를 충실하게 준수하여 지원한다면, 소련 정부도 소련-체코 조약에 의해서 즉시 그러한 지원을 할 수가 있느냐고 말입니다. 우리는 그에 대해서 분명히 긍정적인 대답을 했습니다.

가장 강력한 관련국 중의 하나가 제기한 이와 같은 공식적이고 무조건적인 선언도 체임벌린의 협상, 즉 프랑스의 위기 대책에 아무런 역할도 하지 못했다. 소련의 제안은 사실상 무시된 것이었다. 소련은 히틀러에 대한 심판자의 대열에 들지 못했으며, 직접 모욕을 당한 것은 아니더라도 무관심에 의해서 외면당했다. 모든 사태는 마치 소련은 존재하지 않는 듯이 제 갈길을 가고 있었다. 그러나 우리는 훗날 비싼 대가를 치러야만 했다.

9월 26일 저녁, 히틀러는 베를린에서 연설을 했다. 그는 영국과 프랑스에 대해서는 부드러운 어조로 언급했지만, 베네슈와 체코인에 대해서는 노골적이고 무자비한 공격을 퍼부었다. 체코인은 주데텐란트에서 깨끗이 물러나야 한다고 단언하면서, 그렇게만 하면 체코슬로바키아에서 무슨 일이 일어나든지 더 이상 아무런 관심이 없다고 했다. "이것이야말로 유럽에서 내가 하지 않으면 안 되는 영토에 대한 마지막 요구이다." 그날 밤 8시경 당시 외무부 언론 담당관 리퍼는 외무부 장관에게 다음과 같은 요지의 코뮈니케를 제안했다.

영국 수상의 노력에도 불구하고 독일이 체코슬로바키아를 공격한다면, 그 즉시 프랑스가 체코슬로바키아를 지원하게 될 것이며, 영국 그리고 소련이 분명히 프랑스에 가담할 것이다.

핼리팩스 경이 그 문안을 승인하여 바로 발표가 되었다. 격돌의 순간은 다가왔으며, 대립한 양대 진영은 전열을 가다듬고 있는 것 같았다. 체코는 유럽 최강의 요새 뒤에 무장한 150만 명은 물론 고도화된 강력한 장비를 갖추고 있었다. 프랑스 육군은 일부에 동원령을 내렸고, 비록 내키지는 않았지만, 프랑스 각료들은 체코슬로바키아에 대한 의무를 이행하기 위한 준비를 했다. 9월 28일 오전 11시 20분, 영국 해군부는 함대에 대해서 동원령을 발동했다.

★ ★ ★ ★ ★

총통과 그의 노련한 참모들 사이에서는 이미 격심한 충돌이 끝없이 벌어지고 있었다. 위기는 장군들이 두려워하고 있던 상황을 만들어내고 있는 것 같았다. 30개 내지 40개 정도의 체코군 사단 병력이 독일 동부 전선에 배치되었고, 서부 방벽에는 프랑스 육군이 거의 8대 1에 달하는 우세한 비율의 힘으로 압력을 가하기 시작했다. 적대적 관계의 소련은 체코 비행장을 이용하여 작전을 전개할 수 있었으며, 소련군은 폴란드와 루마니아를 통과하여 진군할 가능성이 있었다. 참모들 중 일부는 히틀러를 체포하여 "그 미치광이로부터 독일을 해방시키려는" 계획을 세우기도 했다. 다른 몇 사람은 독일 국민의 저하된 사기 때문에 유럽 전쟁을 지탱할 수 없으며, 독일의 군사력 역시 아직 전쟁을 위한 준비가 덜 되어 있다고 단언했다. 독일 해군 최고사령관 레더 제독은 총통에게 격렬하게 호소했는데, 몇 시간 뒤 영국 함대가 발진했다는 소식이 들려오자 그 호소는 더욱 절실해졌다. 히틀러는 동요했다. 오전 2시 독일은 라디오 방송으로 29일에 병력을 동원할 계획이 있다는 사실을 공식 부인했다. 그리고 같은 날 오전 11시 45분에는 그와 비슷한 내용의 독일 관영 통신사 기사가 영국 언론에 전달되었다. 그 순간은 히틀러라는 한 인간과 그의 의지력에 부과된 긴장이 절정에 이르렀을 때였다. 분명히 그는 전면전의 문턱까지 갔던 것이다. 그는 바로 눈앞에 불리한 여론과 육해공군 수뇌부의 엄정한 경고를 무시하고 전쟁판으로 뛰어들 수 있었을까? 반대로 그동안 그렇게 특권을 행사해온 그가 쉽사리 후퇴할 수 있었을까?

체임벌린은 나름대로 활발히 움직였는데, 그는 이제 영국의 외교 정책을 완전히 장악하게 되었다. 핼리팩스 경은 외무부의 분위기에서 감지할 수 있는 의혹이 점점 커지고 있음에도 불구하고, 수상의 방침에 따랐다. 내각 전체는 심각한 당혹감에 휩싸이면서도 수상에게 복종했다. 하원의 여당 다수파는 원내총무가 능숙하게 다루고 있었다. 한 사람, 오직 한 사람만이 우리의 문제를 총괄했다. 그는 자신이 자초한 책임이나 자신에게 요구되는 의무로부터 움츠러들지 않았다. 9월 14일, 체임벌린은 히틀러에게 자진해서 만나고 싶다는 전문을 보냈다. 영국 수상은 모두 세 차례에 걸쳐 독일로 날아갔다. 그와 런시먼 경은 주데텐 지역의 양보만이 히틀러의 체코슬로바키아 침공을 막을 수 있다고 확신하고 있었다. 마지막 기회의 자리는 뮌헨에서 마련되었는데, 프랑스 수상 달라디에와 무솔리니가 동석했다. 소련은 초대받지 못했다. 물론 그 회담에는 당사국인 체코 정부도 참석할 수 없었다. 체코 정부는 9월 28일 저녁에 다음날 유럽 4대국 대표 회의가 열릴 것이라는 간단한 문안의 통지만 받았을 뿐이었다. "빅 포"는 재빨리 합의에 이르렀다. 회담은 정오에 시작하여 다음날 새벽 2시까지 계속되었다. 각서를 작성하고 조인까지 마친 것은 9월 30일 오전 2시였다. 그 내용은 실질적으로 독일의 요구를 수용하는 것이었다. 주데텐란트는 10월 1일부터 5단계에 걸쳐 넘겨주기로 하되, 10일 이내에 조치를 완결하도록 했다. 최종 국경선은 국제위원회가 확정하도록 했다.

그 문서는 결정을 통보받기 위해서 입국이 허락된 체코 대표단에게 제시되었다. 그들은 그 결정에 굴복했다. 그들은 "그들이 참여하지 않은 결정에 대해서 항의했다는 사실을 세계에 보여주기를 원한다"고 말했다. 베네슈 대통령은 "우리의 새로운 국가가 순응하지 않으면 안 되는 사태 발전에 방해가 되지 않아야 한다"는 이유로 사임했다. 그는 체코슬로바키아를 떠나 영국에 망명했다. 체코슬로바키아의 분할은 진행되었다. 시체를 노리는 독수리는 독일만이 아니었다. 폴란드 정부는 국경의 테셴 지역을 즉시 양도하라는 24시간 시한부 최후통첩을 체코에 보냈다. 그 가혹한 요구에 저항할 수 있는 방법은 없었다. 헝가리도 그들의 요구를 내밀었다.

★ ★ ★ ★ ★

4대국을 대표한 네 명의 정치가가 최종 문서가 완성되기를 기다리는 동안 체임벌린 수상은 히틀러에게 개인적으로 대화할 의향이 있는지 물었다. 히틀러는 "그 제안에 기꺼이 응했다." 9월 30일 아침, 뮌헨에 있는 히틀러의 사저에서 두 정상은 오직 통역만 대동하고 만났다. 체임벌린은 미리 준비해 간 선언문 초안을 제시했다. 그 내용은 "영국과 독일의 관계는 양국뿐만 아니라 유럽을 위해서도 가장 중요한 문제이다. 지난 밤 조인한 협정이나 영독 해군 협정을, 상호간에 다시는 전쟁으로 돌입하지 않겠다는 양국 국민의 열망을 상징하는 것으로 생각한다"는 것이었다.

히틀러는 읽어보고는 아무런 이의 없이 서명했다.

체임벌린은 영국으로 돌아왔다. 비행기로 헤스턴에 도착한 그는 환영하러 나온 저명인사들과 군중에게 히틀러의 서명을 받은 공동 성명서를 흔들어 보이고 읽어주었다. 자동차가 공항에서부터 환호하는 군중 사이를 지나갈 때 그는 옆자리에 앉은 핼리팩스에게 말했다. "모든 문제는 3개월 이내에 해결될 것이오." 다우닝 가의 창가에서도 그는 다시 그 종잇장을 흔들어 보이면서 이렇게 말했다. "독일에서 다우닝 가로 전쟁 없이 평화를 가져온 것은 이것이 역사상 두 번째입니다. 이것이야말로 우리 시대의 평화가 아니고 무엇이겠습니까?"*

히틀러의 판단이 옳았다는 것이 또 한번 결정적으로 증명되고 말았다.

---

* 필링의 앞의 책 376면, 381면을 보라.

독일군 총참모본부는 얼굴을 들 수가 없게 되었다. 결국 다시 한번 총통이 이긴 것이다. 그는 오직 타고난 직감력만으로 군사적이고 정치적인 모든 상황을 계산했다. 라인란트에서와 마찬가지로, 다시 총통의 지도력이 독일 군 참모들의 반대를 누르고 승리했다. 그 장군들은 모두 애국자였다. 그들은 조국이 이 세계에서 원래의 지위를 되찾기를 열망했다. 그들은 밤낮 없이 독일군의 힘을 증강시키는 데에 자신을 바치고 있었다. 그랬기 때문에 그들은 사건에 대한 그들 자신의 이해 수준이 낮은 것을 알고는 자책했으며, 수많은 경우에 히틀러에 대한 미움과 불신이 그의 대단한 재능과 놀라울 정도의 행운에 대한 감탄에 의해서 압도당하는 것을 경험할 수밖에 없었다. 진정으로 그들이 따라야 할 스타가 그였고, 복종해야 할 지도자가 그였다. 그리하여 히틀러는 마침내 다툼의 여지가 없는 독일의 주인이 되었다. 거대한 구상을 향한 길도 활짝 열렸다. 음모자들은 자세를 낮추었고, 군부의 그들의 동료들은 배신하지 않았다.

★ ★ ★ ★ ★

극도의 정신적인 긴장과 육체적인 노고에 따른 고통의 세월을 보내고 난 뒤 지금에 와서 뮌헨 협정을 둘러싸고 영국에서 소용돌이쳤던 격정을 다음 세대에게 글로 전하는 일은 쉽지가 않다. 아주 친밀하게 지냈던 보수파 쪽의 가족이나 친구 사이에서도 나로서는 일찍이 볼 수 없었던 분열 현상이 나타났다. 당파나 사교계 또는 가족 관계로 유대감을 가지고 있던 남녀들이 서로 경멸과 분노의 눈으로 노려보았다. 그것은 귀환하는 체임벌린을 공항에서부터 환영하고 다우닝 가 주변을 가득 메운 환호 인파의 열기나 여당 원내총무 또는 당원들의 엄청난 노력으로 해결될 문제가 아니었다. 그때 당시 소수파였던 우리는 정부 지지자들의 농담이나 찌푸린 표정에 전혀 관심이 없었다. 내각은 근저에서부터 흔들렸으나, 사건은 벌어졌고 각료들은 그 짐을 함께 짊어져야 할 뿐이었다. 그때 오직 한 장관만이 두드러져 보였다. 해군부 장관 더프 쿠퍼는 자신이 영국 함대를 동원하여 위엄을 보인 그 중요한 자리에서 사퇴했다. 체임벌린이 여론을 압도적으로 장악하고 있던 그 순간, 그는 열광하는 군중 사이를 뚫고 걸어가며 자신의 견해가 수상과 다르다는 사실을 선언한 것이다.

뮌헨 협정에 관한 3일 동안의 토론 첫머리에서 쿠퍼는 사임 연설을 했다. 그것은 영국 의정사에서 주목할 만한 사건이었다. 40분에 걸쳐 원고도 없이 연설하면서 그는 적대적인 다수당 의원들을 꼼짝 못하게 만들었다. 당시 정부에 강하게 반대하던 노동당원이나 자유당원들은 그에게 갈채를 보내는 것이 어렵지 않은 일이었을 것이다. 그것은 보수당 내에서도 서로 결별하기 위한 싸움이었다.

그때 이루어진 논쟁은 소용돌이치는 감정과 절체절명의 현안을 그대로 보여주었다. 내가 "우리는 전면적이고 완전한 패배를 감수하고 있습니다"라고 말했을 때, 쏟아진 노호와 같은 비난 때문에 나는 잠시 멈추었다가 말을 이어 가야 했던 기억이 선명하다. 체임벌린의 평화 유지를 위한 끈기 있는 불굴의 노력과 개인적인 노고에 대해서는 널리 찬사가 쏟아졌다. 체임벌린 스스로 행동의 기반으로 삼았던 사람과 사실에 대해서 그가 범한 일련의 오산과 오판을 지적하지 않을 수 없다. 그러나 그를 고취시킨 동기에 대해서는 의심할 여지가 없으며, 그가 추구해온 길은 고도의 정신적 용기를 필요로 했다. 그러한 점에 대해서, 나는 그가 사망하고 2년이 지난 뒤에야 연설을 통해서 경의를 표했다.

비록 정부의 신뢰를 높이는 데에는 소용이 없었더라도, 정부가 의지할 수 있는 진지하고 실질적인 논쟁은 있었다. 우리가 놀라울 정도로 전쟁 준비가 되어 있지 않았다는 사실을 부인할 수 있는 사람은 아무도 없을 것이다. 나와 내 친구들이 보여준 것 이상을 제시할 수 있는 사람이 어디 있겠는가? 대영제국은 독일 공군력의 추월을 용인했다. 우리의 모든 취약한 부분

[그리고 나중에는] 자치령 정부들도 충분히 알게 되었습니다.

그때는 이제 더 이상 지나간 일에 대하여 이런저런 논란을 할 때가 아니었다. 폴란드에 대한 보장은 모든 정당과 하원의 계파 지도자들의 지지를 받았다. 나는 "신이여 도와주소서, 저희는 다른 선택을 할 수 없습니다"고 말했다. 우리가 도달한 단계에서 그것은 필요한 행동이었다. 그러나 상황을 이해하고 있는 사람이라면, 그것은 아마도 우리가 얽혀들 수밖에 없는 인류의 대전쟁을 의미한다는 사실을 의심할 여지가 없었을 것이다.

유능한 인간들의 선의에서 비롯한 그릇된 판단에 관한 이 슬픈 이야기도 이제 클라이맥스에 이르렀다. 우리 모두가 그러한 곤경에 빠지게 된 사태에 대한 책임이 있는 사람은 아무리 동기가 훌륭했다고 하더라도 역사 앞에서 비난을 면할 수 없을 것이다. 우리가 바로 이 시점에 이르기까지 무엇을 받아들였고 또 무엇을 던져버렸는지 뒤돌아보자. 엄숙한 조약은 독일을 무장해제시켰고, 그 독일은 다시 엄숙한 조약을 파기하고 재무장했으며, 영국은 공군력의 우월성뿐만 아니라 나중에는 균등성까지 포기했고, 독일이 라인란트를 강제 점령하고 지크프리트 선을 축조했고, 베를린-로마 추축이 성립되었고, 오스트리아는 독일 제국에 의해서 분해되었고, 체코슬로바키아는 고립 끝에 뮌헨 협정에 의해서 멸망했고, 체코슬로바키아의 요새 전선은 독일의 수중에 들어갔고, 그 거대한 스코다 병기 공장은 독일 군수품을 생산하기 시작했으며, 한편으로 미국의 개입으로 유럽의 정세를 안정시키고 해결하고자 했던 루스벨트의 노력이 거부되고 다른 한편으로는 서구 열강에 가담하여 모든 힘을 다하여 체코슬로바키아를 구하려고 했던 소련의 의심할 바 없는 의도가 무시당했으며, 프랑스 전선을 강화하기 위하여 영국은 겨우 2개 사단을 지원할 수밖에 없었을 때 아직 미완성의 독일군에게 35개 체코슬로바키아 사단을 헌납하게 되었다. 그 모든 것이 바람과 함께 사라졌다.

이제 그와 같은 우호적 상황과 절호의 기회가 모조리 사라져버렸다. 영국은 프랑스의 손을 잡고 폴란드 영토 보장에 나서게 되었다. 폴란드는 불과 6개월 전에 하이에나의 탐욕으로 체코슬로바키아의 강탈과 파괴에 참여했던 바로 그 국가였다. 독일군이 서부 전선에 겨우 6개의 전투 사단을 배치할 수밖에 없었고, 프랑스로서는 거의 60개 내지 70개 사단으로 라인 강을 건너 루르까지 확실히 진격할 수 있었던 1938년이었다면, 체코슬로바키아를 위해서 싸우는 일은 의미가 있었다. 그러나 그러한 싸움은 부당하고 경솔하며 현대의 지적 사고나 도덕의 수준에 못 미치는 행동이라고 판단했다. 그런데 마침내 서유럽의 두 민주주의 국가가 폴란드의 영토 보장에 사활을 걸겠다고 선언한 것이다. 역사는 주로 인류의 범죄와 어리석음과 불행의 결과를 기록한 것이라고 말하는데, 5-6년 동안 유지되던 안이한 회유적 완화정책을 갑자기 완전하게 뒤엎어 거의 하룻밤 사이에 종전보다 훨씬 더 나쁜 조건에서 명백하게 임박한 가장 큰 규모의 전쟁을 받아들이는 태세로 변모한 예를 샅샅이 세심하게 찾는다면, 유사한 예를 역사 속에서 발견할 수 있을지 모르겠다.

더군다나 우리는 폴란드를 보호하여 우리의 보장 약속을 이행할 수 있었던가? 그것은 독일에게 선전포고를 하고, 우리가 한발 물러섰던 1938년 9월 당시보다 더 견고해진 서부 방벽과 더 강력해진 독일 육군을 공격함으로써만이 가능한 일이었다. 바로 거기에 파국을 향한 일련의 이정표가 있었다. 거기에 항상 증강되고 있던 독일의 힘에 대한 굴복의 목록이 있었다. 처음에는 쉬운 상황에서 굴복했고, 나중에는 어려운 상황에서 굴복했다. 그러나 이제 영국과 프랑스 양국의 굴복에 종지부를 찍을 때가 온 것이다. 그것은 마침내 최악의 시기에 가장 불만족스러운 토대 위에서 이루어진 결정인데, 필연적으로 수천만 명의 목숨을 빼앗는 살육의 결과를 초래하게 될 것이었다. 자발적으로 내세운 정당한 목적과 교묘하게 뒤집는 기교에 의해서 치명적인 싸움 속으로 뛰어들게 되었는데, 그것도 정당한 목적의 가치와 이점을 무분별하게 모두 탕진한 뒤였다. 만약 피를 흘리지 않고 쉽게 이길 수 있는 데도 정의를 위해서 싸우지 않는다면, 그리고 그다지 큰 대가를 치르지 않고서도 확실하게 승리를 거둘 수 있는 데도 싸우지 않는다면, 모든 가능성을 열어두고 당신 자신에 대해서는 물론이고 생존의 불확실한 기회에 대해서 싸움을 할 수밖에 없는 순간을 맞게 될 것이다. 그보다 더 나쁜 경우도 있다. 승리의 가능성이 전혀 없음에도 불구하고 싸워야 할 때가 있다. 노예로 사는 것보다 죽음을 택하는 것이 낫기 때문이다.

★ ★ ★ ★ ★

폴란드는 체코슬로바키아 해체에 대하여 비굴한 태도를 보임으로써 테셴을 얻었다. 그러나 곧 그 대가를 치러야만 했다. 3월 21일, 리벤트로프가 베를린에서 폴란드 대사를 만났을 때의 목소리는 이전에 비하여 날카로웠다. 보헤미아의 점령과 위성국 슬로바키아 정부의 수립으로 독일군은 폴란드 남부 국경에 접하게 되었다. 폴란드 대사는 폴란드의 대중은 독일이 왜 슬로바키아를 보호하는 것처럼 행동했는지는 물론 슬로바키아의 보호가 왜 폴란드를 직접 겨냥한 조치라는 사실을 이해하지 못했는지를 설명했다. 그리고 그는 최근 리벤트로프와 리투아니아 외무장관 회담에 관하여 질문했다. 그것이 메멜과 관계가 있느냐는 것이었다. 그에 대한 답변은 바로 이틀 뒤에(3월 23일에) 받을 수 있었다. 독일군이 메멜을 점령한 것이다.

동유럽에 대한 독일의 침략을 저지하기 위한 수단들은 이제 거의 소진되어버렸다. 헝가리는 독일 진영에 포함되었다. 폴란드는 체코와 거리를 둔 채 루마니아와 긴밀한 관계를 가질 의사가 없었다. 폴란드나 루마니아 모두 독일에 대항하기 위하여 소련이 자국 영토에 들어오는 일을 용납하려고 하지 않았다. 대연합의 열쇠는 소련에 대한 양해에 있었다. 3월 19일, 모든 정세 변화에 의해서 큰 영향을 받은 소련 정부는 뮌헨 위기 때 국외자로 제외되었음에도 불구하고 6자 회담을 제안했다. 그 문제에 대해서도 체임벌린은 확고한 태도를 보였다. 그는 사적인 편지에서 소련에 대한 깊은 불신을 고백했다. "나로서는 소련이 그렇게 하기를 바라고 있지만, 계속 공세를 유지할 능력이 있는지 의심스럽습니다. 그리고 소련의 동기에 대해서도 믿을 수가 없습니다. 소련의 의도는 우리가 가지고 있는 자유의 이상과는 아무런 관계가 없고 오직 모든 국가를 분쟁 상태에 두려는 것처럼 보이기 때문입니다. 게다가 소련은 많은 약소국들, 특히 폴란드, 루마니아, 핀란드 같은 나라의 불신과 혐오의 대상이 되어 있습니다."

따라서 소련의 6자 회담 제안은 냉담한 반응 속에서 받아들여지지 않았다.

영국 정부가 공식적으로 크게 기대하고 있었던 이탈리아의 추축국 이탈의 가능성도 사라져버렸다. 3월 26일, 무솔리니는 지중해에서 프랑스에 대한 이탈리아의 요구를 주장하며 격렬한 연설을 했다. 1939년 4월 7일 새벽, 이탈리아 군대가 알바니아에 상륙하여 간단한 접전을 벌인 뒤에 전 국토를 점령했다. 체코슬로바키아가 독일의 폴란드 침공을 위한 기지 역할을 했듯이, 알바니아는 이탈리아가 그리스에 대해서 행동을 취하고 유고슬라비아를 무력화하는 데에 필요한 도약대가 될 터였다. 영국 정부는 유럽 동북부의 평화를 위하여 일정한 역할을 해야 할 의무가 있었다. 그렇다면 유럽 동남부에 확산되고 있는 위협에 대해서는 어떠했는가? 이탈리아의 움직임을 확인하고 있었음에 틀림없는 지중해의 영국 함대는 여기저기 분산되어 있었다. 평화의 배는 모든 접합 부분에서 물이 새고 있었다. 보헤미아와 모라비아를 독일의 보호령으로 한다는 선언을 한 뒤 4월 15일, 괴링은 전쟁 준비를 위한 독일의 상황에 대해서 설명하기 위하여 로마로 가서 무솔리니와 치아노를 만났다. 같은 날 루스벨트 대통령은 히틀러와 무솔리니에게 친서를 보냈는데, 그 내용은 향후 10년 동안 "또는 먼 장래를 생각한다면,

25년 동안까지도" 침략 행위를 하지 않도록 촉구하는 것이었다. 무솔리니는 처음에는 그 메시지를 읽는 것을 거부했다가, 나중에 이렇게 말했다. "소아마비 탓이야!" 그는 훗날 자신이 더 불행한 일들에 고통을 당하리라고 생각하지는 못했던 것이다.

★ ★ ★ ★ ★

4월 27일, 체임벌린은 징병제를 도입하기 위한 중대한 결정을 내렸다. 바로 그 자신이 수차례에 걸쳐 반대를 맹세하다시피 했던 수단이었다. 그러한 뒤늦은 각성을 강제하도록 만든 인물은 육군부 장관 호어-벨리셔였다. 그는 확실히 그 일에 자신의 정치 생명을 걸고 있었다. 그의 수차례에 걸친 수상과의 면담은 대단한 면이 있었다. 그 어려운 시기에 나는 가끔 그를 만날 수 있었는데, 그로서는 사무실에 앉아 있는 하루하루를 마지막 날처럼 생각할 수밖에 없었다.

물론 그 단계에서 징병제의 채택이 당장 우리에게 군대를 제공한 것은 아니었다. 징병제는 20세가 되는 남성에게 적용될 뿐이었고, 그들은 훈련을 받아야 하고, 훈련을 마친 뒤 무장해야 했다. 그것은 프랑스나 폴란드를 비롯하여 우리가 보장에 대한 약속을 남발한 국가들에 대해서 아주 큰 영향을 주는 상징적 제스처였다. 토론 과정에서 반대 당은 의무를 다하지 못했다. 노동당이나 자유당이나 영국 사회에 항상 존재했던 강제 의무 병역에 반대하는 뿌리 깊은 오래된 편견과 맞서는 데에서 슬쩍 한발 물러났다. 두 당의 당수는 그 조치에 반대하는 이유를 찾았다. 그들은 모두 당의 노선에서 취하지 않으면 안 된다고 느낀 입장 때문에 고민하고 있었다. 그러나 두 당 모두 반대 입장을 고수했고, 온갖 이유를 열거했다. 결과는 당에 따라서 달랐지만, 보수당은 380대 140으로 그 정책을 통과시켰다. 나는 연설을 통해서 반대파에게 그 불가피한 조치를 지지해주도록 설득하는 데에 최선을 다했지만, 결국 아무 소용이 없었다. 나는 그들이 신임하지 않는 정부와 정면으로 부딪힐 때의 어려움을 충분히 이해할 수 있었다. 그렇지만 나는 그 사건을 여기 분명히 기록해야만 한다. 바로 그날 자유당과 노동당의 당원들이 정부를 비난할 수 있는 어떠한 권리도 인정할 수 없기 때문이다. 두 당은 그 사태와 관련하여 분명한 자신들의 방안을 보여주었다. 얼마 지나지 않아 그들은 진정한 방안을 제시할 터였다.

3월에 나는 이든과 30명 정도의 보수당 의원들과 함께 거국 정부 구성을 위한 결의안을 상정했다. 그해 여름 전국에서 그 결의안에 찬성하거나, 아니면 나나 이든의 입각을 지지하는 움직임이 꽤 크게 일어났다. 스태퍼드 크립스 경은 자신의 독자적인 위치에서 국가가 처한 위험에 대해서 심각하게 고민하고 있었다. 그는 나와 여러 각료들을 찾아다니면서 스스로 칭한 대로 "모두가 참여하는 정부"를 구성하라고 촉구했다. 나로서는 어떻게 할 방법이 없었다. 그러나 노동위원회[노-사-공익 대표로 구성됨/역주] 의장 스탠리는 깊은 감명을 받았다. 그는 수상에게 편지를 써서 내각을 재구성하는 데에 조금이라도 도움이 된다면, 자신의 자리를 내놓겠다고 했다. 체임벌린은 거기에 대한 공식적인 답신을 하는 것에 만족했다.

몇 주일이 지나면서 「데일리 텔레그래프」를 필두로 「맨체스터 가디언」이 주장을 강화했고 거의 모든 신문이 여론의 큰 물결을 반영했다. 매일 반복되는 그 표현을 보고 나는 깜짝 놀라지 않을 수 없었다. 수천 장의 대형 포스터가 런던 시의 게시판 가장자리에 수주일 동안 붙어 있었는데, 이렇게 씌어 있었다. "처칠은 돌아와야 한다." 다수의 남녀 젊은이들이 자발적으로 유사한 구호를 쓴 샌드위치식 플래카드를 몸에 걸치고 하원 앞을 왔다갔다 했다. 그와 같은 요란스러운 방식은 나와 아무 관계가 없었지만, 만약 내가 부름을 받았다면 당연히 정부에 참여했을 것이다. 거기서 나의 개인적인 행운은 다시 시작되었고, 그밖의 모든 것은 그 행운의 당연하고 자연스럽고 두려운 결과였다.

제16장

경계에서

영국과 독일 사이의 모든 관계가 종말을 고할 시기에 이르렀다. 히틀러가 집권한 이래로 두 국가 사이에 진정한 관계가 존재한 적이 없었다는 사실은 우리가 너무나 잘 알고 있다. 히틀러는 영국을 설득하거나 협박하여 동유럽에서 자유롭게 행동할 수 있게 되기만을 원했을 뿐이었다. 반면 체임벌린은 히틀러를 달래고 변화시켜 도덕적인 인간으로 이끌어야겠다는 희망을 품고 있었다. 그러나 영국 정부의 마지막 환상이 깨지는 순간이 오게 되었다. 영국 내각은 마침내 나치 독일이 전쟁을 계획하고 있다는 사실을 확인했고, 수상은 관련 국가에 효과적인 도움을 줄 수 있는지 여부에 관계없이 가능한 모든 방면에서 보장을 약속하고 동맹을 결성했다. 폴란드에 대한 보장에 이어 그리스와 루마니아에 보장을 약속하고, 터키와 동맹을 맺었다.

우리는 체임벌린이 뮌헨에서 히틀러가 서명했던, 헤스턴 공항에 착륙한 비행기를 내려올 때 군중들을 향해서 자랑스럽게 흔들어 보였던 그 슬픈 종잇조각을 상기하지 않으면 안 된다. 체임벌린은 그 종잇조각 속에서 그와 히틀러 사이에 그리고 영국과 독일 사이에 존재하는 것으로 생각했던 두 개의 약속, 즉 뮌헨 협정과 영독 해군 조약을 위해서 축원했다. 체코슬로바키아가 굴복함으로써 뮌헨 협정은 파기되었다. 그리고 영독 해군 조약은 4월 28일 히틀러에 의해서 무시되었다. 히틀러는 독일과 폴란드 사이의 불가침 협정도 폐기를 선언했다. 그 직접적인 이유는 폴란드가 영국과 상호

보장 협정을 체결했기 때문이었다.

　영국 정부는 폴란드와 루마니아에게 약속한 보장의 실질적 의미를 긴급히 고려하지 않으면 안 되었다. 두 국가에 대한 보장 협정은 러시아와의 일반 협정 범주 내에서만 군사적 의미를 가질 수 있었다. 4월 15일 모스크바에서 영국 대사와 리트비노프가 만나 회담한 것도 그러한 문제를 해결하기 위해서였다. 그때까지 소련 정부가 어떤 대우를 받았는지를 생각해볼 때, 그 회담에서 기대할 수 있는 것들은 많지 않았다. 그러나 4월 16일, 구체적인 내용이 발표되지는 않았지만, 영국, 프랑스 그리고 소련 사이에서 상호 지원의 공동전선을 결성하기로 하는 정식 제안이 이루어졌다. 3개국은, 가능하다면 폴란드와 함께, 독일 침공의 위험을 안고 있던 중부와 동부 유럽 국가들에 대한 안전보장을 약속하기로 했다. 그러한 협정에 대한 장애물은 독일에 대한 자국 방위에 소련의 도움을 받을 수밖에 없는 소련 국경 주변 국가들의 공포였는데, 그 도움이 소련군의 자국 영토 진입 형태로 이루어질 경우, 그들이 가장 격렬하게 싫어하는 소련 공산당 조직에 편입될지 모른다는 것이었다. 폴란드, 루마니아, 핀란드 그리고 발트 3국은 독일의 침략과 소련의 구원 중 어느 쪽이 더 두려운지 알 수가 없었다. 영국과 프랑스의 정책을 마비시킨 것은 바로 그러한 두려운 선택이었다.

　그러나 때늦은 생각이더라도, 영국과 프랑스가 러시아의 제안을 받아들여 3국 연합을 선언했더라면, 전시에 공동의 적과 싸우는 연합국 사이에 효과적으로 적용할 수 있는 조정 방식을 만들 수 있었을 것이다. 그러한 상황에서는 분위기가 달라진다. 전시의 연합국들 사이에서는 서로가 원하는 바를 많이 존중하는 경향이 생긴다. 전선에서 타격전이 벌어지면 평상시 꺼려하던 온갖 방식을 기꺼이 받아들이게 된다. 만약 대연합이 이루어졌다면, 그런 경우에 한 연합국은 다른 연합국의 허락 없이 그 영토에 들어가기가 쉽지 않았을 것이다.

다. 8월 19일 저녁, 스탈린은 공산당 정치국에 독일과 협정을 체결할 의사를 밝혔다. 8월 22일, 연합국 사절단은 저녁 때까지 보로실로프 원수를 만날 수가 없었다. 그 다음날 리벤트로프가 모스크바에 도착했다. 비밀 협정에서 독일은 정치적으로 라트비아, 에스토니아, 핀란드에 대해서는 관심이 없지만, 리투아니아는 독일의 영향권 내에 있어야 한다는 사실을 명백히 했다. 폴란드 분할의 구획선도 그랬다. 독일은 발트 해 연안 국가들에 대해서는 경제적 이익만을 주장했다. 독일과 소련 사이의 불가침 조약과 비밀 협정의 조인은 8월 23일 밤늦게 이루어졌다.*

이 장에서는 나는 모두 감정을 억제하고 사실만을 기술했다. 그럼에도 불구하고 두 국가의 전체주의적 독재 정권만이 어떤 비난에도 아랑곳하지 않고 태연히 그러한 비정상적인 행동을 할 수 있었다고 언급하지 않을 수 없다. 히틀러와 스탈린 중 누가 그런 행위를 더 혐오했는가가 궁금하기는 하다. 둘 다 그것은 임시방편이었을 뿐이라고 인식했을 것이다. 두 제국과 체제는 먹느냐 먹히느냐의 적대관계에 있었다. 스탈린은 서유럽 국가들과 일 년 정도 전쟁을 치르고 난 뒤에도 히틀러가 러시아에게 크게 두렵지 않은 러시아의 적이 될 것이라고 확신했다. 히틀러는 "한 번에 하나씩"이라는 자신의 방식에 따랐다. 독일과 소련의 그러한 협정 자체가 여러 해에 걸친 영국과 프랑스 양국의 외교 정책과 외교 협상의 가장 큰 실패로 기록될 것이다.

소련 입장에서 가장 중요한 것은 독일군의 배치 지점을 가능한 한 서쪽으로 멀리 떨어져 있게 만드는 일이었다. 광대한 소련 제국 영토에 배치되어 있는 자신의 모든 병력을 집결할 수 있는 시간을 벌기 위해서였다. 소련은 병력의 일부만 동원한 상태에서 서둘러 독일의 공격에 맞섰다가 패배한 1914년의 대참사를 가슴에 새기고 있었다. 그러나 이제 그때와는 달리 소련

---

* 뉘른베르크 재판 기록, 제10부, 210면 이하.

의 국경선은 훨씬 더 동쪽에 있었다. 소련으로서는 공격을 받기 전에 무력을 사용하든 속임수를 쓰든 발트 해 연안 국가들과 폴란드의 상당 부분을 미리 점령해둘 필요가 있었다. 소련의 정책이 냉혹한 것이라고 하더라도, 그 순간에는 고도로 현실적인 것이기도 했다.

조약의 내용을 여기 기록해두는 것은 아직 의미가 있는 일일 것이다.

양 당사국은 단독으로든 다른 국가와 협력해서든 어떤 형태로든 서로에 대하여 폭력의 행사, 침략 행위 그리고 공격을 하지 않을 의무를 가진다.

그 조약은 10년 동안의 효력을 담보로 하고, 유효 기간이 만료되기 1년 이전에 양 당사국 중 어느 한쪽이 폐기 통보를 하지 않으면 자동으로 5년 연장되었다. 협상 테이블 주변은 환호와 축배의 열기로 가득했다. 스탈린은 자발적으로 나서서 히틀러를 위한 건배를 제의했다. "나는 독일 국민이 총통을 얼마나 사랑하는지 잘 알고 있습니다. 따라서 총통의 건강을 위해서 건배하고자 합니다." 그 모든 과정에서 아주 흔하고 단순한 도덕률을 도출할 수 있을 것이다. "정직이 최선의 정책이다." 격언에 해당하는 몇 가지 사례를 여기서 읽을 수 있다. 교활한 인간이나 정치가들은 자신들의 정교한 계산에 의해서 잘못된 길로 들어서게 된다. 그러나 그것은 신호탄에 불과했다. 겨우 22개월 뒤에, 스탈린과 수백만 명의 러시아 국민은 가공할 만한 대가를 치러야 했다. 정부가 도덕적 양심을 포기하면 가끔 큰 이익이나 행위의 자유를 얻게 되는 것처럼 보일 수가 있다. 그러나 "하루를 결산하면 모든 결과의 득실은 같아지고, 전체 날짜를 결산하면 그 결과는 더욱 같아진다."

★ ★ ★ ★ ★

불길한 뉴스는 폭발하듯이 전 세계에 퍼져나갔다. 영국 정부가 그동안 어떠한 경험을 했는지 몰라도, 공포만큼은 겪어보지 못했다. 영국 정부는 지체 없이 "그러한 사태는 우리가 완전히 이행하기로 결정한 우리의 의무에 아무 영향도 미치지 못한다"고 선언했다. 즉시 경계 조치를 취했다. 해안 방어와 대공 방어의 주요 부대에 집결 명령을 내려 적의 공격에 취약한 지점을 지키도록 했다. 자치령과 식민지에 경계경보를 타전했다. 전투 부대 전체에 외출금지령을 내렸다. 해군부는 상선의 항해에 대해서 경보를 발동했다. 그밖에 여러 조치를 취했다. 8월 25일, 영국 정부는 폴란드와의 정식 협정 성립을 발표하고 이미 약속한 보장을 재확인했다. 그 단계의 조치로 영국이 폴란드 편에 설 수밖에 없다는 사실을 직면함으로써 독일과 폴란드의 직접 교섭에 따른 사태의 해결에 최선의 기회를 부여하려고 했다. 실제로 히틀러는 디데이를 8월 25일에서 9월 1일로 연기하고, 체임벌린이 원하는 대로 폴란드와 직접 교섭에 들어갔다. 그러나 히틀러의 목적은 폴란드와 협정을 맺는 것이 아니라 영국 정부에 어떻게 해서든지 보장 의무를 회피할 수 있는 기회를 주려는 데에 있었다. 영국 정부의 생각은 영국 의회나 국민과 마찬가지로 전혀 다른 차원이었다. 훈련을 싫어하고 거의 1,000년 전에 침공[980년의 바이킹의 재침공/역주]이 있은 이래 적군이 상륙한 적이 없는 영국이라는 섬나라 사람들은 위험이 가까이 다가와 커지면 점점 더 냉정해지고, 바로 눈앞에 들이닥치면 사나워지며, 사활의 문제가 되면 두려움을 잊어버린다. 이러한 습성 때문에 몇 번이나 구사일생의 막다른 지경으로 빠져들었다.

이미 그 이전에는 알지 못하고 있었는지 모르겠지만, 무솔리니의 서한을 통해서 히틀러는 전쟁이 시작되어도 이탈리아의 무력 개입은 기대할 수 없다는 사실을 알게 되었다. 막바지의 움직임에 대해서 무솔리니는 독일이 아니라 오히려 영국 소식통을 통해서 알게 된 것 같았다. 치아노의 8월 27일자 일기에는 이렇게 씌어 있다. "독일이 런던으로 보낸 제안의 내용을 영국이 우리에게 알려주었다. 우리는 그런 사실을 전혀 모르고 있었다."*
무솔리니에게 필요한 것은 오직 히틀러의 이탈리아의 중립적 태도에 대한
묵인이었다. 히틀러는 그것을 용인했다.

8월 31일, 히틀러는 "전쟁 수행 명령 제1호"를 발령했다.

1. 독일로서는 관용할 수 없는 동부 국경의 상황을 평화적 수단에 의해서 처리할
   수 있는 정치적 가능성은 이제 없어졌다. 따라서 나는 실력으로 해결하기로
   결심했다.

2. 폴란드에 대한 공격은 준비가 되는 대로 수행할 것이다……공격 날짜—
   1939년 9월 1일. 공격 시간 — 04 : 45[붉은색 연필로 썼다]

3. 서부에서는 적대적 행동의 개시에 대한 책임을 영국과 프랑스에게 명확하게
   지우는 일이 중요하다. 심각하지 않은 월경 행위에 대해서는 초반에 국지적
   대응을 하도록 한다.**

★ ★ ★ ★ ★

라인 전선에서 돌아온 나는 쾌청한 며칠 동안 발장 부인의 저택에서 시간
을 보냈는데, 그곳은 이브리 전투 전날 밤 나바라 국왕 앙리 4세***가 취침했
던 고성이었다. 함께 지낸 사람들은 모두 쾌활한 성격이었지만, 깊은 불안
감에 싸여 있었다. 무언가 생각에 잠긴 듯한 심각한 분위기에 그 아름다운
유르 강 계곡조차 빛을 잃어버린 것 같았다. 나는 그림을 그렸는데, 그러한
불안감 속에서는 아주 고통스러운 일이었다. 8월 26일, 귀국하기로 결심했

---

* 『치아노의 일기』, 136면.
** 뉘른베르크 재판 기록, 제2부, 172면.
*** 프랑스 국왕 앙리 4세(1553-1610, 재위 1589-1610)의 별칭. 나바라 왕(엔리크 3세. 재위
   1572-1589)이었으나, 프랑스 왕위를 계승하여 부르봉 왕조의 시조가 되었다. 그는 1890년
   의 이브리 전투(신교도 군대와 구교도 군대의 전투)에서 승리함으로써 그가 계승한 프랑스
   왕위를 확고하게 만들었다/역주

다. 최소한 영국에서라야 일이 어떻게 돌아가는지 알 수 있었을 것 같았기 때문이다. 나는 아내에게 적당한 때에 귀국할 것이라고 알렸다. 도중에 파리에서 조르주 장군과 점심 식사를 했다. 그는 프랑스와 독일 군대의 온갖 수치를 계산하면서 사단의 질적 차이를 분류했다. 그의 결론이 인상적이어서, 나는 비로소 이렇게 말했다. "하지만 당신들이 최고가 아닐까요?" 그가 대답했다. "독일군은 아주 강합니다. 도저히 우리가 먼저 공격할 수는 없습니다. 독일이 공격해온다면, 우리 두 나라가 힘을 합쳐서 의무를 다해야겠지요."

그날 밤 나는 차트웰에서 잤다. 그 다음날 아이언사이드 장군을 그곳으로 초대했기 때문이다. 아이언사이드는 막 폴란드에서 돌아온 길이었는데, 그의 보고에 의하면 폴란드 군대는 아주 희망적이었다. 그는 실제 상황과 같은 탄막 사격 아래에서 전개되는 사단 훈련을 보았는데, 인적 손실도 발생했지만 폴란드군의 사기는 높았다고 했다. 그는 3일 동안 나와 함께 지냈는데, 우리는 알 수 없는 일들을 가늠해보려고 애를 썼다. 그때 나는 작은 별장의 부엌에 벽돌 쌓는 공사를 끝냈다. 다가올 몇 년 동안 가족들과 함께 살기 위하여 지난 1년 동안 해왔던 일이었다. 아내는 나의 통지를 받고 됭케르크를 거쳐 8월 30일에 도착했다.

당시 알려지기로는 영국 내의 독일 나치 당은 2만 명의 조직이었다. 그들은 다른 우방 국가에서 행했던 전례에 따라 전쟁이 발발하기 전에 격렬한 예비 행동으로 사보타주나 살인을 저지를 것이었다. 그때 나는 정부의 공식적인 경호를 받지 않고 있었으며, 또한 요청하려고 하지도 않았다. 그러나 나는 나 자신이 신변 보호 대책을 강구해야 할 존재라고 생각했다. 히틀러가 나를 적으로 인식하고 있다는 사실을 확신할 수 있는 정보는 충분했다. 전에 내 경호를 맡았던 런던 경찰청의 형사 톰프슨 경위는 퇴직해 있었다. 나는 그에게 권총을 소지하고 다시 와달라고 부탁했다. 나는 여전히 성능이 좋은 개인 무기를 가지고 있었다. 그와 나는 한 사람이 잘 때 다른 한 사람이 경계했다. 따라서 아무도 쉽게 침입할 수 없었다. 그 시간 동안 나는 생각했다. 만약 전쟁이 일어난다면—누가 전쟁이 일어날 것이라는 사실을 의심할 수 있었을까?—무거운 짐이 나에게 부과될 것이라는 사실을.

제17장

황혼의 전쟁

    1939년 9월 1일 새벽, 독일은 폴란드 공격을 개시했다. 오전 중에 영국군의 총동원령이 발동되었다. 수상은 나에게 그날 오후 다우닝 가로 와달라는 통지를 했다. 그는 독일과의 전쟁을 피할 방법이 없다고 하면서, 전쟁을 수행하기 위하여 무임소 장관들로 구성되는 소규모 전쟁내각(War Cabinet)*을 제의했다. 그의 생각으로 노동당은 거국내각에 참여하지 않으려고 할 것이라는 말도 했다. 그러나 자유당은 함께할 것이라는 희망을 가지고 있었다. 그는 나도 전쟁내각의 일원이 되어달라고 요청했다. 나는 무조건 응했다. 그와 나는 인사와 전쟁 대책에 관하여 오랜 시간 의견을 나누었다.

    긴박한 위기의 날이었던 9월 2일, 하루 종일 체임벌린으로부터 아무 연락이 없어서 나는 놀랐다. 수상이 평화 유지를 위한 마지막 노력을 하고 있는 것은 아닌가 하는 생각이 들었는데, 그것은 사실이었다. 저녁에 의회가 열려 짧지만 격렬한 토론이 벌어졌는데, 수상은 우유부단한 태도로 연설했고 하원은 좋지 않게 받아들였다. 야당인 노동당을 대표하여 발언하려고 그린우드가 일어났을 때 보수당 쪽에서 애머리가 "영국을 위해서 말하라"고 고함을 질렀다. 그 말에 많은 박수가 터져나왔다. 하원의 분위기는 전쟁을 하자는 쪽으로 가고 있음이 명백했다. 내가 일역을 담당했던 1914년 8월 3일

---

* 로이드 조지는 제1차 세계대전 당시 수상 취임 직후, 자신이 애스퀴스 전임 수상에게 제안했던 비상 가동되는 5인 구성의 전쟁내각을 조직한 바가 있다/역주

의 광경보다 더 단호하고 결집하는 듯한 모습이었다. 뒤에 알게 되었지만, 영국은 9월 1일 9시 30분을 기하여 독일에 최후통첩을 보냈다. 그리고 이어서 9월 3일 오전 9시에 마지막 최후통첩을 했다. 3일 이른 아침의 라디오 방송은 오전 11시 15분에 수상의 담화가 발표될 것이라고 알렸다.

수상은 방송을 통해서 우리가 이미 전쟁 상태에 들어갔다고 했다. 그리고 그의 연설이 끝나기가 무섭게 이상하고 긴 울음소리 같은 잡음이 들렸는데, 그 소리는 그때 이후로 우리 귀에 아주 익숙하게 되었다. 내 아내는 긴장하여 방으로 뛰어들어와 독일군의 기민성과 정확성을 인정하지 않을 수 없다는 듯이 한마디했다. 우리는 사태가 어떻게 돌아가고 있는지 알아보기 위하여 옥상으로 올라갔다. 주변의 어느 쪽을 둘러보아도 맑고 서늘한 9월의 빛 속에 런던의 지붕과 첨탑들이 솟아 있었다. 그 위로 어느새 30-40개의 원통형 기구가 천천히 올라가고 있었다. 그렇게 준비의 흔적이 뚜렷한 것을 보고 우리는 정부에 대해서 좋은 평가를 했다. 공습 15분 전에 발령하는 예고 시간이 거의 다 되어 가고 있었기 때문에 브랜디 한 병과 비상약품 등을 챙겨 들고 우리에게 배정된 대피소로 달려갔다.

대피소는 도로 아래쪽으로 100미터 가량 떨어진 곳에 있었는데, 그냥 개방된 지하실이었으며 모래주머니조차 비치되어 있지 않았다. 이미 여섯 동의 아파트 거주자들이 모여 있었는데, 모두 유쾌하게 농담을 주고받았다. 미지의 대상을 맞이할 때 보이는 영국인의 태도였다. 나는 입구에 서서 텅 빈 거리와 사람들이 북적거리는 대피소 방을 응시했다. 그때 적기의 비행 소리 아래 펼쳐지는 폐허와 시신, 천지를 뒤흔드는 대폭발, 먼지와 잡동사니 속에서 무너지는 건물, 연기 속으로 황급히 달려가는 소방대와 앰뷸런스 등이 내 상상 속에 펼쳐졌다. 공습이 얼마나 끔찍한 것인지 우리는 모두 들어서 알고 있지 않았던가? 공군부는 그들의 자긍심이 자연스럽게 노출되어 자신의 역량을 과대평가하고 있었다. 평화주의자들은 대중의 공포를 이

업무를 수행하며 세계 각지로 운항했다. 그런데 특히 서유럽 근해에서 용의주도하게 미리 배치된 유보트의 공격을 받았다. 바로 그날 밤 9시, 외해쪽으로 출항한 1만3,500톤급 여객선 아테니아 호가 어뢰에 침몰하여 미국인 28명을 포함한 112명의 희생자를 냈다. 몇 시간도 지니지 않아 전 세계가 분노했다. 독일 정부는 미국이 오해하지 않도록 즉시 성명을 발표했는데, 독일과 미국 사이의 관계를 깨뜨리려고 영국 해군부 장관인 내가 아테니아 호에 폭발물을 설치하도록 지시했다는 것이었다. 그 거짓말을 몇몇 비우호적인 쪽에서는 사실로 받아들였다. 5일과 6일에는 보스니아 호, 로열 셉터 호, 리우 클라루 호가 스페인 연안에서 격침되었다. 모두 중요한 선박들이었다.

영국은 대잠함정을 증강하기 위한 포괄적 계획이 해군부에 있었다. 전시 건함 계획으로 보조 함정들을 포함하여 대소형 구축함, 순양함에 대한 구체적인 안이 만들어져 있었고, 전쟁 개시와 함께 자동으로 작업에 들어갔다. 이전의 해상 충돌에서 호송이 얼마나 중요한지 드러났기 때문에, 아테니아 호 사건 이후에 북대서양에서 계속 선박 호송을 하기로 했다. 9월이 지나기 전에 정기 호송제도가 실행에 들어갔다. 외해로 나가는 선박을 위해서 템스강과 리버풀에서 시작했고, 내항으로 들어오는 선박을 위해서는 핼리팩스, 지브롤터 그리고 프리타운에서 시작했다. 영국 본토에 식량을 공급하고 전쟁을 수행하는 데에 필요한 국력을 증강시켜야 할 절박한 시기에 남아일랜드의 항구들이 마비된 것은 어처구니없는 사태였다. 그 결과 이미 부족해지기 시작한 우리 구축함의 행동반경은 심각하게 축소되었다.

★ ★ ★ ★ ★

선박 호송 체계 다음으로 해군에 가장 필요한 것은 안전한 함대 기지였다. 독일과의 전쟁에서 스캐퍼 플로는 영국 해군이 출동하여 북해의 출구를 관리하고 봉쇄할 수 있는 진정한 전략적 요충지였다. 나는 가능한 한 빨리 스캐퍼부터 가보아야 한다고 생각했다. 그리하여 매일 열던 내각 회의에서 휴가를 얻어 9월 14일 밤 소수의 수행원과 함께 웍을 향해서 떠났다. 그 다음 이틀 동안은 스캐퍼의 항만과 수중 방어 시설 및 그물을 설치한 항구를 살펴보았다. 그 시설이 제1차 세계대전 때와 같이 잘 작동하고 또 보강과 개선이 이루어지고 있으며 일부는 시공 중이라는 말을 듣고 안심했다. 나는 해군 총사령관 찰스 포브스와 함께 기함 넬슨 호에서 지냈는데, 포브스를 비롯한 다른 간부 장교들과 함께 스캐퍼는 물론 해군의 전반적인 문제에 관하여 토론했다. 함대의 나머지는 만(灣)의 후미인 라크 이위에 숨겨놓았는데, 17일 제독은 넬슨 호에 나를 태워 거기로 갔다. 만의 후미로 들어가는 좁은 입구는 몇 개의 표지망으로 닫혀 있었으며, 잠수함 탐지기와 수중 폭뢰를 장착한 초계정과 감시정이 다니고 있어 아주 복잡했다. 주변은 온통 자줏빛의 스코틀랜드 구릉이 장관을 이루고 있었다. 그 순간 내 상념은 25년 전의 9월로 돌아갔다. 나는 바로 이 만에서 존 젤리코 경[제1차 세계대전 당시 영국 본토 함대사령관/역주]과 그의 함장들을 만났다. 그때도 바로 지금 우리를 괴롭히고 있는 것과 같은 불확실성에 사로잡힌 채 닻을 내리고 있는 전함과 순양함의 긴 대열과 함께 서 있었던 그들의 모습이 떠올랐다. 당시의 함장이나 제독들은 대부분 사망했거나, 이미 오래 전에 은퇴했다. 다시 방문했을 때 만난 책임자급의 고위 간부들은 그 옛날 당시에는 젊은 중소위 혹은 사관후보생이었었다. 제1차 세계대전 전에 나는 해군의 고급 사관들과 알고 지내기도 하고, 임명 승인도 하며 3년이라는 준비 기간을 가질 수 있었는데, 이제는 모두 새 인물 새 얼굴이었다. 철저한 규율, 스타일과 태도, 의전적 관행 같은 것은 변하지 않고 옛날 그대로였다. 그러나 완전히 다른 세대의 인물들이 제복과 직책의 주인이 되었다. 대부분의 군함들이 지난날 내 재임 기간 중에 건조된 것들이었다. 새로 건조된 것은 한 척도 없었다. 마치 전생에 다시 나타난 듯한 기묘한 느낌이 들었다. 나만이 오래 전에 차지하고 있던 자리에서 살아남아 그대로 계속 그 자리를 유지하고 있는 것 같은 생각이 들었다. 그러나 그것만이 아니었다. 그때의 위험 역시 여전히 존재하고 있었다. 파도의 저 밑바닥에서부터 오는 위험, 그것은 더 강력해진 유보트로부터 오는 더 심각한 것이었다. 하늘로부터의 위험, 그것은 피신처에서 구경하는 대상이 아니라 정면으로 달려드는 격렬하고 파괴적인 공격이었다!

그와 같이 시간의 간격을 두고 똑같은 끔찍한 과정을 두 번씩 겪은 사람은 나밖에 없었다. 아무도 나처럼 정상의 위치에서 위험과 책임을 동시에 느끼지 못했을 것이다. 마찬가지로 거함이 가라앉고 전세가 나쁘게 돌아갈 때 해군부 장관이 어떤 대접을 받는지 그 밑바닥까지 내려가서 이해하는 사람도 없을 것이다. 만약 우리가 실제로 같은 과정을 다시 한번 겪게 된다면, 나는 또 한번 해임의 쓰라림을 견뎌야 한단 말인가? 피셔, 윌슨, 배턴버그, 젤리코, 비티, 파케넘, 스터디, 그들은 모두 사라지고 없다!

불은 꺼지고
꽃잎은 모두 시들고
사람들은 떠나 축제의 방은 비었는데
그 혼자 떠나는구나
외로이 옮기는 발걸음
내가 그를 닮았네

그리고 우리는 극단적이고 무한한 시련에 다시 빠지고 말았단 말인가? 폴란드는 비탄의 구렁텅이에 떨어지고, 프랑스는 지난날의 용맹의 열정을 상실하고, 러시아라는 거인은 더 이상 연합국이 아닐 뿐만 아니라 중립은커녕 적이 될지도 모른다. 이탈리아는 우방이 아니다. 일본은 연합국이 아니다. 미국은 다시 참전할 것인가? 대영제국은 조금도 손상되지 않은 채 그대로 영광스럽게 단결하고 있지만, 준비가 부족하여 나서지 못한다. 우리는 여전히 해상권을 장악하고 있다. 그러나 하늘에서 생사를 결정하는 신무기의 수에서는 놀랄 정도로 뒤져 있다. 어느덧 빛이 풍경 속으로 사라졌다.

우리는 인버네스에서 기차를 타고 그날 오후부터 밤새 런던으로 왔다. 다음날 아침 유스턴에 도착했을 때 해군참모총장이 플랫폼에 나온 것을 보고 놀랐다. 파운드 제독의 표정은 침통했다. "장관님, 좋지 못한 소식이 있습니다. 어제 저녁 브리스틀 해협에서 커레이저스가 침몰했습니다." 커레이저스는 영국에서 가장 오래된 항공모함 중의 하나였으나, 당시에는 꼭 필요한 군함이었다. 나는 참모총장이 직접 보고한 데 대하여 고맙다는 표시를 하고 이렇게 말했다. "지금 전쟁을 하고 있는 이상 그런 사건은 수시로 일어날 수밖에 없겠지요. 나는 전에도 그런 일을 여러 번 당했습니다." 우선 목욕을 하고, 다시 새날의 일을 시작하기로 했다.

★ ★ ★ ★ ★

9월이 끝날 때까지 해상 전투의 첫 결과에 대해서 불만스러운 점은 거의 없었다. 나로서는 경험을 통해서 누구보다 잘 알고 소중히 여기고 있는 위대한 해군부를 효과적으로 운영했다고 생각했다. 당면한 문제는 무엇이며 앞날의 과제가 무엇인지도 알았다. 모든 것을 알고 있었다. 나는 모든 주요 군항을 방문했고, 모든 사령관을 만났다. 해군부 설치 재가서에 보면, 장관은 "해군부의 모든 업무와 관련하여 왕실과 의회에 책임을 진다"라고 되어 있다. 따라서 나는 형식적으로 또 실질적으로 그 임무를 수행할 각오를 다졌다.

우리는 평화에서 전쟁 상황으로 거대하고 미묘하며 아슬아슬한 전환을 하게 되었다. 처음 몇 주일 동안은 공식 국제 협정을 위반하는 독일 잠수함의 무차별한 공격을 받고 상선들이 피해를 입는 대가를 치러야 했다. 그러나 호송 제도가 완전히 가동하게 되었고, 따라서 수많은 상선이 총포와 훈련된 유능한 저격수들과 함께 매일 출항했다. 잠수함 탐지기를 갖춘 트롤선이나 수중폭뢰를 장착한 소형 함정들은 전쟁이 일어나기 전부터 이미 잘 준비된 상태였기 때문에 임무에 따라서 활발하게 움직였다. 우리는 독일 유보트의 영국 상선에 대한 첫 공격이 실패로 끝났으며, 그 위협은 철저히 제어할 수 있었다고 확신했다. 독일은 수백 척씩 잠수함을 건조하고 있는 것이 분명했다. 선대 위에서 완성되기까지의 여러 공정 단계에서 무수한 장애가 있다는 것은 의심의 여지가 없었다. 12개월 이내에, 확실하게는 18개월 이내에 본격적인 유보트전이 개시될 것으로 예상되었다. 그러나 그때까지 우리는 최우선으로 삼고 있는 다수의 구축함과 대잠수함정이 준비되어 적절하고 효과적으로 대응할 수 있으리라는 희망을 가졌다.

프랑스로 가는 원정군의 수송은 원활히 진행되었다. 해상에서 독일의 봉쇄는 제1차 세계대전 때 사용했던 것과 같은 방법으로 이루어졌다. 우리 순양함은 영해 밖에서 독일 선박 나포에 나섰고, 동시에 적의 기습에 대해서 영국 선박을 호위하는 임무도 맡았다. 그리하여 독일의 해상 운항은 완전히 중지되었다. 총 75만 톤에 이르는 324척의 독일 선박이 외국 항구에 묶여 있었다. 연합국들도 각자의 역할을 맡아 참여했다. 프랑스는 지중해 지배에 중요한 역할을 분담했다. 프랑스 해군은 본국 해역과 비스케이 만에서 유보트와의 전투를 지원했다. 그리고 중부 대서양에서는 다카르에 기지가 있는 강력한 프랑스 함대가 적군의 해상 기습 함대에 대응하기 위한 연합군 작전 계획의 일부에 들어가 있었다.

1939년 9월, 기쁘게도 루스벨트 대통령의 친서를 받았다. 나는 제1차 세계대전 때 그를 한 번 만난 적이 있을 뿐이었다. 그레이의 한 작은 호텔에서 열린 만찬 때였는데, 젊음과 패기가 넘치는 그의 압도적인 모습에 깊은 인상을 받았다. 그러나 거기서는 인사밖에 할 기회가 없었다. 그의 편지는 9

월 11일에 쓴 것이었다. "귀하께서 다시 해군부로 돌아오게 된 것이 저에게는 얼마나 기쁜 일인지 알아주셨으면 합니다. 왜냐하면 지난 제1차 세계대전 때 귀하와 나는 비슷한 위치에 있었기 때문입니다. 귀하의 일이 새로운 변수들 때문에 복잡하게 얽히게 되었다는 것을 알고 있습니다만, 제 생각으로는 본질적인 것에는 큰 차이가 없다는 것입니다. 귀하와 수상께 드릴 말씀은, 저에게 알려야 할 일이 있으면 언제든지 개인적인 연락을 주시기를 기다리겠다는 것입니다. 귀하께서는 귀하의 외교 파우치나 아니면 저의 외교 파우치를 통해서 봉함 서한을 보낼 수 있을 것입니다."

나는 "수병(Naval Person)"이라고 서명하여 흔쾌하게 답신을 보냈다. 그리하여 그 길고 기념비적인 교신이 시작되었다. 그와 나는 각자 거의 1,000통에 달하는 통신을 그가 생을 다할 때까지 5년 동안 계속 주고받았다.

★ ★ ★ ★ ★

10월, 가장 민감한 지점에서 해군부에 일격을 가하는 사건이 갑자기 터졌다.

1914년 10월 17일 밤이었다. 스캐퍼 플로 항구 안에 유보트가 잠입했다는 보고 때문에 대함대가 바깥 바다로 피한 것이다. 그러나 그 경보는 너무 성급한 것이었다. 이제 정확히 25년이 지난 거의 바로 그날 무렵에 그것은 현실이 되었다. 1939년 10월 14일 오전 1시 30분, 한 척의 유보트가 과감하게 조류를 헤치고 우리 방어망을 돌파한 다음 정박 중이던 전함 로열 오크호를 침몰시켰다. 처음에는 발사된 어뢰 중 오직 한 발만이 함수에 명중하여 둔탁한 폭발음을 냈다. 스캐퍼 플로에서는 안전하다고 믿었기 때문에 함상에 있던 제독이나 함장은 그것이 어뢰라고는 생각할 수가 없었다. 따라서 내부적 원인에 의한 폭발로 판단했다. 폭발의 진짜 원인이었던 유보트가 다시 장전하여 두 번째 연발 발사를 한 것은 20분이 지난 뒤였다. 서너 발의 어뢰가 연속적으로 명중하여 함저 부분이 찢겨나갔다. 10분 만에 전함은 전복되어 가라앉았다. 대부분의 병사들은 전투 태세에 있었는데, 배가 뒤집히는 속도 때문에 함저에서 탈출하는 것은 불가능했다.

독일 유보트의 함장 프린의 무공으로 돌려야 마땅할 그 사건은 여론에 큰 충격을 주었다. 그것은 사전 준비 책임이 있는 장관에게는 정치적으로 치명적인 사건이었다. 나는 취임 초기였고, 초기에 일어난 사건이었기 때문에 비난을 면했다. 야당에서도 그 사건을 이용하려고 들지는 않았다. 나는 가장 엄정한 조사를 받겠다고 다짐했다. 그 사건은 스캐퍼를 기지로 사용하기 전에 어떠한 형태의 공격에도 안전할 수 있도록 완벽한 방어 태세를 갖추는 것이 얼마나 중요한 조치인가를 잘 보여주었다. 스캐퍼가 가진 요충지로서의 이점을 충분히 이용할 수 있게 된 것은 그로부터 6개월이 지난 뒤였다.

얼마 지나지 않아 가공할 만한 새 위험이 우리의 목숨을 위협했다. 9월과 10월 중에 거의 10척이 넘는 선박이 한 항구 입구에서 침몰했다. 항구 입구는 모두 적절하게 기뢰 제거 작업을 마친 곳이었음에도 그러했다. 해군부에서는 즉시 자기기뢰(磁氣機雷)가 사용된 것이 아닌가 의심했다. 그것은 우리에게 진기한 물건은 아니었다. 제1차 세계대전이 끝날 무렵 우리도 소규모로 사용한 적이 있었다. 그러나 배나 비행기를 이용하여 상당히 바다 깊이 설치한 대형 기뢰에 의해서 일어날 수 있는 무서운 파괴력은 충분히 알지 못했다. 그러한 기뢰라면, 견본이 없는 한, 대책을 강구할 수가 없었다. 9월과 10월에 걸쳐 기뢰에 의한 손실은 대부분 연합국과 중립국이 입은 것인데, 모두 5만6,000톤에 이르렀다. 이에 고무되어 히틀러는 11월이 되자 대비 조치가 불가능한 신형 "비밀 무기"를 비밀리에 설치했다. 어느 날 밤, 차트웰에 있는 나를 파운드 제독이 심각한 표정으로 찾아왔다. 템스 강 입구에서 선박 6척이 침몰했다는 것이었다. 매일 수백 척의 배가 영국의 항구를 드나들며, 우리는 그 수송에 의존하여 생활했다. 히틀러의 전문가들은 그러한 형태의 공격으로 영국을 파멸에 이르도록 할 것이라고 말했을지 모른다. 그러나 다행히도 히틀러는 소규모로 계획을 시작했기 때문에 그 비밀 무기의 비축이나 제작 능력에 한계가 있었다.

운명은 우리 편이었다. 11월 22일 밤 9시에서 10시 사이에 독일 비행기 한 대가 낙하산을 매단 커다란 물체를 슈베리니스 인근 바다에 떨어뜨리는 것이 관찰되었다. 그 부근의 해안은 거대한 진흙 지대로 둘러싸여 썰물 때면 바닥이 거의 드러나 수심이 깊지 않은 곳에서는 그 물체가 무엇인지 즉시 확인할 수 있었으며, 수거하는 것도 가능했다. 그것은 우리에게 절호의 기회였다. 그날 밤 자정이 되기 전에 고도로 숙련된 장교 두 명이 해군부로 불려 왔다. 수중 무기 개선의 임무를 수행하는 군함 버논 호의 오브리 대위와 루이스 대위였다. 나는 해군참모총장과 함께 그들을 면담하고 그들의 계획에 대해서 들었다. 두 사람은 새벽 1시 30분에 그 낙하물을 인양하는 위험한 임무를 수행하기 위하여 서턴드를 향해 차로 출발했다. 23일 동이 트기 전까지 칠흑 같은 어둠 속에서 신호등 하나에만 의지한 채 만조 기준으로 수심 약 450미터 아래 지점에서 기뢰를 발견했다. 그러나 그때 밀물로 수위가 높아지기 시작하여 확인만 할 수 있었을 뿐이었고, 만조 이후에 다시 시도하기 위한 준비를 했다.

위험한 작업은 오후 일찍부터 시작되었다. 첫 번째 기뢰 가까이에서 두 번째 기뢰가 진흙 속에서 발견되었다. 오브리는 볼드윈 상사와 함께 첫 번째 기뢰에 접근했다. 그동안 루이스와 일등수병 번콤은 사고에 대비하여 안전거리를 유지한 채 대기했다. 예정된 동작이 끝날 때마다 오브리는 루이스에게 신호를 보냈다. 보고 익혀야 두 번째 기뢰의 해체 작업에 도움을 받을 수 있었기 때문이다. 결국 첫 번째 기뢰를 해결하는 데에 네 명 전원의 공동 노력이 필요했고, 그들의 기술과 노력은 충분히 보상을 받았다. 그날 저녁 네 명 중 한두 사람이 해군부로 와서 기뢰는 아무 손상도 없이 획득했

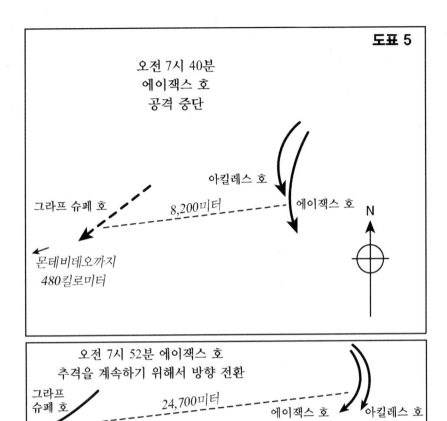

도표 5

오전 7시 40분
에이잭스 호
공격 중단

아킬레스 호

그라프 슈페 호   8,200미터   에이잭스 호   N

몬테비데오까지
480킬로미터

오전 7시 52분 에이잭스 호
추격을 계속하기 위해서 방향 전환

그라프
슈페 호   24,700미터
에이잭스 호   아킬레스 호

54분, 해가 지고 난 그때 에이잭스의 함재기는 이렇게 보고했다. "그라프 슈페가 자폭함." 자신의 배를 잃은 랑스도로프는 절망하여 이틀 뒤 총으로 자살했다.

그리하여 대양의 영국 통상에 대한 첫 번째 해상 도전은 끝이 났다. 그뒤 1940년 봄, 위장 상선을 이용한 새로운 기습은 더 이상 이루어지지 않았다. 위장 상선은 발견하기가 더 어려워졌다. 그러나 반면에 포켓 전함을 파괴하는 데에 필요한 것보다 더 적은 전력으로 해결될 수 있었다.

제19장
프랑스 전선

개전과 함께 영국은 즉시 영국 원정군, "B.E.F.(British Expeditionary Force)"를 프랑스로 보내기 시작했다. 10월 중순까지 영국군 4개 사단이 2개 정예 군단으로 편성되어 프랑스-벨기에 국경을 따라 포진했다. 그리고 1940년 3월 6개 사단이 추가되어 모두 10개 사단이 되었다. 병력이 증가함으로써 우리는 더 많은 전선을 인수했다. 물론 우리 영국군은 어느 지점에서도 적과 조우하지 않았다.

영국 원정군이 정해진 지점에 도착했을 때 전선을 따라 인공 대전차호가꽤 완벽한 상태로 준비되어 있었으며, 기관포와 대전차포를 따라 종사(縱射)할 수 있는 크고 눈에 잘 띄는 토치카가 약 1킬로미터마다 설치되어 있었다. 물론 철조망도 쳐져 있었다. 그 낯선 가을과 겨울 동안 영국군이 한 작업 중에서 많은 부분은 프랑스군이 만든 방어벽을 개선하여 일종의 지크프리트 선을 만드는 것이었다. 서리가 내리는 추위에도 불구하고 작업은 신속하게 진행되었다. 항공사진을 통해서 독일군이 그들의 지크프리트 선을 모젤 강에서 북방으로 연장해 가는 속도를 확인할 수 있었다. 독일은 국내 자원과 강제 동원된 노동력으로 많은 이점이 있었지만, 우리도 결코 뒤지지 않는 것 같았다. 대형 기지를 건설하고, 도로를 개량했으며, 150킬로미터가 넘는 광궤 철도를 부설했다. 50개에 달하는 새 비행장과 보조 활주로를 건설하거나 보수했다. 아군의 전선 배후에는 수송망에 따른 보급소에 대량의 군수품과 무기를 집결시켰다. 센 강과 솜 강 사이에 10일분의 보급품을, 솜 강 북방에는 추가로 7일분의 보급품을 저장했다. 그 추가 보급품은 훗날 독일군에게 방어선이 돌파당했을 때 우리 군대를 구할 수 있었다. 점차적으로 전선이 평온해졌던 시기에는 르 아브르 이북의 항구들을 차례로 사용하게 되었고, 마지막에는 13개의 프랑스 항구 전부를 우리가 사용할 수 있게 되었다.

★ ★ ★ ★ ★

1914년 당시에는 프랑스 육군과 국민의 사기는 1870년 이래 노소를 불문하고 불타올라 격렬하게 공격적이 되었다. 그들의 원칙은 수적으로 열세인 국가가 침략을 당했을 때에는 시시각각 전략적이고 전술적인 반격으로만 대응할 수 있다는 것이었다. 그러나 오늘의 프랑스는 오래된 적을 향해 돌진하던 1914년 8월의 프랑스가 아니었다. "복수"의 정신은 그 사명을 끝내고 승리 속에서 스스로 소진되어버렸다. 그런 정신을 키워준 지도자들은 이미 사라진 지 오래였다. 프랑스 국민은 150만 명의 인명을 잃는 가공할 대학살을 경험했다. 대다수의 프랑스 인에게 공격 행위란 1914년 전쟁의 맹공격에서 경험한 최초의 실패, 1917년 니벨 장군의 격퇴, 솜 전투와 파상델의 장기간의 고전, 그리고 무엇보다 현대식 무기의 화력이 지닌 파괴력과 관련되어 각인되어 있었다. 프랑스나 영국이나 모두 장갑차가 포화 속에서 하루에 50킬로미터 이상 전진할 수 있다는 일련의 사실에 대해서 이해가 부족했다. 그러한 주제에 관한 계몽적 저서를 몇 해 전에 드골 장군이 출간했는데, 아무런 반응이 없었다. 전시 최고회의의 페탱 원수의 권위는 새로운 사상에 문을 닫고 특히 기묘하게도 "공격용 무기"에 대하여 냉담한 태도를 보임으로써 프랑스 군대의 사고에 영향을 미쳤다.

훗날 프랑스의 마지노 선 정책은 자주 비난의 대상이 되었다. 그것은 확실히 수동적인 정신 형성에 기여했다. 그러나 수백 킬로미터의 전선을 방어하는 데에는 가능한 한 요새를 이용하여 먼저 공격을 차단한 뒤에 방어적 상태에 있는 군대를 효과적으로 활용하는 동시에 미래의 가능한 공격 행위에 대해서 "배출구를 마련하는" 방식은 항상 현명한 예방책이 된다. 프랑스의 전쟁 기획에 적절하게 활용되었더라면, 마지노 선은 대단히 큰 도움이 되었을 것이다. 그것은 아주 중요한 반격을 오랜 시간에 걸쳐 연속적으로 가능하게 하며, 무엇보다 일반 예비부대나 "대규모 기동부대"를 집결시키는 수단으로 전선의 광범위한 지역을 봉쇄하는 데에 유효적절했다. 프랑스와 독일의 인구 불균형을 고려하면, 마지노 선은 아주 현명하고 신중한 수단으로 평가되어야 한다. 마지노 선이 최소한 뫼즈 강을 따라 연장되어 있지 않았다는 사실은 실로 의외였다. 그랬더라면 마지노 선은 든든한 방어벽이 되어 신중하고 날카로우며 공세적인 프랑스의 칼을 마음대로 휘두르게 할 수 있었을 것이다. 그러나 페탱 원수는 마지노 선의 확장에 반대했다. 그는 자연 조건을 이유로 아르덴은 적의 침입로에서 제외해도 좋을 것이라고 강력하게 주장했다. 따라서 아르덴은 제외되었다. 나는 1937년 메츠를 방문했을 때 지로 장군으로부터 마지노 선의 공격적 개념에 대한 설명을 들은 적이 있었다. 그러나 그 개념은 제대로 실현되지 못했다. 마지노 선은 아주 많은 잘 훈련된 상비군과 기술 하사관들을 묶어두었을 뿐만 아니라, 군사 전략과 국방을 전면적으로 약화시키는 결과를 초래했다.

새로운 공군력은 모든 작전에서 혁신적인 요소였다. 당시에는 어느 쪽이든 비행기의 수가 부족했다는 점을 감안하면 공군력의 효과가 과장된 면이 있었지만, 대군이 공격에 나섰을 때 집결과 통신을 방해함으로써 공군력의 효과는 방어하는 쪽에 더 유리하다고 보았다. 프랑스군 최고사령부는 독일의 비행기 수가 연합군의 경우와 마찬가지로 그러한 임무를 수행하기에는 턱없이 부족했음에도 불구하고, 병력 동원 기간조차도 철도의 중심축이 파괴당할 가능성 때문에 매우 위험한 시간이라고 생각하고 있었다. 공군 수뇌부의 그러한 생각은 전쟁 후반부에 가서 공군력이 10배 또는 20배 증강된 뒤에 정당한 것으로 드러났지만, 개전 초기에는 그러한 생각은 아직 확고하지 않았다.

★ ★ ★ ★ ★

육군부는 언제까지나 지난 제1차 세계대전에 대한 준비만 하고 있다는 영국 사람들의 농담이 있다. 그런데 그 말은 어쩌면 육군부 외의 다른 부처나 다른 나라에서도 사실일 수 있다. 프랑스 육군의 경우에는 틀림없는 사실이었다. 나는 아주 강력하게 방어가 이루어지기만 하면, 공격보다는 방어 쪽의 힘이 더 우세하다고 생각했다. 나는 새로운 판도의 관측에 대하여 책임도 없을 뿐만 아니라 계속해서 정보를 제공받지도 못했다. 나는 제1차 세계대전 때의 대살육이 프랑스 인들의 정신을 깊이 부식시키고 있다는 사실을 깨달았다. 독일은 지크프리트 선을 구축할 시간적 여유가 있었다. 그 화염과 콘크리트 벽을 향하여 살아남은 프랑스 남성들을 덤벼들게 한다는 것은 얼마나 놀라운 일인가! 제2차 세계대전이 발발하고 난 뒤 초기 몇 개월 동안 나의 전망도 방어전에 대한 일반적 견해에 반하는 것은 아니었다. 대전차 장애물이나 야포를 교묘하게 배치하고 적절한 양의 탄약만 있으면, 자연적이든 인공적이든 어둠 속이나 농무 속이 아니라면 전차를 저지하거나 격퇴할 수 있다고 믿었다.

전지전능한 신이 그 충복들에게 내린 문제는 같은 방식으로 두 번 이상 되풀이되지 않는 법이다. 설사 그렇게 보이더라도, 거기에는 서투른 일반화를 깨뜨려버리는 무언가 다른 점이 있기 마련이다. 인간의 마음은 아주 특별한 천재성에 의해서 인도되지 않는 한, 고정관념 속에서 길러지기 때문에, 고정관념을 극복할 수가 없다. 아군과 적군은 8개월 동안 활발한 움직임을 보이지 않았는데, 그 직후에 히틀러의 대규모 공세의 파도가 쇄도했다. 방탄장갑차 혹은 중(重)장갑차 집단을 선두로 하여 온갖 방어망을 돌파하며 그들은 밀고 들어왔는데, 사상 처음으로, 심지어 총포의 발명 이래 최초로 전장에서 포가 일시적으로 무기력하게 되었다. 그리고 화력의 증가가 실제 전장에서 인명의 손실을 적게 한다는 사실을 알게 되었다. 필요한 진지의 수비를 아주 소수의 병력으로 할 수 있게 됨으로써, 표적이 되는 인간의 수가 훨씬 감소되었다.

어쨌든 프랑스군이 대공격을 감행할 수 있었던 가장 빠른 시기는 9월의 세 번째 주말이었다. 그러나 그때 폴란드 전투는 이미 끝난 뒤였다. 10월 중순까지 서부 전선에 배치된 독일군은 70개 사단이었다. 서부에서 프랑스군의 수적 우세는 덧없는 과거의 일이 되어갔다. 프랑스의 동부 전선 공격은 그들에게는 훨씬 더 중요한 북부 전선을 비워두는 결과가 될 것이었다. 설사 프랑스군이 동부전선에서 행동 개시와 함께 초반에 성공을 거둔다고 하더라도, 승리한 상태 그대로 유지하는 일은 한 달을 넘기기가 극히 어려울 것이었다. 그리고 북부에서 독일군 전력의 반격에 그대로 노출될 터였다.

"폴란드가 함락될 때까지 왜 가만히 기다리고만 있었는가?"라는 질문에 대한 대답이 바로 그것이다. 그러나 그 전쟁은 이미 수년 전에 패배한 전쟁이었다. 1938년 체코슬로바키아가 아직 존재하고 있었을 때만 하더라도 승리의 기회가 있었다. 1933년 제네바의 국제연맹 회의에서 결의서 한 장만 채택했더라도, 피 한 방울 흘리지 않고 독일을 굴복시켰을 것이다. 1939년에 위험을 무릅쓰지 않았다고 하여 가믈랭 장군만을 비난할 수도 없다. 당시의 위험은 프랑스와 영국 정부도 움츠러들었을 정도였던 그 이전의 위험 이후 아주 커져 있었기 때문이다.

★ ★ ★ ★ ★

독일이 프랑스를 공격할 가능성은 얼마나 되었는가? 물론 거기에는 세 가지 방법이 열려 있었다. 첫째, 스위스를 통과하여 침공하는 방법이었다. 그 방법은 마지노 선의 남쪽 측면을 우회할 수 있었지만, 지형상으로나 전략적으로나 어려운 문제가 있었다. 둘째, 서로 맞닿아 있는 국경선을 넘어가는 방법이었다. 그 방법은 독일군이 마지노 선에 대공세를 취할 수 있는 충분한 장비를 갖추지 못했기 때문에 가능성이 희박했다. 셋째, 네덜란드와 벨기에를 통과하여 공격하는 방법이었다. 마지노 선을 우회하는 방법이었지만, 그곳의 항구적인 요새를 정면으로 공격할 경우 생기는 손실을 피할 수 있었다. 우리는 저지대 국가들[벨기에, 네덜란드, 룩셈부르크/역주]을 통한 적의 침공을 멀리 네덜란드까지 나아가서 방어할 수는 없었다. 그러나 벨기에에서 침공을 저지할 수 있다면, 영불 연합군에게 유리할 것이었다. 그 무렵 독일이 벨기에를 침공할 때 연합군이 구원하기로 결정하거나 벨기에의 용인 아래 연합군이 치밀하게 계획한 비밀 기습 작전으로 벨기에를 점령하게 될 때, 연합군이 진출할 수 있는 선에는 두 가지가 있었다. 그중 첫째 선은 스헬데 선이라고 부르는 것이었다. 그 선은 프랑스 국경에서 대규모 행군을 해야 할 필요도 없었고, 위험도 크지 않았다. 최악의 경우 그것을 일종의 "위장 전선"으로 만들어도 그다지 손해가 되는 일은 없을 터였다. 반대로 최선의 경우에는 사정에 따라 전선으로 강화할 수 있을 것이었다. 두 번째 선은 그보다 훨씬 더 야심적인 것이었다. 뫼즈 강을 따라 지베, 디낭 그리고 나무르를 거쳐 루뱅에서 안트베르펜에 이르는 길이었다. 그 위험한 선을 격전을 치러서라도 연합군이 장악한다면, 독일 공격의 오른쪽 날개를 강력하게 저지할 수 있었다. 그리고 독일군이 열세라는 사실이 드러나게 되면, 루르에 있는 독일 군수품 생산기지의 핵심부를 공격하여 장악하는 서막을 열 수 있었다.

영국의 3군 참모총장들은 이렇게 기록했다. "벨기에군이 뫼즈 강을 지키고 있는 한 영국 원정군을 왼쪽 날개로 하여 영불 연합군이 지베-나무르 선[뫼즈-안트베르펜 선이라고도 한다]을 점령해야 한다는 것이 프랑스의 아이디어*라고 알고 있다. 독일군이 진군하기 전에 충분한 시간적 여유를 가

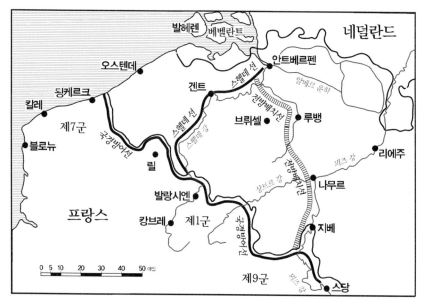

스헬데 선과 지베-나무르 선

지고 그 선의 점령에 대해서 벨기에조차 협력하지 않는다면, 그러한 프랑스
안을 채택하는 것은 정당하지 않을 것이다.

……벨기에의 현재 태도가 바뀌지 않을 뿐만 아니라 지베-나무르 선의 조
기 점령 계획이 준비되지 않는다면, 우리로서는 독일의 진격을 프랑스 국경선
의 기존 진지에서 방어할 수밖에 없다는 견해를 견지한다."

연합군 최고회의가 11월 17일 파리에서 개최되었다. 체임벌린은 핼리팩
스 경, 채트필드 경 그리고 킹슬리 우드를 대동했다. 회의에서 내린 결정은
이러했다. "독일군을 가능한 한 동쪽에서 멀리 저지하는 일이 중요하므로,
독일군이 벨기에를 침공할 경우 뫼즈-안트베르펜 선을 지키기 위해서 모든
노력을 경주하는 것이 핵심이다." 회의에서 체임벌린과 달라디에는 그 결정
의 중요성을 역설했으며, 그리고 그것은 그 뒤의 행동을 지배했다. 그러한
상황에서 우리는 겨울을 보내며 봄을 기다렸다. 그로부터 독일의 대공세가

* D계획(Plan D)이라는 것이었다.

었다. 국제법에 따라서 몬테비데오 항구에서 함장 랑스도르프가 석방한 영국 포로들의 말에 의하면, 거의 300명에 가까운 영국 승무원이 그 배에 있었다. 알트마르크는 당시 우리 함대의 추적이 잠잠해지기를 기다리며 두 달 가량 남대서양에 피신해 있었는데, 함장은 독일로 돌아가기를 원했다. 운과 날씨의 도움으로 아이슬란드와 페로 제도 사이를 통과한 알트마르크를 2월 14일 노르웨이 영해에서 영국 공군기가 발견했다.

해군부 코뮈니케에 의하면, "적절히 배치되어 있던 영국 군함들이 행동을 개시했다." 군함 코삭의 함장 필리프 비앙의 지휘에 따라 구축함 소함대가 알트마르크의 항로를 가로막았는데, 즉시 제재를 가하지는 않았다. 알트마르크는 외싱 피오르로 피신했는데, 그곳은 눈 덮인 절벽으로 둘러싸인 2킬로미터 남짓의 길다란 내해였다. 영국 구축함 두 척이 알트마르크에 승선하여 검문하라는 명령을 받고 움직였다. 그런데 피오르 입구에서 노르웨이 함포 두 척이 나타나 알트마르크는 비무장이며 바로 전날 조사를 받고 노르웨이 영해를 통하여 독일로 가도 좋다는 허가를 받았다고 통보했다. 따라서 우리 구축함은 물러났다.

그 사실이 해군부에 보고되었을 때 나는 외무부 장관과 함께 우리 함대에게 피오르로 들어가라는 명령을 내렸다. 나머지 일은 바이언이 처리했다. 그날 밤 바이언은 코삭에 탐조등을 켜고 유빙을 헤치고 피오르로 진입했다. 바이언은 노르웨이 포함 키엘에 올라가서 국제법에 따른 조사를 하기 위해서 공동으로 알트마르크를 베르겐까지 호송할 것을 요구했다. 노르웨이 함장은 알트마르크를 두 번이나 조사했으며, 비무장 상태에 영국 포로는 없다는 것을 확인했다고 반복해서 대답했다. 바이언은 알트마르크에 승선하겠다고 말하고, 동행할 것을 제의했다. 그러나 바이언의 요청은 결국 거절당했다.

그러는 사이에 알트마르크는 속력을 내어 코삭을 들이받으려다가 좌초했다. 코삭은 알트마르크를 옆으로 밀어붙여 알트마르크에 선체를 나란히 붙인 다음 승선 팀이 알트마르크로 뛰어 건너갔다. 치열한 백병전이 벌어져 독일군 네 명이 죽고 다섯 명이 부상당했다. 알트마르크의 승무원 몇 명은 해안으로 도망 치고 나머지는 모두 항복했다. 이어 영국 포로들을 찾기 위한 수색이 시작되었다. 바로 수백 명이 발견되었다. 배 아래쪽 밀폐된 공간에서, 잠긴 창고 속에서, 심지어 빈 연료 탱크 속에서도 발견했다. 그때 "해군이 왔다!"라고 외치는 소리가 들렸다. 문들을 부수고 포로들이 갑판 위로 뛰어나왔다. 알트마르크는 두 대의 대공 속사포와 네 대의 기관총을 장착하고 있었다. 노르웨이 측에서 두 번이나 승선했으나 제대로 찾아내지 못한 것이었다. 노르웨이 포함은 시종일관 수동적으로 방관했다. 한밤중이 되어 바이언은 피오르를 빠져나가 포스를 향했다.

해군참모총장 파운드와 나는 다소 불안감을 느끼며 해군부 상황실에 서 있었다. 나는 외무부를 심하게 압박했고, 단행한 조치의 법률적 중대성을 너무나 잘 알고 있었다. 그러나 국내 여론과 내각이 문제 삼는 것은 오직 배 안에서 영국 포로가 발견되느냐 않느냐일 뿐이었다. 우리는 새벽 3시에 300명의 포로를 발견하여 구출했다는 소식을 들었을 때 너무나 기뻤다. 모든 것이 해결되었다.

우리가 확인했던 바와 같이 히틀러는 12월 14일에 노르웨이 침공을 결정했고, 카이텔의 지휘 아래 작전 계획을 진행했다. 알트마르크 사건이 행동에 박차를 가하게 한 것이 분명했다. 카이텔의 제안에 따라서 2월 20일 히틀러는 팔켄호르스트 장군을 베를린으로 불렀다. 팔켄호르스트는 당시 코블렌츠에서 육군 군단을 지휘하고 있었다. 팔켄호르스트는 1918년 핀란드 전투에 참가한 적이 있었다. 2월 20일 오후 그는 히틀러, 카이텔, 요들과 함께 자신이 지휘하게 된 노르웨이 원정에 관한 세밀한 작전 계획을 논의했다. 우선 순위를 결정하는 것이 가장 중요한 문제였다. 작전명 "황색 작전

(Case Yellow)"의 프랑스 공격을 실행하기 전에 할 것인가, 후에 할 것인가? 3월 1일, 히틀러는 결단을 내렸다. 노르웨이 공격이 먼저였다. 3월 16일 오후 히틀러는 작전 회의를 소집했고, 잠정적으로 디데이가 결정되었다. 바로 4월 9일이었다.

★ ★ ★ ★ ★

그동안 소련의 주력은 핀란드를 압박했다. 눈이 녹기 전에 만네르헤임 선을 돌파하기 위하여 노력을 배가했다. 그러나 불행하게도 핀란드 국민이 희망을 걸고 있던 그 해 봄과 해빙은 거의 6주일이나 늦어졌다. 42일 동안 계속된 소련의 카렐리야 지협에 대한 대공세는 2월 1일에 시작되었는데, 방어선 기지와 철도 연결 교차점에 대한 공습이 있었다. 집결된 대포의 맹포격이 10일 동안 계속된 뒤에 보병의 주공격이 이어졌다. 2주일에 걸친 전투 끝에 전선이 무너졌다. 전략적 요충지인 비푸리 항과 기지에 대한 공습의 강도가 높아졌다. 2월 말이 되어 만네르헤임의 방어 체계는 무너졌고, 소련군은 비푸리 만에 집중할 수 있게 되었다. 핀란드군은 탄약이 떨어졌으며, 지쳤다.

영국의 명예로운 정당성은 전략적 주도권보다 우선되었는데, 마찬가지 이유로 그것은 핀란드에 무기를 보내기 위한 효과적인 조치에 방해가 되었다. 그 덕분에 프랑스에서는 보다 온정적인 감정이 널리 확산되었고, 달라디에가 그러한 분위기를 부추겼다. 3월 2일, 달라디에는 영국 정부와 상의하지 않고 핀란드에 5만 명의 지원병과 100기의 폭격기를 보내는 데 동의했다. 우리 영국으로서는 실행에 옮길 수 없는 정도의 규모였다. 벨기에에서 체포된 독일군 소령이 소지하고 있던 작전 계획 문서나 서부 전선에 끊임없이 집결하고 있는 독일군에 관한 정보 보고에 비추어보면, 프랑스의 파견 규모는 신중한 판단의 범위를 훨씬 넘어서는 수준이었다. 어쨌든 영국에서도 50기의 폭격기를 보내기로 했다. 영국은 프랑스에 이끌려 핀란드 지원 확대에 가담하게 되었는데, 3월 12일 내각에서 나르비크와 트론헤임 그리고 이어서 스타방에르와 베르겐의 군대 상륙 계획을 부활하기로 결정했다. 그 계획은 노르웨이와 스웨덴의 동의를 얻을 필요가 있었지만, 3월 20일에 시행하게 될 예정이었다. 그 사이 3월 7일에 파시키비가 다시 모스크바를 방문했는데, 휴전 조건을 논의하기 위해서였다. 12일, 소련이 제시한 조건을 핀란드가 받아들였다. 영국의 군대 상륙 계획은 모두 보류되었으며, 집결했던 병력도 상당히 분산하게 되었다. 영국에 대기하고 있던 2개 사단도 프랑스로 건너가도록 재가되었고, 그 결과 노르웨이에 대한 영국의 공격력은 11개 대대 수준으로 줄어들었다.

★ ★ ★ ★ ★

핀란드의 군사적 붕괴에 대해서는 더 큰 반향이 이어졌다. 8월 18일, 히틀러는 브레너 고개에서 무솔리니를 만났다. 히틀러는 의도적으로 독일군이 서부에서 지상공격을 개시하는 것은 당연하다는 인상을 무솔리니에게 심어주려고 했다. 19일에는 체임벌린이 하원에서 연설했다. 높아가는 비난의 소리에 대해서 영국의 핀란드 지원의 경과를 상세하게 설명했다. 영국이 주로 고려한 것은 노르웨이와 스웨덴의 중립성에 대한 존중이었다는 점을 정당하게 강조했다. 또한 성공할 기회가 거의 없었던 핀란드 구조의 시도에 빨리 뛰어들 수 없었던 사실에 대해서 정부 입장에서 변명했다. 핀란드의 패배는 달라디에 정부에 치명적이었다. 달라디에는 뒤늦게 그러한 두드러지는 행동을 감행하여, 그 부분에 대한 우리의 우려에 균형을 잃은 인상을 남겼다. 3월 21일 프랑스의 새 내각이 레노를 수반으로 하여 구성되었고, 전쟁 수행에 더 힘을 쏟을 것을 다짐했다.

나와 레노의 관계는 달라디에와 쌓은 관계와는 다른 토대 위에 있었다. 레노, 망델 그리고 나는 뮌헨 협정에 대하여 동일한 감정을 가지고 있었다. 달라디에는 다른 편에 서 있었다. 따라서 나는 프랑스 내각의 교체를 반겼다. 프랑스 각료들은 최고전쟁회의(Supreme War Council)에 참석하기 위해서 3월 28일에 런던으로 왔다. 체임벌린은 회의 시작과 함께 자신이 생각하는 국면에 대해서 완전하고 분명한 설명을 했다. 그는 독일에 두 가지 약점이 있다고 말했다. 철광석과 석유의 수급이었다. 그 두 가지 물자의 주된 공급원은 유럽의 양쪽 끝에 위치해 있었다. 철광석은 북쪽에서 실어 날랐다. 체임벌린은 독일이 스웨덴으로부터 공급받는 철광석을 차단해야 한다는 주장을 명확하게 설명했다. 그는 또 루마니아와 바쿠의 유전에 대해서도 언급하면서, 외교적으로 가능한 한 독일에 석유가 공급되지 않도록 해야 한다고 말했다. 나는 그의 강력한 주장을 듣고 있는 동안 점점 더 기분이 좋아졌다. 체임벌린 수상과 내가 그렇게까지 의견의 일치를 이루고 있는 줄은 미처 깨닫지 못했기 때문이다.

레노는 독일의 정치 선전이 프랑스의 사기에 미치는 영향에 대해서 언급했다. 독일 라디오는 독일은 프랑스와 싸우지 않는다, 전쟁의 원인은 영국이 폴란드에 준 백지수표 때문이다, 프랑스는 영국의 장단에 맞추어 전쟁에 끌려들어간 것이다, 영국은 전쟁을 감당할 능력이 없다는 등의 방송을 매일 밤 떠들어대고 있었다. 500만의 프랑스군 사이에 막 나타나기 시작한 사기 저하 현상을 계속 심화시키고 또 영국을 희생시켜 독일과 화해할 의사가 있는 정부의 출현을 기다리며 현재의 완화된 전쟁 속도를 그대로 유지하려는 것이 괴벨스의 프랑스 정책인 것 같았다.

"연합국은 어떻게 전쟁에서 이길 수 있는가?" 이것이 프랑스에 널리 퍼져 있는 의문이라고 레노는 말했다. "영국의 노력에도 불구하고" 사단 수의 증가 속도는 연합국보다 독일이 더 빨랐다. 그렇다면 우리는 언제쯤 서부 전선 승리에 필요한 병력의 우세를 확보할 수 있는가? 우리는 독일의 물자 공급 현황이 어떤지 아무런 정보가 없었다. 프랑스에서는 전쟁이 교착 상태에 빠졌으며, 독일은 기다리고 있을 뿐이라는 느낌이 일반적이었다. 적의 석유와 다른 원자재의 공급선을 차단하는 조치를 취하지 못한다면, 봉쇄는 연합국의 승리를 확보하는 데에 필요한 강력한 무기가 될 수 없다는 생각이 점점 더 강해질지 몰랐다. 레노는 스웨덴 철광석의 공급 봉쇄 문제에 대해서는 더 적극적인 반응을 보였다. 그는 스웨덴의 독일에 대한 철광석 공급과 독일의 철강 생산량 사이에는 정비례 관계가 있다고 주장했다. 그의 결론은 연합국은 노르웨이 해안의 영해에 기뢰를 부설해야 하며, 그 뒤 유사한 작전으로 철광석이 루레오 항에서 독일로 수송되는 사태를 저지해야 한다는 것이었다. 그는 루마니아 석유의 독일 공급 봉쇄의 중요성을 강조하기도 했다.

마침내 결단을 내렸다. 노르웨이와 스웨덴에 통상적인 통보를 한 뒤, 4월 5일에 노르웨이 영해에 기뢰 밭을 부설하기로 했다. 그리고 독일이 벨기에를 침공할 경우 연합국은 벨기에의 형식적 요청을 기다릴 필요 없이 즉시 진입해야 하며, 독일의 네덜란드 침공에 벨기에가 지원하지 않은 경우 연합국은 스스로 판단하여 네덜란드 지원을 목적으로 벨기에에 자유롭게 진입할 수 있다는 데에 의견의 일치를 보았다.

마지막에 만장일치로 분명하게 합의함으로써, 영국과 프랑스 정부는 다음과 같은 엄숙한 선언을 하는 데에 동의했다는 코뮈니케를 발표했다.

"현재 진행 중인 전쟁 기간 동안 양국 정부는 서로 동의하는 경우를 제외하고 휴전 또는 평화 협정을 교섭하거나 체결하지 않는다."

이 협약은 훗날 대단히 중요한 의미를 가지게 되었다.

★ ★ ★ ★ ★

4월 3일, 영국 내각은 최고전쟁회의의 결정을 이행하여 해군부가 4월 8일 노르웨이 연안의 "통로"에 기뢰를 부설하도록 허락했다. 나는 기뢰 부설 작전을 "윌프리드(Wilfred)"라고 명명했다. 그것은 그 자체로 아주 작은 선의의 행동이었기 때문이다. 노르웨이 해역에 기뢰를 부설하는 행위가 독일의 보복을 유발할 수 있었기 때문에 영국의 1개 여단과 프랑스 분견대를 나르비크로 보내 수색을 하고 스웨덴 국경까지 진출할 수 있도록 해야 한다는 데에도 서로 의견의 일치를 보았다. 또한 적이 기지로 사용할 수 없도록 하기 위하여 다른 병력을 스타방에르, 베르겐, 트론헤임에 배치해야 했다.

각기 신빙성이 다른 불길한 정보들이 들어오기 시작했다. 4월 3일의 전쟁 내각 회의에서 육군부 장관은 독일이 필요한 경우 스칸디나비아를 접수할 의도로 로스토크에 강력한 부대를 집결시키고 있다는 정보가 육군부에 보고되었다고 말했다. 외무부 장관은 스톡홀름으로부터 들어온 정보가 그 보고 내용을 확인해주는 것으로 생각된다고 말했다. 베를린 주재 스웨덴 공사관에 따르면, 총 20만 톤에 달하는 독일 군함들이 슈테텐과 스비네뮌데[둘 다 발트 해 연안에 있는 독일 항구/역주]에 집결하고 있으며, 소문에 따르면 그 승선 병력은 40만 명이라고 했다. 그 병력은 나르비크나 그밖의 노르웨이 항구들에 대한 연합국의 공격 가능성에 대항하여 반격할 준비를 갖추고 있는 것으로 알려졌는데, 독일은 연합국의 공격에 계속 신경을 곤두세우고 있었다.

4월 4일 목요일, 체임벌린은 이례적으로 낙관적인 연설을 했다. 히틀러는 이미 "버스를 놓쳤다"고 단언했다. 전쟁이 시작된 이후 7개월 동안 우리는 약점을 모두 제거하고 전투력을 상당히 강화할 수 있었으나, 반면 독일은 완벽하게 준비하여 거의 보강할 필요가 없었다는 것이었다.

그것은 오판에 의한 발언으로 드러났다. 전쟁이 개시되었을 때보다 영국과 프랑스의 전력이 상대적으로 강해졌다는 근본 가정은 잘못된 것이었다. 이미 앞에서 설명한 바와 같이 독일은 맹렬하게 군수품을 생산한 지 4년째였다. 그에 비하여 우리는 아주 초기 단계에 있었으며, 생산고에서 독일의 2년째 수준에 해당하는 정도였다. 게다가 4년째를 맞은 독일 육군의 무기 체계는 매달 더 발전했고 완벽해졌다. 반면 프랑스군의 훈련과 단결력의 초기 이점은 점점 더 사라져가고 있었다. 모든 것이 불안한 상태였다. 내가 제안할 수 있었던 여러 가지 부수적인 수단들이 받아들여졌다. 그러나 정작 중요한 것은 영국이나 프랑스 양국에서 하나도 해결되지 못했다. 우리의 계획은 이미 말한 대로 노르웨이 북쪽 회랑에 기뢰를 부설하고 동남쪽으로부터의 독일의 석유 공급 루트를 봉쇄하는 것을 기초로 하고 있었다. 완전한 정지 상태와 침묵이 독일 전선의 배후를 지배하고 있었다. 어느 순간 연합국의 소극적이거나 작은 정책은 격렬한 기습의 격류에 휩쓸려버리고 말았다. 우리는 총력전이 의미하는 바가 무엇인지 배워야 했다.

다. 발연(發煙) 기구를 모두 준비하여 호스로 연결하라는 것이었습니다. 그밖의 몇 가지 작업이 뒤따랐습니다. 우리는 계속 도망을 가면서 모든 기관과 도구를 이용하여 연기를 뿜어냈습니다. 함장은 모든 부서에 지시했습니다. "제군은 우리가 지금 적을 피해 도망가고 있다고 생각할지 모르겠지만, 그렇지 않다. 우리의 친구[아던트 회]가 침몰했고, 글로리어스가 침몰하고 있다. 적어도 우리가 할 수 있는 모든 것을 보여주고자 한다. 제군의 행운을 빈다." 우리는 방향을 바꾸어 우리가 뿜어낸 연막 속으로 들어가게 되었습니다. 나는 6번과 7번 포 곁에 대기하라는 명령을 받았고 얼마 뒤 우리는 연막 속에서 나왔습니다. 좌현에서 어뢰를 발사하면서 우현으로 진로를 틀었습니다. 바로 그때 나는 적의 모습을 언뜻 보았는데, 솔직히 말하면, 큰 것[배] 한 개와 작은 것 한 개였던 것 같았고, 우리는 매우 근접한 거리에 있었습니다. 나는 함미 쪽에서 두 발의 어뢰를 쏘았습니다. 앞쪽에서도 어뢰를 발사했고, 우리는 모두 결과를 지켜보았습니다. 그때 터져나온 함성을 나는 결코 잊을 수가 없습니다. 적함 한 척의 좌현 함수에 노란 섬광이 일어나더니 커다란 연기 기둥과 물 기둥이 솟아올라 우리는 명중시켰다는 것을 알았습니다. 개인적으로 나는 그렇게 가까운 거리라면 명중시키지 못할 수가 없다고 생각했습니다. 적군은 우리를 향해 한 발도 쏘지 못했는데, 몹시 놀랐던 것이 분명했습니다. 어뢰를 쏘고 난 뒤 우리는 다시 연막 속으로 돌아갔고, 진로를 다시 오른쪽으로 바꾸었습니다. "나머지 어뢰 발사 준비." 다시 연막 속에서 나서는 순간, 적군이 우리에게 한 발을 쏘았습니다. 기관실에 명중했고, 내가 맡은 발사관의 수병이 죽었습니다. 나는 발사관의 뒤쪽 끝으로 나가떨어졌고 한동안 정신을 잃었습니다. 다시 일어났을 때 팔이 몹시 쑤셨습니다. 우리 함선은 좌현이 조금 기운 상태에서 멈추었고 그때 믿을 수 없는 일이 벌어졌습니다. 나는 다시 어뢰 발사대로 올라갔습니다. 두 척의 적함이 보였는데, 나머지 어뢰를 모두 발사했습니다. 누가 나에게 명령한 것도 아니었습니다. 나는 제정신이 아니었습니다. 신만이 내가 어뢰를 발사한 이유를 알 수 있었을 뿐입니다.

그러나 나는 발사했습니다. 아카스타는 계속 포를 쏘았으며, 선체가 기운 상태에서도 멈추지 않았습니다. 적은 여러 차례 우리를 명중시켜, 오른쪽 함미에서 큰 폭발이 일어났습니다. 나는 순간 적의 어뢰가 우리를 가격한 것이 아닌가 생각했습니다. 어쨌든 우리 함선은 물 위로 솟구치는 듯했습니다. 마침내 함장은 배를 포기하라고 명령했습니다. 나는 지금도 군의관 중위,* 첫 함상 근무를 하던 그의 모습을 잊을 수가 없습니다. 배에서 뛰어내리기 전에 그가 부상병을 돌보고 있는 것을 보았는데, 희망을 찾을 수 없는 몸짓이었습니다. 그리고 내가 물속에 뛰어들었을 때, 함장은 브리지에 기대어 담배에 불을 붙이고 있었습니다. 우리는 함장을 향해 어서 비상용 뗏목으로 뛰어내리라고 소리를 질렀습니다. 그러나 그는 손을 흔들었습니다. "모두들 안녕, 그리고 행운을." 용감하고 위엄 있는 해군의 최후였습니다.

그 모든 파탄과 혼란 속에는 앞으로의 전쟁에 잠재적인 영향을 미칠 아주 중요한 요소가 들어 있었다. 영국 해군과의 필사적인 싸움에서 독일군은 임박한 대결전을 앞두고 자체 전력을 황폐화시킨 셈이었다. 노르웨이 해전에서 입은 연합군의 손실은 통틀어 항공모함 1척, 순양함 2척, 프리깃함 1척 그리고 구축함 9척이었다. 6척의 순양함, 2척의 프리깃함 그리고 8척의 구축함이 파손되었으나 우리 해군의 능력으로 수리가 가능할 정도였다. 반면 그 중요한 시기였던 1940년 6월 말에 가용한 독일 함대는 8인치 포 순양함 1척, 경순양함 2척 그리고 구축함 4척으로 편성되어 있는 데 지나지 않았다. 그들의 수많은 파손된 함선은 우리와 마찬가지로 수리가 가능했지만, 독일 해군은 영국을 침공할 만한 최상의 조건을 갖추고 있지 못했다.

★ ★ ★ ★ ★

황혼의 전쟁은 히틀러의 노르웨이 공격으로 끝났다. 그것은 인간이 경험

---

* 특임 군위관 중위 H. J. 스태머스.

한 가장 무서운 전투적 폭발의 섬광으로 변했다. 나는 온 세계가 의심하는 가운데 프랑스와 영국이 빠져 있던 8개월 동안의 최면 상태에 대하여 기술한 바가 있다. 그러한 상황은 연합국 모두에게 폐해가 되었다. 스탈린이 히틀러와 타협한 그 순간부터 프랑스의 공산주의자들은 모스크바의 지시에 따라서 전쟁을 "민주주의에 대한 제국주의자와 자본가의 범죄"라고 비난했다. 그들은 군대의 사기를 떨어뜨리고 공장의 생산을 방해하기 위하여 할 수 있는 일은 다했다. 그해 5월 프랑스 군인과 국민의 사기는 개전 당시보다 현저하게 저하되었다.

그러한 일이 영국에서는 일어나지 않았다. 영국에서도 소련이 지도하는 공산주의자의 활동이 활발하기는 했지만, 세력이 약화되었다. 그럼에도 불구하고 우리는 여전히 한 사람의 수상 밑에 하나의 정당에 의해서 구성된 정부를 가지고 있었다. 야당은 감정적으로 수상과 완전히 유리되어 있었고, 노동조합 운동의 열정적이고 적극적인 지지도 얻지 못했다. 진실하고 성실하기는 했지만, 판에 박힌 행정부의 성격은 정부 내부에서나 군수품 공장에서나 강도 높은 노력을 불러일으키지 못했다. 그러한 노력이야말로 사활이 걸린 것이었다. 파국적인 타격과 임박한 위험 앞에서 필요한 것은 잠자고 있는 영국 국민의 힘을 일깨우는 일이었다. 경종이 막 울리기 시작했다.

제22장
내각의 붕괴

노르웨이에서 치른 짧은 전투에 대한 엄청난 실망과 그로 인한 불행한 사태는 나라 안을 온통 뒤흔들어놓았으며, 전쟁이 일어나기 전 몇 년 동안 무관심하고 둔감했던 일부 인사들마저 감정이 격해지기 시작했다. 야당은 전쟁 상황에 대한 토론을 요구했고, 5월 7일로 날짜가 잡혔다. 하원은 극도로 초조하고 낙담한 의원들로 가득했다. 체임벌린의 개회 연설은 성난 파도를 막지 못했다. 두 정당의 의원들은 조소와 야유로 그의 연설을 방해하면서, 4월 4일 전혀 다른 문제와 관련하여 그가 경솔하게 "히틀러는 버스를 놓쳤다"라고 한 말을 상기시켰다. 체임벌린은 내각에서 나의 새 직책과 3군 참모총장들과의 관계에 대하여 분명하게 설명하고, 허버트 모리슨의 질문에 대한 답변으로 노르웨이 작전 중 나에게는 그 지위에 따르는 권한이 주어져 있지 않다는 사실을 명확히 밝혔다. 하원의 여야 양쪽 진영에서 나온 발언자들이 차례로 정부를, 특히 수상을 보통 때와는 다른 신랄하고 통렬한 어조로 공격했는데, 사방에서 박수로 환호했다. 로저 케이스 경은 앞으로 다른 전쟁에서는 성과가 있어야 한다는 불타는 열정을 앞세워 트론헤임 탈환 작전에 실패한 결과에 대하여 해군참모본부를 질타했다. 그는 이렇게 말했다. "사태가 악화되고 있다는 사실을 알았을 때, 나는 해군부와 전쟁 내각에 내가 공격을 책임지고 지시할 테니 권한을 달라고 계속 요구했습니다." 해군 제독의 정장을 한 그는 기술적인 세부 사항과 전문가로서의 권위를 바탕으로 야당의 불만을 지지하면서 하원의 분위기를 고조시켰다. 정부석 뒤쪽 의원석에서 애머리가 떠나갈 듯한 환성 속에서 크롬웰이 장기 의회 [1640-1660년. 찰스 1세에 의해서 1640년 소집되어 크롬웰에 의해서 1653년에 해산되었으나, 1659년에 재소집되어 1660년에 해산되었다/역주]에서 당당하게 설파했던 말을 인용했다. "당신들은 지금까지 누려온 약간의 이익 때문에 이 자리에 너무나 오랫동안 앉아 있었소. 이제 떠나시오. 당신들과는 모든 것이 끝났소. 신의 이름으로 말하건대, 떠나시오!" 그 두려운 말이 오래 전부터 나의 친구이면서 동료이자 버밍엄 출신 의원이었던 저명하고 노련한 추밀원 고문관의 입에서 나온 것이다.

회의 둘째 날인 5월 8일, 휴회 발의를 놓고 논쟁이 계속되었는데, 논쟁은 불신임 투표의 성격을 띠게 되었다. 허버트 모리슨은 야당의 이름으로 투표에 부칠 의사가 있다고 했다. 수상은 다시 일어나서 야당의 도전을 수용하고, 그 불행한 사태를 맞아 동료들에게 자기 편에 서줄 것을 호소했다. 그에게는 그렇게 할 권리가 있었다. 그의 동료들은 그가 행동을 결정할 때나 행동하지 않기로 결정할 때나 그를 지지하여 전쟁이 일어나기 이전의 "메뚜기가 먹어치운 몇 해 동안"의 책임을 함께 부담해야 했기 때문이다. 그러나 그들은 어찌할 바를 모른 채 침묵을 지키며 앉아 있기만 했다. 오히려 몇몇은 반대쪽에 가담하여 적대적 태도를 보였다. 그날 로이드 조지는 하원에서 마지막으로 결정적인 개입을 했다. 20분이 채 넘지 않은 연설에서 그는 내각의 수반에게 깊은 상처를 남기는 일격을 가했다. 그러면서 그는 나를 위해서는 극구 변명을 해주었다. "노르웨이에서 벌어진 사태에 대해서 해군부 장관에게 전적으로 책임이 있다고 생각하지는 않습니다." 나는 즉시 가로막고 나서 말했다. "나는 해군부가 행한 모든 일에 대해서 철저히 책임을 지겠습니다. 나는 전적으로 책임을 지겠습니다." 로이드 조지는 동료들에게 파편이 튀지 않도록 스스로 방공 대피소임을 자처하지 말라는 경고를 나에게 한 뒤, 다시 체임벌린을 겨냥했다. "이것은 누가 수상의 편인가 하는 문제가 아닙니다. 그것보다는 훨씬 더 큰 문제입니다. 수상은 희생을 호소했습니다. 국민이 리더십을 가지고 있는 한, 정부가 무엇을 지향하고 있는가를 명확히 제시하는 한, 그리고 국민을 통솔하는 자가 최선을 다하고 있다는 것을 국민이 신뢰하는 한, 국민은 모든 희생을 다할 각오가 되어 있습니다." 그리고 그는 이렇게 말을 맺었다. "수상이야말로 희생의 모범을 보여야 한다고 나는 엄숙히 선언하는 바입니다. 수상이 그 자리를 희생하는 것 이상으로 이 전쟁에서 승리에 공헌할 수 있는 길이 없기 때문입니다."

각료로서 우리는 모두 결속했다. 육군부 장관과 공군부 장관이 먼저 발언했다. 나는 토론을 종결하기 위해서 나섰다. 그것은 나의 의무에 지나지 않았다. 그렇게 할 수밖에 없었던 것은 내가 각료로서 협력해왔던 수상에 대한 충성심 때문만이 아니라, 노르웨이를 구하기 위한 절망적인 작전을 펼치는 동안 우리의 불충분한 병력을 동원하기 위해서 내가 맡았던 특별히 중대한 역할을 생각했기 때문이다. 나는 주로 야당인 노동당의 계속되는 방해에도 불구하고 하원에 대한 정부의 주도권을 다시 확보하려고 최선을 다했다. 지난 몇 년 동안 노동당의 실책과 위험천만한 평화주의 그리고 노동당이 전쟁이 일어나기 불과 4개월 전에 징집제에 확고히 반대 표결한 것을 생각할 때, 나는 진심으로 그렇게 하지 않을 수 없었다. 나는 물론 나를 따라 행동을 함께했던 몇몇 동료들은 그러한 비난을 할 권리가 있다고 생각했다. 그러나 노동당에는 그러한 권리가 없었다. 그들이 나에게 싸움을 걸어오자, 나는 반격했고 도전했다. 여러 차례 내 말소리를 내가 들을 수 없을 정도로 장내가 소란스러웠다. 그럼에도 그들의 분노는 나를 향한 것이 아니라 내가 다른 일을 제쳐두고 전력을 다해 지키고 있던 수상을 향한 것이었다. 내가 11시쯤 자리에 앉았을 때 하원은 분열되었다. 정부는 81표의 다수를 얻었지만, 30명 이상의 보수당 의원이 노동당과 자유당 쪽에 투표했으며 60명은 기권했다. 형식적으로는 그렇게 보이지 않았을지 모르나, 실질적으로는 토론 내용이나 투표의 분열은 모두 체임벌린과 그 행정부에 대한 강력한 불신임을 표시한 것이 틀림없었다.

토론을 마친 뒤 체임벌린은 나에게 자기 방으로 와달라고 했다. 자신에 대한 하원의 감정을 매우 심각하게 받아들이고 있다는 사실을 금방 알 수 있었다. 그는 더 이상 나아갈 수가 없다고 느꼈다. 거국내각이 구성되어야만 했다. 하나의 정당이 단독으로 그 무거운 짐을 부담할 수가 없었다. 누군가가 모든 정당이 협력하는 정부를 만들지 않으면 안 되었다. 그렇지 않으면 난관을 돌파할 수가 없었다. 토론에서 심각한 반대에 부딪히면서 오히려 일어선 나는 당면한 과제와 관련하여 나의 지난 경력에 대한 자신이 있었으므로 강한 투지를 느끼게 되었다. "그 토론은 우리에게 손해가 되는 것이었습니다만, 수상께서는 지금 다수당을 이끌고 계십니다. 그 일에 너무 신경 쓰지 마십시오. 노르웨이 문제는 하원에 보고된 것만큼 실제 상황이 나쁜 것은 아닙니다. 여러 방면으로 내각을 강화해야 합니다. 다수의 동지들이 우리에게서 등을 돌릴 때까지 계속 나아갑시다." 그러한 취지로 내가 말했다. 그러나 체임벌린은 확신하지도 안심하지도 않았다. 나는 그가 앞으로 계속 일당 정부 형태로 전쟁을 수행하려고 시도하느니보다 달리 방법이 없는 한 스스로 물러날 결심을 굳히려고 한다는 것을 알고 한밤중에 그의 방을 나왔다.

5월 9일 아침에, 정확히 어떻게 된 영문인지 기억할 수는 없으나, 다음과 같은 일이 일어났다. 킹슬리 우드 경은 각료로서 그리고 친구로서 수상과 아주 가까운 사이였다. 두 사람은 오랫동안 의기투합하여 함께 일해왔다. 나는 그에게서 체임벌린이 거국내각을 구성하기로 했으며, 자신이 계속 수상의 자리를 맡을 수 없다면, 자기가 믿을 만하면서 또한 수반이 될 수 있을 만한 인물에게 양보할 결심을 하고 있다는 말을 들었다. 따라서 그날 오후 내가 그 지도자의 자리를 맡아달라는 요청을 받을 것 같다는 것을 깨닫게 되었다. 그런 생각이 들기는 했지만, 흥분하지도 놀라지도 않았다. 나는 그것이 단연코 최상의 방책이라고 생각했다. 모든 것을 사태의 추이에 맡기기로 했다. 오후에 수상이 불러 다시 다우닝 가로 갔는데, 핼리팩스 경이 와 있었다. 전반적인 상황에 관하여 이야기를 나누었고, 몇 분 뒤에 애틀리와 그린우드가 협의하기 위해서 들를 것이라는 말을 들었다.

두 야당 지도자가 도착하자 우리 세 각료는 테이블의 한쪽에 나란히 앉았고, 그들은 반대편에 자리를 잡았다. 체임벌린은 거국내각이 절대적으로 필요하다고 역설하면서, 노동당이 자신의 내각에 참여할 수 있는지 확인하고자 했다. 노동당은 그때 번머스에서 회의를 열고 있는 중이었다. 수상 관저에서 나눈 대화는 아주 정중했다. 노동당 지도자들은 당원들의 의사를 물어보지 않고 자기들이 임의로 결정할 수는 없다고 하면서, 은연중 확실하지는 않지만, 반응은 부정적일 것이라는 암시를 내비쳤다. 그리고 그들은 돌아갔다. 하늘이 맑고 햇빛이 눈부신 오후였다. 핼리팩스 경과 함께 다우닝 가 10번지의 정원에 앉아 있었지만, 특별히 나눈 이야기는 없었다. 그리고 나는 해군부로 돌아갔고, 저녁부터 밤늦게까지 일에 파묻혔다.

★ ★ ★ ★ ★

5월 10일, 동이 트자마자 엄청난 소식들이 몰려들었다. 해군부, 육군부 그리고 외무부로부터 전문이 쏟아졌다. 독일이 오랫동안 기다리고 있던 공격을 감행했다. 네덜란드와 벨기에를 침공한 것이다. 두 나라의 국경은 수많은 지점에서 돌파당했다. 베네룩스 3국과 프랑스 침공을 목표로 독일군은 전반적인 행동을 개시했다.

10시 쯤 되었을 때 킹슬리 우드 경은 막 수상을 만나고 오는 길이라면서 나를 찾아왔다. 큰 전쟁이 일어난 이상 자신의 자리를 계속 지켜야 할 필요가 있지 않느냐라는 쪽으로 체임벌린의 생각이 기운 것 같다고 말했다. 반

중 사망한 약 3만 명은 포함되어 있지 않다. 거기에 비하여 미국이 애도하는 육군, 해군, 공군, 해병대, 해안경비대의 전사자 수는 32만2,188명이었다.* 그토록 소중한 피로 정화된 우리의 흔들리지 않는 전우애는 오랫동안 영어권 세계에서 존경의 대상이 되고 정신을 고양시키는 계기가 될 것이라는 두터운 믿음을 바탕으로 하여 나는 여기에 침통한 마음으로 그 명예로운 죽음의 명부를 언급하는 것이다.

바다에서 미국은 당연히 태평양을 거의 전적으로 책임졌다. 그리고 미드웨이 섬 부근에서, 과달카날에서 그리고 1942년 산호해에서 치른 결정적인 전투로 인하여, 저 광활한 바다 전역에서 주도권을 잡게 되었다. 그리고 일본이 점령하고 있던 지역뿐만 아니라, 마침내 일본 본토에 대한 공격의 길을 열 수 있었다. 그러나 같은 시기에 미국 해군은 대서양과 지중해에서는 주도적인 역할을 할 수 없었다. 여기서 내가 당시의 사실들을 밝히는 것은 당연하다. 대서양과 인도양 같은 유럽 전투 지역에서 격침된 독일 잠수함 781척과 이탈리아 잠수함 85척 가운데 594척이 영국 해군과 공군의 공격에 의한 것이었다. 그리고 이탈리아 함대 전체를 격침하거나 나포했을 뿐만 아니라, 독일의 전함, 순양함, 구축함을 패퇴시킨 것도 역시 영국의 해군과 공군이었다.

적군 유보트의 손실에 관한 일람표는 다음과 같다.

하늘에서는 미국이 일본의 진주만 기습 이후 초반부터 사상 최대 규모로, 특히 주간용 포트리스 폭격기를 이용하여 엄청난 노력을 기울였다. 그러한 공격은 일본에 대해서뿐만 아니라 영국의 여러 섬들에서 독일과 싸울 때에도 이루어졌다. 그러나 1943년 우리가 카사블랑카에 도착했을 때 주간에 독일군을 향해 공격하는 미국 폭격기는 단 한 기도 없었다. 미국이 쏟은 대단한 노력의 결과는 아주 신속하게 나타났지만, 1943년 말까지 영국 공군

* 아이젠하워, 『유럽의 성전』, 1면.

잠수함 손실

파괴국	독일	이탈리아	일본
영국군*	525	69	9 1/2
미군*	174	5	110 1/2
기타 국가와 원인 불명	82	11	10
합계	781	85	130

파괴된 잠수함의 총계 : 996

이 독일 상공에서 투하한 폭탄은 미국 공군이 밤낮으로 떨어뜨린 양보다 톤수에서 8대 1의 비율로 더 많았다. 미국의 폭격량이 더 많았던 유일한 경우는 1944년 봄이었다. 이와 같이, 지상이나 바다에서와 마찬가지로 하늘에서도 우리는 처음부터 끝까지 완주했다. 미국이 엄청난 전투력을 경주하여 우리를 추월하고 능가하게 된 것은 1944년부터였다.

1941년 1월 미국의 무기대여법 발동 직후부터 우리의 군수품 생산력은 미국의 도움으로 5분의 1 이상 증가했다는 사실도 기억하지 않으면 안 된다. 미국이 우리에게 제공한 물자와 무기 덕택에 영국은 **4,800만 국민이 아니라 5,800만이 된 것처럼** 전쟁을 수행할 수 있었다. 해운에서도 미국은 리버티 쉽[제2차 세계대전 때 미국이 생산한 수송선/역주]을 놀랄 만큼 많이 생산하여 대서양을 통한 물자 공급의 흐름을 가능하게 만들었다. 그 반면에 전쟁의 전체 기간을 통해 적군의 공격으로 각국이 입은 선박의 손실도 잊어서는 안 된다. 그 수치는 다음의 표와 같다. 손실의 80퍼센트는 영국 연안과 북해를 포함한 대서양에서 입은 것이다. 태평양에서 입은 손실은 오직 5퍼센트에 불과했다.

---

* 영국군과 미군에는 각 군의 작전 지휘권 내의 연합군 병력이 포함되어 있다. 손실 수치 표시 중 분수는 영미 양군이 공동으로 적군의 잠수함을 "격침한" 경우이다. 공동으로 "격침한" 경우는 많지만, 독일의 손실 수치에 분수가 없는 이유는 모든 분수의 합이 정수로 끝났기 때문이다.

국가	손실 선박 톤수(t)	비율(%)
영국	11,357,000	54
미국	3,334,000	16
나머지 국가 (적의 지배하에 있었던 국가 제외)	6,503,000	30
합계	21,194,000	100

이러한 사실을 밝히는 것은 영국의 공적을 과도하게 주장하려는 것이 아니다. 다만 세계사의 위기에서 적과 정면으로 대항한 이 작은 섬나라 국민이 전투의 모든 형태에서 얼마나 집약적으로 대단한 일을 했는가에 대해서 경의를 표할 수 있을 정도의 정당한 평가를 할 수 있도록 토대를 마련하려는 것이다.

★ ★ ★ ★ ★

평온한 시절보다는 전쟁이 한창인 때에 내각을, 그것도 연립내각을 조직하는 일은 아마도 더 쉬운 일일 것이다. 책임감이 모든 것에 앞서고, 개인적 욕망은 뒤로 물러나기 때문이다. 일단 다른 정당의 지도자들은 물론 그 조직의 공식적인 책임자들과 중요한 합의를 하자, 내가 내각으로 끌어들인 사람들의 태도는 아무런 이의 없이 배치 받은 곳으로 즉시 달려가는 교전 중의 군인과 같았다. 당의 기초가 공식적으로 확립되자 내가 접해야 했던 수많은 사람들의 심성에 이기심이라고는 조금도 찾아볼 수 없는 것처럼 느껴졌다. 주저하는 경우가 있다면, 그것은 오직 공적인 고려 때문이었다. 그와 같이 높은 수준의 행동 규범이 적용되어 다수의 보수당과 국민자유당의 각료는 자리를 떠나게 되어 자신의 경력에 종지부를 찍어야 했으며, 대단한 관심과 흥분의 이 시기에 대부분 영원히 공직 생활로부터 물러나야 했다.

당시 보수당은 하원에서 다른 정당의 의석 총계보다 120석이나 많은 다수 의석을 차지하고 있었다. 체임벌린은 그들이 선출한 당수였다. 따라서 오랫동안 그를 비판하고 때로는 맹렬히 비난했던 내가 그의 자리를 대신하게 된 사실이 많은 사람들에게 아주 불편하게 느껴졌을 것이라고 생각하지 않을 수 없었다. 게다가 나의 지난 생애가 어떻게 보수당과 갈등 속에서 또는 실제로 싸움 속에서 보냈으며, 어떻게 자유무역 문제로 당을 떠났다가 훗날 재무부 장관으로 다시 복귀하게 되었는지 그들 대다수가 명백히 알고 있었다. 그 뒤로 나는 인도, 외교정책 그리고 전쟁 준비 문제와 관련하여 여러 해 동안 보수당의 주요 반대론자였다. 그런 나를 수상으로 받아들이는 것이 그들에게는 쉽지 않은 일이었다. 그것은 다수의 훌륭한 보수당원에게 고통스러운 일이었다. 더군다나 선출된 당수에게 충성하는 것은 보수당의 두드러진 특징이었다. 만약 전쟁이 시작되기 전 수년 동안 그들의 국민에 대한 의무와 관련하여 합당하지 않은 점이 있었다면, 그것은 그들의 당수에 대한 충성심 때문이었다. 그러나 그러한 이유는 나에게 조금도 걱정거리가 되지 않았다. 연이은 포격 소리에 모든 것이 쓸려가버렸다는 사실을 나는 알고 있었다.

나는 우선 체임벌린에게 하원 대표와 추밀원 의장직을 맡아달라고 제의했고, 그는 승낙했다. 그러나 공표하지는 않았다. 애틀리는 그러한 상황에서는 노동당이 일하기가 곤란하다고 말했다. 연립정부에서 하원 대표는 여러 파벌이 납득할 수 있는 인물이어야 한다. 나는 그러한 점을 체임벌린에게 설명했고, 그는 즉시 이해했다. 따라서 내 자신이 하원 대표직을 맡아 1942년 2월까지 유지했다. 그 기간 동안 애틀리가 나를 대리하여 매일 그 직무를 수행했다. 야당 생활을 한 그의 오랜 경험은 아주 소중한 것이었다. 나는 아주 심각한 경우에만 나섰다. 그런 일은 반복해서 일어났다. 많은 보수당 의원들은 자신들의 당수 체임벌린이 무시당한다고 느꼈다. 애틀리의 개인적 태도에는 모두 경의를 표했다. 새로운 자격으로 그가 처음 하원에 모습을 나타냈을 때(5월 13일), 하원의 다수당이었던 노동당 의원 전부가 기립하여 그에게 열렬한 애정과 존경을 표시했다. 처음 몇 주일 동안 내가 주로 환영을 받은 것은 노동당 의석으로부터였다. 그러나 체임벌린의 나에 대한 믿음과 지지는 견고했으므로, 나는 자신감을 가질 수 있었다.

뮌헨 회담에 대한 책임이 있거나 우리 전쟁 준비의 많은 결함과 관련하여 비난받아 마땅한 "죄인"과 각료들의 추방을 목표로 노동당의 몇몇 중요 인사들과 새 정부에 들어오지 못한 유능하고 열정적인 인물들이 정부에 상당한 압력을 행사했다. 그러나 고위직에서 오랜 경험을 가진 유능한 애국자들을 축출할 시기가 아니었다. 만약 헐뜯기 좋아하는 사람들이 하자는 대로 했다면, 적어도 보수당 각료들 중 3분의 1은 사임해야 했을 것이다. 체임벌린이 보수당 당수였다는 사실을 고려하면, 그러한 움직임은 거국일치의 정부를 파괴하려는 것이라는 점이 분명했다. 더군다나 어느 한쪽만 일방적으로 비난할 수 있는가는 자문해볼 필요조차 없었다. 공식적인 책임은 당시의 정부에 있었다. 그러나 도덕적인 여러 책임은 넓게 확산되어 있었다. 사후에 일어난 사건들에 의해서 우스꽝스럽게 되어버린 노동당 그리고 그에 못지않은 자유당 각료들이 행한 발언과 투표의 목록만 하더라도 엄청난 양인데, 나는 그 모두를 기억하고 있었으며 필요하다면 언제든지 구체적으로 이용할 수 있었다. 과거를 지워버릴 수 있는 권리가 있다면, 나보다 먼저 그 권리를 행사할 수 있는 사람은 없을 것이었다. 그러므로 나는 그러한 여러 분열적인 경향에 맞섰다. 몇 주일 뒤, 나는 이렇게 말했다. "현재로 과거를 심판하려고 한다면, 미래를 잃어버릴 것입니다." 그러한 논박과 시대의 중압감이 자칭 이단 사냥꾼인 양하는 자들을 억제했다.

★ ★ ★ ★ ★

처음 며칠 동안 내가 경험한 일은 아주 특별했다. 모든 생활은 전쟁과 관련이 있었으며, 모든 생각 역시 전쟁에 집중되어 있었다. 그러나 무엇 하나 할 수 있는 것도 없었다. 늘 내각을 구성하기 위해서 부심하고, 사람들을 만나고, 정당들 사이의 균형을 조정하는 일뿐이었다. 그때의 시간이 어떻게 흘러갔는지, 나는 기억으로나 기록으로나 알 수가 없다. 당시 영국의 내각은 60명에서 70명 사이의 각료로 구성되었기 때문에 그 많은 사람들을 그림 맞추기 게임을 하듯 적절히 배치하지 않을 수 없었는데, 나의 경우에는 세 정당의 요구까지 고려해야 했다. 나는 중요한 인물뿐만 아니라 중대 임무를 맡길 적임자 선발을 위해서 다만 몇 분 동안일지라도 유능한 다수의 인재들을 만날 필요가 있었다. 연립정부를 구성하는 수상은 각 정당에 할당된 자리를 그들 당원 중 누구에게 줄 것인가에 대한 문제를 결정할 때 당수들의 의사에 비중을 두어야 했다. 나는 대체로 그러한 원칙에 따랐다. 보다 나은 인물이 그 소속 정당의 권고에 따라서 또는 권고에 반하여 배제되는 경우에도, 나로서는 그냥 단순히 유감을 표시할 수 있었을 뿐이었다. 그러나 전반적으로 큰 어려움은 없었다.

클레멘트 애틀리는 오랫동안 하원의 사정에 정통하고 전쟁 경험이 있는 나의 동료였다. 우리의 유일한 견해 차이는 사회주의에 관한 것이었는데, 개인적인 사정 따위는 거의 모두 국가에 종속시키지 않을 수 없게 된 전쟁에 의해서 그 문제는 수면 아래로 가라앉았다. 연립정부의 전 기간을 통해 그와 나는 서로 신뢰하며 편하게 협력했다. 아서 그린우드는 대단한 용기를 가진 현명한 조언자로서 훌륭하고 많은 도움을 준 친구였다.

자유당의 공식 당수인 아치볼드 싱클레어 경은 그의 당원들이 전쟁내각에서 자리를 맡아야 마땅하다고 생각하고 있었기 때문에 공군부 장관 자리를 수락했으나 약간 당혹스러워했다. 그러나 그렇게 하지 않으면 소규모의 전쟁내각의 원칙을 지킬 수 없었다. 따라서 나는 그에게 근본적인 정치 문제나 당의 결속과 관련된 사항이 대두될 경우 전쟁내각에 참여해달라고 제의했다. 그는 나의 친구였으며, 1916년 플레그스티르트("플러그 스트리트")[프랑스 국경에서 약간 떨어진 벨기에 마을/역주]에서 제6 로열 스코틀랜드 퓨질리어 연대를 내가 지휘할 때 그는 부연대장이었는데, 개인적으로도 내가 그를 위해서 마련한 드넓은 활동 영역에 뛰어들겠다는 의욕을 보여주었다. 그 문제는 서로 충분히 소통한 뒤에 기분 좋게 해결되었다. 어니스트 베빈은 전쟁 초반 내가 해군부의 트롤 선에 대한 강력한 요구를 진정시키고자 할 때부터 알게 되었는데, 그는 운수 및 일반 노조 사무국장이었으므로, 가장 중요한 자리였던 노동부 장관으로서 내각에 참여하기 전에 먼저 노동조합의 의견을 들어야 했다. 그러기 위해서 2, 3일이 소요되었는데, 당연히 그렇게 해야 했다. 영국에서 가장 큰 그 노동조합은 만장일치로 그의 취임에 동의했고, 이후 우리가 승리를 거둘 때까지 5년 동안 변함없는 지지를 보냈다.

최대의 고비는 비버브룩 경과 관련된 문제였다. 나는 그가 국가를 위해서 대단한 일을 할 수 있는 능력의 소유자라고 확신하고 있었다. 제1차 세계대전의 경험에 따라 항공기의 공급과 설계 부문을 항공부에서 분리하기로 결정하고, 그에게 항공생산부 장관으로 일해달라고 부탁했다. 그는 처음에는 수락을 꺼렸다. 그리고 항공부 장관 역시 항공기 생산부문이 분리되는 것을 달가와하지 않았다. 비버브룩 경을 임명하는 데에는 다른 반대도 더러 있었다. 그러나 우리의 생사가 신형 항공기의 순조로운 공급에 달려 있다는 나의 믿음은 확고했다. 따라서 그의 왕성한 활력이 필요했기 때문에 나는 내 주장을 굽히지 않았다.

의회와 언론계에 널리 유포된 여론을 존중하기 위해서는, 전쟁내각은 소규모여야 할 필요가 있었다. 그러므로 처음에 5명의 각료로 출범했는데, 그 중 소관 부서가 있는 사람은 외무부 장관이 유일했다. 당연히 그들 5인은 당시 최고위의 정당 정치인이었다. 그러나 일의 진행을 순조롭게 하기 위하여 보통의 경우 재무부 장관과 자유당 당수는 참여해야 할 필요가 있었다. 또 그렇게 하다 보니 "고정 참석자" 수가 늘어났다. 모든 책임은 5인의 전쟁내각 각료에게 있었다. 그들이야말로 전쟁에서 우리가 이기지 못했을 경우

타워 힐[옛날에 수많은 처형이 집행되었던 곳으로 런던 탑의 서북쪽에 있다/역주]의 형장에서 목이 잘릴 수밖에 없는 유일한 존재들이었다. 그 다섯 사람을 제외한 각료들이야 자기 담당 부처의 문제로 고민할 뿐이었지 국가의 정책 때문에 책임져야 할 일은 없었다. 전쟁내각을 떠나서는 누구든 "여기에 대해서는 책임질 수 없다"든지, "저기에 대해서는 책임질 수 없다"는 등의 말을 할 수 있었다. 정책의 부담은 아주 높은 수준이었다. 따라서 우리를 급습했던 급작위기의 시절에도 많은 국민이 여러 가지 걱정을 덜 수 있었다.

★ ★ ★ ★ ★

나는 오랫동안 정치 활동을 하는 동안 국가의 중요한 직책들을 많이 맡았지만, 그때 나에게 부과된 자리가 고위직이었다. 권력은 다른 사람들에게 군림하기 위해서나 자기 자신을 과시하기 위한 수단일 때에는 당연히 저급한 것이 될 것이다. 그러나 권력이 국가의 위기를 맞아 어떠한 명령을 내려야 하는가를 아는 자에게 주어진다면, 그것은 축복이다. 어떠한 활동 영역에서건 제1인자는 제2인자, 제3인자, 제4인자와 비교될 수가 없다. 제1인자의 의무와 과제는 그 나머지 누구의 경우와도 확실히 다르며, 대개의 경우 더 어렵다. 제2인자나 제3인자가 중요한 정책을 주도하여 만들어야 한다면, 그것은 언제나 불행한 일일 것이다. 그 경우에는 정책의 가치뿐만 아니라 상사의 생각까지 고려해야 한다. 해야 할 말과 자신의 지위에서 해야 할 적당한 말의 수준을 고려해야 한다. 무엇을 해야 하느냐 뿐만 아니라 어떻게 승낙을 얻을 것이며 또 어떻게 실행할 것인가를 고려해야 한다. 게다가 제2인자나 제3인자는 제4, 5, 6인자 또는 능력 있는 외부인이나 제20인자까지도 고려 대상에 포함시켜야 한다. 세속적 목적을 위해서라기보다 명예를 추구하는 야망은 모두의 가슴속에서 반짝이고 있다. 무엇이 옳은가에 대해서는 언제나 여러 관점이 있는 법이며, 대부분은 모두 그럴듯하다. 1915년, 다르다넬스 작전*과 관련하여 나는 한때 정치적 파탄 상태를 겪었다. 종속

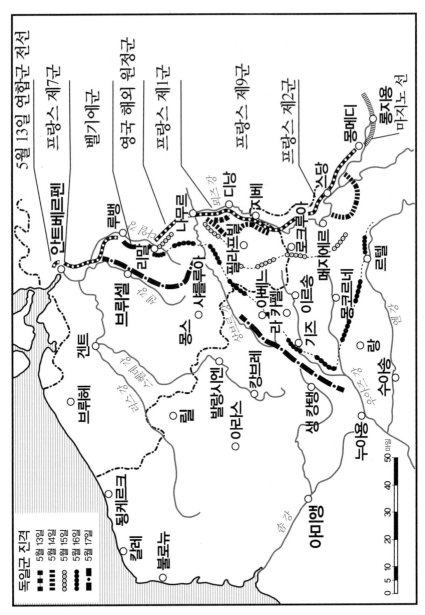

1940년 5월 13일부터 17일까지 사이의 독일군 진격

는 엄청난 무력으로 프랑스를 향해 쇄도할 준비가 되어 있었다.

물론 정확한 병력 수나 배치에 대해서 우리는 모르고 있었지만, 독일군의 그러한 진용에 맞서 프랑스군은 영국군을 포함하여 103개 사단이 포진하고 있었다. 벨기에와 네덜란드가 전쟁에 뛰어들 경우, 벨기에군 22개 사단과 네덜란드군 10개 사단이 추가될 수 있었다. 벨기에와 네덜란드가 전격적으로 공격을 당했을 때, 5월 10일을 기준으로 연합군이 가용할 수 있는 명목상의 전력은 모두 135개 사단이었다. 그것은 지금 알게 된 사실이지만, 당시 적군이 보유한 병력의 규모와 실제로 같은 수준이었다. 따라서 적절하게 조직하고 무장할 뿐만 아니라 잘 훈련시키고 통솔하면, 제1차 세계대전의 경우에 비추어볼 때 적의 침공을 저지할 수 있는 충분한 기회가 있었다.

그러나 독일군은 공격의 시기와 방향과 병력을 마음대로 선택할 수 있었다. 프랑스 육군의 과반수는 프랑스 남부와 동부 지역에 배치되어 있었고, 따라서 비요트 장군이 지휘하는 제1 집단군의 51개의 프랑스군과 영국군 사단은 벨기에와 네덜란드의 지원을 기대하면서 롱위와 해안 사이에서 보크와 룬트슈테트가 이끄는 독일군 70개 사단의 공세에 맞서야 했다. 폴란드 전투에서 소규모로 성과를 거둔 방탄 탱크와 급강하 폭격기의 조합이 다시 한번 주공격의 선봉을 맡아, 클라이스트 휘하의 5개 기갑사단과 3개 차량화 사단이 아르덴을 통과하여 스당과 몽테르메로 향했다.

그러한 현대적 형태의 공격에 맞서 프랑스군은 대부분 경전차로 구성된 2,300대의 탱크를 포진시켰다. 프랑스 기갑부대는 몇 대의 강력한 신형을 보유하고 있기는 했으나, 전체 탱크의 절반 이상을 보병과 공동 작전을 벌이기 위하여 분산 배치된 경전차 대대가 보유하고 있었다. 독일군 기갑사단의 대규모 공격에 대항할 수 있는 유일한 존재로 여겼던 6개의 기갑사단*은 전선에 넓게 흩어져 있어 힘을 결집하기 위해서 한데 모으는 일은 불가

---

* 소위 경차량화 사단을 포함한 숫자인데, 탱크를 보유하고 있었다.

능했다. 탱크의 탄생지인 영국은 막 최초의 기갑사단(탱크 328대)을 편성하고 훈련을 마친 상태였는데, 그나마 모두 영국에 주둔하고 있었다.

당시 서부 전선에 집중되어 있던 독일 전투기는 프랑스 전투기에 비하여 질과 양에서 훨씬 더 우세했다. 프랑스에 파견된 영국 공군은 절대적인 국내 방어 전력에서 차출한 것인데, 허리케인 기종의 10개 전투기 중대와 다른 기종들의 19개 중대로 구성되어 있었다. 프랑스나 영국 공군은 모두 급강하 폭격기를 보유하지 못했는데, 그런 상황은 폴란드에서와 마찬가지로 현저하게 드러나는 차이 때문에 프랑스 보병, 특히 흑인 병사들의 사기를 저하시키는 중요한 요인이 되었다.

★ ★ ★ ★ ★

5월 9일에서 10일 사이의 밤중에 비행장, 도로와 통신 시설, 사령부 그리고 탄약고를 목표로 한 광범위한 공습을 필두로, 독일군 전군이 벨기에, 네덜란드, 룩셈부르크의 국경을 넘어서 프랑스를 향해 돌진했다. 거의 모든 경우에 그들은 완벽하게 전술적으로 허를 찔렀다. 완전무장을 한 열정적인 기습병 부대의 엄청난 병력이 흔히 경포를 가지고 어둠 속에서 홀연히 나타나는가 하면, 동이 트려면 한참 기다려야 할 시간에 250킬로미터의 전선이 불길에 휩싸이기도 했다. 아무런 이유도, 사전 경고도 없이 기습을 당한 네덜란드와 벨기에는 격렬하게 구원을 호소했다. 네덜란드는 수로에 의지하고 있었다. 적이나 스파이의 손에 넘어 가지 않은 수문은 모두 열었으며, 네덜란드 국경 수비대는 침략군을 향해서 발포했다.

콜레인은 네덜란드 수상 시절인 1937년에 나를 찾아온 적이 있었는데, 그 자리에서 네덜란드의 홍수 전술이 얼마나 효과가 있는지 나에게 설명했다. 그는 차트웰에서 점심 식사를 하면서도 전화로 지시만 하면 버튼을 누르기가 무섭게 침략군이 넘어설 수 없는 물의 장애물을 만들 수 있다고 했다. 그러나 그 말은 난센스였다. 현대전에서 소국에 대한 대국의 힘이란 압도적이었다. 독일군은 운하에 다리를 설치하고, 수문의 잠금 장치와 수위 조절 장치를 장악하면서 모든 지점을 돌파했다. 단 하루 사이에 네덜란드의 외곽 방어선은 완전히 제압되었다. 동시에 독일 공군은 무방비 상태의 대지 위에 그 힘을 과시하기 시작했다. 로테르담은 불타는 폐허가 되었다. 헤이 그, 위트레흐트 그리고 암스테르담도 같은 운명이 되고 말 것이라는 두려움 속에 빠졌다. 제1차 세계대전 때와 마찬가지로 독일군이 오른쪽으로 우회 할 것이라는 네덜란드의 희망은 헛된 꿈이었다.

14일에는 나쁜 소식이 들려오기 시작했다. 처음에는 모두 몽롱한 상태였 다. 오전 7시, 나는 레노로부터 받은 메시지를 내각에 회부했다. 그것은 독 일군이 스당을 돌파했으며, 탱크와 급강하 폭격기의 조직적 공격 앞에서 프랑스군은 저항할 수 없으니, 전선을 다시 구축하기 위해서 전투기 부대 10개 중대를 더 보내달라는 내용이었다. 3군 참모총장들이 받은 다른 보고 도 비슷한 내용이었다. 덧붙여 가믈랭과 조르주 두 장군은 형세를 심각하게 관망하고 있으며, 특히 가믈랭은 적군의 기동성에 크게 놀랐다는 것이었다. 독일군 공격의 힘과 기세에 프랑스군은 거의 모든 지점에서 압도당했다. 영국의 비행 전투단은 총출동하여 쉬지 않고 싸웠는데, 주목표는 스당 지역 의 주교(舟橋)였다. 필사적인 공격에 의해서 주교들 중 상당수가 파괴되거 나 피해를 당했다. 그러나 주교에 대한 저공 비행 공격 때 독일의 대공포에 의해서 입은 손실은 끔찍한 것이었다. 출격한 6기의 전투기 중에서 임무를 수행하고 복귀한 것은 오직 1기뿐이었던 때도 있었다. 그날 단 하루 동안 우리는 67기의 전투기를 잃었다. 우리를 주로 상대한 것은 적의 대공포 부 대였기 때문에, 독일군의 전투기 손실은 53기에 불과했다. 그날 밤, 프랑스 에 남아 있던 영국 공군 전투기 474기 중에서 전투가 가능한 것은 206기뿐 이었다.

그와 같은 상세한 정보는 점차적으로 들어왔다. 그러나 이미 분명한 것은 그러한 규모로 계속 싸울 경우에는 개별적인 우월함에도 불구하고 영국 공군력은 조만간 완전히 소멸될 것이라는 사실이었다. 영국 본토를 무방비 상태로 두지 않을 뿐만 아니라 전쟁을 계속 수행할 능력을 잃지 않는 가운데 얼마나 많은 전투기를 보낼 수 있는가 하는 어려운 문제가 우리를 압박했다. 우리의 본능적 욕구와 다수의 유력한 군사적 의견은 프랑스의 부단하고 격렬한 호소를 받아들였다. 그러나 다른 한편으로, 거기에는 한계가 있었다. 그 한계를 넘어서게 되면, 우리는 우리의 생존을 대가로 치러야 할 터였다.

당시 전쟁내각은 하루에도 수차례 모여 그 모든 문제에 대하여 토의했다. 수도 방위 전투비행단 지휘관 다우딩 공군 대장이 나에게 얘기한 바로는, 25개 전투기 중대만 있으면 독일 공군의 공격으로부터 본토를 지킬 수 있으나, 그 이하로는 압도당하게 된다는 것이었다. 패배의 결과는 우리의 모든 비행장과 공군력뿐만 아니라 우리 전체의 장래가 걸려 있는 비행기 공장의 파괴를 의미했다. 전쟁내각의 동료들과 나는 한계에 이르기까지 전투를 위해서 모든 위험을 감수하기로 결심했다. 그러나 그 위험은 엄청난 것이어서, 어떠한 결과에도 그 한계를 넘어서지는 않기로 했다.

15일 아침 7시 30분경, 레노가 연락을 해왔다는 얘기를 듣고 일어나 침대 옆의 전화기를 들었다. 그는 영어로 말했는데, 긴장된 기색이 역력했다. "우리는 패하고 말았습니다." 내가 금방 대답하지 못하자, 그는 다시 말했다. "우리는 패배하고 말았습니다. 우리는 전투에서 졌습니다." 내가 말했다. "아니, 그렇게 빨리 말입니까?" 그가 대답했다. "스당 부근의 전선이 무너졌습니다. 그놈들은 엄청난 탱크와 장갑차로 몰려오고 있습니다." 그런 투의 말이 이어졌다. 그래서 나는 이렇게 말했다. "경험한 바로는 그런 공격은 조금 지나면 끝납니다. 1918년 3월 21일에 그랬습니다. 닷새 내지 엿새쯤 지나면 보급 때문에 공격을 중단할 수밖에 없어요. 그때 반격의 기회가 옵니다. 당시 포슈 원수가 직접 그런 얘기를 했습니다." 그러한 것이야말로 과거에 우리가 항상 보아온 일이며, 따라서 결코 잊어서는 안 될 일이었다. 그러나 프랑스 수상은 처음에 했던 말을 되풀이할 뿐이었고, 그것은 사실이었다. "우리는 패배하고 말았습니다. 우리는 전투에서 졌습니다." 나는 프랑스로 건너갈 테니 논의해보자고 대답했다.

독일군은 프랑스 전선에 80킬로미터 정도의 틈을 뚫었다. 그 틈을 통해 탱크와 장갑차 등으로 무장한 막대한 병력이 쇄도했다. 프랑스 제9군은 완전히 붕괴되고 말았다. 15일 저녁까지 독일군 기갑부대는 원래 전선의 후방 100킬로미터 지점까지 진격한 것으로 보고되었다. 바로 그날 네덜란드군의 저항은 끝나고 말았다. 오전 11시 네덜란드 최고사령부가 항복했고, 극히 소수의 네덜란드 병력만이 퇴각할 수 있었다.

그러한 광경은 당연히 패배의 일반적인 모습이었다. 나는 지난 세계대전에서 그러한 광경을 많이 보았다. 따라서 상당히 넓은 범위에 걸쳐 전선이 무너졌다는 생각만으로는 프랑스에서 벌어지고 있는 끔찍한 결과를 바로 떠올릴 수 없었다. 나는 여러 해 동안 정부의 공식 정보를 접하지 못했기 때문에, 지난 세계대전 이후 쾌속력을 가진 중장갑 무기의 대량 도입으로 실현된 대변혁의 폭력성을 이해할 수가 없었다. 그러한 사태에 대해서 들어서 알고 있었지만, 그 결과가 나의 내면의 확신을 바꾸어놓지는 못했다. 설사 바꾸어놓았다고 하더라도, 나로서는 할 수 있는 일이 아무것도 없었다. 나는 조르주 장군에게 전화를 했다. 그는 아주 침착했고, 스당의 뚫린 틈은 막고 있는 중이라고 했다. 가믈랭 장군으로부터 온 전문도 나무르와 스당 사이의 상황이 심각하기는 하지만, 냉정하게 사태를 지켜보고 있다는 내용이었다. 나는 오전 11시에 열린 내각 회의에서 레노의 메시지를 비롯하여 그밖의 소식을 보고했다.

그러나 16일, 스당 부근의 국경에서 96킬로미터 이상 적군이 뚫고 들어

온 사실이 확인되었다. 상세한 내용은 육군부에서도 거의 모르고 있었고, 현재 무슨 일이 일어나고 있는지에 대해서는 명확한 견해를 가질 수 없는 상황이었지만, 중대한 위기라는 점에 대해서는 의문의 여지가 없었다. 그날 오후, 나는 파리로 가야 할 절대적인 필요성을 느꼈다.

★ ★ ★ ★ ★

오후 3시경, 나는 3대의 관용 여객기 중 하나인 "플라밍고"에 탑승했다. 육군참모차장 딜 장군과 이즈메이 장군이 동행했다.

"플라밍고"는 훌륭한 기종이었으며 안락했고, 시속 260킬로미터로 날았다. 비무장 비행기였기 때문에 호송기가 따라붙었다. 높이 솟구쳐 비구름 속으로 들어가 한 시간이 못 되어 르 부르제 공항에 착륙했다. "플라밍고"에서 내려서는 순간 상상했던 것보다 상황은 비교할 수 없을 정도로 좋지 않다는 사실이 드러났다. 마중 나온 장교들은 이즈메이 장군에게 적어도 며칠 내로 독일군이 파리로 들어올 것 같다고 말했다. 대사관에서 상황 보고를 들은 뒤, 나는 자동차로 케 도르세[센 강변에 있는 파리의 간선도로 중 하나인데, 외무부가 자리잡고 있어 프랑스 외무부를 지칭한다/역주]를 향해 달려 5시 30분에 도착했다. 프랑스 외무부 건물의 멋진 방으로 안내를 받았다. 거기에는 레노, 국방부 장관 겸 육군부 장관 달라디에 그리고 가믈랭 장군이 기다리고 있었다. 모두 서 있었다. 우리는 자리에 앉지도 않은 채 모두 테이블을 둘러쌌다. 전부 극도로 의기소침한 표정이었다. 가믈랭 앞쪽의 교육용 괘도걸이에는 사방 2미터 정도 크기의 지도가 걸렸고, 연합군의 전선을 나타내는 검은 선이 보였다. 선 위의 스당 지점은 작지만 불길하게 도드라진 표시가 되어 있었다.

총사령관 가믈랭은 발생한 사태에 대하여 간략한 설명을 했다. 독일군은 스당의 남북 양방향으로 80킬로미터 내지 100킬로미터의 길이에 이르는 전선을 돌파했다. 그 전면에 있었던 프랑스군은 궤멸되어 흩어졌다. 탱크의 격렬한 돌진은 전대미문의 속도로 아미앵과 아라스 쪽으로 향했는데, 틀림없이 아브비유의 해안이나 그 부근으로 가려는 것 같았다. 만약 그렇지 않다면 파리로 방향을 돌릴지 몰랐다. 탱크를 앞세우고, 그 뒤로 모두 차량화된 8개 내지 10개의 독일군 사단들이 두 동강이 난 프랑스군을 두 측면 부대처럼 여긴 채 질주하고 있었다. 장군은 5분가량 보고를 했는데, 그동안 아무도 입을 열지 않았다. 그가 이야기를 끝내자, 의미심장한 침묵이 흘렀다. 그때 내가 물었다. "전략 예비군은 어디 있지요?" 그리고 나는 다시 (모든 의미에서) 서투른 프랑스어로 덧붙였다. "기동 부대는 어디 있습니까?" 가믈랭 장군은 나를 향하더니, 어깨를 움츠린 채 머리를 흔들었다. "없습니다."

다시 긴 정적이 이어졌다. 케 도르세의 정원에는 커다란 모닥불에서 피어오른 연기가 자욱했다. 노숙한 공무원들이 창밖으로 손수레에 문서 더미를 싣고 모닥불 쪽으로 나르는 모습이 내 눈에 들어왔다. 이미 파리를 탈출하기 위한 준비가 시작되고 있었다.

과거의 경험이란 우리에게 장점과 함께 단점도 가지고 있는 법인데, 그것은 세상일들이 동일한 과정을 되풀이하여 일어나지 않는다는 말로 함축할 수 있다. 동일한 일이 동일하게 반복된다면, 삶은 안일한 것이 되고 말 터이다. 요컨대 우리는 지난 날 전선을 돌파당하는 경험들을 흔히 했다. 그럴 때마다 사태를 수습하여 도발의 힘을 억제하곤 했다. 그러나 나는 전혀 예상할 수 없었던 두 가지 새로운 요소에 부딪쳤다. 첫째는, 장갑을 한 기동성 무기들의 불가항력적인 침공으로 모든 연락망과 산야가 완전히 짓밟혔다는 사실이었다. 둘째는, 전략적 예비부대가 존재하지 않는다는 사실이었다. "오." 나는 아연실색하고 말았다. 우리는 그 위대한 프랑스 군과 최고 수뇌부를 어떻게 이해해야 하는가? 현재 교전 중인 800킬로미터의 전선을 방어하는 지휘관에게 움직일 수 있는 대규모의 전략적 부대가 없다는 사실은 나로서는 상상조차 할 수 없는 일이었다. 그 누구도 그렇게 넓은 전선을 불리한 전투가 거의 정점에 다다르자, 나와 내각의 동료들은 존 딜 경이 육군참모총장이 되기를 강렬히 바랐다. 만약 영국이 침공을 당하는 경우에, 우리는 본토 방위를 위한 총사령관을 뽑아야 했다. 5월 25일 밤늦게 아이언사이드, 딜, 이즈메이, 나 그리고 다른 한두 명이 해군부의 내 방에 모여 상황에 대한 판단을 하고 있었다. 아이언사이드 장군은 자발적으로 참모총장직을 그만두고 싶다고 했다. 그리고 본토방위군을 맡겠다고 나섰다. 당시 그와 같은 지휘를 맡는 것은 장래성이 없었다는 점을 고려하면, 그의 결단은 용기와 이타심에서 나온 것이 아닐 수 없었다. 따라서 나는 아이언사이드 장군의 제의를 받아들였다. 훗날 그에게 부여된 높은 작위와 명예는 바로 그때 우리의 당면한 과제를 놓고 그가 보여준 태도에 대한 보답이었다. 5월 27일, 존 딜 경은 육군참모총장으로 취임했다. 그러한 인적 교체는 당시로서는 적절한 조치로 평가되었다.

제3장

바다를 향한 행군

여기서 그 기념비적인 전투의 과정을 되돌아보았으면 한다.

벨기에와 네덜란드의 중립성을 함부로 무시해버릴 태세가 되어 있었던 자는 오직 히틀러뿐이었다. 벨기에는 자국이 공격을 받기 전까지는 결코 연합군을 불러들이지 않으려고 했다. 따라서 군사력을 먼저 발동할 것인지 말 것인지는 히틀러에게 달려 있었다. 5월 10일, 히틀러가 선수를 쳤다. 영국군을 중앙에 배치한 프랑스 제1군은 그들의 전선을 지키는 대신에 벨기에로 돌진했으나 헛수고에 그치고 말았다. 가믈랭 장군의 D계획*에 따른 벨기에 구원 작전은 이미 때가 늦었기 때문이었다. 그런데 프랑스는 제대로 요새가 구축되어 있지 않고 방비가 취약한 아르덴 전면의 공간을 방치했다. 전사에서 유래를 찾아볼 수 없을 만큼 대규모의 탱크 부대가 프랑스군 전선의 중앙을 돌파했다. 그리고 48시간 만에 북부군 전체를 남쪽과 바다쪽으로부터 단절시키려고 위협했다. 프랑스군 최고사령부는 늦어도 14일까지는 어떠한 위험이 닥치든 막대한 장비 손실이 예상되든 모두 감수하고 전속력으로 퇴각하라는 명령을 내렸어야 했다. 그 문제와 관련하여 가믈랭 장군은 잔인한 현실을 직시하지 못했다. 북부군의 프랑스 지휘관 비요트는 스스로 필요한 결정을 할 능력이 없었다. 위협당하고 있었던 좌측 부대는 혼란에 휩싸였다.

---

* 제1부 제19장 288면 참조.

적군이 훨씬 우세하다는 사실을 알고 그들은 물러섰다. 적이 그들의 진영의 오른쪽으로 선회하자 그들은 측면 방어진용을 갖추었다. 만약 14일에 퇴각을 시작했더라면 17일까지는 원래의 전선으로 돌아갈 수 있었고, 거기서부터는 충분히 싸울 수 있는 기회를 얻을 수 있었다. 그러나 적어도 치명적인 사흘을 허비해버린 것이었다. 영국 전쟁내각이 보기에는 17일 이후 즉시 남쪽을 향해 싸우면서 진군했더라면 영국군은 살릴 수가 있었다. 영국 전쟁내각은 그러한 생각을 근거로 프랑스 정부와 가믈랭 장군을 압박하기로 결정했다. 그러나 영국군 지휘관 고트 경은 전선에서 벗어나는 동시에 적진을 돌파하여 전진할 수 있는 가능성에 대해서 회의적이었다. 19일에 가믈랭 장군은 해임되었고, 베강이 대신 지휘권을 잡았다. 가믈랭이 마지막으로 발동했던 "명령 12호"는 비록 5일이나 늦었지만 원칙적으로 옳았으며, 영국 전쟁내각이나 3군 참모총장들의 결론과도 일치하는 것이었다. 그런데 최고 지휘관의 교체, 또는 그로 인한 지휘관의 부재 상태는 다시 사흘이라는 시간을 지체시키고 말았다. 베강 장군이 북부군을 방문하고 난 뒤 제안한 의욕에 찬 계획은 기안 문서에 지나지 않았다. 그 주된 내용은 가믈랭의 것과 같았는데, 그나마도 지체되는 바람에 더 희망이 없어져버렸다.

무시무시한 딜레마 속에서 우리는 베강의 계획을 받아들였고 25일까지 모두 그 계획을 수행할 수 있도록 충실하고 끈질긴 노력을 다했는데, 지금 와서 보면 아무 소용없는 일이었다. 25일이 되자 모든 도로망은 단절되고, 미약한 우리의 반격은 격퇴당하여 아라스를 잃었으며, 벨기에 전선이 무너지자 레오폴드 국왕은 항복하려 했고, 남쪽으로 탈출하려던 희망은 완전히 사라져 버렸다. 오직 남은 것은 바다쪽 뿐이었다. 과연 바다에 도달할 수 있을 것인가, 아니면 평야에서 포위되어 격멸당할 것인가? 어느 경우든 대포를 비롯한 아군의 모든 장비는 잃게 될 것이며, 그 손실은 수개월 동안 회복이 불가능할 터였다. 그러나 미래의 영국군을 육성할 수 있는 핵심이자

기본 골격이 되는 우리의 원정군을 구할 수만 있다면, 그러한 것이 문제될수가 있었겠는가? 25일 이후로 해상 탈출만이 유일한 기회라고 생각한 고트 경은 됭케르크 부근에 교두보를 확보하고 남아 있는 병력으로 혈로를 뚫겠다고 했다. 영국 군인의 규율 그리고 브룩, 알렉산더, 몽고메리를 비롯한 지휘관들의 기량이 요구되는 순간이었다. 그리고 또 그보다 훨씬 더 많은 것이 필요했다. 모든 사람들이 할 수 있는 일은 다했다. 그것으로 충분할것인가?

★ ★ ★ ★ ★

논쟁의 소지가 아주 많은 일화 하나를 여기서 검토해보아야겠다. 독일 육군참모총장 할더 장군은 히틀러가 실제로 그 전투에 직접 개입한 것은 바로 그때뿐이었다고 밝혔다. 그의 말에 따르면, 히틀러는 "벌집처럼 운하가 어지럽게 깔려 있는 나라에서 결정적인 성과도 올리지 못하고 상당한 위험 속에 있었던 탱크 부대 때문에 불안해하고 있었다." 히틀러는 작전의 다음 단계에서 탱크는 절대적으로 필요한 것이었기 때문에 쓸데없이 희생시켜서는 안 된다는 생각이었다. 대규모의 해상 탈출은 우세한 공군의 전력만으로도 충분히 저지할 수 있다고 믿었다. 따라서 할더의 말에 따르면, 히틀러는 육군 최고사령관 브라우히치를 통해서 명령을 전달했는데, "이미 점령한 지점에서 조금 물러나는 한이 있더라도, 탱크 부대는 출동시켜서는 안 된다"는 것이었다. 그리하여, 됭케르크까지 가는 길이 영국군 앞에 깨끗하게 열려 있었다고 했다. 어쨌든 우리가 가로챈 5월 24일 오전 11시 42분에 전송한 보통 문장으로 작성된 독일군 명령통지서의 내용은 됭케르크에 이르는 방향의 공격은 일시적으로 중단한다는 취지였다. 할더는 적군이 해안에 도달하지 못하도록 하라는 명확한 명령을 받은 룬트슈테트 집단군의 이동에 개입하라는 것을 육군 최고사령부(O.K.H) 이름으로 룬트슈테트가 거절했다고 진술했다. 할더의 논거는 거기서 신속하고 확실한 성공을 거둘 수록 나중에 탱크들의 손실을 보완하기가 더 쉬워진다는 것이었다.

논쟁은 히틀러의 단호한 명령에 의해서 종식되었다. 히틀러는 자신의 명령이 확실하게 이행되도록 하기 위하여 연락 장교를 전선으로 보낼 것이라고 덧붙였다. "어떻게 해서 히틀러는 쓸데없이 전차 부대를 위험에 빠뜨린다는 생각을 하게 되었는지 지금까지도 이해할 수 없다." 할더 장군이 말했다. "제1차 세계대전 당시 꽤 오랜 시간 동안 플랑드르에 있었던 카이텔의 경험담 때문에 그렇게 했을 가능성이 가장 높다."

다른 독일군 장군들의 말도 모두 비슷했다. 프랑스를 격파한 뒤 영국과의 평화 협상의 기회를 살려두기 위한 정치적 동기에서 히틀러의 그러한 명령이 발동된 것이라는 추측까지 있었다. 그런데 지금은 당시에 쓴 룬트슈테트 사령부의 군사 일지가 발견되어, 그 문제에 관한 문서 형태의 증거가 되었다. 그것에 따르면 이야기는 전혀 다르다. 23일 심야에 육군 최고사령부의 브라우히치로부터 제4군은 "포위전"의 "마지막 행동"을 위해서 룬트슈테트 휘하에 둔다는 명령이 내려왔다. 다음날 아침 히틀러는 시찰을 나서 룬트슈테트를 찾았다. 룬트슈테트는 탱크가 그토록 먼 거리를 쾌속으로 질주하다 보니 기능이 많이 저하되었으며, 따라서 "이상할 정도로 끈질기게 싸우는" 적군에 최후의 일격을 가하기 위해서는 재정비하고 복구할 시간이 필요하다고 보고했다. 게다가 룬트슈테트는 북에서 남으로 길게 흩어져 있는 그의 병력이 공격을 당할 가능성을 예측하고 있었다. 실제로 베강의 계획이 실행될 가능성이 있었더라면, 그것은 바로 연합군의 반격이었을 터이다. 히틀러는 룬트슈테트의 의견에 "전적으로 동의했다." 또한 히틀러는 향후의 작전에 대비하여 탱크 부대를 보존할 절대적 필요성을 강조했다. 그러나 25일 아주 이른 아침에 육군 최고사령관 브라우히치는 탱크 부대의 계속적인 진격을 명령했다. 히틀러의 구두 동의를 얻은 룬트슈테트는 확고하게 아무것도 하려고 들지 않았다. 그는 브라우히치의 명령을 제4군 지휘관 클루게에게 전하지도 않았으며, 오히려 기갑사단의 전력을 계속 아끼라고 했다. 클루게는 출동의 지연에 대해서 항의했다. 그러자 다음날인 26일 룬트슈테트는 출동을 허용했는데, 다만 됭케르크까지는 직접 출격해서는 안 된다고 조건을 붙였다. 군사 일지에 의하면 제4군은 그 제한 조건에 대해서 항의했는데, 제4군 참모장이 27일에 전화한 내용은 이러했다.

영국 해협의 항구들의 상황은 다음과 같다. 대형 선박들이 부두에 모여들고, 승강대가 내려지고, 군인들이 들끓고 있다. 그들 뒤쪽에는 온갖 물건들이 놓여 있다. 그러나 우리는 곧 무장을 하고 우리를 향해 공격하게 될 그들에 대하여 너무나 둔감한 상황이다.

그러므로 탱크 부대의 출동을 정지시킨 것은 틀림없다. 그리고 그것은 히틀러가 아니라 룬트슈테트가 주도하여 한 것도 틀림없다. 탱크의 상태나 전체적인 전황에 비추어보아 룬트슈테트가 그러한 생각을 하게 된 데에는 분명히 이유가 있었다. 그러나 그는 육군 최고사령부의 공식 명령을 따라야 했다. 아니면 적어도 대화 중에 나온 히틀러가 말했던 것을 그들에게 전달 해야 했다. 아주 좋은 기회를 놓쳐버렸다는 느낌이 독일군 지휘관들 사이에 공통으로 흐르고 있었다.

★ ★ ★ ★ ★

그러나 그 결정적 시점에 독일 탱크 부대의 움직임에 영향을 미친 또다른 요인이 있었다.

20일 밤 아브빌을 지나 바다에 도착한 다음, 독일군의 선봉에 선 차량화 부대와 기갑부대는 바다를 통한 탈출을 저지하겠다는 명백한 의도하에서 해안을 따라 불로뉴, 칼레 그리고 됭케르크 방향으로 북상했다. 그 지역은 제1차 세계대전 당시의 기억을 떠올리게 했는데, 그때 나는 파리를 향해

진군하는 독일군의 측면과 후미를 노리고 됭케르크에서부터 기동 해병 여단의 작전을 진행했다. 따라서 칼레와 됭케르크 사이의 홍수 조절 시스템이나 그라블린 운하 수로의 중요성에 대해서는 이미 알고 있었다. 당시 수문은 이미 열려 있었으며, 시간이 갈수록 물이 범람하여 남쪽 방향의 우리의 퇴로를 보호해주었다. 마지막 순간까지 불로뉴를, 특히 칼레를 지키는 일은 혼란스러운 전황 속에서 더욱 중요하게 되었고, 영국으로부터 방어 부대가 급파되었다. 5월 22일 고립된 채로 공격을 당한 불로뉴는 영국 근위부대 2개 대대, 얼마 되지 않는 대전차포 부대 중 1개 부대 그리고 약간의 프랑스 병력이 방어하고 있었다. 36시간을 저항한 끝에 더 이상 버틸 수 없다는 보고를 받고, 나는 프랑스 군대를 포함한 잔여 병력을 해로를 통해 철수시키는 데 동의했다. 근위부대는 200명의 병력을 잃고, 5월 23일 밤과 24일 새벽 사이에 8척의 구축함을 타고 철수했다. 프랑스 군대는 요새에 남아 25일 아침까지 계속 싸웠다. 나는 병력 철수 결정을 후회했다.

그보다 며칠 전에 나는 육군참모총장이 직접 해협 항구들의 방어를 지휘하도록 했다. 그리고 나는 언제나 그와 연락이 되었다. 칼레는 결사 항전하고 수비대에게는 해상 탈출을 허용하지 않았는데, 수비대는 소총보병여단의 1개 대대, 제60소총부대의 1개 대대, 빅토리아 여왕 소총부대, 제229대전차포 중대, 왕립전차연대의 1개 대대(21대의 경전차와 27대의 크루저 탱크), 그리고 똑같은 수의 프랑스 장병들로 구성되었다. 우리가 겨우 며칠, 그것도 성과가 의심스러운 2,3일 동안의 시간을 벌기 위해서 그리고 그 시간을 쓸모 있게 이용할 수 있을지도 모르면서 이 훌륭하게 양성된 부대들을 희생시킨 것은 참으로 고통스런 일이었다.

유럽 대륙의 방어 부대를 구출하지 않기로 한 결정은 26일 저녁에 내려졌다. 그때까지 구축함은 대기하고 있었다. 나는 이든 그리고 아이언사이드와 함께 해군부에 있었다. 우리 셋은 저녁 식사를 끝내고 밤 9시에 그러한 결정을 했다. 거기에는 이든이 오랫동안 근무하면서 지난 제1차 세계대전 동안 전투에 참여했던 연대가 포함되어 있었다. 전쟁 중에도 인간은 먹고 마실 수밖에 없지만, 그러한 결정을 하고 난 뒤 테이블에 앉아 있는 동안 나는 몸이 편하지가 않았다.

칼레는 구원의 십자가였다. 수많은 요인이 뒹케르크의 구원에 방해가 되었음에도 불구하고, 칼레를 사수함으로써 우리는 3일 동안의 여유를 얻었고 그라블린의 수로를 확보할 수 있었다. 만약 그렇지 못했다면, 히틀러의 머뭇거림이나 룬트슈테트의 명령에 관계없이 모든 것을 단절된 상태에서 잃고 말았을 것이다.

★ ★ ★ ★ ★

그러던 중에 그 모든 상황을 단순화시켜버리는 격변이 일어났다. 그때까지만 하더라도 벨기에 전선을 그다지 심각하게 압박하지 않았던 독일군은 5월 24일 오스텐데[벨기에 북서부 지방/역주]와 뒹케르크에서 모두 50킬로미터 정도밖에 떨어져 있지 않았던 코르트리크의 두 개 전선을 돌파했다. 벨기에 국왕은 즉시 상황이 절망적이라고 판단하고 자진하여 항복할 준비를 했다.

25일 저녁, 고트 경은 중대한 결심을 했다. 그때까지 발동 중이었던 그의 명령은 베강의 계획에 따라 제5사단과 제50사단이 프랑스군과 함께 싸울 준비를 하고 있던 캉브레를 향하여 남쪽으로부터 공격하는 것이었다. 그러나 솜 강으로부터 북쪽으로 공격하기로 약속한 프랑스군이 움직이려는 낌새를 보이지 않았다. 불로뉴를 방어하던 병력은 모두 철수한 상태였다. 칼레는 아직 버티고 있었다. 그때 고트는 베강의 계획을 포기했다. 그의 판단으로는 남쪽과 솜 강 방향으로 진군하는 것은 희망이 없었다. 그와 동시에 벨기에 방어선이 붕괴되고 북방으로 구멍이 뚫리게 됨으로써, 그 자체가 대단한 새로운 위험이 되었다. 자신의 군사적 수완에 자신감을 가지고 있었

서 전력의 차이가 커 보이는 적과 싸웠다. 시간이 지날수록 적군에 큰 손실을 입히며 때로는 쫓아버리기도 하고 때로는 쫓아가기도 하면서, 독일군 전투기와 폭격기 편대에 육박했다. 매일 그렇게 함으로써 마침내 영국 공군은 빛나는 승리를 거머쥘 수 있게 되었다. 어떤 경우에는 40기 내지 50기의 편대를 만나기도 했지만, 어디서든 독일기가 눈에 띄기만 하면 즉시 공격했다. 흔히 우리는 한 개의 중대도 못 되는 숫자였지만, 수십 기의 적기를 격추시켰고, 그것이 쌓여 금방 수백 기가 되었다. 우리는 마지막으로 남겨두었던 신성한 수도 방위 공군의 전력을 남김없이 사용했다. 어떤 때에는 파일럿 한 명이 하루에 네 번이나 출격하기도 했다. 그러다 보니 성과는 확실히 거두게 마련이었다. 우리보다 우세한 적은 격멸되었다. 아무리 용감한 그들이었다고 하더라도, 우리에게 굴복하거나 압도되고 말았다. 그것은 결정적인 대결이었다. 그러나 불행하게도 그것은 흔히 구름 수 킬로미터 위의 창공에서 벌어졌으므로 해변의 부대원들은 그 영웅적인 전투를 거의 볼 수가 없었다. 그들은 우리가 적에게 입힌 손실에 대해서 전혀 알지 못했다. 단지 격추되기 전까지 살아남은, 그러나 결국 다시 돌아가지는 못하고만 적기가 투하한 폭탄에 의해서 소란스러워진 해변만을 경험했을 뿐이었다. 원정군들 사이에서는 우리 공군에 대해서 심각한 반감마저 품고 있는 병사들도 있었다. 따라서 도버나 템스의 항구에 상륙한 병사들 중 일부는 아무것도 모르는 상태에서 영국 공군 제복만 보면 모욕적인 언동을 하기도 했다. 실제로 그들은 공군 병사들의 손을 잡고 감사의 인사를 했어야 옳았지만, 어떻게 진실을 알 수 있었겠는가? 의회에서 나는 많은 사람들에게 그 진실을 알리기 위해서 노력했다.

그러나 아무리 모래가 도움이 되었고 공군의 용맹이 대단했다고 하더라도, 바다가 없었다면 모두 허사였을 것이다. 10일 또는 12일 정도의 시일을 앞두고 내려진 명령에 따라서 모두가 중압감과 격정을 견디고 놀랄 만한 성과를 이루었다. 뭍에서든 물에서든 완벽한 규율에 의해서 통제되었다. 바다는 평온했다. 수많은 작은 배들은 육지와 함선 사이를 오가면서 생명을 위협하는 적기의 폭격에 아랑곳하지 않고 해변에서 병사들을 모아 태우거나 얕은 물속에서 끌어올렸다. 우리의 보트는 그 수에서 독일 공군의 공습을 압도했다. 그 모기 함대(Mosquito Armada)는 난공불락이었다. 그것은 실패의 한가운데에서 하나로 결속하여 결코 정복당하지 않을 우리 영국인들을 비쳐주는 한 줄기의 빛이었다. 그 전투에 관한 기록이 어떤 내용으로 남게 되더라도, 됭케르크 해변의 이야기는 찬연히 빛날 것이다.

소주정의 용감한 활약이 있었지만, 가장 힘든 부담은 전체 병력의 3분의 2를 수송해야 했던 함선들이 감당할 수밖에 없었다는 사실을 잊어서는 안 된다. 사상자 목록에서 볼 수 있듯이, 구축함들이 중요한 역할을 했다. 그리고 민간인 승무원들이 나선 상선에 의한 수송 역시 큰 공헌을 했다는 사실도 간과되어서는 안 된다.

★ ★ ★ ★ ★

걱정하는 시선 속에서 그러나 점점 고양되는 희망 속에서 철군은 진행되었다. 27일 저녁, 해군 당국은 고트 경이 절체절명의 순간에 있다고 생각했다. 해군부에서 파견되어 됭케르크에서 선임 해군 장교의 임무를 맡았던 테넌트 대령은 "내일 밤의 철수 작전이 불안한 상황이므로" 가동 가능한 모든 선박들을 즉시 해안으로 보내달라는 연락을 해왔다. 드러난 양상은 참담했으며, 심지어 절망적이기까지 했다. 요청에 부응하여 할 수 있는 모든 노력을 기울여 순양함 1척, 구축함 8척, 기타 함정 26척을 보냈다. 28일은 긴장 상태의 하루였지만, 영국 공군의 강력한 지원에 힘입어 육지에서의 형세가 안정되면서 점점 더 긴장이 완화되었다. 29일에는 3척의 구축함과 21척의 각종 함선이 침몰되었을 뿐만 아니라 다른 피해를 입었음에도 불구하고, 해군의 계획은 그대로 실행되었다.

30일, 나는 3군부 장관들 그리고 3군 참모총장들과 함께 해군부 상황실에서 회의를 했다. 우리는 바로 그날 벨기에 해안에서 일어난 일에 대해서 논의했다. 그 해안에서 수송된 병력은 모두 12만 명이었는데, 프랑스군은 오직 6,000명에 불과했으며, 860척의 각종 선박이 동원된 결과였다. 웨이크-워커 제독이 됭케르크에서 보낸 보고에 따르면, 맹렬한 폭격과 공습에도 불구하고 한 시간 전에 4,000명의 병력이 배에 올랐다고 했다. 그리고 됭케르크가 그 다음날까지 버티기는 힘들 것 같다는 그의 생각도 밝혔다. 나는 시급히 프랑스 병력을 더 구출해야 한다는 점을 강조했다. 그렇게 하지 못할 경우 우리와 동맹국 사이의 관계가 돌이킬 수 없는 손상을 입을 수 있었다. 나는 또 영국군 잔여 병력이 1군단 규모 정도로 줄어들면 군단 지휘관에게 지휘권을 맡기고 영국으로 귀환하라고 고트 경에게 통보해야 한다고 주장했다. 영국군은 프랑스군의 철수가 계속될 수 있도록 가능한 한 남아 있을 필요가 있었다.

고트 경의 성격을 잘 알고 있었으므로, 나는 그에게 보내는 나의 친필 편지를 30일 오후 2시에 육군부를 통해서 공식적으로 발송했다.

현재 순조롭게 진행되고 있는 철군을 최대한 보장하기 위해서 확보한 시계의 방어를 계속 유지하기 바랍니다. 라 판 쪽을 통해 세 시간마다 보고하기 바랍니다. 통신이 계속 유지될 경우 귀관의 지휘권을 군단장에게 넘겨도 될 만큼 상황이 축소되었다고 판단될 때 귀관은 직접 지명한 장교들과 함께 귀국하도록 명령할 계획입니다. 귀관은 지금 이러한 지휘관을 지명해야 합니다. 통신이 두절될 경우, 귀관의 휘하에 남은 전투 병력이 3개 사단을 초과하지 않는다고 판단될 때 앞에서 말한 바와 같이 지휘권을 넘기고 귀국해야 할 것입니다. 이것은 정당한 군사적 절차에 의한 것으로, 개인의 자의적 선택은 허용되지 않습니다. 귀관의 휘하에 소수의 병력만 남아 있는 상황에서 적이 귀관을 생포하는 전과를 올릴 수 있는 기회를 줄 수 없다는 정치적 판단에 근거한 조치입니다. 귀관이 지명하는 지휘관은 프랑스군과 협력하여 방어를 계속하며 됭케르크 또는 해안에서 철군 작전을 수행해야 할 것입니다. 그러나 그 지휘관에게 자신의 판단으로 조직적인 철군이 불가능하고 적에게 더 이상 타격을 줄 수 없을 경우에는 선임 프랑스 지휘관과 상의하여 정식으로 항복하여 불필요한 아군의 대량 인명 손실을 피하도록 하는 권한을 부여해야 할 것입니다.

그 서한의 마지막 메시지는 다른 큰 사건과 한 뛰어난 지휘관의 무운에 영향을 미쳤을 가능성이 있다. 1941년 12월 말경, 나는 백악관에서 루스벨트 대통령과 스팀슨으로부터 맥아더 장군과 코레히도르 섬[마닐라 만 입구의 바위섬. 전략적 요충지/역주]의 미국 수비대의 운명의 시간이 점점 더 다가오고 있다는 이야기를 들었다. 나는 통솔하던 병력의 전력이 감소된 상황에 처한 지휘관에 대해서 우리가 어떠한 조치를 했는지 보여주는 것이 좋겠다는 생각이 들었다. 대통령과 스팀슨은 내가 고트 경에게 보냈던 전문을 심각하게 읽었는데, 그들은 강한 인상을 받은 듯했다. 그날 몇 시간 뒤, 스팀슨이 나에게 와서 그 전문의 사본을 요청했다. 나는 즉시 사본 한 통을 그에게 주었다. (나로서는 잘 알 수 없는 일이긴 하지만) 아마 그 영향으로 그들은 맥아더에게 지휘권을 부하 장군에게 넘기도록 명령하는 올바른 결정을 할 수 있었으리라고 생각했다. 그리하여 자칫하면 거기서 전몰하거나 일본군의 포로가 되었을지 모르는 위대한 한 지휘관의 영광스러운 미래를 보전할 수 있게 되었다. 나는 그것이 사실이라고 생각한다.

1940년 5월 30일 바로 그날, 도버에서 램지 제독과 회의를 하던 고트 경의 참모들은 6월 1일 낮 시간이 동쪽의 시계를 확보할 수 있는 최후의 시점이라고 고트 경에게 보고했다. 따라서 영국군의 후위부대는 4,000명만 남기고 가능한 한 최대의 속도로 철군을 서둘렀다. 그러나 4,000명의 병력으로는 마지막 엄호를 하는 데 불충분하다는 사실을 알게 되어, 프랑스군과 영국군은 완전히 균등한 비율로 철군을 진행하면서 6월 1일과 2일 사이의 밤 시간 동안 영국군의 경계 지역을 지키기로 결정했다.

그것이 고트 경이 지휘권을 알렉산더 소장에게 넘겨주고 영국으로 돌아오던 5월 31일 저녁의 상황이었다.

★ ★ ★ ★ ★

개인적 접촉을 통해서라도 오해를 피하기 위하여 내가 5월 31일 파리에서 열린 연합군 최고전쟁회의(Supreme War Council)에 참석하는 것은 필요한 일이었다. 애틀리, 딜 장군, 이즈메이도 함께 참석했다. 30일 최신 정보를 가지고 파리로부터 비행기로 돌아왔던 스피어스 장군도 동석하게 했다. 뛰어난 장교이면서 하원의원이었던 그는 제1차 세계대전 때부터 나의 친구였다. 프랑스군 좌익과 영국군 우익 사이의 연락 장교였던 그는 1916년 비미 리지로 나를 안내한 적이 있었다. 상의 소매에 5회 전상(戰傷)의 휘장을 달고 완벽한 악센트로 프랑스어를 구사하는 그는 프랑스와의 관계가 매우 염려스러웠던 그 시기에 가장 필요한 인물이었다. 프랑스인과 영국인이 함께 곤경에 처하여 논쟁을 벌일 때, 프랑스 사람은 흥분하여 목청을 돋우는 반면 영국 사람은 입을 다물고 제대로 대응하지 않아 무례하게 보이기도 한다. 그러나 스피어스는 편하고 설득력 있게 프랑스 고위 인사에게 말할 수 있는, 내가 아는 유일한 인물이었다.

파리에 도착하여 우리는 케 도르세로 바로 가지 않고 생-도미니크 거리에 위치한 육군부의 레노 집무실로 찾아가게 되었다. 나와 애틀리를 맞이한 프랑스 측의 각료로는 레노와 페탱 원수 두 사람이었다. 당시 부수상이었던 페탱이 영국과 프랑스 양국 회담에 나타난 것은 그때가 처음이었다. 그는 평상복 차림이었다. 프랑스 주재 영국 대사, 딜, 이즈메이, 스피어스가 나와 함께 참석한 우리 대표단이었고, 프랑스 쪽에서는 베강, 다를랑,

레노의 전속 부관인 마르즈리 대위, 프랑스 전쟁내각의 각료 보두앵이 나왔다.

우리가 프랑스 주요 전선의 상황을 모르는 것처럼 프랑스 측도 북부군의 사정이 어떠한지 전혀 모르고 있는 것 같았다. 내가 프랑스군 1만5,000명을 포함하여 16만5,000명의 병사가 철수했다고 말하자 그들은 깜짝 놀랐다. 당연히 영국군의 수가 압도적으로 많다는 사실에 관심이 집중되었다. 그것은 후방에 있던 수많은 영국군 행정 부대원이 전투 부대원이 전선으로부터 모이기 전에 미리 승선했기 때문이라고 내가 설명했다. 뿐만 아니라 그때까지도 프랑스 병사들은 철군 명령을 받지 않은 상태였다. 내가 파리로 간 가장 큰 이유는 영국군처럼 프랑스군에도 철군 명령을 내려야 한다는 사실을 분명히 하기 위해서였다. 영국 정부는 그 긴박한 상황에서 전투 병력을 먼저 철수시키고 부상병은 뒤에 남도록 고트 경에게 지시할 필요성을 느꼈다. 원하는 대로만 된다면, 20만 명의 건강한 병사를 구출할 수 있다고 생각했다. 그렇게 된다면 그것은 거의 기적에 가까운 일이 실현되는 셈이었다. 나흘 전만 하더라도 나는 최대 5만 명 이상을 기대하지 않았다. 나는 영국군의 막대한 장비 손실에 관하여 상세히 설명했다. 레노가 영국 해군과 공군의 활약에 대하여 상당한 찬사를 보냈고, 나는 그에게 감사의 뜻을 표했다. 그러고 나서 프랑스에서 영국군의 재건을 어떻게 할 것인가에 관하여 논의했다.

그 사이에 다를랑 제독은 됭케르크에 있는 아브리알 제독에게 보낼 전문의 초안을 작성했다.

⑴ 됭케르크 주변의 교두보는 귀관 휘하의 사단과 영국군 지휘관 휘하의 사단으로 확보할 것.

⑵ 교두보 바깥쪽의 병력이 더 이상 승선 지점까지 도달할 수 없다고 판단하

는 즉시, 교두보를 확보하고 있는 부대는 철수하여 승선하도록 한다. **영국군이 먼저 승선하도록 한다.**

나는 즉시 영국군이 먼저 승선할 일이 아니라고 했다. 철군은 영국군과 프랑스군이 평등하게, 즉 "나란히 함께 팔짱을 끼고" 진행해야 한다고 주장했다. 영국군은 후위 경계를 맡아야 한다는 의견도 제시했다. 모두 동의했다.

회담의 주제는 이탈리아 문제로 넘어갔다. 만약 이탈리아가 참전한다면, 우리는 즉각 가장 유효한 수단을 동원하여 공격할 것이라는 영국의 견해를 밝혔다. 이탈리아에서는 반전 여론이 강했기 때문에, 모든 국민에게 직접 전쟁의 고통을 한번쯤 보여줄 필요도 있었다. 나는 밀라노, 토리노, 제노바세 도시로 둘러싸인 서북부 삼각 공업지대를 공습해야 한다고 주장했다. 레노도 연합군이 즉각 공격해야 한다는 데에 동의했다. 다를랑은 해군과 공군을 동원하여 이탈리아 전선과 나폴리 사이의 해안을 따라 광범위하게 건설된 이탈리아 석유 저장고를 폭격한다는 계획을 세워놓고 있었다. 거기에 따르는 기술적 문제에 관한 토의를 했다.

스페인을 전쟁에 끌어들이지 않는 조치의 중요성에 대해서 이야기한 다음, 나는 정세 전반에 관하여 소신을 피력했다. 연합국은 모든 적에 대하여 확고부동한 전선을 유지하지 않으면 안 된다. 미국은 최근의 사태로 인하여 분위기가 끓어오르고 있는데, 설사 전쟁에 뛰어들지 않는다고 하더라도 조만간 우리를 강력하게 지원할 준비 태세에 들어갈 것이다. 영국이 침공당한다면, 미국의 태도는 근본적인 변화를 일으키게 될 것이다. 영국은 외부의 침략을 두려워하지 않기 때문에, 가가호호 모두가 격렬하게 맞설 것이다. 우리는 우선 조국이 필요로 하는 군대가 될 것이며, 그 다음에 동맹국 프랑스를 위하여 모든 것을 바칠 것이다. 나는 우리가 싸우기를 포기하지 않는 한 반드시 적을 이길 수 있다는 확신을 가지고 있다. 설사 우리 두 나라

중에서 한 나라가 먼저 패배한다고 하더라도, 남은 한 나라는 끝까지 싸워야 한다. 만약 영국의 국토가 황폐화한다면, 영국 정부는 신세계에서라도 계속 전쟁을 수행할 결심을 하고 있다. 독일은 영국과 프랑스 중 어느 한쪽 또는 양쪽 모두를 격파할 경우, 한치의 자비도 베풀지 않을 것이다. 우리는 영원히 속국의 노예 상태로 전락하고 말 것이다. 위대한 두 민주주의 국가가 생명을 유지할 가치를 모두 빼앗긴 채 연명하느니보다는 차라리 서구 문명이 성취한 모든 것과 함께 비극적이지만 장렬한 최후를 맞이하는 편이 더 나을 것이다.

내가 이야기를 마치자, 애틀리가 전적으로 동감이라며 자신의 견해를 밝혔다. "영국 국민은 현재 자신이 직면하고 있는 위험을 잘 알고 있습니다. 독일이 승리하는 날에는 그동안 쌓아올렸던 모든 것을 잃고 만다는 사실을 깨닫고 있다는 말입니다. 독일은 우리에게 죽음을 줄 뿐만 아니라 우리의 사상까지 말살할 것입니다. 우리 영국 국민은 역사상 유례가 없는 결심을 굳게 하고 있습니다." 레노가 우리의 말에 감사의 뜻을 표했다. 그는 독일군의 사기가 결코 지금 일시적 승리에 도취한 정도로 높지 않다고 믿고 있었다. 영국군의 지원으로 솜 강 일대를 지키고, 미국 산업의 지원으로 무기의 균형을 이룰 수만 있다면, 프랑스가 승리할 수 있다고 했다. 그리고 그는 영국과 프랑스 양국 중 어느 한 나라가 복속되더라도 남아 있는 나라는 끝까지 싸워야 한다는 나의 확언에 깊이 감사한다고 말했다.

그렇게 공식적인 회합은 끝났다.

모두 회의석상에서 일어선 뒤 몇몇 주요 인물은 퇴창에 선 채로 사뭇 다른 분위기 속에서 이야기를 나누었다. 그 중심 인물은 페탱 원수였다. 스피어스는 내 곁에서 내가 하는 프랑스어를 도와주기도 하고 혼자 떠들기도 했다. 젊은 프랑스군 대위 마르즈리는 벌써 아프리카에서 벌일 전투에 대해서 얘기했다. 그러나 페탱 원수의 초연하면서 음침해 보이는 태도에서, 나

규모였다. 게다가 독일 탱크 부대는 무서운 속도로 론 강 유역으로 내려와 프랑스군 후미를 관통하기 시작했다. 그런데 이탈리아 군은 파리가 함락되고 리옹이 독일의 수중에 들어간 뒤에도 알프스의 프랑스 소부대와 조우하는 새 전선의 모든 지점에서 대치 또는 교착 상태에 빠져 있었다. 6월 18일 히틀러와 무솔리니가 뮌헨에서 만났을 때, 이탈리아 총통은 내세울 만한 명분이 없었다. 이탈리아군은 6월 21일 새로운 공세를 펼쳤다. 그러나 프랑스군의 알프스 진지를 돌파할 수 없었으며, 니스를 향하던 이탈리아 주력군은 망통 외곽에서 저지당했다. 프랑스 육군은 남동부 국경에서는 명예를 지킬 수 있었지만, 그들의 후면을 향하여 남하한 독일군 때문에 더 이상 싸우는 것은 불가능하게 되었다. 따라서 독일과의 강화에 연계되어 이탈리아에 대해서도 프랑스가 먼저 전쟁의 중지를 요청하지 않을 수 없었다.

루스벨트 대통령의 연설이 10일 밤에 있을 것이라는 발표가 있었다. 자정이 가까울 무렵, 그때까지 일은 하던 나는 해군부 상황실에서 장교들과 함께 연설을 들었다. "오늘, 1940년 6월 10일, 비수를 쥔 손은 이웃의 등을 찔렀습니다." 이탈리아를 신랄하게 비난하는 대통령의 목소리에 모두 마음 속으로 후련한 충족감을 느꼈다. 나는 미국의 임박한 대통령 선거에서 이탈리아계 미국인들의 투표가 걱정되었다. 그러나 루스벨트는 자신의 신념에 충실하기 위하여 위험을 무릅쓰는 일을 두려워하지 않는 인물이었고, 가장 노련한 미국 정당 정치인의 한 사람이었다. 열정에 찬 그의 연설은 우리에게 희망의 메시지를 전해주는 실로 대단한 것이었다. 그 연설에서 받은 강렬한 인상이 그대로 남아 있던 나는 잠자리에 들기 전에 그에게 감사의 편지를 썼다.

★ ★ ★ ★ ★

먹잇감을 향한 돌진은 시작되었다. 그러나 먹이를 찾아헤매는 굶주린 짐승은 무솔리니 하나뿐만이 아니었다. 표범에 이어 곰까지 나섰다.

나는 이미 앞에서 전쟁 발발 직전까지의 영-소 관계의 경과와 핀란드 침공 당시 소련의 영국과 프랑스에 대한 심각한 적개심에 대하여 언급한 바가 있다. 독일과 러시아는 이제 양국의 이해관계의 깊숙한 조정에 따라서 아주 긴밀하게 협력하는 사이가 되었다. 히틀러와 스탈린은 전체주의자로서 아주 많은 공통점을 지니고 있었고, 양국의 정치 형태는 흡사했다. 몰로토프는 중요한 순간마다 독일 대사 슐렌부르크 백작에게 미소를 보냈으며, 제 멋대로 나서서 역겨울 정도로 독일의 정책에 찬동하거나 히틀러의 군사적 조치를 찬양했다. 독일이 노르웨이를 침공했을 때, 몰로토프는 그렇게 할 수밖에 없었던 독일의 사정을 이해한다고 말했다. 영국 정부의 처사는 너무 지나쳤으며, 중립국들의 권리를 무시한다고 했다. 그리고 이렇게 덧붙였다. "우리는 독일의 방어적 조치가 완벽하게 성공하기를 기원한다." 5월 10일 아침, 히틀러는 애써 스탈린에게 프랑스 그리고 중립국인 네덜란드와 벨기에에 대한 공격을 개시했다고 통지했다. 훗날 슐렌부르크는 이렇게 썼다. "나는 몰로토프를 찾아갔다. 그는 그 정보에 대하여 고마움을 표시했으며, 독일이 영국과 프랑스의 공격에 대응하여 자구책을 마련해야 한다는 사실을 양해한다고 덧붙였다. 그는 우리 독일의 성공을 의심치 않았다."

그러한 그들의 의견 표현은 당연히 전쟁이 끝나기 전까지는 전혀 알 수 없었지만, 그럼에도 우리는 러시아의 태도에 대하여 결코 착각하고 있지는 않았다. 그래도 우리는 러시아와 신뢰에 기초한 관계를 재정립하기 위하여 지속적인 정책을 끈기 있게 유지했으며, 사건의 진전과 러시아의 독일에 대한 근원적 적대감을 믿고 기다려보기로 했다. 따라서 모스크바에 있던 스태퍼드 크립스 경의 수완을 활용하는 것이 현명한 방법이라고 생각되었다. 그는 다소 황당하고 성과를 기대하기 어려운 그 과제를 선뜻 맡았다. 그때만 하더라도 우리는 소련의 공산주의자들이 영국의 보수당원이나 자유당원보다 극좌파의 정치인들을 더 싫어한다는 사실을 제대로 깨닫지 못하고 있었다. 일단 공산당에 가입하지 않는 한, 감성적으로만 공산주의에 접근하면 할수록 소련 정부의 미움을 더 사게 되었던 것이다. 소련은 크립스를 대사로 받아들이는 데 동의했으며, 그 사실을 나치 동맹국들에게 설명했다. 5월 29일, 슐렌부르크는 베를린 정부에 다음과 같은 내용의 서한을 보냈다. "소련 정부는 목재와 교환하여 영국으로부터 고무와 주석을 얻고자 할 뿐입니다. 우리 독일에 대한 소련의 충직한 태도를 의심할 이유가 없을 뿐만 아니라 영국에 대한 소련의 정책 방향에 아무런 변화가 없는 이상 독일이나 독일의 중대한 이익에 악영향을 미칠 가능성도 없으므로, 크립스의 임무에 관하여 전혀 우려할 필요가 없습니다. 최근 독일의 성공이 소련 내부에서 독일에 대한 경계와 공포를 야기하는 원인이 되었다는 그 어떠한 징후도 찾아볼 수 없습니다."

프랑스의 붕괴 그리고 프랑스 군대와 서구의 모든 균형 세력의 궤멸이 스탈린의 마음속에 어떤 변화를 불러일으킬 만도 했지만, 소련의 지도자들은 그들 자신에게 닥칠 위험의 중대성에 대한 어떠한 경고도 깨닫지 못한 듯이 보였다. 6월 18일, 프랑스의 패배가 완벽하게 종결되던 날, 슐렌부르크는 이렇게 보고했다. "몰로토프가 오늘 저녁 자신의 사무실로 나를 초대하면서, 독일군의 **눈부신 성공**에 대한 소련 정부의 극진한 경하의 뜻을 전했음." 그런데 그날로부터 정확히 1년 뒤, 바로 그 독일군이 소련 정부를 완벽하게 기만하고 철과 불의 세례를 퍼부으며 러시아로 진격한 것이다. 이제야 알게 된 사실이지만, 히틀러가 소련을 상대로 섬멸전을 결심하고 그 축복받은 독일군 병력을 동쪽으로 멀리 대규모로 은밀하게 이동시키기 시작한 것은 1940년이 단지 4개월 정도 지난 뒤였다. 한편 소련 정부와 전 세계에 흩어져 있던 공산주의 첩자들과 그 협력자들은 그들의 착각과 과거 행적을 깨끗이 잊고 제2전선을 외쳐댔는데, 그들이 파멸과 예속의 운명으로 규정한 영국이 바로 그 제2전선에서 지도적 역할을 맡고 있었다. 그러나 그 냉혹한 타산가들보다 오히려 우리가 미래를 더 정확히 내다보았기 때문에 우리는 그들 자신이 느끼는 것보다 그들의 위험과 이해관계를 더 잘 이해하고 있었다.

파리가 함락된 6월 14일, 소련 정부는 발트 해 연안 국가들의 소련에 대한 군사적 음모를 구실로 삼아 리투아니아에 대해서 내각의 전면 교체와 군사적 포기를 요구하는 최후통첩을 보냈다. 다음날 붉은 군대는 리투아니아를 침공했다. 라트비아와 에스토니아도 같은 운명에 놓였다. 세 나라는 즉시 친소 정부를 구성하고 소련 주둔군의 진입을 허용할 수밖에 없었다. 저항은 생각조차 할 수 없었다. 라트비아 대통령은 러시아로 추방되고, 비신스키가 가서 새 선거를 관리할 임시정부 구성원을 지명했다. 에스토니아에서도 똑같은 양상이 반복되었다. 6월 19일, 즈다노프가 에스토니아로 가서 유사한 정권을 수립했다. 8월 3일에서 6일 사이, 크렘린은 친소의 우호적 민주정부라는 허구의 간판을 철거하고, 발트 3국을 소련에 합병했다.

루마니아에 대한 최후통첩은 6월 26일 오후 10시 모스크바 주재 루마니아 공사에게 전달되었다. 베사라비아와 부코비나의 북부 지역 할양을 요구하면서, 그 다음날까지 기한을 주었다. 독일이 볼 때 러시아의 그와 같은 조급한 행동이 루마니아에서 얻을 수 있는 독일의 경제적 이익을 위협했지만, 동남부 유럽의 그 지역에서 독점적인 정치적 이익을 러시아에 보장한 1939년 8월의 리벤트로프-몰로토프 협약의 조항 때문에 어떤 조치도 취할 수 없었다. 따라서 독일 정부는 루마니아에게 양보할 것을 권고했다. 6월 27일, 러시아가 요구한 두 지역에서 루마니아 군대가 철수했고, 그 땅은 러시아의 수중에 들어갔다. 그로써 소련의 무장 병력은 발트 해 연안과 다뉴브 강 어귀에 확고한 근거지를 마련했다.

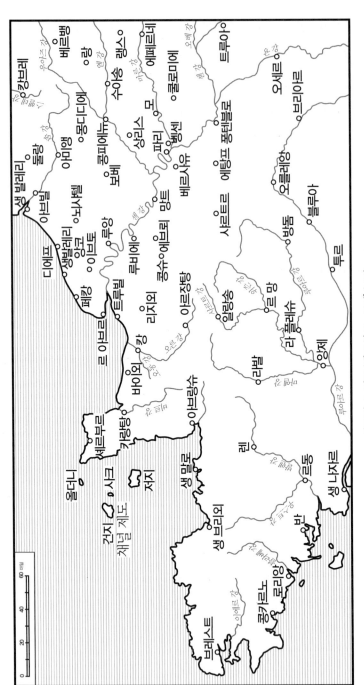

서프랑스 지도(세르부르-브레스트)

제6장

다시 프랑스로

6월 4일-6월 12일

됭케르크 작전에서 얼마나 많은 병사가 구출되었는지 알려지자, 해방의 느낌 같은 것이 영국은 물론 영연방 전역에 널리 퍼졌다. 드높은 안도감에 거의 승리의 분위기가 무르익을 정도였다. 25만 명에 달하는 우리 육군의 정예 병력이 무사히 귀환할 수 있었다는 사실은 몇 년 동안 패전으로 점철된 행로에서 하나의 이정표가 되었다. 부대는 총칼과 수백 문의 기관총만 지니고 돌아왔으나, 병사들은 일주일 동안 휴가를 받아 집으로 떠났다. 가족들과 다시 만난 기쁨은 컸지만, 가능한 한 빨리 적군과 맞붙고 싶은 단호한 열망을 능가할 수는 없었다. 실제로 전장에서 독일군과 싸워본 경험이 있는 병사들은 조건만 대등하면, 얼마든지 쳐부술 수 있다는 확신을 가지고 있었다. 그들의 사기는 높았고, 다시 소속 부대별로 민첩하게 모였다.

당연히 됭케르크 작전 결과의 이면에는 부정적인 측면도 있었다. 우리 군수 공장들이 처음 만들어 육군에 제공했던 모든 무기와 장비들을 송두리째 잃어버렸던 것이다. 그 손실을 보완하려면 적군의 방해 없이 기존 계획이 완벽하게 이루어지더라도 수개월을 기다려야 했다.

그러나 대서양 건너 미국 지도자들의 감정은 이미 끓어오르고 있었다. 영국군이 상실한 장비의 규모를 즉시 깨닫게 되었다. 6월 1일 이른 아침, 루스벨트 대통령은 육군부와 해군부에 지시하여 영국과 프랑스에 지원할

수 있는 무기의 상황에 대해서 보고하도록 했다. 미국 육군의 수장은 참모
총장 마셜 장군이었는데, 아주 뛰어난 자질의 군인이었을 뿐만 아니라 미래
에 대한 통찰력을 가진 인물이었다. 그는 즉시 병기국장과 참모차장에게
미국이 예비적으로 보유하고 있는 무기와 탄약의 전체 목록을 작성하여 보
고하도록 했다. 48시간 이내에 보고가 되었고, 6월 3일 마셜은 그 목록을
승인했다. 첫 번째 목록에는 1917년과 1918년에 제작하여 20년 이상 보유
하고 있던 200만 정의 30구경 소총 중 50만 정이 기록되어 있었다. 한 정의
소총마다 대략 250개씩의 탄창이 딸려 있었다. 75밀리 야전포는 900문으로
모두 100만 발을 발사할 수 있었고, 기관총 8만 정 외에도 다른 여러 종류의
무기가 준비되어 있었다. 병기국장 웨슨 소장이 그 일을 맡았고, 즉시 미국
전역의 육군 병참기지와 병기창에서 선적할 군수품을 포장하기 시작했다.
주말이 되자 짐을 가득 실은 화물 트럭 600여 대가 그레이브젠드 만의 위쪽
뉴저지 주의 래리턴의 군용 부두로 몰려들었다. 6월 11일, 12척의 영국 상
선이 만으로 들어가서 닻을 내리자 전마선들이 화물을 나르기 시작했다.

그와 같은 특단의 조치에 따라서, 미국은 육군 동원 계획에서 규정하고
있는 최소한의 수량인 병사 180만 명에게 지급할 수 있는 장비만 남겨 두고
전부 배에 실었다. 지금은 쉽게 말할 수 있지만, 당시로서는 이미 패배로
기운 듯한 국가를 구하기 위하여 그 정도의 엄청난 무기를 지원한다는 것은
신념에 찬 미국의 지도자가 내린 대단한 결단이었다. 그러나 그 일에 대해
서 미국인들은 조금도 후회할 필요가 없었다. 나중에 상세히 설명하겠지만,
우리는 7월 한 달 동안 그 귀한 무기를 안전하게 대서양을 건너 운반했다.
그것은 물질적으로 큰 힘이 되었을 뿐만 아니라, 침공 행위와 관련하여 우
리의 우군이나 적군이 계획을 수립하는 데에 아주 중요한 요인으로 작용하
게 되었다.

★ ★ ★ ★ ★

6월은 우리 모두에게 시련의 시기였다. 무방비의 우리를 정면으로 겨냥하는 이중의 압박 때문이었는데, 한편으로는 프랑스 문제에 대처해야 했고 다른 한편으로는 본토 방위를 위한 효과적인 병력 구성과 요새화를 달성해야 했다. 양립 불가능한 듯이 보이면서도 절대적으로 필요한 두 과제의 긴장감은 심각했다. 그러나 우리는 침착하게 확신을 가지고 기존의 정책을 고수했다. 무엇보다도 훈련받은 병사들을 무장시켜 프랑스에 보낼 영국 원정군을 재조직하는 일을 최우선으로 삼았다. 그 다음으로 우리는 본토 방위에 진력했다. 첫째, 정규군을 재무장시켜 개편했다. 둘째, 해안의 상륙 거점을 모두 요새화했다. 셋째, 가능한 한 많은 사람들을 동원하여 병력화하거나 조직화했다. 영연방 전역에서 모을 수 있는 자원은 모두 모았다. 부족한 것은 사람이 아니라 무기였다. 프랑스 센 강 이남의 병참 기지와 군사 기지에서 8만 정 이상의 소총을 가져올 수 있었고, 그로써 6월 중순경에 정규군은 최소한 모두 개인 무기를 가질 수 있게 되었다. 야전포는 매우 부족했는데, 정규군조차 사정은 조금도 나을 것이 없었다. 신형 25파운드 포는 거의 모두 프랑스에서 잃어버렸던 것이다. 남은 것이라고는 500문의 대포와 103대의 순찰차, 114대의 보병 수송 차량 그리고 252대의 경전차가 전부였다. 적군을 앞에 두고 그 정도로 무방비 상태에 놓인 강대국은 일찍이 없었을 것이다.

최후까지 남겨놓은 25개 전투기 중대는 절대로 포기할 수 없었지만, 그와는 별도로 프랑스에 대한 군사적 지원을 우리는 아주 중요하게 생각했다. 이미 발령된 명령에 따라 6월 7일부터 스코틀랜드 로울랜드[lowland, 스코틀랜드의 남부와 동부 저지대. 북부의 고지대를 하일랜드라고 한다/역주]의 제52사단이 프랑스로 이동할 계획이었는데, 그 명령이 확정되었다. 캐나다가 보낸 최초의 1개 사단은 연초에 영국에서 집결하여 정상 무장을 한 상태에서 캐나다 정부의 완전한 동의하에서 브레스트를 향해 출발하여 6월 11

당시의 분위기는 그러했다.

그때는 모든 영국인이 극한까지 일하고 싸우며 전례 없이 단결했던 시기였다. 남자 여자 모두 공장의 선반과 기계 앞에서 지쳐 쓰러질 때까지 땀을 흘렸으며, 그들이 억지로 끌려나가 귀가 명령을 받으면 미리 와서 대기하고 있던 다른 사람이 교대했다. 모든 남성과 다수의 여성이 원하는 한 무기를 가질 수 있었다. 내각과 정부는 지금까지도 대부분의 사람들이 찬사를 보내고 있는 것처럼 굳게 하나로 묶여 유대를 과시했다. 국민들은 거의 완전히 두려움으로부터 벗어난 것 같았으며, 그들의 대표자들은 의회에서 그 분위기에 호응했다. 호된 독일의 타격 앞에서 프랑스가 겪었던 고통을 우리는 경험하지 않았다. 영국인을 움직일 수 있게 만드는 것은 오직 침략의 위협뿐이라는 사실은 천 년 동안 알려지지 않았던 진실이었다. 수많은 사람들이 적을 이기지 못하는 경우 죽음을 택하기로 결심했다. 그들의 정신을 고양시키기 위하여 웅변을 동원할 필요는 전혀 없었다. 그들은 그들의 감정을 표현하고 그들이 하려고 의도하거나 노력하는 것에 정당한 이유를 부여하는 나의 말에 기꺼이 귀를 기울였다. 정상의 궤도에서 벗어나는 것은 가능한 것 이상으로 훨씬 더 많은 것을 행하려고 하거나, 열광만이 행동을 활성화시킬 수 있다는 생각에서 비롯되었다.

★ ★ ★ ★ ★

우리에게 장비를 제대로 갖춘 사단이라고는 두 개밖에 없었는데, 그 두 사단을 다시 프랑스로 보내기로 결정함으로써 적군의 직접 공격으로부터 본토를 방어할 수 있는 가능한 모든 조치를 강구할 필요성이 생겼다. 급작

---

* 토머스 바빙턴 매컬티 경이 영어로 번역 편찬한 『고대 로마 시선집(*The Days of Ancient Rome and Other Poems*)』의 호라티우스 편에 나오는 시. 대규모 적군의 침공에 맞서 성문을 지키던 장군 호라티우스가 두 부하와 함께 적군을 격퇴하고 상으로 토지를 받았다는 전설(또는 장렬히 전사했다는 판도 있다)을 그로부터 120년쯤 뒤에 누군가가 시로 읊은 것이라고 한다/역주

스럽게 진행된 네덜란드의 운명은 우리 모두의 가슴에 각인되어 있었다. 이든은 이미 전쟁내각에 지역 의용군이나 "본토 방위대"의 조직을 제안해 놓고 있었으며, 그 계획안은 열정적으로 지지를 받았다. 전국 방방곡곡에서 결의에 찬 남성들이 엽총, 스포츠용 라이플, 곤봉 그리고 창을 들고 모여들었다. 조만간 거대한 조직이 이루어질 징후를 보였다. 얼마 지나지 않아 지원군은 150만 명에 달했으며, 점차적으로 무기를 갖추기 시작했다.

내가 가장 두려워했던 것은 독일군 탱크가 해안에 들어오는 사태였다. 당시 나는 독일 연안에 우리의 탱크를 상륙시킬 수 있는 방안에 대해서 관심을 두고 있었기 때문에, 독일도 같은 생각을 하는 것은 당연하리라고 여겼다. 우리는 대전차포와 탄약은 물론 평범한 야전포조차 거의 보유하지 못했다. 그러한 국가적 위험에 대처해야 할 우리가 귀착할 수 있는 궁극적 상황은 다음의 실례에서 충분히 추측할 수 있을 것이다. 나는 도버 부근에 있는 세인트 매거릿 만의 해안을 방문한 적이 있었다. 그곳의 여단장은 나에게 매우 위험한 7, 8킬로미터 해안선을 지켜야 하는데, 겨우 대전차포 3문을 가지고 있을 뿐이라고 했다. 그러면서 각 대전차포마다 오직 6발의 탄환이 있는데, 부대원들이 최소한 포가 어떻게 작동되는지 익히도록 하기 위하여 연습으로 한 발씩 쏘게 해도 좋겠느냐고 다소 항의하는 듯한 어조로 내게 물었다. 나는 연습 사격 따위는 할 형편이 되지 못하니, 적군이 가장 근접할 때까지 탄환을 아껴야 한다고 대답했다.

따라서 그때는 임시방편의 대책을 강구할 그러한 시기가 아니었다. 소관 부처의 절차의 속박에서 벗어나 번득이는 아이디어나 멋진 계획을 즉시 실행에 옮길 수 있도록 하기 위해서 제퍼리스 소령이 휘트처치에 만든 연구소를 국방장관인 나의 소속 아래에 두도록 했다. 1939년에 나는 그 우수한 장교와 처음 만났는데, 창의적이고 천재적인 능력이 입증된 그는 전쟁 기간 내내 많은 성과를 거두었다. 린데만도 함께 가깝게 지냈다. 나는 그들의 두

뇌와 나의 권력을 모두 사용했다. 제퍼리스와 그의 집단은 탱크를 파괴할 수 있는 폭탄을 만들고 있었는데, 가정집에서 유리창을 열고 던지면 탱크에 접착하는 그러한 종류였다. 실제로 강철판에 접촉하는 순간 고도의 폭발력을 가지는 것이 특히 효과적이었다. 조국을 위해서 모든 것을 바치기로 한 병사와 시민이 자신의 목숨을 내건 채 그 폭탄을 가지고 탱크 가까이 달려가서 던지는 모습을 머릿속에 그려보기도 했다. 정말 그렇게 할 사람이 많았으리라는 사실을 의심하지 않는다. 나는 막대 같은 데다 고정한 폭탄을 탄환이 부족한 라이플 소총으로 쏘는 방법도 생각한 적이 있었다. 탱크에 붙는 "접착식" 폭탄은 마침내 우리의 가장 훌륭한 비상 무기로 꼽혔다. 우리는 그 폭탄을 국내에서는 사용한 적이 없지만, 여러 조건이 열악했던 시리아에서 진가를 확인했다.

★ ★ ★ ★ ★

막강한 적군은 나폴레옹 전쟁 이래 125년 만에 최초로 영국 해협의 좁은 수로 건너편에 진을 쳤다. 재편성한 우리 정규군과 그보다 수는 많지만 제대로 훈련되지 않은 국방 의용군은 방어의 협력 체제를 형성하기 위하여 조직되고 배치되었으므로 적군이 침공하면 탈출구가 있을 수 없어 맞서 격퇴시키지 않으면 안 되었다. 아군이나 적군이나 "죽느냐 사느냐"였다. 본토 방위군은 이미 본토 방위의 일반적 범주 내에 있었다. 6월 25일 본토방위군 총사령관이었던 아이언사이드 장군이 3군 참모총장들에게 자신의 계획을 밝혔다. 물론 그 계획들은 전문가들이 면밀히 검토했을 뿐만 아니라, 나도 집중적으로 살펴보았다. 전체적으로 계획은 승인되었다. 그 거대한 계획의 초기 얼개는 세 가지 주요한 요소로 구성되었다. 첫째, 침공이 예상되는 해안은 참호로 둘러싸인 "겉껍질"이므로, 그곳의 병력은 즉각 반격을 위한 기동 예비부대의 지원을 받아 그 자리에서 움직이지 말고 싸워야 한다. 둘째, 잉글랜드의 동부 중심부로 내려가는 대전차 방어선은 런던과 공업 중심지를 기갑부대의 공격으로부터 보호하기 위한 것이므로, 그 방어선에는 본토 방위군을 배치한다. 셋째, 대전차 방어선 바로 뒤에는 대반격을 위한 주력 예비부대를 둔다.

주일이 바뀌고 달이 지나자 그 원안은 끊임없는 수정 작업이 이루어졌다. 그러나 총체적 구상은 처음 그대로였다. 적의 공격이 시작되면 모든 부대는 다른 반격 부대가 바다건 하늘이건 침입자들을 격퇴하기 위해서 급속히 움직이는 동안 자리를 지키고 선형적 방어(線形的 防禦)는 물론 **전면적 방어** 까지 해야 한다는 것이었다. 우군의 즉각적인 구조가 불가능한 경우라고 하더라도 단지 고립된 상황에서 가만히 있기만 하지는 않을 터였다. 그 배후에서는 적군을 괴롭힐 적극적인 조치가 취해질 계획이었다. 1년쯤 뒤 독일군이 들이닥쳤을 때 소련군이 시도하여 큰 성과를 얻었던 것처럼, 적군의 통신을 방해하고 군수품을 파괴하는 행동이었다. 다수의 주민들은 자신의 주변에서 벌어지는 무수한 사태에 대해서 틀림없이 혼란스러워할 것이다. 그러나 사람들은 해변에 철조망을 치면서 지뢰를 부설하고, 좁은 길에 대전차 장애물을 설치하고, 네거리에 콘크리트 토치카를 만들고, 지붕 아래 고미다락에 모래주머니를 쌓기 위해서 남의 집에 들어가고, 폭넓은 대전차호를 파기 위해서 골프장이나 비옥한 농지나 정원에 들어가는 일을 할 수밖에 없다는 것을 이해할 수 있을 것이라고 믿었다. 그 모든 불편함은 물론 그보다 더한 일도 그들은 좋은 측면에서 받아들였다. 그러나 가끔은 전체적인 계획이 수립되어 있는 것인지, 아니면 시민의 재산권을 침해할 권한을 부여받은 하급 관리가 월권하는 것은 아닌지 의심스러운 경우도 틀림없이 있었을 것이다.

물론 숙고와 조정을 통해서 모든 내용을 포괄하는 중심 계획이 있었다. 그 계획이 발전하여 모든 지휘권은 런던의 최고사령부가 장악하게 되었다. 영국과 북아일랜드 전체는 7개의 군관구로, 그것을 다시 군단 및 사단 지역으로 나뉘었다. 군관구와 군단과 사단은 각자 고유의 방어 임무 수행을 위한 최소한의 물자만 사용하고 일정량은 기동 예비군을 위해서 남겨두어야 했다. 해변의 후미는 점차 사단 방위 지역으로 구축되었으며, 그 뒤로는 다시 "군단 지역" 그리고 "군관구 지역"과 유사한 형태로 구축되었는데, 그러한 방어 체계의 전체는 150킬로미터 이상에 이르렀다. 그리고 그 배후에는 주요 대전차 장애물이 남부 잉글랜드를 가로질러 북쪽의 노팅엄셔까지 깔렸다. 그 모든 것 위에는 다시 본토방위군 총사령관 휘하의 최종 예비부대가 있었다. 그와 같이 예비부대는 가능한 한 폭넓게 그리고 기동성을 확보하여 유지하는 것이 우리의 전략이었다.

그러한 일반적인 조직의 구조 내부에는 다양한 변형이 존재했다. 우리의 동쪽과 남쪽 해안의 항구들은 개개가 모두 특별한 연구 대상이었다. 우리가 방어하고 있는 항구를 정면에서 직접 공격하는 것은 도저히 불가능한 일이었으며, 모든 시설은 육지 방향으로나 바다 방향으로나 동일하게 방어력을 발휘할 수 있는 좋은 지점에 구축되었다. 영국 전체에 걸쳐 수천 평방킬로미터에 공수부대의 착륙을 방해하는 장애물을 설치했다. 비행장, 레이더 기지, 연료 저장소는 1940년 여름까지 모두 375개소에 달했는데, 특별 수비대나 각각의 개별 항공대에 의한 방위가 필요했다. 교량, 발전소, 물자 창고, 주요 공장 등과 같은 수천 개의 "취약 지점"에 대한 사보타주나 습격을 밤낮으로 감시할 필요가 있었다. 적군의 손아귀에 들어가면 적이 유용하게 사용할 수 있는 자원을 즉시 폐기할 계획도 준비되어 있었다. 우리의 통제가 불가능하기 전에 항만 시설을 파괴하고, 간선도로에 구덩이를 파고, 수송과 적신전화국 그리고 차량과 궤도를 마비시키는 계획이 세부 사항에 이르기까지 수립되어 있었다. 그러한 모든 현명하고 필요한 예비 조치는 민간 부문의 군대에 대한 아낌없는 지원으로 가능했음에도 불구하고, "초토화 전략"에는 아무 문제가 없었다. 영국은 그 국민이 방어할 터였고, 결코 파괴되지 않을 것이었다.

★ ★ ★ ★ ★

그 모든 것에는 또다른 면이 있었다. "됭케르크의 기적"을 받아들이는 나의 첫 번째 생각은 반격을 시도함으로써 그 의미를 살리는 것이었다. 모든 것이 불확실하던 당시로서는, 선제권을 되찾을 필요가 절실했다. 이미 어느 정도 설명한 바와 같이, 6월 4일 나는 하원에서 예정된 중요하고도 긴 연설을 준비하고 또 행하느라 바빴다. 그러나 그 일이 끝나자마자 서둘러 그때의 우리 마음의 방향을 정하고 행동을 고취시키기 위한 내 생각을 서둘러 밝힐 필요가 있었다. 그리하여 다음과 같은 각서를 이즈메이 장군에게 보냈다.

우리가 제해권을 장악하고 동시에 공군 전투기의 강력한 방위력을 가지고 있음에도 불구하고, 독일군의 상륙 위험에 대하여 매우 우려하고 있습니다. 그렇게 우려하는 것이 당연할지도 모릅니다. 모든 만과 해안과 항구가 걱정스러운 것이 사실입니다. 거기에다 낙하산 부대가 휩쓸고 들어와 리버풀이나 아일랜드 또는 그밖의 지역들을 점령할 수도 있습니다. 이러한 모든 태도나 분위기가 우리를 분발시키는 계기가 된다면 아주 좋은 현상입니다. 그러나 만약 우리의 해군력에도 불구하고 독일의 침공이 쉽게 이루어진다면, 사람들은 왜 우리는 적에 대해서 그들과 똑같은 방식으로 행동하지 못하느냐고 의문을 제기할 수도 있을 것입니다. 프랑스를 파멸시킨 철저한 방어적 습성이 우리의 주도권을 파멸시키는 일이 있어서는 안 됩니다. 가능한 한 많은 독일군을 그들이 점령한 나라의 해안을 따라 머물러 있게 한 다음, 그곳 주민들이 우호적으로 맞이할 수 있는, 해안의 독일군을 습격할 부대의 조직에 착수하는 일이 가장 중요하다고 생각합니다. 그러한 부대는 각 단위별로 1,000명 이상, 모두 합쳐 1만 명을 넘지 않는 수준이되 모든 병과를 두루 포함한 완전 무장 병력으로 구성해야 합니다. 마지막 순간까지 그 목적지가 어딘지 숨길 수 있어야 기습의 효과가 나타날 것입니다. 필요한 경우 선정된 지점에서 부대를 어떻게 해야 빨리 이동시킬 수 있는지 (그리고 내 생각에는 그곳으로 이동시킬 수 있는지) 우리는 됭케르크의 사례에서 잘 확인했습니다. 독일군이 우리에게 섬 속에서 방벽을 만들고 하늘을 방비하게 하도록 하고 있지만, 다음에는 어디서 그들이 당하게 될까를 노심초사하도록 만든다면, 그 얼마나 멋진 일이겠습니까! 적군의 의지와 주도권에 우리는 심리적으로도 정신적으로도 꺾어버렸지만, 모두 떨쳐버리도록 노력해야 할 것입니다.

이즈메이는 그 내용을 3군 참모총장들에게 전달했다. 모두 그 취지를 충심으로 받아들였고, 그 뒤로 우리의 대부분의 결정에 반영하게 되었다. 점차적으로 하나의 전략이 형성되었다. 그 무렵 나는 단지 방어를 위해서가 아닌 공격을 위한 탱크 전에 골몰했다. 그 계획은 다량의 탱크 상륙용 주정을 건조해야만 가능했기 때문에, 그것은 언제나 나의 머릿속에서 떠나지 않는 고민거리가 되었다. 그와 관련한 모든 것은 장차 아주 중요한 문제가 될 수밖에 없기 때문에, 오랫동안 내 마음속에 잠재되어 있다가 그 무렵 되살아난 그 계획에 대하여 과거로 돌아가서 설명을 하지 않을 수 없다.

★ ★ ★ ★ ★

나는 평소 수륙양면 작전에 매력을 느끼고 있었다. 특별히 제작된 상륙용 주정을 이용하여 전혀 예상할 수 없는 해안에서부터 탱크를 상륙시켜 전투를 한다는 구상은 오랫동안 내 마음속에 간직되어 있었다. 1917년 7월 17일 군수부 장관으로 임명되어 로이드 조지 내각에 입각하기 열흘 전, 나는 전문가의 도움 없이 프리슬란드의 두 섬 보르쿰과 질트를 탈취하는 작전 계획안을 만들었다. 거기에는 지금까지 공표되지 않은 이런 내용이 있었다.

함대의 엄호 사격을 받으며 부대가 섬[보르쿰 또는 질트]에 상륙하려면, **방탄**

전마선을 이용함으로써 어뢰에 견딜 수 있는 수송선이 쏘는 가스나 연막의 도움이 [반드시] 필요하다. 1개 사단이 상륙하려면 대략 100척의 함정이 필요하다. 거기에다 일정 수—예컨대 50척이라고 하면—의 탱크 상륙용 전마선이 준비되어야 하는데, 각 한 척마다 한 대나 한 대 이상의 탱크를 싣되 [그리고] 뱃머리에 철조망 절단 장치가 부착되어 있어야 한다. [탱크는] 도개교나 뱃머리 자체의 완만한 경사를 이용하여 [탱크] 자체의 동력으로 상륙할 수 있으며, 보병이 보루나 포대 진지와 같은 어려운 목표물을 공격할 때 철조망 때문에 저지되는 일이 없도록 해결해줄 것이다. 그것은 새로운 방식으로, 철조망을 끊기 위하여 [아군의] 야전포를 서둘러 먼저 상륙시켜야 하는 데에 따르는 종래의 가장 큰 난제를 제거해준다.

그리고 또 이런 내용도 있다.

적군이 우리의 의도를 눈치채고 미리 방어력을 강력하게 보강하여 대비할 우려가 항상 있는데, 적어도 적군이 아주 민감하게 반응하는 보르쿰에서는 틀림없이 그러할 것이다. 반면 기관총 사격에 견딜 수 있는 방탄 전마선들의 호위를 받으면 탱크는 무사히 상륙할 수 있다. 그리고 그 수가 아주 많으면 어떠한 포격에도 [즉 중화기의 포격에도] 심각한 손상을 입지 않을 것이다. 또한 여기서 말하는 것보다 탱크 수가 훨씬 더 많으면, 특히 기동성이 뛰어나고 가벼운 다양한 기종의 경우 적군이 대항할 채비를 갖추지 못한 지역에서 작전을 펼칠 수도 있다. 이러한 것들은 새로운 발상이며 아주 중요한 고려의 대상이다.

그 문서에 보면 나는 (그 두 섬의 북쪽에 있는) 혼 리프의 수심이 얕은 곳에 인공섬을 만드는 대안도 계획해두었다.

의 주력군이 분쇄 또는 격퇴당하게 되면, 그 교두보는 아무리 중요하더라도 독일군의 집중 공격을 견딜 수 없었다. 그러나 몇 주일 만이라도 버텨 영국 군과 계속 연락을 유지했더라면, 이미 산산조각이 나버린 그 광대한 전선으로부터 아프리카로 대규모의 프랑스 병력이 퇴각할 수 있었을 것이다. 만약 프랑스에서 전투가 계속되었더라면, 브레스트 반도나 보주 산맥의 삼림 또는 산악 지대에서 퇴각이 가능했을 것이다. 그렇지 않았다면, 프랑스는 항복할 수밖에 없었다. 그러므로 브르타뉴의 교두보 설치는 비웃을 일이 아니었다. 당시에는 무명의 미군 대령에 불과했던 아이젠하워 휘하의 연합군이 훗날 비싼 대가를 치르고 다시 되찾을 수 있었다.

브룩 장군은 프랑스군 지휘관들과 대화를 가진 뒤, 시시각각으로 불리해져가고 있는 형세를 자신의 입장에서 판단하여 절망적인 상황이라고 육군부에 보고한 뒤에 이든에게 전화로 알렸다. 모든 추가 증원을 중단하고, 15만 명에 달하는 잔류 영국 원정군은 즉시 귀환하지 않으면 안 된다는 것이었다. 6월 14일 밤, 그 문제에 관한 한 내 뜻이 완강하다는 것을 알고, 브룩은 여러 차례 애쓴 끝에 운 좋게 통화가 되자 나에게 자신의 주장을 밀어붙였다. 통화 상태는 아주 좋았고, 10분쯤 지난 뒤에 나는 그의 견해가 옳으며 우리 군대는 떠나야 한다고 확신하게 되었다. 바로 명령이 발동되었다. 브룩은 프랑스 지역 지휘관의 임무에서 풀려났다. 다량의 물자, 무기 그리고 병력의 후송이 시작되었다. 상륙하자마자 바로 다시 승선한 캐나다 사단의 선발대와 대부분 아직 행동을 개시하기도 전이었던 제52사단 로랜드 부대는 브레스트로 후퇴했다. 6월 15일 우리의 잔여 부대는 프랑스 제10군의 명령권에서 벗어났으며, 다음날 셰르부르로 이동했다. 6월 17일, 페탱 정부는 독일에게 강화를 요청했으며 모든 프랑스군에 대하여 전투를 중지할 것을 명령했다고 발표했다. 우리 영국군에게는 아무런 통보도 하지 않았다. 다만 브룩 장군은 승선할 수 있는 모든 병력과 확보 가능한 장비를 챙겨 프랑스를 떠나라는 통지만 받게 되었다.

거기서 우리는 더 큰 선박을 이용하여 상당한 규모의 됭케르크 철군 작전을 또 한번 반복하게 되었다. 항복을 거부하고 바다에서 활로를 찾던 폴란드 병사 2만여 명도 우리 배를 타고 영국에 상륙했다. 독일군은 모든 지점에서 우리를 추격했다. 18일 아침 독일군은 셰르부르의 항구에서 남쪽으로 15킬로미터 정도 떨어진 곳에서 우리 후위 경계부대와 접전했다. 우리의 마지막 배는 오후 4시에 출항했는데, 그때 적군의 롬멜이 이끄는 제7기갑사단은 항구를 불과 5킬로미터도 남겨두지 않은 지점까지 접근해 있었다. 우리 병사 중에서 적의 포로가 된 수는 극히 적었다. 프랑스 항구들을 통해 탈출에 성공한 영국군은 13만6,000명, 가지고 온 대포는 310문이었다. 폴란드 병사까지 합치면 모두 15만6,000명이 구출되었다.

독일군은 맹렬하게 수송선을 공습했다. 17일 생 나제르에서 가공할 만한 사건이 벌어졌다. 5,000명을 태운 2만 톤 급의 여객선 랭카스트리아 호가 막 출항하려는 순간 적의 포탄에 맞았다. 3,000명 이상이 사망했다. 나머지는 계속된 공습 아래 작은 주정들을 동원하여 겨우 구출했다. 나는 그날 오후 조용한 각료실에 앉아 있다가 보고를 받았는데, "신문은 이미 오늘 하루치 비보를 충분히 가지고 있다"고 말하면서 보도를 금지시켰다. 나는 며칠 지난 뒤 보도를 하게 하려는 생각이었는데, 침울한 사건들이 연이어 일어나는 바람에 보도금지를 해제하는 일을 잊어버리고 말았다. 따라서 그 끔찍한 사건이 알려지게 된 것은 그로부터 상당한 시간이 흐른 뒤였다.

★ ★ ★ ★ ★

이쯤에서 우리는 전장의 참상에서 눈을 돌려 보르도의 프랑스 정부에서 일어난 동요와 그것을 둘러싼 인물들의 면면을 살펴볼 필요가 있다.

6월 16일 오후, 드골 장군과 모네가 각료실로 나를 찾아왔다. 장군은 국방부 차관 자격으로 무기를 싣고 미국에서 보르도를 향해 출발한 프랑스 선박 파스퇴르 호에게 영국의 항구로 갈 것을 명령한 직후였다. 모네는 만약 프랑스가 단독으로 강화한다면, 프랑스가 미국으로부터 가져오기로 약정한 모든 군수품을 영국으로 돌리는 계획을 열심히 추진하고 있었다. 그는 분명히 단독 강화를 예상했고, 따라서 세계의 파멸이라고 생각되는 사태로부터 가능한 한 많은 것을 구하고 싶었다. 그런 면에서 그의 모든 태도는 우리에게 크게 도움이 되었다. 그는 영국의 남은 전투기 편대를 모두 프랑스의 마지막 전투에 동원하는 문제에 관심을 기울였는데, 그 마지막 전투란 것은 이미 끝나버린 뒤였다. 나는 이미 실행이 불가능한 일이라고 대답했다. 그런 국면에서도 그는 여전히 "결정적 전투"라든가, "지금 아니면 영원히" 또는 "프랑스가 무너지면 모든 것이 무너진다"는 등의 평소에 하던 표현을 계속했다. 그러나 나는 그 문제에 관한 한 그의 요구를 들어줄 수가 없었다. 두 프랑스 방문객은 자리에서 일어섰다. 모네가 앞서고 드골은 뒤따라 입구로 걸어갔다. 문 앞에 이르렀을 때, 그동안 거의 한마디도 하지 않았던 드골이 뒤돌아서더니 두세 걸음 나를 향해 다가와 영어로 이렇게 말했다. "당신의 말이 전적으로 옳다고 생각합니다." 그는 겉으론 무심하고 의연한 척하면서도 내면으로 고통을 간직하고 있다는 것을 날카롭게 보여주는 면이 있었다. 나는 그 키가 크고 무뚝뚝한 인물을 대하면서 이러한 인상을 가지게 되었다. "이 사람이야말로 프랑스를 지킬 인물이구나." 드골은 그날 오후 내가 제공한 영국 비행기를 타고 보르도로 갔다. 그러나 그곳에 오래 머물지 않았다.

전쟁내각의 각료들은 그날 저녁 6시까지 자리를 지켰다. 모두 보통 때와는 다른 분위기였다. 프랑스의 몰락과 운명이 각료들의 마음을 사로잡고 있었다. 우리가 직면해야 할, 우리 단독으로 직면할 수밖에 없는 영국의 상황은 마치 그 다음의 문제인 것 같았다. 고뇌에 차 있는 우리 동맹국에 대한 슬픔과, 인력으로 가능하다면 어떠한 것이라도 도움을 주고 싶다는 열망이 분위기를 압도했다. 거기에다 무엇보다 프랑스 함대를 우리가 확보해야 한 다는 가장 중요한 현안도 있었다. 그 얼마 전부터 일종의 불–영 연합 (Union) 선언으로 발전했다. 공동 시민권의 향유, 방위, 외교, 재정 및 경제 정책 등을 위한 공동 기관을 두는 내용이었다. 그로 인한 일반적인 기대효 과와는 별도로, 프랑스 정부 기관의 대부분을 아프리카로 옮겨 전쟁을 계속 할 수 있도록 하는 확실한 동기를 레노에게 부여하려는 목적도 있었다. 선 언문 초안을 가지고 노동당과 자유당의 두 당수, 3군 참모총장들 그리고 그밖의 주요 장교와 관리들을 동반하고, 나는 새로운 임무 수행을 위해서 프랑스로 떠날 준비를 했다. 특별 열차가 워터루 역에 대기하고 있었다. 두 시간 동안 달려 사우샘프턴에 도착한 다음 30노트 속력의 순양함을 밤새 타고 가면 17일 정오 무렵에는 회견 장소에 다다를 수 있을 터였다. 우리는 기차에 올라 자리를 잡았다. 아내가 나를 배웅하러 나와 있었다. 그런데 이 상하게도 출발이 지연되었다. 무언가 문제가 생긴 것이 틀림없었다. 이윽고 내 비서가 다우닝 가에서부터 숨을 헐떡이며 달려왔다. 그의 손에는 보르도 의 영국 대사 로널드 캠벨 경이 보낸 메시지가 들려 있었다.

　　내각의 위기 도래……심야에 새 정보를 입수할 것으로 기대함. 내일로 예정 　된 회담은 불가능함.

그 전문을 보고 나는 무거운 마음을 안은 채 다우닝 가로 돌아갔다.

★ ★ ★ ★ ★

레노 내각의 최후의 장면을 보자.

레노가 불–영 연합 선언에 걸고 있던 희망은 곧 무산되어버렸다. 그 정 중한 제안은 보기 드물게 적대적으로 받아들여졌다. 수상 레노는 각의에서 선언문을 두 차례나 낭독했다. 그는 그 선언을 강력하게 지지한다고 밝히고, 다음날 세부 사항을 협의하기 위하여 나와 회담을 가질 예정이라고 덧붙였다. 그러나 유명 무명의 여러 각료들은 흥분하여 의견이 분열되었으며, 패배의 철퇴 아래서 갈 길을 찾지 못하고 우왕좌왕했다. 대부분은 그러한 원대한 계획을 받아들일 마음의 준비가 되어 있지 않았다. 내각의 압도적인 분위기는 그 연합안을 전면적으로 거부하는 쪽으로 기울었다. 충격과 불신의 감정이 다수를 지배했으며, 가장 우호적이고 결심이 단단했던 사람들조차 당황케 했다. 각의는 원래 프랑스의 요청에 대한 영국의 답변을 받아들인다는 기대에서 열린 것이었다. 그 요청이란 프랑스가 휴전 조건이 독일에게 무엇인지 물을 수 있도록, 영국에게 프랑스를 기왕의 협정에 의한 의무로부터 해제해달라는 것으로, 모든 프랑스 각료가 동의한 내용이었다. 우리가 공식 답변을 내놓았더라면, 그들 다수는 프랑스 함대를 영국으로 보내야한다는 우리의 기본 제안을 수락했을 것이다. 아니면 최소한 프랑스가 다른 제안을 통해서 적군과 자유롭게 협상할 수 있도록 하고, 독일이 제시하는 조건이 아주 가혹한 것일 경우 프랑스 정부의 아프리카 행을 최후 선택의 수단으로 유보해둘 수 있었다. 그 모든 것은 가능한 일이었고, 어쩌면 그렇게 될 공산이 컸다. 그러나 거기에는 "질서, 반질서, 무질서"의 전형적 실례만 존재할 뿐이었다.

폴 레노는 불—영 연합안의 제안이 형성한 비우호적 감정을 극복할 수가 없었다. 페탱 원수를 필두로 하는 패배주의자들은 그 제안을 검토하는 것조차 거부했다. 격렬한 비난이 일었다. "궁여지책", "경악할 사건", "프랑스를 보호국으로 만들거나 프랑스 식민지를 빼앗으려는 음모"라고 했다. 프랑스를 자치령 수준으로 격하시키려 한다고 주장했다. 또 어떤 사람들은 영국인은 바로 프랑스 시민권을 획득하는 데에 반하여, 프랑스인은 영국이 아닌 대영제국의 시민권을 얻을 뿐이어서 동등한 지위가 보장되지 않는다고 불만을 토로했다. 그런 불평은 선언문 내용을 보면 틀렸다는 사실을 확인할 수 있다.

그밖의 다른 논란도 있었다. 베강에 의해서 이미 페탱은 큰 혼란 없이 영국도 이미 전쟁에서 졌다고 믿었다. 프랑스 군부의 고위 관계자가 이렇게 조언하도록 했다. "3주일 안에 영국은 병아리처럼 모가지가 비틀려지고 말 것입니다." 페탱은 영국과 통합하는 것은 "송장과 합체하는 짓"과 같다고 생각했다. 제1차 세계대전 때에는 그토록 강한 면모를 보였던 이바르네갸레는 이렇게 외쳤다. "나치의 한 주가 되는 편이 더 낫다. 적어도 우리는 그것이 무슨 의미인지 알고 있다." 베강 장군의 가까운 친구였던 상원위원 레벨은 그 계획은 프랑스의 철저한 파멸을 의미하며, 어쨌든 결정적으로 프랑스를 영국에 복속시키려는 것이라고 단언했다. 레노가 "나는 적과 협력하는 것보다는 동맹국과 협력하는 편을 택하겠다"고 대답했으나, 아무 소용이 없었다. 망델은 이렇게 반문했다. "영국의 자치령이 되느니 독일의 한 부분이 되겠다는 것인가?" 그러나 모두 공허한 발언에 불과했다.

우리의 제안에 대한 레노의 의견은 내각에서 표결에조차 붙이지 못한 것이 확실했다. 내각은 자멸하고 만 것이다. 그것은 곤경에 처한 수상에게는 개인적으로 치명적인 불행이었으며, 내각에 대한 그의 영향력과 권위에 종말을 고하는 사태였다. 그 이후의 모든 논쟁은 강화와 그에 따른 독일의 조건이 무엇인가에 대한 질문에 집중되었으며, 그 점에서 쇼탕의 태도는 냉정하고 완강했다. 프랑스 함대 문제와 관련하여 우리가 보낸 두 통의 전문은 각의에 제출조차 되지 않았다. 독일과 협상을 앞두고 그 전제 조건으로 프랑스 함대를 영국 항구로 보내야 한다는 요청은 이미 완전히 붕괴된 레노 내각에서는 전혀 고려의 대상이 아니었다. 여러 날 동안 계속된 긴장 탓에 육체적으로나 정신적으로나 모두 지쳐버린 레노는 8시경 대통령에게 사표를 제출하고, 후임으로 페탱을 추천했다. 그러나 그 행위는 경솔했다. 그러면서도 레노는 여전히 그 다음날 나와 만나 회담할 것이라는 희망을 버리지 않았고, 그러한 뜻을 스피어스 장군에게 말했다. 스피어스는 이렇게 대답했다. "내일이면 다른 정부가 수립될 것입니다. 따라서 당신은 누구를 대표해서 말할 자격이 없을 것입니다."

페탱 원수는 즉시 독일과 빠른 시일 내에 강화할 것을 주된 목적으로 하는 프랑스 내각을 구성했다. 6월 16일 밤늦게 페탱을 수장으로 하는 패배주의자 그룹은 이미 그 형태를 정비하고 단결했기 때문에 금방 조각을 끝낼 수 있었다. 쇼탕("휴전 조건을 요구한다고 하여 반드시 그것을 받아들인다는 것은 아니다"라고 했다)은 부수상에 임명되었다. 모든 것은 끝났다고 생각했던 베강 장군은 국방부 장관이 되었다. 다를랑 제독은 해군부 장관, 보두앵은 외무부 장관 자리를 차지했다.

유일한 문제는 라발이었다. 페탱은 애당초 라발에게 법무부 장관직을 제의할 생각이었다. 그러나 라발은 분연히 거부했다. 그는 외무부 장관 자리를 요구했는데, 그래야만 영국과의 관계에 종지부를 찍고 나치의 새 유럽에 종속적 동반자로나마 참여하도록 프랑스의 동맹 관계를 바꾸어놓을 수 있다고 확신했기 때문이다. 페탱 원수는 그 대담한 인물의 서슬에 그만 굴복하고 말았다. 이미 외무부 장관으로 지명되었던 보두앵은 그 자리가 자신에게 어울리지 않는다고 생각하고 있었기 때문에 언제든지 양보할 수 있는 자세였다. 보두앵이 그런 의사를 외무부 사무차관 샤를-루에게 전하자, 샤를-루는 분개했다. 샤를-루는 베강에게 도움을 요청했다. 베강이 방으로 들어가서 그 저명한 원수 페탱에게 이야기를 꺼내자 라발은 두 장군이 당황할 정도로 화를 냈다. 그러나 사무차관은 라발 밑에서는 일을 할 수 없다고 단도직입적으로 선언했다. 상황이 그러하자 페탱은 다시 침묵했고, 한바탕 소란을 피운 끝에 라발은 화가 머리끝까지 올라 자리를 떴다.

그때는 아주 결정적인 시기였다. 그로부터 4개월 뒤인 10월 28일, 마침내 라발이 외무부 장관이 되었을 때 군사적 상황에 대한 새로운 인식이 형성되었다. 독일에 대한 영국의 저항이 중요한 요소로 등장했다. 영국이라는 섬나라의 존재는 분명 무시할 수 없는 존재였다. 어쨌든 "3주일 안에 영국은 병아리처럼 모가지가 비틀려지지는" 않았다. 그것은 새롭게 등장한 요소였다. 프랑스 국민 전체가 기뻐했다.

★ ★ ★ ★ ★

6월 17일 저녁, 내각의 요청에 따라 나는 다음과 같은 내용으로 라디오 연설을 했다.

프랑스에서 들려오는 소식은 매우 좋지 않습니다. 이러한 두려운 불행한 사태에 빠져 있는 용감한 프랑스 국민들에 대하여 나는 심각하게 걱정하고 하고 있습니다. 어떤 일이 있더라도 프랑스 국민에 대한 우리의 감정이나 프랑스의 진면목이 다시 되살아날 것이라는 데 대한 우리의 믿음은 변함이 없을 것입니다. 우리의 행동과 목적은 프랑스에서 일어나는 일 때문에 바뀌지 않을 것입니다. 이제 우리는 세계의 대의를 지키기 위하여 무기를 든 유일한 전사입니다. 우리는 그 명예에 부응할 수 있도록 최선을 다할 것입니다. 우리는 우리의 섬 본토를 지키고, 대영제국 모두와 함께 인류의 얼굴에서 히틀러의 저주가 제거될 때까지 불굴의 정신으로 싸워나갈 것입니다. 우리는 모든 것이 사필귀정이 될 것이라고 확신합니다.

그날 아침, 나는 전날 밤 스피어스 장군과 전화로 나눈 이야기를 내각에 보고했다. 스피어스 장군은 보르도의 새 정부는 아무런 유익한 일을 할 수 없을 것 같다고 말했다. 그는 드골 장군의 신변에 대해서도 꽤 불안해했다. 사태의 추이로 보아 드골이 프랑스를 떠나도록 하는 것이 좋지 않을까 하는 판단을 하는 것 같았다. 따라서 그와 관련하여 준비 중인 대책에 대해서 나는 바로 찬성했다. 바로 그날, 17일 아침에 드골은 사무실로 출근하여

는 알제에서 출발한 순양함들이 도착해 있었다. 알렉산드리아에서는 영국의 커닝엄 제독과 오랜 시간 교섭한 프랑스 제독 고드프루아가 함선의 연료를 모두 버리고 포에서 주요한 부품을 제거한 다음 일부 승무원을 본국으로 송환하는 데 동의했다. 다카르에서는 7월 8일 항공모함 허미즈와 용맹무쌍한 모터보트가 전함 리슐리외를 공격했다. 리슐리외는 뇌격기의 공격을 받아 심각하게 손상되었다. 프랑스령 서인도제도에 있던 프랑스 항공모함과 두 척의 경순양함은 오랜 토의를 거친 끝에 억류하기로 미국과 합의했다.

★ ★ ★ ★ ★

7월 4일, 나는 하원에서 우리가 취한 조치에 대하여 상세하게 보고했다. 전함 스트라스부르는 오랑에서 탈출에 성공했고 리슐리외에 대해서는 아직 효과적인 무력화 조치가 이루어졌다는 보고는 들어오지 않았지만, 우리가 강구한 수단은 독일군의 주요 전력에서 프랑스 해군을 제외시킬 수 있었다. 그날 오후 나는 한 시간 남짓 연설했는데, 그 음울한 사건에 관하여 내가 알고 있는 대로 구체적인 설명을 했다. 지금도 나는 그때 의회와 세계를 향해서 밝힌 것 외에 더 보탤 것은 없다. 사정에 맞게 그 슬픈 일화를 당시 우리가 처해 있던 곤경과 진솔하게 관련시킬 수 있는 말로 연설을 끝맺는 것이 좋겠다고 생각했다. 따라서 내각의 동의를 얻어 이미 하루 전에 정부의 주요 인물들 사이에서 회람한 권고문을 읽었다.

　　적군의 침입이든 조국을 위한 전투이든 그 전야를 맞아, 수상은 정부와 군부 또는 민간 관련 각 부처에서 책임 있는 지위의 사람들이 방심하지 않고 신념에 찬 정신을 유지할 수 있도록 자신의 의무를 다할 것을 절실하게 요망합니다. 시간과 수단이 허용하는 한 가능한 모든 경계 조치를 취해야 하겠지만, 현재 무장하고 있는 강력한 우리 군사력으로 격퇴하거나 체포하지 못할 정도의 독일군이 하늘을 통해 또는 바다를 건너서 이 땅에 상륙하리라는 생각은 근거가 없습니다.

영국 공군은 최상의 상태에 있으며 그 전력은 사상 최고로 강력합니다. 독일 해군은 지금처럼 약화된 적이 없었고, 반면 국내에 주둔하고 있는 영국 육군은 이토록 강했던 적이 없었습니다. 수상은 영국 정부의 모든 고위공직자들이 침착하고 결단력 있게 모범을 보여주기를 기대합니다. 고위 공직자들은 동료나 하급 관리들 사이에서 유언비어나 이롭지 못한 여론이 형성되는 일을 막고 잘 경계해야 합니다. 의도적으로 질서를 어지럽히거나 사기를 저하시키는 책동을 하는 경우 그리고 쓸데없는 공포심을 조장하거나 민심을 교란하는 언동을 보이는 경우, 민간인이든 공무원이든 군인이든 즉시 보고하거나 필요한 경우 파면하도록 해야 합니다. 그렇게 함으로써만이 군사적 장비에서 우세하다는 확신이 없음에도 불구하고 이미 하늘과 바다와 지상에서 적과 싸우고 있는 우리 전사들에게 부끄럽지 않을 것입니다.

내가 혼자 읽는 동안 하원은 침묵으로 일관했다. 그러나 연설이 끝나자 그때까지 나로서는 경험해본 적이 없는 특이한 광경이 벌어졌다. 전원이 기립하여 박수를 보냈고, 그것은 꽤 오랫동안 계속되었다. 사실 그때까지만 하더라도 나에 대한 보수당의 태도는 유보적이었다. 오히려 내가 하원에 들어설 때나 중요한 순간에 자리에서 일어날 때에 환대한 쪽은 노동당 의석이었다. 그러나 그 순간에 비로소 모두 하나가 되어 엄숙하면서도 큰 소리로 찬동의 표시를 했던 것이다.

중요한 요소였던 프랑스 해군을 격렬한 군사 행동으로써 단번에 제거해버린 일은 모든 국가에 깊은 충격을 주었다. 그렇게 많은 사람들이 무너지고 말 것으로 여겼고, 눈앞을 가로막아선 막강한 힘에 짓눌려 두려워하고 있으리라고 예상했던 바로 그 영국이 어제까지 가장 가깝게 지내던 우방국을 무자비하게 공격함으로써 한동안 절대적인 제해권을 확보하게 되었던 것이다. 영국의 전쟁내각은 아무것도 두려워하지 않으며, 어떠한 일에도 멈추지 않는다는 것이 분명해졌다. 그것은 사실이었다.

기질이 그러하듯이 프랑스 국민은 오랑 사건의 의미를 완전하게 이해했으며, 곤경에 처하여 거듭 고통을 겪으면서도 새로운 희망과 용기를 포기하지 않았다. 내가 드골 장군과 사전에 만나 서로 의논한 적은 없었지만, 그의 태도는 아주 훌륭했다. 그리고 해방되고 복구된 프랑스는 그의 행동을 승인했다. 나는 뛰어난 레지스탕스 활동가였으며 훗날 프랑스 국방부 장관이 된 테쟁으로부터 들은 이야기를 하지 않을 수 없다. 툴롱 부근의 마을에 두 농부 가족이 살고 있었는데, 수병이었던 두 집의 아들들이 모두 오랑에서 영국군의 포격으로 전사했다. 이웃 사람들이 모두 참석하여 장례식을 준비했다. 그런데 두 가족은 관 위에 프랑스의 삼색기와 함께 나란히 영국 국기도 놓아달라고 부탁했고, 그 요청은 정중하게 이행되었다. 우리는 그 이야기에서 소박한 사람들의 깊은 이해심이 얼마나 숭고한가를 알 수 있었다.

제10장
궁지에 몰려

프랑스가 붕괴한 뒤, 1940년 여름 동안 우리는 완전히 고립된 처지였다. 영국 자치령이나 인도 또는 다른 식민지 어디에서도 결정적인 지원을 하지 않았으며, 했다고 하더라도 때가 맞지 않았다. 승승장구하는 거대한 독일 군단은 완전한 장비를 갖춘 데다 노획한 수많은 무기와 병기창을 예비로 보유하면서 최후의 일격을 위하여 기회를 노리고 있었다. 압도적인 대군을 거느린 이탈리아는 이미 우리에게 선전포고를 하고, 지중해와 이집트에서 영국군을 무너뜨리려고 기회를 엿보고 있었다. 극동에서는 일본이 속셈을 알 수 없는 눈빛으로 노려보며 중국에 대한 보급을 차단하기 위하여 버마를 봉쇄할 것을 요구해왔다. 소련은 나치 독일과 맺은 협정에 따라 히틀러에게 주요 원자재를 원조했다. 탕헤르의 국제 구역을 이미 점령한 스페인은 어느 순간 우리에게 적의를 품고 지브롤터를 요구하든가, 아니면 독일의 지원을 받아 지브롤터를 공격할 수도, 대포를 설치하여 해협의 통과를 방해할 수도 있었다. 페탱과 보르도의 프랑스 정부는 곧 비시로 옮겼는데, 언젠가는 우리에게 선전포고를 하도록 독일로부터 강요당할지 모르는 처지였다[독일과는 명목상의 휴전을 했기 때문에 프랑스 국가는 정부 형태를 유지했다/역주]. 툴롱의 프랑스 함대는 독일이 장악한 것 같았다. 확실히 우리는 적들에게 둘러싸여 있었다.

오랑 사태 이후 모든 국가는 영국 정부와 국민이 끝까지 싸우기로 결심했다는 사실을 분명히 알게 되었다. 그러나 영국의 정신력에는 문제가 없더라도, 경악할 수준의 장비 문제는 어떻게 극복할 수 있는가? 본국의 군대는 소총 이외에는 무기라고는 거의 아무것도 없었다. 됭케르크에서 잃은 무기를 보충하려면 몇 개월 동안 군수품 공장을 가동해야 했다. 영국의 종말을 알리는 조종이 이미 울렸다고 세상 사람들이 생각하더라도, 누가 이상하게 받아들였겠는가?

깊은 불안감은 미국 전역과 아직 침략 당하지 않은 모든 자유 국가에 확산되었다. 미국인들은 관대해 보이지만, 헛된 감정을 만족시키기 위해서 극히 제한적인 재원을 쏟아붓는 일이 옳은지 심각하게 자문했다. 그들은 자신들의 준비 부재 상황을 만회하기 위해서는 모든 무기를 비축하는 데에 전력을 다해야 하지 않을까? 그런 설득력 있는 현실론을 넘어서려면 아주 정확한 판단이 필요했다. 세 번째 대통령 선거전에 돌입했음에도 불구하고 영국의 운명과 의지에 대한 확신을 잃지 않았던 고매한 대통령과 그의 훌륭한 군인 그리고 고위 측근에 대한 영국인의 고마움은 너무나 당연한 것이다.

내가 자랑스럽게 말할 수 있는, 낙천적이면서도 침착한 영국인의 기질이 사태를 일변시켰다고 해도 좋을 것이다. 전쟁이 시작되기 전 몇 년 동안 극단적인 평화주의와 무사안일에 빠져 있던 국민이, 당리당략의 정치놀음에 빠져 있던 국민이 그리고 군비가 빈약했음에도 불구하고 경솔하게도 유럽 문제의 중심에 진입함으로써 도덕적 충격과 준비 부족에 직면한 국민이 바로 영국인들이었다. 그러나 영국인은 당황하지 않았다. 영국은 유럽의 정복자에게 도전했다. 항복을 하기보다는 차라리 이 섬을 전쟁터로 만드는 것이 더 낫다고 생각하는 것 같았다. 그것은 훌륭한 역사의 한 페이지가 될 것이었다. 그러나 같은 경우라고 하더라도 다른 결과를 초래한 예들이 있다. 아테네는 스파르타에 굴복하고 말았다. 카르타고인들은 로마에 저항했으나, 아무 소용이 없었다. 과거의 역사에서 용감하고 자긍심에 넘치며 태평성대를 누린 국가와 민족 전체가 완전히 멸망하여 그 이름만 남기거나 또는 이름조차 남기지도 못한 경우는 드물지 않다. 그리고 아예 기록조차 남아 있지도 않거나 완전히 잊혀버린 비극은 또 얼마나 많은가!

섬나라라는 지리적 위치의 특수한 이점을 잘 알고 있는 영국인은 많지 않았으며, 외국인은 더욱 적었다. 전쟁 전의 우유부단했던 시기에 해상 방위와 그 이후의 항공 방위의 본질적인 부분들이 어떻게 유지되었는지에 대해서도 일반적으로 알려져 있지 않았다. 영국인이 잉글랜드 땅에서 외국 군대의 불빛을 본 것은 근 1,000년 전이었다[980년의 바이킹 재침공 때/역주]. 영국인들은 저항이 절정에 이른 순간에도 침착했으며 자신의 목숨을 기꺼이 운명에 맡겼다. 그것이 바로 우리 영국인의 기질이라는 인식이 우방국이든 적국이든 전 세계에 확산되었다. 그러한 기질의 배후에는 무엇이 있었는가? 그것은 오직 무자비한 폭력 때문에 형성될 수 있었다.

물론 다른 양상이 있었다. 6월에 우리 앞에 놓인 최대의 위험 중의 하나는 마지막 남은 예비 전력까지 동원하여 소모적이고 무익한 프랑스 항전에 동원하거나 우리 공군력이 대륙으로 비행하거나 이동함으로써 점점 약화되어가고 있다는 점이었다. 만약 히틀러가 초자연적 예지력을 지녔다면, 프랑스 전선에서 공세를 늦추고, 됭케르크 전투 이후 3, 4주일 정도 센 강 전선에서 휴식을 취하면서 영국 침공을 위한 준비를 갖추었을 것이다. 그렇게 했더라면 히틀러는 결정적인 선택권을 가지게 되어, 우리로 하여금 프랑스를 곤경 속에 내버려두게 하든지 아니면 우리의 미래의 생존을 위한 마지막 자원까지 모두 소진하게 만들든지 하는 방법으로 우리를 괴롭힐 수 있었을 것이다. 우리가 프랑스를 계속 싸우도록 독려할수록 프랑스 지원에 대한 우리의 의무는 더 커지게 되고, 그렇게 되면 영국의 본토 방위 준비는 물론 무엇보다 우리 모두가 의존하고 있는 전투기 25개 중대를 유지하는 일이 어렵게 될 터였다. 그 부분은 우리로서도 결코 양보할 수 없었지만, 우리가 프랑스 지원을 거부한다면 연합국들은 매우 격분하여 우리를 원망하게 되고 결국 우리의 모든 관계를 파괴하고 말 것이었다. 영국의 고위 지휘관들 중에는 새롭고도 완전히 단순화된 우리의 문제에 대하여 안도감을 느끼는 사람도 있었다. 런던의 어느 장교 클럽에서 의기소침해 있는 회원에게 웨이터가 이렇게 말했다고 한다. "어쨌든 나리, 이제 결승전만 남은 것 아닌가요? 그것도 홈그라운드에서 말입니다."

★ ★ ★ ★ ★

그때까지 독일군 최고사령부에서도 우리의 지정학적 위치의 강점을 과소평가하지 않고 있었다. 치아노는 1940년 7월 7일 베를린으로 히틀러를 만나러 갔을 때, 국방군 최고사령부 총장 카이텔과 장시간 대화를 나누었다고 했다. 그는 히틀러와 마찬가지로 영국을 공격하는 문제에 대하여 이야기했다. 그는 그때까지 확실하게 결정된 것은 아무것도 없다고 거듭 반복했다. 상륙은 가능하지만 "그것은 대단히 어려운 작전이며, 섬 내부와 해안의 방어 수준이 어느 정도인가에 관한 정보는 아주 적은 데다 그다지 신뢰할 만한 것도 아니기 때문에 극도로 신중하게 접근하지 않으면 안 됩니다"고 했다.* 우선 손쉽고 아주 실질적인 것은 영국의 비행장, 공장 그리고 주요 연락망의 중심부에 대한 대공습이었다. 그러나 극히 효율적인 영국 공군력을 염두에 두어야 할 것이라고 했다. 카이텔은 영국이 방어와 반격에 즉시 사용할 수 있는 비행기가 1,500대는 된다고 계산했다. 그는 영국 공군의 적극적 공세가 최근 들어 아주 강화되었다는 사실을 인정했다. 영국의 폭격은 놀라울 정도로 정확하게 수행되었으며 한꺼번에 80대에 달하는 비행편대가 공격하기도 했다. 그러나 영국에서는 조종사가 크게 부족했다. 특히 독일 도시를 공격하는 조종사들을 미숙련 신참 조종사들이 대신할 수 없었

---

* 치아노, 『외교 문서(Diplomatic Papers)』, 378면.

다. 카이텔은 또 영국의 제국 체제를 교란시키기 위하여 지브롤터를 공격할 필요가 있다고 주장했다. 카이텔이나 히틀러나 전쟁이 언제까지 계속될 것인가에 관해서는 아무런 언급을 하지 않았다. 오직 힘러가 10월 초까지는 전쟁을 끝내야 한다고 우연히 말한 적이 있을 뿐이었다.

이상이 치아노가 기록으로 남긴 내용이다. 그리고 치아노는 히틀러에게 "총통의 진지한 열망"에 따라 육군 10개 사단과 공군 30개 중대를 영국 침공에 참여시키겠다는 뜻을 전했다. 육군 파견의 제안은 정중히 거절되었다. 공군 몇 개 중대가 오긴 했지만, 나중에 보게 되듯이 곤경에 처하게 되었다.

★ ★ ★ ★ ★

7월 19일, 히틀러는 독일 의회에서 의기양양하게 연설하면서, 얼마 있지 않아 내가 캐나다로 피신할 수밖에 없을 것이라고 예상한 뒤, 소위 자신의 평화 제안이라는 것을 내놓았다. 히틀러는 그러한 제스처에 이어 그뒤 얼마 동안 스웨덴, 미국 그리고 바티칸을 통해 외교 교섭을 시도했다. 유럽을 자신의 의사에 굴복시킨 뒤 그에 대하여 영국의 인정을 얻을 수 있다면, 히틀러로서는 아주 흔쾌한 기분으로 전쟁을 끝낼 수 있을 터였다. 히틀러가 제안한 것은 평화가 아니었다. 그것은 전쟁을 지속하기 위하여 영국의 모든 노력을 포기하게 하려는 의도였다.

애당초 나의 생각은 그 문제에 관하여 상하 양원에서 엄정하고 공식적인 토론을 해보자는 것이었다. 그러나 동료들은 우리 모두가 일치된 의견을 가지고 있는 문제를 지나치게 키우는 일이 되지 않겠느냐고 했다. 따라서 의회에서 토론하는 대신 외무부 장관이 방송을 통해 히틀러의 제안을 거절하기로 결정했다. 22일 밤, 외무부 장관은 "자신의 뜻에 항복하라"는 히틀러의 제안을 "깨끗이 거절했다." 그는 히틀러가 그리고 있는 유럽의 그림과 우리가 싸워 지키려고 하는 유럽의 그림을 대비시키면서, "우리는 자유가 보장되는 그날까지 결코 싸움을 멈추지 않을 것이다"라고 천명했다. 그러나

겨놓았다. 본국 함대의 능력은 절정에 이르러 있었기 때문에, 큰 위험 부담 없이 험버 강이나 워시 강으로까지도 움직일 수 있었다. 따라서 우리는 모든 면에서 완벽한 준비를 완료한 상태였다.

드디어 우리는 10월 추분의 강풍이 몰려올 날을 얼마 남겨놓지 않고 있었다. 히틀러가 감행한다면, 분명히 9월이 공격할 수 있는 달이었다. 조수의 간만이나 달의 크기도 9월 중순이 가장 유리했다.

이제 시야를 상대방 진영으로 돌려, 지금 와서 알게 된 당시의 적군의 준비와 계획에 대하여 이야기할 차례이다.

제11장
"바다사자" 작전

우리가 확보한 독일군 문서에 의하면, 1939년 3월의 개전 이후 곧 독일 해군참모본부는 영국 침공에 대한 연구를 시작했다. 우리의 생각과는 달리, 그들은 영국해협의 좁은 해로 외에는 건너갈 수 있는 길이 없다고 확신했다. 다른 대안은 고려조차 하지 않았다. 우리가 그러한 사실을 알았더라면, 아주 크게 도움이 되었을 것이다. 해협을 횡단하는 침공은 우리의 방비가 가장 잘 되어 있는 해안으로 오게 되어 있었는데, 그 일대는 예부터 프랑스에 대한 해안 전선이었다. 모든 항구는 요새화되어 소함대의 주요 기지였으며, 훗날에는 런던 방위를 위한 비행장과 항공 관제소의 대부분이 있었던 곳이었다. 섬을 통틀어 그곳만큼 신속하게 전투 행동을 개시하거나 3군의 막강한 힘을 발휘할 수 있는 지역은 존재하지 않았다. 해군 최고사령관 레더 제독은 영국 침공 명령이 독일 해군에 떨어질 경우에 대비하여 만전을 기하느라 여념이 없었다. 동시에 그는 여러 조건들을 제시했다. 그중의 하나가 프랑스, 벨기에 네덜란드의 각 해안, 항구, 하구에 대한 전면적인 통제였다. 그러했기 때문에 황혼의 전쟁 기간에 그 침공 계획은 잠자고 있었다.

그런데 갑자기 그러한 모든 조건들이 놀라울 정도로 충족되었기 때문에, 레더는 어느 정도 의문을 가지면서도 한편으로는 만족하여 뒹케르크 철수와 프랑스 항복 직후 총통에게 자신의 계획을 설명하게 되었다. 5월 21일, 이어서 6월 20일 두 차례에 걸쳐 레더는 그 문제에 관하여 히틀러와 이야기

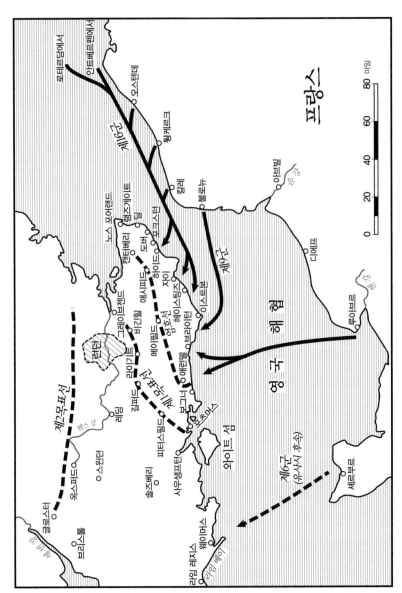

독일 침공 계획 약도

를 나누었다. 그러나 레더의 의도는 침공을 요청하려는 것이 아니라 영국 침공의 명령이 내려지더라도, 그 세부 계획은 쉽게 다룰 수 없는 것이라는 점을 확실히 하려는 데 있었다. 히틀러는 회의적인 태도로 "거사에 수반하는 특별한 어려움을 잘 알고 있다"고 말했다. 히틀러는 또한 영국이 강화를 요구하게 될 것이라는 희망을 품고 있었다. 6월 마지막 주일까지만 하더라도, 독일군 최고사령부는 침공 계획을 채택하지 않았다. 7월 2일에 이르러서야 영국 침공의 가능성을 전제로 하여 계획 수립을 명령하는 최초의 조치가 발동되었다. "총통은 일정한 조건―가장 중요한 조건은 제공권의 장악―아래서는 영국 상륙이 가능하다고 결정했다." 7월 16일, 히틀러는 다음과 같은 지령을 내렸다. "영국이 군사적으로 절망적 상태에 있음에도 불구하고 강화를 요청할 기미조차 없으므로, 나는 영국 상륙 작전을 준비하기로 하고 필요한 경우 실행에 옮기기로 결정했다.……작전 수행에 필요한 모든 준비는 8월 중순까지 완료하도록 한다." 이미 그들은 모든 방면에서 활발하게 필요한 준비를 하고 있었다.

★ ★ ★ ★ ★

독일 해군의 계획은 본질적으로 기술적인 것이었다. 그라―네로부터 맞은편의 도버에 대한 중포 사격과 해협의 프랑스 연안을 따라 구축한 강력한 포대의 엄호 사격에 의하여 최단거리로 해협을 건널 수 있는 좁은 회랑을 만들고, 그 양쪽에 기뢰 밭을 만들어 이 회랑을 둘러싸고, 그 바깥으로는 유보트를 배치하여 보호한다는 계획이었다. 그 회랑을 통하여 대규모의 부대와 보급품을 파상적으로 계속 수송한다는 것이었다. 거기까지가 해군의 계획이었고, 그 다음 문제에 대하여 육군 수뇌부가 입장을 밝힐 차례였다.

압도적으로 우세한 해군력을 보유한 우리가 뛰어난 공군의 엄호 아래 작은 주정으로 그 기뢰 밭을 폭파하고 그것을 지키려고 집결하는 12척이나 20척의 유보트 정도는 격퇴할 수 있다는 점을 고려하면, 독일군의 계획은 이미 출발점에서부터 아주 비관적인 것이었다. 그럼에도 불구하고 프랑스 항복 이후 전쟁의 장기화와 그로 인한 모든 부수적 문제에서 벗어나는 독일의 유일한 희망은 영국을 굴복시키는 데 있다는 사실은 누가 보아도 분명한 것이었다. 독일 해군 자체는 이미 앞에서 본 바와 같이 노르웨이 해전에서 심각한 손실을 입었기 때문에 육군에 대하여 미미한 지원밖에 할 수 없을 정도로 비정상적인 상태였다. 그렇지만 독일 해군은 그들의 계획을 가지고 있었고, 미지의 행운이 예정되어 있는지는 아무도 모르는 일이었다.

독일 육군사령부는 영국 침공에 대하여 처음부터 상당한 의구심을 가지고 있었다. 육군은 영국 침공에 대한 계획도 세운 적이 없었으며 준비 또한 하지 않았다. 따라서 훈련도 되어 있지 않았다. 그러나 광란의 승리가 경이적으로 몇 주일에 걸쳐 계속되자 그들은 대담해졌다. 안전한 도해에 대한 책임은 육군이 관여할 문제가 아니었고, 일단 병력이 상륙하기만 하면 목적은 달성할 수 있다고 생각했다. 실제로 레더 제독은 이미 8월에 도해의 위험, 참여한 병력 전체를 한꺼번에 잃을 위험에 대한 주의를 환기시킬 필요가 있다고 느꼈다. 일단 육군의 도해 책임이 확정적으로 해군에게 넘어오자, 독일 해군부는 모두가 일치하여 비관적이 되어버렸다.

7월 21일, 3군의 수뇌들은 총통을 면담했다. 히틀러는 그들에게 전쟁은 이미 최후의 단계로 접어들고 있음에도 불구하고 영국만 그것을 인식하지 못한 채 여전히 국면의 결정적 전환을 바라고 있다고 말했다. 그리고 미국의 영국에 대한 지원 그리고 독일과 소련 사이의 정치적 관계의 변화 가능성에 대하여 언급했다. "바다사자(Sea Lion)" 작전의 수행은 전쟁을 급속히 종결시키는 가장 효과적인 수단이라고 말했다. 레더 제독과 긴 시간 동안 이야기를 나눈 뒤, 히틀러는 조수의 간만과 조류의 세기 그리고 바다의 모든 오묘함을 포함한 해협 횡단의 문제를 이해하게 되었다. 레더는 "바다사자" 작전을 "아주 과감하고 대담한 행위"라고 표현했다. "비록 그 거리는 짧지만, 강을 건너는 것이 아니라 적이 지배하고 있는 바다를 건너는 일입니다. 노르웨이에서처럼 이것은 단일 횡단 작전에 불과한 것이 아닙니다. 기습 작전은 기대할 수도 없습니다. 방위 태세를 갖추고 **결사의 각오를 한** 적이 대항하고, 우리가 이용하지 않을 수 없는 바다의 지배권 역시 적이 쥐고 있기 때문입니다. 육군의 작전에는 40개 사단이 필요합니다. 최대의 난제는 물자의 수송과 보관입니다. 우리에게 필요한 것을 영국에서 구할 수 있을 것이라고 기대할 수는 없습니다." 필수적인 전제조건은 완전한 제공권이었으며, 도버 해협에서 강력한 포대를 적절하게 사용하고 기뢰 밭에 의한 보호가 필요했다. 그리고 계속 말을 이어나갔다. "계절도 아주 중요한 요소입니다. 9월 후반부에는 북해와 영국해협의 날씨는 매우 좋지 않으며, 10월 중순부터는 안개가 끼기 시작하기 때문입니다. 따라서 이 작전은 9월 15일까지 완료해야 합니다. 그 이후에는 공군과 중화기의 협력 작전을 기대할 수 없습니다. 공군의 협력 작전은 가장 중요하므로, 작전 일자를 확정하는 것이 첫째 요소가 되어야 합니다."

전선의 폭과 공격 목표 지점의 수에 관하여 독일군 3군 참모본부들 사이에 꽤 거칠고 격렬한 논쟁이 벌어졌다. 육군은 도버에서부터 포틀랜드 서쪽의 라임 레지스에 이르는 영국의 남해안 전체에 걸쳐 일련의 상륙을 감행할 것을 주장했다. 또 도버 북쪽의 램스게이트에 보조적 상륙이 이루어지기를 바랐다. 독일군 해군참모본부는 영국해협을 안전하게 횡단하는 데에 가장 적합한 지점은 노스 포어랜드와 와이트 섬 서단 사이라고 했다. 거기서 육군참모본부는 10만 병력을 먼저 상륙시킨 다음 도버에서부터 서쪽의 라임만까지 사이의 여러 지점을 통해 즉시 16만 병력을 상륙시키는 계획을 전개해야 한다는 것이었다. 육군참모총장 할더는 브라이턴 지역에 최소한 4개 사단을 상륙시킬 필요가 있다고 주장했다. 그는 또 딜-램스게이트 지역에도 상륙해야 한다고 하면서, 적어도 13개 사단이 전체 전선에 걸쳐 여러 지점에 가능한 한 동시에 상륙하여 배치되지 않으면 안 된다고 강조했다. 공군은 공격 제1진과 함께 52문의 대공포를 수송할 선박을 요구했다.

그러나 해군 최고사령관은 그러한 대규모의 작전이나 그 정도의 신속한 작전은 불가능하다고 했다. 그리고 육군이 말하는 것처럼 폭넓은 모든 지역에 걸쳐 횡단하는 선단을 호송하는 일은 물리적으로 불가능하다고 했다. 그 말의 의미는 그러한 한계 내에서 육군은 최선의 상륙 지점을 선택해야 한다는 것이었다. 해군은 우세한 공군력에 의지하더라도 일시에 한 지역 이상을 횡단할 때 호송할 능력이 없었는데, 도버 해협의 가장 좁은 곳이 가장 어려움이 덜할 것으로 생각했다. 공격 제2진으로 16만의 병력과 장비를 한꺼번에 수송하려면 총 200만 톤의 선박이 필요했다. 설사 그러한 비현실적인 요구가 실현된다고 하더라도, 승선 지역에 그 많은 선박을 한꺼번에 다룰 수 있는 설비가 있을 리 만무했다. 좁은 교두보를 형성하기 위하여 첫 번째 편대를 수송할 수는 있었다. 그 정도 사단으로 구성된 두 번째 편대를 수송하려면 최소한 이틀은 더 소요될 수밖에 없었다. 불가결한 것으로 여겼던 두 번째의 6개 사단에 관해서는 말할 필요조차 없었다. 레더는 더 나아가 그 광범위한 전선에 상륙하려면 선택한 지점들의 만조 시간이 3시간에서 5시간 30분까지의 시차가 생긴다는 것을 지적했다. 그러므로 어떤 지점에서는 불리한 조수의 조건을 감수하든가, 아니면 동시 상륙을 단념하든가 해야 한다는 것이었다. 그러한 문제 제기에 대해서는 대답하기가 매우 어려웠을 것이다.

* * * * *

의견 차이에 대한 메모를 주고받느라 소중한 시간이 소모되었다. 8월 7일에야 육군참모총장 할더와 해군 최고사령관 레더가 처음으로 대화를 가졌다. 그 자리에서 할더는 이렇게 말했다. "나는 해군의 제안에 전적으로 반대합니다. 육군의 관점에서 볼 때 그것은 완전히 자살 행위입니다. 상륙한 병력을 그대로 고기 분쇄기에 밀어넣는 짓이나 다름없습니다." 해군 최고사령관도 그렇게 광범위한 전선에 상륙을 시도하다가는 바다를 건너는 도중에 부대가 희생당하는 결과를 초래할 뿐이라는 이유로 반대 의견에 동참했다. 결국 히틀러가 절충적인 결단을 내렸으나, 육군과 해군 어느 쪽도 만족시킬 수 없었다. 8월 27일에 발령된 최고사령부의 지령은 "육군은 작전을 수행하면서 이용 가능한 선박의 용량 및 도해와 상륙의 안전에 관한 여러 사정을 참작하는 것"으로 결정했다. 딜-램즈게이트 지역에 걸친 상륙은 포기했지만, 상륙선은 포크스턴에서 보그너까지 연장되었다. 그와 같은 과정을 거쳐 그 정도로 의견이 일치된 것은 거의 8월 말경이었다. 그리고 모든 것은 이미 6주일 동안에 맹렬히 진행되고 있던 공중전의 승리에 달려 있다는 사실은 말할 나위도 없었다.

마침내 결정된 상륙 지점의 폭에 대하여 독일의 최종 계획안이 완성되었다. 육군의 지휘는 룬트슈테트가 맡았지만, 선박 부족으로 승선 병력은 13개 사단으로 축소되었으며 12개 사단을 대기시켰다. 제16군은 로테르담과 불로뉴 사이의 각 항구에서 승선하여 하이드, 라이, 헤이스팅스 그리고 이스트-본 부근에 상륙하고, 제9군은 불로뉴와 아브르 사이의 각 항구에서 승선하여 브라이턴과 워딩 사이를 공격하기로 했다. 도버는 지상에서 공격하여 탈취한 다음, 제16군과 제9군은 캔터베리, 애쉬포드, 메이필드, 애런델을 연결하는 선을 점령하며 진군하도록 계획되었다. 제1진으로 모두 11개 사단이 상륙할 계획이었다. 상륙 일주일 뒤에는 더 멀리 그레이브젠드, 라게이트, 피터스필드, 포츠머스까지 진출한다는 낙관적인 희망이 있었다. 제6군은 즉시 증원하거나 사정이 허락할 경우 공격선을 웨이머스까지 확장하는 데에 투입하기 위하여 대기시키기로 했다. 용맹스럽고 장비를 잘 갖춘 병력은 실로 완벽했다. 그러나 그들을 안전하게 나를 배가 부족했다.

최초의 막중한 임무는 해군참모본부에 부과되었다. 독일은 모든 수요에

꾸준히 만들어 끈질기게 지켜온 원칙과 고유의 권리를 이미 다른 부와 지위와 특권 그리고 재산이 바쳐진 제단에 아낌없이 올렸다. 나는 그 절정의 몇 주일 동안 비버브룩, 베빈 두 사람과 함께 조화와 협력의 관계를 유지했다. 그후에 두 사람은 서로 다투었는데, 그것은 아주 슬픈 일이었으며 여러 갈등의 원인이 되었다. 그러나 그 절정의 시기에 우리는 일치단결했다. 나는 체임벌린의 충성심과 다른 모든 각료가 보여준 결의와 능력에 대하여 아무리 찬사를 보내도 모자랄 것이다. 그들에게 경의를 표한다.

★ ★ ★ ★ ★

8월 말에 이르기까지도 괴링은 공중전의 양상이 독일에 불리하지 않다고 보았다. 괴링과 그 일당은 영국의 지상 조직과 비행기 공장 그리고 공군력이 이미 심각한 타격을 받았다고 믿었다. 9월 중에 한때 좋은 날씨가 계속되어 독일 공군은 결정적인 결과를 기대하고 있었다. 런던 주변의 비행장 시설을 맹렬하게 폭격했는데, 6일 밤에는 68기의 전투기가 런던을 공격했고, 7일에는 300기가량의 전투기 편대가 최초의 대규모 공습을 했다. 그날 이후 며칠 사이에 우리의 대공포 수는 두 배로 늘어났으며, 런던 상공에서 격렬한 공중전이 계속 벌어졌다. 독일 공군은 우리의 손실을 여전히 과장하여 계산하면서 자신감에 넘쳐 있었다.

실로 8월 24일부터 9월 6일 사이의 전투 양상은 우리에게 불리한 쪽으로 기울었다. 그 위급한 시기에 독일군은 잉글랜드 남부와 동남부의 비행장에 대하여 지속적으로 강력하게 공격했다. 독일군은 공격을 서두르면서 주간(晝間) 전투기로 수도의 방어망을 파괴하는 것을 목표로 삼았다. 무엇보다도 우리에게 중요한 것은 공중 폭격으로부터 런던을 지키는 일보다 그 비행장들을 지키고 그곳에서 작전하는 전투기 중대들이 연계하여 제 기능을 할 수 있도록 유지하는 것이었다. 사활을 건 영국과 독일 양국 공군의 격돌에서 결정적 국면이 전개되었다. 우리는 결코 그 싸움을 런던이나 어떤 특정한 장소를 방어한다는 견지에서 생각하지 않았다. 오직 누가 이기느냐의 문제로 생각했다. 스탠모어의 전투기부대 최고사령부, 특히 욱스브리지의 제11전투기 연대 본부에는 심각한 불안감이 감돌았다. 그 부대의 전진 비행장 5개소와 지구 기지 6개소가 상당한 피해를 입었다. 런던 남쪽의 비긴 힐 지구 기지는 심각한 타격을 입어 일주일 동안 겨우 1개 전투기 중대가 출격할 수 있을 정도였다. 만약 적군이 끝까지 그 지역 부근을 맹공하여 작전 상황실과 통신 체계를 파괴했더라면, 전투기부대 사령부의 복잡한 시스템 전체가 무너졌을지 모른다. 그것은 단순히 런던이 곤욕을 치른다는 사실을 넘어서서 중요 지역의 완전한 제공권의 상실을 의미하는 것이었다. 나는 그 기지 중의 몇 군데를 방문하게 되었는데, 특히 맨스턴(8월 28일)과 우리 집에서 아주 가까운 비긴 힐을 빠뜨리지 않았다. 양쪽 모두 무참하게 당하여 활주로에 포탄 구멍들이 나 있었다. 따라서 전투기부대 사령부는 독일군이 9월 7일에 공격 방향을 런던으로 돌리는 것을 보고 계획을 변경했다고 결론 짓고는 비로소 한시름을 놓았다. 괴링은 당시 영국 공군의 전력이 의존하고 있던 비행장의 시스템과 연계 체계에 대한 공격을 집요하게 계속했어야 했다. 그런데 그러한 전통적인 전쟁의 원칙과 고전적인 규칙을 어기고 어리석은 실수를 저지르고 말았다.

8월 24일부터 9월 6일 사이에 우리 전투기부대 사령부의 전력은 전체적으로 심각하게 고갈되었다. 그 2주일 사이에 전투기 조종사 103명이 전사하고 128명이 중상을 입었으며, 전투기 스핏파이어와 허리케인 중 466기가 파괴되거나 크게 훼손되었다. 1,000여 명에 달하는 전체 조종사 중 거의 4분의 1을 잃었다. 빈자리는 훈련소에서 데려온 열정적이었지만 미숙한 260명의 신입 조종사로 채웠는데, 대부분은 과정을 완전히 다 이수하지 못한 상태였다. 9월 7일 이후 열흘에 걸쳐 행한 런던 야간 공습의 주요 목표는 부두 시설이나 철도 중심부였기 때문에 수많은 민간인 사상자를 냈다. 그러나 그로 인하여 우리는 가장 필요하던 숨 돌릴 여유를 가지게 되었다.

9월 15일은 런던 공습이 최절정에 달한 날로 꼽지 않을 수 없다. 독일 공군은 14일에 두 차례에 걸쳐 대규모 공습을 가한 다음, 바로 그날 런던에 대한 주간 공습을 재개하면서 전력을 다했다.

그날의 전투는 대전 기간 동안 가장 결정적인 것 중의 하나였으며, 워털루 전투가 그러했듯이 일요일에 벌어졌다. 나는 체커스에 있었다. 나는 공중전을 직접 볼 목적으로 기회가 있을 때마다 제11전투기 연대 사령부를 방문했는데, 특별한 일이 있었던 것은 아니었다. 그러나 그날은 적군이 공격하기에 적당한 날씨인 것 같아 차를 타고 욱스브리지로 달려가 사령부에 도착했다. 제11전투기 연대는 25개 남짓의 중대로 구성되어 에식스, 켄트, 서식스, 햄프셔 그리고 그 지역들에서 런던에 이르는 접근로 전체의 방위를 담당하고 있었다. 파크 공군 소장이 6개월 전부터 그 부대를 지휘하고 있었는데, 우리의 운명은 거의 그 부대에 달려 있는 셈이었다. 됭케르크 철수 작전의 시작 단계부터 잉글랜드 남부의 모든 주간(晝間) 군사 행동이 그의 지휘 아래 이루어졌으며, 사령부의 전체 시설과 운영은 거의 완벽한 수준이었다. 나는 아내와 함께 지하 15미터 깊이에 설치된 방공 작전 상황실로 안내되었다. 전쟁이 일어나기 전에 다우딩의 제안과 추진에 의해서 공군부가 고안하여 설치한 지하의 지휘 통제 센터와 통신 설비가 없었더라면, 아무리 허리케인과 스핏파이어가 출격해도 별무소득이었을 것이다. 최고 지휘소는 스탠모어의 전투기부대 사령부였지만, 실제로 전투기 중대에 대한 명령은 현명하게도 각 지역에 위치한 전투기 기지를 통하여 각 중대를 통제하는 제11전투기 연대가 행했다.

연대 작전 상황실은 직경 20미터에 2층 구조의 조그마한 극장 실내 같았다. 아내와 나는 2층 특별석에 자리를 잡았다. 아래층에는 커다란 지도 테이블이 있었고, 그 주위에 고도로 숙련된 20명가량의 젊은 남녀가 전화 보조원들과 함께 모여 있었다. 맞은편에는 극장이라면 커튼이 있을 자리에 벽 전체를 뒤덮는 거대한 흑판이 설치되어 전구가 달린 여섯 개의 칸으로 나뉘어져 있었다. 각 지구 기지에 해당하는 여섯 개의 칸은 다시 횡선으로 각 기지의 전투기 중대를 구분하는 작은 칸으로 나뉘어져 있었다. 각 칸의 가장 아래쪽 줄의 전구는 2분 대기조의 "대기 중"을, 그 다음 윗줄의 전구는 5분 대기조의 "준비 완료"를, 그 다음은 20분 대기조의 "출동 가능"을 표시했다. 그 위는 이륙했음을, 그 다음은 적기를 발견했음을, 그 다음의 붉은색 전구는 전투중임을 알렸으며, 가장 윗줄은 귀환하고 있다는 신호였다. 왼쪽에는 무대 위의 특별석처럼 유리로 만든 부스에 네댓 명의 장교가 앉아 있었다. 그들의 임무는 대공 관측단에서 보내오는 정보의 중요도를 판단하는 일이었는데, 당시 관측단에는 젊은이들을 포함한 남녀 5만여 명이 참여하고 있었다. 레이더는 아직 초기 단계 수준이었지만, 적기가 우리 연안으로 접근하고 있다는 사실을 알려주었다. 그리고 관측대원들이 망원경과 휴대용 전화기를 이용하여 본토 상공으로 들어오는 적기에 대한 정보를 거의 대부분 통보했다. 따라서 전투 중에는 수천 건의 정보가 들어왔다. 사령부 지하 건물의 다른 방들을 가득 메운 전문가들은 아주 신속하게 그 정보들을 분석한 다음 초를 다투어 큰 홀의 테이블에 둘러앉은 기록원들과 유리 부스 안에서 지휘 감독하는 장교들에게 전달했다.

오른쪽에는 또다른 유리 부스가 있었는데, 그 안에는 당시 그 부대 관할 구역 내에 보유하고 있던 200문의 대공포의 활동 상황을 보고하는 장교들이 자리했다. 야간에 우리 전투기가 적기에 접근하는 구역에 대한 대공포의 발포를 중단시키는 일은 매우 중요했다. 전쟁이 발발하기 1년 전 스탠모어를 방문했을 때 다우딩으로부터 한 차례 설명을 들었기 때문에, 나는 그 시스템의 전체적 윤곽을 이해할 수 있었다. 그런데 그것이 실제 전투를 통해서 구체적 형태를 갖추고 정교하게 정리됨으로써 전체가 하나로 조화를 이루는, 전 세계 어디에서도 찾아볼 수 없는 전쟁 수행 도구로 기능했다.

우리가 아래로 내려가자 파크가 이렇게 말했다. "오늘 어떤 일이 일어날지는 모르겠습니다. 다만 지금은 모든 것이 조용한 상태입니다." 그러나 15분가량 지나서 침공 기록원들이 움직이기 시작했다. 디에프의 독일 기지로부터 "40기 이상"이 공격을 시작했다는 보고가 들어왔다. 벽면 표지판의 맨 아랫줄의 전구들이 커져 전투기 중대들의 "준비 완료" 상태를 알리기 시작했다. 그러자 잇따라 "20기 이상", "40기 이상"의 신호가 수신되었다. 10분이 경과하자 심각한 전투가 임박했다는 사실을 명확히 알 수 있었다. 창공은 피아의 전투기로 가득 메워지기 시작했다.

"40기 이상", "60기 이상"의 신호가 차례로 들어왔다. 심지어 "80기 이상"의 보고도 있었다. 우리 아래쪽의 홀에 놓인 테이블 위에는 시시각각으로 파상 공격의 모든 움직임을 표시하는 원반 모양의 신호가 여러 접근로를 따라 나타났다. 그 사이에 정면의 흑판에는 위로 올라가며 켜지는 전구들의 불빛이 우리 전투기 중대가 출격하고 있음을 알려주었는데, 네댓 개의 중대만이 "준비 완료" 상태로 남아 있었다. 많은 것이 달린 그 전투는 처음 격돌하자마자 한 시간 남짓 계속되었다. 적군은 파상적으로 새 공격조를 보낼 정도로 충분한 전력을 갖추고 있었다. 우리 전투기는 적기보다 더 위쪽으로 상승하려고 했기 때문에 70분 내지 80분 뒤에는 연료를 보충하기 위하여 다시 지상으로 내려와야 했다. 만약 연료와 탄약을 보급하는 시간에 적의 새 전투기들이 공격해왔다면, 우리 전투기 일부는 지상에서 파괴되었을 것이다. 사정이 그러했기 때문에 낮 시간에는 가능한 한 동시에 많은 전투기가 연료와 탄약 보급을 위해서 지상에 머물지 않도록 각 중대를 지휘하는 것이 우리의 중요한 원칙의 하나였다.

얼마 지나지 않아 붉은 전구들이 우리 전투기 중대 대부분이 교전 중임을 알리고 있었다. 급변하는 상황에 따라 기록원들은 디스크를 분주하게 이리

저리 움직이고 있었는데, 방안에서는 신음을 참는 소리가 들렸다. 파크 소장이 전투기의 배치에 관한 전반적인 지시를 하면, 그 지시를 내가 앉아 있던 옆자리 특별석 중앙의 젊은 장교가 상세한 내용으로 바꾸어 각 기지로 전달했다. 몇 년이 지나서 나는 그 장교의 이름을 물었다. 그는 바로 윌러비드 브로크 경이었다. (그를 다음에 만난 것은 1947년, 더비 경마를 보기 위하여 그가 간사로 일하던 자키 클럽에 초대 받아 갔을 때였다. 내가 그때의 일을 기억하자 그는 깜짝 놀랐다) 그는 지도 테이블 위에 나타나는 최종 정보의 결과에 따라 각 개별 중대에 출격과 초계 명령을 내렸다. 공군 소장은 그 뒤에서 왔다갔다 하면서 빈틈없는 눈초리로 전투의 모든 상황을 주시했고, 동시에 부하 간부들을 감독했다. 그러면서 적의 위협을 받는 지역에 전투기를 증원하는 중요한 명령을 내릴 때에만 관여했다. 조금 지나서는 우리 전투기 중대 모두가 전투에 돌입했고, 일부는 벌써 연료 보급을 위해서 돌아오기 시작했다. 모든 전투기가 하늘에 떠 있었다. 흑판의 가장 아랫줄 전등은 모두 꺼져 있었다. 예비 전투기 중대는 하나도 남아 있지 않았다. 그때 파크 소장은 스탠모어의 다우딩에게 전화하여 자기 부대의 전투기들이 연료와 탄약을 보급 받는 동안 적기가 공격할 경우를 대비하여 제12전투기 연대의 3개 중대를 보내달라고 요청했다. 그것은 그대로 이행되었다. 그 3개 중대는 런던과 전투기 비행장을 지키기 위해서 특별히 필요했다. 제11전투기 연대는 전력은 이미 모두 출격했기 때문이다.

　젊은 장교는 그러한 일은 다반사인 것처럼 자기 지휘관의 전체적 지시에 따라 침착하고 낮은 목소리로 세부적인 명령을 계속 내렸다. 그리하여 증원된 3개 중대도 어느새 전투에 뛰어들었다. 젊은 장교 뒤에 서 있는 지휘관은 초조한 기색이 역력했다. 그때까지 나는 아무 말 없이 지켜보고만 있었다. "또다른 예비 전력은 있어요?" 내가 물었다. 파크 소장이 대답했다. "전혀 없습니다." 훗날 그가 쓴 글에 의하면, 그의 대답에 내 표정은 "심각해

보였다." 당연히 그랬을 것이다. 만약 연료 보급을 위해서 착륙한 우리 전투기들이 "40기 이상" 또는 "50기 이상"의 적기가 급습했을 때에 포착되었더라면, 얼마나 큰 손실을 입었겠는가! 전력의 차이는 컸고, 우리의 전력은 여유가 없었기 때문에, 그 도박의 위험은 헤아릴 수 없었다.

다시 5분이 지나자, 우리 전투기 대부분이 연료 보급을 받으려고 하강했다. 그런 경우, 우리의 공군력으로는 대개 그 상공을 지킬 수 없었다. 그런데 적기들이 복귀하는 것 같았다. 아래쪽 테이블 위의 기록 디스크에 의하면 독일군 폭격기와 전투기는 동쪽으로 이동하고 있었다. 새로운 공격은 없었다. 10분이 더 지나자, 전투는 끝났다. 우리는 지상으로 나가는 층계를 올라갔다. 마지막 계단을 밟는 순간 "적기 없음"을 알리는 사이렌 소리가 울렸다.

"오늘 와주서서 정말 고맙습니다." 파크가 말했다. "물론 마지막 20분 동안은 밀려든 정보를 제대로 처리할 수가 없었습니다. 그것은 지금 우리가 처한 한계를 보여주는 것입니다. 오늘 우리는 우리 전력의 한계를 훨씬 넘어서서 혹사당했습니다." 나는 전투 결과의 보고가 들어왔는가 물어보면서, 적의 공격이 만족스럽게 격퇴된 것 같다고 말했다. 파크는 우리가 해야 할 만큼 적기를 요격하기는 했지만, 만족스럽지는 못했다고 대답했다. 적군이 도처에서 우리의 방위망을 뚫고 들어온 것은 명백한 사실이었다. 수십 기의 독일군 폭격기가 전투기의 호위 아래 런던 상공에 나타났다는 보고가 있었다. 내가 지하 사령부에 내려가 있는 동안 12기가량은 격추시켰다고 했지만, 정확한 전과와 손실이 어떠했는지는 알 수 없었다.

체커스로 돌아간 것은 오후 4시 30분경이었다. 도착하자마자 나는 낮잠을 잤다. 제11전투기 연대의 활약을 보느라 무척 피곤했던지 저녁 8시가 되어서야 일어났다. 수석 비서 존 마틴을 부르자, 그는 그 시간에 접할 수 있는 전 세계의 소식을 한 아름 들고 왔다. 유쾌한 내용은 없었다. 여기서는 잘 안 되고 있고, 저기서는 지연되고 있으며, 여기저기서 불만스러운 반응이 나타났고, 대서양에서는 배 몇 척이 침몰되었다는 등의 정보였다. 보고를 모두 끝내고 난 뒤, 마틴은 이렇게 말했다. "모든 것은 공중전에서 벌충되었습니다. 우리 비행기 손실은 40기 이하인데, 적기는 183기가 격추되었습니다."

★ ★ ★ ★ ★

전후에 밝혀진 정보에 의하면, 그날 적기의 손실은 56기에 지나지 않았다. 그렇지만 9월 15일은 영국 전투에서 절정의 순간이었다. 그날 밤 우리 폭격기 부대는 불로뉴에서 안트베르펜에 이르는 항구들의 선박들을 맹공격했다. 특히 안트베르펜에서 적에게 큰 손실을 입혔다. 지금 우리가 알고 있는 바와 같이, 9월 17일에 히틀러는 "바다사자" 작전을 무기한 연기하기로 결정했다. 10월 12일에는 영국 침공을 공식적으로 다음해 봄까지 미루었다. 1941년 7월에 가서는 다시 1942년 봄으로 늦추었는데, "그때까지 소련 원정을 완전히 끝낸다"는 것이었다. 그것은 부질없는 짓이었지만, 심리적으로 중요한 의미를 가지는 가정이었다. 1942년 2월 13일, 해군 최고사령관 레더 제독은 "바다사자" 작전과 관련한 최종 면담을 하고 히틀러로 하여금 완전히 "종식시키는"데에 동의하도록 했다. 아마도 그것이 실제로 폐기된 날은 9월 15일로 보아야 할 것이다.

적의 피해를 추산할 때에는 항상 과장하게 된다. 독일기를 3대 1의 비율로 격추시킨다고 믿고 있었고 또한 그렇게 발표했지만, 실제로는 2대 1의 비율이었다. 그러나 그것만으로도 충분했다. 영국 공군은 후퇴하지 않고 승리를 거두었다. 새 조종사들이 물 흐르듯이 계속 배치되었다. 당장의 필요뿐만이 아니라 장기전을 위해서 우리가 전적으로 의지하고 있던 비행기 공장은 심각한 폭격을 받았으나 마비 상태에 이르지는 않았다. 숙련공이든 비숙련공이든, 여자든 남자든, 모든 노동자는 포화 속에서도 선반 곁을 떠

그러나 35개째가 그 대가를 요구했다. 신성한 삼위일체 중에서 서퍽 백작이 폭사했다. 확신하건대, 진실을 구하는 용사에 관해서 말한다면, "저 편에서 그들을 위해서 모든 나팔이 울려퍼졌을 것"[『천로역정』에서 순례자들이 베크 강을 건넜을 때 저 편에서 모든 나팔이 울렸다/역주]이다.

우리의 가장 숭고한 목숨이 희생되었지만, 불발탄 처리반의 헌신적인 노력으로 아주 빠른 시간 내에 우리는 위험을 극복할 수 있었다.

★ ★ ★ ★ ★

1940-1941년의 겨울 동안, 런던 시민이 겪은 시련을 전쟁의 마지막 3년 동안 독일 국민이 겪은 시련과 비교하는 것은 어려운 일이다. 이 뒷 국면에서는 폭탄은 한층 더 강력해졌으며 공습도 훨씬 더 맹렬해졌다. 반면에 그들은 오랜 준비와 독일식의 철저함으로 완벽한 방공호 체계를 완성하여, 철통 같은 규율에 따라 모두 그 안으로 강제적으로 대피했다. 훗날 마침내 우리가 독일에 입성했을 때, 도시는 완전히 붕괴되어 있었다. 튼튼한 건물들은 지상에 버티고 서 있었지만, 주택과 재산은 모두 파괴되었다. 그러나 주민들은 밤마다 널찍한 지하 회랑에서 잠을 잤다. 많은 경우, 벽돌 조각의 산더미만을 공격할 수 있을 뿐이었다. 그와는 반대로 런던에서는 공습의 강도가 더 약했다지만, 안전 조치는 훨씬 더 열악한 수준이었다. 지하철을 제외하고는 안전한 곳이라고는 없었다. 직격탄을 견딜 수 있는 지하 시설은 거의 찾아보기가 힘들었다. 실제로 런던 시민 전체가 힘든 하루의 일과를 끝낸 뒤에는 별로 개의치 않고 운명을 하늘에 맡긴 채 적의 폭격 속에서 각자의 집이나 앤더슨 대피소[이동 대피소/역주]에 기거하며 잠을 잤다. 폭탄풍과 파편 정도나 피할 수 있었을까, 그 이외의 것으로부터 보호받은 사람은 거의 아무도 없었다. 그러나 신체적인 피해만큼 심리적인 동요 현상이 일어나는 일은 거의 없었다. 물론 1943년 당시의 폭탄이 1940년의 영국에 투하되었더라면, 우리는 모든 신체 기관이 분쇄되는 것과 같은 상황을 겪어

야 했을 것이다. 그러나 만사는 순서대로 인과관계에 따라 일어나는 법이므로, 정복당하지 않은 것이 확실한 런던을 두고 정복이 불가능한 것은 아니었다라고 말할 수 있는 권리는 누구에게도 없다.

개전 전 또는 이후 수동적으로 대처하던 기간에는 견고한 요새를 만들어 중앙정부를 옮겨 계속 활동할 수 있도록 하려는 노력은 거의 없었다. 그러나 이후에 정부를 런던으로부터 옮기려는 고심에 찬 계획이 있었다. 이미 각 부처의 국실들은 해러게이트, 바스, 첼트넘을 비롯한 여러 곳으로 옮긴 뒤였다. 런던을 소개할 경우, 전 각료와 주요 고관들에게 공급할 숙소는 광범한 지역에 걸쳐 징발해놓았다. 그러나 막상 폭격을 당하자 런던에 계속 남아 있어야겠다는 정부와 의회의 희망과 결의는 분명해졌고, 나도 같은 심정이었다. 다른 사람들처럼 나도 가끔 파괴가 심각한 수준에 이르러 전체적인 이동과 분산이 불가피한 경우를 생각해보기도 했다. 그러나 막상 공습을 당하자 우리 모두의 반응은 정반대로 나타났다.

그 무렵 몇 개월 동안 우리는 저녁마다 별관 지하의 전쟁 상황실에서 각료 회의를 열었다. 다우닝 가에서 거기로 가려면 외무부의 안뜰을 지난 다음에는 전쟁 상황실과 지하의 사무실들을 보다 안전하게 만들기 위해서 콘크리트 타설 작업을 하는 인부들 사이로 걸어가지 않으면 안 되었다. 그런데 대수술을 받은 체임벌린에게 그것이 얼마나 큰 고통이었는지 나는 알 수가 없었다. 어떤 일이 있더라도 그는 한결같았으며, 각료 회의에 마지막으로 참석했을 때만큼 단정하고 냉정하며 결의에 차 있었던 순간은 없었을 것이다.

1940년 9월 하순의 어느 저녁 무렵, 나는 다우닝 가로 향한 현관에서 밖을 내다보고 있었는데 마침 인부들이 건너편 외무부 건물의 낮은 지하층 창문 정면에 모래주머니를 쌓고 있는 모습이 눈에 들어왔다. 그들에게 무슨 일을 하고 있느냐고 물었다. 그랬더니 네빌 체임벌린이 수술을 한 뒤 정기적으로 특별 처치를 받아야 하는데, 끊임없는 공습이 계속되는 동안에는 적어도 20명가량의 사람이 모여드는 11번가 방공호는 그런 장소로서는 적당하지가 않다고 판단하여 그를 위한 조그만 개인 방을 하나 만드는 중이라고 했다. 그는 하루도 빠짐없이 자기가 해야 할 일을 완수했고, 조심성 있게 능률적으로 행동했으며, 단정한 모습을 보였다. 그런데 그 이면에서는 그런 일이 있었던 것이다. 그것은 너무 심하다고 생각했다. 따라서 나는 권한을 발동했다. 10번지와 11번지 사이의 통로를 지나 체임벌린 부인을 찾아갔다. "그 분을 이 상태로 계속 여기에 있게 해서는 안 됩니다. 건강을 회복할 때까지 다른 곳으로 모시고 가야 합니다. 제가 모든 전문을 매일 보내드리도록 하겠습니다." 부인은 남편을 보러 갔다. 그리고 1시간 뒤에 이렇게 연락해왔다. "말씀하신 대로 따르겠습니다. 저희들은 오늘밤 떠납니다." 그 뒤로 나는 그를 영원히 볼 수 없었다. 그는 분명히 일을 하는 중에 죽음을 맞이하고 싶었던 것이다. 그러나 그렇게 되지는 않았다.

★ ★ ★ ★ ★

체임벌린이 물러남으로써 주요 각료들의 인사이동이 있게 되었다. 허버트 모리슨은 유능하고 적극적인 공급부 장관이었으며, 존 앤더슨 경은 건실하고 유능하게 런던의 전격전에 대처해왔다. 10월 초에 이르러 세계 최대의 도시에 대한 계속적인 공격이 격렬해지면서 고통당하고 있는 엄청난 수의 국민들 사이에서 수많은 사회적, 정치적 문제가 야기되었기 때문에, 치안부로 바뀔 내무부에 경험이 많은 의회 인사를 배치하는 것이 도움이 되겠다고 생각했다. 런던은 적의 공격에 정면으로 맞서고 있었다. 런던에서 태어나고 자란 허버트 모리슨은 수도 행정의 여러 면에 정통했다. 런던 시 참사회 지도자였던 그는 런던의 행정에 관한 한 타의 추종을 불허하는 경험이 있어 여러 의미에서 시정의 중심 인물이었다. 그와 동시에 내무부에서 발군의 능력을 보여주고 있던 존 앤더슨을 추밀원 의장으로 임명하여 내무위원회의 광범위한 업무를 관할하도록 할 필요가 있었다. 내무위원회는 방대한

양의 관련 업무를 담당함으로써 내각의 짐을 현격하게 덜어주었다. 아울러 그렇게 되면 나의 개인적인 부담도 줄어들어 전쟁 지휘에 집중할 수 있었는데, 내각의 동료들은 그 부분에서 기꺼이 나의 자유로운 활동의 폭을 더 넓혀주었다.

나는 그 두 사람의 고위 관직자에게 서로 자리를 바꿔달라고 요청했다. 허버트 모리슨에게 제안한 자리는 그렇게 편한 곳이 아니었다. 런던 시가 당면하고 있는 문제를 여기에 모두 기술하는 것은 불가능한 일이다. 거의 매일 저녁마다 1, 2만 명의 사람들이 집을 잃었고, 시민들이 화재 감시대원이 되어 잠시도 쉬지 않고 지붕 위에서 감시해야 겨우 큰 화재를 예방할 수 있었는데, 부상당한 남녀 환자들로 가득 찬 병원도 폭격당했다. 수십만 명에 달하는 지친 군중들은 불안전하고 비위생적인 방공호에 몰려들었으며, 도로와 철도의 교통망은 끊임없이 두절되었고, 하수도 시설은 부서지고 등화와 전력과 가스 공급은 마비되었다. 그럼에도 불구하고 모두가 나선 싸움과 고단한 런던의 일상은 계속되어야 했으며, 런던에는 아침저녁으로 100만 명에 가까운 사람이 드나들어야 했다. 그런 상황이 언제까지 계속될지 알 수가 없었다. 게다가 사정이 더 악화되지 않을 것이라고 생각할 만한 근거는 전혀 없었다. 내가 모리슨에게 임무 교체에 관한 제안을 했을 때, 그는 그 문제에 관하여 너무 잘 알고 있었기 때문에 쉽게 결정할 수가 없었다. 그는 몇 시간만 생각할 시간을 달라고 했다. 그러나 곧 돌아와서는 그 일을 맡게 된 것을 자랑스럽게 여기겠다고 말했다. 나는 그의 단호한 결정에 진심으로 기뻐했다.

각 부의 장관 이동이 있고 얼마 지나지 않아 적군은 전술의 변화를 시도했는데, 우리의 일반 정책 역시 영향을 받게 되었다. 그 이전까지 적의 공격은 거의 예외 없이 고성능 폭탄에 한정된 것이었다. 그런데 10월 15일의 만월을 맞아 그 달 최대의 공습이 있었는데, 독일 공군기는 추가로 7만 개의 소이탄을 투하했다. 그때까지만 하더라도 우리는 런던 시민들에게 무엇인가를 이용하여 몸을 숨기기를 권고하고, 그러한 시설을 개선하기 위하여 노력했다 그러나 이제는 "지하실로" 대신에 "지붕으로"였다. 신임 치안부 장관이 그 정책을 맡게 되었다. 런던 전체에 대한 대규모의 화재 감시대와 소방대가 재빨리 조직되었다(지방 도시에 대한 조치는 별도로 이루어졌다). 처음에는 화재 감시대를 지원자들로 구성했다. 그러나 많은 인원이 필요했고, 미리 정해진 순번에 따라 근무해야 한다는 인식이 강했기 때문에 얼마 지나지 않아 강제 의무제로 바뀌었다. 그러한 방식의 동원은 모든 계층에 걸쳐 고무적이고 활기찬 분위기를 형성했다. 여성들도 자진해서 자신의 몫을 다하려고 했다. 우리에게 투하된 여러 종류의 소이탄의 취급 방법에 대한 화재 감시대원을 상대로 한 대대적인 훈련 체계를 강구했다. 숙달된 사람이 많아지자 수천 건의 화재가 순식간에 진압되었다. 철모 외에는 아무런 보호 장구도 없이 밤마다 불길 속에서 옥상에 서 있는 일이 습관처럼 되어 버렸다.

모리슨은 즉시 1,400개에 달하는 지역 소방대를 단일의 국가 소방대로 통합하고, 틈을 이용하여 훈련을 받고 근무도 하는 일반 시민들로 구성된 거대한 규모의 소방대를 만들어 보조하기로 결정했다. 시민 소방대는 옥상의 화재 감시대와 마찬가지로 처음에는 지원자로 구성했으나, 나중에는 모두가 동의하여 의무제로 바꾸었다. 국가 소방대의 운영으로 동원의 범위가 더 넓어졌고, 훈련과 장비의 기준이 통일되었으며, 정식으로 계급을 인정할 수 있게 되었다. 그밖의 다른 시민 방위군은 명령과 함께 즉시 어디든지 출동할 수 있는 지역 부대로 탄생했다. 시민 방위대(Civil Defence Service)의 명칭은 전쟁 발발 이전의 공습 경보대(Air Raid Precautions)가 바뀐 것이었다. 그 많은 대원에게 멋진 제복이 지급되어 그들은 대영제국의 제4의 군대로 자처하기에 이르렀다.

영국의 어느 도시든 적군의 공격을 받을 수밖에 없었다면, 런던이 그 주목표가 된 것은 오히려 다행스러운 일이었다. 런던은 끔찍한 고통을 극복할 수 있을 뿐만 아니라 난도질당하여 엄청난 상처를 입고 피를 흘리면서도 여전히 생명을 유지하고 움직이는 선사시대의 거대한 동물 같은 존재였다. 2층 건물이 즐비한 노동자들의 거주 지역에는 앤더슨 식 대피소가 많이 있었는데, 사람이 살 수 있도록 습기가 많은 계절에는 배수가 잘 되록 하는 등 모든 조치를 다했다. 훗날에는 모리슨 식 대피소가 개발되었는데, 그것은 단순히 측면에 강한 철사를 댄 무거운 철제 부엌 테이블에 불과한 것이었지만, 소형 주택이 무너질 때 보호 기능을 했다. 많은 사람이 그러한 형식의 주택 덕분에 목숨을 구했다. 그리고 그 나머지는 "런던은 견딜 수 있다"고 생각했다. 그들은 모든 것을 견뎠으며, 더 강한 것이 오더라도 더 견딜 수 있다는 태도였다. 실제로 당시에는 거대한 도시 전체가 완전히 파괴되지 않는 한 끝이 나지 않을 것이라고 생각했다. 그러나 내가 하원에서 지적한 바와 같이 그러한 대도시의 파괴에는 수확 체감의 법칙이 작용하는 법이다. 얼마 지나지 않아 대부분의 폭탄은 이미 폐허가 된 집 위에 떨어져 고작 벽돌 잔해나 날려버리게 된다. 광범위한 지역에 걸쳐 더 이상 태울 것도 부술 것도 찾아보기 어렵게 되었고, 그럼에도 불구하고 사람들은 여기저기에 보금자리를 마련하면서 무한한 지혜와 용기로 자신의 일을 수행했다.

★ ★ ★ ★ ★

11월 3일 밤, 거의 두 달 만에 처음으로 런던에 공습경보가 울리지 않았다. 사이렌의 침묵이 많은 사람에게 기이하게 느껴졌다. 무엇인가 잘못된 것이 아닌지 의아하게 여겼다. 다음날 밤이 되자 적의 공격은 영국 전체에 분산되었다. 그 공격은 당분간 계속되었다. 독일의 공격 방침에 또 변화가 생긴 것이었다. 런던은 여전히 주요 목표로 간주되었지만, 이번에는 영국의 공업 중심부를 무력하게 만들기 위한 공격에 주력했다. 특정한 요지를 공격하려는 목적으로 새 항공 기술을 갖춘 특수 부대를 훈련시켜온 것이었다. 예를 들면, 한 개의 편대를 글래스고의 힐링턴에 있는 롤스로이스의 비행기 엔진 제작 공장의 파괴만을 위해서 훈련하는 식이었다. 그러나 그 모든 것은 일시적이고 임시변통의 계획이었다. 영국 침공은 한때 포기되었으며, 소련에 대한 공격은 아직 계획도 수립되지 않았을 뿐만 아니라 히틀러의 최측근 그룹을 제외하고는 예상조차 하고 있지 않았다. 따라서 독일 공군은 남아 있는 동절기 몇 개월을 야간 폭격과 영국 해상 무역 공격에 필요한 기술 개발의 실험 기간으로 삼으려고 했다. 동시에 민간과 군대의 생산시설을 파괴하고자 시도했다. 그들은 한 번에 한 일에 집중하면서 결과에 이를 때까지 밀고 나아가는 편이 나았을 터이다. 그런나 그들은 이미 당황하기 시작했으며 어느 정도 자신감을 잃어가고 있었다.

그 새로운 폭격 전술은 11월 14일 밤의 코벤트리에 대한 대공습으로 시작되었다. 런던은 결정적인 성과를 올리기에는 너무 크고 막연한 목표물로 간주되었다. 따라서 지방 도시나 군수품 생산 중심지라면 깨끗이 없애버릴 수 있으리라는 것이 괴링의 생각이었다. 공습은 14일 어두운 새벽 시간에 시작되었는데, 날이 밝아올 무렵까지 거의 500기에 가까운 독일군 비행기가 600톤의 고성능 폭탄과 수천 발의 소이탄을 투하했다. 전체적으로 볼 때 그것이 우리가 겪었던 가장 지독한 공격이었다. 코벤트리의 중심부는 완전히 부쉬졌고, 도시의 일상 활동은 한동안 완전히 붕괴되었다. 400명이 사망했고, 그보다 더 많은 사람이 중상을 입었다. 독일은 라디오를 통해 우리의 다른 도시들도 "코벤트리화할 것"이라고 떠들어댔다. 그럼에도 불구하고 모든 중요한 비행기 엔진과 기구 제조 공장은 마비 상태에 이르지는 않았고, 그때까지 폭격의 수난을 겪어본 적이 없었던 주민들도 활동 불능 상태에 빠지지 않았다. 일주일도 채 지나지 않아 비상재건위원회가 눈부신 활동을 펼쳐 시의 활력을 되찾아놓았다.

11월 15일, 적군은 런던으로 방향을 전환하여 대낮같이 밝은 달밤에 맹렬하게 폭격했다. 피해가 아주 컸는데, 특히 교회 건물과 기념 건축물들이 파괴되었다. 그 다음 목표는 버밍엄이었다. 11월 19일부터 22일 사이에 세 차례의 연쇄 공격이 있었는데, 많은 건물이 부서지고 인명의 손실도 컸다. 사망자가 거의 800명에 이르렀고, 부상자는 2,000명이 넘었다. 그러나 버밍엄은 그 시련을 딛고 활력과 정신을 되찾았다. 100만의 시민은 상황을 잘 인식하고 이해하는 가운데, 육체적 고통을 넘어서서 고양된 정신력으로 더욱 결속했다. 11월 마지막 주일과 12월 초순 사이에는 공격의 주력이 항구 쪽으로 옮아갔다. 브리스톨, 사우샘프턴 그리고 무엇보다도 리버풀이 맹폭을 당했다. 이어서 플리머스, 셰필드, 맨체스터, 리즈, 글래스고 그리고 다른 군수품 생산 중심지도 그칠 줄 모르는 폭탄 세례를 받아야 했다. 그러나 폭격을 당하는 곳이 어디인가는 전혀 문제되지 않았다. 바닷물이 짜듯이, 영국 국민의 정신은 건강했다.

12월 29일 일요일, 런던에 대한 공습은 절정을 이루었다. 독일로부터 겪게 된 고통스러운 경험의 모든 형태를 거기서 찾을 수 있었다. 그것은 소이탄 공격의 전형이었다. 공격의 역량은 런던이라는 도시 자체에 집중되었다. 적은 최저 수위 시간에 맞추어 내습했다. 아주 고강도의 낙하산 기뢰로 주요 수로의 배관을 파괴했다. 거의 1,500건의 화재가 일어났다. 철도역들과 항만 시설들의 피해가 막대했다. 렌[세인트 폴 성당 등을 설계한 건축가/역주]이 건축한 여덟 개의 교회가 모두 무너지거나 파손되었다. 시청사는 화염과 폭탄풍에 날아가버렸으며, 세인트 폴 대성당만은 필사적 노력 끝에 소실의 액운을 면했다. 대영제국의 바로 중심부에 폐허의 공허가 우리를 향해 아가리를 벌리고 있었다. 그러나 국왕 내외가 그곳을 방문했을 때 환영 인파의 열렬함은 어떠한 왕실의 축제에서도 찾아볼 수 없었을 것이다.

끝날 줄 모르는 그 시련의 나날이 아직 몇 개월은 더 계속될 터였으나,

제15장
사막의 승리

휴전, 오랑 사건 그리고 페탱 원수의 지도 아래 비시로 옮겨 간 프랑스 정부와의 외교 관계의 단절 등의 사정에도 불구하고 나는 여전히 프랑스와의 연합을 포기하지 않았다. 조국의 파멸이라는 놀라운 사태를 당한 프랑스 지도급 인사들을 괴롭히는 정신적 고통을 직접 겪어보지 못한 사람은 개개인을 판단할 때 신중하지 않으면 안 된다. 미궁 같은 프랑스 정치를 파헤치는 일은 이 책의 기술 범위를 넘어서는 것이다. 그러나 나는 프랑스 국민들이 현실이 허용하는 한도 내에서는 공동의 대의를 위해서 최선을 다하리라는 것을 믿었다. 구원받을 수 있는 유일한 길은 그 유명한 원수의 조언을 따르는 것이라는 말을 듣는다면, 그리고 미미한 도움밖에 주지 못한 영국은 조만간 정복당하거나 항복하게 될 것이라는 말을 듣는다면, 프랑스 국민들이 선택할 수 있는 여지는 거의 없는 셈이었다. 그러나 프랑스 국민들은 영국이 승리하기를 바란다는 사실, 영국이 용기를 잃지 않고 항전을 계속하는 것을 바라보는 일보다 더 큰 기쁨을 주는 일이란 그들에게 없을 것이라는 사실을 의심하지 않았다. 의연하게 흔들리지 않는 드골 장군을 충실하게 지원하는 것은 영국의 첫 번째 임무였다. 8월 7일, 실질적인 필요에 따라 나는 그와 군사협정을 체결하고 서명했다. 그의 열띤 연설은 영국 방송을 통해 프랑스와 전 세계에 전해졌다. 페탱 정부가 그에게 내린 사형선고는 그의 이름을 더 빛나게 만들었다. 우리는 그를 도와 그의 움직임을 더욱 확대할 수 있는 것이라면 무엇이든 했다.

　그러나 나는 프랑스뿐만 아니라 비시 정부와도 접촉을 유지할 필요도 있었다. 따라서 나는 양쪽 모두에 최선을 다했다. 1940년 연말 미국이 대통령과 긴밀한 관계에 있던 리 제독 같은 영향력과 인품을 갖춘 인물을 비시에 대사로 파견했을 때, 나는 아주 기뻤다. 또한 나는 캐나다 수상 매킨지 킹에게 캐나다를 대표하여 보낸 능란하고 교양 있는 뒤피를 계속 비시에 머물게 하라고 거듭 권고했다. 그렇게 함으로써 우리가 드나들 수 없는 정원을 향해 최소한 창이라도 하나 낸다는 의미였다. 7월 25일, 나는 외무부 장관에게 각서를 한 통 보냈다. "비시 정부 내부에서 일종의 은밀한 음모를 일으킬 수 있기를 희망한다. 몇 명의 각료가 가능한 한 남아 있는 동료들의 동의하에 북아프리카로 탈주하여 거점을 마련한 다음 독립적인 지위에서 프랑스를 위해 보다 나은 거래를 시도할 수 있도록 하기 위해서이다. 그러한 목적 달성을 위해서라면 나는 필요한 논의에 당연히 참여할 것임은 물론, 식료품이나 그밖의 유인책이 될 만한 것들을 제시하겠다"는 내용이었다. 우리의 일관된 방침은 영국이 관련되어 있는 한, 사태를 바꾸기에 결코 늦지 않았다는 사실을 비시 정부와 그 내부 인사들에게 인식하도록 한다는 것이었다. 과거에 어떤 일이 있었더라도, 프랑스는 고난을 함께 짊어져야 할 벗이었다. 따라서 양국 사이에 전쟁이 일어나지 않는 한, 프랑스와 영국은 승리를 공동으로 향유해야 할 친구였다.

　그러한 분위기는 모든 위험을 감수하면서 프랑스 국기를 계속 게양하고 있던 드골에게는 아주 견디기 힘든 고통이었다. 프랑스 국외에 모인 몇 명의 추종자들에게는 결코 유효한 프랑스 정부의 대안이 될 수 없었다. 그럼에도 불구하고 우리는 드골의 영향력과 권위와 실력을 향상시킬 수 있도록 최대한의 지원을 했다. 그는 우리가 비시 정부와 연락하는 일에 분개해 했고, 영국은 반드시 드골 자신에게만 충실해야 한다고 생각했다. 또한 영국의 보호를 받고 있는 망명자일 뿐만 아니라 영국에 은거하고 있음에도 불구하고, "믿을 수 없는 영국"에 대해서 당당한 태도를 유지하는 것이 프랑스 국민을 상대해야 하는 그의 지위에서는 중요하다고 판단했다. 드골은 영국의 꼭두각시가 아니라는 사실을 조국 프랑스에 보여주기 위해서라도 영국에 대해서 당당하고 오만한 자세를 지켜야 했다. 그는 그러한 자신의 방침을 확실하고 끈기 있게 밀어붙였다. 하루는 그가 직접 나에게 그러한 자신의 사정을 설명하기도 했는데, 그가 처한 특별한 상황을 충분히 이해할 수 있었다. 나는 언제나 그의 대단한 힘을 높이 평가했다. 비시 정부가 하는 일이 옳든 그르든, 우리는 드골을 버릴 수도 없을 뿐만 아니라 점점 커져가는 그의 식민지 지배권에 참여하려는 생각을 방해할 수도 없었다. 무엇보다도 우리는 프랑스 식민지 항구들에 묶여 있는 프랑스 함대의 배가 한 척이라도 프랑스로 돌아가는 일을 허용할 수 없었다. 우리 해군부는 혹시 프랑스가 우리에게 선전포고를 하여 큰 걱정거리를 하나 더 안겨주지는 않을까 생각할 때가 많았다. 그러나 나는 해군부와 달리 우리가 단호히 전쟁을 계속할 의지와 능력을 보여준다면, 프랑스 국민들이 결코 비시 정부의 부자연스러운 행동을 내버려두지 않을 것이라고 믿었다. 실제로 그 무렵 프랑스 국민들은 영국에 대한 열정과 우정이 넘쳤으며, 시간이 지날수록 희망을 키워가고 있었다. 곧 페탱 아래서 외무부 장관이 된 라발조차도 그러한 사실을 인정할 정도였다.

* * * * *

이탈리아의 경우는 사정이 달랐다. 교전국으로서의 프랑스가 소멸하고 영국은 본토의 사활이 걸린 싸움에 매달려 있었으므로, 무솔리니가 지중해 지배권 장악과 고대 로마 제국 재건의 꿈이 실현될 것으로 생각했다고 해도 놀랄 일은 아니었다. 튀니스의 프랑스군을 경계해야 할 필요가 없어진 무솔리니는 이집트 침공을 위해서 집결시킨 대군을 더욱 증강할 수 있게 되었다. 전쟁내각은 본토가 결사 항전의 상황에 돌입했음에도 불구하고 본토에서 차출한 전력으로 침략자가 누구든 이집트를 지키려고 했다. 그러나 해군부가 공습의 위험 때문에 무장 호송선단의 지중해 통과가 어렵다고 판단함으로써 아주 곤란해지고 말았다. 이제 모든 선박은 희망봉을 돌아가야 했다. 그렇다면 이집트 전투를 돕기는커녕 영국 전투마저 쉽게 망치고 말 터였다. 당시 그 일에 관련된 모든 사람들이 침착하고 능동적이었음에도 불구하고, 훗날 그 일을 글로 표현하려는 사람이 전율을 느낄 수밖에 없었다는 것은 참으로 기묘하다.

1940년 6월 10일 이탈리아가 개전을 선포했을 때, 영국 정보기관의 판단에 의하면─지금은 그 내용을 정확히 알고 있지만─아비시니아, 에리트리아, 소말리랜드에 주둔하고 있던 수비대와는 별도로 약 21만5,000명의 이탈리아 병력이 북아프리카 해안 지역에 배치되어 있었다. 이집트에 있는 영국군은 대략 5만 명에 달했다. 그러한 병력으로 서부 전선의 방위와 이집트 국내의 치안 유지를 감당해야 했다. 따라서 전장에서 우리는 아주 열세에 있었고, 이탈리아는 공군기도 우리보다 훨씬 더 많이 보유하고 있었다.

7월과 8월 동안 이탈리아는 여러 지점에서 아주 활발하게 움직였다. 카살라 서쪽 방면에서 카르툼을 위협했다. 케냐에서는 이탈리아 원정군이 아비시니아로부터 남쪽으로 640킬로미터 남짓 행군하여 타나 강과 나이로비로 향하고 있다는 놀라운 소문이 퍼졌다. 또한 상당한 이탈리아 병력이 영국령 소말리랜드에 진입했다. 그 모든 두려움은 최대 규모로 준비해온 것이 명백한 이탈리아의 이집트 침공에 비하면 아무것도 아니었다. 전쟁을 시작하기 전에 이미 트리폴리의 본부 기지에서 트리폴리타니아와 키레나이카를 거쳐 이집트 국경에 이르기까지 해안을 따라 거대한 도로를 만들어놓았었다. 몇 개월 동안 그 도로를 이용한 군사 수송의 교통량은 점점 더 증가했다. 벵가지, 데르나, 투브루크, 바르디어, 솔룸에 대형 탄약고가 서서히 설치되었다.

도로 전체의 길이는 1,600킬로미터가 넘었고, 그곳으로 모여드는 이탈리아 수비대와 보급품 저장소들은 마치 줄에 꿴 구슬 같은 형상을 이루었다.

그 도로의 입구와 이집트 국경 부근에는 아주 많은 현대식 무기를 갖춘 이탈리아군 병력 7-8만이 꾸준히 집결하여 조직을 갖추었다. 그 부대의 눈앞에는 이집트라는 전리품이 반짝거리고 있었다. 그리고 배후에 펼쳐진 것은 바로 그 긴 도로였고, 그 다음에는 바다였다! 매주일 조금씩 여러 해에 걸쳐 앞길을 가로막는 것을 제거해가면서 동쪽으로 진군을 계속할 수 있었다면, 그 무대의 전도는 양양할 수밖에 없었다. 만약 비옥한 삼각주 지역을 차지하게만 된다면, 그 긴 길을 되돌아가야 할 걱정은 없어질 터였다. 반면 불운이 닥칠 경우에는 살아서 돌아가는 병사는 얼마 되지 않을 것이었다. 야전부대와 해안 전체를 따라 설치된 일련의 대규모 보급 기지에는 가을까지 최소한 30만 명의 이탈리아 병력이 집결했는데, 그들이 도로를 따라 서쪽으로 퇴각하는 경우, 적군의 방해를 받지 않는 상태에서도 조금씩 부분적으로 퇴각할 수밖에 없게 될 것이었다. 그들을 집결시키는 데에는 수 개월이 소요되었다. 이집트 국경 부근의 전투에서 패한다든지, 부대의 정면이 무너진다든지, 또는 퇴각할 충분한 시간이 주어지지 않는다든지 할 경우, 그들은 모두 포로가 되거나 죽음을 당할 운명이었다. 그러나 1940년 7월의 그 전투에서 누가 승리할 것인지는 아무도 알 수 없었다.

우리의 당시의 최우선 방어 진지는 메르사 마르투의 철도 끝머리였다. 거기서부터 서쪽의 시디 바라니까지는 좋은 길이 나 있었으나, 그 지점에서 국경인 솔룸까지는 도로가 없었기 때문에 상당 규모의 병력을 국경선 부근에 장기간 주둔시킬 수 없었다. 소규모의 엄호 기계화 부대가 우리의 최정예 정규군의 일부로 편성되어 있었는데, 전쟁이 시작되면 즉시 이탈리아군의 국경 진지를 공격하라는 명령이 내려진 상황이었다. 따라서 개전이 되자 우리의 기계화 부대는 24시간 이내에 월경했고, 아직 전쟁이 시작된 줄 모르고 있던 이탈리아군을 급습하여 포로로 만들었다. 그 다음날인 6월 12일 밤에도 비슷한 성공을 거두었고, 6월 14일에는 카푸초와 마달레나의 요새를 점령하여 220명의 포로를 손에 넣었다. 16일에는 더 깊숙이 치고 들어가 12대의 탱크를 파괴하고, 투브루크와 바르디아를 연결하는 도로에서 호송 부대를 습격하여 장군 1명을 생포했다.

비록 소규모였지만, 활기에 넘쳐 수행했던 그 전투에서 영국군은 적군에게 우월감을 가질 수 있었으며, 조만간 사막의 승리자가 될 것이라고 확신하게 되었다. 대편성의 부대나 요새화된 진지를 만나기 전까지에는 어디든 가고 싶은 곳으로 진출했고 격렬한 충돌에서 전리품도 모을 수 있었다. 군대가 서로 접근했을 때, 그 순간에 주둔하거나 숙영할 수 있는 장소밖에 가지지 못한 부대와 그밖의 모든 것을 가지고 있는 부대의 사정은 크게 다르다. 나는 그러한 것을 보어 전쟁[1899-1902년에 영국과 네덜란드계 남아프리카 이주민인 보어 인이 건설한 트란스발 공화국 사이에서 벌어진 전쟁/역주]에서 경험한 바 있었다. 우리 영국군은 야영장과 캠프에 밝힌 불빛 외에는 아무것도 없었는데, 보어 인들은 온 나라를 마음대로 뛰어다니고 있었던 것이다. 최초 3개월 동안 이탈리아의 사상자 수는 발표된 것만 3,500명이었는데, 그중에서 700명은 포로였다. 영국군의 인명 손실은 오직 150명을 조금 넘어서는 정도였다. 이와 같이 이탈리아가 대영제국을 상대로 도전한 전쟁은 첫 번째 국면에서부터 우리에게 유리하게 전개되었다.

★ ★ ★ ★ ★

나는 임박하고 있는 리비아 사막의 사태에 관하여 웨이벌 장군과 이야기를 나누어보아야겠다는 필요성을 절실히 느꼈다. 엄청난 책임을 짊어지고 있던 그 뛰어난 장군을 그때까지 한번도 만난 적이 없었다. 따라서 기회가 있으면 협의를 위하여 일주일 정도 그를 내게 보내달라고 육군부에 요청했다. 그는 8월 8일에 도착했다. 그는 참모본부와 함께 바쁜 일정을 보내면서,

나와 이든을 만나 몇 차례 긴 대화를 가졌다. 당시의 중동 지역 군대에는 극히 복잡한 군사, 정치, 외교 그리고 행정 분야의 문제들이 뒤얽혀 있었다. 보급과 관련한 문제를 잘 해결할 수 있도록 총사령관, 국무장관, 총관리감독관 사이의 권한과 책임 분담의 필요성을 알게 되는 데에는 거의 1년 가까이 나와 동료 각료들이 우여곡절을 겪어야만 했다. 자신의 뜻대로 군사 자원을 사용하겠다는 웨이벌 장군의 의견에 전적으로 동의할 수는 없었지만, 나는 그에게 지휘권을 맡기는 것이 최선이라고 생각했다. 그의 훌륭한 자질에 감탄했으며, 그가 많은 사람들로부터 신망을 얻고 있다는 사실은 나에게 좋은 인상을 주었다.

육군 참모본부 토의의 결과에 따라 딜은 이든의 적극적인 지지에 힘입어 나에게 서면 보고를 했는데, 육군부는 즉시 이집트에 150대의 탱크와 다량의 포를 보내기로 결정하여 조정 중이라는 것이었다. 유일하게 남은 문제는 수송선을 희망봉으로 돌아가게 할 것이냐 아니면 기회를 보아 지중해를 통과하게 할 것이냐였다. 나는 해군부에 지중해를 통과하는 직접 호송을 강력하게 주장했다. 그 문제에 대해서는 엄청난 토론이 벌어졌다. 그 사이에 내각은 어느 항로를 선택할 것인가는 호송선단이 지브롤터에 도착하기 전까지 결정을 미루고, 우선 기갑부대의 승선과 파견에 대한 승인부터 했다. 그 결정은 8월 26일까지 하면 되었고, 그때까지 우리는 이탈리아군이 언제쯤 어떻게 공격을 개시할 것인지에 대해서 보다 상세한 정보를 얻을 수 있으리라고 전망했다. 잠시도 시간을 허비하지 않았다. 절체절명의 위험을 맞아 우리 스스로 용기를 북돋우고 있던 상황에서 중동에 수혈을 하기로 한 그와 같은 결정이 즉각 이루어진 것은 옳은 판단이었다. 아무도 망설이지 않았다.

★ ★ ★ ★ ★

프랑스가 무너지기 직전까지 지중해의 지배권은 영국과 프랑스 양국의 함대가 쥐고 있었다. 그런데 이제 프랑스가 물러나고 그 자리에 이탈리아가

들어섰다. 수적으로 우세한 이탈리아 함대와 아주 강력한 이탈리아 공군이 우리 앞에 마주서게 되었다. 심상치 않은 상황으로 말미암아 해군부의 처음 생각은 동지중해를 포기하고 지브롤터에 군사력을 집결시키는 것이었다. 나는 그러한 계획에 반대했다. 이탈리아 함대의 강력한 전력에 비추어 이론 상으로는 정당화될 수 있었겠지만, 내가 생각하는 싸움의 가치에 부합하지 않을 뿐만 아니라 몰타의 봉쇄를 결정지을 우려가 있었기 때문이다. 결국 지중해의 양쪽 끝에서 최후까지 전투를 벌이기로 결정했다. 따라서 해군부 는 극도로 큰 부담을 안게 되었다. 적군의 공격에 대비하여 소함대와 소함 정들을 영국해협과 북해에 집결시킬 필요가 있었다. 8월에 접어들어 비스 케이 만의 여러 항구에서 출동한 유보트에 의하여 대서양의 우리 호송선단 이 심각한 손실을 당했는데, 적군은 거의 피해를 입지 않았다. 그때까지도 이탈리아 함대의 실체는 드러난 적이 없었다. 일부의 개전 선포도 그것이 우리의 동방 국가들[영국령 식민지/역주]에 미칠 영향을 포함하여 그 가능 성을 전혀 배제할 수 없는 상황이었다. 그러므로 해군부가 지중해에서 해전 을 벌이는 모험에 대하여 심각한 우려를 표명하여 지브롤터와 알렉산드리 아에서 단호히 수비 태세를 고수하려는 태도는 조금도 이상하게 보이지 않 았다. 반면에 나는 지중해에 배치된 그 많은 군함들을 처음부터 능동적으로 활용하지 않을 이유가 없다는 생각이었다. 몰타에는 공군 중대와 전투 병력 을 증강해야 한다는 것이 나의 의견이었다. 지중해를 통과하는 모든 상선의 항해가 정지되고 이집트로 행하는 대규모의 부대 수송을 위한 호송선단이 희망봉을 경유하더라도, 지중해라는 내해 자체를 우리 스스로 완전히 봉쇄 한다는 생각은 받아들일 수가 없었다. 실제로 나는 몇 척의 특별 호송선단 을 의도적으로 띄워 도발하는 방식으로라도 이탈리아 함대와 겨루어보고 싶었다. 그렇게 되기를 바라면서, 또한 나는 일찍이 우려하고 있던 것처럼 독일군이 그 싸움터에 등장하기 전에 몰타에 수비대를 적절히 배치하고 비

영연방이 세계의 운명을 좌우하는 충격과 중압감을 이겨낼 수 있다는 사실을 입증하게 된 것이다. 우리는 위축되지도 않았고, 주저하지도 않았다. 우리는 성공했다. 영국 민족과 국민의 정신은 그 어느 누구도 굴복시킬 수 없다는 사실이 증명되었다. 영연방과 대영제국이라는 성채는 결코 공략당하지 않는다. 우리는 단독으로, 그러나 우호적인 전 인류의 뜨거운 지지에 힘입어 승리의 절정을 구가하고 있던 독재자에게 맞선 것이다.

우리의 모든 잠재력은 이제 되살아났다. 공습의 공포도 이제 사라지게 되었다. 이 섬은 함부로 손댈 수도 없고, 침범할 수도 없는 곳이란 사실이 드러났다. 그 이후로 우리는 싸울 수 있는 무기를 가지게 되었다. 그 이후로 우리는 고도화된 전시 체제를 갖추게 되었다. 우리는 우리를 스스로 지킬 수 있다는 사실을 온 세계에 보여주었다. 히틀러의 세계 지배에는 두 가지 측면의 의문이 있었다. 우선 많은 사람들이 경시했던 영국은 여전히 싸움의 무대에서 물러나지 않았고, 그 어느 때보다 훨씬 더 강해졌을 뿐만 아니라 계속 전력이 강화되고 있던 중이었다. 그리고 시간은 다시 한번 우리 편이 되었다. 그것은 영국만의 편을 의미하는 것이 아니었다. 미국이 빠른 속도로 무장하면서 점점 더 참전에 가까이 다가서고 있었다. 한편 개전 당시만 하더라도 둔감한 오산으로 영국을 쓸모없는 존재로 판단한 소련은 임시방편으로 독일의 침공을 면하는 데 급급하면서 독일의 전리품을 나누어 얻는 데 만족했으나, 어느새 매우 강력해져서 자력으로 방위할 수 있는 전진 기지를 확보한 상태였다. 일본은 세계대전이 장기화될 조짐을 보이자 한순간 위축되어 불안한 시선으로 소련과 미국을 살피면서 어떻게 행동하는 것이 현명한 선택인지 심각한 고민에 빠진 듯했다.

이제 영국은, 그리고 영국과 자치령 및 식민지의 광범위한 협력 관계는 파멸의 국면에서 심장에 칼날이 꽂히기 일보 직전에 있었음에도 불구하고 15개월 동안 전쟁 문제에 전념하여 병사들을 훈련시키고 모든 형태의 국력을 쏟아부었다. 경악에 이어 안도의 한숨을 내쉬며 약소 중립국과 피정복국가들은 여전히 하늘에 별이 빛나고 있다는 사실을 확인하게 되었다. 희망과 그 희망 속의 열정이 수십억의 세계인들의 가슴에 다시 불타오르기 시작했다. 정당한 명분은 기필코 승리를 거둘 것이다. 정의는 결코 유린되지 않을 것이다. 그 운명의 시간에는 유니언 잭일 수밖에 없는 자유의 깃발은 어떤 바람에도 힘차게 펄럭일 것이다.

그러나 절정에 이른 전시 상황에서 정확한 정보를 앞에 두고 심사숙고하던 나와 동료 각료들에게도 걱정거리는 많았다. 유보트에 의한 봉쇄의 어두운 그림자는 이미 우리를 전율하게 했다. 그 위협을 물리칠 수 있는 우리의 계획은 모두 수집되었다. 프랑스 전투에서는 패배했다. 영국 전투에서는 승리했다. 다음은 대서양 전투였다.

제16장
확대되는 전쟁

새해와 더불어 루스벨트 대통령과 나와의 관계는 더욱 긴밀해졌다. 나는 대통령에게 미리 연하장을 보냈다. 그러자 1941년 1월 10일, 최고 수준의 신임장을 소지한 한 신사가 다우닝 가로 나를 찾아왔다. 워싱턴에서 보낸 전문에 따르면, 그는 대통령의 최측근이자 개인적 대리인이라고 했다. 따라서 나는 브렌던 브래컨[아일랜드 출신의 보수당 각료로 1941년부터 1945년까지 정보부 장관직에 있었다/역주]으로 하여금 풀 공항으로 그를 마중 나가게 했고, 다음날 우리끼리만 점심식사를 하도록 조치했다. 그리하여 나는 전쟁의 전반적 흐름에서 때때로 결정적 역할을 했고 또 앞으로 계속해야 했던 아주 특별한 인물 해리 홉킨스를 만나게 되었다. 그는 허약하고 파리해 보이는 몸이었지만 그 몸에서 불꽃을 뿜어내는 정신의 소유자였다. 허물어져가면서도 빛을 쏘아 대함대를 항구로 인도하는 등대처럼 보였다. 그러면서 상당히 냉소적인 농담을 즐기는 기질도 있었다. 나는 그와 함께 있는 것이 항상 즐거웠는데, 특히 일이 제대로 진행되지 않을 때 그러했다. 그리고 그는 아주 불쾌하게 사람을 대하면서 모질고 심한 말을 할 때도 있었다. 내 경험으로는, 상황에 따라 필요하다면 나에게도 그럴 수 있다는 사실을 깨달았다.

그와 처음 만난 자리에서 세 시간 동안 이야기를 나누었는데, 거기서 나는 바로 그의 역동적인 개성과 그가 가지고 온 임무의 중요성을 간파했다.

그때는 런던 폭격이 절정에 달했던 시기였고, 수많은 지엽적 걱정거리들까지 우리를 괴롭히고 있었다. 그러나 바로 그 자리에 찾아온 손님이 우리의 사활에 가장 중요한 역할을 맡은 대통령의 사절이란 사실은 의심의 여지가 없었다. 반짝이는 눈빛에 과묵하고 절제된 감정으로 그가 말했다.

"대통령께서는 우리가 전쟁에서 함께 승리를 거두리라고 확신하고 계십니다. 그 점에 관하여 잘못 생각하지 않도록 해주십시오. 대통령께서는 자신에게 무슨 일이 생기든 어떠한 희생을 감수하고 또 어떠한 수단을 동원해서라도 각하를 지지하겠다는 결심을 전하기 위해서 저를 보내셨습니다. 사람의 힘으로 할 수 있는 한, 대통령께서는 모든 일을 다하실 것입니다."

그 기나긴 전쟁 기간 중에 해리 홉킨스를 만나본 사람이라면 누구든지 내가 묘사한 그의 탁월한 인품을 확인할 수 있었을 것이다. 바로 그 무렵부터 그와 나 사이에는 온갖 재난과 격동도 침착하게 넘길 수 있는 우정이 싹트기 시작했다. 그는 대통령과 나 사이를 이어주는 가장 충실하고 완벽한 통로였다. 그러나 그 이전에 그는 여러 해 동안 루스벨트의 정신적 지주이자 지지자였다. 한 사람은 관직을 가지지 않은 부하로서 또다른 한 사람은 막강한 공화국을 이끄는 지도자로서, 두 사람이 함께 영어권 세계 전역에 걸쳐 가장 중요한 결정을 행할 수 있는 위치에 있었다. 물론 홉킨스는 상관에 대한 자신의 영향력이 감소되지 않도록 신경을 썼고, 미국 내에서 자기의 경쟁자가 생기는 일을 좋아하지 않았다. 그러므로 그는 어떤 면에서 토머스 그레이의 시구 "총애받는 자는 친구가 없다"를 몸소 증명했다. 그러나 그것은 나와는 상관없는 일이었다. 그는 마르고 약하고 병이 있었지만 대의에 대한 정련된 마음으로 불타올랐다. 그 대의란 다른 모든 목적 또는 충성, 또는 목표를 초월하여 오직 히틀러의 타도, 파멸, 죽음을 의미하는 것이었다. 미국 역사에서 그보다 더 밝게 불타올랐던 사람은 드물었다.

해리 홉킨스는 언제나 사태의 근본에 이르기까지 파고들었다. 나는 그도 참석한 20명 또는 그 이상의 최고위급 전문 행정 관료들이 모이는 미국의 중요한 회의에 여러 차례 참석한 적이 있었다. 토의 분위기가 느슨해지고 방향 감각을 잃은 듯하면, 바로 그 순간 그가 나서서 무서운 기세로 질문을 던지는 것이었다. "대통령 각하, 이제 여기서 결정을 하셔야 합니다. 문제를 직시하고 해결하실 것입니까, 계속 피해 다니실 것입니까?" 그는 항상 그렇게 문제에 바로 맞섰고, 맞섰기 때문에 극복할 수 있었다. 그는 진정한 지도자였다. 위기의 국면에서 그보다 더 열정과 예지를 보여주는 사람을 찾기는 어려웠다. 약자와 빈자의 처지에 대한 그의 애정은 독재에 저항하는, 특히 한창 기세등등한 독재에 저항하는 격정에 비견할 정도였다.

★ ★ ★ ★ ★

그동안에도 전격전은 계속되었다. 그러나 양상은 달라졌다. 1940년이 저물 무렵에야 히틀러는 직접 공습으로 영국을 무너뜨릴 수 없다는 사실을 깨달았다. 영국 전투는 그에게 첫 패배를 안겨주었는데, 도시를 겨냥한 난폭한 폭격은 국민도 정부도 위축시키지 못했던 것이다. 1941년 초여름에 이르러서는 러시아 침공 준비에 독일 공군력의 상당 부분이 흡수되었다. 5월 말경까지 우리가 겪어야 했던 격렬한 공습은 이미 적의 전력이 집중된 것이 아니었다. 공습이 우리에게는 심각한 것이었으나, 독일군 최고사령부나 총통에게는 핵심 문제가 아니었다. 히틀러에게는 영국 공습이 러시아 침공 준비에 집중하기 위한 안성맞춤의 은폐 수단의 하나가 되었다. 그의 낙관적인 시간표는 소련을 프랑스처럼 6주일 이내에 무너뜨리고, 그런 다음 독일의 전체 전력을 가용할 수 있는 상황에서 1941년 가을 영국에 최후의 일격을 가할 수 있을 것으로 예상했다. 그때까지 완강히 버티던 영국이라는 국가도 먼저 장거리 공군 지원으로 수행되었던 유보트 봉쇄에 의해서, 다음으로 도시와 특히 항구에 대한 공습에 의해서 점점 약화되리라고 보았다. 독일군의 (영국에 대한) "바다사자" 작전은 마침내 (러시아에 대한) "바르바로사(Barbarossa)" 작전으로 대체되었다. 독일 해군은 우리의 대서양 항로에, 독일 공군은 우리의 항만 시설과 그 접근로에 집중하라는 지시를 받았다. 그것은 런던과 그 시민에 대한 무차별 폭격보다 더 무서운 계획이었다. 그렇지만 그 때문에 가용한 전력 전부를 투입한 집요한 폭격을 받지 않게 된 것은 우리에게 다행한 일이었다.

1월과 2월에는 악천후 때문에 적군은 목적을 달성하지 못했다. 카디프와 포츠머스 그리고 스완지에 대한 공격을 제외하면, 우리 시민방위대는 다행스럽게도 숨 돌릴 여유를 가지게 되었고, 그 기회를 잘 이용했다. 그러나 날씨가 좋아지자 전격전은 다시 맹렬하게 전개되었다. 3월 초에 시작한 폭격은 "독일 공군의 항구 순례"라고 불리기도 했다. 그것은 보통 단일 공격 또는 2회 연속 공격으로 감행된 격렬한 공습이었지만, 우리의 항구를 파괴하지는 못했다. 8일에 그리고 그 뒤의 사흘 밤 동안에 포츠머스는 맹공을 당했고 그 조선소는 파괴되었다. 11일에는 맨체스터와 샐퍼드가 공습을 당했다. 그 다음날부터 며칠 밤은 머지사이드 차례였다. 독일 공군이 클라이드를 공격한 것은 13일과 14일이 처음이었는데, 맹폭격으로 2,000명 이상의 사상자가 발생했고 조선소는 조업이 불가능한 상태가 되었다. 그런 상황이 일부는 6월까지, 일부는 11월까지 계속되었다. 가장 심각한 타격을 받은 것은 4월이었다. 4월 8일, 공격은 코벤트리에 집중되었다. 나머지 도시들 중에서 가장 큰 타격을 입은 곳은 포츠머스였다. 16일과 17일에는 런던이 맹공을 당했는데, 2,300명 이상이 사망했고 3,000명 이상이 중상을 당했다. 어떤 경우에 적군은 일주일 내리 공습을 하는 방식으로 우리의 주요 항구 대부분을 파괴하려고 시도했다. 브리스톨이 난타당했다. 플리머스는 4월 21일부터 29일까지 공격을 받았는데, 적군을 현혹시키는 미끼불로 조선소는 구했으나 도시 전체를 대가로 치러야 했다. 폭격은 5월 1일에 절정에 이르렀다. 리버풀과 머지 강은 7일 연속으로 야간 공습을 당했다. 7만6,000

명이 집을 잃었고, 3,000명이 사망하거나 다쳤다. 144개의 정박장 중에서 69개는 사용이 불가능해졌고, 한동안 하역량은 4분의 1 수준으로 떨어졌다. 만약 독일군이 계속 그런 방식을 더 유지했다면, 대서양 전투는 실제보다 더 아슬아슬하게 진행되었을 것이다. 그러나 적군은 전과 마찬가지로 방향을 돌렸다. 이틀 밤 동안 헐이 폭격당하여 4만 명이 그들의 주거를 파괴당했고, 식량 창고가 파괴되었으며, 해군 공창은 거의 2개월 가까이 기능을 상실했다. 그 달에 이미 두 차례 공습당했던 벨파스트는 다시 폭격당하기도 했다.

최악의 피해를 입은 것은 적군의 마지막 공격 때였다. 5월 10일, 적군은 소이탄을 싣고 런던으로 다시 왔다. 무려 2,000군데 이상의 화재를 일으키면서 동시에 150군데 정도의 수도의 간선 배관을 파괴했는데, 마침 간조 시간으로 템스 강의 수량이 적을 때여서 진화 작업이 불가능했다. 다음날 아침 6시경, 손을 쓸 수가 없는 화재가 수백 건이라는 보고가 들어왔다. 네 곳에서는 13일 밤까지 불길이 치솟았다. 그것은 야간 전격전 모두를 통틀어 가장 파괴적인 공습이었다. 도크 5개소와 주요 지점 ─ 그 절반이 공장이었다 ─ 71개소가 폭격을 당했다. 한 곳을 제외한 모든 주요 철도역은 폐쇄되었고, 전체 노선이 완전히 개통된 것은 6월 초순 이후였다. 사상자 수는 3,000명이 넘었다. 다른 면에서 그것은 또 하나의 역사적 기록을 남겼다. 하원 건물이 폭격을 당한 것이었다. 단 한 발의 폭탄이 만들어낸 파괴의 흔적은 그 뒤 수년 동안 그대로 남아 있었다. 다행히도 그때 의사당은 비어 있었다. 한편 우리의 대공포와 전투기는 적기 16기를 격추시켰는데, 그때까지 야간 전투에서 올린 최대의 전과였다.

당시의 공습은, 우리는 모르고 있었지만, 적군의 마지막 작별 공격이었다. 5월 22일, 케셀링 공군 원수[애초에는 육군 장교였으나, 공군(Luftwaffe) 창설 당시 공군으로 이적했다/역주]는 그의 공군사령부를 포젠으로 옮겼고,

그에 따라 6월 초까지 모든 병력이 동쪽으로 이동했다. 그 뒤 런던에서 조직된 시민방위대가 1944년 2월의 "베이비 전격전"과 로켓탄 및 비행폭탄에 대처해야만 할 때까지는 3년 가까운 세월이 흘러야 했다. 1940년 6월부터 1941년 6월까지 12개월 동안 발생한 우리의 비전투원 민간인의 사상자 수는 모두 9만4,237명이었는데, 그중 사망자가 4만3,381명이었고 중상자가 5만856명이었다.

★ ★ ★ ★ ★

큰 전쟁을 수행하면서 군사 문제를 정치 문제와 분리시키는 것은 불가능하다. 수뇌부의 입장에서 보면 그 두 가지 문제는 하나일 뿐이다. 군인들이 군사적 측면을 유일하고 가장 중요한 가치로 여기고 정치적 고려를 경멸하는 태도를 보이는 것은 당연하다. 또한 "정치(politics)"라는 어휘 자체가 이미 정당 정치와 관련하여 의미의 혼란을 초래할 뿐만 아니라 손상시키기까지 했다. 그리하여 그 비극적 세기의 수많은 문헌은 전시에는 오직 군사적 고려만이 중요하며, 개인이나 정당의 이해관계로 인하여 전투의 결과에 심각한 영향을 미칠 수 있는 정치인들의 간섭이 군인들의 명확하고 전문적인 전망에 방해가 될 뿐이라는 편견을 가지고 있다. 그렇지만 당시 전쟁내각과 3군 참모총장들과 나 사이에 형성된 극도의 긴밀성, 그리고 영국 내에서 당파성의 완전한 해소가 그러한 내부 문제를 최소화했다.

아프리카 동북쪽에서 이탈리아와 맞붙은 전쟁은 계속 호조를 보이고 그리스는 알바니아에서 용감하게 싸우고 있는 사이에, 독일의 움직임과 의도에 관한 우리의 모든 정보에 의하면 히틀러가 발칸과 지중해 지역에 대규모 개입을 시도한다는 사실이 나날이 분명해져갔다. 1월에 접어들면서 나는 독일 공군이 시칠리아에 도착했다는 사실을 알았는데, 그것은 결과적으로 몰타는 물론 지중해 내해의 항로를 회복하려던 우리의 희망을 위협하는 요인이 되었다. 또한 기갑부대의 독일군이 리비아의 트리폴리로 진입할 위험

공격을 받았다. 22척의 선박 중 10척이 격침되었고, 유보트는 1척이 침몰했다. 어떻게 해서든지 우리는 우리의 호송 거리와 시간을 늘려야 했다.

캐나다와 영국 사이에는 뉴펀들랜드, 그린란드 그리고 아이슬란드가 있다. 세 섬은 모두 핼리팩스와 스코틀랜드 사이의 최단거리, 즉 대항해권의 측면 가까이에 있었다. 그러한 "디딤돌" 역할을 하는 섬에 기지를 둔 군사력은 작전 구역에 의해서 전체 항로를 지배할 수 있었다. 그린란드는 자원이라고는 없었지만, 다른 두 섬은 쉽게 이용될 수 있는 가치가 있었다. "아이슬란드를 차지하면 영국, 미국 그리고 캐나다를 겨냥하는 권총을 확보하는 것이다"라는 말이 있었다. 1940년 덴마크가 침략당했을 때 우리가 주민의 동의를 얻어 아이슬란드를 점령한 것은 그러한 생각을 기초로 한 행동이었다. 그리고 1941년 4월, 그곳에 호위 함대와 항공기를 운용할 수 있는 기지를 설치했다. 그로써 우리의 호위 영역은 서경 35도까지 확장되었다. 그럼에도 불구하고 여전히 서쪽에는 완전히 연결되지 않은 채 남아 있는 불길한 간극이 있었다. 5월에 서경 41도 지점에서 핼리팩스 수송선단이 맹렬한 공격을 받았는데, 호위함이 도착하기 전에 9척이 침몰했다.

캐나다에서 영국까지의 항로 전 구간을 호위하지 않으면 안 된다는 사실이 명백히 드러났다. 5월 23일 해군부는 캐나다 정부와 뉴펀들랜드 정부에 뉴펀들랜드의 세인트존스 섬을 우리의 합동 호위 부대를 위한 전진 기지로 사용하게 해달라고 요청했다. 즉시 승낙을 얻었으며, 마침내 그 달 말경에 전체 항로에 대한 완전한 호위를 할 수 있었다. 그 이후에 캐나다 해군은 자력으로 항로의 서쪽 구간에 대한 호위를 전담했다. 나머지 구간은 영국과 아이슬란드가 맡았다. 그래도 수행해야 할 다른 일에 비하여 가용할 수 있는 여력은 위태로울 정도로 미약했다. 게다가 우리의 손실은 가파르게 상승했다. 5월 말까지 3개월 동안 유보트 공격에 격침된 선박은 총 81만8,000톤에 142척이었는데, 그중 99척이 영국 선박이었다.

★ ★ ★ ★ ★

긴장이 점점 고조되고 있는 가운데, 루스벨트 대통령은 전군의 총사령관으로서의 그에게 주어진, 그리고 미국 헌법에 명시된 전권을 행사하여 우리에 대한 무력 원조를 실행에 옮겼다. 그는 독일 유보트와 다른 공격 함정이 미국 연안에 접근하는 행위를 허용하지 않을 것이며, 영국에 보내는 군수품 수송선은 적어도 항로의 절반까지 안전을 책임지겠다고 확약했다. 영어권의 두 국가가 연합하여 대서양 방위에 나서겠다는 광범위한 구상은 이미 오래 전부터 계획된 것이었다. 우리는 아이슬란드의 기지를 더 확장할 필요성을 느끼고 있었는데, 루스벨트는 그린란드에 미국의 비행 기지를 건설하기 시작했다. 독일은 이미 아이슬란드를 마주보는 그린란드 동쪽 해안에 기상관측소를 설치해놓았다. 따라서 루스벨트의 결정은 시기적절한 것이었다. 뿐만 아니라 지중해나 기타 해역의 치열한 전투에서 피해를 입은 우리 상선은 물론 군함까지 미국의 조선소에서 수리할 수 있도록 별도의 결정이 내려졌다. 그로써 영국 본토의 긴박한 자원 부족 상황에 즉각적이고 필요한 도움이 이루어졌다.

4월 초에 중대한 소식이 날아왔다. 4월 11일, 루스벨트 대통령이 나에게 전문을 보냈다. 미국 정부는 전쟁 초기부터 관할했던 소위 안보 지역과 초계 구역을 대체로 서경 26도의 서쪽에 해당하는 북대서양 전 해역을 포함하는 선까지 확대하겠다는 것이었다. 그러한 취지에서 항공기와 해군 함정을 그린란드, 뉴펀들랜드, 노바 스코샤, 미국, 버뮤다, 서인도 제도에서 출동할 수 있도록 할 것이며, 가능하다면 앞으로는 브라질까지 범위를 확대할 생각이라고 했다. 그는 우리에게 우리 호송선단의 이동 상황을 극비리에 알려달라고 요청했다. "그러면 우리 미국의 초계함이 새 안보 지역 경계선 서쪽에서 활동하는 침략국의 군함이나 비행기를 찾아낼 수 있을 것입니다." 미국으로서는 미국 초계 지역 내에서 침공 가능성이 있는 군함과 비행기를 찾아내어 그 위치를 즉시 발표할 수 있을 것이었다. 나는 크게 안도하며 그 전문을 해군부로 보냈다.

18일, 미국 정부는 루스벨트 대통령이 4월 11일자 전문에서 언급했던 동반구와 서반구 사이의 경계선을 발표했다. 그 선은 이후에 사실상 미국의 해상 국경선이 되었다. 아메리카 대륙 또는 그 부근의 모든 영국 영토, 그린란드, 아조레스 제도까지 미국의 안보 권역에 포함시켰으며, 곧이어 동쪽으로 범위를 넓혀 아이슬란드까지 포함시켰다. 그러한 선언 아래 미국 군함은 서반구 해역을 초계했고, 그곳에서 일어나는 적의 모든 활동 상황을 우리에게 통보했다. 그러나 미국은 여전히 비교전국이었으므로, 그 지위에서는 우리 수송선단을 보호하는 활동을 직접 할 수는 없었다. 해상 전 구간에 대한 보호 의무는 오직 영국의 몫이었다.

루스벨트 대통령의 정책은 파급 효과가 컸다. 우리는 배후의 중요한 부분을 캐나다와 미국 해군에게 맡김으로써 큰 짐을 던 상태에서 싸움을 계속할 수 있게 되었다. 미국은 점점 더 전쟁에 다가서고 있었는데, 그러한 국제 정세의 조류는 5월 말 비스마르크 호가 대서양에 돌입하면서 급물살을 탔다. 5월 27일, 비스마르크가 격침된 바로 그날 루스벨트 대통령은 방송을 통해 이렇게 선언했다. "그들[적]이 우리 앞마당에 들어올 때까지 기다리고 있는 것은 자살 행위나 다름없습니다.……따라서 우리는 초계 범위를 남북 대서양 해역으로 확장합니다." 그 연설은 "무한 국가 비상사태"를 선포하는 것으로 끝맺었다.

그러한 미국의 모든 행동에 독일이 엄청난 충격을 받았다는 사실은 증거가 충분하다. 레더와 되니츠 두 제독은 히틀러에게 유보트의 활동 영역을 더 넓혀 미국 연안으로 진출하고 동시에 선단을 구성하거나 소등한 채 항행하는 미국 선박에 대해서도 공격할 수 있도록 허용할 것을 간청했다. 그러나 히틀러는 미동도 하지 않았다. 히틀러는 항상 미국과 전쟁할 경우의 결과에 대해서 두려워했다. 따라서 독일군이 미국에 어떠한 도발 행위도 해서는 안 된다고 고집했다.

적군 또한 노력의 범위를 확대하는 방식으로 자신의 균형을 잡아갔다. 6월을 기준으로, 훈련 중인 것을 제외하고 독일은 35척의 유보트를 바다에 띄우고 있었다. 그러나 새로 건조하는 함정에 고도로 숙련된 승무원이나 노련한 함장을 배치하기에는 인적 자원이 너무 모자랐다. 대체로 어리고 미숙한 새 유보트의 "부실한" 승무원들은 투지와 기량이 모두 부족했다. 게다가 전투 지역이 대양의 먼 공간으로 확대되면서 유보트와 전투기가 결합된 무서운 공격력이 사라지게 되었다. 대부분의 독일 비행기는 해양의 상공에서 작전을 할 수 있는 훈련과 장비가 부족했다. 그럼에도 불구하고 3월, 4월, 5월에 주로 연안 해역에서 공습에 의해서만 179척, 54만5,000톤이 격침되었다. 그중 4만 톤의 피해는 5월 초 리버풀의 도크에 대한 두 차례의 맹렬한 공습 때 생긴 것이었다. 나는 독일군이 그 골치 아픈 목표물을 향해 계속 공격하지 않은 데에 고마움을 느꼈다. 그런 가운데 우리 해안에 시도한 그들의 기뢰에 의한 꾸준하고 간교한 위협은 다양한 형태로 성공을 거두었으나, 점점 더 감소되어갔다. 우리는 가능한 한 최대의 속도로 캐나다와 아이슬란드의 기지를 만들고 확장했으며, 그에 맞추어 수송선단을 안배했다. 구식 구축함의 연료 탱크 용량을 늘려 활동 반경을 넓혔다. 새로 설치된 리버풀의 합동사령부는 그 싸움에 전력을 다했다. 호위함 수가 증가하고 승무원들이 경험을 쌓자, 노블 제독은 그들을 항구적인 팀으로 조직하여 지휘부 아래 두었다. 그렇게 하여 협동 정신이 배양되었고, 구성원들은 사령관의 방식을 이해하면서 보조를 맞추어 임무를 수행하는 데 익숙해졌다. 호위함 부대는 날이 갈수록 효율성이 높아졌고, 따라서 유보트의 위력은 쇠퇴해져갔다.

6월이 되자 다시 우리가 우위를 확보하기 시작했다. 선단의 호위 조직을 개선하고 신행 무기와 장비를 개발하는 데에 최대의 노력을 기울였다. 가장 절실한 것은 한층 더 높은 연비에 더 빠른 호위함, 더 멀리 비행할 수 있는 전투기 그리고 무엇보다도 성능이 우수한 레이더였다. 해안에 기지가 있는 비행기만으로는 부족했다. 주간에 사정권 내에서 유보트를 발견하고, 유보트가 우리 선박들과 마주칠 수 없도록 잠항하게 하고[당시만 하더라도 영국 비행기가 유보트를 직접 격침할 만한 능력이 없었다. 비행기가 유보트에 치명타를 가할 수 있게 된 것은 좀더 뒤의 일이다/역주], 신호를 보내 다른 함정을 현장에 부르기 위해서는 함선에 탑재되는 항공기가 필요했다. 해군이 탑승한 개조한 선박과 일반 상선에 실은 캐터펄트[배 갑판 같은 좁은 공간에서 화약이나 압축 공기 등의 힘으로 비행기를 상공으로 사출시키는 장치/역주]에 의해서 출격하는 전투기로 포케-불프의 습격에 맞섰다. 먹이를 향해 달려드는 매처럼 날아간 전투기의 조종사는 바닷속에서 구출해줄 미지의 호위함에 목숨을 의지했다. 시간이 지날수록 포케-불프는 점점 사냥꾼에서 사냥감으로 위치가 바뀌었다. 히틀러는 소련을 침공하면서 군사력을 재배치하지 않을 수 없었다. 그에 따라 4월에 30만 톤에 달했던 우리의 손실이 한여름에 이르러 그 5분의 1 수준으로 감소했다.

루스벨트 대통령도 중대한 결정을 했다. 아이슬란드에 기지를 건설하기로 한 것이다. 미국 병력이 그곳에 주둔하던 영국 수비대를 대체하기로 협의가 이루어졌다. 미군은 7월 7일 아이슬란드에 도착했고, 그로써 그 섬은 서반구 방위 체제에 편입되었다. 미국 군함의 호위 아래 미국 수송선단이 레이캬비크까지 정기적으로 운항하게 되었다. 미국은 아직도 참전하지 않았지만, 외국 선박이 미국 수송선단의 보호를 받는 것을 허용했다.

★ ★ ★ ★ ★

대서양 전투가 최고조에 이른 시기에 나는 전시 행정에서 가장 중요하면서도 적절한 인사를 단행했다. 1930년, 공직에서 물러나 있던 나는 생애 처음이자 유일하게 민간회사의 이사직을 맡게 되었다. 인치케이프 경이 세운 대회사 페닌슐라 앤 오리엔탈 해운회사의 산하 회사였다. 8년 동안, 매월 열리는 이사회에 참석하여 신중하게 내 의무를 다했다. 그 회의에 정기적으로 참석하는 동안 두드러진 인물 한 사람이 점차 나의 관심을 끌었다. 그는 30-40개의 회사를 이끌고 있었고, 내가 관여한 회사는 그중 아주 작은 규모였다. 얼마 후 프레더릭 레더스가 그 그룹의 핵심 두뇌이자 지배력을 장악한 인물이란 사실을 알게 되었다. 그는 모르는 것이 없었으며 절대적 신뢰를 얻고 있었다. 해를 거듭하면서 나는 보잘것없는 나의 자리에서 그를 자세히 지켜보았다. 나는 이렇게 중얼거렸다. "만약 또 전쟁이 일어난다면, 1917년과 1918년에 군수부에서 내 밑에서 일했던 실업계의 대 지도자들과 똑같은 역할을 해낼 인물이 바로 여기 있군."

1939년 전쟁이 발발하자 레더스는 해운부에서 자원 봉사 근무를 하겠다고 신청했다. 그가 맡은 일은 전문직이었으나 보조적인 분야였기 때문에 내가 해군부에 있는 동안에도 접촉할 기회는 없었다. 그러나 이제 1941년에는, 대서양 전투의 긴장된 상황 속에서 곤경에 빠진 우리 항구에서 철도와 육로로 수송하는 보급품의 물동량을 해운과 결합하여 조정할 필요를 느꼈고, 그러자 점점 더 그가 내 마음속으로 다가왔다. 5월 8일, 그에게 도움을 청했다. 충분한 토의 끝에, 나는 해운부와 운송부를 하나의 기구로 통합 조정했다. 그리고 레더스를 그 장관으로 임명했다. 그에게 필요한 권한을 부여할 의도로 전시 운송부 장관직을 신설한 것이다. 오랜 세월 그 분야에서 종사하지 않은 인물을 행정부처의 최고위직에 임명하여 하원에서 발표하는 일은 항상 조심해야 할 일이었다. 각료가 아니지만 경험 많은 하원의원들로부터 시험을 당할 수 있었고, 연설을 준비하고 행하는 데 지나치게 신경을 써야 할 수도 있었기 때문이다. 따라서 그에게 작위를 수여하도록 국왕께 청원했다.

그로부터 전쟁이 끝날 때까지 레더스 경은 전시 운송부 업무를 완벽하게 장악했고, 4년 동안 모든 사람들로부터 좋은 평판을 얻었다. 그는 3군 참모총장들과 각 부처의 신임을 얻었으며, 그 중요한 분야의 미국 지도자급 인사들과 친밀하고 우호적인 관계를 형성했다. 훗날 영국 대사를 역임한 미국 해운국의 루이스 더글러스와 가장 밀접한 관계를 유지하면서 협력한 사람도 레더스였다. 내가 전쟁을 지휘하는 데에 그는 큰 도움을 주었다. 아무리 어렵더라도 내가 요청한 과제 중에서 그가 해내지 못한 일은 거의 없었다. 추가로 1개 사단을 이동시켜야 할 때, 영국 배에서 미국 배로 옮겨야 할 때 또는 수시로 필요한 일이 생겼을 때, 담당자나 부처 간의 절차에 문제가 있어 제대로 해결되지 않는 경우가 여러 차례 있었다. 그럴 때마다 나는 그에게 직접 부탁했는데, 놀랍게도 어려움은 마술을 부린 것처럼 사라지곤 했다.

그 결정적인 몇 개월 동안 두 척의 독일 전투순양함 샤른호르스트와 그나이제나우는 브레스트에 머물러 있었다. 어느 때라도 다시 대서양에 나타날 것처럼 보이기도 했다. 그러나 움직이지 못하고 묶여 있었던 것은 영국 공군 때문이었다. 항구에 정박한 두 전투순양함을 반복하여 공격했고, 그로 인하여 그해 내내 출동하지 못했던 것이다. 그러자 적군은 두 전투순양함을 독일로 귀향시키려고 했다. 그러나 그러한 시도조차 1942년까지는 불가능했다. 미구에 우리의 해군과 공군연안사령부가 성과를 올릴 터였다. 우리는 출구의 지배권을 장악했다. 우리의 전투기가 독일군의 하인켈 111을 격추시켰다. 그리고 유보트는 그들이 우리의 숨통을 죄려고 했던 바로 그 바다에서 질식하고 말았다. 그리하여 우리는 멋진 무기로 영국 섬에 이르는 접근로를 다시 한번 깨끗이 정리했다.

제18장

유고슬라비아와 그리스

    나일 강 주둔군을 그리스로 파견할 것인가 말 것인가에 대한 피할 수 없는 결단의 시기가 왔다. 그 중대한 조치는 위험과 고통 속에 빠진 그리스를 돕기 위해서뿐만 아니라, 임박한 독일의 공격에 대항하여 유고슬라비아와 그리스와 터키로 구성되는 발칸 전선을 형성하기 위해서도 필요했다. 그러한 행동이 소련에 미칠 영향에 대해서는 짐작하기가 어려웠다. 소련 지도자들이 그들의 눈앞에 어떤 일이 닥칠지 미리 알았더라면, 그 조치가 그들에게도 무척 중요했을 것이다. 우리가 병력을 파견한다고 해서 발칸 문제가 해결될 수는 없었다. 우리의 작은 희망은 서로 행동을 함께함으로써 조직화하는 것이었다. 우리의 지휘에 따라 유고슬라비아와 그리스 그리고 터키가 공동 행동을 한다면, 히틀러는 당분간 발칸에서 눈을 돌리거나 아니면 아예 그 쪽에 주요 전선을 구축하여 우리 연합군과 본격적인 전쟁을 벌일 것 같았다. 그때까지만 하더라도 우리는 히틀러가 러시아를 침공한다는 거대한 계획에 몰두해 있는 줄은 몰랐다. 만약 알았더라면, 우리는 계획의 성공을 더 확신할 수 있었을 것이다. 히틀러는 두 가지 일을 동시에 시도하다가 모두 그르치게 될 위험을 무릅써야 했고, 결국 발칸 전쟁 준비 때문에 다른 최대의 과제 수행에 쉽게 차질을 빚게 되었다. 실제로 그렇게 되었는데, 당시의 우리는 알 수가 없는 일이었다. 사람들은 우리의 계획이 옳았다고 생각할 것이다. 우리는 우리가 알지도 못하는 사이에 멋진 일을 해낸 것이다.

슬로베니아를 포기할 생각이 없었다. 따라서 국경 전체를 방어하려고 했다. 북쪽의 유고슬라비아 4개 군단은 독일 기갑부대에게 밀려서 어쩔 수 없이 급하게 내륙으로 선회하게 되었다. 다뉴브 강을 건넌 헝가리 부대와 자그레브로 진격한 독일군과 이탈리아군이 독일 기갑부대를 지원했다. 유고슬라비아의 주력군은 혼란 상태에 빠져 남하했으며, 독일군은 4월 13일에 베오그라드에 입성했다. 그 사이에 불가리아에서 결집한 독일 제12군은 세르비아와 마케도니아를 휩쓸었다. 10일에는 모나스티르와 야니나를 점령했고, 유고슬라비아군과 그리스군의 접촉을 차단시켰고, 유고슬라비아 군을 남부에서 궤멸시켰다.

7일 뒤, 유고슬라비아는 항복했다.

유고슬라비아의 갑작스러운 붕괴는 그리스의 희망을 깨뜨려버렸다. 그것은 "한 번에 하나씩"의 또다른 사례였다. 우리는 협력 작전을 성사시키기 위하여 최선을 다했다. 그러나 우리에게 아무런 잘못이 없었음에도 불구하고 실패하고 말았다. 전망은 암울하기만 했다. 3개의 기갑사단을 포함한 독일군 5개 사단은 남쪽으로 진격하여 아테네로 향했다. 4월 8일이 되자 남쪽의 유고슬라비아의 저항은 격퇴되고 알리아크몬 강의 왼쪽 측면이 위협받게 되었으며, 4월 10일에는 우리의 측면에 대한 공세가 시작되었다. 혹독한 날씨 속에서 이틀 동안의 힘든 싸움 끝에 겨우 막아낼 수 있었다.

서쪽으로 더 나아간 지점에는 오직 그리스의 기병부대 1개 사단만이 있었는데, 알바니아의 주둔 병력과 협력하고 있었다. 윌슨 장군은 심한 압박을 받고 있는 왼쪽 측면 부대를 후퇴시키기로 결심했다. 그 이동은 4월 13일에야 끝났는데, 그 과정에서 그리스 사단 병력이 흩어지기 시작했다. 이후로는 우리의 파견 병력만 남게 되었다. 윌슨은 진영의 좌측 측면으로부터 위협을 계속 받자 테르모필레로 퇴각할 것을 결정했다. 그 사실을 파파고스에게 알리자, 파파고스 역시 그리스에서 영국군이 철수할 것을 제안했다.

그리스

그 뒤의 며칠 동안이 결정적인 시기였다. 16일 웨이벌 장군이 타전한 전문에 의하면, 윌슨 장군이 파파고스와 만나 회담을 했는데, 그리스 군은 심한 압박을 받고 있으며 공습 때문에 행정적으로도 곤란을 겪고 있다는 것이었다. 웨이벌은 윌슨에게 그리스 군에게 저항할 수 있는 힘이 남아 있는 한,

함께 싸울 것을 지시했고, 필요할 경우 추가 철군도 판단하여 결정하라고 권한을 부여했다. 그리스로 가던 모든 선박에 방향을 되돌리라고 명령했으며, 선박에 더 이상 선적하지 말 것은 물론 이미 선적했거나 작업 중인 경우는 내리라고 지시했다.

그리고 나는 이렇게 덧붙였다. "크레타는 무력으로 장악해야 한다."

17일 윌슨 장군은 테베에서 자동차로 타토이로 가서 그리스 국왕, 파파고스 장군 그리고 영국 대사를 만났다. 테르모필레 선으로 퇴각하는 것이 유일하게 가능한 계획이라는 데 합의했다. 윌슨 장군은 테르모필레 선을 얼마 동안 확보할 수 있다고 확신했다. 주로 철수 방법과 순서에 관하여 토의했다. 그리스 정부는 최소한 그 다음 한 주일 정도는 떠나지 않을 생각이었다.

그리스 수상 코리시스에 대해서는 이미 앞에서 언급한 바가 있다. 코리시스는 메타크사스 사후에 공백을 메우기 위하여 임명되었다. 그는 공직 생활에서 비난받지 않는 사생활과 분명하면서 단호한 신념 외에는 별로 언급할 것이 없는 사람이었다. 그는 무너져가는 국가를 소생시킬 능력도 없었고 모든 것을 책임질 수 있는 능력도 없었다. 헝가리의 텔레키 백작처럼 그도 자신의 생애에 대한 대가를 치르기로 결심했다. 18일, 그는 자결했다. 그에 대한 기억은 오래 남을 것이다.

★ ★ ★ ★ ★

테르모필레로 퇴각하는 기동작전은 무척 어려웠다. 그러나 강력하면서도 교묘한 후방 경계 작전에 의해서 여러 지점으로부터 거세게 밀어붙이는 독일군의 진군을 저지했으며, 심각한 손실까지 입혔다. 4월 20일까지 테르모필레를 완전히 점령하고 병력 배치를 마쳤다. 전방의 경계는 완벽했으나, 우리 부대는 심각한 긴장 상태에 있었다. 독일군은 천천히 이동했으며, 큰 저항을 받지 않았다. 바로 그날 알바니아에 배치되어 있던 그리스군이 항복했다. 21일 그리스 국왕은 웨이벨 장군의 문의에 대하여 적군이 공격하기 전에 영국군 왼쪽 측면을 지원하기 위한 그리스 군의 재정비는 불가능하다고 답변했다. 웨이벌은 그러한 경우라면 자기 휘하의 병력을 재출동시키기 위해서 즉각 조치를 취해야 한다고 말했다. 국왕도 전적으로 동의했으며, 그러한 대답을 기대하고 있었던 듯했다. 그는 영국군을 그런 상황에 빠뜨리게 한 것에 대하여 대단히 미안하게 생각했다. 국왕은 도울 수만 있다면 무엇이든 하겠다고 약속했다. 그러나 모두 허사였다. 압도적으로 쇄도한 독일군에 그리스가 끝내 항복한 것은 4월 24일이었다.

우리는 1940년에 겪었던 것처럼 다시 한번 바다를 통한 철수의 험난한 과정을 거쳐야 했다. 적군의 압도적인 우위 속에서 5만 명이 넘는 병력을 조직적으로 철군시킨다는 것은 거의 불가능에 가까웠다. 됭케르크 작전에서는 전체적으로 우리 공군력이 주도권을 쥐고 있었다. 반면 그리스에서는 독일군이 이론의 여지없이 완벽하게 제공권을 장악하고 있으면서 모든 항구와 퇴각하는 부대를 향해 쉬지 않고 계속 폭격할 수 있었다. 따라서 출항은 오직 야간에만 가능했고, 주간에는 병력이 해안 부근에 모습을 노출하지 않고 숨어 지내야 했다. 노르웨이에서 벌어졌던 사태의 재현이었으나, 규모 면에서는 그 열 배였다.

커닝엄 제독은 여섯 척의 순양함과 19척의 구축함을 포함하여 미약한 그의 해군 병력을 모두 동원했다. 남부 그리스의 작은 항구와 해변에서 수송선, 군함 그리고 수많은 소주정들이 모여 4월 24일 밤부터 구출 작전이 개시되었다.

작전은 닷새 밤 동안 계속 진행되었다. 26일 적군의 공수부대가 코린트 운하의 중요한 다리를 장악했다. 그리고 곧장 독일군은 펠로폰네소스로 쏟아져 들어와 격심하게 위축된 우리의 병력들을 유린하며 순식간에 남부 해안에까지 도달했다. 노플리온에서 재난과 같은 사태가 일어났다. 수송선 슬라마트 호가 대담했지만 잘못된 판단으로 최대한의 병력을 태우기 위하여 너무 오래 정박해 있었던 것이다. 곧이어 새벽이 오고 대지가 밝아오자 적군이 공격해왔다. 급강하 폭격기의 공습으로 슬라마트 호는 침몰하고 말았다. 두 척의 구축함이 갑판에 있던 700명을 구조했으나, 몇 시간 뒤 계속된 공습으로 모두 격침되었다. 3척의 배에서 살아남은 병사는 겨우 50명이었다.

28일과 29일 이틀 동안에는 2척의 순양함과 6척의 구축함이 8,000명의 병사와 1,400명의 유고슬라비아 잔류병을 구출하기 위하여 칼라마타 부근의 해변으로 이동했다. 구축함 1척이 먼저 앞섰으나 적군이 먼저 점령한 마을에서 큰 불이 난 것을 발견하고 작전을 포기했다. 반격으로 독일군을 마을에서 몰아내기는 했지만, 동쪽 해안에서 4척의 구축함이 자체 보트를 이용하여 겨우 450명을 구출하는 데에 성공했을 뿐이었다. 그것으로 중요한 후송 작전은 종결되었다. 고립된 소규모 부대원들은 그 다음 이틀 동안 섬들과 표류 중인 해상에서 구조되었고, 1,400명의 장교와 사병은 치명적인 위험 상태에서 그리스의 도움으로 한 달 뒤에 안전하게 이집트에 도착했다.

우리는 모두 1만1,000명이 넘는 병력을 잃었으며, 영국 공군과 수천 명의 키프로스인, 팔레스타인인, 그리스인, 유고슬라비아인을 포함한 5만662명을 후송했다. 그 수는 처음 그리스에 파견된 전체 병력의 80퍼센트에 해당하는 것이었다. 그것은 영국과 연합군의 해군이 작전을 방해하기 위하여 동원한 적군의 온갖 무자비한 공세에 굴하지 않고 보여준 과단성과 기량이 어우러진 결과였다. 4월 21일부터 철수가 끝날 때까지 26척의 선박이 적기의 공습에 침몰했다. 영국 공군은 크레타에서 발진한 함상 비행대와 더불어 최선을 다했으나 수에서 압도당했다. 그럼에도 불구하고 11월 이후에는 우리의 몇몇 비행중대가 훌륭한 공적을 남겼다. 그들이 격추한 적기는 확인된 것만 231기였으며, 500톤의 폭탄을 투하했다. 우리의 손실도 심각했는데, 전투 중에 잃은 72기를 비롯하여 모두 209기를 잃었다. 그러나 그 기록은 모범적인 것이었다.

소규모이지만 유능한 그리스 해군은 영국군에 편입되어 통제를 받았다. 순양함 한 척, 최신형 구축함 여섯 척, 잠수함 네 척은 탈출하여 4월 25일 알렉산드리아에 도착했다. 그때부터 그리스 해군은 우리의 지중해 작전에 참여하여 눈부신 기여를 했다.

그 비극적인 이야기 가운데 대영제국의 군대가 연합국 그리스로부터 아무런 군사적 도움을 받지 못한 사실이 인상 깊게 드러나더라도, 절박한 상황에서 전투가 진행된 4월의 그 3주일 동안이 그리스에게는 국력을 전부 동원해야 했던 이탈리아를 상대로 한 5개월 동안의 고된 싸움에서 절정기에 해당되었다는 사실을 잊어서는 안 된다. 1940년 10월 아무 예고도 없이 두 배에 달하는 병력으로 이탈리아가 침공했을 때, 그리스는 처음부터 반격함으로써 적군을 알바니아 내륙으로 60킬로미터 남짓 물러나게 만들었다. 그러나 산악 지대에서 혹독한 겨울을 맞게 되자 병력과 장비에서 우세한 적의 위협을 받아야 했다. 북서쪽에 있던 그리스 군대는 새로 시작된 강력한 독일군의 공격을 그 측면과 후면에서 단절하는 작전을 펼치는 데에 필요한 수송 수단이나 도로망이 없었다. 그들은 조국을 지키기 위하여 용감하게 싸웠으나, 너무 오랫동안 전력을 소모했던 탓에, 그때는 이미 한계에 도달해 있었다.

서로 탓할 일은 없었다. 그리스 사람들이 진심으로 우리 군대에게 보여준 친절함과 도움의 손길은 작전이 끝날 때까지 계속되었다. 아테네를 비롯한 각 후송 지역의 주민들은 그들 자신의 운명보다 자칭 그들의 구호자로 나섰던 우리 병사들의 안전에 더 많은 관심을 보였다. 그리스의 상무 정신은 길이 남을 것이다.

나는 방송을 통하여 영어권 세계가 어떻게 느끼고 있는가를 그리고 우리의 운명을 좌우하는 사실을 알리기 위한 연설을 했다.

지금 유럽과 아프리카에서 일어나고 있고 그리고 아시아에서도 일어날지 모르는 슬픔과 걱정을 감안한다면, 우리가 유지해야 할 군비의 적정선에 대한 감각을 잃지 않아야 하며 용기가 꺾이거나 공포에 떨어서는 안 됩니다. 우리 앞에 놓인 난제들을 직시한다면, 우리는 우리가 이미 극복한 일들을 상기하고 새로운 신념을 가질 수 있을 것입니다. 이제 앞으로 어떠한 일이 벌어지더라도 지난해 우리가 겪었던 것에 비하면 아무것도 아닙니다. 동방에서 일어날 가능성이 있는 사건은 서방에서 일어나고 있는 사건에 비하면 아무것도 아닙니다.

나는 오늘 밤 우리의 운명에 너무나 잘 어울리는 시구*를 알고 있습니다. 아마도 그것은 영어를 사용하는 나라나 자유의 깃발이 휘날리는 나라라면 어디에서든 그렇게 판단될 것입니다.

지친 파도가 밀려와 헛되이 부서질 때
가질 수 있는 한 뼘 땅조차 없거늘
저 먼 곳에서 실개천과 웅덩이가 만나
소리도 없이 밀려와 바다는 넘친다

날이 밝아 세상이 환해지는 것은
단지 동쪽 창에만 의지하지는 않은 것,
우리 앞에서 태양은 천천히 떠오르고 있다. 얼마나 천천할지라도!
서쪽을 보라, 대지가 빛나고 있다.

---

* 영국 시인 아서 유 클러프(1818-1861)의 시 "싸움은 아무 소용도 없다고 말하지 말라(Say not the Struggle Naught availeth)" 중의 일부/역주

제19장

사막의 측면 : 롬멜, 투브루크

　발칸에서 전선을 형성하려던 우리의 모든 노력은 북아프리카 사막 측면
의 확고한 유지를 전제로 한 것이었다. 그것은 투브루크 정도로 결정될 수
있는데, 웨이벌이 서쪽으로 급속히 진격하여 벵가지를 장악함으로써 키
레나이카[리비아 동부 지역. 리비아 사막에 속한 해안 고원지대/역주] 전체
가 우리 수중에 들어오게 되었다. 아게일라의 바다 한쪽 모퉁이가 그곳으로
진입하는 관문이었다. 어떤 대가를 치르더라도 우선적으로 그 관문을 지켜
야 한다는 것이 런던과 카이로의 고위 관계자들의 공통된 견해였다. 키레나
이카에서 이탈리아군이 완전히 궤멸하고 적군의 새 부대가 다시 집결하기
에는 거리가 너무 멀다는 사실 때문에, 웨이벌은 적은 병력으로도 중요한
서쪽 측면을 지킬 수 있으며 훈련된 부대를 훈련이 부족한 부대로 대체할
수 있다고 믿었다. 사막의 측면은 그리스나 발칸의 그 어떠한 이유 때문이
라도 결코 잃거나 위험한 상태에 두어서는 안 된다는 생각이 확고했다.
　그런데 그때 세계의 무대에 새로운 한 인물이 등장했다. 독일 전사에 자
신의 이름을 길이 새기게 될 무인이었다. 에르빈 롬멜, 그는 1891년 11월
독일 뷔르템부르크 주의 하이덴하임에서 태어났다. 제1차 세계대전 때 아
르곤[프랑스 북동부 벨기에 국경 부근의 숲으로 둘러싸인 구릉 지대/역주],
루마니아, 이탈리아에서 싸웠으며, 두 번 부상당했고, 철십자 훈장과 공로
훈장의 최고 등급을 수훈했다. 제2차 세계대전이 발발하자 폴란드 작전에

괴링은 그 오랜 시간 동안 기다려왔던 신호를 보낼 수 있게 되었다. 전투가 시작되어도 독일 공수부대의 자원이 어느 정도였는지 우리는 잘 알 수가 없었다. 제11항공군단은 6개의 같은 형태의 조직 중 하나인 것으로 짐작될 뿐이었다. 그러나 그것이 유일한 부대였다는 사실을 알게 된 것은 몇 개월이 지난 뒤였다. 그 부대는 실제로 독일의 창날 끝 부분이었다. 이제 그것이 어떻게 승리를 거두고 또 어떻게 부러졌는가에 관한 이야기를 하고자 한다.

말레메에서 우리 대공포의 대부분은 곧장 사용 불능 상태가 되었다. 폭격이 멈추기도 전에 글라이더들이 비행장 서쪽에 내리기 시작했다. 어디서든 우리 부대는 발견되는 순간 적의 맹렬한 폭격을 받았다. 주간에 반격을 한다는 것은 불가능했다. 글라이더나 병력 수송기는 해변이나 덤불 속 또는 불타버린 비행장에 착륙하는가 하면, 착륙 후 부서지기도 했다. 첫날에만 말레메와 카네아 주변 및 그 중간 지점에 5,000명 이상의 독일군이 지상에 몰려들었다. 독일군은 뉴질랜드 병사들의 총격과 육탄 공격에 큰 손실을 입었다. 그날 전투가 끝날 때까지 비행장은 우리가 지키고 있었지만, 저녁 무렵 얼마 남지 않은 대대 병력은 모두 지원부대 기지로 퇴각했다.

레티모와 헤라클리온도 그날 아침 심각하게 폭격되었고, 오후에는 공수부대가 뒤따랐다. 격렬한 전투가 벌어졌지만, 밤이 되자 두 비행장은 여전히 우리가 확보하고 있었다. 첫날의 전투 결과는 말레메를 제외하면 상당히 만족스러운 수준이었다. 그러나 착륙한 적군이 각 지역에 우수한 장비로 진지를 구축했다. 우리 사령부에서 볼 때 적군의 병력과 공격력은 예상을 훨씬 더 넘어서는 것이었고, 독일군이 볼 때 우리의 단호한 저항은 놀라운 것이었다.

둘째 날에도 적군의 맹공은 계속되었으며, 마찬가지로 병력을 실어 투하하는 비행기가 등장했다. 말레메 비행장은 우리의 근거리 대포나 박격포의 포격을 받았으나, 독일의 병력 수송기는 그 위로 또는 서쪽의 고르지 못한 지면 위로 착륙했다. 독일군 최고사령부는 병력과 장비의 손실에는 아랑곳하지 않는 것 같았다. 그때까지 최소한 100기의 비행기가 동체 착륙을 하다가 파괴되었다. 그럼에도 불구하고 병력은 계속 집결되었다. 그날 밤 우리의 반격으로 적군은 비행장 가장자리까지 밀려났으나, 날이 밝으면서 나타난 독일 공군에 의해서 모두 원상으로 돌아갔다.

셋째 날이 되자 말레메는 적군이 실질적으로 사용하는 비행장으로 바뀌었다. 병력 수송기는 한 시간에 20기 이상의 비율로 계속 내려왔다. 더 결정적으로 중요한 사실은 그 수송기들이 다시 병력을 태우러 돌아갈 수도 있다는 것이었다. 그 사흘 동안 그리고 그 이후 며칠에 걸쳐 비행장에 안전하게 착륙하거나 동체 착륙한 독일 수송기는 모두 600기 이상으로 추산되었다. 적군의 거센 공세에 조금씩 밀려 뉴질랜드 여단은 말레메에서 16킬로미터 떨어진 곳까지 물러났다. 카네아와 수다에서는 별다른 변화가 없었고, 레티모 역시 아직은 우리 수중에 있었다. 헤라클레온에서는 비행장 동쪽에 적군이 착륙해서 진지를 구축하기 시작했는데, 점점 더 확장되었다.

다음날 밤, 지친 우리 병사들은 북쪽 하늘 가득히 섬광이 번쩍이는 것을 보고 영국 해군이 작전 중이라는 사실을 알 수 있었다. 독일의 첫 번째 호송 선단이 임무를 수행하기 위하여 필사적으로 움직이기 시작한 것이다. 우리 해군은 두 시간 반에 걸쳐 먹잇감을 해치우듯이 공격하여 12척의 범선, 3척의 기선을 침몰시켰는데, 배마다 독일군을 가득 태우고 있었다. 그날 밤 익사한 독일군은 4,000명 정도였다. 한편 킹 해군 소장은 4척의 순양함과 3척의 구축함을 이끌고 21일 밤을 헤라클리온 앞 바다에서 초계하며 보내고, 22일 날이 밝자 북쪽으로 달려갔다. 적군을 실은 범선 1척을 격침시키고, 10시경에 멜로스 섬으로 접근하고 있었다. 몇 분 뒤 북쪽에서 5척의 소주정을 거느린 적의 구축함을 발견하고 즉시 교전에 들어갔다. 그때 다른 구축함 1척이 연막을 쳤으며, 그 뒤에는 수많은 범선이 있었다. 우리는 적군을 가득 태운 중요한 다른 또 하나의 선단을 포착하게 된 것이었다. 우리 정찰기는 그 사실을 커닝엄 제독에게 보고했다. 그러나 그 정보가 킹 해군 소장에게까지 도달하여 확인하는 데에는 한 시간이 넘게 걸렸다. 킹의 전함들은 일출 시간 이후 쉬지 않고 적의 공습을 받았다. 비록 큰 손실은 입지 않았으나, 대공포의 포탄이 부족했다. 사냥감이 손아귀 가까이에 와 있다는 사실을 전혀 모른 채, 킹 소장은 북쪽으로 더 나아가는 것은 함대 전체가 위험하다는 판단 아래 서쪽으로 후퇴하라고 지시했다. 총사령관은 그 내용을 전문으로 읽고 즉시 다음과 같이 명령했다.

현장을 떠나지 말 것. 시각(視覺) 신호의 가시 거리를 유지할 것. 크레타의 육군을 지켜야 함. 해상의 적군 병력이 크레타에 상륙하지 못하게 하는 것이 핵심임.

적의 수송선단을 파괴하기에는 이미 너무 늦었다. 적의 배들은 방향을 뒤로 돌려 수많은 섬 사이를 통해 여러 방향으로 뿔뿔이 흩어졌다. 그리하여 적어도 5,000명의 독일군은 이미 다른 동료들이 겪은 익사의 운명에서 벗어났다. 그와 같이 실제로 호위가 없는 병력 수송선단에게 제해권과 제공권을 확보하지 못한 해역을 횡단하라고 명령한 독일군 당국의 대담성은 1940년 9월 북해와 영국해협에서 어떠한 일이 벌어질 수 있었는가를 깨닫게 하는 좋은 사례였다. 그것은 독일군이 침공군에게 대항하는 해군력에 대한 이해가 결여되어 있고, 그러한 무지에 대한 대가를 인명으로 치르지 않으면 안 된다는 사실을 모른다는 것을 보여준다.

커닝엄 제독은 어떠한 대가를 치르는 한이 있더라도 해상의 침공군을 격멸하기 위해서 모든 것을 쏟아붓기로 단호히 결심했다. 그러한 목적에 따른 작전 수행에 휘하의 가장 소중한 함선들은 물론 동지중해의 모든 해군력을 위험에 맞서게 하는 데에 조금도 주저하지 않았다. 그러한 그의 태도에 해군부는 대만족이었다. 그 무서운 전투에서 과감한 도박을 한 것은 독일군 지휘부뿐만이 아니었다. 바로 그 48시간의 해전을 통해 적군은 확실히 깨달은 바가 있었다. 그로부터 크레타의 운명이 결정될 때까지 더 이상 해상 병력의 상륙 시도는 없었다.

그러나 5월 22일과 23일에는 우리 해군이 상당한 대가를 치렀다. 두 척의 순양함과 세 척의 구축함이 침몰했다. 전함 워스파이트 호는 오랫동안 사용할 수 없는 지경에 이르렀고, 밸리언트 호와 다른 여러 척의 함선은 꽤 많이 파손되었다. 그럼에도 불구하고 크레타의 해상 경계는 쉬지 않았다. 해군은 임무를 무사히 완수했다. 크레타 전투가 끝날 때까지 해상의 독일군은 단 한 명도 상륙하지 못했다.

5월 26일은 결정적으로 중요한 날이었다. 지상의 우리 부대에 대한 압박의 강도는 엿새 동안 계속해서 높아져갔다. 마침내 더 버틸 수 없는 지경에 이르고 말았다. 그날 밤늦게 크레타 탈출을 결정했다. 우리는 또다시 고통스럽고 음산한 철수라는 과제 그리고 피할 길 없는 막대한 손실과 부딪쳐야 했다. 적의 잦은 공격을 받으면서 과중한 임무를 짊어지게 된 함대는 약 2만2,000명의 병사를 수송해야 했는데, 병력의 대부분은 적의 공군이 장악한 560킬로미터 건너편의 개방된 스파키아 해변에 있었다. 따라서 병사들은 승선을 위한 신호가 있을 때까지 부근에 숨어 있어야 했다. 적어도 1만5,000명의 병력이 스파키아 부근의 황폐화된 지형에 숨어 있었고, 프레이버그의 후위 부대가 계속 적군과 접전을 벌였다.

비극은 그와 같은 때에 헤라클리온의 수비대를 구출하러 간 롤링스 제독의 함대를 기다리고 있었다. 한밤중이 되기 전에 도착하여 구축함들은 병사들을 외항에서 기다리던 순양함으로 날랐다. 그 작업이 완료된 시간은 새벽 3시 20분이었다. 4,000명이 승선한 가운데 귀항이 시작되었다. 전투기들이 호위하기로 되어 있었다. 그러나 서로 시간이 엇갈려 비행기들이 배를 찾지 못했다. 끔찍한 폭격이 시작된 것은 아침 6시였는데, 오후 3시까지 계속되었다. 알렉산드리아는 바로 160킬로미터 정도 떨어져 있었다. 구축함 히어워드가 최초의 제물이 되었다. 오전 6시 25분에 폭탄을 맞아 선단을 따라갈 수가 없었다. 제독은 그 배를 운명에 맡기기로 결정했는데, 옳은 판단이었다. 히어워드가 마지막으로 관측된 것은 크레타로 접근할 무렵이었다. 배에 탔던 대부분의 병사는 목숨을 건졌으나, 적군의 포로 신세가 되었다. 그 뒤의 상황은 더 좋지 않았다. 네 시간 동안에 순양함 디도와 오리온 그리고 구축함 디코이가 모두 피격되었다. 함대의 속력은 21노트로 떨어졌으나, 모두 남쪽으로 항로를 유지했다. 오리온의 분위기는 아주 나빴다. 승무원을 제외하고 1,100명의 병사를 태우고 있었다. 함교를 관통한 폭탄에 의해서 모여 있던 260명은 그 자리에서 사망하고, 280명은 부상을 당했다. 함장 G. R. B. 백 대령도 목숨을 잃었고, 배는 심하게 부서진 채 불이 붙었다. 정오 무렵 함재기 풀마 2기가 날아온 이후로 조금 안정을 찾았다. 우리 공군 전투기들은 온갖 노력을 다하며 적기와 교전하여 두 기를 격추시키기까지 했으나, 결국 선단을 찾지 못했다. 선단은 오후 8시에 알렉산드리아에 도착했다. 우리는 29일에 헤라클리온에서 구출해온 수비대 중 5분의 1이 죽거나, 부상당하거나, 적의 포로가 되었다는 것을 알았다.

★ ★ ★ ★ ★

그러한 일을 당한 뒤, 웨이벌 장군과 그의 동료들은 크레타에서 우리 병사들을 구출하는 노력을 언제까지 계속해야 할 것인가를 결정해야 했다. 육군은 절체절명의 위험 상태에 있었고 공군이 할 수 있는 일이 거의 없었기 때문에, 결국 임무는 적의 폭격에 시달려 지친 해군에게 다시 떨어졌다. 커닝엄 제독에게는 그러한 위기 상황에서 육군을 방치하는 것은 모든 전통에 반하는 것이었다. 그는 이렇게 선언했다. "해군이 새 배를 만드는 데에는

3년이 걸린다. 그런데 새로운 전통을 만드는 일은 아마도 300년은 걸릴 것이다. 철수[즉 구출]는 계속될 것이다." 29일 아침까지 5,000명에 가까운 병사가 구출되었는데, 나머지 대다수는 스카피아 접근로 부근에 남아 피신 중이었다. 낮에 모습을 드러내면 즉시 폭격의 대상이 되었다. 해군이 무제한적인 손실의 위험을 감수하면서까지 구출 작전을 계속하기로 한 결정은 그 결정에 의한 충격에서뿐만 아니라 결과를 보더라도 옳은 것이었다.

28일 저녁, 킹 제독은 스카피아를 향해 뱃머리를 돌렸다. 다음날 밤 6,000명가량의 병사가 적군의 방해를 받지 않고 승선했고, 30일 세 차례 공격을 받았으나 모두 무사히 알렉산드리아에 도착했다. 아주 운이 좋은 결과였는데, 영국 공군 전투기들 덕분이었다. 수는 비록 적었지만, 적기가 본격적으로 공격해오기 전에 잘 막아냈다. 30일 아침에는 알리스 대령이 구축함 4척을 이끌고 또다시 스파키아로 갔다. 2척은 되돌아왔으나, 나머지 2척은 계속 작전을 수행하여 1만5,000명 이상의 병사를 태우는 데 성공했다. 돌아오는 도중에 2척 모두 폭탄을 맞아 피해를 당했지만, 결국 전원이 알렉산드리아에 귀항했다. 그리스 국왕은 수 차례 위험을 넘긴 끝에 영국 공사와 함께 이미 며칠 전에 피신했다. 그날 밤 프레이버그 장군도 총사령관의 명령에 따라 공군에 의해서 구출되었다.

5월 30일, 잔류 병력을 구출하기 위한 마지막 명령이 떨어졌다. 스파키아에 남아 있는 병력은 3,000명 미만으로 판단되었는데, 나중에 확인한 바로는 그 두 배가 넘었다. 킹 소장은 31일 아침 다시 항해를 시작했다. 처음부터 잔류 병사들을 모두 태울 수 있으리라고는 생각하지 않았다. 그러나 커닝엄 제독은 태울 수 있는 최대한도까지 태우라고 명령했다. 동시에 그것이 마지막 크레타 철수 작전이 될 것이라는 보고가 해군부에 접수되었다. 승선은 순조롭게 진행되었고, 6월 1일 오전 3시에 귀항 길에 올랐다. 4,000명에 가까운 병사를 무사히 알렉산드리아에 실어날랐다.

5,000명이 넘는 대영제국의 병사들이 크레타 섬 곳곳에 남게 되었다. 웨이벌 장군은 그들에게 항복해도 좋다는 공식 선언을 했다. 그러나 상당수의 병사들은 길이 250킬로미터 이상의 산악 지형의 섬에 흩어졌다. 그들과 그리스 병사들을 그곳 주민과 농부들에 의해서 구조되었다. 물론 구조 행위가 발각되면 가차 없이 엄벌에 처해졌다. 독일군의 야만적인 보복 행위가 착하고 용감한 농부들에게 가해졌는데, 한꺼번에 20-30명씩 총살되었다. 따라서 나는 3년 후인 1944년, 국지적인 것은 국지적으로 판단해야 하므로 기소된 자들은 해당 지방에서 재판을 받도록 해야 한다고 최고전쟁회의에 제안했다. 그 원칙은 채택되었고, 따라서 중범죄의 일부나마 처벌할 수 있게 되었다.

★ ★ ★ ★ ★

1만6,500명의 병사가 무사히 이집트로 철수했다. 거의 모두가 대영제국의 병사들이었다. 그 뒤 게릴라 작전들에 의해서 1,000명 남짓의 병사를 더 구출했다. 결국 전사하고, 부상당하고, 포로가 된 우리 병사는 모두 1만3,000명 정도였다. 거기에는 2,000명 가까운 해군 사상자를 포함시켜야 한다. 전쟁이 시작된 이후로 독일군 묘지는 말레메와 수다 만 부근에 4,000기 정도, 레티모와 헤라클리온에 1,000기 정도가 있었다. 그밖에 바다에서 익사한 수는 정확히 알 수는 없지만 더 많으며, 부상을 당했다가 나중에 그리스에서 사망한 병사들도 있었다. 적군의 사상자 수는 모두 1만5,000명은 족히 될 것 같았다. 약 179기의 병력 수송기가 파괴되거나 심하게 파손되었다. 그러나 독일군이 승리를 위해서 지불한 대가는 살육만으로 측정할 수는 없다.

크레타 전투는 전략적 요충지의 쟁탈전이라는 의미와는 무관하게, 치열하고 팽팽한 대결에서 나타나는 결정적인 결과의 사례였다. 우리는 독일군의 공수사단이 몇 개나 되는지 전혀 몰랐다. 그런데 실제로 괴링 휘하에 있는 제7공수사단이 전부였다. 그 사단은 크레타 전투에서 궤멸되었다. 괴링의 부대원 중 최정예 5,000명 이상은 전사했고, 그 조직의 골격은 돌이킬 수 없는 수준으로 붕괴되었다. 이후로 그 조직은 재건하지 못한 채 완전히 사라졌다. 혼란 속에서 내키지 않는 마음으로 승리할 가능성도 없는 크레타 전투를 수행한 뉴질랜드, 그 이외의 대영제국 그리고 그리스 부대들은 하나의 전기를 맞아 우리에게 원대한 안도감을 가져다준 사건에서 결정적인 역할을 했다고 할 수 있을 것이다.

독일군이 최우수 전투원들을 상실한 것은 뒤이은 중동의 여러 사건에서 가공할 공군기와 낙하산이라는 무기를 제외하게 되는 결과를 초래했다. 괴링은 크레타에서 피로스 왕의 승리*를 얻었을 뿐이었다. 왜냐하면 거기서 희생한 병력이었더라면, 키프로스, 이라크, 시리아 그리고 어쩌면 페르시아까지 점령할 수 있었을 것이기 때문이다. 그러한 부대는 심각한 저항이 없는 이편도 저편도 아닌 광대한 지역을 석권하는 데에 안성맞춤이었다. 괴링은 어리석게도 거의 헤아릴 수 없을 정도의 기회와 대체 불가능한 전력을 대영제국의 전사들과 육탄전을 포함한 사투를 벌이는 데에 써버린 것이다.

지금 우리는 바로 그 제7공수사단이 소속된 독일 제11항공군단의 "전투보고서"를 확보하고 있다. 당시 우리가 취했던 조치에 대한 신랄한 비판과 자기 비판을 기억할 때, 상대편의 기록을 살펴보는 일은 흥미로운 일이다. 독일군의 문서를 살펴보자. "크레타의 영국 지상군의 규모는 예상했던 것의 세 배 정도였다. 섬 안의 모든 작전 지역에는 주도면밀하게 방어 시설이 준비되어 있었다.……모든 방위 시설은 정교한 기술로 위장되어 있었다. ……정보 부족으로 적의 상황을 정확하게 평가할 수 없어 제11항공군단의 공격을 위험에 빠뜨렸으며, 예상 밖의 큰 손실을 초래하게 되었다."

---

* 너무나 큰 희생을 치른 승리. 에페이로스의 왕 피로스가 수많은 인명을 희생시키고 로마군에게 승리한 사건에서 유래한 말인데, '카드모스의 승리'도 같은 의미로 쓰인다/역주

이지만, 당시에 독일군은 우리가 눈치 채지 못하는 사이에 탱크의 대부분을 전진 배치하여 집결시키는 데 성공했던 것이다. 따라서 실제 작전에 투입된 탱크 수는 우리의 180대에 대하여 적군은 200대 이상이었다.

"전투도끼" 작전은 6월 15일 이른 아침에 시작되었다. 처음에는 모든 것이 순조롭게 진척되었다. 그러나 셋째 날인 6월 17일, 모든 것이 좋지 않게 되었다. 우리의 공격은 실패했다. 전체 병력의 퇴각은 우리 전투기의 엄호 아래 질서정연하게 이루어졌다. 적군은 집요하게 추격해오지는 않았는데, 탱크가 우리 공군의 맹폭격을 받았기 때문인 것은 부분적으로는 분명했다. 그러나 그것만이 이유의 전부가 아니었다. 지금 우리가 확인하는 바로는, 방어전만 펼치고 나머지 전력은 가을 작전에 대비하여 비축해야 한다는 롬멜의 명령이 있었기 때문이다. 국경을 가로질러 맹추격하다가 상당한 손실을 입는 것은 그 명령에 정면으로 반하는 것이었다.

여러 방면으로 다양한 작전을 펼친 지중해 전투에 비하면 그 군사 행동은 소규모에 불과하다고 생각했을지 모르나, "전투도끼" 작전의 실패는 나에게 큰 충격이었다. 사막의 승리는 바로 대담무쌍한 롬멜 부대의 파멸을 의미했다. 투브루크를 구할 수 있었을 것이고, 적군은 진군할 때 그러했듯이 아주 빠른 속도로 벵가지 너머로 퇴각했을 것이다. 온갖 위험을 무릅쓰고 "호랑이" 작전을 감행한 것은 오직 그 중요한 목표 때문이었다. 17일에는 아무 소식도 들려오지 않았고, 결과에 대한 보고가 곧 도착하리라는 것을 알고 있었기 때문에, 나는 차트웰의 집으로 갔다. 혼자 있고 싶어 모든 문을 닫아버렸다. 그런데 그때 상황 보고를 받았던 것이다. 나는 몇 시간 동안 혼자 쓸쓸히 골짜기 부근을 걸어다녔다.

★ ★ ★ ★ ★

지금까지 이 이야기를 따라온 독자라면, 이제 1941년 6월의 마지막 열흘 동안에 내가 내렸던 결정을 받아들일 마음의 준비가 되어 있으리라고 믿는다. 본국의 우리가 느끼기에 웨이벌은 지쳐 있었다. 우리는 달리던 말을 더 이상 움직이지 못하도록 만든 것이 아닌가 하는 얘기를 들을 수도 있었다. 우세와 열세의 형국이 뒤섞인, 특히 열세 지역이 많은 대여섯 개의 서로 다른 전장을 이례적으로 한 사람의 사령관이 집중적으로 담당함으로써 그가 겪는 긴장감은 어떠한 군인도 경험하기 힘든 것이었을 것이다. 크레타 방어에 대한 웨이벌의 구상은 물론, 특히 거기에 충분한 탱크를 투입하지 않은 데에 나는 불만이었다. 3군 참모총장들은 웨이벌 장군의 의사를 무시하고 소규모였지만 운이 좋았던 이라크 작전을 감행하여 결과적으로 하바니야를 구하고 국지적인 성공을 거두었다. 그리고 마지막으로 내가 성공적으로 수행한 새끼 호랑이 보내기 모험 직전에 웨이벌은 충직하게 "전투도끼" 작전을 시도했다. 나는 웨이벌을 지원하기 위해서 그렇게 위험을 무릅쓰고 운 좋게 공포의 지중해를 통과하여 보낸 새끼 호랑이들에 대한 중동사령부 참모부의 조치는 불만스러웠다. 매우 중요할 수도 있었던 그 소규모 전투에서 보여준 웨이벌의 기백과 혼란스러운 전장의 이곳저곳을 뛰어다니며 자신의 신상에 대한 위험을 전혀 돌보지 않은 태도에 대해서는 찬사를 보내지 않을 수 없었다. 그러나 그 작전은 잘못된 것이었다. 특히 반드시 필요했던 예비 행동으로 동시에 수행해야 했던 투브루크의 출격구(出擊口)에서 출격하는 데에 실패했던 일이 그러했다.

무엇보다도 지울 수 없는 사실은 롬멜에게 당한 사막 측면의 타격이었는데, 그로써 우리가 추진했던 그리스 계획은 완전히 뒤집혀져버리고 말았다. 음산한 위험과 빛나는 영광이 뒤섞인 그 계획은 발칸 전쟁에서 가장 소중한 부분이었다. 기억이 나지는 않지만, 그때 나는 이렇게 말했던 모양이다. "롬멜이 웨이벌의 머리에 씌워진 승리의 월계관을 벗겨서 모래 속에 집어던졌다." 그것은 나의 진의가 아니라, 스쳐가는 비통한 심경이었을 뿐이다. 모든 것에 대한 판단은 당시에 작성된 공식 문서 그리고 당연히 훗날 공개될 증명력 있는 증거에 기초하여 이루어지는 것이다. 어쨌든 중요한 사실 하나는, "전투도끼" 사건 이후에 나는 경질 인사가 단행되어야 한다는 결론에 이르렀다.

오킨렉 장군은 그때 인도 총사령관이었다. 나르비크에서 진행된 노르웨이 작전에서 보여준 그의 태도는 내 마음에 들지 않았다. 그는 전시 상황에서는 존재할 수 없는 안전성과 확실성에 의존하여 행동하는 경향이 있었으며, 최소한의 요구를 충족시킬 수 있는 것이면 모든 것을 거기에 맞추어 만족해했다. 그럼에도 불구하고 그의 자질과 위엄 그리고 고매한 인품은 인상적이었다. 나르비크 이후 그가 남부 사령부를 맡았을 때, 중요한 지역에 그가 구성한 조직으로 불어넣은 활력에 관하여 공적으로 또는 사적으로 사방에서 들려오는 이야기들을 들을 수 있었다. 그를 인도 총사령관에 임명하자 많은 사람들이 좋아했다. 인도군을 바스라로 파견할 때 얼마나 적극적이었으며, 이라크의 반란을 진압할 때 얼마나 열정적이었는지 모두가 잘 확인한 바 있었다. 나는 오킨렉에게서 중동의 동시다발적 긴장을 견딜 수 있는 새롭고 신선한 면모를 발견했고, 반면에 웨이벌은 거대한 인도군의 지휘권을 맡아 임박한 도전과 기회가 도래하기 전에 힘을 회복할 수 있으리라고 확신했다. 그러한 내 생각에 대하여 런던의 내각이나 군부 내부에서 아무런 반대가 없었다. 독자들은 내가 결코 독단적으로 권력을 휘두른 적은 없으며 언제나 정치적이고 전문적인 의견을 수렴하고 조정해왔다는 사실을 잊어서는 안 될 것이다. 6월 21일, 나는 전문을 보냈다. 웨이벌은 평정심과 위엄을 잃지 않고 그 결정을 받아들였다. 그는 막 아비시니아로 비행할 참이었는데, 그 비행은 아주 위험한 것이었다. 훗날 그의 전기 작가가 쓴 바에 의하면, 내가 보낸 전문을 읽고 난 뒤 웨이벌은 이렇게 말했다. "수상의 결정은 아주 옳다. 이 무대에는 새로운 눈과 새로운 손이 필요하다."

★ ★ ★ ★ ★

나는 당시 몇 개월 전부터 카이로 참모부의 업무가 현저히 부진하여 극도로 신경이 쓰였다. 그리고 점점 더 수많은 다른 종류의 임무가 고군분투하는 우리 총사령관에게 부당하게 집중되고 있다는 사실을 깨닫게 되었다. 웨이벌 자신도 다른 총사령관과 함께 이미 4월 18일에 지원을 요청했다. 그는 자신의 주장을 지지하는 두 명의 전문가의 의견을 첨부했다. 이든이 방문하는 동안 총사령관들은 권한을 가진 고위급 인사가 가까이 있음으로써 얻는 편리함을 느꼈다. 따라서 이든이 떠나자 그 공백은 컸다.

게릴라 부대를 따라갔던 나의 아들 랜돌프는 그때 사막 부대 소속이었다. 하원의원이었던 랜돌프는 친교의 범위도 꽤 넓었다. 나는 거의 그의 소식을 듣지 못하고 있었는데, 6월 7일 외무부를 통해서 전문을 한 통 받았다. 그것은 랜돌프가 카이로에서 그곳 대사였던 마일스 램슨 경에게 먼저 보이고 동의를 구한 다음 보낸 전문이었다.

현장에서 매일매일 필요한 정치적이고 전략적인 지시를 하는 능력 있는 문관이 올 때까지 이 먼 곳에서 우리가 전쟁을 승리로 이끌 수 있을 것이라고 생각하지 마시기 바랍니다. 전쟁 수행을 위한 전체적 노력을 주재할 전쟁내각의 멤버를 왜 보내주시지 않습니까? 부수적 역할을 담당하는 사무원 외에, 보급을 조정하고 검열과 정보와 홍보 관계를 지시할 지도급 인물 두 명이 필요합니다. 현지의 사려 깊은 사람들은 그러한 업무와 관련해서 과감한 개혁이 필요하다고 생각합니다. 사람을 바꾸는 것만으로는 충분하지 않습니다. 지금이야말로 체제를 바꿀 절호의 시기입니다. 번거롭게 하는 저를 용서하시기 바랍니다. 현재의 상황은 통탄할 지경이며 어떠한 형태로든 승리의 전망을 가지려면 긴급한 조치가 절대적으로 요구된다는 사실을 고려해주십시오.

이 전문을 보고 내가 결심하게 된 것은 사실이다. 2주일 뒤 나는 랜돌프에게 답장을 보냈다. "유익하고 좋은 내용을 담은 너의 전문에 대해서 얼마 동안 많이 생각했다." 그리고 바로 실행에 옮겼다.

1940년 10월 나는 올리버 리틀턴 대위를 입각시켜 상무부 장관에 임명했다. 나는 그를 어린 시절부터 알고 있었다. 그는 제1차 세계대전 중 가장 치열한 전투가 벌어졌을 때 근위보병 제1연대에 복무했는데, 여러 차례 부상도 당했고 훈장도 받았다. 전역한 뒤에는 실업계로 뛰어들어 대형 금속회사의 경영자로 활동했다. 나는 그의 뛰어난 자질을 익히 알고 있었던 터라, 그를 의회로 불러들이고 정부의 고위직에 앉히는 데 조금도 주저하지 않았다. 그의 행정 능력은 우리 거국내각의 모든 정파로부터 찬사를 받았다. 1941년에 그가 제안한 의류 쿠폰제는 내 마음에 들지 않았다. 그러나 내각과 하원에서 환영하는 것을 보고 그것이 필요한 제도라고 생각하게 되었다. 그는 다방면에 걸쳐 유능했다. 따라서 나는 중동 주재 전쟁내각 각료라는 새롭고 전례가 없는 직책에 그가 적임이라고 생각했다. 그렇게 하면, 군부 지도자들의 부담을 크게 덜어줄 수 있었다. 그러한 구상은 모든 정파의 동료들로부터 긍정적인 반응을 얻었다. 그리하여 그는 그 자리에 임명되었다. 그의 주된 임무는 "최고사령부의 부수적 업무에 대한 부담을 덜어주고, 여러 부처와 기관에 관련되는 문제라는 이유로 본국에 조회 절차를 거쳐야만 했던 일을 정부 방침에 준하여 현지에서 신속하게 처리하는 것"이었다.

그 모든 새로운 조치는 결과적으로 뒤따르는 행정적 반응과 함께 중동사령부의 변화에 필요하면서도 적합한 결단이었다.

제22장

소련의 업보

네메시스는 "분에 넘치는 행운을 허용하지 않고, 행운에 뒤따르는 자기 과신을 감시하는 응보의 여신이며……대죄의 응징자를 상징한다."* 이제 우리는 소련 정부와 거대한 공산당 조직의 냉혈한적인 계산의 실수와 자기 과신을, 그리고 그들 자신이 어떠한 위치에 있는가에 대한 경악할 정도의 무지를 밝히지 않으면 안 된다. 소련은 서방 국가들의 운명에 대해서 철저하게 무관심한 태도를 보였다. 그것은 바로 얼마 뒤 소련이 절실히 요구했던 "제2전선(Second Front)"을 의미하고 있었음에 불과했다. 그들은 히틀러가 이미 6개월도 더 이전부터 소련을 격멸하기로 결심한 사실을 낌새조차 느끼지 못한 것 같았다. 만약 소련의 정보기관이 독일이 대규모의 병력을 동쪽으로 전진 배치하면서 매일 증강시키고 있다는 첩보를 제공했다면, 소련 당국은 그에 대처했어야만 하는 반드시 필요한 조치를 팽개친 것이나 다름없었다. 그리하여 소련은 독일이 발칸 전체를 파괴하는 행위를 방관했다. 그리고 서방의 민주주의 국가들을 혐오했다. 그러나 소련의 이해관계와 안보에 결정적 영향을 미치는 터키, 루마니아, 불가리아, 유고슬라비아에 대해서는 달랐다. 소련 정부는 1월에 영국의 적극적인 지원 아래 4개국이 결집하여 히틀러에 대항하는 발칸 전선 형성을 주도했다. 그러고는 그 국가들이 혼란 속으로 빠져드는 것을 내버려두었으며, 결국 터키를 제외한 나머

---

* 옥스퍼드 영어사전에서 인용함.

지 3개국은 차례대로 처리되었다. 전쟁이란 대체로 대실수의 목록이다. 그러나 역사상 스탈린과 공산당 수뇌부가 저지른 실책보다 더한 것은 아마 찾아보기 힘들 것이다. 그들은 발칸에서의 모든 가능성을 팽개쳐버렸으며, 소련에 들이닥칠 가공할 습격을 무기력하게 기다리고 있었거나 아예 눈치조차 채지 못하고 있었다. 그들은 아주 이기적인 계산기였다. 뿐만 아니라 그들은 그 시기의 대표적인 바보였다. 조국 러시아의 힘, 대중, 용기와 인내력은 나중의 일이었다. 전략과 정책과 통찰과 능력을 기준으로 판단한다면, 스탈린과 그의 인민위원회[소련 정부의 내각/역주]의 인민위원들은 제2차 세계대전 중 가장 정신 나간 인간들이었음을 스스로 보여주었다.

★ ★ ★ ★ ★

1940년 12월 18일 히틀러가 내린 "바르바로사(Barbarrssa)" 지령은 러시아에 대비하여 집결할 병력의 일반적 조직과 기본 의무를 규정하고 있었다. 당시 동부 전선에 배치된 독일군 전력은 34개 사단이었다. 그 수를 세 배 이상으로 늘리는 일은 계획과 준비 단계 모두 엄청난 작업이었으므로, 1941년 초반 몇 개월은 완전히 그 일에만 매달려야 했다. 1월과 2월 중, 발칸에서의 모험에 히틀러 스스로 끌려들어가면서 3개 기갑사단을 포함한 5개 사단을 동부에서 차출하여 서부로 돌렸다. 5월에는 동부에 편성된 병력이 87개 사단이었는데, 그중 25개 사단은 발칸 지역에 보낼 수밖에 없었다. 소련에 대한 침공의 규모나 위험을 고려하면, 그렇게 많은 병력을 다른 곳으로 돌림으로써 동부 전선 집결에 차질이 생긴 것은 어리석은 행동이었다. 이제야 정확히 알 수 있듯이, 당시 우리가 발칸에서 대항하고 특히 유고슬라비아에서 혁명이 일어나는 바람에 뒤에 독일의 중요한 지상 작전이 5주일 동안 지연되었다. 그것이 겨울이 시작되기 전 독소 전투의 운명에 어떠한 영향을 미치게 되었는지는 아무도 정확히 계산할 수 없다. 어쨌든 그 때문에 모스크바가 살아남았다고 믿는 것은 전혀 무리가 아니다. 5월 내내 그리고

6월 초순까지 수많은 독일 최정예 사단과 모든 기갑부대가 발칸에서 동부 전선으로 이동했다. 그리하여 도발의 결정적 순간에 독일은 17개 기갑사단과 그리고 12개 차량화 사단이 포함된 120개 사단으로 공격을 개시했다. 독일 남부 집단군에는 루마니아군 6개 사단도 포함되어 있었다. 추가로 26개 사단의 일반 예비군이 준비되었는데, 일부는 소집이 완료되었고, 일부는 소집 중에 있었다. 그렇게 하여 7월 초순경 독일군 최고사령부는 최소 150개 사단과 약 2,700기가량의 비행기의 공격력으로 지원할 수 있는 공군력을 보유하게 되었다.

★ ★ ★ ★ ★

3월 말까지 나는 히틀러가 치명적일 수도 있는 소련과의 전쟁을 결심했다거나, 결심이 임박했다는 사실을 확신할 수 없었다. 우리 정보기관의 보고서에는 1941년 처음 3개월 동안 독일 병력이 밀집하여 발칸 제국으로 이동한 상세한 내용이 들어 있었다. 우리 정보원들은 발칸의 준중립 국가들 내에서 상당히 자유롭게 활동할 수 있었기 때문에, 동남쪽으로 향하는 철도와 도로에 모여드는 무장한 독일군 부대에 관한 정확한 정보를 계속 보내왔다. 그러나 그러한 정보들은 어느 것도 반드시 러시아 침공과 관련하여 해석될 필요는 없었다. 오히려 독일의 루마니아와 불가리아에 대한 관심과 정책, 그리스에 대한 구상, 유고슬라비아와 헝가리에 대한 협정 문제 등과 연관하여 설명할 수 있었다. 독일을 통과하여 루마니아와 발트 해에 이르는 러시아의 주요 전선으로 향하는 대규모 군사 이동에 관한 정보는 입수하기가 아주 어려웠다. 발칸에서의 국면이 명확해지기 전에 독일이 러시아와 새로운 대전쟁을 벌인다는 것은 너무 고급 정보여서 사실이라고 믿을 수가 없었다.

해협 건너편에서 우리와 대치하고 있는 독일군의 전력이 감소되는 기미는 전혀 보이지 않았다. 독일 공군의 영국 공습은 치열하게 계속되었다. 루에 관계없이 참여하는 전쟁입니다. 미국의 행동에 관해서는 내가 말할 처지가 아닙니다. 그러나 이렇게 말하고자 합니다. 히틀러가 만약 자신이 러시아를 공격함으로써 그를 파멸시키기로 결심한 위대한 민주주의 국가들의 목표를 조금이나마 벗어나게 하거나 노력을 완화시킬 수 있다고 상상했다면, 그것은 대단한 착각입니다. 오히려 그의 폭력으로부터 인류를 구하겠다는 우리의 노력은 더욱 공고해지고 고무될 것입니다. 우리의 결의와 힘의 원천은 약해지지 않고 더욱 강해질 것입니다.

서로 결속하여 행동했더라면 자신의 나라는 물론 전 세계를 이 파국으로부터 구할 수 있었겠지만, 하나씩 차례로 스스로 무너졌던 국가나 정부의 어리석음에 훈계나 하고 있을 때가 아닙니다. 내가 불과 몇분 전 러시아에 대한 모험에 자신을 뛰어들도록 만든 히틀러의 피에 굶주린 혐오스러운 욕망에 대해서 말했을 때, 그것은 히틀러의 도발 이면에는 더 깊숙이 숨은 동기가 있다는 사실을 지적한 것입니다. 그가 러시아의 힘을 무너뜨리려고 하는 것은, 거기서 성공을 거둔다면 독일의 육군과 공군의 주력을 동쪽에서 되돌려 이 섬에 투입할 수 있을 것이라고 희망하기 때문입니다. 그는 영국을 정복하지 못하면 자신의 범죄 행위에 상응하는 처벌을 받아야 한다는 사실을 알고 있기 때문입니다. 히틀러의 러시아 침공은 영국 섬에 대한 침공을 시도하기 위한 서곡에 지나지 않습니다. 의심할 여지도 없이, 그는 그 모든 계획이 겨울이 오기 전에 완결되기를 바라고 있습니다. 그리고 미국의 함대와 비행기가 개입하기 이전에 영국을 점령하기를 바라고 있습니다. 히틀러는 이전 그 어느 때보다 더 큰 규모로 그가 적으로 생각하는 국가들을 그가 지금까지 성공을 거두어온 방식에 따라 하나씩 파괴하려는 시도를 반복하려고 합니다. 그리고 정복 행위를 헛되지 않도록 하기 위한 최종의 목표, 즉 서반구를 자기의 의지와 체제 속에 굴복시키고자 하는 희망을 분명히 드러내고 있습니다.

그러므로 러시아의 위험은 바로 우리의 위험이며 미국의 위험입니다. 그것은 단란한 가정을 위하여 싸우는 러시아 인들의 명분이 이 지구상의 자유인과 자유 국민의 명분이기도 한 것과 마찬가지입니다. 지금까지의 끔찍한 경험이 가르치는 것을 다함께 배웁시다. 우리의 노력을 배가하도록 합시다. 우리의 생명과 힘이 남아 있는 한, 다 같이 강하게 단결하여 나아갑시다."

Hye Soon Hwang

3
6
5

Drawings

Flora Portrait

우즈북스

Flora Portrait

언젠가부터 선인장이라는 식물에 관심을 두게 되었다. 식물, 자연이라는 주제에 대해 항상 관심이 많았던 나는 선인장이 가지고 있는 기하학적 요소들에 대해 흥미를 느끼고 관찰하기 시작했다. 관찰의 시작은 점, 선, 면, 형태 등의 조형적 요소였지만, 관찰하면 할수록 그 안에서 인간, 사회, 우주의 모습과 닮은 습성을 발견하게 되었고 많은 영감을 받게 되었다. 이러한 모양과 습성들을 나의 작업과 연결하기 시작했고 선인장뿐만 아니라 다양한 식물들을 관찰하며 그것들과 나의 이야기를 드로잉으로 기록하였다. 하루하루의 이야기들이 쌓여 한 달이 되고, 그렇게 1년 동안의 나를 돌아볼 수 있는 365개의 '식물 자화상'이 만들어졌다.

–
To you

두 가지 중요한 경험을 통해 삶을 대하는 방식이 바뀌었다.

첫 번째 경험은 아이의 탄생. 나의 시간과 사랑을 전적으로 쏟아부어야 하는 존재를 처음 만났고 이 존재는 내가 느끼는 시간의 속도와 다르게 또 다른 속도로 빠르게 성장해 갔다. 종종 시간을 붙잡고 싶다는 생각을 하지만 그럴 수 없다는 걸 잘 안다. 그래서 아이와 함께하는 하루가 더욱 소중하다.

두 번째 경험은 할머니의 죽음. 너무 당연히 곁에 항상 있을 거라 생각한 가족의 죽음을 통해 소중한 사람들이 평생 함께할 수 없다는 것을 직접적으로 경험한 사건이다. 왜 항상 소중한 것은 곁에 있을 때 그 소중함을 알기 어려운 것인지, 아쉽기만 하다.

이 두 가지 경험을 한 이후부터 평범하게 지나가는 일상도 다른 시각으로 보게 된다. 언젠가 나의 아이는 독립할 것이고 나의 의지와 상관없이 헤어지게 될 거라는 걸 알고 있다. 보고 싶은 할머니는 남겨진 사진과 나의 기억 속에서만 만날 수 있다. 그래서 소중한 사람들과 웃으며 함께하는 시간이, 아이와 함께 놀아 줄 수 있는 이 시간이, 너무도 큰 행복으로 여겨지게 되었다. 이런 소소한 일상의 행복은 결국 다른 것으로부터가 아닌 내 자신임을 깨달았다. 나의 마음의 소리에 귀 기울이고 나의 감정에 솔직할 때 행복도 느낄 수 있을테니 말이다. '식물 자화상'을 통해 너무도 빠르게 흘러가는 매일의 감정들을 기록하는 것이 어느덧 습관이 되었다. 그래야 언젠가 훗날 그날을 기억하고 싶을 때 꺼내볼 수 있기 때문이다.

『365 drawings : Flora Portrait』는 나의 솔직한 365일간의 감정을 '드로잉'으로 표현한 책이다. 그렇기에 독자들이 이 책을 볼 때 읽지 않고 '감상' 해줬으면 하는 바람이다. 책을 감상하며 느낄 수 있는 자신만의 감정을 고스란히 받아들이는 시간이 되었으면 한다. 기쁨, 슬픔, 분노, 신비로움, 불안 등… 어떤 감정도 잘못된 것은 없다. 그렇게 자신을 돌아보고 이해하는 시간을 가지게 된다면 힘들다고 느껴지는 일상에서도 작은 행복을 찾아낼 수 있는, 신기한 마법이 일어날 수 있다고 믿는다.

2022. 07
Hye Soon Hwang

365

Day 1

Drawings

Day 2

Day 15

Drawings

Day 16

Day 17

Drawings

Day 18

Day 19

Day 20

Day 21

Drawings

Day 22

Day 35

Drawings

Day 36

Day 37

Drawings

Day 38

Day 39

Day 40

Day 41

Day 42

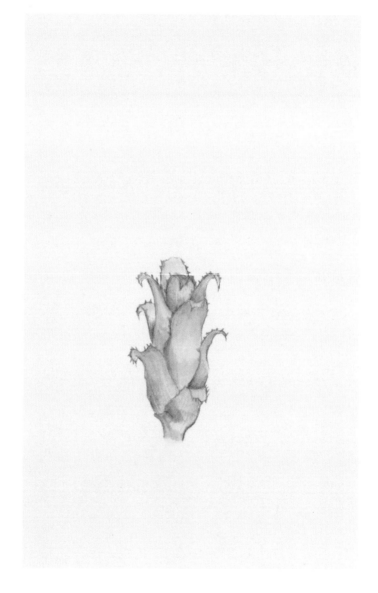

Day 55

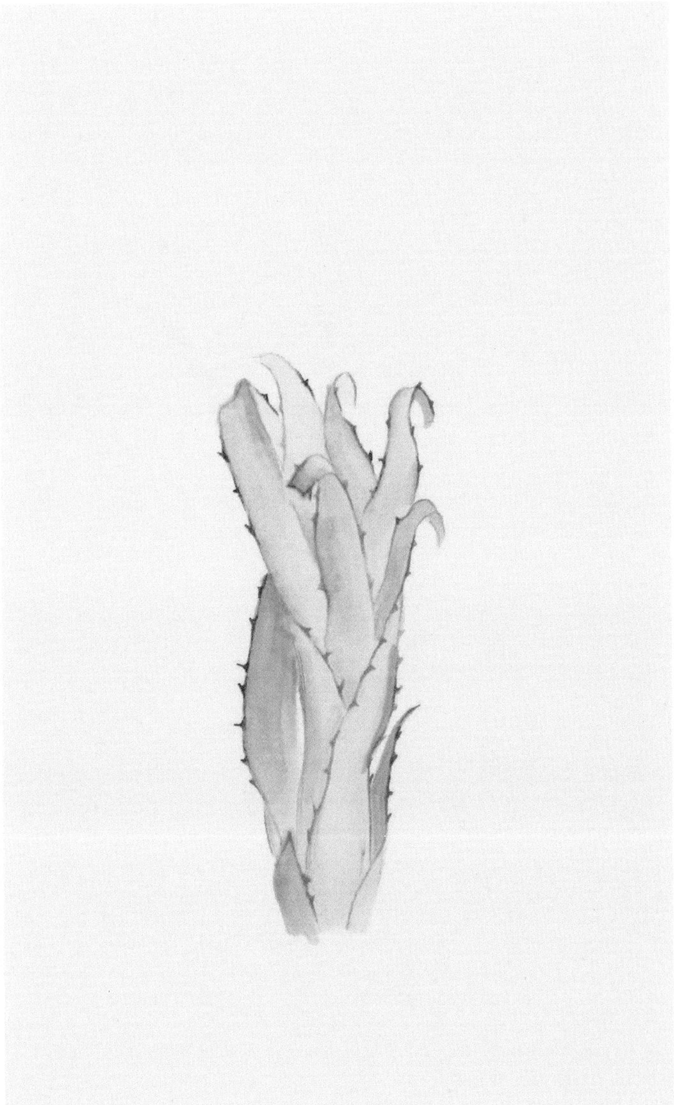

Day 56

Day 57

Day 58

Day 59

Day 60

Day 61

Day 62

Day 75

Drawings

Day 76

Day 78

Drawings

Day 80

Day 81

Drawings

Day 82

Day 95

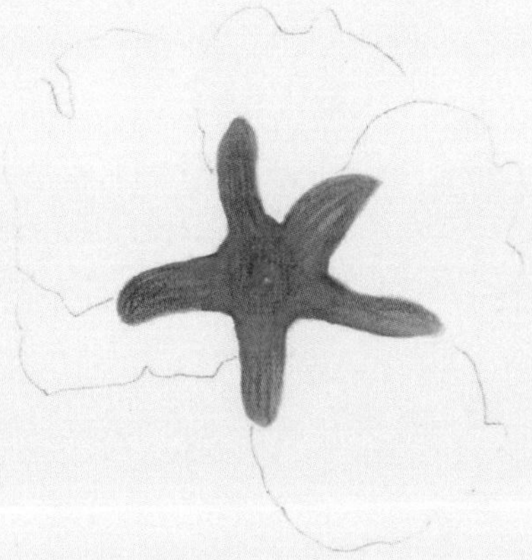

Drawings

Day 97

Drawings

Day 98

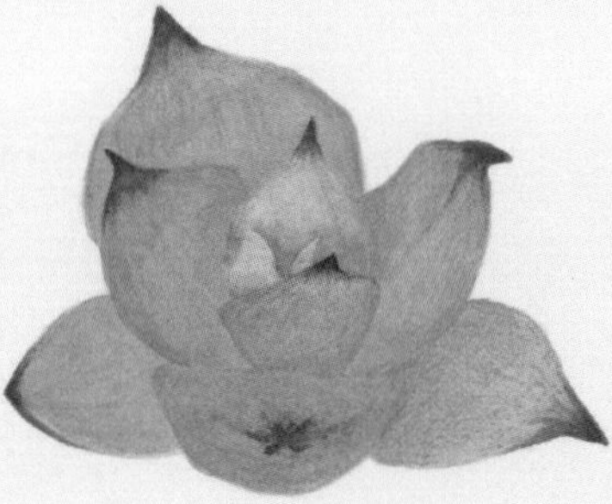

Day 100

Day 101

Drawing

Day 102

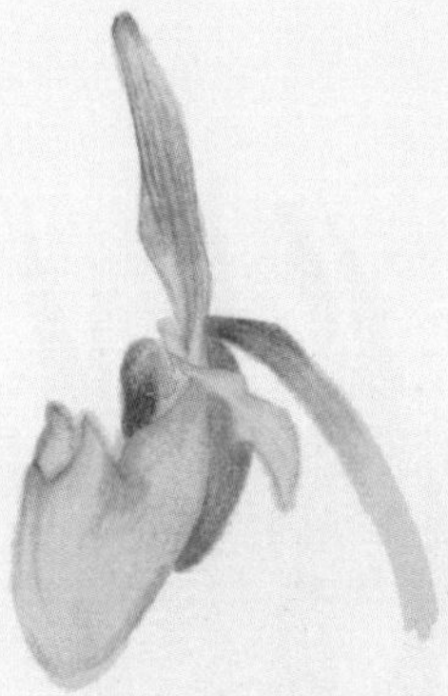

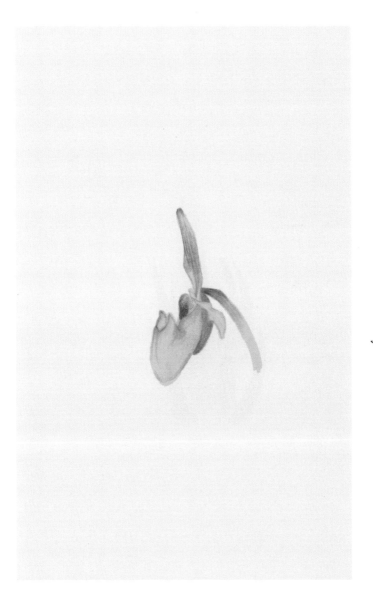

Drawings

Day 116

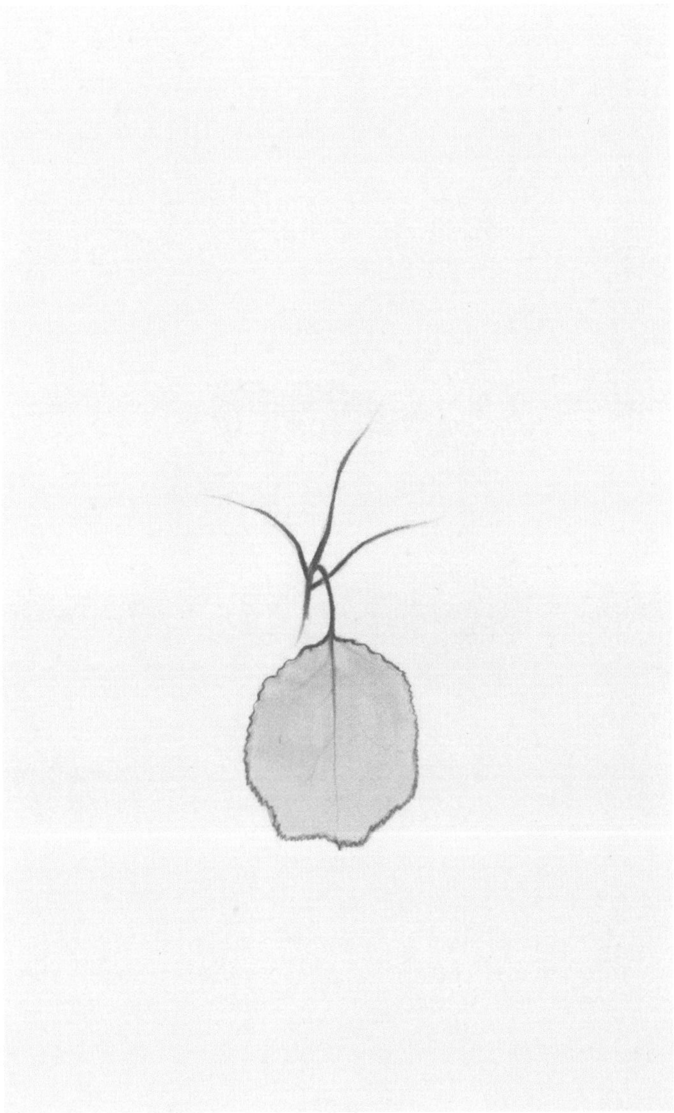

Drawings

Day 118

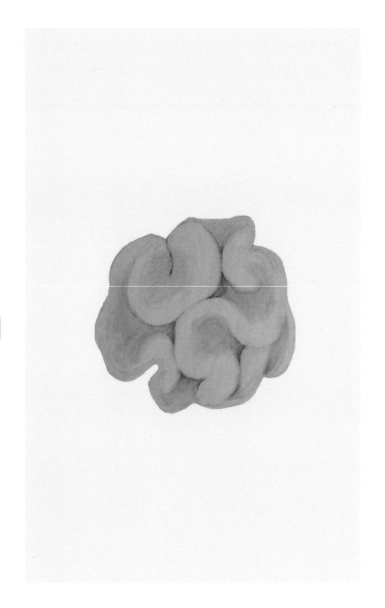

Day 119

Day 120

365

Day 121

Drawing

Day 122

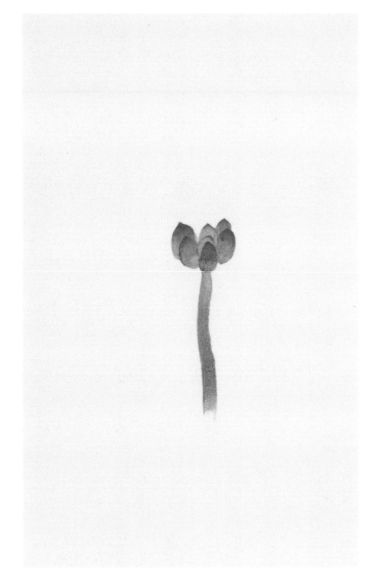

Day 135

Day 136

Day 137

Day 138

365

Day 139

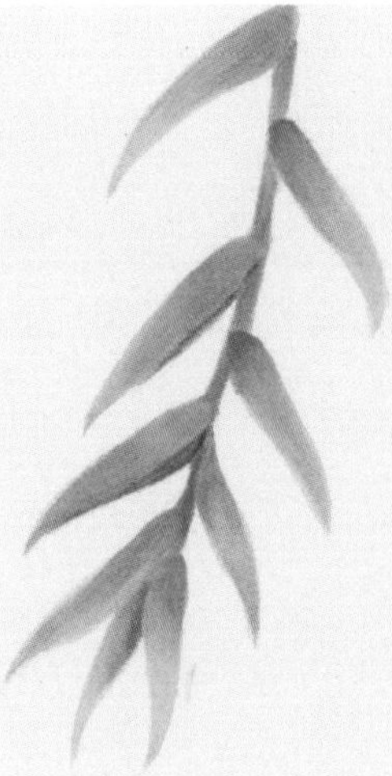

Drawings

Day 140

Day 142

Day 155

Drawings

Day 156

Day 157

Day 158

Day 159

Day 160

365

Day 161

Day 162

Day 175

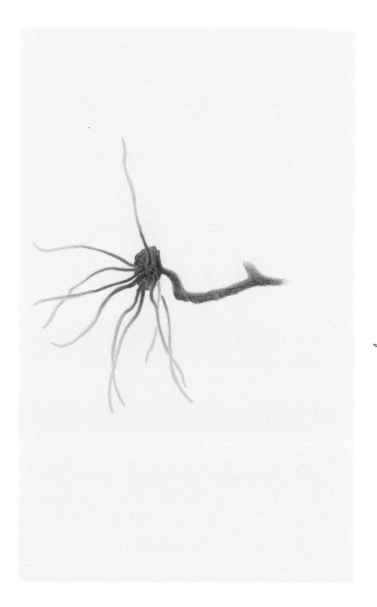

Drawings

Day 176

Day 177

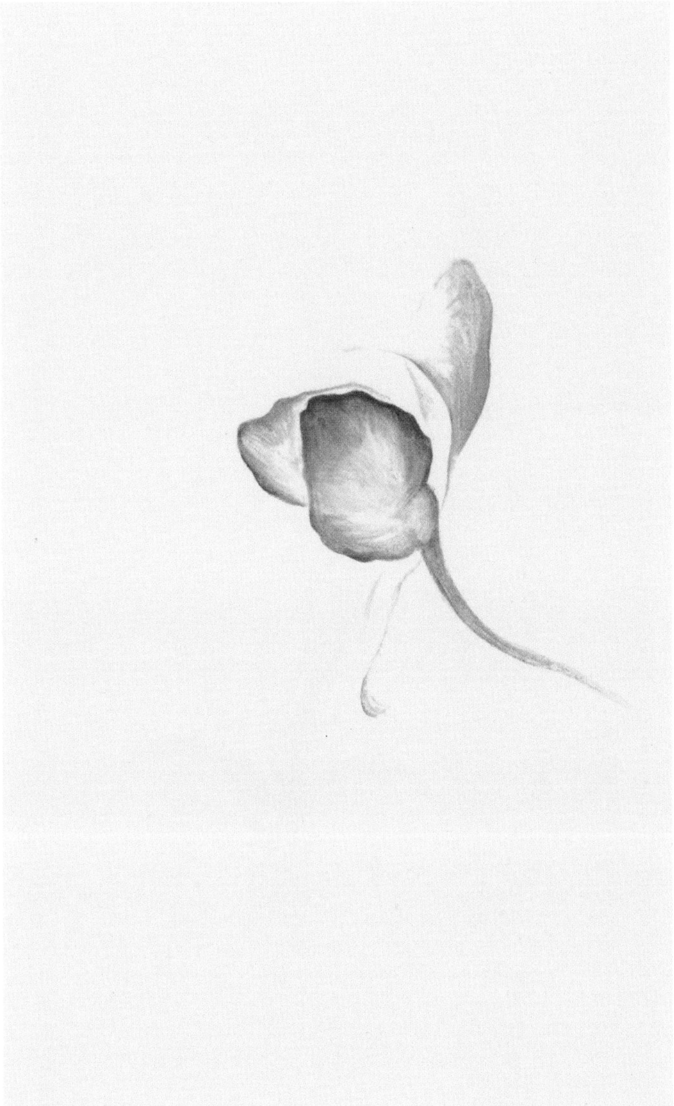

Day 178

Day 179

Drawings

Day 180

Day 181

Drawings

Day 182

Day 196

Day 197

Drawings

Day 198

Day 199

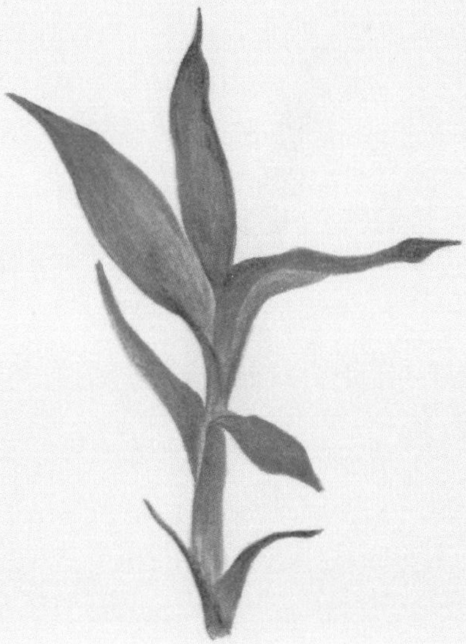

Drawings

Day 200

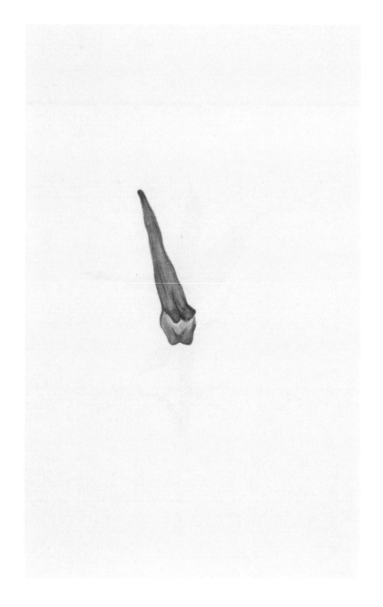

Day 201

Drawings

Day 202

Day 215

Day 216

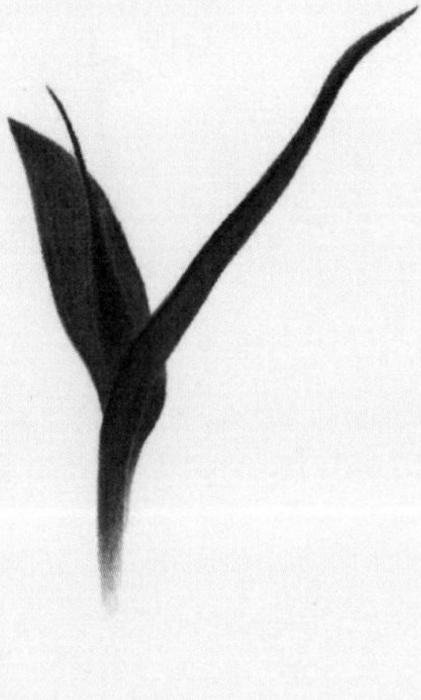

Drawings

Day 218

Day 219

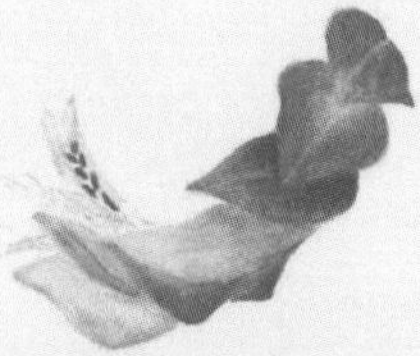

Drawings

Day 220

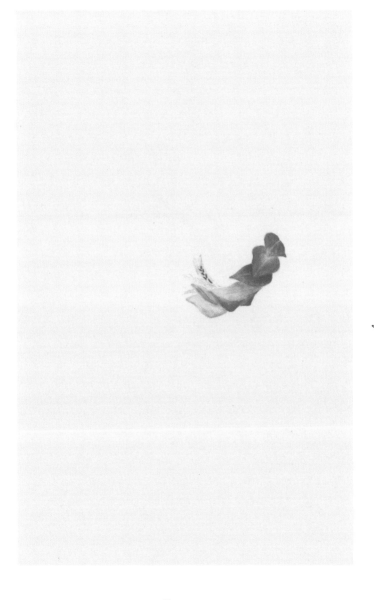

Day 221

Day 222

Day 235

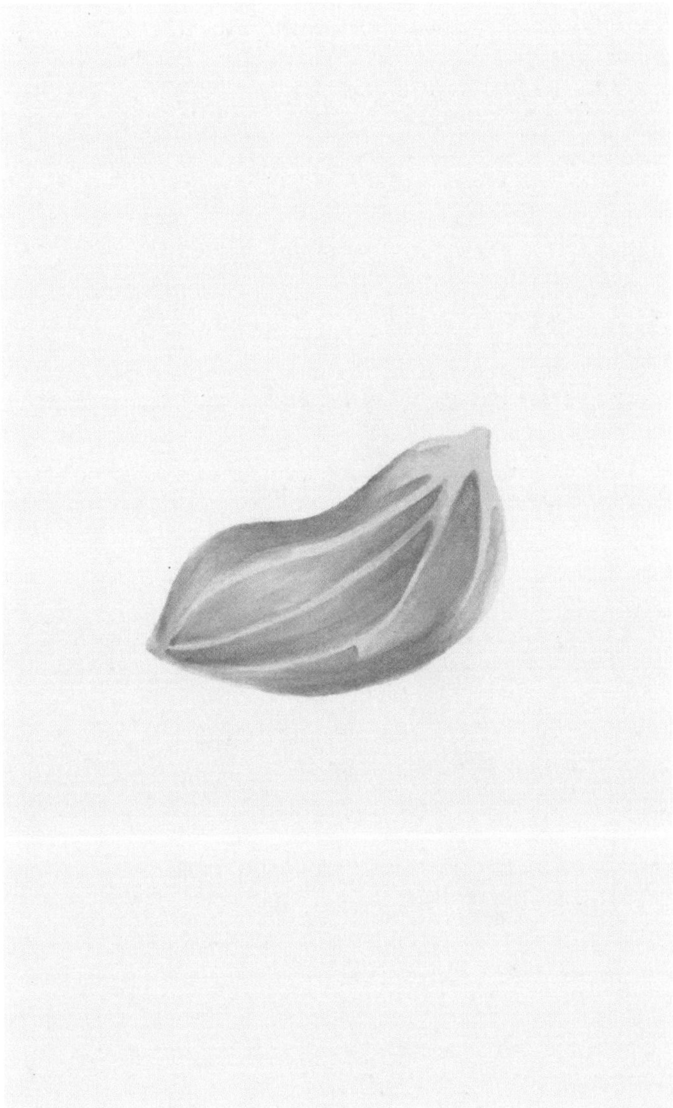

Drawings

Day 236

Drawings

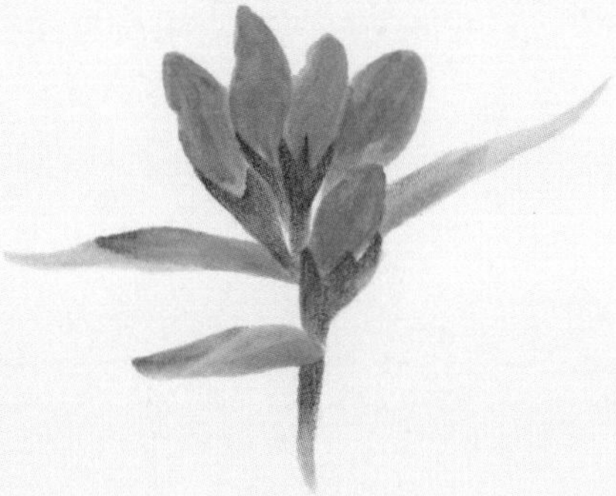

Day 238

Day 239

Day 240

Day 241

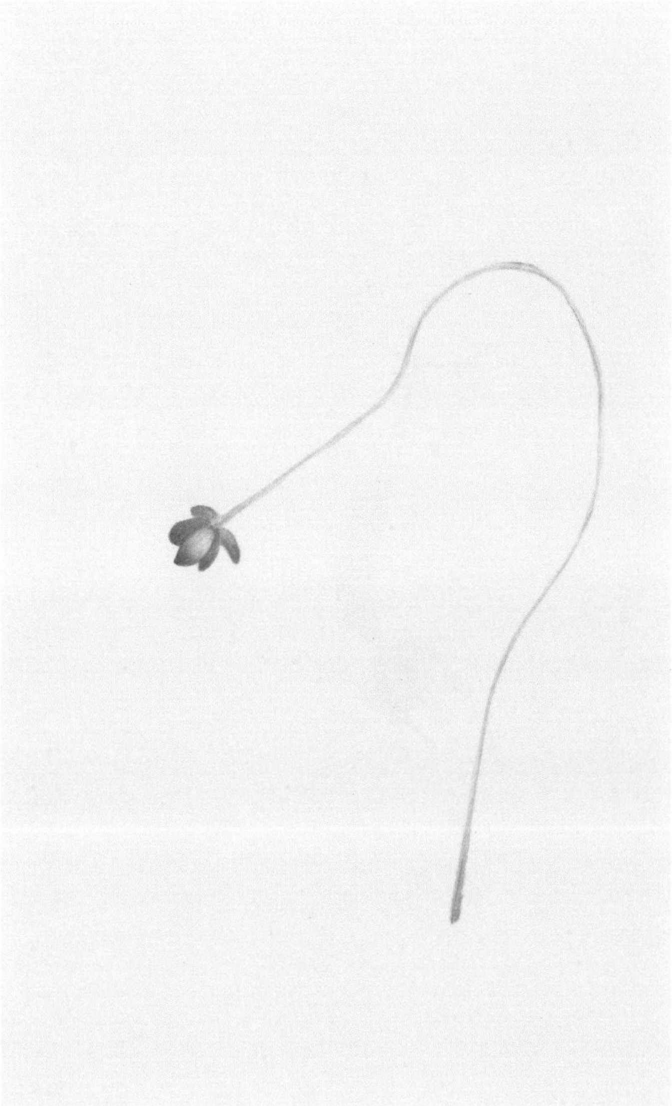

Day 242

Day 255

Drawing

Day 256

Day 258

Day 259

Day 260

Day 261

Drawings

Day 262

Day 275

Drawings

Day 276

Day 277

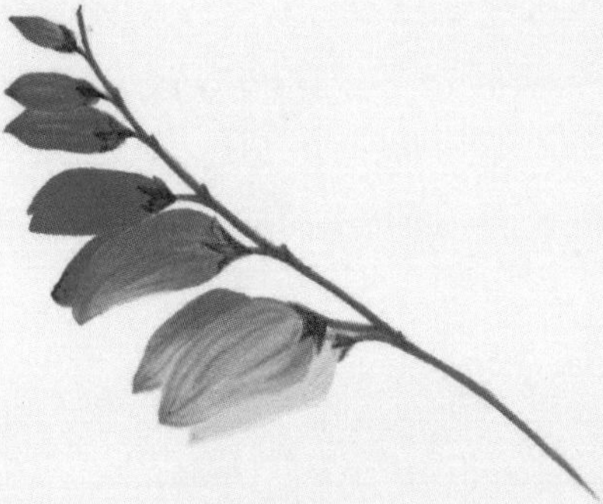

Drawings

Day 278

Day 279

Day 280

Day 281

Day 282

Day 295

Drawings

Day 296

Day 297

Day 298

Day 299

Drawing

Day 300

Day 301

Day 302

Day 315

Drawings

Day 316

Day 317

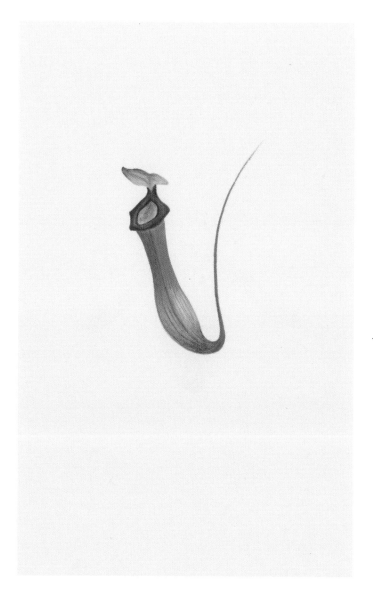

Day 318

365

Day 319

Drawings

Day 320

Day 321

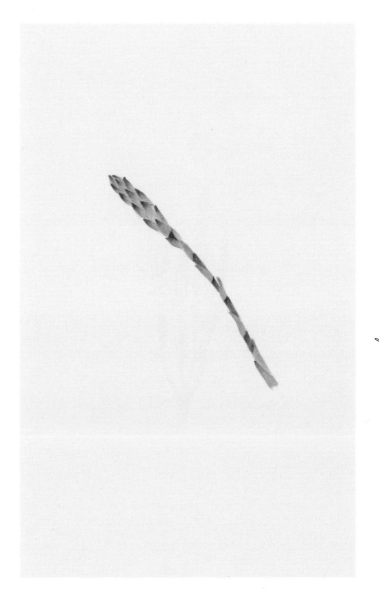

Drawings

Day 322

Day 335

Day 336

Day 337

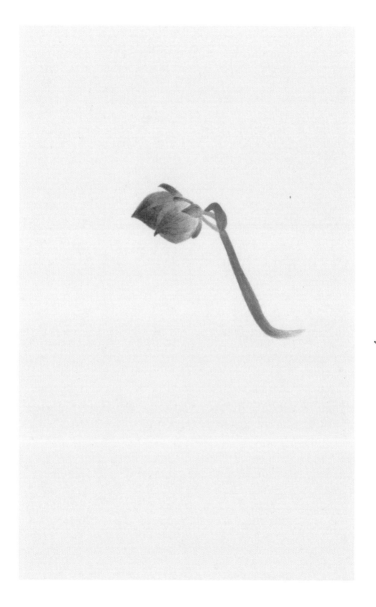

Drawings

Day 338

Day 339

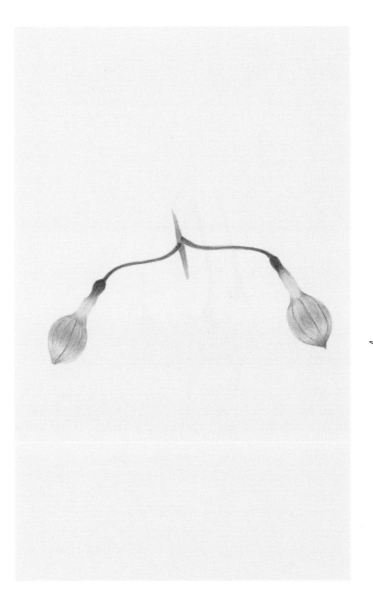

Day 340

Day 341

Drawings

Day 342

Day 355

Day 356

Day 357

Drawings

Day 358

Day 359

Day 360

365

Day 361

Day 362

이민법제론 강의노트
| 제2판 |

이민법제론 강의노트
| 제2판 |

초판 1쇄 발행 2019년 2월 28일
2판 1쇄 발행 2023년 8월 31일

지은이 한태희

펴낸이 박영호
기획팀 송인성, 김선명, 김선호
편집팀 박우진, 김영주, 김정아, 최미라, 전혜련
관리팀 임선희, 정철호, 김성언, 권주련

펴낸곳 (주)도서출판 하우
주소 서울시 중랑구 망우로68길 48
전화 (02)922-7090
팩스 (02)922-7092
홈페이지 http://www.hawoo.co.kr
e-mail hawoo@hawoo.co.kr
등록번호 제2016-000017호

값 23,000원
ISBN 979-11-6748-107-8 93360

이민법제론
강의노트
|제2판|

한태희

목차

(10) 행정구제(권리구제) 방법

방 법	의 미	예
1. 이의신청	• 개별법에 규정이 있는 경우 처분청에 재심사를 신청하는 것	• 보호에 대한 이의신청 (출입국관리법 제55조) • 강제퇴거명령에 대한 이의신청(출입국관리법 제60조) • 난민불인정결정에 대한 이의신청(난민법 제21조)
2. 행정심판 청구	• 행정청의 처분 또는 부작위에 대하여 다른 법률에 특별한 규정이 있는 경우 외에는 행정심판을 청구할 수 있음(행정심판법 제3조 제1항) • 출입국관리법 등 이민법제 관련 처분 또는 부작위는 국민권익위원회에 설치된 중앙행정심판위원회에 행정심판을 청구함 • 이의신청과 행정심판 청구는 별개이므로 중복하여 신청할 수 있는 것이 원칙이지만, 난민법상 난민불인정결정에 대한 이의신청을 한 경우는 별도로 행정심판을 청구할 수 없음(난민법 제21조 제2항)	• 체류기간연장허가 거부처분 취소심판청구[9] • 강제퇴거명령 취소심판청구 • 귀화불허처분 취소심판청구 • 난민불인정결정 취소심판청구
3. 행정소송 제기	• 행정심판으로 구제받지 못한 경우는 행정법원에 행정소송을 제기할 수 있음 • 단, 행정소송을 제기하기 전에 반드시 행정심판을 먼저 제기할 필요는 없으므로 행정심판을 제기하지 않고 바로 행정법원에 행정소송을 제기할 수도 있음	• 체류기간연장허가 거부처분 취소소송 • 강제퇴거명령 취소소송[10] • 귀화불허처분 취소소송 • 난민불인정결정 취소소송
4. 헌법소원 심판 청구	• 공권력의 행사 또는 불행사로 인하여 헌법에 보장된 기본권을 침해받은 자는 법원의 재판을 제외하고는 헌법재판소에 헌법소원심판을 청구할 수 있음(헌법재판소법 제68조)	• 외국인이 헌법상 재판청구권 등을 침해당했다고 주장하는 헌법소원심판[11]

---

9) 예를 들면 중앙행정심판위원회 2019-4218 → 제14강 행정심판위원회 재결 사례 참조

10) 예를 들면 청주지방법원 2018. 5. 17. 선고 2017구합2276 판결 → 제14강 법원 판결 사례 참조

11) 예를 들면 헌법재판소 2012. 8. 23. 선고 2008헌마430 결정 → 제14강 헌법재판소 결정 사례 참조

(1) 이민법제의 의미

이민법제(移民法制)란 외국인의 출입국, 체류, 귀화, 사회통합 등 이민정책[12] 분야의 법령과 제도를 의미한다.

(2) 이민법제의 특성[13]

특성	의미
적용대상의 특수성	외국인 또는 이민자를 대상
고도의 정책재량	• 주권행사로서 고도의 정책재량이 적용되는 분야[14] • 규제의 상당 부분이 지침 등 행정규칙에 위임되어 있음
국제관계적 성격	외국인의 법적 지위에 관하여 원칙적으로 상호주의를 적용하며, 난민협약 등 국제협약을 통하여 가입국에 일정한 의무를 부담시키는 등 국제관계적 특성을 가짐

---

12) 이민정책이란 "국경 및 출입국관리, 국적부여 정책과 이민자 사회통합 정책을 포괄하는 개념으로, 대한민국으로 이주하고자 하는 외국인과 그 자녀 등에 대해 **영구적 또는 일시적 사회구성원 자격을 부여**하거나, **국내에서 살아가는 데 필요한 제반 환경조성**에 관한 사항을 종합적인 관점에서 다루는 정책"을 의미한다.[법무부, 제3차 외국인정책기본계획(2018년~2022년), 2018, 4면.]

13) 차용호, 『한국 이민법』, 법문사, 2015, 13~22면.

14) 헌법재판소는 "출입국관리행정은 내·외국인의 출입국과 외국인의 체류를 적절하게 통제·조정함으로써 국가의 이익과 안전을 도모하는 국가행정이다........이와 같은 출입국관리에 관한 사항 중 특히 외국인의 입국에 관한 사항은 주권국가로서의 기능을 수행하는 데 필요한 것으로서 광범위한 정책재량의 영역에 놓여 있는 분야라고 할 수 있을 것이다. 그러므로 이러한 영역의 공권력행사의 위헌 여부를 판단함에 있어서는 <u>완화된 심사기준</u>이 적용되어야 한다."고 판시하였다. (헌재 2005.3.31. 2003헌마87)

(3) 이민법제의 현황

우리나라에서 이민법제로 분류되는 대표적 법률에는 출입국관리법, 국적법, 『재외동포의 출입국과 법적 지위에 관한 법률』, 『외국인근로자의 고용 등에 관한 법률』, 재한외국인처우기본법, 다문화가족지원법, 난민법 등의 7개 법률이 있다. 법률은 아니지만 헌법의 외국인의 기본권에 관한 내용도 통상 이민법제에 포함하기도 한다.

'들어오는 이민'의 역사가 오래되지 않은 사유 등으로 우리나라 이민법제는 아직 체계적으로 정비되어있지 않으며, 이민정책 관련법이 정책의 필요에 따라 그 때 그 때 관련 부처별로 제정되어 체계성, 통일성, 일관성이 결여되어 있다는 비판이 있다.

이민법제의 근간이 되는 출입국관리법은 1963년에 제정되었으나 그 후 주요한 이민법인 『재외동포의 출입국과 법적 지위에 관한 법률』, 『외국인근로자의 고용 등에 관한 법률』, 재한외국인처우기본법, 다문화가족지원법, 난민법 등은 1999년 이후에 제정되었다. 2023년 7월 현재 이민법제 현황은 아래 표와 같다.

제정년도	헌법 & 법률명	소관부처	강의 순서
1948년	헌법	국회	제2강
	국적법	법무부	제8강 ~ 제9강
1963년	출입국관리법	법무부	제3강 ~ 제7강
1999년	재외동포의 출입국과 법적 지위에 관한 법률	법무부	제10강
2003년	외국인근로자의 고용 등에 관한 법률	고용노동부	제11강
2007년	재한외국인처우기본법	법무부	제12강
2008년	다문화가족지원법	여성가족부	제12강
2012년	난민법	법무부	제13강

제2강

헌법

1 개요

이민법제론에서 헌법을 학습하는 이유는 이민정책을 '외국인의 한국으로의 이주와 관련하여 한국을 어떠한 사회로 만들어 가겠다고 하는 정부의 의사결정'으로 정의한다면 이민정책의 대상이 되는 외국인을 법적으로 어떻게 처우하고 있는지에 대한 이해가 필요하다. 헌법은 이민법이 외국인을 어떻게 처우해야 하는지에 대한 법해석의 기준이 되기 때문에 헌법상 외국인의 지위에 대한 학습은 이민법제를 이해하는 기초가 된다. 또한, 우리 헌법이 우리 사회의 일시적 또는 영구적 구성원이 되려는 외국인 유입에 대하여 어떠한 태도를 가지고 있는지를 살펴보고 다문화·다인종 사회에 부합하는 헌법의 방향을 제시할 필요도 있다. 즉 이민법제론에서의 헌법은 헌법상 외국인의 법적 지위와 헌법의 이민에 대한 태도에 대한 학습을 그 내용으로 한다.

헌법 조문 구성

1945년 제정 후 9차 개정을 거쳐 1988년 2월 25일부터 시행된 현행 헌법은 국민의 기본권, 통치구조 등 아래 표와 같은 내용을 담고 있다.

〈헌법 조문 구성〉

[시행 1988.2.25.] [헌법 제10호, 1987.10.29., 전부개정]

장 · 절 · 관	조항
전문(前文)	
제1장 총강	제1조 국호, 정체, 국체, 국민주권[15] 제2조 **국민의 요건**, 재외국민보호 제3조 영토 제4조 평화통일정책 제5조 침략전쟁의 부인, 국군의 사명과 정치적 중립성 제6조 조약과 국제법규의 효력, **외국인의 법적 지위** 제7조 공무원의 지위, 책임, 신분, 정치적 중립성 제8조 정당 제9조 문화의 계승, 발달, 창달

---

15) 헌법 각 조항의 제목은 헌법 조항에 명시되어 있지는 않고 학자들이 편의상 표기한 것임. 헌법 각 조항의 제목은 2012 큰 글 헌법전(법률출판사)을 참고함

1 출입국관리법 제정 배경

　출입국관리법은 주로 외국인의 입국, 체류, 출국 등 국경관리를 목적으로 1963년 제정되었다. 현행 출입국관리법 제1조는 동법의 목적으로 "이 법은 대한민국에 입국하거나 대한민국에서 출국하는 모든 국민 및 외국인의 출입국관리를 통한 안전한 국경관리, 대한민국에 체류하는 외국인의 체류관리와 사회통합 등에 관한 사항을 규정함을 목적으로 한다."고 규정하고 있다.

2 출입국관리법 조문 구성

〈출입국관리법 조문 구성〉

[시행 2023. 6. 14.] [법률 제19070호, 2022. 12. 13., 일부개정]
법무부(외국인정책과), 02-2110-4116

장·절	조항	
제1장 총칙	제1조	목적
	제2조	정의
제2장 국민의 출입국	제3조	국민의 출국
	제4조	출국의 금지
	제4조의2	출국금지기간의 연장
	제4조의3	출국금지의 해제
	제4조의4	출국금지결정 등의 통지
	제4조의5	출국금지결정 등에 대한 이의신청
	제4조의6	긴급출국금지
	제5조	국민의 여권 등의 보관
	제6조	국민의 입국
제3장 외국인의 입국 및 상륙	제1절 외국인의 입국	제7조	외국인의 입국
		제7조의2	허위초청 등의 금지
		제8조	사증
		제9조	사증발급인정서
		제10조	체류자격
		제10조의2	일반체류자격
		제10조의3	영주자격
		제11조	입국의 금지 등
		제12조	입국심사
		제12조의2	입국 시 지문 및 얼굴에 관한 정보의 제공 등
		제12조의3	선박 등의 제공금지
		제12조의4	외국인의 여권 등의 보관
		제13조	조건부 입국허가

장 · 절		조항	
제3장 외국인의 입국 및 상륙	제2절 외국인의 상륙	제14조 제14조의2 제15조 제16조 제16조의2	승무원의 상륙허가 관광상륙허가 긴급상륙허가 재난상륙허가 난민 임시상륙허가
제4장 외국인의 체류와 출국	제1절 외국인의 체류	제17조 제18조 제19조 제19조의2 제19조의4 제20조 제21조 제22조 제23조 제24조 제25조 제25조의2 제25조의3 제26조 제27조	외국인의 체류 및 활동범위 외국인 고용의 제한 외국인의 고용한 자 등의 신고의무 외국인의 기술연수활동 외국인유학생의 관리 등 체류자격 외 활동 근무처의 변경 · 추가 활동범위의 제한 체류자격 부여 체류자격 변경허가 체류기간 연장허가 결혼이민자에 대한 특칙 성폭력피해자에 대한 특칙 허위서류 제출 등의 금지 여권 등의 휴대 및 제시
	제2절 외국인의 출국	제28조 제29조 제29조의2 제30조	출국심사 외국인 출국의 정지 외국인 긴급출국정지 재입국허가
제5장 외국인의 등록 및 사회통합 프로그램	제1절 외국인의 등록	제31조 제32조 제33조 제33조의2 제33조의3 제34조 제35조 제36조 제37조 제37조의2 제38조	외국인등록 외국인등록사항 외국인등록증의 발급 등 영수증 재발급에 관한 특례 등 외국인등록증 등의 채무이행 확보수단 제공 등의 금지 외국인등록표 등의 작성 및 관리 외국인등록사항의 변경신고 체류지 변경의 신고 외국인등록증의 반납 등 외국인등록사항의 말소 지문 및 얼굴에 관한 정보의 제공 등

장 · 절		조항	
제5장 외국인의 등록 및 사회통합 프로그램	제2절 사회통합 프로그램	제39조 제40조 제41조	사회통합 프로그램 사회통합 프로그램 이수자에 대한 우대 사회통합 자원봉사위원
제6장 강제퇴거 등	제1절 강제퇴거의 대상자	제46조	강제퇴거의 대상자
	제2절 조사	제47조 제48조 제49조 제50조	조사 용의자에 대한 출석요구 및 신문 참고인에 대한 출석요구 및 진술 검사 및 서류 등의 제출요구
	제3절 심사결정을 위한 보호	제51조 제52조 제53조 제54조 제55조 제56조 제56조의2 제56조의3 제56조의4 제56조의5 제56조의6 제57조의7 제56조의8 제56조의9 제57조	보호 보호기간 및 보호장소 보호명령서의 집행 보호의 통지 보호에 대한 이의신청 외국인의 일시보호 피보호자의 긴급이송 등 피보호자 인권의 존중 등 강제력의 행사 신체 등의 검사 면회 등 영상정보 처리기기 등을 통한 안전대책 청원 이의신청 절차 등의 게시 피보호자의 급양 및 관리 등
	제4절 심사 및 이의신청	제58조 제59조 제60조 제61조	심사결정 심사 후의 절차 이의신청 체류허가의 특례
	제4절 강제퇴거 명령서의 집행	제62조 제63조 제64조	강제퇴거명령서의 집행 강제퇴거명령을 받은 사람의 보호 및 보호해제 송환국

장 · 절		조항	
제9장 보칙		제88조	사실증명의 발급 및 열람
		제88조의2	외국인등록증 등과 주민등록증 등의 관계
		제89조	각종 허가 등의 취소 · 변경
		제89조의2	영주자격의 취소 특례
		제90조	신원보증
		제90조의2	불법취업외국인의 출국비용 부담책임
		제91조	문서 등의 송부
		제92조	권한의 위임
		제92조의2	선박 등의 운항허가에 관한 협의
		제93조	남북한 왕래 등의 절차
제10장 벌칙		제93조의2	벌칙
		제93조의3	벌칙
		제94조	벌칙
		제95조	벌칙
		제96조	벌칙
		제97조	벌칙
		제98조	벌칙
		제99조	미수범 등
		제99조의2	난민에 대한 형의 면제
		제99조의3	양벌규정
		제100조	과태료
제11장 고발과 통고처분	제1절 고발	제101조	고발
	제2절 통고처분	제102조	통고처분
		제102조의2	신용카드 등에 의한 범칙금의 납부
		제103조	범칙금의 양정기준 등
		제104조	통고처분의 고지방법
		제105조	통고처분의 불이행과 고발
		제106조	일사부재리

3 출입국관리법 적용 대상자

출입국관리법은 외국인의 출입국, 체류, 사회통합을 규율하므로 주로 외국인에게 적용되나, 제2장 '국민의 출입국'과 제4장 '외국인의 체류와 출국'에서 외국인 고용의 제한(제18조), 외국인을 고용한 자 등의 신고의무(제19조) 등은 대한민국 국민에게도 적용된다.

제4강

출입국관리법 Ⅱ
(외국인의 입국 2)

1 입국금지와 입국거부

유형	내용
입국금지 (제11조 제1항)	• **입국금지 사유**(제11조 제1항)**: 법무부장관은 아래 어느 하나에 해당하는 외국인에 대하여 입국을 금지할 수 있다.** ① 감염병환자, 마약류중독자, 그 밖에 공중위생상 위해를 끼칠 염려가 있다고 인정되는 사람 ② 총포ㆍ도검ㆍ화약류 등을 위법하게 가지고 입국하려는 사람 ③ 대한민국의 이익이나 공공의 안전을 해치는 행동을 할 염려가 있다고 인정할 만한 상당한 이유가 있는 사람 ④ 경제질서 또는 사회질서를 해치거나 선량한 풍속을 해치는 행동을 할 염려가 있다고 인정할 만한 상당한 이유가 있는 사람 ⑤ 사리 분별력이 없고 국내에서 체류활동을 보조할 사람이 없는 정신장애인, 국내체류비용을 부담할 능력이 없는 사람, 그 밖에 구호(救護)가 필요한 사람 ⑥ 강제퇴거명령을 받고 출국한 후 5년이 지나지 아니한 사람 ⑦ 1910년 8월 29일부터 1945년 8월 15일까지 사이에 일본 정부, 일본 정부와 동맹 관계에 있던 정부, 일본 정부의 우월한 힘이 미치던 정부의 지시를 받거나 그 정부와 연계하여 인종, 민족, 종교, 국적, 정치적 견해 등을 이유로 사람을 학살ㆍ학대하는 일에 관여한 사람, 또는 ⑧ 위에 준하는 사람으로서 법무부장관이 그 입국이 적당하지 아니하다고 인정하는 사람 • 외국인이 입국금지 사유에 해당되면 ①사증발급이 되지 않으며(시행규칙 제9조의2), ②출입국항에서 입국불허가 되며(제12조 제4항), ③입국 후 입국금지 사유가 발견되거나 발생한 경우에는 강제퇴거 사유(제46조 제1항 제3호)가 됨 • ①특정외국인을 입국금지대상자로 일반적으로 결정하는 사람은 법무부장관이나, ②사증신청 외국인이 입국금지대상에 해당하는 지 여부에 대한 판단은 재외공관장이, ③출입국항에서 입국신청을 하는 외국인이 입국금지대상에 해당하는지 여부에 대한 판단은 출입국관리공무원(출입국심사관)이, ④체류외국인이 입국금지대상에 해당하여 강제퇴거 사유가 되는 지에 대한 판단은 지방출입국ㆍ외국인관서의 장이 수행함

유형	내용
입국금지 (제11조 제1항)	• 법무부장관의 입국금지결정은 행정심판 및 행정소송의 대상이 되는 '처분'이 아님[44]
입국거부 (제11조 제2항)	• 법무부장관은 입국하려는 외국인의 본국(本國)이 제11조 제1항(입국금지 사유)에서 규정한 사유 외의 다른 사유로 대한민국 국민의 입국을 거부할 때에는 그와 동일한 사유로 그 외국인의 입국을 **거부**할 수 있음 • 대한민국 국민이 다른 국가에서 부당한 사유로 인해 입국이 거부되는 경우 이에 대한 외교적 항의, 보복조치 및 견제의 차원임 • 입국거부는 입국금지 사유와는 다른 이유로 외국인의 입국이 불허되는 것으로, 상호주의에 따른 외국인에 대한 입국 불허 사유임

---

44) 서울행정법원은 입국금지조치의 처분성에 관하여 "법무부장관의 입국금지조치는 특정 외국인이 입국금지사유에 해당한다는 이유로 이루어지는 제재적 처분으로서, 위 처분이 있는 경우 해당 외국인의 입국금지 사항이 출입국관리정보시스템에 등록되게 되고, 출입국관리공무원이 입국심사에서 해당 외국인이 입국금지사유에 해당하는지 여부를 심사함에 있어 상급 기관인 법무부장관의 입국금지조치가 있는 경우 그 조치에 구속되어 이를 판단하게 되므로(2008. 7. 3. 개정된 출입국관리법 시행규칙 제9조의2 제2호는 법무부장관으로부터 사증발급 권한을 위임받은 재외공관의 장이 사증을 발급하는 경우 사증발급을 신청한 외국인이 출입국관리법 제11조가 정한 입국금지대상에 해당하는지 여부를 심사·확인하여야 한다고 규정하고 있는바, 재외공관의 장으로서는 해당 외국인에 대한 법무부장관의 입국금지조치가 없는 경우에는 자체적으로 입국금지대상자 해당여부를 심사·확인할 수 있을 것이나, 이미 적법·유효한 입국금지조치가 내려진 경우, 위임기관인 법무부장관의 입국금지조치에 반하여 해당 외국인이 입국금지대상자에 해당하지 아니한다고 판단할 수는 없을 것이다), 출입국관리법 제11조에 따른 법무부장관의 입국금지조치는 항고소송의 대상이 되는 처분에 해당한다고 봄이 상당하고, 처분대상자인 외국인에게 처분서 등의 방법으로 통지가 이루어지지 아니하는 것은 입국금지조치가 외국인의 입국 신청에 대응하는 조치가 아니고, 해외에 소재한 외국인의 주소를 일일이 확인하여 처분서를 송달하는 것이 곤란함을 이유로 한 것이므로, 위와 같은 사정만으로 입국금지조치의 처분성을 부정할 수 없다."고 판단하였다.(서울행정법원 2016. 9. 30. 선고2015구합77189 판결). 그러나, **대법원**은 "**입국금지결정은** 법무부장관의 의사가 공식적인 방법으로 외부에 표시된 것이 아니라 단지 그 정보를 내부전산망인 '출입국관리정보시스템'에 입력하여 관리한 것에 지나지 않으므로, **항고소송의 대상이 될 수 있는 '처분'에 해당하지 않는다.**"고 판시하였다. (**대법원** 2019. 7. 11. 선고 2017두38874 판결).

2 입국심사절차

유형		내용
1. 일반적인 입국심사 (제7조 제1항)		• 아래(제12조 제3항)의 입국허가 요건 심사 　① 여권과 사증(또는 사전여행허가서)이 유효할 것 　② 입국금지 또는 거부의 대상이 아닐 것 　③ 입국목적이 체류자격에 맞을 것, 그리고 　④ 체류기간이 정하여졌을 것 • 입국 시 생체정보 제공 의무(제12조의2 제1항)
2. 무사증에 의한 입국심사 (제7조 제2항)	**(1) 사증면제협정** (제7조 제2항 제2호)	• 대한민국과 사증면제협정을 체결한 국가의 국민으로서 그 협정에 따라 면제대상이 되는 사람 • 통상 사증면제협정은 단기간(90일) 동안 관광, 통과, 방문, 학술, 상담 등 수익을 목적으로 하지 않는 비영리 활동을 하고자 하는 외국인에게 사증의 발급을 면제함 • 주로 **사증면제(B-1)체류자격**을 부여함 • 2022.9.22 현재 67개국(일반여권)과 협정 체결함
	(2)무사증입국허가 (제7조 제2항 제3호)	• 사증을 일방적으로 면제한다는 점에서 사증면제협정과 다름 • 대상자 　① 대한민국을 관광 또는 통과할 목적으로 입국하려는 자(관광통과 무사증제도): 법무부장관이 정하는 국가(2022.9.22. 현재 46개국)의 국민에게 **관광통과(B-2)체류자격**과 주로 30일 범위 내에서 체류기간 부여 　② 외국정부 또는 국제기구의 업무를 수행하는 자로서 부득이한 사유로 사증 없이 입국: 외교(A-1)~협정(A-3)체류자격 부여 　③ 대한민국의 이익 등을 위하여 입국이 필요하다고 법무부장관이 인정하는 사람

유형	내용	
2. 무사증에 의한 입국심사 (제7조 제2항)	**(3) 재입국허가** (제7조 제2항 제1호, 제30조)	• 취지: 국내 체류 외국인이 대한민국에서 출국하면 그가 가진 체류자격 및 체류기간은 소멸하는 것이 원칙이나, 일시적으로 출국하여 다시 입국하는 경우 재외공관에서 사증을 발급받아 입국하여야하고, 또 90일 이내에 외국인등록을 하여야 하는 등 매번 같은 절차를 중복하여 하므로, 이와 같은 불편을 해소하고 무용한 절차를 반복할 필요가 없다는 취지에서 재입국허가 제도를 마련함[45] • 재입국허가를 받은 사람 또는 재입국허가가 면제된 사람[①영주자격자로 출국한 날로부터 2년 이내에 재입국하려는 자와 ②장기(90일 초과) 체류자격 소지자로 출국한 날로부터 1년 이내에 재입국하려는 자]으로서 그 허가 또는 면제 기간이 끝나기 전에 입국하는 사람 • 질병 등으로 허가 기간 내에 재입국할 수 없는 경우에는 재외공관의 장에게 재입국허가기간 연장허가를 받아야 함
	(4) 난민여행증명서 (제7조 제2항 제4호)	• 난민여행증명서(난민인정자에게 발급)를 발급받고 출국한 후 그 유효기간이 끝나기 전에 입국하는 사람
3. 미수교국 또는 특정 국가 국민에 대한 입국심사 (제7조 제4항)	미수교국가(쿠바 등) 정부가 발급한 여권 또는 여권을 갈음하는 증명서에 대하여는 대한민국 정부가 유효한 것으로 인정하지 않기 때문에, 사증의 기능을 대신하는 허가서인 **외국인입국허가서**(재외공관의 장이나 지방출입국·외국인관서의 장이 발급)를 가지고 입국할 수 있음	

---

45) 이민법 연구회, 『쉽게 풀어쓴 출입국관리법』, 한국이민재단, 2018, 204면.

■ 출입국관리법 시행규칙 [별지 제16호서식] <개정 2016. 9. 29.>

외국인입국허가서
ENTRY PERMIT FOR ALIENS

사진 PHOTO 3.5cm×4.5cm (여권용 사진)	허가서 번호 Permit No. ( ) (장관승인번호) ( )	
	성 Surname name	
	명 Given names	
성별 Sex	생년월일 Date of birth	국적 Nationality
직업 Occupation	출생지 Place of Birth(City, Country)	
체류자격 Status	체류기간 Period of sojourn	
참고 Annotation		
발급일 Date of issue	유효기간 Date of expiration	

발급기관
Authority of issue ....

유의사항 NOTICE

1. 이 허가서는 대한민국을 여행하는 외국인에게 오직 편의를 주기 위하여 발급한 것이며, 소지인의 국적에는 어떠한 변경이나 영향도 주지 않습니다.
This Permit is issued to an alien solely with a view to facilitating his/her journey to the Republic of Korea. It is without prejudice to and in no way affects the bearer's nationality.

2. 이 허가서는 발급일로부터 ([ ]3 [ ]36)개월 안에

   대한민국에 ([ ] 한번 [ ] 여러번) 입국할 수 있습니다.

   Good For ([ ] Single [ ] Multiple) journey to the Republic

   of Korea within ([ ] 3 [ ] 36) months from the date

   of issue.

88mm×125mm[백상지(150g/㎡)]

[출처] 법제처 국가법령정보센터 홈페이지(www.law.go.kr)

3 입국허가 여부 결정

유형	내용
1. 입국허가결정 (제12조 제3항)	• 입국허가 요건(제12조 제3항)을 갖추고 생체정보를 제공(제12조의2 제1항)한 외국인에게 입국을 허가함 • 허가 및 불허 결정권자: 출입국관리공무원[46]
2. 조건부 입국허가결정 (제13조)	**(1) 대상자** • 부득이한 사유로 유효한 여권과 사증을 갖추지 못하였으나 일정기간 내에 그 요건을 갖출 수 있다고 인정되는 외국인 • 입국금지사유에 해당된다고 의심되거나, 입국목적이 체류자격에 맞지 않는 것으로 의심되어 특별히 심사할 필요가 있다고 인정되는 외국인, 또는 • 기타 지방출입국 · 외국인관서의 장이 조건부 입국을 허가할 필요가 있다고 인정하는 외국인 **(2) 결정권자**: 지방출입국 · 외국인관서장 **(3) 허가기간**: 72시간 이내. 단, 72시간 범위 내에서 허가 기간을 연장할 수 있음 **(4)** 조건부 입국허가서를 발급할 때는 주거의 제한, 출석요구에 따를 의무 및 그 밖에 필요한 조건을 붙여야 하며, 필요하다고 인정할 때는 1천만원 이하의 보증금을 예치하게 할 수 있음. 단, 보증금은 조건 위반 시 전부 또는 일부를 국고에 귀속시킬 수 있음 **(5)** '조건부 입국허가'라는 법령상의 명칭에도 불구하고 그 실질은 본래의 입국허가에 조건이 붙어 있음을 지칭하는 것이 아니라, 입국허가 심사가 완전히 종결되지 않은 상태에서 행해지는 '임시'의 입국허가라 할 것임[47]

---

46) 입국허가여부결정은 출입국관리공무원이 수행하나(제12조 제3항), 이러한 입국허가의 취소·변경은 법무부장관이 수행한다(제89조 제1항).

47) 이철우 외, 『이민법』, 박영사, 2016, 117면.

〈결혼이민(F-6-1) 체류자격 취득 요건〉[53]

관련자	요건	출입국관리법 시행규칙 근거 조항
초청인와 피초청인 쌍방	혼인의 진정성[54]	제9조의5 제1항 제1호
	한국과 배우자 국가에서 모두 법령에 따른 혼인 성립	제9조의5 제1항 제2호
	초청인과 피초청인이 건강상태와 범죄 경력 정보를 상호제공하고 이를 인지하고 있어야함[55]	제9조의5 제1항 제5호
	결혼비자 발급이 불허된 경우 불허 후 6개월이 경과해야 재신청할 수 있음	제9조의4 제1항
초청인	한국인 배우자의 초청	제9조의4 제1항
	법무부장관이 고시한 국가(중국, 베트남, 필리핀, 캄보디아, 몽골, 우즈베키스탄, 태국 등 특정 7개국)의 외국인은 결혼이민사증 신청 시 한국인 배우자가 국제결혼 안내프로그램을 이수[56][57]	제9조의4 제2항
	초청인이 최근 5년 이내에 다른 외국인을 결혼 동거 목적으로 초청한 사실이 없어야함	제9조의5 제1항 제3호

---

53) **결혼이민(F-6) 체류자격**은 ①양 당사자 국가에 혼인이 유효하게 성립되고 있고, **대한민국 국민과 결혼생활을 지속**하기 위해 국내 체류를 하고자 하는 외국인(**F-6-1, 국민배우자**), ②국민과 혼인관계(사실상의 혼인관계 포함)에서 출생한 **미성년 자녀를 혼인관계 단절 후 국내에서 양육**하려는 부 또는 모(**F-6-2, 자녀양육**), ③국민인 배우자와 혼인한 상태로 국내에 체류하던 중 그 배우자의 사망·실종, 그 밖에 자신에게 책임이 없는 사유로 정상적인 혼인관계를 유지할 수 없는 사람(**F-6-3, 혼인단절자**)으로 **세분**된다. (법무부 출입국·외국인정책본부, 외국인체류 안내매뉴얼 2023년 7월, 412면)

54) 현실적으로는 ①불법체류 전력이 있거나, ②벌금 전과 등으로 체류연장을 불허당한 후 한국인과 혼인한 경우, ③외국인이 한국인과 재혼하는 경우, ④한국인 배우자가 여성이고 연상인 경우 등 혼인과 직접적인 관련이 없음에도 과거 전력이나 성차별적인 편견에서 혼인의 진정성을 의심하는 사례들을 접할 수 있다. (양연순, "국적, 영주권, 이주여성, 아동 관련 출입국관리업무 및 재판실무 고찰", 출입국 관리업무 재량권 개선을 위한 토론회 자료집, 2014, 82면).

55) 이 요건은 국제결혼안내프로그램 대상 국가에만 해당한다.(법무연수원, 「제32기 출입국관리직 9급 신규자 과정 II」, 2014, 220면).

56) 「국제결혼안내 프로그램 이수 대상 및 운영사항 고시」(법무부고시 제2020-527호).

57) 법무부장관이 고시한 국가 국민과 결혼하려는 한국 배우자가 국제결혼 안내프로그램을 이수해야 하는 것은 평등권, 행복추구권 등을 침해하였다고 주장하는 출입국관리법 시행규칙 제9조의4 제2항 위헌확인소송에서, 헌법재판소는 특정 7개국 국적의 배우자인 청구인이 프로그램을 이수하여야 하는지 여부는 프로그램을 이수하지 않는다는 이유로 사증발급을 거부하는 처분을 하는 때에 비로소 확정되므로 헌법소원의 적격성 여부인 기본권침해의 직접성이 인정되지 않는다고 판시하면서 위헌심판청구를 각하하였다. 그러나 소수의견(재판관 박한철, 재판관 이진성의 반대의견)은 "청구인이 이 사건 심판대상조항에 따르지 않는 경우 결혼동거목적 사증이 발급될 수 없다는 권리관계는 이 사건 심판대상조항에 의해 이미 확정된 것이므로 기본권침해의 직접성이 인정되며, 이 사건 심판대상조항이 이 사건 프로그램의 이수대상으로 특정 7개국 국적의 외국인과 혼인한 한국인을 규정하고 있는바, 특정 7개국은 출입국행정, 국제결혼 등 제반여건에 대하여 각기 다른 사정을 가지고 있는 나라들로 각 국가마다 합리적인 선정 이유가 있어야 할 것이지만, 그러한 이유를 찾아볼 수 없다. 그러므로 이 사건 심판대상조항이 특정 7개국 국적의 외국인과 혼인한 한국인에게 이 사건 프로그램 이수를 의무화하는 것은 청구인의 평등권과 혼인의 자유, 가족결합권을 침해하는 것이다."라고 하시면 위헌 의견을 제시하였다.(헌재 2013. 11. 28. 선고 2011헌마520 결정).

관련자	요건	출입국관리법 시행규칙 근거 조항
초청인	초청인이 가구수별 일정 소득 요건을 충족하여야함[58]	제9조의5 제1항 제4호
	부부가 지속적으로 거주할 수 있는 정상적인 주거공간이 확보되어야함	제9조의5 제1항 제7호
	초청인이 결혼이민자로서 간이귀화하거나 영주 자격을 취득한 경우는 그 때로부터 3년이 경과했어야함	제9조의5 제1항 제8호
	초청인이 가정폭력처벌법 등에 대한 저촉사항이 없을 것	제9조의5 제1항 제9호~제12호
피초청인	기초 수준 이상의 한국어 구사가 가능하여야 함	제9조의5 제1항 제6호

---

58) 2023년 기준으로 초청인의 과거 1년간 소득이 2인 가구는 20,736,930원, 3인 가구는 26,608,896원, 4인 가구는 32,405,784원 등이다.(「결혼동거 목적의 사증 발급에 필요한 요건 및 심사면제 기준 고시」, 법무부고시 제2023-156호).

제한의 유형	내용
1. 취업활동의 제한	**(1) 유형**(제18조) ① 외국인이 대한민국에서 취업하려면 **대통령령으로 정하는 바에 따라 취업활동을 할 수 있는 체류자격**을 받아야 함 ② 취업체류자격을 가진 외국인은 지정된 근무처가 아닌 곳에서 근무하여서는 아니 됨 ③ 누구든지 취업체류자격을 가지지 아니한 사람을 고용하여서는 아니 됨[59] ④ 누구든지 취업체류자격을 가지지 아니한 사람의 고용을 알선하거나 권유하여서는 아니 됨 ⑤ 누구든지 취업체류자격을 가지지 아니한 사람의 고용을 알선할 목적으로 그를 자기 지배하에 두는 행위를 하여서는 아니 됨 **(2) 체류자격의 구분에 따른 제한을 받는 취업체류자격**(시행령 제23조) 단기취업(C-4), 교수(E-1)~선원취업(E-10), 관광취업(H-1), 방문취업(H-2) 등 체류자격자의 취업활동은 해당 체류자격의 범위에 속하는 활동으로 함 **(3) 체류자격의 구분에 따른 제한을 받지 않는(자유로운 취업이 가능한) 체류자격** (시행령 제23조) • 영주(F-5): 취업제한 없음 • 결혼이민(F-6): 취업제한 없음 • 거주(F-2): 자격자 대부분이 취업제한이 없음 • 재외동포(F-4): ①단순노무행위, ②선량한 풍속이나 사회질서에 반하는 행위, ③기타 공공의 이익이나 국내 취업질서 유지를 위해 특별히 제한하는 행위를 제외하고는 취업제한이 없음 → **「재외동포(F-4) 자격의 취업활동 제한범위 고시」**(법무부고시 제2023-187호) **(4)** 취업활동을 할 수 있는 체류자격을 받지 아니하고 취업활동을 한 외국인은 강제퇴거 될 수 있으며(제46조 제1항 제8호), 3년 이하의 징역 또는 3천만원 이하의 벌금에 처해 질 수 있음(제94조 제8호)

---

59) 예술흥행(E-6)의 체류자격을 가진 외국인을 유흥주점의 유흥접객원으로 고용한 행위가 출입국관리법 제18조 제3항의 위반행위에 해당하는지 여부에 관하여, 대법원은 "예술흥행(E-6)의 체류자격을 가지는 외국인을 체류자격의 범위에 속하지 아니하는 활동을 하도록 고용하였다면 이는 출입국관리법 제18조 제3항을 위반한 죄에 해당한다."고 판시한 바 있다.(대법원 2010. 5. 1 3. 선고 2009도14617 판결).

제한의 유형	내용
2. 정치활동의 제한	• 대한민국에 체류하는 외국인은 출입국관리법 또는 <u>다른 법률</u>[60]에서 정하는 경우를 제외하고는 정치활동을 하여서는 안 됨(제17조 제2항) • 출입국관리법에 외국인 정치활동 금지가 규정된 계기는 1960년 한국에 입국하여 선교활동 중이던 미국인 목사를 유신헌법 폐지 등 정치적 성격의 활동을 했다는 이유로 1974년 강제퇴거한 사건에 기인함[61] • 여기서 '정치활동'은 인간의 권리로서 인정되는 광의의 정치적 표현의 자유 가운데서 그 성질상 <u>국민의 권리로서 인정되는 참정권과 관련되는 선거, 투표, 정당 활동이나 대한민국 국민의 자주적 주권행사로서 결정해야 하는 내용에 관한 의사표현 활동 등</u>을 의미한다고 할 수 있음. 다만, 외국인의 기본적 인권은 헌법상 보장되고 세계적으로 외국인의 의사표현의 자유가 확대되는 추세를 감안하면 정치적 의견을 말이나 글로써 표현하는 정치적 의사표현으로써의 정치활동에 대하여는 광범위하게 제한할 수 없고, <u>외국인의 정치적 의사표현(정치활동)이 공공의 이익을 해치거나 대한민국의 근본적인 질서를 부정하려는 의도가 있는 경우에만 제한할 수 있는 것으로 보아야 할 것임</u>[62] • 외국인이 정치활동 제한 규정에 위반한 경우에는 강제퇴거 사유에 해당하나 (제46조 제1항 제8호), <u>벌칙규정은 없음</u>
3. 활동범위의 제한	• 법무부장관은 공공의 안녕질서나 대한민국의 중요한 이익을 위하여 필요하다고 인정하면 대한민국에 체류하는 외국인에 대하여 **거소(居所) 또는 활동의 범위를 제한**하거나 그 밖에 필요한 준수사항을 정할 수 있음(제22조) • 법무부장관은 제한사항 또는 준수사항과 이유를 적은 <u>활동범위 제한통지서</u>를 해당 외국인에게 발급하여야 함(시행령 제27조) • 제한통지서 내용을 위반한 자는 <u>강제퇴거</u> 될 수 있으며(제46조 제1항 제10호), 3년 이하의 <u>징역</u> 또는 3천만원의 <u>벌금</u>에 처해질 수 있음(제94조 제14호)

---

60) 예를 들면, 공직선거법 제15조 제2항은 영주자격 취득 후 3년이 경과한 외국인은 지방자치단체장 및 지방의회의원 선거권이 있음을 규정하고 있다.

61) 차용호, 『한국 이민법』, 법문사, 2015, 333면.

62) 이민법연구회, 『쉽게 풀어 쓴 출입국관리법』, 한국이민재단, 2018, 141면.

6. 취업자격 및 취업활동의 제한을 받지 않는 자격 체류외국인 현황[19]

○ 취업자격 체류외국인 업무 유형별 현황

(2023.5.31. 현재, 단위 : 명)

구 분	총 계	전문인력	단순기능인력	기타[20]
취업자격 체류외국인	489,469	57,822	428,106	3,541

○ 취업자격 체류외국인 자격별 현황

• 전문인력

(2023.5.31. 현재, 단위 : 명)

총 계	단기취업 (C-4)	교수 (E-1)	회화지도 (E-2)	연구 (E-3)	기술지도 (E-4)	전문직업 (E-5)	예술흥행 (E-6)	특정활동 (E-7)
57,822	3,821	1,999	13,968	3,907	213	231	4,361	29,322

• 단순기능인력 및 기타

(2023.5.31. 현재, 단위 : 명)

총 계	계절근로 (E-8)	비전문취업 (E-9)	선원취업 (E-10)	방문취업 (H-2)	관광취업 (H-1)
428,106	16,468	285,681	19,895	106,062	3,541

○ 취업활동의 제한을 받지 않는 자격 체류외국인 현황

(2023.5.31. 현재, 단위 : 명)

구 분	총 계	거주 (F-2)	재외동포 (F-4)	영주 (F-5)	결혼이민 (F-6)
취업활동의 제한을 받지 않는 자격 체류외국인	883,557	47,814	515,111	181,251	139,381

[출처] 법무부 출입국 · 외국인정책본부, 출입국 · 외국인정책 통계월보 2023년 5월호, 31~32면.

활동범위 등 제한통지서
(RESTRICTION ORDER ON THE SCOPE OF ACTIVITIES)

대상자 (Person upon whom the Order is issued)	성명 (Full name)	
	성별 (Sex) 남 Male[ ] 여 Female[ ]	생년월일 (Date of Birth)
	국적 (Nationality)	입국일자 (Date of Entry)
	체류자격 (Status of Sojourn)	체류기간 (Period of Sojourn)
	직업 및 근무처 (Occupation and Workplace)	
	주소 (Address in Korea)	
제한사항 및 이 유 (Restrictions and the Reasons)	주거 제한 (Restriction of Residence)	
	기타 제한 (Other Restrictions)	
	제한 이유 (Reason for Restriction)	
	기타 (Remarks)	

위 사람에 대해 「출입국관리법」 제22조 및 같은 법 시행령 제27조에 따라 대한민국 내에서의 활동범위 등을 제한하였음을 통지합니다.
It is hereby notified that restrictions are imposed on the abovementioned person in respect of the activities permitted in the Republic of Korea pursuant to Article 22 of Immigration Act and Article 27 of Enforcement Decree of the Immigration Act.

년　　　월　　　일

Date　　(year)　(month)　(day)

법무부장관　| 직인 |

Minister of Justice

집행일시 (Date of Execution) :

집행관 성명 (Enforcement Official) : ○○○ (서명 또는 인) (signature or seal)

[출처] 법제처 국가법령정보센터 홈페이지(www.law.go.kr)

법무부 로고	국민이 존중받는 편안한 나라 인권과 민생 중심의 공정사회	**보 도 자 료**	*힘내라 대구경북 힘내라 대한민국*

보도일시	배포 즉시 보도		총 3쪽(붙임 없음)/ 동영상 있음
배포일시	2020. 4. 8.(수)	담당부서	출입국·외국인정책본부 이민조사과
담당과장	반재열 02) 2110-4075	담 당 자	강성록 사무관 02) 2110-4076

법무부, 활동범위 제한 명령 등 위반 외국인 최초 강제추방
- 자가격리 명령 위반 인도네시아인 추방 및 베트남 부부 강제추방 절차 개시 -

□ 법무부 대구출입국·외국인사무소는 입국 후 법무부장관의 활동범위 제한 명령(출입국관리법 제22조)과 방역당국의 자가격리 조치를 위반한 인도네시아인 A씨(40세, 남)에 대해 법칙금을 부과하고 4. 8.(수) 15:20 발 인도네시아행 비행기를 통해 강제추방 조치를 하였습니다.

ㅇ 이는, 방역당국의 자가격리 조치를 위반한 외국인에 대해 강제추방 조치한 최초 사례이자, 지난 4. 1.(수)부터 시행하고 있는 법무부 장관의 「활동범위 제한」 명령을 위반한 외국인에 대해 제재를 가한 최초 사례입니다.

[출처] 법무부 출입국·외국인정책본부 홈페이지(www.immigration.go.kr)

■ 출입국관리법 시행규칙 [별지 제67호서식] <개정 2022. 12. 29.>

앞 쪽

외국인등록증
RESIDENCE CARD

외국인등록번호
Registration No. 123456 - 1234567

성명
Name HONG SPECIMEN

국가 / 지역
Country / Region REPUBLIC OF UTOPIA

체류자격
Status 기업투자(D-8)

사진
26mm x 33.5mm

발급일자 Issue Date

○○출입국·외국인청(사무소·출장소)장
CHIEF, ○○ IMMIGRATION OFFICE

85.6mm x 54mm(Polycarbonate 0.76T)

뒤 쪽

•체류기간(Duration of Stay)

허가일자	만료일자	확 인

•체류지(Address)

신고일	체 류 지

유효 및 취업가능 확인   www.hikorea.go.kr
민원안내 국번없이 ☎1345   [통역코너]

[출처] 법제처 국가법령정보센터 홈페이지(www.law.go.kr)

(앞 쪽)

영 주 증
PERMANENT RESIDENT CARD

외국인등록번호
Registration No   123456 - 1234567

성명
Name   HONG SPECIMEN

국가 / 지역
Country / Region   REPUBLIC OF UTOPIA

체류자격
Status   영주(F·5)

사진
26mm x 33.5mm

발급일자 Issue Date

○○출입국·외국인청(사무소·출장소)장
CHIEF, ○○ IMMIGRATION OFFICE

85.6mm x 54mm(Polycarbonate 0.76T)

(뒤 쪽)

• 영주증 유효기간 :
(Card Expires)
• 체류지(Address)

신고일	체 류 지

유효 및 취업가능 확인   www.hikorea.go.kr
민원안내 국번없이 ☎1345   (하이코리아)

[출처] 법제처 국가법령정보센터 홈페이지(www.law.go.kr)

2 사회통합 프로그램

법무부장관은 대한민국 국적, 영주자격 등을 취득하려는 외국인의 사회적응을 지원하기 위하여 교육, 정보 제공, 상담 등의 사회통합 프로그램을 시행할 수 있으며(제39조), 사증 발급, 체류 관련 각종 허가 등을 할 때에 사회통합 프로그램 이수자를 우대할 수 있다(제40조).

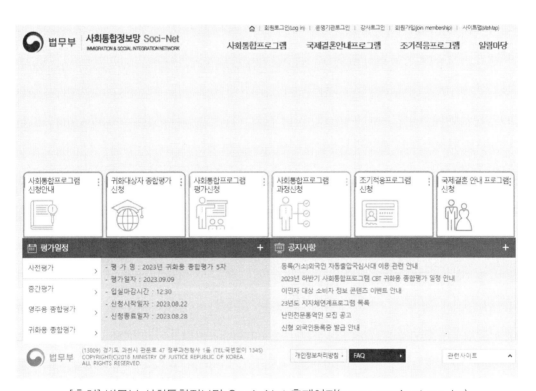

[출처] 법무부 사회통합정보망 Soci-Net 홈페이지(www.socinet.go.kr)

2. 이민통합업무 처리 현황

○ 이민자 조기적응프로그램 참여자 현황

(단위 : 명)

구분＼연도	총 계	2009년~2015년	2016년	2017년	2018년	2019년	2020년	2021년	2022년	'23년 1~5월
참여자	446,713	101,792	60,358	91,938	79,656	51,354	6,620	7,237	29,552	18,206

○ 이민자 사회통합프로그램 참여자 현황

(단위 : 명)

구분＼연도	총 계	2009년~2015년	2016년	2017년	2018년	2019년	2020년	2021년	2022년	'23년 1~5월
참여자	422,544	86,893	30,515	41,500	50,639	56,535	36,620	43,552	42,163	34,127

○ 국제결혼 안내프로그램 참여자 현황

(단위 : 명)

구분＼연도	총 계	2010년~2015년	2016년	2017년	2018년	2019년	2020년	2021년	2022년	'23년 1~5월
참여자	110,180	61,894	7,334	7,784	8,821	9,667	4,226	2,175	5,643	2,636

[출처] 법무부 출입국 · 외국인정책본부, 출입국 · 외국인정책 통계월보 2023년 5월호, 40면.

3 신원보증(제90조)

목차	내용
1. 의미	법무부장관은 사증발급, 사증발급인정서발급, 입국허가, 조건부 입국허가, 각종 체류허가, 외국인의 보호 또는 출입국사범의 신병인도(身柄引渡) 등과 관련하여 필요하다고 인정하면 초청자나 그 밖의 관계인에게 그 외국인(**피보증외국인**)의 신원을 보증하게 할 수 있음
2. 비용부담	법무부장관은 신원보증을 한 사람(신원보증인)에게 피보증외국인의 **체류, 보호** 및 **출국**에 드는 비용의 전부 또는 일부를 부담하게 할 수 있음
3. 구상권	신원보증인이 보증책임을 이행하지 아니하여 국고에 부담이 되게 한 경우에는 법무부장관은 신원보증인에게 **구상권(求償權)**을 행사할 수 있음
4. 보증금 예치	신원보증인이 보증책임에 따른 비용을 부담하지 아니할 염려가 있거나 그 보증만으로는 보증목적을 달성할 수 없다고 인정될 때에는 신원보증인에게 피보증외국인 1인당 300만원 이하의 보증금을 예치하게 할 수 있음
5. 신원보증인의 자격 등	신원보증인의 자격, 보증기간, 그 밖에 신원보증에 필요한 사항은 법무부령 (출입국관리법 시행규칙 제77조)으로 정함

신 원 보 증 서

※ [ ]에는 해당하는 곳에 √ 표시를 합니다. (앞쪽)

피보증 외국인	성		명		漢字		
	생년월일				성별	[ ]남	[ ]여
	국적				여권번호		
	대한민국 주소				전화번호		
	체류목적						

가. 인적사항

신원보증인	성명		漢字		
	국적		성별	[ ]남	[ ]여
	여권번호 또는 생년월일		전화번호		
	주소				
	피보증인과의 관계				
	근무처		직위		
	근무처 주소		비고		

나. 보증기간(보증기간의 최장기간은 4년으로 한다)

다. 보증내용
  (1) 체류 중 제반 법규를 준수하도록 한다.
  (2) 출국여비 및 이와 관련된 비용에 대한 지급책임을 부담한다.
  (3) 체류 또는 보호 중 발생되는 비용에 대한 지급책임을 부담한다.

위 신원보증인은 피보증외국인이 대한민국에 체류함에 있어서 그 신원에 이상이 없음을 확인하고 위 사항을 보증합니다.

년   월   일

신원보증인   (서명 또는 인)

210mm×297mm[백상지 80g/㎡(재활용품)]

[출처] 법제처 국가법령정보센터 홈페이지(www.law.go.kr)

4

불법고용주의 불법취업외국인의 출국비용 부담책임
(제90조의2)

목차	내용
1. 의미	법무부장관은 취업활동을 할 수 있는 체류자격을 가지지 아니한 외국인을 고용한 자(불법고용주)에게 그 외국인의 **출국에 드는 비용**의 전부 또는 일부를 부담하게 할 수 있음
2. 구상권	불법고용주가 불법취업외국인의 출국비용 부담책임을 이행하지 아니하여 국고에 부담이 되게 한 경우에 법무부장관은 그 불법고용주에게 **구상권**을 행사할 수 있음

■ 출입국관리법 시행규칙 [별지 제129호의3서식] <개정 2016. 9. 29 >

구상권행사 사건처리부

일련번호	구상권 통지서 번호	피구상자 (신원보증인 또는 고용주)	구상금액	구상권 행사여부 결정일자	소송 제기 상황			구상금액 회수상황		완결일자	비고
					제소일자	신소사건부번호	소송결과	회수일자	회수금액		

297㎜ × 420㎜[백상지(80 g / ㎡) 또는 중질지(80 g / ㎡)]

[출처] 법제처 국가법령정보센터 홈페이지(www.law.go.kr)

유형	내용
2. 동향조사 (제81조)	**(1) 종류**
	(1) 불법체류 동향조사(제81조 제1항) • 출입국관리공무원 등은 외국인이 ①출입국관리법(예를 들면, 사증발급 시 부여된 체류자격에서 허용된 활동을 하고 있는지 여부) 또는 출입국관리법에 따른 명령(예를 들면, 활동범위 제한명령)에 따라 **적법하게 체류하고 있는지**와 ②**강제퇴거 대상에 해당하는지**를 조사하기 위하여 ①외국인, ②외국인을 고용한 자, ③외국인의 소속 단체 또는 외국인이 근무하는 업소의 대표자, ④외국인을 숙박시킨 자를 방문하여 질문하거나 그 밖에 필요한 자료를 제출할 것을 요구할 수 있음 • 출입국관리공무원이 불법체류자 단속을 위하여 제3자의 주거나 사업장 등을 검사하고자 하는 경우 주거권자나 관리자의 **사전동의**가 반드시 필요함[73] **(2) 허위초청 또는 국제결혼중개업에 대한 동향조사**(제81조 제2항) • 출입국관리공무원은 허위초청 등에 의한 외국인의 불법입국을 방지하기 위하여 필요하면 외국인의 초청이나 국제결혼 등을 알선·중개하는 자 또는 그 업소를 방문하여 질문하거나 자료를 제출할 것을 요구할 수 있음 **(3) 불심검문**(제81조 제3항) • 출입국관리공무원은 거동이나 주위의 사정을 합리적으로 판단하여 이 법을 위반하였다고 의심할 만한 상당한 이유가 있는 외국인에게 정지를 요청하고 질문할 수 있음
(2) 조사협조의무	• ①불법체류 동향조사나 ②허위초청 또는 국제결혼중개업에 대한 동향조사에 따라 질문을 받거나 자료 제출을 요구 받은 자는 정당한 이유 없이 거부하여서는 아니 됨(제81조 제4항) → 출입국관리공무원의 장부 또는 자료 제출 요구를 거부하거나 기피하면 100만원 이하의 과태료 부과(제100조 제2항 제3호)

---

73) 대법원 2009. 3. 12. 선고 2008도7156 판결.

유형		내용
3. 사실조사 (제80조)	(1) 개념	• 출입국관리공무원이나 권한 있는 공무원은 출입국관리법에 따른 **신고** 또는 **등록의** 정확성을 유지하기 위하여 외국인을 고용한 자 등의 신고의무(제19조), 외국인등록(제31조), 외국인등록사항 변경신고(제35조) 및 체류지 변경신고(제36조)에 따른 신고 또는 등록의 내용이 사실과 다르다고 의심할 만한 상당한 이유가 있으면 그 사실을 조사할 수 있음 • 법무부장관은 사증발급인정서의 발급(제9조), 체류자격 외 활동허가(제20조), 근무처의 변경·추가허가(제21조), 체류자격 변경 허가(제24조), 체류기간 연장허가(제25조), 체류자격 부여(제23조) 등 **신청**에 따른 심사업무의 수행에 필요하다고 인정하면 출입국관리 공무원에게 그 사실을 조사하게 할 수 있음
	(2) 조사방법	신고·등록 또는 신청을 한 자나 관계인을 출석하게 하여 질문을 하거나 문서 및 그 밖의 자료를 제출할 것을 요구할 수 있음

■ 출입국관리법 시행규칙 [별지 제127호서식] <개정 2016. 9. 29.>

외국인동향조사부

인적사항	성명		
	생년월일		성별 [ ]남 [ ]여
	국적		직업(직위)
	여권번호		입국일자
	체류자격		체류기간
	근무처 명칭(연락처)		
	근무처 소재지		
	본국 주소		
	대한민국 내 주소(연락처)		
신원 보증인	성명		
	주소(연락처)		
범죄사실	죄명		
	형량		

동향조사	연월일	내용	비고

210㎜×297㎜[백상지(80 g / ㎡) 또는 중질지(80 g / ㎡)]

[출처] 법제처 국가법령정보센터 홈페이지(www.law.go.kr)

외국인관련단체 동향기록표

해당 단체	단체명	
	소재지(연락처)	
	단체성격	
	본사 소재지 국가명	
	종업원(내국인, 외국인)	
	사업실적	
단체 대표	성명	
	국적	
	성별	
	생년월일	
	체류자격	
	특이사항	
동향조사	연월일	내용

210㎜×297㎜[백상지(80g/㎡) 또는 중질지(80g/㎡)]

[출처] 법제처 국가법령정보센터 홈페이지(www.law.go.kr)

3 보호

목차		내용
1. 개념		• 출입국관리법상 보호(保護)란 출입국관리공무원이 강제퇴거 대상(제46조 제1항)에 해당된다고 의심할 만한 상당한 이유가 있는 사람을 출국시키기 위하여 외국인보호실, 외국인보호소, 그 밖에 법무부장관이 지정하는 장소에 인치(引致)하고 수용하는 집행 활동을 말함(제2조 제11호) → 실질이 구금 (detention)임 • 외국인 보호는 강제퇴거를 위한 하나의 절차로 필요할 수 있음 • 하지만, 출입국관리법상 보호는 외국인에 대한 기본권 제한의 정도가 막대하고 신체의 자유에 대한 침해를 수반한다는 점에서 논쟁이 됨 • 출입국관리법상 보호는 외국인의 의사에 반해 신체의 자유를 제한한다는 점에서는 형사법에서의 체포 · 구속과 유사하나, 체포 · 구속은 형사처벌을 목적으로 하는 강제처분이지만, 보호는 강제퇴거를 위해 신병을 확보하는 즉시강제인 행정 처분에 해당됨 • 출입국관리법상 보호는 크게 ①**강제퇴거 심사 · 결정을 위한 보호**, ②**강제퇴거 집행을 위한 보호**, ③**일시보호로 구분**됨
2. 강제퇴거 심사 · 결정을 위한 보호 (제51조 ~ 제57조)	(1) 개념	• 출입국관리공무원은 ①외국인이 **강제퇴거 대상**(제46조 제1 항 각 호의 어느 하나)에 해당된다고 의심할 만한 **상당한 이유**가 있고 ②**도주**하거나 도주할 염려가 있으면 지방출입국 · 외국인 관서의 장으로부터 보호명령서를 발급받아 그 외국인을 보호 할 수 있음(제51조 제1항) • 즉, 외국인이 강제퇴거의 대상자에 해당된다고 의심할 만한 상당한 이유가 있고, 도주하거나 도주할 염려가 있으므로 **보호하여 강제퇴거 대상자에 해당하는지를 조사하기 위한 보호**를 의미함 • 강제퇴거의 대상자에 해당된다고 의심되는 출입국관리 공무원의 주관적인 의심만으로도 언제든지 착수할 수 있는 '위반조사'와 구별됨

목차	내용
(2) 절차	• **일반 보호**: 강제퇴거 심사 · 결정을 위한 보호는 지방 출입국 · 외국인관서의 장으로부터 **사전에 '보호명령서'를 발급받아야만** 보호를 집행할 수 있음 • **긴급 보호**: 단, 지방출입국 · 외국인관서의 장으로부터 **사전에 '보호명령서'를 발급받을 여유가 없는 긴급한 경우[74]**, 　①보호의 사유를 외국인에게 알리고 먼저 보호(제51조 제3항) → 　②출입국관리공무원 명의로 즉시 '긴급보호서'를 작성하여 외국인에게 제시(제51조 제4항) → 　③**48시간** 이내에 '보호명령서'를 발급받아 외국인에게 제시해야 하고, 만약 보호명령서를 발급받지 못한 경우에는 즉시 보호를 해제해야 함(제51조 제5항) • 출입국관리공무원이 보호명령서를 집행할 때에는 용의자에게 보호명령서를 내보여야 함(제53조) • 출입국관리공무원은 용의자를 보호한 때에는 국내에 있는 그의 법정대리인 · 배우자 · 직계친족 · 형제자매 · 가족 · 변호인 또는 용의자가 지정하는 사람(법정대리인 등)에게 3일 이내에 보호의 일시 · 장소 및 이유를 서면으로 통지하여야 함(제54조) • 보호명령서에 따라 보호된 사람이나 그의 법정대리인 등은 지방출입국 · 외국인관서의 장을 거쳐 법무부장관에게 보호에 대한 **이의신청**을 할 수 있음(제55조)
(3) 보호기간	• 원칙 : **10일** 이내 • 예외 : 부득이한 사유가 있으면 지방출입국 · 외국인관서의 장의 허가를 받아 **10일** 이내에서 한 차례 **연장** 가능(제52조 제1항)
(4) 보호장소	보호할 수 있는 장소는 외국인보호실, 외국인보호소 또는 그 밖에 법무부장관이 지정하는 장소(제52조 제2항)
(5) 보호의 해제	• 지방출입국 · 외국인관서의 장은 심사 결과 용의자가 강제퇴거 대상(제46조 제1항 각호)에 해당하지 아니한다고 인정하면 지체 없이 용의자에게 그 뜻을 알려야 하고, 용의자가 보호되어 있으면 **즉시 보호를 해제하여야 함**(제59조 제1항) • 긴급보호 후 48시간 이내에 지방출입국 · 외국인관서의 장으로부터 '보호명령서'를 발급받지 못한 경우 **즉시 보호를 해제하여야 함**(제51조 제5항)

---

74) 헌법재판소는 "외국인등록을 하지 아니한 채 오랜 기간 불법적으로 체류하면서 스스로 출국할 의사가 없는 것으로 판단되는 청구인들에 대한 긴급보호는 출입국관리법상 긴급보호의 요건을 갖추지 못하였다고 볼 수 없다."고 판단한 바 있다.(헌재 2012. 8. 23. 선고 2008헌마430 결정). → 제14강 헌법재판소 결정 사례 참고

목차		내용
3. 강제퇴거 집행을 위한 보호 (제63조)	(1) 개념	지방출입국·외국인관서의 장은 강제퇴거명령을 받은 사람을 여권 미소지 또는 교통편 미확보 등의 사유로 즉시 대한민국 밖으로 송환할 수 없으면 송환할 수 있을 때까지 그를 보호시설에 보호할 수 있음(제63조 제1항)
	(2) 절차	'강제퇴거 심사·결정을 위한 보호' 조항을 준용(제63조 제6항)
	(3) 보호기간	• 출입국관리법에서는 강제퇴거 집행을 위한 보호의 기간을 구체적으로 규정하고 있지 않고, '송환할 수 있을 때까지'라고 규정함[75] • 송환에 필요한 준비와 절차를 신속히 마쳐 송환이 가능할 때까지 필요한 최소한의 기간 동안 잠정적으로만 보호할 수 있고 다른 목적을 위하여 보호기간을 연장할 수 없음[76]
	(4) 보호장소	보호할 수 있는 장소는 외국인보호실, 외국인보호소 또는 그 밖에 법무부장관이 지정하는 장소
	(5) 보호의 해제	• 지방출입국·외국인관서의 장은 강제퇴거 집행을 위한 보호를 할 때 그 기간이 3개월을 넘는 경우에는 3개월마다 미리 법무부장관의 승인을 받아야 하며, 이 승인을 받지 못하면 지체 없이 **보호를 해제하여야 함**. 단 주거 제한 등 조건 부과는 가능함(제63조 제2항, 제3항, 제5항) • 지방출입국·외국인관서의 장은 강제퇴거명령을 받은 사람이 다른 국가로부터 입국이 거부되는 등의 사유로 송환될 수 없음이 명백하게 된 경우에는 **그의 보호를 해제할 수 있음**. 단 주거 제한 등 조건 부과는 가능함(제63조 제4항, 제5항)

---

75) <u>헌법재판소는</u> 강제퇴거명령을 받은 사람을 보호할 수 있도록 하면서 <u>보호기간의 상한을 마련하지 아니한 출입국관리법 제63조 제1항이 과잉금지원칙 및 적법절차원칙에 위배되어 피보호자의 신체의 자유를 침해한다고 헌법불합치결정을</u> 하면서 2025. 5. 31을 시한으로 입법자가 개정할 때까지 계속 적용을 명하였다. (헌법재판소 2023. 3. 23. 선고 2020헌가1, 2021헌가10(병합) 전원재판부 결정).

76) 대법원은 "출입국관리법 제63조 제1항은 강제퇴거명령을 받은 자를 즉시 대한민국 밖으로 송환할 수 없는 때에 송환이 가능할 때까지 그를 외국인 보호실·외국인 보호소 기타 법무부장관이 지정하는 장소에 보호할 수 있도록 규정하고 있는 바, 이 규정의 취지에 비추어 볼 때, 출입국관리법 제63조 제1항의 보호명령은 강제퇴거명령의 집행확보 이외의 다른 목적을 위하여 이를 발할 수 없다는 **목적상의 한계** 및 일단 적법하게 보호명령이 발하여진 경우에도 송환에 필요한 준비와 절차를 신속히 마쳐 송환이 가능할 때까지 필요한 최소한의 기간 동안 잠정적으로만 보호할 수 있고 다른 목적을 위하여 보호기간을 연장할 수 없다는 **시간적 한계**를 가지는 일시적 강제조치라고 해석된다."고 하면서 강제퇴거명령대상자로 보호처분 중에 있는 자에 대하여 <u>다른 고소사건을 수사하기 위하여 퇴거명령의 집행을 보류하고 보호기간을 연장하는 것은 위법하다고 판시하였다.</u>(대법원 2001. 10. 26. 선고 99다68829 판결).

○ 난민신청 심사결과[28]

(단위 : 건)

| 연도 \ 구분 | 심사완료 | 난민인정(보호) | | | | | 불인정 |
		소 계	인 정	인도적체류	인정률	보호율	
총 계	48,742	3,886	1,368	2,518	2.8%	8.0%	44,856
1994~2015년	7,498	1,488	580	908	7.7%	19.8%	6,010
2016년	5,665	350	98	252	1.7%	6.2%	5,315
2017년	5,874	437	121	316	2.1%	7.4%	5,437
2018년	3,954	651	144	507	3.6%	16.5%	3,303
2019년	5,060	308	79	229	1.6%	6.1%	4,752
2020년	6,236	223	69	154	1.1%	3.6%	6,013
2021년	6,852	124	72	52	1.1%	1.8%	6,728
2022년	4,909	242	175	67	3.6%	4.9%	4,667
2023년 1~5월	2,694	63	30	33	1.1%	2.3%	2,631

[출처] 법무부 출입국 · 외국인정책본부, 출입국 · 외국인정책 통계월보 2023년 5월호, 41면.

2 난민법 조문 구성

〈난민법 조문 구성〉

[시행 2016.12.20.] [법률 제14408호, 2016.12.20., 일부개정]
법무부(난민과), 02-2110-4160

장·절	조항	
제1장 총칙	제1조	목적
	제2조	정의
	제3조	강제송환의 금지
	제4조	다른 법률의 적용
제2장 난민인정 신청과 심사	제5조	난민인정 신청
	제6조	출입국항에서 하는 신청
	제7조	난민인정 신청에 필요한 사항의 게시
	제8조	난민인정 심사
	제9조	난민신청자에게 유리한 자료의 수집
	제10조	사실조사
	제11조	관계 행정기관 등의 협조
	제12조	변호사의 조력을 받을 권리
	제13조	신뢰관계 있는 사람의 동석
	제14조	통역
	제15조	난민면접조서의 확인
	제16조	자료 등의 열람·복사
	제17조	인적사항 등의 공개 금지
	제18조	난민의 인정 등
	제19조	난민인정의 제한
	제20조	신원확인을 위한 보호
	제21조	이의신청
	제22조	난민인정결정의 취소 등
	제23조	심리의 비공개
	제24조	재정착희망난민의 수용

장 · 절	조항	
제3장 난민위원회 등	제25조	난민위원회의 설치 및 구성
	제26조	위원의 임명
	제27조	난민조사관
	제28조	난민위원회의 운영
	제29조	유엔난민기구와의 교류 · 협력
제4장 난민인정자 등의 처우	제1절 난민인정자의 처우	제30조 난민인정자의 처우
		제31조 사회보장
		제32조 기초생활보장
		제33조 교육의 보장
		제34조 사회적응교육 등
		제35조 학력인정
		제36조 자격인정
		제37조 배우자 등의 입국허가
		제38조 난민인정자에 대한 상호주의 적용의 배제
	제2절 인도적 체류자의 처우	제39조 인도적 체류자의 처우
	제3절 난민신청자의 처우	제40조 생계비 등 지원
		제41조 주거시설의 지원
		제42조 의료지원
		제43조 교육의 보장
		제44조 특정 난민신청자의 처우 제한
제5장 보칙	제45조	난민지원시설의 운영 등
	제46조	권한의 위임
	제46조의2	벌칙 적용에서 공무원 의제
제6장 벌칙	제47조	벌칙

3 난민법 적용 대상자

난민법 제2조는 난민법 적용 대상자로 난민, 난민신청자, 난민인정자, 인도적 체류자에 대하여 아래와 같이 정의하고 있으며 이러한 구분에 따라 그 처우도 달리하고 있다.

〈난민 관련 용어의 정의〉

용어	정의	부여되는 체류자격
난민[136]	①인종, 종교, 국적, 특정 사회집단의 구성원인 신분[137] 또는 정치적 견해를 이유로 박해를 받을 수 있다고 인정할 충분한 근거가 있는 공포로 인하여 **국적국**의 보호를 받을 수 없거나 보호받기를 원하지 아니하는 **외국인**, 또는 ②그러한 공포로 인하여 대한민국에 입국하기 전에 거주한 국가("상주국")로 돌아갈 수 없거나 돌아가기를 원하지 아니하는 **무국적자인 외국인**	—
난민신청자	대한민국에 난민인정을 신청한 외국인으로서 ①난민인정 신청에 대한 심사가 진행 중인 사람 ②난민불인정결정에 대한 이의신청, 행정심판 또는 행정소송의 제기기간이 지나지 아니한 사람 ③난민불인정결정에 대한 이의신청의 기각결정을 받고 행정소송의 제기기간이 지나지 아니한 사람, 또는 ④난민불인정결정에 대한 행정심판 또는 행정소송이 진행 중인 사람	기타(G-1)
난민인정자	난민법에 따라 난민으로 인정을 받은 외국인	거주(F-2)
인도적 체류자	난민의 요건에는 해당하지 아니하지만 고문 등의 비인도적인 처우나 처벌 또는 그 밖의 상황으로 인하여 생명이나 신체의 자유 등을 현저히 침해당할 수 있다고 인정할 만한 합리적인 근거가 있는 사람으로서 **난민불인정결정하는 경우 또는 이의신청에 대하여 기각결정을 하는 경우** 별도로 법무부장관으로부터 체류허가를 받은 외국인	기타(G-1)

---

136) 난민협약상의 난민을 의미하며 전쟁난민, 경제난민, 환경난민 등은 포함하지 않는다.

137) 여성 할례가 난민법상 박해에 해당하는 지 여부에 관하여 대법원은 "난민 인정 요건인 '특정 사회집단의 구성원인 신분을 이유로 한 박해'에서 '특정 사회집단'이란 한 집단의 구성원들이 선천적 특성, 바뀔 수 없는 공통적인 역사, 개인

4 난민인정 신청절차

(1) 개요

난민신청은 ①국내에 입국하여 **체류 중** 신청할 수 있고, 또한 ②국내 입국심사 과정 중 **출입국항에서** 신청할 수도 있다. 난민법 제정 전에는 국내 입국심사 과정 중 출입국항에서의 난민신청이 불가능하였으나, 2013년 난민법이 시행되면서 비로소 가능해졌다.

(2) 국내(체류 중)에서의 신청(제5조)

난민인정허가권자는 법무부장관이나, 난민인정신청서 제출은 지방출입국 · 외국인관서장에게 한다. **난민신청자는 난민인정 여부에 관한 결정이 확정될 때까지**(난민불인정 결정에 대한 이의신청, 행정심판, 행정소송이 진행 중인 경우에는 그 절차가 종결될 때까지) **대한민국에 체류할 수 있다.**[138]

의 정체성 및 양심의 핵심을 구성하는 특성 또는 신앙으로서 이를 포기하도록 요구해서는 아니 될 부분을 공유하고 있고, 이들이 사회환경 속에서 다른 집단과 다르다고 인식되고 있는 것을 말한다. 그리고 그 외국인이 받을 '박해'란 생명, 신체 또는 자유에 대한 위협을 비롯하여 인간의 본질적 존엄성에 대한 중대한 침해나 차별을 야기하는 행위를 의미한다. '여성 할례'(Female genital mutilation)는 의료 목적이 아닌 전통적·문화적·종교적 이유에서 여성 생식기의 전부 또는 일부를 제거하거나 여성 생식기에 상해를 입히는 행위를 의미한다. 이는 여성의 신체에 대하여 극심한 고통을 수반하는 직접적인 위해를 가하고 인간의 존엄성을 침해하는 행위로서, 특정 사회집단의 구성원이라는 이유로 가해지는 '박해'에 해당한다."고 판단하였다.(대법원 2017. 12. 5. 선고 2016두42913 판결).

138) 난민법 제3조(강제송환의 금지) 난민인정자와 인도적체류자 및 **난민신청자**는 난민협약 제33조 및 「고문 및 그 밖의 잔혹하거나 비인도적 또는 굴욕적인 대우나 처벌의 방지에 관한 협약」제3조에 따라 본인의 의사에 반하여 강제로 송환되지 아니한다.

난민인정신청서
APPLICATION FOR RECOGNITION OF REFUGEE STATUS

※ 색상이 어두운 란은 신청인이 적지 않습니다. 아래 유의사항을 읽고 작성하여 주시기 바라며, [ ]에는 √표를 합니다.
Do not mark in the shaded area. Please read the instructions and note and check the appropriate box.

접수번호 Application No.	접수일자 Date of Application	처리기간 Processing Period	6개월(6개월 범위에서 연장 가능) 6 months (this period may be extended by up to six months)

작성방법 및 유의사항 Instructions and Note

1. 난민인정신청서 작성방법 Instructions

▶ 신청서의 모든 질문에 거짓 없이 답하여야 하며, 해당이 없는 경우 '해당 없음'으로 쓰세요.

　You must only answer the truth, and you may answer "non applicable" if that is the case.

▶ 신청서는 한국어나 영어로 작성하여야 하며, 모국어로 작성한 경우에는 한국어나 영어로 번역하여
　신청서와 함께 제출하여야 합니다.

　You must answer in Korean or English. If you have written the statements in your mother language,
　then you must submit the translated version along with the application.

························· 중간 생략 ·························

신청인
Applicant's Name

(서명 또는 인)
(Signature)

○○ 출입국·외국인청(사무소·출장소)장/외국인보호소장　귀하
To the Chief of ○○ Immigration Office/Branch/Immigration Detention Center

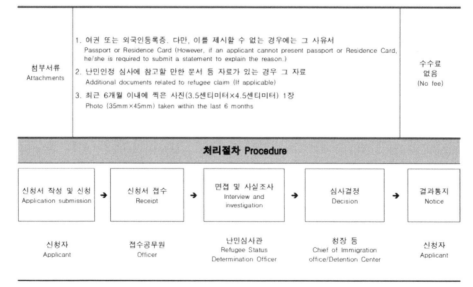

첨부서류 Attachments	1. 어권 또는 외국인등록증. 다만, 이를 제시할 수 없는 경우에는 그 사유서 　Passport or Residence Card (However, if an applicant cannot present passport or Residence Card, 　he/she is required to submit a statement to explain the reason.) 2. 난민인정 심사에 참고할 만한 문서 등 자료가 있는 경우 그 자료 　Additional documents related to refugee claim (If applicable) 3. 최근 6개월 이내에 찍은 사진(3.5센티미터×4.5센티미터) 1장 　Photo (35mm×45mm) taken within the last 6 months	수수료 없음 (No fee)

처리절차 Procedure

신청서 작성 및 신청 → 신청서 접수 → 면접 및 사실조사 → 심사결정 → 결과통지
Application submission → Receipt → Interview and investigation → Decision → Notice

신청자 / 접수공무원 / 난민심사관 / 청장 등 / 신청자
Applicant / Officer / Refugee Status Determination Officer / Chief of Immigration office/Detention Center / Applicant

210㎜×297㎜[백상지(80 g /㎡) 또는 중질지(80 g /㎡)]

[출처] 법제처 국가법령정보센터 홈페이지(www.law.go.kr)

(3) 출입국항에서의 신청(제6조)

절차	내용
1. 신청	• 외국인이 입국심사를 받는 때에 난민인정신청을 하려면 출입국항을 관할하는 출입국 · 외국인관서의 장에게 난민인정신청서를 제출하여야 함 • 출입국항에서 난민인정신청서를 제출한 사람에 대하여 7일의 범위에서 출입국항에 있는 일정한 장소에 머무르게 할 수 있으며,[139] 이 기간 동안 기본적인 의식주를 제공하여야 함
2. 회부심사	• 법무부장관은 출입국항에서 난민인정신청서를 제출한 사람에 대하여는 그 신청서가 제출된 날부터 <u>7일 이내</u>에 난민인정 심사에 회부할 것인지를 결정하여야 함
3. 회부심사 결과	(1) 회부결정 → 입국허가[140] (2) 7일 이내에 회부여부 결정 못하는 경우 → 입국허가 (3) <u>불회부결정</u>[141] → 입국심사 후 입국불허(출국대기실 대기 후 송환 조치)
4. 불회부결정에 대한 불복	• 이의신청제도 없음 • 행정심판 제기 가능 • 행정소송 제기 가능[142]

---

139) 이러한 행위는 출입국관리법상 보호에 해당하지 않는다.

140) 난민인정 심사에 회부하기로 결정된 사람에 대해서는 「출입국관리법」 제12조에 따른 입국허가 또는 제13조에 따른 조건부 입국허가를 하되, 조건부 입국허가를 하는 경우에는 90일의 범위에서 허가기간을 정할 수 있다.(난민법 시행령 제5조 제4항).

141) 법무부장관은 출입국항에서의 난민신청자가 ①대한민국의 안전 또는 사회질서를 해칠 우려가 있다고 인정할 만한 상당한 이유가 있는 경우, ②인적사항 관련 질문 등에 응하지 아니하여 신원을 확인할 수 없는 경우, ③거짓 서류를 제출하는 등 사실을 은폐하여 난민인정을 받으려는 경우(다만, 본인이 지체 없이 자진하여 그 사실을 신고한 경우는 제외함), ④박해의 가능성이 없는 안전한 국가 출신이거나 안전한 국가로부터 온 경우, ⑤난민인정을 받지 못한 사람 또는 난민인정이 취소된 사람이 중대한 사정의 변경 없이 다시 난민인정을 받으려는 경우, ⑥난민인정제한사유(제19조)에 해당된다고 인정할만한 상당한 이유가 있는 경우, 또는 ⑦**그 밖에 오로지 경제적인 이유로 난민인정을 받으려는 등 난민인정 신청이 명백히 이유 없는 경우**에는 그 사람을 **난민인정 심사에 회부하지 아니할 수 있다.**(난민법 시행령 제5조 제1항).

142) 수단 국적의 甲이 인천공항에서 입국수속을 하면서 북수단 정부의 강제징집에 불응하여 생명에 위협을 받고 있다는 이유로 난민신청을 하였는데, 인천공항출입국 관리사무소장이 난민법 시행령 제5조 제1항 제3호, 제7호에서 정한 난민인정심사 불회부결정 사유에 해당한다는 등의 이유로 **난민인정심사 불회부결정을 한 사안에서**, 인천지방법원은 甲의 난민신청에 <u>위 규정</u>에서 정한 난민인정심사 불회부결정 사유가 인정되지 않음에도 이와 달리 보아 위 처분을 한 것은 난민인정심사 회부결정에 대한 <u>재량</u>을 일탈·남용한 것으로 위법하다고 판시하였다.(인천지법 2014. 5. 16. 선고 2014구합30385 판결). 유사 판례로는 인천지법 2016. 4. 7. 선고 2015구합1704 판결을 참고할 것.

○ 난민인정심사 회부신청 결과[30]　　　　　　　　　　　　　　　　（단위 : 건）

구분 \ 연도		총 계	2013년~2017년	2018년	2019년	2020년	2021년	2022년	2023년 1~5월
신 청		2,164	882	516	188	47	42	391	98
결정	소 계	2,158	879	511	190	53	41	380	104
	회 부	950	414	241	13	12	25	223	22
	불회부	1,162	453	264	162	41	16	147	79
	철 회	46	12	6	15	0	0	10	3

[출처] 법무부 출입국 · 외국인정책본부, 출입국 · 외국인정책 통계월보 2023년 5월호, 42면.

불회부결정번호(Non-Referral Decision No.)

난민인정 심사 불회부결정통지서
NOTICE ON NON-REFERRAL OF REFUGEE STATUS APPLICATION

Dear . _____ 귀하

1. 성명(Full Name) : _____
2. 생년월일(Date of Birth) : _____년(Year)_____월(Month)_____일(Day)
3. 국적(Nationality) : _____
4. 난민인정 신청일(Date of the Application) : _____년(Year)____월(Month)___일(Day)

귀하의 난민인정 신청이 「난민법 시행령」 제5조제1항에 규정된 아래 사유에 해당되어   년(Year)
월(Month)   일(Day) 난민인정 심사에 회부하지 않기로 결정하였음을 알려 드립니다.
This is to notify the decision that your refugee status application will not be referred on   . . .
(yyyy/mm/dd) as your application falls under Article 5(1) of the Enforcement Decree of the Refugee Act.

1. 대한민국의 안전 또는 사회질서를 해칠 우려가 있다고 인정할 만한 상당한 이유가 있는 경우   [   ]
   When there are substantial grounds to regard the applicant as a danger to the safety and public order of the
   Republic of Korea.
2. 인적사항 관련 질문 등에 응하지 아니하여 신원을 확인할 수 없는 경우   [   ]
   When the applicant's identity cannot be verified due to his or her refusal to comply with inquiries
   concerning personal profiles, etc.
3. 거짓 서류를 제출하는 등 사실을 은폐하여 난민인정을 받으려는 경우. 다만, 본인이 지체 없이 자진 하여
   그 사실을 신고한 경우는 제외한다.   [   ]
   When the applicant attempts to obtain refugee status by knowingly concealing facts including, but not
   limited to, by submitting a false document(However, this shall not apply if the applicant voluntarily
   reports such facts without delay).
4. 박해의 가능성이 없는 안전한 국가 출신이거나 안전한 국가로부터 온 경우   [   ]
   When the applicant came from a safe country of origin or a safe third country, in which little possibility of
   persecution exists.
5. 난민인정을 받지 못한 사람 또는 난민인정이 취소된 사람이 중대한 사정의 변경 없이 다시 난민인정을 받
   으려는 경우   [   ]
   When the applicant, whose refugee application has been denied or whose refugee status has been terminated,
   re-applies for such status without a material change of the circumstances.
6. 법 제19조 각 호의 어느 하나에 해당된다고 인정할만한 상당한 이유가 있는 경우   [   ]
   When there are substantial grounds to regard any of the subparagraph of Article 19 of the Act as applying to
   the applicant.
7. 그 밖에 오로지 경제적인 이유로 난민인정을 받으려는 등 난민인정 신청이 명백히 이유 없는 경우   [   ]
   When the applicant's basis for applying for refugee status is found to be clearly groundless, including, but
   not limited to, when the application was made solely for economic reasons.

위 처분에 이의가 있을 때에는 이 통지를 받은 날부터 90일 이내에 행정심판 또는 행정소송을 제기할 수
있습니다.
If you object to this decision, you may file administrative appeal or administrative litigation
concerning the decision within 90 days from the date you receive this notice.

○○ 출입국·외국인청(사무소·출장소)장
Chief of ○○ Immigration Office/Branch

직인
Official Seal

발급일(Date of Issue)   년(Year)   월(Month)   일(Day)

210㎜×297㎜[백상지(80 g/㎡) 또는 중질지(80 g/㎡)]

[출처] 법제처 국가법령정보센터 홈페이지(www.law.go.kr)

5 난민인정 심사절차

절차	내용
1. 면접 및 사실조사 (제8조)	• 난민인정신청서를 제출받은 지방출입국·외국인관서의 장은 지체 없이 난민신청자에 대하여 <u>면접</u>을 실시하고 <u>사실조사</u>를 한 다음 그 결과를 난민인정신청서에 첨부하여 법무부장관에게 보고하여야 함 • 단, 법무부장관은 ①거짓 서류의 제출이나 거짓 진술을 하는 등 사실을 은폐하여 난민인정 신청을 한 경우, ②난민인정을 받지 못한 사람 또는 난민인정이 취소된 사람(제22조)이 중대한 사정의 변경 없이 다시 난민인정을 신청한 경우, ③대한민국에서 1년 이상 체류하고 있는 외국인이 체류기간 만료일에 임박하여 난민인정 신청을 하거나, 강제퇴거 대상 외국인이 그 집행을 지연시킬 목적으로 난민인정 신청을 한 경우에는 면접 및 사실조사 **일부를 생략 가능**함
2. 심사 기간 (제18조 제4항)	• 난민인정 등의 결정은 난민인정신청서를 접수한 날부터 <u>6개월</u> 안에 하여야 함 • 단, 부득이한 경우에는 <u>6개월</u>의 범위에서 기간을 정하여 <u>연장</u>할 수 있음
3. 신원확인을 위한 보호 (제20조)	• 출입국관리공무원은 난민신청자가 자신의 신원을 은폐하여 난민의 인정을 받을 목적으로 여권 등 신분증을 고의로 파기하였거나 거짓의 신분증을 행사하였음이 명백한 경우 그 신원을 확인하기 위하여 **강제퇴거 심사·결정을 위한 보호 조항**(출입국관리법 제51조)에 따라 지방출입국·외국인관서의 장으로부터 보호명령서를 발급받아 10일 이내 보호할 수 있음 • 단, 부득이한 경우 10일내 보호 기간 연장이 가능함
4. 난민신청자의 권리 (제12조 ~ 제17조)	• 난민법상 난민인정신청자는 변호사의 조력을 받을 권리(제12조), 신뢰관계 있는 사람의 동석(제13조), 통역(제14조), 난민면접조서의 확인(제15조), 자료 등의 열람·복사 청구권(제16조), 인적사항 등의 공개 금지(제17조) 등의 권리를 가짐

유형		내용
1. 인정결정		• 법무부장관은 난민인정신청이 이유 있다고 인정할 때에는 난민임을 인정하는 결정을 하고 난민 인정증명서를 교부함(제18조 제1항) • 단, 법무부장관은 난민신청자가 난민에 해당한다고 인정하는 경우에도 ①UNHCR 외에 UN의 다른 기구 또는 기관으로부터 보호 또는 원조를 현재 받고 있는 경우, ②국제조약 또는 일반적으로 승인된 국제법규에서 정하는 세계평화에 반하는 범죄, 전쟁범죄 또는 인도주의에 반하는 범죄를 저지른 경우, ③대한민국에 입국하기 전에 대한민국 밖에서 중대한 비정치적 범죄를 저지른 경우, ④UN의 목적과 원칙에 반하는 행위를 한 경우에 해당된다고 인정할만한 상당한 이유가 있는 경우에는 난민불인정결정을 할 수 있음(제19조)
2. 불인정결정	**(1) 통지** (제18조 제2항)	법무부장관은 난민인정신청에 대하여 난민에 해당하지 아니한다고 결정하는 경우에는 난민신청자에게 그 사유와 30일 이내에 이의신청을 제기할 수 있다는 뜻을 적은 **난민불인정결정통지서**를 교부함
	(2) 인도적 체류허가 (시행령 제2조 제1항 제1호)	법무부장관은 난민신청자가 난민에 해당하지 아니한다고 결정하는 경우 **인도적 체류허가**를 할 수 있음[143]

---

143) 난민인정불인정결정에 인도적체류불허가의 뜻도 포함된 경우, **인도적체류불허가 결정에 대한 행정소송이 가능한지 여부**에 관하여 제주지방법원은 "외국인에게 대한민국 정부에 인도적체류허가를 구할 법규상 또는 조리상 신청권을 인정할 수 없는 이상, 설령 원고들의 각 난민인정신청 및 피고의 각 처분에 인도적체류허가 신청 및 그에 대한 거부의 취지가 각기 포함되어 있다고 보더라도, 그 거부는 항고소송의 대상이 되는 행정처분에 해당된다고 볼 수 없다."고 판시한 바 있다.(제주지방법원 2021. 6. 22 선고 2020구합5083 판결).

유형		내용
2. 불인정결정	(3) 이의신청	• 법무부장관은 이의신청서를 접수하면 난민위원회(제25조)에 회부하여야 하고, 접수일로부터 6개월 이내에 난민위원회의 심의를 거쳐 난민인정 여부를 결정해야하며, 부득이한 경우 6개월 연장 가능함 • 법무부장관은 이의신청에 대하여 기각결정을 하는 경우 **인도적 체류허가**를 할 수 있음(시행령 제2조 제1항 제2호) • 난민불인정결정에 대하여 이의신청을 한 경우에는 행정심판을 제기할 수 없음
	(4) 불복방법	• 이의신청 • 행정심판: 이의신청을 하는 경우 행정심판 청구 불가능 • 행정소송: 이의신청이나 행정심판을 거치지 않고 바로 소송 제기 가능

불인정결정번호(Non-Recognition Decision No.)

난민불인정결정통지서
NOTICE ON NON-RECOGNITION OF REFUGEE STATUS

Dear _____ 귀하

1. 성명(Full Name) : _____

2. 생년월일(Date of Birth) : _____년(Year)_____월(Month)_____일(Day)

3. 국적(Nationality) : _____

4. 대한민국 내 주소(Address in Korea) : _____

5. 난민인정 신청일(Date of Application) : _____년(Year)____월(Month)____일(Day)

귀하의 난민인정 신청에 대하여 「난민법」 제18조제2항에 따라 _____ 년 _____ 월 _____ 일 아래의 사유로 난민인정을 하지 않기로 결정하였음을 알려 드립니다.

Pursuant to Article 18(2) of the Refugee Act, this is to notify the non-recognition of your refugee status   .   .   .(yyyy/mm/dd) due to the reasons below.

사유(REASONS)

위 처분에 이의가 있을 때에는 「난민법」 제21조제1항에 따라 이 통지를 받은 날부터 30일 이내에 법무부장관에게 이의신청을 제기하거나 이 통지를 받은 날부터 90일 이내에 행정심판 또는 행정소송을 제기할 수 있습니다.

If you object to this decision, you may file an appeal to the Minister of Justice within 30 days from the date you receive this notice, pursuant to Article 21(1) of the Refugee Act, or you may file administrative appeal or administrative litigation concerning the decision within 90 days from the date you receive this notice.

이의신청은 별지 제14호서식의 이의신청서에 이의의 사유를 소명하는 자료를 첨부하여 지방출입국·외국인관서의 장에게 제출하여야 하며, 이의신청을 제기한 경우에는 「행정심판법」에 따른 행정심판을 제기할 수 없습니다.

You may file an appeal by submitting a written appeal following the form in Annex No.14 with attached documents explaining the reasons for the appeal to the chief of the local Immigration Office/Branch. If an appeal is filed, an administrative appeal pursuant to the Administrative Appeals Act may not be lodged.

○○ 출입국·외국인청(사무소·출장소)장/외국인보호소장
Chief of ○○ Immigration Office/Branch/Immigration Detention Center

직인
Official Seal

발급일(Date of Issue) ;   년(Year)   월(Month)   일(Day)

210㎜×297㎜[백상지(80 g /㎡) 또는 중질지(80 g /㎡)]

[출처] 법제처 국가법령정보센터 홈페이지(www.law.go.kr)

아래는 국내에 입국하여 체류 중 난민인정신청 후 발생할 수 있는 11개의 상황을 보여주고 있으며 각 단계를 밟고 있는 사람은 난민법상 모두 '난민신청자'의 지위를 유지한다. 즉, 강제송환(강제퇴거)이 금지된다.

〈난민인정 또는 불인정결정 후의 11가지 상황〉

---

① 난민인정신청 → 인정(난민인정자)

② 난민인정신청 → **불인정하면서 인도적 체류허가(인도적체류자)**

③ 난민인정신청 → 불인정 → 이의신청 → 인정(난민인정자)

④ 난민인정신청 → 불인정 → **이의신청 → 불인정하면서 인도적 체류허가(인도적체류자)**

⑤ 난민인정신청 → 불인정 → 이의신청 → 불인정 → 행정소송 → 인용(난민인정자)

⑥ 난민인정신청 → 불인정 → 이의신청 → 불인정 → 행정소송 → 기각(강제퇴거 등)

⑦ 난민인정신청 → 불인정 → 행정심판 → 인용(난민인정자)

⑧ 난민인정신청 → 불인정 → 행정심판 → 기각 → 행정소송 → 인용(난민인정자)

⑨ 난민인정신청 → 불인정 → 행정심판 → 기각 → 행정소송 → 기각(강제퇴거 등)

⑩ 난민인정신청 → 불인정 → 행정소송 → 인용(난민인정자)

⑪ 난민인정신청 → 불인정 → 행정소송 → 기각(강제퇴거 등)

---

7 난민인정결정의 취소 및 철회

목차	내용
1. 취소 (제22조 제1항)	법무부장관은 난민인정결정이 거짓 서류의 제출이나 거짓 진술 또는 사실의 은폐에 따른 것으로 밝혀진 경우에는 난민인정을 **취소할 수 있음**
2. 철회 (제22조 제2항)	법무부장관은 난민인정자가 ①자발적으로 국적국의 보호를 다시 받고 있는 경우, ②국적을 상실한 후 자발적으로 국적을 회복한 경우, ③새로운 국적을 취득하여 그 국적국의 보호를 받고 있는 경우, ④자유로운 의사로 전 거주국에 재정착한 경우, ⑤ 난민인정결정의 주된 근거가 된 사유가 소멸하여 더 이상 국적국의 보호를 받는 것을 거부할 수 없게 된 경우, 또는 ⑥무국적자로서 난민으로 인정된 사유가 소멸되어 종전의 상주국으로 돌아갈 수 있는 경우에는 난민인정결정을 **철회할 수 있음**
3. 이의신청 (제22조 제3항)	법무부장관은 난민인정결정을 취소 또는 철회한 때에는 그 사유와 30일 이내에 이의신청을 할 수 있다는 뜻을 기재한 난민인정취소통지서 또는 난민인정철회통지서로 그 사실을 통지하여야 함

재정착희망난민이란 "대한민국 밖에 있는 난민 중 대한민국에서 정착을 희망하는 외국인"을 의미한다.[144)]

법무부장관은 재정착희망난민의 수용 여부와 규모 및 출신지역 등 주요 사항에 관하여 「재한외국인 처우 기본법」 제8조에 따른 <u>외국인정책위원회의 심의</u>를 거쳐 재정착희망난민의 국내 정착을 허가할 수 있으며, '<u>정착허가</u>'는 난민법에 따른 '난민인정'으로 본다.[145)146)] 단, 재정착희망난민이 ①난민인정 제한 사유(제19조)에 해당하거나 ②대한민국의 안전, 사회질서 또는 공중보건을 해칠 우려가 있는 경우는 허가하지 않는다.[147)]

---

144) 난민법 제2조 제5호.

145) 난민법 제24조 제1항.

146) 태국 난민 캠프에 거주하던 미얀마인 22명이 2015년 12월 23일 대한민국 최초의 재정착희망난민으로 입국한 바 있다.

147) 난민법 시행령 제12조 제1항.

9 난민에 대한 처우

난민법은 난민에 대한 처우를 난민신청자, 난민인정자, 인도적체류자인지 여부에 따라 아래와 같이 그 처우를 달리하고 있다.

〈난민신청자, 난민인정자, 인도적체류자 처우 비교〉[148]

구분	난민신청자	난민인정자	인도적체류자
체류자격	G-1-5	F-2-4	G-1-6
체류기간	6개월 ~ 1년, 사유 소멸시 까지 연장	3년, 사유 소멸 시까지 연장	1년, 사유 소멸 시까지 연장
취 업	난민 신청 후 6개월이 경과한 자에게 체류자격 외 활동허가 (제40조 제2항)	허가 없이 가능	체류자격 외 활동허가 (제39조)
가족결합	원칙적으로 불가	배우자 및 미성년자녀에게 동반(F-1-16)자격으로 국내 체류 허가 (제37조 제1항)	원칙적으로 불가 (단, 국내 체류 중인 배우자 및 미성년자녀에 한해서는 신청 가능)

---

148) 법제사법위원회, 전문위원 박종희, 난민법 일부개정법률안(홍익표의원 대표발의, 제1982호), 검토보고서, 2016.11. 7면 표를 근거로 수정, 보완함

구분	난민신청자	난민인정자	인도적체류자
처우	• 생계비 등 지원 (제40조 제1항)[149] • 주거시설의 지원(제41조) • 의료지원(제42조) • 난민지원시설 입소 (제45조)[150] • 미성년자 교육의 보장 (제43조) • 특정 난민신청자에 대한 처우 제한[151]	• 난민인정자 처우의 원칙 ①난민협약에 따른 처우 (제30조 제1항) ②상호주의 적용 배제 (제38조)[152] • 사회보장(제31조)[153] • 기초생활보장(제32조) • 미성년자 교육의 보장(제33조 제1항) • 학력인정(제35조) • 자격인정(제36조) • 사회적응교육 및 직업교육 지원(제34조) • 난민지원시설 입소(제45조)	• 건강보험 (지역가입)[154]
여행증명서	발급불가	발급가능 (출입국관리법 제76조의5)	발급불가

---

149) 에티오피아 국적의 여성 甲이 대한민국에 입국하여 체류하다가 난민인정신청을 한 후 난민신청자 생계비 지원 신청을 하였으나 법무부장관이 甲에게 휴대전화로 "You are failed to receive the living expenses."라는 내용의 문자메시지를 전송한 사안에서, 위 통보는 행정절차법 제23조 제1항(행정청은 처분을 할 때에는 ①신청 내용을 모두 그대로 인정하는 처분인 경우, ②단순·반복적인 처분 또는 경미한 처분으로서 당사자가 그 이유를 명백히 알 수 있는 경우, ③긴급히 처분을 할 필요가 있는 경우를 제외하고는 당사자에게 그 근거와 이유를 제시하여야 한다)와 제24조 제1항(행정청이 처분을 할 때에는 다른 법령 등에 특별한 규정이 있는 경우를 제외하고는 문서로 하여야 하며, 전자문서로 하는 경우에는 당사자 등의 동의가 있어야 한다)을 위반하여 위법하다.(서울행법 2016. 7. 7. 선고 2015구합79413 판결).

150) 법무부장관은 난민신청자에 대한 주거시설 및 의료지원 업무, 난민인정자에 대한 사회적응교육 등을 효율적으로 수행하기 위하여 난민지원시설을 운영할 수 있으며(난민법 제45조 제1항), 2023년 7월 현재 영종도에 출입국·외국인지원센터를 운영 중이다. 법무부장관은 출입국항에서의 난민신청자와 재정착희망난민을 주거시설 우선 이용 대상자로 할 수 있으며(난민법 시행령 제19조 제2항), 출입국·외국인지원센터 이용대상자 등 상세 내용은 「출입국·외국인지원센터 운영규정」(법무부훈령 제1399호)에 규정되어 있다.

151) ①난민불인정결정에 대한 행정심판 또는 행정소송이 진행 중인 사람, ②난민인정을 받지 못한 사람 또는 난민인정이 취소·철회된 사람이 중대한 사정 변경 없이 다시 난민인정 신청을 한 경우, ③대한민국에서 1년 이상 체류하고 있는 외국인이 체류기간 만료일에 임박하여 난민인정 신청을 하거나 강제퇴거 대상 외국인이 그 집행을 지연시킬 목적으로 난민인정 신청을 한 경우에는 생계비 등 지원, 주거시설의 지원, 의료지원을 제한할 수 있다.(난민법 제44조 및 동법 시행령 제21조).

152) 대한민국 국민과 같은 수준의 사회보장을 제공하며, 상호주의 원칙이 적용되지 않는다.

〈난민지원시설인 영종도 소재 출입국 · 외국인지원센터〉

[출처] 법무부 홈페이지(www.moj.go.kr)

---

153) 우리나라에 입국하여 난민으로 인정받아 F-2 체류자격으로 국내에 거주하던 갑이 공립 특수학교로부터 입학허가를 받고 등교하게 되었는데, 병원에서 뇌병변장애 진단을 받고 학교 통학 및 병원 통원을 도와줄 활동보조인 파견 등 장애인 복지서비스를 제공받기 위해 관할 구청장에게 장애인 등록신청을 하였으나, 구청장이 그 신청을 반려하고 갑의 체류자격은 장애인 등록이 허용되지 않는 체류자격이라는 이유로 장애인 등록을 거부한 사안에서, 부산고등법원은 "난민법 제30조에 따르면 우리나라에 체류하는 난민인정자는 다른 법률에도 불구하고 난민의 지위에 관한 1951년 협약(난민협약)에 따른 처우를 받는데, 난민협약 제24조 제1항에 따르면 체약국은 합법적으로 그 영역 내에 체재하는 난민에게 사회보장에 관하여 자국민에게 부여하는 대우와 동일한 대우를 부여한다고 규정하고 있는 점, 난민법 제31조는 사회보장 관계 법령에서 외국인에 대한 사회보장 제한 또는 사회보장 특례를 규정하고 있더라도 난민의 경우에는 대한민국 국민과 같은 수준의 사회보장을 받는다는 의미로 보아야 하는 점, 장애인복지법 제32조의2 제1항 제3호에 따르면 거주(F-2) 체류자격의 경우 장애인 등록을 할 수 있는 외국인에 해당하지 않으나 같은 법 제32조의2가 난민법 제30조, 제31조의 규정에도 불구하고 위 조항에 해당하지 아니하는 외국인은 장애인 등록을 할 수 없다는 의미가 아닌 점 등에 비추어, 난민인정자인 갑에게 장애인복지법 제32조 제1항 등에 근거하여 장애인등록을 하고 그에 따른 복지서비스의 제공을 받을 수 있는 권리가 인정된다는 이유로 위 처분이 위법하다"고 판결하였다.(부산고법 2017. 10. 27. 선고 2017누22336 판결).

154) 국민건강보험법 시행규칙 별표 9.

10 벌칙(제47조)

①난민의 인적사항 등의 공개 금지 규정(제17조)을 위반한 사람과 ②거짓 서류의 제출이나 거짓 진술 또는 사실의 은폐로 난민으로 인정되거나 인도적 체류 허가를 받은 사람은 1년 이하의 징역 또는 1천만원 이하의 벌금에 처한다.

제14강

사례 학습

1 행정심판, 행정소송, 헌법소원심판이란?

순서	내용
1. 행정심판	**〈행정심판법〉** **제1조(목적)** 이 법은 행정심판 절차를 통하여 행정청의 <u>위법</u> 또는 <u>부당한</u> <u>처분</u>(處分)이나 <u>부작위</u>(不作爲)로 침해된 국민의 권리 또는 이익을 구제하고, 아울러 행정의 적정한 운영을 꾀함을 목적으로 한다. **제2조(정의)** 이 법에서 사용하는 용어의 뜻은 다음과 같다. 1. "<u>처분</u>"이란 행정청이 행하는 구체적 사실에 관한 법집행으로서의 공권력의 행사 또는 그 거부, 그 밖에 이에 준하는 행정작용을 말한다. 2. "<u>부작위</u>"란 행정청이 당사자의 신청에 대하여 상당한 기간 내에 일정한 처분을 하여야 할 법률상 의무가 있는데도 처분을 하지 아니하는 것을 말한다. 3. "<u>재결</u>(裁決)"이란 행정심판의 청구에 대하여 제6조에 따른 행정심판 위원회가 행하는 판단을 말한다. 4. "행정청"이란 행정에 관한 의사를 결정하여 표시하는 국가 또는 지방자치단체의 기관, 그 밖에 법령 또는 자치법규에 따라 행정권한을 가지고 있거나 위탁을 받은 공공단체나 그 기관 또는 사인(私人)을 말한다. **제3조(행정심판의 대상)** ① 행정청의 처분 또는 부작위에 대하여는 다른 법률에 특별한 규정이 있는 경우 외에는 이 법에 따라 행정심판을 청구할 수 있다.
2. 행정소송	**〈행정소송법〉** **제1조(목적)** 이 법은 행정소송절차를 통하여 행정청의 <u>위법한</u> 처분 그 밖에 공권력의 행사·불행사 등으로 인한 국민의 권리 또는 이익의 침해를 구제하고, 공법상의 권리관계 또는 법적용에 관한 다툼을 적정하게 해결함을 목적으로 한다. **제12조(원고적격)** 취소소송은 처분 등의 취소를 구할 <u>법률상 이익이 있는</u> 자가 제기할 수 있다. **제27조(재량처분의 취소)** 행정청의 재량에 속하는 처분이라도 <u>재량권의</u> <u>한계를 넘거나 그 남용이 있는 때에는 법원은 이를 취소할 수 있다.</u>

순서	내용
3. 헌법소원심판	**〈헌법〉** **제111조** ①헌법재판소는 다음 사항을 관장한다. 1. 법원의 제청에 의한 법률의 위헌여부 심판 2. 탄핵의 심판 3. 정당의 해산 심판 4. 국가기관 상호간, 국가기관과 지방자치단체간 및 지방자치단체 상호간의 권한쟁의에 관한 심판 5. 법률이 정하는 헌법소원에 관한 심판 **〈헌법재판소법〉** **제68조(청구 사유)** ① 공권력의 행사 또는 불행사(不行使)로 인하여 헌법상 보장된 기본권을 침해받은 자는 법원의 재판을 제외하고는 헌법재판소에 헌법소원심판을 청구할 수 있다. 다만, 다른 법률에 구제절차가 있는 경우에는 그 절차를 모두 거친 후에 청구할 수 있다. **제75조(인용결정)** ③ 헌법소원을 인용할 때 헌법재판소는 기본권 침해의 원인이 된 공권력의 행사를 취소하거나 그 불행사가 위헌임을 확인할 수 있다.

사 건 명 : 체류기간 연장허가 거부처분 취소청구

사건번호 : 2019-4218

재결일자 : 2020. 1. 21.

재결결과 : 기각

주 문

청구인의 청구를 **기각**한다.

청구 취지

피청구인이 2019. 1. 4. 청구인에게 한 체류기간 연장허가 거부처분을 취소한다.

이 유

1. 사건개요

청구인(1961년생, 여)은 중국 국적의 외국인으로 국민의 배우자 결혼이민(F-6) 체류자격으로 체류하던 중 2018. 11. 26.경 피청구인에게 청구인과 청구인의 전 배우자 사이 이혼판결이 내려졌음을 이유로 혼인단절자 결혼이민(F-6) 체류자격으로 체류기간 연장허가 신청을 하였으나, 피청구인은 2019. 1. 4. 청구인에게 '배우자 귀책사유 불분명'을 이유로 체류기간 연장허가 거부처분(이하 '이 사건 처분'이라 한다)을 하였다.

2. 청구인 주장

가. 청구인의 이혼판결은 일부 사실을 오인한 잘못이 있다.

나. 청구인이 이혼을 하게 된 것은 청구인의 전 배우자였던 우○○과의 문화적 차이와 소통 문제 외에 청구인에 대한 우○○의 지속적인 금전 요구와 폭행 및 협박 때문이었고, 이 사건의 경우 배우자의 폭행과 폭언 등이 원인이 되어 혼인이 파탄된 것이 명백하므로, 이 사건 처분은 재량권을 일탈·남용하여 위법하다.

3. 관계법령

출입국관리법 제10조, 제17조, 제25조, 제92조
출입국관리법 시행령 제12조, 제31조, 제33조, 제96조, 별표 1의2

4. 인정사실

청구인과 피청구인이 제출한 등록외국인기록표, 통합신청서, 진단서, 법원 판결문, 체류기간 연장 불허결정 통지서 등 각 사본의 기재내용을 종합하면 다음과 같은 사실을 인정할 수 있다.

가. 청구인(1961년생, 여)은 중국 국적의 외국인으로 국민의 배우자 결혼이민(F-6) 체류자격으로 사증을 발급받은 이래 2019. 1. 15.까지 국민의 배우자 결혼이민(F-6) 체류자격으로 체류기간 연장허가를 받았다.

나. ○○가정법원은 2018. 8. 14. 청구인의 위자료 청구와 재산분할 청구를 모두 기각하면서 청구인과 청구인의 전 배우자 우○○의 이혼 판결[2016드단*****(본소) 이혼 등, 2017드단******(반소) 이혼 등]을 하였고, 위 판결이 확정되었는데 판결문의 주요 내용은 다음과 같다.

- 다 음 -

1) 인정사실

○ 청구인의 배우자는 청구인의 요구로 2016. 3. 19.경 청구인의 아들을 국내로 초청하였음. 그런데 관광 목적으로 입국한 청구인의 아들이 직장을 구하는 것이 어렵자 청구인과 청구인의 아들은 지인의 소개로 2016년 4월경 ○○ ○○구 ○○ 소재 대파농장에 취업함

○ 청구인의 배우자는 일을 하러 다닌다며 가사에 소홀한 청구인에게 불만을 갖고 '그럴 거면 이혼하고 아들하고 중국으로 돌아가라'며 다그쳤고, 이에 청구인은 집을 나가 아들과 대파농장에서 지냈음

○ 청구인의 배우자는 2016년 5월경 ○○대학교 ○○○병원에서 뇌경색으로 진단받아 입원치료를 하였는데, 가출한 청구인 대신 청구인의 배우자의 자녀들과 ▲▲에 사는 누나가 내려와 병간호를 하였음

○ 청구인은 외국인등록증 만기일(2016. 7. 15.)이 다가오자 청구인의 배우자의 집으로 돌아왔음. 청구인의 배우자는 2016. 7. 13.경 청구인 및 청구인의 여동생 부부와 함께 ▲▲에 사는 청구인의 배우자의 누나를 찾아가 '다시 잘 살겠다'는 다짐을 받고 청구인을 받아들였고, 청구인의 외국인등록증 연장에 협조하였음

○ 그럼에도 청구인의 배우자는 2016. 9. 15. 추석 청구인의 배우자의 전 부인 차례에 청구인이 나와 보지도 않고 방에만 있다며 서로 다투는 등 청구인과 청구인의 배우자의 혼인 생활은 원만하지 못하였음

○ 청구인은 청구인의 배우자가 사소한 문제에 시비를 걸고 청구인의 퇴직금을 들먹이며 생활비를 내라고 요구하거나, 이유 없이 중국으로 돌아가라며 아파트 비밀번호를 바꾸고 문을 열어주지 않는 것에 불만이 많았음. 청구인의 배우자는 청구인의 아들의 초청과 취업, 경조사비 등 청구인의 거듭된 요구로 힘든데다가 돈을 벌겠다며 밖으로만 다니고 가정에 소홀한 청구인에게 불만이 많았음

2) 판단

○ 앞서 살핀 청구인과 청구인의 배우자의 혼인생활 등에 비추어 보면, <u>청구인과 청구인의 배우자가 각 제출한 증거만으로는 혼인파탄의 주된 책임이 어느 일방에게만 있다고 인정하기에 부족함</u>

○ <u>혼인관계 파탄의 책임은 청구인과 청구인의 배우자 모두에게 일정 부분 있고, 그 중 어느 쪽의 책임이 더 크다고 보기는 어려움</u>

다. 청구인은 2018. 11. 26.경 피청구인에게 청구인과 청구인의 전 배우자 사이 이혼판결이 내려졌음을 이유로 <u>혼인단절자 결혼이민(F-6) 체류자격으로 체류기간 연장허가 신청을 하였다</u>.

라. 피청구인은 2019. 1. 4. 청구인에게 '배우자 귀책사유 불분명'을 이유로 이 사건 처분을 하였다.

마. ○○광역시 ○구 소재 A병원이 2016. 11. 14. 발행한 청구인에 대한 진단서에는 청구인이 담뱃불에 수상하여 상병으로 내원하여 수포 제거 및 상처를 치료하였고 1주간의 치료가 필요하다는 내용의 치료내용 및 향후 치료에 대한 소견이 제시되어 있다.

5. 이 사건 처분의 위법·부당 여부

가. 관계법령의 내용

1) 「출입국관리법」 제10조, 같은 법 시행령 제12조, 별표 1의2에 따르면 결혼이민(F-6) 체류자격은 <u>국민의 배우자, 국민과 혼인관계(사실상의 혼인관계를 포함한다)에서 출생한 자녀를 양육하고 있는 부 또는 모로서 법무부장관이 인정하는 사람, 국민인 배우자와 혼인한 상태로 국내에 체류하던 중 그 배우자의 사망이나 실종, 그 밖에 자신에게 책임이 없는 사유로 정상적인 혼인관계를 유지할 수 없는 사람</u>으로서 법무부장관이 인정하는 사람에 대하여 허가할 수 있도록 되어 있다.

2) 「출입국관리법」 제17조 제1항에는 외국인은 그 체류자격과 체류기간의 범위에서 대한민국에 체류할 수 있다고 되어 있고, 같은 법 제25조, 같은 법 시행령 제31조 제1항에 따르면 외국인이 체류기간을 초과하여 계속 체류하려면 대통령령으로 정하는 바에 따라 체류기간이 끝나기 전에 법무부장관의 체류기간 연장허가를 받아야 한다고 되어 있으며, 같은 법 시행령 제33조 제1항에 따르면 법무부장관은 제29조부터 제31조까지의 규정에 따른 허가 등을 하지 아니할 때에는 신청인에게 체류기간 연장 등 불허결정 통지서를 발급하여야 한다고 되어 있고, 같은 법 제92조 제1항, 같은 법 시행령 제96조 제1항에는 체류기간 연장허가에 관한 법무부장관의 권한은 출입국관리사무소장 또는 출장소장에게 위임되어 있다.

나. 판단

1) 출입국관리법령의 문언 및 규정 형식에 비추어 볼 때, 외국인에 대한 체류기간 연장허가는 국내에 입국하여 체류하는 외국인에게 당초 체류자격 부여 시 인정했던 국내에서 활동할 수 있는 기간을 연장하여 주는 일종의 설권적 처분으로서 이는 허가권자가 신청인의 체류 목적, 공익과의 관계 및 국내의 사정 등을 참작하여 그 허가 여부를 합목적적으로 결정할 수 있는 재량행위라 할 것이므로, 신청인의 체류기간 연장허가 신청에 대해 허가권자가 이를 거부한다고 하더라도 그것이 <u>잘못된 사실관계에 근거하여 행하여졌거나 비례의 원칙 또는 평등의 원칙 등에 위배되지</u> 아니하는 한 재량권을 일탈·남용한 행위라 보기는 어렵다 할 것이다.

2) 먼저, 청구인은 청구인의 이혼판결이 일부 사실을 오인한 잘못이 있다고 주장하나, 이를 입증할 만한 구체적이고 객관적인 자료가 확인되지 않는바, 청구인의 위 주장은 받아들이지 아니한다.

3) 다음으로, 청구인이 이혼을 하게 된 것은 청구인에 대한 청구인의 전 배우자의 지속적인 금전 요구와 폭행 및 협박 때문으로 혼인파탄의 주된 책임이 청구인의 전 배우자에게 있다는 취지의 주장을 하나, 위 인정사실에 따르면 청구인은 청구인의 전 배우자와 혼인한 후에 중국에 거주 중이던 청구인의 아들을 국내로 초청하였는데, 청구인의 전 배우자는 일을 하러 다닌다며 가사에 소홀한 청구인에게 불만을 갖고 있었고, 청구인은 집을 나가 청구인의 아들과 대파농장에서 지내기도 하였으며, 청구인의 전 배우자가 뇌경색으로 진단받아 입원치료를 받고 있었음에도 병간호를 하거나 청구인의 전 배우자를 돌보지 않은 것으로 보이고, 청구인의 전 배우자는 2016년 추석에 청구인의 전 배우자의 전 부인 차례에 청구인이 나와 보지도 않고 방에만 있다며 서로 다툰 것 등에 비추어 보면, <u>청구인도 혼인파탄의 원인을 제공한 사실을 부인하기 어렵다고 할 것이므로</u>, 청구인의 위 주장도 받아들일 수 없다.

4) 결혼이민(F-6) 체류자격의 요건인 '자신에게 책임이 없는 사유로 정상적인 혼인관계를 유지할 수 없는 사람'이란 자신에게 주된 책임이 없는 사유로 정상적인 혼인관계를 유지할 수 없는 사람, 즉 '<u>혼인파탄이 주된 귀책사유가 국민인 배우자에게 있</u>

는 경우'를 의미한다고 봄이 타당하고, 혼인파탄의 주된 귀책사유가 누구에게 있는가라는 문제는 우리의 사법제도에서 가정법원의 법관들에게 가장 전문적인 판단을 기대할 수 있으므로, 결혼이민 체류자격 부여에 관하여 출입국관리행정청이나 행정소송의 수소법원은 특별한 사정이 없는 한 가정법원이 이혼확정판결에서 내린 판단을 존중함이 마땅하다(대법원 2019. 7. 4. 선고 2018두66869 판결 참조) 할 것인데, 위 인정사실에 따르면 ○○가정법원은 청구인과 청구인의 전 배우자가 각 제출한 증거만으로는 혼인파탄의 주된 책임이 어느 일방에게만 있다고 인정하기에 부족하고, 혼인관계 파탄의 책임은 청구인과 청구인의 전 배우자 모두에게 일정 부분 있고, 그 중 어느 쪽의 책임이 더 크다고 보기는 어렵다고 판결한 점, 청구인이 제출한 민간병원 진단서는 진단 당시 청구인의 상태에 관한 참고자료로 볼 수는 있겠으나, 청구인과 청구인의 전 배우자 중 누가 혼인파탄의 주된 귀책사유가 있는지를 증명하는 서류는 아닌 점, 달리 피청구인이 이 사건 처분을 함에 있어서 잘못된 사실관계에 근거하여 행하여졌거나 비례의 원칙 등에 위배되었다고 볼 만한 자료도 확인되지 않는 점 등을 종합적으로 고려하면, 이 사건 처분이 위법·부당하다고 할 수 없다.

6. 결 론

그렇다면 청구인의 주장을 인정할 수 없으므로 청구인의 청구를 받아들이지 않기로 하여 주문과 같이 재결한다.

청주지방법원 2018. 5. 17 선고 2017구합2276 판결
[강제퇴거명령 및 보호명령 취소]

전　문

원고 A

피고 청주출입국관리사무소장

변론종결 2018. 4. 26.

판결선고 2018. 5. 17

주　문

1. 피고가 2017. 4. 13. 원고에 대하여 한 강제퇴거명령 및 보호명령을 모두 취소한다.

2. 소송비용은 피고가 부담한다.

청구 취지

주문과 같다.

이   유

1. 처분의 경위

가. 원고의 가족관계

원고는 갑과 을의 아들이고, 그 형제로 누나 병(1998. . .생), 동생 정(2002.. .생), 무(2004. . .생)가 있다.

나. 원고 가족의 체류자격 및 원고의 출생

1) 원고의 부친인 갑은 1997. 8. 27. 주재(D-7) 체류자격으로, 원고의 모인 을은 같은 날 동반(F-3) 체류자격으로 각 대한민국에 입국하였다.

2) 원고는 1999. 2. 8. 갑과 을의 아들로 서울 은평구 소재 산부인과에서 출생하였고, 출생 당시부터 갑의 체류자격을 주 체류자격으로 한 동반(F-3) 체류자격으로 대한민국에 체류하였다.

다. 원고 부친의 체류자격 상실 및 원고의 불법체류 과정

1) 갑은 2000. 11. 17. 기업투자(D-8) 자격으로 사증을 변경한 후 체류기간을 계속하여 연장하여 오다가 2003. 12. 30. 서울서부지방법원 2003고단○○○○호로 폭력행위등처벌에관한법률위반으로 징역 2년 6월에 집행유예 4년의 판결을 선고받았고, 위 사건에 관하여 2004. 8. 31. 서울중앙지방법원 2004노○○○호로 항소기각판결이, 2004. 12. 9. 대법원 2004도○○○○호로 상고기각판결이 각 선고되어 위 판결은 확정되었다.

2) 그 후 갑은 위 형사판결의 확정에 따라 2005. 3. 9. 서울출입국관리사무소장으로부터 출국명령을 받았으나 출국하지 아니하다가 2007. 5. 10.자 강제퇴거명령으로 인하여 2007. 5. 12. 대한민국에서 출국하였다.

3) 이에 을과 원고를 비롯한 갑의 가족도 갑의 주 체류자격 상실에 따라 동반체류자격을 상실하여 2008. 2. 29.까지 출국하여야 했으나1), 을은 출국유예기간 말일인 2008. 2. 29. 이후에도 출국하지 아니한 채 현재까지도 원고를 비롯한 자녀들과 함께

체류자격 없이 대한민국에 체류하고 있다.

라. 원고의 불법취업 및 이 사건 처분

1) 원고는 2011. 2. 11. ○○초등학교를, 2014. 2. 14. ○○○○중학교를, 2017. 2. 9. ○○○○고등학교를 각 졸업하였고, 2017. 1. 31.부터 충주시 ○○면 ○○○○길○○ 소재 ㈜○○○○○에서 근무하기 시작하였다.

2) 피고는 2017. 4. 13. 원고가 체류자격 없이 불법으로 취업하였다는 사실을 적발하고, 같은 날 원고에 대하여 출입국관리법 제18조 제1항, 제17조 제1항, 제46조 제1항 제8호에 의하여 강제퇴거명령(송환국 나이지리아, 이하 '이 사건 강제퇴거명령' 이라 한다)을 함과 아울러 같은 법 제63조 제1항에 의하여 보호명령(이하 '이 사건 보호명령'이라 한다)을 하였다(이하 이 사건 강제퇴거명령과 보호명령을 통틀어 '이 사건 처분'이라 한다).

[인정근거] 다툼 없는 사실, 갑 제1 내지 3호증, 을 제1 내지 4호증, 을 제6 내지 9호증(각 가지번호 포함, 이하 같다)의 각 기재, 변론 전체의 취지

2. 이 사건 처분의 적법 여부에 관한 판단

가. 원고의 주장

원고는 대한민국에서 출생한 사람으로 대한민국의 교과과정을 이수하는 등 국적만 대한민국이 아닐 뿐 실질적으로 대한민국의 국민과 다름없다. 오히려 원고는 그의 국적인 나이지리아에는 한 번도 방문한 적이 없고, 나이지리아 언어조차 잘 알지 못한다. 나아가 ①원고가 한국에 거주하면서 쌓은 유대관계나 가족 및 직장관계를 고려할 때 원고가 강제퇴거될 경우 원고의 행복추구권, 거주이전의 자유 등이 심각하게 침해되는 점, ②원고가 강제퇴거가 되면 5년간 입국이 금지되어 한국에 남은 가족들을 볼 수 없고, 원고는 나이지리아에 있는 친족은 한 번도 만난 적이 없는 점, ③원고가 천식을 앓고 있는 점 등을 종합하여 보면, 이 사건 처분으로 피고가 달성하고자 하는 공익보다 원고가 입게 되는 불이익이 더 크므로 이 사건 처분은 재량권을 일탈·남용한 것으로서

위법하다.

나. 관계 법령

별지 기재와 같다.

다. 이 사건 처분의 적법성 여부

1) 관련 법리

가) 출입국관리행정은 내·외국인의 출입국과 외국인의 체류를 적절하게 통제·조정함으로써 국가의 이익과 안전을 도모하는 국가행정으로서, 이와 같은 출입국관리에 관한 사항 중 국가가 어떠한 외국인을 바람직하지 않다고 판단하여 추방할 것인지 여부는 원칙적으로는 정책재량의 영역에 놓여 있는 분야이고(헌법재판소 2005. 3. 31. 선고 2003헌마87 전원재판부 결정 참조), 따라서 피고는 출입국관리법 제46조 제1항에서 규정한 강제퇴거 대상자에 대하여 강제퇴거를 명할지 여부에 관하여 재량권을 가지고 있으나, 이는 무제한적인 것은 아니다.

나) 즉 강제퇴거명령을 함에 있어서는 외국인의 출입국과 체류를 적절하게 통제하고 조정함으로써 국가의 이익과 안전을 도모하려는 공익적 측면과, 외국인이 우리나라에서 체류하면서 형성한 국내의 경제적·사회적 기반, 가족결합권, 재산권 등의 개인적 이익을 비교·형량하여야 하고, 그 결과 행정청이 비례원칙 또는 평등원칙을 위반한 경우에는 재량권의 일탈·남용에 해당하여 위법하다. 그리고 그 판단에 있어서는 강제퇴거명령의 주된 취지가 '반사회성을 지닌 외국인으로부터 우리나라 국민을 보호하기 위한 공익적 목적을 달성하기 위한 것'임을 고려하여야 한다.

2) 이 사건 강제퇴거명령의 위법(違法)

위와 같은 법리, 앞서 인정한 사실 및 채택증거에 변론 전체의 취지를 더하여 알 수 있는 다음과 같은 사정들을 종합하면, 피고에게 출입국관리행정에 관하여 상대적으로 넓은 재량권이 인정되는 점을 고려하더라도, 이 사건 강제퇴거명령은 이로 인하여 원고에게 가해지는 불이익이 외국인의 체류를 적절하게 통제·조정함으로써 달성하려는 공익보다 지나치게 커 원고에게 가혹하다고 인정되므로, 재량권을 일탈·남용한 위법이 있다.

가) 원고는 대한민국에서 출생하여 대한민국의 교과과정을 이수하며 성장하였고 주된 언어로 한국어를 사용하며, 다른 나라에는 출국하거나 거주한 적이 없다. 즉, 원고는 국적에 관하여 속인주의를 채택한 현행 법률상 우리나라 국적을 취득할 수는 없으나, 대한민국의 언어, 풍습, 문화, 생활환경 등에서 그의 정체성을 형성하여 왔고, 그의 경제적·사회적·문화적 기반은 오로지 대한민국에만 형성되어 있을 뿐이다.

나) 반면 원고는 정작 그의 국적인 나이지리아의 고유 언어조차 사용하지 못할 뿐만 아니라 나이지리아에는 한 번도 방문한 적이 없으며, 그곳에 거주하는 친족들도 한 번도 만난 적이 없다.

다) 앞서 기재한 바와 같이 '강제퇴거명령은 반사회성을 지닌 외국인으로부터 우리나라 국민을 보호하기 위한 공익적 목적을 달성하기 위한 것'이라는 관점에서 볼 때 원고는 이에 해당하지 않는다고 볼 여지가 크다. 무엇보다도 원고의 불법체류상태는 그의 귀책사유에 의하여 야기된 것이 아니라는 점이 고려되어야 한다. 즉 원고가 불법체류 상태가 된 것은 오로지 부모의 체류자격 박탈에 따른 종속적 효과에 기인할 뿐 원고 스스로 불법을 저질렀기 때문은 아니다. 물론 원고의 불법체류 및 그러한 상황에서의 불법취업 자체를 반사회적이라고 평가할 여지가 없지는 아니하나, 위와 같은 원고의 불법체류나 불법취업의 기간·동기·배경·정황·위반의 정도, 원고가 다른 곳도 아닌 대한민국에서 태어나 이곳에서 초·중·고 과정을 모두 이수하면서 우리 사회의 구성원으로 활동하는 데 필요한 규범과 지식, 문화를 습득해 온 점 등을 고려할 때, 이 사건에서 오로지 불법체류, 불법취업사실만을 가지고 원고에게 '반사회성'이 있다고 낙인을 찍는 것은 과도한 측면이 존재하고, 그 연장선에서 위 법리상의 '우리 국민 보호 필요성' 또한 현저히 낮다고 볼 수밖에 없는 사안이다.

라) 보다 근본적으로는, 이 사건 원고와 같이 적법하게 대한민국에서 출생하였다가 그 부모가 체류자격을 상실함으로써 체류자격을 잃게 된 사람에 대한 인권적·인도적·경제적 관점에서의 전향적 접근이 필요하다.[2)]

먼저 원고와 같이 대한민국에서 출생하여 현재까지 사실상 오직 대한민국만을 그 지역적 · 사회적 터전으로 삼아 살아 온 사람을 무작정 다른 나라로 나가라고 내쫓는 것은, 인간의 존엄성을 수호하고 생존권을 보장하여야 할 문명국가의 헌법정신에 어긋난다.

특히 국가간 교류 활성화로 외국인 노동자와 유학생이 많이 유입되고, 이에 따라 올바른 다문화 사회의 정립 또한 국가적 과제로 대두되게 된 현 시점에서는 더욱 그러하다. 외국인이라고 하더라도 대한민국 사회 내에서 보편적 인권의 주체이자 경제적 · 사회적 · 문화적 생활의 주체로서의 인격을 보장함으로써 궁극적인 사회통합을 도모할 필요성이 있고, 출입국관리행정에서 고려하여야 할 공익적 가치에 국가의 안전보장뿐만 아니라 외국인의 인권과 사회통합이라는 가치도 중요하게 다루어져야 할 필요성이 있다고 보아야 한다. 즉 대한민국은 국내에 사회적 기반을 형성한 원고로 하여금 인간다운 삶을 누리며 국내에 체류할 수 있도록 그의 기본적 인권을 보장할 의무가 있다고 보아야 한다.

나아가 대한민국에서 초 · 중 · 고 정규교과과정을 모두 이수한 원고를 강제로 내쫓는 것은 우리나라 입장에서도 경제적 · 인적 피해를 입는 것과 다를 바 없다. 즉 앞서 언급한 바와 같이 12년의 정규교육과정을 통하여 우리 사회의 구성원으로 충분히 역할을 할 수 있게끔 성장한 원고를 이제 와서 내보내는 것은 그에 투자한 시간과 비용, 노력을 감안할 때 큰 손실로 볼 수밖에 없기 때문이다. 앞으로 우리 정부가 원고와 같은 사안에서 국적까지는 아니라 할지라도 체류자격을 부여할 수 있도록 하는 법을 만들 필요성이 크다는 생각이 드는 것은 이 때문이다. 즉 무작정 내보내기보다는 어떻게 해서든 원고를 활용하여 우리 사회에 보탬이 되게끔 하는 접근이 필요하다.

마) 피고는 이 사건에서 원고의 청구를 받아들이면 앞으로 수많은 불법체류자들에 대하여 체류자격을 부여하게 만드는 상황이 발생할 것이라고 주장하고, 그 주장 내용에 귀 기울일만한 부분이 없지는 아니하나, 아직까지 현실화하지 아니한 그와 같은 가정적 우려만으로 이 사건에서 보호되어야 할 원고의 기본적 인권 등을 외면할 수 없고, 피고 주장의 그와 같은 우려는 출입국행정이나 관련법령의 보완 · 정비 등을 통하여 상당 부분 해결할 수 있는 가능성이 충분히 존재한다.

라. 이 사건 보호명령의 적법 여부에 관한 판단

위와 같이 이 사건 강제퇴거명령은 위법하므로, 이 사건 강제퇴거명령이 적법함을 전제로 하는 이 사건 보호명령 역시 더 나아가 살필 필요 없이 위법하다.

3. 결론

그렇다면 원고의 청구는 이유 있으므로 이를 인용하기로 하여, 주문과 같이 판결한다.

재판장 판사 신우정 판사 김주식 판사 이정아

〈별지〉 관계 법령

■ 출입국관리법
제17조(외국인의 체류 및 활동범위)
① 외국인은 그 체류자격과 체류기간의 범위에서 대한민국에 체류할 수 있다.

제18조(외국인 고용의 제한)
① 외국인이 대한민국에서 취업하려면 대통령령으로 정하는 바에 따라 취업활동을 할 수 있는 체류자격을 받아야 한다.
③ 누구든지 제1항에 따른 체류자격을 가지지 아니한 사람을 고용하여서는 아니 된다.

제46조(강제퇴거의 대상자)
① 지방출입국·외국인관서의 장은 이 장에 규정된 절차에 따라 다음 각 호의 어느 하나에 해당하는 외국인을 대한민국 밖으로 강제퇴거 시킬 수 있다.
8. 제17조제1항·제2항, 제18조, 제20조, 제23조, 제24조 또는 제25조를 위반한 사람

제63조(강제퇴거명령을 받은 사람의 보호 및 보호해제)
① 지방출입국·외국인관서의 장은 강제퇴거명령을 받은 사람을 여권 미소지 또는 교통편 미확보 등의 사유로 즉시 대한민국 밖으로 송환할 수 없으면 송환할 수 있을 때까지 그를 보호시설에 보호할 수 있다.

제65조(보호의 일시해제)

① 보호명령서나 강제퇴거명령서를 발급받고 보호되어 있는 사람, 그의 보증인 또는 법정대리인 등은 대통령령으로 정하는 바에 따라 지방출입국·외국인관서의 장에게 보호의 일시해제를 청구할 수 있다.

② 지방출입국·외국인관서의 장은 제1항에 따른 청구를 받으면 피보호자의 정상(정상), 해제요청사유, 자산, 그 밖의 사항을 고려하여 2천만 원 이하의 보증금을 예치시키고 주거의 제한이나 그 밖에 필요한 조건을 붙여 보호를 일시해제할 수 있다.

③ 제2항에 따른 보증금의 예치 및 반환의 절차는 대통령령으로 정한다.

끝.

　1) 을은 2006. 8. 10. 투자 체류자격으로의 변경을 신청하였으나 2007. 11. 9. 불허 결정을 통지받은 상태였다.

　2) 즉, 앞서 정리한 바와 같이 원고의 출생 당시 그의 부모는 모두 적법한 체류자격을 가지고 대한민국에 체재 중이었으므로, 이러한 경우에는 불법체류자가 자녀를 출산한 경우와 비교하여서도 더욱 보호되어야 할 필요성이 있다.

〈2008헌마430 사건의 쟁점과 결정〉

1. 쟁점

(1) 이 사건 보호가 적법절차의 원칙에 위반하여 청구인들의 기본권을 침해하였는지 여부

(2) 이 사건 보호가 청구인 소00의 주거의 자유를 침해하였는지 여부

(3) 이 사건 보호 및 강제퇴거가 청구인의 변호사의 조력을 받을 권리를 침해하였는지 여부

(4) 이 사건 강제퇴거가 청구인들의 평등권을 침해하였는지 여부

(5) 이 사건 강제퇴거가 청구인들의 재판청구권을 침해하였는지 여부

2. 결정

(1) 다수의견(결정) : 기각

(2) 재판관 김종대의 반대의견 : 각하

(3) 재판과 송두환, 재판관 이정미의 반대의견 : 인용

긴급보호 및 보호명령 집행행위 등 위헌 확인
(2012. 8. 23. 2008헌마430)

[판시사항]

1. 피청구인 서울출입국관리사무소장이 불법체류 외국인인 청구인들을 긴급보호한 행위가 출입국관리법상 긴급보호의 요건을 갖추지 못하였는지 여부(소극)

2. 청구인을 긴급보호하는 과정에서 서울출입국관리사무소 소속 직원들이 청구인의 주거에 침입하여 주거의 자유를 침해하였는지 여부(소극)

3. 청구인들이 강제퇴거명령에 대하여 취소소송과 집행정지신청을 제기하였음에도 피청구인이 강제퇴거명령을 집행한 것이 청구인들의 재판청구권을 침해하였는지 여부(소극)

[결정요지]

1. 외국인등록을 하지 아니한 채 오랜 기간 불법적으로 체류하면서 스스로 출국할 의사가 없는 것으로 판단되는 청구인들에 대한 긴급보호는 출입국관리법상 긴급보호의 요건을 갖추지 못하였다고 볼 수 없다.

2. 출입국관리법에 의한 보호에 있어서 용의자에 대한 긴급보호를 위해 그의 주거에 들어간 것이라면 그 긴급보호가 적법한 이상 주거의 자유를 침해한 것으로 볼 수 없으므로 청구인에 대한 긴급보호가 적법한 이상 그 긴급보호 과정에서 청구인의 주거에 들어갔다고 하더라도 주거의 자유를 침해하였다고 볼 수 없다.

3. 취소소송의 제기는 처분 등의 효력이나 그 집행 또는 절차의 속행에 영향을 주지 아니하므로 청구인들의 취소소송이나 집행정지신청에 관한 법원의 판단 전에 강제퇴거명령을 집행한 것이 위법하다고 할 수 없고, 청구인들이 취소소송과 집행정지신청을 제기한 사실을 피청구인이 미리 알고 강제퇴거의 집행을 개시한 것으로 볼 만한 자료도 없어 피청구인의 강제퇴거명령 집행행위가 청구인들의 재판청구권을

침해하였다고 볼 수 없다.

재판관 김종대의 반대의견(각하의견)

헌법재판소가 2011. 9. 29. 선고한 2007헌마1083등 사건의 결정에서 밝힌 바와 같이, 기본권을 인간으로서의 권리와 국민으로서의 권리로 나누어 인간의 권리에 대해서는 외국인에게도 기본권 주체성을 긍정하는 다수의견은 모든 기본권의 주체를 "국민"으로 한정하고 있는 우리 헌법의 명문 규정에 반하는 해석이며, 이 사건도 우리 헌법상 기본권의 주체가 될 수 없는 외국인이 제기한 헌법소원이어서 부적법하므로 각하하여야 한다.

재판관 송두환, 재판관 이정미의 반대의견(인용의견)

청구인들이 과거 출국기한의 유예를 받았던 사실과 긴급보호될 무렵 이주노동자조합의 간부로서 공개적으로 활동하였던 점, 긴급보호가 이루어진 시간과 장소 및 긴급보호 직후 이송되어 보호된 구체적 정황에 비추어 보면 청구인들에 대한 긴급보호는 긴급성 요건을 갖추지 못하였고, 청구인들에 대한 강제퇴거는 선별적이고 자의적인 법집행으로 청구인들에 대한 청문의 기회도 충분히 부여하지 않은 채 이루어진 것이어서 청구인들에 대한 긴급보호 및 보호명령의 집행행위와 강제퇴거명령의 집행행위는 적법절차원칙에 위반하여 청구인들의 기본권을 침해하였다.

【참조판례】

1. 헌재 2007. 10. 4. 2006헌바91, 판례집 19-2, 396, 408

[당 사 자]

청 구 인   1. L. T. 바하두르(L. T. Bahadur)
　　　　　 2. S. M. 압두스(S. M. Abdus)
　　　　　 청구인들의 대리인 변호사 권영국 외 2인
피청구인   서울출입국관리사무소장

[주문]

청구인들의 심판청구를 모두 <u>기각</u>한다.

[이유]

1. 사건의 개요 및 심판의 대상

가. 사건의 개요

(1) 청구인 L. T. 바하두르(L. T. Bahadur, 이하 '림ㅇㅇ'라 한다)는 네팔인으로 1991. 11. 18. 체류기간 15일의 관광통과 체류자격으로 대한민국에 입국하였고, 청구인 S. M. 압두스(S. M. Abdus, 이하 '소ㅇㅇ'라 한다)는 방글라데시인으로 1998. 11. 19. 체류기간 90일의 사증면제 체류자격으로 대한민국에 입국하였는데, 청구인들은 각 체류기간 만료 후에도 출국하지 않고 계속해서 대한민국에 체류하다가, 2008. 1.경부터는 청구인 림ㅇㅇ는 "서울경기인천 이주노동자 노동조합"(이하 "이주노동자조합"이라 한다)의 위원장으로, 청구인 소ㅇㅇ는 부위원장으로 각 활동하여 왔다.

(2) 서울출입국관리사무소 소속 직원들은 청구인들이 출입국관리법상 강제퇴거 대상자라는 이유로, 2008. 5. 2. 20:20경 서울 중구 예관동 소재 이주노동자조합 사무실 앞에서 청구인 림ㅇㅇ를, 같은 날 21:00경 서울 성동구 행당동에 있는 청구인 소ㅇㅇ의 주거지에서 청구인 소ㅇㅇ를 각 긴급보호한 후 청주외국인보호소로 인치하였다. 그 직후 서울출입국관리사무소장은 청구인들에 대한 2008. 5. 2.자 보호명령서를 각 발부하였고, 2008. 5. 4. 청구인들에 대한 각 강제퇴거명령서를 발부하였다.

(3) 청구인들은 2008. 5. 5. 법무부장관에게 위 각 보호명령 및 강제퇴거명령에 대한 이의신청을 제기하고, 2008. 5. 9. 서울출입국관리사무소장을 피고로 하여 위 명령들의 취소를 구하는 행정소송(서울행정법원 2008구합19772)을 제기하면서 그 소송의 본안판결 확정시까지 강제퇴거명령의 효력정지를 구하는 집행정지신청(서울행정법원 2008아1278)을 하였다. 또한 청구인들은 2008. 5. 8. 위와 같은 긴급보호 과정에서 발생한 인권침해에 대하여 국가인권위원회에 진정을 제기하였는데, 국가인권위원회는

2008. 5. 15. 위 진정사건의 조사가 완료될 때까지 청구인들에 대한 강제퇴거명령의 집행을 유예할 것을 권고하는 내용의 긴급구제조치 결정을 하였다.

(4) 서울출입국관리사무소장은 2008. 5. 15. 14:00경 청구인들에 대한 강제퇴거명령의 집행을 개시하여 청구인들을 인천국제공항으로 이송하였는데, 청구인들의 변호인은 서울출입국관리사무소 직원에게 위와 같은 국가인권위원회의 권고 결정이 있는 사실 및 청구인들이 제기한 행정소송 및 집행정지신청 사건이 계속 중인 사실을 들어 강제퇴거의 집행을 정지해 줄 것을 요구하였으나, 서울출입국관리사무소장은 21:30경 방콕행 비행기편을 이용하여 청구인들을 강제출국시킴으로써 강제퇴거의 집행을 완료하였다.

(5) 이에 청구인들은 그 변호인을 통하여 2008. 6. 2. '청구인들에 대한 2008. 5. 2.자 긴급보호 및 보호명령의 집행행위가 헌법상 영장주의원칙과 적법절차원칙에 위배되어 신체의 자유, 주거의 자유, 노동3권을 침해하였고, 2008. 5. 15.자 강제퇴거명령의 집행행위는 재판청구권, 변호인의 조력을 받을 권리, 노동3권, 평등권 등을 침해하였다.'고 주장하며 이 사건 헌법소원심판을 청구하였다.

나. 심판의 대상

(1) 헌법재판소는 청구인의 심판청구서에 기재된 피청구인이나 청구취지에 구애됨이 없이 청구인의 주장요지를 종합적으로 판단하여야 하며 청구인이 주장하는 침해된 기본권과 침해의 원인이 되는 공권력을 직권으로 조사하여 피청구인과 심판대상을 확정하여 판단하여야 한다(헌재 1993. 5. 13. 91헌마190, 판례집 5-1, 312, 320).

(2) 이 사건에서 청구인들은 서울출입국관리사무소장과 함께 법무부장관도 피청구인으로 적시하고 있으나, 청구인들이 심판을 구하고 있는 '청구인들에 대한 2008. 5. 2.자 긴급보호 및 보호명령의 집행행위'와 '2008. 5. 15.자 강제퇴거명령의 집행행위'의 주체는 서울출입국관리사무소장일 뿐, 법무부장관은 위와 같은 행위의 주체가 아님이 명백하고 청구인들이 법무부장관의 다른 공권력행사를 심판의 대상으로 구하고 있지도 않으므로, 이 사건의 피청구인은 서울출입국관리사무소장으로 확정함이 상당하다(이하 '서울출입국관리사무소장'을 '피청구인'이라 한다).

(3) 한편 청구인들은 헌법소원심판청구서에서 긴급보호 및 보호명령제도를 규정하고 있는 출입국관리법 제51조의 위헌 여부도 함께 판단되어야 한다는 취지로 주장하고 있으나, 청구인들이 변론에서 이 사건 심판대상을 '2008. 5. 2.자 긴급보호 및 보호명령의 집행행위' 및 '2008. 5. 15.자 강제퇴거명령의 집행행위'로 명시적으로 한정하였을 뿐 아니라, 출입국관리법 제51조는 긴급보호와 보호명령이라는 구체적인 집행행위를 예정하고 있어 기본권침해의 직접성도 인정되지 않아 이에 대한 헌법소원심판청구는 부적법함이 명백하므로, 위 법률조항은 심판대상에서 제외한다.

(4) 결국 이 사건 심판의 대상은, '피청구인의 2008. 5. 2.자 긴급보호 및 보호명령의 집행행위'(이하 '이 사건 보호'라 한다)와 '피청구인의 2008. 5. 15.자 강제퇴거명령의 집행행위'(이하 '이 사건 강제퇴거'라 한다)가 청구인들의 기본권을 침해하였는지 여부이다(이하 '이 사건 보호 및 이 사건 강제퇴거'를 '이 사건 보호 및 강제퇴거'라 한다).

(5) 관련 법령조항의 내용은 별지 기재와 같다.

2. 청구인들의 주장 및 피청구인의 의견

가. 청구인들의 주장

(1) 체류자격이 없는 외국인도 노동3권의 주체가 될 수 있다. 청구인들은 이주노동자조합의 위원장과 부위원장이라는 이유로 표적단속되어 강제출국되었으므로 이 사건 보호 및 강제퇴거는 청구인들의 노동3권을 침해하였다.

(2) 긴급보호를 위해 요구되는 '긴급성'이란 '보호대상자를 우연히 발견하여 영장을 받을 시간적 여유가 없는 때'로 보아야 하는데, 청구인들에 대한 긴급보호는 사전에 계획적으로 이루어진 것으로 긴급성 요건을 갖추지 못해 적법절차원칙에 위반되고 청구인들의 신체의 자유 등 기본권을 침해하였다.

(3) 청구인 소○○를 긴급보호하는 과정에서 서울출입국관리사무소 소속 직원들이 영장도 없이 청구인 소○○의 주거에 침입한 것은 청구인의 주거의 자유를 침해한 것이다.

(4) 피청구인은, 청구인들의 보호 일시, 장소 및 이유를 변호인에게 서면으로 통지하지 않았고, 청구인들이 제기한 이의신청에 대한 결정이나 강제퇴거의 집행 개시를 변호인에게 알리지 않은 채 청구인들을 강제출국시킴으로써 청구인들의 변호인의 조력을 받을 권리를 침해하였다.

(5) 피청구인의 강제퇴거명령에 대하여 청구인들이 제기한 효력정지신청에 대한 법원의 결정이 있기도 전에 강제퇴거의 집행을 마친 것은 청구인들의 재판청구권을 침해한 것이다.

(6) 피청구인이, 국가인권위원회가 진정 조사 중인 피보호자들에 대해서는 강제퇴거의 집행을 유예하던 것과 달리, 청구인들을 국가인권위원회의 조사가 완료되기도 전에 강제퇴거시키고, 퇴거 대상자가 부담하던 강제퇴거 비용도 국가가 부담하면서 기습적으로 강제퇴거의 집행을 완료한 것은 청구인들의 평등권을 침해하고, 헌법 제10조와 제37조 제1항에서 도출되는 국가인권위원회의 공정한 조사를 받을 권리를 침해하였다.

나. 피청구인의 의견

(1) 청구인들은 대한민국에 불법체류하고 있는 자들로서 원칙적으로 기본권 주체성을 인정할 수 없으며, 특히 노동3권은 외국인에게는 기본권으로 인정될 수 없다. 청구인들은 보호명령 및 강제퇴거명령에 대한 취소소송을 제기하였다가 그 소송을 스스로 취하하였으므로 이 사건 심판청구는 법률에 의한 적법한 구제절차를 거치지 아니한 채 제기된 것이고, 권리보호이익도 인정할 수 없다. 따라서 이 사건 심판청구는 부적법하다.

(2) 청구인들은 보호명령과 강제퇴거명령에 대해 이미 행정소송과 집행정지신청을 제기하였으므로 청구인들의 재판받을 권리가 침해되었다고 볼 여지가 없다. 행정소송법은 집행부정지원칙을 규정하고 있으므로 집행정지신청에 대해 법원이 결정하기 전에 강제퇴거집행을 완료하였다고 해서 재판받을 권리가 침해되었다고 볼 수 없다.

(3) 서울출입국관리사무소 소속 직원들이 서울 행당동에서 불법체류자 단속을 하던

중 그 광경을 보고 급히 도주하는 청구인 소○○를 발견하고 추격하여 긴급보호한 것이고 청구인 소○○의 주거에 침입한 사실이 없다.

(4) 청구인들의 변호인 장서연 변호사가 2008. 5. 3. 청구인들을 접견하였고 2008. 5. 13. 청구인들에 대한 진료기록열람등사 및 외부기관 진료신청을 하는 등 변호인의 조력을 받을 권리는 충분히 보장되었다.

(5) 피청구인이 청구인들을 보호하고 강제퇴거시킨 것은 청구인들이 장기 불법체류자였기 때문일 뿐, 이주노동자조합의 조합원 또는 그 간부라는 사실과는 관련이 없으므로 청구인들의 평등권을 침해하지 않았다.

3. 적법요건에 관한 판단

가. 외국인의 기본권주체성

(1) 헌법재판소법 제68조 제1항 소정의 헌법소원은 기본권의 주체이어야만 청구할 수 있는데, 단순히 '국민의 권리'가 아니라 '인간의 권리'로 볼 수 있는 기본권에 대해서는 외국인도 기본권의 주체가 될 수 있다(헌재 2001. 11. 29. 99헌마494, 판례집 13-2, 714, 724; 헌재 2007. 8. 30. 2004헌마670, 판례집 19-2, 297, 304; 헌재 2011. 9. 29. 2007헌마1083, 판례집 23-2상, 623, 638 참조). 나아가 청구인들이 불법체류 중인 외국인들이라 하더라도, 불법체류라는 것은 관련 법령에 의하여 체류자격이 인정되지 않는다는 것일 뿐이므로, '인간의 권리'로서 외국인에게도 주체성이 인정되는 일정한 기본권에 관하여 불법체류 여부에 따라 그 인정 여부가 달라지는 것은 아니다.

(2) 청구인들이 침해받았다고 주장하고 있는 신체의 자유, 주거의 자유, 변호인의 조력을 받을 권리, 재판청구권 등은 성질상 인간의 권리에 해당한다고 볼 수 있으므로, 위 기본권들에 관하여는 청구인들의 기본권 주체성이 인정된다. 그러나 '국가인권위원회의 공정한 조사를 받을 권리'는 헌법상 인정되는 기본권이라고 하기 어렵고, 이 사건 보호 및 강제퇴거가 청구인들의 노동3권을 직접 제한하거나 침해한 바 없음이 명백하므로, 위 기본권들에 대하여는 본안판단에 나아가지 아니한다.

나. 보충성 및 권리보호이익

이 사건 보호 및 강제퇴거는 이미 종료한 권력적 사실행위로서 행정소송을 통해 구제될 가능성이 거의 없고 헌법소원심판 이외에 달리 효과적인 구제방법을 찾기 어려우므로 이 사건 심판청구가 보충성 원칙에 위반된다고 할 수 없다. 또한 이 사건 보호 및 강제퇴거는 이미 집행이 모두 종료하였으므로 이 사건 심판청구가 인용되더라도 청구인들의 주관적 권리구제에는 도움이 되지 못하지만, 불법체류 외국인에 대한 보호 및 강제퇴거는 앞으로도 반복될 것이 예상되어 이에 대한 헌법적 해명이 필요하므로, 권리보호이익이 인정된다.

4. 본안에 관한 판단

가. 이 사건 보호가 적법절차의 원칙에 위반하여 청구인들의 기본권을 침해하였는지 여부

헌법 제12조 제1항이 규정하고 있는 적법절차원칙은 형사소송절차에 국한되지 않고 모든 국가작용에 적용되며 행정작용에 있어서도 적법절차원칙은 준수되어야 하는바(헌재 2007. 10. 4. 2006헌바91, 판례집 19-2, 396, 408 참조), 불법체류 외국인에 대한 보호 또는 긴급보호의 경우에도 출입국관리법이 정한 요건에 해당하지 않거나 법률이 정한 절차를 위반하는 때에는 적법절차원칙에 반하여 신체의 자유 등 기본권을 침해하게 된다.

(1) 청구인들이 구 출입국관리법상 '보호'의 대상인지 여부

(가) 구 출입국관리법(2010. 5. 14. 법률 제10282호로 개정되기 전의 것, 이하 '법'이라 한다)에 의하면 외국인은 그 체류자격과 체류기간의 범위 내에서 대한민국에 체류할 수 있고(법 제17조 제1항), 이에 위반한 자에 대해서는 관할출입국관리사무소장·관할출입국관리사무소출장소장 또는 외국인보호소장(이하 '사무소장등'이라 한다)이 대한민국 밖으로 강제퇴거시킬 수 있다(법 제46조 제1항 제7호). 출입국관리공무원은 외국인이 강제퇴거의 대상에 해당된다고 의심할 만한 상당한 이유가 있고 도주하거나 도주할 염려가 있는 경우 사무소장등으로부터 보호명령서를 발부받아 그 외국인을 보

호할 수 있는데(법 제51조 제1항), 긴급을 요하여 사무소장등으로부터 보호명령서를 발부받을 여유가 없는 때에는 출입국관리공무원은 그 취지를 알리고 출입국관리공무원의 명의로 긴급보호서를 발부하여 그 외국인을 보호할 수 있다(같은 조 제3항).

(나) 청구인 림ㅇㅇ는 관광통과 체류자격(체류기간 15일)으로 1991. 11. 18. 입국하였고 청구인 소ㅇㅇ는 사증면제 체류자격(체류기간 90일)으로 1998. 11. 19. 입국하였으나, 청구인들 모두 그 체류기간이 만료하고도 출국하지 아니한 채 이 사건 보호가 이루어진 2008. 5. 2. 당시까지 계속해서 대한민국에 체류하고 있었으므로 강제퇴거의 대상에 해당되었다. 그리고 법무부장관이 제출한 자료에 의하면 청구인들은 2002. 5.경에 2003. 8. 31.까지 출국기한의 유예를 받았으나 그 기간 내에 출국하지 아니하였고, 청구인들 스스로 주장하는 바와 같이 이 사건 보호가 행해질 시점에는 이주노동자조합의 위원장과 부위원장으로 각 활동하고 있었던 점에 비추어 보면, 이 사건 보호가 행해질 당시 청구인들은 스스로 출국할 의사가 없었던 것으로 보이고, 만약 사무소장등이 퇴거절차를 진행하고자 할 경우 청구인들이 순순히 응하지 않고 도주할 염려가 있었다고 판단된다.

(다) 따라서 청구인들은 출입국관리법이 정한 보호의 대상에 해당한다.

(2) 이 사건 긴급보호가 긴급성 요건을 갖추었는지 여부

(가) 청구인들은, 그들에 대한 긴급보호가 있었던 2008. 5. 2. 아침에 전국 출입국관리기관장 및 해외기관장 회의가 열려 불법체류 외국인에 대한 대책이 논의되고 그날 저녁 청구인들에 대한 긴급보호가 있었던 점, 청구인들이 비슷한 시간대에 서로 다른 장소에서 각각 긴급보호된 점, 청구인들과 다른 한 명의 불법체류 외국인만을 단속한 후 곧바로 불법체류 외국인 단속이 종료된 점, 청구인들을 서울출입국관리사무소가 아닌 청주외국인보호소로 인치한 점 등을 들어, 청구인들에 대한 긴급보호는 이주노동자조합의 간부들인 청구인들에 대하여 사전에 준비하여 계획적으로 이루어진 표적단속으로서 긴급보호에 필요한 긴급성의 요건을 갖추지 못한 것이라고 주장한다.

(나) 그러나 설사 위와 같은 사실이 인정된다고 하더라도 그것만으로 청구인들에 대

한 긴급보호가 '긴급을 요하여 사무소장등으로부터 보호명령서를 발부받을 여유가 없는 때'에 해당하지 않는다고 단정할 수 없다. 오히려 입국한 날부터 90일을 초과하여 대한민국에 체류하는 외국인은 성명·성별·생년월일 및 국적, 여권의 번호·발급일자 및 유효기간, 근무처와 직위 또는 담당업무, 본국의 주소와 국내체류지, 체류자격과 체류기간, 입국일자와 입국항, 사증에 관한 사항, 동반자에 관한 사항, 세대주 및 세대주와의 관계, 사업자 등록번호 등을 등록하여야 하는데(법 제31조 제1항, 제32조, 시행규칙 제47조), 이와 같은 외국인등록을 하지 않은 외국인에 대해서는 인적 동일성이나 주거지 등을 확인할 수 있는 객관적인 자료가 없으므로, 외국인등록을 하지 않은 강제퇴거 대상자를 사전에 특정하여 보호명령서를 발부받은 후 집행하기는 현실적으로 어렵다.

(다) 그러므로 외국인등록을 하지 아니한 채 오랜 기간 불법적으로 체류하면서 스스로 출국할 의사가 없는 청구인들을 사무소장등의 보호명령서가 아닌 출입국관리공무원의 긴급보호서를 발부하여 보호한 것이 이에 필요한 긴급성의 요건을 갖추지 못하였다고 볼 수 없다.

(3) 소결

결국 이 사건 보호가 적법절차의 원칙을 위반하여 청구인들의 기본권을 침해하였다고 볼 수 없다.

나. 이 사건 보호가 청구인 소○○의 주거의 자유를 침해하였는지 여부

(1) 청구인 소○○는 서울출입국관리사무소 소속 직원 10명이 청구인 소○○의 주거지에 무단으로 침입하여 청구인 소○○의 주거의 자유를 침해하였다고 주장한다. 이에 대해 피청구인은 서울출입국관리사무소 직원들이 서울 성동구 행당동의 외국인 주거 밀집 지역에 대한 단속을 벌이는 과정에서 방글라데시인 여성 불법체류자(호○○)를 조사하고 있었는데, 골목에서 나오다가 그 광경을 보고 도주하는 청구인 소○○를 검거한 것으로, 그 검거 장소는 청구인 소○○의 주거지 앞이었다고 다툰다.

(2) 수사절차에서 피의자를 영장에 의해 체포·구속하거나 영장없이 긴급체포 또는

현행범인으로 체포하는 경우, 필요한 범위 내에서 타인의 주거 내에서 피의자를 수사할 수 있으므로(형사소송법 제216조 제1항 참조), 출입국관리법에 의한 보호에 있어서도 용의자에 대한 긴급보호를 위해 그의 주거에 들어간 것이라면, 그 긴급보호가 적법한 이상 주거의 자유를 침해한 것으로 볼 수 없다고 할 것이다.

(3) 따라서 청구인 소○○의 주장대로, 서울출입국관리사무소 소속 직원들이 위 청구인을 긴급보호하는 과정에서 위 청구인의 주거지에 들어갔다고 하더라도, 이는 위 청구인에 대한 긴급보호를 위해 필요한 행위로서, 그 긴급보호가 적법한 이상 청구인 소○○의 주거의 자유를 침해하였다고 볼 수 없다.

다. 이 사건 보호 및 강제퇴거가 청구인들의 변호인의 조력을 받을 권리를 침해하였는지 여부

(1) 청구인들은, 피청구인이 청구인들의 보호 일시, 장소 및 이유를 변호인에게 서면으로 통지하지 않았고, 청구인들의 보호명령 및 강제퇴거명령에 대한 이의신청에 대한 결정이나 강제퇴거의 집행개시도 변호인에게 알리지 않은 채 강제출국시킴으로써 변호인의 조력을 받을 권리를 침해하였다고 주장한다.

(2) 헌법 제12조 제4항 본문은 "누구든지 체포 또는 구속을 당한 때에는 즉시 변호인의 조력을 받을 권리를 가진다."라고 규정하고 있는바, 이와 같은 변호인의 조력을 받을 권리는 형사절차에서 피의자 또는 피고인의 방어권 보장을 위한 것으로서 출입국관리법상 보호 또는 강제퇴거의 절차에도 적용된다고 보기는 어렵다. 다만, 출입국관리법은 출입국관리공무원이 강제퇴거대상 용의자를 보호한 때에는 국내에 있는 그의 법정대리인·배우자·직계친족·형제자매·가족·변호인 또는 용의자가 지정하는 자에게 3일 이내에 보호의 일시·장소 및 이유를 서면으로 통지하여야 한다고 규정하고 있으므로(법 제54조 본문), 출입국관리공무원에게는 출입국관리법에 의한 '변호인에 대한 통지 의무'가 있다. 그런데 청구인들이 제출한 자료에 의하더라도(강제퇴거명령·보호에 대한 이의신청서), 청구인들이 2008. 5. 2. 긴급보호된 후 바로 그 다음날인 2008. 5. 3. 변호사 장서연과 접견한 사실이 인정되는바, 이에 비추어 볼 때, 피청구인이 출입국관리법에 의한 '변호인에 대한 통지 의무'를 위반하였다고 볼 수 없다.

(3) 한편 출입국관리공무원이 강제퇴거명령서를 집행할 때에는 그 명령을 받은 자에게 강제퇴거명령서를 내보여야 하지만(법 제62조 제3항) 강제퇴거의 집행 사실을 변호인에게 통지할 의무는 없으며, 이의신청에 대한 결정이 내려진 경우 사무소장등이 지체없이 용의자에게 그 뜻을 알려야 하지만(법 제60조 제4항, 제5항) 역시 변호인에게 통지할 의무는 없다. 그러므로 피청구인이 청구인들에 대한 강제퇴거의 집행 사실이나 청구인들의 이의신청에 대한 법무부장관의 기각결정을 변호인에게 통지하지 않은 채 강제퇴거의 집행을 개시하고 완료하였다고 하더라도, 피청구인이 '변호인에 대한 통지 의무'를 위반하였다고 볼 수 없다(오히려 기록에 의하면, 피청구인은 변호인에게 강제퇴거의 집행 사실을 2008. 5. 15. 16:10경에, 이의신청에 대한 기각결정을 같은 날 17:29경에 각 통지한 사실이 인정된다).

(4) 따라서 이 사건 보호 및 강제퇴거가 청구인들의 변호인의 조력을 받을 권리를 침해하였다고 볼 수 없다.

라. 이 사건 강제퇴거가 청구인들의 평등권을 침해하였는지 여부

(1) 청구인들은, 피청구인이 다른 강제퇴거 대상자들과는 달리 청구인들에 대해서만 국가인권위원회의 조사가 진행중임에도 강제퇴거를 집행하고, 그 비용도 퇴거 대상자 부담으로 하던 것과 달리 국가의 부담으로 하여 이례적으로 신속하게 강제퇴거의 집행을 완료한 것은, 청구인들이 이주노동자조합의 간부라는 이유에서 이루어진 차별취급이어서 청구인들의 평등권을 침해하였다고 주장한다.

(2) 살피건대, 청구인들은 강제퇴거의 대상자로서 2008. 5. 2. 보호되어 2008. 5. 4. 강제퇴거명령을 받고 2008. 5. 15. 강제퇴거되었는데, 불법체류 외국인의 평균 보호 기간이 7~8일(법무부장관이 제출한 자료에 의하면 2008년 7.2일, 2009년 8.6일, 2010년 8.5일이었다)에 불과한 점에 비추어 보면, 청구인들에 대한 강제퇴거의 집행이 이례적으로 신속하게 집행되었다고 보기 어렵다.
그리고 국가인권위원회의 조사 절차가 진행중이라는 이유로 피청구인이 불법체류 외국인에 대한 강제퇴거의 집행을 정지하여야 할 의무는 없을 뿐 아니라, 청구인들의 경우를 제외한 모든 경우에 국가인권위원회의 조사 절차가 진행중임을 이유로 강제퇴거의 집행을 유예하였다고 인정할 자료도 없으므로, 피청구인이 청구인들을 부당하게 차별하였다고 볼 수도 없다.

나아가 강제퇴거의 집행 비용은 주로 외국인의 국외 송환에 필요한 항공 또는 선박의 운임을 의미하는데, 그 비용의 부담에 관해서는 법령에 명문의 규정이 없고, 실무상 원칙적으로 퇴거대상자의 부담으로 하되 그것이 불가능하거나 특별한 사정이 있는 경우 국가가 부담하는데, 강제퇴거의 비용을 퇴거 대상자에게 부담시키지 않았다고 해서 그것이 퇴거 대상자를 부당하게 차별취급하였다고 보기는 어렵다.

한편 법무부장관이 제출한 자료에 의하면 청구인들이 강제퇴거된 2008년에만 모두 30,576명의 불법체류 외국인이 강제퇴거된 사실을 인정할 수 있는바, 청구인들이 출입국관리법상 강제퇴거의 대상자임이 인정되는 이상, 청구인들이 이주노동자조합의 간부들이었기 때문에 강제퇴거되었다고 하기도 어렵다.

(3) 그러므로 이 사건 강제퇴거가 청구인들의 평등권을 침해하였다고 볼 수 없다.

마. 이 사건 강제퇴거가 청구인들의 재판청구권을 침해하였는지 여부

청구인들은, 강제퇴거명령에 대한 취소소송과 강제퇴거명령의 효력정지를 구하는 집행정지신청이 법원에 계속중이었는데도, 피청구인이 강제퇴거의 집행을 종료함으로써 결과적으로 위 취소소송과 집행정지신청에 있어서 소의 이익 또는 신청의 이익이 소멸하게 되어 청구인들의 재판청구권이 침해되었다고 주장한다.

살피건대, 취소소송의 제기는 처분 등의 효력이나 그 집행 또는 절차의 속행에 영향을 주지 아니하므로(행정소송법 제23조 제1항), 청구인들의 취소소송이나 집행정지신청에 관한 법원의 판단이 있기 전에 피청구인이 이 사건 강제퇴거명령을 집행하였다고 하여 이를 위법하다고 할 수 없다. 더욱이 청구인들이 취소소송과 집행정지신청을 제기한 사실을 피청구인이 미리 알고 청구인들의 재판청구권 행사를 제한하거나 방해하기 위하여 이 사건 강제퇴거의 집행을 개시한 것으로 볼 만한 자료도 없다.

그러므로 이 사건 강제퇴거가 청구인들의 재판청구권을 침해하였다고 볼 수 없다.

바. 소결

결국 이 사건 보호 및 강제퇴거가 헌법상 보장된 청구인들의 기본권을 침해하였다고 볼 수 없다.

5. 결 론

그렇다면 청구인들의 심판청구는 이유 없으므로 이를 **기각**하기로 하여, 다음 6.과 같은 재판관 김종대의 반대의견(각하의견) 및 다음 7.과 같은 재판관 송두환, 재판관 이정미의 반대의견(인용의견)을 제외한 나머지 관여 재판관 전원의 일치된 의견으로 주문과 같이 **결정**한다.

6. 재판관 김종대의 반대의견

나는 헌법재판소가 2011. 9. 29. 선고한 2007헌마1083등 사건의 결정에서, 우리 헌법상 외국인은 기본권의 주체가 될 수 없으므로 기본권을 침해받은 자만이 제기할 수 있는 헌법소원심판을 청구할 수 없다고 이미 밝힌 바 있다(판례집 23−2상, 653면 이하). 이 사건 역시 <u>외국인으로서 기본권의 주체가 될 수 없고 헌법소원심판을 청구할 수 없는 자들이 제기한 헌법소원으로서 부적법하여 각하</u>하여야 한다고 보므로 아래와 같은 반대의견을 밝히는 바이다.

가. 현재 학계의 통설적 견해와 우리 재판소의 선례는 기본권을 '인간의 권리'와 '국민의 권리'로 나누어 외국인도 '인간의 권리'에 속하는 기본권의 주체는 될 수 있다고 보고 있으나 이는 아래와 같은 점에서 부당하다(다만, 그 자세한 이유는 위 2007헌마1083등 사건의 반대의견 중 해당 부분을 원용하기로 한다).

첫째, 기본권의 주체를 '모든 국민'으로 명시한 우리 헌법의 문언상 외국인은 기본권의 주체가 될 수 없다.

둘째, '인권 내지 인간의 권리'가 헌법 이전에 이미 존재하여 생래적 · 천부적인 것으로도 명칭 된다고 하더라도, 대한민국의 헌법에 수용되었기 때문에 비로소 우리 국가권력의 기본권에의 기속을 규범적으로 강제할 수 있는 정당성이 부여되고, 우리 정부를 구속하는 주관적 공권으로서의 규범적 효력을 발생하는 것이므로 대한민국이라는 정치적 공동체의 구성원인 우리 국민만이 기본권의 주체가 될 수 있다.

셋째, 국민의 헌법상 기본적 권리는 헌법상 기본적 의무와 표리를 이루므로 양자는 그 주체가 같아야 한다는 것이 국민주권주의 헌법의 기본적 요청이므로, 기본권의 주체는 기본의무의 주체와 동일해야 한다.

넷째, 청구인이 어느 나라 국민인지 그 나라의 헌법은 우리 국민을 어떻게 처우하는지를 묻지 않고 널리 외국인에게도 기본권의 성질에 따라 기본권 주체성을 인정하겠다는 것은, 국제관계에서의 상호주의 원칙을 취한 우리 헌법(제6조 제2항)에 어긋난다.

다섯째, 헌법재판 실무처리의 관점에서 보아도, 헌법상 기본권들을 인간으로서의 권리와 국민으로서의 권리로 분류하는 것 자체가 객관성이 없고 명확하지 않은데다가, 기본권의 주체가 될 수 있는 일반적·추상적 자격이라고 할 기본권 주체성 문제를 청구인이 주장하는 권리의 구체적인 내용에 들어가 그 성질을 검토해 본 후에야 결정할 수 있다는 것은 판단의 순서가 역행되어 부당하다.

여섯째, 외국인의 기본권 주체성을 부인하는 것이 외국인을 헌법상 보호의 대상에서 제외한다는 뜻은 아니다. 외국인은 국제법이나 조약 등에 의하여 충분히 그 지위가 보장되며 법률상의 권리주체로서의 권리의 침해가 있는 경우에 그 회복을 위하여 일반 법원에 권리구제를 청구할 수 있고 그 소송 계속 중 당해사건에 적용되는 법률에 대한 위헌법률심판제청신청 절차(헌법재판소법 제41조, 제68조 제2항)를 통해 헌법재판소에 그 법률의 위헌여부에 대한 심사를 받을 수 있는 길이 열려 있다.

나. 한편 우리 헌법상 외국인은 원칙적으로 기본권의 주체가 될 수 없지만 국적법상 우리 국민이 아닌 외국인이라도 우리나라에 입국하여 상당기간 거주해 오면서 대한민국 국민과 같은 생활을 계속해 온 자라면(예컨대 귀화할 수 있는 실체적 요건을 갖추고 있는 경우) 사실상 국민으로 취급해 예외적으로 기본권 주체성을 인정할 여지가 있을 수는 있으나(위 2007헌마1083등 결정의 반대의견 참조, 판례집 23-2상, 657면), 대한민국에 적법하게 체류할 수 있는 법률상 자격도 갖추지 못한 이 사건 청구인들의 경우 그러한 예외에 해당한다고 볼 수도 없다.

다. 결국 이 사건 청구인들의 경우, 우리 헌법상 기본권 주체성이 인정되지 않는 외국인들로서, 기본권 침해에 대한 구제 수단인 헌법재판소법 제68조 제1항에 의한 헌법소원심판청구의 당사자능력을 인정할 수 없으므로, 청구인들이 제기한 이 사건 헌법소원심판청구는 부적법하다.

7. 재판관 송두환, 재판관 이정미의 반대의견

우리는 이 사건 보호 및 강제퇴거가 적법절차의 원칙에 위반하여 청구인들의 기본권을 침해하였다고 보므로 아래와 같은 반대의견을 밝힌다.

가. 청구인들에 대한 긴급보호의 문제점

(1) 출입국관리법에 의하면, 강제퇴거의 대상에 해당된다고 의심할 만한 상당한 이유가 있고 도주하거나 도주할 염려가 있는 외국인은 원칙적으로 보호명령서에 의해 보호하되, 긴급을 요하여 보호명령서를 발부받을 여유가 없는 때에 한하여 긴급보호할 수 있다(법 제51조 제1항, 제3항). 따라서 긴급보호는 강제퇴거의 대상이 되는 외국인을 우연히 발견하여 즉시 신병을 확보할 필요가 있음에도 보호명령서를 발부받을 수 없는 경우와 같이 보호명령서를 사전에 발부받을 수 없는 부득이한 경우에 예외적으로 허용되는 것으로 보아야 한다.

(2) 그런데 청구인들에 대한 긴급보호가 이루어진 경위와 그 전후의 정황에 비추어 보면, 청구인들에 대하여 사전에 보호명령서를 발부받을 여유가 과연 없었는지에 대해 의문이 제기된다.
먼저, 청구인들은 2002. 5.경에 2003. 8. 31.까지 출국기한의 유예를 받은 사실이 있고 2008. 1.경부터는 이주노동자조합의 위원장과 부위원장으로 활동하면서 각종 집회와 행사에 공개적으로 참석하였고 그 활동이 언론에 보도되기도 하였는데, 이러한 사정에 비추어 보면, 피청구인은 청구인들을 긴급보호하기 전부터 불법체류자로서 강제퇴거 대상인 청구인들의 소재나 활동 등에 관하여 이미 알고 있었을 가능성이 크다.
한편 피청구인은 불법체류 외국인에 대한 단속과정에서 청구인들을 우연히 발견하였다고 주장하나 이를 구체적으로 입증할 만한 자료가 없을 뿐만 아니라, 오히려 불법체류 외국인들을 단속하려면 통상적으로 사람들의 활동과 이동이 많은 시간대에 하였어야 할 것인데, 피청구인은 청구인 림○○를 2008. 5. 2. 20:20경, 청구인 소○○를 같은 날 21:00경 각 긴급보호하였는바, 그 시간대는 모두 야간으로서 사람들의 활동과 이동이 적은 시간대였다. 그리고 청구인 림○○는 서울 중구 예관동에 있는 이주노동자조합 사무실 앞에서, 청구인 소○○는 서울 성동구 행당동에 있는 자신의 주거지에서 각 긴급보호되어 서로 다른 장소에서 긴급보호되었으나 긴급보호된 시간대는 위에서 본 바와 같이 비슷한 시간대였으며, 당시 청구인들 이외에는 단 한 명의 불법체류자만이 단속된 상태였으나 피청구인은 곧바로 불법체류 외국인 단속을 종료하였고, 긴급보호서에 기재된 장소인 '서울출입국관리사무소 보호실'이 아닌 멀리 떨어진 청주시에 있는 청주외국인보호소로 청구인들을 야간에 이송하여 보호하였다. 위와 같은 사정들을 고려할 때, 피청구인은 청구인들을 긴급보호하기 이전에 미리 청구인들의 인적 사항과 소재를 파악한 후 계획적으로 신병 확보에 나섰을 가능성이 더 큰 것으로 보인다.

(3) 따라서 청구인들에 대한 긴급보호가 긴급성 요건을 갖추었다고 인정하기 어렵다.

나. 이 사건 강제퇴거의 문제점

(1) 자의적이고 선별적인 집행 가능성

(가) 법무부장관이 제출한 자료에 의하면, 국내에 거주하는 불법체류 외국인의 수는 2008년 222,489명, 2009년 177,955명, 2010년 168,515명이었는데, 단속된 불법체류자의 수는 2008년 32,591명, 2009년 30,299명, 2010년 22,139명이며, 그 중 강제퇴거가 집행된 숫자는 2008년에 30,576명, 2009년 29,043명, 2010년 21,339명이다. 즉 전체 불법체류자 중 약 15%에 못 미치는 숫자의 불법체류 외국인만이 단속되고 그 중에서도 다시 5% 내외의 사람들은 강제퇴거의 대상에서 제외되고 있음을 알 수 있다.

(나) 청구인 림○○는 15일간의 체류자격으로 입국하여 약 16년 6개월간 체류하였

고, 청구인 소○○는 90일간의 체류자격으로 입국하여 약 9년 6개월간을 체류하였으나, 청구인들은 위와 같이 불법체류자임에도 2002. 5.경에 1년 3개월 후인 2003. 8. 31.까지 출국기한의 유예를 받았고, 그 이후에도 출국하지 않았음에도 강제퇴거의 집행을 당하지 않고 있다가, 청구인들이 이주노동자조합의 위원장과 부위원장으로 활동한 이후에야 강제퇴거가 집행되었다. 한편, 청구인들의 주장에 의하면, 이주노동자조합의 초대 위원장은 2005. 5. 3.경 이주노동자조합 설립신고서를 노동부에 제출하고 그로부터 약 열흘 후에 청주외국인보호소에 보호되었고, 2대 위원장과 부위원장, 사무국장 역시 이주노동자조합의 활동을 하던 중 2007. 11. 27.경 긴급보호되어 2007. 12. 13. 강제퇴거가 집행되었다고 한다.

(다) 이와 같이 전체 불법체류자 중 강제퇴거가 집행되는 외국인들은 소수에 불과한 상황에서, 오랜 기간 불법체류가 묵인되어 온 청구인들이 이주노동자조합의 간부로 활동하자마자 곧 강제퇴거가 집행되었다면, 이주노동자조합의 간부로 활동한 것과 강제퇴거의 집행이 전혀 무관하다고 단정하기는 어렵다고 할 것이다. 특히 강제퇴거의 비용은 퇴거대상자에게 부담시키는 것이 원칙임에도 이 사건 강제퇴거에서는 일반적인 강제퇴거의 경우와 달리 국가가 그 비용을 부담하면서까지 서둘러 청구인들을 강제퇴거시켰으나, 그와 같은 비용 부담 문제에 관해서도 피청구인은 이렇다 할 설명을 하지 않고 있다. 결국 이 사건 강제퇴거가 형식적으로는 출입국관리법에 근거하였다고 하더라도 실질적으로는 이주노동자조합의 위원장과 부위원장으로 활동하던 청구인들을 하루 빨리 국외로 추방하려는 목적에서 이루어진 선별적이고 자의적인 법집행이었다는 의심을 지우기 어렵다.

(2) 적정한 청문 기회 흠결

(가) 적법절차원칙에서 도출되는 가장 중요한 절차적 요청 중의 하나가, 당사자에게 적절한 고지를 행할 것과 당사자에게 의견 및 자료 제출의 기회를 부여하는 것인데, 구체적으로 어떠한 절차가 어느 정도로 필요한지는 규율되는 사항의 성질, 관련 당사자의 사익, 절차의 이행으로 제고될 가치, 국가작용의 효율성, 절차에 소요되는 비용, 불복의 기회 등 다양한 요소들을 형량하여 개별적으로 판단하여야 한다(헌재 2003.

7. 24. 2001헌가25, 판례집 15-2상, 1, 18 참조).

(나) 불법체류 외국인에 대한 강제퇴거의 집행은 국외로의 강제추방을 의미하는 것으로, 그로 인해 강제퇴거의 대상자는 일거에 국내에 있는 모든 인적, 물적 관계로부터 단절되고 생활의 기반을 상실하게 된다. 그리고 국내에 체류하였던 기간이 길면 길수록 강제퇴거가 그 대상자에게 미치는 충격과 불이익은 커질 수밖에 없다. 그러므로 구체적인 사정에 따라서는 비록 불법체류자로서 강제퇴거의 대상자라고 하더라도 강제퇴거의 집행을 정지하거나 상당기간 그 집행을 유예할 필요가 있는 경우도 있을 수 있다. 출입국관리법이 강제퇴거명령을 받고 출국한 자에 대해 5년 동안 입국을 금지하고 있다는 점을 고려하면(제11조 제1항 제6호) 더욱 그러하다.

이러한 점에서 강제퇴거의 집행에 있어서는 그 대상자가 자신의 현재 상황과 강제퇴거로 인해 발생할 문제들에 관하여 구체적으로 의견을 진술하고 자료를 제출할 청문의 기회가 실질적이고도 충분히 보장되어야 한다.

(다) 이 사건에서 청구인들은 각 16년 6개월, 9년 6개월을 국내에서 체류하였다. 따라서 그 체류가 비록 불법적인 것이었다고는 하더라도, 이미 무수한 인적, 물적 관계가 국내에서 형성되고 자리 잡았을 것임은 누구나 쉽게 생각할 수 있다. 한편, 청구인들이 위와 같이 오랜 기간 체류하였다는 사실은, 청구인들에 대한 강제퇴거의 필요성이 그리 급박한 필요가 있는 것은 아니라는 것을 반증하는 것이기도 하다.

그런데 피청구인은 청구인들에 대한 강제퇴거를 집행함에 있어서 청구인들의 구체적인 사정들에 관한 청문의 기회를 부여하지 않았다. 다만, 청구인들이 강제퇴거명령에 대하여 출입국관리법상의 이의신청을 제기한 바 있으나, 그 이의신청은 출입국관리공무원을 지휘·감독하는 법무부장관에게, 그것도 서면을 통해 제기하는 것이어서 실효성 있는 청문절차로 보기 어렵다(법무부장관이 제출한 자료에 의하면 2011년 2월까지의 이의신청 사건 중 인용된 사례는 한 건도 없다).

오히려 피청구인은, 이 사건 강제퇴거와 관련하여 청구인들이 국가인권위원회에 제기한 진정 사건에서 국가인권위원회가 조사를 마칠 때까지 강제퇴거의 집행을 유예할 것을 권고하는 긴급구제조치 결정을 하였음에도 강제퇴거의 집행을 그대로 진행하였을 뿐 아니라, 청구인들이 강제퇴거명령의 효력을 다투며 제기한 행정소송과 집행정지신청의 재판이 진행중이었음에도 불구하고 강제퇴거의 집행을 완료하여 청구인들이 그 재판을 받을 수 있는 기회를 사실상 박탈하였다. 물론 국가인권위원회가 권고 결정을 하였다거나 행정소송이 계속중에 있다고 해서 피청구인이 강제퇴거의 집행을 정지하여야 할 법적인 의무는 없다고 할 것이지만, 출입국관리법 기타 법령에 의하더라도 강제퇴거의 집행 절차에서 그 대상자의 청문 기회가 제대로 보장되지 못하고 있는 상황에서 피청구인이 직접 청문 기회를 부여하지 않는다면, 적어도 국가인권위원회의 최종 결정이나 법원의 재판 결과를 기다려 볼 필요는 있었다고 할 것이다. 반면 피청구인이 청구인들에 대한 강제퇴거를 이 사건에서와 같이 신속하게 집행을 마쳤어야할 사정도 발견하기 어렵다.

(라) 결국 이 사건 강제퇴거의 집행은 적법절차원칙이 요구하는 청문의 기회를 청구인들에게 충분히 보장하지 않은 채 이루어진 것이라 하겠다.

다. 소결

그렇다면 앞서 살핀 청구인들에 대한 긴급보호 및 강제퇴거가 이루어진 구체적인 경위와 그 전후의 정황들에 비추어 볼 때, 청구인들에 대한 긴급보호는 긴급성의 요건을 갖추지 못하였고, 청구인들에 대한 강제퇴거는 선별적이고 자의적인 법집행으로 보이며, 청구인들에 대하여 청문의 기회도 충분히 부여하지 않은 채 이루어진 것으로 판단되므로, 이 사건 보호 및 강제퇴거는 적법절차원칙에 위반하여 청구인들의 기본권을 침해하였다.

재판관 이강국(재판장) 김종대 민형기 이동흡 목영준 송두환 박한철 이정미

부록

1 대한민국헌법

대한민국헌법

[시행 1988.2.25.] [헌법 제10호, 1987.10.29., 전부개정]

전문

유구한 역사와 전통에 빛나는 우리 대한국민은 3·1운동으로 건립된 대한민국임시정부의 법통과 불의에 항거한 4·19민주이념을 계승하고, 조국의 민주개혁과 평화적 통일의 사명에 입각하여 정의·인도와 동포애로써 민족의 단결을 공고히 하고, 모든 사회적 폐습과 불의를 타파하며, 자율과 조화를 바탕으로 자유민주적 기본질서를 더욱 확고히 하여 정치·경제·사회·문화의 모든 영역에 있어서 각인의 기회를 균등히 하고, 능력을 최고도로 발휘하게 하며, 자유와 권리에 따르는 책임과 의무를 완수하게 하여, 안으로는 국민생활의 균등한 향상을 기하고 밖으로는 항구적인 세계평화와 인류공영에 이바지함으로써 우리들과 우리들의 자손의 안전과 자유와 행복을 영원히 확보할 것을 다짐하면서 1948년 7월 12일에 제정되고 8차에 걸쳐 개정된 헌법을 이제 국회의 의결을 거쳐 국민투표에 의하여 개정한다.

제1장 총강

제1조 ①대한민국은 민주공화국이다.
②대한민국의 주권은 국민에게 있고, 모든 권력은 국민으로부터 나온다.

제2조 ①대한민국의 국민이 되는 요건은 법률로 정한다.
②국가는 법률이 정하는 바에 의하여 재외국민을 보호할 의무를 진다.

제3조 대한민국의 영토는 한반도와 그 부속도서로 한다.

제4조 대한민국은 통일을 지향하며, 자유민주적 기본질서에 입각한 평화적 통일 정책을 수립하고 이를 추진한다.

제5조 ①대한민국은 국제평화의 유지에 노력하고 침략적 전쟁을 부인한다.
②국군은 국가의 안전보장과 국토방위의 신성한 의무를 수행함을 사명으로 하며, 그 정치적 중립성은 준수된다.

제6조 ①헌법에 의하여 체결·공포된 조약과 일반적으로 승인된 국제법규는 국내법과 같은 효력을 가진다.
②외국인은 국제법과 조약이 정하는 바에 의하여 그 지위가 보장된다.

제7조 ①공무원은 국민전체에 대한 봉사자이며, 국민에 대하여 책임을 진다.
②공무원의 신분과 정치적 중립성은 법률이 정하는 바에 의하여 보장된다.

제8조 ①정당의 설립은 자유이며, 복수정당제는 보장된다.
②정당은 그 목적·조직과 활동이 민주적이어야 하며, 국민의 정치적 의사형성에 참여하는데 필요한 조직을 가져야 한다.
③정당은 법률이 정하는 바에 의하여 국가의 보호를 받으며, 국가는 법률이 정하는 바에 의하여 정당운영에 필요한 자금을 보조할 수 있다.
④정당의 목적이나 활동이 민주적 기본질서에 위배될 때에는 정부는 헌법재판소에 그 해산을 제소할 수 있

고, 정당은 헌법재판소의 심판에 의하여 해산된다.

제9조 국가는 전통문화의 계승·발전과 민족문화의 창달에 노력하여야 한다.

제2장 국민의 권리와 의무

제10조 모든 국민은 인간으로서의 존엄과 가치를 가지며, 행복을 추구할 권리를 가진다. 국가는 개인이 가지는 불가침의 기본적 인권을 확인하고 이를 보장할 의무를 진다.

제11조 ①모든 국민은 법 앞에 평등하다. 누구든지 성별·종교 또는 사회적 신분에 의하여 정치적·경제적·사회적·문화적 생활의 모든 영역에 있어서 차별을 받지 아니한다.
②사회적 특수계급의 제도는 인정되지 아니하며, 어떠한 형태로도 이를 창설할 수 없다.
③훈장등의 영전은 이를 받은 자에게만 효력이 있고, 어떠한 특권도 이에 따르지 아니한다.

제12조 ①모든 국민은 신체의 자유를 가진다. 누구든지 법률에 의하지 아니하고는 체포·구속·압수·수색 또는 심문을 받지 아니하며, 법률과 적법한 절차에 의하지 아니하고는 처벌·보안처분 또는 강제노역을 받지 아니한다.
②모든 국민은 고문을 받지 아니하며, 형사상 자기에게 불리한 진술을 강요당하지 아니한다.
③체포·구속·압수 또는 수색을 할 때에는 적법한 절차에 따라 검사의 신청에 의하여 법관이 발부한 영장을 제시하여야 한다. 다만, 현행범인인 경우와 장기 3년 이상의 형에 해당하는 죄를 범하고 도피 또는 증거인멸의 염려가 있을 때에는 사후에 영장을 청구할 수 있다.
④누구든지 체포 또는 구속을 당한 때에는 즉시 변호인의 조력을 받을 권리를 가진다. 다만, 형사피고인이 스스로 변호인을 구할 수 없을 때에는 법률이 정하는 바에 의하여 국가가 변호인을 붙인다.
⑤누구든지 체포 또는 구속의 이유와 변호인의 조력을 받을 권리가 있음을 고지받지 아니하고는 체포 또는 구속을 당하지 아니한다. 체포 또는 구속을 당한 자의 가족등 법률이 정하는 자에게는 그 이유와 일시·장소가 지체없이 통지되어야 한다.
⑥누구든지 체포 또는 구속을 당한 때에는 적부의 심사를 법원에 청구할 권리를 가진다.
⑦피고인의 자백이 고문·폭행·협박·구속의 부당한 장기화 또는 기망 기타의 방법에 의하여 자의로 진술된 것이 아니라고 인정될 때 또는 정식재판에 있어서 피고인의 자백이 그에게 불리한 유일한 증거일 때에는 이를 유죄의 증거로 삼거나 이를 이유로 처벌할 수 없다.

제13조 ①모든 국민은 행위시의 법률에 의하여 범죄를 구성하지 아니하는 행위로 소추되지 아니하며, 동일한 범죄에 대하여 거듭 처벌받지 아니한다.
②모든 국민은 소급입법에 의하여 참정권의 제한을 받거나 재산권을 박탈당하지 아니한다.
③모든 국민은 자기의 행위가 아닌 친족의 행위로 인하여 불이익한 처우를 받지 아니한다.

제14조 모든 국민은 거주·이전의 자유를 가진다.

제15조 모든 국민은 직업선택의 자유를 가진다.

제16조 모든 국민은 주거의 자유를 침해받지 아니한다. 주거에 대한 압수나 수색을 할 때에는 검사의 신청에 의하여 법관이 발부한 영장을 제시하여야 한다.

제17조 모든 국민은 사생활의 비밀과 자유를 침해받지 아니한다.

제18조 모든 국민은 통신의 비밀을 침해받지 아니한다.

제19조 모든 국민은 양심의 자유를 가진다.

제20조 ①모든 국민은 종교의 자유를 가진다.
②국교는 인정되지 아니하며, 종교와 정치는 분리된다.

제21조 ①모든 국민은 언론·출판의 자유와 집회·결사의 자유를 가진다.

②언론·출판에 대한 허가나 검열과 집회·결사에 대한 허가는 인정되지 아니한다.

③통신·방송의 시설기준과 신문의 기능을 보장하기 위하여 필요한 사항은 법률로 정한다.

④언론·출판은 타인의 명예나 권리 또는 공중도덕이나 사회윤리를 침해하여서는 아니된다. 언론·출판이 타인의 명예나 권리를 침해한 때에는 피해자는 이에 대한 피해의 배상을 청구할 수 있다.

제22조 ①모든 국민은 학문과 예술의 자유를 가진다.

②저작자·발명가·과학기술자와 예술가의 권리는 법률로써 보호한다.

제23조 ①모든 국민의 재산권은 보장된다. 그 내용과 한계는 법률로 정한다.

②재산권의 행사는 공공복리에 적합하도록 하여야 한다.

③공공필요에 의한 재산권의 수용·사용 또는 제한 및 그에 대한 보상은 법률로써 하되, 정당한 보상을 지급하여야 한다.

제24조 모든 국민은 법률이 정하는 바에 의하여 선거권을 가진다.

제25조 모든 국민은 법률이 정하는 바에 의하여 공무담임권을 가진다.

제26조 ①모든 국민은 법률이 정하는 바에 의하여 국가기관에 문서로 청원할 권리를 가진다.

②국가는 청원에 대하여 심사할 의무를 진다.

제27조 ①모든 국민은 헌법과 법률이 정한 법관에 의하여 법률에 의한 재판을 받을 권리를 가진다.

②군인 또는 군무원이 아닌 국민은 대한민국의 영역안에서는 중대한 군사상 기밀·초병·초소·유독음식물공급·포로·군용물에 관한 죄중 법률이 정한 경우와 비상계엄이 선포된 경우를 제외하고는 군사법원의 재판을 받지 아니한다.

③모든 국민은 신속한 재판을 받을 권리를 가진다. 형사피고인은 상당한 이유가 없는 한 지체없이 공개재판을 받을 권리를 가진다.

④형사피고인은 유죄의 판결이 확정될 때까지는 무죄로 추정된다.

⑤형사피해자는 법률이 정하는 바에 의하여 당해 사건의 재판절차에서 진술할 수 있다.

제28조 형사피의자 또는 형사피고인으로서 구금되었던 자가 법률이 정하는 불기소처분을 받거나 무죄판결을 받은 때에는 법률이 정하는 바에 의하여 국가에 정당한 보상을 청구할 수 있다.

제29조 ①공무원의 직무상 불법행위로 손해를 받은 국민은 법률이 정하는 바에 의하여 국가 또는 공공단체에 정당한 배상을 청구할 수 있다. 이 경우 공무원 자신의 책임은 면제되지 아니한다.

②군인·군무원·경찰공무원 기타 법률이 정하는 자가 전투·훈련등 직무집행과 관련하여 받은 손해에 대하여는 법률이 정하는 보상외에 국가 또는 공공단체에 공무원의 직무상 불법행위로 인한 배상은 청구할 수 없다.

제30조 타인의 범죄행위로 인하여 생명·신체에 대한 피해를 받은 국민은 법률이 정하는 바에 의하여 국가로부터 구조를 받을 수 있다.

제31조 ①모든 국민은 능력에 따라 균등하게 교육을 받을 권리를 가진다.

②모든 국민은 그 보호하는 자녀에게 적어도 초등교육과 법률이 정하는 교육을 받게 할 의무를 진다.

③의무교육은 무상으로 한다.

④교육의 자주성·전문성·정치적 중립성 및 대학의 자율성은 법률이 정하는 바에 의하여 보장된다.

⑤국가는 평생교육을 진흥하여야 한다.

⑥학교교육 및 평생교육을 포함한 교육제도와 그 운영, 교육재정 및 교원의 지위에 관한 기본적인 사항은 법률로 정한다.

제32조 ①모든 국민은 근로의 권리를 가진다. 국가는 사회적·경제적 방법으로 근로자의 고용의 증진과 적정

임금의 보장에 노력하여야 하며, 법률이 정하는 바에 의하여 최저임금제를 시행하여야 한다.

②모든 국민은 근로의 의무를 진다. 국가는 근로의 의무의 내용과 조건을 민주주의원칙에 따라 법률로 정한다.

③근로조건의 기준은 인간의 존엄성을 보장하도록 법률로 정한다.

④여자의 근로는 특별한 보호를 받으며, 고용·임금 및 근로조건에 있어서 부당한 차별을 받지 아니한다.

⑤연소자의 근로는 특별한 보호를 받는다.

⑥국가유공자·상이군경 및 전몰군경의 유가족은 법률이 정하는 바에 의하여 우선적으로 근로의 기회를 부여받는다.

제33조 ①근로자는 근로조건의 향상을 위하여 자주적인 단결권·단체교섭권 및 단체행동권을 가진다.

②공무원인 근로자는 법률이 정하는 자에 한하여 단결권·단체교섭권 및 단체행동권을 가진다.

③법률이 정하는 주요방위산업체에 종사하는 근로자의 단체행동권은 법률이 정하는 바에 의하여 이를 제한하거나 인정하지 아니할 수 있다.

제34조 ①모든 국민은 인간다운 생활을 할 권리를 가진다.

②국가는 사회보장·사회복지의 증진에 노력할 의무를 진다.

③국가는 여자의 복지와 권익의 향상을 위하여 노력하여야 한다.

④국가는 노인과 청소년의 복지향상을 위한 정책을 실시할 의무를 진다.

⑤신체장애자 및 질병·노령 기타의 사유로 생활능력이 없는 국민은 법률이 정하는 바에 의하여 국가의 보호를 받는다.

⑥국가는 재해를 예방하고 그 위험으로부터 국민을 보호하기 위하여 노력하여야 한다.

제35조 ①모든 국민은 건강하고 쾌적한 환경에서 생활할 권리를 가지며, 국가와 국민은 환경보전을 위하여 노력하여야 한다.

②환경권의 내용과 행사에 관하여는 법률로 정한다.

③국가는 주택개발정책등을 통하여 모든 국민이 쾌적한 주거생활을 할 수 있도록 노력하여야 한다.

제36조 ①혼인과 가족생활은 개인의 존엄과 양성의 평등을 기초로 성립되고 유지되어야 하며, 국가는 이를 보장한다.

②국가는 모성의 보호를 위하여 노력하여야 한다.

③모든 국민은 보건에 관하여 국가의 보호를 받는다.

제37조 ①국민의 자유와 권리는 헌법에 열거되지 아니한 이유로 경시되지 아니한다.

②국민의 모든 자유와 권리는 국가안전보장·질서유지 또는 공공복리를 위하여 필요한 경우에 한하여 법률로써 제한할 수 있으며, 제한하는 경우에도 자유와 권리의 본질적인 내용을 침해할 수 없다.

제38조 모든 국민은 법률이 정하는 바에 의하여 납세의 의무를 진다.

제39조 ①모든 국민은 법률이 정하는 바에 의하여 국방의 의무를 진다.

②누구든지 병역의무의 이행으로 인하여 불이익한 처우를 받지 아니한다.

제3장 국회

제40조 입법권은 국회에 속한다.

제41조 ①국회는 국민의 보통·평등·직접·비밀선거에 의하여 선출된 국회의원으로 구성한다.

②국회의원의 수는 법률로 정하되, 200인 이상으로 한다.

③국회의원의 선거구와 비례대표제 기타 선거에 관한 사항은 법률로 정한다.

제42조 국회의원의 임기는 4년으로 한다.

제43조 국회의원은 법률이 정하는 직을 겸할 수 없다.

제44조 ①국회의원은 현행범인인 경우를 제외하고는 회기중 국회의 동의없이 체포 또는 구금되지 아니한다.

②국회의원이 회기전에 체포 또는 구금된 때에는 현행범인이 아닌 한 국회의 요구가 있으면 회기중 석방된다.

제45조 국회의원은 국회에서 직무상 행한 발언과 표결에 관하여 국회외에서 책임을 지지 아니한다.

제46조 ①국회의원은 청렴의 의무가 있다.

②국회의원은 국가이익을 우선하여 양심에 따라 직무를 행한다.

③국회의원은 그 지위를 남용하여 국가·공공단체 또는 기업체와의 계약이나 그 처분에 의하여 재산상의 권리·이익 또는 직위를 취득하거나 타인을 위하여 그 취득을 알선할 수 없다.

제47조 ①국회의 정기회는 법률이 정하는 바에 의하여 매년 1회 집회되며, 국회의 임시회는 대통령 또는 국회재적의원 4분의 1 이상의 요구에 의하여 집회된다.

②정기회의 회기는 100일을, 임시회의 회기는 30일을 초과할 수 없다.

③대통령이 임시회의 집회를 요구할 때에는 기간과 집회요구의 이유를 명시하여야 한다.

제48조 국회는 의장 1인과 부의장 2인을 선출한다.

제49조 국회는 헌법 또는 법률에 특별한 규정이 없는 한 재적의원 과반수의 출석과 출석의원 과반수의 찬성으로 의결한다. 가부동수인 때에는 부결된 것으로 본다.

제50조 ①국회의 회의는 공개한다. 다만, 출석의원 과반수의 찬성이 있거나 의장이 국가의 안전보장을 위하여 필요하다고 인정할 때에는 공개하지 아니할 수 있다.

②공개하지 아니한 회의내용의 공표에 관하여는 법률이 정하는 바에 의한다.

제51조 국회에 제출된 법률안 기타의 의안은 회기중에 의결되지 못한 이유로 폐기되지 아니한다. 다만, 국회의원의 임기가 만료된 때에는 그러하지 아니하다.

제52조 국회의원과 정부는 법률안을 제출할 수 있다.

제53조 ①국회에서 의결된 법률안은 정부에 이송되어 15일 이내에 대통령이 공포한다.

②법률안에 이의가 있을 때에는 대통령은 제1항의 기간내에 이의서를 붙여 국회로 환부하고, 그 재의를 요구할 수 있다. 국회의 폐회중에도 또한 같다.

③대통령은 법률안의 일부에 대하여 또는 법률안을 수정하여 재의를 요구할 수 없다.

④재의의 요구가 있을 때에는 국회는 재의에 붙이고, 재적의원과반수의 출석과 출석의원 3분의 2 이상의 찬성으로 전과 같은 의결을 하면 그 법률안은 법률로서 확정된다.

⑤대통령이 제1항의 기간내에 공포나 재의의 요구를 하지 아니한 때에도 그 법률안은 법률로서 확정된다.

⑥대통령은 제4항과 제5항의 규정에 의하여 확정된 법률을 지체없이 공포하여야 한다. 제5항에 의하여 법률이 확정된 후 또는 제4항에 의한 확정법률이 정부에 이송된 후 5일 이내에 대통령이 공포하지 아니할 때에는 국회의장이 이를 공포한다.

⑦법률은 특별한 규정이 없는 한 공포한 날로부터 20일을 경과함으로써 효력을 발생한다.

제54조 ①국회는 국가의 예산안을 심의·확정한다.

②정부는 회계연도마다 예산안을 편성하여 회계연도 개시 90일전까지 국회에 제출하고, 국회는 회계연도 개시 30일전까지 이를 의결하여야 한다.

③새로운 회계연도가 개시될 때까지 예산안이 의결되지 못한 때에는 정부는 국회에서 예산안이 의결될 때까지 다음의 목적을 위한 경비는 전년도 예산에 준하여 집행할 수 있다.

1. 헌법이나 법률에 의하여 설치된 기관 또는 시설의 유지·운영
2. 법률상 지출의무의 이행

3. 이미 예산으로 승인된 사업의 계속

제55조 ①한 회계연도를 넘어 계속하여 지출할 필요가 있을 때에는 정부는 연한을 정하여 계속비로서 국회의 의결을 얻어야 한다.

②예비비는 총액으로 국회의 의결을 얻어야 한다. 예비비의 지출은 차기국회의 승인을 얻어야 한다.

제56조 정부는 예산에 변경을 가할 필요가 있을 때에는 추가경정예산안을 편성하여 국회에 제출할 수 있다.

제57조 국회는 정부의 동의없이 정부가 제출한 지출예산 각항의 금액을 증가하거나 새 비목을 설치할 수 없다.

제58조 국채를 모집하거나 예산외에 국가의 부담이 될 계약을 체결하려 할 때에는 정부는 미리 국회의 의결을 얻어야 한다.

제59조 조세의 종목과 세율은 법률로 정한다.

제60조 ①국회는 상호원조 또는 안전보장에 관한 조약, 중요한 국제조직에 관한 조약, 우호통상항해조약, 주권의 제약에 관한 조약, 강화조약, 국가나 국민에게 중대한 재정적 부담을 지우는 조약 또는 입법사항에 관한 조약의 체결·비준에 대한 동의권을 가진다.

②국회는 선전포고, 국군의 외국에의 파견 또는 외국군대의 대한민국 영역안에서의 주류에 대한 동의권을 가진다.

제61조 ①국회는 국정을 감사하거나 특정한 국정사안에 대하여 조사할 수 있으며, 이에 필요한 서류의 제출 또는 증인의 출석과 증언이나 의견의 진술을 요구할 수 있다.

②국정감사 및 조사에 관한 절차 기타 필요한 사항은 법률로 정한다.

제62조 ①국무총리·국무위원 또는 정부위원은 국회나 그 위원회에 출석하여 국정처리상황을 보고하거나 의견을 진술하고 질문에 응답할 수 있다.

②국회나 그 위원회의 요구가 있을 때에는 국무총리·국무위원 또는 정부위원은 출석·답변하여야 하며, 국무총리 또는 국무위원이 출석요구를 받은 때에는 국무위원 또는 정부위원으로 하여금 출석·답변하게 할 수 있다.

제63조 ①국회는 국무총리 또는 국무위원의 해임을 대통령에게 건의할 수 있다.

②제1항의 해임건의는 국회재적의원 3분의 1 이상의 발의에 의하여 국회재적의원 과반수의 찬성이 있어야 한다.

제64조 ①국회는 법률에 저촉되지 아니하는 범위안에서 의사와 내부규율에 관한 규칙을 제정할 수 있다.

②국회는 의원의 자격을 심사하며, 의원을 징계할 수 있다.

③의원을 제명하려면 국회재적의원 3분의 2 이상의 찬성이 있어야 한다.

④제2항과 제3항의 처분에 대하여는 법원에 제소할 수 없다.

제65조 ①대통령·국무총리·국무위원·행정각부의 장·헌법재판소 재판관·법관·중앙선거관리위원회 위원·감사원장·감사위원 기타 법률이 정한 공무원이 그 직무집행에 있어서 헌법이나 법률을 위배한 때에는 국회는 탄핵의 소추를 의결할 수 있다.

②제1항의 탄핵소추는 국회재적의원 3분의 1 이상의 발의가 있어야 하며, 그 의결은 국회재적의원 과반수의 찬성이 있어야 한다. 다만, 대통령에 대한 탄핵소추는 국회재적의원 과반수의 발의와 국회재적의원 3분의 2 이상의 찬성이 있어야 한다.

③탄핵소추의 의결을 받은 자는 탄핵심판이 있을 때까지 그 권한행사가 정지된다.

④탄핵결정은 공직으로부터 파면함에 그친다. 그러나, 이에 의하여 민사상이나 형사상의 책임이 면제되지는 아니한다.

제4장 정부

제1절 대통령

제66조 ①대통령은 국가의 원수이며, 외국에 대하여 국가를 대표한다.

②대통령은 국가의 독립·영토의 보전·국가의 계속성과 헌법을 수호할 책무를 진다.

③대통령은 조국의 평화적 통일을 위한 성실한 의무를 진다.

④행정권은 대통령을 수반으로 하는 정부에 속한다.

제67조 ①대통령은 국민의 보통·평등·직접·비밀선거에 의하여 선출한다.

②제1항의 선거에 있어서 최고득표자가 2인 이상인 때에는 국회의 재적의원 과반수가 출석한 공개회의에서 다수표를 얻은 자를 당선자로 한다.

③대통령후보자가 1인일 때에는 그 득표수가 선거권자 총수의 3분의 1 이상이 아니면 대통령으로 당선될 수 없다.

④대통령으로 선거될 수 있는 자는 국회의원의 피선거권이 있고 선거일 현재 40세에 달하여야 한다.

⑤대통령의 선거에 관한 사항은 법률로 정한다.

제68조 ①대통령의 임기가 만료되는 때에는 임기만료 70일 내지 40일전에 후임자를 선거한다.

②대통령이 궐위된 때 또는 대통령 당선자가 사망하거나 판결 기타의 사유로 그 자격을 상실한 때에는 60일 이내에 후임자를 선거한다.

제69조 대통령은 취임에 즈음하여 다음의 선서를 한다.

"나는 헌법을 준수하고 국가를 보위하며 조국의 평화적 통일과 국민의 자유와 복리의 증진 및 민족문화의 창달에 노력하여 대통령으로서의 직책을 성실히 수행할 것을 국민 앞에 엄숙히 선서합니다."

제70조 대통령의 임기는 5년으로 하며, 중임할 수 없다.

제71조 대통령이 궐위되거나 사고로 인하여 직무를 수행할 수 없을 때에는 국무총리, 법률이 정한 국무위원의 순서로 그 권한을 대행한다.

제72조 대통령은 필요하다고 인정할 때에는 외교·국방·통일 기타 국가안위에 관한 중요정책을 국민투표에 붙일 수 있다.

제73조 대통령은 조약을 체결·비준하고, 외교사절을 신임·접수 또는 파견하며, 선전포고와 강화를 한다.

제74조 ①대통령은 헌법과 법률이 정하는 바에 의하여 국군을 통수한다.

②국군의 조직과 편성은 법률로 정한다.

제75조 대통령은 법률에서 구체적으로 범위를 정하여 위임받은 사항과 법률을 집행하기 위하여 필요한 사항에 관하여 대통령령을 발할 수 있다.

제76조 ①대통령은 내우·외환·천재·지변 또는 중대한 재정·경제상의 위기에 있어서 국가의 안전보장 또는 공공의 안녕질서를 유지하기 위하여 긴급한 조치가 필요하고 국회의 집회를 기다릴 여유가 없을 때에 한하여 최소한으로 필요한 재정·경제상의 처분을 하거나 이에 관하여 법률의 효력을 가지는 명령을 발할 수 있다.

②대통령은 국가의 안위에 관계되는 중대한 교전상태에 있어서 국가를 보위하기 위하여 긴급한 조치가 필요하고 국회의 집회가 불가능한 때에 한하여 법률의 효력을 가지는 명령을 발할 수 있다.

③대통령은 제1항과 제2항의 처분 또는 명령을 한 때에는 지체없이 국회에 보고하여 그 승인을 얻어야 한다.

④제3항의 승인을 얻지 못한 때에는 그 처분 또는 명령은 그때부터 효력을 상실한다. 이 경우 그 명령에

의하여 개정 또는 폐지되었던 법률은 그 명령이 승인을 얻지 못한 때부터 당연히 효력을 회복한다.

⑤대통령은 제3항과 제4항의 사유를 지체없이 공포하여야 한다.

제77조 ①대통령은 전시·사변 또는 이에 준하는 국가비상사태에 있어서 병력으로써 군사상의 필요에 응하거나 공공의 안녕질서를 유지할 필요가 있을 때에는 법률이 정하는 바에 의하여 계엄을 선포할 수 있다.

②계엄은 비상계엄과 경비계엄으로 한다.

③비상계엄이 선포된 때에는 법률이 정하는 바에 의하여 영장제도, 언론·출판·집회·결사의 자유, 정부나 법원의 권한에 관하여 특별한 조치를 할 수 있다.

④계엄을 선포한 때에는 대통령은 지체없이 국회에 통고하여야 한다.

⑤국회가 재적의원 과반수의 찬성으로 계엄의 해제를 요구한 때에는 대통령은 이를 해제하여야 한다.

제78조 대통령은 헌법과 법률이 정하는 바에 의하여 공무원을 임면한다.

제79조 ①대통령은 법률이 정하는 바에 의하여 사면·감형 또는 복권을 명할 수 있다.

②일반사면을 명하려면 국회의 동의를 얻어야 한다.

③사면·감형 및 복권에 관한 사항은 법률로 정한다.

제80조 대통령은 법률이 정하는 바에 의하여 훈장 기타의 영전을 수여한다.

제81조 대통령은 국회에 출석하여 발언하거나 서한으로 의견을 표시할 수 있다.

제82조 대통령의 국법상 행위는 문서로써 하며, 이 문서에는 국무총리와 관계 국무위원이 부서한다. 군사에 관한 것도 또한 같다.

제83조 대통령은 국무총리·국무위원·행정각부의 장 기타 법률이 정하는 공사의 직을 겸할 수 없다.

제84조 대통령은 내란 또는 외환의 죄를 범한 경우를 제외하고는 재직중 형사상의 소추를 받지 아니한다.

제85조 전직대통령의 신분과 예우에 관하여는 법률로 정한다.

제2절 행정부

제1관 국무총리와 국무위원

제86조 ①국무총리는 국회의 동의를 얻어 대통령이 임명한다.

②국무총리는 대통령을 보좌하며, 행정에 관하여 대통령의 명을 받아 행정각부를 통할한다.

③군인은 현역을 면한 후가 아니면 국무총리로 임명될 수 없다.

제87조 ①국무위원은 국무총리의 제청으로 대통령이 임명한다.

②국무위원은 국정에 관하여 대통령을 보좌하며, 국무회의의 구성원으로서 국정을 심의한다.

③국무총리는 국무위원의 해임을 대통령에게 건의할 수 있다.

④군인은 현역을 면한 후가 아니면 국무위원으로 임명될 수 없다.

제2관 국무회의

제88조 ①국무회의는 정부의 권한에 속하는 중요한 정책을 심의한다.

②국무회의는 대통령·국무총리와 15인 이상 30인 이하의 국무위원으로 구성한다.

③대통령은 국무회의의 의장이 되고, 국무총리는 부의장이 된다.

제89조 다음 사항은 국무회의의 심의를 거쳐야 한다.

1. 국정의 기본계획과 정부의 일반정책
2. 선전·강화 기타 중요한 대외정책

3. 헌법개정안·국민투표안·조약안·법률안 및 대통령령안

4. 예산안·결산·국유재산처분의 기본계획·국가의 부담이 될 계약 기타 재정에 관한 중요사항

5. 대통령의 긴급명령·긴급재정경제처분 및 명령 또는 계엄과 그 해제

6. 군사에 관한 중요사항

7. 국회의 임시회 집회의 요구

8. 영전수여

9. 사면·감형과 복권

10. 행정각부간의 권한의 획정

11. 정부안의 권한의 위임 또는 배정에 관한 기본계획

12. 국정처리상황의 평가·분석

13. 행정각부의 중요한 정책의 수립과 조정

14. 정당해산의 제소

15. 정부에 제출 또는 회부된 정부의 정책에 관계되는 청원의 심사

16. 검찰총장·합동참모의장·각군참모총장·국립대학교총장·대사 기타 법률이 정한 공무원과 국영기업체관리자의 임명

17. 기타 대통령·국무총리 또는 국무위원이 제출한 사항

제90조 ①국정의 중요한 사항에 관한 대통령의 자문에 응하기 위하여 국가원로로 구성되는 국가원로자문회의를 둘 수 있다.

②국가원로자문회의의 의장은 직전대통령이 된다. 다만, 직전대통령이 없을 때에는 대통령이 지명한다.

③국가원로자문회의의 조직·직무범위 기타 필요한 사항은 법률로 정한다.

제91조 ①국가안전보장에 관련되는 대외정책·군사정책과 국내정책의 수립에 관하여 국무회의의 심의에 앞서 대통령의 자문에 응하기 위하여 국가안전보장회의를 둔다.

②국가안전보장회의는 대통령이 주재한다.

③국가안전보장회의의 조직·직무범위 기타 필요한 사항은 법률로 정한다.

제92조 ①평화통일정책의 수립에 관한 대통령의 자문에 응하기 위하여 민주평화통일자문회의를 둘 수 있다.

②민주평화통일자문회의의 조직·직무범위 기타 필요한 사항은 법률로 정한다.

제93조 ①국민경제의 발전을 위한 중요정책의 수립에 관하여 대통령의 자문에 응하기 위하여 국민경제자문회의를 둘 수 있다.

②국민경제자문회의의 조직·직무범위 기타 필요한 사항은 법률로 정한다.

제3관 행정각부

제94조 행정각부의 장은 국무위원 중에서 국무총리의 제청으로 대통령이 임명한다.

제95조 국무총리 또는 행정각부의 장은 소관사무에 관하여 법률이나 대통령령의 위임 또는 직권으로 총리령 또는 부령을 발할 수 있다.

제96조 행정각부의 설치·조직과 직무범위는 법률로 정한다.

제4관 감사원

제97조 국가의 세입·세출의 결산, 국가 및 법률이 정한 단체의 회계검사와 행정기관 및 공무원의 직무에 관한 감찰을 하기 위하여 대통령 소속하에 감사원을 둔다.

제98조 ①감사원은 원장을 포함한 5인 이상 11인 이하의 감사위원으로 구성한다.

②원장은 국회의 동의를 얻어 대통령이 임명하고, 그 임기는 4년으로 하며, 1차에 한하여 중임할 수 있다.

③감사위원은 원장의 제청으로 대통령이 임명하고, 그 임기는 4년으로 하며, 1차에 한하여 중임할 수 있다.

제99조 감사원은 세입·세출의 결산을 매년 검사하여 대통령과 차년도국회에 그 결과를 보고하여야 한다.

제100조 감사원의 조직·직무범위·감사위원의 자격·감사대상공무원의 범위 기타 필요한 사항은 법률로 정한다.

제5장 법원

제101조 ①사법권은 법관으로 구성된 법원에 속한다.

②법원은 최고법원인 대법원과 각급법원으로 조직된다.

③법관의 자격은 법률로 정한다.

제102조 ①대법원에 부를 둘 수 있다.

②대법원에 대법관을 둔다. 다만, 법률이 정하는 바에 의하여 대법관이 아닌 법관을 둘 수 있다.

③대법원과 각급법원의 조직은 법률로 정한다.

제103조 법관은 헌법과 법률에 의하여 그 양심에 따라 독립하여 심판한다.

제104조 ①대법원장은 국회의 동의를 얻어 대통령이 임명한다.

②대법관은 대법원장의 제청으로 국회의 동의를 얻어 대통령이 임명한다.

③대법원장과 대법관이 아닌 법관은 대법관회의의 동의를 얻어 대법원장이 임명한다.

제105조 ①대법원장의 임기는 6년으로 하며, 중임할 수 없다.

②대법관의 임기는 6년으로 하며, 법률이 정하는 바에 의하여 연임할 수 있다.

③대법원장과 대법관이 아닌 법관의 임기는 10년으로 하며, 법률이 정하는 바에 의하여 연임할 수 있다.

④법관의 정년은 법률로 정한다.

제106조 ①법관은 탄핵 또는 금고 이상의 형의 선고에 의하지 아니하고는 파면되지 아니하며, 징계처분에 의하지 아니하고는 정직·감봉 기타 불리한 처분을 받지 아니한다.

②법관이 중대한 심신상의 장해로 직무를 수행할 수 없을 때에는 법률이 정하는 바에 의하여 퇴직하게 할 수 있다.

제107조 ①법률이 헌법에 위반되는 여부가 재판의 전제가 된 경우에는 법원은 헌법재판소에 제청하여 그 심판에 의하여 재판한다.

②명령·규칙 또는 처분이 헌법이나 법률에 위반되는 여부가 재판의 전제가 된 경우에는 대법원은 이를 최종적으로 심사할 권한을 가진다.

③재판의 전심절차로서 행정심판을 할 수 있다. 행정심판의 절차는 법률로 정하되, 사법절차가 준용되어야 한다.

제108조 대법원은 법률에 저촉되지 아니하는 범위안에서 소송에 관한 절차, 법원의 내부규율과 사무처리에 관한 규칙을 제정할 수 있다.

제109조 재판의 심리와 판결은 공개한다. 다만, 심리는 국가의 안전보장 또는 안녕질서를 방해하거나 선량한 풍속을 해할 염려가 있을 때에는 법원의 결정으로 공개하지 아니할 수 있다.

제110조 ①군사재판을 관할하기 위하여 특별법원으로서 군사법원을 둘 수 있다.

②군사법원의 상고심은 대법원에서 관할한다.

③군사법원의 조직·권한 및 재판관의 자격은 법률로 정한다.

④비상계엄하의 군사재판은 군인·군무원의 범죄나 군사에 관한 간첩죄의 경우와 초병·초소·유독음식물공급·포로에 관한 죄중 법률이 정한 경우에 한하여 단심으로 할 수 있다. 다만, 사형을 선고한 경우에는 그러하지 아니하다.

제6장 헌법재판소

제111조 ①헌법재판소는 다음 사항을 관장한다.
1. 법원의 제청에 의한 법률의 위헌여부 심판
2. 탄핵의 심판
3. 정당의 해산 심판
4. 국가기관 상호간, 국가기관과 지방자치단체간 및 지방자치단체 상호간의 권한쟁의에 관한 심판
5. 법률이 정하는 헌법소원에 관한 심판
②헌법재판소는 법관의 자격을 가진 9인의 재판관으로 구성하며, 재판관은 대통령이 임명한다.
③제2항의 재판관중 3인은 국회에서 선출하는 자를, 3인은 대법원장이 지명하는 자를 임명한다.
④헌법재판소의 장은 국회의 동의를 얻어 재판관중에서 대통령이 임명한다.

제112조 ①헌법재판소 재판관의 임기는 6년으로 하며, 법률이 정하는 바에 의하여 연임할 수 있다.
②헌법재판소 재판관은 정당에 가입하거나 정치에 관여할 수 없다.
③헌법재판소 재판관은 탄핵 또는 금고 이상의 형의 선고에 의하지 아니하고는 파면되지 아니한다.

제113조 ①헌법재판소에서 법률의 위헌결정, 탄핵의 결정, 정당해산의 결정 또는 헌법소원에 관한 인용결정을 할 때에는 재판관 6인 이상의 찬성이 있어야 한다.
②헌법재판소는 법률에 저촉되지 아니하는 범위안에서 심판에 관한 절차, 내부규율과 사무처리에 관한 규칙을 제정할 수 있다.
③헌법재판소의 조직과 운영 기타 필요한 사항은 법률로 정한다.

제7장 선거관리

제114조 ①선거와 국민투표의 공정한 관리 및 정당에 관한 사무를 처리하기 위하여 선거관리위원회를 둔다.
②중앙선거관리위원회는 대통령이 임명하는 3인, 국회에서 선출하는 3인과 대법원장이 지명하는 3인의 위원으로 구성한다. 위원장은 위원중에서 호선한다.
③위원의 임기는 6년으로 한다.
④위원은 정당에 가입하거나 정치에 관여할 수 없다.
⑤위원은 탄핵 또는 금고 이상의 형의 선고에 의하지 아니하고는 파면되지 아니한다.
⑥중앙선거관리위원회는 법령의 범위안에서 선거관리·국민투표관리 또는 정당사무에 관한 규칙을 제정할 수 있으며, 법률에 저촉되지 아니하는 범위안에서 내부규율에 관한 규칙을 제정할 수 있다.
⑦각급 선거관리위원회의 조직·직무범위 기타 필요한 사항은 법률로 정한다.

제115조 ①각급 선거관리위원회는 선거인명부의 작성등 선거사무와 국민투표사무에 관하여 관계 행정기관에 필요한 지시를 할 수 있다.
②제1항의 지시를 받은 당해 행정기관은 이에 응하여야 한다.

제116조 ①선거운동은 각급 선거관리위원회의 관리하에 법률이 정하는 범위안에서 하되, 균등한 기회가 보장되어야 한다.
②선거에 관한 경비는 법률이 정하는 경우를 제외하고는 정당 또는 후보자에게 부담시킬 수 없다.

제8장 지방자치

제117조 ①지방자치단체는 주민의 복리에 관한 사무를 처리하고 재산을 관리하며, 법령의 범위안에서 자치에 관한 규정을 제정할 수 있다.

②지방자치단체의 종류는 법률로 정한다.

제118조 ①지방자치단체에 의회를 둔다.

②지방의회의 조직·권한·의원선거와 지방자치단체의 장의 선임방법 기타 지방자치단체의 조직과 운영에 관한 사항은 법률로 정한다.

제9장 경제

제119조 ①대한민국의 경제질서는 개인과 기업의 경제상의 자유와 창의를 존중함을 기본으로 한다.

②국가는 균형있는 국민경제의 성장 및 안정과 적정한 소득의 분배를 유지하고, 시장의 지배와 경제력의 남용을 방지하며, 경제주체간의 조화를 통한 경제의 민주화를 위하여 경제에 관한 규제와 조정을 할 수 있다.

제120조 ①광물 기타 중요한 지하자원·수산자원·수력과 경제상 이용할 수 있는 자연력은 법률이 정하는 바에 의하여 일정한 기간 그 채취·개발 또는 이용을 특허할 수 있다.

②국토와 자원은 국가의 보호를 받으며, 국가는 그 균형있는 개발과 이용을 위하여 필요한 계획을 수립한다.

제121조 ①국가는 농지에 관하여 경자유전의 원칙이 달성될 수 있도록 노력하여야 하며, 농지의 소작제도는 금지된다.

②농업생산성의 제고와 농지의 합리적인 이용을 위하거나 불가피한 사정으로 발생하는 농지의 임대차와 위탁경영은 법률이 정하는 바에 의하여 인정된다.

제122조 국가는 국민 모두의 생산 및 생활의 기반이 되는 국토의 효율적이고 균형있는 이용·개발과 보전을 위하여 법률이 정하는 바에 의하여 그에 관한 필요한 제한과 의무를 과할 수 있다.

제123조 ①국가는 농업 및 어업을 보호·육성하기 위하여 농·어촌종합개발과 그 지원등 필요한 계획을 수립·시행하여야 한다.

②국가는 지역간의 균형있는 발전을 위하여 지역경제를 육성할 의무를 진다.

③국가는 중소기업을 보호·육성하여야 한다.

④국가는 농수산물의 수급균형과 유통구조의 개선에 노력하여 가격안정을 도모함으로써 농·어민의 이익을 보호한다.

⑤국가는 농·어민과 중소기업의 자조조직을 육성하여야 하며, 그 자율적 활동과 발전을 보장한다.

제124조 국가는 건전한 소비행위를 계도하고 생산품의 품질향상을 촉구하기 위한 소비자보호운동을 법률이 정하는 바에 의하여 보장한다.

제125조 국가는 대외무역을 육성하며, 이를 규제·조정할 수 있다.

제126조 국방상 또는 국민경제상 긴절한 필요로 인하여 법률이 정하는 경우를 제외하고는, 사영기업을 국유 또는 공유로 이전하거나 그 경영을 통제 또는 관리할 수 없다.

제127조 ①국가는 과학기술의 혁신과 정보 및 인력의 개발을 통하여 국민경제의 발전에 노력하여야 한다.

②국가는 국가표준제도를 확립한다.

③대통령은 제1항의 목적을 달성하기 위하여 필요한 자문기구를 둘 수 있다.

제10장 헌법개정

제128조 ①헌법개정은 국회재적의원 과반수 또는 대통령의 발의로 제안된다.

②대통령의 임기연장 또는 중임변경을 위한 헌법개정은 그 헌법개정 제안 당시의 대통령에 대하여는 효력이 없다.

제129조 제안된 헌법개정안은 대통령이 20일 이상의 기간 이를 공고하여야 한다.

제130조 ①국회는 헌법개정안이 공고된 날로부터 60일 이내에 의결하여야 하며, 국회의 의결은 재적의원 3분의 2 이상의 찬성을 얻어야 한다.

②헌법개정안은 국회가 의결한 후 30일 이내에 국민투표에 붙여 국회의원선거권자 과반수의 투표와 투표자 과반수의 찬성을 얻어야 한다.

③헌법개정안이 제2항의 찬성을 얻은 때에는 헌법개정은 확정되며, 대통령은 즉시 이를 공포하여야 한다.

부칙〈제10호, 1987.10.29.〉

제1조 이 헌법은 1988년 2월 25일부터 시행한다. 다만, 이 헌법을 시행하기 위하여 필요한 법률의 제정·개정과 이 헌법에 의한 대통령 및 국회의원의 선거 기타 이 헌법시행에 관한 준비는 이 헌법시행 전에 할 수 있다.

제2조 ①이 헌법에 의한 최초의 대통령선거는 이 헌법시행일 40일 전까지 실시한다.

②이 헌법에 의한 최초의 대통령의 임기는 이 헌법시행일로부터 개시한다.

제3조 ①이 헌법에 의한 최초의 국회의원선거는 이 헌법공포일로부터 6월 이내에 실시하며, 이 헌법에 의하여 선출된 최초의 국회의원의 임기는 국회의원선거후 이 헌법에 의한 국회의 최초의 집회일로부터 개시한다.

②이 헌법공포 당시의 국회의원의 임기는 제1항에 의한 국회의 최초의 집회일 전일까지로 한다.

제4조 ①이 헌법시행 당시의 공무원과 정부가 임명한 기업체의 임원은 이 헌법에 의하여 임명된 것으로 본다. 다만, 이 헌법에 의하여 선임방법이나 임명권자가 변경된 공무원과 대법원장 및 감사원장은 이 헌법에 의하여 후임자가 선임될 때까지 그 직무를 행하며, 이 경우 전임자인 공무원의 임기는 후임자가 선임되는 전일까지로 한다.

②이 헌법시행 당시의 대법원장과 대법원판사가 아닌 법관은 제1항 단서의 규정에 불구하고 이 헌법에 의하여 임명된 것으로 본다.

③이 헌법중 공무원의 임기 또는 중임제한에 관한 규정은 이 헌법에 의하여 그 공무원이 최초로 선출 또는 임명된 때로부터 적용한다.

제5조 이 헌법시행 당시의 법령과 조약은 이 헌법에 위배되지 아니하는 한 그 효력을 지속한다.

제6조 이 헌법시행 당시에 이 헌법에 의하여 새로 설치될 기관의 권한에 속하는 직무를 행하고 있는 기관은 이 헌법에 의하여 새로운 기관이 설치될 때까지 존속하며 그 직무를 행한다.

2 출입국관리법

출입국관리법

[시행 2023. 6. 14.] [법률 제19070호, 2022. 12. 13., 일부개정]

법무부(외국인정책과) 02-2110-4116

제1장 총칙 〈개정 2010. 5. 14.〉

제1조(목적) 이 법은 대한민국에 입국하거나 대한민국에서 출국하는 모든 국민 및 외국인의 출입국관리를 통한 안전한 국경관리, 대한민국에 체류하는 외국인의 체류관리와 사회통합 등에 관한 사항을 규정함을 목적으로 한다. 〈개정 2012. 1. 26., 2018. 3. 20.〉
[전문개정 2010. 5. 14.]

제2조(정의) 이 법에서 사용하는 용어의 뜻은 다음과 같다. 〈개정 2012. 2. 10., 2014. 3. 18., 2018. 3. 20., 2020. 6. 9., 2021. 8. 17.〉

1. "국민"이란 대한민국의 국민을 말한다.
2. "외국인"이란 대한민국의 국적을 가지지 아니한 사람을 말한다.
3. "난민"이란 「난민법」 제2조제1호에 따른 난민을 말한다.
4. "여권"이란 대한민국정부·외국정부 또는 권한 있는 국제기구에서 발급한 여권 또는 난민여행증명서나 그 밖에 여권을 갈음하는 증명서로서 대한민국정부가 유효하다고 인정하는 것을 말한다.
5. "선원신분증명서"란 대한민국정부나 외국정부가 발급한 문서로서 선원임을 증명하는 것을 말한다.
6. "출입국항"이란 출국하거나 입국할 수 있는 대한민국의 항구·공항과 그 밖의 장소로서 대통령령으로 정하는 곳을 말한다.
7. "재외공관의 장"이란 외국에 주재하는 대한민국의 대사(大使), 공사(公使), 총영사(總領事), 영사(領事) 또는 영사업무를 수행하는 기관의 장을 말한다.
8. "선박등"이란 대한민국과 대한민국 밖의 지역 사이에서 사람이나 물건을 수송하는 선박, 항공기, 기차, 자동차, 그 밖의 교통기관을 말한다.
9. "승무원"이란 선박등에서 그 업무를 수행하는 사람을 말한다.
10. "운수업자"란 선박등을 이용하여 사업을 운영하는 자와 그를 위하여 통상 그 사업에 속하는 거래를 대리하는 자를 말한다.
10의2. "지방출입국·외국인관서"란 출입국 및 외국인의 체류 관리업무를 수행하기 위하여 법령에 따라 각 지역별로 설치된 관서와 외국인보호소를 말한다.
11. "보호"란 출입국관리공무원이 제46조제1항 각 호에 따른 강제퇴거 대상에 해당된다고 의심할 만한 상당한 이유가 있는 사람을 출국시키기 위하여 외국인보호실, 외국인보호소 또는 그 밖에 법무부장관이 지정하는 장소에 인치(引致)하고 수용하는 집행활동을 말한다.
12. "외국인보호실"이란 이 법에 따라 외국인을 보호할 목적으로 지방출입국·외국인관서에 설치한 장소를 말한다.
13. "외국인보호소"란 지방출입국·외국인관서 중 이 법에 따라 외국인을 보호할 목적으로 설치한 시설

로서 대통령령으로 정하는 곳을 말한다.

14. "출입국사범"이란 제93조의2, 제93조의3, 제94조부터 제99조까지, 제99조의2, 제99조의3 및 제100조에 규정된 죄를 범하였다고 인정되는 자를 말한다.

15. "생체정보"란 이 법에 따른 업무에서 본인 일치 여부 확인 등에 활용되는 사람의 지문·얼굴·홍채 및 손바닥 정맥 등의 개인정보를 말한다.

16. "출국대기실"이란 지방출입국·외국인관서의 장이 제76조제1항 각 호의 어느 하나에 해당하는 외국인의 인도적 처우 및 원활한 탑승수속과 보안구역내 안전확보를 위하여 그 외국인이 출국하기 전까지 대기하도록 출입국항에 설치한 시설을 말한다.

[전문개정 2010. 5. 14.]

제2장 국민의 출입국 〈개정 2010. 5. 14.〉

제3조(국민의 출국) ① 대한민국에서 대한민국 밖의 지역으로 출국(이하 "출국"이라 한다)하려는 국민은 유효한 여권을 가지고 출국하는 출입국항에서 출입국관리공무원의 출국심사를 받아야 한다. 다만, 부득이한 사유로 출입국항으로 출국할 수 없을 때에는 관할 지방출입국·외국인관서의 장의 허가를 받아 출입국항이 아닌 장소에서 출입국관리공무원의 출국심사를 받은 후 출국할 수 있다. 〈개정 2014. 3. 18.〉

② 제1항에 따른 출국심사는 대통령령으로 정하는 바에 따라 정보화기기에 의한 출국심사로 갈음할 수 있다.

③ 법무부장관은 출국심사에 필요한 경우에는 국민의 생체정보를 수집하거나 관계 행정기관이 보유하고 있는 국민의 생체정보의 제출을 요청할 수 있다. 〈신설 2016. 3. 29., 2020. 6. 9.〉

④ 제3항에 따라 협조를 요청받은 관계 행정기관은 정당한 이유 없이 그 요청을 거부해서는 아니 된다. 〈신설 2016. 3. 29.〉

⑤ 출입국관리공무원은 제3항에 따라 수집하거나 제출받은 생체정보를 출국심사에 활용할 수 있다. 〈신설 2016. 3. 29., 2020. 6. 9.〉

⑥ 법무부장관은 제3항에 따라 수집하거나 제출받은 생체정보를 「개인정보 보호법」에 따라 처리한다. 〈신설 2016. 3. 29., 2020. 6. 9.〉

[전문개정 2010. 5. 14.]

제4조(출국의 금지) ① 법무부장관은 다음 각 호의 어느 하나에 해당하는 국민에 대하여는 6개월 이내의 기간을 정하여 출국을 금지할 수 있다. 〈개정 2011. 7. 18., 2021. 7. 13.〉

1. 형사재판에 계속(係屬) 중인 사람

2. 징역형이나 금고형의 집행이 끝나지 아니한 사람

3. 대통령령으로 정하는 금액 이상의 벌금이나 추징금을 내지 아니한 사람

4. 대통령령으로 정하는 금액 이상의 국세·관세 또는 지방세를 정당한 사유 없이 그 납부기한까지 내지 아니한 사람

5. 「양육비 이행확보 및 지원에 관한 법률」 제21조의4제1항에 따른 양육비 채무자 중 양육비이행심의위원회의 심의·의결을 거친 사람

6. 그 밖에 제1호부터 제5호까지의 규정에 준하는 사람으로서 대한민국의 이익이나 공공의 안전 또는 경제질서를 해칠 우려가 있어 그 출국이 적당하지 아니하다고 법무부령으로 정하는 사람

② 법무부장관은 범죄 수사를 위하여 출국이 적당하지 아니하다고 인정되는 사람에 대하여는 1개월 이내의 기간을 정하여 출국을 금지할 수 있다. 다만, 다음 각 호에 해당하는 사람은 그 호에서 정한 기간으로 한다. 〈신설 2011. 7. 18., 2021. 3. 16.〉

1. 소재를 알 수 없어 기소중지 또는 수사중지(피의자중지로 한정한다)된 사람 또는 도주 등 특별한 사유가 있어 수사진행이 어려운 사람: 3개월 이내

2. 기소중지 또는 수사중지(피의자중지로 한정한다)된 경우로서 체포영장 또는 구속영장이 발부된 사

람: 영장 유효기간 이내

③ 중앙행정기관의 장 및 법무부장관이 정하는 관계 기관의 장은 소관 업무와 관련하여 제1항 또는 제2항 각 호의 어느 하나에 해당하는 사람이 있다고 인정할 때에는 법무부장관에게 출국금지를 요청할 수 있다. 〈개정 2011. 7. 18.〉

④ 출입국관리공무원은 출국심사를 할 때에 제1항 또는 제2항에 따라 출국이 금지된 사람을 출국시켜서는 아니 된다. 〈개정 2011. 7. 18.〉

⑤ 제1항부터 제4항까지에서 규정한 사항 외에 출국금지기간과 출국금지절차에 관하여 필요한 사항은 대통령령으로 정한다. 〈개정 2011. 7. 18.〉
[전문개정 2010. 5. 14.]

제4조의2(출국금지기간의 연장) ① 법무부장관은 출국금지기간을 초과하여 계속 출국을 금지할 필요가 있다고 인정하는 경우에는 그 기간을 연장할 수 있다.

② 제4조제3항에 따라 출국금지를 요청한 기관의 장은 출국금지기간을 초과하여 계속 출국을 금지할 필요가 있을 때에는 출국금지기간이 끝나기 3일 전까지 법무부장관에게 출국금지기간을 연장하여 줄 것을 요청하여야 한다. 〈개정 2011. 7. 18.〉

③ 제1항 및 제2항에서 규정한 사항 외에 출국금지기간의 연장절차에 관하여 필요한 사항은 대통령령으로 정한다.
[전문개정 2010. 5. 14.]

제4조의3(출국금지의 해제) ① 법무부장관은 출국금지 사유가 없어졌거나 출국을 금지할 필요가 없다고 인정할 때에는 즉시 출국금지를 해제하여야 한다.

② 제4조제3항에 따라 출국금지를 요청한 기관의 장은 출국금지 사유가 없어졌을 때에는 즉시 법무부장관에게 출국금지의 해제를 요청하여야 한다. 〈개정 2011. 7. 18.〉

③ 제1항 및 제2항에서 규정한 사항 외에 출국금지의 해제절차에 관하여 필요한 사항은 대통령령으로 정한다.
[전문개정 2010. 5. 14.]

제4조의4(출국금지결정 등의 통지) ① 법무부장관은 제4조제1항 또는 제2항에 따라 출국을 금지하거나 제4조의2제1항에 따라 출국금지기간을 연장하였을 때에는 즉시 당사자에게 그 사유와 기간 등을 밝혀 서면으로 통지하여야 한다. 〈개정 2011. 7. 18.〉

② 법무부장관은 제4조의3제1항에 따라 출국금지를 해제하였을 때에는 이를 즉시 당사자에게 통지하여야 한다.

③ 법무부장관은 제1항에도 불구하고 다음 각 호의 어느 하나에 해당하는 경우에는 제1항의 통지를 하지 아니할 수 있다. 〈개정 2011. 7. 18., 2014. 12. 30.〉

　　1. 대한민국의 안전 또는 공공의 이익에 중대하고 명백한 위해(危害)를 끼칠 우려가 있다고 인정되는 경우

　　2. 범죄수사에 중대하고 명백한 장애가 생길 우려가 있다고 인정되는 경우. 다만, 연장기간을 포함한 총 출국금지기간이 3개월을 넘는 때에는 당사자에게 통지하여야 한다.

　　3. 출국이 금지된 사람이 있는 곳을 알 수 없는 경우
[전문개정 2010. 5. 14.]

제4조의5(출국금지결정 등에 대한 이의신청) ① 제4조제1항 또는 제2항에 따라 출국이 금지되거나 제4조의2제1항에 따라 출국금지기간이 연장된 사람은 출국금지결정이나 출국금지기간 연장의 통지를 받은 날 또는 그 사실을 안 날부터 10일 이내에 법무부장관에게 출국금지결정이나 출국금지기간 연장결정에 대한 이의를 신청할 수 있다. 〈개정 2011. 7. 18.〉

② 법무부장관은 제1항에 따른 이의신청을 받으면 그 날부터 15일 이내에 이의신청의 타당성 여부를 결정하여야 한다. 다만, 부득이한 사유가 있으면 15일의 범위에서 한 차례만 그 기간을 연장할 수 있다.

③ 법무부장관은 제1항에 따른 이의신청이 이유 있다고 판단하면 즉시 출국금지를 해제하거나 출국금지기간의 연장을 철회하여야 하고, 그 이의신청이 이유 없다고 판단하면 이를 기각하고 당사자에게 그 사유를 서면에 적어 통보하여야 한다.
[전문개정 2010. 5. 14.]

제4조의6(긴급출국금지) ① 수사기관은 범죄 피의자로서 사형·무기 또는 장기 3년 이상의 징역이나 금고에 해당하는 죄를 범하였다고 의심할 만한 상당한 이유가 있고, 다음 각 호의 어느 하나에 해당하는 사유가 있으며, 긴급한 필요가 있는 때에는 제4조제3항에도 불구하고 출국심사를 하는 출입국관리공무원에게 출국금지를 요청할 수 있다.

    1. 피의자가 증거를 인멸할 염려가 있는 때
    2. 피의자가 도망하거나 도망할 우려가 있는 때

② 제1항에 따른 요청을 받은 출입국관리공무원은 출국심사를 할 때에 출국금지가 요청된 사람을 출국시켜서는 아니 된다.

③ 수사기관은 제1항에 따라 긴급출국금지를 요청한 때로부터 6시간 이내에 법무부장관에게 긴급출국금지 승인을 요청하여야 한다. 이 경우 검사의 검토의견서 및 범죄사실의 요지, 긴급출국금지의 사유 등을 기재한 긴급출국금지보고서를 첨부하여야 한다. 〈개정 2020. 10. 20.〉

④ 법무부장관은 수사기관이 제3항에 따른 긴급출국금지 승인 요청을 하지 아니한 때에는 제1항의 수사기관 요청에 따른 출국금지를 해제하여야 한다. 수사기관이 긴급출국금지 승인을 요청한 때로부터 12시간 이내에 법무부장관으로부터 긴급출국금지 승인을 받지 못한 경우에도 또한 같다.

⑤ 제4항에 따라 출국금지가 해제된 경우에 수사기관은 동일한 범죄사실에 관하여 다시 긴급출국금지 요청을 할 수 없다.

  ⑥ 그 밖에 긴급출국금지의 절차 및 긴급출국금지보고서 작성 등에 필요한 사항은 대통령령으로 정한다.
[본조신설 2011. 7. 18.]

제5조(국민의 여권 등의 보관) 출입국관리공무원은 위조되거나 변조된 국민의 여권 또는 선원신분증명서를 발견하였을 때에는 회수하여 보관할 수 있다.
[전문개정 2014. 12. 30.]

제6조(국민의 입국) ① 대한민국 밖의 지역에서 대한민국으로 입국(이하 "입국"이라 한다)하려는 국민은 유효한 여권을 가지고 입국하는 출입국항에서 출입국관리공무원의 입국심사를 받아야 한다. 다만, 부득이한 사유로 출입국항으로 입국할 수 없을 때에는 지방출입국·외국인관서의 장의 허가를 받아 출입국항이 아닌 장소에서 출입국관리공무원의 입국심사를 받은 후 입국할 수 있다. 〈개정 2014. 3. 18.〉

② 출입국관리공무원은 국민이 유효한 여권을 잃어버리거나 그 밖의 사유로 이를 가지지 아니하고 입국하려고 할 때에는 확인절차를 거쳐 입국하게 할 수 있다.

③ 제1항에 따른 입국심사는 대통령령으로 정하는 바에 따라 정보화기기에 의한 입국심사로 갈음할 수 있다.

④ 법무부장관은 입국심사에 필요한 경우에는 국민의 생체정보를 수집하거나 관계 행정기관이 보유하고 있는 국민의 생체정보의 제출을 요청할 수 있다. 〈신설 2016. 3. 29., 2020. 6. 9.〉

⑤ 제4항에 따라 협조를 요청받은 관계 행정기관은 정당한 이유 없이 그 요청을 거부해서는 아니 된다. 〈신설 2016. 3. 29.〉

⑥ 출입국관리공무원은 제4항에 따라 수집하거나 제출받은 생체정보를 입국심사에 활용할 수 있다. 〈신설 2016. 3. 29., 2020. 6. 9.〉

⑦ 법무부장관은 제4항에 따라 수집하거나 제출받은 생체정보를 「개인정보 보호법」에 따라 처리한다. 〈신설 2016. 3. 29., 2020. 6. 9.〉
[전문개정 2010. 5. 14.]

제3장 외국인의 입국 및 상륙 〈개정 2010. 5. 14.〉

제1절 외국인의 입국 〈개정 2010. 5. 14.〉

제7조(외국인의 입국) ① 외국인이 입국할 때에는 유효한 여권과 법무부장관이 발급한 사증(査證)을 가지고 있어야 한다.

② 다음 각 호의 어느 하나에 해당하는 외국인은 제1항에도 불구하고 사증 없이 입국할 수 있다.

　1. 재입국허가를 받은 사람 또는 재입국허가가 면제된 사람으로서 그 허가 또는 면제받은 기간이 끝나기 전에 입국하는 사람

　2. 대한민국과 사증면제협정을 체결한 국가의 국민으로서 그 협정에 따라 면제대상이 되는 사람

　3. 국제친선, 관광 또는 대한민국의 이익 등을 위하여 입국하는 사람으로서 대통령령으로 정하는 바에 따라 따로 입국허가를 받은 사람

　4. 난민여행증명서를 발급받고 출국한 후 그 유효기간이 끝나기 전에 입국하는 사람

③ 법무부장관은 공공질서의 유지나 국가이익에 필요하다고 인정하면 제2항제2호에 해당하는 사람에 대하여 사증면제협정의 적용을 일시 정지할 수 있다.

④ 대한민국과 수교(修交)하지 아니한 국가나 법무부장관이 외교부장관과 협의하여 지정한 국가의 국민은 제1항에도 불구하고 대통령령으로 정하는 바에 따라 재외공관의 장이나 지방출입국·외국인관서의 장이 발급한 외국인입국허가서를 가지고 입국할 수 있다. 〈개정 2013. 3. 23., 2014. 3. 18.〉

[전문개정 2010. 5. 14.]

제7조의2(허위초청 등의 금지) 누구든지 외국인을 입국시키기 위한 다음 각 호의 어느 하나의 행위를 하여서는 아니 된다.

　1. 거짓된 사실의 기재나 거짓된 신원보증 등 부정한 방법으로 외국인을 초청하거나 그러한 초청을 알선하는 행위

　2. 거짓으로 사증 또는 사증발급인정서를 신청하거나 그러한 신청을 알선하는 행위

[전문개정 2010. 5. 14.]

제7조의3(사전여행허가) ① 법무부장관은 공공질서의 유지나 국가이익에 필요하다고 인정하면 다음 각 호의 어느 하나에 해당하는 외국인에 대하여 입국하기 전에 허가(이하 "사전여행허가"라 한다)를 받도록 할 수 있다.

　1. 제7조제2항제2호 또는 제3호에 해당하는 외국인

　2. 다른 법률에 따라 사증 없이 입국할 수 있는 외국인

② 사전여행허가를 받은 외국인은 입국할 때에 사전여행허가서를 가지고 있어야 한다.

③ 사전여행허가서 발급에 관한 기준 및 절차·방법은 법무부령으로 정한다.

[본조신설 2020. 2. 4.]

제8조(사증) ① 제7조에 따른 사증은 1회만 입국할 수 있는 단수사증(單數査證)과 2회 이상 입국할 수 있는 복수사증(複數査證)으로 구분한다.

② 법무부장관은 사증발급에 관한 권한을 대통령령으로 정하는 바에 따라 재외공관의 장에게 위임할 수 있다.

③ 사증발급에 관한 기준과 절차는 법무부령으로 정한다.

[전문개정 2010. 5. 14.]

제9조(사증발급인정서) ① 법무부장관은 제7조제1항에 따른 사증을 발급하기 전에 특히 필요하다고 인정할 때에는 입국하려는 외국인의 신청을 받아 사증발급인정서를 발급할 수 있다.

② 제1항에 따른 사증발급인정서 발급신청은 그 외국인을 초청하려는 자가 대리할 수 있다.

③ 제1항에 따른 사증발급인정서의 발급대상·발급기준 및 발급절차는 법무부령으로 정한다.

[전문개정 2010. 5. 14.]

제10조(체류자격) 입국하려는 외국인은 다음 각 호의 어느 하나에 해당하는 체류자격을 가져야 한다.

    1. 일반체류자격: 이 법에 따라 대한민국에 체류할 수 있는 기간이 제한되는 체류자격

    2. 영주자격: 대한민국에 영주(永住)할 수 있는 체류자격

[전문개정 2018. 3. 20.]

제10조의2(일반체류자격) ① 제10조제1호에 따른 일반체류자격(이하 "일반체류자격"이라 한다)은 다음 각 호의 구분에 따른다.

    1. 단기체류자격: 관광, 방문 등의 목적으로 대한민국에 90일 이하의 기간(사증면제협정이나 상호주의에 따라 90일을 초과하는 경우에는 그 기간) 동안 머물 수 있는 체류자격

    2. 장기체류자격: 유학, 연수, 투자, 주재, 결혼 등의 목적으로 대한민국에 90일을 초과하여 법무부령으로 정하는 체류기간의 상한 범위에서 거주할 수 있는 체류자격

② 제1항에 따른 단기체류자격 및 장기체류자격의 종류, 체류자격에 해당하는 사람 또는 그 체류자격에 따른 활동범위는 체류목적, 취업활동 가능 여부 등을 고려하여 대통령령으로 정한다.

[본조신설 2018. 3. 20.]

제10조의3(영주자격) ① 제10조제2호에 따른 영주자격(이하 "영주자격"이라 한다)을 가진 외국인은 활동범위 및 체류기간의 제한을 받지 아니한다.

② 영주자격을 취득하려는 사람은 대통령령으로 정하는 영주의 자격에 부합한 사람으로서 다음 각 호의 요건을 모두 갖추어야 한다.

    1. 대한민국의 법령을 준수하는 등 품행이 단정할 것

    2. 본인 또는 생계를 같이하는 가족의 소득, 재산 등으로 생계를 유지할 능력이 있을 것

    3. 한국어능력과 한국사회·문화에 대한 이해 등 대한민국에서 계속 살아가는 데 필요한 기본소양을 갖추고 있을 것

③ 법무부장관은 제2항제2호 및 제3호에도 불구하고 대한민국에 특별한 공로가 있는 사람, 과학·경영·교육·문화예술·체육 등 특정 분야에서 탁월한 능력이 있는 사람, 대한민국에 일정금액 이상을 투자한 사람 등 대통령령으로 정하는 사람에 대해서는 대통령령으로 정하는 바에 따라 제2항제2호 및 제3호의 요건의 전부 또는 일부를 완화하거나 면제할 수 있다.

④ 제2항 각 호에 따른 요건의 기준·범위 등에 필요한 사항은 법무부령으로 정한다.

[본조신설 2018. 3. 20.]

제11조(입국의 금지 등) ① 법무부장관은 다음 각 호의 어느 하나에 해당하는 외국인에 대하여는 입국을 금지할 수 있다. 〈개정 2015. 1. 6.〉

    1. 감염병환자, 마약류중독자, 그 밖에 공중위생상 위해를 끼칠 염려가 있다고 인정되는 사람

    2. 「총포·도검·화약류 등의 안전관리에 관한 법률」에서 정하는 총포·도검·화약류 등을 위법하게 가지고 입국하려는 사람

    3. 대한민국의 이익이나 공공의 안전을 해치는 행동을 할 염려가 있다고 인정할 만한 상당한 이유가 있는 사람

    4. 경제질서 또는 사회질서를 해치거나 선량한 풍속을 해치는 행동을 할 염려가 있다고 인정할 만한 상당한 이유가 있는 사람

    5. 사리 분별력이 없고 국내에서 체류활동을 보조할 사람이 없는 정신장애인, 국내체류비용을 부담할 능력이 없는 사람, 그 밖에 구호(救護)가 필요한 사람

    6. 강제퇴거명령을 받고 출국한 후 5년이 지나지 아니한 사람

    7. 1910년 8월 29일부터 1945년 8월 15일까지 사이에 다음 각 목의 어느 하나에 해당하는 정부의 지시

를 받거나 그 정부와 연계하여 인종, 민족, 종교, 국적, 정치적 견해 등을 이유로 사람을 학살·학대하는 일에 관여한 사람

    가. 일본 정부

    나. 일본 정부와 동맹 관계에 있던 정부

    다. 일본 정부의 우월한 힘이 미치던 정부

  8. 제1호부터 제7호까지의 규정에 준하는 사람으로서 법무부장관이 그 입국이 적당하지 아니하다고 인정하는 사람

② 법무부장관은 입국하려는 외국인의 본국(本國)이 제1항 각 호 외의 사유로 국민의 입국을 거부할 때에는 그와 동일한 사유로 그 외국인의 입국을 거부할 수 있다.

[전문개정 2010. 5. 14.]

제12조(입국심사) ① 외국인이 입국하려는 경우에는 입국하는 출입국항에서 대통령령으로 정하는 바에 따라 여권과 입국신고서를 출입국관리공무원에게 제출하여 입국심사를 받아야 한다. 〈개정 2020. 6. 9.〉

② 제1항에 관하여는 제6조제1항 단서 및 같은 조 제3항을 준용한다.

③ 출입국관리공무원은 입국심사를 할 때에 다음 각 호의 요건을 갖추었는지를 심사하여 입국을 허가한다. 〈개정 2020. 2. 4.〉

  1. 여권과 사증이 유효할 것. 다만, 사증은 이 법에서 요구하는 경우만을 말한다.

  1의2. 제7조의3제2항에 따른 사전여행허가서가 유효할 것

  2. 입국목적이 체류자격에 맞을 것

  3. 체류기간이 법무부령으로 정하는 바에 따라 정하여졌을 것

  4. 제11조에 따른 입국의 금지 또는 거부의 대상이 아닐 것

④ 출입국관리공무원은 외국인이 제3항 각 호의 요건을 갖추었음을 증명하지 못하면 입국을 허가하지 아니할 수 있다.

⑤ 출입국관리공무원은 제7조제2항제2호 또는 제3호에 해당하는 사람에게 입국을 허가할 때에는 대통령령으로 정하는 바에 따라 체류자격을 부여하고 체류기간을 정하여야 한다.

⑥ 출입국관리공무원은 제1항이나 제2항에 따른 심사를 하기 위하여 선박등에 출입할 수 있다.

[전문개정 2010. 5. 14.]

제12조의2(입국 시 생체정보의 제공 등) ① 입국하려는 외국인은 제12조에 따라 입국심사를 받을 때 법무부령으로 정하는 방법으로 생체정보를 제공하고 본인임을 확인하는 절차에 응하여야 한다. 다만, 다음 각 호의 어느 하나에 해당하는 사람은 그러하지 아니하다. 〈개정 2020. 6. 9.〉

  1. 17세 미만인 사람

  2. 외국정부 또는 국제기구의 업무를 수행하기 위하여 입국하는 사람과 그 동반 가족

  3. 외국과의 우호 및 문화교류 증진, 경제활동 촉진 또는 대한민국의 이익 등을 고려하여 생체정보의 제공을 면제하는 것이 필요하다고 대통령령으로 정하는 사람

② 출입국관리공무원은 외국인이 제1항 본문에 따라 생체정보를 제공하지 아니하는 경우에는 그의 입국을 허가하지 아니할 수 있다. 〈개정 2020. 6. 9.〉

③ 법무부장관은 입국심사에 필요한 경우에는 관계 행정기관이 보유하고 있는 외국인의 생체정보의 제출을 요청할 수 있다. 〈개정 2020. 6. 9.〉

④ 제3항에 따라 협조를 요청받은 관계 행정기관은 정당한 이유 없이 그 요청을 거부하여서는 아니 된다.

⑤ 출입국관리공무원은 제1항 또는 제3항에 따라 제공 또는 제출받은 생체정보를 입국심사에 활용할 수 있다. 〈개정 2020. 6. 9.〉

⑥ 법무부장관은 제1항 또는 제3항에 따라 제공 또는 제출받은 생체정보를 「개인정보 보호법」에 따라 보유하고 관리한다. 〈개정 2011. 3. 29., 2020. 6. 9.〉

[본조신설 2010. 5. 14.]

[제목개정 2020. 6. 9.]

[종전 제12조의2는 제12조의3으로 이동 〈2010. 5. 14.〉]

제12조의3(선박등의 제공금지) ① 누구든지 외국인을 불법으로 입국 또는 출국하게 하거나 대한민국을 거쳐 다른 국가에 불법으로 입국하게 할 목적으로 다음 각 호의 행위를 하여서는 아니 된다.

　　1. 선박등이나 여권 또는 사증, 탑승권이나 그 밖에 출입국에 사용될 수 있는 서류 및 물품을 제공하는 행위

　　2. 제1호의 행위를 알선하는 행위

② 누구든지 불법으로 입국한 외국인에 대하여 다음 각 호의 행위를 하여서는 아니 된다.

　　1. 해당 외국인을 대한민국에서 은닉 또는 도피하게 하거나 그러한 목적으로 교통수단을 제공하는 행위

　　2. 제1호의 행위를 알선하는 행위

[전문개정 2010. 5. 14.]

[제12조의2에서 이동, 종전 제12조의3은 제12조의4로 이동 〈2010. 5. 14.〉]

제12조의4(외국인의 여권 등의 보관) ① 위조되거나 변조된 외국인의 여권·선원신분증명서에 관하여는 제5조를 준용한다. 〈개정 2014. 12. 30.〉

② 출입국관리공무원은 이 법을 위반하여 조사를 받고 있는 사람으로서 제46조에 따른 강제퇴거 대상자에 해당하는 출입국사범의 여권·선원신분증명서를 발견하면 회수하여 보관할 수 있다.

[전문개정 2010. 5. 14.]

[제12조의3에서 이동 〈2010. 5. 14.〉]

제13조(조건부 입국허가) ① 지방출입국·외국인관서의 장은 다음 각 호의 어느 하나에 해당하는 외국인에 대하여는 대통령령으로 정하는 바에 따라 조건부 입국을 허가할 수 있다. 〈개정 2014. 3. 18.〉

　　1. 부득이한 사유로 제12조제3항제1호의 요건을 갖추지 못하였으나 일정 기간 내에 그 요건을 갖출 수 있다고 인정되는 사람

　　2. 제11조제1항 각 호의 어느 하나에 해당된다고 의심되거나 제12조제3항제2호의 요건을 갖추지 못하였다고 의심되어 특별히 심사할 필요가 있다고 인정되는 사람

　　3. 제1호 및 제2호에서 규정한 사람 외에 지방출입국·외국인관서의 장이 조건부 입국을 허가할 필요가 있다고 인정되는 사람

② 지방출입국·외국인관서의 장은 제1항에 따른 조건부 입국을 허가할 때에는 조건부입국허가서를 발급하여야 한다. 이 경우 그 허가서에는 주거의 제한, 출석요구에 따를 의무 및 그 밖에 필요한 조건을 붙여야 하며, 필요하다고 인정할 때에는 1천만원 이하의 보증금을 예치(預置)하게 할 수 있다. 〈개정 2014. 3. 18.〉

③ 지방출입국·외국인관서의 장은 제1항에 따른 조건부 입국허가를 받은 외국인이 그 조건을 위반하였을 때에는 그 예치된 보증금의 전부 또는 일부를 국고(國庫)에 귀속시킬 수 있다. 〈개정 2014. 3. 18.〉

④ 제2항과 제3항에 따른 보증금의 예치 및 반환과 국고귀속 절차는 대통령령으로 정한다.

[전문개정 2010. 5. 14.]

제2절 외국인의 상륙 〈개정 2010. 5. 14.〉

제14조(승무원의 상륙허가) ① 출입국관리공무원은 다음 각 호의 어느 하나에 해당하는 외국인승무원에 대하여 선박등의 장 또는 운수업자나 본인이 신청하면 15일의 범위에서 승무원의 상륙을 허가할 수 있다. 다만, 제11조제1항 각 호의 어느 하나에 해당하는 외국인승무원에 대하여는 그러하지 아니하다.

　　1. 승선 중인 선박등이 대한민국의 출입국항에 정박하고 있는 동안 휴양 등의 목적으로 상륙하려는 외국인승무원

　　2. 대한민국의 출입국항에 입항할 예정이거나 정박 중인 선박등으로 옮겨 타려는 외국인승무원

② 출입국관리공무원은 제1항에 따른 신청을 받으면 다음 각 호의 서류를 확인하여야 한다. 다만, 외국과의 협정 등에서 선원신분증명서로 여권을 대신할 수 있도록 하는 경우에는 선원신분증명서의 확인으로 여

권의 확인을 대신할 수 있다. 〈개정 2020. 6. 9.〉

　　1. 제1항제1호에 해당하는 외국인승무원이 선원인 경우에는 여권 또는 선원신분증명서

　　2. 제1항제2호에 해당하는 외국인승무원이 선원인 경우에는 여권 및 대통령령으로 정하는 서류. 다만, 제7조제2항제3호에 해당하는 사람인 경우에는 여권

　　3. 그 밖의 외국인승무원의 경우에는 여권

③ 출입국관리공무원은 제1항에 따른 허가를 할 때에는 승무원 상륙허가서를 발급하여야 한다. 이 경우 승무원 상륙허가서에는 상륙허가의 기간, 행동지역의 제한 등 필요한 조건을 붙일 수 있다.

④ 제3항 후단에도 불구하고 제1항제2호에 해당하는 승무원 상륙허가에 관하여는 제12조를 준용한다.

⑤ 지방출입국·외국인관서의 장은 승무원 상륙허가를 받은 외국인승무원에 대하여 필요하다고 인정하면 그 상륙허가의 기간을 연장할 수 있다. 〈개정 2014. 3. 18.〉

⑥ 제3항에 따라 발급받은 승무원 상륙허가서는 그 선박등이 최종 출항할 때까지 국내의 다른 출입국항에서도 계속 사용할 수 있다.

⑦ 외국인승무원의 지문 및 얼굴에 관한 정보의 제공 등에 관하여는 제12조의2를 준용한다. 다만, 승무원이 선원이고 상륙허가 절차상 지문 및 얼굴에 관한 정보를 제공하는 것이 곤란한 경우에는 그러하지 아니하다.

[전문개정 2010. 5. 14.]

제14조의2(관광상륙허가) ① 출입국관리공무원은 관광을 목적으로 대한민국과 외국 해상을 국제적으로 순회(巡廻)하여 운항하는 여객운송선박 중 법무부령으로 정하는 선박에 승선한 외국인승객에 대하여 그 선박의 장 또는 운수업자가 상륙허가를 신청하면 3일의 범위에서 승객의 관광상륙을 허가할 수 있다. 다만, 제11조제1항 각 호의 어느 하나에 해당하는 외국인승객에 대하여는 그러하지 아니하다.

② 출입국관리공무원은 제1항에 따른 상륙허가 신청을 받으면 다음 각 호의 서류를 확인하여야 한다.

　　1. 외국인승객의 여권

　　2. 외국인승객의 명부

　　3. 그 밖에 법무부령으로 정하는 서류

③ 제1항에 따른 관광상륙허가의 허가서 및 상륙허가기간의 연장에 관하여는 제14조제3항 및 제5항을 준용한다. 이 경우 "승무원 상륙허가서"는 "관광상륙허가서"로, "승무원 상륙허가"는 "관광상륙허가"로, "외국인승무원"은 "외국인승객"으로 본다.

④ 제1항에 따른 관광상륙허가를 받으려는 외국인승객의 지문 및 얼굴에 관한 정보 제공 등에 관하여는 제12조의2를 준용한다. 다만, 외국인승객의 관광상륙허가 절차상 지문 및 얼굴에 관한 정보의 제공이 곤란한 경우에는 그러하지 아니하다.

⑤ 제1항부터 제4항까지에서 규정한 사항 외에 관광상륙허가의 기준과 절차에 관하여 필요한 사항은 대통령령으로 정한다.

[본조신설 2012. 1. 26.]

제15조(긴급상륙허가) ① 출입국관리공무원은 선박등에 타고 있는 외국인(승무원을 포함한다)이 질병이나 그 밖의 사고로 긴급히 상륙할 필요가 있다고 인정되면 그 선박등의 장이나 운수업자의 신청을 받아 30일의 범위에서 긴급상륙을 허가할 수 있다.

② 제1항의 경우에는 제14조제3항 및 제5항을 준용한다. 이 경우 "승무원 상륙허가서"는 "긴급상륙허가서"로, "승무원 상륙허가"는 "긴급상륙허가"로 본다.

③ 선박등의 장이나 운수업자는 긴급상륙한 사람의 생활비·치료비·장례비와 그 밖에 상륙 중에 발생한 모든 비용을 부담하여야 한다.

[전문개정 2010. 5. 14.]

제16조(재난상륙허가) ① 지방출입국·외국인관서의 장은 조난을 당한 선박등에 타고 있는 외국인(승무원을 포함한다)을 긴급히 구조할 필요가 있다고 인정하면 그 선박등의 장, 운수업자, 「수상에서의 수색·구조 등에 관한 법률」에 따른 구호업무 집행자 또는 그 외국인을 구조한 선박등의 장의 신청에 의하여 30일의

범위에서 재난상륙허가를 할 수 있다. 〈개정 2014. 3. 18., 2015. 7. 24.〉

② 제1항의 경우에는 제14조제3항 및 제5항을 준용한다. 이 경우 "승무원 상륙허가서"는 "재난상륙허가서"로, "승무원 상륙허가"는 "재난상륙허가"로 본다.

③ 재난상륙허가를 받은 사람의 상륙 중 생활비 등에 관하여는 제15조제3항을 준용한다. 이 경우 "긴급상륙"은 "재난상륙"으로 본다.

[전문개정 2010. 5. 14.]

제16조의2(난민 임시상륙허가) ① 지방출입국·외국인관서의 장은 선박등에 타고 있는 외국인이 「난민법」 제2조제1호에 규정된 이유나 그 밖에 이에 준하는 이유로 그 생명·신체 또는 신체의 자유를 침해받을 공포가 있는 영역에서 도피하여 곧바로 대한민국에 비호(庇護)를 신청하는 경우 그 외국인을 상륙시킬 만한 상당한 이유가 있다고 인정되면 법무부장관의 승인을 받아 90일의 범위에서 난민 임시상륙허가를 할 수 있다. 이 경우 법무부장관은 외교부장관과 협의하여야 한다. 〈개정 2012. 2. 10., 2013. 3. 23., 2014. 3. 18.〉

② 제1항의 경우에는 제14조제3항 및 제5항을 준용한다. 이 경우 "승무원 상륙허가서"는 "난민 임시상륙허가서"로, "승무원 상륙허가"는 "난민 임시상륙허가"로 본다.

③ 제1항에 따라 비호를 신청한 외국인의 지문 및 얼굴에 관한 정보의 제공 등에 관하여는 제12조의2를 준용한다.

[전문개정 2010. 5. 14.]

제4장 외국인의 체류와 출국 〈개정 2010. 5. 14.〉

제1절 외국인의 체류 〈개정 2010. 5. 14.〉

제17조(외국인의 체류 및 활동범위) ① 외국인은 그 체류자격과 체류기간의 범위에서 대한민국에 체류할 수 있다.

② 대한민국에 체류하는 외국인은 이 법 또는 다른 법률에서 정하는 경우를 제외하고는 정치활동을 하여서는 아니 된다.

③ 법무부장관은 대한민국에 체류하는 외국인이 정치활동을 하였을 때에는 그 외국인에게 서면으로 그 활동의 중지명령이나 그 밖에 필요한 명령을 할 수 있다.

[전문개정 2010. 5. 14.]

제18조(외국인 고용의 제한) ① 외국인이 대한민국에서 취업하려면 대통령령으로 정하는 바에 따라 취업활동을 할 수 있는 체류자격을 받아야 한다.

② 제1항에 따른 체류자격을 가진 외국인은 지정된 근무처가 아닌 곳에서 근무하여서는 아니 된다.

③ 누구든지 제1항에 따른 체류자격을 가지지 아니한 사람을 고용하여서는 아니 된다.

④ 누구든지 제1항에 따른 체류자격을 가지지 아니한 사람의 고용을 알선하거나 권유하여서는 아니 된다.

⑤ 누구든지 제1항에 따른 체류자격을 가지지 아니한 사람의 고용을 알선할 목적으로 그를 자기 지배하에 두는 행위를 하여서는 아니 된다.

[전문개정 2010. 5. 14.]

제19조(외국인을 고용한 자 등의 신고의무) ① 제18조제1항에 따라 취업활동을 할 수 있는 체류자격을 가지고 있는 외국인을 고용한 자는 다음 각 호의 어느 하나에 해당하는 사유가 발생하면 대통령령으로 정하는 바에 따라 15일 이내에 지방출입국·외국인관서의 장에게 신고하여야 한다. 〈개정 2014. 3. 18., 2020. 6. 9.〉

1. 외국인을 해고하거나 외국인이 퇴직 또는 사망한 경우
2. 고용된 외국인의 소재를 알 수 없게 된 경우
3. 고용계약의 중요한 내용을 변경한 경우

② 제19조의2에 따라 외국인에게 산업기술을 연수시키는 업체의 장에 대하여는 제1항을 준용한다.

③ 「외국인근로자의 고용 등에 관한 법률」의 적용을 받는 외국인을 고용한 자가 제1항에 따른 신고를 한 경우 그 신고사실이 같은 법 제17조제1항에 따른 신고사유에 해당하는 때에는 같은 항에 따른 신고를 한 것으로 본다. 〈신설 2014. 10. 15.〉

④ 제1항에 따라 신고를 받은 지방출입국·외국인관서의 장은 그 신고사실이 제3항에 해당하는 경우 지체 없이 외국인을 고용한 자의 소재지를 관할하는 「직업안정법」 제2조의2제1호에 따른 직업안정기관의 장에게 통보하여야 한다. 〈신설 2014. 10. 15.〉

[전문개정 2010. 5. 14.]

제19조의2(외국인의 기술연수활동) ① 법무부장관은 외국에 직접투자한 산업체, 외국에 기술·산업설비를 수출하는 산업체 등 지정된 산업체의 모집에 따라 국내에서 기술연수활동을 하는 외국인(이하 "기술연수생"이라 한다)의 적정한 연수활동을 지원하기 위하여 필요한 조치를 하여야 한다. 〈개정 2012. 1. 26.〉

② 제1항에 따른 산업체의 지정, 기술연수생의 모집·입국 등에 필요한 사항은 대통령령으로 정한다. 〈개정 2012. 1. 26.〉

③ 기술연수생의 연수장소 이탈 여부, 연수 목적 외의 활동 여부, 그 밖에 허가조건의 위반 여부 등에 관한 조사 및 출국조치 등 기술연수생의 관리에 필요한 사항은 법무부장관이 따로 정한다. 〈개정 2012. 1. 26.〉

[전문개정 2010. 5. 14.]

[제목개정 2012. 1. 26.]

제19조의3 삭제 〈2010. 5. 14.〉

제19조의4(외국인유학생의 관리 등) ① 제10조에 따른 체류자격 중 유학이나 연수활동을 할 수 있는 체류자격을 가지고 있는 외국인(이하 "외국인유학생"이라 한다)이 재학 중이거나 연수 중인 학교(「고등교육법」 제2조 각 호에 따른 학교를 말한다. 이하 같다)의 장은 그 외국인유학생의 관리를 담당하는 직원을 지정하고 이를 지방출입국·외국인관서의 장에게 알려야 한다. 〈개정 2014. 3. 18., 2018. 3. 20.〉

② 제1항에 따른 학교의 장은 다음 각 호의 어느 하나에 해당하는 사유가 발생하면 대통령령으로 정하는 바에 따라 15일 이내에 지방출입국·외국인관서의 장에게 신고(정보통신망에 의한 신고를 포함한다)하여야 한다. 〈개정 2014. 3. 18., 2020. 6. 9.〉

  1. 입학하거나 연수허가를 받은 외국인유학생이 매 학기 등록기한까지 등록을 하지 아니하거나 휴학을 한 경우

  2. 제적·연수중단 또는 행방불명 등의 사유로 외국인유학생의 유학이나 연수가 끝난 경우

③ 외국인유학생의 관리에 필요한 사항은 대통령령으로 정한다.

[전문개정 2010. 5. 14.]

제20조(체류자격 외 활동) 대한민국에 체류하는 외국인이 그 체류자격에 해당하는 활동과 함께 다른 체류자격에 해당하는 활동을 하려면 대통령령으로 정하는 바에 따라 미리 법무부장관의 체류자격 외 활동허가를 받아야 한다. 〈개정 2020. 6. 9.〉

[전문개정 2010. 5. 14.]

제21조(근무처의 변경·추가) ① 대한민국에 체류하는 외국인이 그 체류자격의 범위에서 그의 근무처를 변경하거나 추가하려면 대통령령으로 정하는 바에 따라 미리 법무부장관의 허가를 받아야 한다. 다만, 전문적인 지식·기술 또는 기능을 가진 사람으로서 대통령령으로 정하는 사람은 근무처를 변경하거나 추가한 날부터 15일 이내에 대통령령으로 정하는 바에 따라 법무부장관에게 신고하여야 한다. 〈개정 2020. 6. 9.〉

② 누구든지 제1항 본문에 따른 근무처의 변경허가·추가허가를 받지 아니한 외국인을 고용하거나 고용을 알선하여서는 아니 된다. 다만, 다른 법률에 따라 고용을 알선하는 경우에는 그러하지 아니하다.

③ 제1항 단서에 해당하는 사람에 대하여는 제18조제2항을 적용하지 아니한다.

[전문개정 2010. 5. 14.]

제22조(활동범위의 제한) 법무부장관은 공공의 안녕질서나 대한민국의 중요한 이익을 위하여 필요하다고 인정하면 대한민국에 체류하는 외국인에 대하여 거소(居所) 또는 활동의 범위를 제한하거나 그 밖에 필요한 준수사항을 정할 수 있다.

[전문개정 2010. 5. 14.]

제23조(체류자격 부여) ① 다음 각 호의 어느 하나에 해당하는 외국인이 제10조에 따른 체류자격을 가지지 못하고 대한민국에 체류하게 되는 경우에는 다음 각 호의 구분에 따른 기간 이내에 대통령령으로 정하는 바에 따라 체류자격을 받아야 한다.

    1. 대한민국에서 출생한 외국인: 출생한 날부터 90일

    2. 대한민국에서 체류 중 대한민국의 국적을 상실하거나 이탈하는 등 그 밖의 사유가 발생한 외국인: 그 사유가 발생한 날부터 60일

② 제1항에 따른 체류자격 부여의 심사기준은 법무부령으로 정한다.

[전문개정 2020. 6. 9.]

제24조(체류자격 변경허가) ① 대한민국에 체류하는 외국인이 그 체류자격과 다른 체류자격에 해당하는 활동을 하려면 대통령령으로 정하는 바에 따라 미리 법무부장관의 체류자격 변경허가를 받아야 한다. 〈개정 2020. 6. 9.〉

② 제31조제1항 각 호의 어느 하나에 해당하는 사람으로서 그 신분이 변경되어 체류자격을 변경하려는 사람은 신분이 변경된 날부터 30일 이내에 법무부장관의 체류자격 변경허가를 받아야 한다.

③ 제1항에 따른 체류자격 변경허가의 심사기준은 법무부령으로 정한다. 〈신설 2020. 6. 9.〉

[전문개정 2010. 5. 14.]

제25조(체류기간 연장허가) ① 외국인이 체류기간을 초과하여 계속 체류하려면 대통령령으로 정하는 바에 따라 체류기간이 끝나기 전에 법무부장관의 체류기간 연장허가를 받아야 한다. 〈개정 2020. 6. 9.〉

② 제1항에 따른 체류기간 연장허가의 심사기준은 법무부령으로 정한다. 〈신설 2020. 6. 9.〉

[전문개정 2010. 5. 14.]

제25조의2(결혼이민자 등에 대한 특칙) ① 법무부장관은 다음 각 호의 어느 하나에 해당하는 외국인이 체류기간 연장허가를 신청하는 경우에는 해당 재판 등의 권리구제 절차가 종료할 때까지 체류기간 연장을 허가할 수 있다.

    1.「가정폭력범죄의 처벌 등에 관한 특례법」제2조제1호의 가정폭력을 이유로 법원의 재판, 수사기관의 수사 또는 그 밖의 법률에 따른 권리구제 절차가 진행 중인 대한민국 국민의 배우자인 외국인

    2.「성폭력범죄의 처벌 등에 관한 특례법」제2조제1항의 성폭력범죄를 이유로 법원의 재판, 수사기관의 수사 또는 그 밖의 법률에 따른 권리구제 절차가 진행 중인 외국인

    3.「아동학대범죄의 처벌 등에 관한 특례법」제2조제4호의 아동학대범죄를 이유로 법원의 재판, 수사기관의 수사 또는 그 밖의 법률에 따른 권리구제 절차가 진행 중인 외국인 아동 및「아동복지법」제3조제3호의 보호자(아동학대행위자는 제외한다)

    4.「인신매매등방지 및 피해자보호 등에 관한 법률」제3조의 인신매매등피해자로서 법원의 재판, 수사기관의 수사 또는 그 밖의 법률에 따른 권리구제 절차가 진행 중인 외국인

② 법무부장관은 제1항에 따른 체류 연장기간 만료 이후에도 피해 회복 등을 위하여 필요하다고 인정하는 경우에는 체류기간 연장을 허가할 수 있다.

[전문개정 2022. 12. 13.]

제25조의3 삭제 〈2022. 12. 13.〉

제25조의4 삭제 〈2022. 12. 13.〉

제25조의5(국가비상사태 등에 있어서 체류기간 연장허가에 대한 특칙) ① 법무부장관은 대한민국 또는 다른 국가의 전시, 사변, 전염병 확산, 천재지변 또는 이에 준하는 비상사태나 위기에 따른 국경의 폐쇄, 장기적

인 항공기 운항 중단 등으로 인하여 외국인의 귀책사유 없이 출국이 제한된 경우에는 이 법 또는 다른 법률의 규정에도 불구하고 직권으로 또는 외국인의 신청에 따라 체류기간 연장을 허가할 수 있다.

② 제1항에 따른 체류기간 연장허가의 심사기준은 법무부령으로 정한다.

③ 법무부장관은 제1항에 따른 체류 연장기간 만료 이후에도 필요하다고 인정하는 경우 체류기간 연장을 허가할 수 있다.

[본조신설 2022. 2. 3.]

제26조(허위서류 제출 등의 금지) 누구든지 제20조, 제21조, 제23조부터 제25조까지, 제25조의2, 제25조의3 및 제25조의4에 따른 허가 신청과 관련하여 다음 각 호의 어느 하나에 해당하는 행위를 해서는 아니 된다. 〈개정 2019. 4. 23.〉

　1. 위조 · 변조된 문서 등을 입증자료로 제출하거나 거짓 사실이 적힌 신청서 등을 제출하는 등 부정한 방법으로 신청하는 행위

　2. 제1호의 행위를 알선 · 권유하는 행위

[본조신설 2016. 3. 29.]

제27조(여권등의 휴대 및 제시) ① 대한민국에 체류하는 외국인은 항상 여권 · 선원신분증명서 · 외국인입국허가서 · 외국인등록증 또는 상륙허가서(이하 "여권등"이라 한다)를 지니고 있어야 한다. 다만, 17세 미만인 외국인의 경우에는 그러하지 아니하다.

② 제1항 본문의 외국인은 출입국관리공무원이나 권한 있는 공무원이 그 직무수행과 관련하여 여권등의 제시를 요구하면 여권등을 제시하여야 한다.

[전문개정 2010. 5. 14.]

제27조(여권등의 휴대 및 제시) ① 대한민국에 체류하는 외국인은 항상 여권 · 선원신분증명서 · 외국인입국허가서 · 외국인등록증 · 모바일외국인등록증 또는 상륙허가서(이하 "여권등"이라 한다)를 지니고 있어야 한다. 다만, 17세 미만인 외국인의 경우에는 그러하지 아니하다. 〈개정 2023. 6. 13.〉

② 제1항 본문의 외국인은 출입국관리공무원이나 권한 있는 공무원이 그 직무수행과 관련하여 여권등의 제시를 요구하면 여권등을 제시하여야 한다.

[전문개정 2010. 5. 14.]

[시행일: 2023. 12. 14.] 제27조

제2절 외국인의 출국 〈개정 2010. 5. 14.〉

제28조(출국심사) ① 외국인이 출국할 때에는 유효한 여권을 가지고 출국하는 출입국항에서 출입국관리공무원의 출국심사를 받아야 한다.

② 제1항의 경우에 출입국항이 아닌 장소에서의 출국심사에 관하여는 제3조제1항 단서를 준용한다.

③ 제1항과 제2항의 경우에 위조되거나 변조된 외국인의 여권 · 선원신분증명서에 관하여는 제5조를 준용한다. 〈개정 2014. 12. 30.〉

④ 제1항과 제2항의 경우에 선박등의 출입에 관하여는 제12조제6항을 준용한다.

⑤ 외국인의 출국심사에 관하여는 제3조제2항을 준용한다.

⑥ 출입국관리공무원은 제12조의2제1항 또는 제3항에 따라 제공 또는 제출받은 생체정보를 출국심사에 활용할 수 있다. 〈신설 2016. 3. 29., 2020. 6. 9.〉

[전문개정 2010. 5. 14.]

제29조(외국인 출국의 정지) ① 법무부장관은 제4조제1항 또는 제2항 각 호의 어느 하나에 해당하는 외국인에 대하여는 출국을 정지할 수 있다. 〈개정 2011. 7. 18.〉

② 제1항의 경우에 제4조제3항부터 제5항까지와 제4조의2부터 제4조의5까지의 규정을 준용한다. 이 경우 "출국금지"는 "출국정지"로 본다. 〈개정 2011. 7. 18., 2018. 3. 20.〉

[전문개정 2010. 5. 14.]

제29조의2(외국인 긴급출국정지) ① 수사기관은 범죄 피의자인 외국인이 제4조의6제1항에 해당하는 경우에는 제29조제2항에도 불구하고 출국심사를 하는 출입국관리공무원에게 출국정지를 요청할 수 있다.

② 제1항에 따른 외국인의 출국정지에 관하여는 제4조의6제2항부터 제6항까지의 규정을 준용한다. 이 경우 "출국금지"는 "출국정지"로, "긴급출국금지"는 "긴급출국정지"로 본다.

[본조신설 2018. 3. 20.]

제30조(재입국허가) ① 법무부장관은 제31조에 따라 외국인등록을 하거나 그 등록이 면제된 외국인이 체류기간 내에 출국하였다가 재입국하려는 경우 그의 신청을 받아 재입국을 허가할 수 있다. 다만, 영주자격을 가진 사람과 재입국허가를 면제하여야 할 상당한 이유가 있는 사람으로서 법무부령으로 정하는 사람에 대하여는 재입국허가를 면제할 수 있다. 〈개정 2018. 3. 20.〉

② 제1항에 따른 재입국허가는 한 차례만 재입국할 수 있는 단수재입국허가와 2회 이상 재입국할 수 있는 복수재입국허가로 구분한다.

③ 외국인이 질병이나 그 밖의 부득이한 사유로 제1항에 따라 허가받은 기간 내에 재입국할 수 없는 경우에는 그 기간이 끝나기 전에 법무부장관의 재입국허가기간 연장허가를 받아야 한다.

④ 법무부장관은 재입국허가기간 연장허가에 관한 권한을 대통령령으로 정하는 바에 따라 재외공관의 장에게 위임할 수 있다.

⑤ 재입국허가 및 그 기간의 연장허가와 재입국허가의 면제에 관한 기준과 절차는 법무부령으로 정한다.

[전문개정 2010. 5. 14.]

제5장 외국인의 등록 및 사회통합 프로그램 〈개정 2010. 5. 14., 2012. 1. 26.〉

제1절 외국인의 등록 〈신설 2012. 1. 26.〉

제31조(외국인등록) ① 외국인이 입국한 날부터 90일을 초과하여 대한민국에 체류하려면 대통령령으로 정하는 바에 따라 입국한 날부터 90일 이내에 그의 체류지를 관할하는 지방출입국·외국인관서의 장에게 외국인등록을 하여야 한다. 다만, 다음 각 호의 어느 하나에 해당하는 외국인의 경우에는 그러하지 아니하다. 〈개정 2014. 3. 18.〉

　　1. 주한외국공관(대사관과 영사관을 포함한다)과 국제기구의 직원 및 그의 가족

　　2. 대한민국정부와의 협정에 따라 외교관 또는 영사와 유사한 특권 및 면제를 누리는 사람과 그의 가족

　　3. 대한민국정부가 초청한 사람 등으로서 법무부령으로 정하는 사람

② 제1항에도 불구하고 같은 항 각 호의 어느 하나에 해당하는 외국인은 본인이 원하는 경우 체류기간 내에 외국인등록을 할 수 있다. 〈신설 2016. 3. 29.〉

③ 제23조에 따라 체류자격을 받는 사람으로서 그 날부터 90일을 초과하여 체류하게 되는 사람은 제1항 각 호 외의 부분 본문에도 불구하고 체류자격을 받는 때에 외국인등록을 하여야 한다. 〈개정 2016. 3. 29.〉

④ 제24조에 따라 체류자격 변경허가를 받는 사람으로서 입국한 날부터 90일을 초과하여 체류하게 되는 사람은 제1항 각 호 외의 부분 본문에도 불구하고 체류자격 변경허가를 받는 때에 외국인등록을 하여야 한다. 〈개정 2016. 3. 29.〉

⑤ 지방출입국·외국인관서의 장은 제1항부터 제4항까지의 규정에 따라 외국인등록을 한 사람에게는 대통령령으로 정하는 방법에 따라 개인별로 고유한 등록번호(이하 "외국인등록번호"라 한다)를 부여하여야 한다. 〈개정 2014. 3. 18., 2016. 3. 29.〉

[전문개정 2010. 5. 14.]

제32조(외국인등록사항) 제31조에 따른 외국인등록사항은 다음과 같다.

　　1. 성명, 성별, 생년월일 및 국적

2. 여권의 번호 · 발급일자 및 유효기간

3. 근무처와 직위 또는 담당업무

4. 본국의 주소와 국내 체류지

5. 체류자격과 체류기간

6. 제1호부터 제5호까지에서 규정한 사항 외에 법무부령으로 정하는 사항

[전문개정 2010. 5. 14.]

제33조(외국인등록증의 발급 등) ① 제31조에 따라 외국인등록을 받은 지방출입국 · 외국인관서의 장은 대통령령으로 정하는 바에 따라 그 외국인에게 외국인등록증을 발급하여야 한다. 다만, 그 외국인이 17세 미만인 경우에는 발급하지 아니할 수 있다. 〈개정 2014. 3. 18.〉

② 제1항 단서에 따라 외국인등록증을 발급받지 아니한 외국인이 17세가 된 때에는 90일 이내에 체류지 관할 지방출입국 · 외국인관서의 장에게 외국인등록증 발급신청을 하여야 한다. 〈개정 2014. 3. 18.〉

③ 영주자격을 가진 외국인에게 발급하는 외국인등록증(이하 "영주증"이라 한다)의 유효기간은 10년으로 한다. 〈신설 2018. 3. 20.〉

④ 영주증을 발급받은 사람은 유효기간이 끝나기 전까지 영주증을 재발급받아야 한다. 〈신설 2018. 3. 20.〉

⑤ 제4항에 따른 영주증의 재발급 절차 등에 필요한 사항은 대통령령으로 정한다. 〈신설 2018. 3. 20.〉

[전문개정 2010. 5. 14.]

[제목개정 2018. 3. 20.]

제33조(외국인등록증의 발급 등) ① 제31조에 따라 외국인등록을 받은 지방출입국 · 외국인관서의 장은 대통령령으로 정하는 바에 따라 그 외국인에게 외국인등록증을 발급하여야 한다. 다만, 그 외국인이 17세 미만인 경우에는 발급하지 아니할 수 있다. 〈개정 2014. 3. 18.〉

② 제1항 단서에 따라 외국인등록증을 발급받지 아니한 외국인이 17세가 된 때에는 90일 이내에 체류지 관할 지방출입국 · 외국인관서의 장에게 외국인등록증 발급신청을 하여야 한다. 〈개정 2014. 3. 18.〉

③ 영주자격을 가진 외국인에게 발급하는 외국인등록증(이하 "영주증"이라 한다)의 유효기간은 10년으로 한다. 〈신설 2018. 3. 20.〉

④ 영주증을 발급받은 사람은 유효기간이 끝나기 전까지 영주증을 재발급받아야 한다. 〈신설 2018. 3. 20.〉

⑤ 제4항에 따른 영주증의 재발급 절차 등에 필요한 사항은 대통령령으로 정한다. 〈신설 2018. 3. 20.〉

⑥ 지방출입국 · 외국인관서의 장은 제1항에 따라 외국인등록증을 발급받은 외국인에게 외국인등록증과 동일한 효력을 가진 모바일외국인등록증(「이동통신단말장치 유통구조 개선에 관한 법률」 제2조제4호에 따른 이동통신단말장치에 암호화된 형태로 설치된 외국인등록증을 말한다. 이하 같다)을 발급할 수 있다. 〈신설 2023. 6. 13.〉

⑦ 법무부장관은 법무부령으로 정하는 바에 따라 모바일외국인등록증 발급 등을 위하여 정보시스템을 구축 · 운영할 수 있다. 〈신설 2023. 6. 13.〉

⑧ 제6항에 따른 모바일외국인등록증의 발급, 규격, 유효기간 및 효력 말소 등에 관한 사항은 법무부령으로 정한다. 〈신설 2023. 6. 13.〉

[전문개정 2010. 5. 14.]

[제목개정 2018. 3. 20.]

[시행일: 2023. 12. 14.] 제33조

제33조의2(영주증 재발급에 관한 특례 등) ① 제33조에도 불구하고 이 법(법률 제15492호 출입국관리법 일부개정법률을 말한다. 이하 이 조에서 같다) 시행 당시 종전의 규정에 따라 영주자격을 가진 사람은 다음 각 호의 구분에 따른 기간 내에 체류지 관할 지방출입국 · 외국인관서의 장에게 영주증을 재발급받아야 한다.

1. 이 법 시행 당시 영주자격을 취득한 날부터 10년이 경과한 사람: 이 법 시행일부터 2년 이내

2. 이 법 시행 당시 영주자격을 취득한 날부터 10년이 경과하지 아니한 사람: 10년이 경과한 날부터 2년

이내

② 체류지 관할 지방출입국·외국인관서의 장은 제1항 각 호에 해당하는 사람에게 영주증 재발급 신청기한 등이 적힌 영주증 재발급 통지서를 지체 없이 송부하여야 한다. 다만, 소재불명 등으로 영주증 재발급 통지서를 송부하기 어려운 경우에는 관보에 공고하여야 한다.

③ 제33조제3항에도 불구하고 이 법 시행 당시 종전의 규정에 따라 영주자격을 가진 사람의 영주증은 제1항에 따라 영주증을 재발급받기 전까지 유효한 것으로 본다.

④ 제1항에 따른 영주증의 재발급 절차 등에 필요한 사항은 대통령령으로 정한다.

[본조신설 2018. 3. 20.]

[종전 제33조의2는 제33조의3으로 이동 〈2018. 3. 20.〉]

제33조의3(외국인등록증 등의 채무이행 확보수단 제공 등의 금지) 누구든지 다음 각 호의 어느 하나에 해당하는 행위를 하여서는 아니 된다. 〈개정 2016. 3. 29.〉

　1. 외국인의 여권이나 외국인등록증을 취업에 따른 계약 또는 채무이행의 확보수단으로 제공받거나 그 제공을 강요 또는 알선하는 행위

　2. 제31조제5항에 따른 외국인등록번호를 거짓으로 생성하여 자기 또는 다른 사람의 재물이나 재산상의 이익을 위하여 사용하거나 이를 알선하는 행위

　3. 외국인등록번호를 거짓으로 생성하는 프로그램을 다른 사람에게 전달하거나 유포 또는 이를 알선하는 행위

　4. 다른 사람의 외국인등록증을 부정하게 사용하거나 자기의 외국인등록증을 부정하게 사용한다는 사정을 알면서 다른 사람에게 제공하는 행위 또는 이를 각각 알선하는 행위

　5. 다른 사람의 외국인등록번호를 자기 또는 다른 사람의 재물이나 재산상의 이익을 위하여 부정하게 사용하거나 이를 알선하는 행위

[전문개정 2010. 5. 14.]

[제33조의2에서 이동 〈2018. 3. 20.〉]

제33조의3(외국인등록증 등의 채무이행 확보수단 제공 등의 금지) 누구든지 다음 각 호의 어느 하나에 해당하는 행위를 하여서는 아니 된다. 〈개정 2016. 3. 29., 2023. 6. 13.〉

　1. 외국인의 여권이나 외국인등록증을 취업에 따른 계약 또는 채무이행의 확보수단으로 제공받거나 그 제공을 강요 또는 알선하는 행위

　2. 제31조제5항에 따른 외국인등록번호를 거짓으로 생성하여 자기 또는 다른 사람의 재물이나 재산상의 이익을 위하여 사용하거나 이를 알선하는 행위

　3. 외국인등록번호나 모바일외국인등록증을 거짓으로 만드는 프로그램을 다른 사람에게 전달하거나 유포 또는 이를 알선하는 행위

　4. 다른 사람의 외국인등록증이나 모바일외국인등록증을 부정하게 사용하거나 자기의 외국인등록증이나 모바일외국인등록증을 부정하게 사용한다는 사정을 알면서 다른 사람에게 제공하는 행위 또는 이를 각각 알선하는 행위

　5. 다른 사람의 외국인등록번호를 자기 또는 다른 사람의 재물이나 재산상의 이익을 위하여 부정하게 사용하거나 이를 알선하는 행위

[전문개정 2010. 5. 14.]

[제33조의2에서 이동 〈2018. 3. 20.〉]

[시행일: 2023. 12. 14.] 제33조의3

제34조(외국인등록표 등의 작성 및 관리) ① 제31조에 따라 외국인등록을 받은 지방출입국·외국인관서의 장은 등록외국인기록표를 작성·비치하고, 외국인등록표를 작성하여 그 외국인이 체류하는 시(「제주특별자치도 설치 및 국제자유도시 조성을 위한 특별법」 제10조에 따른 행정시를 포함하며, 특별시와 광역시는 제외한다. 이하 같다)·군·구(자치구가 아닌 구를 포함한다. 이하 이 조, 제36조 및 제37조에서 같다) 및 읍·면·동의 장에게 보내야 한다. 〈개정 2012. 1. 26., 2014. 3. 18., 2015. 7. 24., 2018. 3. 20.〉

② 시·군·구 및 읍·면·동의 장은 제1항에 따라 외국인등록표를 받았을 때에는 그 등록사항을 외국인 등록대장에 적어 관리하여야 한다. 〈개정 2018. 3. 20.〉

③ 등록외국인기록표, 외국인등록표 및 외국인등록대장의 작성과 관리에 필요한 사항은 대통령령으로 정한다.

[전문개정 2010. 5. 14.]

제35조(외국인등록사항의 변경신고) 제31조에 따라 등록을 한 외국인은 다음 각 호의 어느 하나에 해당하는 사항이 변경되었을 때에는 대통령령으로 정하는 바에 따라 15일 이내에 체류지 관할 지방출입국·외국인 관서의 장에게 외국인등록사항 변경신고를 하여야 한다. 〈개정 2014. 3. 18., 2020. 6. 9.〉

  1. 성명, 성별, 생년월일 및 국적

  2. 여권의 번호, 발급일자 및 유효기간

  3. 제1호 및 제2호에서 규정한 사항 외에 법무부령으로 정하는 사항

[전문개정 2010. 5. 14.]

제36조(체류지 변경의 신고) ① 제31조에 따라 등록을 한 외국인이 체류지를 변경하였을 때에는 대통령령으로 정하는 바에 따라 전입한 날부터 15일 이내에 새로운 체류지의 시·군·구 또는 읍·면·동의 장이나 그 체류지를 관할하는 지방출입국·외국인관서의 장에게 전입신고를 하여야 한다. 〈개정 2014. 3. 18., 2016. 3. 29., 2018. 3. 20., 2020. 6. 9.〉

② 외국인이 제1항에 따른 신고를 할 때에는 외국인등록증을 제출하여야 한다. 이 경우 시·군·구 또는 읍·면·동의 장이나 지방출입국·외국인관서의 장은 그 외국인등록증에 체류지 변경사항을 적은 후 돌려 주어야 한다. 〈개정 2014. 3. 18., 2016. 3. 29.〉

③ 제1항에 따라 전입신고를 받은 지방출입국·외국인관서의 장은 지체 없이 새로운 체류지의 시·군·구 또는 읍·면·동의 장에게 체류지 변경 사실을 통보하여야 한다. 〈개정 2014. 3. 18., 2016. 3. 29.〉

④ 제1항에 따라 직접 전입신고를 받거나 제3항에 따라 지방출입국·외국인관서의 장으로부터 체류지 변경통보를 받은 시·군·구 또는 읍·면·동의 장은 지체 없이 종전 체류지의 시·군·구 또는 읍·면·동의 장에게 체류지 변경신고서 사본을 첨부하여 외국인등록표의 이송을 요청하여야 한다. 〈개정 2014. 3. 18., 2016. 3. 29.〉

⑤ 제4항에 따라 외국인등록표 이송을 요청받은 종전 체류지의 시·군·구 또는 읍·면·동의 장은 이송을 요청받은 날부터 3일 이내에 새로운 체류지의 시·군·구 또는 읍·면·동의 장에게 외국인등록표를 이송하여야 한다. 〈개정 2016. 3. 29.〉

⑥ 제5항에 따라 외국인등록표를 이송받은 시·군·구 또는 읍·면·동의 장은 신고인의 외국인등록표를 정리하고 제34조제2항에 따라 관리하여야 한다. 〈개정 2016. 3. 29.〉

⑦ 제1항에 따라 전입신고를 받은 시·군·구 또는 읍·면·동의 장이나 지방출입국·외국인관서의 장은 대통령령으로 정하는 바에 따라 그 사실을 지체 없이 종전 체류지를 관할하는 지방출입국·외국인관서의 장에게 통보하여야 한다. 〈개정 2014. 3. 18., 2016. 3. 29.〉

[전문개정 2010. 5. 14.]

제36조(체류지 변경의 신고) ① 제31조에 따라 등록을 한 외국인이 체류지를 변경하였을 때에는 대통령령으로 정하는 바에 따라 전입한 날부터 15일 이내에 새로운 체류지의 시·군·구 또는 읍·면·동의 장이나 그 체류지를 관할하는 지방출입국·외국인관서의 장에게 전입신고를 하여야 한다. 〈개정 2014. 3. 18., 2016. 3. 29., 2018. 3. 20., 2020. 6. 9.〉

② 외국인이 제1항에 따른 신고를 할 때에는 외국인등록증을 제출하여야 한다. 이 경우 시·군·구 또는 읍·면·동의 장이나 지방출입국·외국인관서의 장은 그 외국인등록증에 체류지 변경사항을 적은 후 돌려 주어야 한다. 〈개정 2014. 3. 18., 2016. 3. 29.〉

③ 제1항에 따라 전입신고를 받은 지방출입국·외국인관서의 장은 지체 없이 새로운 체류지의 시·군·구 또는 읍·면·동의 장에게 체류지 변경 사실을 통보하여야 한다. 〈개정 2014. 3. 18., 2016. 3. 29.〉

④ 제1항에 따라 직접 전입신고를 받거나 제3항에 따라 지방출입국·외국인관서의 장으로부터 체류지 변

경통보를 받은 시·군·구 또는 읍·면·동의 장은 지체 없이 종전 체류지의 시·군·구 또는 읍·면·동의 장에게 체류지 변경신고서 사본을 첨부하여 외국인등록표의 이송을 요청하여야 한다. 〈개정 2014. 3. 18., 2016. 3. 29.〉

⑤ 제4항에 따라 외국인등록표 이송을 요청받은 종전 체류지의 시·군·구 또는 읍·면·동의 장은 이송을 요청받은 날부터 3일 이내에 새로운 체류지의 시·군·구 또는 읍·면·동의 장에게 외국인등록표를 이송하여야 한다. 〈개정 2016. 3. 29.〉

⑥ 제5항에 따라 외국인등록표를 이송받은 시·군·구 또는 읍·면·동의 장은 신고인의 외국인등록표를 정리하고 제34조제2항에 따라 관리하여야 한다. 〈개정 2016. 3. 29.〉

⑦ 제1항에 따라 전입신고를 받은 시·군·구 또는 읍·면·동의 장이나 지방출입국·외국인관서의 장은 대통령령으로 정하는 바에 따라 그 사실을 지체 없이 종전 체류지를 관할하는 지방출입국·외국인관서의 장에게 통보하여야 한다. 〈개정 2014. 3. 18., 2016. 3. 29.〉

⑧ 제2항에도 불구하고 제33조제6항에 따라 모바일외국인등록증을 발급받은 자가 「민원 처리에 관한 법률」 제12조의2에 따라 전자민원창구를 이용하는 경우에는 체류지 변경사항을 모바일외국인등록증에 수록하는 것으로 제2항 후단에 따라 외국인등록증에 위 사항을 기재하는 것을 갈음할 수 있다. 〈신설 2023. 6. 13.〉

[전문개정 2010. 5. 14.]
[시행일: 2023. 12. 14.] 제36조

제37조(외국인등록증의 반납 등) ① 제31조에 따라 등록을 한 외국인이 출국할 때에는 출입국관리공무원에게 외국인등록증을 반납하여야 한다. 다만, 다음 각 호의 어느 하나에 해당하는 경우에는 그러하지 아니하다.

　1. 재입국허가를 받고 일시 출국하였다가 그 허가기간 내에 다시 입국하려는 경우

　2. 복수사증 소지자나 재입국허가 면제대상 국가의 국민으로서 일시 출국하였다가 허가된 체류기간 내에 다시 입국하려는 경우

　3. 난민여행증명서를 발급받고 일시 출국하였다가 그 유효기간 내에 다시 입국하려는 경우

② 제31조에 따라 등록을 한 외국인이 국민이 되거나 사망한 경우 또는 제31조제1항 각 호의 어느 하나에 해당하게 된 경우(같은 조 제2항에 따라 외국인등록을 한 경우는 제외한다)에는 대통령령으로 정하는 바에 따라 외국인등록증을 반납하여야 한다. 〈개정 2016. 3. 29.〉

③ 지방출입국·외국인관서의 장은 제1항이나 제2항에 따라 외국인등록증을 반납받으면 대통령령으로 정하는 바에 따라 그 사실을 지체 없이 체류지의 시·군·구 및 읍·면·동의 장에게 통보하여야 한다. 〈개정 2014. 3. 18., 2018. 3. 20.〉

④ 지방출입국·외국인관서의 장은 대한민국의 이익을 위하여 필요하다고 인정하면 제1항 각 호의 어느 하나에 해당하는 외국인의 외국인등록증을 일시 보관할 수 있다. 〈개정 2014. 3. 18.〉

⑤ 제4항의 경우 그 외국인이 허가된 기간 내에 다시 입국하였을 때에는 15일 이내에 지방출입국·외국인관서의 장으로부터 외국인등록증을 돌려받아야 하고, 그 허가받은 기간 내에 다시 입국하지 아니하였을 때에는 제1항에 따라 외국인등록증을 반납한 것으로 본다. 〈개정 2014. 3. 18., 2020. 6. 9.〉

[전문개정 2010. 5. 14.]

제37조의2(외국인등록사항의 말소) ① 지방출입국·외국인관서의 장은 제31조에 따라 등록을 한 외국인이 다음 각 호의 어느 하나에 해당하는 경우에는 제32조에 따른 외국인등록사항을 말소할 수 있다.

　1. 제37조제1항 또는 제2항에 따라 외국인등록증을 반납한 경우

　2. 출국 후 재입국허가기간(재입국허가를 면제받은 경우에는 면제받은 기간 또는 체류허가기간) 내에 입국하지 아니한 경우

　3. 그 밖에 출입국관리공무원이 직무수행 중 제1호 또는 제2호에 준하는 말소 사유를 발견한 경우

② 제1항에 따른 외국인등록사항의 말소 절차에 관하여 필요한 사항은 대통령령으로 정한다.

[본조신설 2016. 3. 29.]

제38조(생체정보의 제공 등) ① 다음 각 호의 어느 하나에 해당하는 외국인은 법무부령으로 정하는 바에 따라

생체정보를 제공하여야 한다. 〈개정 2016. 3. 29., 2020. 6. 9.〉

    1. 다음 각 목의 어느 하나에 해당하는 사람으로서 17세 이상인 사람

        가. 제31조에 따라 외국인등록을 하여야 하는 사람(같은 조 제2항에 따라 외국인등록을 하려는 사람
은 제외한다)

        나. 「재외동포의 출입국과 법적 지위에 관한 법률」 제6조에 따라 국내거소신고를 하려는 사람

    2. 이 법을 위반하여 조사를 받거나 그 밖에 다른 법률을 위반하여 수사를 받고 있는 사람

    3. 신원이 확실하지 아니한 사람

    4. 제1호부터 제3호까지에서 규정한 사람 외에 법무부장관이 대한민국의 안전이나 이익 또는 해당 외국
인의 안전이나 이익을 위하여 특히 필요하다고 인정하는 사람

② 지방출입국·외국인관서의 장은 제1항에 따른 생체정보의 제공을 거부하는 외국인에게는 체류기간 연
장허가 등 이 법에 따른 허가를 하지 아니할 수 있다. 〈개정 2014. 3. 18., 2020. 6. 9.〉

③ 법무부장관은 제1항에 따라 제공받은 생체정보를 「개인정보 보호법」에 따라 보유하고 관리한다. 〈개정
2011. 3. 29., 2020. 6. 9.〉

[전문개정 2010. 5. 14.]

[제목개정 2020. 6. 9.]

제38조의2(생체정보의 공동이용) ① 법무부장관은 관계 기관이 선박등의 탑승권 발급, 출입국항의 보호구역
진입 및 선박 등의 탑승 등의 업무를 위하여 요청하는 경우에는 이 법에 따라 수집·처리한 생체정보를 제
공할 수 있다.

② 제1항에 따라 생체정보를 제공받은 기관은 그 생체정보를 「개인정보 보호법」에 따라 처리하여야 한다.

[본조신설 2020. 6. 9.]

제2절 사회통합 프로그램 〈신설 2012. 1. 26.〉

제39조(사회통합 프로그램) ① 법무부장관은 대한민국 국적, 영주자격 등을 취득하려는 외국인의 사회적응을
지원하기 위하여 교육, 정보 제공, 상담 등의 사회통합 프로그램(이하 "사회통합 프로그램"이라 한다)을 시
행할 수 있다. 〈개정 2018. 3. 20.〉

② 법무부장관은 사회통합 프로그램을 효과적으로 시행하기 위하여 필요한 전문인력 및 시설 등을 갖춘 기
관, 법인 또는 단체를 사회통합 프로그램 운영기관으로 지정할 수 있다.

③ 법무부장관은 대통령령으로 정하는 바에 따라 사회통합 프로그램의 시행에 필요한 전문인력을 양성할
수 있다.

④ 국가와 지방자치단체는 다음 각 호의 경비의 전부 또는 일부를 예산의 범위에서 지원할 수 있다.

    1. 제2항에 따라 지정된 운영기관의 업무 수행에 필요한 경비

    2. 제3항에 따른 전문인력 양성에 필요한 경비

⑤ 사회통합 프로그램의 내용 및 개발, 운영기관의 지정·관리 및 지정 취소, 그 밖에 사회통합 프로그램
의 운영에 필요한 사항은 대통령령으로 정한다.

[본조신설 2012. 1. 26.]

제40조(사회통합 프로그램 이수자에 대한 우대) 법무부장관은 사증 발급, 체류 관련 각종 허가 등을 할 때에
이 법 또는 관계 법령에서 정하는 바에 따라 사회통합 프로그램 이수자를 우대할 수 있다.

[본조신설 2012. 1. 26.]

제41조(사회통합 자원봉사위원) ① 법무부장관은 외국인의 사회통합을 지원하기 위하여 법무부령으로 정하는
바에 따라 지방출입국·외국인관서에 사회통합 자원봉사위원(이하 "사회통합위원"이라 한다)을 둘 수 있
다.

② 사회통합위원은 다음 각 호의 직무를 수행한다.

    1. 외국인 및 고용주 등의 법 준수를 위한 홍보활동

2. 외국인이 한국사회의 건전한 사회구성원으로 정착하기 위한 체류 지원

3. 영주자격 및 국적을 취득하려는 자에 대한 지원

4. 그 밖에 대한민국 국민과 국내 체류 외국인의 사회통합을 위하여 법무부장관이 정하는 사항

③ 사회통합위원은 명예직으로 하되 직무수행에 필요한 비용의 전부 또는 일부를 지급할 수 있다.

④ 사회통합위원의 위촉 및 해촉, 정원, 자치 조직, 비용의 지급, 그 밖에 필요한 사항은 법무부령으로 정한다.

[본조신설 2014. 12. 30.]

제42조 삭제 〈1999. 2. 5.〉

제43조 삭제 〈1999. 2. 5.〉

제44조 삭제 〈1999. 2. 5.〉

제45조 삭제 〈1999. 2. 5.〉

제6장 강제퇴거 등 〈개정 2010. 5. 14.〉

제1절 강제퇴거의 대상자 〈개정 2010. 5. 14.〉

제46조(강제퇴거의 대상자) ① 지방출입국·외국인관서의 장은 이 장에 규정된 절차에 따라 다음 각 호의 어느 하나에 해당하는 외국인을 대한민국 밖으로 강제퇴거시킬 수 있다. 〈개정 2012. 1. 26., 2014. 3. 18., 2016. 3. 29., 2018. 3. 20., 2021. 8. 17.〉

1. 제7조를 위반한 사람

2. 제7조의2를 위반한 외국인 또는 같은 조에 규정된 허위초청 등의 행위로 입국한 외국인

3. 제11조제1항 각 호의 어느 하나에 해당하는 입국금지 사유가 입국 후에 발견되거나 발생한 사람

4. 제12조제1항·제2항 또는 제12조의3을 위반한 사람

5. 제13조제2항에 따라 지방출입국·외국인관서의 장이 붙인 허가조건을 위반한 사람

6. 제14조제1항, 제14조의2제1항, 제15조제1항, 제16조제1항 또는 제16조의2제1항에 따른 허가를 받지 아니하고 상륙한 사람

7. 제14조제3항(제14조의2제3항에 따라 준용되는 경우를 포함한다), 제15조제2항, 제16조제2항 또는 제16조의2제2항에 따라 지방출입국·외국인관서의 장 또는 출입국관리공무원이 붙인 허가조건을 위반한 사람

8. 제17조제1항·제2항, 제18조, 제20조, 제23조, 제24조 또는 제25조를 위반한 사람

9. 제21조제1항 본문을 위반하여 허가를 받지 아니하고 근무처를 변경·추가하거나 같은 조 제2항을 위반하여 외국인을 고용·알선한 사람

10. 제22조에 따라 법무부장관이 정한 거소 또는 활동범위의 제한이나 그 밖의 준수사항을 위반한 사람

10의2. 제26조를 위반한 외국인

11. 제28조제1항 및 제2항을 위반하여 출국하려고 한 사람

12. 제31조에 따른 외국인등록 의무를 위반한 사람

12의2. 제33조의3을 위반한 외국인

13. 금고 이상의 형을 선고받고 석방된 사람

14. 제76조의4제1항 각 호의 어느 하나에 해당하는 사람

15. 그 밖에 제1호부터 제10호까지, 제10호의2, 제11호, 제12호, 제12호의2, 제13호 또는 제14호에 준하는 사람으로서 법무부령으로 정하는 사람

② 영주자격을 가진 사람은 제1항에도 불구하고 대한민국 밖으로 강제퇴거되지 아니한다. 다만, 다음 각 호의 어느 하나에 해당하는 사람은 그러하지 아니하다. 〈개정 2018. 3. 20.〉

1. 「형법」 제2편제1장 내란의 죄 또는 제2장 외환의 죄를 범한 사람

2. 5년 이상의 징역 또는 금고의 형을 선고받고 석방된 사람 중 법무부령으로 정하는 사람

3. 제12조의3제1항 또는 제2항을 위반하거나 이를 교사(敎唆) 또는 방조(幇助)한 사람

[전문개정 2010. 5. 14.]

제46조의2(강제퇴거집행 등에 대한 특칙) 지방출입국 · 외국인관서의 장은 제25조의2제1항 각 호의 어느 하나에 해당하는 외국인이 같은 항에 따른 법원의 재판, 수사기관의 수사 또는 그 밖의 법률에 따른 권리구제 절차가 진행 중일 때에는 제62조에 따른 강제퇴거명령서의 집행을 유예하거나 제65조에 따라 보증금을 예치시키고 주거의 제한이나 그 밖에 필요한 조건을 붙여 보호를 일시해제할 수 있다.
[본조신설 2022. 12. 13.]

제2절 조사 〈개정 2010. 5. 14.〉

제47조(조사) 출입국관리공무원은 제46조제1항 각 호의 어느 하나에 해당된다고 의심되는 외국인(이하 "용의자"라 한다)에 대하여는 그 사실을 조사할 수 있다.
[전문개정 2010. 5. 14.]

제48조(용의자에 대한 출석요구 및 신문) ① 출입국관리공무원은 제47조에 따른 조사에 필요하면 용의자의 출석을 요구하여 신문(訊問)할 수 있다.

② 출입국관리공무원이 제1항에 따라 신문을 할 때에는 다른 출입국관리공무원을 참여하게 하여야 한다.

③ 제1항에 따른 신문을 할 때에는 용의자가 한 진술은 조서(調書)에 적어야 한다.

④ 출입국관리공무원은 제3항에 따른 조서를 용의자에게 읽어 주거나 열람하게 한 후 오기(誤記)가 있고 없음을 물어야 하고, 용의자가 그 내용에 대한 추가 · 삭제 또는 변경을 청구하면 그 진술을 조서에 적어야 한다.

⑤ 조서에는 용의자로 하여금 간인(間印)한 후 서명 또는 기명날인(記名捺印)하게 하고, 용의자가 서명 또는 는 기명날인할 수 없거나 이를 거부할 때에는 그 사실을 조서에 적어야 한다.

⑥ 국어가 통하지 아니하는 사람이나 청각장애인 또는 언어장애인의 진술은 통역인에게 통역하게 하여야 한다. 다만, 청각장애인이나 언어장애인에게는 문자로 묻거나 진술하게 할 수 있다.

⑦ 용의자의 진술 중 국어가 아닌 문자나 부호가 있으면 이를 번역하게 하여야 한다.
[전문개정 2010. 5. 14.]

제49조(참고인에 대한 출석요구 및 진술) ① 출입국관리공무원은 제47조에 따른 조사에 필요하면 참고인에게 출석을 요구하여 그의 진술을 들을 수 있다.

② 참고인의 진술에 관하여는 제48조제2항부터 제7항까지의 규정을 준용한다.
[전문개정 2010. 5. 14.]

제50조(검사 및 서류 등의 제출요구) 출입국관리공무원은 제47조에 따른 조사에 필요하면 용의자의 동의를 받아 그의 주거 또는 물건을 검사하거나 서류 또는 물건을 제출하도록 요구할 수 있다.
[전문개정 2010. 5. 14.]

제3절 심사결정을 위한 보호 〈개정 2010. 5. 14.〉

제51조(보호) ① 출입국관리공무원은 외국인이 제46조제1항 각 호의 어느 하나에 해당된다고 의심할 만한 상당한 이유가 있고 도주하거나 도주할 염려가 있으면 지방출입국 · 외국인관서의 장으로부터 보호명령서를 발급받아 그 외국인을 보호할 수 있다. 〈개정 2014. 3. 18.〉

② 제1항에 따른 보호명령서의 발급을 신청할 때에는 보호의 필요성을 인정할 수 있는 자료를 첨부하여 제출하여야 한다.

③ 출입국관리공무원은 외국인이 제46조제1항 각 호의 어느 하나에 해당된다고 의심할 만한 상당한 이유가 있고 도주하거나 도주할 염려가 있는 긴급한 경우에 지방출입국 · 외국인관서의 장으로부터 보호명령서를 발급받을 여유가 없을 때에는 그 사유를 알리고 긴급히 보호할 수 있다. 〈개정 2014. 3. 18.〉

④ 출입국관리공무원은 제3항에 따라 외국인을 긴급히 보호하면 즉시 긴급보호서를 작성하여 그 외국인에게 내보여야 한다.

⑤ 출입국관리공무원은 제3항에 따라 외국인을 보호한 경우에는 48시간 이내에 보호명령서를 발급받아 외국인에게 내보여야 하며, 보호명령서를 발급받지 못한 경우에는 즉시 보호를 해제하여야 한다.

[전문개정 2010. 5. 14.]

제52조(보호기간 및 보호장소) ① 제51조에 따라 보호된 외국인의 강제퇴거 대상자 여부를 심사·결정하기 위한 보호기간은 10일 이내로 한다. 다만, 부득이한 사유가 있으면 지방출입국·외국인관서의 장의 허가를 받아 10일을 초과하지 아니하는 범위에서 한 차례만 연장할 수 있다. 〈개정 2014. 3. 18.〉

② 보호할 수 있는 장소는 외국인보호실, 외국인보호소 또는 그 밖에 법무부장관이 지정하는 장소(이하 "보호시설"이라 한다)로 한다.

[전문개정 2010. 5. 14.]

제53조(보호명령서의 집행) 출입국관리공무원이 보호명령서를 집행할 때에는 용의자에게 보호명령서를 내보여야 한다.

[전문개정 2010. 5. 14.]

제54조(보호의 통지) ① 출입국관리공무원은 용의자를 보호한 때에는 국내에 있는 그의 법정대리인·배우자·직계친족·형제자매·가족·변호인 또는 용의자가 지정하는 사람(이하 "법정대리인등"이라 한다)에게 3일 이내에 보호의 일시·장소 및 이유를 서면으로 통지하여야 한다. 다만, 법정대리인등이 없는 때에는 그 사유를 서면에 적고 통지하지 아니할 수 있다.

② 출입국관리공무원은 제1항에 따른 통지 외에 보호된 사람이 원하는 경우에는 긴급한 사정이나 그 밖의 부득이한 사유가 없으면 국내에 주재하는 그의 국적이나 시민권이 속하는 국가의 영사에게 보호의 일시·장소 및 이유를 통지하여야 한다.

[전문개정 2010. 5. 14.]

제55조(보호에 대한 이의신청) ① 보호명령서에 따라 보호된 사람이나 그의 법정대리인등은 지방출입국·외국인관서의 장을 거쳐 법무부장관에게 보호에 대한 이의신청을 할 수 있다. 〈개정 2014. 3. 18.〉

② 법무부장관은 제1항에 따른 이의신청을 받은 경우 지체 없이 관계 서류를 심사하여 그 신청이 이유 없다고 인정되면 결정으로 기각하고, 이유 있다고 인정되면 결정으로 보호된 사람의 보호해제를 명하여야 한다.

③ 법무부장관은 제2항에 따른 결정에 앞서 필요하면 관계인의 진술을 들을 수 있다.

[전문개정 2010. 5. 14.]

제56조(외국인의 일시보호) ① 출입국관리공무원은 다음 각 호의 어느 하나에 해당하는 외국인을 48시간을 초과하지 아니하는 범위에서 외국인보호실에 일시보호할 수 있다.

　　1. 제12조제4항에 따라 입국이 허가되지 아니한 사람

　　2. 제13조제1항에 따라 조건부 입국허가를 받은 사람으로서 도주하거나 도주할 염려가 있다고 인정할 만한 상당한 이유가 있는 사람

　　3. 제68조제1항에 따라 출국명령을 받은 사람으로서 도주하거나 도주할 염려가 있다고 인정할 만한 상당한 이유가 있는 사람

② 출입국관리공무원은 제1항에 따라 일시보호한 외국인을 출국교통편의 미확보, 질병, 그 밖의 부득이한 사유로 48시간 내에 송환할 수 없는 경우에는 지방출입국·외국인관서의 장의 허가를 받아 48시간을 초과하지 아니하는 범위에서 한 차례만 보호기간을 연장할 수 있다. 〈개정 2014. 3. 18.〉

[전문개정 2010. 5. 14.]

제56조의2(피보호자의 긴급이송 등) ① 지방출입국·외국인관서의 장은 천재지변이나 화재, 그 밖의 사변으로 인하여 보호시설에서는 피난할 방법이 없다고 인정되면 보호시설에 보호되어 있는 사람(이하 "피보호

자"라 한다)을 다른 장소로 이송할 수 있다. 〈개정 2014. 3. 18.〉

② 지방출입국·외국인관서의 장은 제1항에 따른 이송이 불가능하다고 판단되면 외국인의 보호조치를 해제할 수 있다. 〈개정 2014. 3. 18.〉

[전문개정 2010. 5. 14.]

제56조의3(피보호자 인권의 존중 등) ①피보호자의 인권은 최대한 존중하여야 하며, 국적, 성별, 종교, 사회적 신분 등을 이유로 피보호자를 차별하여서는 아니 된다. 〈개정 2014. 12. 30.〉

② 남성과 여성은 분리하여 보호하여야 한다. 다만, 어린이의 부양 등 특별한 사정이 있는 경우에는 그러하지 아니하다. 〈신설 2016. 3. 29.〉

③ 지방출입국·외국인관서의 장은 피보호자가 다음 각 호의 어느 하나에 해당하는 외국인인 경우에는 특별히 보호하여야 한다. 〈신설 2014. 12. 30., 2016. 3. 29.〉

   1. 환자

   2. 임산부

   3. 노약자

   4. 19세 미만인 사람

   5. 제1호부터 제4호까지에 준하는 사람으로서 지방출입국·외국인관서의 장이 특별히 보호할 필요가 있다고 인정하는 사람

④ 제3항에 따른 보호를 위한 특별한 조치 및 지원에 관한 구체적인 사항은 법무부령으로 정한다. 〈신설 2014. 12. 30., 2016. 3. 29.〉

[전문개정 2010. 5. 14.]

제56조의4(강제력의 행사) ① 출입국관리공무원은 피보호자가 다음 각 호의 어느 하나에 해당하면 그 피보호자에게 강제력을 행사할 수 있고, 다른 피보호자와 격리하여 보호할 수 있다. 이 경우 피보호자의 생명과 신체의 안전, 도주의 방지, 시설의 보안 및 질서유지를 위하여 필요한 최소한도에 그쳐야 한다.

   1. 자살 또는 자해행위를 하려는 경우

   2. 다른 사람에게 위해를 끼치거나 끼치려는 경우

   3. 도주하거나 도주하려는 경우

   4. 출입국관리공무원의 직무집행을 정당한 사유 없이 거부 또는 기피하거나 방해하는 경우

   5. 제1호부터 제4호까지에서 규정한 경우 외에 보호시설 및 피보호자의 안전과 질서를 현저히 해치는 행위를 하거나 하려는 경우

② 제1항에 따라 강제력을 행사할 때에는 신체적인 유형력(有形力)을 행사하거나 경찰봉, 가스분사용총, 전자충격기 등 법무부장관이 지정하는 보안장비만을 사용할 수 있다.

③ 제1항에 따른 강제력을 행사하려면 사전에 해당 피보호자에게 경고하여야 한다. 다만, 긴급한 상황으로 사전에 경고할 만한 시간적 여유가 없을 때에는 그러하지 아니하다.

④ 출입국관리공무원은 제1항 각 호의 어느 하나에 해당하거나 보호시설의 질서유지 또는 강제퇴거를 위한 호송 등을 위하여 필요한 경우에는 다음 각 호의 보호장비를 사용할 수 있다.

   1. 수갑

   2. 포승

   3. 머리보호장비

   4. 제1호부터 제3호까지에서 규정한 사항 외에 보호시설의 질서유지 또는 강제퇴거를 위한 호송 등을 위하여 특별히 필요하다고 인정되는 보호장비로서 법무부령으로 정하는 것

⑤ 제4항에 따른 보호장비의 사용 요건 및 절차 등에 관하여 필요한 사항은 법무부령으로 정한다.

[전문개정 2010. 5. 14.]

제56조의5(신체 등의 검사) ① 출입국관리공무원은 보호시설의 안전과 질서유지를 위하여 필요하면 피보호자의 신체·의류 및 휴대품을 검사할 수 있다.

② 피보호자가 여성이면 제1항에 따른 검사는 여성 출입국관리공무원이 하여야 한다. 다만, 여성 출입국관

리공무원이 없는 경우에는 지방출입국·외국인관서의 장이 지명하는 여성이 할 수 있다. 〈개정 2014. 3. 18.〉

[전문개정 2010. 5. 14.]

제56조의6(면회등) ① 피보호자는 다른 사람과 면회, 서신수수 및 전화통화(이하 "면회등"이라 한다)를 할 수 있다.

② 지방출입국·외국인관서의 장은 보호시설의 안전이나 질서, 피보호자의 안전·건강·위생을 위하여 부득이하다고 인정되는 경우에는 면회등을 제한할 수 있다. 〈개정 2014. 3. 18.〉

③ 면회등의 절차 및 그 제한 등에 관한 구체적인 사항은 법무부령으로 정한다.

[전문개정 2010. 5. 14.]

제56조의7(영상정보 처리기기 등을 통한 안전대책) ① 지방출입국·외국인관서의 장은 피보호자의 자살·자해·도주·폭행·손괴나 그 밖에 다른 피보호자의 생명·신체를 해치거나 보호시설의 안전 또는 질서를 해치는 행위를 방지하기 위하여 필요한 범위에서 영상정보 처리기기 등 필요한 시설을 설치할 수 있다. 〈개정 2014. 3. 18.〉

② 제1항에 따라 설치된 영상정보 처리기기는 피보호자의 인권 등을 고려하여 필요한 최소한의 범위에서 설치·운영되어야 한다.

③ 영상정보 처리기기 등의 설치·운영 및 녹화기록물의 관리 등에 필요한 사항은 법무부령으로 정한다.

[전문개정 2010. 5. 14.]

제56조의8(청원) ① 피보호자는 보호시설에서의 처우에 대하여 불복하는 경우에는 법무부장관이나 지방출입국·외국인관서의 장에게 청원(請願)할 수 있다. 〈개정 2014. 3. 18.〉

② 청원은 서면으로 작성하여 봉(封)한 후 제출하여야 한다. 다만, 지방출입국·외국인관서의 장에게 청원하는 경우에는 말로 할 수 있다. 〈개정 2014. 3. 18.〉

③ 피보호자는 청원을 하였다는 이유로 불리한 처우를 받지 아니한다.

④ 청원의 절차 등에 관하여 필요한 사항은 법무부령으로 정한다.

[본조신설 2010. 5. 14.]

제56조의9(이의신청 절차 등의 게시) 지방출입국·외국인관서의 장은 제55조에 따른 보호에 대한 이의신청, 제56조의6에 따른 면회등 및 제56조의8에 따른 청원에 관한 절차를 보호시설 안의 잘 보이는 곳에 게시하여야 한다. 〈개정 2014. 3. 18.〉

[본조신설 2010. 5. 14.]

제57조(피보호자의 급양 및 관리 등) 제56조의2부터 제56조의9까지에서 규정한 사항 외에 보호시설에서의 피보호자에 대한 급양(給養)이나 관리 및 처우, 보호시설의 경비(警備)에 관한 사항과 그 밖에 필요한 사항은 법무부령으로 정한다.

[전문개정 2010. 5. 14.]

제4절 심사 및 이의신청 〈개정 2010. 5. 14.〉

제58조(심사결정) 지방출입국·외국인관서의 장은 출입국관리공무원이 용의자에 대한 조사를 마치면 지체 없이 용의자가 제46조제1항 각 호의 어느 하나에 해당하는지를 심사하여 결정하여야 한다. 〈개정 2014. 3. 18.〉

[전문개정 2010. 5. 14.]

제59조(심사 후의 절차) ① 지방출입국·외국인관서의 장은 심사 결과 용의자가 제46조제1항 각 호의 어느 하나에 해당하지 아니한다고 인정하면 지체 없이 용의자에게 그 뜻을 알려야 하고, 용의자가 보호되어 있으면 즉시 보호를 해제하여야 한다. 〈개정 2014. 3. 18.〉

② 지방출입국·외국인관서의 장은 심사 결과 용의자가 제46조제1항 각 호의 어느 하나에 해당한다고 인정되면 강제퇴거명령을 할 수 있다. 〈개정 2014. 3. 18.〉

③ 지방출입국·외국인관서의 장은 제2항에 따라 강제퇴거명령을 하는 때에는 강제퇴거명령서를 용의자에게 발급하여야 한다. 〈개정 2014. 3. 18.〉

④ 지방출입국·외국인관서의 장은 강제퇴거명령서를 발급하는 경우 법무부장관에게 이의신청을 할 수 있다는 사실을 용의자에게 알려야 한다. 〈개정 2014. 3. 18.〉

[전문개정 2010. 5. 14.]

제60조(이의신청) ① 용의자는 강제퇴거명령에 대하여 이의신청을 하려면 강제퇴거명령서를 받은 날부터 7일 이내에 지방출입국·외국인관서의 장을 거쳐 법무부장관에게 이의신청서를 제출하여야 한다. 〈개정 2014. 3. 18.〉

② 지방출입국·외국인관서의 장은 제1항에 따른 이의신청서를 접수하면 심사결정서와 조사기록을 첨부하여 법무부장관에게 제출하여야 한다. 〈개정 2014. 3. 18.〉

③ 법무부장관은 제1항과 제2항에 따른 이의신청서 등을 접수하면 이의신청이 이유 있는지를 심사결정하여 그 결과를 지방출입국·외국인관서의 장에게 알려야 한다. 〈개정 2014. 3. 18.〉

④ 지방출입국·외국인관서의 장은 법무부장관으로부터 이의신청이 이유 있다는 결정을 통지받으면 지체 없이 용의자에게 그 사실을 알리고, 용의자가 보호되어 있으면 즉시 그 보호를 해제하여야 한다. 〈개정 2014. 3. 18.〉

⑤ 지방출입국·외국인관서의 장은 법무부장관으로부터 이의신청이 이유 없다는 결정을 통지받으면 지체 없이 용의자에게 그 사실을 알려야 한다. 〈개정 2014. 3. 18.〉

[전문개정 2010. 5. 14.]

제61조(체류허가의 특례) ① 법무부장관은 제60조제3항에 따른 결정을 할 때 이의신청이 이유 없다고 인정되는 경우라도 용의자가 대한민국 국적을 가졌던 사실이 있거나 그 밖에 대한민국에 체류하여야 할 특별한 사정이 있다고 인정되면 그의 체류를 허가할 수 있다.

② 법무부장관은 제1항에 따른 허가를 할 때 체류기간 등 필요한 조건을 붙일 수 있다.

[전문개정 2010. 5. 14.]

제5절 강제퇴거명령서의 집행 〈개정 2010. 5. 14.〉

제62조(강제퇴거명령서의 집행) ① 강제퇴거명령서는 출입국관리공무원이 집행한다.

② 지방출입국·외국인관서의 장은 사법경찰관리에게 강제퇴거명령서의 집행을 의뢰할 수 있다. 〈개정 2014. 3. 18.〉

③ 강제퇴거명령서를 집행할 때에는 그 명령을 받은 사람에게 강제퇴거명령서를 내보이고 지체 없이 그를 제64조에 따른 송환국으로 송환하여야 한다. 다만, 제76조제1항에 따라 선박등의 장이나 운수업자가 송환하게 되는 경우에는 출입국관리공무원은 그 선박등의 장이나 운수업자에게 그를 인도할 수 있다. 〈개정 2017. 12. 12.〉

④ 제3항에도 불구하고 강제퇴거명령을 받은 사람이 다음 각 호의 어느 하나에 해당하는 경우에는 송환하여서는 아니 된다. 다만, 「난민법」에 따른 난민신청자가 대한민국의 공공의 안전을 해쳤거나 해칠 우려가 있다고 인정되면 그러하지 아니하다. 〈개정 2012. 2. 10.〉

　1. 「난민법」에 따라 난민인정 신청을 하였으나 난민인정 여부가 결정되지 아니한 경우

　2. 「난민법」 제21조에 따라 이의신청을 하였으나 이에 대한 심사가 끝나지 아니한 경우

[전문개정 2010. 5. 14.]

제63조(강제퇴거명령을 받은 사람의 보호 및 보호해제) ① 지방출입국·외국인관서의 장은 강제퇴거명령을 받은 사람을 여권 미소지 또는 교통편 미확보 등의 사유로 즉시 대한민국 밖으로 송환할 수 없으면 송환할 수 있을 때까지 그를 보호시설에 보호할 수 있다. 〈개정 2014. 3. 18.〉

② 지방출입국·외국인관서의 장은 제1항에 따라 보호할 때 그 기간이 3개월을 넘는 경우에는 3개월마다 미리 법무부장관의 승인을 받아야 한다. 〈개정 2014. 3. 18.〉

③ 지방출입국·외국인관서의 장은 제2항의 승인을 받지 못하면 지체 없이 보호를 해제하여야 한다. 〈개정 2014. 3. 18.〉

④ 지방출입국·외국인관서의 장은 강제퇴거명령을 받은 사람이 다른 국가로부터 입국이 거부되는 등의 사유로 송환될 수 없음이 명백하게 된 경우에는 그의 보호를 해제할 수 있다. 〈개정 2014. 3. 18.〉

⑤ 지방출입국·외국인관서의 장은 제3항 또는 제4항에 따라 보호를 해제하는 경우에는 주거의 제한이나 그 밖에 필요한 조건을 붙일 수 있다. 〈개정 2014. 3. 18.〉

⑥ 제1항에 따라 보호하는 경우에는 제53조부터 제55조까지, 제56조의2부터 제56조의9까지 및 제57조를 준용한다.

[전문개정 2010. 5. 14.]

[헌법불합치, 2020헌가1, 2023.3.23, 출입국관리법(2014. 3. 18. 법률 제12421호로 개정된 것) 제63조 제1항은 헌법에 합치되지 아니한다. 위 법률조항은 2025. 5. 31.을 시한으로 입법자가 개정할 때까지 계속 적용된다.]

제64조(송환국) ① 강제퇴거명령을 받은 사람은 국적이나 시민권을 가진 국가로 송환된다.

② 제1항에 따른 국가로 송환할 수 없는 경우에는 다음 각 호의 어느 하나에 해당하는 국가로 송환할 수 있다.

1. 대한민국에 입국하기 전에 거주한 국가
2. 출생지가 있는 국가
3. 대한민국에 입국하기 위하여 선박등에 탔던 항(港)이 속하는 국가
4. 제1호부터 제3호까지에서 규정한 국가 외에 본인이 송환되기를 희망하는 국가

③ 삭제 〈2012. 2. 10.〉

[전문개정 2010. 5. 14.]

제6절 보호의 일시해제 〈개정 2010. 5. 14.〉

제65조(보호의 일시해제) ① 지방출입국·외국인관서의 장은 직권으로 또는 피보호자(그의 보증인 또는 법정대리인등을 포함한다)의 청구에 따라 피보호자의 정상(情狀), 해제요청사유, 자산, 그 밖의 사항을 고려하여 2천만원 이하의 보증금을 예치시키고 주거의 제한이나 그 밖에 필요한 조건을 붙여 보호를 일시해제할 수 있다.

② 제1항에 따른 보호의 일시해제 청구, 보증금의 예치 및 반환의 절차는 대통령령으로 정한다.

[전문개정 2018. 3. 20.]

제66조(보호 일시해제의 취소) ① 지방출입국·외국인관서의 장은 보호로부터 일시해제된 사람이 다음 각 호의 어느 하나에 해당하면 보호의 일시해제를 취소하고 다시 보호의 조치를 할 수 있다. 〈개정 2014. 3. 18.〉

1. 도주하거나 도주할 염려가 있다고 인정되는 경우
2. 정당한 사유 없이 출석명령에 따르지 아니한 경우
3. 제1호 및 제2호에서 규정한 사항 외에 일시해제에 붙인 조건을 위반한 경우

② 지방출입국·외국인관서의 장은 제1항에 따라 보호의 일시해제를 취소하는 경우 보호 일시해제 취소서를 발급하고 보증금의 전부 또는 일부를 국고에 귀속시킬 수 있다. 〈개정 2014. 3. 18.〉

③ 제2항에 따른 보증금의 국고 귀속절차는 대통령령으로 정한다.

[전문개정 2010. 5. 14.]

제66조의2(보호의 일시해제 절차 등의 게시) 지방출입국·외국인관서의 장은 제65조 및 제66조에 따른 보호의 일시해제 및 그 취소에 관한 절차를 보호시설 안의 잘 보이는 곳에 게시하여야 한다.

[본조신설 2018. 3. 20.]

제7절 출국권고 등 〈개정 2010. 5. 14.〉

제67조(출국권고) ① 지방출입국·외국인관서의 장은 대한민국에 체류하는 외국인이 다음 각 호의 어느 하나에 해당하면 그 외국인에게 자진하여 출국할 것을 권고할 수 있다. 〈개정 2014. 3. 18.〉
 1. 제17조와 제20조를 위반한 사람으로서 그 위반 정도가 가벼운 경우
 2. 제1호에서 규정한 경우 외에 이 법 또는 이 법에 따른 명령을 위반한 사람으로서 법무부장관이 그 출국을 권고할 필요가 있다고 인정하는 경우
② 지방출입국·외국인관서의 장은 제1항에 따라 출국권고를 할 때에는 출국권고서를 발급하여야 한다. 〈개정 2014. 3. 18.〉
③ 제2항에 따른 출국권고서를 발급하는 경우 발급한 날부터 5일의 범위에서 출국기한을 정할 수 있다.
[전문개정 2010. 5. 14.]

제68조(출국명령) ① 지방출입국·외국인관서의 장은 다음 각 호의 어느 하나에 해당하는 외국인에게는 출국명령을 할 수 있다. 〈개정 2014. 3. 18., 2018. 3. 20.〉
 1. 제46조제1항 각 호의 어느 하나에 해당한다고 인정되나 자기비용으로 자진하여 출국하려는 사람
 2. 제67조에 따른 출국권고를 받고도 이행하지 아니한 사람
 3. 제89조에 따라 각종 허가 등이 취소된 사람
 3의2. 제89조의2제1항에 따라 영주자격이 취소된 사람. 다만, 제89조의2제2항에 따라 일반체류자격을 부여받은 사람은 제외한다.
 4. 제100조제1항부터 제3항까지의 규정에 따른 과태료 처분 후 출국조치하는 것이 타당하다고 인정되는 사람
 5. 제102조제1항에 따른 통고처분(通告處分) 후 출국조치하는 것이 타당하다고 인정되는 사람
② 지방출입국·외국인관서의 장은 제1항에 따라 출국명령을 할 때에는 출국명령서를 발급하여야 한다. 〈개정 2014. 3. 18.〉
③ 제2항에 따른 출국명령서를 발급할 때에는 법무부령으로 정하는 바에 따라 출국기한을 정하고 주거의 제한이나 그 밖에 필요한 조건을 붙일 수 있으며, 필요하다고 인정할 때에는 2천만원 이하의 이행보증금을 예치하게 할 수 있다. 〈개정 2020. 10. 20.〉
④ 지방출입국·외국인관서의 장은 출국명령을 받고도 지정한 기한까지 출국하지 아니하거나 제3항에 따라 붙인 조건을 위반한 사람에게는 지체 없이 강제퇴거명령서를 발급하여야 하며, 그 예치된 이행보증금의 전부 또는 일부를 국고에 귀속시킬 수 있다. 〈개정 2014. 3. 18., 2020. 10. 20.〉
⑤ 제3항과 제4항에 따른 이행보증금의 예치 및 반환과 국고 귀속절차는 대통령령으로 정한다. 〈신설 2020. 10. 20.〉
[전문개정 2010. 5. 14.]

제7장 선박등의 검색 〈개정 2010. 5. 14.〉

제69조(선박등의 검색 및 심사) ① 선박등이 출입국항에 출·입항할 때에는 출입국관리공무원의 검색을 받아야 한다.
② 선박등의 장이나 운수업자는 선박등이 부득이하게 출입국항이 아닌 장소에 출·입항하여야 할 사유가 발생하면 제74조에 따른 출·입항 예정통보서에 그 사유를 소명하는 자료를 첨부하여 미리 지방출입국·외국인관서의 장에게 제출하고 제1항에 따른 검색을 받아야 한다. 다만, 항공기의 불시착, 선박의 조난 등 불의의 사고가 발생하면 지체 없이 그 사실을 지방출입국·외국인관서의 장에게 보고하여 검색을 받아야 한다. 〈개정 2014. 3. 18.〉

③ 출입국관리공무원은 제1항이나 제2항에 따라 검색을 할 때에는 다음 각 호의 사항을 심사하여야 한다.

1. 승무원과 승객의 출입국 적격 여부 또는 이선(離船) 여부

2. 법령을 위반하여 입국이나 출국을 하려는 사람이 선박등에 타고 있는지 여부

3. 제72조에 따른 승선허가를 받지 아니한 사람이 있는지 여부

④ 출입국관리공무원은 제1항부터 제3항까지의 규정에 따른 검색과 심사를 할 때에는 선박등의 장에게 항해일지나 그 밖에 필요한 서류의 제출 또는 열람을 요구할 수 있다.

⑤ 출입국관리공무원은 선박등에 승선 중인 승무원·승객, 그 밖의 출입자의 신원을 확인하기 위하여 이들에게 질문을 하거나 그 신분을 증명할 수 있는 서류 등을 제시할 것을 요구할 수 있다.

⑥ 지방출입국·외국인관서의 장은 선박등의 검색을 법무부령으로 정하는 바에 따라 서류심사로 갈음하게 할 수 있다. 〈개정 2014. 3. 18.〉

⑦ 선박등의 장은 출항검색이 끝난 후 3시간 이내에 출항할 수 없는 부득이한 사유가 생겼을 때에는 지방출입국·외국인관서의 장에게 그 사유를 보고하고 출항 직전에 다시 검색을 받아야 한다. 〈개정 2014. 3. 18.〉

[전문개정 2010. 5. 14.]

제70조(내항 선박 등의 검색 등에 대한 준용 규정) ① 대한민국 영역에서 사람이나 물건을 수송하는 선박, 항공기, 그 밖의 교통기관이 불의의 사고나 항해상의 문제 등 특별한 사정으로 외국에 기항(寄港)한 후 입항할 경우에는 선박 등의 검색 및 선박 등의 장이나 운수업자의 책임에 관하여 제7장과 제8장을 준용한다.

② 대한민국에 입국하거나 대한민국으로부터 출국하려는 사람의 환승을 위하여 국내공항 간을 운항하는 항공기에 대해서도 항공기의 검색 및 항공기의 장이나 운수업자의 책임에 관하여 제7장과 제8장을 준용한다. 다만, 제76조제1항에 따른 송환 의무는 출발지 공항까지로 한정하며, 그 이후 대한민국 밖으로의 송환 의무는 송환 대상 외국인이 환승하기 직전에 탔던 항공기의 장이나 운수업자에게 있다. 〈개정 2017. 12. 12.〉

[전문개정 2016. 3. 29.]

제71조(출입국의 정지 등) ① 지방출입국·외국인관서의 장은 제69조제3항에 따른 심사 결과 위법한 사실을 발견하였을 때에는 관계 승무원 또는 승객의 출국이나 입국을 정지시킬 수 있다. 〈개정 2014. 3. 18.〉

② 제1항에 따른 출입국의 정지는 위법한 사실의 조사에 필요한 기간에만 할 수 있다.

③ 제2항에 따른 조사를 마친 뒤에도 계속하여 출입국을 금지하거나 정지시킬 필요가 있을 때에는 제4조·제11조 또는 제29조에 따른 법무부장관의 결정을 받아야 한다.

④ 지방출입국·외국인관서의 장은 제1항, 제4조 또는 제29조에 따라 승객이나 승무원의 출국을 금지하거나 정지시키기 위하여 필요하다고 인정하면 선박등에 대하여 출항의 일시정지 또는 회항(回航)을 명하거나 선박등에 출입하는 것을 제한할 수 있다. 〈개정 2014. 3. 18.〉

⑤ 지방출입국·외국인관서의 장은 제4항에 따라 선박등에 대하여 출항의 일시정지 또는 회항을 명하거나 출입을 제한하는 경우에는 지체 없이 그 사실을 선박등의 장이나 운수업자에게 통보하여야 한다. 출항의 일시정지·회항명령 또는 출입제한을 해제한 경우에도 또한 같다. 〈개정 2014. 3. 18.〉

⑥ 제4항에 따른 선박등의 출항의 일시정지 등은 직무수행에 필요한 최소한의 범위에서 하여야 한다.

[전문개정 2010. 5. 14.]

제72조(승선허가) ① 출입국항 또는 출입국항이 아닌 장소에 정박하는 선박등에 출입하려는 사람은 지방출입국·외국인관서의 장의 승선허가를 받아야 한다. 다만, 그 선박등의 승무원과 승객 또는 다른 법령에 따라 출입할 수 있는 사람은 그러하지 아니하다. 〈개정 2014. 3. 18.〉

② 출입국관리공무원 외의 사람이 출입국심사장에 출입하려는 경우에도 제1항과 같다.

[전문개정 2010. 5. 14.]

제8장 선박등의 장 및 운수업자의 책임 〈개정 2010. 5. 14.〉

제73조(운수업자 등의 일반적 의무 등) 선박등의 장이나 운수업자는 다음 각 호의 사항을 지켜야 한다. 〈개정 2016. 3. 29.〉

1. 입국이나 상륙을 허가받지 아니한 사람의 입국·상륙 방지

2. 유효한 여권(선원의 경우에는 여권 또는 선원신분증명서를 말한다)과 필요한 사증을 지니지 아니한 사람의 탑승방지

3. 승선허가나 출국심사를 받지 아니한 사람의 탑승방지

4. 이 법에 따른 출국 또는 입국 요건을 갖추지 못하여 선박등에 탑승하기에 부적당하다고 출입국관리공무원이 통보한 사람의 탑승방지

5. 제1호부터 제4호까지에 규정된 입국·상륙·탑승의 방지를 위하여 출입국관리공무원이 요청하는 감시원의 배치

6. 이 법을 위반하여 출입국을 하려는 사람이 숨어 있는지를 확인하기 위한 선박등의 검색

7. 선박등의 검색과 출입국심사가 끝날 때까지 선박등에 무단출입하는 행위의 금지

8. 선박등의 검색과 출국심사가 끝난 후 출항하기 전까지 승무원이나 승객의 승선·하선 방지

9. 출입국관리공무원이 선박등의 검색과 출입국심사를 위한 직무수행에 특히 필요하다고 인정하여 명하는 사항

[전문개정 2010. 5. 14.]

제73조의2(승객예약정보의 열람 및 제공 등) ① 운수업자는 출입국관리공무원이 다음 각 호의 어느 하나에 해당하는 업무를 수행하기 위하여 예약정보의 확인을 요청하는 경우에는 지체 없이 예약정보시스템을 열람하게 하거나 표준화된 전자문서로 제출하여야 한다. 다만, 법무부령으로 정하는 부득이한 사유로 표준화된 전자문서로 제출할 수 없을 때에는 지체 없이 그 사유를 밝히고 서류로 제출할 수 있다.

1. 제7조제1항·제7조의2 또는 제12조의3제1항을 위반하였거나 위반하였다고 의심할 만한 상당한 이유가 있는 사람에 대한 조사

2. 제11조제1항 각 호의 어느 하나에 해당하거나 해당한다고 의심할 만한 상당한 이유가 있는 사람에 대한 조사

② 제1항에 따라 열람하거나 문서로 제출받을 수 있는 자료의 범위는 다음 각 호로 한정한다.

1. 성명, 국적, 주소 및 전화번호

2. 여권번호, 여권의 유효기간 및 발급국가

3. 예약 및 탑승수속 시점

4. 여행경로와 여행사

5. 동반 탑승자와 좌석번호

6. 수하물(手荷物)

7. 항공권의 구입대금 결제방법

8. 여행출발지와 최종목적지

9. 예약번호

③ 운수업자는 출입국관리공무원이 승객의 안전과 정확하고 신속한 출입국심사를 위하여 탑승권을 발급받으려는 승객에 대한 다음 각 호의 자료를 요청하는 경우에는 지체 없이 표준화된 전자문서로 제출하여야 한다. 다만, 법무부령으로 정하는 부득이한 사유로 표준화된 전자문서로 제출할 수 없을 때에는 지체 없이 그 사유를 밝히고 서류로 제출할 수 있다. 〈개정 2016. 3. 29., 2020. 6. 9.〉

1. 성명, 성별, 생년월일 및 국적

2. 여권번호와 예약번호

3. 출항편, 출항지 및 출항시간

4. 입항지와 입항시간

5. 환승 여부

6. 생체정보

④ 제1항과 제3항에 따라 자료를 열람하거나 문서로 제출하여 줄 것을 요청할 수 있는 출입국관리공무원은

지방출입국·외국인관서의 장이 지정하는 사람으로 한정한다. 〈개정 2014. 3. 18.〉

⑤ 제4항에 따라 지정된 출입국관리공무원은 제출받은 자료를 검토한 결과 이 법에 따른 출국 또는 입국 요건을 갖추지 못하여 선박등에 탑승하기에 부적당한 사람이 발견된 경우에는 그 사람의 탑승을 방지하도록 선박등의 장이나 운수업자에게 통보할 수 있다. 〈신설 2016. 3. 29.〉

⑥ 제4항에 따라 지정된 출입국관리공무원은 직무상 알게 된 예약정보시스템의 자료를 누설하거나 권한 없이 처리하거나 다른 사람의 이용에 제공하는 등 부당한 목적을 위하여 사용하여서는 아니 된다. 〈개정 2016. 3. 29.〉

⑦ 제1항과 제3항에 따른 자료의 열람과 제출 시기 등에 관한 구체적인 사항은 대통령령으로 정한다. 〈개정 2016. 3. 29.〉

[본조신설 2010. 5. 14.]
[제목개정 2016. 3. 29.]

제74조(사전통보의 의무) 선박등이 출입국항에 출·입항하는 경우에 그 선박등의 장이나 운수업자는 지방출입국·외국인관서의 장에게 출·입항 예정일시와 그 밖에 필요한 사항을 적은 출·입항 예정통보서를 미리 제출하여야 한다. 다만, 항공기의 불시착이나 선박의 조난 등 불의의 사고가 발생한 경우에는 지체 없이 그 사실을 알려야 한다. 〈개정 2014. 3. 18.〉

[전문개정 2010. 5. 14.]

제75조(보고의 의무) ① 출입국항이나 출입국항이 아닌 장소에 출·입항하는 선박등의 장이나 운수업자는 대통령령으로 정하는 사항을 적은 승무원명부와 승객명부를 첨부한 출·입항보고서를 지방출입국·외국인관서의 장에게 제출하여야 한다. 〈개정 2014. 3. 18.〉

② 제1항에 따른 출·입항보고서는 표준화된 전자문서로 제출하여야 한다. 다만, 법무부령으로 정하는 부득이한 사유로 표준화된 전자문서로 제출할 수 없을 때에는 지체 없이 그 사유를 밝히고 서류로 제출할 수 있다.

③ 제1항에 따른 출·입항보고서의 제출시기 등 그 절차에 관한 구체적인 사항은 대통령령으로 정한다.

④ 출입국항이나 출입국항이 아닌 장소에 입항하는 선박등의 장이나 운수업자는 여권(선원의 경우에는 여권 또는 선원신분증명서를 말한다)을 가지고 있지 아니한 사람이 그 선박등에 타고 있는 것을 알았을 때에는 지체 없이 지방출입국·외국인관서의 장에게 보고하고 그의 상륙을 방지하여야 한다. 〈개정 2014. 3. 18.〉

⑤ 출입국항이나 출입국항이 아닌 장소에서 출항하는 선박등의 장이나 운수업자는 다음 각 호의 사항을 지방출입국·외국인관서의 장에게 보고하여야 한다. 〈개정 2012. 1. 26., 2014. 3. 18.〉

　1. 승무원 상륙허가를 받은 승무원 또는 관광상륙허가를 받은 승객이 선박등으로 돌아왔는지 여부

　2. 정당한 출국절차를 마치지 아니하고 출국하려는 사람이 있는지 여부

[전문개정 2010. 5. 14.]

제76조(송환의 의무) ① 지방출입국·외국인관서의 장이 다음 각 호의 어느 하나에 해당하는 외국인(이하 "송환대상외국인"이라 한다)의 송환을 지시한 때에는 그 송환대상외국인이 탔던 선박등의 장이나 운수업자가 그의 비용(항공운임, 선박운임 등 수송비용을 말한다)과 책임으로 송환대상외국인을 지체 없이 대한민국 밖으로 송환하여야 한다. 〈개정 2012. 1. 26., 2017. 12. 12., 2018. 3. 20., 2021. 8. 17.〉

　1. 삭제 〈2021. 8. 17.〉

　2. 삭제 〈2021. 8. 17.〉

　3. 제12조제4항에 따라 입국이 허가되지 아니한 사람

　4. 제14조에 따라 상륙한 승무원 또는 제14조의2에 따라 관광상륙한 승객으로서 그가 타고 있던 선박등이 출항할 때까지 선박등으로 돌아오지 아니한 사람

　5. 제46조제1항제6호 또는 제7호에 해당하는 사람으로서 강제퇴거명령을 받은 사람

② 지방출입국·외국인관서의 장이 제1항에 따라 송환을 지시할 때에는 선박등의 운항 계획, 승객예약 상황 등을 고려하여 송환기한을 지정할 수 있다. 다만, 선박등의 장이나 운수업자가 기한 내에 송환을 완료

할 수 없는 불가피한 사유를 소명하는 경우에는 송환기한을 연기할 수 있다. 〈개정 2021. 8. 17.〉

③ 제1항에 따른 송환지시의 방법·절차 및 제2항에 따른 송환기한 지정과 그 연기에 관하여 필요한 사항은 법무부령으로 정한다. 〈신설 2021. 8. 17.〉

[전문개정 2010. 5. 14.]

제8장의2 출국대기실 설치·운영 등 〈신설 2021. 8. 17.〉

제76조의2(송환대기장소) ① 송환대상외국인은 출국하기 전까지 출국대기실에서 대기하여야 한다. 다만, 지방출입국·외국인관서의 장은 대통령령으로 정하는 바에 따라 직권으로 또는 송환대상외국인(그의 법정대리인등을 포함한다)의 신청에 따라 송환대상외국인의 상태, 신청사유, 그 밖의 사항을 고려하여 출입국항 내의 지정된 장소에서 조건을 붙여 대기하게 할 수 있다.

② 출국대기실의 운영 및 안전대책, 출국대기실 입실 외국인의 인권존중, 급양 및 관리에 관하여는 제56조의3, 제56조의5부터 제56조의7까지 및 제57조를 준용한다. 이 경우 "피보호자"는 "송환대상외국인"으로, "보호시설"은 "출국대기실"로 본다.

③ 제1항에도 불구하고 출국대기실이 설치되지 않은 출입국항(항구를 말한다)의 경우 그 출입국항을 관할하는 지방출입국·외국인관서의 장은 송환대상외국인이 타고 온 선박의 장이나 운수업자에게 법무부령으로 정하는 바에 따라 송환대상외국인의 관리를 요청할 수 있다. 이 경우 관리를 요청받은 선박의 장이나 운수업자는 송환대상외국인이 출국하기 전까지 선박 내에서 관리하여야 한다.

[본조신설 2021. 8. 17.]

제76조의3(관리비용의 부담) ① 국가는 송환대상외국인이 제76조의2제1항 또는 제3항의 송환대기장소에서 대기하는 경우 대통령령으로 정하는 바에 따라 송환대상외국인이 출국하기 전까지의 숙식비 등 관리비용을 부담한다.

② 제1항에도 불구하고 송환대상외국인이 탔던 선박등의 장 또는 운수업자가 다음 각 호의 어느 하나에 해당하는 경우에는 대통령령으로 정하는 바에 따라 숙식비 등 관리비용을 부담한다.

  1. 제73조제1호, 제2호 또는 제4호를 위반한 경우

  2. 정당한 이유 없이 제76조제1항 및 제2항에 따른 송환의무를 이행하지 않은 경우

  3. 제1호 및 제2호에서 규정한 경우 외에 선박등의 장 또는 운수업자의 귀책사유로 인하여 송환대상외국인이 된 경우

[본조신설 2021. 8. 17.]

제76조의4(강제력의 행사) ① 출입국관리공무원은 송환대상외국인이 다음 각 호의 어느 하나에 해당하는 경우 그 송환대상외국인에게 강제력을 행사할 수 있다. 이 경우 강제력의 행사는 송환대상외국인의 생명과 신체의 안전, 시설의 보안 및 질서유지를 위하여 필요한 최소한도에 그쳐야 한다.

  1. 자살 또는 자해행위를 하려는 경우

  2. 다른 사람에게 위해를 가하거나 가하려는 경우

  3. 출입국관리공무원의 직무집행을 정당한 사유 없이 거부 또는 기피하거나 방해하는 경우

  4. 제1호부터 제3호까지에서 규정한 경우 외에 시설 및 다른 사람의 안전과 질서를 현저히 해치는 행위를 하거나 하려는 경우

② 제1항에 따른 강제력의 행사에는 제56조의4제2항부터 제5항까지를 준용한다. 이 경우 "피보호자"는 "송환대상외국인"으로, "보호시설"은 "출국대기실"로 본다.

[본조신설 2021. 8. 17.]

제8장의3 난민여행증명서 발급 등 〈개정 2010. 5. 14., 2012. 2. 10., 2021. 8. 17.〉

제76조의5(난민여행증명서) ① 법무부장관은 「난민법」에 따른 난민인정자가 출국하려고 할 때에는 그의 신청

에 의하여 대통령령으로 정하는 바에 따라 난민여행증명서를 발급하여야 한다. 다만, 그의 출국이 대한민국의 안전을 해칠 우려가 있다고 인정될 때에는 그러하지 아니하다. 〈개정 2012. 2. 10.〉

② 제1항에 따른 난민여행증명서의 유효기간은 3년으로 한다. 〈개정 2016. 3. 29.〉

③ 제1항에 따라 난민여행증명서를 발급받은 사람은 그 증명서의 유효기간 만료일까지 횟수에 제한 없이 대한민국에서 출국하거나 대한민국으로 입국할 수 있다. 이 경우 입국할 때에는 제30조에 따른 재입국허가를 받지 아니하여도 된다. 〈개정 2016. 3. 29.〉

④ 법무부장관은 제3항의 경우 특히 필요하다고 인정되면 3개월 이상 1년 미만의 범위에서 입국할 수 있는 기간을 제한할 수 있다.

⑤ 법무부장관은 제1항에 따라 난민여행증명서를 발급받고 출국한 사람이 질병이나 그 밖의 부득이한 사유로 그 증명서의 유효기간 내에 재입국할 수 없는 경우에는 그의 신청을 받아 6개월을 초과하지 아니하는 범위에서 그 유효기간의 연장을 허가할 수 있다.

⑥ 법무부장관은 제5항에 따른 유효기간 연장허가에 관한 권한을 대통령령으로 정하는 바에 따라 재외공관의 장에게 위임할 수 있다.

[전문개정 2010. 5. 14.]

제76조의6(난민인정증명서 등의 반납) ① 「난민법」에 따른 난민인정자는 다음 각 호의 어느 하나에 해당하면 그가 지니고 있는 난민인정증명서나 난민여행증명서를 지체 없이 지방출입국·외국인관서의 장에게 반납하여야 한다. 〈개정 2012. 2. 10., 2014. 3. 18.〉

　1. 제59조제3항, 제68조제4항 또는 제85조제1항에 따라 강제퇴거명령서를 발급받은 경우

　2. 제60조제5항에 따라 강제퇴거명령에 대한 이의신청이 이유 없다는 통지를 받은 경우

　3. 「난민법」에 따라 난민인정결정 취소나 철회의 통지를 받은 경우

② 법무부장관은 제76조의5제1항에 따라 난민여행증명서를 발급받은 사람이 대한민국의 안전을 해치는 행위를 할 우려가 있다고 인정되면 그 외국인에게 14일 이내의 기간을 정하여 난민여행증명서의 반납을 명할 수 있다.

③ 제2항에 따라 난민여행증명서를 반납하였을 때에는 그 때에, 지정된 기한까지 반납하지 아니하였을 때에는 그 기한이 지난 때에 그 난민여행증명서는 각각 효력을 잃는다.

[전문개정 2010. 5. 14.]

제76조의7(난민에 대한 체류허가의 특례) 법무부장관은 「난민법」에 따른 난민인정자가 제60조제1항에 따른 이의신청을 한 경우 제61조제1항에 규정된 사유에 해당되지 아니하고 이의신청이 이유 없다고 인정되는 경우에도 그의 체류를 허가할 수 있다. 이 경우 제61조제2항을 준용한다. 〈개정 2012. 2. 10.〉

[전문개정 2010. 5. 14.]

제76조의8(난민여행증명서 발급 등 사무의 대행) 법무부장관은 난민여행증명서의 발급 및 재발급에 관한 사무의 일부를 대통령령으로 정하는 바에 따라 난민여행증명서 발급 신청인의 체류지 관할 지방출입국·외국인관서의 장에게 대행하게 할 수 있다.

[본조신설 2016. 3. 29.]

제76조의9 삭제 〈2012. 2. 10.〉

제76조의10 삭제 〈2012. 2. 10.〉

　　제9장 보칙 〈개정 2010. 5. 14.〉

제77조(무기등의 휴대 및 사용) ① 출입국관리공무원은 그 직무를 집행하기 위하여 필요하면 무기 등(「경찰관 직무집행법」 제10조 및 제10조의2부터 제10조의4까지의 규정에서 정한 장비, 장구, 분사기 및 무기를 말하며, 이하 "무기등"이라 한다)을 지닐 수 있다. 〈개정 2014. 5. 20.〉

② 출입국관리공무원은 「경찰관 직무집행법」 제10조 및 제10조의2부터 제10조의4까지의 규정에 준하여 무

기등을 사용할 수 있다. 〈개정 2014. 5. 20.〉

[전문개정 2010. 5. 14.]

제78조(관계 기관의 협조) ① 출입국관리공무원은 다음 각 호의 조사에 필요하면 관계 기관이나 단체에 자료의 제출이나 사실의 조사 등에 대한 협조를 요청할 수 있다.

　1. 제47조에 따른 조사

　2. 삭제 〈2012. 2. 10.〉

　3. 출입국사범에 대한 조사

② 법무부장관은 다음 각 호의 직무를 수행하기 위하여 관계 기관에 해당 각 호의 정보 제공을 요청할 수 있다. 〈개정 2016. 3. 29., 2017. 3. 14., 2018. 3. 20., 2019. 4. 23., 2020. 6. 9., 2022. 12. 13.〉

　1. 출입국심사(정보화기기를 이용하는 출입국심사에 관하여 외국과의 협정이 있는 경우에는 그 협정에 따른 직무수행을포함한다): 범죄경력정보·수사경력정보, 여권발급정보·주민등록정보, 가족관계등록 전산정보 또는 환승 승객에 대한 정보, 외국인 사망자 정보

　2. 사증 및 사증발급인정서 발급 심사: 범죄경력정보·수사경력정보, 관세사범정보, 여권발급정보·주민등록정보, 사업자의 휴업·폐업 여부에 대한 정보, 납세증명서, 가족관계등록 전산정보 또는 국제결혼 중개업체의 현황 및 행정처분 정보, 외국인 사망자 정보

　3. 외국인체류 관련 각종 허가 심사: 범죄경력정보·수사경력정보, 범칙금 납부정보·과태료 납부정보, 여권발급정보·주민등록정보, 외국인의 자동차등록정보, 사업자의 휴업·폐업 여부에 대한 정보, 납세증명서, 외국인의 조세체납정보, 외국인의 국민건강보험 및 노인장기요양보험 관련 체납정보, 외국인의 과태료 체납정보, 가족관계등록 전산정보 또는 국제결혼 중개업체의 현황 및 행정처분 정보, 숙박업소 현황, 관광숙박업소의 현황, 외국인관광 도시민박업소의 현황, 한옥체험업소의 현황, 외국인 사망자 정보, 대통령령으로 정하는 외국인의 소득금액 정보

　4. 출입국사범 조사: 범죄경력정보·수사경력정보, 외국인의 범죄처분결과정보, 관세사범정보, 여권발급정보·주민등록정보, 외국인의 자동차등록정보, 납세증명서, 가족관계등록 전산정보 또는 국제결혼 중개업체의 현황 및 행정처분 정보, 숙박업소 현황, 관광숙박업소의 현황, 외국인관광 도시민박업소의 현황, 한옥체험업소의 현황, 외국인 사망자 정보

　5. 사실증명서 발급: 여권발급정보·주민등록정보 또는 가족관계등록 전산정보

③ 제1항에 따른 협조 요청 또는 제2항에 따른 정보제공 요청을 받은 관계 기관이나 단체는 정당한 이유 없이 요청을 거부하여서는 아니 된다. 〈개정 2016. 3. 29.〉

④ 제1항에 따라 제출받은 자료 또는 제2항에 따라 제공받은 정보는 「개인정보 보호법」에 따라 보유하고 관리한다. 〈신설 2016. 3. 29.〉

[전문개정 2010. 5. 14.]

제79조(허가신청 등의 의무자) 다음 각 호의 어느 하나에 해당하는 사람이 17세 미만인 경우 본인이 그 허가 등의 신청을 하지 아니하면 그의 부모나 그 밖에 대통령령으로 정하는 사람이 그 신청을 하여야 한다.

　1. 제20조에 따라 체류자격 외 활동허가를 받아야 할 사람

　2. 제23조에 따라 체류자격을 받아야 할 사람

　3. 제24조에 따라 체류자격 변경허가를 받아야 할 사람

　4. 제25조에 따라 체류기간 연장허가를 받아야 할 사람

　5. 제31조에 따라 외국인등록을 하여야 할 사람

　6. 제35조에 따라 외국인등록사항 변경신고를 하여야 할 사람

　7. 제36조에 따라 체류지 변경신고를 하여야 할 사람

[전문개정 2010. 5. 14.]

제79조의2(각종 신청 등의 대행) ① 외국인, 외국인을 고용한 자, 외국인에게 산업기술을 연수시키는 업체의 장 또는 외국인유학생이 재학 중이거나 연수 중인 학교의 장(이하 "외국인등"이라 한다)은 다음 각 호에 해당하는 업무를 외국인의 체류 관련 신청 등을 대행하는 자(이하 "대행기관"이라 한다)에게 대행하게 할 수

있다.

    1. 제9조에 따른 사증발급인정서 발급신청

    2. 제19조제1항(같은 조 제2항에 따라 준용하는 경우를 포함한다)에 따른 신고

    3. 제19조의4제2항에 따른 신고

    4. 제20조에 따른 활동허가의 신청

    5. 제21조제1항 본문에 따른 근무처 변경 · 추가 허가의 신청

    6. 제21조제1항 단서에 따른 근무처 변경 · 추가의 신고

    7. 제23조제1항에 따른 체류자격 부여의 신청

    8. 제24조에 따른 체류자격 변경허가의 신청

    9. 제25조제1항에 따른 체류기간 연장허가의 신청

    10. 그 밖에 외국인등의 출입국이나 체류와 관련된 신고 · 신청 또는 서류 수령 업무로서 법무부령으로 정하는 업무

② 대행기관이 되려는 자는 다음 각 호의 요건을 갖추어 법무부장관에게 등록하여야 한다.

    1. 변호사 또는 행정사 자격

    2. 대행업무에 필요한 교육이수

    3. 법인인 경우에는 제1호 및 제2호의 요건을 충족하는 인력을 갖출 것

③ 대행기관은 제1항 각 호의 업무(이하 "대행업무"라 한다)를 하는 경우 법무부령으로 정하는 대행업무처리 표준절차를 준수하여야 한다.

④ 제2항에 따른 대행기관 등록요건의 세부사항이나 등록절차 등 대행기관의 등록에 필요한 사항은 법무부령으로 정한다.

[본조신설 2020. 6. 9.]

제79조의3(대행기관에 대한 등록취소 등) ① 법무부장관은 대행기관이 다음 각 호의 어느 하나에 해당하는 경우에는 등록취소, 6개월 이내의 대행업무정지 또는 시정명령을 할 수 있다. 다만, 제1호 또는 제2호에 해당하는 경우에는 대행기관의 등록을 취소하여야 한다.

    1. 거짓이나 그 밖의 부정한 방법으로 등록한 경우

    2. 대행업무정지 기간 중 대행업무를 한 경우

    3. 제79조의2제2항에 따른 등록요건에 미달하게 된 경우

    4. 제79조의2제3항에 따른 대행업무처리 표준절차를 위반한 경우

    5. 시정명령을 받고도 이행하지 아니한 경우

    6. 외국인등에게 과장 또는 거짓된 정보를 제공하거나 과장 또는 거짓된 정보를 제공하여 업무 대행을 의뢰받은 경우

    7. 위조 · 변조된 서류 또는 거짓된 사실이 기재된 서류를 작성하거나 제출하는 경우

    8. 외국인등이 맡긴 서류를 분실 · 훼손하거나 외국인등의 출입국이나 체류와 관련된 신고 · 신청을 위하여 제출하여야 할 서류의 작성 · 제출을 게을리 하는 등 선량한 관리자의 주의의무를 다하지 아니하는 경우

② 제1항에 따른 행정처분의 세부기준은 법무부령으로 정한다.

③ 법무부장관은 제1항에 따라 대행기관 등록을 취소할 경우에는 청문을 실시하여야 한다.

[본조신설 2020. 6. 9.]

제80조(사실조사) ① 출입국관리공무원이나 권한 있는 공무원은 이 법에 따른 신고 또는 등록의 정확성을 유지하기 위하여 제19조 · 제31조 · 제35조 및 제36조에 따른 신고 또는 등록의 내용이 사실과 다르다고 의심할 만한 상당한 이유가 있으면 그 사실을 조사할 수 있다.

② 법무부장관은 다음 각 호에 따른 업무의 수행에 필요하다고 인정하면 출입국관리공무원에게 그 사실을 조사하게 할 수 있다.

    1. 제9조에 따른 사증발급인정서의 발급

2. 제20조, 제21조, 제24조 및 제25조에 따른 허가나 제23조에 따른 체류자격 부여

3. 삭제 〈2012. 2. 10.〉

③ 제1항이나 제2항에 따른 조사를 하기 위하여 필요하면 제1항이나 제2항에 따른 신고·등록 또는 신청을 한 자나 그 밖의 관계인을 출석하게 하여 질문을 하거나 문서 및 그 밖의 자료를 제출할 것을 요구할 수 있다.

[전문개정 2010. 5. 14.]

제81조(출입국관리공무원 등의 외국인 동향조사) ① 출입국관리공무원과 대통령령으로 정하는 관계 기관 소속 공무원은 외국인이 이 법 또는 이 법에 따른 명령에 따라 적법하게 체류하고 있는지와 제46조제1항 각 호의 어느 하나에 해당되는지를 조사하기 위하여 다음 각 호의 어느 하나에 해당하는 자를 방문하여 질문하거나 그 밖에 필요한 자료를 제출할 것을 요구할 수 있다. 〈개정 2020. 2. 4.〉

1. 외국인

2. 외국인을 고용한 자

3. 외국인의 소속 단체 또는 외국인이 근무하는 업소의 대표자

4. 외국인을 숙박시킨 자

② 출입국관리공무원은 허위초청 등에 의한 외국인의 불법입국을 방지하기 위하여 필요하면 외국인의 초청이나 국제결혼 등을 알선·중개하는 자 또는 그 업소를 방문하여 질문하거나 자료를 제출할 것을 요구할 수 있다.

③ 출입국관리공무원은 거동이나 주위의 사정을 합리적으로 판단하여 이 법을 위반하였다고 의심할 만한 상당한 이유가 있는 외국인에게 정지를 요청하고 질문할 수 있다.

④ 제1항이나 제2항에 따라 질문을 받거나 자료 제출을 요구받은 자는 정당한 이유 없이 거부하여서는 아니 된다.

[전문개정 2010. 5. 14.]

제81조의2(출입국관리공무원의 주재) 법무부장관은 다음 각 호의 업무에 종사하게 하기 위하여 출입국관리공무원을 재외공관 등에 주재하게 할 수 있다.

1. 제7조제1항에 따른 사증 발급사무

2. 제7조제4항에 따른 외국인입국허가서 발급사무

3. 외국인의 입국과 관련된 필요한 정보수집 및 연락 업무

[전문개정 2010. 5. 14.]

제81조의3(외국인의 정보제공 의무) ① 제10조의2제1항제1호에 따른 단기체류자격을 가진 외국인(이하 "숙박외국인"이라 한다)은 「감염병의 예방 및 관리에 관한 법률」에 따른 위기경보의 발령 또는 「국민보호와 공공안전을 위한 테러방지법」에 따른 테러경보의 발령 등 법무부령으로 정하는 경우에 한정하여 다음 각 호의 어느 하나에 해당하는 자(이하 "숙박업자"라 한다)가 경영하는 숙박업소에서 머무는 경우 숙박업자에게 여권 등 법무부령으로 정하는 자료를 제공하여야 한다.

1. 「공중위생관리법」에 따라 숙박업으로 신고한 자

2. 「관광진흥법」에 따라 관광숙박업, 외국인관광 도시민박업 및 한옥체험업으로 등록한 자

② 숙박업자는 숙박외국인이 제공한 자료를 숙박한 때 또는 제1항에 따른 경보가 발령된 때부터 12시간 이내에 법무부령으로 정하는 정보통신망(이하 "정보통신망"이라 한다)을 통하여 법무부장관에게 제출하여야 한다. 다만, 통신 장애 등 부득이한 사유로 정보통신망으로 제출할 수 없을 때에는 법무부령으로 정하는 방법으로 제출할 수 있다.

③ 숙박업자는 제2항에 따른 업무를 수행하기 위하여 수집한 자료를 「개인정보 보호법」에 따라 보유하고 관리한다.

④ 법무부장관은 제2항에 따라 제출받은 숙박외국인의 자료를 「개인정보 보호법」에 따라 보유하고 관리한다.

⑤ 제2항에 따른 정보통신망의 설치·운영 및 자료 제출의 절차·방법에 관하여 필요한 사항은 법무부령

으로 정한다.
[본조신설 2020. 6. 9.]

제82조(증표의 휴대 및 제시) 출입국관리공무원이나 권한 있는 공무원은 다음 각 호의 어느 하나에 해당하는 직무를 집행할 때에는 그 권한을 표시하는 증표를 지니고 이를 관계인에게 내보여야 한다. 〈개정 2016. 3. 29.〉

　　1. 제50조에 따른 주거 또는 물건의 검사 및 서류나 그 밖의 물건의 제출요구
　　2. 제69조(제70조제1항 및 제2항에서 준용하는 경우를 포함한다)에 따른 검색 및 심사
　　3. 제80조와 제81조에 따른 질문이나 그 밖에 필요한 자료의 제출요구
　　4. 제1호부터 제3호까지의 규정에 준하는 직무수행
[전문개정 2010. 5. 14.]

제83조(출입국사범의 신고) 누구든지 이 법을 위반하였다고 의심되는 사람을 발견하면 출입국관리공무원에게 신고할 수 있다.
[전문개정 2010. 5. 14.]

제84조(통보의무) ① 국가나 지방자치단체의 공무원이 그 직무를 수행할 때에 제46조제1항 각 호의 어느 하나에 해당하는 사람이나 이 법에 위반된다고 인정되는 사람을 발견하면 그 사실을 지체 없이 지방출입국·외국인관서의 장에게 알려야 한다. 다만, 공무원이 통보로 인하여 그 직무수행 본연의 목적을 달성할 수 없다고 인정되는 경우로서 대통령령으로 정하는 사유에 해당하는 때에는 그러하지 아니하다. 〈개정 2012. 1. 26., 2014. 3. 18.〉
② 교도소·소년교도소·구치소 및 그 지소·보호감호소·치료감호시설 또는 소년원의 장은 제1항에 따른 통보대상 외국인이 다음 각 호의 어느 하나에 해당하면 그 사실을 지체 없이 지방출입국·외국인관서의 장에게 알려야 한다. 〈개정 2014. 3. 18.〉

　　1. 형의 집행을 받고 형기의 만료, 형의 집행정지 또는 그 밖의 사유로 석방이 결정된 경우
　　2. 보호감호 또는 치료감호 처분을 받고 수용된 후 출소가 결정된 경우
　　3. 「소년법」에 따라 소년원에 수용된 후 퇴원이 결정된 경우
[전문개정 2010. 5. 14.]

제85조(형사절차와의 관계) ① 지방출입국·외국인관서의 장은 제46조제1항 각 호의 어느 하나에 해당하는 사람이 형의 집행을 받고 있는 중에도 강제퇴거의 절차를 밟을 수 있다. 〈개정 2014. 3. 18.〉
② 제1항의 경우 강제퇴거명령서가 발급되면 그 외국인에 대한 형의 집행이 끝난 후에 강제퇴거명령서를 집행한다. 다만, 그 외국인의 형 집행장소를 관할하는 지방검찰청 검사장(檢事長)의 허가를 받은 경우에는 형의 집행이 끝나기 전이라도 강제퇴거명령서를 집행할 수 있다.
[전문개정 2010. 5. 14.]

제86조(신병의 인도) ① 검사는 강제퇴거명령서가 발급된 구속피의자에게 불기소처분을 한 경우에는 석방과 동시에 출입국관리공무원에게 그를 인도하여야 한다.
② 교도소·소년교도소·구치소 및 그 지소·보호감호소·치료감호시설 또는 소년원의 장은 제84조제2항에 따라 지방출입국·외국인관서의 장에게 통보한 외국인에 대하여 강제퇴거명령서가 발급되면 석방·출소 또는 퇴원과 동시에 출입국관리공무원에게 그를 인도하여야 한다. 〈개정 2014. 3. 18.〉
[전문개정 2010. 5. 14.]

제87조(출입국관리 수수료) ① 이 법에 따라 허가 등을 받는 사람은 법무부령으로 정하는 수수료를 내야 한다.
② 법무부장관은 국제관례 또는 상호주의원칙이나 그 밖에 법무부령으로 정하는 사유로 필요하다고 인정하면 제1항에 따른 수수료를 감면할 수 있고, 협정 등에 수수료에 관한 규정이 따로 있으면 그 규정에서 정하는 바에 따른다.

[전문개정 2010. 5. 14.]

제88조(사실증명의 발급 및 열람) ① 지방출입국·외국인관서의 장, 시·군·구(자치구가 아닌 구를 포함한다. 이하 이 조에서 같다) 및 읍·면·동 또는 재외공관의 장은 이 법의 절차에 따라 출국 또는 입국한 사실 유무에 대하여 법무부령으로 정하는 바에 따라 출입국에 관한 사실증명을 발급할 수 있다. 다만, 출국 또는 입국한 사실이 없는 사람에 대하여는 특히 필요하다고 인정되는 경우에만 이 법의 절차에 따른 출국 또는 입국 사실이 없다는 증명을 발급할 수 있다. 〈개정 2012. 1. 26., 2014. 3. 18., 2016. 3. 29.〉

② 지방출입국·외국인관서의 장, 시·군·구 또는 읍·면·동의 장은 이 법의 절차에 따라 외국인등록을 한 외국인 및 그의 법정대리인 등 법무부령으로 정하는 사람에게 법무부령으로 정하는 바에 따라 외국인등록 사실증명을 발급하거나 열람하게 할 수 있다. 〈개정 2014. 3. 18., 2016. 3. 29.〉

[전문개정 2010. 5. 14.]
[제목개정 2016. 3. 29.]

제88조의2(외국인등록증 등과 주민등록증 등의 관계) ① 법령에 규정된 각종 절차와 거래관계 등에서 주민등록증이나 주민등록등본 또는 초본이 필요하면 외국인등록증이나 외국인등록 사실증명으로 이를 갈음한다.

② 이 법에 따른 외국인등록과 체류지 변경신고는 주민등록과 전입신고를 갈음한다.

[전문개정 2010. 5. 14.]

제88조의2(외국인등록증 등과 주민등록증 등의 관계) ① 법령에 규정된 각종 절차와 거래관계 등에서 주민등록증이나 주민등록등본 또는 초본이 필요하면 외국인등록증(모바일외국인등록증을 포함한다)이나 외국인등록 사실증명으로 이를 갈음한다. 〈개정 2023. 6. 13.〉

② 이 법에 따른 외국인등록과 체류지 변경신고는 주민등록과 전입신고를 갈음한다.

③ 이 법 또는 다른 법률에서 실물 외국인등록증이나 외국인등록증에 기재된 성명, 사진, 외국인등록번호 등의 확인이 필요한 경우 모바일외국인등록증의 확인으로 이를 갈음할 수 있다. 〈신설 2023. 6. 13.〉

[전문개정 2010. 5. 14.]
[시행일: 2023. 12. 14.] 제88조의2

제88조의3(외국인체류확인서 열람·교부) ① 특정 건물 또는 시설의 소재지를 체류지로 신고한 외국인의 성명과 체류지 변경 일자를 확인할 수 있는 서류(이하 "외국인체류확인서"라 한다)를 열람하거나 교부받으려는 자는 지방출입국·외국인관서의 장이나 읍·면·동의 장 또는 출장소장에게 신청할 수 있다.

② 제1항에 따른 외국인체류확인서 열람이나 교부를 신청할 수 있는 자는 다음 각 호의 어느 하나에 해당하는 자로 한다.

1. 특정 건물이나 시설의 소유자 본인이나 그 세대원, 임차인 본인이나 그 세대원, 매매계약자 또는 임대차계약자 본인
   2. 특정 건물 또는 시설의 소유자, 임차인, 매매계약자 또는 임대차계약자 본인의 위임을 받은 자
   3. 다음 각 목의 어느 하나에 해당하는 사유로 열람 또는 교부를 신청하려는 자
      가. 관계 법령에 따라 경매참가자가 경매에 참가하려는 경우
      나. 「신용정보의 이용 및 보호에 관한 법률」 제2조제5호라목에 따른 신용조사회사 또는 「감정평가 및 감정평가사에 관한 법률」 제2조제4호에 따른 감정평가법인 등이 임차인의 실태 등을 확인하려는 경우
      다. 대통령령으로 정하는 금융회사 등이 담보주택의 근저당 설정을 하려는 경우
      라. 법원의 현황조사명령서에 따라 집행관이 현황조사를 하려는 경우

③ 외국인체류확인서의 기재사항, 열람·교부 신청절차, 수수료, 그 밖에 필요한 사항은 법무부령으로 정한다.

[본조신설 2022. 12. 13.]

제88조의4(외국인등록증의 진위확인) ① 법무부장관은 외국인등록증의 진위 여부에 대한 확인요청이 있는 경

우 그 진위를 확인하여 줄 수 있다.

② 법무부장관은 외국인등록증 진위 여부 확인에 필요한 정보시스템을 구축·운영할 수 있다.

③ 외국인등록증의 진위확인 절차, 제2항에 따른 정보시스템의 구축·운영 등에 필요한 사항은 법무부령으로 정한다.

[본조신설 2022. 12. 13.]

제89조(각종 허가 등의 취소·변경) ① 법무부장관은 외국인이 다음 각 호의 어느 하나에 해당하면 제8조에 따른 사증발급, 제9조에 따른 사증발급인정서의 발급, 제12조제3항에 따른 입국허가, 제13조에 따른 조건부 입국허가, 제14조에 따른 승무원 상륙허가, 제14조의2에 따른 관광상륙허가 또는 제20조·제21조 및 제23조부터 제25조까지의 규정에 따른 체류허가 등을 취소하거나 변경할 수 있다. 〈개정 2012. 1. 26.〉

　　1. 신원보증인이 보증을 철회하거나 신원보증인이 없게 된 경우

　　2. 거짓이나 그 밖의 부정한 방법으로 허가 등을 받은 것이 밝혀진 경우

　　3. 허가조건을 위반한 경우

　　4. 사정 변경으로 허가상태를 더 이상 유지시킬 수 없는 중대한 사유가 발생한 경우

　　5. 제1호부터 제4호까지에서 규정한 경우 외에 이 법 또는 다른 법을 위반한 정도가 중대하거나 출입국관리공무원의 정당한 직무명령을 위반한 경우

② 법무부장관은 제1항에 따른 각종 허가 등의 취소나 변경에 필요하다고 인정하면 해당 외국인이나 제79조에 따른 신청인을 출석하게 하여 의견을 들을 수 있다.

③ 제2항의 경우에 법무부장관은 취소하거나 변경하려는 사유, 출석일시와 장소를 출석일 7일 전까지 해당 외국인이나 신청인에게 통지하여야 한다.

[전문개정 2010. 5. 14.]

제89조의2(영주자격의 취소 특례) ① 법무부장관은 영주자격을 가진 외국인에 대해서는 제89조제1항에도 불구하고 다음 각 호의 어느 하나에 해당하는 경우에 한정하여 영주자격을 취소할 수 있다. 다만, 제1호에 해당하는 경우에는 영주자격을 취소하여야 한다.

　　1. 거짓이나 그 밖의 부정한 방법으로 영주자격을 취득한 경우

　　2. 「형법」, 「성폭력범죄의 처벌 등에 관한 특례법」 등 법무부령으로 정하는 법률에 규정된 죄를 범하여 2년 이상의 징역 또는 금고의 형이 확정된 경우

　　3. 최근 5년 이내에 이 법 또는 다른 법률을 위반하여 징역 또는 금고의 형을 선고받고 확정된 형기의 합산기간이 3년 이상인 경우

　　4. 대한민국에 일정금액 이상 투자 상태를 유지할 것 등을 조건으로 영주자격을 취득한 사람 등 대통령령으로 정하는 사람이 해당 조건을 위반한 경우

　　5. 국가안보, 외교관계 및 국민경제 등에 있어서 대한민국의 국익에 반하는 행위를 한 경우

② 법무부장관은 제1항에 따라 영주자격을 취소하는 경우 대한민국에 계속 체류할 필요성이 인정되고 일반체류자격의 요건을 갖춘 경우 해당 외국인의 신청이 있는 때에는 일반체류자격을 부여할 수 있다.

③ 제1항에 따라 영주자격을 취소하는 경우에는 제89조제2항 및 제3항을 준용한다.

[본조신설 2018. 3. 20.]

제90조(신원보증) ① 법무부장관은 사증발급, 사증발급인정서발급, 입국허가, 조건부 입국허가, 각종 체류허가, 외국인의 보호 또는 출입국사범의 신병인도(身柄引渡) 등과 관련하여 필요하다고 인정하면 초청자나 그 밖의 관계인에게 그 외국인(이하 "피보증외국인"이라 한다)의 신원을 보증하게 할 수 있다.

② 법무부장관은 제1항에 따라 신원보증을 한 사람(이하 "신원보증인"이라 한다)에게 피보증외국인의 체류, 보호 및 출국에 드는 비용의 전부 또는 일부를 부담하게 할 수 있다.

③ 신원보증인이 제2항에 따른 보증책임을 이행하지 아니하여 국고에 부담이 되게 한 경우에는 법무부장관은 신원보증인에게 구상권(求償權)을 행사할 수 있다.

④ 신원보증인이 제2항에 따른 비용을 부담하지 아니할 염려가 있거나 그 보증만으로는 보증목적을 달성할 수 없다고 인정될 때에는 신원보증인에게 피보증외국인 1인당 300만원 이하의 보증금을 예치하게 할

수 있다.

⑤ 신원보증인의 자격, 보증기간, 그 밖에 신원보증에 필요한 사항은 법무부령으로 정한다.
[전문개정 2010. 5. 14.]

제90조의2(불법취업외국인의 출국비용 부담책임) ① 법무부장관은 취업활동을 할 수 있는 체류자격을 가지지 아니한 외국인을 고용한 자(이하 "불법고용주"라 한다)에게 그 외국인의 출국에 드는 비용의 전부 또는 일부를 부담하게 할 수 있다.

② 불법고용주가 제1항에 따른 비용 부담책임을 이행하지 아니하여 국고에 부담이 되게 한 경우에 법무부장관은 그 불법고용주에게 구상권을 행사할 수 있다.
[전문개정 2010. 5. 14.]

제91조(문서 등의 송부) ① 문서 등의 송부는 이 법에 특별한 규정이 있는 경우를 제외하고는 본인, 가족, 신원보증인, 소속 단체의 장의 순으로 직접 내주거나 우편으로 보내는 방법에 따른다.

② 지방출입국·외국인관서의 장은 제1항에 따른 문서 등의 송부가 불가능하다고 인정되면 송부할 문서 등을 보관하고, 그 사유를 청사(廳舍)의 게시판에 게시하여 공시송달(公示送達)한다. 〈개정 2014. 3. 18.〉

③ 제2항에 따른 공시송달은 게시한 날부터 14일이 지난 날에 그 효력이 생긴다.
[전문개정 2010. 5. 14.]

제91조의2(사증발급 및 체류허가 신청문서의 전자화) ① 법무부장관은 각종 발급 및 허가 업무를 효율적으로 처리하기 위하여 다음 각 호의 어느 하나에 해당하는 사항을 신청하려는 자가 제출한 문서 중 법무부령으로 정하는 문서를 「전자문서 및 전자거래 기본법」 제5조제2항에 따른 전자화문서로 변환하여 보관할 수 있다.

  1. 제8조 및 제9조에 따른 사증 및 사증발급인정서 발급
  2. 제20조에 따른 체류자격 외 활동허가
  3. 제23조에 따른 체류자격 부여
  4. 제24조에 따른 체류자격 변경허가
  5. 제25조에 따른 체류기간 연장허가
  6. 제31조에 따른 외국인등록
  7. 그 밖에 법무부장관이 필요하다고 인정하는 사항

② 법무부장관은 제1항에 따른 전자화문서로 변환하는 업무(이하 이 조에서 "전자화업무"라 한다)를 법무부령으로 정하는 시설 및 인력을 갖춘 법인에 위탁하여 수행하게 할 수 있다. 다만, 외국에서 전자화업무를 위탁하는 경우에는 외교부장관과 협의하여야 한다.

③ 제2항에 따라 전자화업무를 위탁받은 법인(이하 "전자화기관"이라 한다)의 임직원 또는 임직원으로 재직하였던 자는 직무상 알게 된 비밀을 다른 사람에게 누설하거나 직무상 목적 외의 용도로 이용하여서는 아니 된다.

④ 법무부장관은 제1항에 따라 문서를 전자화문서로 변환하여 보관하는 때에는 법무부에서 사용하는 전산정보처리조직의 파일에 수록하여 보관한다. 이 경우 파일에 수록된 내용은 해당 문서에 적힌 내용과 같은 것으로 본다.

⑤ 법무부장관은 전자화기관이 제2항에 따른 법무부령으로 정하는 시설 및 인력기준을 충족하지 못하는 경우에는 시정조치를 요구할 수 있으며, 전자화기관이 시정조치 요구에 따르지 아니하는 경우에는 전자화업무의 위탁을 취소할 수 있다. 이 경우 미리 의견을 진술할 기회를 주어야 한다.

⑥ 제1항, 제2항 및 제5항에 따른 전자화업무의 수행방법, 위탁·지정 기간 및 절차, 관리·감독 등에 필요한 사항은 법무부령으로 정한다.
[본조신설 2019. 4. 23.]

제92조(권한의 위임 및 업무의 위탁) ① 법무부장관은 이 법에 따른 권한의 일부를 대통령령으로 정하는 바에 따라 지방출입국·외국인관서의 장에게 위임할 수 있다. 〈개정 2014. 3. 18.〉

② 시장(특별시장과 광역시장은 제외한다)은 이 법에 따른 권한의 일부를 대통령령으로 정하는 바에 따라 구청장(자치구가 아닌 구의 구청장을 말한다)에게 위임할 수 있다. 〈개정 2012. 1. 26.〉

③ 이 법에 따른 법무부장관의 업무는 그 일부를 대통령령으로 정하는 바에 따라 관련 업무를 수행할 수 있는 인력이나 시설을 갖춘 법인이나 단체에 위탁할 수 있다. 〈신설 2020. 6. 9.〉

[전문개정 2010. 5. 14.]

[제목개정 2020. 6. 9.]

제92조의2(선박등의 운항 허가에 관한 협의) 국토교통부장관 및 해양수산부장관은 출입국항에 여객을 운송하는 선박등의 운항을 허가할 때에는 출입국심사업무가 원활히 수행될 수 있도록 법무부장관과 미리 협의하여야 한다.

[본조신설 2016. 3. 29.]

제93조(남북한 왕래 등의 절차) ① 군사분계선 이남지역(이하 "남한"이라 한다)이나 해외에 거주하는 국민이 군사분계선 이북지역(이하 "북한"이라 한다)을 거쳐 출입국하는 경우에는 남한에서 북한으로 가기 전 또는 북한에서 남한으로 온 후에 출입국심사를 한다.

② 외국인의 남북한 왕래절차에 관하여는 법무부장관이 따로 정하는 경우를 제외하고는 이 법의 출입국절차에 관한 규정을 준용한다.

③ 외국인이 북한을 거쳐 출입국하는 경우에는 이 법의 출입국절차에 관한 규정에 따른다.

④ 제1항부터 제3항까지의 규정의 시행에 필요한 사항은 대통령령으로 정한다.

[전문개정 2010. 5. 14.]

제10장 벌칙 〈개정 2010. 5. 14.〉

제93조의2(벌칙) ① 다음 각 호의 어느 하나에 해당하는 사람은 7년 이하의 징역에 처한다. 〈개정 2014. 1. 7.〉

1. 이 법에 따라 보호되거나 일시보호된 사람으로서 다음 각 목의 어느 하나에 해당하는 사람

　가. 도주할 목적으로 보호시설 또는 기구를 손괴하거나 다른 사람을 폭행 또는 협박한 사람

　나. 2명 이상이 합동하여 도주한 사람

2. 이 법에 따른 보호나 강제퇴거를 위한 호송 중에 있는 사람으로서 다른 사람을 폭행 또는 협박하거나 2명 이상이 합동하여 도주한 사람

3. 이 법에 따라 보호·일시보호된 사람이나 보호 또는 강제퇴거를 위한 호송 중에 있는 사람을 탈취하거나 도주하게 한 사람

② 다음 각 호의 어느 하나에 해당하는 사람으로서 영리를 목적으로 한 사람은 7년 이하의 징역 또는 7천만원 이하의 벌금에 처한다. 〈개정 2012. 1. 26., 2014. 1. 7., 2020. 3. 24.〉

1. 제12조제1항 또는 제2항에 따라 입국심사를 받아야 하는 외국인을 집단으로 불법입국하게 하거나 이를 알선한 사람

2. 제12조의3제1항을 위반하여 외국인을 집단으로 불법입국 또는 불법출국하게 하거나 대한민국을 거쳐 다른 국가로 불법입국하게 할 목적으로 선박등이나 여권·사증, 탑승권, 그 밖에 출입국에 사용될 수 있는 서류 및 물품을 제공하거나 알선한 사람

3. 제12조의3제2항을 위반하여 불법으로 입국한 외국인을 집단으로 대한민국에서 은닉 또는 도피하게 하거나 은닉 또는 도피하게 할 목적으로 교통수단을 제공하거나 이를 알선한 사람

[전문개정 2010. 5. 14.]

제93조의3(벌칙) 다음 각 호의 어느 하나에 해당하는 사람은 5년 이하의 징역 또는 5천만원 이하의 벌금에 처한다.

1. 제12조제1항 또는 제2항을 위반하여 입국심사를 받지 아니하고 입국한 사람

2. 제91조의2제3항을 위반하여 직무상 알게 된 비밀을 다른 사람에게 누설하거나 직무상 목적 외의 용

도로 이용한 사람

　3. 제93조의2제2항 각 호의 어느 하나에 해당하는 죄를 범한 사람(영리를 목적으로 한 사람은 제외한다)

[전문개정 2020. 3. 24.]

제94조(벌칙) 다음 각 호의 어느 하나에 해당하는 사람은 3년 이하의 징역 또는 3천만원 이하의 벌금에 처한다. 〈개정 2012. 1. 26., 2014. 1. 7., 2016. 3. 29., 2018. 3. 20., 2019. 4. 23., 2020. 3. 24.〉

　1. 제3조제1항을 위반하여 출국심사를 받지 아니하고 출국한 사람

　2. 제7조제1항 또는 제4항을 위반하여 입국한 사람

　3. 제7조의2를 위반한 사람

　4. 제12조의3을 위반한 사람으로서 제93조의2제2항 또는 제93조의3제1호ㆍ제3호에 해당하지 아니하는 사람

　5. 제14조제1항에 따른 승무원 상륙허가 또는 제14조의2제1항에 따른 관광상륙허가를 받지 아니하고 상륙한 사람

　6. 제14조제3항에 따른 승무원 상륙허가 또는 제14조의2제3항에 따른 관광상륙허가의 조건을 위반한 사람

　7. 제17조제1항을 위반하여 체류자격이나 체류기간의 범위를 벗어나서 체류한 사람

　8. 제18조제1항을 위반하여 취업활동을 할 수 있는 체류자격을 받지 아니하고 취업활동을 한 사람

　9. 제18조제3항을 위반하여 취업활동을 할 수 있는 체류자격을 가지지 아니한 사람을 고용한 사람

　10. 제18조제4항을 위반하여 취업활동을 할 수 있는 체류자격을 가지지 아니한 외국인의 고용을 업으로 알선ㆍ권유한 사람

　11. 제18조제5항을 위반하여 체류자격을 가지지 아니한 외국인을 자기 지배하에 두는 행위를 한 사람

　12. 제20조를 위반하여 체류자격 외 활동허가를 받지 아니하고 다른 체류자격에 해당하는 활동을 한 사람

　13. 제21조제2항을 위반하여 근무처의 변경허가 또는 추가허가를 받지 아니한 외국인의 고용을 업으로 알선한 사람

　14. 제22조에 따른 제한 등을 위반한 사람

　15. 제23조를 위반하여 체류자격을 받지 아니하고 체류한 사람

　16. 제24조를 위반하여 체류자격 변경허가를 받지 아니하고 다른 체류자격에 해당하는 활동을 한 사람

　17. 제25조를 위반하여 체류기간 연장허가를 받지 아니하고 체류기간을 초과하여 계속 체류한 사람

　17의2. 제26조를 위반한 사람

　18. 제28조제1항이나 제2항을 위반하여 출국심사를 받지 아니하고 출국한 사람

　19. 제33조의3을 위반한 사람

　20. 제69조(제70조제1항 및 제2항에서 준용하는 경우를 포함한다)를 위반한 사람

[전문개정 2010. 5. 14.]

제95조(벌칙) 다음 각 호의 어느 하나에 해당하는 사람은 1년 이하의 징역 또는 1천만원 이하의 벌금에 처한다. 〈개정 2014. 1. 7.〉

　1. 제6조제1항을 위반하여 입국심사를 받지 아니하고 입국한 사람

　2. 제13조제2항에 따른 조건부 입국허가의 조건을 위반한 사람

　3. 제15조제1항에 따른 긴급상륙허가, 제16조제1항에 따른 재난상륙허가 또는 제16조의2제1항에 따른 난민 임시상륙허가를 받지 아니하고 상륙한 사람

　4. 제15조제2항, 제16조제2항 또는 제16조의2제2항에 따른 허가조건을 위반한 사람

　5. 제18조제2항을 위반하여 지정된 근무처가 아닌 곳에서 근무한 사람

　6. 제21조제1항 본문을 위반하여 허가를 받지 아니하고 근무처를 변경하거나 추가한 사람 또는 제21조제2항을 위반하여 근무처의 변경허가 또는 추가허가를 받지 아니한 외국인을 고용한 사람

7. 제31조의 등록의무를 위반한 사람

8. 제51조제1항·제3항, 제56조 또는 제63조제1항에 따라 보호 또는 일시보호된 사람으로서 도주하거나 보호 또는 강제퇴거 등을 위한 호송 중에 도주한 사람(제93조의2제1항제1호 또는 제2호에 해당하는 사람은 제외한다)

9. 제63조제5항에 따른 주거의 제한이나 그 밖의 조건을 위반한 사람

10. 삭제 〈2012. 2. 10.〉

[전문개정 2010. 5. 14.]

제96조(벌칙) 다음 각 호의 어느 하나에 해당하는 사람은 1천만원 이하의 벌금에 처한다. 〈개정 2016. 3. 29.〉

1. 제71조제4항(제70조제1항 및 제2항에서 준용하는 경우를 포함한다)에 따른 출항의 일시정지 또는 회항 명령이나 선박등의 출입 제한을 위반한 사람

2. 정당한 사유 없이 제73조(제70조제1항 및 제2항에서 준용하는 경우를 포함한다)에 따른 준수사항을 지키지 아니하였거나 제73조의2제1항(제70조제1항 및 제2항에서 준용하는 경우를 포함한다) 또는 제3항(제70조제1항 및 제2항에서 준용하는 경우를 포함한다)을 위반하여 열람 또는 문서제출 요청에 따르지 아니한 사람

3. 정당한 사유 없이 제75조제1항(제70조제1항 및 제2항에서 준용하는 경우를 포함한다) 또는 제2항(제70조제1항 및 제2항에서 준용하는 경우를 포함한다)에 따른 보고서를 제출하지 아니하거나 거짓으로 제출한 사람

[전문개정 2010. 5. 14.]

제97조(벌칙) 다음 각 호의 어느 하나에 해당하는 사람은 500만원 이하의 벌금에 처한다. 〈개정 2016. 3. 29., 2017. 12. 12.〉

1. 제18조제4항을 위반하여 취업활동을 할 수 있는 체류자격을 가지지 아니한 외국인의 고용을 알선·권유한 사람(업으로 하는 사람은 제외한다)

2. 제21조제2항을 위반하여 근무처의 변경허가 또는 추가허가를 받지 아니한 외국인의 고용을 알선한 사람(업으로 하는 사람은 제외한다)

3. 제72조(제70조제1항 및 제2항에서 준용하는 경우를 포함한다)를 위반하여 허가를 받지 아니하고 선박등이나 출입국심사장에 출입한 사람

4. 제74조(제70조제1항 및 제2항에서 준용하는 경우를 포함한다)에 따른 제출 또는 통보 의무를 위반한 사람

5. 제75조제4항(제70조제1항 및 제2항에서 준용하는 경우를 포함한다) 및 제5항(제70조제1항 및 제2항에서 준용하는 경우를 포함한다)에 따른 보고 또는 방지 의무를 위반한 사람

6. 제76조제1항(제70조제1항 및 제2항에서 준용하는 경우를 포함한다)에 따른 송환의무를 위반한 사람

7. 제76조의6제1항을 위반하여 난민인정증명서 또는 난민여행증명서를 반납하지 아니하거나 같은 조 제2항에 따른 난민여행증명서 반납명령을 위반한 사람

[전문개정 2010. 5. 14.]

제98조(벌칙) 다음 각 호의 어느 하나에 해당하는 사람은 100만원 이하의 벌금에 처한다.

1. 제27조에 따른 여권등의 휴대 또는 제시 의무를 위반한 사람

2. 제36조제1항에 따른 체류지 변경신고 의무를 위반한 사람

[전문개정 2010. 5. 14.]

제99조(미수범 등) ① 제93조의2, 제93조의3제1호·제3호, 제94조제1호부터 제5호까지 또는 제18호 및 제95조제1호의 죄를 범할 목적으로 예비하거나 또는 음모한 사람과 미수범은 각각 해당하는 본죄에 준하여 처벌한다. 〈개정 2016. 3. 29., 2019. 4. 23., 2020. 3. 24.〉

② 제1항에 따른 행위를 교사하거나 방조한 사람은 정범(正犯)에 준하여 처벌한다.

[전문개정 2010. 5. 14.]

제99조의2(난민에 대한 형의 면제) 제93조의3제1호, 제94조제2호 · 제5호 · 제6호 및 제15호부터 제17호까지 또는 제95조제3호 · 제4호에 해당하는 사람이 그 위반행위를 한 후 지체 없이 지방출입국 · 외국인관서의 장에게 다음 각 호의 모두에 해당하는 사실을 직접 신고하는 경우에 그 사실이 증명되면 그 형을 면제한다. 〈개정 2012. 2. 10., 2014. 3. 18., 2019. 4. 23., 2020. 3. 24.〉

  1. 「난민법」 제2조제1호에 규정된 이유로 그 생명 · 신체 또는 신체의 자유를 침해받을 공포가 있는 영역으로부터 직접 입국하거나 상륙한 난민이라는 사실

  2. 제1호의 공포로 인하여 해당 위반행위를 한 사실

[전문개정 2010. 5. 14.]

제99조의3(양벌규정) 법인의 대표자나 법인 또는 개인의 대리인, 사용인, 그 밖의 종업원이 그 법인 또는 개인의 업무에 관하여 다음 각 호의 어느 하나에 해당하는 위반행위를 하면 그 행위자를 벌하는 외에 그 법인 또는 개인에게도 해당 조문의 벌금형을 과(科)한다. 다만, 법인 또는 개인이 그 위반행위를 방지하기 위하여 해당 업무에 관하여 상당한 주의와 감독을 게을리하지 아니한 경우에는 그러하지 아니하다. 〈개정 2018. 3. 20., 2020. 6. 9.〉

  1. 제94조제3호의 위반행위

  2. 제94조제9호의 위반행위

  2의2. 제94조제10호의 위반행위

  3. 제94조제19호의 위반행위 중 제33조의3제1호를 위반한 행위

  4. 제94조제20호의 위반행위

  5. 제95조제6호의 위반행위 중 제21조제2항을 위반하여 근무처의 변경허가 또는 추가허가를 받지 아니한 외국인을 고용하는 행위

  6. 제96조제1호부터 제3호까지의 규정에 따른 위반행위

  7. 제97조제4호부터 제6호까지의 규정에 따른 위반행위

[전문개정 2010. 5. 14.]

제100조(과태료) ① 다음 각 호의 어느 하나에 해당하는 자에게는 200만원 이하의 과태료를 부과한다. 〈개정 2016. 3. 29., 2018. 3. 20.〉

  1. 제19조의 신고의무를 위반한 자

  2. 제19조의4제1항 또는 제2항 각 호의 어느 하나에 해당하는 규정을 위반한 사람

  3. 제21조제1항 단서의 신고의무를 위반한 사람

  4. 제33조제4항 또는 제33조의2제1항을 위반하여 영주증을 재발급받지 아니한 사람

  5. 과실로 인하여 제75조제1항(제70조제1항 및 제2항에서 준용하는 경우를 포함한다) 또는 제2항(제70조제1항 및 제2항에서 준용하는 경우를 포함한다)에 따른 출 · 입항보고를 하지 아니하거나 출 · 입항보고서의 국적, 성명, 성별, 생년월일, 여권번호에 관한 항목을 최근 1년 이내에 3회 이상 사실과 다르게 보고한 자

② 다음 각 호의 어느 하나에 해당하는 자에게는 100만원 이하의 과태료를 부과한다.

  1. 제35조나 제37조를 위반한 사람

  2. 제79조를 위반한 사람

  3. 제81조제4항에 따른 출입국관리공무원의 장부 또는 자료 제출 요구를 거부하거나 기피한 자

③ 다음 각 호의 어느 하나에 해당하는 자에게는 50만원 이하의 과태료를 부과한다. 〈개정 2016. 3. 29., 2020. 6. 9.〉

  1. 제33조제2항을 위반하여 외국인등록증 발급신청을 하지 아니한 사람

  1의2. 제81조의3제1항을 위반하여 여권 등 자료를 제공하지 않은 숙박외국인

  1의3. 제81조의3제2항을 위반하여 숙박외국인의 자료를 제출하지 아니하거나 허위로 제출한 숙박업자

  2. 이 법에 따른 각종 신청이나 신고에서 거짓 사실을 적거나 보고한 자(제94조제17호의2에 해당하는

사람은 제외한다)

④ 제1항부터 제3항까지의 규정에 따른 과태료는 대통령령으로 정하는 바에 따라 지방출입국·외국인관서의 장이 부과·징수한다. 〈개정 2014. 3. 18.〉

⑤ 법무부장관은 출입국사범의 나이와 환경, 법 위반의 동기와 결과, 과태료 부담능력, 그 밖의 정상을 고려하여 이 법 위반에 따른 과태료를 면제할 수 있다. 〈신설 2020. 3. 24.〉

[전문개정 2010. 5. 14.]

제11장 고발과 통고처분 〈개정 2010. 5. 14.〉

제1절 고발 〈개정 2010. 5. 14.〉

제101조(고발) ① 출입국사범에 관한 사건은 지방출입국·외국인관서의 장의 고발이 없으면 공소(公訴)를 제기할 수 없다. 〈개정 2014. 3. 18.〉

② 출입국관리공무원 외의 수사기관이 제1항에 해당하는 사건을 입건(立件)하였을 때에는 지체 없이 관할 지방출입국·외국인관서의 장에게 인계하여야 한다. 〈개정 2014. 3. 18.〉

[전문개정 2010. 5. 14.]

제2절 통고처분 〈개정 2010. 5. 14.〉

제102조(통고처분) ① 지방출입국·외국인관서의 장은 출입국사범에 대한 조사 결과 범죄의 확증을 얻었을 때에는 그 이유를 명확하게 적어 서면으로 벌금에 상당하는 금액(이하 "범칙금"이라 한다)을 지정한 곳에 낼 것을 통고할 수 있다. 〈개정 2014. 3. 18.〉

② 지방출입국·외국인관서의 장은 제1항에 따른 통고처분을 받은 자가 범칙금(犯則金)을 임시납부하려는 경우에는 임시납부하게 할 수 있다. 〈개정 2014. 3. 18.〉

③ 지방출입국·외국인관서의 장은 조사 결과 범죄의 정상이 금고 이상의 형에 해당할 것으로 인정되면 즉시 고발하여야 한다. 〈개정 2014. 3. 18.〉

④ 출입국사범에 대한 조사에 관하여는 제47조부터 제50조까지의 규정을 준용한다. 이 경우 용의자신문조서는 「형사소송법」 제244조에 따른 피의자신문조서로 본다.

[전문개정 2010. 5. 14.]

제102조의2(신용카드등에 의한 범칙금의 납부) ① 범칙금은 대통령령으로 정하는 범칙금 납부대행기관을 통하여 신용카드, 직불카드 등(이하 "신용카드등"이라 한다)으로 낼 수 있다. 이 경우 "범칙금 납부대행기관"이란 정보통신망을 이용하여 신용카드등에 의한 결제를 수행하는 기관으로서 대통령령으로 정하는 바에 따라 범칙금 납부대행기관으로 지정받은 자를 말한다.

② 제1항에 따라 범칙금을 신용카드등으로 내는 경우에는 범칙금 납부대행기관의 승인일을 납부일로 본다.

③ 범칙금 납부대행기관은 납부자로부터 신용카드등에 의한 범칙금 납부대행 용역의 대가로 대통령령으로 정하는 바에 따라 납부대행 수수료를 받을 수 있다.

④ 범칙금 납부대행기관의 지정, 운영 및 납부대행 수수료 등에 관하여 필요한 사항은 대통령령으로 정한다.

[본조신설 2020. 10. 20.]

제103조(범칙금의 양정기준 등) ① 범칙금의 양정기준(量定基準)은 법무부령으로 정한다.

② 법무부장관은 출입국사범의 나이와 환경, 법 위반의 동기와 결과, 범칙금 부담능력, 그 밖의 정상을 고려하여 제102조제1항에 따른 통고처분을 면제할 수 있다.

[전문개정 2010. 5. 14.]

제104조(통고처분의 고지방법) 통고처분의 고지는 통고서 송달의 방법으로 한다.

[전문개정 2010. 5. 14.]

제105조(통고처분의 불이행과 고발) ① 출입국사범은 통고서를 송달받으면 15일 이내에 범칙금을 내야 한다. 〈개정 2016. 3. 29.〉

② 지방출입국·외국인관서의 장은 출입국사범이 제1항에 따른 기간에 범칙금을 내지 아니하면 고발하여야 한다. 다만, 고발하기 전에 범칙금을 낸 경우에는 그러하지 아니하다. 〈개정 2014. 3. 18.〉

③ 출입국사범에 대하여 강제퇴거명령서를 발급한 경우에는 제2항 본문에도 불구하고 고발하지 아니한다.

[전문개정 2010. 5. 14.]

제106조(일사부재리) 출입국사범이 통고한 대로 범칙금을 내면 동일한 사건에 대하여 다시 처벌받지 아니한다.

[전문개정 2010. 5. 14.]

부칙〈제19070호, 2022. 12. 13.〉

제1조(시행일) 이 법은 공포 후 6개월이 경과한 날부터 시행한다. 다만, 제25조의2부터 제25조의4까지 및 제46조의2의 개정규정과 부칙 제2조 및 제3조제1항은 2023년 1월 1일부터 시행한다.

제2조(경과조치) 이 법 시행 당시 종전의 제25조의2부터 제25조의4까지의 규정에 따른 체류기간 연장 허가는 제25조의2의 개정규정에 따른 허가로 본다.

[시행일: 2023. 1. 1.] 제2조

제3조(다른 법률의 개정) ① 법률 제18100호 인신매매등방지 및 피해자보호 등에 관한 법률 일부를 다음과 같이 개정한다.

제11조제1항제4호, 제14조제5항 및 제43조 중 "「출입국관리법」 제25조의5 및 제62조의2"를 각각 "「출입국관리법」 제25조의2 및 제46조의2"로 한다.

② 재외동포의 출입국과 법적 지위에 관한 법률 일부를 다음과 같이 개정한다.

제3조의2 제목 외의 부분을 제1항으로 하고, 같은 조에 제2항을 다음과 같이 신설한다.

② 특정 건물 또는 시설의 소재지를 거소로 신고한 외국국적동포의 성명 및 거소 변경 일자의 확인과 국내거소신고증의 진위확인에 대하여는 「출입국관리법」 제88조의3 및 제88조의4를 준용한다. 이 경우 "외국인"은 "외국국적동포"로, "체류지"는 "거소"로, "외국인체류확인서"는 "외국국적동포거소확인서"로, "외국인등록증"은 "국내거소신고증"으로 본다.

3 국적법

국적법

[시행 2022. 10. 1.] [법률 제18978호, 2022. 9. 15., 일부개정]

법무부(국적과) 02-2110-4121

제1조(목적) 이 법은 대한민국의 국민이 되는 요건을 정함을 목적으로 한다.
[전문개정 2008. 3. 14.]

제2조(출생에 의한 국적 취득) ① 다음 각 호의 어느 하나에 해당하는 자는 출생과 동시에 대한민국 국적(國籍)을 취득한다.

1. 출생 당시에 부(父)또는 모(母)가 대한민국의 국민인 자
2. 출생하기 전에 부가 사망한 경우에는 그 사망 당시에 부가 대한민국의 국민이었던 자
3. 부모가 모두 분명하지 아니한 경우나 국적이 없는 경우에는 대한민국에서 출생한 자

② 대한민국에서 발견된 기아(棄兒)는 대한민국에서 출생한 것으로 추정한다.
[전문개정 2008. 3. 14.]

제3조(인지에 의한 국적 취득) ① 대한민국의 국민이 아닌 자(이하 "외국인"이라 한다)로서 대한민국의 국민인 부 또는 모에 의하여 인지(認知)된 자가 다음 각 호의 요건을 모두 갖추면 법무부장관에게 신고함으로써 대한민국 국적을 취득할 수 있다.

1. 대한민국의 「민법」상 미성년일 것
2. 출생 당시에 부 또는 모가 대한민국의 국민이었을 것

② 제1항에 따라 신고한 자는 그 신고를 한 때에 대한민국 국적을 취득한다.
③ 제1항에 따른 신고 절차와 그 밖에 필요한 사항은 대통령령으로 정한다.
[전문개정 2008. 3. 14.]

제4조(귀화에 의한 국적 취득) ① 대한민국 국적을 취득한 사실이 없는 외국인은 법무부장관의 귀화허가(歸化許可)를 받아 대한민국 국적을 취득할 수 있다.
② 법무부장관은 귀화허가 신청을 받으면 제5조부터 제7조까지의 귀화 요건을 갖추었는지를 심사한 후 그 요건을 갖춘 사람에게만 귀화를 허가한다. 〈개정 2017. 12. 19.〉
③ 제1항에 따라 귀화허가를 받은 사람은 법무부장관 앞에서 국민선서를 하고 귀화증서를 수여받은 때에 대한민국 국적을 취득한다. 다만, 법무부장관은 연령, 신체적·정신적 장애 등으로 국민선서의 의미를 이해할 수 없거나 이해한 것을 표현할 수 없다고 인정되는 사람에게는 국민선서를 면제할 수 있다. 〈개정 2017. 12. 19.〉
④ 법무부장관은 제3항 본문에 따른 국민선서를 받고 귀화증서를 수여하는 업무와 같은 항 단서에 따른 국민선서의 면제 업무를 대통령령으로 정하는 바에 따라 지방출입국·외국인관서의 장에게 대행하게 할 수 있다. 〈신설 2017. 12. 19.〉
⑤ 제1항부터 제4항까지에 따른 신청절차, 심사, 국민선서 및 귀화증서 수여와 그 대행 등에 관하여 필요한 사항은 대통령령으로 정한다. 〈개정 2017. 12. 19.〉

[전문개정 2008. 3. 14.]

제5조(일반귀화 요건) 외국인이 귀화허가를 받기 위해서는 제6조나 제7조에 해당하는 경우 외에는 다음 각 호의 요건을 갖추어야 한다. 〈개정 2017. 12. 19.〉

1. 5년 이상 계속하여 대한민국에 주소가 있을 것

1의2. 대한민국에서 영주할 수 있는 체류자격을 가지고 있을 것

2. 대한민국의 「민법」상 성년일 것

3. 법령을 준수하는 등 법무부령으로 정하는 품행 단정의 요건을 갖출 것

4. 자신의 자산(資産)이나 기능(技能)에 의하거나 생계를 같이하는 가족에 의존하여 생계를 유지할 능력이 있을 것

5. 국어능력과 대한민국의 풍습에 대한 이해 등 대한민국 국민으로서의 기본 소양(素養)을 갖추고 있을 것

6. 귀화를 허가하는 것이 국가안전보장·질서유지 또는 공공복리를 해치지 아니한다고 법무부장관이 인정할 것

[전문개정 2008. 3. 14.]

제6조(간이귀화 요건) ① 다음 각 호의 어느 하나에 해당하는 외국인으로서 대한민국에 3년 이상 계속하여 주소가 있는 사람은 제5조제1호 및 제1호의2의 요건을 갖추지 아니하여도 귀화허가를 받을 수 있다. 〈개정 2017. 12. 19.〉

1. 부 또는 모가 대한민국의 국민이었던 사람

2. 대한민국에서 출생한 사람으로서 부 또는 모가 대한민국에서 출생한 사람

3. 대한민국 국민의 양자(養子)로서 입양 당시 대한민국의 「민법」상 성년이었던 사람

② 배우자가 대한민국의 국민인 외국인으로서 다음 각 호의 어느 하나에 해당하는 사람은 제5조제1호 및 제1호의2의 요건을 갖추지 아니하여도 귀화허가를 받을 수 있다. 〈개정 2017. 12. 19.〉

1. 그 배우자와 혼인한 상태로 대한민국에 2년 이상 계속하여 주소가 있는 사람

2. 그 배우자와 혼인한 후 3년이 지나고 혼인한 상태로 대한민국에 1년 이상 계속하여 주소가 있는 사람

3. 제1호나 제2호의 기간을 채우지 못하였으나, 그 배우자와 혼인한 상태로 대한민국에 주소를 두고 있던 중 그 배우자의 사망이나 실종 또는 그 밖에 자신에게 책임이 없는 사유로 정상적인 혼인 생활을 할 수 없었던 사람으로서 제1호나 제2호의 잔여기간을 채웠고 법무부장관이 상당(相當)하다고 인정하는 사람

4. 제1호나 제2호의 요건을 충족하지 못하였으나, 그 배우자와의 혼인에 따라 출생한 미성년의 자(子)를 양육하고 있거나 양육하여야 할 사람으로서 제1호나 제2호의 기간을 채웠고 법무부장관이 상당하다고 인정하는 사람

[전문개정 2008. 3. 14.]

제7조(특별귀화 요건) ① 다음 각 호의 어느 하나에 해당하는 외국인으로서 대한민국에 주소가 있는 사람은 제5조제1호·제1호의2·제2호 또는 제4호의 요건을 갖추지 아니하여도 귀화허가를 받을 수 있다. 〈개정 2010. 5. 4., 2017. 12. 19.〉

1. 부 또는 모가 대한민국의 국민인 사람. 다만, 양자로서 대한민국의 「민법」상 성년이 된 후에 입양된 사람은 제외한다.

2. 대한민국에 특별한 공로가 있는 사람

3. 과학·경제·문화·체육 등 특정 분야에서 매우 우수한 능력을 보유한 사람으로서 대한민국의 국익에 기여할 것으로 인정되는 사람

② 제1항제2호 및 제3호에 해당하는 사람을 정하는 기준 및 절차는 대통령령으로 정한다. 〈개정 2010. 5. 4., 2017. 12. 19.〉

[전문개정 2008. 3. 14.]

제8조(수반 취득) ① 외국인의 자(子)로서 대한민국의 「민법」상 미성년인 사람은 부 또는 모가 귀화허가를 신청할 때 함께 국적 취득을 신청할 수 있다. 〈개정 2017. 12. 19.〉

② 제1항에 따라 국적 취득을 신청한 사람은 부 또는 모가 대한민국 국적을 취득한 때에 함께 대한민국 국적을 취득한다. 〈개정 2017. 12. 19.〉

③ 제1항에 따른 신청절차와 그 밖에 필요한 사항은 대통령령으로 정한다. 〈개정 2017. 12. 19.〉

[전문개정 2008. 3. 14.]

제9조(국적회복에 의한 국적 취득) ① 대한민국의 국민이었던 외국인은 법무부장관의 국적회복허가(國籍回復許可)를 받아 대한민국 국적을 취득할 수 있다.

② 법무부장관은 국적회복허가 신청을 받으면 심사한 후 다음 각 호의 어느 하나에 해당하는 사람에게는 국적회복을 허가하지 아니한다. 〈개정 2017. 12. 19.〉

　1. 국가나 사회에 위해(危害)를 끼친 사실이 있는 사람

　2. 품행이 단정하지 못한 사람

　3. 병역을 기피할 목적으로 대한민국 국적을 상실하였거나 이탈하였던 사람

　4. 국가안전보장·질서유지 또는 공공복리를 위하여 법무부장관이 국적회복을 허가하는 것이 적당하지 아니하다고 인정하는 사람

③ 제1항에 따라 국적회복허가를 받은 사람은 법무부장관 앞에서 국민선서를 하고 국적회복증서를 수여받은 때에 대한민국 국적을 취득한다. 다만, 법무부장관은 연령, 신체적·정신적 장애 등으로 국민선서의 의미를 이해할 수 없거나 이해한 것을 표현할 수 없다고 인정되는 사람에게는 국민선서를 면제할 수 있다. 〈개정 2017. 12. 19.〉

④ 법무부장관은 제3항 본문에 따른 국민선서를 받고 국적회복증서를 수여하는 업무와 같은 항 단서에 따른 국민선서의 면제 업무를 대통령령으로 정하는 바에 따라 재외공관의 장 또는 지방출입국·외국인관서의 장에게 대행하게 할 수 있다. 〈신설 2017. 12. 19.〉

⑤ 제1항부터 제4항까지에 따른 신청절차, 심사, 국민선서 및 국적회복증서 수여와 그 대행 등에 관하여 필요한 사항은 대통령령으로 정한다. 〈개정 2017. 12. 19.〉

⑥ 국적회복허가에 따른 수반(隨伴) 취득에 관하여는 제8조를 준용(準用)한다. 〈개정 2017. 12. 19.〉

[전문개정 2008. 3. 14.]

제10조(국적 취득자의 외국 국적 포기 의무) ① 대한민국 국적을 취득한 외국인으로서 외국 국적을 가지고 있는 자는 대한민국 국적을 취득한 날부터 1년 내에 그 외국 국적을 포기하여야 한다. 〈개정 2010. 5. 4.〉

② 제1항에도 불구하고 다음 각 호의 어느 하나에 해당하는 자는 대한민국 국적을 취득한 날부터 1년 내에 외국 국적을 포기하거나 법무부장관이 정하는 바에 따라 대한민국에서 외국 국적을 행사하지 아니하겠다는 뜻을 법무부장관에게 서약하여야 한다. 〈신설 2010. 5. 4.〉

　1. 귀화허가를 받은 때에 제6조제2항제1호·제2호 또는 제7조제1항제2호·제3호의 어느 하나에 해당하는 사유가 있는 자

　2. 제9조에 따라 국적회복허가를 받은 자로서 제7조제1항제2호 또는 제3호에 해당한다고 법무부장관이 인정하는 자

　3. 대한민국의 「민법」상 성년이 되기 전에 외국인에게 입양된 후 외국 국적을 취득하고 외국에서 계속 거주하다가 제9조에 따라 국적회복허가를 받은 자

　4. 외국에서 거주하다가 영주할 목적으로 만 65세 이후에 입국하여 제9조에 따라 국적회복허가를 받은 자

　5. 본인의 뜻에도 불구하고 외국의 법률 및 제도로 인하여 제1항을 이행하기 어려운 자로서 대통령령으로 정하는 자

③ 제1항 또는 제2항을 이행하지 아니한 자는 그 기간이 지난 때에 대한민국 국적을 상실(喪失)한다. 〈개정 2010. 5. 4.〉

[전문개정 2008. 3. 14.]

제11조(국적의 재취득) ① 제10조제3항에 따라 대한민국 국적을 상실한 자가 그 후 1년 내에 그 외국 국적을 포기하면 법무부장관에게 신고함으로써 대한민국 국적을 재취득할 수 있다. 〈개정 2010. 5. 4.〉

② 제1항에 따라 신고한 자는 그 신고를 한 때에 대한민국 국적을 취득한다.

③ 제1항에 따른 신고 절차와 그 밖에 필요한 사항은 대통령령으로 정한다.

[전문개정 2008. 3. 14.]

제11조의2(복수국적자의 법적 지위 등) ① 출생이나 그 밖에 이 법에 따라 대한민국 국적과 외국 국적을 함께 가지게 된 사람으로서 대통령령으로 정하는 사람[이하 "복수국적자"(複數國籍者)라 한다]은 대한민국의 법령 적용에서 대한민국 국민으로만 처우한다. 〈개정 2016. 12. 20.〉

② 복수국적자가 관계 법령에 따라 외국 국적을 보유한 상태에서 직무를 수행할 수 없는 분야에 종사하려는 경우에는 외국 국적을 포기하여야 한다.

③ 중앙행정기관의 장이 복수국적자를 외국인과 동일하게 처우하는 내용으로 법령을 제정 또는 개정하려는 경우에는 미리 법무부장관과 협의하여야 한다.

[본조신설 2010. 5. 4.]

제12조(복수국적자의 국적선택의무) ① 만 20세가 되기 전에 복수국적자가 된 자는 만 22세가 되기 전까지, 만 20세가 된 후에 복수국적자가 된 자는 그 때부터 2년 내에 제13조와 제14조에 따라 하나의 국적을 선택하여야 한다. 다만, 제10조제2항에 따라 법무부장관에게 대한민국에서 외국 국적을 행사하지 아니하겠다는 뜻을 서약한 복수국적자는 제외한다. 〈개정 2010. 5. 4.〉

② 제1항 본문에도 불구하고 「병역법」 제8조에 따라 병역준비역에 편입된 자는 편입된 때부터 3개월 이내에 하나의 국적을 선택하거나 제3항 각 호의 어느 하나에 해당하는 때부터 2년 이내에 하나의 국적을 선택하여야 한다. 다만, 제13조에 따라 대한민국 국적을 선택하려는 경우에는 제3항 각 호의 어느 하나에 해당하기 전에도 할 수 있다. 〈개정 2010. 5. 4., 2016. 5. 29.〉

③ 직계존속(直系尊屬)이 외국에서 영주(永住)할 목적 없이 체류한 상태에서 출생한 자는 병역의무의 이행과 관련하여 다음 각 호의 어느 하나에 해당하는 경우에만 제14조에 따른 국적이탈신고를 할 수 있다. 〈개정 2010. 5. 4., 2016. 5. 29., 2019. 12. 31.〉

　　1. 현역·상근예비역·보충역 또는 대체역으로 복무를 마치거나 마친 것으로 보게 되는 경우

　　2. 전시근로역에 편입된 경우

　　3. 병역면제처분을 받은 경우

[전문개정 2008. 3. 14.]

[제목개정 2010. 5. 4.]

[2022. 9. 15. 법률 제18978호에 의하여 2020. 9. 24. 헌법재판소에서 헌법불합치 결정된 이 조 제2항 본문을 제14조의2를 신설하여 개정함.]

제13조(대한민국 국적의 선택 절차) ① 복수국적자로서 제12조제1항 본문에 규정된 기간 내에 대한민국 국적을 선택하려는 자는 외국 국적을 포기하거나 법무부장관이 정하는 바에 따라 대한민국에서 외국 국적을 행사하지 아니하겠다는 뜻을 서약하고 법무부장관에게 대한민국 국적을 선택한다는 뜻을 신고할 수 있다. 〈개정 2010. 5. 4.〉

② 복수국적자로서 제12조제1항 본문에 규정된 기간 후에 대한민국 국적을 선택하려는 자는 외국 국적을 포기한 경우에만 법무부장관에게 대한민국 국적을 선택한다는 뜻을 신고할 수 있다. 다만, 제12조제3항제1호의 경우에 해당하는 자는 그 경우에 해당하는 때부터 2년 이내에는 제1항에서 정한 방식으로 대한민국 국적을 선택한다는 뜻을 신고할 수 있다. 〈신설 2010. 5. 4.〉

③ 제1항 및 제2항 단서에도 불구하고 출생 당시에 모가 자녀에게 외국 국적을 취득하게 할 목적으로 외국에서 체류 중이었던 사실이 인정되는 자는 외국 국적을 포기한 경우에만 대한민국 국적을 선택한다는 뜻을 신고할 수 있다. 〈신설 2010. 5. 4.〉

④ 제1항부터 제3항까지의 규정에 따른 신고의 수리(受理) 요건, 신고 절차, 그 밖에 필요한 사항은 대통령령으로 정한다. 〈개정 2010. 5. 4.〉

[전문개정 2008. 3. 14.]

제14조(대한민국 국적의 이탈 요건 및 절차) ① 복수국적자로서 외국 국적을 선택하려는 자는 외국에 주소가 있는 경우에만 주소지 관할 재외공관의 장을 거쳐 법무부장관에게 대한민국 국적을 이탈한다는 뜻을 신고할 수 있다. 다만, 제12조제2항 본문 또는 같은 조 제3항에 해당하는 자는 그 기간 이내에 또는 해당 사유가 발생한 때부터만 신고할 수 있다. 〈개정 2010. 5. 4.〉

② 제1항에 따라 국적 이탈의 신고를 한 자는 법무부장관이 신고를 수리한 때에 대한민국 국적을 상실한다. 〈개정 2010. 5. 4.〉

③ 제1항에 따른 신고 및 수리의 요건, 절차와 그 밖에 필요한 사항은 대통령령으로 정한다. 〈개정 2010. 5. 4.〉

[전문개정 2008. 3. 14.]

[제목개정 2010. 5. 4.]

[2022. 9. 15. 법률 제18978호에 의하여 2020. 9. 24. 헌법재판소에서 헌법불합치 결정된 이 조 제1항 단서 중 제12조 제2항 본문에 관한 부분을 제14조의2를 신설하여 개정함.]

제14조의2(대한민국 국적의 이탈에 관한 특례) ① 제12조제2항 본문 및 제14조제1항 단서에도 불구하고 다음 각 호의 요건을 모두 충족하는 복수국적자는 「병역법」 제8조에 따라 병역준비역에 편입된 때부터 3개월 이내에 대한민국 국적을 이탈한다는 뜻을 신고하지 못한 경우 법무부장관에게 대한민국 국적의 이탈 허가를 신청할 수 있다.

　1. 다음 각 목의 어느 하나에 해당하는 사람일 것

　　가. 외국에서 출생한 사람(직계존속이 외국에서 영주할 목적 없이 체류한 상태에서 출생한 사람은 제외한다)으로서 출생 이후 계속하여 외국에 주된 생활의 근거를 두고 있는 사람

　　나. 6세 미만의 아동일 때 외국으로 이주한 이후 계속하여 외국에 주된 생활의 근거를 두고 있는 사람

　2. 제12조제2항 본문 및 제14조제1항 단서에 따라 병역준비역에 편입된 때부터 3개월 이내에 국적 이탈을 신고하지 못한 정당한 사유가 있을 것

② 법무부장관은 제1항에 따른 허가를 할 때 다음 각 호의 사항을 고려하여야 한다.

　1. 복수국적자의 출생지 및 복수국적 취득경위

　2. 복수국적자의 주소지 및 주된 거주지가 외국인지 여부

　3. 대한민국 입국 횟수 및 체류 목적 · 기간

　4. 대한민국 국민만이 누릴 수 있는 권리를 행사하였는지 여부

　5. 복수국적으로 인하여 외국에서의 직업 선택에 상당한 제한이 있거나 이에 준하는 불이익이 있는지 여부

　6. 병역의무 이행의 공평성과 조화되는지 여부

③ 제1항에 따른 허가 신청은 외국에 주소가 있는 복수국적자가 해당 주소지 관할 재외공관의 장을 거쳐 법무부장관에게 하여야 한다.

④ 제1항 및 제3항에 따라 국적의 이탈 허가를 신청한 사람은 법무부장관이 허가한 때에 대한민국 국적을 상실한다.

⑤ 제1항부터 제4항까지의 규정에 따른 신청자의 세부적인 자격기준, 허가 시의 구체적인 고려사항, 신청 및 허가 절차 등 필요한 사항은 대통령령으로 정한다.

[본조신설 2022. 9. 15.]

[종전 제14조의2는 제14조의3으로 이동 〈2022. 9. 15.〉]

제14조의3(복수국적자에 대한 국적선택명령) ① 법무부장관은 복수국적자로서 제12조제1항 또는 제2항에서 정한 기간 내에 국적을 선택하지 아니한 자에게 1년 내에 하나의 국적을 선택할 것을 명하여야 한다.

② 법무부장관은 복수국적자로서 제10조제2항, 제13조제1항 또는 같은 조 제2항 단서에 따라 대한민국에서 외국 국적을 행사하지 아니하겠다는 뜻을 서약한 자가 그 뜻에 현저히 반하는 행위를 한 경우에는 6개

월 내에 하나의 국적을 선택할 것을 명할 수 있다.

③ 제1항 또는 제2항에 따라 국적선택의 명령을 받은 자가 대한민국 국적을 선택하려면 외국 국적을 포기하여야 한다.

④ 제1항 또는 제2항에 따라 국적선택의 명령을 받고도 이를 따르지 아니한 자는 그 기간이 지난 때에 대한민국 국적을 상실한다.

⑤ 제1항 및 제2항에 따른 국적선택의 절차와 제2항에 따른 서약에 현저히 반하는 행위 유형은 대통령령으로 정한다.

[본조신설 2010. 5. 4.]

[제14조의2에서 이동. 종전 제14조의3은 제14조의4로 이동 〈2022. 9. 15.〉]

제14조의4(대한민국 국적의 상실결정) ① 법무부장관은 복수국적자가 다음 각 호의 어느 하나의 사유에 해당하여 대한민국의 국적을 보유함이 현저히 부적합하다고 인정하는 경우에는 청문을 거쳐 대한민국 국적의 상실을 결정할 수 있다. 다만, 출생에 의하여 대한민국 국적을 취득한 자는 제외한다.

　1. 국가안보, 외교관계 및 국민경제 등에 있어서 대한민국의 국익에 반하는 행위를 하는 경우

　2. 대한민국의 사회질서 유지에 상당한 지장을 초래하는 행위로서 대통령령으로 정하는 경우

② 제1항에 따른 결정을 받은 자는 그 결정을 받은 때에 대한민국 국적을 상실한다.

[본조신설 2010. 5. 4.]

[제14조의3에서 이동. 종전 제14조의4는 제14조의5로 이동 〈2022. 9. 15.〉]

제14조의5(복수국적자에 관한 통보의무 등) ① 공무원이 그 직무상 복수국적자를 발견하면 지체 없이 법무부장관에게 그 사실을 통보하여야 한다.

② 공무원이 그 직무상 복수국적자 여부를 확인할 필요가 있는 경우에는 당사자에게 질문을 하거나 필요한 자료의 제출을 요청할 수 있다.

③ 제1항에 따른 통보 절차는 대통령령으로 정한다.

[본조신설 2010. 5. 4.]

[제14조의4에서 이동 〈2022. 9. 15.〉]

제15조(외국 국적 취득에 따른 국적 상실) ① 대한민국의 국민으로서 자진하여 외국 국적을 취득한 자는 그 외국 국적을 취득한 때에 대한민국 국적을 상실한다.

② 대한민국의 국민으로서 다음 각 호의 어느 하나에 해당하는 자는 그 외국 국적을 취득한 때부터 6개월 내에 법무부장관에게 대한민국 국적을 보유할 의사가 있다는 뜻을 신고하지 아니하면 그 외국 국적을 취득한 때로 소급(遡及)하여 대한민국 국적을 상실한 것으로 본다.

　1. 외국인과의 혼인으로 그 배우자의 국적을 취득하게 된 자

　2. 외국인에게 입양되어 그 양부 또는 양모의 국적을 취득하게 된 자

　3. 외국인인 부 또는 모에게 인지되어 그 부 또는 모의 국적을 취득하게 된 자

　4. 외국 국적을 취득하여 대한민국 국적을 상실하게 된 자의 배우자나 미성년의 자(子)로서 그 외국의 법률에 따라 함께 그 외국 국적을 취득하게 된 자

③ 외국 국적을 취득함으로써 대한민국 국적을 상실하게 된 자에 대하여 그 외국 국적의 취득일을 알 수 없으면 그가 사용하는 외국 여권의 최초 발급일에 그 외국 국적을 취득한 것으로 추정한다.

④ 제2항에 따른 신고 절차와 그 밖에 필요한 사항은 대통령령으로 정한다.

[전문개정 2008. 3. 14.]

제16조(국적상실자의 처리) ① 대한민국 국적을 상실한 자(제14조에 따른 국적이탈의 신고를 한 자는 제외한다)는 법무부장관에게 국적상실신고를 하여야 한다.

② 공무원이 그 직무상 대한민국 국적을 상실한 자를 발견하면 지체 없이 법무부장관에게 그 사실을 통보하여야 한다.

③ 법무부장관은 그 직무상 대한민국 국적을 상실한 자를 발견하거나 제1항이나 제2항에 따라 국적상실의

신고나 통보를 받으면 가족관계등록 관서와 주민등록 관서에 통보하여야 한다.

④ 제1항부터 제3항까지의 규정에 따른 신고 및 통보의 절차와 그 밖에 필요한 사항은 대통령령으로 정한다.

[전문개정 2008. 3. 14.]

제17조(관보 고시) ① 법무부장관은 대한민국 국적의 취득과 상실에 관한 사항이 발생하면 그 뜻을 관보에 고시(告示)하여야 한다.

② 제1항에 따라 관보에 고시할 사항은 대통령령으로 정한다.

[전문개정 2008. 3. 14.]

제18조(국적상실자의 권리 변동) ① 대한민국 국적을 상실한 자는 국적을 상실한 때부터 대한민국의 국민만이 누릴 수 있는 권리를 누릴 수 없다.

② 제1항에 해당하는 권리 중 대한민국의 국민이었을 때 취득한 것으로서 양도(讓渡)할 수 있는 것은 그 권리와 관련된 법령에서 따로 정한 바가 없으면 3년 내에 대한민국의 국민에게 양도하여야 한다.

[전문개정 2008. 3. 14.]

제19조(법정대리인이 하는 신고 등) 이 법에 규정된 신청이나 신고와 관련하여 그 신청이나 신고를 하려는 자가 15세 미만이면 법정대리인이 대신하여 이를 행한다.

[전문개정 2008. 3. 14.]

제20조(국적 판정) ① 법무부장관은 대한민국 국적의 취득이나 보유 여부가 분명하지 아니한 자에 대하여 이를 심사한 후 판정할 수 있다.

② 제1항에 따른 심사 및 판정의 절차와 그 밖에 필요한 사항은 대통령령으로 정한다.

[전문개정 2008. 3. 14.]

제21조(허가 등의 취소) ① 법무부장관은 거짓이나 그 밖의 부정한 방법으로 귀화허가, 국적회복허가, 국적의 이탈 허가 또는 국적보유판정을 받은 자에 대하여 그 허가 또는 판정을 취소할 수 있다. 〈개정 2022. 9. 15.〉

② 제1항에 따른 취소의 기준·절차와 그 밖에 필요한 사항은 대통령령으로 정한다.

[본조신설 2008. 3. 14.]

제22조(국적심의위원회) ① 국적에 관한 다음 각 호의 사항을 심의하기 위하여 법무부장관 소속으로 국적심의위원회(이하 "위원회"라 한다)를 둔다.

    1. 제7조제1항제3호에 해당하는 특별귀화 허가에 관한 사항

    2. 제14조의2에 따른 대한민국 국적의 이탈 허가에 관한 사항

    3. 제14조의4에 따른 대한민국 국적의 상실 결정에 관한 사항

    4. 그 밖에 국적업무와 관련하여 법무부장관이 심의를 요청하는 사항

② 법무부장관은 제1항제1호부터 제3호까지의 허가 또는 결정 전에 위원회의 심의를 거쳐야 한다. 다만, 요건을 충족하지 못하는 것이 명백한 경우 등 대통령령으로 정하는 사항은 그러하지 아니하다.

③ 위원회는 제1항 각 호의 사항을 효과적으로 심의하기 위하여 필요하다고 인정하는 경우 관계 행정기관의 장에게 자료의 제출 또는 의견의 제시를 요청하거나 관계인을 출석시켜 의견을 들을 수 있다.

[본조신설 2022. 9. 15.]

[종전 제22조는 제26조로 이동 〈2022. 9. 15.〉]

제23조(위원회의 구성 및 운영) ① 위원회는 위원장 1명을 포함하여 30명 이내의 위원으로 구성한다.

② 위원장은 법무부차관으로 하고, 위원은 다음 각 호의 사람으로 한다.

    1. 법무부 소속 고위공무원단에 속하는 공무원으로서 법무부장관이 지명하는 사람 1명

    2. 대통령령으로 정하는 관계 행정기관의 국장급 또는 이에 상당하는 공무원 중에서 법무부장관이 지명하는 사람

3. 국적 업무와 관련하여 학식과 경험이 풍부한 사람으로서 법무부장관이 위촉하는 사람

③ 제2항제3호에 따른 위촉위원의 임기는 2년으로 하며, 한 번만 연임할 수 있다. 다만, 위원의 임기 중 결원이 생겨 새로 위촉하는 위원의 임기는 전임위원 임기의 남은 기간으로 한다.

④ 위원회의 회의는 제22조제1항의 안건별로 위원장이 지명하는 10명 이상 15명 이내의 위원이 참석하되, 제2항제3호에 따른 위촉위원이 과반수가 되도록 하여야 한다.

⑤ 위원회의 회의는 위원장 및 제4항에 따라 지명된 위원의 과반수의 출석으로 개의하고 출석위원 과반수의 찬성으로 의결한다.

⑥ 위원회의 사무를 처리하기 위하여 간사 1명을 두되, 간사는 위원장이 지명하는 일반직공무원으로 한다.

⑦ 위원회의 업무를 효율적으로 수행하기 위하여 위원회에 분야별로 분과위원회를 둘 수 있다.

⑧ 제1항부터 제7항까지의 규정에서 정하는 사항 외에 위원회의 구성 및 운영에 필요한 사항은 대통령령으로 정한다.

[본조신설 2022. 9. 15.]

제24조(수수료) ① 이 법에 따른 허가신청, 신고 및 증명서 등의 발급을 받으려는 사람은 법무부령으로 정하는 바에 따라 수수료를 납부하여야 한다.

② 제1항에 따른 수수료는 정당한 사유가 있는 경우 이를 감액하거나 면제할 수 있다.

③ 제1항에 따른 수수료의 금액 및 제2항에 따른 수수료의 감액·면제 기준 등에 필요한 사항은 법무부령으로 정한다.

[본조신설 2018. 9. 18.]

[제21조의2에서 이동 〈2022. 9. 15.〉]

제25조(관계 기관 등의 협조) ① 법무부장관은 국적업무 수행에 필요하면 관계 기관의 장이나 관련 단체의 장에게 자료 제출, 사실 조사, 신원 조회, 의견 제출 등의 협조를 요청할 수 있다.

② 법무부장관은 국적업무를 수행하기 위하여 관계 기관의 장에게 다음 각 호의 정보 제공을 요청할 수 있다.

　　1. 범죄경력정보
　　2. 수사경력정보
　　3. 외국인의 범죄처분결과정보
　　4. 여권발급정보
　　5. 주민등록정보
　　6. 가족관계등록정보
　　7. 병적기록 등 병역관계정보
　　8. 납세증명서

③ 제1항 및 제2항에 따른 협조 요청 또는 정보 제공 요청을 받은 관계 기관의 장이나 관련 단체의 장은 정당한 사유가 없으면 요청에 따라야 한다.

[본조신설 2017. 12. 19.]

[제21조의3에서 이동 〈2022. 9. 15.〉]

제26조(권한의 위임) 이 법에 따른 법무부장관의 권한은 대통령령으로 정하는 바에 따라 그 일부를 지방출입국·외국인관서의 장에게 위임할 수 있다. 〈개정 2014. 3. 18.〉

[본조신설 2010. 5. 4.]

[제22조에서 이동 〈2022. 9. 15.〉]

제27조(벌칙 적용에서의 공무원 의제) 위원회의 위원 중 공무원이 아닌 사람은 「형법」 제127조 및 제129조부터 제132조까지의 규정을 적용할 때에는 공무원으로 본다.

[본조신설 2022. 9. 15.]

부칙〈제18978호, 2022. 9. 15.〉

제1조(시행일) 이 법은 2022년 10월 1일부터 시행한다.

제2조(대한민국 국적의 이탈 특례에 관한 적용례) ① 제14조의2의 개정규정은 이 법 시행 이후 대한민국 국적의 이탈 허가를 신청한 경우부터 적용한다.

② 제14조의2의 개정규정은 이 법 시행 당시 병역준비역에 편입된 때부터 3개월이 지난 복수국적자에 대하여도 적용한다.

제3조(국적심의위원회 설치에 따른 적용례 및 경과조치) ① 제22조의 개정규정에 따른 국적심의위원회의 심의사항은 이 법 시행 이후 법무부장관이 신청을 접수하거나 국적 상실의 결정이 필요하다고 인정하려는 경우부터 적용한다.

② 제1항에도 불구하고 이 법 시행 당시 종전의 대통령령에 따른 국적심의위원회가 심의 중인 사항에 대하여 제22조의 개정규정에 따른 국적심의위원회가 계속하여 심의할 수 있다.

③ 종전의 대통령령에 따른 국적심의위원회의 민간 위원으로 위촉된 사람은 제23조제2항제3호의 개정규정에 따른 위촉위원으로 본다. 이 경우 위촉위원의 임기는 종전의 대통령령에 따라 위촉된 때부터 계산한다.

재외동포의 출입국과 법적 지위에 관한 법률 (약칭: 재외동포법)

[시행 2023. 6. 14.] [법률 제19070호, 2022. 12. 13., 타법개정]

법무부(외국인정책과) 02-2110-4116

제1조(목적) 이 법은 재외동포(在外同胞)의 대한민국에의 출입국과 대한민국 안에서의 법적 지위를 보장함을 목적으로 한다.

[전문개정 2008. 3. 14.]

제2조(정의) 이 법에서 "재외동포"란 다음 각 호의 어느 하나에 해당하는 자를 말한다.

　1. 대한민국의 국민으로서 외국의 영주권(永住權)을 취득한 자 또는 영주할 목적으로 외국에 거주하고 있는 자(이하 "재외국민"이라 한다)

　2. 대한민국의 국적을 보유하였던 자(대한민국정부 수립 전에 국외로 이주한 동포를 포함한다) 또는 그 직계비속(直系卑屬)으로서 외국국적을 취득한 자 중 대통령령으로 정하는 자(이하 "외국국적동포"라 한다)

[전문개정 2008. 3. 14.]

제3조(적용 범위) 이 법은 재외국민과 「출입국관리법」 제10조에 따른 체류자격 중 재외동포 체류자격(이하 "재외동포체류자격"이라 한다)을 가진 외국국적동포의 대한민국에의 출입국과 대한민국 안에서의 법적 지위에 관하여 적용한다.

[전문개정 2008. 3. 14.]

제3조의2(다른 법률과의 관계) ① 재외동포체류자격을 가진 외국국적동포의 대한민국에의 출입국과 대한민국 안에서의 법적 지위에 관하여 이 법에서 정하지 아니한 사항은 「출입국관리법」에 따른다. 〈개정 2022. 12. 13.〉

② 특정 건물 또는 시설의 소재지를 거소로 신고한 외국국적동포의 성명 및 거소 변경 일자의 확인과 국내 거소신고증의 진위확인에 대하여는 「출입국관리법」 제88조의3 및 제88조의4를 준용한다. 이 경우 "외국인"은 "외국국적동포"로, "체류지"는 "거소"로, "외국인체류확인서"는 "외국국적동포거소확인서"로, "외국인등록증"은 "국내거소신고증"으로 본다. 〈신설 2022. 12. 13.〉

[본조신설 2020. 2. 4.]

제4조(정부의 책무) 정부는 재외동포가 대한민국 안에서 부당한 규제와 대우를 받지 아니하도록 필요한 지원을 하여야 한다.

[전문개정 2008. 3. 14.]

제5조(재외동포체류자격의 부여) ① 법무부장관은 대한민국 안에서 활동하려는 외국국적동포에게 신청에 의하여 재외동포체류자격을 부여할 수 있다.

② 법무부장관은 외국국적동포에게 다음 각 호의 어느 하나에 해당하는 사유가 있으면 제1항에 따른 재외동포체류자격을 부여하지 아니한다. 다만, 법무부장관이 필요하다고 인정하는 경우에는 제1호에 해당하는

외국국적동포가 41세가 되는 해 1월 1일부터 부여할 수 있다. 〈개정 2010. 5. 4., 2011. 4. 5., 2017. 10. 31., 2018. 9. 18., 2019. 12. 31.〉

   1. 다음 각 목의 어느 하나에 해당하지 아니한 상태에서 대한민국 국적을 이탈하거나 상실하여 외국인이 된 남성의 경우

      가. 현역 · 상근예비역 · 보충역 또는 대체역으로 복무를 마치거나 마친 것으로 보게 되는 경우

      나. 전시근로역에 편입된 경우

      다. 병역면제처분을 받은 경우

   2. 대한민국의 안전보장, 질서유지, 공공복리, 외교관계 등 대한민국의 이익을 해칠 우려가 있는 경우

③ 법무부장관은 제1항과 제2항에 따라 재외동포체류자격을 부여할 때에는 대통령령으로 정하는 바에 따라 외교부장관과 협의하여야 한다. 〈개정 2013. 3. 23.〉

④ 재외동포체류자격의 취득 요건과 재외동포체류자격을 취득한 자의 활동 범위는 대통령령으로 정한다.

[전문개정 2008. 3. 14.]

제6조(국내거소신고) ① 재외동포체류자격으로 입국한 외국국적동포는 이 법을 적용받기 위하여 필요하면 대한민국 안에 거소(居所)를 정하여 그 거소를 관할하는 지방출입국 · 외국인관서의 장에게 국내거소신고를 할 수 있다. 〈개정 2014. 3. 18., 2014. 5. 20.〉

② 제1항에 따라 신고한 국내거소를 이전한 때에는 14일 이내에 그 사실을 신거소(新居所)가 소재한 시 · 군 · 구(자치구가 아닌 구를 포함한다. 이하 이 조 및 제7조에서 같다) 또는 읍 · 면 · 동의 장이나 신거소를 관할하는 지방출입국 · 외국인관서의 장에게 신고하여야 한다. 〈개정 2014. 3. 18., 2016. 5. 29.〉

③ 제2항에 따라 거소이전 신고를 받은 지방출입국 · 외국인관서의 장은 신거소가 소재한 시 · 군 · 구 또는 읍 · 면 · 동의 장에게, 시 · 군 · 구 또는 읍 · 면 · 동의 장은 신거소를 관할하는 지방출입국 · 외국인관서의 장에게 각각 이를 통보하여야 한다. 〈개정 2014. 3. 18., 2016. 5. 29.〉

④ 국내거소신고서의 기재 사항, 첨부 서류, 그 밖에 신고의 절차에 관하여 필요한 사항은 대통령령으로 정한다.

[전문개정 2008. 3. 14.]

제7조(국내거소신고증의 발급 등) ① 지방출입국 · 외국인관서의 장은 제6조에 따라 국내거소신고를 한 외국국적동포에게 국내거소신고번호를 부여하고, 외국국적동포 국내거소신고증을 발급한다. 〈개정 2014. 3. 18., 2014. 5. 20.〉

   1. 삭제 〈2014. 5. 20.〉

   2. 삭제 〈2014. 5. 20.〉

② 제1항의 국내거소신고증에는 다음 각 호의 사항을 적는다.

   1. 국내거소신고번호

   2. 성명

   3. 성별

   4. 생년월일

   5. 국적

   6. 거주국

   7. 대한민국 안의 거소 등

③ 지방출입국 · 외국인관서의 장은 대통령령으로 정하는 바에 따라 국내거소신고대장과 그 밖의 관계 서류를 작성하여 보존하여야 한다. 〈개정 2014. 3. 18.〉

④ 제1항에 따라 국내거소신고증을 발급받은 후 분실 · 훼손(毁損)하거나 그 밖에 대통령령으로 정하는 사유로 재발급을 받으려는 자는 지방출입국 · 외국인관서의 장에게 재발급 신청을 하여야 한다. 〈개정 2014. 3. 18.〉

⑤ 지방출입국 · 외국인관서의 장, 시 · 군 · 구 또는 읍 · 면 · 동의 장은 제6조에 따라 국내거소신고를 한 사실이 있는 자에게는 법무부령으로 정하는 바에 따라 국내거소신고 사실증명을 발급하거나 열람하게 할

수 있다. 〈개정 2008. 12. 19., 2014. 3. 18., 2016. 5. 29.〉

⑥ 제1항과 제4항에 따른 국내거소신고증의 발급 · 재발급 및 제5항에 따른 국내거소신고 사실증명의 발급을 신청하는 자는 법무부령으로 정하는 수수료를 내야 한다.

[전문개정 2008. 3. 14.]

제7조(국내거소신고증의 발급 등) ① 지방출입국 · 외국인관서의 장은 제6조에 따라 국내거소신고를 한 외국국적동포에게 국내거소신고번호를 부여하고, 외국국적동포 국내거소신고증을 발급한다. 〈개정 2014. 3. 18., 2014. 5. 20.〉

　1. 삭제 〈2014. 5. 20.〉

　2. 삭제 〈2014. 5. 20.〉

② 제1항의 국내거소신고증에는 다음 각 호의 사항을 적는다.

　1. 국내거소신고번호

　2. 성명

　3. 성별

　4. 생년월일

　5. 국적

　6. 삭제 〈2023. 6. 13.〉

　7. 대한민국 안의 거소 등

③ 지방출입국 · 외국인관서의 장은 대통령령으로 정하는 바에 따라국내거소신고대장과 그 밖의 관계 서류를 작성하여 보존하여야 한다. 〈개정 2014. 3. 18.〉

④ 제1항에 따라 국내거소신고증을 발급받은 후 분실 · 훼손(毁損)하거나 그 밖에 대통령령으로 정하는 사유로 재발급을 받으려는 자는 지방출입국 · 외국인관서의 장에게 재발급 신청을 하여야 한다. 〈개정 2014. 3. 18.〉

⑤ 지방출입국 · 외국인관서의 장, 시 · 군 · 구 또는 읍 · 면 · 동의 장은 제6조에 따라 국내거소신고를 한 사실이 있는 자에게는 법무부령으로 정하는 바에 따라 국내거소신고 사실증명을 발급하거나 열람하게 할 수 있다. 〈개정 2008. 12. 19., 2014. 3. 18., 2016. 5. 29.〉

⑥ 제1항과 제4항에 따른 국내거소신고증의 발급 · 재발급 및 제5항에 따른 국내거소신고 사실증명의 발급을 신청하는 자는 법무부령으로 정하는 수수료를 내야 한다.

⑦ 지방출입국 · 외국인관서의 장은 제1항에 따라 국내거소신고증을 발급받은 외국국적동포에게 추가로 국내거소신고증과 동일한 효력을 가진 모바일국내거소신고증(「이동통신단말장치 유통구조 개선에 관한 법률」 제2조제4호에 따른 이동통신단말장치에 암호화된 형태로 설치된 국내거소신고증을 말한다. 이하 같다)을 발급할 수 있다. 〈신설 2023. 6. 13.〉

⑧ 법무부장관은 법무부령으로 정하는 바에 따라 모바일국내거소신고증 발급 등에 관한 업무를 「출입국관리법」 제33조제7항에 따른 정보시스템을 활용하여 처리할 수 있다. 〈신설 2023. 6. 13.〉

⑨ 제7항에 따른 모바일국내거소신고증의 발급, 규격, 유효기간, 효력 말소 등에 관한 사항은 법무부령으로 정한다. 〈신설 2023. 6. 13.〉

[전문개정 2008. 3. 14.]

[시행일: 2023. 12. 14.] 제7조

제8조(국내거소신고증의 반납) 외국국적동포가 국내거소신고증을 지닐 필요가 없게 된 때에는 대통령령으로 정하는 바에 따라 지방출입국 · 외국인관서의 장에게 국내거소신고증을 반납하여야 한다. 〈개정 2014. 3. 18., 2014. 5. 20., 2020. 2. 4.〉

[전문개정 2008. 3. 14.]

제9조(주민등록 등과의 관계) 법령에 규정된 각종 절차와 거래관계 등에서 주민등록증, 주민등록표 등본 · 초본, 외국인등록증 또는 외국인등록 사실증명이 필요한 경우에는 국내거소신고증이나 국내거소신고 사실증명으로 그에 갈음할 수 있다.

[전문개정 2008. 3. 14.]

제9조(주민등록 등과의 관계) ① 법령에 규정된 각종 절차와 거래관계 등에서 주민등록증, 주민등록표 등본·초본, 외국인등록증 또는 외국인등록 사실증명이 필요한 경우에는 국내거소신고증(제7조제7항에 따른 모바일국내거소신고증을 포함한다)이나 국내거소신고 사실증명으로 그에 갈음할 수 있다. 〈개정 2023. 6. 13.〉

② 이 법 또는 다른 법률에서 실물 국내거소신고증이나 국내거소신고증에 기재된 성명, 사진, 거소신고번호 등의 확인이 필요한 경우 모바일국내거소신고증의 확인으로 이를 갈음할 수 있다. 〈신설 2023. 6. 13.〉

[전문개정 2008. 3. 14.]

[시행일: 2023. 12. 14.] 제9조

제10조(출입국과 체류) ① 재외동포체류자격에 따른 체류기간은 최장 3년까지로 한다. 〈개정 2008. 12. 19.〉

② 법무부장관은 제1항에 따른 체류기간을 초과하여 국내에 계속 체류하려는 외국국적동포에게는 대통령령으로 정하는 바에 따라 체류기간 연장허가를 할 수 있다. 다만, 제5조제2항 각 호의 어느 하나에 해당하는 사유가 있는 경우에는 그러하지 아니하다.

③ 국내거소신고를 한 외국국적동포가 체류기간 내에 출국하였다가 재입국하는 경우에는 「출입국관리법」 제30조에 따른 재입국허가가 필요하지 아니하다.

④ 대한민국 안의 거소를 신고하거나 그 이전신고(移轉申告)를 한 외국국적동포에 대하여는 「출입국관리법」 제31조에 따른 외국인등록과 같은 법 제36조에 따른 체류지변경신고를 한 것으로 본다.

⑤ 재외동포체류자격을 부여받은 외국국적동포의 취업이나 그 밖의 경제활동은 사회질서 또는 경제안정을 해치지 아니하는 범위에서 자유롭게 허용된다.

[전문개정 2008. 3. 14.]

제11조(부동산거래 등) ① 국내거소신고를 한 외국국적동포는 「부동산 거래신고 등에 관한 법률」 제9조제1항 제1호에 따른 경우 외에는 대한민국 안에서 부동산을 취득·보유·이용 및 처분할 때에 대한민국의 국민과 동등한 권리를 갖는다. 다만, 「부동산 거래신고 등에 관한 법률」 제3조제1항 및 제8조에 따른 신고를 하여야 한다. 〈개정 2016. 1. 19.〉

② 국내거소신고를 한 외국국적동포가 「부동산 실권리자명의 등기에 관한 법률」의 시행 전에 명의신탁(名義信託) 약정(約定)에 따라 명의수탁자(名義受託者) 명의(名義)로 등기하거나 등기하도록 한 부동산에 관한 물권(物權)을 이 법 시행 후 1년 이내에 「부동산 실권리자명의 등기에 관한 법률」 제11조제1항 및 제2항에 따라 실명(實名)으로 등기하거나 매각처분 등을 한 경우에는 같은 법 제12조제1항 및 제2항을 적용하지 아니한다.

[전문개정 2008. 3. 14.]

제12조(금융거래) 주민등록을 한 재외국민과 국내거소신고를 한 외국국적동포는 예금·적금의 가입, 이율의 적용, 입금과 출금 등 국내 금융기관을 이용할 때 「외국환거래법」상의 거주자인 대한민국 국민과 동등한 권리를 갖는다. 다만, 자본거래의 신고 등에 관한 「외국환거래법」 제18조의 경우에는 그러하지 아니하다. 〈개정 2014. 5. 20.〉

[전문개정 2008. 3. 14.]

제13조(외국환거래) 재외국민이 다음 각 호의 어느 하나에 해당하는 지급수단을 수출하거나 외국에 지급하는 경우 「외국환거래법」 제15조와 제17조를 적용할 때 재외국민은 외국국적동포와 동등한 대우를 받는다.

1. 외국에 거주하기 전부터 소유하고 있던 국내 부동산을 매각하거나 수용으로 처분하였을 경우 그 매각 또는 처분대금

2. 외국에서 국내로 수입(輸入)하거나 국내에 지급한 지급수단

[전문개정 2008. 3. 14.]

제14조(건강보험) 주민등록을 한 재외국민과 국내거소신고를 한 외국국적동포가 90일 이상 대한민국 안에 체

류하는 경우에는 건강보험 관계 법령으로 정하는 바에 따라 건강보험을 적용받을 수 있다. 〈개정 2014. 5. 20.〉

[전문개정 2008. 3. 14.]

제15조 삭제 〈2000. 12. 30.〉

제16조(국가유공자ㆍ독립유공자와 그 유족의 보훈급여금) 외국국적동포는 「국가유공자 등 예우 및 지원에 관한 법률」 또는 「독립유공자예우에 관한 법률」에 따른 보훈급여금을 받을 수 있다.

[전문개정 2008. 3. 14.]

제17조(과태료) ① 제6조제2항을 위반하여 국내거소의 이전 사실을 신고하지 아니한 자에게는 200만원 이하의 과태료를 부과한다.

② 제8조를 위반하여 국내거소신고증을 반납하지 아니한 자에게는 100만원 이하의 과태료를 부과한다.

③ 제1항이나 제2항에 따른 과태료는 대통령령으로 정하는 바에 따라 지방출입국ㆍ외국인관서의 장이 부과하고 징수한다. 〈개정 2014. 3. 18.〉

④ 삭제 〈2008. 12. 19.〉

⑤ 삭제 〈2008. 12. 19.〉

⑥ 삭제 〈2008. 12. 19.〉

[전문개정 2008. 3. 14.]

부칙〈제19070호, 2022. 12. 13.〉**(출입국관리법)**

제1조(시행일) 이 법은 공포 후 6개월이 경과한 날부터 시행한다. 〈단서 생략〉

제2조 생략

제3조(다른 법률의 개정) ① 생략

② 재외동포의 출입국과 법적 지위에 관한 법률 일부를 다음과 같이 개정한다.

제3조의2 제목 외의 부분을 제1항으로 하고, 같은 조에 제2항을 다음과 같이 신설한다.

② 특정 건물 또는 시설의 소재지를 거소로 신고한 외국국적동포의 성명 및 거소 변경 일자의 확인과 국내거소신고증의 진위확인에 대하여는 「출입국관리법」 제88조의3 및 제88조의4를 준용한다. 이 경우 "외국인"은 "외국국적동포"로, "체류지"는 "거소"로, "외국인체류확인서"는 "외국국적동포거소확인서"로, "외국인등록증"은 "국내거소신고증"으로 본다.

5 외국인근로자의 고용 등에 관한 법률

외국인근로자의 고용 등에 관한 법률 (약칭: 외국인고용법)

[시행 2022. 12. 11.] [법률 제18929호, 2022. 6. 10., 일부개정]

고용노동부(외국인력담당관) 044-202-7151

제1장 총칙 〈개정 2009. 10. 9.〉

제1조(목적) 이 법은 외국인근로자를 체계적으로 도입·관리함으로써 원활한 인력수급 및 국민경제의 균형 있는 발전을 도모함을 목적으로 한다.

[전문개정 2009. 10. 9.]

제2조(외국인근로자의 정의) 이 법에서 "외국인근로자"란 대한민국의 국적을 가지지 아니한 사람으로서 국내에 소재하고 있는 사업 또는 사업장에서 임금을 목적으로 근로를 제공하고 있거나 제공하려는 사람을 말한다. 다만, 「출입국관리법」 제18조제1항에 따라 취업활동을 할 수 있는 체류자격을 받은 외국인 중 취업분야 또는 체류기간 등을 고려하여 대통령령으로 정하는 사람은 제외한다.

[전문개정 2009. 10. 9.]

제3조(적용 범위 등) ① 이 법은 외국인근로자 및 외국인근로자를 고용하고 있거나 고용하려는 사업 또는 사업장에 적용한다. 다만, 「선원법」의 적용을 받는 선박에 승무(乘務)하는 선원 중 대한민국 국적을 가지지 아니한 선원 및 그 선원을 고용하고 있거나 고용하려는 선박의 소유자에 대하여는 적용하지 아니한다.

② 외국인근로자의 입국·체류 및 출국 등에 관하여 이 법에서 규정하지 아니한 사항은 「출입국관리법」에서 정하는 바에 따른다.

[전문개정 2009. 10. 9.]

제4조(외국인력정책위원회) ① 외국인근로자의 고용관리 및 보호에 관한 주요 사항을 심의·의결하기 위하여 국무총리 소속으로 외국인력정책위원회(이하 "정책위원회"라 한다)를 둔다.

② 정책위원회는 다음 각 호의 사항을 심의·의결한다. 〈개정 2021. 4. 13.〉

　1. 외국인근로자 관련 기본계획의 수립에 관한 사항

　2. 외국인근로자 도입 업종 및 규모 등에 관한 사항

　3. 외국인근로자를 송출할 수 있는 국가(이하 "송출국가"라 한다)의 지정 및 지정취소에 관한 사항

　4. 제18조의2제2항에 따른 외국인근로자의 취업활동 기간 연장에 관한 사항

　5. 그 밖에 대통령령으로 정하는 사항

③ 정책위원회는 위원장 1명을 포함한 20명 이내의 위원으로 구성한다.

④ 정책위원회의 위원장은 국무조정실장이 되고, 위원은 기획재정부·외교부·법무부·산업통상자원부·고용노동부·중소벤처기업부의 차관 및 대통령령으로 정하는 관계 중앙행정기관의 차관이 된다. 〈개정 2010. 6. 4., 2013. 3. 23., 2017. 7. 26.〉

⑤ 외국인근로자 고용제도의 운영 및 외국인근로자의 권익보호 등에 관한 사항을 사전에 심의하게 하기 위하여 정책위원회에 외국인력정책실무위원회(이하 "실무위원회"라 한다)를 둔다.

⑥ 정책위원회와 실무위원회의 구성·기능 및 운영 등에 필요한 사항은 대통령령으로 정한다.
[전문개정 2009. 10. 9.]

제5조(외국인근로자 도입계획의 공표 등) ① 고용노동부장관은 제4조제2항 각 호의 사항이 포함된 외국인근로자 도입계획을 정책위원회의 심의·의결을 거쳐 수립하여 매년 3월 31일까지 대통령령으로 정하는 방법으로 공표하여야 한다. 〈개정 2010. 6. 4.〉

② 고용노동부장관은 제1항에도 불구하고 국내의 실업증가 등 고용사정의 급격한 변동으로 인하여 제1항에 따른 외국인근로자 도입계획을 변경할 필요가 있을 때에는 정책위원회의 심의·의결을 거쳐 변경할 수 있다. 이 경우 공표의 방법에 관하여는 제1항을 준용한다. 〈개정 2010. 6. 4.〉

③ 고용노동부장관은 필요한 경우 외국인근로자 관련 업무를 지원하기 위하여 조사·연구사업을 할 수 있으며, 이에 관하여 필요한 사항은 대통령령으로 정한다. 〈개정 2010. 6. 4.〉
[전문개정 2009. 10. 9.]

제2장 외국인근로자 고용절차 〈개정 2009. 10. 9.〉

제6조(내국인 구인 노력) ① 외국인근로자를 고용하려는 자는 「직업안정법」 제2조의2제1호에 따른 직업안정기관(이하 "직업안정기관"이라 한다)에 우선 내국인 구인 신청을 하여야 한다.

② 직업안정기관의 장은 제1항에 따른 내국인 구인 신청을 받은 경우에는 사용자가 적절한 구인 조건을 제시할 수 있도록 상담·지원하여야 하며, 구인 조건을 갖춘 내국인이 우선적으로 채용될 수 있도록 직업소개를 적극적으로 하여야 한다.
[전문개정 2009. 10. 9.]

제7조(외국인구직자 명부의 작성) ① 고용노동부장관은 제4조제2항제3호에 따라 지정된 송출국가의 노동행정을 관장하는 정부기관의 장과 협의하여 대통령령으로 정하는 바에 따라 외국인구직자 명부를 작성하여야 한다. 다만, 송출국가에 노동행정을 관장하는 독립된 정부기관이 없을 경우 가장 가까운 기능을 가진 부서를 정하여 정책위원회의 심의를 받아 그 부서의 장과 협의한다. 〈개정 2010. 6. 4.〉

② 고용노동부장관은 제1항에 따른 외국인구직자 명부를 작성할 때에는 외국인구직자 선발기준 등으로 활용할 수 있도록 한국어 구사능력을 평가하는 시험(이하 "한국어능력시험"이라 한다)을 실시하여야 하며, 한국어능력시험의 실시기관 선정 및 선정취소, 평가의 방법, 그 밖에 필요한 사항은 대통령령으로 정한다. 〈개정 2010. 6. 4.〉

③ 한국어능력시험의 실시기관은 시험에 응시하려는 사람으로부터 대통령령으로 정하는 바에 따라 수수료를 징수하여 사용할 수 있다. 이 경우 수수료는 외국인근로자 선발 등을 위한 비용으로 사용하여야 한다. 〈신설 2014. 1. 28., 2020. 5. 26.〉

④ 고용노동부장관은 제1항에 따른 외국인구직자 선발기준 등으로 활용하기 위하여 필요한 경우 기능 수준 등 인력 수요에 부합되는 자격요건을 평가할 수 있다. 〈개정 2010. 6. 4., 2014. 1. 28.〉

⑤ 제4항에 따른 자격요건 평가기관은 「한국산업인력공단법」에 따른 한국산업인력공단(이하 "한국산업인력공단"이라 한다)으로 하며, 자격요건 평가의 방법 등 필요한 사항은 대통령령으로 정한다. 〈개정 2014. 1. 28.〉
[전문개정 2009. 10. 9.]

제8조(외국인근로자 고용허가) ① 제6조제1항에 따라 내국인 구인 신청을 한 사용자는 같은 조 제2항에 따른 직업소개를 받고도 인력을 채용하지 못한 경우에는 고용노동부령으로 정하는 바에 따라 직업안정기관의 장에게 외국인근로자 고용허가를 신청하여야 한다. 〈개정 2010. 6. 4.〉

② 제1항에 따른 고용허가 신청의 유효기간은 3개월로 하되, 일시적인 경영악화 등으로 신규 근로자를 채용할 수 없는 경우 등에는 대통령령으로 정하는 바에 따라 1회에 한정하여 고용허가 신청의 효력을 연장할 수 있다.

③ 직업안정기관의 장은 제1항에 따른 신청을 받으면 외국인근로자 도입 업종 및 규모 등 대통령령으로 정

하는 요건을 갖춘 사용자에게 제7조제1항에 따른 외국인구직자 명부에 등록된 사람 중에서 적격자를 추천하여야 한다.

④ 직업안정기관의 장은 제3항에 따라 추천된 적격자를 선정한 사용자에게는 지체 없이 고용허가를 하고, 선정된 외국인근로자의 성명 등을 적은 외국인근로자 고용허가서를 발급하여야 한다.

⑤ 제4항에 따른 외국인근로자 고용허가서의 발급 및 관리 등에 필요한 사항은 대통령령으로 정한다.

⑥ 직업안정기관이 아닌 자는 외국인근로자의 선발, 알선, 그 밖의 채용에 개입하여서는 아니 된다.

[전문개정 2009. 10. 9.]

제9조(근로계약) ① 사용자가 제8조제4항에 따라 선정한 외국인근로자를 고용하려면 고용노동부령으로 정하는 표준근로계약서를 사용하여 근로계약을 체결하여야 한다. 〈개정 2010. 6. 4.〉

② 사용자는 제1항에 따른 근로계약을 체결하려는 경우 이를 한국산업인력공단에 대행하게 할 수 있다. 〈개정 2014. 1. 28.〉

③ 제8조에 따라 고용허가를 받은 사용자와 외국인근로자는 제18조에 따른 기간 내에서 당사자 간의 합의에 따라 근로계약을 체결하거나 갱신할 수 있다. 〈개정 2012. 2. 1.〉

④ 제18조의2에 따라 취업활동 기간이 연장되는 외국인근로자와 사용자는 연장된 취업활동 기간의 범위에서 근로계약을 체결할 수 있다.

⑤ 제1항에 따른 근로계약을 체결하는 절차 및 효력발생 시기 등에 관하여 필요한 사항은 대통령령으로 정한다.

[전문개정 2009. 10. 9.]

제10조(사증발급인정서) 제9조제1항에 따라 외국인근로자와 근로계약을 체결한 사용자는 「출입국관리법」 제9조제2항에 따라 그 외국인근로자를 대리하여 법무부장관에게 사증발급인정서를 신청할 수 있다.

[전문개정 2009. 10. 9.]

제11조(외국인 취업교육) ① 외국인근로자는 입국한 후에 고용노동부령으로 정하는 기간 이내에 한국산업인력공단 또는 제11조의3에 따른 외국인 취업교육기관에서 국내 취업활동에 필요한 사항을 주지(周知)시키기 위하여 실시하는 교육(이하 "외국인 취업교육"이라 한다)을 받아야 한다. 〈개정 2010. 6. 4., 2022. 6. 10.〉

② 사용자는 외국인근로자가 외국인 취업교육을 받을 수 있도록 하여야 한다.

③ 외국인 취업교육의 시간과 내용, 그 밖에 외국인 취업교육에 필요한 사항은 고용노동부령으로 정한다. 〈개정 2010. 6. 4.〉

[전문개정 2009. 10. 9.]

제11조의2(사용자 교육) ① 제8조에 따라 외국인근로자 고용허가를 최초로 받은 사용자는 노동관계법령·인권 등에 관한 교육(이하 "사용자 교육"이라 한다)을 받아야 한다.

② 사용자 교육의 내용, 시간, 그 밖에 사용자 교육에 필요한 사항은 고용노동부령으로 정한다.

[본조신설 2021. 4. 13.]

제11조의3(외국인 취업교육기관의 지정 등) ① 고용노동부장관은 외국인 취업교육을 전문적·효율적으로 수행하기 위하여 외국인 취업교육기관(이하 "외국인 취업교육기관"이라 한다)을 지정할 수 있다.

② 제1항에 따라 외국인 취업교육기관으로 지정을 받으려는 자는 전문인력·시설 등 대통령령으로 정하는 지정기준을 갖추어 고용노동부장관에게 신청하여야 한다.

③ 제1항 및 제2항에서 규정한 사항 외에 외국인 취업교육기관의 지정절차 등에 필요한 사항은 고용노동부령으로 정한다.

[본조신설 2022. 6. 10.]

제11조의4(외국인 취업교육기관의 지정취소 등) ① 고용노동부장관은 외국인 취업교육기관이 다음 각 호의 어느 하나에 해당하는 경우에는 고용노동부령으로 정하는 바에 따라 지정취소, 6개월 이내의 업무정지 또는

시정명령을 할 수 있다. 다만, 제1호에 해당하는 경우에는 지정을 취소하여야 한다.

1. 거짓이나 그 밖의 부정한 방법으로 지정을 받은 경우
2. 제11조의3제2항에 따른 지정기준에 적합하지 아니하게 된 경우
3. 정당한 사유 없이 1년 이상 운영을 중단한 경우
4. 임직원이 외국인 취업교육 업무와 관련하여 형사처분을 받는 등 사회적으로 중대한 물의를 일으킨 경우
5. 운영성과의 미흡 등 대통령령으로 정하는 경우에 해당하는 경우
6. 그 밖에 이 법 또는 이 법에 따른 명령을 위반한 경우

② 제1항에 따라 지정이 취소된 외국인 취업교육기관은 지정이 취소된 날부터 1년이 경과하지 아니하면 제11조의3제2항에 따른 외국인 취업교육기관 지정신청을 할 수 없다.

③ 고용노동부장관은 제1항에 따라 외국인 취업교육기관의 지정을 취소하는 경우에는 청문을 실시하여야 한다.

[본조신설 2022. 6. 10.]

제12조(외국인근로자 고용의 특례) ① 다음 각 호의 어느 하나에 해당하는 사업 또는 사업장의 사용자는 제3항에 따른 특례고용가능확인을 받은 후 대통령령으로 정하는 사증을 발급받고 입국한 외국인으로서 국내에서 취업하려는 사람을 고용할 수 있다. 이 경우 근로계약의 체결에 관하여는 제9조를 준용한다. 〈개정 2021. 4. 13.〉

1. 건설업으로서 정책위원회가 일용근로자 노동시장의 현황, 내국인근로자 고용기회의 침해 여부 및 사업장 규모 등을 고려하여 정하는 사업 또는 사업장
2. 서비스업, 제조업, 농업, 어업 또는 광업으로서 정책위원회가 산업별 특성을 고려하여 정하는 사업 또는 사업장

② 제1항에 따른 외국인으로서 제1항 각 호의 어느 하나에 해당하는 사업 또는 사업장에 취업하려는 사람은 외국인 취업교육을 받은 후에 직업안정기관의 장에게 구직 신청을 하여야 하고, 고용노동부장관은 이에 대하여 외국인구직자 명부를 작성·관리하여야 한다. 〈개정 2010. 6. 4.〉

③ 제6조제1항에 따라 내국인 구인 신청을 한 사용자는 같은 조 제2항에 따라 직업안정기관의 장의 직업소개를 받고도 인력을 채용하지 못한 경우에는 고용노동부령으로 정하는 바에 따라 직업안정기관의 장에게 특례고용가능확인을 신청할 수 있다. 이 경우 직업안정기관의 장은 외국인근로자의 도입 업종 및 규모 등 대통령령으로 정하는 요건을 갖춘 사용자에게 특례고용가능확인을 하여야 한다. 〈개정 2010. 6. 4.〉

④ 제3항에 따라 특례고용가능확인을 받은 사용자는 제2항에 따른 외국인구직자 명부에 등록된 사람 중에서 채용하여야 하고, 외국인근로자가 근로를 시작하면 고용노동부령으로 정하는 바에 따라 직업안정기관의 장에게 신고하여야 한다. 〈개정 2010. 6. 4.〉

⑤ 특례고용가능확인의 유효기간은 3년으로 한다. 다만, 제1항제1호에 해당하는 사업 또는 사업장으로서 공사기간이 3년보다 짧은 경우에는 그 기간으로 한다.

⑥ 직업안정기관의 장이 제3항에 따라 특례고용가능확인을 한 경우에는 대통령령으로 정하는 바에 따라 해당 사용자에게 특례고용가능확인서를 발급하여야 한다.

⑦ 제1항에 따른 외국인근로자에 대하여는 「출입국관리법」 제21조를 적용하지 아니한다.

⑧ 고용노동부장관은 제1항에 따른 외국인이 취업을 희망하는 경우에는 입국 전에 고용정보를 제공할 수 있다. 〈개정 2010. 6. 4.〉

[전문개정 2009. 10. 9.]

제3장 외국인근로자의 고용관리 〈개정 2009. 10. 9.〉

제13조(출국만기보험·신탁) ① 외국인근로자를 고용한 사업 또는 사업장의 사용자(이하 "사용자"라 한다)는 외국인근로자의 출국 등에 따른 퇴직금 지급을 위하여 외국인근로자를 피보험자 또는 수익자(이하 "피보험

자등"이라 한다)로 하는 보험 또는 신탁(이하 "출국만기보험등"이라 한다)에 가입하여야 한다. 이 경우 보험료 또는 신탁금은 매월 납부하거나 위탁하여야 한다. 〈개정 2014. 1. 28.〉

② 사용자가 출국만기보험등에 가입한 경우 「근로자퇴직급여 보장법」 제8조제1항에 따른 퇴직금제도를 설정한 것으로 본다.

③ 출국만기보험등의 가입대상 사용자, 가입방법·내용·관리 및 지급 등에 필요한 사항은 대통령령으로 정하되, 지급시기는 피보험자등이 출국한 때부터 14일(체류자격의 변경, 사망 등에 따라 신청하거나 출국일 이후에 신청하는 경우에는 신청일부터 14일) 이내로 한다. 〈개정 2014. 1. 28.〉

④ 출국만기보험등의 지급사유 발생에 따라 피보험자등이 받을 금액(이하 "보험금등"이라 한다)에 대한 청구권은 「상법」 제662조에도 불구하고 지급사유가 발생한 날부터 3년간 이를 행사하지 아니하면 소멸시효가 완성한다. 이 경우 출국만기보험등을 취급하는 금융기관은 소멸시효가 완성한 보험금등을 1개월 이내에 한국산업인력공단에 이전하여야 한다. 〈신설 2014. 1. 28.〉

[전문개정 2009. 10. 9.]

제13조의2(휴면보험금등관리위원회) ① 제13조제4항에 따라 이전받은 보험금등의 관리·운용에 필요한 사항을 심의·의결하기 위하여 한국산업인력공단에 휴면보험금등관리위원회를 둔다.

② 제13조제4항에 따라 이전받은 보험금등은 우선적으로 피보험자등을 위하여 사용되어야 한다.

③ 휴면보험금등관리위원회의 구성 및 운영, 그 밖에 필요한 사항은 대통령령으로 정한다.

[본조신설 2014. 1. 28.]

제14조(건강보험) 사용자 및 사용자에게 고용된 외국인근로자에게 「국민건강보험법」을 적용하는 경우 사용자는 같은 법 제3조에 따른 사용자로, 사용자에게 고용된 외국인근로자는 같은 법 제6조제1항에 따른 직장가입자로 본다.

[전문개정 2009. 10. 9.]

제15조(귀국비용보험·신탁) ① 외국인근로자는 귀국 시 필요한 비용에 충당하기 위하여 보험 또는 신탁에 가입하여야 한다.

② 제1항에 따른 보험 또는 신탁의 가입방법·내용·관리 및 지급 등에 필요한 사항은 대통령령으로 정한다.

③ 제1항에 따른 보험 또는 신탁의 지급사유 발생에 따라 가입자가 받을 금액에 대한 청구권의 소멸시효, 소멸시효가 완성한 금액의 이전 및 관리·운용 등에 관하여는 제13조제4항 및 제13조의2를 준용한다. 〈신설 2014. 1. 28.〉

[전문개정 2009. 10. 9.]

제16조(귀국에 필요한 조치) 사용자는 외국인근로자가 근로관계의 종료, 체류기간의 만료 등으로 귀국하는 경우에는 귀국하기 전에 임금 등 금품관계를 청산하는 등 필요한 조치를 하여야 한다.

[전문개정 2009. 10. 9.]

제17조(외국인근로자의 고용관리) ① 사용자는 외국인근로자와의 근로계약을 해지하거나 그 밖에 고용과 관련된 중요 사항을 변경하는 등 대통령령으로 정하는 사유가 발생하였을 때에는 고용노동부령으로 정하는 바에 따라 직업안정기관의 장에게 신고하여야 한다. 〈개정 2010. 6. 4.〉

② 사용자가 제1항에 따른 신고를 한 경우 그 신고사실이 「출입국관리법」 제19조제1항 각 호에 따른 신고사유에 해당하는 때에는 같은 항에 따른 신고를 한 것으로 본다. 〈신설 2016. 1. 27.〉

③ 제1항에 따라 신고를 받은 직업안정기관의 장은 그 신고사실이 제2항에 해당하는 때에는 지체 없이 사용자의 소재지를 관할하는 지방출입국·외국인관서의 장에게 통보하여야 한다. 〈신설 2016. 1. 27.〉

④ 외국인근로자의 적절한 고용관리 등에 필요한 사항은 대통령령으로 정한다. 〈개정 2016. 1. 27.〉

[전문개정 2009. 10. 9.]

제18조(취업활동 기간의 제한) 외국인근로자는 입국한 날부터 3년의 범위에서 취업활동을 할 수 있다.

[전문개정 2012. 2. 1.]

제18조의2(취업활동 기간 제한에 관한 특례) ① 다음 각 호의 외국인근로자는 제18조에도 불구하고 한 차례만 2년 미만의 범위에서 취업활동 기간을 연장받을 수 있다. 〈개정 2010. 6. 4., 2012. 2. 1., 2020. 5. 26.〉

1. 제8조제4항에 따른 고용허가를 받은 사용자에게 고용된 외국인근로자로서 제18조에 따른 취업활동 기간 3년이 만료되어 출국하기 전에 사용자가 고용노동부장관에게 재고용 허가를 요청한 근로자
2. 제12조제3항에 따른 특례고용가능확인을 받은 사용자에게 고용된 외국인근로자로서 제18조에 따른 취업활동 기간 3년이 만료되어 출국하기 전에 사용자가 고용노동부장관에게 재고용 허가를 요청한 근로자

② 고용노동부장관은 제1항 및 제18조에도 불구하고 감염병 확산, 천재지변 등의 사유로 외국인근로자의 입국과 출국이 어렵다고 인정되는 경우에는 정책위원회의 심의·의결을 거쳐 1년의 범위에서 취업활동 기간을 연장할 수 있다. 〈신설 2021. 4. 13.〉

③ 제1항에 따른 사용자의 재고용 허가 요청 절차 및 그 밖에 필요한 사항은 고용노동부령으로 정한다. 〈개정 2010. 6. 4., 2012. 2. 1., 2021. 4. 13.〉

[전문개정 2009. 10. 9.]

제18조의3(재입국 취업의 제한) 국내에서 취업한 후 출국한 외국인근로자(제12조제1항에 따른 외국인근로자는 제외한다)는 출국한 날부터 6개월이 지나지 아니하면 이 법에 따라 다시 취업할 수 없다.

[본조신설 2012. 2. 1.]

제18조의4(재입국 취업 제한의 특례) ① 고용노동부장관은 제18조의3에도 불구하고 다음 각 호의 요건을 모두 갖춘 외국인근로자로서 제18조의2에 따라 연장된 취업활동 기간이 끝나 출국하기 전에 사용자가 재입국 후의 고용허가를 신청한 외국인근로자에 대하여 출국한 날부터 1개월이 지나면 이 법에 따라 다시 취업하도록 할 수 있다. 〈개정 2021. 4. 13.〉

1. 다음 각 목의 어느 하나에 해당할 것
   가. 제18조 및 제18조의2에 따른 취업활동 기간 중에 사업 또는 사업장을 변경하지 아니하였을 것
   나. 제25조제1항제1호 또는 제3호에 해당하는 사유로 사업 또는 사업장을 변경하는 경우(재입국 후의 고용허가를 신청하는 사용자와 취업활동 기간 종료일까지의 근로계약 기간이 1년 이상인 경우만 해당한다)로서 동일업종 내 근속기간 등 고용노동부장관이 정하여 고시하는 기준을 충족할 것
   다. 제25조제1항제2호에 해당하는 사유로 사업 또는 사업장을 변경하는 경우로서 재입국 후의 고용허가를 신청하는 사용자와 취업활동 기간 종료일까지의 근로계약 기간이 1년 이상일 것
   라. 제25조제1항제2호에 해당하는 사유로 사업 또는 사업장을 변경하는 경우로서 재입국 후의 고용허가를 신청하는 사용자와 취업활동 기간 종료일까지의 근로계약 기간이 1년 미만이나 직업안정기관의 장이 제24조의2제1항에 따른 외국인근로자 권익보호협의회의 의견을 들어 재입국 후의 고용허가를 하는 것이 타당하다고 인정하였을 것
2. 정책위원회가 도입 업종이나 규모 등을 고려하여 내국인을 고용하기 어렵다고 정하는 사업 또는 사업장에서 근로하고 있을 것
3. 재입국하여 근로를 시작하는 날부터 효력이 발생하는 1년 이상의 근로계약을 해당 사용자와 체결하고 있을 것

② 제1항에 따른 재입국 후의 고용허가 신청과 재입국 취업활동에 대하여는 제6조, 제7조제2항, 제11조를 적용하지 아니한다.

③ 제1항에 따른 재입국 취업은 한 차례만 허용되고, 재입국 취업을 위한 근로계약의 체결에 관하여는 제9조를 준용하며, 재입국한 외국인근로자의 취업활동에 대하여는 제18조, 제18조의2 및 제25조를 준용한다. 〈개정 2020. 5. 26.〉

④ 제1항에 따른 사용자의 고용허가 신청 절차 및 그 밖에 필요한 사항은 고용노동부령으로 정한다.

[본조신설 2012. 2. 1.]

제19조(외국인근로자 고용허가 또는 특례고용가능확인의 취소) ① 직업안정기관의 장은 다음 각 호의 어느 하나에 해당하는 사용자에 대하여 대통령령으로 정하는 바에 따라 제8조제4항에 따른 고용허가나 제12조제3항에 따른 특례고용가능확인을 취소할 수 있다.

 1. 거짓이나 그 밖의 부정한 방법으로 고용허가나 특례고용가능확인을 받은 경우

 2. 사용자가 입국 전에 계약한 임금 또는 그 밖의 근로조건을 위반하는 경우

 3. 사용자의 임금체불 또는 그 밖의 노동관계법 위반 등으로 근로계약을 유지하기 어렵다고 인정되는 경우

② 제1항에 따라 외국인근로자 고용허가나 특례고용가능확인이 취소된 사용자는 취소된 날부터 15일 이내에 그 외국인근로자와의 근로계약을 종료하여야 한다.

[전문개정 2009. 10. 9.]

제20조(외국인근로자 고용의 제한) ① 직업안정기관의 장은 다음 각 호의 어느 하나에 해당하는 사용자에 대하여 그 사실이 발생한 날부터 3년간 외국인근로자의 고용을 제한할 수 있다. 〈개정 2014. 1. 28., 2022. 6. 10.〉

 1. 제8조제4항에 따른 고용허가 또는 제12조제3항에 따른 특례고용가능확인을 받지 아니하고 외국인근로자를 고용한 자

 2. 제19조제1항에 따라 외국인근로자의 고용허가나 특례고용가능확인이 취소된 자

 3. 이 법 또는 「출입국관리법」을 위반하여 처벌을 받은 자

 3의2. 외국인근로자의 사망으로 「산업안전보건법」 제167조제1항에 따른 처벌을 받은 자

 4. 그 밖에 대통령령으로 정하는 사유에 해당하는 자

② 고용노동부장관은 제1항에 따라 외국인근로자의 고용을 제한하는 경우에는 그 사용자에게 고용노동부령으로 정하는 바에 따라 알려야 한다. 〈개정 2010. 6. 4.〉

[전문개정 2009. 10. 9.]

제21조(외국인근로자 관련 사업) 고용노동부장관은 외국인근로자의 원활한 국내 취업활동 및 효율적인 고용관리를 위하여 다음 각 호의 사업을 한다. 〈개정 2010. 6. 4.〉

 1. 외국인근로자의 출입국 지원사업

 2. 외국인근로자 및 그 사용자에 대한 교육사업

 3. 송출국가의 공공기관 및 외국인근로자 관련 민간단체와의 협력사업

 4. 외국인근로자 및 그 사용자에 대한 상담 등 편의 제공 사업

 5. 외국인근로자 고용제도 등에 대한 홍보사업

 6. 그 밖에 외국인근로자의 고용관리에 관한 사업으로서 대통령령으로 정하는 사업

[전문개정 2009. 10. 9.]

제4장 외국인근로자의 보호

제22조(차별 금지) 사용자는 외국인근로자라는 이유로 부당하게 차별하여 처우하여서는 아니 된다.

[전문개정 2009. 10. 9.]

제22조의2(기숙사의 제공 등) ① 사용자가 외국인근로자에게 기숙사를 제공하는 경우에는 「근로기준법」 제100조에서 정하는 기준을 준수하고, 건강과 안전을 지킬 수 있도록 하여야 한다.

② 사용자는 제1항에 따라 기숙사를 제공하는 경우 외국인근로자와 근로계약을 체결할 때에 외국인근로자에게 다음 각 호의 정보를 사전에 제공하여야 한다. 근로계약 체결 후 다음 각 호의 사항을 변경하는 경우에도 또한 같다.

 1. 기숙사의 구조와 설비

 2. 기숙사의 설치 장소

 3. 기숙사의 주거 환경

    4. 기숙사의 면적

    5. 그 밖에 기숙사 설치 및 운영에 필요한 사항

③ 제2항에 따른 기숙사 정보 제공의 기준 등에 필요한 사항은 대통령령으로 정한다.

[본조신설 2019. 1. 15.]

제23조(보증보험 등의 가입) ① 사업의 규모 및 산업별 특성 등을 고려하여 대통령령으로 정하는 사업 또는 사업장의 사용자는 임금체불에 대비하여 그가 고용하는 외국인근로자를 위한 보증보험에 가입하여야 한다.

② 산업별 특성 등을 고려하여 대통령령으로 정하는 사업 또는 사업장에서 취업하는 외국인근로자는 질병·사망 등에 대비한 상해보험에 가입하여야 한다.

③ 제1항 및 제2항에 따른 보증보험, 상해보험의 가입방법·내용·관리 및 지급 등에 필요한 사항은 대통령령으로 정한다.

[전문개정 2009. 10. 9.]

제24조(외국인근로자 관련 단체 등에 대한 지원) ① 국가는 외국인근로자에 대한 상담과 교육, 그 밖에 대통령령으로 정하는 사업을 하는 기관 또는 단체에 대하여 사업에 필요한 비용의 일부를 예산의 범위에서 지원할 수 있다.

② 제1항에 따른 지원요건·기준 및 절차 등에 관하여 필요한 사항은 대통령령으로 정한다.

[전문개정 2009. 10. 9.]

제24조의2(외국인근로자 권익보호협의회) ① 외국인근로자의 권익보호에 관한 사항을 협의하기 위하여 직업안정기관에 관할 구역의 노동자단체와 사용자단체 등이 참여하는 외국인근로자 권익보호협의회를 둘 수 있다.

② 외국인근로자 권익보호협의회의 구성·운영 등에 필요한 사항은 고용노동부령으로 정한다. 〈개정 2010. 6. 4.〉

[본조신설 2009. 10. 9.]

제25조(사업 또는 사업장 변경의 허용) ① 외국인근로자(제12조제1항에 따른 외국인근로자는 제외한다)는 다음 각 호의 어느 하나에 해당하는 사유가 발생한 경우에는 고용노동부령으로 정하는 바에 따라 직업안정기관의 장에게 다른 사업 또는 사업장으로의 변경을 신청할 수 있다. 〈개정 2010. 6. 4., 2012. 2. 1., 2019. 1. 15.〉

    1. 사용자가 정당한 사유로 근로계약기간 중 근로계약을 해지하려고 하거나 근로계약이 만료된 후 갱신을 거절하려는 경우

    2. 휴업, 폐업, 제19조제1항에 따른 고용허가의 취소, 제20조제1항에 따른 고용의 제한, 제22조의2를 위반한 기숙사의 제공, 사용자의 근로조건 위반 또는 부당한 처우 등 외국인근로자의 책임이 아닌 사유로 인하여 사회통념상 그 사업 또는 사업장에서 근로를 계속할 수 없게 되었다고 인정하여 고용노동부장관이 고시한 경우

    3. 그 밖에 대통령령으로 정하는 사유가 발생한 경우

② 사용자가 제1항에 따라 사업 또는 사업장 변경 신청을 한 후 재취업하려는 외국인근로자를 고용할 경우 그 절차 및 방법에 관하여는 제6조·제8조 및 제9조를 준용한다.

③ 제1항에 따른 다른 사업 또는 사업장으로의 변경을 신청한 날부터 3개월 이내에 「출입국관리법」 제21조에 따른 근무처 변경허가를 받지 못하거나 사용자와 근로계약이 종료된 날부터 1개월 이내에 다른 사업 또는 사업장으로의 변경을 신청하지 아니한 외국인근로자는 출국하여야 한다. 다만, 업무상 재해, 질병, 임신, 출산 등의 사유로 근무처 변경허가를 받을 수 없거나 근무처 변경신청을 할 수 없는 경우에는 그 사유가 없어진 날부터 각각 그 기간을 계산한다.

④ 제1항에 따른 외국인근로자의 사업 또는 사업장 변경은 제18조에 따른 기간 중에는 원칙적으로 3회를 초과할 수 없으며, 제18조의2제1항에 따라 연장된 기간 중에는 2회를 초과할 수 없다. 다만, 제1항제2호의

사유로 사업 또는 사업장을 변경한 경우는 포함하지 아니한다. 〈개정 2014. 1. 28.〉
[전문개정 2009. 10. 9.]

제5장 보칙 〈개정 2009. 10. 9.〉

제26조(보고 및 조사 등) ① 고용노동부장관은 필요하다고 인정하면 사용자나 외국인근로자 또는 제24조제1항에 따라 지원을 받는 외국인근로자 관련 단체에 대하여 보고, 관련 서류의 제출이나 그 밖에 필요한 명령을 할 수 있으며, 소속 공무원으로 하여금 관계인에게 질문하거나 관련 장부·서류 등을 조사하거나 검사하게 할 수 있다. 〈개정 2010. 6. 4.〉
② 제1항에 따라 조사 또는 검사를 하는 공무원은 그 신분을 표시하는 증명서를 지니고 이를 관계인에게 내보여야 한다.
[전문개정 2009. 10. 9.]

제26조의2(관계 기관의 협조) ① 고용노동부장관은 중앙행정기관·지방자치단체·공공기관 등 관계 기관의 장에게 이 법의 시행을 위하여 다음 각 호의 자료 제출을 요청할 수 있다.
  1. 업종별·지역별 인력수급 자료
  2. 외국인근로자 대상 지원사업 자료
② 제1항에 따라 자료의 제출을 요청받은 기관은 정당한 사유가 없으면 요청에 따라야 한다.
[본조신설 2014. 1. 28.]

제27조(수수료의 징수 등) ① 제9조제2항에 따라 사용자와 외국인근로자의 근로계약 체결(제12조제1항 각 호 외의 부분 후단, 제18조의4제3항 및 제25조제2항에 따라 근로계약 체결을 준용하는 경우를 포함한다. 이하 이 조에서 같다)을 대행하는 자는 고용노동부령으로 정하는 바에 따라 사용자로부터 수수료와 필요한 비용을 받을 수 있다. 〈개정 2010. 6. 4., 2012. 2. 1.〉
② 고용노동부장관은 제21조에 따른 외국인근로자 관련 사업을 하기 위하여 필요하면 고용노동부령으로 정하는 바에 따라 사용자로부터 수수료와 필요한 비용을 받을 수 있다. 〈개정 2010. 6. 4.〉
③ 제27조의2제1항에 따라 외국인근로자의 고용에 관한 업무를 대행하는 자는 고용노동부령으로 정하는 바에 따라 사용자로부터 수수료와 필요한 비용을 받을 수 있다. 〈개정 2010. 6. 4.〉
④ 다음 각 호의 어느 하나에 해당하는 자가 아닌 자는 근로계약 체결의 대행이나 외국인근로자 고용에 관한 업무의 대행 또는 외국인근로자 관련 사업을 하는 대가로 어떠한 금품도 받아서는 아니 된다. 〈개정 2010. 6. 4., 2020. 5. 26.〉
  1. 제9조제2항에 따라 사용자와 외국인근로자의 근로계약 체결을 대행하는 자
  2. 제27조의2제1항에 따라 외국인근로자의 고용에 관한 업무를 대행하는 자
  3. 제21조에 따른 고용노동부장관의 권한을 제28조에 따라 위임·위탁받아 하는 자
[전문개정 2009. 10. 9.]

제27조의2(각종 신청 등의 대행) ① 사용자 또는 외국인근로자는 다음 각 호에 따른 신청이나 서류의 수령 등 외국인근로자의 고용에 관한 업무를 고용노동부장관이 지정하는 자(이하 "대행기관"이라 한다)에게 대행하게 할 수 있다. 〈개정 2010. 6. 4., 2012. 2. 1.〉
  1. 제6조제1항에 따른 내국인 구인 신청(제25조제2항에 따라 준용하는 경우를 포함한다)
  2. 제18조의2에 따른 사용자의 재고용 허가 요청
  3. 제18조의4제1항에 따른 재입국 후의 고용허가 신청
  4. 제25조제1항에 따른 사업 또는 사업장 변경 신청
  5. 그 밖에 고용노동부령으로 정하는 외국인근로자 고용 등에 관한 업무
② 제1항에 따른 대행기관의 지정요건, 업무범위, 지정절차 및 대행에 필요한 사항은 고용노동부령으로 정한다. 〈개정 2010. 6. 4.〉
[본조신설 2009. 10. 9.]

제27조의3(대행기관의 지정취소 등) ① 고용노동부장관은 대행기관이 다음 각 호의 어느 하나에 해당하는 경우에는 고용노동부령으로 정하는 바에 따라 지정취소, 6개월 이내의 업무정지 또는 시정명령을 할 수 있다. 〈개정 2010. 6. 4.〉

1. 거짓이나 그 밖의 부정한 방법으로 지정을 받은 경우
2. 지정요건에 미달하게 된 경우
3. 지정받은 업무범위를 벗어나 업무를 한 경우
4. 그 밖에 선량한 관리자의 주의를 다하지 아니하거나 업무처리 절차를 위배한 경우

② 고용노동부장관은 제1항에 따라 대행기관을 지정취소할 경우에는 청문을 실시하여야 한다. 〈개정 2010. 6. 4.〉

[본조신설 2009. 10. 9.]

제28조(권한의 위임·위탁) 고용노동부장관은 이 법에 따른 권한의 일부를 대통령령으로 정하는 바에 따라 지방고용노동관서의 장에게 위임하거나 한국산업인력공단 또는 대통령령으로 정하는 자에게 위탁할 수 있다. 다만, 제21조제1호의 사업은 한국산업인력공단에 위탁한다. 〈개정 2010. 6. 4., 2014. 1. 28.〉

[전문개정 2009. 10. 9.]

제6장 벌칙 〈개정 2009. 10. 9.〉

제29조(벌칙) 다음 각 호의 어느 하나에 해당하는 자는 1년 이하의 징역 또는 1천만원 이하의 벌금에 처한다. 〈개정 2014. 1. 28.〉

1. 제8조제6항을 위반하여 외국인근로자의 선발, 알선, 그 밖의 채용에 개입한 자
2. 제16조를 위반하여 귀국에 필요한 조치를 하지 아니한 사용자
3. 제19조제2항을 위반하여 근로계약을 종료하지 아니한 사용자
4. 제25조에 따른 외국인근로자의 사업 또는 사업장 변경을 방해한 자
5. 제27조제4항을 위반하여 금품을 받은 자

[전문개정 2009. 10. 9.]

제30조(벌칙) 다음 각 호의 어느 하나에 해당하는 자는 500만원 이하의 벌금에 처한다.

1. 제13조제1항 전단을 위반하여 출국만기보험등에 가입하지 아니한 사용자
2. 제23조에 따른 보증보험 또는 상해보험에 가입하지 아니한 자

[전문개정 2009. 10. 9.]

제31조(양벌규정) 법인의 대표자나 법인 또는 개인의 대리인, 사용인, 그 밖의 종업원이 그 법인 또는 개인의 업무에 관하여 제29조 또는 제30조의 위반행위를 하면 그 행위자를 벌하는 외에 그 법인 또는 개인에게도 해당 조문의 벌금형을 과(科)한다. 다만, 법인 또는 개인이 그 위반행위를 방지하기 위하여 해당 업무에 관하여 상당한 주의와 감독을 게을리하지 아니한 경우에는 그러하지 아니하다.

[전문개정 2009. 10. 9.]

제32조(과태료) ① 다음 각 호의 어느 하나에 해당하는 자에게는 500만원 이하의 과태료를 부과한다. 〈개정 2021. 4. 13.〉

1. 제9조제1항을 위반하여 근로계약을 체결할 때 표준근로계약서를 사용하지 아니한 자
2. 제11조제2항을 위반하여 외국인근로자에게 취업교육을 받게 하지 아니한 사용자
2의2. 제11조의2제1항을 위반하여 사용자 교육을 받지 아니한 사용자
3. 제12조제3항에 따른 특례고용가능확인을 받지 아니하고 같은 조 제1항에 따른 사증을 발급받은 외국인근로자를 고용한 사용자
4. 제12조제4항을 위반하여 외국인구직자 명부에 등록된 사람 중에서 채용하지 아니한 사용자 또는 외국인근로자가 근로를 시작한 후 직업안정기관의 장에게 신고를 하지 아니하거나 거짓으로 신고한 사용

자

5. 제13조제1항 후단을 위반하여 출국만기보험등의 매월 보험료 또는 신탁금을 3회 이상 연체한 사용자

6. 제15조제1항을 위반하여 보험 또는 신탁에 가입하지 아니한 외국인근로자

7. 제17조제1항을 위반하여 신고를 하지 아니하거나 거짓으로 신고한 사용자

8. 제20조제1항에 따라 외국인근로자의 고용이 제한된 사용자로서 제12조제1항에 따른 사증을 발급받은 외국인근로자를 고용한 사용자

9. 제26조제1항에 따른 명령을 따르지 아니하여 보고를 하지 아니하거나 거짓으로 보고한 자, 관련 서류를 제출하지 아니하거나 거짓으로 제출한 자, 같은 항에 따른 질문 또는 조사·검사를 거부·방해하거나 기피한 자

10. 제27조제1항·제2항 또는 제3항에 따른 수수료 및 필요한 비용 외의 금품을 받은 자

② 제1항에 따른 과태료는 대통령령으로 정하는 바에 따라 고용노동부장관이 부과·징수한다. 〈개정 2010. 6. 4.〉

[전문개정 2009. 10. 9.]

부칙〈제18929호, 2022. 6. 10.〉

제1조(시행일) 이 법은 공포 후 6개월이 경과한 날부터 시행한다.

제2조(외국인근로자 고용의 제한에 관한 적용례) 제20조제1항제3호의2의 개정규정은 이 법 시행 이후 사용자가 「산업안전보건법」 제167조제1항에 따른 처벌을 받은 경우부터 적용한다.

6 재한외국인 처우 기본법

재한외국인 처우 기본법 (약칭: 외국인처우법)

[시행 2023. 7. 19.] [법률 제19355호, 2023. 4. 18., 일부개정]

법무부(외국인정책과) 02-2110-4116

제1장 총칙

제1조(목적) 이 법은 재한외국인에 대한 처우 등에 관한 기본적인 사항을 정함으로써 재한외국인이 대한민국 사회에 적응하여 개인의 능력을 충분히 발휘할 수 있도록 하고, 대한민국 국민과 재한외국인이 서로를 이해하고 존중하는 사회 환경을 만들어 대한민국의 발전과 사회통합에 이바지함을 목적으로 한다.

제2조(정의) 이 법에서 사용하는 용어의 정의는 다음과 같다.
1. "재한외국인"이란 대한민국의 국적을 가지지 아니한 자로서 대한민국에 거주할 목적을 가지고 합법적으로 체류하고 있는 자를 말한다.
2. "재한외국인에 대한 처우"란 국가 및 지방자치단체가 재한외국인을 그 법적 지위에 따라 적정하게 대우하는 것을 말한다.
3. "결혼이민자"란 대한민국 국민과 혼인한 적이 있거나 혼인관계에 있는 재한외국인을 말한다.

제3조(국가 및 지방자치단체의 책무) 국가 및 지방자치단체는 제1조의 목적을 달성하기 위하여 재한외국인에 대한 처우 등에 관한 정책의 수립·시행에 노력하여야 한다.

제4조(다른 법률과의 관계) 국가는 재한외국인에 대한 처우 등과 관련되는 다른 법률을 제정 또는 개정하는 경우에는 이 법의 목적에 맞도록 하여야 한다.

제2장 외국인정책의 수립 및 추진 체계

제5조(외국인정책의 기본계획) ① 법무부장관은 관계 중앙행정기관의 장과 협의하여 5년마다 외국인정책에 관한 기본계획(이하 "기본계획"이라 한다)을 수립하여야 한다.
② 기본계획에는 다음 각 호의 사항이 포함되어야 한다.
1. 외국인정책의 기본목표와 추진방향
2. 외국인정책의 추진과제, 그 추진방법 및 추진시기
3. 필요한 재원의 규모와 조달방안
4. 그 밖에 외국인정책 수립 등을 위하여 필요하다고 인정되는 사항
③ 법무부장관은 제1항에 따라 수립된 기본계획을 제8조에 따른 외국인정책위원회의 심의를 거쳐 확정하여야 한다.
④ 기본계획의 수립절차 등에 관하여 필요한 사항은 대통령령으로 정한다.
⑤ 법무부장관은 기본계획을 수립함에 있어서 상호주의 원칙을 고려한다.

제6조(연도별 시행계획) ① 관계 중앙행정기관의 장은 기본계획에 따라 소관별로 연도별 시행계획을 수립·

시행하여야 한다.

② 지방자치단체의 장은 중앙행정기관의 장이 법령에 따라 위임한 사무에 관하여 당해 중앙행정기관의 장이 수립한 시행계획에 따라 당해 지방자치단체의 연도별 시행계획을 수립·시행하여야 한다.

③ 관계 중앙행정기관의 장은 제2항에 따라 수립된 지방자치단체의 시행계획이 기본계획 및 당해 중앙행정기관의 시행계획에 부합되지 아니하는 경우에는 당해 지방자치단체의 장에게 그 변경을 요청할 수 있고, 당해 지방자치단체가 수립한 시행계획의 이행사항을 기본계획 및 당해 중앙행정기관의 시행계획에 따라 점검할 수 있다.

④ 관계 중앙행정기관의 장은 소관별로 다음 해 시행계획과 지난 해 추진실적 및 평가결과를 법무부장관에게 제출하여야 하며, 법무부장관은 이를 종합하여 제8조에 따른 외국인정책위원회에 상정하여야 한다.

⑤ 그 밖에 시행계획의 수립·시행 및 평가 등에 관하여 필요한 사항은 대통령령으로 정한다.

제7조(업무의 협조) ① 법무부장관은 기본계획과 시행계획을 수립·시행하고 이를 평가하기 위하여 필요한 때에는 국가기관·지방자치단체 및 대통령령으로 정하는 공공단체의 장(이하 "공공기관장"이라 한다)에게 관련 자료의 제출 등 필요한 협조를 요청할 수 있다.

② 중앙행정기관 및 지방자치단체의 장은 소관 업무에 관한 시행계획을 수립·시행하고 이를 평가하기 위하여 필요한 때에는 공공기관장에게 관련 자료의 제출 등 필요한 협조를 요청할 수 있다.

제8조(외국인정책위원회) ① 외국인정책에 관한 주요 사항을 심의·조정하기 위하여 국무총리 소속으로 외국인정책위원회(이하 "위원회"라 한다)를 둔다.

② 위원회는 다음 각 호의 사항을 심의·조정한다.

　　1. 제5조에 따른 외국인정책의 기본계획의 수립에 관한 사항

　　2. 제6조에 따른 외국인정책의 시행계획 수립, 추진실적 및 평가결과에 관한 사항

　　3. 제15조에 따른 사회적응에 관한 주요 사항

　　4. 그 밖에 외국인정책에 관한 주요 사항

③ 위원회는 위원장 1인을 포함한 30인 이내의 위원으로 구성하며, 위원장은 국무총리가 되고, 위원은 다음 각 호의 자가 된다.

　　1. 대통령령으로 정하는 중앙행정기관의 장

　　2. 외국인정책에 관하여 학식과 경험이 풍부한 자 중에서 위원장이 위촉하는 자

④ 위원회에 상정할 안건과 위원회에서 위임한 안건을 처리하기 위하여 위원회에 외국인정책실무위원회(이하 "실무위원회"라 한다)를 둔다.

⑤ 제1항부터 제4항까지 외에 위원회 및 실무위원회의 구성과 운영에 관하여 필요한 사항은 대통령령으로 정한다.

제9조(정책의 연구·추진 등) ① 법무부장관은 기본계획의 수립, 시행계획의 수립 및 추진실적에 대한 평가, 위원회 및 실무위원회의 구성·운영 등이 효율적으로 이루어질 수 있도록 다음 각 호의 업무를 수행하여야 한다.

　　1. 재한외국인, 불법체류외국인 및 제15조에 따른 귀화자에 관한 실태 조사

　　2. 기본계획의 수립에 필요한 사항에 관한 연구

　　3. 위원회 및 실무위원회에 부의할 안건에 관한 사전 연구

　　4. 외국인정책에 관한 자료 및 통계의 관리, 위원회 및 실무위원회의 사무 처리

　　5. 제15조에 따른 사회적응시책 및 그 이용에 관한 연구와 정책의 추진

　　6. 그 밖에 외국인정책 수립 등에 관하여 필요하다고 인정되는 사항에 관한 연구와 정책의 추진

② 제1항 각 호의 업무를 효율적으로 수행하기 위하여 필요한 사항은 대통령령으로 정한다.

제3장 재한외국인 등의 처우

제10조(재한외국인 등의 인권옹호) 국가 및 지방자치단체는 재한외국인 또는 그 자녀에 대한 불합리한 차별

방지 및 인권옹호를 위한 교육·홍보, 그 밖에 필요한 조치를 하기 위하여 노력하여야 한다.

제11조(재한외국인의 사회적응 지원) 국가 및 지방자치단체는 재한외국인이 대한민국에서 생활하는 데 필요한 기본적 소양과 지식에 관한 교육·정보제공 및 상담 등의 지원을 할 수 있다.

제12조(결혼이민자 및 그 자녀의 처우) ① 국가 및 지방자치단체는 결혼이민자에 대한 국어교육, 대한민국의 제도·문화에 대한 교육, 결혼이민자의 자녀에 대한 보육 및 교육 지원, 의료 지원 등을 통하여 결혼이민자 및 그 자녀가 대한민국 사회에 빨리 적응하도록 지원할 수 있다. 〈개정 2010. 7. 23.〉
② 제1항은 대한민국 국민과 사실혼 관계에서 출생한 자녀를 양육하고 있는 재한외국인 및 그 자녀에 대하여 준용한다.
③ 국가와 지방자치단체는 제1항의 결혼이민자 및 그 자녀와 제2항의 재한외국인 및 그 자녀에 대하여 건강검진을 실시할 수 있다. 〈신설 2017. 10. 31.〉

제13조(영주권자의 처우) ① 국가 및 지방자치단체는 대한민국에 영구적으로 거주할 수 있는 법적 지위를 가진 외국인(이하 "영주권자"라 한다)에 대하여 대한민국의 안전보장·질서유지·공공복리, 그 밖에 대한민국의 이익을 해치지 아니하는 범위 안에서 대한민국으로의 입국·체류 또는 대한민국 안에서의 경제활동 등을 보장할 수 있다.
② 제12조제1항은 영주권자에 대하여 준용한다.

제14조(난민의 처우) ① 「난민법」에 따른 난민인정자가 대한민국에서 거주하기를 원하는 경우에는 제12조제1항을 준용하여 지원할 수 있다. 〈개정 2012. 2. 10.〉
② 국가는 난민의 인정을 받은 재한외국인이 외국에서 거주할 목적으로 출국하려는 경우에는 출국에 필요한 정보제공 및 상담과 그 밖에 필요한 지원을 할 수 있다.

제14조의2(특별기여자의 처우) ① 대한민국에 특별히 기여하였거나 공익의 증진에 이바지하였다고 인정되어 대한민국에 거주하고 있는 외국인 및 그 동반가족으로서 국내 정착을 지원할 필요가 있다고 법무부장관이 인정하는 사람(이하 "특별기여자등"이라 한다)의 처우에 관하여는 제14조, 「난민법」 제31조부터 제36조까지 및 제38조를 준용한다.
② 국가 및 지방자치단체는 특별기여자등에게 다음 각 호의 지원을 할 수 있다.
　1. 초기생활정착자금 및 그 밖에 필요한 생활지원
　2. 고용 정보의 제공, 취업알선 등 취업에 필요한 지원
[본조신설 2022. 1. 25.]

제15조(국적취득 후 사회적응) 재한외국인이 대한민국의 국적을 취득한 경우에는 국적을 취득한 날부터 3년이 경과하는 날까지 제12조제1항에 따른 시책의 혜택을 받을 수 있다.

제16조(전문외국인력의 처우 개선) 국가 및 지방자치단체는 전문적인 지식·기술 또는 기능을 가진 외국인력의 유치를 촉진할 수 있도록 그 법적 지위 및 처우의 개선에 필요한 제도와 시책을 마련하기 위하여 노력하여야 한다.

제17조(과거 대한민국국적을 보유하였던 자 등의 처우) 국가 및 지방자치단체는 과거 대한민국의 국적을 보유하였던 자 또는 그의 직계비속(대한민국의 국적을 보유한 자를 제외한다)으로서 대통령령으로 정하는 자에 대하여 대한민국의 안전보장·질서유지·공공복리, 그 밖에 대한민국의 이익을 해치지 아니하는 범위 안에서 대한민국으로의 입국·체류 또는 대한민국 안에서의 경제활동 등을 보장할 수 있다.

제4장 국민과 재한외국인이 더불어 살아가는 환경 조성

제18조(다문화에 대한 이해 증진) 국가 및 지방자치단체는 국민과 재한외국인이 서로의 역사·문화 및 제도를 이해하고 존중할 수 있도록 교육, 홍보, 불합리한 제도의 시정이나 그 밖에 필요한 조치를 하기 위하여 노

력하여야 한다.

제19조(세계인의 날) ① 국민과 재한외국인이 서로의 문화와 전통을 존중하면서 더불어 살아갈 수 있는 사회 환경을 조성하기 위하여 매년 5월 20일을 세계인의 날로 하고, 세계인의 날부터 1주간의 기간을 세계인주 간으로 한다.

② 세계인의 날 행사에 관하여 필요한 사항은 법무부장관 또는 특별시장 · 광역시장 · 도지사 또는 특별자 치도지사가 따로 정할 수 있다.

제5장 보칙

제20조(외국인에 대한 민원 안내 및 상담) ① 공공기관장은 재한외국인에게 민원처리절차를 안내하는 업무를 전담하는 직원을 지정할 수 있고, 그 직원으로 하여금 소정의 교육을 이수하도록 할 수 있다.

② 국가는 전화 또는 전자통신망을 이용하여 재한외국인과 그 밖에 대통령령으로 정하는 자에게 외국어로 민원을 안내 · 상담하기 위하여 외국인종합안내센터를 설치 · 운영할 수 있다.

제21조(민간과의 협력) 국가 및 지방자치단체는 외국인정책에 관한 사업 중의 일부를 비영리법인 또는 비영 리단체에 위탁할 수 있고, 그 위탁한 사업수행에 드는 비용의 일부를 지원하거나 그 밖에 필요한 지원을 할 수 있다.

제22조(국제교류의 활성화) 국가 및 지방자치단체는 외국인정책과 관련한 국제기구에 참여하거나 국제회의 에 참석하고, 정보교환 및 공동 조사 · 연구 등의 국제협력사업을 추진함으로써 국제교류를 활성화하기 위 하여 노력하여야 한다.

제22조의2(이민정책연구원) ① 「대한민국 정부와 국제이주기구 간의 국제이주기구 이민정책연구원 설립 및 운영에 관한 협정」의 이행을 장려하고, 전문적이고 체계적인 이민정책의 수립 등에 필요한 조사 · 연구를 추진하기 위하여 이민정책연구원(이하 "연구원"이라 한다)을 설립한다.

② 연구원은 법인으로 한다.

③ 연구원은 다음 각 호의 사업을 수행한다.

   1. 세계 각국의 이민정책과 입법에 관한 조사 · 연구 · 자문 · 정보교환

   2. 이민정책 전문가 양성

   3. 이민정책 관련 국제교류 · 협력 및 국제회의 개최 · 지원

   4. 이민정책 관련 학회 및 학술활동 지원

   5. 이민정책 관련 학술자료 · 정기간행물 · 보고서 등 출판물의 발간 · 보급

   6. 그 밖에 연구원의 설립 목적을 달성하는 데 필요한 사업

④ 연구원은 정관으로 정하는 바에 따라 임원과 필요한 직원을 둔다.

⑤ 연구원에 관하여 이 법에서 정한 것 외에는 「민법」 중 재단법인에 관한 규정을 준용한다.

⑥ 국가는 예산의 범위에서 연구원의 운영에 필요한 경비를 지원할 수 있다.

[본조신설 2023. 4. 18.]

제23조(정책의 공표 및 전달) ① 국가 및 지방자치단체는 확정된 외국인정책의 기본계획 및 시행계획 등을 공 표할 수 있다. 다만, 위원회 또는 실무위원회에서 국가안전보장 · 질서유지 · 공공복리 · 외교관계 등의 국 익을 고려하여 공표하지 아니하기로 하거나 개인의 사생활의 비밀이 침해될 우려가 있는 사항에 대하여는 그러하지 아니하다.

②국가 및 지방자치단체는 모든 국민 및 재한외국인이 제1항에 따라 공표된 외국인정책의 기본계획 및 시 행계획 등을 쉽게 이해하고 이용할 수 있도록 노력하여야 한다.

부칙〈제19355호, 2023. 4. 18.〉

제1조(시행일) 이 법은 공포 후 3개월이 경과한 날부터 시행한다.

제2조(이민정책연구원에 관한 경과조치) ① 이 법 시행 당시 「민법」 제32조에 따라 설립된 재단법인 IOM 이민정책연구원(이하 "종전의 연구원")은 제22조의2의 개정규정에 따라 설립된 이민정책연구원으로 본다.

② 이 법 시행 전에 종전의 연구원이 행한 행위는 이민정책연구원이 행한 행위로, 종전의 연구원에 대하여 행한 행위는 이민정책연구원에 대하여 행한 행위로 본다.

③ 이 법 시행 당시 종전의 연구원의 재산과 권리 · 의무는 이민정책연구원의 재산과 권리 · 의무로 본다.

④ 이 법 시행 당시 종전의 연구원 임직원은 이 법에 따른 이민정책연구원의 임직원으로 보며, 임원의 임기는 종전의 임명일부터 기산한다.

다문화가족지원법 (약칭: 다문화가족법)

[시행 2020. 5. 19.] [법률 제17281호, 2020. 5. 19., 일부개정]

여성가족부(다문화가족과) 02-2100-6372

제1조(목적) 이 법은 다문화가족 구성원이 안정적인 가족생활을 영위하고 사회구성원으로서의 역할과 책임을 다할 수 있도록 함으로써 이들의 삶의 질 향상과 사회통합에 이바지함을 목적으로 한다. 〈개정 2015. 12. 22.〉

제2조(정의) 이 법에서 사용하는 용어의 뜻은 다음과 같다. 〈개정 2011. 4. 4., 2015. 12. 1.〉

　　1. "다문화가족"이란 다음 각 목의 어느 하나에 해당하는 가족을 말한다.

　　　　가.「재한외국인 처우 기본법」제2조제3호의 결혼이민자와「국적법」제2조부터 제4조까지의 규정에 따라 대한민국 국적을 취득한 자로 이루어진 가족

　　　　나.「국적법」제3조 및 제4조에 따라 대한민국 국적을 취득한 자와 같은 법 제2조부터 제4조까지의 규정에 따라 대한민국 국적을 취득한 자로 이루어진 가족

　　2. "결혼이민자등"이란 다문화가족의 구성원으로서 다음 각 목의 어느 하나에 해당하는 자를 말한다.

　　　　가.「재한외국인 처우 기본법」제2조제3호의 결혼이민자

　　　　나.「국적법」제4조에 따라 귀화허가를 받은 자

　　3. "아동·청소년"이란 24세 이하인 사람을 말한다.

제3조(국가와 지방자치단체의 책무) ① 국가와 지방자치단체는 다문화가족 구성원이 안정적인 가족생활을 영위하고 경제·사회·문화 등 각 분야에서 사회구성원으로서의 역할과 책임을 다할 수 있도록 필요한 제도와 여건을 조성하고 이를 위한 시책을 수립·시행하여야 한다. 〈개정 2015. 12. 22.〉

② 특별시·광역시·특별자치시·도·특별자치도 및 시·군·구(자치구를 말한다. 이하 같다)에는 다문화가족 지원을 담당할 기구와 공무원을 두어야 한다. 〈신설 2012. 2. 1., 2015. 12. 1.〉

③ 국가와 지방자치단체는 이 법에 따른 시책 중 외국인정책 관련 사항에 대하여는 「재한외국인 처우 기본법」제5조부터 제9조까지의 규정에 따른다. 〈개정 2012. 2. 1.〉

제3조의2(다문화가족 지원을 위한 기본계획의 수립) ① 여성가족부장관은 다문화가족 지원을 위하여 5년마다 다문화가족정책에 관한 기본계획(이하 "기본계획"이라 한다)을 수립하여야 한다.

② 기본계획에는 다음 각 호의 사항을 포함하여야 한다. 〈개정 2015. 12. 22.〉

　　1. 다문화가족 지원 정책의 기본 방향

　　2. 다문화가족 지원을 위한 분야별 발전시책과 평가에 관한 사항

　　3. 다문화가족 지원을 위한 제도 개선에 관한 사항

　　3의2. 다문화가족 구성원의 경제·사회·문화 등 각 분야에서 활동 증진에 관한 사항

　　4. 다문화가족 지원을 위한 재원 확보 및 배분에 관한 사항

　　5. 그 밖에 다문화가족 지원을 위하여 필요한 사항

③ 여성가족부장관은 기본계획을 수립할 때에는 미리 관계 중앙행정기관의 장과 협의하여야 한다.

④ 기본계획은 제3조의4에 따른 다문화가족정책위원회의 심의를 거쳐 확정한다. 이 경우 여성가족부장관은 확정된 기본계획을 지체 없이 국회 소관 상임위원회에 보고하고, 관계 중앙행정기관의 장과 특별시장·광역시장·특별자치시장·도지사·특별자치도지사(이하 "시·도지사"라 한다)에게 알려야 한다. 〈개정 2015. 12. 1., 2020. 5. 19.〉

⑤ 여성가족부장관은 기본계획을 수립하기 위하여 필요하다고 인정하는 경우 관계 기관의 장에게 기본계획의 수립에 필요한 자료의 제출을 요구할 수 있다.

⑥ 제5항에 따라 자료의 제출을 요구받은 관계 기관의 장은 정당한 사유가 없으면 이에 따라야 한다.

[본조신설 2011. 4. 4.]

제3조의3(연도별 시행계획의 수립·시행) ① 여성가족부장관, 관계 중앙행정기관의 장과 시·도지사는 매년 기본계획에 따라 다문화가족정책에 관한 시행계획(이하 "시행계획"이라 한다)을 수립·시행하여야 한다.

② 관계 중앙행정기관의 장과 시·도지사는 전년도의 시행계획에 따른 추진실적 및 다음 연도의 시행계획을 대통령령으로 정하는 바에 따라 매년 여성가족부장관에게 제출하여야 한다.

③ 시행계획의 수립·시행 및 추진실적의 평가 등에 필요한 사항은 대통령령으로 정한다.

[본조신설 2011. 4. 4.]

제3조의4(다문화가족정책위원회의 설치) ① 다문화가족의 삶의 질 향상과 사회통합에 관한 중요 사항을 심의·조정하기 위하여 국무총리 소속으로 다문화가족정책위원회(이하 "정책위원회"라 한다)를 둔다.

② 정책위원회는 다음 각 호의 사항을 심의·조정한다.

  1. 제3조의2에 따른 다문화가족정책에 관한 기본계획의 수립 및 추진에 관한 사항
  2. 제3조의3에 따른 다문화가족정책의 시행계획의 수립, 추진실적 점검 및 평가에 관한 사항
  3. 다문화가족과 관련된 각종 조사, 연구 및 정책의 분석·평가에 관한 사항
  4. 각종 다문화가족 지원 관련 사업의 조정 및 협력에 관한 사항
  5. 다문화가족정책과 관련된 국가 간 협력에 관한 사항
  6. 그 밖에 다문화가족의 사회통합에 관한 중요 사항으로 위원장이 필요하다고 인정하는 사항

③ 정책위원회는 위원장 1명을 포함한 20명 이내의 위원으로 구성하고, 위원장은 국무총리가 되며, 위원은 다음 각 호의 사람이 된다.

  1. 대통령령으로 정하는 중앙행정기관의 장
  2. 다문화가족정책에 관하여 학식과 경험이 풍부한 사람 중에서 위원장이 위촉하는 사람

④ 정책위원회에서 심의·조정할 사항을 미리 검토하고 대통령령에 따라 위임된 사항을 다루기 위하여 정책위원회에 실무위원회를 둔다.

⑤ 그 밖에 정책위원회 및 실무위원회의 구성 및 운영 등에 필요한 사항은 대통령령으로 정한다.

[본조신설 2011. 4. 4.]

제4조(실태조사 등) ① 여성가족부장관은 다문화가족의 현황 및 실태를 파악하고 다문화가족 지원을 위한 정책수립에 활용하기 위하여 3년마다 다문화가족에 대한 실태조사를 실시하고 그 결과를 공표하여야 한다. 〈개정 2010. 1. 18.〉

② 여성가족부장관은 제1항에 따른 실태조사를 위하여 관계 공공기관 또는 관련 법인·단체에 대하여 필요한 자료의 제출 등 협조를 요청할 수 있다. 이 경우 자료의 제출 등 협조를 요청받은 관계 공공기관 또는 관련 법인·단체 등은 특별한 사유가 없는 한 이에 협조하여야 한다. 〈개정 2010. 1. 18.〉

③ 여성가족부장관은 제1항에 따른 실태조사를 실시함에 있어서 외국인정책 관련 사항에 대하여는 법무부장관과, 다문화가족 구성원인 아동·청소년의 교육현황 및 아동·청소년의 다문화가족에 대한 인식 등에 관한 사항에 대하여는 교육부장관과 협의를 거쳐 실시한다. 〈개정 2010. 1. 18., 2011. 4. 4., 2013. 3. 23., 2015. 12. 1., 2017. 3. 21.〉

④ 제1항에 따른 실태조사의 대상 및 방법 등에 필요한 사항은 여성가족부령으로 정한다. 〈개정 2010. 1. 18.〉

제5조(다문화가족에 대한 이해증진) ①국가와 지방자치단체는 다문화가족에 대한 사회적 차별 및 편견을 예방하고 사회구성원이 문화적 다양성을 인정하고 존중할 수 있도록 다문화 이해교육을 실시하고 홍보 등 필요한 조치를 하여야 한다. 〈개정 2011. 4. 4., 2013. 3. 22.〉

② 여성가족부장관은 제1항에 따른 조치를 함에 있어 홍보영상을 제작하여 「방송법」 제2조제3호에 따른 방송사업자에게 배포하여야 한다. 〈신설 2015. 12. 1.〉

③ 여성가족부장관은 「방송법」 제2조제3호에 따른 방송사업자(이하 이 조에서 "방송사업자"라 한다)에게 같은 법 제73조제4항에 따라 대통령령으로 정하는 비상업적 공익광고 편성비율의 범위에서 제2항의 홍보영상을 채널별로 송출하도록 요청할 수 있다. 〈신설 2015. 12. 1., 2020. 5. 19.〉

④ 방송사업자는 제2항의 홍보영상 외에 독자적으로 홍보영상을 제작하여 송출할 수 있다. 이 경우 여성가족부장관에게 필요한 협조 및 지원을 요청할 수 있다. 〈신설 2015. 12. 1., 2020. 5. 19.〉

⑤ 교육부장관과 특별시·광역시·특별자치시·도·특별자치도의 교육감은 「유아교육법」 제2조, 「초·중등교육법」 제2조 또는 「고등교육법」 제2조에 따른 학교에서 다문화가족에 대한 이해를 돕는 교육을 실시하기 위한 시책을 수립·시행하여야 한다. 이 경우 제4조에 따른 실태조사의 결과 중 다문화가족 구성원인 아동·청소년의 교육현황 및 아동·청소년의 다문화가족에 대한 인식 등에 관한 사항을 반영하여야 한다. 〈신설 2011. 4. 4., 2013. 3. 23., 2015. 12. 1., 2017. 3. 21.〉

⑥ 교육부장관과 특별시·광역시·특별자치시·도·특별자치도의 교육감은 「유아교육법」 제2조 및 「초·중등교육법」 제2조에 따른 학교의 교원에 대하여 대통령령으로 정하는 바에 따라 다문화 이해교육 관련 연수를 실시하여야 한다. 〈신설 2017. 12. 12.〉

제6조(생활정보 제공 및 교육 지원) ① 국가와 지방자치단체는 결혼이민자등이 대한민국에서 생활하는데 필요한 기본적 정보(아동·청소년에 대한 학습 및 생활지도 관련 정보를 포함한다)를 제공하고, 사회적응교육과 직업교육·훈련 및 언어소통 능력 향상을 위한 한국어교육 등을 받을 수 있도록 필요한 지원을 할 수 있다. 〈개정 2011. 4. 4., 2016. 3. 2.〉

② 국가와 지방자치단체는 결혼이민자등의 배우자 및 가족구성원이 결혼이민자등의 출신 국가 및 문화 등을 이해하는 데 필요한 기본적 정보를 제공하고 관련 교육을 지원할 수 있다. 〈신설 2017. 12. 12.〉

③ 국가와 지방자치단체는 제1항 및 제2항에 따른 교육을 실시함에 있어 거주지 및 가정환경 등으로 인하여 서비스에서 소외되는 결혼이민자등과 배우자 및 그 가족구성원이 없도록 방문교육이나 원격교육 등 다양한 방법으로 교육을 지원하고, 교재와 강사 등의 전문성을 강화하기 위한 시책을 수립·시행하여야 한다. 〈신설 2011. 4. 4., 2017. 12. 12.〉

④ 국가와 지방자치단체는 제3항의 방문교육의 비용을 결혼이민자등의 가구 소득수준, 교육의 종류 등 여성가족부장관이 정하여 고시하는 기준에 따라 차등지원할 수 있다. 〈신설 2015. 12. 1., 2017. 12. 12.〉

⑤ 국가와 지방자치단체가 제4항에 따른 비용을 지원함에 있어 비용 지원의 신청, 금융정보 등의 제공, 조사·질문 등은 「아이돌봄 지원법」 제22조부터 제25조까지의 규정을 준용한다. 〈신설 2015. 12. 1., 2017. 12. 12.〉

⑥ 결혼이민자등의 배우자 등 다문화가족 구성원은 결혼이민자등이 한국어교육 등 사회적응에 필요한 다양한 교육을 받을 수 있도록 노력하여야 한다. 〈신설 2015. 12. 1., 2017. 12. 12.〉

⑦ 그 밖에 제1항 및 제2항에 따른 정보제공 및 교육에 필요한 사항은 대통령령으로 정한다. 〈개정 2011. 4. 4., 2015. 12. 1., 2017. 12. 12.〉

제7조(평등한 가족관계의 유지를 위한 조치) 국가와 지방자치단체는 다문화가족이 민주적이고 양성평등한 가족관계를 누릴 수 있도록 가족상담, 부부교육, 부모교육, 가족생활교육 등을 추진하여야 한다. 이 경우 문화의 차이 등을 고려한 전문적인 서비스가 제공될 수 있도록 노력하여야 한다.

제8조(가정폭력 피해자에 대한 보호·지원) ① 국가와 지방자치단체는 「가정폭력방지 및 피해자보호 등에 관한 법률」에 따라 다문화가족 내 가정폭력을 예방하기 위하여 노력하여야 한다. 〈개정 2011. 4. 4.〉

② 국가와 지방자치단체는 가정폭력으로 피해를 입은 결혼이민자등을 보호·지원할 수 있다. 〈신설 2011. 4. 4.〉

③ 국가와 지방자치단체는 가정폭력의 피해를 입은 결혼이민자등에 대한 보호 및 지원을 위하여 외국어 통역 서비스를 갖춘 가정폭력 상담소 및 보호시설의 설치를 확대하도록 노력하여야 한다. 〈개정 2011. 4. 4.〉

④ 국가와 지방자치단체는 결혼이민자등이 가정폭력으로 혼인관계를 종료하는 경우 의사소통의 어려움과 법률체계 등에 관한 정보의 부족 등으로 불리한 입장에 놓이지 아니하도록 의견진술 및 사실확인 등에 있어서 언어통역, 법률상담 및 행정지원 등 필요한 서비스를 제공할 수 있다. 〈개정 2011. 4. 4.〉

제9조(의료 및 건강관리를 위한 지원) ①국가와 지방자치단체는 결혼이민자등이 건강하게 생활할 수 있도록 영양 · 건강에 대한 교육, 산전 · 산후 도우미 파견, 건강검진 등의 의료서비스를 지원할 수 있다. 〈개정 2011. 4. 4.〉

② 국가와 지방자치단체는 결혼이민자등이 제1항에 따른 의료서비스를 제공받을 경우 외국어 통역 서비스를 제공할 수 있다. 〈신설 2011. 4. 4.〉

[제목개정 2011. 4. 4.]

제10조(아동 · 청소년 보육 · 교육) ① 국가와 지방자치단체는 아동 · 청소년 보육 · 교육을 실시함에 있어서 다문화가족 구성원인 아동 · 청소년을 차별하여서는 아니 된다. 〈개정 2015. 12. 1.〉

② 국가와 지방자치단체는 다문화가족 구성원인 아동 · 청소년이 학교생활에 신속히 적응할 수 있도록 교육지원대책을 마련하여야 하고, 특별시 · 광역시 · 특별자치시 · 도 · 특별자치도의 교육감은 다문화가족 구성원인 아동 · 청소년에 대하여 학과 외 또는 방과 후 교육 프로그램 등을 지원할 수 있다. 〈개정 2015. 12. 1.〉

③ 국가와 지방자치단체는 다문화가족 구성원인 18세 미만인 사람의 초등학교 취학 전 보육 및 교육 지원을 위하여 노력하고, 그 구성원의 언어발달을 위하여 한국어 및 결혼이민자등인 부 또는 모의 모국어 교육을 위한 교재지원 및 학습지원 등 언어능력 제고를 위하여 필요한 지원을 할 수 있다. 〈개정 2013. 3. 22., 2015. 12. 1.〉

④ 「영유아보육법」 제10조에 따른 어린이집의 원장, 「유아교육법」 제7조에 따른 유치원의 장, 「초 · 중등교육법」 제2조에 따른 각급 학교의 장, 그 밖에 대통령령으로 정하는 기관의 장은 아동 · 청소년 보육 · 교육을 실시함에 있어 다문화가족 구성원인 아동 · 청소년이 차별을 받지 아니하도록 필요한 조치를 하여야 한다. 〈신설 2015. 12. 1.〉

[제목개정 2015. 12. 1.]

제11조(다국어에 의한 서비스 제공) 국가와 지방자치단체는 제5조부터 제10조까지의 규정에 따른 지원정책을 추진함에 있어서 결혼이민자등의 의사소통의 어려움을 해소하고 서비스 접근성을 제고하기 위하여 다국어에 의한 서비스 제공이 이루어지도록 노력하여야 한다.

제11조의2(다문화가족 종합정보 전화센터의 설치 · 운영 등) ① 여성가족부장관은 다국어에 의한 상담 · 통역 서비스 등을 결혼이민자등에게 제공하기 위하여 다문화가족 종합정보 전화센터(이하 "전화센터"라 한다)를 설치 · 운영할 수 있다. 이 경우 「가정폭력방지 및 피해자보호 등에 관한 법률」 제4조의6제1항 후단에 따른 외국어 서비스를 제공하는 긴급전화센터와 통합하여 운영할 수 있다.

② 여성가족부장관은 전화센터의 설치 · 운영을 대통령령으로 정하는 기관 또는 단체에 위탁할 수 있다.

③ 여성가족부장관은 전화센터의 설치 · 운영을 위탁할 경우 예산의 범위에서 그에 필요한 비용의 전부 또는 일부를 지원할 수 있다.

④ 전화센터의 설치 · 운영에 필요한 사항은 여성가족부령으로 정한다.

[본조신설 2013. 8. 13.]

제12조(다문화가족지원센터의 설치 · 운영 등) ① 국가와 지방자치단체는 다문화가족지원센터(이하 "지원센터"라 한다)를 설치 · 운영할 수 있다.

② 국가 또는 지방자치단체는 지원센터의 설치 · 운영을 대통령령으로 정하는 법인이나 단체에 위탁할 수 있다.

③ 국가 또는 지방자치단체 아닌 자가 지원센터를 설치·운영하고자 할 때에는 미리 시·도지사 또는 시장·군수·구청장(자치구의 구청장을 말한다. 이하 같다)의 지정을 받아야 한다.

④ 지원센터는 다음 각 호의 업무를 수행한다. 〈개정 2020. 5. 19.〉

  1. 다문화가족을 위한 교육·상담 등 지원사업의 실시

  2. 결혼이민자등에 대한 한국어교육

  3. 다문화가족 지원서비스 정보제공 및 홍보

  4. 다문화가족 지원 관련 기관·단체와의 서비스 연계

  5. 일자리에 관한 정보제공 및 일자리의 알선

  6. 다문화가족을 위한 통역·번역 지원사업

  7. 다문화가족 내 가정폭력 방지 및 피해자 연계 지원

  8. 그 밖에 다문화가족 지원을 위하여 필요한 사업

⑤ 지원센터에는 다문화가족에 대한 교육·상담 등의 업무를 수행하기 위하여 관련 분야에 대한 학식과 경험을 가진 전문인력을 두어야 한다.

⑥ 국가와 지방자치단체는 제3항에 따라 지정한 지원센터에 대하여 예산의 범위에서 제4항 각 호의 업무를 수행하는 데에 필요한 비용 및 지원센터의 운영에 드는 비용의 전부 또는 일부를 보조할 수 있다. 〈개정 2016. 3. 2.〉

⑦ 제1항, 제2항 및 제3항에 따른 지원센터의 설치·운영 기준, 위탁·지정 기간 및 절차 등에 필요한 사항은 대통령령으로 정하고, 제5항에 따른 전문인력의 기준 등에 필요한 사항은 여성가족부령으로 정한다.

[전문개정 2012. 2. 1.]

제12조의2(보수교육의 실시) ① 여성가족부장관 또는 시·도지사는 지원센터에 두는 전문인력의 자질과 능력을 향상시키기 위하여 보수교육을 실시하여야 한다.

② 제1항에 따른 보수교육의 내용·기간 및 방법 등은 여성가족부령으로 정한다.

[본조신설 2012. 2. 1.]

제12조의3(유사명칭 사용 금지) 이 법에 따른 지원센터가 아니면 다문화가족지원센터 또는 이와 유사한 명칭을 사용하지 못한다.

[본조신설 2013. 8. 13.]

제13조(다문화가족 지원업무 관련 공무원의 교육) 국가와 지방자치단체는 다문화가족 지원 관련 업무에 종사하는 공무원의 다문화가족에 대한 이해증진과 전문성 향상을 위하여 교육을 실시할 수 있다.

제13조의2(다문화가족지원사업 전문인력 양성) ① 국가 또는 지방자치단체는 다문화가족지원 및 다문화 이해 교육 등의 사업 추진에 필요한 전문인력을 양성하는 데 노력하여야 한다.

② 여성가족부장관은 제1항에 따른 전문인력을 양성하기 위하여 대통령령으로 정하는 바에 따라 대학이나 연구소 등 적절한 인력과 시설 등을 갖춘 기관이나 단체를 전문인력 양성기관으로 지정하여 관리할 수 있다.

③ 국가 또는 지방자치단체는 제2항에 따라 지정된 전문인력 양성기관에 대하여 예산의 범위에서 필요한 경비의 전부 또는 일부를 지원할 수 있다.

④ 제2항에 따른 전문인력 양성기관의 지정 기준 및 절차 등은 대통령령으로 정한다.

[본조신설 2012. 2. 1.]

제14조(사실혼 배우자 및 자녀의 처우) 제5조부터 제12조까지의 규정은 대한민국 국민과 사실혼 관계에서 출생한 자녀를 양육하고 있는 다문화가족 구성원에 대하여 준용한다.

제14조의2(다문화가족 자녀에 대한 적용 특례) 다문화가족이 이혼 등의 사유로 해체된 경우에도 그 구성원이었던 자녀에 대하여는 이 법을 적용한다.

[본조신설 2013. 8. 13.]

제15조(권한의 위임과 위탁) ① 여성가족부장관은 이 법에 따른 권한의 일부를 대통령령으로 정하는 바에 따라 시·도지사 또는 시장·군수·구청장에게 위임할 수 있다. 〈개정 2010. 1. 18., 2011. 4. 4., 2012. 2. 1.〉

② 국가와 지방자치단체는 이 법에 따른 업무의 일부를 대통령령으로 정하는 바에 따라 비영리법인이나 단체에 위탁할 수 있다.

제15조의2(정보 제공의 요청) ① 여성가족부장관 또는 지방자치단체의 장은 이 법의 시행을 위하여 필요한 경우에는 법무부장관에게 다음 각 호의 정보 중 결혼이민자등의 현황 파악을 위한 정보로서 대통령령으로 정하는 정보의 제공을 요청할 수 있다. 이 경우 지방자치단체의 장은 해당 관할구역의 결혼이민자등에 관한 정보에 한정하여 요청할 수 있다.

　　1.「재한외국인 처우 기본법」제2조제3호에 따른 결혼이민자의 외국인 등록 정보

　　2.「국적법」제6조제2항에 따라 귀화허가를 받은 사람의 귀화허가 신청 정보

② 제1항에 따라 정보의 제공을 요청받은 법무부장관은 정당한 사유가 없으면 이에 따라야 한다.

③ 제1항에 따라 정보를 제공받은 여성가족부장관 또는 지방자치단체의 장은 제공받은 정보를 제12조제1항·제3항에 따른 지원센터에 제공할 수 있다.

[본조신설 2012. 2. 1.]

제16조(민간단체 등의 지원) ① 국가와 지방자치단체는 다문화가족 지원 사업을 수행하는 단체나 개인에 대하여 필요한 비용의 전부 또는 일부를 보조하거나 그 업무수행에 필요한 행정적 지원을 할 수 있다.

② 국가와 지방자치단체는 결혼이민자등이 상부상조하기 위한 단체의 구성·운영 등을 지원할 수 있다.

제17조(과태료) ① 제12조의3을 위반한 자에게는 300만원 이하의 과태료를 부과한다.

② 제1항에 따른 과태료는 대통령령으로 정하는 바에 따라 여성가족부장관 또는 지방자치단체의 장이 부과·징수한다.

[본조신설 2013. 8. 13.]

　부칙〈제17281호, 2020. 5. 19.〉

제1조(시행일) 이 법은 공포한 날부터 시행한다.

제2조(다문화가족정책에 관한 기본계획에 관한 적용례) 제3조의2제4항의 개정규정은 이 법 시행 후 최초로 여성가족부장관이 수립하는 기본계획부터 적용한다.

8 난민법

난민법

[시행 2016. 12. 20.] [법률 제14408호, 2016. 12. 20., 일부개정]

법무부(난민과) 02-2110-4160

제1장 총칙

제1조(목적) 이 법은 「난민의 지위에 관한 1951년 협약」(이하 "난민협약"이라 한다) 및 「난민의 지위에 관한 1967년 의정서」(이하 "난민의정서"라 한다) 등에 따라 난민의 지위와 처우 등에 관한 사항을 정함을 목적으로 한다.

제2조(정의) 이 법에서 사용하는 용어의 뜻은 다음과 같다.

1. "난민"이란 인종, 종교, 국적, 특정 사회집단의 구성원인 신분 또는 정치적 견해를 이유로 박해를 받을 수 있다고 인정할 충분한 근거가 있는 공포로 인하여 국적국의 보호를 받을 수 없거나 보호받기를 원하지 아니하는 외국인 또는 그러한 공포로 인하여 대한민국에 입국하기 전에 거주한 국가(이하 "상주국"이라 한다)로 돌아갈 수 없거나 돌아가기를 원하지 아니하는 무국적자인 외국인을 말한다.

2. "난민으로 인정된 사람"(이하 "난민인정자"라 한다)이란 이 법에 따라 난민으로 인정을 받은 외국인을 말한다.

3. "인도적 체류 허가를 받은 사람"(이하 "인도적체류자"라 한다)이란 제1호에는 해당하지 아니하지만 고문 등의 비인도적인 처우나 처벌 또는 그 밖의 상황으로 인하여 생명이나 신체의 자유 등을 현저히 침해당할 수 있다고 인정할 만한 합리적인 근거가 있는 사람으로서 대통령령으로 정하는 바에 따라 법무부장관으로부터 체류허가를 받은 외국인을 말한다.

4. "난민인정을 신청한 사람"(이하 "난민신청자"라 한다)이란 대한민국에 난민인정을 신청한 외국인으로서 다음 각 목의 어느 하나에 해당하는 사람을 말한다.

가. 난민인정 신청에 대한 심사가 진행 중인 사람

나. 난민불인정결정이나 난민불인정결정에 대한 이의신청의 기각결정을 받고 이의신청의 제기기간이나 행정심판 또는 행정소송의 제기기간이 지나지 아니한 사람

다. 난민불인정결정에 대한 행정심판 또는 행정소송이 진행 중인 사람

5. "재정착희망난민"이란 대한민국 밖에 있는 난민 중 대한민국에서 정착을 희망하는 외국인을 말한다.

6. "외국인"이란 대한민국의 국적을 가지지 아니한 사람을 말한다.

제3조(강제송환의 금지) 난민인정자와 인도적체류자 및 난민신청자는 난민협약 제33조 및 「고문 및 그 밖의 잔혹하거나 비인도적 또는 굴욕적인 대우나 처벌의 방지에 관한 협약」 제3조에 따라 본인의 의사에 반하여 강제로 송환되지 아니한다.

제4조(다른 법률의 적용) 난민인정자와 인도적체류자 및 난민신청자의 지위와 처우에 관하여 이 법에서 정하지 아니한 사항은 「출입국관리법」을 적용한다.

제2장 난민인정 신청과 심사 등

제5조(난민인정 신청) ① 대한민국 안에 있는 외국인으로서 난민인정을 받으려는 사람은 법무부장관에게 난민인정 신청을 할 수 있다. 이 경우 외국인은 난민인정신청서를 지방출입국·외국인관서의 장에게 제출하여야 한다. 〈개정 2014. 3. 18.〉

② 제1항에 따른 신청을 하는 때에는 다음 각 호에 해당하는 서류를 제시하여야 한다.

　1. 여권 또는 외국인등록증. 다만, 이를 제시할 수 없는 경우에는 그 사유서

　2. 난민인정 심사에 참고할 문서 등 자료가 있는 경우 그 자료

③ 난민인정 신청은 서면으로 하여야 한다. 다만, 신청자가 글을 쓸 줄 모르거나 장애 등의 사유로 인하여 신청서를 작성할 수 없는 경우에는 접수하는 공무원이 신청서를 작성하고 신청자와 함께 서명 또는 기명날인하여야 한다.

④ 출입국관리공무원은 난민인정 신청에 관하여 문의하거나 신청 의사를 밝히는 외국인이 있으면 적극적으로 도와야 한다.

⑤ 법무부장관은 난민인정 신청을 받은 때에는 즉시 신청자에게 접수증을 교부하여야 한다.

⑥ 난민신청자는 난민인정 여부에 관한 결정이 확정될 때까지(난민불인정결정에 대한 행정심판이나 행정소송이 진행 중인 경우에는 그 절차가 종결될 때까지) 대한민국에 체류할 수 있다.

⑦ 제1항부터 제6항까지 정한 사항 외에 난민인정 신청의 구체적인 방법과 절차 등 필요한 사항은 법무부령으로 정한다.

제6조(출입국항에서 하는 신청) ① 외국인이 입국심사를 받는 때에 난민인정 신청을 하려면 「출입국관리법」에 따른 출입국항을 관할하는 지방출입국·외국인관서의 장에게 난민인정신청서를 제출하여야 한다. 〈개정 2014. 3. 18.〉

② 지방출입국·외국인관서의 장은 제1항에 따라 출입국항에서 난민인정신청서를 제출한 사람에 대하여 7일의 범위에서 출입국항에 있는 일정한 장소에 머무르게 할 수 있다. 〈개정 2014. 3. 18.〉

③ 법무부장관은 제1항에 따라 난민인정신청서를 제출한 사람에 대하여는 그 신청서가 제출된 날부터 7일 이내에 난민인정 심사에 회부할 것인지를 결정하여야 하며, 그 기간 안에 결정하지 못하면 그 신청자의 입국을 허가하여야 한다.

④ 출입국항에서의 난민신청자에 대하여는 대통령령으로 정하는 바에 따라 제2항의 기간 동안 기본적인 의식주를 제공하여야 한다.

⑤ 제1항부터 제4항까지 정한 사항 외에 출입국항에서 하는 난민인정 신청의 절차 등 필요한 사항은 대통령령으로 정한다.

제7조(난민인정 신청에 필요한 사항의 게시) ① 지방출입국·외국인관서의 장은 지방출입국·외국인관서 및 관할 출입국항에 난민인정 신청에 필요한 서류를 비치하고 이 법에 따른 접수방법 및 난민신청자의 권리 등 필요한 사항을 게시(인터넷 등 전자적 방법을 통한 게시를 포함한다)하여 누구나 열람할 수 있도록 하여야 한다. 〈개정 2014. 3. 18.〉

② 제1항에 따른 서류의 비치 및 게시의 구체적인 방법은 법무부령으로 정한다.

제8조(난민인정 심사) ① 제5조에 따른 난민인정신청서를 제출받은 지방출입국·외국인관서의 장은 지체 없이 난민신청자에 대하여 면접을 실시하고 사실조사를 한 다음 그 결과를 난민인정신청서에 첨부하여 법무부장관에게 보고하여야 한다. 〈개정 2014. 3. 18.〉

② 난민신청자의 요청이 있는 경우 같은 성(性)의 공무원이 면접을 하여야 한다.

③ 지방출입국·외국인관서의 장은 필요하다고 인정하는 경우 면접과정을 녹음 또는 녹화할 수 있다. 다만, 난민신청자의 요청이 있는 경우에는 녹음 또는 녹화를 거부하여서는 아니 된다. 〈개정 2014. 3. 18.〉

④ 법무부장관은 지방출입국·외국인관서에 면접과 사실조사 등을 전담하는 난민심사관을 둔다. 난민심사관의 자격과 업무수행에 관한 사항은 대통령령으로 정한다. 〈개정 2014. 3. 18.〉

⑤ 법무부장관은 다음 각 호의 어느 하나에 해당하는 난민신청자에 대하여는 제1항에 따른 심사절차의 일

부를 생략할 수 있다.

1. 거짓 서류의 제출이나 거짓 진술을 하는 등 사실을 은폐하여 난민인정 신청을 한 경우

2. 난민인정을 받지 못한 사람 또는 제22조에 따라 난민인정이 취소된 사람이 중대한 사정의 변경 없이 다시 난민인정을 신청한 경우

3. 대한민국에서 1년 이상 체류하고 있는 외국인이 체류기간 만료일에 임박하여 난민인정 신청을 하거나 강제퇴거 대상 외국인이 그 집행을 지연시킬 목적으로 난민인정 신청을 한 경우

⑥ 난민신청자는 난민심사에 성실하게 응하여야 한다. 법무부장관은 난민신청자가 면접 등을 위한 출석요구에도 불구하고 3회 이상 연속하여 출석하지 아니하는 경우에는 난민인정 심사를 종료할 수 있다.

제9조(난민신청자에게 유리한 자료의 수집) 법무부장관은 난민신청자에게 유리한 자료도 적극적으로 수집하여 심사 자료로 활용하여야 한다.

제10조(사실조사) ① 법무부장관은 난민의 인정 또는 제22조에 따른 난민인정의 취소 · 철회 여부를 결정하기 위하여 필요하면 법무부 내 난민전담공무원 또는 지방출입국 · 외국인관서의 난민심사관으로 하여금 그 사실을 조사하게 할 수 있다. 〈개정 2014. 3. 18.〉

② 제1항에 따른 조사를 하기 위하여 필요한 경우 난민신청자, 그 밖에 관계인을 출석하게 하여 질문을 하거나 문서 등 자료의 제출을 요구할 수 있다.

③ 법무부 내 난민전담부서의 장 또는 지방출입국 · 외국인관서의 장은 난민전담공무원 또는 난민심사관이 제1항에 따라 난민의 인정 또는 난민인정의 취소나 철회 등에 관한 사실조사를 마친 때에는 지체 없이 그 내용을 법무부장관에게 보고하여야 한다. 〈개정 2014. 3. 18.〉

제11조(관계 행정기관 등의 협조) ① 법무부장관은 난민인정 심사에 필요한 경우 관계 행정기관의 장이나 지방자치단체의 장(이하 "관계 기관의 장"이라 한다) 또는 관련 단체의 장에게 자료제출 또는 사실조사 등의 협조를 요청할 수 있다.

② 제1항에 따라 협조를 요청받은 관계 기관의 장이나 관련 단체의 장은 정당한 사유 없이 이를 거부하여서는 아니 된다.

제12조(변호사의 조력을 받을 권리) 난민신청자는 변호사의 조력을 받을 권리를 가진다.

제13조(신뢰관계 있는 사람의 동석) 난민심사관은 난민신청자의 신청이 있는 때에는 면접의 공정성에 지장을 초래하지 아니하는 범위에서 신뢰관계 있는 사람의 동석을 허용할 수 있다.

제14조(통역) 법무부장관은 난민신청자가 한국어로 충분한 의사표현을 할 수 없는 경우에는 면접 과정에서 대통령령으로 정하는 일정한 자격을 갖춘 통역인으로 하여금 통역하게 하여야 한다.

제15조(난민면접조서의 확인) 난민심사관은 난민신청자가 난민면접조서에 기재된 내용을 이해하지 못하는 경우 난민면접을 종료한 후 난민신청자가 이해할 수 있는 언어로 통역 또는 번역을 하여 그 내용을 확인할 수 있도록 하여야 한다.

제16조(자료 등의 열람 · 복사) ① 난민신청자는 본인이 제출한 자료, 난민면접조서의 열람이나 복사를 요청할 수 있다.

② 출입국관리공무원은 제1항에 따른 열람이나 복사의 요청이 있는 경우 지체 없이 이에 응하여야 한다. 다만, 심사의 공정성에 현저한 지장을 초래한다고 인정할 만한 명백한 이유가 있는 경우에는 열람이나 복사를 제한할 수 있다.

③ 제1항에 따른 열람과 복사의 구체적인 방법과 절차는 대통령령으로 정한다.

제17조(인적사항 등의 공개 금지) ① 누구든지 난민신청자와 제13조에 따라 면접에 동석하는 사람의 주소 · 성명 · 연령 · 직업 · 용모, 그 밖에 그 난민신청자 등을 특정하여 파악할 수 있게 하는 인적사항과 사진 등을 공개하거나 타인에게 누설하여서는 아니 된다. 다만, 본인의 동의가 있는 경우는 예외로 한다.

② 누구든지 제1항에 따른 난민신청자 등의 인적사항과 사진 등을 난민신청자 등의 동의를 받지 아니하고

출판물에 게재하거나 방송매체 또는 정보통신망을 이용하여 공개하여서는 아니 된다.

③ 난민인정 신청에 대한 어떠한 정보도 출신국에 제공되어서는 아니 된다.

제18조(난민의 인정 등) ① 법무부장관은 난민인정 신청이 이유 있다고 인정할 때에는 난민임을 인정하는 결정을 하고 난민인정증명서를 난민신청자에게 교부한다.

② 법무부장관은 난민인정 신청에 대하여 난민에 해당하지 아니한다고 결정하는 경우에는 난민신청자에게 그 사유와 30일 이내에 이의신청을 제기할 수 있다는 뜻을 적은 난민불인정결정통지서를 교부한다.

③ 제2항에 따른 난민불인정결정통지서에는 결정의 이유(난민신청자의 사실 주장 및 법적 주장에 대한 판단을 포함한다)와 이의신청의 기한 및 방법 등을 명시하여야 한다.

④ 제1항 또는 제2항에 따른 난민인정 등의 결정은 난민인정신청서를 접수한 날부터 6개월 안에 하여야 한다. 다만, 부득이한 경우에는 6개월의 범위에서 기간을 정하여 연장할 수 있다.

⑤ 제4항 단서에 따라 기간을 연장한 때에는 종전의 기간이 만료되기 7일 전까지 난민신청자에게 통지하여야 한다.

⑥ 제1항에 따른 난민인정증명서 및 제2항에 따른 난민불인정결정통지서는 지방출입국·외국인관서의 장을 거쳐 난민신청자나 그 대리인에게 교부하거나 「행정절차법」 제14조에 따라 송달한다. 〈개정 2014. 3. 18.〉

제19조(난민인정의 제한) 법무부장관은 난민신청자가 난민에 해당한다고 인정하는 경우에도 다음 각 호의 어느 하나에 해당된다고 인정할만한 상당한 이유가 있는 경우에는 제18조제1항에도 불구하고 난민불인정결정을 할 수 있다.

1. 유엔난민기구 외에 유엔의 다른 기구 또는 기관으로부터 보호 또는 원조를 현재 받고 있는 경우. 다만, 그러한 보호 또는 원조를 현재 받고 있는 사람의 지위가 국제연합총회에 의하여 채택된 관련 결의문에 따라 최종적으로 해결됨이 없이 그러한 보호 또는 원조의 부여가 어떠한 이유로 중지되는 경우는 제외한다.

2. 국제조약 또는 일반적으로 승인된 국제법규에서 정하는 세계평화에 반하는 범죄, 전쟁범죄 또는 인도주의에 반하는 범죄를 저지른 경우

3. 대한민국에 입국하기 전에 대한민국 밖에서 중대한 비정치적 범죄를 저지른 경우

4. 국제연합의 목적과 원칙에 반하는 행위를 한 경우

제20조(신원확인을 위한 보호) ① 출입국관리공무원은 난민신청자가 자신의 신원을 은폐하여 난민의 인정을 받을 목적으로 여권 등 신분증을 고의로 파기하였거나 거짓의 신분증을 행사하였음이 명백한 경우 그 신원을 확인하기 위하여 「출입국관리법」 제51조에 따라 지방출입국·외국인관서의 장으로부터 보호명령서를 발급받아 보호할 수 있다. 〈개정 2014. 3. 18.〉

② 제1항에 따라 보호된 사람에 대하여는 그 신원이 확인되거나 10일 이내에 신원을 확인할 수 없는 경우 즉시 보호를 해제하여야 한다. 다만, 부득이한 사정으로 신원 확인이 지체되는 경우 지방출입국·외국인관서의 장은 10일의 범위에서 보호를 연장할 수 있다. 〈개정 2014. 3. 18.〉

제21조(이의신청) ① 제18조제2항 또는 제19조에 따라 난민불인정결정을 받은 사람 또는 제22조에 따라 난민인정이 취소 또는 철회된 사람은 그 통지를 받은 날부터 30일 이내에 법무부장관에게 이의신청을 할 수 있다. 이 경우 이의신청서에 이의의 사유를 소명하는 자료를 첨부하여 지방출입국·외국인관서의 장에게 제출하여야 한다. 〈개정 2014. 3. 18.〉

② 제1항에 따른 이의신청을 한 경우에는 「행정심판법」에 따른 행정심판을 청구할 수 없다.

③ 법무부장관은 제1항에 따라 이의신청서를 접수하면 지체 없이 제25조에 따른 난민위원회에 회부하여야 한다.

④ 제25조에 따른 난민위원회는 직접 또는 제27조에 따른 난민조사관을 통하여 사실조사를 할 수 있다.

⑤ 그 밖에 난민위원회의 심의절차에 대한 구체적인 사항은 대통령령으로 정한다.

⑥ 법무부장관은 난민위원회의 심의를 거쳐 제18조에 따라 난민인정 여부를 결정한다.

⑦ 법무부장관은 이의신청서를 접수한 날부터 6개월 이내에 이의신청에 대한 결정을 하여야 한다. 다만, 부득이한 사정으로 그 기간 안에 이의신청에 대한 결정을 할 수 없는 경우에는 6개월의 범위에서 기간을 정하여 연장할 수 있다.

⑧ 제7항 단서에 따라 이의신청의 심사기간을 연장한 때에는 그 기간이 만료되기 7일 전까지 난민신청자에게 이를 통지하여야 한다.

제22조(난민인정결정의 취소 등) ① 법무부장관은 난민인정결정이 거짓 서류의 제출이나 거짓 진술 또는 사실의 은폐에 따른 것으로 밝혀진 경우에는 난민인정을 취소할 수 있다.

② 법무부장관은 난민인정자가 다음 각 호의 어느 하나에 해당하는 경우에는 난민인정결정을 철회할 수 있다.

1. 자발적으로 국적국의 보호를 다시 받고 있는 경우
2. 국적을 상실한 후 자발적으로 국적을 회복한 경우
3. 새로운 국적을 취득하여 그 국적국의 보호를 받고 있는 경우
4. 박해를 받을 것이라는 우려 때문에 거주하고 있는 국가를 떠나거나 또는 그 국가 밖에서 체류하고 있다가 자유로운 의사로 그 국가에 재정착한 경우
5. 난민인정결정의 주된 근거가 된 사유가 소멸하여 더 이상 국적국의 보호를 받는 것을 거부할 수 없게 된 경우
6. 무국적자로서 난민으로 인정된 사유가 소멸되어 종전의 상주국으로 돌아갈 수 있는 경우

③ 법무부장관은 제1항 또는 제2항에 따라 난민인정결정을 취소 또는 철회한 때에는 그 사유와 30일 이내에 이의신청을 할 수 있다는 뜻을 기재한 난민인정취소통지서 또는 난민인정철회통지서로 그 사실을 통지하여야 한다. 이 경우 통지의 방법은 제18조제6항을 준용한다.

제23조(심리의 비공개) 난민위원회나 법원은 난민신청자나 그 가족 등의 안전을 위하여 필요하다고 인정하면 난민신청자의 신청에 따라 또는 직권으로 심의 또는 심리를 공개하지 아니하는 결정을 할 수 있다.

제24조(재정착희망난민의 수용) ① 법무부장관은 재정착희망난민의 수용 여부와 규모 및 출신지역 등 주요 사항에 관하여 「재한외국인 처우 기본법」 제8조에 따른 외국인정책위원회의 심의를 거쳐 재정착희망난민의 국내 정착을 허가할 수 있다. 이 경우 정착허가는 제18조제1항에 따른 난민인정으로 본다.

② 제1항에 따른 국내정착 허가의 요건과 절차 등 구체적인 사항은 대통령령으로 정한다.

제3장 난민위원회 등

제25조(난민위원회의 설치 및 구성) ① 제21조에 따른 이의신청에 대한 심의를 하기 위하여 법무부에 난민위원회(이하 "위원회"라 한다)를 둔다.

② 위원회는 위원장 1명을 포함한 15명 이하의 위원으로 구성한다.

③ 위원회에 분과위원회를 둘 수 있다.

제26조(위원의 임명) ① 위원은 다음 각 호의 어느 하나에 해당하는 사람 중에서 법무부장관이 임명 또는 위촉한다.

1. 변호사의 자격이 있는 사람
2. 「고등교육법」 제2조제1호 또는 제3호에 따른 학교에서 법률학 등을 가르치는 부교수 이상의 직에 있거나 있었던 사람
3. 난민 관련 업무를 담당하는 4급 이상 공무원이거나 이었던 사람
4. 그 밖에 난민에 관하여 전문적인 지식과 경험이 있는 사람

② 위원장은 위원 중에서 법무부장관이 임명한다.

③ 위원의 임기는 3년으로 하고, 연임할 수 있다.

제27조(난민조사관) ① 위원회에 난민조사관을 둔다.

② 난민조사관은 위원장의 명을 받아 이의신청에 대한 조사 및 그 밖에 위원회의 사무를 처리한다.

제28조(난민위원회의 운영) 제25조부터 제27조까지에서 규정한 사항 외에 위원회의 운영 등에 필요한 사항은 법무부령으로 정한다.

제29조(유엔난민기구와의 교류·협력) ① 법무부장관은 유엔난민기구가 다음 각 호의 사항에 대하여 통계 등의 자료를 요청하는 경우 협력하여야 한다.
    1. 난민인정자 및 난민신청자의 상황
    2. 난민협약 및 난민의정서의 이행 상황
    3. 난민 관계 법령(입법예고를 한 경우를 포함한다)
② 법무부장관은 유엔난민기구나 난민신청자의 요청이 있는 경우 유엔난민기구가 다음 각 호의 행위를 할 수 있도록 협력하여야 한다.
    1. 난민신청자 면담
    2. 난민신청자에 대한 면접 참여
    3. 난민인정 신청 또는 이의신청에 대한 심사에 관한 의견 제시
③ 법무부장관 및 난민위원회는 유엔난민기구가 난민협약 및 난민의정서의 이행상황을 점검하는 임무를 원활하게 수행할 수 있도록 편의를 제공하여야 한다.

제4장 난민인정자 등의 처우
제1절 난민인정자의 처우

제30조(난민인정자의 처우) ① 대한민국에 체류하는 난민인정자는 다른 법률에도 불구하고 난민협약에 따른 처우를 받는다.
② 국가와 지방자치단체는 난민의 처우에 관한 정책의 수립·시행, 관계 법령의 정비, 관계 부처 등에 대한 지원, 그 밖에 필요한 조치를 하여야 한다.

제31조(사회보장) 난민으로 인정되어 국내에 체류하는 외국인은 「사회보장기본법」 제8조 등에도 불구하고 대한민국 국민과 같은 수준의 사회보장을 받는다.

제32조(기초생활보장) 난민으로 인정되어 국내에 체류하는 외국인은 「국민기초생활 보장법」 제5조의2에도 불구하고 본인의 신청에 따라 같은 법 제7조부터 제15조까지에 따른 보호를 받는다.

제33조(교육의 보장) ① 난민인정자나 그 자녀가 「민법」에 따라 미성년자인 경우에는 국민과 동일하게 초등교육과 중등교육을 받는다. ② 법무부장관은 난민인정자에 대하여 대통령령으로 정하는 바에 따라 그의 연령과 수학능력 및 교육여건 등을 고려하여 필요한 교육을 받을 수 있도록 지원할 수 있다.

제34조(사회적응교육 등) ① 법무부장관은 난민인정자에 대하여 대통령령으로 정하는 바에 따라 한국어 교육 등 사회적응교육을 실시할 수 있다.
② 법무부장관은 난민인정자가 원하는 경우 대통령령으로 정하는 바에 따라 직업훈련을 받을 수 있도록 지원할 수 있다.

제35조(학력인정) 난민인정자는 대통령령으로 정하는 바에 따라 외국에서 이수한 학교교육의 정도에 상응하는 학력을 인정받을 수 있다.

제36조(자격인정) 난민인정자는 관계 법령에서 정하는 바에 따라 외국에서 취득한 자격에 상응하는 자격 또는 그 자격의 일부를 인정받을 수 있다.

제37조(배우자 등의 입국허가) ① 법무부장관은 난민인정자의 배우자 또는 미성년자인 자녀가 입국을 신청하는 경우 「출입국관리법」 제11조에 해당하는 경우가 아니면 입국을 허가하여야 한다.
② 제1항에 따른 배우자 및 미성년자의 범위는 「민법」에 따른다.

제38조(난민인정자에 대한 상호주의 적용의 배제) 난민인정자에 대하여는 다른 법률에도 불구하고 상호주의를 적용하지 아니한다.

제2절 인도적체류자의 처우

제39조(인도적체류자의 처우) 법무부장관은 인도적체류자에 대하여 취업활동 허가를 할 수 있다.

제3절 난민신청자의 처우

제40조(생계비 등 지원) ① 법무부장관은 대통령령으로 정하는 바에 따라 난민신청자에게 생계비 등을 지원할 수 있다.

② 법무부장관은 난민인정 신청일부터 6개월이 지난 경우에는 대통령령으로 정하는 바에 따라 난민신청자에게 취업을 허가할 수 있다.

제41조(주거시설의 지원) ① 법무부장관은 대통령령으로 정하는 바에 따라 난민신청자가 거주할 주거시설을 설치하여 운영할 수 있다.

② 제1항에 따른 주거시설의 운영 등에 필요한 사항은 대통령령으로 정한다.

제42조(의료지원) 법무부장관은 대통령령으로 정하는 바에 따라 난민신청자에게 의료지원을 할 수 있다.

제43조(교육의 보장) 난민신청자 및 그 가족 중 미성년자인 외국인은 국민과 같은 수준의 초등교육 및 중등교육을 받을 수 있다.

제44조(특정 난민신청자의 처우 제한) 제2조제4호다목이나 제8조제5항제2호 또는 제3호에 해당하는 난민신청자의 경우에는 대통령령으로 정하는 바에 따라 제40조제1항 및 제41조부터 제43조까지에서 정한 처우를 일부 제한할 수 있다.

제5장 보칙

제45조(난민지원시설의 운영 등) ① 법무부장관은 제34조, 제41조 및 제42조에서 정하는 업무 등을 효율적으로 수행하기 위하여 난민지원시설을 설치하여 운영할 수 있다.

② 법무부장관은 필요하다고 인정하면 제1항에 따른 업무의 일부를 민간에게 위탁할 수 있다.

③ 난민지원시설의 이용대상, 운영 및 관리, 민간위탁 등에 필요한 사항은 대통령령으로 정한다.

제46조(권한의 위임) 법무부장관은 이 법에 따른 권한의 일부를 대통령령으로 정하는 바에 따라 지방출입국·외국인관서의 장에게 위임할 수 있다. 〈개정 2014. 3. 18.〉

제46조의2(벌칙 적용에서 공무원 의제) 제25조에 규정된 난민위원회(분과위원회를 포함한다)의 위원 중 공무원이 아닌 위원은 「형법」 제127조 및 제129조부터 제132조까지의 규정을 적용할 때에는 공무원으로 본다. [본조신설 2016. 12. 20.]

제6장 벌칙

제47조(벌칙) 다음 각 호의 어느 하나에 해당하는 자는 1년 이하의 징역 또는 1천만원 이하의 벌금에 처한다.

1. 제17조를 위반한 자
2. 거짓 서류의 제출이나 거짓 진술 또는 사실의 은폐로 난민으로 인정되거나 인도적 체류 허가를 받은 사람

부칙〈제14408호, 2016. 12. 20.〉

이 법은 공포한 날부터 시행한다.